楊文會 編訂

釋氏十三經註疏

下

齊魯書社

維摩詰所說經註序

後秦長安釋僧肇述

維摩詰不思議經者。蓋是窮微盡化絕妙之稱也。其旨淵玄。非言象所測。道越三空。非二乘所議。超羣數之表。絕有心之境。眇莽無爲而無不爲。罔知所以然而能然者。不思議也。何則。夫聖智無知而萬品俱照。法身無象而殊形並應。至韻無言而玄籍彌布。冥權無謀而動與事會。故能統濟羣方。開物成務。利見天

下。於我無爲。而或者覩感照因謂之智。觀應形則謂之身。覿玄籍便謂之言。見變動而謂之權。大道之極者。豈可以形言權智而語其神域哉。然羣生長寢。非言莫曉。道不孤運。弘之由人。是以如來命文殊於異方。召維摩於他土。爰集毗耶。共弘斯道。此經所明。統萬行則以權智爲主。樹德本則以六度爲根。濟蒙惑則以慈悲爲首。語宗極則以不二爲門。凡此衆說。皆不思議之本也。至若借座燈王。請飯香土。手接大千。室包乾象。不思議之跡也。然幽關難啟。聖應不同。非本無以垂跡。非跡無以顯本。本跡雖殊。而不思議一也。故命侍者標以爲名焉。大秦天王。儁神超世。玄心獨悟。弘至治於萬機之上。揚道化於千載之下。每尋玩茲典。以爲棲神之宅。而恨支竺所出。理滯於文。常恐玄宗墜於譯人。北天之運。運通有在也。以弘始八年。歲次鶉火。命大將軍常山公右將軍安成侯與義學沙門千二百人。於長安大寺。請羅什法師重譯正

本。什以高世之量。冥心眞境。既盡環中。又善方言。時手執梵文。口自宣譯。道俗虔虔。一言三復。陶冶精求。務存聖意。其文約而詣。其旨婉而彰。微遠之言。於茲顯然矣。余以闇短。時預聽次。雖思乏參玄。然麤得文意。輒順所聞。爲之註解。略記成言。述而無作。庶將來君子。異世同聞焉。

維摩詰所說經註卷第一

姚秦三藏法師鳩摩羅什譯

長安沙門僧肇註

什曰維摩詰秦言淨名即五百童子之一也從妙喜國來遊此境所應既周將還本土欲顯其淯德以澤羣生顯跡悟時要必有由故命同志詣佛而獨不行獨不行則知其有疾也何以知之同志五百共遵大道至於進德修善動靜必俱今淨國之會業之大者而不同舉明其有疾有疾故有問疾之會問疾之會由淨國之集淨國之集由淨名方便然則此經始終所由良有在也若自說而觀則衆聖齊功自本而尋則功由淨名源其所由故曰維摩詰所說也肇曰經者常也古今雖殊覺道不改羣邪不能沮衆聖不能

異故曰常也

一名不可思議解脫肇曰微遠幽深二乘不能測不可思議也縱任無礙塵累不能拘解脫也此經自始於淨土終於法供養其中所明雖殊然其不思議解脫一也故總以為名焉上以人名經此以法名經以法名經所以標榜旨歸以人名經所以因人弘道者也

佛國品第一

什曰經始終由於淨國故以佛國冠於篇首也

如是肇曰如是信順辭夫信則所言之理順理順則師資之道成經無豐約非信不傳故建言如是

我聞什曰若不言聞則是我自有法我自有法則情有所執情有所執則諍亂必興若言聞則我無法我無法則無所執得失是非歸於所聞我既無執彼亦無競無執無競諍何由生此經稱我聞也

一時什曰說經時也**佛在毗耶離**什曰據佛所在方也毗言稻土之所宜也耶離言廣嚴其地平廣莊嚴**菴羅樹園**什曰菴羅樹其果似桃而非桃也**與大比丘衆八千人俱**肇曰比丘秦言或名淨乞食或名破煩惱或名淨持戒或名能怖魔天竺一名該此四義秦無一名以譯之故存義名焉**菩薩三萬二千**肇曰菩薩正音云菩提薩埵菩提佛道名也薩埵秦言大心衆生有大心入佛道名菩提薩埵無正名譯也**衆所知識**肇曰大士處世猶日月之升天有目之士誰不知識**大智本行皆悉成就**肇曰大智一切種智也此智以六度六通衆行為本諸大士已備此本行**諸佛威神之所建立**肇曰天澤無私不潤枯木佛威雖普不立無根所建立者道根必深也**為護法城受持正法**什曰法城即實相法也肇曰外為護法之城內有受持之固**能師子吼**肇曰師子吼無畏音也凡

所言說不畏羣邪異學喻師子吼衆歎下之師子吼曰美演法也**名聞十方**肇曰行滿天下稱無不普**衆人不請友而安之**肇曰眞友不待請譬慈母之赴嬰兒也**紹隆三寶能使不絕**什曰非直顯明三寶宣通經法之謂也謂能積善累功自致成佛成佛則有法有法則有僧不絕之功事在來劫今言不絕則必能也又於其中間自行化人我既化人人亦化物物我俱成三寶彌隆衆生無盡故三寶亦不絕也**降伏魔怨制諸外道**什曰魔四魔得無生忍煩惱永斷故降欲魔得法身則更不得身故降身魔無身則無死故降死魔無三魔則波旬不得其便故降天魔也伏外道如舍利弗與外道議論七晝夜然後得勝斯其類也**悉已清淨永離蓋纏**肇曰蓋五蓋纏十纏亦有無量纏身口意三業悉淨則蓋纏不能累也**心常**

安住無礙解脫。肇曰此解脫七住所得得此解脫則於諸法通達無礙故心常安住。念定總持辯才不斷。肇曰念正念定正定總持謂持善不失持惡不生無所漏忘謂之持持有二種有心相應持不相應持辯才七辯也此四是大士之要用故常不斷。布施持戒忍辱精進禪定智慧及方便力無不具足。什曰上言道念不斷然後具行六度六度具足則自事已畢自事已畢則方便度人度人之廣莫若神通神通既具乃化眾生如是次第如後淨國中說也。逮無所得不起法忍。什曰有識以來未嘗見法於今始得能信能受忍不恐怖安住不動故名為忍。已能隨順轉不退輪。肇曰無生之道無有得而失者不退也流演圓通無繫於一人輪也諸佛既轉此輪諸大士亦能隨順而轉之。善解法

相知眾生根。肇曰諸法殊相無不解羣生異相無不知也。蓋諸大眾。什曰梵本云眾不能蓋眾不能蓋明其超出今言蓋眾其言亦同也。得無所畏。什曰菩薩自有四無畏非佛無畏也恐畏之生生於不足無不足故無畏能說而不能行亦所以畏也今能說而能行故無畏唯能說而又能行故名無畏也。功德智慧以修其心相好嚴身色像第一。肇曰心以智德為嚴形以相好為飾嚴心所以進道飾形所以靡俗。捨諸世間所有飾好。什曰色相瓔珞飾好已備故不假外飾也。名稱高遠踰於須彌。肇曰名自有高而不遠遠而不高前聞十方取其遠也今踰須彌取其高也高謂高勝也。深信堅固猶若金剛。肇曰七住已上無生信不可壞也。法寶普照而雨甘露。肇曰法寶光無不照照癡冥也澤無不潤潤生死也喻海有神寶能放光除冥亦因光能雨甘露潤枯槁也。於眾言音微妙第一。肇曰殊類異音既善其言而復超勝。深入緣起斷諸邪見有無二邊無復餘習。肇曰深入謂智深解也解法從緣起則邪見無由生有無二見羣迷多惑大士久盡故無餘習也。演法無畏猶師子吼。什曰上明一切時無畏此明說法無畏上師子吼明德音遠振此明能說實法眾咸敬順猶師子吼威懾羣獸也。其所講說乃如雷震。肇曰法音雷震開導萌芽猶春雷動於百草也。無有量已過量。肇曰既得法身入無為境心不可以智求形不可以像取故曰無量六住已下名有量也。集眾法寶如海導師。肇曰引導眾生入大乘海採取法寶使必獲無難猶海師善導商人

必獲夜光也。了達諸法深妙之義。肇曰如實義也。善知眾生往來所趣及心所行。肇曰六趣往來心行美惡悉善知也。近無等等佛自在慧十力無畏十八不共。什曰諸佛智慧無有等者而此佛與等復次實相法無有等比唯佛與等菩薩鄰而未得故言近也。關閉一切諸惡趣門而生五道以現其身。肇曰法身無生而無不生無生故惡趣門閉無不生故現身五道也。為大醫王善療眾病應病與藥令得服行。肇曰法藥善療喻醫王也。無量功德皆成就。肇曰無德不備也。無量佛土皆嚴淨。肇曰羣生無量所好不同故修無量淨土以應彼殊好也。其見聞者無不蒙益。肇曰法身無形聲應物故

形聲耳。豈有見聞而無益哉。諸有所作亦不唐捐。肇曰：功不可虛設。如是一切功德皆悉具足。其名曰等觀菩薩。不等觀菩薩。等不等觀菩薩。什曰：等觀，四等眾生也。不等，智慧分別諸法也。等不等者，兼此二也。定自在王菩薩。法自在王菩薩。法相菩薩。光相菩薩。光嚴菩薩。大嚴菩薩。寶積菩薩。辯積菩薩。寶手菩薩。寶印手菩薩。常舉手菩薩。常下手菩薩。常慘菩薩。喜根菩薩。喜王菩薩。辯音菩薩。虛空藏菩薩。執寶炬菩薩。寶勇菩薩。寶見菩薩。帝網菩薩。明網菩薩。無緣觀菩

薩。慧積菩薩。寶勝菩薩。天王菩薩。壞魔菩薩。電德菩薩。自在王菩薩。功德相嚴菩薩。師子吼菩薩。雷音菩薩。山相擊音菩薩。香象菩薩。白香象菩薩。常精進菩薩。不休息菩薩。妙生菩薩。華嚴菩薩。觀世音菩薩。得大勢菩薩。梵網菩薩。寶杖菩薩。無勝菩薩。嚴土菩薩。金髻菩薩。珠髻菩薩。彌勒菩薩。文殊師利法王子菩薩。如是等三萬二千人。復有萬梵天王尸棄等。從餘四天下。來詣佛所而為聽法。肇曰：尸棄，梵王名，秦言頂髻也。復有萬二千天帝。亦從餘四天下來在會坐。肇曰：一佛土有百億四天下，一四天下各有釋梵，故言餘。亦或從他方佛土來。什曰：舉其從四天下來者，據此四天以明梵耳。復次天有二種：一者地天，二者虛空天。帝釋處須彌頂，即是地天，又為地主，舉釋則地天斯攝；舉梵王則虛空天盡攝。復次帝釋得道迹，梵王得不還，常來聽法，眾所共知，故序經眾所知識，以為會證也。復次一切眾生宗事梵天，所宗尚來，則知餘人必至矣。并餘大威力諸天。肇曰：除上梵釋，餘大天也。龍。什曰：龍有二種：一地龍，二虛空龍也。神。什曰：神受善惡雜報，似人天而非人天也。夜叉。什曰：秦言貴人，亦言輕捷。有三種：一在地，二在虛空，三天夜叉也。地夜叉但以財施，故不能飛空；天夜叉以車馬施，故能飛行。佛轉法輪時，地夜叉唱，空夜叉聞；空夜叉唱，四天王聞，如是乃至梵天也。乾闥婆。什曰：

天樂神也。處地上寶山中，天欲作樂時，此神體上有相出，然後上天也。阿脩羅。什曰：秦言不飲酒。不飲酒因緣出雜寶藏。此是六趣，男醜女端正，有大勢力，常與天共鬭也。迦樓羅。什曰：金翅鳥神。緊那羅。什曰：秦言人非人，似人而頭上有角，人見之言人耶非人耶，故因以名之。亦天伎神也，小不及乾闥婆。摩睺羅伽等悉來會坐。肇曰：摩睺羅伽，大蟒神也。此上八部，皆有大神力，能自變形在座聽法也。諸比丘比丘尼。肇曰：尼者，女名也。已上八千比丘，別稱得道者也。優婆塞。肇曰：義名信士男也。優婆夷俱來會坐。肇曰：義名信士女也。彼時佛與無量百千之眾恭敬圍繞而為說法。譬如須彌山王顯於大海。安處眾寶師子之座。蔽於一

肇曰。欲言其有。有不自生。欲言其無。緣會卽形。會形非謂無。非無非謂有。且有有故有無。無有何所無。有無故有有。無無何所有。然則自有則不有。自無則不無。此法王之正說也。以因緣故諸法生。肇曰。有亦不由緣。無亦不由緣。以法非有無故。由因緣生。論曰。法從緣故不有。緣起故不無。無我無造無受者。肇曰。諸法皆從緣生耳。無別有眞主宰之者。故無我也。夫以有我故能造善惡受禍福。法既無我。故無造無受者也。善惡之業亦不亡。肇曰。若無造無受者。則不應有爲善獲福爲惡致殃也。然衆生心識相傳美惡由起。報應之道。連環相襲。其猶聲和響順。形直影端。此自然之理。無差毫分。復何假常我而主之哉。始在佛樹力降魔。肇曰。道力之所制。豈魔兵之所能敵。自此下至禮法海。歎初成如來功德也。得甘露滅覺道成。什曰。梵本云寂滅甘露。寂滅甘露卽實相法也。肇曰。大覺之道。寂滅無相。至味和神。喻若甘露。於菩提樹先降外魔。然後成甘露寂滅大覺之道。結習內魔。於茲永盡矣。已無心意無受行。肇曰。心者何也。染有以生。受者何也。苦樂是行。至人冥眞體寂。空虛其懷。雖復萬法並照。而心未嘗有。苦樂是逕。而不爲受。物我永寂。豈心受之可得。受者三受也。苦受。樂受。不苦不樂受也。而悉摧伏諸外道。肇曰。無心於伏物。而物無不伏。三轉法輪於大千。肇曰。始於鹿苑爲拘鄰等三轉四諦法輪於大千世界也。其輪本來常清淨。肇曰。法輪常淨。猶虛空也。雖復古今不同。時移俗易。聖聖相傳。道不改矣。天人得道此爲證。肇曰。初轉法輪。拘鄰等五人。八萬諸天得道。此常清淨之明證也。三寶於是現世間。肇曰。覺道既成。佛寶也。法輪既轉。法寶也。

五人出家得道。僧寶也。於是言其始也。以斯妙法濟羣生。一受不退常寂然。肇曰。九十六種外道。上者亦能斷結生無色天。但其道不眞。要還墜三途。佛以四諦妙法濟三乘衆生。無有既受還墜生死者。故曰一受不退。永畢無爲。故常寂然。度老病死大醫王。肇曰。生老病死。患之重者。濟以法藥。故爲醫王長者也。當禮法海德無邊。肇曰。法輪淵廣難測。法海流潤無涯。故德無邊矣。毀譽不動如須彌。肇曰。利衰毀譽稱譏苦樂。八法之風。不動如來。猶四風之吹須彌也。於善不善等以慈。肇曰。截手不慼。捧手不欣。善惡自彼。慈覆不二。心行平等如虛空。肇曰。夫有心則有封。有封則不普。以聖心無心。故平等虛空也。孰聞人寶不敬承。肇曰。在天爲天寶。在人爲人寶。寶於天人者。豈天人之所能。故物莫不敬承也。今奉世尊此微蓋。於中現我三千界。諸天龍神所居宮。乾闥婆等及夜叉。悉見世間諸所有。十力哀現是化變。什曰。自欣所獻小而覩變大也。肇曰。所奉至微。所見至廣。此是如來哀愍之所現也。十力是如來之別稱耳。十力備。故卽以爲名。自十號之外。諸有異稱類耳。衆覩希有皆歎佛。今我稽首三界尊。肇曰。覩蓋中之瑞也。大聖法王衆所歸。淨心觀佛靡不欣。各見世尊在其前。肇曰。法身圓應。猶一月升天。影現百水也。斯則神力不共法。肇曰。不與二乘共也。佛以一音演說法。衆生隨類各得解。皆謂世尊同其語。斯則神力不共法。肇曰。密口一音。殊類異解。佛以一音演說法。衆生各各隨所解。普得受行獲其利。斯則神力不共法。肇曰。佛以一音說一法。衆生各隨所好而受解。好施者聞施。好戒者聞戒。各異受異行獲其異利。上一音異適。此一法異受也。佛以一音演說法。或有恐畏或歡喜。或生厭離或斷疑。斯則神力不共法。肇曰。衆生聞苦報則恐畏。聞妙果則歡喜。聞不淨則厭離。聞法相則斷疑。不知一音何演。而令歡畏異生。此豈二乘所能共也。稽首十力大精進。肇曰。此下一一稱德而致敬。稽首已得無所畏。肇曰。四無畏也。稽首住於不共法。肇曰。十八不共法也。稽首一切大導師。稽首能斷諸結縛。

稽首已到於彼岸。肇曰。彼岸涅槃岸也。彼涅槃豈崖岸之有。以我異於彼。故借謂之耳。稽首能度諸世間。稽首永離生死道。悉知衆生來去相。肇曰。衆生形往來於六趣。心馳騁於是非。悉知之也。善於諸法得解脫。肇曰。我染諸法。故諸法縛我。我心無染。則萬縛斯解。不著世間如蓮華。常善入於空寂行。肇曰。出入自在。而不乖寂。故常善入。達諸法相無罣礙。肇曰。萬法幽深。誰識其涘。唯佛無礙。故獨稱達。稽首如空無所依。肇曰。聖心無寄。猶空無依。爾時長者子寶積說此偈已。白佛言。世尊。是五百長者子。皆已發阿耨多羅三藐三菩提心。願聞得佛國

土清淨。肇曰。阿耨多羅。秦言無上。三藐三菩提。秦言正偏知。道莫之上。無上也。其道眞正。無法不知。正偏知也。諸長者子。久已發無上心。而未修淨土。所以寶積俱詣如來。現蓋皆啟其萌也。既於蓋中見諸佛淨土殊好不同。志在崇習。故願聞佛所得淨土殊好之事。唯願世尊說諸菩薩淨土之行。肇曰。土之所以淨。豈校飾之所能。淨之必由行。故請說行也。凡行必在學地。故菩薩。此問乃是如來現蓋之微旨。寶積俱詣之本意也。佛言。善哉寶積。乃能爲諸菩薩問於如來淨土之行。諦聽諦聽。善思念之。當爲汝說。於是寶積及五百長者子受教而聽。佛言。寶積。衆生之類是菩薩佛土。肇曰。夫至人空洞無象。應物故形。形無常體。況國土之有

恆乎。夫以羣生萬端。業行不同。殊化異彼。致令報應不一。是以淨者應之以寶玉。穢者應之以沙礫。美惡自彼。於我無定。無定之土。乃曰眞土。然則土之淨穢繫之於衆生。故曰衆生之類是菩薩佛土也。或謂土之淨穢繫於衆生者。則是衆生報應之土。非如來土。此蓋未喻報應之殊方耳。嘗試論之。夫如來所修淨土。以無方爲體。故令雜行衆生同覩異見。異見故淨穢所以生。無方故眞土所以形。若夫取其淨穢。衆生之報也。本其無方。佛土之眞也。豈曰殊域異處。凡聖二土。然後辨其淨穢哉。所以者何。菩薩隨所化衆生而取佛土。肇曰。此下釋所以衆生卽佛土也。佛土者。卽衆生之影響耳。夫形脩則影長。形短則影促。豈日月使之然乎。形自然耳。故隨所化衆生之多少。而取佛土之廣狹也。是以佛土或以三千。或以四天下。或以恆沙爲一國者也。隨所調伏衆生而取

佛土什曰梵本云毗尼毗尼言善治善治眾生令棄惡行善也隨所棄惡多少行善淺深以成其國調伏旨同而語隱故存其本隨諸眾生應以何國入佛智慧而取佛土什曰修淨國時逆觀眾生來世之心於來世中應現何國而得解脫先於來劫位國優劣然後與眾生共攝三因以成其國使彼來生言攝攝先所期者也此言佛慧下云菩薩根明將來受化有淺深也隨諸眾生應以何國起菩薩根而取佛土肇曰上為入佛慧佛慧七住所得無生慧也今為菩薩根菩薩根六住已下菩提心也所以者何菩薩取於淨國皆為饒益諸眾生故肇曰法身無定何國之有美惡斯外何淨何取取淨國者皆為彼耳故隨其所應而取焉譬如有人欲於空地造立宮

室隨意無礙若於虛空終不能成菩薩如是為成就眾生故願取佛國願取佛國者非於空也什曰梵本云空中造立宮室自在無礙空不可用為宮室如是不離眾生得淨國也又云空中得為宮室不可用空為宮室要用材木然後得成如是菩薩雖解於空不可但以空而得要以三因成其國也人意異故經文不同也肇曰淨土必由眾生譬立宮必因地無地無眾生宮土無以成二乘澄神虛無不因眾生故無淨土也寶積當知直心是菩薩淨土肇曰土之淨者必由眾生眾生之淨必因眾行上舉眾生以釋土淨今備舉眾行明其所以淨也夫行淨則眾生淨眾生淨則佛土淨此必然之數不可差也土無洿曲乃出於心直故曰直心是菩薩淨土也隨因說果猶指金為食直心者謂質直無諂此心乃是萬行之本也故建章有之菩薩成佛時不諂眾生來生其國肇曰不諂直心一行異名也菩薩心既直化彼同己自土既成故同行斯集此明化緣相及故果報相通則佛土之義顯也自下二句相對或前後異名或前略後廣或前因後果類因行耳凡善行有二種一行善二報善自此以下諸眾生所習者報善也深心是菩薩淨土肇曰樹心眾德深固故難拔深心也菩薩成佛時具足功德眾生來生其國肇曰深心故德備也大乘心是菩薩淨土菩薩成佛時大乘眾生來生其國肇曰乘八萬行兼載天下不遺一人大乘心也上三心是始學之次行也夫欲弘大道要先直其心心既真直然後入行能深入行既深則能廣運無涯此三心之次也備此三心然後修六度布施

是菩薩淨土菩薩成佛時一切能捨眾生來生其國肇曰外捨國財身命內捨貪愛慳嫉名一切能捨也持戒是菩薩淨土菩薩成佛時行十善道滿願眾生來生其國什曰持戒獨言滿願者戒是難行亦兼攝眾善故所願滿也忍辱是菩薩淨土菩薩成佛時三十二相莊嚴眾生來生其國肇曰忍辱和顏故繫以容相耳豈直形報而已精進是菩薩淨土菩薩成佛時勤修一切功德眾生來生其國禪定是菩薩淨土菩薩成佛時攝心不亂眾生來生其國智慧是菩薩淨土菩薩成佛時正定眾

生來生其國肇曰得正智慧決定法相三聚衆生中名正定聚也四無量心是菩薩淨土菩薩成佛時成就慈悲喜捨衆生來生其國肇曰此四心周備無際故言無量四攝法是菩薩淨土肇曰以四等法攝衆生為四攝也一者惠施財法二施隨彼所須二者愛語以愛心故和言隨彼所適三者利行隨彼所利方便利之四者同事遇惡同惡而斷其惡遇善同善而進其善故名同事也菩薩成佛時解脫所攝衆生來生其國什曰或有見佛而不解脫者由功慧淺也能行四攝必慧深而功重故於佛前解脫也亦四攝能令衆生得解脫故行者後致解脫報方便是菩薩淨土菩薩成佛時於一切法方便無礙衆生來生其

國肇曰方便者巧便慧也積小德而獲大功功雖就而不證處有不乖寂居無不失化無為而無所不為方便無礙也三十七道品是菩薩淨土菩薩成佛時念處正勤神足根力覺道衆生來生其國肇曰念處四念處正勤四正勤神足四神足根五根力五力覺七覺意道八正道合三十七義在他經迴向心是菩薩淨土肇曰二乘三界各有別行若情無勝期則隨行受報大士標心佛道故能迴彼雜行向於一乘此迴向心也菩薩成佛時得一切具足功德國土肇曰遇善迴向何德不備此下三句雖不言衆生言國則在矣說除八難是菩薩淨土菩薩成佛時國土無有三惡八難肇曰說除八難之法故土無八難也自守

戒行不譏彼闕是菩薩淨土菩薩成佛時國土無有犯禁之名肇曰犯禁惡名出於譏彼而不自守十善是菩薩淨土菩薩成佛時命不中夭肇曰不殺報也大富肇曰不盜報也梵行肇曰不淫報也所言誠諦肇曰不妄語報常以軟語肇曰不惡口報眷屬不離善和鬭訟肇曰不兩舌報言必饒益肇曰不綺語報不嫉不恚正見衆生來生其國肇曰嫉恚邪見心患之尤者故別立三善什曰迴向善向佛道故曰迴向迴向則已兼舉衆生故說具足功德具足功德則無八難故復說除八難除八難為行故受無難之報既無八難則無衆惡無衆惡則無犯禁故次說無犯戒上說戒度今復言戒者義不在戒也欲因戒以明不譏彼闕不

譏彼闕故莫知其闕莫知其闕則無犯禁之名以此為行故獲此為果獲此為果則衆惡都息故以十善次也如是寶積菩薩隨其直心則能發行肇曰夫心直則信固信固然後能發迹造行然則始於萬行者其唯直心乎此章明行之次漸微著相因是以始於直心終於淨土譬猶植栽絲髮其茂百圍也直心樹其萌衆行因而成故言隨也隨其發行則得深心肇曰既能發行則得道情彌深隨其深心則意調伏肇曰道情既深則意無麤獷也隨意調伏則如說行肇曰心既調伏則聞斯能行也隨如說行則能迴向肇曰聞既能行則能迴其所行標心勝境隨其迴向則有方便肇曰既能迴向大乘則是方便之所由生也隨其方便則成就衆生肇曰方便之所

期在成眾生也隨成就眾生則佛土淨肇曰眾生既淨則土無穢也隨佛
土淨則說法淨肇曰既處淨土則有淨說隨說法淨則智慧淨肇曰
既有淨說則淨智慧生也隨智慧淨則其心淨肇曰淨智既生則淨心轉明矣隨
其心淨則一切功德淨肇曰積德不已者欲以淨心心既淨則無德不淨生曰功
德者殊妙果也本其所從故以名之焉什曰直心以誠心信佛法也信心既立則能發行眾善眾善既積
其心轉深其心轉深則不隨眾惡棄惡從善是名調伏心既調伏則遇善斯行遇善斯行則難行能行難
行能行故能如所說行如所說行則萬善兼具萬善兼具故能迴向佛道向而彌進是方便力也方便大
要有三一善於自行而不取相二不取證三善化眾生具此三已則能成就眾生成就眾生則三因具足

三因具足則得淨土土既清淨則眾生純淨眾生純淨則不說雜教故言說清淨受法則具下三淨具下
三淨則與化主同德故曰一切淨也上章雖廣說淨國行而未明行之階漸此章明至極深廣不可頓超
宜尋之有途履之有序故說發迹之始始於直心終成之美則一切淨也是故寶積若菩
薩欲得淨土當淨其心隨其心淨則佛土淨肇曰結成淨土
義也淨土蓋是心之影響耳夫欲響順必和其聲欲影端必正其形此報應之定類也爾時舍
利弗承佛威神作是念若菩薩心淨則佛土淨者我
世尊本為菩薩時意豈不淨而是佛土不淨若此肇曰
土之淨穢固非二乘所能及也如來將明佛土常淨美惡生彼故以威神發其疑念以生言端故言承也

佛知其念即告之言於意云何日月豈不淨耶而盲
者不見對曰不也世尊是盲者過非日月咎舍利弗
眾生罪故不見如來佛國嚴淨非如來咎肇曰日月豈不明不
見自由瞽目佛土豈不淨罪穢故不覩舍利弗我此土淨而汝不見肇曰
向因此土生疑故即此土明淨也爾時螺髻梵王語舍利弗勿作是
念謂此佛土以為不淨所以者何我見釋迦牟尼佛
土清淨譬如自在天宮什曰佛土清淨階降不同或如四天王乃至如六天或如
梵天乃至如淨居或有過淨居天過淨居天者唯補處菩薩生此國也稱適眾心故現國不同螺髻所見

如自在天宮者復是見其所應見耳而未盡其淨也下言譬如寶莊嚴佛國始是釋迦真報應淨國淨國
即在此世界如法華經壽量品中云此淨穢同處而不相雜猶如下一器中有二種食應二種眾生舍
利弗言我見此土丘陵坑坎荊棘沙礫土石諸山穢
惡充滿肇曰各以所見而為證也螺髻梵王言仁者心有高下不
依佛慧故見此土為不淨耳肇曰萬事萬形皆由心成心有高下故丘陵是
生也舍利弗菩薩於一切眾生悉皆平等深心清淨依
佛智慧則能見此佛土清淨肇曰若能等心羣生深入佛慧淨業既同則所
見不異也於是佛以足指按地即時三千大千世界若干

百千珍寶嚴飾。譬如寶莊嚴佛無量功德寶莊嚴土。一切大衆歎未曾有。而皆自見坐寶蓮華。肇曰。佛土常淨。豈待變而後飾。按地者。蓋是變衆人之罪所見耳。寶莊嚴土。淨土之最。故以爲喩。佛告舍利弗。汝且觀是佛土嚴淨。舍利弗言。唯然。世尊。本所不見。本所不聞。今佛國土嚴淨悉現。肇曰。顯淨土於未見聞。猶開聾瞽於形聲也。佛告舍利弗。我佛國土常淨若此。爲欲度斯下劣人故。示是衆惡不淨土耳。什曰。若隨其罪福自致淨穢者。非示之謂也。而言示之者。有示義也。諸佛能爲衆生現淨而隱不淨。現淨而隱不淨。則無益衆生。任而不隱。義示同也。譬

如諸天共寶器食。隨其福德飯色有異。如是舍利弗。若人心淨便見此土功德莊嚴。肇曰。始生天者。欲共試知功德多少。要共一寶器中食。天上飯至白。無白可喩。其福多者。舉飯向口。飯色不異。若少者。舉飯向口。飯色變異。在器色一。在手不同。飯豈有異。異自天耳。佛土不同。方可知也。生曰。喩梵天舍利弗也。慧心明淨。則見功德莊嚴。以暗心而取。故謂之穢耳。非佛土然也。當佛現此國土嚴淨之時。寶積所將五百長者子皆得無生法忍。八萬四千人發阿耨多羅三藐三菩提心。肇曰。佛國之興。其正爲此。無生忍。同上。不起法忍。法忍。即慧性耳。見法無生。心智寂滅。堪受不退。故名無生法忍也。佛攝神足。於是世界還復如故。肇曰。非分不可以久處。故還彼所應見也。求聲聞乘三萬二千諸天及人。知有爲法皆悉無常。遠塵離垢得法眼淨。肇曰。下乘道非獨覺。要師而後成。故名聲聞乘。亦名弟子乘也。國土穢而可淨。淨而復穢。因悟無常。故得法眼淨。法眼淨。須陁洹道也。始見道迹。故得法眼名。塵垢。八十八結也。八千比丘不受諸法。漏盡意解。肇曰。無著之道。於法無受。無染。漏盡。九十八結漏既盡。故意得解脫。成阿羅漢也。

方便品第二

什曰。此品序淨名德者。非集經者之意。其方便辯才。世尊常所稱歎。故集經者承其所聞以序德耳。

爾時毗耶離大城中有長者名維摩詰。已曾供養無量諸佛。深植善本。得無生忍。辯才無礙。遊戲神通。什曰。因神通廣其化功。亦以神通力證其辯才。如龍樹與外道論議。外道問曰。天今何作。答曰。天今與阿脩羅戰。復問云。何爲證。菩薩即爲現證。應時摧戈折刃。及阿脩羅身首。從空中墜落。又見天與阿脩羅於虛空中列陣相對。外道見證已。乃伏其辯才。神通證辯類如此也。肇曰。菩薩得五通。又云具六通。以得無生忍。三界結盡。方於二乘。故言六。方於如來。結習未盡。故言五也。逮諸總持。獲無所畏。降魔勞怨。入深法門。善於智度。通達方便。大願成就。什曰。初發心之時。其願未大。或大而未成。大而成者。唯法忍菩薩也。如無量壽四十八願。是大願之類也。

肇曰。大願將無量壽願比也。 明了眾生心之所趣。又能分別諸根利鈍。久於佛道。心已純淑。決定大乘。諸有所作能善思量。住佛威儀。心大如海。什曰。海有五德。一澄淨不受死屍。二多出妙寶。三大龍注雨滴如車軸受而不溢。四風日不能竭。五淵深難測。大士心淨不受毀戒之屍。出慧明之寶。佛大法雨受而不溢。魔邪風日不能虧損其智。淵深莫能測者。故曰心大如海也。 諸佛咨嗟。弟子釋梵世主所敬。欲度人故。以善方便居毗耶離。資財無量攝諸貧民。奉戒清淨攝諸毀禁。以忍調行攝諸恚怒。以大精進攝諸懈怠。一心禪寂攝諸亂意。以決

定慧攝諸無智。雖為白衣奉持沙門清淨律行。雖處居家不著三界。示有妻子常修梵行。現有眷屬常樂遠離。雖服寶飾而以相好嚴身。雖復飲食而以禪悅為味。若至博奕戲處輒以度人。受諸異道不毀正信。雖明世典常樂佛法。一切見敬為供養中最。肇曰。含齒無不敬。淨養無不恭。故曰為供養中之最。 執持正法攝諸長幼。肇曰。外國諸部曲皆立三老有德者為執法人。以決鄉訟。攝長幼也。淨名現執俗法。因此通達道法也。 一切治生諧偶。雖獲俗利不以喜悅。遊諸四衢饒益眾生。入治政

法救護一切。入講論處導以大乘。入諸學堂誘開童蒙。肇曰。學堂童蒙學書堂也。誘開如太子入學現梵書比也。 入諸淫舍示欲之過。什曰。外國有一女人。身體金色。有長者子名達慕多羅。以千兩金要入竹林。同載而去。文殊師利於中道變身為白衣。身著寶衣。衣甚嚴好。女人見之貪心內發。文殊言。欲得衣者當發菩提心。女曰。何等為菩提心。答曰。汝身是也。問曰。云何是。答曰。菩提性空。汝身亦空。以此故是。此女曾於迦葉佛所宿植善本。修習智慧。聞是說。即得無生法忍。得無生法忍已。將示欲之過。還與長者子入竹林。入竹林已。自身現死。膖脹臭爛。長者子見已。甚大怖畏。往詣佛所。佛為說法。亦得法忍。示欲之過。有如是利益也。肇曰。外國淫人別立聚落。凡豫士流目不暫顧。而大士同其欲。然後示其過也。 入諸酒肆能立其志。肇曰。酒致失志。開放逸門。 若在長者長者中尊。為說勝法。什曰。長者如今四姓豪族也。聲聞於凡夫為勝。如是展轉佛法最勝也。肇曰。凡人易以威順。難以理從。故大士每處其尊。以弘風靡之化。長者豪族望重。多以世教自居。不弘出世間勝法也。 若在居士居士中尊。斷其貪著。什曰。外國白衣多財富樂者名為居士。 若在剎利剎利中尊。教以忍辱。什曰。梵音中含二義。一言忍辱。二言瞋恚。言此人有大力勢。能大瞋恚。忍受苦痛。剛彊難伏。因以為姓也。肇曰。剎利王種也。秦言田主。劫初人食地味。轉食自然粳米。後人情漸偽。各有封殖。遂立有德者處平分田。此王者之始也。故相承為名焉。其尊貴自在。多彊暴恣意。不能忍和也。 若在婆羅門。婆羅門中尊。除其我慢。什曰。廣學問。求邪道。自恃智慧。驕慢自在。

名婆羅門。肇曰。婆羅門。秦言外意。其種別有經書。世世相承。以道學爲業。或在家。或出家苦行。多恃己道術。自我慢人。若在大臣。大臣中尊。教以正法。若在王子。王子中尊。示以忠孝。若在內官。內官中尊。化正宮女。什曰。非如今內官也。外國法。取歷世忠良者長有德者。用爲內官。化正宮女也。若在庶民。庶民中尊。令興福力。什曰。昔有一賤人來入城邑。見一人服飾嚴淨。乘大馬。執寶蓋。唱言不好。乃至再三。彼人怪而問曰。我嚴淨如是。汝何言不好耶。賤人曰。君宿植德本。獲此果報。威德被服。人所宗仰。我昔不種福。鄙陋如是。以我比君。猶如禽獸。故自言不好耳。非毀君也。賤人因是感厲。廣修福業。形尊悟物。所益已弘。況以道法化人哉。肇曰。福力微淺。故生庶民也。若在梵天。梵天中尊。誨以勝慧。什曰。小乘中初梵有三種。大乘中有四種。餘上三地亦如是。梵王雖有定慧。而非出要。誨以佛慧。故言勝。若在帝釋。帝釋中尊。示現無常。什曰。梵垢薄而著淺。故爲現勝慧。釋愛重而著深。故爲現無常。若在護世。護世中尊。護諸眾生。什曰。護世四天王也。諸惡鬼神殘食眾生。護世四王護之不令害也。今言尊者道力所護。兼及十方。長者維摩詰。以如是等無量方便饒益眾生。肇曰。法身圓應。其跡無端。故稱無量。上略言之耳。其以方便現身有疾。什曰。上諸方便。以施戒攝人。施戒攝人。則人感其惠。聞其有疾。則問疾者眾。問疾者眾。則功化弘矣。是以廣現方便。然後處疾也。肇曰。雖復變應殊方。妙迹不一。然此經之起。本於現疾。故作者別序其事。以其疾故。國王大

臣長者居士。婆羅門等。及諸王子。并餘官屬。無數千人。皆往問疾。其往者。維摩詰因以身疾。廣爲說法。什曰。欲明履道之身。未免斯患。況無德而可保耶。肇曰。同我者易信。異我者難順。故因其身疾。廣明有身之患。諸仁者。是身無常。無強無力無堅。速朽之法。不可信也。爲苦爲惱。眾病所集。什曰。諸佛常法。要先以七事發人心。然後說四諦。何等爲七。一施。二戒。三生天。四說味。味。樂味也。五果報過患。雖有少樂。而眾苦無量。眾生迷於少樂。而不覺眾苦。猶以芥子置於山頂。唯見芥子。而不覩大山也。六教厭離世間。七歎涅槃功德。今不說七法。直說無常者。將以此會積德已淳。慧性修明故也。復次無常是空之初相。將欲說空。故先說無常。所以但說身。不說餘法。餘法中少生著故也。諸仁者。如此身。明智者所不怙。是身如聚沫。不可撮摩。是身如泡。不得久立。是身如燄。從渴愛生。是身如芭蕉。中無有堅。是身如幻。從顛倒起。是身如夢。爲虛妄見。是身如影。從業緣現。是身如響。屬諸因緣。是身如浮雲。須臾變滅。是身如電。念念不住。是身無主。爲如地。肇曰。夫萬事萬形。皆四大成。在外則爲土木山河。在內則爲四肢百體。聚而爲生。散而爲死。生則爲內。死則爲外。內外雖殊。然其大不異。故以內外四大類明無我也。如外地古今相傳。彊者先宅。故無主也。身亦然爾。眾緣所成。緣合則起。緣散則離。何有真宰常主之者。主壽

人卽是一我義立四名也是身無我爲如火肇曰縱任有自由謂之我而外火起滅由薪火不自在火不自在火無我也外火既無我內火類亦然是身無壽爲如風肇曰常存不變謂之壽而外風積氣飄鼓動止無常動止無常風無壽也外風既無壽內風類可知是身無人爲如水肇曰貴於萬物而始終不改謂之人而外水善利萬形方圓隨物洿隆異適而體無定體無定則水無人也外水既無人內水類可知也是身不實四大爲家是身爲空離我我所什曰離我眾生空離我所法空也上四句說空無我喻此直說空無我義也肇曰我身我所主也我所自我之外身及國財妻子萬物盡我所有智者觀身身內空寂二事俱離也是身無知如草木瓦礫肇曰身雖能觸而無知內雖能知而無觸自性而求二俱無知既曰無知何異瓦礫是身無作風力所轉什曰無作主而有所作者風所轉也從無知至無作更釋空無我義也是身不淨穢惡充滿是身爲虛僞雖假以澡浴衣食必歸磨滅什曰此明無常所壞所以苦也自此以下盡說苦喻也爲災病苦也丘井以下總喻生老病死眾苦無量也是身爲災百一病惱是身如丘井爲老所逼什曰丘井丘墟枯井也昔有人有罪於王其人怖罪逃走王令醉象逐之其人怖急自投枯井半井得一腐草以手執之下有惡龍吐毒向之傍有五毒蛇復欲加害二鼠嚙草草復將斷大象臨其上復欲取之其人危苦極大恐怖上有一樹樹上時有蜜滴落其口中以著味故而忘怖畏丘井生死也醉象無常也毒龍惡道也五毒蛇五陰也腐草命根也黑白二鼠

白日黑月也蜜滴五欲樂也得蜜滴而忘怖畏者喻眾生得五欲蜜滴不畏苦也是身無定爲要當死是身如毒蛇如怨賊如空聚陰界諸入所共合成什曰昔有人得罪於王王欲密殺箧盛四毒蛇使其守護有五怨賊拔刀守之善知識語之令走其人卽去入空聚落便於中止知識復言此處是惡賊所止若住此者須臾賊至喪汝身命失汝財寶宜速捨離可得安隱其人從教卽便捨去復見大水縛筏而渡渡已安隱無復眾患王喻魔也箧喻身也四蛇四大也五怨賊五陰也空聚落六入也惡賊六塵也河生死也善知識教令走者謂佛菩薩教眾生離惡魔棄四大捨五陰眾生從教雖捨遠三患而未出諸入聚落未免怨賊復教令乘八正筏度生死流度生死流已坦然無爲無復眾患也肇曰六情喻空聚皆有誠證喻在他經是故涅槃經云觀身如四大毒蛇是身無常常爲無量諸虫之所唼食是身臭穢貪欲獄縛是身可畏猶如死狗是身不淨九孔常流是身如城血肉筋骨皮裹其上手足以爲卻敵樓櫓目爲孔竅頭爲殿堂心王處中如是身城諸佛世尊之所棄捨凡夫愚人常所味著貪淫瞋恚愚癡羅刹止住其中是身不堅猶如蘆葦伊蘭水流芭蕉之樹是身無常念念不住猶如電光瀑水幻燄亦如畫水隨畫隨合是身易壞猶如河岸臨峻大樹是身不久虎狼鵰梟鷹鷲餓狗之所食噉誰有智者當樂此身寧以牛跡盛大海水不可具說是身無常不淨臭穢寧團大地使如棗等漸漸轉小如亭歷子乃至微塵不能具說是身過患是故當捨如棄涕唾也諸仁者此可患厭當樂佛身所以者何佛身者卽法身也肇曰經云法身者虛空身也無生而無不生無形而無不形超三界之表絕有心之境陰入所

不能攝。稱讚所不能及。寒暑不能爲其患。生死無以化其體。故其爲物也。微妙無象不可爲有。備應萬形不可爲無。彌綸八極不可爲小。細入無間不可爲大。故能入生出死。通洞乎無窮之化。變現殊方。應無端之求。此二乘之所不識。補處之所不覩。況凡夫無目。敢措思於其間哉。聊依經誠言。麤標其玄極耳。然則法身在天而天。在人而人。豈可近捨丈六。而遠求法身乎。從無量功德智慧生。從戒定慧解脫解脫知見生。從慈悲喜捨生。從布施持戒忍辱柔和勤行精進禪定解脫三昧多聞智慧諸波羅蜜生。肇曰。禪。四禪。定。四定。解脫。八解脫。三昧。三三昧。此皆禪度之別行也。諸。即上六度也。波羅蜜秦言到彼岸。彼岸實相岸也。得無生以後。所修眾行。盡與實相合體。無復分別也。從方便

生。從六通生。肇曰。七住以上。則具六通。自非六通運其無方之化。無以成無極之體也。從三明生。肇曰。天眼。宿命。智。漏盡通。爲三明也。從三十七道品生。從止觀生。什曰。始觀時。係心一處。名爲止。靜極則明。明即慧。慧名觀也。肇曰。止觀定慧。從十力四無所畏十八不共法生。從斷一切不善法集一切善法生。從眞實生。從不放逸生。從如是無量清淨法生如來身。諸仁者。欲得佛身斷一切眾生病者當發阿耨多羅三藐三菩提心。如是長者維摩詰爲諸問疾者如應說法。令無數千人。皆發阿耨多羅三藐三菩提心。

維摩詰所說經註卷第一

音釋

覿 音狄見也 雋 音俊同 譯 音亦翻梵成華也 鶉火 上音湻卽丙午也 環中 境內也 婉 音宛美也 詰 去吉切 懾 質涉切怖也 慘 七感切痛也 蟒 音莽大蛇 毀譽 下平聲下同 涘 音俟水厓也 洿 音烏水濁不流也 獷 古猛切惡貌 膖脹 音龐帳下同 撮 七活切 嚙 五巧切 篋 苦協切箱篋 卻敵 樓櫓 二皆城上屋也 竅 苦弔切穴也 噉 杜覽切同啖 葶藶子 藥草名

維摩詰所說經註卷第二

姚秦三藏法師鳩摩羅什譯

長安沙門僧肇註

弟子品第三　肇曰。上善若水。所以洿隆斯順。與善仁。故能曲成無悋。動善時。所以會幾不失。居衆人之所惡。故能與彼同疾。世尊大慈必見垂問。因以弘道。所濟良多。此現疾之本意也。

爾時長者維摩詰自念寢疾於牀。世尊大慈寧不垂愍。佛知其意。卽告舍利弗。汝行詣維摩詰問疾。什曰。聲聞法中。諸羅漢無漏智慧勝。菩薩世俗智慧。大乘法中。菩薩二事俱勝。今用聲聞法明大小。故先命弟子。舍利弗於弟子中智慧第一。故先命之。知其不堪而命之者。欲令其顯維摩詰才辯殊勝。發起衆會也。復命餘人者。欲令各稱其美。明兼應辯慧無方也。

舍利弗白佛言。世尊。我不堪任詣彼問疾。所以者何。憶念我昔曾於林中宴坐樹下。時維摩詰來謂我言。唯。舍利弗。不必是坐為宴坐也。夫宴坐者。不於三界現身意。是為宴坐。肇曰。夫法身之宴坐。形神俱滅。道絕常境。視聽之所不及。豈復現身於三界。修意而為定哉。舍利弗猶有世報生身及世報意根。故以人間為煩擾。而宴坐樹下。未能神形無跡。故致斯呵。凡呵之興。意在多益。豈存彼我。以是非為心乎。不起滅定而現諸威儀。是為宴坐。肇曰。小乘入滅盡定則形猶枯木無運用之能。大士入實相定。心智永滅。而形充八極。順機而作。應會無方。舉動進止。不捨威儀。其為宴坐也。亦以極矣。上云不於三界現身意。此云現諸威儀。夫以無現故能無不現。無不現。卽無現之體也。庶參玄君子。有以會其所以同而同其所以異也。不捨道法而現凡夫事。是為宴坐。肇曰。小乘障隔生死。故不能和光。大士美惡齊旨。道俗一觀。故終日凡夫。終日道法也。淨名之有居家。卽其事也。心不住內亦不在外。是為宴坐。什曰。賢聖攝心謂之內。凡夫馳想謂之外。言不內不外者。等心內外也。於諸見不動而修行三十七道品。是為宴坐。肇曰。諸見。六十二諸妄見也。夫以見為見者。要動捨諸見以修道品。大士觀其諸見眞性。卽是道品。故不近捨諸見而遠修道品也。不斷煩惱而入涅槃。

是為宴坐。什曰。煩惱卽涅槃。故不待斷而後入也。若能如是坐者。佛所印可。時我世尊。聞說是語。默然而止。不能加報。故我不任詣彼問疾。

佛告大目犍連。汝行詣維摩詰問疾。什曰。目連。婆羅門姓也。名拘律陀。拘律陀。樹神名也。以求神得故。因以為名。生便有大智慧。故名大目犍連。神足第一者也。目連白佛言。世尊。我不堪任詣彼問疾。所以者何。憶念我昔入毗耶離大城。於里巷中為諸居士說法。時維摩詰來謂我言。唯。大目連。為白衣居士說法。不當如仁者所說。夫說法者，當如法說。法無衆生，離衆生垢故。什曰：居士智慧利根，應直闡實相，而目連未覩人根，依常說法，先以施戒七事，發悟居士。居士聞施戒，及生天受福，則起衆生想。起衆生想已，則於諸法妄生衆相，故建章明無衆生。後破衆相，乃可以返其所迷，應其本識也。肇曰：自此以下，辯眞法義也。夫存衆生，則垢眞法。若悟法無衆生，則其垢自離。衆生自我，習著偏重，故先名其無。法無有我，離我垢故。法無壽命，離生死故。肇曰：生死，命之始終耳。始終既離，則壽命斯無。諸言離者，空之別名也。法無有人，前後際斷故。法常寂然，滅諸相故。法離於相，無所緣故。法無名字，言語斷故。法無有說，離覺觀故。法無形相，如

虛空故。法無戲論，畢竟空故。法無我所，離我所故。法無分別，離諸識故。法無有比，無相待故。法不屬因，不在緣故。法同法性，入諸法故。法隨於如，無所隨故。法住實際，諸邊不動故。什曰：此三同一實也。因觀時有淺深，故有三名。始見其實，謂之如。轉深謂之性。盡其邊，謂之實際。以新學爲六情所牽，心隨物變，觀時見同，出則見異，故明諸法同此三法。故有無非中，於實爲邊也。言有而不有，言無而不無，雖諸邊塵起，不能轉之令異，故言諸邊不動也。法無動搖，不依六塵故。法無去來，常不住故。法順空，隨無相，應無作。肇曰：同三空也。法離好醜。法無增損。法無生

滅。法無所歸。法過眼耳鼻舌身心。法無高下。法常住不動。法離一切觀行。唯，大目連，法相如是，豈可說乎。夫說法者，無說無示。其聽法者，無聞無得。譬如幻士爲幻人說法，當建是意而爲說法。當了衆生根有利鈍，善於知見，無所罣礙。以大悲心讚於大乘，念報佛恩，不斷三寶，然後說法。維摩詰說是法時，八百居士發阿耨多羅三藐三菩提心。我無此辯，是故不任詣彼問疾。

佛告大迦葉：汝行詣維摩詰問疾。迦葉白佛言：世尊，我不堪任詣彼問疾。所以者何？憶念我昔曾於貧里而行乞。時維摩詰來謂我言：唯，大迦葉，有慈悲心而不能普，捨豪富從貧乞。什曰：先佛出家，第一頭陀者也。昔一時從山中出，形體垢膩，著衲弊衣，來詣佛所。諸比丘見之，起輕賤意。佛欲除諸比丘輕慢心故，讚言：善來迦葉。即分牀坐。迦葉辭曰：佛爲大師，我爲弟子，云何共坐。佛言：我禪定解脫、智慧三昧、大慈大悲、教化衆生，汝亦如是，有何差別。諸比丘聞已，發希有心，咸興恭敬。迦葉聞是已，常學佛行慈悲，救苦濟人。有是慈悲，而捨富從貧，意將何在耶。將以貧人昔不植福，故致斯報。今不度者，來世益甚。亦以造富有名利之嫌故。又不觀來世現受

樂故亦以富人慢恣難開化故亦以貧人覺苦厭此心易得故從捨之生必由異見故譏其不普誨以平等也肇曰迦葉以貧人昔不植福故生貧里若今不積善後復彌甚愍其長苦多就乞食淨名以其捨富從貧故譏迦葉不普也**迦葉住平等法應次行乞食**肇曰生死輪轉貴賤無常或今貧後富或今富後貧大而觀之苦樂不異是以凡住平等之爲法應次第行乞不宜去富而就貧也**爲不食故應行乞食**什曰即食之實相應以此心乞食也**爲壞和合相故應取揣食**什曰和合相即揣食食有四種一曰揣食二曰願食如見沙囊命不絕是願食也三曰業食如地獄不食而活由其罪業應久受苦痛也四曰識食無色衆生識想相續也壞和合相即是實相令其以是心行乞也**爲不受故應受彼食**肇曰不受亦涅槃法也夫

爲涅槃而行乞者應以無受心而受彼食然則終日受而未嘗受也**以空聚相入於聚落**肇曰空聚亦涅槃相也凡入聚落宜存此相若然則終日聚落終日空聚也**所見色與盲等**肇曰二乘惡厭生死怖畏六塵故戒以等觀也盲謂不見美惡之異非謂閉目也**所聞聲與響等**肇曰未有因山響而致喜怒也**所嗅香與風等**肇曰香臭因風風無香臭又取其不存也**所食味不分別**什曰法無定性由分別取相謂之爲味若不分別時則非味也雖食當如本相也**受諸觸如智證**肇曰得漏盡智無生智自證成道舉身柔輭快樂而不生著身受諸觸宜若此也**知諸法如幻相無自性無他性本自不然今則無滅**什曰指會成拳故無自性指亦如是故無他性生曰從他生故

無自性也既無自性豈有他性哉然則本自不然有何滅乎故如幻**迦葉若能不捨八邪入八解脫**肇曰八邪八解本性常一善觀八邪即入八解曷爲捨邪更求解脫乎若能如是者名入解脫也**以邪相入正法**肇曰若本性常一者則邪正相入不乖其相也**以一食施一切供養諸佛及衆賢聖然後可食**肇曰因誨以無礙施法也若能等邪正又能以一食等心施一切衆生供養諸佛賢聖者乃可食人之食也無礙施者凡得食要先作意施一切衆生然後自食若得法身則能實充足一切如後一鉢飯也若未得法身但作意等施即是無礙法施也**如是食者非有煩惱非離煩惱**肇曰有煩惱食凡夫也離煩惱食二乘也若能如上平等而食者則是法身之食非有煩惱而食非離煩惱而食也**非**

入定意非起定意肇曰小乘入定則不食食則不入定法身大士終日食而終日定故無出入之名也**非住世間非住涅槃**肇曰欲言住世間法身絕常俗欲言住涅槃現食同人欲**其有施者無大福無小福不爲益不爲損**生曰施平等人應得平等報故施主亦不見有大小福也**是爲正入佛道不依聲聞**肇曰平等乞食自利利人故正入佛道不依聲聞道也**迦葉若如是食爲不空食人之施也**生曰言必能福彼也然則非徒拔其貧苦而已乃所以終得大乘之果也**時我世尊聞說是語得未曾有即於一切菩薩深起敬心復作是念斯有家名辯才智慧乃能如是其誰不發**

阿耨多羅三藐三菩提心。肇曰。時謂在家大士智辯尚爾。誰其不發無上心也。我從是來。不復勸人以聲聞辟支佛行。是故不任詣彼問疾。

佛告須菩提。汝行詣維摩詰問疾。什曰。秦言善業。解空第一。善業所以造居士及致失者。有以而往。亦有由而失。請以喻明之。譬善射之人。發無遺物。雖輕翼迅逝。不能翔其舍。猶維摩詰辯慧深入。言不失會。故五百應眞莫敢闚其門。善業自謂智能深入。辯足應時。故直造不疑。此往之意也。然當其入觀。則心順法相。及其出定。則情隨事轉。致失招屈。良由此也。維摩以善業自謂深入。而乖於平等。故此章言切而旨深者也。諸聲聞體非兼備。則各有偏能。謂之第一。故五百弟子皆稱第一也。肇曰。須菩提。秦言善吉。弟子中解空第一也。須菩提白佛言。世尊。我不堪任詣彼問疾。所以者何。憶念我昔入其舍從乞食時。維摩詰取我鉢盛滿飯。生曰。維摩迹在居士。有吝惜之嫌。若未與食便詰之者。物或謂之然也。故先取鉢盛滿飯。而不授之者。恐須菩提得鉢便去。不盡言論勢也。謂我言。唯。須菩提。若能於食等者。諸法亦等。生曰。苟恃定而來者。於定爲不等矣。卽以食詰之者。明於食亦不等也。不等於食。豈等定哉。是都無所等也。旣無所等。何有等定而可恃乎。諸法等者。於食亦等。如是行乞。乃可取食。肇曰。須菩提以長者豪富自恣。多懷貪吝。不慮無常。今雖快意。後必貧苦。愍其迷惑。故多就乞食。次入淨名舍。其卽取鉢盛飯。

未授之閒。譏其不等也。言萬法同相。一一可知。若於食等諸法亦等。諸法等者。於食亦等。以此行乞。乃可取食耳。曷爲捨貧從富。自生異想乎。若須菩提不斷淫怒癡。亦不與俱。肇曰。斷淫怒癡。聲聞也。淫怒癡俱。凡夫也。大士觀淫怒癡。卽是涅槃。故不斷不俱。若能如是者。乃可取食也。不壞於身而隨一相。肇曰。萬物齊旨。是非同觀。一相也。然則身卽一相。豈待壞身滅體。然後謂之一相乎。身。五陰身也。不滅癡愛起於明脫。肇曰。聲聞以癡噎智。故癡滅而明。以愛繫心。故愛解而脫。大士觀癡愛。其相卽是明脫。故不滅癡愛。而起明脫也。以五逆相而得解脫。亦不解不縛。肇曰。五逆眞相。卽是解脫。豈有縛解之異耶。五逆罪之尤者。解脫道之勝者。若能卽五逆相而得解脫者。乃可取人之食。不見四諦。非不見諦。非得果。非不得果。非凡夫。非離凡夫法。肇曰。果。諸道果也。不見四諦。故非得果。非不見諦。故非凡夫。雖非凡夫。而不離凡夫法。此乃平等之道也。非聖人。非不聖人。肇曰。不離凡夫法。非聖人也。道過三界。非不聖人也。雖成就一切法。而離諸法相。乃可取食。肇曰。不捨惡法而從善。則一切諸法於何不成。諸法雖成而離其相。以離其相故。則美惡斯成矣。若須菩提不見佛不聞法。肇曰。猶誨以平等也。夫若能齊是非一好醜者。雖復上同如來。不以爲尊。下等六師。不以爲卑。何則。天地一旨。萬物一觀。邪正雖殊。其性不二。豈有如來獨尊而六師獨卑乎。若能同彼六師不見佛不聞法。因其出家隨其所墮。而不以爲異者。乃可取食也。此蓋窮理盡性極無方之說也。善惡反論而不違其常。邪正同辯而不喪其眞。斯可謂平等正化莫二之道。彼外道六師富蘭那迦葉。什曰。迦葉母姓也。富蘭那字也。其人起邪見。謂一切法無所有如虛空不生滅也。肇曰。姓迦葉。字富蘭那。其人起邪見。謂一切法斷滅性空。無君臣父子忠孝之道也。末伽梨拘賖梨子。什曰。末伽梨字也。拘賖梨是其母也。其人起見云眾生罪垢無因無緣也。刪闍夜毗羅胝子。什曰。刪闍夜字也。毗羅胝母名也。其人起見。謂要久經生死彌歷劫數。然後自盡苦際也。肇曰。其人謂道不須求。經生死劫數。苦盡自得。如轉縷丸於高山。縷盡自止。何假求耶。阿耆多翅舍欽婆羅。肇曰。阿耆多翅舍字也。欽婆羅麤弊衣名也。其人著弊衣。自拔髮。五熱炙身。以苦行爲道。謂今身併受苦。後身常樂者也。迦羅鳩馱迦旃延。什曰。外道字也。其人應物起見。若人問言有耶。即答言有。問言無耶。答言無也。尼犍陀若提子等。什曰。尼犍陀字也。若提母名也。其人起見。謂罪福苦樂。盡由前世。要當必償。今雖行道。不能中斷。此六師盡起邪見。裸形苦行。自稱一切智。大同而小異耳。凡有三種六師。合十八部。第一自稱一切智。第二得五通。第三誦四韋陀經。上所說六師是第一部也。是汝之師。因其出家。彼師所墮。汝亦隨墮。乃可取食。什曰。因其見異。故誨令等觀也。若能不見佛勝六師。從其出家。與之爲一。不壞異相者。乃可取食也。若須菩提入諸邪見。不到彼岸。肇曰。彼岸實相岸也。或者以邪見爲邪。彼岸爲正。故捨此邪見。適彼岸耳。邪見彼岸。本性不殊。曷爲捨邪而欣彼岸乎。是以入諸邪見。不入彼岸者。乃可取食也。自六師以下。至乎不得滅度。類生逆談。以成大順。庶通心君子。有以標其玄旨。而遺其所是也。

住於八難。不得無難。肇曰。夫見難爲難者。必捨難而求無難也。若能不以難爲難。故能住於難。不以無難爲無難。故不得於無難也。同於煩惱。離清淨法。肇曰。夫能悟惱非惱。則雖惱而淨。若以淨爲淨。則雖淨而惱。是以同惱而離淨者。乃所以常淨也。汝得無諍三昧。一切眾生亦得是定。什曰。無諍有二。一以三昧力將護眾生。令不起諍心。二隨順法性。無違無諍。善業常自謂深達空法。無所違諍。令不順平等而云無諍者。則與眾生無差也。肇曰。善吉之與眾生。性常自一。曷爲善吉獨得而眾生不得乎。此明性本不偏也。善吉於五百弟子中。解空第一。常善順法相。無違無諍。內既無諍。外亦善順羣心。令無諍訟。得此定名無諍三昧也。其施汝者。不名福田。肇曰。我受彼施。令彼獲大福。故名福田耳。猶大觀之。彼我不異。誰爲種者。誰爲田者。供養汝者。墮三惡道。肇曰。五逆之損。供養之益。大觀正齊。未覺其異。若五逆而可墮。供養亦可墮也。爲與眾魔共一手作諸勞侶。汝與眾魔及諸塵勞等無有異。肇曰。既爲其侶。安得有異。夫以無異。故能成其異也。於一切眾生而有怨心。謗諸佛。毀於法。不入眾數。終不得滅度。肇曰。怨親之心。毀譽之意。美惡一致。孰云其異。苟曰不異。亦何爲不同焉。犯重罪者。不得入賢聖眾數。終不得滅度。生曰。爲害之由。由乎謗佛毀法。斯人則爲不入四眾矣。順在親友之義。以歎佛譽法爲體。亦不異謗。故云謗也。汝若如是。乃可取食。肇曰。若能備如上惡。乃可取食也。何者。夫捨惡從善。人之常情耳。然則是非經心。猶未免於累。是以等觀者。以存善爲患。故捨善以求宗。以捨惡爲累故卽惡而反本。然則卽惡有忘累之功。捨善有無染之勳。故知同善未爲得。同惡未爲失。淨名言意似在此乎。時我世尊聞此茫然不識是何言不知以何答。便置鉢欲出其舍。維摩詰言。唯須菩提取鉢勿懼。於意云何。如來所作化人若以是詰寧有懼不。肇曰。淨名欲令善吉弘平等之道。無心以聽。美惡斯順。而善吉本不思其言。迷其所說。故復引喻以明也。我言不也。維摩詰言。一切諸法如幻化相。汝今不應有所懼也。肇曰。若於弟子中解空第一。既知化之無心。亦知法之如化。以此而聽。曷爲而懼。所以者何。一切言說不離是相。肇曰。是相卽幻化相也。言說如化。聽亦如化。以化聽化。豈

容有懼。至於智者不著文字。故無所懼。何以故。文字性離。肇曰。夫文字之作。生於惑取。法無可取。則文字相離。虛妄假名。智者不著。無有文字是則解脫。肇曰。解脫謂無爲眞解脫也。夫名生於不足。足則無名。故無有文字。是眞解脫也。解脫相者則諸法也。肇曰。名生於法。法生於名。名既解脫。故諸法同解也。維摩詰說是法時。二百天子得法眼淨。故我不任詣彼問疾。

佛告富樓那彌多羅尼子。汝行詣維摩詰問疾。什曰。富樓那秦言滿也。彌多羅尼秦言善知識。卽其母名也。其人於法師中第一。善說阿毗曇也。富樓那白佛言。世尊。我不堪任詣彼問疾。所以者何。憶念我昔於大林中在一樹下。爲諸新學比丘說法。什曰。近毗耶離城有園林。林中有水。水名獮猴池。園林中有僧房。是毗耶離三精舍之一也。富樓那於中爲新學說法。時維摩詰來謂我言。唯富樓那。先當入定觀此人心。然後說法。肇曰。大乘自法身以上得無礙眞心。心智寂然。未嘗不定。以心常定。故能萬事並照。不假推求然後知也。小乘心有限礙。又不能常定。凡所觀察。在定則見。出定不見。且聲聞定力深者見衆生根極八萬劫耳。定力淺者身數而已。大士所見見及無窮。此新學比丘根在大乘。應聞大道。而爲說小法。故誨其入定也。無以穢食置於寶器。肇曰。穢食充飢小乘法也。盛無上寶大乘器也。當知是比丘心之所念。無以瑠璃同彼水精。汝不

能知衆生根源。無得發起以小乘法。彼自無瘡。勿傷之也。肇曰。彼大乘之體自無瘡疣。無以小乘之刺損傷之也。欲行大道。莫示小徑。無以大海內於牛跡。無以日光等彼螢火。肇曰。大物當置之大處。曷爲同龍象於兔徑。注大海於牛跡乎。富樓那。此比丘久發大乘心。中忘此意。如何以小乘法而教導之。我觀小乘智慧微淺。猶如盲人不能分別一切衆生根之利鈍。時維摩詰卽入三昧。令此比丘自識宿命。曾於五百佛所植衆德本。迴向阿耨多羅三藐三菩提。卽時豁然還

得本心。肇曰。淨名將開其宿心。成其本意。故以定力令諸比丘暫識宿命。自知曾於五百佛所植眾德本。曾已迴向功德向無上道。此其本也。於是諸比丘稽首禮維摩詰足。時維摩詰因為說法。於阿耨多羅三藐三菩提不復退轉。我念聲聞不觀人根不應說法。是故不任詣彼問疾。

佛告摩訶迦旃延。汝行詣維摩詰問疾。什曰。南天竺婆羅門姓也。善解契經者也。迦旃延白佛言。世尊。我不堪任詣彼問疾。所以者何。憶念昔者佛為諸比丘略說法要。我即於後敷演其義。謂無常義。苦義。空義。無我義。寂滅義。肇曰。如來言說未嘗有心。故其所說法未嘗有相。迦旃延不諭玄旨。故於入室之後。皆以相說也。何則。如來去常故說無常。非謂是無常。去樂故言苦。非謂是苦。去實故言空。非謂是空。去我故言無我。非謂是無我。去相故言寂滅。非謂是寂滅。此五者可謂無言之教。無相之說。而迦旃延造極不同。聽隨心異。聞無常則取其流動。至聞寂滅亦取其滅相。此言同旨異。迦旃延所以致惑也。時維摩詰來謂我言。唯。迦旃延。無以生滅心行說實相法。什曰。若無生滅則無行處。無行處乃至實相也。因其以生滅為實。故譏言無以生滅說實相法也。通非下五句也。迦旃延。諸法畢竟不生不滅是無常義。什曰。凡說空。則先說無常。無常則空之初門。初

門則謂之無常。畢竟則謂之空。旨趣雖同。而以精麤為淺深者也。何以言之。說無常則云念念不住。不住則有以繫住。雖云久住。而未明無住。是麤無常耳。未造其極也。今此一念。若令繫住。則後亦應住。若今住後住。則始終無變。始終無變。據事則不然。以住時不住。所以之滅。住即不住。乃真無常也。本以住為有。今無住則無有。無有則畢竟空。畢竟空即無常之妙旨也。故曰畢竟空是無常義。迦旃延未盡而謂之極者。故自招妄計之譏也。五受陰洞達空無所起是苦義。肇曰。有漏五陰受染生死。名受陰也。小乘以受陰起則眾苦生為苦義。大乘通達受陰內外常空。本自無起。誰生苦者。此真苦義也。諸法究竟無所有是空義。肇曰。小乘觀法緣起內無真主為空義。雖能觀空而於空未能都泯。故不究竟。大乘在有不有。在空不空。理無不極。所以究竟空義也。於我無我而不二是無我義。肇曰。小乘以封我為累。故尊於無我。無我既尊。則於我為二。大乘是非齊旨。二者不殊。無我義也。法本不然。今則無滅。是寂滅義。肇曰。小乘以三界熾然。故滅之以求無為。夫熾然既形。故滅名以生。大乘觀法本自不然。今何所滅。不然不滅。乃真寂滅也。說是法時。彼諸比丘心得解脫。故我不任詣彼問疾。

佛告阿那律。汝行詣維摩詰問疾。肇曰。阿那律。秦言如意。剎利種也。弟子中天眼第一。阿那律白佛言。世尊。我不堪任詣彼問疾。所以者何。憶念我昔於一處經行。時有梵王名曰嚴淨。

與萬梵俱。放淨光明來詣我所。稽首作禮問我言。幾何阿那律天眼所見。肇曰。梵王聞阿那律天眼第一。故問所見遠近。我即答言。仁者。吾見此釋迦牟尼佛土三千大千世界如觀掌中菴摩勒果。肇曰。菴摩勒果形似檳榔。食之除風冷。時手執此果。故即以爲喻也。時維摩詰來謂我言。唯。阿那律。天眼所見。爲作相耶。無作相耶。假使作相。則與外道五通等。若無作相。即是無爲。不應有見。什曰。色無色相。若見色有遠近精麤。即是爲色。爲色。則是邪惑顛倒之眼。故同於外道也。若不爲色作相。色則無爲。無爲。則不應見有遠近。而言遠見三千。則進退無可。故失會於

梵天。受屈於二難也。世尊。我時默然。彼諸梵聞其言。得未曾有。即爲作禮而問曰。世孰有眞天眼者。什曰。以阿那律天眼爲色作相。非眞天眼。若不作相。則是眞眼。未知誰有。故問言孰也。維摩詰言。有佛世尊得眞天眼。常在三昧。悉見諸佛國。不以二相。什曰。言不爲色作精麤二相也。肇曰。眞天眼。謂如來法身無相之目也。幽燭微形。巨細兼覩。萬色彌廣。有若目前。未嘗不見。而未嘗有見。故無眼色之二相也。二乘在定則見。出定不見。如來未嘗不定。未嘗不見。故常在三昧也。於是嚴淨梵王及其眷屬五百梵天。皆發阿耨多羅三藐三菩提心。禮維摩詰足已。忽然不見。故我不任詣彼問疾。

佛告優波離。汝行詣維摩詰問疾。什曰。長存誓願。世世常作持律。故於今持律第一也。優波離白佛言。世尊。我不堪任詣彼問疾。所以者何。憶念昔者。有二比丘犯律行。以爲恥。不敢問佛。什曰。以佛尊重。慚愧深故。亦於衆中大恐怖故。復次將以如來明見法相。決定我罪。陷於重殘。則永出清衆。望絕眞路也。來問我言。唯。優波離。我等犯律。誠以爲恥。不敢問佛。願解疑悔。得免斯咎。肇曰。愧其所犯。不敢問佛。以優波離持律第一。故從問也。疑其所犯。不知輕重。悔其既往。廢亂道行。故請持律解免斯咎也。我即爲其

如法解說。時維摩詰來謂我言。唯。優波離。無重增此二比丘罪。當直除滅。勿擾其心。什曰。犯律之人。心常戰懼。若定其罪相。復加以切之。則可謂心擾而罪增也。若聞實相。則心玄無寄。罪累自消。故言當直除滅也。所以者何。彼罪性不在內。不在外。不在中間。如佛所說。心垢故衆生垢。心淨故衆生淨。什曰。以罪爲罪。則心自然生垢。心自然生垢。則垢能累之。垢能累之。則是罪垢衆生。不以罪爲罪。此即淨心。心淨。則是衆生淨也。心亦不在內。不在外。不在中間。如其心然。罪垢亦然。肇曰。逆知其本也。夫執本以知其末。守母以見其子。佛言。衆生垢淨。皆由心起。求心之本。不在三處。心既不在。罪垢可知矣。諸

法亦然。不出於如。肇曰。萬法云云。皆由心起。豈獨垢淨之然哉。故諸法亦然。不離於如。如謂如本相也。如優波離以心相得解脫時。寧有垢不。什曰。心相謂羅漢亦觀眾生心心實相。得解脫也。今問其成道時。第九解脫道中觀實相時。寧見此中有垢不。我言不也。維摩詰言。一切眾生心相無垢。亦復如是。唯優波離。妄想是垢。無妄想是淨。顛倒是垢。無顛倒是淨。取我是垢。不取我是淨。什曰。罪本無相。而橫爲生相。是爲妄想。妄想自生垢耳。非理之咎也。優波離。一切法生滅不住。如幻如電。諸法不相待。乃至一念不住。什曰。此已下釋罪所以不可得也。肇曰。成前無相常淨義也。諸

法如電。新新不停。一起一滅。不相待也。彈指頃有六十念過。諸法乃無一念頃住。況欲久停。無住則如幻。如幻則不實。不實則爲空。空則常淨。然則物物斯淨。何有罪累於我哉。諸法皆妄見。如夢如燄。如水中月。如鏡中像。以妄想生。肇曰。上明外法不住。此明內心妄見。俱辨空義。內外爲異耳。夫以見妄故所見不實。所見不實則實存於所見之外。實存於所見之外。則見所不能見。見所不能見。故無相常淨也。上二喻取其速滅。此四喻取其妄想也。其知此者是名奉律。其知此者是名善解。什曰。奉律梵本云毗尼。毗尼秦言善治。謂自治淫怒癡。亦能治眾生惡也。肇曰。若能知法如此。乃名善解奉律法耳。不知此法而稱持律第一者何耶。令知優波離謬教意也。於是二比丘言。上智哉。是優波離所

不能及。持律之上而不能說。我答言。自捨如來。未有聲聞及菩薩。能制其樂說之辯。其智慧明達爲若此也。時二比丘疑悔即除。發阿耨多羅三藐三菩提心。作是願言。令一切眾生皆得是辯。故我不任詣彼問疾。

佛告羅睺羅。汝行詣維摩詰問疾。什曰。阿脩羅食月時名羅睺羅。羅睺羅秦言覆障。謂障月明也。羅睺羅六年處母胎。母胎所障故。因以爲名。聲聞法中密行第一。菩薩出家之日。諸相師言。若今夜不出家。明日七寶自至。爲轉輪聖王。王四天下。王即於其夜更增伎樂以悅其心。於

時菩薩欲心內發。羅睺羅即時處胎。耶輪陀羅其夜有身。於是淨居諸天相與悲而言曰。菩薩爲欲所纏。迷於女色。眾生可愍。誰當度者。即時變諸妓女皆如死人。甚可怖畏。令菩薩心厭。即勸出家。車匿牽馬。四天王接足。踰城而去。到菩提樹下。思惟苦行六年已。夜成佛。時羅睺羅乃生。生已佛乳母問言。悉達出家於是六年。汝今何從有身。若六年懷姙。世所未聞。諸釋聞之。相與議言。此是不祥。毀辱釋門。必是私竊。欲依法殺之。耶輪曰。願見大王。爾乃就死。王於是隔幔與語。具與事詰問其所由。耶輪如實自陳。我非私竊。是太子之屑耳。自太子出家。我嘗愁毒。寢臥冷地。故此兒不時成就耳。語王言。自看此兒顏貌色相。爲是孫子不。王即抱而觀之。見其色相與太子相似。王乃流淚而言曰。眞是吾孫子也。佛欲證明。化作梵志。來入王宮。見兒問言。汝名何等。答言。我名羅睺羅。梵志讚言。善哉。汝以業因緣故。處胎六年。所覆障故。應名

此也。王問何業因緣。答曰。我知業因緣。不知何業。佛後還國。羅睺羅見佛身相莊嚴。敬心內發。願欲出家。其母語言。此人出家。得成聖道。道非汝分。何用出家。羅睺羅言。若令一人得道。我要當得。使人剃髮。髮已垂盡。唯有頂上少許。復言。若髮都盡。則與死人無異。決定汝心。無從後悔。答言。國位有珍寶無量妙樂。我能棄之。況惜少髮耶。道心堅固。遂棄國出家。以舍利弗爲和尚。羅睺羅因緣及出家事。以聲聞法略說也。弟子中密行第一。

羅睺羅白佛言。世尊。我不堪任詣彼問疾。所以者何。憶念昔時。毗耶離諸長者子。來詣我所。稽首作禮問我言。唯羅睺羅。汝佛之子。捨轉輪王位。出家爲道。其出家者有何等利。我即如法爲說出家功

德之利。什曰。轉輪王亦有不入胎者。如頂生王是也。昔轉輪王頂上生瘡。王患其痒痛。婆羅門欲以刀破之。王時怒曰。云何以刀著大王頂上耶。更有婆羅門以藥塗之。至七日頂瘡乃壞。視瘡中見有小兒威相端正。取而養之。後遂爲王。因從頂生。故名頂生王。或有從肩臂手足等生。此皆從男生也。佛若不出家。則大轉輪王。王四天下。羅睺羅不出家。王一閻浮提。地下十由旬鬼神。空中十由旬鬼神。皆屬羅睺羅。爲其給使。羅睺羅失會其旨。有四。一不見人根。應非其藥。二出家功德無量而說之以限。三即是實相而以相說之。四出家法本爲實相及涅槃。出家即是二法方便。今雖未得。已有其相。羅睺羅雖說出家之美。而不說其終之相。故違理喪眞。受屈當時也。二人雖俱說出家功德。而羅睺羅以四失乖宗。維摩以四得應會。其得失相反。差別若此也。肇曰。不善知其根。爲說有爲功德利也。生曰。世榮雖樂。難可久保。出家之理。是樂無爲。豈可同年語其優劣。

時維摩詰來謂我言。唯羅睺羅。不應說出家功德之利。所以者何。無利無功德。是爲出家。肇曰。夫出家之意。妙存無爲。無爲之道。豈容有功德利乎。有爲法者。可說有利有功德。夫出家者。爲無爲法。無爲法中。無利無功德。肇曰。夫有無爲之果。必有無爲之因。果因同相。自然之道也。出家者爲無爲。即無爲之因也。無爲無利無功德。當知出家亦然矣。羅睺羅。出家者無彼無此。亦無中間。肇曰。僞出家者。惡此生死。尊彼涅槃。故有中間三處之異。眞出家者。遣萬累。亡彼此。豈有是非三處之殊哉。離六十二見。處於涅槃。肇曰。既無彼此。則離衆邪見。同涅槃也。上直明出家之義。

自此下明出家之事。雖云其事。然是無事事耳。何則。出家者。以去累爲志。無爲爲心。以心無爲。故所造衆德皆無爲也。智者所受。什曰。一切賢聖大人。悉讚歎受持出家法也。聖所行處。什曰。衆聖履之而通也。肇曰。賢智闢之而從。衆聖履之而通。可謂眞出家之道。降伏衆魔。度五道。淨五眼。得五力。立五根。什曰。凡夫能出四趣。不能出於天道。出家求滅。則五道斯越。物我通度也。淨五眼。如放光說也。不惱於彼。什曰。在家雖行善。然有父母妻子眷屬之累。若物來侵害。必還加報。是故在家是惱彼因緣。出家無此衆累。則惱因自息。故言不能惱彼也。離衆雜惡。什曰。凡以雜心而興福業。皆名雜惡也。出家修善。則滅除妄想。又爲涅槃。故離衆雜惡。摧諸外道。肇曰。日月不期去闇而闇自除。出家不期摧外道而外道自消也。超越

假名。什曰。緣會無實。但假空名耳。若得其眞相。卽於假不迷。故名超越也。出於泥。無繫著。肇曰。出生死愛見之淤泥。無出家受道之繫著也。無我所。無所受。肇曰。無四受也。欲受。我受。戒受。見受。無擾亂。什曰。凡心有在。方便不息。是名擾亂。出家無事。一切永離也。內懷喜。肇曰。夫擾亂出於多求。憂苦生於不足。出家寡欲。擾亂斯無。道法內充。故懷喜有餘。護彼意。什曰。謂能奬順衆生。不乖逆其心也。隨禪定。離衆過。肇曰。諸長者子。應聞出家無爲之道。而示以有爲功德之利。是由不隨禪以觀其根。不審法以奬其意。衆過之生。其在此乎。故因明出家以誡之也。若能如是。是眞出家。於是維摩詰語諸長者子。汝等於正法中。宜其出家。所以者何。佛世難值。諸長

者子言。居士。我聞佛言。父母不聽。不得出家。維摩詰言。然。汝等便發阿耨多羅三藐三菩提心。是卽出家。什曰。若發無上道心。心超三界。形雖有繫。乃眞出家。是卽具足。生曰。出家本欲離惡行道。若在家而能發意。卽具足矣。亦爲具足其道者也。爾時三十二長者子。皆發阿耨多羅三藐三菩提心。故我不任詣彼問疾。

佛告阿難。汝行詣維摩詰問疾。什曰。秦言歡喜也。問曰。阿難持佛法藏。卽其所聞。足知無病。今云何不達。答曰。眞實及方便。悉是佛語。故二説皆信。又云阿難亦共爲方便也。肇曰。阿難。秦言歡喜。弟子中總持第一。阿難白佛言。世尊。我不堪任詣彼問疾。所以者何。憶念昔時世尊身小有疾。當用牛乳。我卽持鉢詣大婆羅門家門下立。時維摩詰來謂我言。唯阿難。何爲晨朝持鉢住此。生曰。晨非乞食時。必有以也。我言。居士。世尊身小有疾。當用牛乳。故來至此。維摩詰言。止止。阿難。莫作是言。如來身者金剛之體。什曰。小乘人骨金剛。肉非金剛也。大乘中內外金剛。一切實滿。有大勢力。無病處故。諸惡已斷。衆善普會。當有何疾。當有何惱。肇曰。夫病患之生。行業所爲耳。如來善無不積。惡無不消。體若金剛。何患之有。默往。阿難。勿謗如來。莫使異人聞此麤言。無

令大威德諸天。及他方淨土諸來菩薩。得聞斯語。阿難。轉輪聖王以少福故。尚得無病。豈況如來無量福會普勝者哉。什曰。有羅漢名薄拘羅。往昔爲賣藥師。語夏安居僧言。若有須藥。就我取之。衆竟無所須。唯一比丘小病。受一訶梨勒果。因是九十劫生人天中。受無量快樂。但聞病名。而身無微患。於此生年已九十。亦未曾有病。況佛積善無量。病何由生。問曰。善惡相對報應宜同。五逆重罪。億劫受苦。云何一果之善。受福無量耶。答曰。罪事重而力微。善事輕而勢彊。譬若惡蛇將取人食。先吐毒沫在地。人踐其上。卽時昏熟。不能起去。然後以氣吸之。三寶中作功德。亦復如是。初作功德時。其事雖微。冥益已深。然後方便引入佛道。究竟涅槃。其福乃盡。行矣。阿難。勿使我等受斯恥也。

外道梵志若聞此語。當作是念。何名為師。自疾不能救。而能救諸疾人。可密速去。勿使人聞。肇曰。正士聞則謂汝不達。邪外道聞。則謂佛實有疾。何名為法之良醫。身疾不能救。而欲救人心疾乎。當知阿難。諸如來身。即是法身。非思欲身。什曰。法身有三種。一法化生身。金剛身是也。二五分法身。三諸法實相。和合為佛。實相亦名法身也。肇曰。三界有待之形。名思欲身也。佛為世尊。過於三界。佛身無漏。諸漏已盡。肇曰。夫法身虛假。妙絕常境。情累不能染。心想不能議。故曰諸漏已盡。過於三界。三界之內。皆有漏也。生曰。雖出三界。容是最後邊身。猶是漏法。漏法豈得無病哉。佛既過之。無復斯漏。何病之有耶。佛身無為。不墮諸數。生曰。

雖曰無漏。或有為也。有為是起滅法。雖非四大。猶為患也。佛既以無漏為體。又非有為。何病之有哉。為則有數也。如此之身。當有何疾。時我世尊。實懷慚愧。得無近佛而謬聽耶。肇曰。受使若此。致譏若彼。進退懷慚。或謂謬聽也。即聞空中聲曰。阿難。如居士言。但為佛出五濁惡世。什曰。五濁。劫濁。眾生濁。煩惱濁。見濁。命濁。多歲數。名由泓。多由泓。名為劫。大劫。如賢劫比也。大劫中有小劫。多諸惡事。總名劫濁。善人既盡。滑惡眾生。眾生濁也。除邪見已。諸煩惱結。三毒等。增上重者。不以道理。能障聖道。必入惡趣。如是結使。煩惱濁也。除四見已。唯取邪見。謗無因果。罪福。及聖道涅槃。是名見濁也。大劫初時。人壽無量。爾時佛未出世。後壽命漸短。人壽六萬歲。爾時拘留孫佛出世。乃至百二十歲時。釋迦牟尼佛出現於世。自後漸短。乃至人壽三十歲。百二十歲已下。盡名命濁也。彌勒生時。小劫更始。人壽更長也。現行斯法。什曰。梵本云貧法。現病行乞等。是貧法也。度脫眾生。生曰。解阿難意。使得取乳也。實如維摩詰語。但佛應五濁惡世自應爾。行矣阿難。取乳勿慚。肇曰。以其婉感。故空中聲止之。如居士言。何有無漏之體。嬰世之患。但為度五濁群生。故現斯疾耳。取乳勿慚也。世尊。維摩詰智慧辯才。為若此也。是故不任詣彼問疾。果報因緣經云。如來無疾。但為婆羅門自恃智慧。廣求邪道。慳貪嫉妒。驕慢佛乘。於是如來善巧方便。假名有疾。權現三聖。誘婆羅門。先令菩薩向婆羅門家化一乳牛。復產二子。心性很戾。好傷人命。佛遣阿難而往乞乳。婆羅門未諳佛意。見阿難來。瞋心頓起。便語妻言。我今正欲令牛踐害阿難。故言尊者尊者。可往牛

所。任意自覓。牛見阿難。蹲踞告言。尊者。佛欲我乳。可當搆左乳。留右乳。搆右乳。留左乳。何以故。我有二子。以我乳為命。爾。牛二子亦復蹲踞啟告尊者。我今甘當受彼水草。此我母乳。盡當奉佛。婆羅門見牛如是。深生敬仰。歎未曾有。即將種種妙寶。及諸眷屬。持往佛所。散華供養。求佛悔過。佛與說法。證無生忍。此佛化婆羅門之本意也。

如是五百大弟子。各各向佛說其本緣。稱述維摩詰所言。皆曰不任詣彼問疾。

維摩詰所說經註卷第二

音釋

洿隆 洿隆猶言低高也 㑥 音纖義同 噎 音翳蔽塞也 裸 郎果切 鬱法 上平聲 疣 音尤 內於牛跡 內音納 肴 羊晉切嗣也 很戾 上胡懇切 蹲踞 舊本存踞

維摩詰所說經註卷第三

姚秦三藏法師鳩摩羅什譯

長安沙門僧肇註

菩薩品第四

於是佛告彌勒菩薩。汝行詣維摩詰問疾。什曰。彌勒既紹尊位。又當於此土而成佛。眾情所宗。故先命之。彌勒維摩大小之量。未可定也。或云維摩雖大。或有以而不成佛。或云彌勒雖大。將有為而故辭行。或此是分身彌勒。非其正體。以此三緣。故有致屈之跡也。彌勒不堪。便應召命文殊。而兼命餘人者。將以一雖不堪。眾不可抑。故推眾求能廣命之也。亦欲令各稱所聞。以盡維摩之美也。肇曰。五百弟子皆已不任。故復命菩薩者。將備顯淨名難酬德也。彌勒白佛言。世尊。我不堪任詣彼問疾。所以者何。憶念我昔為兜率天王及其眷屬。什曰。是人中說法也。此天以彌勒將上為天師。豫懷宗敬。故常來聽法也。說不退轉地之行。什曰。即無生法忍也。維摩詰不先遣忍心。而先遣受記者。良由諸天見彌勒受記。故有補處之尊。遂係心成佛。希想受記。故先明無受記。受記必由心生。故尋生以求記。生壞則記亡。故推世以去生也。時維摩詰來謂我言。彌勒世尊授仁者記。一生當得阿耨多羅三藐三菩提。生曰。阿耨多羅者無上也。三藐三者。正偏也。菩提者。彼語有之。此無名也。實則體極居終。智慧也。然有三品。聲聞也。辟支佛也。佛也。

二乘各於其道爲菩提耳，非所謂菩提也。唯佛菩提爲無上正徧菩提也。一生者，無復無量生，餘一生也。則無兩句義矣。**爲用何生得受記乎。**生曰：彌勒向說行意，以受記引之耳，不爲說受記也。而彼生著情，便貪記以存行，斯則復是見菩提可得也。是以維摩詰卽推彌勒受記爲無，以呵其說行之意，遣彼著也。然後乃更釋其見菩提心焉。夫受記者，要以四事合成，一一推之，皆無也。四事者，一以人受記爲主，二以體如爲本，三無無量生，四在一生中得佛。交在一生中，而以之受記，要應先推一生也。一生者，舉八萬歲生，八萬歲生唯一念現在，餘皆過去未來也。故言爲用何生得受彌勒記乎。**過去耶。未來耶。現在耶。若過去生，過去生已滅。**肇曰：別推三世，明無生也。過去生已滅，已滅法不可謂之生也。**若未來生，未來生未至。**肇曰：未來生未至，未至則無法，無法以何爲生。**若現在生，現在生無住。**肇曰：現法流速不住，以何爲生耶。若生滅一時，則二相俱壞；若生滅異時，則生時無滅，生時無滅，則法無三相，法無三相，則非有爲也。若盡有三相，則有無窮之咎。此無生之說，亦備之諸論矣。三世既無生，於何而得記乎。**如佛所說：比丘，汝今卽時亦生亦老亦滅。**肇曰：證無住義也。新新生滅，交臂已謝，豈待白首然後爲變乎。**若以無生得受記者，無生卽是正位。於正位中，亦無受記，亦無得阿耨多羅三藐三菩提。**什曰：實相常定，故名正位。向以因緣明生非眞實，故無無生。今明生既非眞，則無生，無生則常定，常定中無受記也。生曰：次推無無量生也。夫無無量生者，體生是無，故得之矣。苟體生是無，而無無量生者，無無量生

復何有哉。斯乃爲正位者也。正位者，無有受記，理自明也。然則既以無無量生爲正位者，永與邪判也。以得菩提故得受記，復云亦無得菩提耳。前推生直推其體，今推無無量生以正位推之者，生本根於癡愛，是有者之所惑，故宜於外推其體也。無無量生原在悟理，是得者之所達，自應以正位於內明之也。**云何彌勒受一生記乎。**肇曰：上推有生無記，此推無生亦無記也。無生卽七住無相眞正法位也。此位爲理，無記無成，彌勒於何受一生記乎。**爲從如生得受記耶。爲從如滅得受記耶。**肇曰：如雖無生滅，而生滅不異如。然記莂起於生滅，冥會由於卽眞，故假如之生滅，以明記莂之不殊也。**若以如生得受記者，如無有生。若以如滅得受記者，如無有滅。**肇曰：如非不生滅，非有生滅，非不生滅，故假以言記，非有生滅，以知無記。**一切衆生皆如也，一切法亦如也，衆聖賢亦如也，至於彌勒亦如也。**肇曰：萬品雖殊，未有不如。如如者，將齊是非，一愚智，以成無記無得義也。**若彌勒得受記者，一切衆生亦應受記。所以者何。夫如者不二不異。**肇曰：凡聖一如，豈有得失之殊哉。**若彌勒得阿耨多羅三藐三菩提者，一切衆生皆亦應得。所以者何。一切衆生卽菩提相。**肇曰：無相之相，是菩提相也。**若彌勒得滅度者，一切衆生亦當滅度。所以者何。諸佛知一切衆生畢竟寂滅，卽涅槃相，不復更滅。**肇曰：本性常滅，今復

何滅也。是故彌勒。無以此法誘諸天子。實無發阿耨多羅三藐三菩提心者。亦無退者。肇曰。平等之道。實無發心。亦無退者。而以不退之行。誘其發心。示其受記者何耶。彌勒。當令此諸天子捨於分別菩提之見。肇曰。菩提以寂滅為相。生死同相。而諸天卑生死。尊菩提。雖曰勝求。更生塵累。宜開以正路。令捨分別。曷為示以道記。增其見乎。所以者何。菩提者不可以身得。不可以心得。肇曰。自此下大明菩提義也。道之極者。稱曰菩提。秦無言以譯之。菩提者蓋是正覺無相之眞智乎。其道虛玄。妙絕常境。聽者無以容其聽。智者無以運其知。辯者無以措其言。像者無以狀其儀。故其為道也。微妙無相。不可為有。用之彌勤。不可為無。故能幽鑑萬物而不耀。玄軌超駕而弗夷。大包天地而罔寄。曲濟羣惑而無私。至能道達殊方。開物成務。玄機必察。無思無慮。然則無知而無不知。無為而無不為者。其唯菩提大覺之道乎。此無名之法。固非名所能名也。不知所以言。故強名曰菩提。斯無為之道。豈可以身心而得乎。寂滅是菩提。滅諸相故。肇曰。妙會眞性。滅諸法相。故菩提之道。與法俱寂也。不觀是菩提。離諸緣故。不行是菩提。無憶念故。斷是菩提。捨諸見故。離是菩提。離諸妄想故。肇曰。諸見斷。妄想離。乃名菩提也。障是菩提。障諸願故。肇曰。眞道無欲。障諸願求也。不入是菩提。無貪著故。肇曰。入謂受入。可欲。順是菩提。順於如故。住是菩提。住法性故。至是菩提。至實際故。

肇曰。不異三空。菩提義也。隨順本相謂之如。故繫之以順。常住不變謂之性。故繫之以住。到實相彼岸謂之際。故繫之以至。不二是菩提。離意法故。肇曰。意與法為二。菩提無心。何法之有哉。等是菩提。等虛空故。肇曰。無心於等而無不等。故謂若虛空也。無為是菩提。無生住滅故。知是菩提。了眾生心行故。肇曰。菩提不有。故無生滅。菩提不無。故了知眾生心。不會是菩提。諸入不會故。肇曰。諸入。內外六入也。內外俱空。故諸入不會。諸入不會。卽菩提相也。不合是菩提。離煩惱習故。肇曰。生死所以合。煩惱之所纏。離煩惱故無合。無合卽菩提也。無處是菩提。無形色故。假名是菩提。名字空故。肇曰。外無形色之處。內無可名之實也。如化是菩提。無取捨故。肇曰。菩提無取捨。猶化人之無心也。無亂是菩提。常自靜故。肇曰。內心既常靜。外亂無由生。善寂是菩提。性清淨故。肇曰。性無不淨。故寂無不善。善寂謂善順寂滅常淨之道也。無取是菩提。離攀緣故。肇曰。情有所趣。故攀於前緣。若離前緣。則無所取也。無異是菩提。諸法等故。肇曰。萬法同體。是非一致。不異於異者。其惟菩提乎。無比是菩提。無可喻故。肇曰。第一大道。無有兩匹。獨絕羣方。故以無喻。微妙是菩提。諸法難知故。肇曰。諸法幽遠難測。非有智之所知。以菩提無知。故無所不知。無知而無不知者。微妙之極也。世尊。維摩詰說是法時。二百天子得無生法忍。故我不任詣彼問疾。

佛告光嚴童子。汝行詣維摩詰問疾。光嚴白佛言。世尊。我不堪任詣彼問疾。所以者何。憶念我昔出毗耶離大城。時維摩詰方入城。我卽爲作禮而問言。居士從何所來。答我言。吾從道場來。什曰。以光嚴心樂道場。故言從道場來。以發悟其心也。光嚴雖欲得道場。而未知所以得。得必由因。故爲廣說萬行。萬行是道場因。而言道場者。是因中說果也。復次佛所坐處。於中成道。故名道場。善心道場亦復如是。廣積衆善。故佛道得成。是以萬善爲一切智地。乃眞道場也。我問道場者何所是。答曰。直心是道場無虛假故。肇曰。直心者。謂內心眞直。外無虛假。斯乃基萬行之本。坦進道之場也。自此以下。備列諸行。盡是修心之閑地。弘道之淨場也。發行是道場能辦事故。深心是道場增益功德故。菩提心是道場無錯謬故。肇曰。直心入行。轉深則變爲菩提心也。此心眞正。故所見不謬。凡弘道者。要始此四心。四心既生。則六度衆行無不成也。布施是道場不望報故。持戒是道場得願具故。忍辱是道場於諸衆生心無礙故。精進是道場不懈退故。禪定是道場心調柔故。智慧是道場現見諸法故。慈是道場等衆生故。悲是道場忍疲苦故。喜是道場悅

樂法故。肇曰。以己法樂。樂彼同悅。喜行也。捨是道場憎愛斷故。肇曰。夫慈生愛。愛生著。著生累。累生悲。悲生憂。憂生惱。惱生憎。慈悲雖善。而累想已生。故兩捨以平等觀。謂之捨行也。神通是道場成就六通故。解脫是道場能背捨故。肇曰。解脫。八解脫也。觀青爲黃。觀黃爲青。捨背境界。從心所觀。謂之背捨。方便是道場教化衆生故。四攝是道場攝衆生故。什曰。一惠施。惠施有二種。施下人以財施。上人以法施。二愛語。愛語復有二種。於下人則以軟言將悅。於上人則以法語慰諭。皆以愛心作愛語也。三利語。利語亦有二種。下人則爲設方便令得俗利。上人則爲作方便令得法利。四同事。同事亦有二種。同惡人則誘以善法。同善人則令增善根。隨類而入。事與彼同。故名同事也。多聞是道場如聞行故。肇曰。聞而不能行。與禽獸同聽也。伏心是道場正觀諸法故。什曰。或以事伏心。或以理伏心。今正觀則以無常等觀。制伏其心也。三十七品是道場捨有爲法故。什曰。道品斷受生。故名捨有爲。亦以空空三昧等捨三三昧及一切善法。故名捨也。諦是道場不誑世間故。什曰。小乘中說四諦。大乘中說一諦。今言諦是則一諦。一諦。實相也。俗數法虛妄。謂言有而更無。謂言無而更有。是誑人也。見餘諦謂言必除我惑。而不免妄想。亦是誑也。今一諦無此衆過。故不誑人也。從一諦乃至諸法無我。是諸法實相。卽一諦中異句異味也。由此一諦。故佛道得成。一諦卽是佛因。故名道場也。緣起是道場無明乃至老死皆無盡故。諸煩惱是道場知如實故。衆生是

道場知無我故一切法是道場知諸法空故肇曰煩惱之實性眾生之無我諸法之空義皆道之所由生也降魔是道場不傾動故三界是道場無所趣故師子吼是道場無所畏故力無畏不共法是道場無諸過故三明是道場無餘礙故肇曰此即是佛所得也總名為佛佛即道也上以菩薩行為場今果中以佛為道眾事為場也降魔兵而不為所動遊三界而不隨其趣演無畏法音而無難具佛三十二業而無一缺三明通達而無礙斯皆大道之所由生也一念知一切法是道場成就一切智故什曰三乘法以三十四心成道大乘中唯以一念則豁然大悟具一切智也如是善男子菩薩若

應諸波羅蜜教化眾生諸有所作舉足下足當知皆從道場來住於佛法矣肇曰若能應上諸度以化天下者其人行則遊道場止則住佛法舉動所之無非道場也說是法時五百天人皆發阿耨多羅三藐三菩提心故我不任詣彼問疾

佛告持世菩薩汝行詣維摩詰問疾持世白佛言世尊我不堪任詣彼問疾所以者何憶念我昔住於靜室時魔波旬從萬二千天女狀如帝釋鼓樂絃歌來詣我所與其眷屬稽首我足合掌恭敬於一面立我意謂是帝釋什曰波旬秦言殺者常欲斷人慧命故名殺者亦名惡中惡惡有三種一曰惡二曰大惡三曰惡中惡若以惡加己還以惡報是名為惡若人不侵己無故加惡是名大惡若人來供養恭敬不念報恩而反害之是名惡中惡惡中惡魔王最甚也諸佛嘗欲令諸眾生安隱而反壞亂故言甚也肇曰魔以持世宴靜欲亂其心若現本形恐不與言故變為釋相時持世不以通觀故謂是帝釋也而語之言善來憍尸迦雖福應有不當自恣什曰憍尸姓也字摩伽陀肇曰憍尸迦帝釋姓也生曰以供養而來故善之也從女絃歌是自恣法也福有而自恣者復為罪之根也當觀五欲無常以求善本生曰五欲者五情所欲也夫用為自恣寶之必深若覺其無常然後能以之求善本也於身命財而修堅法肇曰堅法三堅法也身命財寶也若忘身命棄財寶去封累而修道者必獲無極之身無窮之命無盡之財也此三天地焚而不燒劫數終而不盡故名堅法以天帝樂著五欲不慮無常故勸修堅法也

即語我言正士受是萬二千天女可備掃灑生曰因其說法故可詭以從善實欲以女亂之我言憍尸迦無以此非法之物要我沙門釋子此非我宜所言未訖時維摩詰來謂我言非帝釋也是為魔來嬈固汝耳即語魔言是諸女等可以與我如我應受肇曰以持世未覺故發其狀也將化諸女故現從其索我為白衣應受此女曷為以與沙門釋子乎魔即驚懼念維摩詰將無惱我欲隱形去

而不能隱盡其神力，亦不得去。即聞空中聲曰：波旬以女與之，乃可得去。魔以畏故，俛仰而與。爾時維摩詰語諸女言：魔以汝等與我，今汝皆當發阿耨多羅三藐三菩提心。肇曰：在魔故從欲教，在我宜從道教也。生曰：既以與我，便屬於我，不得不從我教也。即隨所應而為說法，令發道意。復言：汝等已發道意，有法樂可以自娛，不應復樂五欲樂也。什曰：夫魚之為性，唯水是依；女人之性，唯樂是欲。初發道意，自厲修善，未能樂也。積德既淳，則欣樂彌深，經難不變，履苦愈篤，內心實愛，外無餘歡，令其以此自娛，則厭天樂。自此以下列萬法者，旨取法中之樂，不取法也。天

女即問：何謂法樂？答言：樂常信佛，樂欲聽法，樂供養眾，樂離五欲。什曰：是信戒也。得四信時，先信法，次信佛，後信僧及戒也。問曰：四信云何先信法，次信佛，後信僧及戒耶？答曰：譬如人重病服藥，若病愈，則信藥妙。藥妙必由師，則信師也。雖師妙藥良，要由善看病人，則信看病人也。三事雖妙，要由我能消息，則信我也。法中四信亦復如是。觀實相見諦時，煩惱即除，則信法妙也。三寶雖妙，要行之由我，戒業清淨，故累病得除，則信戒也。深信四法，心常悅豫，可以諧神適性，故非天樂所擬也。樂觀五陰如怨賊，樂觀四大如毒蛇，樂觀內入如空聚，樂隨護道意，樂饒益眾生，樂敬養師，樂廣行施，樂堅持戒，樂忍辱柔和，樂勤集善根，樂禪定不亂，樂離垢明慧，樂廣菩提心，樂降伏眾魔，樂斷諸煩惱，樂淨佛國土，樂成就相好，故修諸功德，樂莊嚴道場。肇曰：道場，如釋迦文佛菩提樹下初成道處，三千二百里金剛地為場。諸佛各隨國土之大小而取場地之廣狹，無定數也。樂聞深法不畏，樂三脫門，不樂非時。肇曰：三脫，空、無相、無作也。縛以之解，謂之脫；三乘所由，謂之門。二乘入三脫門，不盡其極，而中路取證，謂之非時。此大士之所不樂也。樂近同學，樂於非同學中心無恚礙。什曰：我學大乘，彼亦如是，是名同學。所習不同，名不同學。處同則樂，處異亦夷其心，平等無增減也。樂將護惡知識，樂親近善知識，樂心喜清淨，樂修

無量道品之法，是為菩薩法樂。於是波旬告諸女言：我欲與汝俱還天宮。諸女言：以我等與此居士，有法樂，我等甚樂，不復樂五欲樂也。魔言：居士，可捨此女，一切所有施於彼者，是為菩薩。維摩詰言：我已捨矣。汝便將去，令一切眾生得法願具足。什曰：居士以女還魔，則魔願具足，故因發願，願令眾生得法願具足。此是維摩詰願也。肇曰：因事興願，菩薩常法也。以女還魔，魔願具滿，故因以生願，願一切眾生得法願具足，如魔之願滿足也。於是諸女問維摩詰：我等云何止於魔宮？肇曰：昔在魔宮，以五欲為樂；今在菩薩，以法樂為樂。復還魔天，當何

所業耶。維摩詰言。諸姊。有法門名無盡燈。汝等當學。無盡燈者。譬如一燈然百千燈。冥者皆明。明終不盡。如是諸姊。夫一菩薩開導百千眾生。令發阿耨多羅三藐三菩提心。於其道意亦不滅盡。隨所說法。而自增益一切善法。是名無盡燈也。汝等雖住魔宮。以是無盡燈。令無數天子天女發阿耨多羅三藐三菩提心者。為報佛恩。亦大饒益一切眾生。爾時天女頭面禮維摩詰足。隨魔還宮。忽然不現。世尊。維摩詰有如是自在神力智慧辯才。故我不任詣彼問疾。

佛告長者子善德。汝行詣維摩詰問疾。善德白佛言。世尊。我不堪任詣彼問疾。所以者何。憶念我昔自於父舍設大施會。什曰。大施會有二種。一不用禮法。但廣布施。二用外道經書種種禮法。祭祀兼行大施。今善德禮法施也。生曰。婆羅門法。七日祀梵天。行大施。期生彼也。言已承嫡繼業於父舍。然也。寄之可以致明法施之大矣。供養一切沙門婆羅門及諸外道貧窮下賤孤獨乞人。什曰。佛法及外道凡出家者皆名沙門。異學能大論議者名外道也。乞人有三種。一沙門。二貴人。三下賤。隨其所求。皆名為乞人也。期滿七日。時維摩詰來入會中。謂我言。長者子。夫大施會不當如汝所設。當為法施之會。何用是財施會為。什曰。見其布施不行隨喜。而反譏嫌者。施有三種。一財施。二心施。三法施。以財施人。名為財施。慈心等心與人樂。名為心施。說法利人。名為法施。亦菩薩所行眾善。皆為饒益眾生。饒益眾生有二種。一卽時饒益。二為未來饒益。因此二者。皆名法施。今欲令善德行法施心施。故去其財施也。我言。居士。何謂法施之會。法施會者。無前無後。一時供養一切眾生。是名法施之會。肇曰。夫以方會人。不可一息期。以財濟物。不可一時周。是以會通無隅者。彌綸而不漏。法澤冥被者。不易時而同覆。故能卽無疆為一會。而道無不潤。虛心懷德。而萬物自賓。曷為存濡沫之小惠。捨夫江海之大益。置一時之供養。而設前後之俗法乎。

曰。何謂也。謂以菩提起於慈心。什曰。起慈心有三種。凡夫為生梵天。二乘則為求功德。菩薩則為求佛度脫眾生。今欲令其求佛道而起慈。自此以下。隨文求義。不必盡類。但令不乖法施耳。以救眾生起大悲心。以持正法起於喜心。以攝智慧行於捨心。以攝慳貪起檀波羅蜜。以化犯戒起尸羅波羅蜜。以無我法起羼提波羅蜜。以離身心相起毗梨耶波羅蜜。什曰。遠離有二種。身棲事表。名身遠離。心無累想。名心遠離。於身心不著。亦名遠離也。以菩提相起禪波羅蜜。以一切智起般若波羅蜜。教化眾生而起於空。肇曰。

存眾生則乖空義存空義則捨眾生善通法相空虛其懷者終日化眾生終日不乖空也不捨有爲法而起無相什曰無相則絕有爲故誨令不捨也示現受生而起無作肇曰作謂造作生死也爲彼受生者非作生而生也是以大士受生常起無作護持正法起方便力以度眾生起四攝法以敬事一切起除慢法於身命財起三堅法於六念中起思念法於六和敬起質直心什曰欲令眾和要由六法一以慈心起身業二以慈心起口業三以慈心起意業四若得食時減鉢中飯供養上座一人下座二人五持戒清淨六漏盡智慧若行此六法則眾常和順無有乖諍昔有二眾共行諍佛因是說六和敬也正行善法起於淨命心淨

歡喜起近賢聖不憎惡人起調伏心以出家法起於深心以如說行起於多聞以無諍法起空閑處肇曰忿競生乎眾聚無諍出乎空閑也趣向佛慧起於宴坐解眾生縛起修行地肇曰已行不修安能解彼也以具相好及淨佛土起福德業什曰一切善法分爲二業謂福德慧明業也六度中前三度屬福德業後三度屬慧明業二業具足必至佛道譬如兩輪能有所至福業則致相好淨土諸果報也慧明業得一切智業也知一切眾生心念如應說法起於智業肇曰大乘萬行分爲二業以智爲行標故別立智業諸行隨從故總立德業凡所修立非一業所成而眾經修相好淨土繫以德業知念說法繫以智業此蓋取其功用之所多未始相無也知一切法不取不捨入一相門起於慧業肇曰決定審理謂之智造心分別謂之慧上決眾生念定諸法相然後說法故繫之以智今造心分別法相令入一門故繫之以慧也別本云智業慧業斷一切煩惱一切障礙一切不善法起一切善業什曰還總福德慧明二業二業具則罪礙悉除下二句亦總二業也以得一切智慧一切善法起於一切助佛道法肇曰一切智慧即智業也一切善法即德業也助佛道法大乘諸無漏法也智法二業非有漏之所成成之者必由助佛道法也如是善男子是爲法施之會若菩薩住是法施會者爲大施主亦爲一切世間福田世

尊維摩詰說是法時婆羅門眾中二百人皆發阿耨多羅三藐三菩提心我時心得清淨歎未曾有稽首禮維摩詰足即解瓔珞價值百千而以上之不肯取我言居士願必納受隨意所與維摩詰乃受瓔珞分作二分持一分施此會中一最下乞人持一分奉彼難勝如來一切眾會皆見光明國土難勝如來又見珠瓔在彼佛上變成四柱寶臺四面嚴飾不相障蔽生曰分作二分者欲以明等也現神力驗法施也變成四柱寶臺豈財施能爲之乎是法施會然也故能

無不周耳。時維摩詰現神變已。又作是言。若施主等心施一最下乞人。猶如如來福田之相。無所分別。等於大悲。不求果報。是則名曰具足法施。肇曰。若能齊尊卑。一行報。以平等悲而爲施者。乃具足法施耳。城中一最下乞人。見是神力。聞其所說。卽發阿耨多羅三藐三菩提心。故我不任詣彼問疾。

如是諸菩薩各各向佛說其本緣。稱述維摩詰所言。皆曰不任詣彼問疾。

維摩詰所說經註卷第三

音釋

莂 彼列切種植之謂譬授記如種植生繼不已也 嬈 音饒戲弄也 俛 同俯 娛 音虞樂也

姊 祖似切 濡沫 濡汝朱切音儒沫莫曷切音末皆水名 羼 初鴈切音產

維摩詰所說經註卷第四

姚秦三藏法師鳩摩羅什譯

長安沙門僧肇註

文殊師利問疾品第五

爾時佛告文殊師利。汝行詣維摩詰問疾。肇曰。文殊師利秦言妙德。經云。曾已成佛。名曰龍種尊也。文殊師利白佛言。世尊。彼上人者難爲訓對。肇曰。三萬二千。何必不任。文殊師利。何必獨最。意謂至人變謀無方。隱顯殊跡。故迭爲修短應物之情耳。孰敢定其優劣。辨其得失乎。文殊將適羣心。而奉使命。故先歎淨名之德。以生衆會難遭之想也。其人道尊。難爲訓對。爲當承佛聖旨。行問疾耳。深達實相。善說法要。

辯才無滯。智慧無礙。一切菩薩法式悉知。諸佛祕藏無不得入。肇曰。近知菩薩之儀式。遠入諸佛之祕藏。祕藏謂諸佛身口意祕密之藏也。降伏衆魔。肇曰。衆魔四魔也。遊戲神通。其慧方便。皆已得度。什曰。神通變化。是爲遊。引物於我。非眞。故名戲也。復次神通雖大。能者易之。於我無難。猶如戲也。亦言於神通中。善能入住出自在無礙。雖然。當承佛聖旨。詣彼問疾。肇曰。其德若此。非所堪對。當承聖旨。然後行耳。於是衆中諸菩薩大弟子。釋梵四天王等咸作是念。今二大士文殊師利維摩詰共談。必說妙法。卽時八千菩薩五百聲聞百千天人。皆欲隨從。什曰。餘聲聞專以離苦爲心。不求深法。故不同舉耳。五百弟子智慧深入。樂聞深法。所以俱行也。於是文殊師利。與諸菩薩大弟子衆。及諸天人恭敬圍繞。入毗耶離大城。肇曰。庵羅園在城外。淨名室在城內也。爾時長者維摩詰心念。今文殊師利與大衆俱來。卽以神力空其室內。除去所有及諸侍者。唯置一牀。以疾而臥。竺道生曰。發斯念者。因以空室。示有虛納之懷。有去故空。密在用標宗致也。現神力者。念之使也。肇曰。現疾之興。事在今也。空室去侍。以生言端。事證於後。唯置一牀。借座之所由也。文殊師利既入其舍。見其室空無諸所有。獨寢一牀。時維摩詰言。善來文殊師利。不來相而來。不見相而見。肇曰。將明法身大士。舉動進止。不違實相。實相不來。以之而來。實相無見。以之相見。不來而能來。不見而能見。法身若此。何善如之。文殊師利言。如是居士。若來已更不來。若去已更不去。所以者何。來者無所從來。去者無所至。所可見者更不可見。肇曰。明無來去相。成淨名之所善也。夫去來相見。皆因緣假稱耳。未來亦非來。來已不更來。捨來已不來。復於何有來去。見亦然耳。其中曲辨。當求之諸論也。且置是事。居士是疾。寧可忍不。療治有損。不至增乎。世尊殷勤致問無

量。居士是疾。何所因起。其生久如。當云何滅。什曰。外道經書唯知有三大病。不知地大。佛法中說四大病。病之所生。生於四大增損。四大增損。必有所因而然。故問其因起也。肇曰。使命既宣。故復問疾之所由生也。是疾何因而起。起來久近。云何而得滅乎。維摩詰言。從癡有愛。則我病生。肇曰。答久近也。菩薩何疾。悲彼而生疾耳。羣生之疾。癡愛爲本。菩薩之疾。大悲爲源。夫高由下起。疾因悲生。所以悲疾之興。出於癡愛。而癡愛無緒。莫識其源。吾疾久近。與之同根。此明悲疾之始。不必就己言也。以一切衆生病。是故我病。若一切衆生得不病者。則我病滅。肇曰。答滅也。大士之病。因彼生耳。彼病既滅。吾復何患。然以羣生無邊。癡愛無際。大悲所被。與之齊量。故前悲無窮。以癡愛爲際。後悲無極。與羣生俱滅。此因悲所及。以明悲滅之不近也。所以者何。菩薩爲衆生故入生死。有生死則有病。若衆生得離病者。則菩薩無復病。肇曰。夫法身無生。況復有形。既無有形。病何由起。然爲彼受生。不得無形。既有形也。不得無患。故隨其久近。與之同疾。若彼離病。菩薩則無復病也。譬如長者唯有一子。其子得病。父母亦病。若子病愈。父母亦愈。菩薩如是。於諸衆生愛之若子。衆生病則菩薩病。衆生病愈。菩薩亦愈。又言是疾何所因起。菩薩疾者。以大悲起。文殊師利言。居士此室。何以空無侍者。維摩詰言。諸佛國土亦復

皆空。肇曰。平等之道。理無二塗。十方國土。無不空者。曷爲獨問一室空耶。又問。以何爲空。肇曰。室中以無物爲空。佛土以何爲空。將辯畢竟空義也。答曰。以空空。肇曰。夫有由心生。心因有起。是非之域。妄想所存。故有無殊論。紛然交競者也。若能空虛其懷。冥心眞境。妙存環中。有無一觀者。雖復智周萬物。未始爲有。幽塗無照。未始爲無。故能齊天地爲一旨。而不乖其實。鏡羣有以玄通。而物我俱一。物我俱一。故智無照功。不乖其實。故物物自周。故經曰。聖智無知。以虛空爲相。諸法無爲。與之齊量也。故以空智而空於有者。則有而自空矣。豈假屛除然後爲空乎。上空智空。下空法空也。直明法空無以取定。故內引眞智外證法空也。又問。空何用空。肇曰。上空法空。下空智空也。諸法本性自空。何假智空然後空耶。答曰。以無分別空故空。肇曰。智之生也。起於

分別。而諸法無相。故智無分別。智無分別。卽智空也。諸法無相。卽法空也。以智不分別於法。卽知法空也。豈別有智空。假之以空法乎。然則智不分別法時。爾時智法俱同一空。無復異空。故曰以無分別爲智空。故知法空也。又問。空可分別耶。肇曰。上云以無分別爲智空。故知法空。無復異空。雖云無異。而異相已形。異相已形。則分別是生矣。若智法無異空者。何由云以無分別爲智空。故知法空乎。問智空法空可分別耶。智法俱空。故單言一空則滿足矣。答曰。分別亦空。肇曰。向之言者。分別於無分別耳。若能無心於分別。而分別於無分別者。雖復終日分別。而未嘗分別也。故曰分別亦空。又問。空當於何求。肇曰。上因正智明空。恐惑者將謂空義在正不在邪。故問空義之所在。以明邪正之不殊也。答曰。當於六十二見中求。肇曰。夫邪因正生。正因邪起。本其爲

性。性無有二。故欲求正智之空者。當於邪見中求也。又問。六十二見當於何求。答曰。當於諸佛解脫中求。肇曰。捨邪見名解脫。背解脫名邪見。然則邪解相靡。孰爲其源。爲其源者。一而已矣。故求諸邪見。當本之解脫也。又問。諸佛解脫當於何求。答曰。當於一切衆生心行中求。肇曰。衆生心行。卽縛行也。縛行卽解脫之所由生也。又邪正同根。解縛一門。本其眞性。未嘗有異。故求佛解脫當於衆生心行也。又仁所問何無侍者。一切衆魔及諸外道皆吾侍也。肇曰。世之侍者。唯恭己順命。給侍所須。謂之侍者。菩薩侍者。以慢己違命。違背道者。同其大乘。和以冥順。侍養法身。謂之侍者。所以衆魔異學。爲給侍之先也。所以者何。衆魔者樂生死。菩

薩於生死而不捨。外道者樂諸見。菩薩於諸見而不動。什曰。言不見其有異相也。肇曰。魔樂著五欲。不求出世。故繫以生死。異學雖求出世。而執著己道。故繫以邪見。大士觀生死同涅槃。故能不捨。觀邪見同正見。故能不動。不動不捨。故能卽之爲侍也。文殊師利言。居士所疾。爲何等相。什曰。卽事而觀。若無病而云有。文未見其相。故求其相也。維摩詰言。我病無形不可見。肇曰。大悲無緣。而無所不緣。無所不緣。故能應物生疾。應物生疾。則於我未嘗疾也。故能同衆疾之相。而不違無相之道。何者。大悲無緣。無緣則無相。以此生疾。疾亦無相。故曰我病無形不可見也。又問。此病身合耶心合耶。肇曰。或者聞病不可見。將謂心病無形。故云不可見。或謂身病微細。故不可見。爲之生問也。病

於身心與何事合而云不可見乎。答曰。非身合身相離故。亦非心合。心如幻故。肇曰。身相離則非身。心如幻則非心。身心既無。病與誰合。無合故無病。無病故不可見也。又問。地大水大火大風大。於此四大何大之病。什曰。此將明病所由起。病所由起不以一事。必由四大假會而生。假會而生。則病無自性。無自性則同上不可見也。此雖明病所因。起乃明所以無病也。答曰。是病非地大。亦不離地大。水火風大亦復如是。肇曰。四大本性自無患也。眾緣既會。增損相尅。患以之生耳。欲言有病。本性自無。欲言無病。相假而有。故病非地。亦不離地。餘大類爾也。而眾生病從四大起。以其有病。是故我病。肇曰。四大本無。病亦不有。而眾生虛假之疾從四大起。故我以虛假之疾應彼疾耳。逆尋其本。彼我無實。而欲觀其形相。當何有耶。

爾時文殊師利問維摩詰言。菩薩應云何慰喻有疾菩薩。肇曰。慰喻有疾。應自文殊。而逆問淨名者。以同集諸人注心有在。又取證於疾者。乃所以審慰喻之會也。此將明大乘無證之道。以慰始習現疾菩薩。故生此問也。維摩詰言。說身無常。不說厭離於身。什曰。凡有三種法。有世間法。有出世間法。觀無常而厭身者。是聲聞法也。著身而不觀無常法者。是凡夫法也。觀無常而不厭身者。是菩薩法。今為病者說菩薩法。以此處病。則心不亂也。肇曰。慰喻之法。應為病者說身無常。去其貪著。不應為說厭離。令取證也。不觀無常不厭離者。凡夫也。觀無常而厭離者。二乘也。觀無常不厭離者。菩薩也。是以應慰喻初學。令安心處疾。以濟群生。不厭生死。不樂涅槃。此大士慰喻之法也。說身有苦。不說樂於涅槃。說身無我。而說教導眾生。說身空寂。不說畢竟寂滅。什曰。隨其利鈍。故說有廣略。譬如大樹。非一斧所傾。累根既深。非一法能除。或有雖聞無常。謂言不苦。則為說苦。既聞苦。便謂有苦樂之主。故說無我及空也。肇曰。雖見身苦。而不樂涅槃之樂。雖知無我。不以眾生空故闕於教導。雖見身空。不取涅槃畢竟之道。故能安住生死。與眾生同疾。是以慰喻之家。宜說其所應行。所不應行。不宜說也。說悔先罪而不說入於過去。什曰。利根者聞上四句則能處疾不亂。自此已下。更為鈍根者也。說近切之言。喻其心也。今日之病。必由先罪。故教令悔先罪也。既言有先罪。則似罪有常性。入於過去。故為說不入過去。去其常想也。肇曰。教有疾菩薩悔既往之罪。往罪雖繫人。不言罪有常性。從未來至現在。從現在入過去也。

以己之疾。愍於彼疾。什曰。令其推己而悲物也。當念言。我今微疾。苦痛尚爾。況惡趣眾生受無量苦也。當識宿世無數劫苦。當念饒益一切眾生。什曰。無數劫來。受苦無量。未曾為道。為道受苦。必獲大利。既以此自喻。又當念饒益眾生。令得利也。肇曰。當尋宿世更苦無量。今苦須臾。何足致憂。但當力疾救彼苦耳。憶所修福。什曰。外國法從生至終所作福業。一一書記。若命終時。傍人為說。令其恃福。心不憂畏也。念於淨命。什曰。淨命即正命也。自念從生至今常行正命。必之善趣。吾將何畏也。肇曰。勿為救身疾起邪命也。邪命謂為命諂飾要利存生也。勿生憂惱。常起精進。什曰。雖身逝命終。而意不捨也。當作醫王。療治眾病。什曰。念其因病發弘誓。如是諸病無能救者。當作法醫療治眾病也菩薩應如是慰喻有疾菩薩令其歡喜文殊師利言居士有疾菩薩云何調伏其心肇曰上問慰喻之宜今問調心之法外有善喻內有善調則能彌歷生死與羣生同疾辛酸備經而不以為苦此卽淨名居疾之所由也將示初學處疾之道故生斯問維摩詰言有疾菩薩應作是念今我此病皆從前世妄想顛倒諸煩惱生無有實法誰受病者肇曰處疾之法要先知病本病之生也皆由前世妄想顛倒妄想顛倒故煩惱以生煩惱既生不得無身既有身也不得無患逆尋其本虛妄不實本既不實誰受病者此明始行者初習無我觀也所以者何四大合故假名為身四大無主身亦無我

肇曰釋無我義也四大和合假名為身耳四大既無主身我何由生譬一沙無油聚沙亦然也主我一物異名爾又此病起皆由著我是故於我不應生著什曰病起有二事一者由過去著我廣生結業結業果熟則受於苦二者由現在著我心惱著我心惱故病增也矣生曰復源此病本空而有病者皆由著我起也若能於我不著病何有哉既知病本卽除我想及眾生想肇曰病本卽上妄想也因有妄想故見我及眾生若悟妄想之顛倒則無我無眾生當起法想肇曰我想患之重者故除我想而起法想法想於空為病於我為藥卑隆相靡故假之以治也應作是念但以眾法合成此身起唯法起滅唯法滅肇曰釋法想也五陰諸法假會成身起唯諸法共起滅唯諸法共滅無別有眞宰主其起滅者也既除我想唯見緣起諸法故名法想又此法者各不相知起時不言我起滅時不言我滅肇曰萬物紛紜聚散誰為緣合則起緣散則離聚散無先期故法法不相知也彼有疾菩薩為滅法想當作是念此法想者亦是顛倒顛倒者卽是大患我應離之肇曰法想雖除我於眞猶為倒未免於患故應離之也什曰向以法遣我自此以下以空遣法也云何為離離我我所肇曰我為萬物主萬物為我所若離我我所則無法不離云何離我我所謂離二法云何離二法謂不念內外諸法行於平等肇曰有我我所則二法自生二法既生則內外以形內外既形則諸法異名諸法異名則是非相傾

是非相傾則眾患以成若能不念內外諸法行心平等者則入空行無法想之患內外法者情塵也云何平等謂我等涅槃等肇曰極上窮下齊以一觀乃應平等也所以者何我及涅槃此二皆空肇曰卽事無不異卽理無不一以何為空但以名字故空如此二法無決定性肇曰因背涅槃故名吾我以捨吾我故名涅槃二法相假故有名字而生本其自性性無決定故二俱空也得是平等無有餘病唯有空病空病亦空什曰上明無我無法而未遣空未遣空則空為累累則是病故明空病亦空也肇曰羣生封累深厚不可頓捨故階級漸遣以至無遣也上以法除我以空除法今以畢竟空空於空者乃無患之極耳是有疾菩薩以無所受而受諸

受什曰受謂苦樂捨三受也若能解受無受則能爲物受生而忍受三受也未具佛法亦不滅受而取證也肇曰善自調伏者處有不染有在空不染空此無受之至也以心無受故無所不受無所不受故能永與羣生同受諸受諸受謂苦受樂受不苦不樂受也佛法未具衆生未度不獨滅三受而取證也設身有苦念惡趣衆生起大悲心什曰我功德智慧之身尚苦痛如是況惡趣衆生受苦無量耶即起悲心志拔苦也我既調伏亦當調伏一切衆生肇曰要與羣生同其苦樂但除其病而不除法什曰謂妄見者所見常樂淨等法也所以說言無者不以有樂淨法而以無除之直爲除妄想病耳無法可除故能處之不除其法也爲斷病本而教導之肇曰諸法緣生聚散非己會而有形

散而無像法自然耳於我何患患之生者由我妄想於法自爲患耳法豈使我生妄想乎然則妄想爲病本法非我患也故教導之興但除病本不除法也何謂病本謂有攀緣從有攀緣則爲病本什曰上說菩薩自尋病本以理處心故能取病不亂今明爲斷衆生病故推其病源然後應其所宜耳機神微動動則心有所屬心有所屬名爲攀緣攀緣取相是妄想之始病之根也何所攀緣謂之三界肇曰明攀緣之境也三界外法無漏無爲其法無相非是妄想所能攀緣所能攀緣者三界而已耳云何斷攀緣以無所得若無所得則無攀緣肇曰所以攀緣意存有取所以有取意存有得若能知法虛誑無取無得者則攀緣自息矣何謂無所得謂離二見何謂二見謂內見外見是無所得肇曰內有妄想外有諸法此二虛假終已無得文殊師利是爲有疾菩薩調伏其心爲斷老病死苦是菩薩菩提若不如是已所修治爲無慧利肇曰若能善調其心不懷異想而永處生死斷彼苦者是菩薩菩提之道若不能爾其所修行內未足爲有慧外未足爲有利也譬如勝怨乃可爲勇如是兼除老病死者菩薩之謂也彼有疾菩薩應復作是念如我此病非眞非有衆生病亦非眞非有什曰解病非眞故能處之不亂也云若以病爲眞有則病不可除衆生無邊病亦無盡無盡之病其性實有云何可度即時迷亂心生退轉若病非眞易可除耳悲心即生弘誓兼濟也作是

觀時於諸衆生若起愛見大悲即應捨離什曰謂未能深入實相見有衆生心生愛著因此生悲名爲愛見大悲愛見大悲虛妄不淨能令人起疲厭想故應捨離也肇曰若自調者應先觀己病及衆生病因緣所成虛假無實但以此心而起悲也若此觀未純見衆生愛之而起悲者名愛見悲也此悲雖善而雜以愛見有心之境未免爲累故應捨之所以者何菩薩斷除客塵煩惱而起大悲肇曰心遇外緣煩惱橫起故名客塵菩薩之法要除客塵而起大悲若愛見未斷則煩惱彌滋故應捨之愛見悲者則於生死有疲厭心若能離此無有疲厭在在所生不爲愛見之所覆也什曰若能除愛見即棄捨結業受法化生自在無礙也肇曰夫有所見必有所滯有所愛

必有所憎此有極之道安能致無極之用若能離此則法身化生無在不在生死無窮不覺爲遠何有愛見之覆疲厭之勞乎所生無縛能爲衆生說法解縛肇曰愛見既除法身既立則所生無縛亦能解彼縛也如佛所說若自有縛能解彼縛無有是處若自無縛能解彼縛斯有是處是故菩薩不應起縛何謂縛何謂解貪著禪味是菩薩縛什曰貪著禪味有二障障涅槃及菩薩道肇曰三界受生二乘取證皆由著禪味所以爲縛以方便生是菩薩解肇曰自既離生方便爲物而受生者則彼我無縛所以爲解也又無方便慧縛有方便慧解無慧方便縛有慧方便解肇曰巧積衆德謂之方便直達法相謂之慧二行俱備然後爲解耳若無方便而有慧未免於縛若無慧而有方便亦未免於縛何謂無方便慧縛謂菩薩以愛見心莊嚴佛土成就衆生於空無相無作法中而自調伏是名無方便慧縛什曰觀空不取涉有不著是名巧方便也今明六住已還未能無礙當其觀空則無所取著及其出觀淨國化人則生見取相心愛著拙於涉動妙於淨觀觀空慧不取相雖是方便而從慧受名此中但取涉有不著爲方便故言無方便而有慧也七住已上其心常定動靜不異故言有方便慧也肇曰六住已下心未純一在有則捨空在空則捨有未能以平等眞心有無俱涉所以嚴土化人則雜以愛見此非巧便修德之謂故無方便而以三空自調故有慧也何謂有方便慧解謂不

以愛見心莊嚴佛土成就衆生於空無相無作法中以自調伏而不疲厭是名有方便慧解肇曰七住已上二行俱備遊歷生死而不疲厭所以爲解何謂無慧方便縛謂菩薩住貪欲瞋恚邪見等諸煩惱而殖衆德本是名無慧方便縛什曰七住已還又優劣不同也此明新學不修正觀不制煩惱故言無慧也能修德迴向仰求大果故言有方便也若能修四念處除四顚倒是名離煩惱慧也又善能迴向心不退轉是能求方便也六住已還雖通在縛境若能具此二法則是縛中之解也上說無相慧及涉有不著方便是二門出世間法也此說有相慧及能求方便是二門世間法也何謂有慧方便解謂離諸貪欲瞋恚邪見等諸煩惱而殖衆德本迴向阿耨多羅三藐三菩提是名有慧方便解肇曰上有方便慧解今有慧方便解致解雖同而行有前後始行者自有先以方便積德然後修空慧者亦有先修空慧而後積德者各隨所宜其解不殊也離煩惱卽三空自調之所能積德向菩提卽嚴土化人之流也前後異說互盡其美耳文殊師利彼有疾菩薩應如是觀諸法又復觀身無常苦空非我是名爲慧什曰上四句雜說世間出世間慧方便今此四句偏明出世間慧方便亦云上統慧方便此旨明處疾中用慧方便故能不滅身取證也若以身爲有病至則惱若知身非實則處疾不亂出世間慧亦有深淺無常則空言初相故先說無常無常是出世間淺慧也雖身有疾

常在生死饒益一切而不厭倦是名方便什曰生死可厭而能不厭善處嶮難故名方便也又復觀身身不離病病不離身什曰離身則無病故不相離又云身病一相故不相離也是病是身非新非故是名爲慧設身有疾而不永滅是名方便肇曰新故之名出於先後然離身無病離病無身衆緣所成誰後誰先既無先後則無新故新故既無即入實相故名慧也既有此慧而與彼同疾不取涅槃謂之方便自調初說即其事也慰喻自調略爲權智權智此經之關要故會言有之也文殊師利有疾菩薩應如是調伏其心不住其中亦復不住不調伏心肇曰大乘之行無言無相而調伏之言以形於前文今將明言外之

旨故二俱不住二俱不住即寄言之本意寄言之本意即調伏之至也所以者何若住不調伏心是愚人法若住調伏心是聲聞法是故菩薩不當住於調伏不調伏心離此二法是菩薩行肇曰不調之稱出自愚人調伏之名出自聲聞大乘行者並無名相欲言不調則同愚人欲言調伏則同聲聞二者俱離乃應菩薩處中之行也在於生死不爲汙行住於涅槃不永滅度是菩薩行肇曰欲言在生死生死不能汙欲言住涅槃而復不滅度是以處中道而行者非在生死非住涅槃非凡夫行什曰凡夫行者有三種善不善無動行無動行色無色界行也上二界壽命劫數長久外道以爲有常有常不動義也佛亦因世所名而名之也非賢

聖行是菩薩行什曰謂行三脫而不證也非垢行非淨行是菩薩行雖過魔行而現降伏衆魔是菩薩行肇曰不可得而有不可得而無者其唯大乘行乎何則欲言其有無相無名欲言其無萬德斯行萬德斯行故雖無而有無相無名故雖有而無然則言有不乖無言無不乖有是以此章或說有行或說無行有無雖殊其致不異也魔行四魔行也久已超度而現降魔者示有所過耳求一切智無非時求是菩薩行什曰功行未足而求至足之果名非時求也肇曰一切智未成而中道求證名非時求也雖觀諸法不生而不入正位是菩薩行什曰觀無生是取證法不入正位明不證也肇曰正位取證之位也三乘同觀無生慧力弱者不能自出慧力强者超而不證也雖觀

十二緣起而入諸邪見是菩薩行肇曰觀緣起斷邪見之道也而能反同邪見者豈二乘之所能乎雖攝一切衆生而不愛著是菩薩行什曰四攝法也四攝是愛念衆生法今明愛而不著也雖樂遠離而不依身心盡是菩薩行什曰心識滅盡名爲遠離遠離即空義也不依者明於空不取相也肇曰小離離世憒閙大離離身心盡菩薩雖樂大離而不依恃也雖行三界而不壞法性是菩薩行肇曰三界即法性處之何所壞也雖行於空而殖衆德本是菩薩行肇曰行於空欲除有而方殖衆德也雖行無相而度衆生是菩薩行肇曰行無相欲除取衆生相而方度衆生也雖行無作而現受身

是菩薩行。肇曰。行無作。欲不造生死。而方現受身也。雖行無起而起一切善行是菩薩行。肇曰。行無起。欲滅諸起心。而方起善行也。雖行六波羅蜜而偏知眾生心心數法是菩薩行。什曰。六度是自行法。自行既足。然後化人。化人乃知眾生心。今雖自行而已能知彼。復次第六度觀法無相。不以無相為礙。亦能知眾生心也。肇曰。六度無相行也。無相則無知而方偏知眾生心行。雖行六通而不盡漏是菩薩行。肇曰。雖具六通而不為漏盡之行也。何者。菩薩觀漏即是無漏。故能永處生死與之同漏。豈以漏盡而自異於漏乎。雖行四無量心而不貪著生於梵世是菩薩行。什曰。四無量行則應生四禪地。今偏言梵者。以眾生宗事梵天。舉其宗也。亦四禪地通名

梵也。雖行禪定解脫三昧而不隨禪生是菩薩行。什曰。禪四禪也。定四空也。解脫八解脫也。三昧空無相無作也。肇曰。取其因而不取其果。可謂自在行乎。雖行四念處而不畢竟永離身受心法是菩薩行。肇曰。小乘觀身受心法。離而取證。菩薩雖觀此四。不永離而取證也。雖行四正勤而不捨身心精進是菩薩行。肇曰。小乘法四正勤也。功就則捨入無為。菩薩雖同其行。而不同其捨也。雖行四如意足而得自在神通是菩薩行。肇曰。雖同小乘行如意足。而久得大乘自在神通。如意足。神通之因也。雖行五根而分別眾生諸根利鈍是菩薩行。肇曰。小乘唯自修己根。不善人根。菩薩雖同其自修。而善知人根。令

彼我俱順也。雖行五力而樂求佛十力是菩薩行。雖行七覺分而分別佛之智慧是菩薩行。雖行八正道而樂行無量佛道是菩薩行。肇曰。雖同聲聞根力覺道。其所志求。常在佛行也。雖行止觀助道之法而不畢竟墮於寂滅是菩薩行。肇曰。繫心於緣謂之止。分別深達謂之觀。止觀助涅槃之要法。菩薩因之而行。不順之以墮涅槃也。雖行諸法不生不滅而以相好莊嚴其身是菩薩行。肇曰。修無生滅無相行者。本為滅相。而方以相好嚴身也。雖現聲聞辟支佛威儀而不捨佛法是菩薩行。肇曰。雖現小乘威儀。而不捨大乘之法也。雖隨諸法究

竟淨相而隨所應為現其身是菩薩行。肇曰。究竟淨相。理無形象。而隨彼所應。現若干象也。雖觀諸佛國土永寂如空而現種種清淨佛土是菩薩行。肇曰。空本無現。而為彼現。雖得佛道轉於法輪入於涅槃而不捨於菩薩之道是菩薩行。肇曰。雖現成佛轉法輪入涅槃。而不永滅。還入生死。修菩薩法。如上所列。豈二乘之所能乎。獨菩薩行耳。說是語時。文殊師利所將大眾。其中八千天子。皆發阿耨多羅三藐三菩提心。

維摩詰所說經註卷第四

音釋

詶與酬同以言答之也迭徒結切更也療力照切治也嶮音險高峻貌憒古對切心亂也

維摩詰所說經註卷第五

姚秦三藏法師鳩摩羅什譯

長安沙門僧肇註

不思議品第六

什曰法身大士身心無倦聲聞結業之形心雖樂法身有疲厭故發息止之想身子於弟子中年耆體劣故先發念不用現其累迹又以維摩必懸得其心故直念而不言也尋下言諸大人當於何坐似是推己之疲以察眾人之體恐其須故發念之也肇曰牀座獨寢旨現於此舍利弗默領玄幾故扣其興端淨名將辯無求之道故因而語之也

爾時舍利弗見此室中無有牀座作是念斯諸菩薩大弟子眾當於何坐長者維摩詰知其意語舍利弗言云何仁者爲法來耶求牀座耶舍利弗言我爲法來非爲牀座維摩詰言唯舍利弗夫求法者不貪軀命何況牀座夫求法者非有色受想行識之求非有界入之求肇曰界十八界入十二入也非有欲色無色之求肇曰無三界之求也唯舍利弗夫求法者不著佛求不著法求不著眾求夫求法者無見苦求無斷集求無造盡證修道之求所以者何法無戲論若言我當見苦斷集證滅

修道是則戲論。非求法也。唯舍利弗。法名寂滅。若行生滅。是求生滅。非求法也。法名無染。若染於法。乃至涅槃。是則染著。非求法也。法無行處。若行於法。是則行處。非求法也。法無取捨。若取捨法。是則取捨。非求法也。法無處所。若著處所。是則著處。非求法也。法名無相。若隨相識。是則求相。非求法也。法不可住。若住於法。是則住法。非求法也。法不可見聞覺知。若行見聞覺知。是則見聞覺知。非求法也。肇曰。六識略爲四名。見聞。眼耳識也。覺。鼻舌身識也。知。意識也。

法名無爲。若行有爲。是求有爲。非求法也。是故舍利弗。若求法者。於一切法應無所求。肇曰。法相如此。豈可求乎。若欲求者。其唯無求。乃眞求耳。說是語時。五百天子於諸法中得法眼淨。

爾時長者維摩詰問文殊師利言。仁者遊於無量千萬億阿僧祇國。何等佛土有好上妙功德成就師子之座。什曰。自知而問者。欲令衆會取信也。借座彼國。其義有二。一者欲現諸佛嚴淨功德。致殊勝之座。令始行菩薩深其志願也。二者欲因往返之迹。使化流一國也。文殊師利言。居士。

東方度三十六恒河沙國。有世界名須彌相。其佛號須彌燈王。今現在。彼佛身長八萬四千由旬。其師子座高八萬四千由旬。嚴飾第一。肇曰。由旬。天竺里數名也。上由旬六十里。中由旬五十里。下由旬四十里也。於是長者維摩詰現神通力。即時彼佛遣三萬二千師子座。高廣嚴淨。來入維摩詰室。諸菩薩大弟子。釋梵四天王等。昔所未見。其室廣博。悉皆包容三萬二千師子之座。無所妨礙。於毗耶離城及閻浮提四天下。亦不迫迮。悉見如故。爾時維摩

詰語文殊師利。就師子座。與諸菩薩上人俱坐。當自立身如彼座像。其得神通菩薩。即自變形爲四萬二千由旬。坐師子座。諸新發意菩薩及大弟子。皆不能升。爾時維摩詰語舍利弗。就師子座。舍利弗言。居士。此座高廣。吾不能升。什曰。維摩神力所制。欲令衆知大小乘優劣若此之懸也。亦云諸佛功德之座。非無德所升。理自冥絕。非所制也。維摩詰言。唯舍利弗。爲須彌燈王如來作禮。乃可得坐。於是新發意菩薩及大弟子。即爲須彌燈王如來作禮。便得坐師子座。舍利

弗言居士未曾有也如是小室乃容受此高廣之座於毗耶離城無所妨礙又於閻浮提聚落城邑及四天下諸天龍王鬼神宮殿亦不迫迮維摩詰言唯舍利弗諸佛菩薩有解脫名不可思議肇曰夫有不思議之跡顯於外必有不思議之德著於內覆尋其本權智而已乎何則智無幽而不燭權無德而不修無幽不燭故理無不極無德不修故功無不就功就在於不就故一以成之理極存於不極故虛以通之所以智周萬物而無照權積眾德而無功冥漠無為而無所不為此不思議之極也巨細相容殊形並應此蓋耳目之麤迹遽足以言乎然將因末以示本託麤以表微故因借座略顯其事耳此經自始於淨土終於法供養其中

所載大乘之道無非不思議法者也故囑累云此經名不思議解脫法門當奉持之此品因現外迹故別受名耳解脫者自在心法也得此解脫則凡所作為內行外應自在無礙此非二乘所能議也七住法身已上乃得此解脫也別本云神足三昧解脫若菩薩住是解脫者以須彌之高廣內芥子中無所增減須彌山王本相如故而四天王忉利諸天不覺不知己之所入唯應度者乃見須彌入芥子中是名不可思議解脫法門什曰須彌地之精也此地大也下說水火風地其四大也或者謂四大有神亦云最大亦云有常今制以道力明不神也內之纖芥明不大也巨細相容物無定體明不常也此皆反其所封拔其幽滯以去其常習令歸宗有塗

焉又以四大海水入一毛孔不嬈魚鼈黿鼉水性之屬而彼大海本相如故諸龍鬼神阿脩羅等不覺不知己之所入於此眾生亦無所嬈又舍利弗住不可思議解脫菩薩斷取三千大千世界如陶家輪著右掌中擲過恆沙世界之外其中眾生不覺不知己之所往又復還置本處都不使人有往來想而此世界本相如故又舍利弗或有眾生樂久住世而可度者菩薩即演七日以為一劫令彼眾生謂之一劫或有

眾生不樂久住而可度者菩薩即促一劫以為七日令彼眾生謂之七日又舍利弗住不可思議解脫菩薩以一切佛土嚴飾之事集在一國示於眾生又菩薩以一佛土眾生置之右掌飛到十方徧示一切而不動本處又舍利弗十方眾生供養諸佛之具菩薩於一毛孔皆令得見又十方國土所有日月星宿於一毛孔普使見之又舍利弗十方世界所有諸風菩薩悉能吸著口中而身無損外諸樹木亦不摧折又

十方世界劫盡燒時以一切火內於腹中火事如故而不爲害又於下方過恆河沙等諸佛世界取一佛土舉著上方過恆河沙無數世界如持針鋒舉一棗葉而無所嬈又舍利弗住不可思議解脫菩薩能以神通現作佛身或現辟支佛身或現聲聞身或現帝釋身或現梵王身或現世主身或現轉輪聖王身又十方世界所有衆聲上中下音皆能變之令作佛聲演出無常苦空無我之音及十方諸佛所說種種之

法皆於其中普令得聞舍利弗我今略說菩薩不可思議解脫之力若廣說者窮劫不盡是時大迦葉聞說菩薩不可思議解脫法門歎未曾有謂舍利弗譬如有人於盲者前現衆色像非彼所見一切聲聞聞是不可思議解脫法門不能解了爲若此也智者聞是其誰不發阿耨多羅三藐三菩提心我等何爲永絕其根於此大乘已如敗種一切聲聞聞是不可思議解脫法門皆應號泣聲震三千大千世界肇曰所乖處重故假言應號泣耳二乘憂悲永除尚無微泣況震三千乎一切菩薩應大欣慶頂受此法肇曰迦葉將明大小之殊抑揚時聽故非分者宜致絕望之泣已分者宜懷頂受之歡也若有菩薩信解不可思議解脫法門者一切魔衆無如之何大迦葉說是語時三萬二千天子皆發阿耨多羅三藐三菩提心

爾時維摩詰語大迦葉仁者十方無量阿僧祇世界中作魔王者多是住不可思議解脫菩薩以方便力故教化衆生現作魔王肇曰因迦葉云信解不可思議者魔不能嬈而十方亦有

信解菩薩爲魔所嬈者將明不思議大士所爲自在欲進始學故現爲魔王非魔力之所能也此亦明不思議亦成迦葉言意又迦葉十方無量菩薩或有人從乞手足耳鼻頭目髓腦血肉皮骨聚落城邑妻子奴婢象馬車乘金銀瑠璃硨磲碼碯珊瑚琥珀眞珠珂貝衣服飲食如此乞者多是住不可思議解脫菩薩以方便力而往試之令其堅固什曰結業菩薩於施度將盡而未極是以不思議菩薩强從求索令其無惜心盡具足堅固亦令衆生知其堅固亦使其自知堅固所以者何住不可思議解脫菩薩有威德力故行逼迫示諸衆生如

是難事。凡夫下劣。無有力勢。不能如是逼迫菩薩。肇曰。截人手足。離人妻子。強索國財。生其憂悲。雖有目前小苦。而致永劫大安。是由深觀人根。輕重相權。見近不及遠者。非其所能爲也。什曰。眾生若有眞實定相者。則不思議大士。不應徙行逼試。令其受苦。以非眞實。易可成就。故行惱逼也。譬如龍象蹴踏。非驢所堪。是名住不可思議解脫菩薩智慧方便之門。肇曰。智慧遠通。方便近導。異迹所以形。眾庶所以成。物不無由。而莫之能測。故權智二門。爲不思議之本也。

觀眾生品第七

爾時文殊師利問維摩詰言。菩薩云何觀於眾生。什曰。

復次佛法有二種。一者有。二者空。若常在有。則累於想著。若常觀空。則捨於善本。若空有迭用。則不沒二過。猶日月代用。萬物以成。上已說有。故今明空門也。肇曰。悲疾大士自調之觀。微言幽旨。亦備之前文矣。然法相虛玄。非有心之所覩。眞觀冥默。非言者之所辯。而云何不證涅槃。與羣生同疾。又現不思議。其迹無端。或爲魔王。逼迫初學。斯皆自調大士之所爲也。自調之觀。彼我一空。然其事爲喻。乃更彌甚。至令希宗者惑。亡言之致。存己者增眾生之見。所以無言之道。難爲言也。將近取諸喻。遠況眞觀。以去時人封言之累。故生斯問也。維摩詰言。譬如幻師見所幻人。菩薩觀眾生爲若此。肇曰。幻師觀幻。知其非眞。大士觀眾生有若此也。如智者見水中月。如鏡中見其面像。如熱時燄。如呼聲響。如空中雲。如水聚沫。如水上泡。如芭蕉堅。如電久住。如第五大。如第六陰。如第七情。如十三入。如十九界。菩薩觀眾生爲若此。什曰。觀眾生爲若此。眾生神主我是一義耳。如一癡人行路。遇見遺匣。匣中有大鏡。開匣視鏡。自見其影。謂是匣主。稽首歸謝。捨之而走。眾生入佛法藏珍寶鏡中。取相計我。棄之而去。亦復如是。亦如一盲人行道中。遇值國王子。堅抱不捨。須臾王官屬至。加極楚痛。苦逼奪之。然後放捨。如邪見眾生。於非我見我。無常苦至。隨緣散壞。乃知非我。亦復如是。如空中雲。近之則無也。如無色界色。如焦穀牙。如須陀洹身見。如阿那含入胎。肇曰。阿那含雖有暫退。必不經生也。如阿羅漢三毒。什曰。大乘法中。云通三界。直輕微耳。如得忍

菩薩貪恚毀禁。肇曰。七住得無生忍。心結永除。況毀禁麤事乎。如佛煩惱習。肇曰。唯有如來結習都盡。如盲者見色。如入滅盡定出入息。肇曰。心馳動於內。息出入於外。心想既滅。故息無出入也。如空中鳥迹。如石女兒。如化人煩惱。如夢所見已寤。如滅度者受身。肇曰。未有入涅槃而復受身者。如無煙之火。菩薩觀眾生爲若此。文殊師利言。若菩薩作是觀者。云何行慈。肇曰。慈以眾生爲緣。若無眾生。慈心何寄乎。將明眞慈無緣而不離緣。成上無相眞慈義也。維摩詰言。菩薩作是觀已。自念我當爲眾生說如斯法。是即眞實慈

也。什曰。眞實慈觀諸法空。則是眞實慧。眞實慧中生無緣慈。名爲眞慈。亦以慈爲本。爲人說眞實法。名眞慈。亦慈爲本。然後行布施等衆行。爲名。或以自性爲名。或以所因爲名。自此以下。例可尋也。肇曰。衆生本空。不能自覺。故爲說斯法。令其自悟耳。豈有我彼哉。若能觀衆生空。則心行亦空。以此空心。而於空中行慈者。乃名無相眞實慈也。若有心於衆生而爲慈者。此虛誑慈耳。何足以稱乎。行寂滅慈無所生故。肇曰。七住得無生忍已後。所行萬行。皆無相無緣。與無生同體。無生同體。無分別也。眞慈無緣。無復心相。心相既無。則泊然永寂。未嘗不慈。未嘗有慈。故曰行寂滅慈。無所生也。自此下廣明無相慈行。以成眞實之義。名行雖殊。而俱出慈體。故盡以慈爲名焉。行不熱慈無煩惱故。肇曰。煩惱之興。出於愛見。慈無愛見。故無熱惱也。行等之慈等三世故。行

無諍慈無所起故。行不二慈內外不合故。什曰。內外。內外入也。內外爲二。相對爲合。行不壞慈畢竟盡故。行堅固慈心無毀故。肇曰。上明外無能壞。此明內自無毀。行清淨慈諸法性淨故。肇曰。眞慈無相。與法性同。淨也。行無邊慈如虛空故。肇曰。無心於覆而心無不覆也。行阿羅漢慈破結賊故。什曰。秦言殺結使賊也。此從除結中生。因以爲名。亦能除結。故因能受名也。行菩薩慈安衆生故。肇曰。菩薩之稱。由安衆生。慈安衆生。可名菩薩。行如來慈得如相故。肇曰。如來之稱。由得如相。慈順如相。可名如來。行佛之慈覺衆生故。肇曰。自覺覺彼。謂之佛也。慈既自悟。又能覺彼。可名爲佛也。行自然慈無因

得故。肇曰。大乘之道。無師而成。謂之自然。菩薩眞慈。亦無因而就。可名自然乎。行菩提慈等一味故。什曰。唯佛菩提。能解一切法一相一味也。今無相解中生慈。故遠同菩提也。肇曰。平等一味無相之道。謂之菩提。無相眞慈。亦平等一味。可名菩提也。行無等慈斷諸愛故。肇曰。二乘六住已下。皆愛彼而起慈。若能無心愛彼而起慈者。此慈超絕。可名無等。行大悲慈導以大乘故。肇曰。濟彼苦難。導以大乘。大悲之能。慈欲彼樂。亦導以大乘。可名大悲也。行無厭慈觀空無我故。肇曰。疲厭之情。出於存我。以空無我心而爲慈者。與生死相畢。無復疲厭也。行法施慈無遺惜故。肇曰。未有得眞實慈而悋法財者。可名法施也。行持戒慈化毀禁故。肇曰。未有得眞實慈而爲行殺盜不兼化者。可名持戒。

行忍辱慈護彼我故。什曰。若能行忍。則內不自累。外不傷物。故言護彼我也。凡此中慈上行字。梵本中無。行精進慈荷負衆生故。肇曰。未有得眞實慈而不荷負衆生者。可名精進也。行禪定慈不受味故。肇曰。未有得眞實慈而以亂心受五欲味者。可名禪定也。行智慧慈無不知時故。什曰。行未滿而求果。名不知時也。行方便慈一切示現故。肇曰。未有得眞實慈而不權現普應者。可名方便也。行無隱慈直心清淨故。肇曰。未有得眞實慈而心有曲隱不清淨者。可名無隱耳。行深心慈無雜行故。什曰。直心中猶有累結。今則深入佛法。無雜想也。行無誑慈不虛假故。肇曰。未有得眞實慈而虛假無實者。可名無誑也。行安樂慈令得佛樂

故。肇曰。未有得眞實慈而不令彼我得佛樂者。可名安樂。菩薩之慈爲若此也。文殊師利又問。何謂爲悲。答曰。菩薩所作功德皆與一切衆生共之。肇曰。因觀問慈。備釋四等也。哀彼長苦。不自計身。所積衆德。願與一切。先人後己。大悲之行也。何謂爲喜。答曰。有所饒益歡喜無悔。肇曰。自得法利。與衆同歡。喜於彼己俱得法悅。謂之喜。何謂爲捨。答曰。所作福祐無所希望。什曰。現世不求恩。未來不求報也。聲聞行四等不能實益衆生。今菩薩行四等已實能利益衆生。故四等皆名大也。文殊師利又問。生死有畏。菩薩當何所依。肇曰。生死爲畏。畏莫大之。悲疾大士。何所依恃。而能永處生死。不以畏爲畏乎。維摩詰言。

菩薩於生死畏中。當依如來功德之力。什曰。如來功德如是深妙。我當得之。寧可以此微苦而生疲厭。一心求佛道。直進不迴。則衆苦自滅。恐畏斯除。亦以念爲依。亦以求趣爲依。文殊師利又問。菩薩欲依如來功德之力。當於何住。答曰。菩薩欲依如來功德力者。當住度脫一切衆生。肇曰。住化一切。則其心廣大。廣大其心。則所之無難。此住佛功德力之謂也。又問。欲度衆生。當何所除。答曰。欲度衆生。除其煩惱。肇曰。將尋其本。故先言其末也。又問。欲除煩惱。當何所行。答曰。當行正念。生曰。夫有煩惱。出於戀情耳。便應觀察法理。以遣之也。然始觀之時。見理未明。心不住理。要須念力。然後得觀也。念以不忘爲用。故得存觀而觀焉。別本云正憶念。又問。云何行於正念。答曰。當行不生不滅。又問。何法不生。何法不滅。答曰。不善不生。善法不滅。什曰。惡法生則滅之。未起不令生也。善法不滅。令其增廣也。又問。善不善孰爲本。答曰。身爲本。什曰。身謂五陰也。又問。身孰爲本。答曰。欲貪爲本。什曰。由欲著情深。故廣生結業。亦以愛潤所以受生。是以於諸結中偏舉欲貪也。又問。欲貪孰爲本。答曰。虛妄分別爲本。肇曰。法無美惡。虛妄分別。謂是美是惡。美惡既形。則貪欲是生也。又問。虛妄分別孰爲本。答曰。顚倒想爲本。肇曰。法本非有。倒想爲有。既以爲有。然後識其美惡。謂之分別也。

又問。顚倒想孰爲本。答曰。無住爲本。又問。無住孰爲本。答曰。無住則無本。文殊師利。從無住本。立一切法。什曰。法無自性。緣感而起。當其未起。莫知所寄。莫知所寄。故無所住。無所住故。則非有無。非有無而爲有無之本。無住則窮其源。更無所出。故曰無本。無本而爲物之本。故言立一切法也。肇曰。心猶水也。靜則有照。動則無鑒。癡愛所濁。邪風所扇。涌溢波蕩。未始暫住。以此觀法。何往不倒。譬如臨面涌泉。而責以本狀者。未之有也。倒想之興。本乎不住。義存於此乎。一切法從衆緣會而成體。緣未會則法無寄。無寄則無住。無住則無法。以無法爲本。故能立一切法也。若以心動爲本。則有有相生。理極初動。更無本也。若以無法爲本。則有因無生。無不因無。故更無本也。無住故想倒。想倒故分別。分別故貪欲。貪欲故有身。既有身也。

則善惡並陳善惡既陳則萬法斯起自茲以往言數不能盡也若善得其本則衆末可除矣

時維摩詰室有一天女見諸大人聞所說法便現其身卽以天華散諸菩薩大弟子上肇曰天女卽法身大士也常與淨名共弘大乘不思議道故現爲宅神同處一室見大衆集聞所說法故現身散華欲以生論也華至諸菩薩卽皆墮落至大弟子便著不墮什曰天以此未曾有室室無雜穢故毀賤小乘顯揚大道所以共爲影響發明勝致也一切弟子神力去華不能令去肇曰將辯大小之殊故使華若此爾時天問舍利弗何故去華答曰此華不如法是以去之肇曰香華著身非沙門法是以去之

一義華法散身應墮不墮非華法也天曰勿謂此華爲不如法所以者何是華無所分別什曰華性本不二故無分別也生曰華性無實豈有如法不如法之分別哉仁者自生分別想耳肇曰華豈有心於墮不墮乎分別之想出自仁者耳若於佛法出家有所分別爲不如法若無所分別是則如法肇曰如法不如法在心不在華觀諸菩薩華不著者已斷一切分別想故生曰非直不致著亦不能使著也譬如人畏時非人得其便什曰如一羅刹變形爲馬有一士夫乘之不疑中道馬問士夫馬爲好不士夫拔刀示之問言此刀好不知其心正無畏竟不敢加害若不如是非人得其便也如是弟子畏生死

故色聲香味觸得其便也已離畏者一切五欲無能爲也結習未盡華著身耳結習盡者華不著也什云問曰菩薩結習亦未盡云何不著耶答曰有二種習一結習二佛法中愛習得無生忍時結習都盡而未斷佛法愛習亦云法身菩薩雖有結習以器淨故習氣不起也肇曰著與不著一由內耳華何心乎舍利弗言天止此室其已久如肇曰止淨名大乘之室久近妙辯若此乎答曰我止此室如耆年解脫肇曰將明第一無久近之義故以解脫爲論解脫卽無爲解脫也舍利弗言止此久耶生曰舍利弗前問意雖云止室而語交在久於不違者取之便謂向答是矣苟答其語則云如舍利弗解脫來久也今舍利弗解脫來實久止室得不久乎止

室既已有久便不得同解脫也是以不得不以久爲問焉天曰耆年解脫亦何如久肇曰逆問其所得令自悟也耆年所得無爲解脫寧可稱久乎舍利弗默然不答肇曰言久於前責實於後故莫知所答也天曰如何耆舊大智而默答曰解脫者無所言說故吾於是不知所云天曰言說文字皆解脫相肇曰舍利弗以言久爲失故默然無言謂順眞解未能語默齊致觸物無礙故天說等解以曉其意所以者何解脫者不內不外不在兩間文字亦不內不外不在兩間是故舍利弗無離文字說解脫也肇曰法之所在極於三處三處求文字解脫俱不可得如之何欲離文字而別說解

脫乎。所以者何。一切諸法是解脫相。生曰。無不是解脫相故也。舍利弗言。不復以離淫怒癡爲解脫乎。肇曰。二乘結盡無爲。爲解脫。聞上等解。乖其本趣。故致斯問。天曰。佛爲增上慢人。說離淫怒癡爲解脫耳。若無增上慢者。佛說淫怒癡性即是解脫。肇曰。卑生死。尊己道。謂增上慢人也。爲此人說離結爲解脫。若不卑生死。不尊己道者。則爲說三毒諸結性即解脫。無別解脫也。二乘雖無結慢。然卑生死。尊涅槃。猶有相似慢。結慢者。未得道言已得。以生慢。舍利弗言。善哉善哉。天女。汝何所得。以何爲證。辯乃如是。什曰。有爲果言得。無爲果言證。肇曰。善其所說。非己所及。故問得何道。證何果。辯乃如是乎。天曰。

我無得無證。故辯如是。肇曰。夫有凝之道。不能生無凝之辯。無凝之辯。必出於無凝之道。道有得有證者。必有所不得。有所不證。以大乘之道。無得無證。故無所不得。無所不證。從此生辯。故無所不辯也。所以者何。若有得有證者。則於佛法爲增上慢。肇曰。若見己有所得。必見他不得。此於佛平等之法。猶爲增上慢人。何能致無凝之辯乎。舍利弗問天。汝於三乘。爲何志求。肇曰。上直云無得無證。未知何乘。故復問也。天曰。以聲聞法化衆生故。我爲聲聞。以因緣法化衆生故。我爲辟支佛。以大悲法化衆生故。我爲大乘。生曰。隨彼爲之。我無定也。舍利弗。如人入瞻蔔林。唯嗅瞻蔔。不嗅餘

香。什曰。非謂有而不嗅。謂足於所聞。不復外求耳。依諭義可知也。如是若入此室。但聞佛功德之香。不樂聞聲聞辟支佛功德香也。肇曰。無乘不乘。乃爲大乘。故以香林爲諭。明淨名之室。不雜二乘之香。止此室者。豈他嗅哉。以此可知吾志何乘也。舍利弗。其有釋梵四天王。諸天龍鬼神等入此室者。聞斯上人講說正法。皆樂佛功德之香。發心而出。舍利弗。吾止此室十有二年。初不聞說聲聞辟支佛法。但聞菩薩大慈大悲不可思議諸佛之法。肇曰。大乘之法。皆名不可思議。上問止室久近。欲生論端。故答以解脫。今言實年。以明所聞之不雜也。舍利弗。此

室常現八未曾有難得之法。何等爲八。此室常以金色光照。晝夜無異。不以日月所照爲明。是爲一未曾有難得之法。此室入者。不爲諸垢之所惱也。是爲二未曾有難得之法。什曰。其室清淨。無逆惡氣。神垢緣絕。故垢不生也。惡神起。如十頭羅刹。入一王體。怒害即生。是其類也。此室常有釋梵四天王。及他方菩薩來會不絕。是爲三未曾有難得之法。此室常說六波羅蜜不退轉法。是爲四未曾有難得之法。此室常作天人第一之樂。絃出無量法化之聲。是爲五未曾

有難得之法。此室有四大藏。衆寶積滿。周窮濟乏。求得無盡。是爲六未曾有難得之法。此室釋迦牟尼佛。阿彌陀佛。阿閦佛。寶德。寶炎。寶月。寶嚴。難勝。師子響。一切利成。如是等十方無量諸佛。是上人念時。卽皆爲來。廣說諸佛祕要法藏。說已還去。是爲七未曾有難得之法。此室一切諸天嚴飾宮殿。諸佛淨土。皆於中現。是爲八未曾有難得之法。什曰。如有方寸金剛。數十里內。石壁之表。所有形色。悉於是現。此室明徹。其喻如此。舍利弗。此室常現八未曾有難

得之法。誰有見斯不思議事。而復樂於聲聞法乎。舍利弗言。汝何以不轉女身。天曰。我從十二年來。求女人相。了不可得。當何所轉。肇曰。止此室來。所聞正法。未覺女人異於男子。當何所轉。天悟女相。豈十二年而已乎。欲明此室純一等教。無有雜聲。故齊此爲言耳。天爲女像而生斯語矣。譬如幻師化作幻女。若有人問何以不轉女身。是人爲正問不。舍利弗言。不也。幻無定相。當何所轉。天曰。一切諸法。亦復如是。無有定相。云何乃問不轉女身。肇曰。萬物如幻。無有定相。誰好誰醜。而欲轉之乎。卽時天女以神通力。變舍

利弗令如天女。天自化身如舍利弗。而問言。何以不轉女身。舍利弗以天女像而答言。我今不知何轉而變爲女身。肇曰。吾不知所以轉而爲此身。如之何。又欲轉之乎。天曰。舍利弗。若能轉此女身。則一切女人亦當能轉。肇曰。仁者不知所以轉而轉爲女身。衆女亦不知所以轉而爲女也。若仁者無心於爲女。而不能轉女身者。則衆女亦然。不能自轉。如何勸人轉女身乎。如舍利弗非女而現女身。一切女人亦復如是。雖現女身而非女也。是故佛說一切諸法非男非女。肇曰。如舍利弗實非女。而今現是女像。衆女亦現是女像。實非女也。男女無定相。類已可知矣。卽

時天女還攝神力。舍利弗身還復如故。天問舍利弗。女身色相。今何所在。舍利弗言。女身色相。無在無不在。肇曰。欲言有在。今見無相。欲言無在。向復有相。猶幻化無定。莫知所在也。天曰。一切諸法。亦復如是。無在無不在。夫無在無不在者。佛所說也。舍利弗問天。汝於此沒。當生何所。肇曰。既知現相之無在。又問當生之所在。天曰。佛化所生。什曰。不直說無生。而說生者。欲據有生相結。而理無生滅者也。吾如彼生。肇曰。此生身相。既如幻化。沒此更生。豈得異也。曰。佛化所生。非沒生也。天曰。衆生猶然。無沒生也。肇曰。豈我獨如化。物無非化也。舍利

弗問天汝久如當得阿耨多羅三藐三菩提。肇曰身相沒生可如幻化菩提眞道必應有實故問久如當成天曰如舍利弗還爲凡夫我乃當成阿耨多羅三藐三菩提。舍利弗言我作凡夫無有是處。肇曰聖人還爲凡夫何有是處耶天曰我得阿耨多羅三藐三菩提亦無是處。肇曰彼聖人爲凡夫我成菩提道無處一也所以者何菩提無住處是故無有得者。肇曰菩提之道無爲無相自無住處誰有得者舍利弗言今諸佛得阿耨多羅三藐三菩提已得當得如恆河沙皆謂何乎。天曰皆以世俗文字數故。

說有三世非謂菩提有去來今。肇曰世俗言數有三世得耳非謂菩提第一眞道有去來今也天曰舍利弗汝得阿羅漢道耶。肇曰羅漢入無漏心不見得道入有漏心則見有得今問以第九解脫自證成道時見有得耶欲令自悟無得義也曰無所得故而得。肇曰推心而答也無得故有得有得則無得此明眞得乃在於不得天曰諸佛菩薩亦復如是無所得故而得。什曰二乘取證無得俱同但大乘悟法既深又無出入之異耳爾時維摩詰語舍利弗是天女已曾供養九十二億諸佛已能遊戲菩薩神通所願具足得無生忍住不退轉以本願故隨意能現教化衆生。

維摩詰所說經註卷第五

音釋

迮阻格切　內芥子上音納下內於腹中同　黿鼉音元陀水族　斷取上音短截也下同　蹴七六切踐也又子六切　蔔蒲北切　齅許救切

維摩詰所説經註卷第六

姚秦三藏法師鳩摩羅什譯

長安沙門僧肇註

佛道品第八

爾時文殊師利問維摩詰言。菩薩云何通達佛道。肇曰如上所云諸佛之道以無得爲得此道虛玄非常行之所通通之必有以故問所以生曰應化無方爲佛之道也既能體之爲通達矣。維摩詰言。若菩薩行於非道是爲通達佛道。什曰非道有三種一者惡趣果報二者惡趣行業三者世俗善業及善業果報也凡夫非

其本實而處之皆名非道處非而不失其本故能因非道以弘道因非道以弘道則斯通達矣譬如良醫觸物爲藥故醫術斯行遇病斯治肇曰夫以道爲道非道爲非道者則穢惡並起垢累茲彰何能通心妙旨達平等之道乎若能不以道爲道不以非道爲非道者則是非絶於心遇物斯可乘矣所以處是無是是之情乘非無非非之意故能美惡齊觀履逆常順和光塵勢愈晦愈明斯可謂通達無礙平等佛道乎。又問云何菩薩行於非道。答曰若菩薩行五無間而無惱恚。肇曰五逆罪必由惱恚生此罪捨身必入地獄受苦無間也菩薩示行五逆而無惱恚是由不以逆爲逆故能同逆耳若以逆爲逆者孰敢同。至於地獄無諸罪垢。肇曰罪垢地獄因也示受其報實無其因。至於畜生無有無明憍慢等過。肇曰癡慢偏重多墮畜生。至於餓鬼而具足功德。肇曰慳貪無福多墮餓鬼。行色無色界道不以爲勝。什曰梵本云至色無色界凡夫生彼則謂爲涅槃第一最勝今有爲而生不以爲勝也。示行貪欲離諸染著。示行瞋恚於諸衆生無有恚礙。示行愚癡而以智慧調伏其心。肇曰示行三毒而不乖三善也。示行慳貪而捨內外所有不惜身命。示行毀禁而安住淨戒乃至小罪猶懷大懼。示行瞋恚而常慈忍。示行懈怠而勤修功德。示行亂意而常念定。示行愚癡而通達世間出世間慧。肇曰示行六蔽而不乖六度也。示行諂

僞而善方便隨諸經義。什曰雖迹與諂同而實不乖正所謂善方便而隨經義也。示行憍慢而於衆生猶如橋梁。什曰言其謙下爲物所陵賤忍受無慢猶如橋梁也。示行諸煩惱而心常清淨。示入於魔而順佛智慧不隨他教。示入聲聞而爲衆生説未聞法。肇曰聲聞不從人聞不能自悟況能爲人説所未聞也。示入辟支佛而成就大悲教化衆生。肇曰大悲大乘法非辟支之所能行。示入貧窮而有寶手功德無盡。示入形殘而具諸相好以自莊嚴。示入下賤而生佛種性中具諸功德。什曰佛種性卽是無生忍得是深忍名曰法生則已超出下賤。

入佛境界也。示入羸劣醜陋而得那羅延身，一切衆生之所樂見。肇曰：那羅延，天力士名也，端正殊妙，志力雄猛。示入老病而永斷病根，超越死畏。示有資生而恆觀無常，實無所貪。示有妻妾婇女而常樂遠離五欲淤泥。現於訥鈍而成就辯才，總持無失。什曰：如太子慕魄比之也。示入邪濟而以正濟度諸衆生。肇曰：津河可度處名正濟，險難誑處名邪濟。佛道名正濟，外道名邪濟也。現徧入諸道而斷其因緣。肇曰：偏入異道，豈曰慕求，欲斷其緣。現於涅槃而不斷生死。肇曰：現身涅槃而方入生死。自上所列，於菩薩皆爲非道，而處之無礙，乃所以爲道，故曰

通達佛道。文殊師利，菩薩能如是行於非道，是爲通達佛道。

於是維摩詰問文殊師利：何等爲如來種？什曰：自相遇以來，維摩獨說，似是辯慧之功偏有所歸，今令彼說，欲顯其德音也。亦云推美以爲供養。肇曰：既辯佛道所以通，又問其道之所出也。維摩、文殊迭爲問答，應物而作，孰識其故？文殊師利言：有身爲種。肇曰：有身，身見也。夫心無定所，隨物而變，在邪而邪，在正而正。邪正雖殊，其種不異也。何者？變邪而正，改惡而善，豈別有異邪之正、異惡之善，超然無因，忽爾自得乎？然則正由邪起，善因惡生，故曰衆結煩惱爲如來種也。無明有愛爲種。什曰：向總說，此開爲二門也。一切結屬二門，故偏舉二門也。自此以下，次第廣開也。貪恚癡爲種。四顛倒爲種。五蓋爲種。什曰：四倒爲因，五蓋爲果，是則名曰生死兩輪。兩輪既具，六趣斯遊。六入爲種。什曰：義言六情，愛也。愛爲生本，故偏廣開。七識處爲種。什曰：初禪中除劫初梵王及劫初諸小梵，自後合爲一識住。劫初唯有梵王，未有餘梵，梵王念欲有餘梵，餘梵爾時遇會來生，梵王因起邪見，謂是己造，餘梵亦自謂從梵王生，雖有精麤，其邪想不異，是名異身一想，第二識住也。二禪形無優劣，而心有若干，除入解脫，種種異念，是名一形異想，是第三識住也。三禪形無精麤，心無異想，所謂一樂想，是第四識住也。并無色前三地，是名七識住也。識住，識得安住也。識念分明，無有惱患，無壞者，是名爲住。惡趣則苦痛壞，四禪則無想壞，非想滅定壞，亦彼地心想微昧，念不分明，故識不安住也。問曰：欲界亦惡趣所壞，云何立識住也？

答曰：取地壞，不取界壞。欲界惡趣、善趣，趣乖地異，苦樂殊致，義不相涉，故不相壞也。又義云何應爲七住。八邪法爲種。九惱處爲種。什曰：愛我怨家，憎我知識，惱我己身，一世則三，三世則九。又義云九結也。十不善道爲種。以要言之，六十二見及一切煩惱皆是佛種。肇曰：塵勞衆生卽成佛道，更無異人成佛，故是佛種也。曰：何謂也？肇曰：夫妙極之道，必有妙極之因，而曰塵勞爲種者何也？答曰：若見無爲入正位者，不能復發阿耨多羅三藐三菩提心。什曰：若法忍至羅漢，無生至佛，皆名正位也。言無爲而入者，由取相見，故入正位而取證。又言見無爲，無爲者盡諦，盡諦是其證法。決定分明，見前二諦時，雖無反勢，未決定分明。言據其決定取證處也。生曰：以現事明之也。見

無爲入正位者若法忍以上結使已斷既至其所始爲見之以本欲捨生死求悟悟則在生死外矣無復不捨卽悟之義故不能復發菩提心也譬如高原陸地不生蓮華卑濕淤泥乃生此華如是見無爲法入正位者終不復能生於佛法煩惱泥中乃有衆生起佛法耳生曰喻入正位又如殖種於空終不得生糞壤之地乃能滋茂如是入無爲正位者不生佛法起於我見如須彌山猶能發於阿耨多羅三藐三菩提心生佛法矣生曰喻見無爲也此二喻以明萌發其事是故當知一切煩惱爲如來種譬如不下巨海不能得無價寶珠如是不入煩惱大海則不能得一切智寶肇曰二乘既見無爲安住正位虛心靜漠宴寂恬怡既無生死之畏而有無爲之樂淡泊自足無希無求孰肯蔽蔽以大乘爲心乎凡夫沈淪五趣爲煩惱所蔽進無無爲之歡退有生死之畏兼我心自高唯勝是慕故能發迹塵勞標心無上樹根生死而敷正覺之華自非凡夫沒命洄淵遊泳塵海者何能致斯無上之寶乎是以凡夫有反復之名二乘有根敗之恥也爾時大迦葉歎言善哉善哉文殊師利快說此語誠如所言塵勞之儔爲如來種我等今者不復堪任發阿耨多羅三藐三菩提心乃至五無間罪猶能發意生於佛法而

今我等永不能發譬如根敗之士其於五欲不能復利如是聲聞諸結斷者於佛法中無所復益永不志願肇曰迦葉自知己心微弱不能發大道意至於勝求乃後五逆之人傷己無堪故善文殊之說也是故文殊師利凡夫於佛法有反復而聲聞無也所以者何凡夫聞佛法能起無上道心不斷三寶正使聲聞終身聞佛法力無畏等永不能發無上道意肇曰凡夫聞法能續佛種則爲報恩有反復也聲聞獨善其身不弘三寶則於佛法爲無反復也又法華云二乘中止終必成佛而此經以根敗爲喻無復志求夫涅槃者道之眞也妙之極也二乘結習未盡闇障未除如之何以垢累之神而求眞極之道乎以其三有分盡故假授涅槃非實涅槃也此經將以二乘疲厭生死進向已息潛隱無爲緜緜長久方於凡夫則爲永絕又抑揚時聽卑鄙小乘至人殊應其教不一故令諸經有不同之說也

爾時會中有菩薩名普現色身問維摩詰言居士父母妻子親戚眷屬吏民知識悉爲是誰奴婢僮僕象馬車乘皆何所在肇曰淨名權道無方隱顯難測外現同世家屬內以法爲家屬恐惑者見形不及其道故生斯問於是維摩詰以偈答曰智度菩薩母方便以爲父肇曰智爲內照權爲外用萬行之所由生諸佛之所因出故菩薩以智爲母以

權爲父。一切衆導師無不由是生。什曰。菩薩如來通名導師。以新學謂其未離受生。應有父母。今欲顯其以法化生。絕於受身。故答之以法也。法喜以爲妻。肇曰。法喜謂見法生內喜也。世人以妻色爲悅。菩薩以法喜爲悅。慈悲心爲女。什曰。慈悲性弱。從物入有。猶如女之爲性。弱而隨物。善心誠實男。什曰。誠實之心。於事能辦。猶男有貞固之性。成於家業也。畢竟空寂舍。什曰。障蔽風雨。莫過於舍。滅除衆想。莫妙於空。亦能絕諸問難。降伏魔怨。猶密宇深重。寇患自消。亦云有非真要。時復暫遊。空爲理宗。以爲常宅也。弟子衆塵勞。什曰。衆塵勞即塵勞衆生。化使從己。令受正道也。隨意之所轉。什曰。轉令從己化也。肇曰。塵勞衆生。隨意所化。無非弟子。道品善知識。由是成正覺。什曰。三十七品。三乘通用。

菩薩兼以六度爲道品。取其親附守護。利益成就。義同三益。故類之知識。諸度法等侶。什曰。或有雖爲知識。不必能爲克終之伴。或有雖爲伴而不爲善知識。又言伴侶。明善始令終。必至道場也。四攝衆妓女。什曰。四攝聚衆。猶妓之引物也。歌詠誦法言。以此爲音樂。肇曰。口詠法言。以當音樂。總持之園苑。什曰。總持廣納。爲衆妙之林。奇玩娛心。猶如園苑也。無漏法林樹。生曰。夫無漏之法。既根深不可拔。又理高而扶疏。爲樹之像也。漏法不復得間錯其間。林之義也。覺意淨妙華。什曰。華之體。合則不妙。開則毁。開合得適。乃盡其妙也。調順覺意。亦復如是。高則放散。下則沈沒。高下得中。乘平直往。開合之相。其猶淨華也。解脫智慧果。什曰。解脫無爲果也。智慧有爲果也。八解之浴池。定水湛然滿。

什曰。水之爲用。除垢去熱。解脫之性。亦除熱去礙也。生曰。止則能鑒。水之義也。既定意足。湛然滿矣。布以七淨華。什曰。一戒淨。始終淨也。身口所作。無有微惡。意不起垢。亦不取相。亦不願受生。施人無畏。不限衆生。二心淨。三乘制煩惱心。斷結心。乃至三乘漏盡心。名爲心淨。三見淨。見法眞性。不起妄想。是名見淨。四度疑淨。若見未深。當時雖了。後或生疑。若見深疑斷。名度疑淨。五分別道淨。若能見是道宜行。非道宜捨。是名分別道淨。六行斷知見淨。行謂苦難苦易樂難樂易四行也。斷謂斷諸結也。學地中盡未能自知所行所斷。既得無學盡智無生智。悉自知見所行所斷。通達分明。是名行斷知見淨。七涅槃淨也。浴此無垢人。什曰。無垢而浴者。爲除熱取適也。菩薩無結而入八解者。外將爲衆生。內自娛心也。肇曰。總持強記。萬善之苑也。於此苑樹無漏之林。敷七覺之華。結解脫之果。嚴八解之池。積禪

定之水。湛然充滿。布七淨之華。羅列水上。而後無垢之士。游此林苑。浴此華池。閑宴嬉遊。樂之至也。豈等俗苑林水之歡乎。覺意。七覺意也。解脫。有爲無爲果也。智慧。即果智也。象馬五通馳。大乘以爲車。調御以一心。遊於八正路。什曰。駕大乘車。遊於十方。自在無礙。兼運衆生。俱至道場也。一心。梵本云和合道品。心中有三相。一發動。二攝心。三名捨。若發動過則心散。散則攝之。攝之過則沒。沒則精進令心發動。若動靜得適。則任之令進。容豫處中。是名爲捨。捨即調御。調御即和合也。譬如善御。遲則策之。疾則制之。舒疾得宜。則放之令去。縱步夷塗。必之所往也。肇曰。五通爲象馬。大乘爲上車。一心爲御者。遊於八正道也。相具以嚴容。衆好飾其姿。慚愧之上服。什曰。旨取其防非止惡。猶衣服可以禦風寒也。深心爲華鬘。什曰。

深心信樂。故能修善。處善之先。猶鬘之在首。又云深心發明衆善。亦如華鬘飾形服也。富有七財寶。什曰。信戒聞捨慧慚愧也。處家則能捨財出家則能捨五欲及煩惱也。由信善故持戒。持戒則止惡。止惡已則應進行衆善。進行衆善要由多聞。聞法故能捨。能捨則慧生。故五事次第說也。五事爲寶。慚愧爲守人。守人於財財主亦是財。故七事通名財也。教授以滋息。如所說修行。迴向爲大利。什曰。行自行也。以七財爲本。又彼我兼利。復以此福迴向佛道。七財彌增則利之大也。四禪爲牀座。從於淨命生。肇曰。四禪高牀。修淨命之所成。多聞增智慧。以爲自覺音。什曰。向說牀則致其安寢。安寢則覺之有法。故次說樂。外國貴人眠時。要先勑樂人。明相出時。微奏樂音。然後乃覺。今以多聞法音覺其禪寢也。甘露法之

食。什曰。諸天以種種名藥著海中。以寶山摩之。令成甘露。食之得僊。名不死藥。佛法中以涅槃甘露。令生死永斷。是眞不死藥也。亦云劫初地味甘露食。則長生。佛法中則實相甘露養其慧命。是眞甘露食也。解脫味爲漿。什曰。味有四種。一出家。離五欲。二行禪。離憒亂煩惱。三智慧。離妄想。四涅槃。離生死。亦有二種解脫。一解脫煩惱。二解脫於礙也。亦云愛性無厭。名之爲渴。愛斷則得解脫。解脫止愛渴。故名漿。四味亦以除愛渴。故爲漿也。淨心以澡浴。什曰。心淨則無染。無染卽爲浴。亦名遊八解脫也。戒品爲塗香。什曰。淨戒除穢。不假香也。摧滅煩惱賊。什曰。煩惱有二種斷。一遮斷。二永斷。摧滅遮斷也。下降伏四魔永斷也。上說資養四體。四體既平健。則廣興事業。自此以下。是說其事業。勇健無能踰。降伏四種魔。勝旛建道場。什曰。外國破敵得勝。則豎勝旛。道場降魔。亦表其勝相也。雖知無起滅。示彼故有生。悉現諸國土。如日無不見。肇曰。知無起滅。則得法身。無復生分。爲彼有生。故無往不見。自此以下。盡歎菩薩變應之德。以法爲家。故其能若此。供養於十方。無量億如來。諸佛及己身。無有分別想。雖知諸佛國。及與衆生空。而常修淨土。敎化於羣生。諸有衆生類。形聲及威儀。無畏力菩薩。一時能盡現。覺知衆魔事。而示隨其行。以善方便智。隨意皆能現。或示老病死。什曰。如佛欲化弗迦沙王。故現作老比丘。亦如四城門所化比也。成就諸羣生。了知如幻化。通

達無有礙。或現劫盡燒。天地皆洞然。衆生有常想。照令知無常。什曰。或實燒。或不實燒。不實燒者。二日乃至三四日出時。衆生見燒相。卽悟無常。還攝不燒也。無數億衆生。俱來請菩薩。一時到其舍。化令向佛道。經書禁呪術。工巧諸技藝。盡現行此事。饒益諸羣生。世間衆道法。悉於中出家。因以解人惑。而不墮邪見。什曰。以同習相感。先同而後乖也。出家人有德。爲物所宗。故現入出家。修德引物也。肇曰。九十六種皆出家求道。隨其出家。欲解其惑。不同其見也。或作日月天。梵王世界主。什曰。劫初時未有日月。亦未有衆生。幽冥處初不見日月。故爲作日月。令得照明也。或時作地

水或復作風火。什曰。劫初地未成。以神力令六方風來吹水結而成地。或見人入海船欲沒時。爲化作地。令得安隱。至須水火風處。皆應其所求也。或化作。或以身作也。食及藥中亦如是也。劫中有疾疫。現作諸藥草。若有服之者。除病消衆毒。什曰。或令除病。或得升僊。因而化之。使入正道。外國有奇妙藥草。或似人形。或似象馬形。似象馬者。有人乘之。徑淩虛而去。或但見聞此藥。衆病卽消也。劫中有饑饉。現身作飲食。先救彼飢渴。卻以法語人。劫中有刀兵。爲之起慈悲。化彼諸衆生。令住無諍地。什曰。將來世劫盡時。刀兵起。人壽十歲。婆須密從忉利天下生。王家作天子。化衆人言。我等祖父。壽命極長。以今瞋恚無慈。故致此短壽。是故汝等當行慈心。衆人從命。惡心漸薄。此後生子。壽二十歲。如是轉續。至彌勒時。八萬四千歲也。若有大戰陣。立之以等力。菩薩現威勢。降伏使和安。什曰。兩陣相對。助其弱者。二衆既均。無相勝負。因是彼此和安矣。一切國土中。諸有地獄處。輒往到於彼。勉濟其苦惱。一切國土中。畜生相食噉。皆現生於彼。爲之作利益。什曰。如過去世時。人無禮義。欲殘害長老。猴象及鳥。推敬長老。令人歡修善。咸相和順。如大智度論中說。示受於五欲。亦復現行禪。令魔心憒亂。不能得其便。肇曰。欲言行禪。復受五欲。欲言受欲。復現得禪。莫測其變。所以憒亂也。火中生蓮華。是可謂希有。在欲而行禪。希有亦如是。

肇曰。自非靜亂齊旨者。孰能兩之者也。或現作淫女。引諸好色者。先以欲鉤牽。後令入佛智。或爲邑中主。或作商人導。國師及大臣。以祐利衆生。諸有貧窮者。現作無盡藏。因以勸導之。令發菩提心。我心憍慢者。爲現大力士。消伏諸貢高。令住無上道。肇曰。慢心自高。如山峰不停水。菩薩現爲力士。服其高心。然後潤以法水。其有恐懼衆。居前而慰安。先施以無畏。後令發道心。或現離淫欲。爲五通僊人。開導諸羣生。令住戒忍慈。什曰。世無賢聖。衆生下劣。不入深法。故化以戒忍也。見須供事者。現爲作僮僕。既悅可其意。乃發以道心。隨彼之所須。得入於佛道。以善方便力。皆能給足之。如是道無量。所行無有涯。智慧無邊際。度脫無數衆。假令一切佛。於無數億劫。讚歎其功德。猶尚不能盡。誰聞如是法。不發菩提心。除彼不肖人。癡冥無智者。

入不二法門品第九

爾時維摩詰謂衆菩薩言。諸仁者。云何菩薩入不二法門。各隨所樂說之。什曰。有無迭用。佛法之常。前品說有。故次說空門。復次從始會以來唯二人相對餘皆默然今欲各顯其德故問令盡說亦云情或不同發悟有因令各說悟廣釋衆迷夫勝會明宗必以令終爲美今法座將散欲究其深致廣說不二乃盡其妙也問曰亦有三四乃至無量法門云何獨說不二耶答曰二事少而惑淺餘門事廣而累深二尚應破則餘可知也復次萬法之生必從緣起緣起生法多少不同極其少者要從二緣若有一緣生未之聞也然則有之緣起極於二法二法既廢則入於玄境亦云二法門攝一切法門云何不破一耶答曰若名數之則非一也若以一爲一亦未離於二遣二則一斯盡矣復次無相之一名假而實亡實亡則體與相絕故直置而自無也肇曰自經始以來所明雖殊然皆大乘無相之道無相之道即不可思議解脫法門即第一義無二法門此淨名現疾之所建文殊問疾之所立也凡聖道成莫不由之故事爲篇端談爲言首究其所歸一而已矣然學者開心有地受習不同或觀生滅以反本或推有無以體眞或尋罪福以得一或察身口以冥寂其塗雖殊其會不異不異故取衆人之所同以證此經之大旨也

會中有菩薩名法自在說言諸仁者生滅爲二法本不生今則無滅得此無生法忍是爲入不二法門肇曰滅者滅生耳若悟無生滅何所滅此即無生法忍也此菩薩因觀生滅以悟道故說已所解爲不二法門也下皆類耳萬法云云離眞皆名二故以不二爲言

德守菩薩曰我我所爲二因有我故便有我所若無有我則無我所是爲入不二法門肇曰妙主常存我也身及萬物我所也我所我之有也法既無我誰有所也

不眴菩薩曰受不受爲二什曰不眴有三義一如天二愛敬佛身諦觀不眴三心無塵翳慧眼常開受名爲受無漏名不受也亦云受心不受心什曰受不受取相不取相也亦有漏五陰名爲受無漏名不受也亦云受心不受心如阿毗曇心說若法不受則不可得以不可得故無取什曰遣受也無捨什曰遣不受也無作什曰言不復作受生業也無行什曰心行滅也是爲入不二法門肇曰有心必有所受有所受必有所不受此爲二也若悟法本空二俱不受則無得無行爲不二也

德頂菩薩曰垢淨爲二見垢實性則無淨相順於滅相是爲入不二法門什曰如洗穢物穢盡乃淨淨則盡盡則無淨也肇曰淨生於垢實性無垢淨何所淨

善宿菩薩曰是動是念爲二不動則無念無念即無分別通達此者是爲入不二法門什曰惑心微起名爲動取相深著名爲念始終爲異耳

善眼菩薩曰一相無相爲二若知一相即是無相亦不取無相入於平等是爲入不二法門肇曰言一欲以去二不言一也言無欲以去有不言無也而或者聞一則取一相聞無則取無相故有二焉

妙臂菩薩曰。菩薩心聲聞心爲二。觀心相空如幻化者。無菩薩心。無聲聞心。是爲入不二法門。什曰。以施報故手能出無盡寶物。如五河流。故名妙臂也。

弗沙菩薩曰。什曰。二十八宿中鬼星名也。生時所值宿。因以爲名也。善不善爲二。若不起善不善。入無相際而通達者。是爲入不二法門。什曰。一切有漏善心。及善身口業。無漏乃至涅槃。名爲善。一切煩惱所作身口業。名不善也。

師子菩薩曰。罪福爲二。什曰。三界煩惱。煩惱相應。及煩惱所作身口業。盡名罪。一切有漏善。盡名爲福。若達罪性。則與福無異。以金剛慧決了此相。無縛無解者。是爲入不二法門。什曰。金剛置地下。至地際。然後乃止。實相慧要盡法性。然後乃止也。

師子意菩薩曰。什曰。師子度水。要截流直度。曲則不度。此大士以實智慧深入諸法直過彼岸。故借以爲名也。有漏無漏爲二。若得諸法等。則不起漏不漏想。不著於相。亦不住無相。是爲入不二法門。

淨解菩薩曰。有爲無爲爲二。若離一切數。則心如虛空。以淸淨慧無所礙者。是爲入不二法門。

那羅延菩薩曰。世間出世間爲二。什曰。世間。三界也。出世間。一切無漏有爲道品法也。世間性空。卽是出世間。於其中不入不出。什曰。出義生於入也。無入生死。故無出世間也。不溢。什曰。梵本云流也。不散。是爲入不二法門。肇曰。夫有入則有出。有出必有溢。有溢必有散。此俗中之常數。

善意菩薩曰。生死涅槃爲二。若見生死性。則無生死。無縛無解。不然不滅。如是解者。是爲入不二法門。什曰。上言無爲。三無爲也。今明究竟涅槃也。肇曰。縛然生死之別名。解滅涅槃之異稱。

現見菩薩曰。盡不盡爲二。法若究竟盡若不盡。皆是無盡相。無盡相卽是空。空則無有盡不盡相。如是入者。是爲入不二法門。什曰。無常是空之初門。破法不盡。名爲不盡。若乃至一念無有生。無有生則生盡。生盡則畢竟空。是名爲盡也。肇曰。有爲虛僞法。無常故名盡。實相無爲法。常住故不盡。若以盡爲盡。以不盡爲不盡者。皆二法也。若能悟盡不盡俱無盡相者。則入一空不二法門也。

普守菩薩曰。我無我爲二。我尙不可得。非我何可得。見我實性者。不復起二。是爲入不二法門。肇曰。非我出於我耳。見我實性者。我本自無。而況非我也。

電天菩薩曰。明無明爲二。無明實性卽是明。明亦不可取。離一切數。於其中平等無二者。是爲入不二法

門肇曰明慧明也無明癡冥也見無明性即爲是明若見明爲明即是無明故不可取也

喜見菩薩曰色色空爲二色即是空非色滅空色性自空如是受想行識識空爲二識即是空非識滅空識性自空於其中而通達者是爲入不二法門肇曰色即是空不待色滅然後爲空是以見色異於空者則二於法相也

明相菩薩曰四種異空種異爲二四種性即是空種性如前際後際空故中際亦空若能如是知諸種性者是爲入不二法門什曰外道法中有五大佛法中有四大此四種於作法中最大故稱爲大肇曰四種四大也空種空大也此五眾生之所由生故名種然四大之性無前後中無異空大也

妙意菩薩曰眼色爲二若知眼性於色不貪不恚不癡是名寂滅如是耳聲鼻香舌味身觸意法爲二若知意性於法不貪不恚不癡是名寂滅安住其中是爲入不二法門肇曰存於情塵故三毒以生若悟六情性則於六塵不起三毒此寂滅之道矣

無盡意菩薩曰布施迴向一切智爲二布施性即是迴向一切智性如是持戒忍辱精進禪定智慧迴向一切智爲二智慧性即是迴向一切智性於其中入一相者是爲入不二法門肇曰以六度爲妙因迴向一切智者二也若悟因果同性入於一相乃應不二

深慧菩薩曰是空是無相是無作爲二空即無相無相即無作若空無相無作即無心意識於一解脫門即是三解脫門者是爲入不二法門肇曰三行雖異然俱是無緣解脫故無心意識也無緣既同即與三解脫無異

寂根菩薩曰佛法眾爲二生曰有相則有對有對則爲二不繫一與二也佛即是法生曰以體法爲佛不可離法有佛也若不離法有佛佛是法也然則佛亦法矣法即是眾生曰亦以體法爲眾是三寶皆無爲相與虛空等一切法亦爾能隨此行者是爲入不二法門肇曰無相眞智佛寶也實相無爲法寶也修無爲道僧寶也三寶雖異皆無爲相也

心無礙菩薩曰身身滅爲二什曰身五受陰也身滅涅槃也身即是身滅所以者何見身實相者不起見身及見滅身身與滅身無二無分別於其中不驚不懼者是爲入不

二法門。肇曰。諸法生時空生。滅時空滅。身存身亡。亦何以異。而懷驚懼於其中乎。

上善菩薩曰。身口意業爲二。是三業皆無作相。身無作相。卽口無作相。口無作相。卽意無作相。是三業無作相。卽一切法無作相。能如是隨無作慧者。是爲入不二法門。肇曰。三業雖殊。無作一也。諸法之生。本於三業。三業既無。誰作諸法也。

福田菩薩曰。福行罪行不動行爲二。三行實性卽是空。空則無福行。無罪行。無不動行。於此三行而不起者。是爲入不二法門。什曰。福行欲界善行能得樂報也。罪行十不善道能得苦報也。

無動行色無色界行。不動義如通達佛道中說也。肇曰。福欲界善行。罪十惡之流。不動色無色界行也。

華嚴菩薩曰。從我起二爲二。見我實相者。不起二法。若不住二法。則無有識。無所識者。是爲入不二法門。肇曰。因我故有彼。二名所以生。若見我實相。則彼我之識無由而起。

德藏菩薩曰。有所得相爲二。若無所得。則無取捨。無取捨者。是爲入不二法門。肇曰。得在於我。相在於彼。我不得相。誰取誰捨。

月上菩薩曰。闇與明爲二。無闇無明。則無有二。所以者何。如入滅受想定。無闇無明。一切法相亦復如是。於其中平等入者。是爲入不二法門。什曰。旨明此中知照滅。無有明闇也。肇曰。二乘入滅盡定。六根盡廢。心想都滅。雖經晝夜。不覺晦明之異。喻菩薩無心於明闇耳。

寶印手菩薩曰。樂涅槃不樂世間爲二。若不樂涅槃。不厭世間。則無有二。所以者何。若有縛。則有解。若本無縛。其誰求解。無縛無解。則無樂厭。是爲入不二法門。肇曰。世間無縛。曷爲而厭。涅槃無解。曷爲而樂。

珠頂王菩薩曰。正道邪道爲二。住正道者。則不分別是邪是正。離此二者。是爲入不二法門。

樂實菩薩曰。實不實爲二。實見者尚不見實。何況非實。所以者何。非肉眼所見。慧眼乃能見。而此慧眼。無見無不見。是爲入不二法門。肇曰。實相慧眼之境。非肉眼所見。慧眼尚不見實。而況非實。雖曰無見。而無所不見。此眞慧眼之體。

如是諸菩薩各各說已。問文殊師利。何等是菩薩入不二法門。文殊師利曰。如我意者。於一切法無言無說。無示無識。離諸問答。是爲入不二法門。生曰。前諸菩薩各說不二之義。似有不二可說也。若有不二可說者。卽復是對一爲不二也。是以文殊明無可說。乃爲不二矣。

於是文殊師利問維摩詰。我等各自說已。仁者當說。何等是菩薩入不二法門。時維摩詰默然無言。生曰。雖明無可說。而未明說爲無說也。是以維摩默然無言以表言之不實。言若果實。豈可默哉。肇曰。有言於無言。未若無言於無言。所以默然也。上諸菩薩措言於法相。文殊有言於無言。淨名無言於無言。此三明宗雖同。而迹有淺深。所以言後於無言。知後於無知。信矣哉。什曰。自佛泥洹後六百年有一人。年六十出家。未幾時。頌三藏都盡。次作三藏論議。作論已。思惟言。佛法中復有何事。唯有禪法。我當行之。於是受禪法。自作要誓。若不得道。不具一切禪定功德。終不寢息。脇不著地。因名脇比丘。少時得成阿羅漢。具三明六通。有大辯才。善能論議。有外道師。名曰馬鳴。利根智慧。一切經書皆悉明練。亦有大辯才。能破一切論

議。聞脇比丘名。將諸弟子往到其所。唱言。一切論議悉皆可破。若我不能破汝言論。當斬首謝屈。脇比丘聞是論。默然不言。馬鳴即生憍慢。此人徒有虛名。實無所知。與其弟子捨之而去。中路思惟已。語弟子言。此人有甚深智慧。我墮負處。弟子怪而問曰。云何爾。答曰。我言一切語言可破。即是自破。彼不言則無所破。即還到其所語脇比丘言。我墮負處。則是愚癡。愚癡之頭。非我所須。汝便斬之。若不斬我。我當自斬。脇比丘言。不斬汝頭。當斬汝結髮。比於世間與死無異。即下髮爲脇比丘作弟子。智慧辯才。世無及者。廣造經論。大弘佛法。時人謂之爲第二佛。夫語默雖殊。明宗一也。所會雖一。而迹有精麤。有言於無言。未若無言於無言。故默然之論。論之妙也。

文殊師利歎曰。善哉善哉。乃至無有文字語言。是眞入不二法門。肇曰。默領者文殊其人也。爲彼待言。所以稱善也。

說是入不二法門品時。於此衆中五千菩薩皆入不二法門。得無生法忍。

維摩詰所說經註卷第六

音釋

殖音植生也　泳音詠潛行　饑音機穀不熟也　饉音覲菜不熟也　眴目動也瞬同　脇虛設切腋下

維摩詰所說經註卷第七

姚秦三藏法師鳩摩羅什譯

長安沙門僧肇註

香積佛品第十

於是舍利弗心念日時欲至此諸菩薩當於何食什曰舍利弗獨發念者其旨有三一者結業之體未能無資二絕意大方樂法不深三推己有待謂眾亦然處弟子之上宜為眾致供也生曰不念弟子者以其自有乞食法時維摩詰知其意而語言佛說八解脫仁者受行豈雜欲食而聞法乎肇曰佛說八解脫乃是無欲之嘉肴養法身之上饍仁者親受謂無多求然方雜食想而欲聽法豈是元舉來求之情乎若欲食者且待須臾當令汝得未曾有食時維

摩詰卽入三昧以神通力示諸大眾上方界分過四十二恆河沙佛土有國名眾香佛號香積今現在其國香氣比於十方諸佛世界人天之香最為第一彼土無有聲聞辟支佛名唯有清淨大菩薩眾佛為說法其界一切皆以香作樓閣經行香地苑園皆香其食香氣周流十方無量世界時彼佛與諸菩薩方共坐食有諸天子皆號香嚴悉發阿耨多羅三藐三菩提心供養彼佛及諸菩薩此諸大眾莫不目見時維摩詰問眾菩薩言諸仁者誰能致彼佛飯以文殊師利威神力故咸皆默然肇曰文殊將顯淨名之德故以神力令眾會默然矣維摩詰言仁此大眾無乃可恥文殊師利曰如佛所言勿輕未學於是維摩詰不起於座居眾會前化作菩薩相好光明威德殊勝蔽於眾會而告之曰汝往上方界分度如四十二恆河沙佛土有國名眾香佛號

香積與諸菩薩方共坐食汝往到彼如我辭曰維摩詰稽首世尊足下致敬無量問訊起居少病少惱氣力安不願得世尊所食之餘當於娑婆世界施作佛事令此樂小法者得弘大道亦使如來名聲普聞時化菩薩卽於會前升於上方舉眾皆見其去到眾香界禮彼佛足又聞其言維摩詰稽首世尊足下致敬無量問訊起居少病少惱氣力安不願得世尊所食之餘欲於娑婆世界施作佛事使此樂小法者得弘

大道亦使如來名聲普聞彼諸大士見化菩薩歎未曾有今此上人從何所來娑婆世界爲在何許云何名爲樂小法者卽以問佛肇曰彼諸大士皆得神通然不能常現在前又其土純一大乘不聞樂小之名故生斯問也佛告之曰下方度如四十二恆河沙佛土有世界名娑婆佛號釋迦牟尼今現在於五濁惡世爲樂小法衆生敷演道教彼有菩薩名維摩詰住不可思議解脫爲諸菩薩說法故遣化來稱揚我名并讚此土令彼菩薩增益功德彼菩薩言其

人何如乃作是化德力無畏神足若斯佛言甚大一切十方皆遣化往施作佛事饒益衆生於是香積如來以衆香鉢盛滿香飯與化菩薩時彼九百萬菩薩俱發聲言我欲詣娑婆世界供養釋迦牟尼佛并欲見維摩詰等諸菩薩衆佛言可往攝汝身香無令彼諸衆生起惑著心又當捨汝本形勿使彼國求菩薩者而自鄙恥又汝於彼莫懷輕賤而作礙想所以者何十方國土皆如虛空又諸佛爲欲化諸樂小法者

不盡現其清淨土耳時化菩薩既受鉢飯與彼九百萬菩薩俱承佛威神及維摩詰力於彼世界忽然不現須臾之間至維摩詰舍時維摩詰卽化作九百萬師子之座嚴好如前諸菩薩皆坐其上時化菩薩以滿鉢香飯與維摩詰飯香普熏毗耶離城及三千大千世界時毗耶離婆羅門居士等聞是香氣身意快然歎未曾有於是長者主月蓋從八萬四千人來入維摩詰舍什曰彼國無王唯五百居士共治國政今言主衆所推也肇曰毗耶離國無有君王

唯有五百長者共理國事月蓋衆所推重故名主自此下皆聞香而後集矣見其室中菩薩甚多諸師子座高廣嚴好皆大歡喜禮衆菩薩及大弟子卻住一面諸地神虛空神及欲色界諸天聞此香氣亦皆來入維摩詰舍時維摩詰語舍利弗等諸大聲聞仁者可食如來甘露味飯什曰以其向念故敎食之也亦欲因以明食之爲理泥洹是甘露之一法而食此食者必以得之故飯中有甘露味焉大悲所熏什曰熏義有三一大悲果報二悲心所念三以慈眼視之無以限意食之使不銷也什曰食此飯應發大心建大業是名報恩報恩名爲銷也有異聲聞念是飯

少。而此大眾人人當食。化菩薩曰。勿以聲聞小德小智稱量如來無量福慧。四海有竭。此飯無盡。使一切人食摶若須彌。乃至一劫。猶不能盡。所以者何。無盡戒定智慧解脫解脫知見功德具足者所食之餘。終不可盡。於是鉢飯悉飽眾會。猶故不儩。其諸菩薩聲聞天人食此飯者。身安快樂。譬如一切樂莊嚴國諸菩薩也。又諸毛孔皆出妙香。亦如眾香國土諸樹之香。爾時維摩詰問眾香菩薩。香積如來以何說法。彼

菩薩曰。我土如來無文字說。但以眾香令諸天人得入律行。肇曰。其土非都無言。但以香為通道之本。如此國因言通道。亦有因神變而得悟者。菩薩各各坐香樹下。聞斯妙香。即獲一切德藏三昧。得是三昧者。菩薩所有功德皆悉具足。彼諸菩薩問維摩詰。今世尊釋迦牟尼以何說法。維摩詰言。此土眾生剛彊難化。故佛為說剛彊之語。以調伏之。什曰。如來說法。其要有三。一輭善語。二剛彊語。三雜說。善行樂果。輭善語也。惡行苦果。剛彊語也。讚善毀惡。雜說也。言是地獄。是畜生。是餓鬼。是諸難處。肇曰。偏示八難處也。是愚人

生處。是身邪行。是身邪行報。是口邪行。是口邪行報。是意邪行。是意邪行報。是殺生。是殺生報。是不與取。是不與取報。是邪淫。是邪淫報。是妄語。是妄語報。是兩舌。是兩舌報。是惡口。是惡口報。是無義語。是無義語報。是貪嫉。是貪嫉報。是瞋惱。是瞋惱報。是邪見。是邪見報。是慳悋。是慳悋報。是毀戒。是毀戒報。是瞋恚。是瞋恚報。是懈怠。是懈怠報。是亂意。是亂意報。是愚癡。是愚癡報。是結戒。是持戒。是犯戒。是應作。是不應

作。是障礙。是不障礙。是得罪。是離罪。是淨。是垢。是有漏。是無漏。是邪道。是正道。是有為。是無為。是世間。是涅槃。以難化之人。心如猨猴。故以若干種法制御其心。乃可調伏。肇曰。以其難化。故示罪福之若是也。譬如象馬𢤱悷不調。加諸楚毒。乃至徹骨。然後調伏。什曰。馬有五種。第一見鞭影即時調伏。第二得鞭乃伏。第三以利錐刺皮乃伏。第四穿肌乃伏。第五徹骨乃伏。眾生利鈍亦有五品。第一但見他無常。其心便悟。第二見知識無常。其心乃悟。第三見兄弟親戚無常。其心乃悟。第四見父母無常。其心乃悟。第五自身無常。極受苦惱。復加以苦言。然後乃悟也。如是剛彊難化眾生。故以

一切苦切之言。乃可入律。彼諸菩薩聞說是已。皆曰。未曾有也。如世尊釋迦牟尼佛。隱其無量自在之力。乃以貧所樂法度脫衆生。什曰。晦跡潛明。自同貧乞。自同貧乞。則與相接。接則易鄰。故爲貧所信樂也。斯諸菩薩亦能勞謙。以無量大悲生是佛土。維摩詰言。此土菩薩於諸衆生大悲堅固。誠如所言。然其一世饒益衆生。多於彼國百千劫行。什曰。譬如良醫遇疫劫中。醫術大行。廣施衆藥。所療者衆。致供無量。菩薩大士處不淨國。亦復如是。衆惡彌滋。兼濟乃弘。十事法藥。廣濟衆病。化廣利深。一世超於萬劫。所以者何。此娑婆世界有

十事善法。諸餘淨土之所無有。何等爲十。以布施攝貧窮。以淨戒攝毀禁。以忍辱攝瞋恚。以精進攝懈怠。以禪定攝亂意。以智慧攝愚癡。什曰。癡有二種。一者一切法中癡。二者於諸佛深法中不能明了。不淨國中有二種癡。淨國中乃說唯有佛法中不了癡。說除難法度八難者。以大乘法度樂小乘者。以諸善根濟無德者。常以四攝成就衆生。是爲十。肇曰。夫善因惡起。淨由穢增。此土十惡法具。故十德增長。彼土純善。故施德無地。所以百千劫行。不如一世也。彼菩薩曰。菩薩成就幾法。於此世界行無瘡疣。生於淨土。什曰。深行菩薩非所疑也。今淺

行者處不淨國。恐其行淺功微。未能自拔。譬如少湯投之大水。亦如少力之人入水救溺。未能兼濟。則與彼俱淪。故問以何爲法得生淨國也。維摩詰言。菩薩成就八法。於此世界行無瘡疣。生於淨土。何等爲八。饒益衆生而不望報。代一切衆生受諸苦惱。所作功德盡以施之。等心衆生。謙下無礙。於諸菩薩視之如佛。所未聞經聞之不疑。不與聲聞而相違背。不嫉彼供。不高己利。而於其中調伏其心。常省己過。不訟彼短。什曰。如一比丘林中坐禪。時至須食。持鉢出林。路逢惡賊。惡賊引弓射之。比丘怒已自責。不生惡心。又指腹語賊。汝應射此。我爲彼出林。

故致斯惱。此腹之罪耳。省己恕物。類如此也。不訟彼短。不如彼鈍根維那。就地舐穢求人短也。省己過乃王求諸功德。通爲一事。恆以一心求諸功德。是爲八。肇曰。塵垢易增。功德難具。自非一心專求。無以剋成。具此八法。則行無瘡疣。終生淨土矣。維摩詰文殊師利於大衆中說是法時。百千天人皆發阿耨多羅三藐三菩提心。十千菩薩得無生法忍。

菩薩行品第十一

是時佛說法於菴羅樹園。其地忽然廣博嚴事。一切衆會皆作金色。肇曰。至人無常所。理會是鄰。如來淨名。雖服殊處異。然妙存有在。所以來

往興化共弘不思議道也因遣問疾所明若上今將詣如來封印茲典故先現斯瑞以啟羣心者也阿難白佛言世尊以何因緣有此瑞應是處忽然廣博嚴事一切衆會皆作金色佛告阿難是維摩詰文殊師利與諸大衆恭敬圍繞發意欲來故先為此瑞應於是維摩詰語文殊師利可共見佛與諸菩薩禮事供養什曰淨名勸共見佛者一見其誠心欲遂其意二令證明香飯多所發悟三以懷勝遠遊宜令實反故欲共詣請法文殊師利言善哉行矣今正是時維摩詰卽以神力持諸大衆幷師子座置於右掌往詣佛所

到已著地稽首佛足右繞七帀一心合掌在一面立其諸菩薩卽皆避座稽首佛足亦繞七帀於一面立諸大弟子釋梵四天王等亦皆避座稽首佛足在一面立於是世尊如法慰問諸菩薩已各令復座卽皆受教衆坐已定佛語舍利弗汝見菩薩大士自在神力之所爲乎唯然已見於汝意云何世尊我覩其爲不可思議非意所圖非度所測肇曰向與文殊俱入不思議室因借寶座覩其神力兼食香飯乘掌而還莫測其變故自絕於圖度此經大旨所明不思議道故往往多顯不思議跡也爾時阿難白佛言世尊今所聞香自昔未有是爲何香佛告阿難是彼菩薩毛孔之香於是舍利弗語阿難言我等毛孔亦出是香阿難言此所從來曰是長者維摩詰從衆香國取佛餘飯於舍食者一切毛孔皆香若此阿難問維摩詰是香氣住當久如維摩詰言至此飯消曰此飯久如當消曰此飯勢力至於七日然後乃消什曰七日乃消有二因緣或有食香飯飯不時消心必厭捨故不令久也亦云應得道者飯氣時熏不過七日必成聖道如道跡七生七步蛇嚙等勢不過七步事不須久故不令

過七日也又阿難若聲聞人未入正位食此飯者得入正位然後乃消已入正位食此飯者得心解脫然後乃消什曰見諦十六心也問曰食香飯云何得道答曰體安心靜發未曾有意飯尚如此何況道耶有此妙果必有妙因極大信樂深達因果達因果卽解緣起解緣起則見實法若未發大乘意食此飯者至發意乃消已發意食此飯者得無生忍然後乃消已得無生忍食此飯者至一生補處然後乃消譬如有藥名曰上味其有服者身諸毒滅然後乃消此飯如是滅除一切諸煩惱毒然後乃消阿難

白佛言。未曾有也。世尊如此香飯能作佛事。肇曰：飯本充體。乃除結縛。未曾聞見也。佛言。如是如是。阿難。或有佛土以佛光明而作佛事。有以諸菩薩而作佛事。有以佛所化人而作佛事。有以菩提樹而作佛事。肇曰。佛於樹下成道。樹名菩提。此樹光無不照。香無不熏。形色微妙。隨所好而見。樹出法音。隨所好而聞。此如來報應樹也。眾生遇者自然悟道。此土以樹為化之本也。有以佛衣服臥具而作佛事。什曰。昔閻浮提王得佛大衣。時世疾疫。王以衣著標上。以示眾人。眾人歸命病皆得愈。信敬益深。因是解脫。此其類也。有以飯食而作佛事。有以園林臺觀而作佛事。肇曰。眾香國。即

其事也。一義。飲食以舌根通道。園觀以眼根通道也。有以三十二相八十隨形好而作佛事。什曰。或一相二相。乃至眾多相。隨所應見而為現相。亦云以佛形像。如萍沙王以佛像與弗迦沙王。因是得悟也。下言佛身現全身也。有以佛身而作佛事。有以虛空而作佛事。什曰。除卻形色。廓然無像。令其宅心虛靜。累想自滅。亦如文殊師利。滅眾色像。現虛空相。以化阿闍世王也。眾生應以此緣得入律行。有以夢幻影響鏡中像水中月熱時燄。如是等喻而作佛事。有以音聲語言文字而作佛事。或有清淨佛土寂寞無言無說無示無識無作無為而作佛事。如是阿

難。諸佛威儀進止。諸所施為。無非佛事。阿難。有此四魔八萬四千諸煩惱門。而諸眾生為之疲勞。諸佛即以此法而作佛事。什曰。煩惱根本有四。三毒及等分也。二萬一千塵垢屬一病。四病故八萬四千也。總說則八萬四千。別相則無量。今言八萬四千。則攝無量。故為門也。佛事有三種。一以善作佛事。光明神力說法等是也。二無記。虛空是也。三以不善。八萬四千煩惱是也。譬如藥師。或以良藥。或以毒藥。治人病也。佛亦如是。以煩惱。如佛以愛度難陀也。瞋恚化惡龍比也。肇曰。眾生皆以煩惱為病。而諸佛即以之為藥。如淫女以欲為患。更極其情欲。然後悟道。毒龍以瞋為患。更增其忿恚。然後受化。此以欲除欲。以瞋除瞋。猶良醫以毒除毒。斯佛事之無方也。是名入一切諸佛法門。菩

薩入此門者。若見一切淨好佛土。不以為喜。不貪不高。若見一切不淨佛土。不以為憂。不礙不沒。但於諸佛生清淨心。歡喜恭敬。未曾有也。諸佛如來功德平等。為教化眾生故。而現佛土不同。肇曰。佛無定所。應物而現。在淨而淨。在穢而穢。美惡自彼。於佛無二。曷為自生憂喜於其間哉。是以豫入此門者。見淨不貪。已分不高。覩穢不礙。乖情不沒。故能生真淨心。知佛平等。而應跡不同。此闚闕之徒。非平等信也。自不入佛事門者。孰能不以淨穢為心哉。阿難。汝見諸佛國土地有若干。而虛空無若干也。如是見諸佛色身有若干耳。其無礙慧無若干

也。阿難，諸佛色身威相種性，戒定智慧解脫解脫知見，力無所畏，不共之法，大慈大悲威儀所行，及其壽命，說法教化，成就衆生，淨佛國土，具諸佛法，悉皆同等。是故名爲三藐三佛陀，什曰。三藐三菩提，秦言正偏知。今言三藐三佛陀，言正偏覺也。見法無差，故言正。智無不周，故言偏也。出生死夢，故言覺也。名爲多陀阿伽度，肇曰。秦言如來。亦云如去。如法而來，如法而去。古今不改，千聖同轍，故名如來，亦名如去。什曰。多陀阿伽度，秦言如來。亦言如去。如法知，如法說，故名如也。諸佛以安隱道來，此佛亦如是來。彼佛安隱去，此佛亦如是去也。名爲佛陀，什曰。佛陀，秦言覺也。凡得道名爲覺。覺有二種。一於四諦中覺。二於一切法中覺。覺而不盡，則非眞覺，故無覺名也。如佛問舍利弗，三問不答。天女問，默然無言。此未免於睡也。言偏，言如，言覺，此三名則是體極之稱。足以明諸佛同等，異於二乘也。阿難，若我廣說此三句義，汝以劫壽不能盡受。正使三千大千世界滿中衆生，皆如阿難多聞第一，得念總持，此諸人等以劫之壽亦不能受。如是阿難，諸佛阿耨多羅三藐三菩提無有限量，智慧辯才不可思議。阿難白佛言。我從今已往，不敢自謂以爲多聞。佛告阿難。勿起退意。所以者何。我說汝於聲聞中爲最多聞，非謂菩薩。

且止，阿難，其有智者不應限度諸菩薩也。一切海淵尚可測量，菩薩禪定智慧總持辯才一切功德不可量也。阿難，汝等捨置菩薩所行。是維摩詰一時所現神通之力，一切聲聞辟支佛於百千劫盡力變化所不能作。

爾時衆香世界菩薩來者，合掌白佛言。世尊，我等初見此土，生下劣想，今自悔責，捨離是心。所以者何。諸佛方便不可思議，爲度衆生故，隨其所應現佛國異。

唯然世尊，願賜少法，還於彼土，當念如來。什曰。彼亦不必專以香爲佛事，故請言教法也。亦將欲偏至十方化不淨國，故請雜法也。亦以遠遊異剎，不宜虛反。又以彼諸菩薩必問其上要，故稟異聞也。亦欲令彼菩薩知恩故請。云何令知恩。彼諸菩薩處清淨國，但食香飯，自入律行，常樂則忘其樂，忘其樂則忘其所由，所由者佛，而彼昧之，是不知恩也。若聞不二門，苦而後得，乃悟自然得者，因妙而功深也。佛告諸菩薩。有盡無盡解脫法門，汝等當學。什曰。盡有二種。一無爲盡，二有爲盡。有爲盡，無常遷滅盡也。無爲盡，智慧斷令滅盡也。今言盡門，是有爲無常盡也。何謂爲盡。謂有爲法。何謂無盡。謂無爲法。如菩薩者，不盡有爲，不住無爲。肇曰。有爲雖僞，捨之則大業不成。無爲雖實。住之則慧心不明。是以菩薩不盡有爲。故德無不就。不住無爲。故道無不覆。至能出生入死。遇物斯乘。在淨而淨。不以爲欣。處穢而穢。不以爲戚。應彼而動。於我無爲。此諸佛平等不思議之道也。夫不思議道。必出於盡不盡門。彼菩薩聞佛事平等不可思議。所以請法。故佛開此二門。示其不思議無礙之道也。言無礙。於二事不礙也。不盡有爲無凡夫礙也。不住無爲。無二乘礙也。**何謂不盡有爲。謂不離大慈。不捨大悲。**肇曰。慈悲乃入有之基。樹德之本。故發言有之。**深發一切智心而不忽忘。**肇曰。發心不忘。是衆行之中心。**教化衆生。終不厭倦。於四攝法常念順行。護持正法。不惜軀命。種諸善根無有疲厭。**肇曰。以慈悲爲根。發心爲心。然後順四攝。化衆生。護正法。種善根。以此衆

德茂其枝條。道樹日滋。不盡有爲也。下諸行願枝葉之流。取其日滋日茂。以成不盡義耳。廢捨慈悲。道樹不建。衆德損耗。自隱涅槃。謂盡有爲法也。什曰。謂堅固善心。深不可動。乃名根也。如有一人。到舍利弗處求出家。舍利弗觀其宿命。八千大劫不種善根。棄而不度。往五百弟子所。盡皆不受。於是到祇桓門下。悲泣懊惱。佛從外還。見而問之。其人具以事答。佛卽種種責舍利弗。汝智慧不深。不見人根。妄輕賤人耶。佛卽受其人。讚言。善來比丘。鬚髮自落。法衣著身。便成沙門。佛爲說法。卽得阿羅漢。舍利弗問佛。此人何時種泥洹善根。佛言。乃往昔過去無央數劫。有佛名人上耳。時有一人入林取薪。虎從林出。欲食其人。其人上樹。虎在樹下。其人極大恐怖。時佛從空中飛過。其人見已。稱南無佛。心生信樂。極厭生死。深心誓願。願離此苦。因此善根。今得解脫。時舍利弗向佛悔過。舉身投地。深自悲歎。佛言。譬如石中有金。愚人不知。棄而

不取。金師見之。知其中有金。卽以兩囊鼓而出之。衆生無明石中。有智慧金分。汝智慧不深。棄而弗度。如來深見根本。以禪定智慧囊鼓而出之也。**志常安住方便迴向。**什曰。萬善無常隨意所成。故須方便迴向佛道。如瓶沙王被繫在獄。獄孔中遙見佛於山上往來。心大歡喜。應生兜率天。在中聞毗沙門天王食香。以餓死故。心甚樂著。我今當往生彼食處。卽時於毗沙門膝上化生。小旣迴向。大亦宜然。**求法不懈。說法無悋。勤供諸佛。故入生死而無所畏。於諸榮辱心無憂喜。不輕未學。敬學如佛。墮煩惱者令發正念。於遠離樂不以爲貴。**什曰。出家離欲及禪定智慧離諸妄想。悉名遠離樂。假以求道。非所貴也。**不著己樂。慶於彼樂。**什曰。凡人見他樂則生嫉。

見他苦則心安。自樂則生著。自苦則心動。菩薩則不然。見他樂不嫉。其心隨喜。他苦心動。欲令解脫。自樂不著。自苦心安。**在諸禪定如地獄想。**什曰。禪定有三種。一大乘。二小乘。三凡夫。凡夫禪生高慢我心。小乘禪獨善求證。能燒衆善。壞無上道根。於菩薩則爲惡趣。故視之如地獄也。**於生死中如園觀想。**肇曰。生死雖苦。大道之所由。菩薩好遊。故想如園觀也。**見來求者爲善師想。**什曰。本無施意。因彼來求。發我施心。則於我爲師。故起師想。如月氏王出行遊觀。有數千乞人在路側。舉手唱聲。各請所須。王問大臣。此是何人。何所陳說。答言。乞人也。王智慧利根。卽解其意。語大臣曰。彼等我大師。非乞人也。汝不解其言耳。彼所須者。爲我說法。非爲乞也。彼言。我等前世。亦作國王。不修布施。故受斯報。王今不施。後亦當耳。以此故。當知是我大師也。**捨諸所有具**

一切智想。什曰。捨諸所有。謂身命及國城妻子。悉能棄捨。給施衆生。給衆生時。了知此施。必能具足一切智。明見因果。施而無悔也。見毀戒人。起救護想。肇曰。戒爲人護。毀戒則無護。菩薩自已有護。故欲護無護者也。諸波羅蜜。爲父母想。什曰。取其能生法身也。亦云子有所須。則咨之父母。菩薩所須。則求之六度。取其饒益。比之父母也。道品之法。爲眷屬想。生曰。助成我者。三十七道品。猶人有眷屬相助成者也。發行善根無有齊限。以諸淨國嚴飾之事。成己佛土。什曰。取彼淨國相。然後修行稱之。故致淨國。與彼無異。是名以彼成己也。行無限施。具足相好。肇曰。開四門。恣求者所取無礙。大施法也。此施相好之所因。除一切惡淨身口意。生死無數劫。

意而有勇。肇曰。生死長久。苦毒無量。自非智勇。孰能處生死之際焉。聞佛無量德。志而不倦。以智慧劍。破煩惱賊。出陰界入。荷負衆生。永使解脫。以大精進。摧伏魔軍。常求無念實相智慧。什曰。無取相念也。凡夫行有念智慧。則高慢益甚。是故菩薩求無念智也。行少欲知足。而不捨世法。不壞威儀。而能隨俗。肇曰。同俗俯仰。不失道儀。天下皆謂我同己。而我獨異人。起神通慧。引導衆生。得念總持。所聞不忘。善別諸根。斷衆生疑。以樂說辯。演說無礙。淨十善道。受人天福。修四無量。開梵天道。什曰。欲使作梵天。請轉法輪。處尊引物也。亦菩薩自行自生梵天也。勸請說法。隨喜讚善。得佛音聲。肇曰。經云有八種音。亦云有六十種音。密迹經云。佛不思議音。應物無量也。身口意善。得佛威儀。深修善法。所行轉勝。以大乘教。成菩薩僧。心無放逸。不失衆善。行如此法。是名菩薩。不盡有爲。何謂菩薩不住無爲。謂修學空。不以空爲證。肇曰。自此下。皆無爲觀行也。觀無爲。必觀淡泊之樂。而能不證涅槃。永處生死。名不住無爲也。空無相無作。三乘共行。而造觀不同。二乘空觀。唯在無我。大乘空觀。無法不在。以無法不在。故空法亦空。空法既空。故能不證空。修學無相無作。不以無相無作爲證。肇曰。二乘無相。唯在盡諦。大乘無相。在一切法。二乘無作。

不造生死。大乘無作。萬法不造也。修學無起。不以無起爲證。肇曰。諸法緣會而有。緣散而無。何法先有。待緣而起乎。此空觀之別門也。觀於無常。而不厭善本。什曰。無常則無法不滅。滅而不斷。故修善不厭。亦觀無常是泥洹道。泥洹道則皆善本。今不住無爲。故不厭有也。觀世間苦。而不惡生死。觀於無我。而誨人不倦。觀於寂滅。而不永寂滅。肇曰。二乘以無常爲無常。故厭有爲善法。以苦爲苦。故惡生死苦。以無我爲無我。故怠於誨人。以寂爲寂。故欲永寂。菩薩不以無常爲無常。故能不厭善本。不以苦爲苦。故不惡生死。不以無我爲無我。故誨人不倦。不以寂爲寂。故不永寂也。觀於遠離。而身心修善。什曰。遠離有三。一離人間五欲。二離煩惱。三諸法性空遠離。今觀性空遠離。而不離善也觀無所歸而歸趣善法肇曰諸法始無所來終無所歸雖知無歸而常歸善法也觀於無生而以生法荷負一切肇曰雖見無生而處生荷彼也觀於無漏而不斷諸漏肇曰凡諸無漏與無爲同體自無相皆無爲行也雖見無漏而與彼同漏同漏有二有爲入生死實未斷漏者有已盡漏而現不斷者觀無所行而以行法教化衆生肇曰法性無業何所修行雖知無行而教必以行者也觀於空無而不捨大悲肇曰諸法之相唯空唯無然不以空無捨於大悲也觀正法位而不隨小乘肇曰正法位者觀無爲取證之地也什曰謂無生滅取證法也觀諸法虛妄無牢無人無主無相本願未滿而不虛福德禪

定智慧肇曰諸法因緣所成虛假無本以何爲實以何爲主雖知如此然本願未滿不以功德定慧虛假而弗修也修如此法是名菩薩不住無爲又具福德故不住無爲肇曰上直明菩薩不盡有爲不住無爲未釋所以不盡所以不住夫大士之行行各有以妙期有在故復對而明之夫德之積也必涉有津若住無爲則功德不具也具智慧故不盡有爲什曰上一門現一義今明一門中兼具二義若不住無則不盡有不盡有則不住無也大慈悲故不住無爲滿本願故不盡有爲集法藥故不住無爲肇曰採良藥必在山險非華堂之所出集法藥必在險有非無爲之所出也隨授藥故不盡有爲肇曰若捨有爲則與羣生隔絕何能隨而授藥也知衆

生病故不住無爲肇曰習知衆病必知病所豈住無爲之所能乎滅衆生病故不盡有爲肇曰滅衆生病必造有治豈盡有爲之所能乎諸正士菩薩以修此法不盡有爲不住無爲是名盡無盡解脫法門汝等當學爾時彼諸菩薩聞說是法皆大歡喜以衆妙華若干種色若干種香散徧三千大千世界供養於佛及此經法并諸菩薩已稽首佛足歎未曾有言釋迦牟尼佛乃能於此善行方便言已忽然不現還到彼國

維摩詰所說經註卷第七

音釋

儩音賜盡也　獿猿同　㦬悷音籠戾多惡也　舐神紙切以舌取物也　闚闟音窺俞小視貌

維摩詰所說經註卷第八

姚秦三藏法師鳩摩羅什譯

長安沙門僧肇註

見阿閦佛品第十二

爾時世尊問維摩詰。汝欲見如來。爲以何等觀如來乎。肇曰。向命文殊共來見佛。雖復舉目順俗。而致觀不同。如來逆覩其情。將顯其來觀之旨。以明佛事不可思議。故知而問也。維摩詰言。如自觀身實相。觀佛亦然。肇曰。佛者何也。蓋窮理盡性大覺之稱也。其道虛玄。固已妙絕常境。心不可以智知。形不可以像測。固萬物之爲。而居不爲之域。處言數之內。而止無言之鄉。非有而不可爲無。非無而不可爲有。寂寞虛曠。物莫能測。不知所以名。故強謂之覺。其爲至也。亦以極矣。何則。夫同於得者得亦得之。同於失者失亦失之。是以則眞者同眞。法僞者同僞。如來靈照冥諧。一彼實相。實相之相。卽如來相。故經曰。見實相法。爲見佛也。淨名自觀身實相。以爲觀如來相。義存於是。

我觀如來前際不來。後際不去。今則不住。不觀色。不觀色如。不觀色性。不觀受想行識。不觀識如。不觀識性。肇曰。法身超絕三世。非陰界入所攝。故不可以生住去來而觀。不可以五陰如性而觀也。非四大起。同於虛空。肇曰。法身如空。非四大所起造也。六入無積。眼耳鼻舌身心已過。肇曰。法身過六情。故六入無所積。

不在三界。三垢已離。肇曰。既越三界。安得三界之垢。順三脫門。具足三明。與無明等。肇曰。法身無相。體順三脫。雖有三明。而不異無明也。不一相。不異相。肇曰。無像不像。故不可爲一。像而不像。故不可爲異。不自相。不他相。肇曰。不自而同自。故自而不自。不他而同他。故他而不他。無相之身。豈可以一異自他而觀其體耶。非無相。非取相。肇曰。既非無物之相。又非可取之相。不此岸。不彼岸。不中流。而化衆生。肇曰。欲言此岸。寂同涅槃。欲言彼岸。生死是安。又非中流。而教化衆生。此蓋道之極也。此岸生死。彼岸涅槃。中流聖賢也。生曰。順三脫門。則到彼岸矣。若有到。則至彼岸矣。若無到。則不到也。無到不到。然後爲到耳。此岸者生死也。彼岸者涅槃也。中流者結使也。觀於寂滅。亦不永滅。肇曰。觀於寂滅。觀卽寂滅。滅而不滅。豈可形名。不此不彼。不以此。不以彼。肇曰。不此而同此。故此而不此。不彼而同彼。故彼而不彼。豈復以此而同此。以彼而同彼乎。此明聖心無彼此。有以而同也。不可以智知。不可以識識。肇曰。夫智識之生。生於想內。法身無相。故非智識之所及。無晦無明。肇曰。明越三光。誰謂之暗。暗踰冥室。誰謂之明。然則在暗而暗。在明而明。能暗能明者。豈明暗之所能。故曰無暗無明也。無名無相。肇曰。不可以名名。不可以相相。無彊無弱。肇曰。至柔無逆。誰謂之彊。剛無不伏。誰謂之弱。非淨非穢。肇曰。在穢而穢。誰謂之淨。在淨而淨。誰謂之穢。然則爲彊弱淨穢者。實非彊弱淨穢之所爲也。不在方。不離方。肇曰。法身無在而無不在。無在。故不在方。無不在。故不離方。非有爲非無爲肇曰欲言有耶無相無名欲言無耶備應萬形無示無說肇曰非六情所及豈可說以示人不施不慳不戒不犯不忍不恚不進不怠不定不亂不智不愚不誠不欺肇曰不可以善善不可以惡惡不來不去不出不入肇曰寂爾而往泊爾而來出幽入冥孰識其動一切言語道斷肇曰體絕言徑生曰稍結之也非福田非不福田非應供養非不應供養肇曰無相之體莫覩其畔孰知田與非田應與不應乎非取非捨肇曰取之則失眞捨之則乖道非有相非無相肇曰寂寞無形非有相也相三十二非無相也同眞際等法性不可稱不可量過諸數量肇曰無相之體同眞際等法性言所不能

及意所不能思越圖度之境過稱量之域非大非小肇曰大包天地不可爲小細入無間不可爲大能大能小者其唯無大小乎非見非聞肇曰非色故非見非聲故非聞非覺非知肇曰非香味觸故非三情所覺也非法故非意所知也離衆結縛肇曰無徧之體體絕結縛等諸智同衆生生曰豈復容智出於羣智自異於衆生哉於諸法無分別肇曰等實相之智同衆生之性渾然無際豈與法有別乎一切無得無失無濁無惱肇曰無得故無失無淸故無濁事外之體何可惱哉無作無起無生無滅肇曰法身無爲絕於施造孰能作之令起生之使滅乎無畏無憂無喜無厭無已有無當有無今有肇曰法身無寄絕三世之有三災不能爲其患始終無以化其

體恬淡寂泊無爲無數豈容憂畏喜厭於其間哉不可以一切言說分別顯示生曰都結之也世尊如來身爲若此作如是觀以斯觀者名爲正觀若他觀者名爲邪觀

爾時舍利弗問維摩詰汝於何沒而來生此什曰見其神德奇絕來處必尊故問其所從也維摩恐人人存沒生故下反問以明無沒生亦云或有謂維摩生分未盡故問其沒生下答不盡善不長惡明生分盡也不直答者一欲屈聲聞二不欲自顯所從之美也維摩詰言汝所得法有沒生乎肇曰逆問其所得以證無沒生也所得法卽無爲無相法也三乘皆以無相得果也舍利弗言無沒生也若諸法無沒

生相云何問言汝於何沒而來生此肇曰以己所得可知法相復問奚爲於意云何譬如幻師幻作男女寧沒生耶舍利弗言無沒生也汝豈不聞佛說諸法如幻相乎答曰如是若一切法如幻相者云何問言汝於何沒而來生此肇曰生猶化存死猶化往物無不爾獨問何爲舍利弗沒者爲虛誑法壞敗之相生者爲虛誑法相續之相肇曰先定沒生之相也菩薩雖沒不盡善本雖生不長諸惡什曰凡夫死時起惡滅善既生則衆惡增長菩薩則不然復次凡夫善本盡故命終長顚倒惡心然後受生菩薩則不然法化淸淨隨意所之故無

此一患無此一患則雖迹有去來而非沒生之謂也上先以性空明無沒生今以法化自在明無沒生求之二門則沒生無寄而問沒生失之遠矣是時佛告舍利弗有國名妙喜佛號無動是維摩詰於彼國沒而來生此肇曰上答無生此出生處應物而唱未始無益舍利弗言未曾有也世尊是人乃能捨清淨土而來樂此多怒害處維摩詰語舍利弗於意云何日光出時與冥合乎答言不也日光出時則無衆冥維摩詰言夫日何故行閻浮提答曰欲以明照為之除冥維摩詰言菩薩如是雖生不淨佛土為化衆生不與愚闇而共合也但滅衆生煩惱闇耳是時大衆渴仰欲見妙喜世界無動如來及其菩薩聲聞之衆佛知一切衆會所念告維摩詰言善男子為此衆會現妙喜國無動如來及諸菩薩聲聞之衆衆皆欲見什曰為不修淨國及往生者現其剎也不遙現而接來者將顯維摩神力故也郎事則情悅而悟深故舉令現此事耳於是維摩詰心念吾當不起於座接妙喜國鐵圍山川溪谷江河大海泉源須彌諸山及日月星宿天龍鬼神梵天等宮并諸菩薩聲聞之衆城

邑聚落男女大小乃至無動如來及菩提樹諸妙蓮華能於十方作佛事者肇曰屈尊為難故言乃至彼菩提樹及妙蓮華皆能放光明於十方作佛事及華上化佛菩薩亦於十方作佛事皆通取來也三道寶階從閻浮提至忉利天以此寶階諸天來下悉為禮敬無動如來聽受經法肇曰欲天報通足能淩虛然彼土以寶階嚴飾為遊戲之路故同以往反也閻浮提人亦登其階上升忉利見彼諸天肇曰嚴淨之土福慶所集人天之報相殊未幾故同路往反有交遊之歡娛也妙喜世界成就如是無量功德上至阿迦尼吒天下至水際以右手斷取如陶家輪什曰梵本云如斷泥今言如陶家輪明就中央斷取如陶家輪下不著地四邊相絕也入此世界猶持華鬘示一切衆作是念已入於三昧現神通力肇曰重為輕根靜為躁君非三昧之力無以運神足之動以其右手斷取妙喜世界置於此土彼得神通菩薩及聲聞衆并餘天人俱發聲言唯然世尊誰取我去願見救護肇曰大通菩薩逆見變端為衆而問其餘天人未了而問恐畏未盡故求救護無動佛言非我所為是維摩詰神力所作其餘未得神通者不覺不知己之所往妙喜世界雖入此土而不增減於是世

界亦不迫隘如本無異爾時釋迦牟尼佛告諸大衆汝等且觀妙喜世界無動如來其國嚴飾菩薩行淨弟子淸白皆曰唯然已見佛言若菩薩欲得如是淸淨佛土當學無動如來所行之道現此妙喜國時娑婆世界十四那由他人發阿耨多羅三藐三菩提心皆願生於妙喜佛土釋迦牟尼佛卽記之曰當生彼國時妙喜世界於此國土所應饒益其事訖已還復本處舉衆皆見佛告舍利弗汝見此妙喜世界及無

動佛不唯然已見世尊願使一切衆生得淸淨土如無動佛獲神通力如維摩詰世尊我等快得善利得見是人親近供養其諸衆生若今現在若佛滅後聞此經者亦得善利況復聞已信解受持讀誦解說如法修行若有手得是經典者便爲已得法寶之藏若有讀誦解釋其義如說修行則爲諸佛之所護念肇曰行應於內念護於外理會冥感自然之數耳其有供養如是人者當知則爲供養於佛肇曰是人卽佛所護念人其有書持此經卷者當知其室則有如來若聞是經能隨喜者斯人則爲趣一切智若能信解此經乃至一四句偈爲他說者當知此人卽是受阿耨多羅三藐三菩提記

法供養品第十三

爾時釋提桓因於大衆中白佛言世尊我雖從佛及文殊師利聞百千經未曾聞此不可思議自在神通決定實相經典肇曰說經將訖舍利弗已慶美於上帝釋復欣其所遇而致歎也此經言雖簡約而義包羣典坐不踰日而備覩通變大乘微遠之言神通感應之力一時所遇理無不盡又以會

我爲妙故歎未曾有也如我解佛所說義趣若有衆生聞此經法信解受持讀誦之者必得是法不疑何況如說修行斯人則爲閉衆惡趣開諸善門常爲諸佛之所護念降伏外學摧滅魔怨修治菩提安處道場履踐如來所行之跡世尊若有受持讀誦如說修行者我當與諸眷屬供養給事所在聚落城邑山林曠野有是經處我亦與諸眷屬聽受法故共到其所其未信者當令生信其已信者當爲作護佛言善哉善哉天帝

如汝所說吾助爾喜此經廣說過去未來現在諸佛不可思議阿耨多羅三藐三菩提是故天帝若善男子善女人受持讀誦供養是經者則為供養去來今佛肇曰善其護持之意也三世菩提不思議道皆陳在此經若受持護養則為供養三世諸佛故助汝喜天帝正使三千大千世界如來滿中譬如甘蔗竹葦稻麻叢林若有善男子善女人或以一劫或減一劫恭敬尊重讚歎供養奉諸所安至諸佛滅後以一一全身舍利起七寶塔縱廣一四天下高至梵天表

刹莊嚴以一切華香瓔珞幢幡伎樂微妙第一若一劫若減一劫而供養之天帝於意云何其人植福寧為多不釋提桓因言多矣世尊彼之福德若以百千億劫說不能盡佛告天帝當知是善男子善女人聞是不可思議解脫經典信解受持讀誦修行福多於彼所以者何諸佛菩提皆從此生菩提之相不可限量以是因緣福不可量

佛告天帝過去無量阿僧祇劫時世有佛號曰藥王如來應供正徧知明行足善逝世間解無上士調御丈夫天人師佛世尊世界名大莊嚴劫曰莊嚴佛壽二十小劫其聲聞僧三十六億那由他菩薩僧有十二億天帝是時有轉輪聖王名曰寶蓋七寶具足王四天下王有千子端正勇健能伏怨敵爾時寶蓋與其眷屬供養藥王如來施諸所安至滿五劫過五劫已告其千子汝等亦當如我以深心供養於佛於是千子受父王命供養藥王如來復滿五劫一切施安

肇曰上以財供養校受持即法供養也如來將成法供養義故引成事以為證焉其一王子名曰月蓋獨坐思惟寧有供養殊過此者什曰冀或有大德諸天殊特供養若有過此慕欲及之云雖已所珍不能上悅聖心冀所珍之外有以暢其誠心故發斯念更推勝供也以佛神力空中有天曰善男子法之供養勝諸供養什曰若財供養則於佛無用於眾生無益故非所欣也如來積劫累功本為眾生若奉順經典如說修行則稱悅聖心乃眞供養也即問何謂法之供養天曰汝可往問藥王如來當廣為汝說法之供養即時月蓋王子行詣藥王如來稽首佛足卻住一面白佛言世尊

諸供養中法供養勝。云何名為法之供養。佛言善男子。法供養者。諸佛所說深經。什曰。三藏及雜藏菩薩藏。五藏經也。上四藏取中深義。說實相等。故得為深經也。從此至下十方三世諸佛所說。盡是廣歎佛所說深經。未明受持修行法供養義也。一切世間難信難受。微妙難見。清淨無染。肇曰。深經。謂方等第一義經也。其旨深玄。非有心之所得。微妙無像。非明者之所覩。超絕塵境。無染若空。欲以有心有明而信受見者。不亦難乎。自此下美深經之旨。諸佛所說深經。即佛法身也。夫財養養四體。法養養法身。若能護持斯經。令法身增廣者。此供養之上也。非但分別思惟之所能得。肇曰。第一義經。微遠無相。自非明哲。孰能分別。業之差別。雖由分別。然非分別之所能得。得之者其唯無分別乎。菩薩法藏所攝。陀羅尼印印之。肇曰。菩薩法藏之所攝。固非小乘之理。總持印之所印。固非域中之道。總持所印。所印必真。法藏所攝。所攝必實。既藏以法藏。印以總持。豈是常人所能開發。以明法寶深固。難可闚闢也。生曰。陀羅尼者。持也。若持實相。不失於諸天人魔梵之中。不復畏有不通之義。譬若以王印為信。關津諸禁。莫能呵留。果是印持所印之經。則無有礙矣。至不退轉。成就六度。善分別義。順菩提法。眾經之上。肇曰。三藏十二部。方等為第一。入大慈悲。離眾魔事及諸邪見。肇曰。魔四魔。見六十二見。順因緣法。什曰。若法定有。則不生滅。若法全無。亦不生滅。不生不滅。則與因緣相違。深經所說。非有非無。非有非無。故順因緣法也。無我無人無眾生無壽命。

空無相無作無起。肇曰。法從因緣生。緣生則無自性。無自性則無主。無主則無我人壽命。惟空無相無作無起。此深經之所順也。生曰。此則因緣法矣。能令眾生坐於道場而轉法輪。諸天龍神乾闥婆等所共歎譽。能令眾生入佛法藏。攝諸賢聖一切智慧。說眾菩薩所行之道。依於諸法實相之義。明宣無常苦空無我寂滅之法。肇曰。不依實相辯四非常者。非平等教也。依實相乃曰明也。能救一切毀禁眾生。什曰。小乘法中。五逆罪及犯四重禁。則皆棄而不救。大乘深法。則無不救也。諸魔外道及貪著者。能使怖畏。肇曰。毀四禁。犯五逆。小乘法所不能救。眾魔外道。貪著豪恣。小乘法所不能滅。能救能滅者。其唯大乘方等深經乎。諸佛賢聖所共稱歎。背生死苦。示涅槃樂。十方三世諸佛所說。若聞如是等經。信解受持讀誦。以方便力。為諸眾生分別解說。顯示分明。守護法故。是名法之供養。肇曰。如是等經。盡諸佛法身也。若聞斯經。能信解護持。宣示分別。令大法增廣者。名法之供養。成法身也。又於諸法如說修行。什曰。上章明奉順經典。真法供養也。如說修行。通舉六度也。十二因緣以下。明得無生忍。以實智慧隨順實法也。隨順十二因緣。離諸邪見。得無生忍。決定無我無有眾生。肇曰。不悟緣起。故有邪見之迷。封我之惑。若如說行。則得明慧。明見十二因緣根源所由。

故能斷諸邪見。得無生忍。無復吾我衆生之想也。見緣如緣。謂之隨順。明白有無。謂之決定。皆智用之別稱也。而於因緣果報無違無諍離諸我所。肇曰。無違無諍即隨順義也。五受陰身及家屬所有因緣果報即我所也。若能明見因緣果報之性。順而無違則離諸我所也。上直觀因緣知無造者故離我見。今觀因緣果報知無屬者故離我所見也。依於義不依語。肇曰。至義非言宣。尋言則失至。且妙理常一。語應無方。而欲以無方之語。定常一之理者。不亦謬哉。是以依義不依語者。見之明也。依於智不依識。肇曰。六識識六塵而已。不能分別是非。分別是非其惟正智乎。是以行者依智不依識也。依了義經不依不了義經。肇曰。佛所說經。自有義旨。分明盡然。易了者應依。亦有應時之經。詭言合道。聖意難知。自未了者不可依也。依

於法不依人。什曰。佛言。我泥洹後。當依止四法。以爲大師。所謂四依法也。明此四法。可依止可信受也。依於法不依人者。法謂經教也。當依經法。不可以人勝故。背法依人也。法有二種。一文字語言。二義法。莫依語也。義亦有二種。一識所知義。二智所知義。識則唯求虛妄五欲。不求實利。智能求實利。棄五欲。故依智所知義。不依識所知義。爲求智所知義。故依智也。智所知義亦有二種。一了義經。二不了義經。不了義經。如佛說殺父母無罪。未分別是不了義也。若言無明是父。愛是母。生死根本。故名父母。斷其本則生死盡。故言殺之無罪。既分別是了義經也。復次若佛言。佛是人中第一。涅槃是法中第一。如是等皆名了義也。是故當依了義經。莫依不了義經。隨順法相無所入無所歸。肇曰。法即下因緣法也。上順因緣知法無生。今順因緣知法無盡也。法從緣而有。從緣而無。其有不從未來來。其無不歸入過去。去故曰無入無歸也。無明畢竟滅故諸行亦畢竟滅。乃至生畢竟滅故老死亦畢竟滅。什曰。此即四依中如實法也。上十二因緣。明如說修行。隨順因緣。故得無生法忍。今明行四依。依十二因緣如實相也。作如是觀。十二因緣無有盡相。肇曰。滅盡義一。既曰畢竟滅。而曰無盡者何耶。夫滅生於不滅。畢竟常滅。則無不滅。無不滅。則滅無所滅。滅無所滅。即是無盡義也。不復起見。肇曰。上觀因緣無生。離常我等諸見。今觀因緣無盡。離斷滅等諸見。是名最上法之供養。佛告天帝。王子月蓋從藥王佛聞如是法。得柔順忍。什曰。柔謂輭鈍也。於實相法未能深入。輭智輭信隨順不違。故名柔順忍也。即解寶衣嚴身之

具。以供養佛。白佛言。世尊。如來滅後。我當行法供養。守護正法。願以威神加哀建立。令我得降伏魔怨。修菩薩行。什曰。四魔合爲三怨。一煩惱。二天魔。三外道也。如來滅後。月蓋道力未具。若不加威神。則爲魔所壞。不能降伏。故請加威神。佛知其深心所念而記之曰。汝於末後守護法城。天帝。時王子月蓋見法清淨。聞佛授記。以信出家。修習善法。精進不久。得五神通。具菩薩道。得陀羅尼無斷辯才。什曰。是聞持也。於佛滅後。以其所得神通總持辯才之力。滿十小劫。藥王如來所轉法輪。

隨而分布。月蓋比丘。以守護法。勤行精進。卽於此身化百萬億人。於阿耨多羅三藐三菩提立不退轉。十四那由他人。深發聲聞辟支佛心。無量衆生得生天上。天帝。時王寶蓋豈異人乎。今現得佛號寶燄如來。其王千子。卽賢劫中千佛是也。從迦羅鳩孫馱爲始得佛。最後如來號曰樓至。月蓋比丘則我身是。如是天帝。當知此要。以法供養於諸供養爲上爲最第一無比。是故天帝。當以法之供養供養於佛。

囑累品第十四

於是佛告彌勒菩薩言。彌勒。我今以是無量億阿僧祇劫所集阿耨多羅三藐三菩提法付囑於汝。什曰。不付阿難。以其無有神力。不能廣宣。故不付也。維摩非此土菩薩。故不囑也。文殊遊無定方。故不囑。囑彌勒者。以於此成佛故。佛自以神力宣布。欲成彌勒功業故也。如是輩經。於佛滅後末世之中。汝等當以神力廣宣流布於閻浮提。無令斷絕。肇曰。城高則衝生。道尊則魔盛。自非神力。無以制持。故勸以神力也。所以者何。未來世中當有善男子善女人。及天龍鬼神乾闥婆羅刹等發阿耨多羅三藐三菩提心。樂於大法。若使不聞如是等經。則失善利。什曰。若不聞此經。或墜二乘。則失大乘善利。如此輩人聞是等經。必多信樂。發希有心。當以頂受。隨諸衆生所應得利而爲廣說。肇曰。法之通塞。損益若是。故勸彌勒頂受廣說。彌勒當知。菩薩有二相。何謂爲二。一者好於雜句文飾之事。二者不畏深義。如實能入。若好雜句文飾事者。當知是爲新學菩薩。若於如是無染無著甚深經典。無有恐畏。能入其中。聞已心淨。受持讀誦。如說修行。當知是爲久修道行。彌勒。復有二法名新學者。不能決定於甚深法。何等爲二。一者所未聞深經。聞之驚怖生疑。不能隨順。毀謗不信。而作是言。我初不聞。從何所來。二者若有護持解說如是深經者。不肯親近供養恭敬。或時於中說其過惡。肇曰。一毀法。二毀人。有此二法。當知是新學菩薩。爲自毀傷。不能於深法中調伏其心。彌勒。復有二法。菩薩雖信解深法。猶自毀傷。而不能得無生法忍。何等爲二。一者輕慢新學菩薩而不教誨。二者雖信解深法。而取相分別。是爲二法。肇曰。因其所解而取相分別。雖曰爲解。未合眞解。此學者之內患也。彌勒菩薩聞說是已。白佛言。世尊。未曾有也。如佛所說。我當遠離如斯之惡。肇曰。一生大士。豈有如斯之惡。聞而後離耶。發斯言者。爲未離者耳。奉持如來無數阿僧祇劫所集阿耨多羅三藐三菩提法。若未來世善男子善女人求大乘者。當令手得如是等經。與其念力。什曰。以神通加其念力。令不忘也。問曰。昔時魔常來下壞亂學人。今何因不來。答曰。優婆掘恩力故。佛在世時。有外道薩遮尼健。大聰明能論議。心大憍慢。知佛法尊妙。意欲出家。問佛言。我若出家。智德名聞如

佛不。佛言不得。又問得如舍利弗不。佛言不得。如是一一問五百弟子。乃至問得如羅睺羅不。答言不得。於是尼犍言。我出家既不得如佛。又不得如弟子。何用出家。又問後當得不。佛言後世無諸大人。然後當得。尼犍命終已。佛泥洹後百年。阿育王時生出家學道。得阿羅漢。有大名聲。教化國人。令得阿羅漢者。除度夫不度婦。度婦不度夫。不在數中。但取夫婦俱時得羅漢者。以算子數之。積算滿屋。後泥洹時。以算子燒身。不假餘物。未泥洹時。嘗於林中坐禪。見一餓狗飢羸將死。常與諸比丘共分食與之。狗遂腹脹欲死。諸比丘各各繩牀圍繞守視。誦經說法。狗以善心視諸比丘。又聞法音。命終已生第六天。有大威德。與魔王共坐。時狗已臭爛。彼魔心念。何因有此大人與我共坐。觀其本緣。乃知是狗。即大瞋恚。是優婆掘比丘使是臭狗與我共坐。當作方便令其毀辱。時優婆掘林中坐禪。入滅盡定。魔以天上嚴飾華鬘繫頸上已。廣說四衆將共視之。此比丘於空閑處嚴飾如是。云何名爲淸淨有德。須臾優婆掘從定起。覺頭有華鬘。知是魔爲。即指云。汝是魔王。即取死狗變爲華鬘。極大嚴飾。語魔言。汝以鬘供養我。還以鬘報汝。可著之。便以神力繫鬘著魔王頸。繫已還成死狗。膖脹蛆爛。甚大臭惡。魔以神力去之。而不能得。至帝釋。帝釋不受。自還六天。乃至梵天。皆悉不受。不能爲解。語言。汝自還去求彼比丘。魔即至優婆掘所。求解臭鬘。優婆掘即與要誓。汝從今日乃至法盡。莫復來下壞亂學人。又我雖見佛法身。不見色身。汝今爲我變作佛形。若能如是。當解汝鬘。魔即受其誓。便語比丘言。我作佛時。莫向我禮。於大林中變爲佛身。相好具足。放大光明。作諸弟子。皆如舍利弗等。大衆圍繞。從林間來。優婆掘歡喜踴躍。忘其要誓。即爲作禮。魔言。云何違要而向我禮。優婆掘言。我自作佛意禮耳。於是臭鬘自然得解。魔言。佛眞大慈悲。我種種惱佛。佛不報我。而今比丘見報如是之甚。比丘言。佛大慈大悲。自能容忍。我小乘之人。不能如是。魔不來因緣略說也。

使受持讀誦。爲他廣說。世尊。若後末世有能受持讀誦爲他說者。當知是彌勒神力之所建立。佛言。善哉善哉。彌勒。如汝所說。佛助爾喜。

於是一切菩薩合掌白佛。我等亦於如來滅後。十方國土廣宣流布阿耨多羅三藐三菩提法。復當開導諸說法者。令得是經。

爾時四天王白佛言。世尊。在在處處城邑聚落山林

曠野有是經卷讀誦解説者。我當率諸官屬爲聽法故往詣其所擁護其人面百由旬令無伺求得其便者。

是時佛告阿難。受持是經廣宣流布。阿難言唯。我已受持要者。世尊當何名斯經。佛言阿難。是經名爲維摩詰所説。亦名不可思議解脱法門。如是受持。

佛説是經已。長者維摩詰文殊師利舍利弗阿難等及諸天人阿脩羅一切大衆。聞佛所説皆大歡喜信受奉行。

維摩詰所説經註卷第八

音釋

躁音竈動也　歎譽下平聲　羸倫爲切瘦也　蛆子余切音苴

成都文殊院募貲

管帶壽字副中營副將銜留川補用遊擊何炳蔚施銀九十六兩敬刻此經連圈計字八萬五千四十八箇

光緒十三年夏六月金陵刻經處識

楞伽阿跋多羅寶經序

宋朝議大夫直龍圖閣權江淮荆浙等路制置鹽礬兼發運副使上護軍賜紫金魚袋

蔣之奇撰

之奇嘗苦楞伽經難讀。又難得善本。會南都太子太保致政張公施此經。而眉山蘇子瞻爲書而刻之板。以爲金山常住。金山長老佛印大師了元持以見寄。之奇爲之言曰。佛之所說經總十二部。而其多至於

五千卷。方其正法流行之時。人有聞半偈得一句而悟入者。蓋不可爲量數。至於像法末法之後。去聖既遠。人始溺於文字。有入海算沙之困。而於一真之體乃漫不省解。於是有祖師出焉。直指人心。見性成佛。以爲教外別傳。於動容發語之頃。而上根利器之人。已目擊而得之矣。故雲門至於罵佛。而藥山至戒人不得讀經。皆此意也。由是去佛而謂之禪。離義而謂之玄。故學佛者必詆禪。而諱義者亦必宗玄。二家之徒。更相非而不知其相爲用也。且禪者六度之一也。顧豈異於佛哉。之奇以爲禪出於佛。而玄出於義。不以佛廢禪。不以玄廢義。則其近之矣。冉求問聞斯行諸。孔子曰聞斯行之。子路問聞斯行諸。曰有父兄在。如之何其聞斯行之。求也退。故進之。由也兼人。故退之。說豈有常哉。救其偏而已。學佛之敝至於溺經文。惑句義。而人不體玄。則言禪以救之。學禪之敝。至於馳空言。玩琦辯。而人不了義。則言佛以救之。二者更

相救。而佛法完矣。昔達磨西來。既已傳心印於二祖。且云吾有楞伽經四卷。亦用付汝。即是如來心地要門。令諸衆生開示悟入。此亦佛與禪並傳。而玄與義俱付也。至五祖始易以金剛經傳授。故六祖聞客讀金剛經。而問其所從來。客云。我從蘄州黃梅縣東五祖山來。五祖大師常勸僧俗但持金剛經。即自見性成佛矣。則是持金剛經者始於五祖。故金剛以是盛行於世。而楞伽遂無傳焉。今之傳者實自張公倡之。

之奇過南都謁張公。親聞公說楞伽因緣。始張公自三司使翰林學士出守滁。一日入瑯琊僧舍。見一經函。發而視之。乃楞伽經也。恍然覺其前生之所書。筆畫宛然。其殆神先受之甚明也。之奇聞羊叔子五歲時令乳母取所弄金鐶。乳母謂之汝初無是物。祜卽自詣鄰人李氏東垣桑木中探得之。主人驚曰。此吾亡兒所失物也。云何持去。乳母具言之。知祜之前身爲李氏子也。白樂天始生七月。姆指之無兩字雖試

百數不差。九歲諳識聲律。史氏以爲篤於才章蓋天稟然。而樂天固自以爲宿習之緣矣。人之以是一眞不滅之性。而死生去來於天地之間其爲世數雖折天下之草木以爲籌筯。不能算之矣。然以淪於死生。神識疲耗。不能復記。惟圓明不昧之人知焉。有如張公。以高文大册再中制舉登侍從秉鈞軸出入朝廷逾四十年風烈事業播人耳目。則其前身嘗爲大善知識無足疑者。其能記憶前世之事。豈不謂信然哉。故因讀楞伽新經。而記其因緣於經之端云。

書楞伽經後

宋朝奉郎新差知登州軍州兼管內勸農事
騎都尉借緋蘇軾書

楞伽阿跋多羅寶經先佛所說微妙第一。眞實了義。故謂之佛語心品。祖師達磨以付二祖。曰吾觀震旦所有經教惟楞伽四卷可以印心。祖祖相授以爲心法。如醫之難經句句皆理字字皆法。後世達者神而

明之。如槃走珠如珠走槃無不可者。若出新意而棄舊學以爲無用非愚無知則狂而已。近歲學者各宗其師務從簡便得一句一偈自謂了證。至使婦人孺子抵掌嬉笑爭談禪悅。高者爲名下者爲利。餘波末流無所不至。而佛法微矣。譬如俚俗醫師不由經論直授方藥以之療病非不或中至於遇病輒應懸斷死生則與知經學古者不可同日語矣。世人徒見其有一至之功。或捷於古人。因謂難經不學而可。豈不

誤哉楞伽義趣幽眇文字簡古讀者或不能句而況遺文以得義忘義以了心者乎此其所以寂寥於世幾廢而僅存也太子太保樂全先生張公安道以廣大心得清淨覺慶歷中嘗爲滁州至一僧舍偶見此經入手恍然如獲舊物開卷未終夙障冰解細視筆畫手迹宛然悲喜太息從是悟入常以經首四偈發明心要軾遊於公之門三十年矣今年二月過南都見公於私第公時年七十九幻滅都盡慧光渾圜而

軾亦老於憂患百念灰冷公以爲可教者乃授此經且以錢三十萬使印施於江淮間而金山長老佛印大師了元曰印施有盡若書而刻之則無盡軾乃爲書之而元使其侍者曉機走錢塘求善工刻之板遂以爲金山常住元豐八年九月九日

觀楞伽寶經閣筆記

觀楞伽寶經記蓋爲觀經而作也以此經直指衆生識藏即如來藏顯發日用現前境界令其隨順觀察自心現量頓證諸佛自覺聖智故名佛語心非文字也又豈可以文字而解之哉故今不曰注疏而曰觀經記蓋以觀游心所記觀中之境耳此經爲發最上乘者說所謂是法甚深奧少有能信者以文險義幽老師宿學讀之不能句況遺言得

義以入自心現量乎昔達磨授二祖以此爲心印自五祖教人讀金剛則此經不獨爲文字且又東之高閣而知之者希望崖者衆矣惟我

聖祖以廣大不二眞心御寰宇修文之暇乃以楞伽金剛佛祖三經以試僧得度如儒科特

命僧宗泐等注釋之頒布海內浸久而奉行者亦希清幼入空門切志向上事愧未多歷講肆嘗見古人謂文字之學不能洞當人之性源貴在妙悟自

心。心一悟則回觀文字。如推門落臼。固不難矣。因入山習枯禪。直至一字不識之地。一旦脫然自信。回視諸經。果了然如視歸家故道。獨於此經苦不能句。余居海上。時萬歷壬辰夏。偶患足痛不可忍。因請此經置案頭。潛心力究。忽寂爾亡身。及開卷讀百八義。了然如眂白黑。因憶昔五臺梵師言。遂落筆記之。至生滅章。其患卽愈。及乙未春因弘法罹難。幽囚困楚中。一念孤光未昧。實仗此法門威

德力也。頊蒙

恩遣雷陽。丙申春過吉州。遇大行王公性海於淨土中。請益是經。因出前草二章。公首肯。遂以正受注幷三譯本稽首屬余請卒業焉。余攜之。以是年三月十日抵戍所。於四月朔卽命筆。時値其地飢且癘。死傷蔽野。余坐毒霧屍陀林中。日究此經。至忘寢食。了然如處淸涼國。至七月朔甫完卷半。比與柯孝廉復元率諸父老掩胔骼。至四千頭有奇。建

盂蘭會。說幽冥戒。普濟之。時天適雨。而癘隨止。遂令蔑戾車地大生歡喜心。無適借此性海一滴潤此焦枯乎。余亦奉鎭檄來五羊。憩東郭壘壁間。又首事於十月朔。至明年佛成道日。適闍筆焉。愚竊思多生以謗法因緣。今感斯報。荷蒙

聖慈以萬里之行而調伏之。使入其難入。期年之內。奔走居半。而能了此積劫廣大因緣。非荷諸佛神力加持。何能以思惟心測度如來自覺聖智境界

乃爾。以是彌感

聖恩。析骨難酬也。稿成。觀察海門周公欲梓之。以入賀未果。戊戌冬。適侍御樊公友軒以建儲議謫雷陽。與余同伍。道過仙城見訪。問雷陽風景何如。余笑曰。在人不在境。因出此草示之。曰。此余雷陽風景也。公嘆曰。信光明幢哉。願廣法施。遂爲疏募衆。幸諸宰官長者居士各歡喜成之。願將此勝因。回向

楞伽法性海中。仰憑慧光圓照。破此夙愆。蚤登解

脫。冀見聞隨喜。同入自心現量。共轉此法輪。直至未來際。以斯功德。上報

聖恩。下拔苦趣。齊登涅槃彼岸耳。第此經單破外道二乘偏邪之見。令生正智。以一心為眞宗。以摧邪顯正為大用。其所破之執。各有所據。皆載彼宗。以瘴鄉苦無經論參考。卽所引證。咸以起信唯識提挈綱宗。務在融會三譯。血脈貫通。若夫單提向上。直指一心。枝詞異說。刷洗殆盡。冥契祖印。何敢讓焉。因為述其始末如此。萬歷己亥季夏望日海印沙門德清記

觀楞伽記略科題辭

科以分經。從古製也。昔道安法師以三分科經。時人譏其離析經義。及親光論至。果以三分斷其全經。時迺嘆其雅合。蓋經經各有綱宗。科迺提挈綱要而振起之。使觀者得其要領。庶離言得義而悟入之。令捨筌蹄。殆非支分節解。逞臆斷也。後之義學。昧於離言之旨。各恃己見。駢枝其說。以取謗法之愆。使學者莫之適從。正所謂以多岐亡羊耳。茲楞伽以離言說第一義為宗。不涉唇吻。又豈可妄想分別能入。而其所以科節之。蓋以經文簡古。血脈幽潛。不得其門而入。故特提其綱領。使知問答來源。融會一貫。了然心目。冀可忘言得義。不以文言為障礙耳。非臆斷也。卽此已為剩法。後之學者。切不得以此為矢。而更增益其說。自取謗法之罪不淺矣。

萬歷戊戌孟夏佛成道日沙門德清題于五羊之青門壘壁間

觀楞伽阿跋多羅寶經記略科

明海印沙門釋德清排訂

通科分二

- 一序分（記一）（凡經皆有三分此經來未盡故闕流通分）
- 二正宗分二
  - 初直指一心眞如以顯三界唯心二
    - 初約數句問（百八問）
    - 次非數句答二
      - 初牒（無上全章）
      - 次答（不生句全章）
  - 次曲示一心生滅以顯萬法唯識分八（記二）
    - △初明眞妄因依廣示八識以顯生滅因緣相二
      - 初略明唯識以別邪正之因三
        - 初明眞唯識量以辯邪宗三
          - 初顯眞唯識（諸識下九段）
          - 次喻破二見（譬如下三段）
          - 三揀辯邪宗（彼諸外道下三段）
        - 次示七種聖義以別邪見二
          - 初示正義（有七種一段）
          - 次明斥非（云何外道二節）
        - 三揀邪因以示正因二
          - 初揀邪因（妄想三有苦下七段）
          - 次示正因（若復諸餘下一章）
      - 次廣明八識以示識智之相二（記三）
        - 初明八識相（問心意意識等全章）
        - 次明三智相（聖智三相全章）

      ○已上因緣科已竟

    - △二明返妄歸眞約五法自性無我以辯邪正因果相分二（記四）（此科至四卷中止）

觀楞伽記卷首　十一

- △初辨邪正頓示一乘理行因果相二
  - 初辨明因地心二
    - ◎初破邪顯正以示常住眞理二
      - 初約三門破邪因以顯正因五
        - 初明五法六
          - 初破名相妄想（知大眾心念下問答有無全章）
          - 二顯正智如如（淨除自心現流下一章顯正智法依佛一章顯如如）
          - 三破二種邪因二
            - 初卽二乘邪因以示正因（二種聲聞一章）
            - 次以聖智破外道邪因（常不思議一章）
          - 四舉果驗因（二乘外道一章）
          - 五勸果知因（五無間全章）
          - 六示因果一如（一闡提全章）
        - 二明三自性一章（記五）
        - 三明二無我一章
        - 四破有無二見（建立誹謗一章）
        - 五結示正因（善知心意下偈終）
      - 次約一心破妄計以顯眞理二
        - 初明寂滅一心（空無生無二離自性一章）
        - 次示如來藏性（疑如來藏同外道我一章○上顯理下顯行）（記六）（經三初）
    - ◎次依理勸訂以辯邪正二行四
      - ◎初總示正行之方四
        - 初能觀之智（四方便一章）
        - 二所破之惑（明緣生無性破依他起　明妄想無性破偏計執）
        - 三顯圓成之理（記七）（無四句可離　無聖智可得）
        - 四顯離過絕非（如來說法離如是四句等二段）
      - ◎二略示邪正因果相四
        - 初略示邪正二因二
          - 初示二種邪因禪
          - 次示三種正因禪
  - 次辨明果地覺二（此科在三卷初）
- △次依前理行頓示斷惑證眞因果相（此科在三卷中）

觀楞伽記卷首　十二

二略明邪正二果二
初如來涅槃眞果（爾時）
次二乘涅槃假果（復次）
三略示當轉二性（言說自性　事自性）
四略示感應二徵（現身面言說加持　手灌頂神力加持）
記八 三廣釋邪正因果差別相二
初廣釋前三種禪以顯三乘差別因果相二
初廣辯因別三
次廣辯果別（先示邪果　後示正果）
初釋愚夫所行禪二
初外道邪禪二
初緣起無性以破言說自性相（緣起一章）
次辯妄想無性以破事自性相七
初明妄境眞常以破斷見（常聲者何事說至非聖言說半章）
二明法一見異以破常見（惑亂起二種種性至種性義半章）
三明心境如如以破一異見（卽彼惑亂不妄想一節已上三科共一章）
四明緣生如幻以破有無見（問惑亂爲有無起兩全章至是故說如幻止）
五明本自無生以破因生見（問一切性無生一章）
六明言說無性以破名言習氣（當說名句形身一章）
記九 七顯名言雙絕以誠忘言默證（大未來世智者止論一章至偈文離自性）
次二乘偏禪
二觀察義禪
記十 三釋攀緣如禪三
初觀四大如
次觀五陰如
三結示正觀
次廣釋如來禪融會妄想如如以顯一乘平等因果相三
初明卽妄卽眞以顯因平等（十二妄想一章）

觀楞伽記卷首　十三

次明卽心卽境以顯果平等（妄想無性半章以顯卽心一乘半章以顯卽境）
三卽權卽實以顯法平等（不說一乘一章）
釋三初 記十一 四舉果驗因以示一乘眞因相二
初舉意生身眞果相（意生身一章）
次示五無間行眞因相（五無間一章）
○已上自初卷第二返妄歸眞科中初頓示理行以辯因地心竟　已下
次辯果地覺分三
初明三身以顯法身常德三
初總示佛之知覺（一章）
二顯報化二身（四等一章）
三顯常住法身（不說一字一章）
次破二見以顯涅槃離過（有無相一章）
三示二通以明果海離言（宗說二通一章）
○已上辯別邪正頓示一乘理行因果相竟從前初卷五法章至此二通畢
記十三 次下依前理行頓示斷證因果相分二
此科從初卷來
初翻顯因行二
初自利功圓四
初雙結二行（二通全章）
次特示利他（止論一章）
二利他行滿二
初明妄想不實以破我執斷煩惱障（問不實妄想全章）
二明言說性空以破法執斷所知障四
初明言說爲法執之本（當說語義全章）
二示智識爲縛脫之源（智識相全章）
三卽轉變相以明動本不動（九種轉變全章）
記十二 三遣境智以明無智無得二
初遣所觀境分二
次遣能觀智（攀緣事不得一章）

觀楞伽記卷首　十四

先遣事境 彼彼妄想全章

次遣理境 一切法不生全章

四斷相續心以明生本無生 問一切法相續義全章

○已上明斷證因相竟

下明斷證果相

記十四

四明忘言頓證以顯果海離緣 愚癡凡夫一節

次正顯果德二

初轉依涅槃果二

初揀二十一種邪宗 問涅槃前半章

次示最上一乘正果 如我所說涅槃一節

經四初 記十五

次轉依菩提果五

初顯法身真我德二

初顯三德祕藏 明法身般若解脫共一章

次顯一心真如二

記十六

二顯法身真常德二

初明離一切相 離名字相離言說相離心緣相共一章

次結究竟一心 無相見勝下至偈終

三顯法身真樂德 三昧全章

記十七

四顯法身真淨德 如來藏半章

初破七種無常 七無常一章

次正顯真常 文錯簡在三昧章後

五釋疑勸修 若無識藏名下三段

○前從初卷分別自性讚起止此大科第二通約三門辯邪正理行因果相竟

三明五法自性八識無我究竟差別相二

初總明迷悟因依 問五法等一章

次別顯四門攝入五

初明五法差別相二

初總明差別之法 愚夫章至是名如如

次顯住如如之人 住如如者二段

二明三門入五法二

三明四門攝一切法 五法一節

初明三自性入五法 全章

四明總歸如如示以正觀 五法半章

次明八識無我入五法 復次一章

五結勸修學 是名一節

○此上第三科四門差別相已竟

四明法身常住以示生死涅槃平等相二

初明法身常住 恆沙前半章

次明平等如如 生死本際半章

記十八

五示藏心自性以明真妄生滅平等相 剎那全章偈錯簡在六度章後

六廣明六度以示自性妙行無修相 六度全章

七廣決眾疑以顯法身離過 六疑全章

八特示性戒以彰生佛平等 不食肉全章

觀楞伽阿跋多羅寶經記卷第一

宋天竺三藏沙門求那跋陀羅譯

明建鄴海印沙門 釋德清筆記

記曰舊註楞伽山名此云不可往又云城名以山
頂有夜叉王城故山居南海濱阿跋多羅此云無
上寶貴重義以通喻此經是不可往無上寶經非
也受公謂自覺聖智之境非邪智可造故云不可
往隨色摩尼之珠非世寶可比故云無上謂不可
往處有此無上寶也此亦未盡然華嚴論云世尊
於南海摩羅耶山之頂楞伽城中說法其山高五
百由旬下瞰大海無路可上其城乃衆寶所成光
映日月無門可入得神通者堪能升往表心地法
門無修無證方能升也此說固爾愚居五臺時會

遇一梵師于闐國人髮長丈餘不言其壽但云入
此土三十餘年精於禪觀兼明教乘且善方言愚
請同住阿蘭若三年每於談次以經中所有梵語
已明者嘗請試之所說皆與古譯洽合愚因問及
楞伽經師乃驚曰遮裡亦有此經耶此是不可說
不可得之法也我土國王寶之因問有多少卷余
曰傳者四卷師笑曰來未盡耳此經有四十卷此
才十分之一及扣經中旨趣言言皆發明離心意
識境界不可具述因問楞伽山在何處師曰此山
在天竺國之南海中又問何以楞伽為名師曰楞
呿聲伽乃寶名其狀八楞視之渾圓體極堅固不
可鑽穿常放光明世間之寶無有過上者故阿跋
多羅此云無上以山純此寶是山以寶名故曰楞
伽阿跋多羅寶山山頂有城此寶天成無門可入
而為夜叉鬼王所據佛在此山頂城中說此經故
經以處名耳又問此山人能到否師云人不能到

以其此山下細上大每於陰雲黑夜或波濤洶湧
其山形益顯露分明光明愈盛若海湛空澄天無
雲翳海空一色其山即不見然彼土僧有修禪者
于海岸經行望之以入觀耳是則按華嚴論準此
梵師言則山以寶名經以處名深有意焉緣起經
云難入未會有會中說隨他緣起陀羅尼智名為
楞伽王識蓋約處表法又見深玄然教稱智海性
海覺海心海至若寶明空海此經云藏識海且又
以生死喻海涅槃喻海喻山五蘊亦喻山況夜叉
云可畏鬼乃飛行而食生物者然吾佛特住此海
中寶山夜叉王城而說此經顯示自覺聖智境界
其經所詮者乃五法三自性八識二無我即處觀
法其旨微哉何則經云藏識海常住境界風所動
洪波鼓冥壑無有斷絕時斯則智海無性因覺妄
而成凡湛淵心海變而為生死之業海寶明妙心
變而為八識五蘊幻妄之身心故寶有八楞山高

五百由旬而為煩惱生死夜叉所據耳然至昏雲
黑夜或波濤洶湧之際而山形愈顯露者所謂妄
想興而涅槃現夜叉鬼王請佛說法者所謂煩惱
起而佛道成抑益顯此寶明妙性雖住生死大海
五蘊山中不為煩惱所奪不為生死波流不為境
界風動無明黑暗暗不能昏長夜冥冥盡光獨露
耳且云海湛空澄山即不現者愈見智海圓澄萬
象森羅炳然齊印身心世界當下銷融生死涅槃
應時平等至此魔佛皆空二俱不可得矣噫信乎
此為自覺聖智無上尊頂法門也且義翻此經名
不可往唯神通者能至意顯此法門非心行處唯
上上根人一入頓入不許揣摸湊泊不入亦不許
思量攀緣但只於境界波濤煩惱黑暗中觀之而
已不觀則不知生死海中有此物也此經為根熟
者頓說業識種子為如來藏名頓教大乘古德云
楞伽說五法三自性皆空八識二無我俱遣故達

磨大師指此為心印。馬大師云。楞伽以佛語心為宗。無門為法門。是以宗門師匠教人。直須離心意識。參出凡聖路學。而說者但只標名立法。不知空遣。奈何益使後之學者臆度祖師心印亦如是而已。悲夫。

一切佛語心品第一之一

記曰。品以心名者。以一心為宗也。所謂寂滅者名為一心。即性自性清淨第一義心。一切諸佛皆證此心。而為眾生開示者。直指此心耳。故云一切佛語心。舊注。此經大部有十萬偈。四十萬句。三百二十萬言。一百五十品。其所來者惟此一品。雖文廣卷多。其實通皆頓示此一心法也。此經在十二部中為未會有部。在五教中為頓教大乘。又兼頓圓。謂頓示圓滿一心。五性三乘皆同證故。若約天台五義釋之。則以單喻為名。以楞伽寶喻識性。故寶山寶城佛魔同住。喻五蘊身心是一切聖凡所依止故。以如來藏為體。謂如來藏是善不善因。故自性清淨轉三十二相入一切眾生身中故。性自性第一義心為宗。一切聖凡所同證故。摧邪顯正斷疑生信為用。為裂外道二乘邪見疑網。令生決定一乘正信故。以熟酥為教相。謂說五性三乘皆有成佛之分。但未蒙授記。可一變而至於道。如彼熟酥可一變而至醍醐。施功易故。謂略示開權顯實之機。以為法華前導故。若以宗趣言之。則以第一義心為宗。自覺聖智為趣。又以自覺聖智無相法門為宗。忘言默證為趣。

如是我聞。一時佛住南海濱楞伽山頂。種種寶華以為莊嚴。與大比丘僧及大菩薩眾俱。從彼種種異佛剎來。是諸菩薩摩訶薩無量三昧自在之力神通遊戲。大慧菩薩摩訶薩而為上首。一切諸佛手灌其頂。自心現境界善解其義。種種眾生種種心色無量度門。隨類普現。於五法自性識二種無我究竟通達。

記曰。此敘說法由致也。如是我聞等者。謂如是之法我從佛聞。一時乃機感應會之時。非定指也。佛乃說主。山乃說處。菩薩乃聽眾。此結集者因佛顧命立言。一切經首都皆置之。無煩他說。山頂種種寶華以為莊嚴者。謂此無上頂法如來藏心。乃一切諸佛之因地也。佛與菩薩皆從異佛剎來者。以示此中聖凡不立故。大慧為上首者。此法非心識可到。唯許大智可入故。自心下。歎德也。至於種種眾生種種心色無量度門五法自性八識無我等法。皆是自心現境。而獨大智慧人善解其義。究竟通達。二譯皆云。婆伽婆住大海濱摩羅耶山頂楞伽城中。其城乃婆羅那夜叉王所據。因佛於海龍王宮說法七日已。而從大海出。舉目觀見山頂之城。而作是言。昔諸如來應正等覺于此說自所得聖智證法。非諸外道臆度邪見及以二乘修行境界。我今亦當為婆羅那王開示此法。時夜叉王以佛神力聞佛言音。即與眷屬請佛歸其城中云云。二譯皆有夜叉王問法因緣。此經略之。觀者融會彼譯。則頓見此經宗趣矣。

爾時大慧菩薩與摩帝菩薩俱。遊一切諸佛剎土。承佛神力。從座而起。偏袒右肩。右膝著地。合掌恭敬。以偈讚佛。

記曰。此別敘當機見佛之儀也。大慧爲當機者。惟此無上法門。非大智慧人不能擔荷。而與摩帝同遊者。摩帝此亦云慧。所謂達者同遊涅槃路。

世間離生滅　猶如虛空華　智不得有無
而興大悲心　一切法如幻　遠離於心識
智不得有無　而興大悲心　遠離於斷常
世間恆如夢　智不得有無　而興大悲心
知人法無我　煩惱及爾燄　常清淨無相
而興大悲心　一切無涅槃　無有涅槃佛
無有佛涅槃　遠離覺所覺　若有若無有
是二悉俱離　牟尼寂靜觀　是則遠離生
是名爲不取　今世後世淨

記曰。此正發啟全經之宗趣也。爾燄。梵語。此云所知。又云智障。一切無涅槃。魏譯云有無二俱離。蓋一切乃生死有法也。涅槃乃無法也。無者。此二皆空。故雜華云。有諍說生死。無諍說涅槃。生死及涅槃。二俱不可得。故文釋云。無有涅槃佛。無有佛涅槃。遠離覺所覺。有無二俱離也。是知此二乃分別妄見耳。故二譯實叉云。夜叉王請佛入楞伽城。獻供已畢。即以二法問佛。謂言。如來常說法尚應捨。

何況非法。云何得捨此二種法。何者是法。何者非法。世尊答言。法與非法差別之相。此是凡夫之所分別。非聖智見。乃至何者是法。所謂二乘及諸外道虛妄分別說有實等爲諸法因。如是等法應捨應離。不應於中分別取相。見自心法性則無執著。諸觀行人以毘鉢舍那如實觀察名捨諸法。何者是非法。所謂諸法無性無相永離分別。如實見者若有若無如是境界彼皆不起。是名捨非法。流支云。如實見者名爲正見。若他見者名爲邪見。若分別者名爲二取。皆是虛妄。不得寂滅。寂滅者名爲一心。一心者名如來藏。如來藏者入自內身智慧境界。得無生法忍三昧。故此偈讚佛有無二俱離也。甚矣。有無二見爲法身之刺也。所言自覺聖智無他。但知此離此而已。更無實法可得。實此經之宗極也。行人知此。可謂行無行。證無證耳。苟一念行證未忘。則復墮此。況以分別言語文字爲得乎。觀者若如是觀。可謂識法實相矣。是則向下大慧所問。皆有無二法。世尊皆令離此捨此而已。故一切皆非。苟離此捨此。非自覺聖智而何。故下偈流支云。若如是觀佛。寂靜離生滅。實叉云。是人今後世離著無所取。是則全經之旨。不出于夜叉王一問及此大慧偈讚而已。

△上敘分已竟

△下正宗分二

○初直指一心眞如以顯三界唯心有二

○初約數句問

爾時大慧菩薩偈讚佛已。自說姓名。

我名爲大慧　通達於大乘　今以百八義
仰諸尊中上

世間解之士　聞彼所說偈　觀察一切衆

告諸佛子言　汝等諸佛子　今皆悉所問

我當爲汝說　自覺之境界

爾時大慧菩薩摩訶薩承佛所聽頂禮佛足合掌恭敬以偈問曰。

記曰。大慧首以百八義問佛者蓋依一心轉變五法三自性八識二無我迷悟因果之法而問也。舊說百八句表對治百八煩惱非本指矣。然一心者佛語心也。所謂寂滅者名爲一心。本無十界色心依正之相。但迷之而爲生死。故變一心而成三界。悟之而爲涅槃。故轉三界而爲一心。然生死有法也。涅槃無法也。此二皆由愚夫分別妄見而此寂滅心中本無此事。是則大慧所問者乃十界依正色心迷悟因果心行種種差別之相要之不出凡聖有無。此特分別妄見對待之法耳。殊不知此寂滅一心絕諸對待。故偈云若有若無有是二悉皆離。佛將直指最極心源。故下一一牒答而斥之曰非也。此正離心意識出凡聖路。唯諸佛自覺聖智境界。雖大智慧人。亦不免墮於數句。況其他乎。愚謂此百八句。總依三界二十五有有法上起四句見而立。謂凡夫外道見三界實是有法爲有句。二乘見三界是無法爲無句。菩薩見三界卽眞卽俗爲亦有亦無句。而卻指佛見三界非眞非俗爲非有非無句。此乃正教所明。而外道自宗立有無一異俱不俱常無常等四句。各執一見。此皆不出常情分別計度。以邪正之見有八。所見之境有百。故流支云百八見。於正位中總皆是謗。若四句旣

離則百非自遣。又何煩惱可捨。又何佛道可取耶。故僧問馬大師離四句絕百非請師直指某甲西來意。師云。我今日頭痛。不能爲汝說。問取智藏去。

云何淨其念　云何念增長　云何見癡惑

云何惑增長 唐譯云。云何起計度。云何淨計度。云何起迷惑。云何淨迷惑。

記曰。此總依一心生滅迷悟二途而問也。然大慧請百八義開口卽問此四句者。蓋一心眞源聖凡平等了無差別之相。但約迷悟之分。故有十界依正因果種種性相之異。然今將窮十界之源。故首出迷悟之見。所謂迷一心而正智翻爲妄想。如如翻爲名相。此念惑增長也。悟一心而妄想卽成正智。名相卽是如如。此淨念見癡惑也。然皆迷悟邊事。故經云順流轉者妄見生死。厭流轉者妄見涅槃。是則大慧依生滅門迷悟對待而問。故先以淨念不淨念見惑不見惑發端而後所指者皆迷悟中差別之相。佛單依一心眞如而答。故向下牒問之初乃卽告云若生若不生涅槃及空相流轉無自性。卽此生不生涅槃空相二句乃總牒盡大慧之問。流轉二字斥盡大慧之見。所謂生死涅槃皆卽狂勞顛倒華相。故此總屬流轉而以無自性三字盡顯諸法實相。破盡大慧之疑耳。然世尊雖以此答。猶是生滅對待。惟寂滅心源總無此事。故牒問已畢而一一直示之曰非也。斯正所謂法向應捨何況非法。若有若無有是二悉皆離也。學者了此可許入楞伽。

何故刹土化　相及諸外道　云何無受次

何故名無受　何故名佛子　解脫至何所

誰縛誰解脫

記曰。此總問十界依正名相因何而有也。刹土化相通指二土。謂實報莊嚴土。凡聖同居土。以約名相。故不言寂光。諸外道。通指三界凡夫。無受。次。謂次於無受。通指三乘有學。無受。通指三乘無學。佛子。單指菩薩。解脫。謂涅槃。縛。乃生死。謂生死誰縛之。涅槃誰解之。蓋涅槃指佛界也。

何等禪境界　云何有三乘　唯願爲解說

緣起何所生　云何作所作　云何俱異說

云何爲增長 唐譯云。云何諸有起。　云何無色定

及與滅正受　云何爲想滅　何因從定覺

云何所作生　進去及持身　云何現分別

云何生諸地

記曰。此十五句。別問九界差別之相也。前三句。問三乘行相因何而有。緣起。問正法。下二句。問外道邪見因何而起。云何爲增長二句。問三界因果因何而有滅正受二句。問小乘因何樂住寂定不欣說法。何因從定覺下四句。問大乘菩薩因何樂說法度生。云何生諸地一句。問菩薩因何又立地位名目。

破三有者誰　何處身云何　往生何所至

云何最勝子　何因得神通　及自在三昧

云何三昧心　最勝爲我說

記曰。此八句。特問三乘行相也。謂三乘人爲何出三界去。既出三界。又生何處。既捨此身。又受何身。畢竟住於何處。云何稱爲菩薩是佛弟子。何故又說有神通三昧之事。不知三昧心是何相狀。

云何名爲藏　云何意及識　云何生與滅

云何見已還　云何爲種性　非種及心量

云何建立相　及與非我義　云何無衆生

云何世俗說　云何爲斷見　及常見不生

云何佛外道　其相不相違　云何當來世

種種諸異部

記曰。此十六句。通問心性是一。云何衆生所見種種不同也。初四句。謂如來藏心是一。云何又名藏識。又名意及意識。云何又說生滅妄見。又說不生滅。心見已還。魏譯云。斷所見。唐譯云。退諸見。皆不生滅義也。次種性二句。謂聖凡同稟此心。如何又說三乘人是種性。外道闡提是非種性。而說彼心皆有限量耶。次建立相三句。謂心既無相。因何而立我人衆生之相。爲何又說無我人衆生之相。次世俗說五句。謂三界凡夫外道。爲何起斷常二見。蓋世俗說。卽凡夫外道斷常二見也。又如何得二見不生。如何得衆生與佛平等無二。次。當來世二句。謂佛既有教。如何佛滅度後。弟子又起種種異見也。

云何空何因　云何刹那壞　云何胎藏生
云何世不動　何因如幻夢　及揵闥婆城
世間熱時燄　及與水月光　何因說覺支
及與菩提分　云何國土亂　云何作有見

記曰。此十二句。通問世界衆生都是有相之法。因何而有生滅不生滅。常與無常。眞妄之不同也。初二句。魏譯云。云何名為空。云何念不住。此蓋問依報世界為何而有成住壞空。特舉空壞以攝成住。云何胎藏生一句。問正報衆生為何而有生死遷流。蓋舉生以攝死耳。云何世不動一句。義該上世界衆生見今而有遷變無常。為何而說常住不動。蓋世字指有情無情二世間。何因如幻夢下四句。

唐譯云。云何諸世間。如幻亦如夢等。意謂上諸衆生世界有為之法現今實有。為何而說如幻等不實。何因說覺支下二句。謂如何覺上世間諸法不實。當體常住者。則為正智。蓋覺支菩提總指正智也。云何國土亂二句。謂如何見上世間諸法是實有無常者。名為有見。蓋亂即生滅不停。有見即妄想分別也。○此上通問名相妄想正智

○下問如如

云何不生滅　世如虛空華　云何覺世間
云何說離字　離妄想者誰　云何虛空譬

記曰。此六句。問如如也。唐譯云。云何知世間。云何離文字。云何如空華不生亦不滅。意謂如何悟彼世間生滅諸法當體如如。離言說相。離名字相。如空中華不生不滅。遠離妄想分別。猶若虛空。即是眞如也。

○此上通問五法自性生起相

○下問差別相

如實有幾種　幾波羅密心　何因度諸地
誰至無所受　何等二無我　云何爾燄淨
諸智有幾種　幾戒衆生性

記曰。此八句。單問如如正智差別相也。前四句謂眞如實際是一。云何又有修證頓漸之不同。故云如實有幾種。幾波羅密謂因行差別。諸地謂地位階級。度超越。謂何因得頓超諸地也。至無所受。問究竟佛地。何等下四句。問正智差別。二我即煩惱障。爾燄即所知障。實叉云。云何所知淨。蓋二無我。

淨所知。斯以正智破二障耳。正智既一。如何又有隨根授法。是則智有幾種。衆生根性不一。教戒有幾種。○前從初問起至此。通依一心眞源約迷悟對待而有名相妄想正智如如五法差別之不同。以顯十界依正因果之相。意顯不離一心故翻歸如如正智耳。○向後誰生諸寶性已下。直至問終。但問名相妄想緣起聖凡依正大小染淨諸法。心念性欲音聲色相種種差別之不一也。

誰生諸寶性　摩尼眞珠等　誰生諸語言
衆生種種性　明處及伎術　誰之所顯示

記曰。明處伎術。乃問五明也。西域學術。以此為準。故有五明論。一曰聲明。謂釋詁訓字。詮目流別。二曰工巧明。謂伎術機關。陰陽歷數。三曰醫方明。謂禁呪閑邪。藥石鍼艾。四曰因明。謂考訂正邪。研覈

眞僞。五曰內明。謂究暢五乘因果妙理。前三外藝。後二內教。

伽陀有幾種　長頌及短句　成爲有幾種

云何名爲論 魏譯云。法復有幾種。解義復有幾。唐譯云。道理幾不同。解釋幾差別。

云何生飲食　及生諸愛欲　云何名爲王

轉輪及小王　云何守護國　諸天有幾種

云何名爲地　星宿及日月　解脫修行者

是各有幾種　弟子有幾種　云何阿闍黎

佛復有幾種　復有幾種生　魔及諸異學

彼各有幾種　自性及與心　彼復各幾種

云何施設量 魏譯作施假名。唐譯作唯假設。 唯願最勝說

記曰。上皆名相妄想也。然言語飲食愛欲心性皆屬妄想。其餘皆名相。且何因而有。皆問緣起也。阿闍黎。此云軌範師。然佛有法身報身化身。故問佛有幾種生。

云何空風雲 魏譯云。何因有風雨。 云何念聰明

記曰。此句承上心性是一。云何而有念慧之別也。聰明卽別境中慧。故魏譯云。何因有黠慧。唐譯云。念智何因有。此亦屬妄想耳。

云何爲林樹　云何爲蔓草　云何象馬鹿

云何而捕取　云何爲卑陋　何因而卑陋

云何六節攝 唐譯云六時攝。舊注。西域兩月爲時。年分六節。外道有六節師。

云何一闡提 一闡云信。提云不具。謂信不具之人。 男女及不男

斯皆云何生　云何修行退　云何修行生 二譯皆作修行進。

禪師以何法　建立何等人 魏譯云。教何等人修。令住何等法。

衆生生諸趣　何相何像類

云何爲財富　何因致財富　云何爲釋種

何因有釋種　云何甘蔗種　無上尊願說

記曰。甘蔗種。乃瞿曇釋種也。舊注引本行經云。劫初大茆草王得成王仙。被獵師所射。滴血於地。生二甘蔗。日炙而開。一出童男。一出童女。占相師立男名善生。卽灌頂甘蔗王。女名善賢。爲第一妃。瞿曇釋種。卽其裔也。大慧問甘蔗種因何而有也。

云何長苦仙　彼云何教授 唐譯云。仙人常苦行。是誰之教授。

如來云何於　一切時刹現　種種名色類

最勝子圍繞　云何不食肉　云何制斷肉

食肉諸種類　何因故食肉

記曰。從誰生諸寶性至此。蓋問天地萬物之不同。聖凡種類之各別。心行性欲之不一。此皆何因而

有也但其語不次而意不出此若觀華嚴問明品則知此中歸趣矣

云何日月形　須彌及蓮華　師子勝相刹
側住覆世界　如因陀羅網　或悉諸珍寶
箜篌細腰鼓　狀種種諸華　或離日月光
如是等無量

記曰此問佛刹安立形狀之不同也廣如華藏世界品故結云如是等無量因陀羅此云帝即帝網也謂帝釋殿有衆寶珠網雖百千重不相障礙互相涉入交光相羅世界如之

云何為化佛　云何報生佛　云何如如佛

云何智慧佛

記曰此問佛唯一眞云何名義之不同也隨機普應為化佛酬其宿因為報佛體性無二名眞如佛本覺顯照為智慧佛蓋眞如智慧乃法身也名義雖四唯屬三身

云何於欲界　不成等正覺　何故色究竟
離欲得菩提

記曰此問佛既現身與民同患何不就欲界成佛乃於有頂離欲之處而得菩提也

善逝般涅槃　誰當持正法　天師住久如
正法幾時住（二譯皆以天師作世尊）

記曰此問法住久近及滅後誰人當可持正法也持正法即所傳正法眼藏

悉檀及與見　各復有幾種　毘尼比丘分
云何何因緣

記曰此問法之差別也悉檀者此華梵雙舉悉徧也檀此云施謂佛以四法徧施衆生故云悉檀四法者謂世界為人對治第一義也廣如止觀所明見謂所被之機所見各有幾種也毘尼此云律比丘分乃比丘二百五十戒問如何是毘尼為何又設比丘分也

彼諸最勝子　緣覺及聲聞　何因百變易
云何百無受　云何世俗通　云何出世間

云何為七地　唯願為演說

記曰此問三乘人法因何差別也唐譯云一切諸佛子獨覺及聲聞云何轉所依云何得世通云何得出世復以何因故心住七地中按此則知百變易二句謂初地菩薩何因能現百佛界身得百種三昧蓋無受即三昧也世俗通謂五地聖人因何而能通達世諦涉俗利生七地遠行名出世間

僧伽有幾種　云何為壞僧　云何醫方論
是復何因緣

記曰此問僧之差別及應機之法不一也壞僧謂不具戒者醫方論非世俗醫方蓋言佛為三界醫王其所說法應機施設如應病與藥故謂之醫方論大經有舊醫新醫法華有醫師喻唐譯云廣說

醫方論。是知蓋言佛法耳。從云何為化佛止此。通問三寶因何而有差別也。

何故大牟尼　唱說如是言　迦葉拘留孫
拘那含是我

記曰。此問因上言佛有四等名義不同。因何又說迦葉等多佛是我。此又不別也。

何故說斷常　及與我無我　何不一切時
演說眞實義　而復為衆生　分別說心量

記曰。此因上法之差別。故復問邪正權實之不同也。斷常我。乃外道邪宗。無我。乃佛之正法。心量。乃妄想分別心數之法。意謂何故說斷常及我為邪宗。何故說無我為正法。然無我既是眞實。何不始

終說其眞實之法。而又為衆生說妄想心數不實之法耶。

何因男女林　訶梨阿摩勒

記曰。此問林木果實之不一也。男女林。亦云屍陀林。其果如男女之狀。熟則顏色美豔。未幾即落地。狀如死屍。臭穢不堪。佛弟子多依此林修不淨觀。大慧問此林因何而有也。訶梨阿摩勒二果名也。皆可為藥。訶梨。舊云訶梨勒。新云訶梨怛雞。此云天上持來。阿摩勒。其實如胡桃。意謂一等皆樹果。因何彼如男女之狀耳。

雞羅及鐵圍　金剛等諸山　無量寶莊嚴
仙闥婆充滿

記曰。此問八部之衆因何不住人間天上而住鐵圍七金山中也。唐譯云。仙人乾闥婆。一切悉充滿。此皆何因緣。願佛為我說。此上大慧所問。除及字但取云何何因何故何等誰字之類為義。則有一百三十餘句。其中意義。不出十界四門。然世尊所答。以依眞如一心。則一法不立。故一一云非。若依生滅門唯識建立。則全經之旨皆別答此問耳。然雖經來未盡。而此四卷之文。所詮五法三自性八識二無我四門名義開合之旨已足。觀者臨文會意自當證之。此下乃世尊牒答。先牒後答。且初

無上世間解　聞彼所說偈　大乘諸度門
諸佛心第一　善哉善哉問　大慧善諦聽
我今當次第　如汝所問說

記曰。此結集者敘置及佛讚許之辭也。前一偈唐譯云。爾時世尊聞其所請大乘微妙諸佛之心最上法門。然大慧所問乃十界依正差別之相。正是三乘凡夫外道妄見分別境界。實大慧因之而起疑者。蓋不知此等諸法因何而有也。故與此問。而結集者即便指為微妙佛心最上法門何也。金剛般若云。一切賢聖皆以無為法而有差別。況衆生世界乎。所謂一切分別皆分別自心。若分別不生。當體即名諸佛自覺聖智矣。故此所問聖凡依正邪正因果自性常住。即是微妙佛心。非智眼明見。何以與此故敘置之。

生及與不生　涅槃空刹那　趣至無自性

記曰。此世尊總領大慧問義也。謂所問多種。不出生與不生涅槃空相耳。刹那。生滅流轉也。趣至。猶

究竟也。唐譯云，若生若不生，涅槃及空相，流轉無自性，謂此世出世間，皆生滅流轉妄見之法。一一究竟本無自性也。此總牒領其意而默答已竟。義已見前注。何後一一皆總述大慧問語耳。然前問語或畧或闕，而世尊皆補而出之，蓋亦互相發明。但其語隨便，故參差不類，其意自周。

佛諸波羅密　佛子與聲聞　緣覺諸外道

及與無色行　如是種種事

記曰：此綜領大慧所問之事也。謂所問之事雖多，總不出十界人法因果耳。佛，佛子，聲聞，緣覺，四聖也。無色該天道，外道該人及三途，以外道邪行，乃三途之因故。此皆人也。波羅密，四聖之法也。無色行，意該外道，六凡之法也。因果依正，無不備具，故云如是種種事。意謂大慧所問者，槩不出此。下乃一一重述其辭。

須彌巨海山　洲渚剎土地　星宿及日月

外道天脩羅 此領上問諸天有幾種，云何名為地，星宿及日月。牒意該三界六凡也。

解脫自在通　力禪三摩提　滅及如意足

覺支及道品　諸禪定無量 此領上云何說覺支及與菩提分。蓋廣牒三十七品助道，四聖法也。

諸陰身往來 領上眾生生諸趣

正受滅盡定 領上及與滅正受二句

三昧起心說 領上何因從定覺四句

心意及與識　無我法有五

自性想所想　及與現二見　乘及諸種性 此領上云何名為藏已下至非我義八句，總歸四門。

金銀摩尼等 領上誰生諸寶性等

一闡提大種 領上云何一闡提。然大種無問，蓋世尊意指闡提外道所計大種為生因者，非特言四大也。

荒亂及一佛

智爾燄得向 荒亂，領上云何國土亂。一佛，領上迦葉等是我。智爾燄，領上爾燄淨二句。得向，領上解脫修行。

眾生有無有 領上及與我無我

象馬諸禽獸　云何而捕取 領上云何象馬鹿。云何而捕取。

譬因成悉檀　及與作所作 領上悉檀及與見。唐譯云，云何因譬喻相應成悉檀，謂四悉檀皆因譬所成者。

故併意牒之。然能作所作皆屬妄見。

叢林迷惑通　心量不現有 上句領云何世俗通。謂眾生心想邪見稠密如叢林也。下句領云何出世間。唐譯云，眾林與迷惑，如是真實理，唯心無境界。魏譯云，相迷惑如實，但心無境界。此蓋牒出其義也。

諸地不相至 領上何因度諸地

百變百無受　醫方工巧論

伎術諸明處 如文可知。此諸山須彌地已下至毛孔眉毛幾，乃大慧問不到處，而世尊指而出之。

諸山須彌地　巨海日月量

下中上眾生　身各幾微塵　一一剎幾塵

弓弓數有幾　肘步拘樓舍　半由延由延

兎毫窗塵蟣　羊毛麵麥塵

記曰。七極微塵成一窗塵。七窗塵成一兎毛頭塵。七兎毛頭塵成一羊毛頭塵。七羊毛頭塵成一牛毛頭塵。七牛毛頭塵成一蟣。七蟣成一虱。七虱成一芥。七芥成一大麥。七大麥成一指節。七指節成半尺。兩半尺成一尺。二尺成一肘。四肘成一弓。五弓成一丈。二十丈名一息。八十息名一俱盧舍。八俱盧舍成一由旬。由延。即由旬也。此按舊注引釋梵之語。

鉢他幾麵麥　阿羅麵麥幾　獨籠那佉梨

勒叉及舉利　乃至頻婆羅　是各有幾數

記曰。鉢他。一升也。阿羅。一斗也。獨籠。一斛也。那伽梨。十斛也。勒叉。一萬也。舉利。一億也。頻婆羅。一兆也。謂幾麵麥之塵成一升。又幾麵麥之塵成一斗。餘類此。

為有幾阿㝹　名舍梨沙婆　幾舍利沙婆

名為一賴提　幾賴提摩沙　幾摩沙陀那

復幾陀那羅　為迦梨沙那　幾迦梨沙那

為成一波羅　此等積聚相　幾波羅彌樓

記曰。阿㝹亦塵也。舍利沙婆。芥子也。賴提。草子也。摩沙。豆也。陀那。銖也。迦利沙那。兩也。波羅。斤也。彌樓。須彌山也。謂以幾斤之塵能成此彌樓之山。唐譯云。幾斤成須彌。此按舊注。

是等所應請　何須問餘事　聲聞辟支佛

佛及最勝子　身各有幾數　何故不問此

火燄幾阿㝹　風阿㝹復幾　根根幾阿㝹

毛孔眉毛幾　唐譯云。火風各幾塵。一一根有幾。眉及諸毛孔。復各幾塵成。

記曰。從諸山須彌地已下至此。共有三十八句。計三十二事。皆大慧問不到處。故世尊特為表而出之。然且責之云何故不問此者何也。如華嚴諸品皆佛力加被菩薩所說。至若阿僧祇品則佛親說。以此甚微細事非一切種智不能悉知悉見。殊非菩薩所知。不知故問不及。苟不及此。則心外有剩法矣。故特表而出之。以顯自覺聖智徹法無遺。信乎佛之知見。閻浮提雨皆知滴數。現前松直棘曲

鵠白烏玄皆了元因也。然須彌山略指依報總相。其弓步微塵別相也。三乘聖人身有大小。蓋身乃正報總相。其數量毛孔微塵別相也。意責大慧但知諸法總相。不知別相。此則但知共相。不達自相。其迷於自心現量多矣。故以甚微細智以發之。○下文復領大慧之問

護財自在王　轉輪聖帝王　云何王守護

云何為解脫　廣說及句說　如汝之所問

眾生種種欲　種種諸飲食　云何男女林

金剛堅固山　云何如幻夢　野鹿渴愛譬

云何山天仙　犍闥婆莊嚴　唐譯云。云何諸妙山。仙闥婆莊嚴。

解脫至何所　誰縛誰解脫　云何禪境界
變化及外道　云何無因作　云何有因作
有因無因作　及非有無因舊注。此四因。領上云何俱異說。
云何現已滅領上云何見已還　云何淨諸覺
云何諸覺轉　及轉諸所作領上云何淨其念。云何念增長。
云何斷諸想　云何三昧起　破三有者誰
何處爲何身　云何無衆生　而說有吾我
云何世俗說領上云何建立相四句　唯願廣分別二譯皆無

此一句　所問相云何　及所問非我此猶屬建
立相四句義　云何爲胎藏　及種種異身領上種種
名色相　云何斷常見　云何心得定領上云何
三昧心　言說及諸智　戒種性佛子領上誰生
語言二句。及諸智有幾種。幾戒衆生性二句。　云何成及論領上成爲
有幾種。云何名爲論。　云何師弟子　種種諸衆生
斯等復云何　云何爲飲食上一句。領弟子有幾種。云何阿闍黎二句。
下三句。綜領男女及不男。及衆生生諸趣四句意。　聰明魔施設此一句綜

領魔及諸異學已下六句意。及云何念聰明一句。　云何樹葛藤領上云何
爲樹林。云何爲蔓草二句。　最勝子所問　云何種種刹下自有領
刹土形狀之句。此應是領何故刹土化一句之意。　仙人長苦行此領云何
長苦仙二句　云何爲族姓此領云何爲釋種四句
從何師受學領禪師以何法二句　云何爲醜陋
云何人修行此一句。領云何修行退二句。　欲界何不覺
阿迦膩吒成此領云何於欲界不成等正覺四句。阿迦膩吒。此云色究竟天。
云何俗神通領上云何世俗通　云何爲比邱領上毘尼

比邱分二句　云何爲化佛　云何爲報佛
云何如如佛　平等智慧佛　云何爲衆僧此一句領
上僧伽有幾種二句。　佛子如是問　箜篌腰鼓華
刹土離光明領上云何日月形已下十句　心地者有七領上云何
爲七地　所問皆如實　此及餘衆多唐譯云。此
及於餘義。　佛子所應問　一一相相應
遠離諸見過
記曰。此五句乃讚大慧所問稱理無過也。然大慧問意次第有主。而世尊牒頌者。大槩綜括其辭不

復次序且亦有牒不盡者。故結之云此及餘衆多。意謂凡係佛子所問者。一一皆與實理相應遠離諸見過也。然雖如是。但法離言說。今於無說示說。故下結云。

悉檀離言說　我今當顯示　次第建立句

佛子善諦聽　此上百八句　如諸佛所說

記曰。此六句乃結牒問義。許說誡聽。啟後答意也。謂大慧所問雖稱理無過。但法本離言。今當於無說處示現言說。故為次第建立耳。且此上百八句義若如諸佛所說。則一一皆非。故此二句乃結上起下。而義貫下文。讀之。然百八句。魏譯云百八見。初大慧云。今以百八義。仰咨尊中上。及考其問有一百九十餘句。若但取云何何因何故何等誰字之類為義。則有一百三十餘句。及世尊補出大慧問不及者。又三十二句。至此猶云此上百八句。如諸佛所說。是果定局百八句耶。而說者又按其下世尊自分其句。但一百四。又少四句。而必以此為定見。豈非刻舟求劍耶。是但以一句字為礙耳。殊不觀大慧云百八義。流支云百八見也。若以義見二字觀之。則可謂具通方之眼矣。苟於句數難合。或當以愚見依三界法作有無等四句為準。但約佛教所明不出四句。而外道所計亦不出四句。此則邪正共有八句。以能分別之見。有八所見之境。有百。故云百八見也。故下經云。如來說法離如是四句。謂一異有無等。又云。為淨二種障故。譬如商主次第建立百八句無所有故。世尊答云。一切皆非。為善分別諸乘及諸地相故。下依生滅門建立而有言說。故一一別答耳。然所說者亦不過破此四計而已。上乃綜牒其問辭。下先約心真如門總答。

不生句生句。唐譯云。生句非生句。**常句無常句相句無相句**。魏譯云。生見不生見。常見無常見。相見無相見。

記曰。此總約心真如門而答也。大慧問義雖多。總不出生與無生常與無常相與無相之法耳。故世尊已牒所問。而復綜其大義而破之。曰此上百八句。若如諸佛所說。不生義者。即此生法便是。以生本不生故。所言真常義者。即此無常便是。以諸法當體真常故。所言相者。諸法本自無相故。此順二譯。以生句為首義解。若依此經以不生句為首解者。意謂諸佛所說真實無生不容起見。故下文云。一切法不生。不應立宗。意謂汝才作不生見。墮生法。才作常見。墮無常矣。何者以真如界中不容擬議。以舉心即錯。動念即乖。以相本無相故云不生句生句等。自此已往。凡所分別皆與真如實相理不相應。故一斥之曰非也。永嘉云。一切數句非數句。與吾靈覺何交涉。不如三界見於三界。非實非虛。非如非異。斯正諸佛所證自覺聖智境界。故非妄想分別可到也。故宗門云。三句明一句。一句明三句。三一不相關。分明向上路。了此可許觀楞伽。

住異句非住異句剎那句非剎那句自性句離自性句空句不空句。魏譯云。離自性見非離自性見。空見不空見。唐譯云。自性句非自性句。

記曰。此併上三句。蓋佛自遣之辭也。以前牒文首云生及與不生涅槃空剎那趣至無自性。世尊意謂前因大慧執有世出世間生住異滅以問。故我聊以此句義破彼執情耳。非實法也。以真如理中本無言說故。故此答云。此亦皆非。謂不但無生而住異滅皆不可得。剎那生滅也。然上常句即指涅槃。魏譯云。離自性見非離自性見。前云趣至無自性。然趣至。猶言究竟。蓋言世出世法究竟皆無自性。此言離自性句亦了不可得。故都云非。此佛自遣之辭。向下皆遣大慧所執之辭也。

斷句。不斷句。邊句。非邊句。中句。非中句。常句。非常句。記曰。此通斥世出世間邪正之法也。前常無常句。乃涅槃眞常。及生死無常。此常句。乃外道斷常二見。謂確定死常非常句。乃斥之也。中乃出世一乘中道法。邊謂空有二邊。乃出世三乘法。斷常乃世間外道邪見法也。眞如理中聖凡不立。迷悟皆空。故都云非。緣句。非緣句。因句。非因句。煩惱句。非煩惱句。愛句。非愛句。方便句。非方便句。巧句。非巧句。唐譯云。善巧句。非善巧句。淨句。非淨句。成句。非成句。譬句。非譬句。弟子句。非弟子句。師句。非師句。種性句。非種性句。三乘句。非三乘句。所有句。非所有句。魏譯云。寂靜見非寂靜見。唐譯云。無影像句。非無影像句。願句。非願句。三輪句。非三輪句。相句。非相句。唐譯云。標相句。非標相句。有品句。非有品句。唐譯云。有句。非有句。無句。非無句。俱句。非俱句。緣自聖智現法樂句。非現法樂句。唐譯云。自證聖智句。非自證聖智句。現法樂句。非現法樂句。刹土句。非刹土句。阿㝹句。非阿㝹句。唐譯云。塵句。非塵句。水句。非水句。弓句。非弓句。實句。非實句。唐譯云。大種句。

非大種句。數句。非數句。唐譯云。算數句。非算數句。數句。非數句。記曰。二譯皆無此句。舊注以此數字讀作上聲。非也。蓋上數句。乃牒阿劣以下世尊所補三十二句。皆算數也。次數句。乃謂眞如理中本無此等數量。正所謂一切數句非數句也。

明句。非明句。唐譯云。神通句。非神通句。虛空句。非虛空句。雲句。非雲句。工巧伎術明處句。非工巧伎術明處句。風句。非風句。地句。非地句。心句。非心句。施設句。非施設句。自性句。非自性句。唐譯云。體性句。非體性句。陰句。非陰句。衆生句。非衆生句。慧句。非慧句。涅槃句。非涅槃句。爾燄句。非爾燄句。唐譯云。所知句。非所知句。外道句。非外道句。荒亂句。非荒亂句。幻句。非幻句。夢句。非夢句。燄句。非燄句。二譯皆云陽燄。像句。非像句。輪句。非輪句。唐譯云。火輪句。犍闥婆句。非犍闥婆句。天句。非天句。飲食句。非飲食句。婬欲句。非婬欲句。見句。非見句。波羅密句。非波羅密句。戒句。非戒句。日月星宿句。非日月星宿句。諦句。非諦句。果句。非果句。滅起句。非滅起句。唐譯云。滅句。非滅句。起句。非起句。治句。非治句。唐譯云。醫方句。相句。非相句。

記曰。所答凡有三相句。舊注謂前乃名相之相。次則標相之相。此則占相之相。以醫方冠於上文。故非也。然占相總在五明。而此醫方句。蓋答前別有醫方之問。乃喻佛應機之法。非世俗醫方也。前解具明。是則此非占相之相明矣。然前大慧問義有三種相句。故此次第而答之耳。以初問何故剎土化相及外道等。乃通問十界依正聖凡名相之事因何而有。故此初答云相句無相句。意謂彼諸凡聖依正之相本自無相。故也。次問云何建立相。謂心既無相。云何建立我人衆生壽命之相。故此答云標相句非標相句。以標即建立義。言彼建立亦本無建立之相也。後又問衆生生諸趣何相何像類。然相乃衆生形狀。而像乃支體像貌。故此答意云衆生本無衆生之相。又何支分之有。故云相句非相句。而下即云支分也。

支句非支句。唐譯云。支分句。巧明處句非巧明處句。唐譯無此句。禪句非禪句。迷句非迷句。現句非現句。護句非護句。族句非族句。唐譯云。種族句。仙句非仙句。王句非王句。攝受句非攝受句。寶句非寶句。記句非記句。一闡提句非一闡提句。女男不男句非女男不男句。味句非味句。事句非事句。身句非身句。覺句非覺句。動句非動句。根句非根句。有為句非有為句。無為句非無為句。因果句非因果句。色究竟句非色究竟句。節句非節句。唐譯云。時節句。叢樹葛藤句非叢樹葛藤句。雜句非雜句。唐譯云。種種句。說句非說句。唐譯此下有決定句非決定句。毘尼句非毘尼句。比丘句非比丘句。處句非處句。二譯皆云住持句非住持句。字句非字句。唐譯云。文字句。

記曰。此上約一心眞如門以答一百八句已竟。然所以皆云非者。謂眞如性中本無此諸句數。故起信論云。當知眞如自性非有相非無相非非有相非非無相非有無俱相。非一相非異相非非一相非非異相非一異俱相。從本以來一切染法及一切衆生妄心分別皆不相應故。即是眞心常恆不變淨法滿足。亦無有相可取。以離念境界唯證相應故。故此答云一切皆非。然前文已一一具牒其辭而此又一一複疊其句而斥其非者。蓋西域文勢如此。凡有所問。必備牒其辭而答之。言雖似複。義實直捷。皆指歸第一義諦離言說處也。蓋上一句即疊所問。而下非字一句乃破斥耳。以馬鳴宗此楞伽等百部大乘經造起信論。而論中立義分一心二門。故今亦宗其論。後多引之。

大慧。是百八句先佛所說。汝及諸菩薩摩訶薩應當修學。

記曰。此結勸修學也。前云此上百八句若如諸佛所說。則一切皆非。故此結云此百八句乃過去先佛所說。汝及諸菩薩應當如是修學也。科初直指一心眞如以顯三界唯心已竟

觀楞伽阿跋多羅寶經記卷第一

觀楞伽阿跋多羅寶經記卷第二

宋天竺三藏沙門求那跋陀羅譯
明建鄴海印沙門　釋德清筆記

一切佛語心品第一之二

△科初直指一心眞如以顯三界唯心已竟

△次曲示一心生滅以顯萬法唯識通分八科

○初明眞妄因依廣示八識以顯生滅因緣相此中分二○初畧明唯識以別邪正之因二廣明八識以示識智之相○今初中又三初明眞唯識量以辯邪宗○此中又三○初以法顯眞唯識量○次以喻成懸破二見○三正揀辯邪宗○且初

爾時大慧菩薩摩訶薩復白佛言。世尊。諸識有幾種生住滅。佛告大慧。諸識有二種生住滅。非思量所知。

記曰。此下至經終。通約心生滅門以顯萬法唯識。且初以法顯眞唯識量也。問曰。大慧承佛答百八句一切皆非已。乃復陡問世尊諸識有幾種生住滅者何也。按馬鳴大士宗此經造起信論。依一心法立二種門。謂一者心眞如門。二者心生滅門。依第二門有覺不覺義。依後義起三細六麤等。總攝世出世法。直指一心爲迷悟之源。故此經說五法三自性皆空。八識二無我俱遣。然五法者。謂名。相。妄想。正智。如如也。三自性者。謂妄想緣起成也。以依一心而有迷悟之別。故有此八。由迷一心而轉正智如如作名相妄想。是則諸法乃妄想緣起也。悟一心而轉名相妄想爲正智如如所謂成也。此品名佛語心者。卽所謂寂滅一心名爲眞如。論云。心眞如者。卽是一法界大總相法門體。所謂心性不生不滅。一切諸法。唯依妄念而有差別。若離心念。則無一切境界之相。是知前來大慧所問者。乃依名相妄想境界邊事。故有世出世間種種諸法。成百八見。而世尊直指一心眞源。離言說相。離名字相。離心緣相。故牒而斥之曰一切皆非。是則從前經文正約一心眞如門也。若約眞如門。則離言說相。以三界唯心。故但智證現量。則不容有說。所可說者。皆生滅門中依妄想緣起邊事。故凡落言詮。卽屬比量。故從此已下。皆約生滅門以顯示緣起差別諸法皆唯識所現。故云萬法唯識。然識如幻夢。但是一心。心寂而知。眞妄皆離。卽名自覺聖智。以此成立眞唯識量。故大慧已領一心離言之旨。次卽便問諸識有幾種生住滅也。良由不生不滅與生滅和合。成第八阿賴耶識。故生滅門中首

問諸識有幾種生住滅。而答云有二種生住滅。以生卽無生。住本無住。滅而不滅。故云非思量所知。

諸識有二種生。謂流注生及相生。有二種住。謂流注住及相住。有二種滅。謂流注滅及相滅。

記曰。此通指八識皆有麤細二種四相也。解者謂流注生住滅單屬第八賴耶。相生住滅則屬前七。今諦觀經意。諸識之言。蓋謂八箇識中皆有麤細四相也。良以八識皆有思量了別之用。隨見隨卽分別。而此行相麤顯。故云相生住滅。究其源底。皆是第八識精應緣之業用。三相隱微。一類相續。故云流注。雖有八識分位。其實總皆一類微細流注種子現行交相熏發。甚深微細。不可思議。故經云陀那微細識。習氣成瀑流。故云諸識有二種生住滅。密嚴云。八種流注心。雖無若干體。或隨緣頓起。

或時而漸生。如波濤依水。蓋波濤喻相。水喻流注。不相離故。故下文云非一非異。

大慧、諸識有三種相。謂轉相業相眞相。

記曰。此釋八識之體相。以明依生滅門有覺不覺義也。眞相。卽本覺眞心。轉業二相。卽無明不覺。問曰。論列三細。謂業轉現。此經三相。以轉爲首。以業次之。而繼之以眞。且云諸識皆有三種相者何也。答曰。此言八箇識中皆具三相。不同論中三細單屬第八識也。何者。論云、一者無明業相。以依不覺故心動。說名爲業。此乃單指無明。二者能見相。以依動故能見。卽名轉相。三者境界相。以依能見故境界妄現。謂能現一切境界。如鏡現像。名爲現相。此論意也。然此經不同論意。而以轉爲首者。此轉不是三細之轉。乃是釋前諸識各有二種生住滅義。謂依此生滅刹那刹那念念流轉。而此轉相卽

前流注生滅。已具論中三細。而此業字。乃業力造業之業。卽前相生住滅。而六麤相皆具此中。而人不知念念生滅起惑造業者皆眞心也。故先舉轉業。而繼之以眞相。要在卽妄明眞。正論中所明依生滅門有覺不覺義耳。下文云。種種諸識浪騰躍而轉生。譬如海波浪。是則無差別。諸識心如是異亦不可得。又云。藏識如巨海。業相猶波浪。唐譯云。轉識同波浪。故知轉業乃釋二種生滅義也。若約三性釋者。轉相乃依他起。如波浪依海水起。業相乃徧計執。如但見波浪洶湧。不知是水。眞相則圓成實。唯一海水也。然此眞相。卽本覺眞如。正是隨緣不變者。問曰。馬鳴依楞伽等經造起信論。而三細尤論中生起之綱要。何乃邈云不同耶。答曰。此蓋通言八識之相。以經云諸識有三種相故。若三細六麤。向下不思議熏變等。自有明文。

大慧、畧說有三種識。廣說有八相。何等爲三。謂眞識。現識及分別事識。大慧。譬如明鏡持諸色像。現識處現亦復如是。

記曰。此釋前諸識之名也。前云諸識。不知識有幾種。故此釋云。畧說有三。廣說有八。然魏釋云。畧說有二。一了別識。二分別事識。唐譯云。畧則惟二。謂現識及分別事識。俱缺眞識二字。然此中眞識卽是不生不滅。如來藏清淨眞心也。亦卽是眞如。然眞如亦云識者。以有照境之用故。而此現識卽第八識也。故論云。以依阿賴耶識說有無明。不覺而起。能見能現。能取境界者。亦名智識。卽此中分別事識。乃前七也。若約鏡像喩。則八識一體。無二無別。故論云。現識者。所謂能現一切境界。猶如明鏡

現衆色像。現識亦爾。隨其五塵對至卽現。無有前後。以一切時任運而起。常在前故。由是而觀。則此經三種。乃眞妄對立。要顯識卽是眞如故。故下文云。如來藏名識藏。然魏唐二種者。以了別與現識乃眞妄合說耳。所以合說者。以不生不滅與生滅和合成阿黎耶識故。故經云。佛說如來藏。卽是阿賴耶。宗鏡云。此經直指八識卽眞。不比他經別立九識。故云眞妄合說。

大慧。現識及分別事識。此二壞不壞相展轉因。

記曰。此釋八識生起之相。以顯本無二體也。展轉因。謂前七轉識與第八識互相爲因。由前七現行熏種子而第八種子又熏起現行。故識論云。諸法於藏識。識於法亦爾。更互爲因性。亦常爲果性。蓋可壞者妄識。不可壞者眞識也。魏譯云。彼二種識無差別。遞共爲因。唐譯云。此二識無異相。互爲因。

大慧。不思議熏及不思議變是現識因。

記曰。此特明第八生起之因。以明前二種生中流注生。顯三細相也。然不思議熏變是現識因者。乃無明熏眞如爲八識之因。所謂流注生也。論云。以依眞如法故有於無明。爲諸染因。此當業相也。以有無明染法因故。卽熏習眞如。以熏習故。則有妄心。以有妄心。卽熏習無明。此當轉相也。不了眞如法故。不覺起念。現妄境界。此當現相也。斯則因無明熏習力故。令眞如變爲現識。此正無明不覺生三細也。言不思議熏變者。謂眞如本不可熏而熏。故名不思議熏。眞如之體本自不變。而今隨無明緣成一切法。故云不思議變。魏譯云。了別識不可思議熏變因。唐譯云。現識以不思議熏變爲因。但三相隱微。故以不思議熏變釋流注生耳。

大慧。取種種塵及無始妄想熏是分別事識因。

記曰。此明前七轉識生起之因。以明相生。顯六麤相也。論云。以有妄境界染法緣故。卽熏習妄心。令其念著。造種種業。受於一切身心等苦。此正六麤相也。然取種種塵及無始妄想熏者。妄想習氣種子也。乃第八識所藏種子。因此熏起前七根境現行。又取以爲實我實法。故云取種種塵及無始妄想熏。此則第八與前七爲因。所謂相生。然妄想熏又相中流注生也。故論云。無明熏習義有二種。一者根本熏習。以能成就業識義故。二者所起見愛熏習。以能成就分別事識義故。前不思議熏乃根本熏。此則見愛熏也。

大慧。若覆彼眞識種種不實諸虛妄滅。則一切根識滅。是名相滅。

記曰。此釋前二種滅中相滅也。覆返也。卽返流全一。頓契眞如。則一切塵垢當下銷亡。而根塵識心應時銷落。是名相滅。唐譯云。阿賴耶識虛妄分別種種習氣滅。卽一切根識滅。是名相滅。然生則從細至麤。故先流注生。今滅則從麤至細。故先相滅。

大慧。相續滅者。相續所因滅。則相續滅。所從滅及所緣滅。則相續滅。大慧。所以者何。是其所依故。依者謂無始妄想熏。緣者謂自心見等識境妄想。

記曰。此釋前二種滅中流注滅也。相續卽流注義。謂八識湛淵。本無生滅。但因前七識風鼓習成種。

故有之耳。然此生滅既因前七轉識而生。今所因滅。則此流注相續自滅。故曰相續所因滅則相續滅。此釋流注生滅中流注滅也。所從滅及所緣滅則相續滅者。此釋相生滅中流注滅也。謂第七轉識本無生滅。但從根本無始無明習氣內熏。外有六塵境界風吹皷動心海。內外交扇。故起七識波浪。今內門所從無明既滅。則外門境界風停。而心體湛淵。波浪自息。則七識當下無生矣。今所從所緣既滅。而相續卽滅者。以一切動相皆依無明而起故。故釋之曰是其所依故。依者無始妄想熏。然無始妄想。乃根本無明。卽今目爲七識結生相續。因此熏彼八識不得成智。常在纏縛。故緣者謂自心見等識境。妄想者謂根身器界。本是八識所變相分。還爲八識見分所緣之境。此正識論所明因緣依也。今云相續所因滅。則生滅情亡。所緣滅。則根塵自泯。如此。則八識無明宛是平等如如不生滅之正智矣。故論云。唯癡滅故。心相隨滅。前生則更互生。今滅亦更互滅耳。

○此上以法顯眞唯識量竟

○下以喻成懸破二見

大慧。譬如泥團微塵非異非不異。金莊嚴具亦復如是。大慧。若泥團微塵異者。非彼所成。而實彼成。是故不異。若不異者。則泥團微塵應無分別。

記曰。此以喻成前眞唯識量。將以懸破外道一異斷常二見之執也。譬如泥團微塵者。正示不生不滅與生滅和合成第八阿賴耶識。以顯眞妄非一非異。以示聖凡之相亦如此。故重以金莊嚴具成之。由彼外道別立異因。將破彼見。故以此喻示之。

如是大慧。轉識藏識眞相若異者。藏識非因。

記曰。此正釋不異。以破外道妄執別有一法爲生因也。意謂前七與八若異者。則八識不應與前七作生起因。今既與彼爲因。則知不異矣。以前七眞相原是八識精明之體。八識眞相原是眞如。故魏唐二譯止有轉識藏識無眞相二字。然彼但約八識不異。而此譯加眞相二字。要明眞妄不異。將顯妄卽是眞故。此義自足。眞相卽八識自體乃本覺眞如。今云藏識爲因者。謂如來藏不但爲生死因。亦爲涅槃因。後文云。如來之藏是善不善因。能偏興造一切趣生。

若不異者。轉識滅藏識亦應滅。而自眞相實不滅。是故大慧。非自眞相識滅。但業相滅。若自眞相識滅者。藏識則滅。大慧。藏識滅者。不異外道斷見論議。

記曰。此釋不一。以破外道斷滅見也。謂若八識是一。則前七滅時而第八藏識亦應滅。藏識若滅誰證無生。是則八識但滅戲論虛妄習氣名爲滅耳。其實八識自體本覺眞如實不滅也。故云非自眞相識滅。論云。所言滅者。唯心相滅。非心體滅。又云。唯癡滅故。心相隨滅。非心智滅。此業相卽前三相中業相。通指無明或業名業相耳。意謂所可滅者但是虛妄習氣或業耳。而眞相豈可滅耶。故經又云。自眞相若滅者。藏識則滅。藏識若滅者。不異外道斷見論議。唐譯云。識眞相不滅。但業相滅。若眞相滅者。藏識應滅。若藏識滅者。卽不異外道斷滅論。

○上懸破二見竟

○下正揀辯邪宗

大慧。彼諸外道作如是論。謂攝受境界滅識流注亦滅。若識流注滅者。無始流注應斷。

記曰。此出外道斷滅論。所以揀辯邪宗也。唐譯云。彼外道作如是說。取境界相續識滅。則無始相續識滅。然取境界相續識卽前六識。并七識麤相也。流注卽八識自體及七識細相也。彼外道但見前六七麤相滅。便謂八識俱滅。此所以爲斷佛種性者。故佛破之曰。若識流注滅者。則無始流注應斷。此正返顯前文但業相滅眞相不滅也。此不滅者。寶鏡謂之眞常流注。然外道說八識一齊滅者。以不知第八阿賴耶識爲生因。將謂別有一法爲生生之因故。故佛向下出其計云。

大慧。外道說流注生因非眼識色明集會而生。更有異因。大慧。彼因者。說言若勝妙。若士夫。若自在。若時。若微塵。

記曰。此出外道妄計生因也。唐譯云。彼諸外道說相續識從作者生。不說眼識依色光明等緣和合而生。唯說作者爲生因故。作者是何。彼所計勝性丈夫。自在。時。及微塵。爲能作者。此正外道不知唯識是生起諸法之因。乃離識外別立勝性等爲生起因。所謂異因也。然西域外道所計雖有多種。總之不出斷常二見。按識論所破有七。而此中世尊所指唯五耳。論中七者。一數論師。計二十五冥諦。謂從神我爲冥初主諦。從冥生覺。從覺生我心。從我心生五塵。從五塵生五大。從五大生十一根。其二十五法。而以神我爲勝性。而此中勝妙。卽彼神我也。二勝論師。計六句爲生生之因。謂實。德。業。大

有和合同異。妄指此六皆有實性。而一切法皆從此六句生。又從實句中執有九法。謂地。水。火。風。空。時。方。和合。又計極微以成器界。故計極微常住不滅。而此中時與微塵。卽彼勝論所計也。三有外道計大自在天。體實偏常能生諸法。此中自在。卽彼所計也。四有七種外道。計大梵。時。方。本際。自然。虛空。我。等七法。常住實有。具諸功能。生一切法。而此中丈夫。卽彼大梵。謂大梵天能生一切。而此中時。亦卽是實句九法中時也。五六有二聲論師。計聲是常能爲定量表詮諸法。一待緣生。二待緣顯。謂聲是常定能表詮一切諸法也。七有順世外道。計四大是實是常能生有情。謂極微實常能生麤色。而此中微塵。亦計極微者。準此七種。而世尊所指五種。唯缺二聲論師。向後因緣二自性補之。然諸外道品類雖多。所執有法不過四種。謂定一。如數論等。定異。如勝論等。亦一亦異。如無慚外道等。四非一非異。如邪命外道等。此皆不達唯識眞妄非一非異眞實道理。妄執定一定異。而作如是矯亂議論。横起斷常二見也。然此中單出定一定異二種邪見。而佛預以泥團微塵非一非異按破之。且此二種皆是斷見。何者。若謂定一。則七識滅時而八識亦隨滅。則墮斷見。若謂定異。則相續識滅別有異因。既立異因。則是無因。亦是斷見。然世尊所指若勝性等五。在此爲斷見。在論都是執常見者何也。蓋彼所執之常。卽是此中之斷。何者。以外道不知唯識眞常道理。乃謂八識俱是斷滅。而又別執異法。將作眞常。斯則在彼既執異法爲常。則本有眞常識性返作斷滅。此所以彼執爲常。卽墮此斷。正是以無常爲常。以常爲無常。眞顚倒見也。斯義深玄。知之者希。

復次大慧。有七種性自性。所謂集性自性。性自性。相

性自性。大種性自性。因性自性。緣性自性。成性自性。

記曰。此出外道妄計宗論也。魏譯云。外道有七種自性。觀此有外道二字。則是由前云外道說諸法不從識生。更有異因。而妄說勝妙等五是實是常能生諸法。由是觀之。則前五乃指所執之法。而此七種自性。乃出彼所立之敎有七也。然此七種都是妄計離識別有自性者。約識論義解。集性自性者。集謂集聚。此指數論師所立二十五法。論云。然大等法。三事合成。又云。大等諸法多事合成。如軍林等。以彼所執五大十一根從初覺心五塵三事集聚生起。故云集性自性也。性自性者。亦卽立勝性爲自性者是也。相性自性者。相卽質礙之色。此指勝論師所立六句。以實德業大有和合同異及四大極微諸質礙法。爲生起因也。大種性自性者。此指順世所立四大是常能生諸法。卽前云微塵

能生麤色是也因性自性緣性自性者此二即二聲論師所立一待緣生即以聲為生法之因此乃單以聲為因故云因性自性也二待緣顯即以生聲之緣為因故云緣性自性也成性自性者此指計六句中和合句也彼執諸法和合而成故云成性自性此七種自性總不出四句謂自生他生共生無因生也然因性自性性自性即自生大種性自性緣性自性即他生集性自性相性自性成性自性即共生性自性即無因生總之不出斷常二見皆妄想邪執非如我之第一義也故下文云我有七種第一義

○上辯邪宗已竟

○下示七種聖義以別邪見分二○初示正義

復次大慧有七種第一義所謂心境界慧境界智境界見境界超二見境界超子地境界如來自到境界大慧此是過去未來現在諸如來應供等正覺性自性第一義心以性自性第一義心成就如來世間出世間出世間上上法聖慧眼入自共相建立如所建立不與外道論惡見共

記曰此出如來正教量以第一義為宗不同外道惡見論也魏譯云我有七種第一義等謂我此七種境界乃是過去未來現在諸如來應供等正覺性自性第一義心以此性自性第一義心成就如來世間出世間最上法乃是聖慧眼入自共相之所建立如如稱也謂我所建立乃稱性建立不與外道惡見共也入證也自相謂一心真如共相乃八識因緣謂我已證入唯心唯識以此建立世出世間最上法門不比外道妄立異因為生法本故云不與外道惡見共○次斥其非

大慧云何外道論惡見共所謂自境界妄想見不覺識自心所現分齊不通

記曰此牒釋上外道惡見之所以也佛謂我之七種第一義境界乃是聖慧眼所觀真知見力彼外道惡見乃隨自已妄想境界所見由不覺知是自心妄想所現之分齊故作如是七種邪執斷常以為定一定異而不通也

大慧愚癡凡夫性無性自性第一義作二見論

記曰此總結成外道惡見於第一義中作二見論也魏譯云諸愚癡凡夫無有實體以為第一義說二見論謂由不達諸法無性而妄立自性隨愚癡顛倒妄見故於第一義中作二見論耳此前從諸外道作如是論以來止此通出外道一異斷常二見非真以立真唯識量已向後痛斥外道二見因果俱非真實由不達唯心所現故妄執是有是無而成斷滅戲論然後備示唯心觀門將欲行人依不生滅心了達唯心如幻境界而觀必獲常住二轉依果也

○上示七種聖義以別邪見已竟

○下正揀邪因以示正因二○初揀邪因

復次大慧妄想三有苦滅無知愛業緣滅自心所現幻境隨見今當說

記曰此承上外道不達唯心如幻境界妄作二見故於三有苦不能得滅今將示行人唯心如幻法門以為正修行路故先以此揭示也唐譯云若了境如幻自心所現則滅妄想三有苦及無知愛業緣三有苦即三界苦果此諸苦果皆依妄想而有故云妄想三有苦也無知即根本無明乃發業者愛即貪欲乃潤生無明此二乃三界二十五有之業因所謂惑也業緣即從無知愛二種妄惑所結生死之業繫縛不得出離故云業緣然此業因苦果所以不得消滅者皆由不達一切境界唯心所現特隨妄見流轉故耳且彼外道雖有出苦之心又不知出苦之要及其所修特依斷常二見而修斯正以苦欲捨苦依止此諸見深著虛妄法為此因地不眞果招迂曲故枉費辛勤都無實證佛意謂諸行人若了境如幻唯心所現則三界因果當下消滅矣故從此已下至妄稱一切智說總斥外

道二見不眞從若復諸餘沙門已下至自悉檀善應當學通示唯心觀門

大慧若有沙門婆羅門欲令無種有種因果現及事時住緣陰界入生住或言生已滅

記曰此出外道依有無二見妄立異因也唐譯云妄計非有及有於因果外顯現諸物依時而住或計蘊界處依緣生住有已即滅此正指外道依斷常二見於唯識眞因量外妄立異因謂有因有生無因無生以此有無為生因顯現世間一切事業為生果故云欲令無種有種因果現不知一切世界是妄想所持乃又妄計依時而住或又計蘊界處依四大時方等緣而住或又妄計一切蘊界諸法有已即滅不復更生此皆妄見斷滅皆非眞因故下斥之然外道有內外二種內即依佛法起妄計者即沙門外即婆羅門也

大慧彼若相續若事若生若有若涅槃若道若業若果若諦破壞斷滅論所以者何以此現前不可得及見始非分故大慧譬如破缾不作缾事亦如焦種不作芽事

記曰此總斥外道因地不眞故果成破壞也彼即指上內外二種外道謂彼外道由依有無二見不達唯心故所立因果皆成斷滅相續謂生死相續以彼不知結生相續乃妄指冥初及四大等為生因正如此方以陰陽二氣五行生人者是也若事若生若有唐譯云若作用若生滅若諸有作用即

凡所作為若生滅即生死若諸有即指上言三界諸法以彼生有異因死歸斷滅諸有為法畢竟無常若涅槃彼指五現為涅槃若道以拔髮熏鼻臥棘塗灰牛狗戒等為出苦也若業謂業因彼以妄計圓常等為業因若果彼妄以斷滅等為眞果若諦彼妄指冥初為主諦似此之類皆不了唯識都成破壞斷滅論也所以為斷滅者何也以此現前皆非眞實故及見始非分故唐譯云不見根本故以唯心唯識眞實根本道理彼絕分故故作如是種種戲論終無利益譬如破缾不能作缾事又如焦芽敗種不能作芽事破缾喻無果焦芽喻無因外道事業亦若此

如是大慧若陰界入性已滅今滅當滅自心妄想見無因故彼無次第生

記曰。此合上二喻。以證彼外道無因無果之說也。謂彼外道說此蘊界處法。不從前世所作業行而生。更有異因。是則前世已成斷滅。又說現世受苦若盡。則再不受後報。是則現在又成斷滅。若現在既滅。則向後未來永成斷滅矣。似此皆是隨自妄想所見。妄作異因。總是無因。若無因則無果。故彼無次第相續生也。

大慧。若復說無種有種識。三緣合生者。龜應生毛。沙應出油。汝宗則壞。違決定義。有種無種說。有如是過。所作事業悉空無義。

記曰。此釋外道轉計也。佛意恐彼外道聞佛唯識之說而便轉計。謂我說蘊界處從有種無種與識

三緣和合而生。豈是無因。然外道雖說識。畢竟妄計有無二見。及神我為主。故佛牒而喻曉之曰。若復說有無與識三緣合生者。如此則龜應生毛。沙應出油。亦無是理。龜本無毛。是無因也。沙非油本。是無果也。若如此說。汝宗則壞。宛是無因無果。都成斷滅。違我大乘決定眞實道理。乃斥之曰。有無二見有如是斷滅之過。既無其本。則所作事業悉空無義。唐譯云。悉空無益。然所作事業。指外道苦行教法等事。空。猶枉也。斥彼依止邪見修行。枉受辛苦。終無利益。

大慧。彼諸外道說有三緣合生者。所作方便因果自相。過去未來現在有種無種相。從本已來成事相承。覺想地轉。自見過習氣。作如是說。

記曰。此釋上所作事業悉空無益之意也。方便。魏譯云阿含。唐譯云教理。乃外道教法也。謂彼外道妄計三緣以無因為生因者。凡所作事業若教法。若因果自相。若三世蘊界處生相。此等事業俱成斷滅戲論。悉空無益。且此邪見邪教邪因邪果遞代相承。盲盲相引。其來久矣。故云從本已來成事相承。成。作也。承。傳襲也。謂彼所作事業。以此傳襲為教。非眞知見。乃是依自覺妄想地轉。覺妄見也。抑由自己邪見過患熏習作如是說。此其所作事業悉空無益也。然西域外道本源首出迦毘羅。此云黃頭。計因中有果。次漚樓僧佉。此云休睺。計因中無果。三勒沙婆。此云苦行。計因中亦有果亦無果。從此外道相傳。至佛出世時有六大師。故云從本已來成事相承。

如是大慧。愚癡凡夫惡見所噬。邪曲迷醉。無智妄稱

一切智說。

記曰。此結邪師邪教。不徒無益。而返成害也。然彼邪師俱是愚癡凡夫。無正知見。乃為邪見所害。邪曲迷醉。昏昧此中。不能自覺。西域外道。一師各得三種法。一一切智法。二得神通法。三得韋陀法。一切智法者。各於所計生一種見解。心明利。將此見通一切法。故名一切智。外道。其實無智而自妄稱一切智說。故從本已來成事相承。所謂一盲引眾盲相牽入火坑。當所痛誡。故下文云。正修行者當勿親近外道惡見議論。前總標章云。妄想三有苦滅。自心所現幻境隨見。今當說。從此以前歷破外道無因邪見。俱是妄想三有苦因。乃無知愛業緣也。佛意誡諸行人。知彼邪因。不墮邪見。了達諸法唯心所現。如幻境界。方得現證自覺聖智。故向下廣示修習如幻法門之方法。使行人依之造修。滅

三有苦因，得二轉依果。從若復下至章末，自悉檀善應當修學止，約三百五十餘言，總顯了達唯心如幻觀門，隨文難釋，以唐譯逐節對之，其義自曉。

○上七節正揀邪因已竟

○下一章特示正因

大慧，若復諸餘沙門婆羅門。

記曰：此揀前內外二種外道，別指二種正修行者，故置言若復諸餘。

見離自性，浮雲火輪乾闥婆城，無生幻燄水月及夢。

內外心現，妄想無始虛僞，不離自心。

記曰：此正教觀心之方法也。唐譯云：觀一切法皆離自性，如空中雲，如旋火輪，如乾闥婆城，如幻，如燄，如水中月，如夢所見，不離自心，由無始虛妄見故，取以爲外。然此中多無生二字，是則觀一切法無自性，如浮雲等；觀一切法無生，如幻等；觀一切法唯心所現，如夢事也。內外心者，內心指第八識中含藏無始時來虛僞習氣種子，熏起六識，變似外境，實非外境，故云內外心現。妄想無始虛僞因緣所變，如夢中事，實不離自心，故又以及字揀別上喻。欲行人直觀一切境界如夢，唯心所現耳。

妄想因緣滅盡，離妄想說所說，（唐譯云：作是觀已，斷分別緣，亦離妄心所取名義。）觀所觀，受用建立身之藏識。

記曰：此直示觀境也。妄想說，意言分別心也；所說，分別境也；受用建立，乃外器界，即六塵境；身即根身。謂此根身器界，乃依八識所變相分，而人不達唯心所現，如夢中事，而返執取爲我我所受用之境。今直觀八識自性清淨，本無所有，世界身心，唯識所現，作是觀時，則一切妄想因緣，蕩然滅盡，名字性空，則根塵識心，當下銷落，故都云離此所謂離心意識參離妄想境界求也。然觀即能觀，藏識即所觀，故云觀所觀建立身之藏識，依主釋也。論云：菩薩創發心時，即觀本識自性緣起因果之體。若欲入唯識觀，且識性無體，又何所觀？然但緣意言分別爲境耳，以一切境界但以名言爲體故。若離意言分別，則無所有，故下文直示本體云。

於識境界攝受，（能取之心）及攝受者，（所取之境）不相應。

記曰：此直指心體，但有能所，即不相應也。二取相謂我及我所，以二相角立，故不相應。謂於識境界了達能所皆不相應處，便見自心。故古德云：忘能所，滅影像，此禪之一德也。以纔作意，便不相應故。

無所有境界，離生住滅，（境空心寂）自心起隨入分別。（唐譯云：無能所取及生住滅，如是思惟，恆住不捨。魏譯云：如是思惟觀察自心，以爲生故。）

記曰：然心境既空，而又起隨入分別，且云恆住，云生者，正所謂應無所住而生其心也。

○上示觀心成就

○下示觀成得果

大慧，彼菩薩不久當得生死涅槃平等，大悲巧方便，無開發方便。大慧，彼於一切眾生界，皆悉如幻，不勤因緣，遠離內外境界，心外無所見，次第隨入無相處，次第隨入從地至地三昧境界。

記曰此至得如來身止通示觀成得二轉依果相也二果者謂轉染令淨生死卽涅槃轉迷令悟煩惱卽菩提謂正修行菩薩若唯心觀成就不久當得染淨平等則以大悲方便無功用行度諸衆生觀衆生如幻度無度相從緣無起故云不勤因緣心境一如故云遠離內外境界唯一眞心除此心外無片事可得智與眞如平等平等俱離能取所取相故故云心外無所見此觀純淨則得無分別智創登初地漸次增明則從二地三地乃至八地故云次第入無相處漸昇諸地住三昧境界也

解三界如幻分別觀察當得如幻三昧度自心現無所有得住般若波羅密

記曰此從八地至十地出眞入假也謂於八地無功用行斷俱生我執已證我空理故云自心現無

所有然猶墮於我空迷於法空不能空空故不能度故華嚴設三加七勸而引拔之此則以如幻觀觀察三界如幻不實以如幻大悲度如幻衆生故云得如幻三昧故九地方能說法度生十地方能分身十方承事諸佛故云度無所有得住無礙般若波羅密以斷俱生法執也若不能度無所有宗門謂之法身墮所謂百尺竿頭坐的人雖然得入未爲眞百尺竿頭重進步大千世界現全身故云度自心現無所有得住般若波羅密

捨離彼生所作方便金剛喻三摩提隨入如來身隨入如如化神通自在慈悲方便具足莊嚴等入一切佛刹外道入處

記曰此等覺菩薩以金剛喻定頓斷最初生相無明頓入妙覺也彼生卽生相無明故論云菩薩地盡滿足方便一念相應覺心初起心無初相以遠離微細念故得見心性心卽常住名究竟覺故云隨入如來身隨卽也論云以有如是大方便智除滅無明見本法身卽與眞如等徧一切處故云隨入如來身隨入如如化自然而有不思議業種種之用故云神通自在慈悲方便具足莊嚴所以觀音大士如幻聞熏聞修金剛三昧一念成就忽然超越世出世間卽得上與十方諸佛同一慈力下與六道衆生共一悲仰故云等入一切佛刹外道入處

離心意意識是菩薩漸次轉身得如來身

記曰此結束觀行也謂正修行菩薩作唯心識觀乃離心意意識境界卽此便是菩薩漸次轉生死

身得證如來本法身二轉依果之方便也故曰如幻三摩提彈指超無學十方婆伽梵一路涅槃門然此頓證法門直觀唯識頓悟自心而此又云漸次者所謂理須頓悟乘悟併消事須漸除因次第盡潙山云若人一念頓悟自心尚有無始積生現業流識漸次淨除故謂漸修所云流識者乃流注生滅正二障俱生習氣種子耳故此離心意識乃頓悟自心漸次得如來身者正淨除現業流識也前云離妄想說所說及生滅等卽離心意識境界從地至地至捨離彼生等乃是漸修非離此之外別有修也故宗門教人只須離心意識參離妄想境界求謂是故耳

大慧是故欲得如來隨入身者當遠離陰界入（此牒離妄想境界）心因緣所作方便生住滅妄想虛僞（此牒離心意識）唯

心直進。觀察無始虛僞過。此指無始根本無明妄想習氣因。因指八識中二障種子 三有思惟無所有。觀三界本空 佛地無生到自覺聖趣。直觀無生可到自覺聖智 自心自在到無開發行。記曰。此總結前文。直指唯心方便也。離二取執。則心自在。無開發方便。唐譯云無功用行。卽無師智。自然智也。經云。奇哉。一切衆生具有如來智慧德相。但以妄想執著而不證得。若離妄想執著則無師智自然智當下現前。故都云到。

如隨衆色摩尼。隨入衆生微細之心。而以化身隨心量度。此摩尼喻牒上隨入如來身等 諸地漸次相續建立。此教之以度生儀軌

是故大慧。自悉檀善應當修學。記曰。此牒述觀益。切勸修持也。謂正修行菩薩欲速得如來法身。證自覺聖智趣。應當直觀一心本來清淨。本自無生。除一心外無片事可得。如是觀時。漸漸純熟。則一念頓證。不從外得。則自利利他。功備於此。故先敎唯心觀門。此又總牒而叮嚀告誡。切勸修持。謂我此法施最善。應當修學也。經以佛語心爲宗者。正所謂如來藏自性淸淨心也。乃一切衆生本具足者。但今迷之而隨染緣。則煩惱生死三有之相從此而生。若悟之而隨淨緣。則菩提涅槃二轉依果依之而立。是則煩惱菩提生死涅槃皆依迷悟染淨轉變之相耳。故皆卽狂勞顚倒華相。而如來藏中本無此事。故曰求於去來迷悟生死了不可得。然吾人能達本無。日用現前境界了不可得者。可謂卽到自覺聖智矣。此佛祖從

上所傳心印。其密造自得工夫。備載此章。至其肯綮。又在離心意識妄想境界一語而已。故世尊反覆叮嚀告誡如此。學者知此。可謂不辜本有。不負佛恩矣。上特示正因竟。

○上略明唯識以別邪正之因已竟

○下廣明八識以示識智之相

觀楞伽阿跋多羅寶經記卷第二

觀楞伽阿跋多羅寶經記卷第三

宋天竺三藏沙門求那跋陀羅譯

明建鄴海印沙門　釋德清筆記

一切佛語心品第一之三

○次廣明八識。以示識智之相分二

○初明八識相

爾時大慧菩薩復白佛言。世尊所說心意意識五法自性相。唐譯云。惟願為我說五法自性相眾妙法門。一切諸佛菩薩所行。自心見等所緣境界不和合。顯示一切說。魏譯云。諸佛菩薩修行之處。遠離自心邪見境和合。故能破一切言語譬喻體相。故唐譯云。此是一切諸佛菩薩入自心境離所行相。成真實相一切佛語心。唐譯云。稱真實義諸佛教心。為楞伽國摩羅耶山海中住處諸大菩薩說如來所歎海浪藏識境界法身。魏譯云。說觀察阿黎耶識大海波境界說法身如來所說法故。唐譯云。唯願為此山中諸菩薩眾。隨順過去諸佛說藏識海浪法身境界。

記曰。此問明一心轉變。以釋廣說識有八種相也。問云。大慧前問諸識有幾種生住滅。世尊備答。且直示以唯心識觀。其轉凡成聖之功已畢。大慧至此復以心意識五法三自性為請者何也。答曰。此經直指寂滅一心。然此一心本無迷悟。不屬聖凡。故曰五法三自性皆空。八識二無我俱遣。以隨迷悟之分。故有真妄之別。至若轉變之相。亦不出此四法而已。故大慧先以百八句為問。世尊答云一切皆非者。蓋約真如門中不容窮詰故也。大慧隨問諸識有幾種生住滅者。是在生滅門中容有言說耳。前世尊雖示唯心識觀。略明修證之門。未達一心轉變之妙。且不知諸識因何而生。故此請說五法自性眾妙法門。意顯即生滅而頓證真如。故唐譯云。唯願為說藏識海浪法身境界也。然心意意識。即前略說有三種識。今廣說有八種相也。五法者。謂名。相。妄想。正智。如如。三自性者。謂妄想。緣起。成。二無我。即人法二無我。今云轉變之妙者。良由一心真如。離名離相。真智獨照。本自圓成。人法雙忘。聖凡俱絕。蓋迷一心而為八識。故真如隨緣。變為名相之境。正智有待。翻為妄想之心。心境角立。緣起相生。人法雙彰。聖凡懸隔。悟一心而為藏性。轉八識而成四智。名相即是如如。緣起無性。本

自圓成。人法俱空。聖凡齊泯。以即生滅而證真常。故云藏識海浪即法身境界。是所以成真實相一切佛語心。此乃自覺聖智所緣境界。以離心自性相。是法身境界。故魏譯云。說法身如來所說法故。然而轉變之殊。只在生與無生。若達生本無生。則本有法身自現。故向下世尊徑答以識生之由。全經之旨。槩不出此。至若節節展轉折難。以破外道之見者。以彼不達自心現量。故妄生橫計。故云未達境唯心。起種種分別。達境唯心已。分別即不生。苟會無性緣生。緣生無性。則無生之旨洞然心目。一切言說皆剩語矣。智者請深觀之。

爾時世尊告大慧菩薩言。四因緣故眼識轉。何等為四。謂自心現攝受不覺。無始虛偽過色習氣計著。識

性自性。欲見種種色相。大慧。是名四種因緣水流處藏識轉識浪生。

記曰。此言七識生起之由。正顯緣生無性義也。四因緣者。唐譯云。所謂不覺自心現而執取故。無始時來取著於色虛妄習氣故。識本性如是故。樂見種種諸色相故。此四因緣也。良以心本無生因境有。由此四種因緣。故本不生而生也。境有牽心之業用。以不達唯心所現妄生取著。故不覺心生。以過去無始時來各有自類種子。今心境相接則習氣內熏妄生分別。故本不生而生。以心有了境之功能。境緣一至法爾心生。以愛阿賴耶樂阿賴耶而為主宰。居然樂見諸塵境界。故自然心生。此通言七識各因自境生起之相。蓋舉一例餘。故單言眼色為緣生於眼識。其實無明為因。境界為緣。八識更互相依。故結云水流處藏識轉識浪生。故下文云如眼識等。問曰。唯識云。眼識九緣生。耳識唯從八。鼻舌身三七。後三五三四。何以此言前七轉識都具四緣耶。答曰。彼但言八識具緣多寡。此言七識生起之狀。故云水流處藏識轉識浪生。

大慧。如眼識。一切諸根微塵毛孔俱生。隨次境界生。亦復如是。譬如明鏡現眾色相。猶如猛風吹大海水。

記曰。此言諸識生起頓漸。以示先後不同也。唐譯云。如眼識。餘亦如是。於一切諸根微塵毛孔眼等轉識。或頓生。譬如明鏡現眾色相。或漸生。猶如猛風吹大海水。諸根毛孔根也。微塵塵也。根塵和合。識生其中。而言頓漸者。蓋五現量識與同時意識等一一根。周偏法界名曰圓成。故眼根初見色時。最初未起分別。但如鏡中無別分析。則色之一塵偏現諸根。一塵既爾根根皆然。故曰頓生。如鏡現相。及至第二念轉入意識而起分別。則五根隔越。諸塵隨根不同先後亦異。故云漸生。如風吹海水。行人若了頓生則達自心現量無生之旨。如觀掌果。

外境界風飄蕩心海。識浪不斷。因所作相異不異。合業生相深入計著。不能了知色等自性。故五識身轉。大慧。即彼五識身俱。因差別分段相知當知是意識因。

記曰。此言八識更互為因生起之相也。謂心海澄淵。由外境界風飄蕩不停。故七識波浪相續不斷。

此總明八識本自不生。由境牽心。故諸識相生。以顯八識無明因境界而起也。因所作相異不異者。謂心境一如。以成本不生義。此句心境合明。俱有異不異相。心異不異者。因即八識自證分。所作相即見分。以前七轉識總屬見分。今八識各了自境。故異。惟一精真。故不異。境異不異者。因即無明業相。所作相即所變相分。以六塵四大總屬相分。今各對諸根。故異。本唯一體。故不異。心境合明異不異者。因即如來藏心。所作相即妄心妄境。心境角立。故異。唯心所現。本一真心。故不異也。合業生相等者。唐譯云。業與生相。謂彼外境本唯心現。以無明不覺不達唯心。故深生計著。執之取之以為實我實法。此則七識因無明而有也。由此堅執我愛不能了知色等如幻不實。而妄生貪愛。故眼得之而為色。耳得之而為聲等。故云不能了知色等自性。故五識身轉。此則五識因七識而有也。且五識緣境之時。最初一念。得境自性。不帶名言。無籌度心。故屬現量。而同時意識。與五識俱。或因分別五塵分段差別境界。有第六意識生。故云。卽彼五識身俱。因差別分段相知。當知是意識因。此則六識因五識而生。此所謂諸識展轉相因而生也。蓋前七轉識。總屬八識見分了別之用。然前五對五塵時。其實六識同時而起。但最初一念未起分別。卽名前五。亦名明了意識。但第二念刹那分別好惡差別等相。卽名第六分別意識。此五八六七親疏之辯也。

彼身轉彼不作是念我展轉相因。自心現妄想計著轉。而彼各各壞相俱轉。分別境界分段差別。謂彼轉。

記曰。此通言八識緣生無性。密示生本無生義。以成上異不異也。意謂諸識本自不生。元無異相。但

約各了自境爲生。故異耳。唐譯云。然彼諸識不作是念。我等同時展轉爲因。而於自心所現境界分別執著。俱時而起。無差別故。各了自境。以無性緣生。故不作念而展轉相因。以緣生無性。故各了自境而本無差別。若知了境無差。則無生之理自契。大經云。譬如河中水。湍流競奔逝。諸法不相知。各各亦如是。各了自境者。六塵是前六境。第八見分。是七識境。根身種子器界。是八識境。

如修行者入禪三昧。微細習氣轉而不覺知。而作是念識滅。然後入禪正受。實不識滅而入正受。以習氣種子不滅。故不滅。以境界轉攝受不具。故滅。

記曰。此下二段。言八識微細生滅。非劣三昧所能知也。二乘入禪。自謂滅識。然所滅者。但六識不取境界而爲滅識。其藏識習氣種子實未滅也。唐譯云。諸修行者入於三昧。以習力微起而不覺知。但作是念。我滅諸識入於三昧。實不識滅而入三昧。以彼不滅習氣種故。但不取諸境。名爲識滅。

大慧。如是微細藏識究竟邊際。除諸如來及住地菩薩。諸聲聞緣覺外道修行所得三昧智慧之力。一切不能測量決了。

記曰。二乘外道修行。以不知八識爲生死根本。故錯亂修習。二乘得少爲足。外道橫生邪見。蓋以生滅心爲本修因。因地不眞。故果招迂曲。今欲返妄歸眞。轉識成智。必須頓悟自心現量。如實了知虛妄境界。明見自心微細流注。方能超生死證眞常也。故下文明之。

餘地相智慧巧便。分別決斷句義。最勝無邊善根成熟。離自心現妄想虛僞。

記曰。此下正指修行如實行者。方能入此法門也。唐譯云。唯有修行如實行者。以智慧力了諸地相。善達句義。無邊佛所廣集善根。不妄分別自心所見。能知之耳。故經云。能信此法者。不於一佛二佛三四五佛而種善根。已於無量千萬佛所種諸善根。故云無邊善根成熟者。方能入此法門。殆非淺根劣解所可信也。

宴坐山林下中上修。能見自心妄想流注。無量刹土諸佛灌頂。得自在力神通三昧。諸善知識佛子眷屬。

彼心意意識自心所現自性境界虛妄之想生死有海業愛無知如是等因悉已超度。

記曰。此明如實修行之速效也。眞修之士。宴坐山林。習唯心觀門。能見自心微細流注。一念頓證無生。則得百千三昧神通。得十方諸佛同時灌頂。佛子眷屬自然圍繞。彼於心意識妄想境界業愛無明。當下頓脫。故云如是等因悉已超度。此所謂最勝知識也。

是故大慧。諸修行者應當親近最勝知識。

記曰。佛法有因有緣。內以本具眞如熏發爲因。外以師友知識助發爲緣。從上佛祖。未有不由知識而能得成菩提者。故世尊結勸修行如實行者。應當親近最勝知識。

爾時世尊欲重宣此義而說偈言。

譬如巨海浪　斯由猛風起　洪波鼓冥壑
無有斷絕時　藏識海常住　境界風所動
種種諸識浪　騰躍而轉生

記曰。此總頌外境界風飄蕩心海。識浪不斷。

青赤種種色　珂乳及石蜜　淡味衆華果
日月與光明　非異非不異　海水起波浪
七識亦如是　心俱和合生

記曰。此頌因所作相異不異。以明漸生也。青赤色塵。珂貝聲塵。乳香塵。石蜜淡味味塵。華果舊註爲法塵。引宗鏡云。現在之華。未來之果。種種法塵。隨爲彼識所緣境界。此所謂外境界風飄蕩心海。七識波浪相續不斷也。日月光明。喻心境異不異相。以不達境唯心。妄生分別。故爲所動。

譬如海水變　種種波浪轉　七識亦如是
心俱和合生　謂彼藏識處　種種諸識轉

記曰。此頌水流處藏識轉識浪生。以明頓生也。謂彼七識全是八識所變波浪。本無實體。但是一心。更無前後。故下文言不異相。

謂以彼意識　思惟諸相義　不壞相有八

無相亦無相

記曰。此頌無差別故各了自境也。以各了自境。故云謂以彼意識思惟諸相義。以本無差別。故云不壞相有八無相亦無相。唐譯云。心意及意識。爲識相故說。八識無別相。無能相所相。不壞有八者。長行云。各各壞相俱轉。此言不壞相有八。由前生滅章中云。現識及分別事識。此二壞不壞相展轉因。蓋可壞者。前七轉識。生滅心也。不壞者。八識自體不生滅心也。以不壞而壞。故無性緣生。本不生而生。以壞而不壞。故緣生無性。雖生而不生。長行偈頌。互相發明。以顯眞無生意。宗鏡云。如是八識。從無始來。三際不動。四相不遷。眞實常住。自性淸淨。不壞之相。具足圓滿。無所缺少。而如是等一切功德。同法界故。亦是無相。以皆無相故。故云不壞相有八。無相亦無相。

譬如海波浪　是則無差別　諸識心如是

記曰此以喻顯無差別義也

異亦不可得

心名採集業　意名廣採集　諸識識所識

現等境說五

記曰此頌八識得名之所以也第八名心以受熏持種為生死主故云採集業第七名意以徧執我法恆審思量四惑相應前六造業依此為根故云廣採集前六通名識但對現在五塵故說五識以分別過去五塵名意識故云諸識識所識對現境說五

爾時大慧菩薩以偈問曰

青赤諸色相　眾生發諸識　如浪種種法

云何惟願說

記曰大慧聞前世尊說不壞相有八無相亦無相心境皆空今聞心名採集等遂疑世尊自語相違故以心境皆有為難意謂既云青赤色等六塵境界風起七識波浪是境實有也又云心名採集業意名廣採集諸識識所識現等境說五此則心實有也然心境既是實有而又差別不同何以世尊言無相亦無相異亦不可得耶

爾時世尊以偈答曰

青赤諸雜色　波浪悉無有　採集業說心

開悟諸凡夫

記曰此總答問義也海本澄渟因風起浪是則境本無也心本湛淵緣擊發識是心本空也心境本空而云境從心起採集名心等者但為開悟凡夫隨他語耳故唐譯云青赤諸色像浪中不可得言心起眾相開悟諸凡夫

彼業悉無有　自心所攝離　所攝無所攝

與彼波浪同

記曰此釋心境皆空也彼業悉無有則心本不生自心所攝離所攝境也離則境本不有斯則能所

雙寂心境皆空如彼海波濕性不動故唐譯云而彼本不起自心所取離能取及所取與彼波浪同

受用建立身　是眾生現識　於彼現諸業

譬如水波浪

記曰此釋心境不異也受用建立身唐譯云身資財安住謂六塵境乃眾生資生受用之具取此而得住世者然此皆是唯心所現故云是眾生現識由眾生不達境唯心現而取之執之以為實我實法依之造業招生死苦故云於彼現諸業良由自心取自心非幻成幻法故心境似有若不取無非幻非幻尚不生幻法云何立斯則心境本空如水波浪雖有而不有也以有而不有故說無相無差別異亦不可得

爾時大慧菩薩復說偈言。

大海波浪性　鼓躍可分別　藏與業如是

何故不覺知

記曰。此約喻難法也。意謂業相如波浪。何以波浪可見而業相不可見耶。

爾時世尊以偈答曰。

凡夫無智慧　藏識如巨海　業相猶波浪

依彼譬類通

記曰。由藏識微細難知。凡夫無智。故取海波為譬。令彼開曉耳。非謂業識有相可見也。

爾時大慧菩薩復說偈言。

日出光等照　下中上眾生　如來照世間

為愚說真實　已分部諸法　何故不說實

記曰。此因法難喻也。世尊向對劣解眾生。唯說六識三毒。建立染淨根本。而未言及八識。故大慧疑謂。如來照世。如日升天。高低普應。宜平等說法。何故向來分部諸法。而不說此真實。豈不墮不平等過耶。伽陀曰。阿陀那識甚深細。習氣種子成瀑流。我於凡愚不開演。恐彼分別執為我。故下答云。非我不說真實。但彼心不真實耳。

爾時世尊以偈答曰。

若說真實者　彼心無真實　譬如海波浪

鏡中像及夢　一切俱時現　心境界亦然

境界不具故　次第業轉生　識者識所識

意者意謂然　五則以顯現　無有定次第

譬如工畫師　及與畫弟子　布彩圖眾形

我說亦如是　彩色本無文　非筆亦非素

為悅眾生故　綺錯繪眾像

記曰。此明如來應機說法。故教有祕密不定之設也。說法不投機。終是閒言語。若為心不實者說實

法。則返致疑而不信。醍醐翻成毒藥矣。故下偈云。所說非所應。於彼為非說。以不堪說。非祕吝而不說也。然所說法。元無先假後實之分。卽說六識。未嘗不兼帶八識而言。但言不頓彰。故有先後之別。何者。良以心境同時頓現。如海波鏡像夢事。非次第生。本無八識之異。但由境界不具。有次第業生。因而故說分別法塵者為六識。執自內我者為七識。對現五塵者為五識耳。故曰。識者識所識。意者意謂然。五則以顯現。其實本無定次第也。以隨機施設。如畫師畫像。弟子填彩。彩後像先。要亦不出形外。我所說法。亦如是而已。然法本無說。故如彩本無文。文字俱離。故非筆非素。但應機利物。言象乃興。故如悅眾生綺繪成像。

言說別施行　真實離名字　分別應初業

修行示眞實　眞實自悟處　覺想所覺離
此爲佛子說　愚者廣分別　種種皆如幻
雖現無眞實　如是種種說　隨事別施設
所說非所應　於彼爲非說

記曰法本離言言生理喪故魏云言說離眞實眞實離文字無說而示說者乃分別權應初機若如實修行者乃可爲說眞實耳眞實乃自證境界一切能所分別俱離非上根利智不能入故爲佛子說若夫愚者非廣分別則不能知卽其所說若權若實種種法門皆悉如幻本無實法與人故云雖現無眞實如是種種說隨根別施設皆權示也所以說法必用權者以所說非所應則於彼爲非說是以不得已而施權非佛本懷故三七思惟意在於此

彼彼諸病人　良醫隨處方　如來爲衆生
隨心應量說　妄想非境界　聲聞亦非分
哀愍者所說　自覺之境界

記曰衆生有種種欲種種憶想分別惟有如來如實見之故一一應量說法令出苦得樂此是如來自覺境界非凡夫外道二乘所可知也故云妄想非境界聲聞亦非分

復次大慧若菩薩摩訶薩欲知自心現量攝受及攝受者妄想境界當離羣聚習俗睡眠初中後夜常自覺悟修行方便當離惡見經論言說及諸聲聞緣覺乘相當通達自心現妄想之相

記曰此教令如法修行也大經云如人數他寶自無半錢分於法不修行多聞亦如是故聞法貴乎思修世尊意謂已說能取所取一切妄想境界皆是自心所現若欲了知惟心境界應當遠離浮沈諸惡覺觀如實修行方便觀察久久自當通達了悟也此勸修下示修之之方

○上明八識相已竟

○次明三智相

復次大慧菩薩摩訶薩建立智慧相住已於上聖智三相當勤修學

記曰前明識相有八此明智相有三且教令修如實行之方便也了達自心現量非外道二乘妄想無明境界如上所說故云建立智慧相既住此已若欲實證於上聖智三相當勤修學此三相乃自覺聖智境界故云上聖智揀非外道二乘劣三昧也

何等爲聖智三相當勤修學所謂無所有相一切諸佛自願處相自覺聖智究竟之相修行得此已能捨跛驢心智慧相得最勝子第八之地則於彼上三相修生

記曰此標三相名也舊註謂七地觀三界生死不定心名跛驢慧以不能行故由未得無功用道故

以此況之。
下釋相。

大慧。無所有相者謂聲聞緣覺及外道相彼修習生。

魏譯云謂觀聲聞緣覺外道相唐譯云。
謂慣習一切二乘外道相故而得生起。

大慧。自願處相者謂諸先佛自願處修生。大慧。自覺聖智究竟相者。一切法相無所計著得如幻三昧身諸佛地處進趣行生。

記曰此釋三相之相。卽當三觀義也。佛觀三界非實非虛。非如非異。以觀諸法非實。故云無所有相。且云習二乘外道而生者。肇公云。三乘等觀性空而得道也。但心有大小爲差耳。以外道二乘不達

性空。故妄生斷滅之見。菩薩既了唯自心現本無所有。其所觀雖同。所證則異。且令知非究竟而不取證。抑爲轉彼惡見故。故云觀二乘外道相。此當空觀義也。自願處相。謂諸先佛自願處修生者。以觀諸法非虛。則法法眞常。世相常住。既世相常住。則無一法而非眞常。無一類非自願處。故諸佛爲令正法久住。佛種不斷。故不捨度生事業。經云我本立誓願。欲令一切衆。如我等無異。故魏譯云。諸佛本自作願住持諸法。此當假觀義也。自覺聖智究竟相。一切法相無所計著得如幻三昧等者。謂觀三界非如非異。不取法非法相。得如幻三昧。趣佛地智。此當中道觀義也。上云常自覺悟修心方便。故告之聖智三相。加此欲令用此而修。捨此卽爲邪智矣。

大慧。是名聖智三相。若成就此聖智三相者。能到自覺聖智究竟境界。是故大慧。聖智三相。當勤修學。

記曰。自覺聖智境界。非此三種方便不能入。故勉令修學。

○上初明眞妄因依廣示八識以顯生滅因緣相已竟

○下明返妄歸眞約五法自性無我以辨邪正因果相

觀楞伽阿跋多羅寶經記卷第三

觀楞伽阿跋多羅寶經記卷第四

宋天竺三藏沙門求那跋陀羅譯

明建鄴海印沙門　釋德清筆記

一切佛語心品第一之四

○上初明眞妄因依廣示八識以顯生滅因緣相已竟○下明返妄歸眞約五法自性無我以辨邪正因果相分二○初辯別邪正頓示一乘理行因果相又二○初辯明因地心又二初破邪顯正以示常住眞理又二○初約三門破邪因以顯正因分五初明五法又分六○初破名相妄想○此辯因地心文直至三卷五無間行章止

爾時大慧菩薩摩訶薩知大菩薩衆心之所念名聖智事分別自性經承一切佛威神之力而白佛言。世尊。惟願爲說聖智事分別自性經百八句分別所依。唐譯云。惟願爲說百八句差別所依聖智事自性法門。記曰。前百八句總問五法自性等法門。以約眞如門。故云一切皆非。今請一一分別。故云依百八句差別相也。如來應供等正覺依此分別說菩薩摩訶薩入自相共相妄想自性。以分別說妄想自性故。則能善知周徧觀察人法無我淨除妄想。照明諸地。唐譯云。一切如來應正等覺爲諸菩薩摩訶薩墮自共相者。說此妄計性差別義門。知此已。則能淨治二無我觀照明諸地。超越一切聲聞緣覺及諸外道諸禪定樂觀察如來不可思議所行境界。畢定捨離五法自性。諸佛如來法身智慧善自莊嚴。唐譯云。以一切佛法身智慧而自莊嚴。起幻境界。唐譯云。入如幻境。昇一切佛剎兜率天宮。乃至色究竟天宮。逮得如來常住法身。唐譯云。住一切剎兜率陀宮色究竟天。成如來身。記曰。此問來意。由前大慧通問心意意識五法三自性衆妙法門。而世尊止答八識生起之相。其餘

向未蒙一一開示。但不知如何是名相妄想。如何是正智如如。此乃聖智分別自性法門。大慧知衆心念。故特重請。惟願爲說百八句差別所依聖智事自性法門也。諸菩薩衆以不知此聖智自性法門。故墮自共相。妄計差別。若知此已。則能如法修行淨治二無我觀。了達唯心。照明諸地。則能超越外道二乘。得證如來不思議境界。畢竟捨離五法自性。得究竟自覺聖智。成無上佛果也。故世尊向下逐一開示。先明五法。次明三自性。然後明二無我。自相共相者。謂一切諸法皆有自相共相。眞如自性。自相也。隨緣成事。共相也。五蘊諸法各有自體。自相也。和合成人。共相也。以外道二乘不達諸法唯心所現。故妄計執著。謂實有如是自相共相。故云墮自共相者。由是故執諸法自生。他生。共生。無因生。此皆依妄想自性。非自覺聖智事。世尊離破有無二見。意顯一切法不生。明見諸法不生者。

方名自覺聖智也。

佛告大慧。有一種外道作無所有妄想計著。覺知因盡兎無角想。如兎無角。一切法亦復如是。大慧。復有餘外道見種求那極微陀羅驃形處橫法各各差別。見已計著無兎角橫法。作牛有角想。

記曰。此敘外道因執兎牛無角有角。於諸法起斷常二見。以破五法中名相由妄想而起也。良以諸法唯心所現。本自如如。不容起見。然彼外道不了唯心。橫生妄計。因見諸法隨因而盡。遂想兎無角。起於無見。因見大種求那塵等諸物。以有形量分位差別。由執彼兎無角。於此遂生牛有角想。起於

有見。然諸法本如不屬有無。而有無名相皆由妄想分別而起也。種。卽四大種。求那。極微陀羅驃。皆塵也。無故而起曰橫。上敘計。下破之。

大慧。彼墮二見。不解心量。自心境界妄想增長。唐譯云。彼墮二見。不了唯心。但於自心增長分別。身受用建立妄想根量。唐譯云。身及資生器世間等。一切皆唯分別所現。大慧。一切法性亦復如是。離有無。不應作想。唐譯云。應知兎角離於有無。諸法悉然。勿生分別。大慧。若復離有無而作兎無角想。是名邪想。彼因待觀故。兎無角。不應作想。

記曰。此互破無見也。唐譯云。云何兎角離於有無。互因待故。意謂諸法本無。不應更作無想。如兎角本無而復作無想者。是名邪見妄想也。且兎無角見。因牛有角起。故云互因待故。以不達牛角亦不可得。故下文云。

乃至微塵分別自性悉不可得。

記曰。此互破有見也。唐譯云。分析牛角乃至微塵。求其體相終不可得。謂彼執兎無角者。以為牛角實有。故執兎角實無。殊不知牛角亦無。若分析牛角乃至極微鄰虛。終歸於空。是則自性悉不可得。諸法亦爾。

大慧。聖境界離。不應作牛有角想。唐譯云。聖智所行。遠離彼見。是故於此不應分別。

記曰。此言聖智明見諸法本無。故應遠離二見也。意謂但於諸法不作有無二見者。方可親近隨順自覺聖智也。然有無卽名相。二見卽妄想。

爾時大慧菩薩摩訶薩白佛言。世尊。得無妄想者。見不生想已。隨比思量觀察不生妄想言無耶。

記曰。此設轉計。將顯心境皆離也。大慧聞說執兎角無者因牛角有。若分析牛角至不可得。而牛角亦無。故不應作想。因而轉計。意謂所以不生妄想者。豈不因觀察牛角不有。而知兎角本無。以此不生妄想言無耶。故唐譯云。豈不以妄見起相比度。觀待妄計無耶。此則雖知牛角不有。而畢竟執兎

角是無未離無見。兼有著無。此外道之通病也。前破因有計無。此破因無計無。所謂寧起有見如須彌山。不起無見如芥子許。故須逐破。直欲心境皆離方遣有無二見也。

佛告大慧。非觀察不生妄想言無。所以者何。妄想者因彼生故。依彼角生妄想。以依角生妄想。是故言依因故。離異不異故。非觀察不生妄想言無角。

記曰。此直示無生義也。謂心境絕待。本自無生。不容起念。故云非觀察不生妄想言無。何也。所言妄想者。因彼境界而生故。以心境對待。分別乃生。所謂若法因待成。是法還成待。前云因牛角有而執兔角無。固是妄想。故云依彼角生妄想。今若執兔角無亦似牛角本無者。亦是妄想。以依角而生分

別。故云以依角生妄想。以妄想畢竟因角有無而生。未離角故。展轉皆妄。故云離異不異。且兔角天然本無。不必分別。豈因觀牛角是無而後方知兔角無耶。故云非觀察不生妄想言無角。

大慧。若復妄想異角者。則不因角生。若不異者。則因彼故。

記曰。此釋上離異不異。以顯妄想無性。以明心本無也。若言心境定異。是妄想別有自性。則不因角而生。今既因角生。此不異也。若言心境定一。是舉心則無境。又何所分別。舉境則無心。誰為分別。此不一也。不一不異。足見妄想無性矣。

乃至微塵分析推求。悉不可得。不異角故。彼亦非性。

二俱無性者。何法何故而言無耶。

記曰。上言心無自性。此言境無自性。以明境本無也。故以亦字揀之。兔角本無。無固已無自性矣。然而牛角雖有。若分析極微。推而求之。亦不可得。亦與兔角無異。斯則有亦無自性也。故云彼亦非性。且彼有無二皆無性。則境本無也。心境俱無。又有何法當情。何故執異有而言無耶。故唐譯云。異於有角言無角者。如是分別決定非理。二俱非有。誰待於誰。

大慧。若無故無角。唐譯云。若相待不成。觀有故言兔無角者不應作想。

記曰。此言絕待以顯眞心也。唐譯云。待於有故言兔角無。不應分別。謂有無俱離。則無可分別。故云

若無故無角。無角則無對待。對待既無。而云因觀牛角有而言兔角無者。皆邪見也。不應作此分別。

大慧。不正因故。而說有無二俱不成。

記曰。外道不達諸法本自無生。而妄計有無為生因。非眞因也。因地不眞。故果招迂曲。故云不正因故而說有無二俱不成。上遣有無二見。意在翻妄想而成正智。下顯空色一如。意在翻名相卽是如如。又前破無見。後破有也。

大慧。復有餘外道見計著色空事形處橫法。不能善知虛空分齊。言色離虛空起分齊見妄想。

記曰。此敘計也。唐譯云。復有外道見色形狀虛空分齊而生執著。言色異虛空起於分別。

大慧。虛空是色。隨入色種。大慧。色是虛空。持所持處所建立性。色空事分別當知。

記曰。此明空色一如也。魏譯云。以依色分別虛空。依虛空分別色故。唐譯云。色空分齊分別應知。如是知經云。譬如虛空。偏至一切色非色處。是虛空隨入色種中也。此空卽是色。非色外空。以色卽是空。能持所持建立性。故此色性自空。非色滅空也。

大慧。四大種生時。自相各別。亦不住虛空。非彼無虛空。

記曰。此明色性卽空。以破外道執四大種以爲生因也。是乃計著形處橫法。因兎角無而生牛角有

見者。言含縱奪。以彼外道執四大種各有自相。能生諸法。與空無干。故云四大種生時自相各別。故縱云亦不住虛空。復奪云非彼無虛空。以彼不知色性卽空。故妄計爲生因。今色性旣空。是色本無也。四大造色本無。而執爲生因。是無因也。以無因爲生因。豈非妄計乎。西域外道多種。然所計不出斷常有無二見。良以不達自心現量。故不了眞因。雖執有見。總歸無因。世尊多方逐破。唯顯正因。以破彼無因耳。

如是大慧。觀牛有角。故兎無角。大慧。又牛角者析爲微塵。又分別微塵刹那不住。唐譯云。又析彼微塵刹那不現。彼何所觀故而言無耶。若言觀餘物者。彼法亦然。

記曰。此總會上有無二無。以例觀諸法。而生正智。契如如也。且彼計無者。因牛角有。故執兎角無。今若將牛角分析。乃至微塵。亦了不可得。然所因牛角亦無。而又何所比觀而言兎角之無耶。然諸法本無因妄見有。苟一念不生。二見斯絕。眞智獨照。心境如如。作如是觀者。方名正觀。若他觀者。乃邪觀也。故云觀餘物者。彼法亦然。故下結勸云當離異見妄想。思惟自心現妄想也。

爾時世尊告大慧菩薩摩訶薩言。當離兎角牛角虛空形色異見妄想。汝等諸菩薩摩訶薩。當思惟自心現妄想。隨入爲一切刹土最勝子。以自心現方便而教授之。唐譯云。爲諸佛子。說觀察自心修行之法。

爾時世尊欲重宣此義而說偈言。

色等及心無　色等長養心

記曰。此明六塵妄境及分別妄心。本來不有。但不了境唯心。妄生分別。故云色等長養心。

身受用安立　識藏現衆生

記曰。身受用者。謂資生住處一切諸境。乃藏識所現影像。故云藏識現衆生。以不了故。妄生取著。

心意及與識　自性法有五　無我二種淨

廣說者所說

記曰。此明如來說法權實雙彰之意也。然心意識五法自性二無我等種種法門。是爲不了唯心者。

不得已而建立之。以破彼妄計耳。其實五法三自性皆空。八識二無我俱遣。但示一心。更無別法。此乃如來說法之式。故云廣說者所說。

長短有無等　展轉互相生　以無故成有　以有故成無　微塵分別事唐譯云。微塵分析事。不起色妄想　心量安立處　惡見所不樂　覺想非境界唐譯云。外道非行處。聲聞亦復然　救世之所說　自覺之境界

記曰。一切世間有爲之法。不出長短相形。有無相生。皆展轉對待分別而有。至若分析微塵性空。於

色等境了達唯心。不起分別。如此微妙法門。則惡見者所不樂聞。殊非外道二乘境界。乃如來所說自覺之境界也。

○上約有無色空一異等法以破五法中名相妄想竟。○下顯正智如如。且先顯正智

爾時大慧菩薩爲淨除自心現流故。復請如來。白佛言。世尊。云何淨除一切衆生自心現流。爲頓爲漸耶。

記曰。此就淨衆生心習現流。以明五法中正智義也。良以一切衆生日用心習現流。原是如來法身智慧。以不覺故。順無明流。隨心意識轉。故自覺聖智隱而不現。如來說法。因其本有而開導之。但令自悟本有。故云淨除。非有實法增益衆生也。故大經云。奇哉奇哉。一切衆生具有如來智慧德相。但以妄想顚倒執著而不證得。若離妄想顚倒執著。則一切智無師智卽得現前。此所謂淨除現流以明正智也。唐註謂能淨者自覺聖智。所淨者自心現流。意以聖智屬佛。現流單約衆生。恐非本旨。

佛告大慧。漸淨非頓。如菴羅果漸熟非頓。如來淨除一切衆生自心現流。亦復如是。漸淨非頓。譬如陶家造作諸器。漸成非頓。如來淨除一切衆生自心現流。亦復如是。漸淨非頓。譬如大地漸生萬物。非頓生也。如來淨除一切衆生自心現流。亦復如是。漸淨非頓。譬如人學音樂書畫種種技術。漸成非頓。如來淨除一切衆生自心現流。亦復如是。漸成非頓。

記曰。上明四漸。下明四頓。

譬如明鏡頓現一切無相色像。唐譯云。譬如明鏡頓現衆相。而無分別。如來淨除一切衆生自心現流。亦復如是。頓現無相無有所有清淨境界。如日月輪頓照顯示一切色像。如來爲離自心現習氣過患衆生。亦復如是。頓爲顯示不思議智最勝境界。譬如藏識頓分別知自心現及身安立受用境界。彼諸依佛亦復如是。頓熟衆生

所處境界。以修行者安處於彼色究竟天。唐譯云。譬如阿黎耶識。分別現境自身資生器世間等。一時而知。非是前後。大慧。報佛如來亦復如是。一時成熟諸衆生界。置究竟天淨妙宮殿修行清淨之處。譬如法佛所作依佛。唐譯云。譬如法佛頓現報佛。光明照耀。自覺聖趣亦復如是。彼於法相有性無性惡見妄想照令除滅。

記曰。此約化法頓漸。以明理須頓悟。事須漸除之意也。舊以頓漸皆約佛。然諦觀喻中。漸取成熟義。頓取顯現照用義。是頓單約佛。漸單約機耳。蓋如來圓滿自覺聖智。安住海印三昧。照明法界平等顯現。譬如明鏡現像。纖悉不遺。鑑機說法。如日月升天。雲雨普潤。但山有高下。故蒙光有先後。根有大小。故成熟有遲速。所謂法本不異。異自機耳。故如來說法。如師子調兒。雖顧盼頻呻。皆盡全力。此所以化法有祕密不定義也。然此皆約佛以明頓漸者。以依三身說法。頓漸有四義。謂頓頓。頓漸。漸頓。漸漸。良以衆生各各自心。本是自覺聖智。但以無明熏習。變爲現業流識。今轉識成智。因無明有厚薄。故法有頓漸不同。若有衆生。一念頓悟本有法身智慧。照明自心本無身心世界之相。永離攀緣。一切根量相滅。一念頓證自覺聖智。所謂法佛說頓法。頓淨衆生自心現流。此頓頓也。若有衆生。因師教熏習之力。雖能了悟自心。以無明習氣力。不能頓離心意意識妄想境界。但觀一切諸法緣生無性。一切身心世界如幻不實。唯自心現。漸斷無明。證自覺聖智。先解。次行。後證。此乃報佛說頓漸法。淨衆生現流。此頓漸也。若諸衆生。雖遇外緣。不能頓悟自心。但依如來權教大乘所說施

戒忍進禪定智慧。漸次觀察。漸離心境。得正知見。此化佛說漸漸法。漸淨衆生自心現流。此漸漸也。由是觀之。在佛雖漸亦頓。以平等顯現故。故頓單約佛。在機亦頓亦漸。以因多生久積善根成熟。今始一念頓悟。雖頓亦因漸。故漸單約機。故下隨舉三佛說法之式。釋成頓漸義。然化佛雖說漸法。以三身一體。故雖漸亦頓。故經云。更以異方便。助顯第一義也。

○上顯正智覺

○下顯如如

大慧。法依佛說一切法入自相共相自心現習氣因。相續妄想自性計著因。種種不實如幻。種種計著不可得。

記曰。此明報佛說緣生無性法。成上頓漸漸頓義。以顯如如也。從法垂報。故云法依佛。眞如不守自性。隨緣成一切法。故云入自相共相。無明爲因生三細。故云自心現習氣因。境界爲緣長六麤。故云相續妄想自性計著因。謂一心眞如隨緣成一切法。以一切法緣生無性。故種種不實如幻。妄想本無從緣而生。生亦無性。故不可得。故華嚴以法界緣起爲宗。故此云報佛說緣生法也。下以喻顯。

復次大慧。計著緣起自性生妄想自性相。大慧。如工幻師依草木瓦石作種種幻。起一切衆生若干形色。起種種妄想。彼諸妄想亦無眞實。

記曰。此以喻釋成緣生無性義也。由妄想自性依緣起自性而起。故云計著緣起自性生妄想自性

相、幻師、喻心。草木瓦石、喻無明緣。若干色像、喻一切法。見者種種分別、喻眾生不了唯心、起種種妄計。總皆如幻不實。斯則不獨妄境原無。而妄心亦本不有。此其緣生故如幻也。

如是大慧。依緣起自性、起妄想自性。種種妄想心。種種相行事妄想相。計著習氣妄想。是為妄想自性相生。大慧。是名依佛說法。

記曰、此以法合喻也。唐譯云。此亦如是。由取著境界習氣力故、於緣起性中有妄計性。種種相現。是名妄計性生。大慧、是名法性所流佛說法相。

大慧。法佛者。離心自性相。自覺聖所緣境界建立施作。

記曰。此明法佛說法。成上頓頓義也。凡離心意識顯自覺聖智境界、皆法佛所說法相。此經純頓義見於此。故前五法章首。大慧請惟願為說法身如來所說法也。

大慧。化佛者。說施。戒。忍。精進。禪定及心智慧。離陰界入。解脫識相。分別觀察建立。超外道見無色見。

記曰。此明化佛說法相。成上漸漸義也。外道妄見無色為究竟。故云見無色見。

大慧。又法佛者。離攀緣。攀緣離。一切所作根量相滅。非諸凡夫聲聞緣覺外道計著我相所著境界。自覺聖究竟差別相建立。是故大慧。自覺聖究竟差別相。當勤修學。自心現見應當除滅。

記曰。此結歸法佛直指頓頓。以示此經宗極也。上歷言三佛說法相。而復以法佛結勸者。意謂有攀緣心。故妄見境界、分別計著。即名妄想。離此攀緣、即是自覺聖智也。且前三相中云自覺聖智究竟相。此云究竟差別相者。意顯佛三身一體。而所說法。乃即實之權。即頓之漸。即究竟之差別。直欲行人專依頓頓而修耳。

○上顯正智如如竟

○下破二種邪因先就二乘邪因以示正因

復次大慧。有二種聲聞乘通分別相。謂得自覺聖差別相。及性妄想自性計著相。

記曰。此由前法佛說法乃自覺聖智、非凡夫二乘外道境界。故隨明聲聞外道相。以示所以非聖智之意也。然二乘依佛教而修。以不達即實之權。故但得聖智差別、不得聖智究竟中差別。所以久滯化城、未登寶所。外道妄立神我。自背真常。故深著邪見。欲令行人離此權邪。方得自覺聖智究竟差別建立相也。

云何得自覺聖差別相聲聞。謂無常苦空無我境界。真諦離欲寂滅。息陰界入自共相。外不壞相如實知。心得寂止。心寂止已。禪定解脫三昧道果正受解脫。

不離習氣不思議變易死。得自覺聖樂住聲聞。是名得自覺聖差別相聲聞。

記曰。此揀二乘邪因也。聲聞有二種。一利根。謂依四諦而修。觀空而悟入者。一鈍根。謂依權教八背捨觀而修。析色而取偏空者。此明利根聲聞也。故唐譯云。云何自證聖智殊勝相。謂明見苦空無常無我諸諦境界。離欲寂滅。故於蘊界處若自若共。外不壞相。如實了知。故心住一境。住一境已。復禪定解脫三昧道果而得出離。住自證聖智境界樂。未離習氣。及不思議變易死。是名聲聞住自證聖智境界相。然明見無常無我境界。此所謂等觀性空而得道也。但貪三昧樂。不起度生之心。故云住自證聖智境界樂。以未離無明習氣種子。故不能度變易生死。然生死有二種。識論云。一分段生死。

謂諸有漏善不善業。由煩惱障緣勢力所感三界麤異熟果。身命長短。隨因緣力有定劑限。故名分段。二不思議變易生死。由所知障緣助勢力所感殊勝細異熟果。由悲願力改轉身命無定劑限。故云變易。無漏定願正所資感。妙用難測。名不思議。

大慧。得自覺聖差別樂住菩薩摩訶薩非滅門樂正受樂。顧愍衆生及本願。不作證。大慧。是名聲聞得自覺聖差別相樂。菩薩摩訶薩於彼得自覺聖差別相樂不應修學。

記曰。此通妨難。以顯聲聞菩薩所觀雖同。所證則異。以明心有大小爲差也。問曰。菩薩亦得此自覺聖智境界。何以不同聲聞。故唐譯云。菩薩雖亦得此聖智境界。以憐愍衆生故。本願所持。不證寂滅門及三昧樂。由觀空而不取證。此所以異於聲聞也。故勉之曰。菩薩摩訶薩於此自證聖智樂中。不應修學。

大慧。云何性妄想自性計著相聲聞。所謂大種青黃赤白堅濕煖動。非作生。自相共相。先勝善說。見已。於彼起自性妄想。

記曰。此明鈍根聲聞也。謂此聲聞不知觀空。但依聖教所說權乘八背捨等觀門而修。觀四大等諸法實有自相共相。雖不同外道計作者生。然亦執彼諸法以爲實有自性。亦不離妄想。故唐譯云。云

何分別執著自性相。所謂知堅濕煖動青黃赤白如是等法。非作者生。然依教理見自共相。分別執著。魏譯云。分別有物。執虛妄相。謂於彼法虛妄執著以爲實有。

菩薩摩訶薩於彼應知應捨。隨入法無我相。滅人無我相見。漸次諸地相續建立。

記曰。此結勸離過也。聲聞已得人無我。未得法無我。以人無我即是法執。故滅人無我相見即是入法無我相也。

是名諸聲聞性妄想自性計著相。

記曰。此結名也。謂離彼二種聲聞見。即名正智。故勸令應捨。

○上即二乘邪因以示正因覓
○下以聖智正因破外道邪因

爾時大慧菩薩摩訶薩白佛言。世尊。世尊所說常不思議自覺聖趣境界。及第一義境界。世尊。非諸外道所說常不思議因緣耶。

記曰。前明離二乘見。此明離外道見也。以外道計神我為生因。非眞因也。以無常為常。非眞常也。總皆邪見。離此即名正智。故發此問。意謂佛說自覺聖智及第一義。為眞常不思議。而外道亦說常不思議。世尊所說。豈不同彼外道所說耶。佛向下以因相不同。故不比外道所說答之。

佛告大慧。非諸外道因緣得常不思議。

記曰。如來所說常不思議。以第一義為因。以自覺聖智為相。所謂實相眞因。非彼外道妄計神我為因。乃以無常為常。故不同彼論。

所以者何。諸外道常不思議。不因自相成。

記曰。此徵釋不同所以也。謂彼常不思議。乃妄立神我。不因自覺聖智相第一義智而成。故云不因自相成。

若常不思議不因自相成者。何因顯現常不思議。

記曰。此正顯彼非眞常也。謂常不思議。必仗眞因。若非眞因。何能顯現常不思議義耶。

復次大慧。不思議若因自相成者。彼則應常。由作者因相故常不思議不成。

記曰。此縱奪妨轉計也。恐彼聞佛說眞常因自相成。乃轉計曰。我說常不思議。亦因自相成。何以不同佛說。故縱之曰。彼外道不思議。若果然因自相成者。則彼亦應是眞常矣。但由所計作者為因耳。然作者非眞因。因既不眞。豈獲常果。故常不思議不成。下顯正因。

大慧。我第一義常不思議。第一義因相成。離性非性。得自覺相故有相。第一義智因故有因。離性非性故。譬如無作虛空涅槃滅盡故常。如是大慧。不同外道常不思議論。

記曰。此明佛說因相俱眞。以顯眞常不思議也。佛言我說常不思議。乃依第一義諦因相成立。離有無二見。以得自覺聖智相故有實相。得第一義智因故是眞因。一切有無戲論俱離。當體寂滅。譬如三無為法。永離諸過。故是眞常。此其所以不同外道常不思議邪見論也。

如是大慧。此常不思議。諸如來自覺聖智所得。如是。故常不思議自覺聖智所得。應當修學。

記曰。此結指眞常。故勸令修學。

復次大慧。外道常不思議。無常性異相因故。非自作因相力故常。

記曰。此明外道不同佛說常不思議之所以也。所以不同者。以彼所立。於有為法外別立作者。以為生因。故為異因。佛以自覺聖智為因。故為真因。此所以不同。故唐譯云。外道常不思議。以無常異相因故常。非自相因力故常。謂彼以異因故非真常。我以自覺聖智為因相力。非自相作者因相力。故是真常也。

復次大慧。諸外道常不思議。於所作性非性。無常見已思量計常。大慧。我亦以如是因緣所作者性非性。無常見已自覺聖境界說彼常無因。

記曰。此就彼所立。以顯真能破也。然諸外道因見諸法有已還無。妄計別有作者是常。而如來亦見

諸法有已還無。說是無常。故唐譯云。外道常不思議。以見所作法有已還無。無常已。比知是常。我亦見所作法有已還無。無常已。不因此說常。若以三支比量合之。常不思議是有法。定常宗。因云所作性故。喻如瓶等。所作瓶等。是無常法。因喻不轉。故不成常宗。無常是有法。定非是常宗。因云所作性故。喻如瓶等。瓶等所作。是無常法。故即彼所立。翻成所破。然彼以妄計比知。我以自覺聖智現量。故我所說非彼所論。

大慧。若復諸外道因相成常不思議。因自相性非性。同於兔角。此常不思議。但言說妄想。諸外道輩有如是過。所以者何。謂但言說妄想。同於兔角。自因相非分。

記曰。此言外道所計作者。是以無因為因。竟成斷滅。同於兔角。故其所立以無常為常。但有言說。都無實義。故唐譯云。外道以如是因相成常不思議。此因相非有。同於兔角。故常不思議。唯是分別。但有言說。何故彼因同於兔角。無自因相故。以非第一義自覺聖智為因相故。云自因相非分。

大慧。我常不思議。因自覺得相故。離所作性非性。故常。非外性非性無常思量計常。大慧。若復外性非性無常思量計常不思議常。而彼不知常不思議自因之相。去得自覺聖智境界相遠。彼不應說。

記曰。此明如來以自覺聖智為因。結成不同外道之論也。然外道於一切法。起有無二見。故於無常妄計為常。以彼不知自因之相。故去自覺聖智境界相遠。如來說法。離此諸過。故不可與彼同日語也。上明二乘偏執。外道邪見。皆非正智。意顯捨此即證自覺聖智矣。下二章約不滅不生。以明正智即如如。

○上破二種邪因已竟

○下舉果驗因二○初破二乘滅見

復次大慧。諸聲聞畏生死妄想苦而求涅槃。不知生死涅槃差別。一切性妄想非性。魏譯云。不知世間涅槃無差別故。唐譯云。不知生死涅槃差別之相。一切皆是妄分別有無所有故。未來諸根境界休息作

涅槃想。非自覺聖智趣藏識轉。唐譯云。妄計未來諸根境滅。以爲涅槃。不知證自智境界。轉所依藏識爲大涅槃。是故凡愚說有三乘。說心量趣無所有。是故大慧。彼不知過去未來現在諸如來自心現境界。計著外心現境界。生死輪常轉。唐譯云。彼愚癡人說有三乘。不說唯心無有境界。大慧。彼人不知去來現在諸佛所說自心境界。取心外境。常於生死輪轉不絕。

記曰。此言諸法本自寂滅。不容更滅。以示眞常不思議因。以明卽妄想以證正智。卽正智以顯如如。以破二乘滅見也。然生死境界本來不有。但唯心所現。藏識轉變。而依妄想分別而有。若了妄想無性。卽轉識成智。若以正智圓照。則萬法皆如。當體寂滅。豈容更滅。二乘愚癡。不能了此。妄取不受後有以爲滅度。詎非大謬。所謂但盡生死。謂爲解脫。其實未得一切解脫。所以常在生死輪轉不息。以不達唯心現量。妄起種種分別故。

○上言不滅

○下言不生○次破外道生見

復次大慧。一切法不生。是過去未來現在諸如來所說。所以者何。謂自心現性非性。離有非有生故。大慧。一切性不生。一切法如兎馬等角。是愚癡凡夫不覺妄想自性妄想故。大慧。一切法不生。自覺聖智趣境界者。一切性自性相不生。非彼愚夫妄想二境界。

記曰。此言諸法本自不生。以示眞常不思議因。以顯卽如如明正智。以破外道生見也。良以諸法無生。是三世如來所傳心印。惟證相應。以唯心所現。緣生無性。離有無二見。如兎馬角。非生而後無。蓋生本無也。由凡愚不達。故妄執爲有。然此無生理趣。乃自證聖智所行之處。非愚夫分別二見境界。

自性身財建立趣自性相。大慧。藏識攝所攝相轉。愚夫墮生住滅二見。希望一切性生。有非有妄想生。非聖賢也。大慧。於彼應當修學。

記曰。此結上二章。以明生滅皆妄見也。故唐譯云。身及資生器世間等。一切皆是藏識影像。所取能取二種相現。彼諸愚夫墮生住滅二妄見中。故於中妄起有無分別。斯則根身器界本自無生。唯八識影現。七識妄起執取分別。以爲實我實法。此乃愚夫於無生中妄見有生。非聖賢也。意令卽生滅以證眞常。故於彼法應當修學。苟達生滅卽常。則妄想卽成正智。名相本自如如。卽彼二乘外道可起如來種性矣。故下文明五無間種性。○五勘果知因。謂勘驗現行之果。足知過去習氣之因也。

復次大慧。有五無間種性。云何爲五。謂聲聞乘無間種性。緣覺乘無間種性。如來乘無間種性。不定種性。各別種性。唐譯云。無種性。

記曰。此言五性不同。以明衆生本具法性是一。但由外緣故異。以成自覺聖智究竟差別相也。然心佛與眾生。是三無差別。初無纖毫間隔。本無三乘五性之別。良以外緣熏習不一。故有五性不同。斯則機本不異。異在於師。故前勉修如實行者。應當親近最勝知識。故此下文云。當轉彼惡見。則二乘外道當得如來法身。闡提亦作得度因緣也。引權入實。義見於此。言種性者。相似曰種。體同曰性。又種者因義。類義。謂眾生佛性本來是一。蓋由昔聞教法熏習成種。各有自類種子。故曰種性。此種性義。識論所明有其二類。一者本有。謂舊熏也。二者始起。謂新熏也。本有者。謂無始時來異熟識中法爾而有。長劫所熏染淨種子。此即名為本性住種。如佛於大通智勝時說法華經。而諸聞者直至今生還蒙佛化。方得成熟。此淨法熏習。而為本性住種者也。如阿難與摩登伽歷劫恩愛。直至今生。向為障道因緣。此染法熏習而成本性住種者也。以長劫不斷。故名本性住種。二始起者。謂無始來數

數現行熏習成種。以至今生。於染淨法見聞熏習。又為未來染淨種子。此則名為習所成種。由此二種為因。若一遇外緣師教熏發。故即成熟。此五性之別。所由來矣。是故親師擇友。不可不慎也。由是觀之。此五種性。其三乘種性。良由聞前三佛所說之法而成熟者。以執化佛所說權法。則成聲聞種性。以執報佛所說緣生之法。則成緣覺種性。以悟法佛所說離攀緣法。則成如來種性。若聞此三法而半信半疑者。則成不定種性。若聞此三佛之法不起信心。返生異見而毀謗者。則成無種性矣。故下經云。捨一切善根。謂謗菩薩藏。蓋三佛一體。法法全真。皆為顯示自覺聖智趣。而聞者不達。隨其所取執以成種。此又法本不異。異自機耳。故曰種性。此蓋自覺聖智究竟之差別相也。

云何知聲聞乘無間種性。若聞說得陰界入自共相斷知時。舉身毛孔熙怡欣悅。及樂修相智。不修緣起發悟之相。是名聲聞乘無間種性。

記曰。此言聲聞乘無間種性也。而云若聞說等者。足徵由師教熏發。所謂習性成種者也。斷知時。舊註謂知苦斷集證滅修道時也。及樂修相智者。相即偏空相智。即我空智。乃聲聞所樂修者。至若緣起發悟無生實相之理。非彼所樂。故云不修。因舊有小乘狹劣習氣。今一聞所說。熏發現行。故舉身毛孔熙怡欣悅耳。

聲聞無間見第八地。起煩惱斷。習煩惱不斷。不度不思議變易死。度分段死。正師子吼。我生已盡。梵行已

立。不受後有。如實知修習人無我。乃至得般涅槃覺。

記曰。此明聲聞斷證俱未究竟。自生滿足滅度想也。然聲聞依四諦修。但斷三界見思煩惱。尚餘塵沙無明細惑未盡。猶沈變易生死。但得人空。未得法空。而便自生究竟之想。乃於天人魔外之中。便師子吼。作是唱言。我生已盡。梵行已立。所作已辦。不受後有。遂生得涅槃覺。此所謂得少為足者也。見第八地者。華嚴八地菩薩證我空真如。樂住三昧。不起滅定。諸佛因而勸之曰。起。善男子。勿得樂住三昧。汝之三昧。二乘亦得。故此云見第八地。現行為起煩惱。種子習氣為習煩惱。以二乘但斷煩惱障。未斷所知障故。

大慧。各別無間者。我人眾生壽命長養士夫。彼諸眾

生作如是覺求般涅槃。

記曰。此明外道種性也。唐譯云。復有衆生求證涅槃。言能覺知我人衆生養者取者。此是涅槃。此外道妄見一切衆生從我流出。我能長養一切衆生。遂立神我以爲涅槃。聞者因而師之。遂成邪種。或於佛教中聞有涅槃之說。遂執謬解而起邪見者。

復有異外道說悉由作者。見一切性已。言此是般涅槃。唐譯云。復有說言見一切法因作者有。

記曰。此計實德業及四大時方勝自在等以爲生因。故稱作者。妄計此等以爲涅槃。

作如是覺。法無我見非分。彼無解脫。

記曰。此結外道邪見非解脫也。言法無我見非分者。謂諸外道向於佛所說無我之法。不生信樂。或生毀謗。未得受熏成種。故曰非分。或於佛所說涅槃之法。卽起希望。有所證得之想。或依教修行有所聞悟。而執所悟爲我。卽墮邪見。如圓覺所明四相未忘。皆是於法無我見非分者也。然此外外道爲煩惱縛。內外道爲法縛。故云彼無解脫。

大慧。此諸聲聞乘無間外道種性。不出出覺。爲轉彼惡見故。應當修學。

記曰。此總結聲聞外道二種性也。然聲聞妄取涅槃。外道妄計神我。俱於未出離中生出離想。此皆因邪師邪教。誤爲熏習。爲令轉彼惡見。故勸令修學。前上聖智三相中無所有相。謂慣習二乘外道相。義見于此。意謂令彼捨離偏邪惡見。卽名正智。可入如來種性矣。故此人雖偏邪。而性實無間也。

大慧。緣覺乘無間種性者。若聞說各別緣無間。舉身毛竪悲泣流淚。不相近緣。所有不著。唐譯云。離憒鬧緣。無所染著。

種種自身。種種神通。若離若合種種變化。聞說是時。其心隨入。唐譯云。有時聞說現種種身。或聚或散。神通變化。其心信受。

若知彼緣覺乘無間種性已。隨順爲說緣覺之乘。是名緣覺乘無間種性相。

記曰。此明緣覺乘無間種性也。各別因緣。卽十二因緣。三世因果。故云各別。以緣生無性。卽是無生。

故云無間。此有二類。出有佛世。依教而修。觀緣悟道。謂之緣覺。出無佛世。觀化知無。謂之獨覺。今明外熏成種。故但言緣覺。

大慧。彼如來乘無間種性有四種。謂自性法無間種性。離自性法無間種性。得自覺聖無間種性。外刹殊勝無間種性。

記曰。此明如來乘無間種性也。然此四種。唐譯云。有三種。所謂自性無自性法。內身自證聖智法。外諸佛刹廣大法。此約三德祕藏。以明法報同體也。蓋自性卽法身。離自性卽解脫。聖智卽般若。良以法身無著卽解脫。解脫不迷卽般若。般若離相卽法身。此三德祕藏。總號法身。外刹殊勝。卽報身。法報冥一故不思議。

大慧。若聞此四事一一說時及說自心現身財建立不思議境界時心不驚怖者是名如來乘無間種性相。

記曰。此結成如來乘種性也。前為頓根眾生頓為顯示不思議智最勝境界。故此一類眾生有聞說佛法身智慧及自受用不思議境界而不驚怖者。當知是最上利根。乃如來乘無間種性。此所謂善根成熟者也。般若云。若有眾生聞說般若波羅密。不驚不怖不畏者。當知是人不於一佛二佛三四五佛而種善根。已於無量千萬佛所種諸善根。惟此無上般若。自非積劫聞熏成種。鮮有不驚怖者。

此所以能信此法者是人甚希有也。

大慧。不定種性者。謂說彼三種時隨說而入隨彼而成。

記曰。此明不定種性也。此不定人隨說信入順學而成。可大可小。故云不定。此有二種。一舊熏多聞。於三乘中未成熟者。一新熏初機。根性猛利。但隨師教。於三乘中俱可入者。三種者。卽三乘法。除外道無性。故不在此列。

大慧。此是初治地者。謂種性建立。為超入無所有地故作是建立。

記曰。此結束所以建立三乘之意也。然一切眾生法性是一。所謂凡夫賢聖人平等無高下。本無差別之相。但以聞熏成種。以致根性不同。然雖依教修行。而未到如來地者。俱屬聖智差別之相。非究竟也。今將顯示頓教法門。欲令三乘同歸一佛乘。五性同歸一佛性。故作是建立。非是實有限劑也。故下云。樂寂聲聞。當得如來最勝之身。無性闡提。或時善根生。便證涅槃。故不同他教定性之說。故魏譯云。說三乘者。為發起修行地。故諸性差別。非究竟地。為欲建立畢竟能取寂靜之地。故舊以此段屬不定性。恐非本旨。

彼自覺藏者自煩惱習淨見法無我得三昧樂住聲聞當得如來最勝之身。

記曰。此結三乘同歸一性。以示引權入實之意。以明如來自覺聖智究竟差別建立相也。故魏譯云。彼三種人離煩惱障熏習得清淨。故見法無我得三昧樂行。故聲聞緣覺畢竟證得如來法身。故唐

譯云。彼住三昧樂聲聞。若能證知自所依識。見法無我淨煩惱習。畢竟當得如來之身。前云二乘但得自覺聖智差別相。未得究竟差別相。今云得如來身足徵差別皆究竟也。所以皆究竟者。以佛性無二故。

爾時世尊欲重宣此義而說偈言。

須陀槃那果　往來及不還　逮得阿羅漢

是等心惑亂

記曰此通言四果皆非究竟也須陀槃那亦云須陀洹此云入流謂初入聖流初果也往來二果不還三果阿羅漢四果也以是等聖人皆憎生死愛涅槃憎愛未忘故云惑亂

三乘與一乘　非乘我所說　愚夫少智慧
諸聖遠離寂　第一義法門　遠離於二教
住於無所有　何建立三乘

記曰此言究竟無差別智以示此經之宗極也然如來雖說三乘但以假名引導由愚夫少智故設三乘之權爲二乘趣寂故說一乘之實俱非本懷此第一義頓教法門三一俱非權實不立豈實有三乘之說耶然他處言聲聞緣覺菩薩爲三乘如來爲一乘此併如來爲三乘對三乘說一乘三一俱非方是此經之宗極

諸禪無量等　無色三摩提　受想悉寂滅
亦無有心量

記曰此通頌自心現量凡聖皆離一法不立以明自覺聖智究竟相也諸禪卽二乘諸禪解脫無量卽大乘四無量心等卽十力無畏十八不共乃至三十七品助道等無色三摩提卽三界九次第定舉上以該下受想寂滅卽二乘滅盡定通而言之卽前所問百八句義今云亦無有心量者以自心現量聖凡不立一切皆非以顯生滅中究竟覺義也章首請說聖智事分別自性經依百八句說義萃於此意謂明此方名自覺聖智事

○上勸果知因已竟
○下示因果一如

大慧彼一闡提非一闡提世間解脫誰轉

記曰舊謂此章約生死涅槃無二以明如如蓋智如一體本無二致所謂無如外智能證於如亦無智外如爲智所入若正智現前則諸法自如若了生死本寂卽是正智智如冥一方名自覺聖智究竟事今約闡提以明者以前歷斥二乘外道偏邪去自覺聖智相遠且切誡行人應當遠離不許親習苟二乘外道絕分則眞如有不徧之過若闡提實是無性則佛性有不徧之失此則自墮不平等過而自覺聖智亦非究竟矣蓋約教道言之爲摧邪顯正不得不嚴揀偏邪以明正智若依法性言之則平等平等無二無別本自如如無情尙共一體豈有情而絕分是故前言二乘若悟本識亦得

如來法身今言闡提或發善根亦得涅槃斯則無一衆生而不般涅槃方名自覺聖智究竟相也如如正智徧彌於此然無性闡提非菩薩闡提無以發善根菩薩闡提非無性闡提無以資願力此則闡提不斷性善如來不斷性惡故云非一闡提世間解脫誰轉魏譯云無性乘謂一闡提此卽前五性中無種性今會五性同歸故特言之以顯佛性平等以明衆生如也

大慧一闡提有二種一者捨一切善根及於無始衆生發願云何捨一切善根謂謗菩薩藏及作惡言此非隨順脩多羅毘尼解脫之說捨一切善根故不般涅槃

記曰。此言無種性也。一闡提。此云斷善根。又云焚燒一切善根。蓋真如隨緣成事。舉體全變。無有剩法。今全體真如。變作全體惡性。惡性卽如。更無涅槃可入。故云不般涅槃。

二者菩薩本自願方便故。非不般涅槃。一切衆生而般涅槃。大慧。彼般涅槃。是名不般涅槃法相。此亦到一闡提趣。

記曰。此言菩薩闡提也。菩薩願盡衆生界。謂衆生界盡。我願乃盡。若一衆生不盡。我願不盡。故云非不般涅槃。一切衆生而般涅槃。然所以願盡衆生界者。以衆生本如。早已涅槃。不容更滅。故無涅槃可入。故云彼般涅槃。是名不般涅槃法相。此與闡提名同。故云亦到一闡提趣。唐譯以是名句作結語。

大慧白佛言。世尊。此中云何畢竟不般涅槃。

記曰。大慧意謂無性斷善。不入可爾。菩薩度生。本爲求證涅槃。何以畢竟不入。故致疑云。此二種闡提中。何者畢竟不入涅槃。下佛答云。闡提尚有入時。菩薩畢竟不入。以知一切法本涅槃故。

佛告大慧。菩薩一闡提者。知一切法本來般涅槃已。畢竟不般涅槃。而非捨一切善根一闡提也。大慧。捨一切善根一闡提者。復以如來神力故。或時善根生。所以者何。謂如來不捨一切衆生故。以是故菩薩一闡提不般涅槃。

記曰。此正顯佛性平等如如也。一切衆生皆有佛性。以闡提不斷善性。如來以平等大悲而攝持之。故有時而發善根。由昔謗法因緣爲種。今日緣熟。故如來以神力加持。或時善根生也。如廣額屠兒放下屠刀。便作佛事。提婆達多。生生謗佛。今蒙授記。如華嚴所明。由昔謗華嚴經。墮地獄中。而爲地獄天子。毘盧出世。先以足輪光照。三重頓圓十地。此皆謗法闡提。蒙佛神力之驗也。所云善根者。正由昔聞熏之種子耳。菩薩闡提不入涅槃者。以法界如。衆生如。故衆生界不可盡。煩惱不可盡。而行願不可盡。此普賢大士所以常居幻化。而不入涅槃也。

○上從請分別自性章起止此明五法已竟

觀楞伽阿跋多羅寶經記卷第四

觀楞伽阿跋多羅寶經記卷第五

宋天竺三藏沙門求那跋陀羅譯

明建鄴海印沙門　釋德清筆記

一切佛語心品第一之五

○上明五法已竟

○下明五法中三自性

復次大慧。菩薩摩訶薩當善三自性。

記曰。上言五法依自性而立。不知自性有幾。故特示有三。意令了達緣起無生。故云當善。

云何三自性。謂妄想自性。緣起自性。成自性。

記曰。此徵列三自性相也。然五法自性。不出此三。以妄想依名相起。是名緣起。若了緣起如幻。則妄想無性。即是正智。名相體空。本自如如。總歸圓成。故五法之自性。不出此三。○下正示其相

大慧。妄想自性從相生。

記曰。此標指妄想自性。依他緣起也。相即名相。以不達名相體空。依他而起種種偏計。是名妄想。

大慧白佛言。世尊。云何妄想自性從相生。佛告大慧。緣起自性事相相。行顯現事相相。

記曰。此徵釋也。謂名相皆從緣起。故云緣起自性事相相。以不了緣起無生。故心行於中妄生計著。故云行顯現事相相。此言妄想從名相生。唐譯云。謂彼於緣起事相種類顯現生計著故。

計著有二種妄想自性。如來應供等正覺之所建立。謂名相計著相。及事相計著相。名相計著相者。謂內外法計著。事相計著相者。謂即彼如是內外自共相計著。是名二種妄想自性相。若依若緣生。是名緣起。

記曰。此言依彼事相而生計著。起二種妄想。以明緣起自性也。名相謂內外法者。內即根身。外即器界。然此內外一切諸法。唯心所現。本無名相。但是一心。而人不了。因依偏計妄執。各各有名有相。故名妄想事相。即彼內外自共相者。然內外不出人法二種。謂內身五蘊謂之人。外器四大謂之法。妄計五蘊各有自體。故云自。和合成人。故云共。妄計四大各有自體。故云自。和合變化而生萬物。故云共。故云即彼內外自共相計著妄想也。良以心本無生。因境緣有。故云若依若緣生。是名緣起。

云何成自性。謂離名相事相妄想。聖智所得。及自覺聖智趣所行境界。是名成自性如來藏心。

記曰。此明圓成自性也。良以身心世界。元一如來藏清淨眞心。離名離相。本自如如。但依妄想攀緣而行。則名相斯興。橫生執取。若依自覺聖智而行。洞達自心現量。則法法圓成。唯是如來藏心也。

爾時世尊欲重宣此義而說偈言。

名相覺想　自性二相　正智如如

是則成相

唐云。名相分別二自性相。正智如如是圓成實。二相即妄想緣起也。

大慧。是名觀察五法自性相經。自覺聖智趣所行境界。汝等諸菩薩摩訶薩應當修學。

記曰。此總結前問也。前問中先請分別五法自性法門。次請因知五法自性已。則觀察人法二無我。淨除妄想。照明諸地。乃至逮得如來法身。此上答五法三自性。酬先請竟。下明觀察二無我。乃至究竟佛地。以酬次請。

○上明三自性竟

○下明二無我

復次大慧。菩薩摩訶薩。善觀二種無我相。

記曰。此答次請也。然五法不出二種無我。以見有人有法。即是名相妄想。若了二無我。即是正智如如。故前分別五法自性已。次即教令當善觀察二無我相。

云何二種無我相。謂人無我。及法無我。

記曰。此示二無我相也。良由不達根身器界。唯心所現。故妄計分別。執為實我實法。所謂妄想斯興。名相乃形。若了緣生無性。則二皆無我。苟二無我。則五法自性。皆離八識俱遣。所以頓證自覺聖智。逮得如來常住法身也。

云何人無我。謂離我我所。陰界入聚。無知業愛生。眼色等攝受計著生識。一切諸根自心現器身藏。自妄想相施設顯示。

記曰。此教以人無我觀也。唐譯云。何者是人無我相。謂蘊界處。離我我所。無知愛業之所生起。眼等識生取於色等而生計著。又自心見身器世界。皆是藏心之所顯現。剎那相續。變壞不停。然人者即現在五蘊集聚。妄身妄執以為我相者也。以身為我。亦以六塵所受用境為我所。今觀此等本來不有。皆從無明愛業之所生起。眼等六根取六塵境而生計著。以為受用。妄生貪求。一切根身器界。皆是藏識所現影像。當體全空。但依妄想分別顯示似有。況剎那相續變壞不停。於中觀察。畢竟無常誰為我者。故總云離。此正觀無我。下約喻以明四念處觀。

如河流。如種子。如燈。如風。如雲。剎那展轉壞。躁動如猿猴。

記曰。此明四念處觀中。初觀心無常也。謂觀此心妄想生滅。如何流逝速不停。如種子。能生來果。如燈。念念生滅。如風。飄颺不住。如雲。倏忽變滅。舉皆無常。故云剎那展轉壞躁動不住。如猿猴。故經云心想如猿猴。如此觀察。於中畢竟誰為我者。

樂不淨處。如飛蠅。

記曰。此觀身不淨也。諦觀此身。其中但有三十六物。九孔常流穢污不淨。而妄貪著。以不淨為淨。故如飛蠅。

無厭足。如風火。

記曰。此觀受是苦也。唐譯云。如猛火。觀種種受用眾苦所集。無一可樂。甚可患厭。但以妄想貪求。無厭無足故如猛火。

無始虛僞習氣因，如汲水輪，生死趣有輪。

記曰：此觀法無我也。唐譯云：無始虛僞習氣爲因，諸有趣中流轉不息，如汲水輪。謂觀三界諸生死法，但因無明業力所使，隨他牽引，流轉不息，恆無主宰，如汲井輪，任他牽轉而不由我。

種種身色，如幻術神咒機發像起。

記曰：前別相念觀，此總相念觀也。唐譯云：種種身威儀進止，譬如死屍咒力故行，亦如木人因機運動。謂觀此身虛假不實，如行屍則大可厭患，如木人則幻化非眞。於中諦觀推求，畢竟誰爲我者。行屍喻身，機關喻心。楞嚴云：雖見諸根動，要以一機抽。

善彼相知，是名人無我智。

記曰：此結人無我觀也。唐譯云：能於此善知其相，是名人無我智。審如是觀，則當下無我。

云何法無我智？謂覺陰界入妄想相自性。如陰界入離我我所，陰界入積聚，唐譯云：唯共積聚。**因業愛繩縛，展轉相緣生，無動搖。**唐譯云：愛業繩縛，互爲緣起，無能作者。**諸法亦爾，離自共相，不實妄想相，妄想力，是凡夫生，非聖賢也。心意識五法自性離故。大慧！菩薩摩訶薩當善分別一切法無我。**

記曰：此明法無我觀也。謂觀蘊處界等一切諸法，本自如如，離我我所，唯共積聚，但因愛業繩縛，互爲緣起，無性故無能作者。以此例觀諸法，亦爾離自共相，乃虛妄分別種種相現，是愚夫妄想力，非聖賢也。如是觀察一切諸法，離心意識、五法自性，悉皆無我，是名法無我智。然自共相者，乃凡夫外道妄計諸法自生、他生、共生、無因生也。今自共相離，則四計俱遣，無生之理自見，以明見諸法本自無生，方名法無我智，故誡菩薩當作如是觀。

善法無我，菩薩摩訶薩不久當得初地菩薩無所有觀地相，觀察開覺歡喜，次第漸進，超九地相，得法雲地。

記曰：此下至得如來自在法身，通明觀成得果之相也。我法有二，謂分別、俱生。然分別二執，斷盡即入初地；俱生我執，從初地至七地斷盡，方入八地；俱生法執，從初地任運而斷，至等覺後心方盡，即入妙覺。故云：分別二障極喜無，法執俱生地地除。故唐譯云：得此已，知無境界，了諸地相，即入初地，心生歡喜，次第漸進，乃至善慧及以法雲，所作已辦。而云從初地乃至善慧法雲者，蓋八地以前正斷俱生我執，其法執但任運而已。至八地證我空眞如，樂著三昧，不願度生，與二乘取涅槃等，正是俱生微細法執未忘。及至九地，捨三昧樂，發願度生，居法師位，說法如雲，方是正斷法執，故云超九地，得法雲地也。

於彼建立無量寶莊嚴大寶蓮華王像大寶宮殿，幻

自性境界修習生。於彼而坐。同一像類諸最勝子眷
屬圍繞。唐云。住是地已。有大寶蓮華王衆寶莊嚴。於
其華上有寶宮殿狀如蓮華。菩薩往修幻性
法門之所成就。而坐其
上。同行佛子。前後圍繞。從一切佛刹來佛手灌頂如
轉輪聖王太子灌頂。唐譯云。一切佛刹所有如來。皆
舒其手。如轉輪王子灌頂之法
而灌
其頂。超佛子地。到自覺聖智法趣。當去聲
卽也。得如來自
在法身。見法無我故。是名法無我相。汝等諸菩薩摩
訶薩應當修學。

記曰。此結酬前請也。前大慧請聖智事分別自性
經。以分別說妄想自性故。則能觀察二無我。淨除

妄想照明諸地。乃至逮得如來常住法身。
世尊次第一一酬畢。故結勸云應當修學。

○上通明五法自性顯正智如如竟
○下破有無二見以顯離過絕非

爾時大慧菩薩摩訶薩復白佛言。世尊。建立誹謗相。
惟願說之。令我及諸菩薩摩訶薩離建立誹謗二邊
惡見。疾得阿耨多羅三藐三菩提。覺已。離常建立斷
誹謗見。不謗正法。

記曰。前明正智如如已。將顯眞如離過絕非。故興
此問。論曰。當知眞如非有相。非無相。非非有無。乃
至離一切相。以離念境界。唯證相應故。外道二乘。
以不知離念境界。但以妄想分別諸法。作有無斷
常二見。自昧正智。故於如不如。世尊一往痛斥其
非。切誡菩薩應當遠離有無惡見。大慧已領其旨。
但不知二見之相。故此特問建立誹謗相也。外道
二見。共有四句。謂有。無。雙亦。雙非。而此四句。於眞
如體。悉成四謗。謂有是增益謗。無是損減謗。亦有
亦無相違謗。非有非無戲論謗。四句不出有無。故
魏譯云。有無謗相。若知其相。當可遠離。則於正法
不生誹謗也。此中建立是有。誹謗是無。若四句旣
離。則百非俱遣。故前眞
如門百八義一切皆非。

爾時世尊受大慧菩薩請已。而說偈言。

建立及誹謗　無有彼心量魏譯云。心中無斷常。
謂自心現量。本無斷
常二
見也。
身受用建立　及心不能知

愚癡無智慧　建立及誹謗

記曰。此頌總明二見本無也。謂根身器界。皆是眞
心所現影像。本無所有。而愚夫不了。妄起分別。作
有無二見。以一切分別。但爲別自心。當知離心
了不可得。故唐譯云。所起唯是心。離心不可得。

爾時世尊於此偈義復重顯示告大慧言。有四種非
有有建立。云何爲四。謂非有相建立。非有見建立。非
有因建立。非有性建立。是名四種建立。又誹謗者。謂
於彼所立無所得。觀察非分。而起誹謗。是名建立誹
謗相。

記曰此正明建立誹謗二種相也非有相見等四者然陰界入根身器界一切諸法唯是第八阿賴耶識所現相分故云相分別彼法而生妄見執爲實我法者是前七識乃八識見分故云見以第八識根本無明爲生起之因所謂無明爲因生三細故云因一切諸法但是緣生有爲無爲皆無自性以本無自性妄計爲有性故云性以相見因性四者本無所有故皆云非有以外道二乘不達唯心故於四者非有之中而橫計爲有故云建立於所立法求不可得卽謗言諸法一切皆無故云有無二種惡見建立誹謗其相如此

○上通明二見

○下別釋建立

復次大慧云何非有相建立相謂陰界入非有自共

相而起計著此如是此不異是名非有相建立相此非有相建立妄想無始虛僞過種種習氣計著生

記曰此明非有相建立相也謂陰界入本無有相而外道二乘妄計實有自相共相此法如是如是畢竟不異堅執不捨是名非有相建立相也此非有相建立非是正知見力乃從無始虛僞妄想習氣而生計著耳

大慧非有見建立相者若彼如是陰界入我人衆生壽命長養士夫見建立是名非有見建立相

記曰此明非有見建立相也謂五蘊非我而妄見實有我人衆生壽命作者受者無而爲有此妄見也長養士夫魏譯云作者受者

大慧非有因建立相者謂初識無因生後不實如幻本不生眼色明界念前生生已實已還壞是名非有因建立相

記曰此明非有因建立相也教中謂無明爲因生諸轉識此言無明體空以顯妄元無因以示心本無生意唐譯云初識前無因不生其初識本無後然而諸識生者但托因緣而生旣借緣生則本無性故不實如幻刹那不住生已還滅斯則生本無生故非有因也外道不達乎此遂妄立勝性以爲生因謂定有異因二乘不了如幻皆本非有因而建立因相所以爲邪見耳眼色明界念魏譯云因

眼色明空念故識生識論云眼識九緣生耳識唯從八鼻舌身三七後三五三四楞嚴云眼色爲緣生於眼識又云因空因明因心因眼故眼識生眼識旣爾諸識亦然因緣性空生處卽滅實已還無故非有也

大慧非有性建立相者謂虛空滅般涅槃非作計著性建立此離性非性一切法如兎馬等角如垂髮現離有非有是名非有性建立相

記曰此明非有性建立相也百法論六種無爲此揀偏邪故舉其三謂此三無爲法本自無作無自性離於有無如兎馬角本來不有不可作有無見而外道妄見斷空以無想勝性等爲涅槃性二乘

取偏空滅諦爲涅槃性。而作取證。以不達涅槃本無自性。故云非有性建立自性相也。以佛意在摧邪。故破涅槃自性耳。

建立及誹謗。愚夫妄想。不善觀察自心現量。非聖賢也。是故離建立誹謗惡見。應當修學。

記曰。此結沓勉修也。以彼二乘外道不善觀察自心現量。故作建立誹謗二種惡見。修如實行者應當遠離。

○前從生滅章至此總明因行竟

○下明行成得果以結示眞因

復次大慧。菩薩摩訶薩善知心意意識五法自性二無我相趣究竟。爲安衆生。故作種種類像。如妄想自性處依於緣起。

記曰。此明自覺聖智趣究竟相也。以善觀心意意識五法三自性二無我法。則趣究竟佛果。以無智無得。故不住涅槃。爲安衆生。故以同體大悲無緣慈力。現種種身。隨緣化導。如妄想自性依於緣起也。然妄想緣起。生本無生。法身隨緣。故化本不化。自覺聖智究竟極至於此。乃修如實行者之所歸宿。蓋仗眞因之所成就。殊非下劣三昧可及。故此結示。

譬如衆色如意寶珠。普現一切諸佛剎土。一切如來大衆集會。悉於其中聽受佛法。所謂一切法如幻如夢光影水月。於一切法離生滅斷常。及離聲聞緣覺之法。得百千三昧。乃至百千億那由他三昧。得三昧已。遊諸佛剎。供養諸佛。生諸天宮。宣揚三寶。示現佛身。聲聞菩薩大衆圍繞。以自心現量度脫衆生。分別演說外性無性。唐譯云。說外境界皆唯是心。悉令遠離有無等見。

記曰。此明如來藏隨淨緣起。以顯不思議變業用力也。楞嚴觀音證圓通性。而云生滅既滅。寂滅現前。忽然超越世出世間。得二殊勝。上與十方諸佛同一慈力。下與六道衆生共一悲仰。故三十二應。十四無畏。七難二求。四不思議等。一念頓得。此性自具足。法爾如然。非假外也。故此能到自覺聖智究竟趣。則應緣成事。自然如摩尼珠圓照普應。而能現一切佛剎。入一切衆會。聽一切正法。得一切三昧。遊諸佛剎。供養諸佛。而能自現佛身。衆會圍繞。爲自心所現如幻衆生。說唯心現量如幻法門。普令聞者各了自心。頓證聖智。悉離有無二見也。蓋以不滅不生合如來藏。而如來藏圓照一切。故能一毫端頭現寶王剎。一微塵裡轉大法輪。從上諸祖了悟自心者。如天普蓋。似地普擎。乃云十方三世一切諸佛歷代祖師。一齊向拂子頭轉大法輪。蓋稟明于心。不假外耳。故諸力中。心力最大。

爾時世尊欲重宣此義而說偈言。

心量世間　佛子觀察　種類之身

離所作行　得力神通　自在成就

記曰。頌上不思議業用。皆由唯心觀行而成就也。唐譯云。佛子能觀察。世間唯是心。示現種種身。所作無障礙。神通力自在。一切皆成就。○遠從生滅章至此。通明真如隨染淨緣成一切法。近從問五法三自性章起止此。約三門破邪因以顯正因竟。

○次約一心破妄計以顯真理分二○初明寂滅一心○次會歸如來藏性○且初

爾時大慧菩薩摩訶薩復請佛言。惟願世尊為我等說。一切法空無生無二離自性相。我等及餘諸菩薩眾覺悟是空無生無二離自性相已。離有無妄想。疾得阿耨多羅三藐三菩提。

記曰。此明真如離緣。以顯第一義空。泯一切法會歸寂滅一心也。然前從生滅門入真如門。以即妄明真。故說真如隨無明緣成阿賴耶識。變起根身器界。一切諸法。分別執取以為實我實法。故成前七轉識。此則名相斯興。由妄想緣起也。以了彼諸法唯心所現。當體無生。故圓成自顯。此則正智斯現。名相皆如。故得二轉依果。是故心意意識五法三自性二無我法。從此而立。然雖轉生死即涅槃。轉煩惱即菩提。猶屬迷悟邊事。未極一心真源。以如來藏性真常中求於去來迷悟生死了不可得。生死涅槃。皆即狂勞顛倒華相。故此云正明第一義空。要顯五法三自性皆空。八識二無我俱遣。故大慧至此乃問一切法空無生無二離自性相。斯則真妄兩忘。聖凡情盡。方名自覺聖智究竟實相。圓成如來藏寂滅一心也。佛祖所傳正法眼藏涅槃妙心。義顯於此。故武帝問初祖大師。如何是聖

諦第一義。師云。廓然無聖。故千七百則。蓋發明此旨。

爾時世尊告大慧菩薩摩訶薩言。諦聽諦聽。善思念之。今當為汝廣分別說。大慧白佛言。善哉世尊。唯然受教。佛告大慧。空空者。即是妄想自性處。大慧。妄想自性計著者。說空無生無二離自性相。

記曰。此直指第一義空相也。然第一義空。離言說相。離名字相。離心緣相。不可說示。故云真空。而此真空。全體變成妄想。故妄想全體即是真空。故云空空者。即是妄想自性處。除此妄想外。別更無空。如云。空非有外。水外無流。斯則妄想本是無生無二離自性相。不容有說。故下文云。妄想自性無言說故。所以說空無生等者。但為不達妄想體空。計著以為實有者。故作如是說耳。

大慧。彼略說七種空。謂相空。性自性空。行空。無行空。一切法離言說空。第一義聖智大空。彼彼空。

記曰。此釋空義也。然空本是一。但從所觀有七耳。此七種空。依正智而觀。故言前六。依邪見而觀。故成第七。然相性行三空。乃三界諸法。取為我法二執。所謂空生死法也。無行空。乃空前三法。所謂空涅槃法也。離言說空。乃顯前四總是妄想。皆離言說也。第一義空。乃自覺聖智。總離前五。故云大空。彼彼空。則為邪見。故下不取。

云何相空。謂一切性自共相空。觀展轉積聚故。分別

無性。自共相不生。自他俱性無性。故相不住。是故說一切性相空。是名相空。

記曰。此明實相眞空也。以觀諸法緣生無性。生而無生。妄想本空。但愚夫妄計有自共相。今觀皆從因緣展轉積聚。微細觀察本自無性。所謂諸法不自生。亦不從他生。不共不無因。是故說無生。故云自他俱性無性。故不生。不生故不住。斯則諸法無性故空。故云說一切性相空。是名相空。

云何性自性空。謂自己性自性不生。是名一切法性自性空。是故說性自性空。

記曰。此言諸法本自無生。故自性本空。以明法空也。前約諸法妄相。以明生本無生。此明諸法當體

全是眞如。然眞如自性本自不生。故云自己性自性不生。斯則不待觀緣。而法法全空。故名一切法性自性空。此二法空也。

云何行空。謂陰離我我所。因所成所作業方便生。是名行空。

記曰。此明五蘊緣生無性故空。以明行空也。唐譯云。云何行空。所謂諸蘊。由業及因和合而起。離我我所。是名行空。此我空也。

大慧。即此如是行空。展轉緣起自性無性。是名無行空。

記曰。此言五蘊自性無生。本來寂滅故空。以明涅槃空也。唐譯云。云何無行空。所謂諸蘊本來涅槃。無有諸行。是名無行空。此涅槃空也。

云何一切法離言說空。謂妄想自性無言說。故一切法離言說。是名一切法離言說空。

記曰。此明生死涅槃二俱空也。一切法即世出世法。而此諸法本無所有。唯依妄想分別。但有言說。都無實義。今能分別之心既無。則所分別諸法何有。以一切法妄想所持。由妄想離言說。故一切法離言說也。此明俱空。謂生死涅槃二俱空也。

云何一切法第一義聖智大空。謂得自覺聖智。一切

見過習氣空。是名一切法第一義聖智大空。

記曰。此言俱空不生。以明第一義空也。謂一切生死涅槃有無等法。皆依一切見過習氣而有。然第一義自覺聖智絕諸對待。總皆離之。故云大空。以法界量滅。故云大空耳。

云何彼彼空。謂於彼無彼空。是名彼彼空。

記曰。此言邪見空也。然世尊亦並列於此者。意令善知彼法。離惡見故。以外道不達前六種空。但計諸法實有自相其相。謂妄見有自處無其其處無自。則妄計於彼無此。則謂之空。於此無彼。亦謂之空。是謂彼彼空。以依此空。妄起有無斷常二見。故舉而釋之。令知其相。意令修如實行者。不可誤墮此中也。故下結云。是空最麤。汝當遠離。

大慧。譬如鹿子母舍。無象馬牛羊等。非無比丘衆而說彼空。非舍舍性空。亦非比丘比丘性空。非餘處無象馬。

記曰。此喻釋彼彼空相也。舊注。鹿子人名也。其母卽毘舍佉優婆夷。深重三寶。造立精舍。安止比丘。於中不畜象馬等。以無象馬。故言空。而堂與比丘。及餘處象馬。俱未嘗空也。故唐譯云。我說彼堂空。非無比丘衆。大慧。非謂堂無堂自性。比丘無比丘自性。非謂餘處無象馬牛羊。

是名一切法自相。彼於彼無彼。是名彼彼空。

記曰。此法合也。唐譯云。一切諸法自共相。彼彼求不可得。是故說名彼彼空。以外道不達諸法性空。但妄計推度如此。

是名七種空。彼彼空者。是空最麤。汝當遠離。

記曰。此結答空義也。然此七種空。唯彼彼空是外道妄計。非第一義聖智大空。故勉離之。

大慧。不自生。非不生。除住三昧。是名無生。

記曰。此明自性無生義也。諸法當體本自不生。謂卽生而不生。非一向不生也。永嘉云。若實無生無不生。故云不自生。非不生。然八地以三昧力證無生理。乃修而後得者。此則諸法自性本自無生。除住三昧。是眞無生。

離自性。卽是無生。唐譯云。無自性者。以無生故。離自性。刹那相續流注及異性現。一切性離自性。是故一切性離自性。

記曰。此重釋無生所以也。然諸法所以不生者。以離自性。故云何離自性。謂諸法生生不住。刹那之頃。流及他性。故云離自性。下偈云。一切法不生。我說刹那義。物生則有滅。不爲愚者說。以刹那流轉故無自性。無自性故無生。契無生者。方見刹那。了刹那不住者。方契無生。

云何無二。謂一切法如陰熱。如長短。如白黑。

記曰。此喻明諸法以顯究竟本無二也。陰熱。魏譯云日光影。唐譯云如光影。如長短。如白黑。皆相待立。獨則不成。由是觀之。三喻皆依日而言也。是則陰熱。猶言陰晴。謂如日光雲蔽則陰。晴朗則熱。夏長冬短。晝白夜黑。此皆相待而立。其實日體本無晦明長短黑白也。觀生死涅槃無二爲若此。

大慧。一切法無二。非於涅槃彼生死。非於生死彼涅槃異相因有性。故是名無二。如涅槃生死。一切法亦如是。

記曰。此合無二法也。生死涅槃本來平等。故唐譯云。非於生死外有涅槃。非於涅槃外有生死。生死涅槃無相違相。斯則生死涅槃本無異相。然而凡愚二乘。妄見生死涅槃二相異者。以不達二皆無性故。故云異相因有性故。一切法不二例若此。

是故空無生無二。離自性相應當修學。

爾時世尊欲重宣此義而說偈言。

我常說空法　遠離於斷常　生死如幻夢
而彼業不壞
記曰。此總頌空無生無二也。以長行言一切平等。皆不可得。恐愚夫起撥無見。故此云而彼業不壞。淨名云。無作無造無受者。善惡之業亦不亡。宗鏡云。以性空故不壞業道。因果歷然。此所謂不自生。非不生也。

虛空及涅槃　滅二亦如是　愚夫作妄想
諸聖離有無
記曰。此言諸法空無生無二。離心緣相離言說相也。如彼三無為法。豈容措心圖度。由愚夫妄想是

有是無。聖人以自覺聖智照之。一眞凝寂。萬法皆如。故一切皆離。斯則一往所說五法三自性八識二無我等。猶是生滅迷悟邊事。必至空無生無二離自性相。方為究竟宗極。故下文結指離言。

爾時世尊復告大慧菩薩摩訶薩言。大慧。空無生無二離自性相。普入諸佛一切脩多羅。凡所有經悉說此義。諸脩多羅悉隨衆生希望心故。為分別說顯示其義。而非眞實在於言說。如鹿渴想誑惑羣鹿。鹿於彼相計著水性。而彼無水。如是一切脩多羅所說諸法。為令愚夫發歡喜故。非實聖智在於言說。是故當依於義。莫著言說。

記曰。此結示離言會權歸實也。然一切諸佛出世說法。本無實法與人。但破衆生妄想夢耳。以衆生迷本住法。入妄想夢。見三界法。迷為實有。佛曉之曰空。妄見諸法生。佛曉之曰不生。妄見生死涅槃二相。佛曉之曰無二。欲令衆生自悟本法。非別有增益也。故一切脩多羅所說。唯空無生無二。如此而已。然此一字法門。而必欲多方枝指者。但以衆生迷根深固。希望多途。故曲為開示。乃不得已而應機施設。聖心非實在於言說。即其所說皆本離言。而衆生不達。又執言象以為實法。不知法不在言。如渴鹿逐燄而生水想。不知燄非水也。是故一切佛法。如止啼黃葉。但令無知衆生發歡喜心耳。豈實法耶。故大經云。了法不在言。善入無言際。而能示言說。如響徧世間。故宗鏡云。以聖教為明鏡。

照見自心。以自心為智燈。燭經幽旨。但莫執義上之文。隨語生解。直須探詮下之指。契會本心。故此誡云。是故觀者當依於義。莫著言說。達摩西來單傳直指。不立文字。蓋以空無生無二離自性。故然如來出世本為此事。四十年來多方淘汰。不敢正言。但傍通耳。至此方許二乘外道皆得如來法身。一向皆權。今方說實。故此經為法華前茅。良有以也。一往所談。顯理究竟於此。向後從二卷初起至四卷初法身章。皆展轉發明此章之義。故彼章復以牛馬性結之。臨文自當證知。

觀楞伽阿跋多羅寶經記卷第五

觀楞伽阿跋多羅寶經記卷第六

宋天竺三藏沙門求那跋陀羅譯

明建鄴海印沙門　釋德清筆記

○前顯理中初明寂滅一心已竟

○大示如來藏性

一切佛語心品第二之一

爾時大慧菩薩摩訶薩白佛言世尊世尊脩多羅說如來藏自性清淨轉（二譯皆作具）三十二相入於一切眾生身中如大價寶垢衣所纏如來之藏常住不變亦復如是而陰界入垢衣所纏貪欲恚癡不實妄想塵

勞所污一切諸佛之所演說云何世尊同外道說我言有如來藏耶世尊外道亦說有常作者離於求那周偏不滅世尊彼說有我

記曰此將示如來藏性眞常無我以破外道妄計神我故興此問也初云寂滅者名為一心一心者名如來藏然此藏體從本以來不與一切染法相應故云自性清淨諸佛證此號為菩提涅槃成三十二妙相眾生迷此以為生死煩惱作八萬四千塵勞是則眾生日用現證全是如來果德故云轉三十二相入一切眾生身中但為五陰垢蔽貪癡妄想所污故如大價寶而為垢衣所纏其實自性常住不變此是一切諸佛大乘了義究竟極談所謂常住一心法身眞我者大慧因而疑之曰世尊向斥外道妄計神我謂是邪見今云有如來藏常住眞我豈不同彼外道所說我耶然世尊說如來藏體常周偏離於自性不生不滅而外道亦說有常作者離於求那周偏不滅斯則彼所說我與佛無別且世尊前云空無生無二離自性相普入一切脩多羅今云有如來藏義是聖教相違自語相違也然彼所計我其義有三一者體常名為作者二者雖在五陰而離於求那別有自性三者偏歷諸趣實非生滅其語雖似其義全非實是邪見故云學道之人不識眞只為從前認識神無量劫來生死本癡兒認作本來人此經以破邪為用謂此邪見一破即名正智即可頓證一心故大慧於顯理究竟處置此一問

佛告大慧我說如來藏不同外道所說之我大慧有時說空無相無願如實際法性法身涅槃離自性不生不滅本來寂靜自性涅槃如是等句說如來藏已如來應供等正覺為斷愚夫畏無我句故說離妄想無所有境界如來藏門大慧未來現在菩薩摩訶薩不應作我見計著

記曰此言法本離言應機故有說以顯藏性無我也謂如來說法不同外道執一之論但順眾生所執之情隨宜而擊破之故為着有相希求者說三解脫為執假法者說如實際為執差別者說平等

法性。爲執妄身者說法身。爲樂生死者說涅槃。爲認生滅爲心性者說離自性不生不滅。爲厭囂喧者說本來寂靜。爲厭生死者說自性涅槃。如是等句皆如來藏之異名。故云如是等句說如來藏已。爲執四大假我及認神我者說無我。其有愚夫聞說無我。遂生恐怖。故如來乃說離妄想無所有境界名如來藏自性清淨。此亦隨順方便。本無實法。是故汝等當依於義。莫着言說。不應作我見計着。向云三乘爲權。一乘爲實。今言法身涅槃如來藏名。猶是方便建立。所謂我大乘非乘。以顯寂滅心源言思路絶。眞妄兩忘。方爲自覺聖智究竟處。

譬如陶家於一泥聚。以人工水木輪繩方便作種種器。如來亦復如是。於法無我離一切妄想相。以種種

智慧善巧方便。或說如來藏。或說無我。以是因緣故說如來藏。不同外道所說之我。是名說如來藏。開引計我諸外道故。說如來藏。令離不實我見妄想。入三解脫門境界。希望疾得阿耨多羅三藐三菩提。

記曰。此以喻顯法因機異也。淨名云。說法不有亦不無。以因緣故諸法生。故如陶家作器。泥本是一。隨緣故器異。以況法本不異。異自機耳。故唐譯云。如來亦爾。於遠離一切分別相無我法中。以種種智慧方便善巧。或說如來藏。或說爲無我。種種名字各有差別。然種種智慧善巧方便者。法華云。諸佛智慧甚深無量。其智慧門難解難入。謂如來具有權實二智。種種智慧。乃一切種智根本實智也。善巧方便。後得權智也。然如來以實智證理。故法無不徹。權智說法。故機無不宜。其所說法。引導衆生。皆悉到於一切智地。故云如來爲開引計我諸外道故說如來藏。令離不實我見妄想。入三解脫。疾得無上菩提也。豈同外道所說我耶。三解脫者。謂如來藏自性清淨。故云空。離一切相。故云無相。衆生性自具足。不假外求。故云無願。舊引華嚴三解脫。謂菩薩觀緣起而知自性空。得空解脫。觀十二有支自性滅。得無相解脫。入空無願求。唯爲敎化衆生。故得無願解脫。然彼以觀言。正意在行。此以體言。正意在理。名同義別。學者應知。

是故如來應供等正覺作如是說如來之藏。若不如是則同外道。是故大慧。爲離外道見。故當依無我如

來之藏。

記曰。此結成正義。誡令離過也。謂如來說法。乃以實相印印定諸法。故隨其所說。皆與實相不相違背。外道無此法印。故曰不如是則同外道。噫。如來無此法印。則同外道。痛令識法者懼。如來藏乃佛性在纏之名。謂衆生識藏乃如來也。故云如來之藏。依主釋。

爾時世尊欲重宣此義而說偈言。

人相續陰　緣與微塵　勝自在作
心量妄想

記曰。此通頌無我也。人相續陰緣。乃凡夫所計五陰緣生假我。微塵勝性大自在等。乃外道所計神

我此皆心量妄想分別其實本皆無我。

○前從初卷分別自性章以來至此通約三門以辯邪正因果中初破邪顯正以示常住眞理竟。

○此下依理勘訂以辯邪正二行分四

○初總示正行之方分四○初能觀之智有四

爾時大慧菩薩摩訶薩觀未來衆生復請世尊惟願爲說修行無間如諸菩薩摩訶薩修行者大方便。

記曰此正請行也前一往開示顯理業已究竟故大慧至此請行問曰前說唯心識觀聖智三相二無我觀等皆其行也何特指此爲行耶答曰此經直指一心爲頓教大乘謂生死即涅槃煩惱即菩提故約五法三自性八識二無我說如來藏隨染淨緣成世出世法以隨業愛無知染緣而起則如如正智即成名相妄想爲實我實法故有生死若觀緣生無性即名相妄想爲如如正智我法皆空即是涅槃唯此一心轉變更無別法前雖節節說觀乃世尊直指當機要令目前頓見諸法緣生無性頓悟無生乃借觀明心正在顯理今從生滅會歸一心眞源顯理已極故大慧因前五無間種性故觀未來衆生亦有頓根可成熟者故此特請修行無間亦如前爲諸菩薩所說修行大方便門令其頓悟前約觀顯理此因機設行故正在行也以依無間之理修無間之行因無間之行證無間之理唯此一心當下頓證故人法因果通云無間實此經之宗趣也。

佛告大慧菩薩摩訶薩成就四法得修行者大方便。云何爲四謂善分別自心現觀外性非性離生住滅見得自覺聖智善樂是名菩薩摩訶薩成就四法得修行者大方便。

記曰此正示行相能觀之智有四也未來之機非上根大智不能頓入唯心法門故云菩薩摩訶薩成就四法得修行者大方便故二十七祖囑達磨曰震旦衆生多有大乘根器汝當於彼度人無量是故鼻祖西來不立文字直指人心見性成佛故自曹溪而下傳燈所載皆成就四法得修行大方便者但有絲毫不透即爲有間不足稱大方便矣。

云何菩薩摩訶薩善分別自心現謂如是觀三界唯心分齊離我我所無動搖離去來無始虛偽習氣所熏三界種種色行繫縛身財建立妄想隨入現是名菩薩摩訶薩善分別自心現。

記曰此釋四法中初句義也謂觀三界諸法唯是一心離我我所本無動作去來之相但以無始虛偽執著習氣所熏故三界種種色行繫縛身財住處隨妄想分別之所顯現唐譯云色行名言繫縛謂三界但以名言爲體若了妄想無性則三界頓空此當空觀義也。

云何菩薩摩訶薩善觀外性非性謂焰夢等一切性無始虛偽妄想習因觀一切性自性菩薩摩訶薩作如是善觀外性非性唐譯云如是觀察一切法時即是專求自證聖智。**是名**

菩薩摩訶薩善觀外性非性。

記曰。此釋次句義也。由觀三界一切諸法既唯心所現。則雖有而不實。當體虛假。如焰夢毛輪等本自非有。但因妄想習氣故有。由妄想無性。則一切法皆無性矣。無性故假。此當假觀義也。

云何菩薩摩訶薩離生住滅見。謂如幻夢一切性。自他俱性不生。隨入自心分齊。故見外性非性。見識不生。及緣不積聚。見妄想緣生。於三界內外一切法不可得。見離自性。生見悉滅。知如幻等諸法自性。得無生法忍。得無生法忍已。離生住滅見。是名菩薩摩訶薩善分別離生住滅見。

記曰。此釋第三句義也。以心境對待。故生滅之見不忘。良以心本無生。因境有。今觀一切境界如幻夢不實。則諸法當體不生。以唯心現故不生。既唯心現。則外境頓空。他不生也。外境既空。則內識不起。故云見識不生。自不生也。既無當心之境。亦無了境之心。當體無生。又何因緣而能生耶。故云緣不積聚。不共生也。由三界諸法皆從緣起。故云見妄想緣生。故非無因生也。今觀因緣體空。則三界內外一切諸法皆不可得。以了諸法無實體。故生見悉滅。則證如幻境界。得無生法忍。離生滅見。生滅既滅。寂滅現前。此當中道義也。中觀曰。因緣所生法。我說即是空。亦名為假名。亦名中道義。此但直觀諸法唯自心現。緣生無性。頓證無生。約義而言。以例三觀。非若他經所明歷別次第比也。上三句屬因。下句屬果。以意生身。因上三觀而證得故。

云何菩薩摩訶薩得自覺聖智善樂。謂得無生法忍。住第八菩薩地。得離心意意識五法自性二無我相。得意生身。

記曰。此釋第四句圓成一心自覺聖智義也。謂八地以前。未離心意識。猶屬對治生滅境界。及得無生法忍。住八地已上。五法三自性八識二無我一切俱離。所謂生滅滅已。寂滅為樂。故云得自覺聖智善樂。以無生無不生。故得意生身。身土自他。無障無礙。

世尊。意生身者何因緣。佛告大慧。意生身者。譬如意

去迅疾無礙。故名意生。譬如意去石壁無礙。於彼異方無量由延。因先所見憶念不忘。自心流注不絕。於身無障礙生。大慧。如是意生身得一時俱。菩薩摩訶薩意生身如幻三昧力自在神通妙相莊嚴聖種類身一時俱生。猶如意生無有障礙。隨所憶念本願境界。為成就衆生得自覺聖智善樂。

記曰。此釋行成得果之相也。唐譯云。譬如心意於無量百千由旬之外。憶先所見種種諸物。念念相續。疾詣於彼。非是其身及山河石壁所能為礙。意生身者亦復如是。如幻三昧力通自在諸相莊嚴。

憶本成就衆生願故猶如意去生於一切諸聖衆中前二無我中見法無我住灌頂位超佛子地當得如來自在法身及唯心觀成并聖智三相等節節皆明此義

如是菩薩摩訶薩得無生法忍住第八菩薩地轉捨心意意識五法自性二無我相身及得意生身得自覺聖智善樂是名菩薩摩訶薩成就四法得修行者大方便當如是學

記曰此結勸修也華嚴九地聖人現十界身說法度生莊嚴佛土承事諸佛作大佛事所謂得意生身也此言八地得者以彼約行布斷證謂由八地斷俱生我執已證平等眞如著三昧樂能捨三昧樂發度生願故能現十界身說法度生如意自在名意生身故九地方得此約頓機但能一念頓證無生離心意意識境界從凡夫位即入佛境界對位正當八地耳非言漸斷漸證依次而至也故下文云初地即爲八無所有何次所謂得諸法正性者不從一地至於一地此但約通相言之耳所謂頓悟一心頓登佛地雖云諸地乃借位以示悟有淺深非是實有階級次第也古德云聖諦亦不爲何階級之有

○次示所破之惑有二

○初明緣生無性破依他起

爾時大慧菩薩摩訶薩復請世尊惟願爲說一切諸法緣因之相以覺緣因相故我及諸菩薩離一切性有無妄見無妄想見漸次俱生

記曰此躡跡問以明迷悟因依廣釋上修行者大方便也然修行之要唯了依他偏計本無圓成實有而已故此先明緣生無性以破依他起性由外道不達諸法依如來藏若生若滅乃妄計一切衆生世界從我流出謂之頓生妄計冥初生覺從覺生我心等二十五冥諦謂之漸生由此有無二見皆依他起者故世尊從前一往說諸法從因緣生以緣生無性故說無生破彼妄計大慧雖領其旨將謂實有因緣之相但不知因緣之相何如意謂若明達因緣之相則不於諸法起有無二見及執頓生漸生也故與此問向下答意先示因緣之相後示因緣亦無問曰前顯理行因果已周眞妄之辯已徹何以復於因緣起疑耶答曰良有以也此經頓教大乘以一心爲宗斷疑破執摧邪顯正爲用以直觀一心頓斷根本煩惱頓證無生立登佛地故然根本煩惱有六謂貪嗔癡慢疑邪見然貪嗔癡本是如來三德祕藏爲一切衆生本有佛性有情皆具但慢疑邪見二乘外道居多以疑謗正法橫生邪見未得謂得未證謂證故與正法相抗違背正覺是以最爲堅執梗化者世尊四十年來多方彈斥至此根機已熟故頓拔疑根力摧邪見令其正信一發即可頓證無生所謂疑悔永已盡安住實智中是故此經專一斷疑破邪以顯自覺聖智所以已蒙究竟開示而復躡跡重重伸疑致難者直令行人纖疑盡淨方能的信自心更不向外馳求耳故從上諸祖乃的信自心到不疑之地者非此外別有方便也此後終篇大旨槩不出此

佛告大慧一切法二種緣相謂外及內外緣者謂泥

團柱輪繩水木人工諸方便緣。有瓶生。如泥瓶。縷氎草蓆種芽酪酥等方便緣生。亦復如是。是名外緣前後轉生。

記曰。此示外緣相也。親能生起爲因。疏能助起爲緣。一切諸法。未有不從緣生者。且如泥團爲因。柱輪繩水木人工爲緣。而成於瓶爲果。至若縷草種酪爲因。氎席芽酥爲果。以類諸法。皆然。緣生之法。必先因後果。展轉而生。故云前後轉生。內外者。內即根身。外即器界。

云何內緣。謂無明愛業等法。得緣名。從彼生陰界入法。得緣所起名。彼無差別。而愚夫妄想。是名內緣法。

記曰。此示內緣相也。謂從無明愛業等十二因緣。立緣之名。從緣而生陰界入法。得緣所起之名。雖有三世因果。了無差別。但是愚夫妄想分別見耳。此即示緣生無性義也。

大慧。彼因者有六種。謂當有因。相續因。相因。作因。顯示因。待因。當有因者。作因已。內外法生。

記曰。此示因相也。因即是緣。以心境互爲緣起。故但約生起義爲因。助起義爲緣耳。唐譯云。謂內外法作因生果。以一念起處。即作生死因。必有當來果。故爲當有因。作即生起。此當因緣義也。若了生本無生。則無涯生死頓斷。

相續因者。作攀緣已。內外法生陰種子等。

記曰。此當所緣緣義也。唐譯云。謂內外法作所緣。生果蘊種子等。謂若根若境。通爲所緣。而起憎愛取著。能致後有生死不斷。故云相續因。

相因者。作無間相相續生。

記曰。此當等無間緣義也。唐譯云。作無間相。生相續果。以妄想不斷。因果相續。故名無間。

作因者。作增上事。如轉輪王。

記曰。此當增上緣義也。唐譯云。謂作增上事而生於果。謂單境不能生果。必假心爲增上。以心是境之增上緣故。如轉輪王。於受用境。變現自在。

顯示因者。妄想事生已。相現作所作。如燈照色等。

記曰。此當分別緣義也。魏譯云。了因。唐譯云。顯了因。謂分別生能顯境相。如燈照物。所謂境緣無好醜。好醜起於心。若一心不生。則萬法俱寂。故一切法。但以分別爲因。楞嚴八還中分別緣。即此義也。以上四因。心境合會。作業成就。到此則分別顯了。因果歷然。故云了因也。

待因者。滅時作相續斷。不妄想性生。

記曰。此無想斷滅因也。謂無想外道。心慮灰凝。於妄想滅處。遂作相續已斷。而生無妄想見。以此爲因。感無想報。以待滅爲因。故云待因。論中無此。以此經正在摧邪。故特出此因。然此六因。眞妄皆具。聖凡齊稟。以法界所宗。不離緣起故。良由不達緣起。妄執諸法實有自性。故成偏邪。但名妄想。若了緣生無性。則法本無生。眞妄皆空。聖凡齊泯。即是自覺聖智。且此因緣諸法。盡屬生滅。意顯本不生

義不屬因緣故下云漸頓俱非以示眞無生義

大慧彼自妄想相愚夫不漸次生不俱生

記曰此明本不生也唐譯云此是愚夫自所分別非漸次生亦非頓生

所以者何若復俱生者作所作無分別不得因相故

若漸次生者不得相我故漸次生不生如不生子無父名

記曰此徵釋無生義也謂諸法不一時頓生亦非漸生若頓生者則不分能所先後無因果相若漸生者未得果相何言因生如未有子何以名父故魏譯云若一切法一時生者因果不可差別以不

見因果身相故若次第生者未得身相不得言次第生如未有子云何名父未得身相者單言未得果相不得言因也

大慧漸次生相續方便不然但妄想耳因攀緣次第增上緣等生所生故大慧漸次生不生妄想自性計著相故

記曰此明法本離緣但妄計因緣相也謂諸法當體寂滅本自無生若言因因緣而生諸法者皆妄想分別耳故魏譯云愚癡凡夫自心觀察次第相續不相應故作如是言因緣次第緣緣緣增上緣等能生諸法大慧如是次第諸法不生虛妄分別取法體相唐譯云諸計度人言以因緣所緣緣無間緣增上緣等所生能生互相繫屬次第生者理不得成皆是妄情執著相故言因攀緣等者謂親能生起者曰因緣心取外色等塵曰攀緣即所緣緣內外法更互轉生相續無間曰次第緣即等無間緣心是境之增上緣識論廣明但名同義別以此明緣生諸法彼論識具緣相耳

漸次俱不生自心現受用故自相共相外性非性大慧漸次俱不生除自心現不覺妄想故相生是故因緣作事方便相當離漸次俱見

記曰此結示法本無生不可作因緣見也何以諸法頓漸不生以一切法唯心現故既唯心現則心外無法無可生者以自共相皆無自性故既無自性則誰為生者故皆不生但除妄識分別為有生

耳其實無生唐譯云漸次與頓皆悉不生但自心現身資等故外自共相皆無性故唯除識起自分別見大慧是故應離因緣所作和合相中頓漸生見

爾時世尊欲重宣此義而說偈言

一切都無生　亦無因緣滅　於彼生滅中
而起因緣想　非遮滅復生　相續因緣起
唯為斷凡愚　癡惑妄想緣　有無緣起法
是悉無有生　習氣所迷轉　從是三有現

記曰此頌法無生滅本自離緣也初一偈謂一切法本無生滅但諸凡愚於無生中妄見生滅而起

因緣之想。次一偈半。妨難。難曰。向因凡愚妄執諸法滅而復生。故世尊說因緣相以遮遣之。今者何言因緣亦無耶。故偈答曰。非是遮彼滅而復生者而說因緣。但假以因緣名字以破彼凡愚妄想耳。亦非實有因緣之相爲彼生法也。况一切有無緣起之法。盡是無生。豈有因緣之相耶。末半偈文通難。難曰。旣無因緣。今此三界從何而起。答曰。但從衆生習氣迷轉。乃自妄見三界之相耳。故云習氣所迷轉。從是三有現。

眞實無生緣　亦復無有滅　觀一切有爲
猶如虛空花　攝受及所攝　捨離惑亂見
非已生當生　亦復無因緣　一切無所有

斯皆是言說

記曰。此頌正顯實義也。謂一切生滅因緣有爲諸法。盡屬虛妄之見。眞實本來無有生滅。但見一切有爲之法如空中華。遠離能取所取一切妄見。則頓見諸法本無已生當生。而彼一切因緣和合之相。皆是言說。非實法也。始因凡愚妄執異因能生諸法。起有無斷常二見。故世尊先示因緣生法。破彼無因。令觀諸法緣生無性。了悟無生。今無生之理旣彰。眞實之義已顯。故此特示本無生滅。不假因緣。以但有言說。都無實義。故斯則直指一心眞源。以顯究竟第一義諦。離名字相。離心緣相。離言說相也。觀者應知。

○上明緣生無性破依他起竟

○下明妄想無性破偏計執

爾時大慧菩薩摩訶薩復白佛言。世尊。惟願爲說言說妄想相心經。世尊。我及餘菩薩摩訶薩若善知言說妄想相心經。二譯皆心法門 **則能通達言說所說二種義。疾得阿耨多羅三藐三菩提。以言說所說二種趣淨一切衆生。**

記曰。此亦躡跡伸疑致問。以明妄想無性以破偏計執也。由初卷末云。當依於義。莫著言說。意謂言說是妄想相。且所說能顯第一義。旣能顯第一義。何以名妄想耶。故此請問言說妄想相及所說第一義。若能通達此二種義。則遠離偏計。亦可以此法門淨治衆生也。

佛告大慧。諦聽諦聽。善思念之。當爲汝說。大慧白佛言。善哉世尊。唯然受教。佛告大慧。有四種言說妄想相。謂相言說。夢言說。過妄想計著言說。無始妄想言說。相言說者。從自妄想色相計著生。夢言說者。先所經境界隨憶念生。從覺已境界無性生。唐譯云。謂夢先所經境界。覺已憶念依不實境生。 **過妄想計著言說者。先怨所作業隨憶念生。**唐譯云。謂憶念怨讐先所作業生。過即過惡。 **無始妄想言說者。無始虛僞計著過自種習氣生。**唐譯云。以無始戲論妄執習氣生。 **是名四**

種言說妄想相

記曰此示言說妄想相也謂妄見男女身分顏貌好醜及一切資生器物美惡等相妄起分別而有言說名相言說夢先所經境界覺已憶念妄計分別吉凶美惡等名夢言說憶想自他冤親愛憎等先所作業妄生分別而有言說名過妄想計著言說無始時來八識含藏自類戲論種子習氣猛然皷發故生分別名無始妄想言說一切言說不出此四以妄想為言說因故離此四外則無言說無言說處即第一義諦非言說能顯第一義諦也

爾時大慧菩薩摩訶薩復以此義勸請世尊惟願更說言說妄想所現境界世尊何處何故云何何因眾生妄想言說生魏譯云惟願為我重說四種虛妄執著言語之相眾生言語何處出云何出何因出唐譯云願更為說言語分別所行之相

佛告大慧頭胸喉鼻脣舌斷齒和合出音聲唐譯云依頭胸喉鼻脣齶齒舌和合而起

記曰此示言語因緣相也謂眾生言語所出以前四妄想為因此頭胸等八種為緣故有言說老氏所謂天地之間其猶橐籥乎虛而不屈動而愈出此所謂妄想緣氣識風皷扇無故而出者故無謂耳以此觀言語相則音聲體空本不有也眾生語言如此至若佛之言說如天皷音故其說法有六十四種梵音特非妄想比也

大慧白佛言世尊言說妄想為異為不異佛告大慧言說妄想非異非不異所以者何謂彼因生相故大慧若言說妄想異者妄想不應是因若不異者語不顯義而有顯示是故非異非不異

記曰此示言語妄想二皆性空義也謂妄想言說若各有自性則為定異若不待因生無所顯示則為定一今言語既因妄想而生非定異也言語但是音聲相以音聲質直無文如風鼓竅無所顯示由妄想力屈曲雜出有所顯示能所歷然非定一也以非一非異二皆性空故都無實義

大慧復白佛言世尊為言說即是第一義為所說者是第一義

佛告大慧非言說是第一義亦非所說是第一義所以者何謂第一義聖樂言說所入是第一義非言說是第一義

記曰此示第一義諦離言說相也大慧意謂凡夫由妄想言說既能顯示世俗諦而聖人亦以言說顯示第一義諦今妄想言說既非一非異不知聖言量與第一義是異不異故問云為言說即是第一義是不異也為所說是第一義非不異也佛答謂異與不異二者皆非唐譯云何以故以第一義是聖樂處因言而入非即是言聖樂處者乃諸佛自受用境界離心意識非言說可到而言說第一義者如標月指耳如指但能標月不能到月因指觀月月非指也故云言說所入是第一義非言說

是第一義。

第一義者聖智自覺所得。非言說妄想覺境界。是故言說妄想不顯示第一義。

記曰。此明言說不但非第一義。而亦不能顯第一義。伸明第一義諦離言說相也。以第一義乃聖智自覺所得境界。非言說妄想覺境界。而言說妄想豈能顯示。以但有言說都無實義。故教外別傳之旨。舉心即錯。動念即乖。言語道斷。心行處滅。能所兩忘。心境雙絕。唯證相應。豈妄想言說分別可到。

言說者生滅動搖展轉因緣起。若展轉因緣起者彼不顯示第一義。大慧。自他相無性。故言說相不顯示第一義。唐譯云。第一義者。無自他相。言語有相。不能顯示。復次大慧。隨入自心現量故種種相外性非性。言說妄想不顯示第一義。唐譯云。第一義者但唯自心。種種外相悉皆無有。言語分別不能顯示。是故大慧。當離言說諸妄想相。

記曰。此重明言說不能顯示第一義諦之所以也。然言說畢竟不能顯示第一義者。有三義。故以第一義者。不生不滅。湛然常寂。不動不搖。不屬因緣和合所起。豈彼生滅動搖因緣所起言語之相而能顯示耶。第一義者。超然絕待。無自他相。豈彼自他對待言語之相而能顯示耶。第一義者但唯自心現量境界。永離一切種種外相。豈彼妄想心外取法分別語言而能顯示耶。由此三義所以言說

畢竟不能顯示第一義諦。是故結勸。若觀第一義。當離言說諸妄想相。方許可入。所謂離心意識參。離妄想境界求。方有少分相應耳。是故前云當依於義莫著言說。故世尊一日陞座。文殊白槌云。諦觀法王法。法王法如是。

爾時世尊欲重宣此義而說偈言。

諸性無自性　亦復無言說　甚深空空義
愚夫不能了　一切性自性　言說法如影
自覺聖智子　實際我所說

記曰。此頌直顯離言方為實際。以洗行人名言習氣。方能實證也。然此偈稍略。唐譯云。諸法無自性。亦復無言說。不見空空義。愚夫故流轉。一切法無性。離言說分別。諸有如夢化。非生死涅槃。如王及長者。為令諸子喜。先賜相似物。後賜真實者。我今亦復然。先說相似法。後乃為其演自證實際法。觀此王及長者之喻。足徵楞伽已往四十年中所說諸法皆相似語。未顯真實。既經淘汰多方。根機已熟。方說自證真實離言之道。正法華所謂先以三車引導諸子。然後等賜大白牛車。寶物莊嚴。令其馳騁遊戲快樂。此聖人說法之儀式也。問曰。諸判教者但云法華開權顯實。而未聞言此經預為開顯。何以會通。答曰。諸佛以一大事因緣故出現於世。所謂欲令眾生開示悟入佛知見。故佛知見者。即所謂唯心現量自覺聖智。乃一切眾生本具如來藏心真實佛性義也。唯此一事更無餘事。諸佛聖人因此緣此出現世間。故所說法從始洎終。直為開顯此一事耳。向以眾生德薄垢重。不敢頓示。

恐彼驚疑不信返致謗法之愆故大悲隱忍但以駢拇枝指及至眾志貞純方堪說實故此經頓示如來藏心自覺聖智若有悟此心者一念頓登佛地不勞多劫修行此所謂頓教法門也爲欲革彼三乘漸弊故云頓教大乘然爲法華前象故預爲開顯聖人說法始終一貫前後相須故有祕密不定之教且所說法雖有多種大約不出理行因果四法而已各有權實此四各歸其極入於一實則聖人之能事畢矣然四十年中所說之法不離心境對待能所眞妄生死涅槃故其聞者將爲實法未捨名言習氣終在門外止宿草菴至於此經則徹底掀翻打破窠窟一切俱離頓示一心自覺聖智此則顯理已極然而所開顯者乃開除三乘之權理以顯一乘之實理也以此實理正智將爲眞因所謂以不生滅心爲本修因者是已至於法華則藉此眞智爲因以資妙行故一花一香舉首低

頭合掌稱名皆成佛道是以眞行契眞果然所開顯者乃開除三乘之權行以顯一乘之實行也以此實行冀登實果故三乘人一一授記歷事多佛方成佛道若非借此眞因縱使再經塵劫將恐終滯化城耳二經宗趣雖異理實冥符至於楞嚴則理行因果一一皆眞乃是通會前權都歸一實三乘統收五性齊入融會一代人法理行因果總入如來妙莊嚴海此尤見如來說法始終一貫也觀者若不明此通途說法儀式縱悟自心亦不能開示童蒙所謂宗通說不通如日被雲籠亦不詣究竟實際以未達如來本懷故也因便及此觀者勿厭其繁

○上明妄想無性破偏計執已竟

○下明心境俱亡以顯圓成

觀楞伽阿跋多羅寶經記卷第六

觀楞伽阿跋多羅寶經記卷第七

宋天竺三藏沙門求那跋陀羅譯

明建鄴海印沙門　釋德清筆記

一切佛語心品第二之二

○上明妄想無性破偏計執竟

○下明心境俱亡以顯圓成

爾時大慧菩薩摩訶薩復白佛言世尊惟願爲說離一異俱不俱有無非有非無常無常一切外道所不行自覺聖智所行離妄想自相共相入於第一眞實之義

記曰此亦躡跡致問將明心境俱亡以顯圓成實性也由初卷佛斥外道不達諸法無性妄於第一義作有無斷常二見執定一定異俱不俱等四句論乃是愚癡妄想所行境界非自覺聖智境界故依他偏計斯興圓成不顯今大慧問說第一義諦離言說相離心緣相是則言語道斷心行處滅四句既離百非俱遣此非外道境界乃自覺聖智所行境界也但不知離四句外聖智境界究竟何如意若了此則二性頓祛圓成實顯即可入於第一眞實之義故特興此問以明成自性也

諸地相續漸次上上增進清淨之相隨入如來地相無開發本願（唐譯云以無功用本願力故）譬如眾色摩尼境界無

邊相行。魏譯云。如如意寶。無量境界修行之相。自然行故。自心現趣部分之相。一切諸法。唐譯云。一切諸法。皆是自心所現差別。我及餘菩薩摩訶薩。離如是等妄想自性自共相見。疾得阿耨多羅三藐三菩提。令一切衆生一切安樂具足充滿。

記曰。此敘因法獲益。所以致問之意也。謂若得了達離四句義。入於眞實。則可漸增諸地。以致入如來地。以無功用行成就衆生。如摩尼寶隨心變現。普應一切。悟唯心境。不獨離外道見。抑離二乘於陰界入作自相共相妄想見也。斯則少施功用疾得菩提。自利利他。法利充滿。有此大益。所以請問。

佛告大慧。善哉善哉。汝能問我如是之義。多所安樂。

多所饒益。哀愍一切諸天世人。佛告大慧。諦聽諦聽。善思念之。吾當爲汝分別解說。大慧白佛言。善哉世尊。唯然受教。佛告大慧。不知心量愚癡凡夫。取內外性。依於一異俱不俱有無非有非無常無常自性習因。計著妄想。

記曰。大慧請問離四句外。別求聖智所行境界。將謂實有四句可離。實有聖智可得。佛所答意。謂本無四句可離。亦無聖智可得。何者。以第一義妄眞雙絕。故且四句者。蓋由愚癡凡夫不達唯心所現。如夢境界。妄取內外一切諸法實有自性。故妄生分別一異等見。此乃戲論習氣爲因。妄生計著耳。非是實有四句也。良以心境如空。無所依。然所分別境界既無。而能分別妄心何有。苟一心不生。則萬法自寂。豈實有四句可離。但盡凡情。別無聖解。若生聖解。卽墮凡情。故亦無聖智可得。故唐譯結云。當於聖智所證法中。離生住滅一異等一切分別。到此境界。言思路絕。方爲極則。故僧問馬大師。離四句絕百非。請師直指某甲西來意。師云。今日頭痛。不能爲汝說。文殊問維摩居士不二法門。士默然。故世尊向下所答。但以十二譬喻借以發明。前七喻喻境界本無。愚者妄生分別。顯妄想非有。以明本無四句可離。後五喻喻佛說法應機施設。本爲破著。如以楔出楔。元無實法與人。故偈云。言教唯假名。彼亦無有相。以明亦無聖智可得。然此章所喻。雖若顯而易見。其實深而難明。觀者須善體會。務契佛心。所謂承言須會宗。勿自立規矩。智者深觀之。

譬如羣鹿。爲渴所逼。見春時燄。而作水想。迷亂馳趣。不知非水。如是愚夫。無始虛僞妄想所熏習。三毒燒心。樂色境界。見生住滅。取內外性。墮於一異俱不俱有無非有非無常無常想。妄見攝受。

記曰。此喻通顯境本無生。因心分別而執取也。夫陽燄本非是水。以羣鹿渴逼而作水想。妄生奔逐。而不知本非水也。以況一切境界本自無生。亦無可欲。以愚夫無始貪愛種子習氣內熏。三毒外發。現行渴愛所逼。於一切色境妄起貪求樂欲。是於無生中妄見生滅。執取根身器界內外諸法。妄起一異常無常等四句妄見。而不知本自無生。此乃妄想攝受。非正見也。

如犍闥婆城。凡愚無智而起城想。無始習氣計著相現。唐譯云。無智之人。無始時來執著城種妄熏習故。而作城想。彼非有城。非無城。如是外道無始虛偽習氣計著依於一異俱不俱有無非有非無常無常見。不能了知自心現量。

記曰。此喻轉釋上意也。謂彼愚夫所以於非可欲中妄生貪著而作四句分別者。以不知一切境界唯心所現。故所謂自心取自心。非幻成幻法。

譬如有人夢見男女象馬車步城邑園林山河浴池種種莊嚴。自身入中。覺已憶念。大慧。於意云何。如是

士夫於前所夢憶念不捨。為黠慧不。大慧白佛言。不也世尊。佛告大慧。如是凡夫。惡見所噬。外道智慧。不知如夢自心現性。依於一異俱不俱有無非有非無常無常見。

記曰。此喻總釋上意也。謂外道不知自心所現如夢境界。妄生執取。貪著追求。於此橫起分別一異等見。所以為愚癡惡見非黠慧也。

譬如畫像不高不下。而彼凡愚作高下想。如是未來外道惡見習氣充滿。依於一異俱不俱有無非有非無常無常見。自壞壞他。餘唐譯作於離有無無生之論亦說言無。魏譯云。而彼外道自壞壞他。說如是言。諸法不生不滅。有無寂靜。彼人名為不正見者。唐譯云。於離有無無生之論。亦說為無。謗因果見。拔善根本。壞清淨因。勝求者二譯俱作欲求勝法當遠離去。作如是說。彼墮自他俱見有無妄想已。墮建立誹謗。以是惡見當墮地獄。

記曰。此喻外道邪慢固執惡見。返謗正法。撥無因果。切誡行人當痛絕之也。心如工畫師。畫出諸形像。一切諸法唯心所現。當體寂滅。無生無有高下。而彼外道自恃生滅惡見。矜已為高。返於佛法離有無無生之論。謗言為無。此謗因果。拔善根本。壞清淨因。應知此人墮自他有無妄想落斷常二見。

以是惡見當墮地獄。故誡行人欲求勝法者。當速遠離之。

譬如翳目見有垂髮。謂眾人言。汝等觀此。而是垂髮畢竟非性非無性。見不見故。魏譯云。譬如翳目見虛空中有於毛輪。為他說言。如是如是青黃赤白。汝何不觀。大慧。而彼毛輪本自無體。何以故。有見不見故。如是外道妄見希望。依於一異俱不俱有無非有非無常無常見誹謗正法。自陷陷他。

記曰。此喻釋上自壞壞他義也。謂彼外道自恃邪見。轉教他人同已。正如翳目自見空中毛輪。返責他人不同已見也。然空中毛輪。唯病目者見。好眼不見。以況一異有無四句。但邪見所執。正見則離。

且彼外道猶然堅執。自是非他。誹謗正法。展轉教人。所謂從本以來成事相承。熏習成化。自陷陷他。爲法大害。所以切誡行人當速遠離。意謂不但不親其人。抑且不可作實有四句見。故以垂髮比之。

譬如火輪非輪。愚夫輪想。非有智者。如是外道惡見希望。依於一異俱不俱有無非有非無常無常想一切性生。

記曰。此喻釋本無四句義也。旋火非輪。但愚夫妄作輪想。以況法無四句。但外道邪執妄起四計耳。故云一切性生。永嘉云。一切數句非數句。與吾靈覺何交涉。

譬如水泡似摩尼珠。愚小無智作摩尼想。計著追逐。而彼水泡非摩尼非非摩尼。取不取故。如是外道惡見妄想習氣所熏。於無所有說有生。緣有者言滅。

記曰。此喻外道妄執四句因果非眞也。水泡但似摩尼。實非摩尼。而愚小無智者遂取爲眞。智人明見。則不取也。以況外道四句。但似一似常。實非眞常之道。由彼無智執妄爲眞。若了唯心現量者。則不取也。故云取不取故。然彼但爲妄習所熏。乃於無生中妄見有生。故云於無所有說有生。於緣生諸法。復執斷滅壞於因緣。故云緣有者說爲滅。由是妄作四句橫論。且因非眞因。果非眞果。妄執不眞爲眞。故若小兒認水泡作摩尼想也。然彼四句。但妄想耳。若了妄想無性。則四句體空。無可離者。故前七喻通明無四句可離。

復次大慧。有三種量五分論。各建立已。得聖智自覺離二自性事。而作有性妄想計著。

記曰。此下明亦無聖智可得也。唐譯云。立三種量已。於聖智內證離二自性法。起有性分別。魏譯云。而作是言。實有聖者內證之法。離二自性虛妄分別故。世尊意責大慧謂我已爲汝等立三種量五分論。楷定是非。令捨邪執矣。何以至此又於自證聖智離二自性法中。復起實有聖智可得之見耶。若聖智實有自性可得。亦是妄見。故論云。現前立少物。謂是唯識性。以有所得故。非實住唯識。謂若絲毫見處不忘。猶是生死岸頭事。必若無智無得。方爲究竟耳。三量者。謂現量比量聖言量也。現量者。現即顯現。謂分明證境。不帶名言。無籌度心。親得法體。離妄分別。而非錯謬。故名現量。比量者。即比類。謂以因由譬喻比類量度而得知故。比量有三支。聖言量者。謂以如來聖教爲準繩故。五分論者。即宗。因。喻。三支。幷合。結。爲五分。具載因明論。言已有三量五分建立者。即指前初卷一往所說。總不出三量五分也。如所云自心現自覺聖智等。皆現量也。所云如幻水月光影空華。及微塵泥團瓶等。以喻發明。皆比量也。所云一切諸佛如來皆先權後實。及法佛報佛化佛說法云云等者。皆聖言量。此皆三量建立也。所云我以如來藏第一義心爲宗。外道以神我勝性等爲宗。皆宗也。我以第一義自覺聖智等爲因。彼以無始虛妄習氣種子爲因。及作無作生無生常無常等。皆因也。如虛空佛骨。及蕉芽破瓶等。皆喻也。此三支。就中自有合結之文。皆五分論。故云建立已。以佛說法。不出三量五分爲楷式故。

大慧。心意意識身心轉變自心現攝所攝諸妄想斷。如來地自覺聖智。修行者不於彼作性非性想。唐譯云。諸修行者轉心意識。離能所取。住如來地自證聖法。於有及無。不起於想。若復修行者如是境界性非性攝取相生者。彼即取長養及取我人。唐譯云。諸修行者若於境界起有無執。則著我人衆生壽者。大慧。若說彼性自性自共相。一切皆是化佛所說。非法佛說。又諸言說悉由愚夫希望見生。不爲別建立趣自性法得聖智自覺三昧樂住者分別顯示。

記曰。此責大慧不應於自證聖智法中起有無見。以明本無聖智可得也。謂諸修行人。既轉心意識。離能所取。安住如來自證境界。豈可復於彼自覺聖智中作有無想耶。若於此中起有無執者。則爲著我人衆生壽者見矣。所謂存我覺我。俱名障礙。正如圓覺所明微細四相。由存證悟。未忘能所故。若說彼性自性下。妨轉難也。謂轉難言。眞如自性。涅槃證得。佛種緣起等。皆是佛說。何以今言無智可得。世尊答言。若說彼自證聖智法中。實有自性以待緣生者。此乃化佛所說。非法佛說。然化佛作如是說者。亦非本懷。蓋爲衆生愚癡希望有所證得。取以爲果。方肯趣進。若說無我無智無得。則生恐怖。故不得已。而隨順機宜。方便施設。本非實法。故云悉由愚夫希望見生。不是爲發心趣進自性法修如實行得自覺聖智三昧樂住上上根人分別顯示也。意謂今此頓教大乘。特爲上上根人頓

示離心意識自覺聖智境界。乃法佛所說眞實之法。豈得執彼權說希望證得耶。問曰。眞如法性。何故亦言自相共相。答曰。諸法自體。唯智證知。言說不及。當體如如。是謂自相。若法體性。言說所及。假智所緣。不得自相。是爲共相。今此頓教大乘宗中。頓爲顯示第一義心。離言說相。唯有自相體。都無共相體。自相唯現量得。故云爲趣自性法得聖智自覺三昧樂住者分別顯示。問曰。化佛所說自相共相。何也。答曰。化佛說眞如自性凝然不變。謂之自相。隨染淨緣成一切世出世法。謂之共相。今大慧將謂實有聖智可得者。正執緣因佛性。待緣而顯。有所證得。故也。

譬如水中有樹影現。彼非影非非影。非樹形非非樹形。如是外道見習所熏妄想計著依於一異俱不俱有無非有非無常無常想。而不能知自心現量。

記曰。此下五喻。以顯本無聖智可得也。此喻佛現身如水中影。水喻衆生心。樹喻佛法身。菩提身。願身。良以法身非身。乘願力現。故衆生心水淨。菩提影現中。言其所現。原是衆生本有法身自心現量。以感應道交。不可思議。但是一心。故影樹俱非。外道不達唯心所現。故妄執一異等見。

譬如明鏡隨緣顯現一切色像而無妄想。彼非像非非像。而見像非像。妄想愚夫而作像想。如是外道惡見自心像現妄想計著。依於一異俱不俱有無非有非無常無常見。

記曰。此喻佛無心應物。隨緣成事。應機差別。如鏡現像。魏譯云。有緣得見。無緣不見故。

譬如風水和合出聲。彼非性非非性。如是外道惡見妄想。依於一異俱不俱有無非有非無常無常見。

記曰。此喻佛說法。乃緣擊而發。如風水和合而後有聲。故一切聲教本無實法。愚者妄以爲實。故唐譯云。譬如谷響。

譬如大地無草木處。熱焰川流洪浪雲湧。（唐譯云。日光照觸燄水波動。）彼非性非非性。貪無貪故。如是愚夫。無始虛僞習氣所熏。妄想計著。依生住滅一異俱不俱有無非有非無常無常緣自住事門。亦復如彼熱燄波浪。

記曰。此喻從無住本立一切法。故如大地無草木處熱燄川流洪浪雲湧。然法性無生。於無生法妄見生滅。故唐譯云。於聖智自證法性門中。見生住滅一異有無俱不俱等。

譬如有人呪術機發。以非眾生數。（唐譯云。機關木人。無眾生體。）毘舍闍鬼方便合成。動搖云爲。（毘舍闍此云啖精氣。唐言顛鬼。）凡愚妄想計著往來。如是外道惡見希望。依於一異俱不俱有無非有非無常無常見。戲論計著不實建立。

記曰。此喻佛身非身。但以無作妙力成就眾生。本無去來出沒之相。凡愚不了。妄以爲實。

大慧。是故欲得自覺聖智事。當離生住滅一異俱不俱有無非有非無常無常等惡見妄想。

記曰。此結觀行人。當離如上一異等四句惡見妄想。自然得入自覺聖智也。良以眾生如佛如。一如無二如。若觀三界五蘊虛幻不實。當體如如。即是自覺聖智。若於自證聖智法性門中。起佛見法見。分別一異等。即墮外道邪見。以於寂滅一心所現境界。起四句見。但妄想耳。非實法也。故本無四句可離。苟一念不生。情忘執謝。本自如如。所謂但盡凡情。別無聖解。故亦無聖智可得。到此凡情聖解一齊蕩盡。方爲自覺聖智究竟事。但有絲毫見處不忘。即墮外道惡見。然外道有三種不同。一佛法外外道。二附佛法外道。三學佛法成外道。一外外道者。本源有三種。一迦毘羅。此云黃頭。計因中有果。二漚樓僧佉。此云休睺。計因中無果。三勒沙婆。此云苦行。計因中亦有果亦無果。又入大乘論云。迦毘羅有計一過。謂作與作者一。相與相者一。如是等名爲計一。漚樓僧佉計異。迦樓鳩駄計亦一亦異。若提子計非一非異。一切外道異計。皆不離此四。從此派出枝流。至佛出時有六大師。一富蘭那迦葉。計不生不滅。此常見也。二末伽梨拘賒梨子。計眾生苦樂無有因緣。自然而爾。此斷見也。三那闍夜毘羅胝子。計眾生時熟得道。纏丸數極。四阿耆多翅舍欽婆羅。計罪報之苦。以投巖拔髮代之。五迦羅鳩駄迦旃延。計亦有亦無。六尼犍陀若提子。計業所作定不可改。總之不出有無斷常二見。此佛法外外道也。二附佛法外道者。起自犢子方廣道人。自以聰明讀佛經書。別生一見。附佛法起。故得此名。犢子讀舍利弗毘曇。自制別義。言我在四句外。不可說藏中。云何四句外道計。即色是我我離色是我。色中有我。我中有色。四陰亦如是。合二十身見。大論破二十身見。成須陀洹。卽此義也。今犢子計我。異於六師。又非佛法。諸論皆推不受。便是附佛法邪人法也。三學佛法成外道者。謂執佛教門而生煩惱。不得入理。大論云。若不得般若方便。入阿毘曇卽墮有中。入空卽墮無中。入毘勒墮亦有亦無中。中論云。執非有非無名愚癡論。倒執正法。還成邪人。故學摩訶衍四門。不得般若意。卽墮四謗。爲邪火所燒。還成邪人法。故小乘執假實二邊。大乘執空有二邊。小乘執心外有法。是著有。大乘撥菩提涅槃。悉無是著空。故爲學佛法成外道見也。總皆不達唯心現量境界。故妄起斯計。今經摧邪顯正。一切併破。故前段七喩。破外外道。幷附佛法外道四計。以顯自覺聖智本無四句可離。後五喩以破學佛法成外道。以證寂滅一心。故無聖智可得。若諸見消亡。一心自顯。觀者應知。勿厭其煩。

爾時世尊欲重宣此義而說偈言。

幻夢水樹影　垂髮熱時燄　如是觀三有
究竟得解脫　譬如鹿渴想　動轉迷亂心
鹿想謂爲水　而實無水事　如是識種子
動靜見境界　愚夫妄想生　如爲翳所翳
於無始生死　計著攝受性　如逆楔出楔
捨離貪攝受　如幻呪機發　浮雲夢電光
觀是得解脫　永斷三相續　於彼無有作
猶如燄虛空唐譯云如空中陽燄　如是知諸法
則爲無所知

記曰。此通用諸喩。先須本無四句可離也。魏唐二譯。皆先舉五蘊。後舉三界不實。如影如幻等。蓋謂衆生於一五蘊身心。不能了達如影如幻。妄計爲實。故於三界生死。不能解脫。然五蘊諸法。本自無生。今於無生中妄見生滅。故譬如渴鹿於無水處妄作水想。如是衆生。皆由業識種子習氣熏發。故凡夫妄見生死。外道二乘妄見涅槃。故云動靜見境界。斯皆愚夫妄想所生。猶如翳目妄見空華。故於無始生死妄計執取。將謂實有自性。故起一異有無斷常等四句惡見。世尊愍彼羣迷。說離四句法。破彼貪著之心。如逆楔出楔。故令捨離貪攝受。非是實有四句可離也。然彼諸法本無有作。亦非實事。故如幻呪機發浮雲夢電陽燄而已。所謂生死涅槃。猶如昨夢。若能作如是觀。則諸法當體寂滅。了無生死涅槃之相。故云。如是知諸法。則爲無所知。由無所知。則諸見自亡。四句頓遣。卽名自覺聖智。

言教唯假名　彼亦無有相　於彼起妄想
陰行如垂髮　如畫垂髮幻　夢揵闥婆城
火輪熱時燄　無而現衆生　常無常一異
俱不俱亦然　無始過相續　愚夫癡妄想

明鏡水淨眼　摩尼妙寶珠　於中現眾色
而實無所有　一切性顯現　如畫熱時燄
種種眾色現　如夢無所有

記曰。此頌亦無聖智可得也。唐譯云。諸蘊如毛輪。於中妄分別。唯假名施設。求相不可得。謂五蘊諸法。本無所有。虛假不實。如幻夢等事。由凡愚不達唯心。妄起分別。故與四計。若了彼諸法唯心所現。如明鏡止水淨眼摩尼。雖現眾色。而本自無生。當體圓明。即是自覺聖智。此外更無聖智可得。

○上通破二見以顯圓成已竟

○下結顯離過絕非

復次大慧。如來說法。離如是四句。謂一異俱不俱有無非有非無常無常。離於有無建立誹謗分別。結集真諦緣起道滅解脫。如來說法。以是為首。魏譯云。如來說法依實際因緣寂滅解脫故。非性。非自在。非無因。非微塵。非時。非自性相續。而為說法。

記曰。此結答問意。以顯離過絕非也。以大慧請問離一異有無等四句。一切外道所不行自覺聖智所行。佛答但於五蘊諸法。了達唯心。不起分別。則當下如如。本無四句可離。亦無聖智可得。故此結云。如來說法所以離如是四句者。以依實際因緣寂滅解脫而說。不比外道妄指性自在等邪因而說法。所以永離諸過也。

復次大慧。為淨煩惱爾燄障故。譬如商主。次第建立百八句無所有。善分別諸乘及諸地相。

記曰。此妨難也。難曰。如來說法既離四句。則無法可說。何又次第建立百八句及分別諸乘地相耶。故此釋云。為淨眾生煩惱所知二種障故。譬如商主。為引導眾人至寶所故。設諸方便。如來說法亦若此。非是實有所說也。故經云。了法不在言。善入無言際。而能示言說。如響徧世間。亦非絕然不說也。寶鏡云。雖非有言。不是無語。前云百八句依三界二十五有邪正四句建立。義見於此。

○上辯行中初總示正行之方已竟

○次畧示邪正因果相分四

○初畧示二因

○先示外道二乘邪因禪

復次大慧。有四種禪。云何為四。謂愚夫所行禪。觀察義禪、攀緣如禪。如來禪。云何愚夫所行禪。謂聲聞緣覺外道修行者。觀人無我性自相共相骨璅無常苦不淨相。計著為首。如是相不異觀。唐譯云。如是觀察堅著不捨。前後轉進相不除滅。唐譯云。漸次增進至無想滅定。是名愚夫所行禪。

記曰。此畧明邪正二因。初示外道二乘邪因也。然如來說法所以不同外道者。以因行不同故。故此特言四種禪以揀別邪正二因。欲令行人知所擇也。禪者入理之方便。所謂因行是已。二乘外道不達自心現量真無我理。雖觀我空。以取著未忘。愈增我見。故相不除滅。以因地不真。故果招迂曲。所

以涅槃亦非眞實、
是名愚夫所行禪。

云何觀察義禪。謂人無我自相共相。外道自他俱無性已。唐譯云。謂知自共相人無我。已亦離外道自他俱作。觀法無我彼地相義。漸次增進。唐譯云。於法無我諸地相義隨順觀察。是名觀察義禪。

記曰。此名菩薩修行方便。以示正因也。從三賢已去直至七地行相。皆在此列。所謂分別二障極喜無法執俱生地地除。故云觀法無我彼地相義漸次增進。

云何攀緣如禪。魏譯云。觀眞如禪。唐譯云。緣眞如禪。謂妄想二無我妄想如實處不生妄想。是名攀緣如禪。

記曰。此明八地已上至解脫道行相也。唐譯云。若分別無我有二。是虛妄念。若如實知。彼念不起。謂若分別實有二無我理。卽是妄想。故云妄想二無我妄想。若稱實而觀。人法本無。今何無二。平等如如分別不起。故魏譯云。不住分別心中。得寂靜境界。是名觀眞如禪。此上乃三乘行相也。

云何如來禪。謂入如來地。得自覺聖智相三種樂住。成辦衆生不思議事。是名如來禪。

記曰。此最上一乘行相也。所言如來禪者。非如來所行禪。乃以如來果地覺爲本因心。所謂以不生滅心爲本修因。故云入如來地得自覺聖智。卽前云修行者大方便也。上二種禪。雖云正行。猶屬漸修。此則頓悟一心。頓登佛地。三德祕藏。一念頓得。卽能成就衆生不思議事。故名如來清淨禪。此正

達磨所傳禪宗。三世諸佛。歷代祖師心印。此經宗趣意在於此。豈外道二乘邪禪。及妄想攀緣作證者所可比耶。故欲令行人。必以此爲眞因。方得如來無上大涅槃果。以因眞果正。此其所以如來說法。不與外道惡見共也。

爾時世尊欲重宣此義而說偈言。

愚夫所行禪　觀察相義禪　攀緣如實禪
如來清淨禪

記曰。此通頌四種禪相。下揀別邪正。

譬如日月形　鉢頭摩深險　如虛空火盡
修行者觀察　如是種種相　外道道通禪
亦復墮聲聞　及緣覺境界

記曰。此頌外道二乘邪禪行相。誡令行人不可誤墮。謂外道所計神我。故入定時觀見如日月之形明淨朗耀。或見如紅蓮華在於海中。以此爲眞。二乘妄計五蘊實有自共相。故作無常苦空等觀。灰身泯智同於虛空。如薪盡火滅。以爲涅槃。故誡云修行者觀察。縱見如是種種境相。決不可誤墮其中也。

捨離彼一切　則是無所有　一切刹諸佛
以不思議手　一時摩其頂　隨順入如相

記曰。此頌顯正行也。意令行人不但捨彼外道二乘邪禪不可親習。若依佛教門了達唯心現量。卽觀察緣如二種漸行。亦不必親習。故云捨離彼一切。則是無所有。以依無所有觀。則能順入眞如。是名如來清淨無相禪。行人依此方名正行。則能頓契佛心。故卽感十方諸佛。以不思議手一時摩頂。

○上畧明邪正因行不同

○下畧明邪正果相不同

爾時大慧菩薩摩訶薩復白佛言。世尊。般涅槃者說何等法謂爲涅槃。

記曰。上明因行不同。此明果相亦異也。大慧聞因行不同。遂問世尊既以如來清淨禪爲因行。不知以何等法爲果相。故此請問涅槃。以顯果德不同。

佛告大慧。一切自性習氣藏意意識見習轉變名爲涅槃。諸佛及我涅槃自性空事境界。

記曰。此明轉生死爲涅槃。以顯如來眞果也。唐譯云。一切識自性習氣及藏識意識見習轉我及諸佛說名涅槃。卽是諸法性空境界。謂一切識自性習氣及心意識見習無明。皆生死因。意若了彼性空。卽生死當體轉爲涅槃。卽是諸法性空境界。不若外道二乘妄有證得執爲涅槃。以彼因地不眞。故所取涅槃亦非究竟。以不離生死因故。

復次大慧。涅槃者聖智自覺境界。離斷常妄想性非性。云何非常。謂自相共相妄想斷。故非常。云何非斷。謂一切聖去來現在得自覺。故非斷。大慧。涅槃不壞不死。若涅槃死者。復應受生相續。若壞者。應墮有爲相。是故涅槃離壞離死。是故修行者之所歸依。

記曰。此示涅槃相也。以涅槃乃自覺聖智境界。非是外道二乘妄想境界。離斷常有無分別。故以離凡夫假我。及外道神我。故非常。以離外道豁達。及二乘斷滅。故非斷。以不壞。故不滅。不死。故不生。不生不滅。故爲衆聖之靈府。不生。故爲羣生之安宅。故云一切聖去來現在得自覺修行者之所歸依也。此中凡夫妄認五蘊假我爲自相。外道妄立神我主諦爲共相。

復次大慧。涅槃非捨非得。非斷非常。非一義。非種種義。是名涅槃。

記曰。此結示涅槃正義也。良以三乘妄見取捨。外道妄執斷常一異。總屬妄見分別。如來自性清淨大涅槃相。離此諸過。一切皆非。故六祖云。無上大涅槃。圓明常寂照。凡愚謂之死。外道執爲斷。諸求二乘人。目以爲無作。盡屬情所計。六十二見本。妄立虛假名。何爲眞實義。惟有過量人。通達無取捨。以知五蘊法。及以蘊中我。外現衆色像。一一音聲相。平等如幻夢。不起凡聖見。不作涅槃解。二邊三際斷。常應諸根用。而不起用想。分別一切法。不起分別想。劫火燒海底。風鼓山相擊。眞常寂滅樂。涅槃相如是。觀六祖說涅槃相。如掌中視菴摩勒果。此所謂轉心意意識見習爲涅槃。入諸法性空境界者也。

復次大慧，聲聞緣覺涅槃者，覺自相共相，不習近境界，（唐譯云：捨離憒鬧。）不顛倒見，妄想不生，彼等於彼作涅槃覺。

記曰：此言二乘涅槃假果也。二乘雖超外道邪見，而亦未為究竟，所謂但盡生死謂為解脫，故魏譯云：聲聞辟支佛非究竟處生涅槃想。

○上示二果竟

○下畧示當轉二性

復次大慧，二種自性相。云何為二？謂言說自性相計著，事自性相計著。言說自性相計著者，從無始言說

虛偽習氣計著生，事自性相計著者，從不覺自心現分齊生。

記曰：此釋上一切自性習氣相，畧示當轉二性，以明果德不同之所以也。然如來涅槃所以不同外道二乘者，以如來轉一切自性習氣為涅槃，外道二乘執有自性為涅槃，所以不同，故此特示二種自性相，欲令知所轉也。言說自性者，法華云：諸法寂滅相，不可以言宣。三界本無實法，唯以名言為體，但有言說，都無實義，故以凡夫外道不知名言性空，妄計言說音聲有實自體，依之分別造種種業，從來舊矣，故云從無始言說虛偽習氣生。若了音聲如響，則言說性空，風樹竅號，太虛寂滅，分別不起，則法性湛然，唯一圓明，了罔塵習，此所謂轉言說自性而為涅槃。外道不知出此，妄起諸見，故彼所計涅槃，皆從計著言說自性無始虛偽習氣所生，非眞實也。事自性者，經云：三界上下法，唯是一心作，以諸法唯心所現，如鏡中像，本非實有，但是一心，更無別法。二乘不了唯心，心外取法，妄計諸法實有自體，以不達諸法本來寂滅相，故妄見有生死可厭，涅槃可證，故彼所證涅槃皆計著事自性相，從不覺自心現分齊所生，非眞滅也。由因非眞因，故果非究竟，此如來說涅槃所以不同外道也。

○下畧示感應二徵

復次大慧，如來以二種神力建立，（唐譯云：神力加持。）菩薩摩訶薩頂禮諸佛，聽受問義。云何二種神力建立？謂三昧正受，為現一切身面言說神力，及手灌頂神力。

記曰：此畧示感應二徵也。言行人內具眞因，外感勝緣，由藉二種神力加持，所以不墮外道聲聞辟支佛地，意令行人生決定信，趣究竟果耳。觀夫正法住世，諸大菩薩皆久植善根，親承佛足，且凡所行證，皆仗如來神力加持，況末法乎？悲夫！去聖時遙，魔強法弱，吾輩善根淺薄，苟不仰憑諸佛願力加持，欲出生死，破魔冤，蓋亦難矣。加持有二：一諸佛大願力，二行者大信力。法華云：若有修行此經法者，我爾時為現清淨光明身等，此佛願力也。楞嚴云：若有末世欲坐道場，先持比邱清淨禁戒，誦此心佛所說神咒，建立道場，求於十方現住國土無上如來，放大悲光，來灌其頂，我自現身至其人前，摩頂安慰，令其開悟。此行人信力也。此經雖單說願力，意令增決定信力耳。又加持有二：一冥二顯。此二顯加也。言三昧正受為現身面言說等者，蓋是行人入三昧中，方得二種神力加持，殆非散

心可得。故前云捨離彼一切。則是無所有。一切剎諸佛。以不思議手。一時摩其頂。隨順入如相。

大慧。菩薩摩訶薩初菩薩地。住佛神力。所謂入菩薩大乘照明三昧。入是三昧已。十方世界一切諸佛。以神通力。爲現一切身面言說。唐譯云。十方諸佛普現其前。如金剛藏菩薩摩訶薩及餘如是相功德成就菩薩摩訶薩。大慧。是名初菩薩地菩薩摩訶薩得菩薩三昧正受神力。於百千劫積習善根之所成就。

記曰。此現身面言說神力也。而云登地方加。三賢不受加者。以未入眞如無相三昧故。然一登初地

即便加者。蓋以多劫積習善根之所成就。非特爾也。故從上諸祖。雖一念頓悟自心。不從人得。蓋以多劫積習般若善根。久爲諸佛護念。以內熏功足。故外感加持。豈淺薄者所可得耶。

次第諸地對治所治相。通達究竟至法雲地。住大蓮華微妙宮殿。坐大蓮華寶師子座。同類菩薩摩訶薩眷屬圍繞。衆寶瓔珞莊嚴其身。如黃金薝蔔日月光明。諸最勝子從十方來。就大蓮華宮殿座上而灌其頂。譬如自在轉輪聖王及天帝釋太子灌頂。是名菩薩手灌頂神力。

記曰。此灌頂神力加持也。法身流轉五道。號曰衆生。以二障所纏。故法身隱而不顯。是則但有執持之力。而不能感加持之力。今行人入大乘照明三昧。以三昧力。頓斷麤重二障。證平等眞如。得法性身。與十方佛氣分交接。故即感諸佛現身說法。神力加持。由內外交熏。淨治微細二障。究竟無餘。一念頓證二轉依果。以法性圓明。與十方佛同體無二。故感灌頂神力加持也。

大慧。是名菩薩摩訶薩二種神力。若菩薩摩訶薩住二種神力。面見諸佛如來。若不如是。則不能見。

記曰。此結二種加持。以明三種佛性義也。佛性有三種者。謂正因。緣因。了因也。衆生各各雖具正因佛性。若不遇眞善知識方便善巧助發。亦不能得了了明見。譬如王求箜篌之聲。斷弦裂木求之。畢

竟不得。以無善巧方便緣故。彼外道二乘亦同稟正因。但由惡見熏習。妄執二種自性。以爲涅槃。雖欲求之。轉增邪執。畢竟不能明見佛性。故云若不如是則不能見。意明外道二乘若果是眞果。必得如此感應加被之力。今果既不眞。故不能見。法華云。若得作佛時。具相三十二。天人夜叉衆。龍神等恭敬。是時乃可謂永盡滅無餘。今既不然。足知非眞滅也。

復次大慧。菩薩摩訶薩凡所分別三昧神足諸法之行。是等一切悉住如來二種神力。唐譯云。諸菩薩摩訶薩入於三昧現通說法。如是一切。皆由諸佛二種神力。大慧。若菩薩摩訶薩離佛神力能辯說者。一切凡夫亦應能說。所以者何。謂不住神

力故。

記曰此言菩薩能明見佛性故凡所動靜云爲皆住如來二種神力也一切凡夫同稟佛性而不能說法者以日用而不知故由不知特不住神力耳非不加也以如來不捨一衆生故老龐云野老負薪歸村婦連宵織看他家事忙且道憑誰力問渠渠不知特地生疑惑傷嗟今古人幾箇知恩德故華嚴四十二種法門皆菩薩承佛神力而說至若異生皆能說法各得一種法門由住如來二種神力故也

大慧山石樹木及諸樂器城郭宮殿以如來入城威神力故皆自然出音樂之聲何況有心者聾盲瘖瘂。無量衆苦皆得解脫如來有如是等無量神力利安

衆生。

記曰此返顯如來非不加被衆生但衆生不了自心故不得如來眞實受用耳殆非如來棄衆生也故云有無量神力利安衆生由是觀之無情被加尚出音聲況彼外道二乘有情者耶故云捨善根一闡提復以如來神力故或時善根生此非畢竟不加也譬如日光於生盲人無不利益

大慧菩薩復白佛言世尊以何因緣如來應供等正覺菩薩摩訶薩住三昧正受時及勝進地灌頂時加其神力佛告大慧爲離魔業煩惱故及不墮聲聞地禪故爲得如來自覺地故及增進所得法故是故如來應供等正覺咸以神力建立諸菩薩摩訶薩若不以神力建立者則墮外道惡見妄想及諸聲聞衆魔希望不得阿耨多羅三藐三菩提以是故諸佛如來咸以神力攝受諸菩薩摩訶薩。

記曰此承上問也大慧意謂如來旣有無量神力利安衆生何獨言加地上菩薩而不言其餘衆生耶故世尊答云以登地菩薩初入眞見道有相觀多若不加持則墮魔業故華嚴云菩薩有十種魔忘失菩提心而修諸善根是爲魔業是則初地不加則墮魔業七地菩薩未離心量若不被加則墮

外道邪徑八地菩薩純無相觀味著三昧不起度生之心故十方諸佛三加七勸拔出寂定云起善男子勿得樂住三昧汝之三昧二乘亦得故此不加則墮二乘禪不能到如來自覺地故十地已上金剛喻定尙有最極細微二障故勝進不加不能頓斷極微二障不能頓得無上菩提是故諸佛如來咸以神力攝受諸菩薩以餘地前非眞修故不攝也嗟彼外道二乘旣不能以不生滅心爲本修因又不得蒙十方如來神力加持如何能得究竟眞常之果此其所以甘墮沈淪樂爲鄙事宜矣是則圓覺三期楞嚴壇場非徒設也行人宜深識之

爾時世尊欲重宣此義而說偈言。

神力人中尊　大願悉清淨　三摩提灌頂

初地及十地

○已上畧示邪正因果相已竟

○此下廣釋邪正因果差別相

觀楞伽阿跋多羅寶經記卷第七

觀楞伽阿跋多羅寶經記卷第八

宋天竺三藏沙門求那跋陀羅譯

明建鄴海印沙門　釋德清筆記

○已上畧示邪正因果相已竟

○此下第三廣釋邪正因果差別相分二

○初廣釋前三種禪以顯三乘差別因果相又二

○初辨因別有三○初廣釋愚夫禪中外道邪禪

一切佛語心品第二之三

爾時大慧菩薩摩訶薩復白佛言。世尊。佛說緣起。卽是說因緣。不自說道。魏譯云。如世尊說十二因緣。從因生果。不說自心妄想分別見力而生。唐譯云。佛說緣起。是由作起。非自體起。世尊。外道亦說因緣。謂勝魏譯云自性。唐譯云勝性。自在。時。微塵。生。如是諸性生。然世尊所謂因緣生諸性言說。有間悉檀。無間悉檀。

記曰。此大慧疑佛說法亦同外道。以發愚夫禪中外道邪禪也。此難佛說因緣亦同外道。墮有者。由前云如來說法離於有無。依眞諦緣起爲首。非外道以勝性自在無因微塵時等爲首。故此難云。佛說緣起是由作者。非自體起。亦同外道所說。依勝性自在時我微塵生於諸法。是墮有也。故唐譯云。今佛世尊但以異名說作緣起。然世尊所說因緣生法。與外道所說勝性等。爲有別義。爲無別義。故云有間悉檀。無間悉檀。此云施。華梵兼稱。云徧施。言佛之法施也。此難佛說因緣未離於有。下難無因未離於無。

世尊外道亦說有無有生世尊亦說無有生生已滅。

記曰此難佛說無因亦同外道墮無也外道計有者從有因生計無者從無因生故云有無有生謂若有若無二皆有生也此中大慧正取無因然世尊亦說無有生生已滅此正同外道無有生是無因也無因則同外道計無。

如世尊所說無明緣行乃至老死此是世尊無因說。非有因說世尊建立作如是說此有故彼有非建立漸生觀外道說勝非如來也。

記曰此證成佛說無因返不如外道所說為勝也謂佛說無明為因生行識等果此不說自心生而說無明生是無因也此有故彼有者謂此無明一有則彼行至老死一時皆有故云非建立漸生外道說從神我主諦為冥初從冥初生覺從覺生我心從我心生五塵從五塵生五大從五大生十一根其二十五法而以神我為勝性故以勝性為生因如此建立漸次而生斯則如來說此有故彼有一時頓生無有次第且又果生因滅是返不如外道說勝也。

所以者何世尊外道說因不從緣生而有所生世尊說觀因有事觀事有因唐譯云世尊所說果待於因因復待因如是因緣雜亂如是展轉無窮。

記曰此釋成如來說法不如外道之所以也謂外道說勝性等為因不從他緣生而能生他是因常為因不為果如此因果分明然世尊說十二因緣以無明為因生行為果又以行為因生識為果至老死為因又生無明為果如是一法又作因又作果故云觀事有因觀因有事是因果雜亂三世輪轉無有一定所以不如外道說勝是故如來說法未有不同外道者也此大慧以因緣設難將辨緣起無性顯真如離言說相以破外道言說自性相計著○先辨緣起無性

佛告大慧我非無因說及因緣雜亂說此有故彼有者攝所攝非性覺自心現量唐譯云大慧我了諸法唯心所現說此有故彼有非是無因及因緣過失。大慧若攝所攝計著不覺自心現量外境界性非性彼有如是過非我說緣起唐譯云若不了諸法唯心所現計有能取及以所取執著外境若有若無彼有是過非我所說。我常說言因緣和合而生諸法非無因生。

記曰此世尊釋成不同外道所說以明緣起無性也意謂我了諸法唯心所現本無實法以無明不覺自心現量妄見境界以為實有故我說此有故彼有非是無因及因緣過失何者以彼外道不了諸法唯心所現計有能取所取執著外境故妄計有無斷常一異等彼有如是過非我所說緣起之法故我說因緣為破彼妄見非墮有也且我既說因緣和合而生諸法豈無因耶是故不同外道所說故云非無因生。

○上辯緣起無性已竟
○次顯眞如離言說相

大慧復白佛言。世尊。非言說有性有一切性耶。世尊。若無性者。言說不生。是故言說有性有一切性。

記曰。此計諸法實有自性而生言說。將顯眞如離言。以破言說自性相計著也。由上佛說諸法無性故說緣生。故此難云。豈非言說有性而諸法亦實有性耶。意謂旣有言說。必有諸法。若無諸法。言說何起。此計諸法言說皆有實體。故向下佛以二義破之。一謂諸法雖無。不妨言說。如兎角龜毛等。次謂雖無言說。亦能顯說。如瞻視等。○且初

佛告大慧。無性而作言說。謂兎角龜毛等。世間現言

說。大慧。非性非非性。但言說耳。如汝所說言說有性有一切性者。汝論則壞。

記曰。此言諸法雖無。不妨言說也。唐譯云。雖無諸法。亦有言說。豈不現見龜毛兎角石女兒等世人於中皆起言說。彼非有非非有而但有言說耳。大慧。如汝所說有言說故有諸法者。諸法若無則無言說。今兎角等雖無而不妨有說。以此觀之。汝義不成。故云汝論則壞。

大慧。非一切刹土有言說。言說者是作耳。唐譯云。言說者假安立耳。或有佛刹瞻視顯法。或有作相。或有揚眉。或有動睛。或笑。或欠。或謦欬。或念刹土。或動搖。唐譯云。或有佛土瞪視顯法。或現異相。或復揚眉。或動目睛。或示微笑。頻呻謦欬。憶念動搖。以如是等而顯於法。大慧。如瞻視。及香積世界。唐譯云。如不瞬世界妙香世界普賢如來國土。但以瞻視令諸菩薩得無生法忍。及諸勝三昧。是故非言說有性有一切性。唐譯云。非由言說而有諸法。大慧。見此世界蚊蚋蟲蟻。是等衆生。無有言說。而各辦事。

記曰。此明雖無言說亦能顯法也。然言說者但我娑婆所尙。所謂此方眞敎體淸淨在音聞。其餘他土則不盡然。故云非一切刹土有言說。至若其餘佛土不用言說。或以瞻視顯法。或揚眉動目。謦欬頻呻。憶念動搖。皆爲佛事。又如香積世界。以衆香爲佛事。且如此方蚊蚋蟲蟻。俱無言說而各辦事。

是豈待言說而顯諸法耶。斯則不但諸法無性。抑且言語性空。所謂諸法寂滅相。不可以言宣。從上佛祖所傳不言之道。義見於此。故臨濟德山棒喝交馳。仰山圓相。石鞏張弓。道吾舞笏。皆深證此離言三昧者也。所謂山河大地。共轉根本法輪。鱗甲羽毛。普現色身三昧。是故衆生日用六根門頭。無非入理之處。豈盡待言說哉。

爾時世尊欲重宣此義而說偈言。

如虛空兎角　及以槃大子二譯俱作石女兒
無而有言說　如是性妄想　因緣和合法
凡愚起妄想唐譯云。因緣和合中愚夫妄謂生。　不能如實知

輪迴三有宅

記曰。諸法本無。以緣會而生。既緣會而生。則生本無也。即說彼緣生。亦假名耳。是則法性無生。言詞相寂。能所雙亡。湛然常住。豈可妄計言說有性有一切性耶。故云如是性妄想。凡所分別。皆妄想耳。故云。因緣和合法。凡愚起妄想。由不能如實了知法性無生。故妄見流轉輪迴三有。

○已上明眞如離言說相以破言說自性相計著竟

○此下辯妄想無性以明眞如離心緣相以破外道事自性相計著有七○初破斷見

爾時大慧菩薩摩訶薩復白佛言。世尊。常聲者何事說。

記曰。此亦躡跡興疑問。將明妄境眞常。以破斷見也。由前云法離有無斷常等。又云涅槃非斷非常。前疑有無。此疑常無常也。意謂世尊說法既離斷常。又云涅槃非常。是無常也。且兎角雖無而依兎說。然而佛說眞常。又依何處而說耶。然要依說處者。正是事自性相計著也。

佛告大慧。爲惑亂。唐譯云。依妄法說。以彼惑亂。諸聖亦現。而非顚倒。大慧。如春時燄。火輪。垂髮。犍闥婆城。幻。夢。鏡像。世間顚倒。非明智也。然非不現。

記曰。此即妄法。以示眞常。以破事自性相計著也。大慧疑謂生滅無常依妄法說。不知眞常依何處說。世尊答云。所言眞常。即依彼妄法而說惑亂者。妄法也。恐轉計云。聖人不見妄法。何以依之而說眞常耶。故又㚣云。以彼惑亂。諸聖亦現。而非顚倒。意謂彼諸妄法本自無生。凡愚不達。故生顚倒見。妄生執著。聖人亦現。但不起顚倒想耳。故如陽燄火輪幻夢鏡像。無智之人妄以爲實。智者不然。然非不現。噫。幻化之境不異。聖凡之見乃殊。所謂不如三界見於三界。故不於諸法起一異見者名正見也。

大慧。彼惑亂者。有種種現。非惑亂作無常。所以者何。謂離性非性故。大慧。云何離性非性惑亂。謂一切愚夫種種境界故。唐譯云。妄法現時。無量差別。然非無常。何以故。離有無故。云何離有無。一切愚夫種種解故。如彼恒河。餓鬼見不見故。無惑亂性。於餘現故。非無性。如是惑亂。諸聖離顚倒不顚倒。是故惑亂常。謂相相不壞故。大慧。非惑亂種種相妄想相壞。是故惑亂常。

記曰。此釋諸法畢竟眞常之義也。大慧聞說即彼惑亂當體眞常。因而疑云。現見諸法種種差別。皆是無常。如何即是眞常。故此釋云。妄法現時雖有種種差別。然非無常。何以故。以離有無故。云何離有無。然法非有非無。但以愚夫妄作有無見耳。且如恒河水。本非是火。而餓鬼見之爲火。餘人不見。以譬諸法本自無生。而愚人妄見生滅。聖人不見。故云見不見故。以聖人不見諸法。所謂不見一法即如來。故云無惑亂性。於餘衆生妄見爲有。故非無性。是則諸佛聖人不異衆人。但於諸法不起顚倒見耳、故云諸聖離顛倒不顛倒、是故我說惑亂眞常、者謂相相不壞故、此所謂是法住法位、世間相常住。諸法寂滅、當體如如。故云相相不壞。然非諸法有差別相。但以愚夫妄想分別有別異耳。故云非惑亂種種相妄想相壞。是欲我說惑亂眞常也。

大慧。云何惑亂眞實。若復因緣、諸聖於此惑亂不起顛倒覺非不顛倒覺。唐譯云、云何而得妄法眞實。謂諸聖者於妄法不起顛倒非顛倒覺。大慧。除諸聖於此惑亂有少分想非聖智事相、大慧、凡有者愚夫妄說非聖言說。

記曰。此教如實觀也。一切諸法本自如如。但於諸法不起顛倒不顛倒見、以一念不生。卽名聖者。若

於諸法有少分想起心動念、卽乖法體、便非聖智境界。故唐譯云、有少想者當知卽是愚夫戲論非聖言也。

○此下破常見

彼惑亂者、倒不倒妄想起二種種性、謂聖種性及愚夫種性、

記曰、此言法本是一、由機見各異、以破常見也。顛倒見凡情也。不顛倒見聖解也。由凡情故起外道種性。由聖解故起三乘種性、故唐譯云。若分別妄法是倒非倒、彼則成就二種種性、此所謂法本不異。異自機耳。前言五性、乃明乘異性一。故云無間。今言二種種性。乃明法一見異。故云起、然皆依惑亂妄想而起者。以心佛與衆生是三無差別故。

聖種性者。三種分別、謂聲聞乘緣覺乘佛乘。云何愚夫妄想起聲聞乘種性。謂自共相計著起聲聞乘種性。是名妄想起聲聞乘種性。大慧。卽彼惑亂妄想起緣覺乘種性。謂卽彼惑亂自共相不親計著起緣覺乘種性。

記曰。此愚夫依彼妄法起二乘聖種性也。謂妄見三界五蘊諸法、實有自相共相而生計著。起厭離想。卽名聲聞種性。卽彼五蘊了達緣生。不樂計著、離於憒鬧。卽名緣覺種性。

云何智者卽彼惑亂起佛乘種性。謂覺自心現量外

性非性、不妄想相起佛乘種性。是名卽彼惑亂起佛乘種性。

記曰。此智者卽彼妄法起佛乘種性也。唐譯云。何謂智者分別妄法而得成就佛乘種性。所謂了達一切唯是自心分別所見、無有外法。謂但能觀心外無法、是名智者。卽是佛乘種性也。唐譯作觀彼惑亂不起分別、卽成就佛乘種性。此經謂卽諸法上不起分別。便墮佛種性義。智者請深觀此語。

又種種事性凡夫惑想起愚夫種性、

記曰。此釋第二愚夫種性也。唐譯云。有諸愚夫分別妄法種種事物、決定如是決定不異。此則成就生死乘性。法華云。諸法常無性。佛種從緣起。然而佛種從緣起、況二乘外道生死種性乎。是則妄境

本眞隨見各別。以妄見諸法實有自相共相。不了緣生。妄生厭離者。卽名聲聞。雖了緣生。不達無性者。卽名緣覺。若了諸法無性緣生。緣生無性者。卽名爲佛。所謂一法元無異。三人乃見差。永嘉明一念中五蘊。當與此對觀。行人深明此旨。自然聖凡情盡。得入無生。

彼非有事。非無事。是名種性義。

記曰。此釋種性義也。種者因也。以諸法非有。故因之而起三乘聖性。以非無。故因之而起生死凡情。論云。當知眞如。非有相。非無相。非非有相。非非無相。竝四句皆離。百非頓遣。則聖凡情盡。當體如如。不容擬議矣。故向下結示眞如離相。以破一異見。

大慧。卽彼惑亂不妄想。諸聖心意意識過習氣自性

法轉變性。是名爲如。是故說如離心。我說此句顯示離想。卽說離一切想。

記曰。此結示諸法本如。離心緣相。以破一異見也。論云。一切諸法。唯依妄念而有差別。若離心念。則無一切境界之相。是故一切法從本已來。離言說相。離名字相。離心緣相。畢竟平等。無有變異。不可破壞。唯是一心。故名眞如。但以衆生妄想分別。隨心意意識習氣轉。故變眞如爲名相。今但一念不生。情忘執謝。卽彼心識轉爲正智。照彼諸法當體如如。故唐譯云。卽彼妄法。諸聖智者心意意識諸惡習氣自性法轉依故。卽說此妄名爲眞如。非是此外別有眞如也。故論云。言眞如者。亦無有相。以一切法皆同如故。當知一切法不可說不可念。故名眞如。故云是故說如離於心識。所以我說此句者爲顯示離分別法。欲令行人悉離一切分別。故故論云。若離於念。名爲得入。又云。離念境界。唯證相應故。故云離一切想。

○下破有無見

大慧白佛言。世尊。惑亂爲有爲無。佛告大慧。如幻無計著相。若惑亂有計著相者。計著性不可滅。緣起應如外道說因緣生法。

記曰。此明諸法緣生如幻。以破有無見也。由上佛說妄法卽眞。大慧意謂諸法卽眞。眞如離相。不可謂有。且現見諸法不可謂無。故此疑問爲有爲無。世尊答云。如幻無計著相。謂緣生諸法。如幻不實。不可執著有無相也。若執著諸法是有是無者。則有無一定而不可轉。如此則佛說緣起亦應同外

道說因緣生法從作者生矣。意斥大慧不可作有無見也。

大慧白佛言。世尊。若惑亂如幻者。復當與餘惑作因。佛告大慧。非幻惑因。不起過故。大慧。幻不起過。無有妄想。大慧。幻者從他明處生。非自妄想過習氣處生。是故不起過。大慧。此是愚夫心惑計著。非聖賢也。

記曰。前云離妄想。乃心不附境。此言幻不起過。以明境不牽心也。大慧聞說諸法緣生如幻。遂致疑曰。若惑亂如幻者。此幻應當復與餘惑作因。意謂向以不了諸法如幻。妄計爲實。故依之起惑造業。是妄法與餘惑作因矣。今雖了境如幻。而幻境尚存。豈不又與餘惑作因耶。意欲絕境方不生心耳。

世尊答云既是幻事豈能與餘惑作因何者以幻人不起過故所以不起過者以幻人無情識故故云無有妄想所以幻化人無情識者以依人功呪力而生不是從愛根種子習氣而生豈有世人見偶人而生情愛者耶是故幻不起過經云如世巧幻師幻作諸男女雖見諸根動要以一機抽息機歸寂然諸幻成無性是故智者觀自他五蘊身心爲若此若不作如是觀而於幻事分別好惡起心動念生計著者乃癡愚夫非聖賢也老龐云但自無心於萬物何妨萬物常圍繞鐵牛不怕師子吼恰似木人見花鳥花鳥逢人亦不驚木人本體自無情心境如如只遮是何慮菩提道不成

爾時世尊欲重宣此義而說偈言

聖不見惑亂　中間亦無實　中間若眞實
惑亂卽眞實　捨離一切惑　若有相生者
是亦爲惑亂　不淨猶如翳

記曰此頌有無二俱離也聖不見惑亂者以中間無眞實故經云譬如交中性空有二俱非若惑亂中間果有眞實則法法確有自性一定而不可轉故云惑亂卽眞實不但妄法非眞卽捨離妄惑而妄見有眞實之性者卽此眞實亦是惑亂何也以生死涅槃皆卽狂勞顛倒華相故不淨猶如翳

復次大慧非幻無有相似見一切法如幻

記曰此世尊的示眞知見力以結成上義也以如來明見三界之相無有錯謬觀一切法緣生不實除幻無可爲喻者故特告曰非幻無有相似

大慧白佛言世尊爲種種幻相計著言一切法如幻爲異相計著唐譯云爲依執著種種幻相言一切法猶如幻耶爲異依此執著顛倒相耶

若種種幻相計著言一切性如幻者世尊有性不如幻者所以者何謂色種種相非因世尊無有因色種種相現如幻世尊是故無種種幻相計著相似性如幻

記曰此難明如幻義也大慧聞說一切法如幻遂致疑曰所言如幻者是依計著幻相多種不一言一切法如幻耶是不依幻相但依執著顛倒心相言如幻耶故云爲異相計著意謂若依執著顛倒心相言如幻者則可若言計著種種幻相言一切如幻者則不可何也且諸法亦有不如幻者蓋幻事無故而起是無因也且現見種種色法不是無因若言彼如幻則是無因矣故云種種色相非因若都無因而令色相種種顯現如幻者則同外道無因生矣唐譯云是故世尊不可說言依於執著種種幻相言一切法與幻相似

佛告大慧非種種幻相計著相似一切法如幻大慧然不實一切法速滅如電是則如幻唐譯云不依執著種種幻相言一切法如幻以一切法不實速滅如電故說如幻

大慧譬如電光刹那頃現現已卽滅非愚夫現魏譯云卽見卽滅凡夫不見唐譯云世間凡愚悉皆現見如

是一切性。自妄想自共相觀察。無性非現色相計著。

記曰。此示生即無生故如幻也。佛謂我說一切法如幻者。不是依執著種種幻相之多言一切法如幻也。蓋言諸法速起速滅。不實如電。故說如幻耳。譬如電光即現即滅。以正當現時即是滅。非是滅後而言滅也。若知電光現時即滅。則知諸法生本無生。故下偈云。物生即有滅。不爲愚者說。此非凡愚所知。故云非愚夫現。是故我說一切諸法本自不生。但依凡夫自心分別自共相見。亦如電光速起速滅。非實有也。衆生不達諸法本無而妄於種種色相執以爲實。故云無性非現色相計著。是故我說諸法如幻。以示生本無生之義耳。殆非依執著種種諸法幻相言如幻也。

爾時世尊欲重宣此義而說偈言。

非幻無有譬　說法性如幻　不實速如電
是故說如幻

記曰。此頌成幻義也。言幻者。以不實故如幻。以速滅如電故如幻。然幻事不實。人易知之。若幻事速滅如電。則難知也。言速滅者。非是已生而滅之速。蓋言本不生也。永嘉見六祖云。生死事大。無常迅速。祖云。何不體取無生。了無速乎。嘉云。體即無生。了本無速。祖云。汝甚得無生意。○下破生見

大慧復白佛言。如世尊所說。一切性無生及如幻。將無世尊前後所說自相違耶。說無生性如幻。

記曰。此疑佛自語相違也。大慧因聞佛先說一切法無生。又說如幻。然一切法既本無生。而又言如幻。如幻則生也。方說無生。而又言生。豈不前後自語相違耶。

佛告大慧。非我說無生性如幻前後相違過。所以者何。謂生無生。覺自心現量。有非有外性非性。無生現。

唐譯云。無有相違。何以故。我了於生即是無生。唯是自心之所見故。若有若無一切外法。見其無性。本不生故。

大慧。非我前後說相違過。然壞外道因生。故我說一切性無生。大慧。外道癡聚。欲令有無有生。非自妄想種種計著緣。唐譯云。外道癡聚其興惡見。言從有無生一切法。非自執著分別爲緣。

大慧。我非有無有生。是故我以無生說而說。

記曰。此明生本不生。以破因生見也。佛言我非前後相違過。何者。我了一切法生本無生。以覺諸法唯是自心之所現故。若有若無。見其無性。緣生以生本不生。故說如幻耳。非我有前後相違過也。然我說無生。亦非徒說。以爲破外道妄立因生。故我說一切法性本自無生。外道因生者。以彼外道癡聚共興惡見。妄謂有從有因生。無從無因生。故云欲令有無有生。不達諸法從自妄想種種執著分別緣生。是故我說諸法一非有無有生。以緣生如幻。故說無生。非是一向絕然不生也。

大慧。說性者。爲攝受生死故。壞無見斷見故。爲我弟子攝受種種業受生處故。以聲性說攝受生死。

記曰。此妨難也。恐愚者聞說諸法非有無生。便致疑難云。然世尊說見愛煩惱善惡諸法。三界因果

輪迴等事。是說諸法實有性也。何以言無。故此釋之。唐譯云。說諸法者。為令弟子知依諸業攝受生死。遮其無有斷滅見故。謂見愛習氣諸煩惱為生死因。三界受生處為生死果。故云種種業受生處。淨名云。無作無造無受者。善惡之業亦不亡。所以不令眾生墮斷滅見。撥無因果故耳。然而雖說但以名句文身為體。亦非實法。故云以聲性說、

大慧。說幻性自性相。為離性自性相故。墮愚夫惡見相希望。不知自心現量。壞因所作生緣自性相計著。說幻夢自性相一切法。不令愚夫惡見希望計著自及他一切法。如實處見作不正論。大慧。如實處見一切法者。謂超自心現量。

記曰。此明如來說法。但隨他意語也。法本無生。不容有說。然而佛說如幻說無生者。但為破執著之情。如逆楔出楔故耳。以愚夫不達諸法唯自心現。妄計種種實有自性。故我說如幻。以破彼執。又以外道不達五蘊諸法緣生無性。妄計作者以為生因。我為壞彼因所作生執著之情。故我說五蘊諸法緣生如幻不實如夢。不令妄計自他身心自相。捨邪執耳。又以眾生於如實處妄見生滅。作不正論。故我說無生。若果有能如實見一切法超自心現量者。則我於無生二字亦不說矣。殆非我說如幻無生有相違過。

爾時世尊欲重宣此義而說偈言。

無生作非性　有性攝生死　觀察如幻等
於相不妄想

記曰。言諸法無生者。無作耳。無作故無性。然而說有業性者。為遮斷見。攝受生死故。若能觀察諸法如幻。則於一切法相不起分別。不分別則心境寂滅。寂滅則不生。是則如幻無生本無二也。

○上破生見

○下破名言習氣

復次大慧。當說名句形身相。善觀名句形身菩薩摩訶薩。隨入義句形身。唐譯云。我當說名句文身相。諸菩薩摩訶薩善觀此相。了達其義。疾得阿耨多羅三藐三菩提。如是覺已。覺一切眾生。

記曰。此明言說無性。以破名言習氣也。由前歷云。當依於義。莫著言說。又云。言說者是作耳。又云。以聲性說。第恐聞者不達言說性空。不能離言得義。故此特示名句文身。令善觀察。隨入義句也。蓋言說者以名句文身為體。既以三法合成。足知本無自性。如來但假此以詮表法耳。非實法也。故令觀察當可離之言說性離。則義自得矣、

大慧。名身者。謂若依事立名。是名名身。

記曰。依事立名。名即是身。故名名身。如依瓶盆立瓶盆名。謂一名二名多名。能詮自性名異義一。故名名身。身者多法積聚義。

句身者謂句有義身自性決定究竟是名句身。

記曰謂句能顯決定究竟且如瓶盆但有其名未能顯義以不知是何等瓶盆若言銅鐵錫木等瓶盆或言水油鹽米等瓶盆等句義各異如此則顯義決定究竟不謬謂一句二句多句能詮差別因名成句故名句身。

形身者謂顯示名句是名形身。

記曰形即文身乃字也依此文字能成名句謂一字二字多字爲二所依故名文身說文云依類像形爲字形聲相稱爲文。

又形身者謂長短高下。

記曰字有四聲八韻清濁輕重抑揚高下故魏譯云謂聲長短音韻高下。

又句身者謂徑跡如象馬人獸等所行徑跡得句身名。

記曰句身者徑跡耳謂尋跡以得象馬喻因言句而得義得義則忘言猶得象馬以遺跡。

大慧名及形者謂以名說無色四蘊故說名自相現故說形。

記曰名字者謂無色四蘊依名而說名字相者謂能了別名字相故言四蘊各有自相也此舉四蘊依名字說但有名字本無實法不比色蘊尙有假質要顯名字性空故也言自相者但只是四蘊各自不同亦非實有相狀可見若了四蘊但有名字則所說諸法例此可知故密嚴云世間種種法一切唯有名故我所說無生如幻乃至菩提涅槃自覺聖智等皆是隨破衆生妄執之情本無實法聞者應當因言得義莫著言說。

是名名句形身說名句形身相分齊應當修學爾時世尊欲重宣此義而說偈言。

名身與句身　及形身差別　凡夫愚計著

如象溺深泥

記曰如來無法可說但因凡愚於第一義妄見一異有無常無常等一切邪執不得已而假以言說

破彼執情意在顯示第一義諦如實境界如標月指耳豈期愚夫復執言說生種種見如象溺深泥何由得出離耶故楞嚴云汝等若以緣心聽法此法亦緣此則因聲而有分別非得法性然佛以音聲說無生法聲即無生若以生滅心隨聲分別則彼無生亦生滅矣若了聲性無生則知說本無說故向下明不說即說說即不說二種深義以洗名言習氣故特示如來說法有四種記論而以止論爲第一義也。

○上破名言習氣

○下誡忘言默證

觀楞伽阿跋多羅寶經記卷第八

觀楞伽阿跋多羅寶經記卷第九

宋天竺三藏沙門求那跋陀羅譯
明建鄴海印沙門　釋德清筆記

一切佛語心品第二之四

○上破名言習氣
○下誡忘言默證

復次大慧。未來世智者。以離一異俱不俱見相我所通義。問無智者。彼即答言。此非正問。謂色等常無常為異不異。如是涅槃諸行相所相求那所求那。唐譯云。依所依。造所造見所見塵及微塵。魏譯云。泥團微塵。修與修者。唐譯云。智與智者。如是比展轉相如是等問。唐譯云。如是等不可記事次第而問。世尊說此。而言佛說無記。唐譯云。當止記答。止論非彼癡人之所能知。謂聞慧不具故。如來應供等正覺令彼離恐怖句故。說言無記。不為記說。又止外道見論故。而不為說。

記曰。此明止論以示不說說。將顯名言雙絕。誡令忘言默證也。佛意謂我尋常說離一異等四句見者。為要通達第一義諦無言說處。遣彼愚夫名言習氣過故。於未來世我弟子中有智慧者。若以此

義問彼愚夫無智之人。彼反以為不正之問。何者。以彼愚夫但執名言。不悟實義故。儻彼愚夫復以常無常一異云云等四句妄見之說。展轉次第來問我弟子云。世尊亦說此法否。而我弟子但可應云。佛說此等皆無記論。當止記答。決不可又以離四句說應答彼也。何者。以離四句義名為止論。非彼癡人之所能知。以彼聞慧不具。不達實義故。然彼愚夫一向專執名言。若聞離言說相。便生恐怖。佛欲令彼離恐怖處。故但言彼是無記。更不為記說也。然我此不說者。意欲令彼外道愚夫。永得出離作者邪見論故。而不為說。此乃不說之說。非徒不說也。故外道問佛。不問有言。不問無言。世尊默然良久。外道即拜云。世尊大慈大悲。開我迷雲。此所謂欲令永離外道邪見故不說也。甚矣。一切眾生無始戲論名言習氣處處貪著。如韓盧逐塊。故如來掩室於摩竭。維摩杜口於毘耶。正為洗此邪見戲論名言習氣耳。

大慧。外道作如是說。謂命即是身。如是等無記論。大慧。彼諸外道愚癡於因作。唐譯云。計有作者。無記論。非我所說。魏譯云。外道迷於因果義故。是故無記。非我法中名無記也。大慧。我所說者。離攝所攝。妄想不生。

記曰。此出外道無記論。及佛止論意也。由上佛說外道為無記論。不知何為無記。故此釋云。以外道妄計即陰是我。離陰是我。故說身命為一異等。故為無記。以彼外道迷於因果義故。是名無記。非我法中名無記也。我教中說離能取所取。不起分別。妄想不生。名為無記。佛說菴摩羅識。名白淨無記。

然無記者、以無可記錄故。蓋外道迷於因果實義。故無實果可記錄者、故名無記。而佛說菴摩羅識。亦名如來藏、亦即是眞如。楞嚴云。如來藏中求於去來迷悟生死。了不可得。以如來藏不屬因果、不可以言議心思無可記錄。故亦名無記。以佛說無記。非是外道二乘所可知故。故應止彼。是爲止論也。法華云。正使滿十方皆如舍利弗。如稻麻竹葦。不退諸菩薩亦滿十方刹。盡思共度量。不能測佛智。何者。以佛智非心識可到故。以非心識所到故身子三請。如來三止云。止止不須說。我法妙難思。噫。身子尚然。況外道乎。故應止彼也。

云何止彼。大慧。若攝所攝計著者。不知自心現量。故止彼。

記曰。此言止論之所以也。所以止彼而不置答者。以彼外道執著能取所取妄法。不了唯是自心所現。若與彼說離心意識境界。彼則恐怖驚疑不信。返生誹謗。破法墮惡。或依名言習氣復執言說。更增邪見。是故佛誡弟子於後惡世無智人中莫說此經。爲遮此輩惡見。故應止彼而不答也。

大慧。如來應供等正覺以四種記論爲衆生說法。大慧。止記論者。我時時說。爲根未熟。不爲熟者。

記曰。此釋伏難。以明如來說法。大權應變。不執一也。難云。佛既於彼等無記置而不答。然亦有答者何也。故此釋云。如來說法。應變不一。或時一向直說。或時反詰。或時廣爲分別。如來調伏衆生。應機施設。如摩尼圓照。五色相鮮。與奪隨宜。殺活自在。故有時說。有時不說。有時說即不說。有時不說即說。所謂默時說。說時默。大施門開無擁塞。然說與不說。無非顯示第一義諦。離言說處。豈可定執說與不說耶。故云。如來以四種記論爲衆生說法。恐聞者又致疑云。既以四種記論說法。何以此中特爲外道明止論耶。故此答云。止記論者。不但今日我時時說。然非爲外道一類之機。即我弟子中亦有根機利鈍。成熟未成熟者。若根未熟者。且止不說。以待時故。或爲激發當機。令生欣慕。如法華身子華嚴剛藏。三請三止。然非祕而不說。亦非絕然不說也。即止外道不說。但爲遮其惡見。而止即是說。亦非痛絕之意也。以如來不捨一衆生故。

復次大慧。一切法離所作。因緣不生。無作者。故一切法不生。

記曰。此下至一切法常通明佛以止論制諸外道。不同外道所說也。然佛雖以四論說法。普被三根。故其止論亦有時而說。至若對外道說法。一向單用止論。以說與不說。皆止論故。何也。且如外道不達諸法本自無生。妄計有作者生。或妄計因生。以妄執別有異因能生諸法。蓋無因也。是故我說因緣不生。魏譯云。一切諸法離作者及因。是故不生。以無作者故。是故我說一切諸法不生。且彼外道妄執諸法一定有能生。我但以不字止之耳。然我何嘗別有所說耶。以外道計諸法自生。或計他生。或計共生。或計無因生。中論云。諸法不自生。亦不從他生。不共不無因。是故說無生。此所謂但以不字止之。故爲止論。

大慧。何故一切性離自性。以自覺觀時。魏譯云。以自智觀察。**自**

共性相不可得故說一切法不生。

記曰此重徵釋無生義以破外道生見也由上佛言我說諸法無性者以離自性故大慧疑云何故一切法皆離自性耶故此世尊牒而答之曰我以自覺聖智觀察時見一切法自相共相皆不可得故說一切法本自無性故不生也問曰既云一切法離自性故說無生何以又言自相共相不可得方名離自性耶答曰以彼外道不達諸法唯心所現故妄計神我為作者實有自性能生諸法又計他梵天能生諸法又計他四大極微時等各有自性能生諸法又計諸法八萬劫來無因自有自然而生然神我作者自生也從他梵大四大等他生共生也自然無因生也以妄計此四各有自體能生諸法謂之自相以不了唯心妄見諸法從彼四生謂之共相故此世尊破云諸法不從彼四法生。

何也以彼四法皆無自性不能和合而生諸法故云自相共相不可得彼四既不可得足知一切諸法無自性矣既無自性則諸法又何從而生耶此所以一切法離自性故故說諸法本自不生也然彼以妄見自相共相皆不離自性故生我以正智觀察一切皆離故不生耳下文何故云云皆牒疑詞也。

何故一切法不可持來不可持去。魏譯云一切諸法亦無取相亦無捨相。**以自共相欲持來無所來欲持去無所去。**唐譯云以自共相來無所從去無所至。**是故一切法離持來去。**

記曰此釋上自共相不可得義以破相見也以彼外道妄見諸法計自共相實有自體我以正智而觀皆不可得何者若自共相果有自體則可取可取則可持來既可取則可捨可捨則可持去今觀諸法來無所從去無所至既無來去則不可得於不可得中而妄計實有自共相者皆邪見也故永嘉云取不得捨不得不可得中秖麼得以不可得故說諸法離自性不生所以云體即無生故二祖乞師安心師云將心來與汝安祖云覓心了不可得故僧問雲門一物不將來時如何門云放下著僧云一物不將來放下箇甚麼門云放不下擔取去。

大慧何故一切諸法不滅謂性自性相無故一切法不可得故一切法不滅。

記曰此破外道死後斷滅見也由一切法無自性故不生不生故不滅殆非生而後滅亦非死後斷滅也。

大慧何故一切法無常謂相起無常性是故說一切法無常。

記曰此破凡夫外道確定常見也由凡夫妄認四大為自身相執定一期果報及作千秋百歲之計以為常外道妄計十方眾生生滅循環不會散失咸皆體恒執以為常以認無常為常故此佛說一切法無常以相起速滅刹那不住無有常性故我說無常遮彼常見殆非真無常也。

大慧何故一切法常謂相起無生性無常常故說一切法常。

記曰此破二乘以眞常爲無常見也以二乘不了諸法當體眞常而横生厭離故此佛説一切法常以諸法相起卽是不起故如電速滅以無所有故故無常性常故我説一切法常以初生卽有滅本無生性故故云相起無生性無常常殆非離此諸法外別求眞常也以一切皆同如故除眞如外無片事可得故卽彼諸法生無生性當體眞常卽前所云惑亂常也

爾時世尊欲重宣此義而説偈言

記論有四種　一向反詰問　分別及止論

記曰此頌如來以四種記論爲衆生説法也四種記論者一謂隨問而答名爲一向魏云直答二謂反詰所問而答名爲反詰唐云反質答三謂簡辨而答名爲分別四謂折伏外道故置而不答名爲止論魏唐二譯皆云置答

以制諸外道　有及非有生　僧佉毘舍師

記曰此偈意謂佛以四論不獨爲弟子説法然亦爲制諸外道也唐譯云數論與勝論以梵語僧佉正云僧佉耶此云數術數卽慧數謂度諸法根立名從數故立神我主諦從冥初生覺等謂之二十五冥諦故亦名數論毘舍亦名毘世具云吠世史迦沙多羅此云勝論立六句義爲最勝故或勝人所造故六句者一實二德三業四大有五同異六和合雖云六句而以和合因緣爲我能生諸法師卽二論師也

一切悉無記　彼如是顯示

記曰此結示外道所説皆無記也唐譯云如是等諸法一切皆無記

正覺所分別唐譯云正智觀察時　自性不可得

以離於言説　故説離自性

記曰此頌離自性已下五節義也以一切法皆無自性平等如如離言説相以離言説故説離自性耳以無自性故生滅斷常等皆妄見也○從前大慧難問佛説緣起卽是説因緣起止此通破外道言説自性事自性相二種計著有無斷常等四句邪見以明外道邪禪後章示聲聞通別相以明二乘偏禪總上章通釋四種禪中愚夫禪

爾時大慧菩薩摩訶薩復白佛言世尊惟願爲説諸須陀洹須陀洹趣差別通相

記曰此問明二乘通別行相以釋前愚夫禪中二乘偏禪之行相也差別通相者謂聲聞名通而有四果行相各別故從初果開起意在歷四果以明亦有頓漸不同也

若菩薩摩訶薩善解須陀洹趣差別通相及斯陀含阿那含阿羅漢方便相分別知已如是如是爲衆生説法謂二無我相及二障淨度諸地相究竟通達得諸如來不思議究竟境界如衆色摩尼善能饒益一切衆生以一切法境界無盡身財攝養一切

記曰。此陳述請問利益也。由前一往世尊歷斥勿墮外道二乘惡見。且云如來又以二種神力加持。令其行人不墮外道魔業及聲聞地禪。故此大慧聞上來佛說外道邪禪行相已。但不知聲聞禪通別行相何如。意謂聲聞名雖通稱是一。而有四果差別不同。若一一了知差別行相。則可以自淨二障不墮其中。亦可以教化衆生捨離增慢。不致得少為足。庶可超越諸地。究竟佛果。而以無盡身財教育衆生也。有此勝益。故此請問所云方便相者。謂四果修行各有方便行相。即觀行也。須陀洹此云預流。謂三界四諦下八十八使見惑斷盡。即證初果。以初入聖流。故名預流。斯陀含此云一往來。謂於三界九地八十一品思惑中方斷欲界一地前六品盡。則證二果。從此命終。更須一往上二界一來欲界。方得斷除後三品殘思。故云一來。阿那含。此云不來。謂欲界九品思惑斷盡。則證三果。從

此永絕欲界受生。更不還來。故云不來。已上三果名有學位。阿羅漢。此云無生。又云殺賊。又云應供。謂上二界八地七十二品思惑斷盡。則證四果阿羅漢。名無學位。高超三界。遠越四生。故名無生。此以證滅諦理。不受後有。得無生名。殆非人地真無生也。以能破煩惱。故名殺賊。堪為福田。故名應供。

佛告大慧。諦聽諦聽。善思念之。今為汝說。大慧白佛言。善哉世尊。唯然聽受。佛告大慧。有三種須陀洹。須陀洹果差別。云何為三。謂下中上。

記曰。前問諸須陀洹。及須陀果差別通相。故此答云總有三種。謂人有三。果亦有三。以根有利鈍遲速故有三。非是實有三種也。故云下中上。

下者極七有生。

記曰。此言極鈍根也。唐譯云。於諸有中極七反生。謂欲界一地九品俱生煩惱。共潤七生也。潤七生者。謂初品潤二生。次三品各潤一生。次二品共潤一生。後三品共潤一生。以初麤猛後力微弱。故以天上耽樂。無力斷惑。故須下生人間。歷境方斷。以根鈍故。故極七返生而後斷也。此中俱生煩惱。謂愛欲也。非俱生無明。

中者三五有生而般涅槃。

記曰。此中機也。以根稍利。故歷生不同。故三生五生而般涅槃。

上者即彼生而般涅槃。

記曰。此上機也。謂上機須陀洹。即此一生便得阿羅漢果。名現滅須陀洹。不說中間經二三果。觀此中上二機有涅槃之言。則中機亦不歷後二。是則歷後位者皆下機也。若約四十二章經云。須陀洹七死七生便得阿羅漢。愛欲斷者如四肢斷。則下亦不歷。

此三種有三結下中上。

記曰。此言所斷結有三種。而一種中各有下中上。故諸結地地通有九品。共有八十一品。

云何三結。謂身見疑戒取。是三結差別。

記曰。此是三結之名也。此三結乃十使煩惱中之三種。疑乃鈍使之一。身見戒取乃利使之二也。問曰。十使煩惱為三界生死之本。聲聞乘人十使斷盡。方出三界。今何獨言斷三結耶。答曰。五鈍獨言

疑者。以身見斷。則貪癡自然不生。既佛教調伏其心。故不行嗔慢。心四果未斷。故不言慢。以未入佛法時。初尊天魔。反疑於佛。今既令入正信。則不疑佛疑法。已見諦理。亦不疑已。故獨言斷疑耳。五利不言餘三者。彼皆外道邪見。今既依佛教門。故此不言。又意癡乃無明。以戀著涅槃。雖斷欲貪而未斷涅槃貪。故二皆非所斷。故不言。

上上昇進得阿羅漢。

記曰。此總示斷結得果之相也。上上昇進者。謂能頓斷上上品惑。卽證上上阿羅漢果。

大慧。身見有二種。謂俱生及妄想。唐譯云分別。如緣起妄想自性妄想。

記曰。此示身見。以釋初果行相也。身。卽五蘊身心。所謂名色是已。俱生者名也。謂受等四蘊。本無自性。但以名言而爲體故。無始時來一類妄執。故名俱生身見。妄想分別者色也。謂此四大幻色本來不有。但以因緣力故。和合妄成。譬如幻者假名爲人。愚夫不達。妄計實有自性。分別妍醜。横生貪慾。故云分別身見。

譬如依緣起自性種種妄想自性計著生。以彼非有非無。非有無。無實妄想相故。愚夫妄想種種妄想自性相計著。如熱時燄鹿渴水想。是須陀洹妄想身見。彼以人無我攝受無性。斷除久遠無知計著。

記曰。此釋斷分別身見行相也。然自他幻妄色身本來不有。但依妄想業幻四大假合成形。譬如幻人依緣而起。所謂如世巧幻師。幻作諸男女。愚人不了。妄生分別。計著好醜。故云如依緣起有計著性。且彼緣生假蘊。無而忽有。其實非有非無。既非有無。則無實體。而凡夫愚癡妄生計著。取以爲實。如熱時燄本非是水。而渴鹿妄生水想。此則是名須陀洹分別身見相。魏譯云。以無智故。無始世來虛妄取相。此身見垢。見人無我。乃能遠離。故云是須陀洹妄想身見。彼以人無我攝受無性。斷除久遠無知計著。謂初見道位。證得我空。乃能斷除。是乃單破色陰。則斷分別我見也。

大慧。俱生者。須陀洹身見。自他身等四陰無色相故。色生造及所造故。展轉相因相故。大種及色不集故。

記曰。此釋斷俱生身見行相也。唐譯云。以普觀察自他之身。受等四蘊無色相故。色由大種而得生故。是諸大種互相因故。謂例觀自他受等四蘊。但有名字。本無實體。且色陰雖有假相。但從四大種所造。展轉相因而成此形。既有此形。受生則彼四陰俱時而有。故云俱生。然四大中各無主宰。誰能合集以成色乎。故云色不集故。色陰有質尚空。況受等四陰。本無色相。但有名字。豈非空耶。然此俱生。但約四蘊依色妄執身心自相而言。殆非俱生無明也。學者應知。

須陀洹觀有無品不現。身見則斷。如是身見斷。貪則不生。是名身見相。

記曰。此結身見觀行成就也。有品色也。無品四蘊也。謂須陀洹能觀自他五蘊悉空。無主。身見則斷。

身見若斷則貪愛不生貪愛不生則生因永絕再不受生故法華云諸苦所因貪欲為本若滅貪欲無所依止是故身見斷則證初果是名斷身見相

大慧疑相者謂得法善見相故及先二種身見妄想斷故疑法不生不於餘處起大師見為淨不淨是名疑相須陀洹斷

記曰此釋斷疑之行相也論云疑者於諸諦理猶豫為性能障不疑決定信故疑有三種謂疑理疑法疑師得法善見相者謂於所得真諦法善能觀察見彼真理故於理不疑及先二種身見斷故於諸法中疑不得生是於法不疑以向於理法有疑亦疑其人但知所尊天魔外道以為大師返疑於佛是淨不淨今見理既真於法不疑則不疑其人故云不於餘處生大師想是名須陀洹所斷疑相

大慧戒取者云何須陀洹不取戒謂善見受生處苦相故是故不取大慧取者謂愚夫決定受習苦行為眾具樂故求受生彼則不取除回向自覺勝離妄想無漏法相行方便受持戒支是名須陀洹取戒相斷

記曰此釋斷戒取行相也然有漏戒善乃人天之因而須陀洹所以不取者以明見生處苦相故夫其取者乃諸凡愚於諸有中貪著世樂故苦行持戒願生於彼是故凡夫願生人天中故持五戒十善而外道愚人恐未來有苦相故持牛狗等戒拔髮熏鼻臥棘投鍼種種苦行謂今生受苦若盡將來一味受樂此乃取相邪戒而須陀洹人不取是相然其亦有所持戒品乃是唯求最勝無漏無分別法故所修者乃定共戒殆非凡愚取相邪戒是名取戒相斷

須陀洹斷三結貪癡不生若須陀洹作是念此諸結我不成就者應有二過墮身見及諸結不斷

記曰此結名離過也然貪愛從身見生癡從疑戒取生今三結斷是則因斷而緣不生也三結已斷若存能斷之心則亦墮身見反不能斷諸結是為二過故魏譯云彼若如是不離三結

大慧白佛言世尊世尊說眾多貪欲彼何者貪斷唐譯云貪有多種捨何等貪　佛告大慧愛樂女人纏綿貪著種種方便身口惡業受現在樂種未來苦彼則不生所以者何得三昧正受樂故是故彼斷非趣涅槃貪斷

記曰此示所斷生死根本也經云一切眾生皆以婬欲而正性命能令一切眾生生死不絕者愛與欲也須陀洹以知現在欲樂是未來苦因故永斷婬心故云彼則不生何者以禪定解脫之樂非世間五欲之樂可比由得禪定樂故能斷彼欲樂也然彼但斷欲貪未斷趣涅槃貪何也以彼二乘貪著三昧寂滅之樂不生一念度生之心故佛呵云飲寂滅酒臥無為牀又謂之焦芽敗種故此特云非趣涅槃貪斷觀此不斷涅槃貪則此初果不分利鈍但斷三結徑證四果也

大慧云何斯陀含相謂頓照色相妄想生相見相不

生。善見禪趣相故。頓來此世盡苦際得涅槃。是故名斯陀含。

記曰。此釋二果行相也。斯陀含。名一往來。頓者一往也。色相者色蘊也。妄想者受等四蘊也。謂以生空觀智。頓照五蘊生相。不起心分別。故魏譯云非虛妄分別想見。故云見相不生。善見禪趣相故。此乃凡夫利根。不歷三五七生斷結。不入初果。一往發心便登二果。只須一來便證涅槃。故云頓來此世盡苦際得涅槃也。由此觀之。是則前須陀洹人自有三根。以根有利鈍。惑有厚薄。故斷結有遠近不同。今此二果。幷後那含。皆約凡夫根利惑薄。發心便登當果。一生取證者。殆非次第從前至後也。何者。以前云卽彼惑亂起聲聞種性。故此乃直觀五蘊淺深以約位耳。

大慧。云何阿那含。謂過去未來現在色相性非性。生見過患。使妄想不生故。及結斷故。名阿那含。

記曰。此釋三果行相也。阿那含。此云不來。然前斯陀含人。但能觀現在五蘊不生分別。未觀未來。故須一來而後得涅槃。今此阿那含人。根性大利。能觀三世色蘊悉皆無性。又見未來生處皆有諸苦過患。故厭苦斷集。使後四蘊妄想不生。卽能頓斷三結。卽此當生取證。再不復來。故云不來。此亦從凡夫直入三果頓證無生者。

大慧。阿羅漢者。謂諸禪三昧解脫力明煩惱苦妄想非性。故名阿羅漢。

記曰。此釋四果行相也。謂此阿羅漢位。乃前三位頓漸二根所同趣究竟之地。若至此位。則諸禪三昧及八解脫。自然了達。亦能分證十力。三明六通皆悉成就。至於煩惱發業所招諸苦皆已永斷。一切妄想滅盡無餘。故此得名阿羅漢也。然此四果皆約直觀五蘊妄法。以明卽彼惑亂起聲聞種性。但由根有利鈍。故有前三差別不同。其實通名聲聞。以顯差別通相。非若他經所明實有定位也。

大慧白佛言。世尊。世尊說三種阿羅漢。此說何等阿羅漢。世尊。爲得寂靜一乘道。魏譯云。得決定寂滅。唐譯云。一向趣寂。爲菩薩摩訶薩方便示現阿羅漢。爲佛化化。唐譯云。佛所變化。

佛告大慧。得寂靜一乘道聲聞。非餘。唐譯云。此說趣寂。非是其餘。

餘者行菩薩行。及佛化化。巧方便本願故。於大眾中示現受生。爲莊嚴佛眷屬故。

記曰。此結示非眞果也。大慧意在揀別眞僞。故問三種阿羅漢中此屬何等。佛言我所說者。乃是趣寂定性聲聞。斷四住結。出生死苦。得涅槃者。乃名字羅漢。非眞羅漢也。華嚴地上菩薩爲眞阿羅漢。卽此中行菩薩行。乃方便願者。謂內祕菩薩行。外現是聲聞。其佛所化化者。乃爲莊嚴諸佛國土。及眾會眷屬故。彼二聲聞。非我此中所說。故然此聲聞果旣非眞。而因亦非眞。故下文結過。

大慧。於妄想處種種說法。謂得果得禪。禪者入禪悉遠離故。唐譯云。禪者及禪皆性離故。示現得自心現量得果相。說名得果。

記曰。此結二乘因非眞因。故果非究竟也。然彼趣寂聲聞但證偏空。未達實相眞理。以無明全在。故依妄想處種種說法。故法非眞法。以但盡生死謂爲解脫。其實未得一切解脫。而妄謂得果。但趣滅定。未得首楞嚴大定。而妄爲得禪。於無所得中妄有證得。以不達禪者及禪悉遠離。故妄取涅槃以爲眞果。然彼所得滅度亦非眞滅。但從自心妄見說有得果相耳。故前文云。前後轉進。相不除滅。故此爲愚夫所行禪也。論云。現前立少物。謂是唯識性。以有所得故。非實住唯識。菩薩尚然。況定性乎。

復次大慧。欲超禪無量無色界者。當離自心現量相。

唐譯云。若欲超過諸禪無量無色界者。應離自心所現諸相。

大慧。受想正受超自心現量者不然。何以故。有心量故。

記曰。此總結上外道聲聞愚夫所行禪俱非眞因。誡令離過絕非也。禪通指二乘及外道禪。無量乃別指廣果天人所修四無量心。異生有漏禪。無色界乃別指四空處定。已上諸禪雖有世出世間之別。其實總皆未離心量相故。故此誡勉修如實行者。若欲超彼二乘外道諸禪。應當遠離自心現量相也。因明論云。現量有二。謂眞及似。此乃似現量。以心量未忘。妄有取相故。故勉超之。然者猶許也。謂不但外道邪禪不許。親習即二乘滅受想正受。在我法中超自心現量者決不許可。何者。以彼有心量故。固當遠離也。首楞嚴云。諸修行人不能得成無上菩提。乃至別成聲聞緣覺及成外道諸天魔王及魔眷屬。皆由不知二種根本錯亂修習。猶如煮沙欲成嘉饌。縱經塵劫終不能得。以沙非飯本故。是故欲證無生。當遠離心相爲第一義也。故特勉之。

爾時世尊欲重宣此義而說偈言。

諸禪四無量　無色三摩提　一切受想滅

心量彼無有

記曰。此頌總結愚夫禪也。四無量即慈悲喜捨四無量心。乃廣果天人爲除眾生嗔惱不悅憎愛故修此四心。此乃異生有漏禪。殆非佛之四無量心也。謂彼外道二乘諸禪行相皆是各各妄見取自心相。其實彼等元無所有。

須陀槃那果　往來及不還　及與阿羅漢

斯等心惑亂　禪者禪及緣　斷知見眞諦

唐譯云。禪者禪所緣。斷惑見眞諦。

此則妄想量　若覺得解脫

記曰。此別頌二乘非眞也。謂四果聖人。而心未離惑亂。即所修禪定。入我空觀。而所觀骨瑣無常苦不淨等相。皆不離計著。即斷惑所見眞諦。亦不離妄見。取涅槃相。故云禪者禪所緣斷知見眞諦。此則妄想量。若覺此等非眞。即得究竟解脫矣。知者分別也。

○此上總明愚夫禪已竟

○次下明觀察義禪

復次大慧。有二種覺。謂觀察覺及妄想相攝受計著建立覺。

記曰此示眞妄二覺以釋前四種禪中觀察義禪之行相也唐譯云有二種覺智謂觀察智及取相分別執著建立智然法非有無但隨智轉若依正智而觀則諸法非有若以邪智而觀則諸法不無不無則四句橫生非有則一眞獨立一眞立則四句離四句離則心境絕心境既絕則人法雙亡故此觀察義禪爲破法執故前文云謂人無我自相共相外道自他俱無性已觀法無我彼地相義漸次增進是名觀察義禪後文自明然此眞妄雙舉者意令捨邪歸正故

大慧觀察覺者謂若覺性自性相選擇離四句不可得是名觀察覺

記曰此釋觀察正智也謂外道二乘妄執諸法實有自性故橫生四句今以正智觀察諸法本無自

性既法無自性故四句無依選擇推求離四句外竟不可得以不可得故見諸法無性者是名觀察義禪

大慧彼四句者謂離一異俱不俱有無非有非無常無常是名四句大慧此四句離是名一切法唐譯云是故說言一切法離 大慧此四句觀察一切法應當修學

記曰此教行人當離四句而觀諸法是名正觀若他觀者卽邪觀也故勉修學

大慧云何妄想相攝受計著建立覺謂妄想相攝受計著堅濕煖動不實妄想相四大種宗因相譬喻計著不實建立而建立是名妄想相攝受計著建立覺是名二種覺相

記曰此明外道邪智也然彼外道不了諸法無性妄計諸法實有自性故於彼堅濕煖動四大種性取相執著虛妄分別以宗因喻而妄建立是名取相分別執著建立邪智依此邪智故於諸法妄計一異有無等四句邪見意令行人捨此邪見卽名正智故離四句卽名觀察義禪也宗因喻者謂外道以此三支建立自果以謬解故俱不極成故因明論出彼三十三過故云不實建立而建立

若菩薩摩訶薩成就此二覺相人法無我相究竟善知方便無所有覺觀察行地得初地唐譯云知此智相卽能通達人法無我以無相智於解行地善巧觀察入於初地 入百三昧得差別三昧見

百佛及百菩薩知前後際各百劫事光照百刹土

記曰此明觀成得果之相也謂菩薩摩訶薩創志卽以無相智善巧觀察諸法本無自性頓斷我法二執乃於解行地卽入初地以及後後如來地也解卽十住行卽十行此雖云解行意在不歷三賢以顯初發心時便登佛地耳華嚴云初發心時卽得阿耨多羅三藐三菩提知一切法卽心自性成就慧身不由他悟故入百三昧等者舊引攝論云菩薩入初地時證十百明門謂一於一刹那頃證百三摩地二以淨天眼見百佛國三以神通力能動百佛世界四能往百佛刹教化衆生五能以一身化百類身形令有情見六能成就百類所化有情七若爲利益能留身住世百劫八能知前後際

百劫事。九能以智慧入百法明門。十能以身觀百類眷屬。餘地倍倍增勝。華嚴具明。

知上上地相。大願殊勝。神力自在。法雲灌頂。當得如來自覺地。善繫心十無盡句。成熟衆生。種種變化光明莊嚴。得自覺聖樂三昧正受。

記曰。此言由初地以極如來地行相也。善繫心十無盡句成熟衆生者。謂善說法能以一句演無盡句。能以一法演無盡法等。華嚴九地行相如此。問曰。此經頓教法門。所詮直顯頓悟一心便登佛地。何以前後每於正智現前或觀行成就處。必歷舉十地行相。豈不落階級耶。答曰。此經聖諦亦不立。何階級之有。蓋舉果以驗因也。然十地亦名佛地。蓋平等無相眞如。是佛遊履之地。吾人苟能頓超有相。心契一眞。而與法身同遊。步步頭頭。居然自在。廣大業用。非是漸次從地至地也。舉此勝果。要顯眞因。若夫邪因無因。又何足以臻此。且令行人知此亦不得少爲足。以冀上上增進。必得安住自覺聖三昧勝樂而後已也。

○上釋觀察義禪竟

○下釋攀緣如禪

觀楞伽阿跋多羅寶經記卷第九

觀楞伽阿跋多羅寶經記卷第十

宋天竺三藏沙門求那跋陀羅譯

明建鄴海印沙門　釋德清筆記

一切佛語心品第二之五

○上釋觀察義禪竟

○下釋攀緣如禪○初觀四大如

復次大慧。菩薩摩訶薩當善四大造色。云何菩薩善四大造色。大慧。菩薩摩訶薩作是覺。彼眞諦者。四大不生。於彼四大不生。作如是觀察。觀察已。覺名相妄想分齊。自心現分齊。外性非性。是名心現妄想分齊。謂三界。唐譯云。觀彼諸大種眞實不生。以諸三界但是分別。唯心所見。無有外物。觀彼四大造色性離。四句通淨。離我我所。如實相自相分段住。無生自相成。

記曰。此言四大本自不生。以釋攀緣如禪也。攀緣者妄想也。四大者名相也。然妄想元是正智。名相本自如如。以彼愚夫不達三界唯心所現。故妄見四大及所造四塵以爲實有。故妄執大種以爲生因。是迷正智爲妄想。變如如爲名相。是以但起攀緣作四句謬解。種種邪執。故於如不如。今菩薩以正智觀察彼諸大種當體寂滅。眞實不生。洞見三界一切名相。但是妄想分別。唯心所現。本無外物。

如是觀時。則大種所造悉皆性離。若大種性離。則四計頓絕。物我皆空。如此則卽妄想爲正智。了名相本如如。一心住如實處。萬法皆悉不生。故唐譯云。住如實處。成無生相。此所以觀四大不生爲攀緣如禪。以攀緣卽如。非攀緣如也。故云善四大造色等。以達四大不生。故云善。外道不達。故不善。

大慧。彼四大種。云何生造色。謂津潤妄想大種生內外水界。堪能（唐譯云作炎盛）**妄想大種生內外火界。飄動妄想大種生內外風界。斷截色妄想大種生內外地界。**

記曰。此言四大從妄想生。以破外道妄計四大爲生因。以明不善四大造色。成前妄想相攝受計著建立覺義也。以彼外道不達五蘊諸法唯心變現。乃妄計四大種以爲生因。能造諸法。故此責云。彼

所計四大種。云何能生造色耶。云何。猶言如何。乃責問之詞也。然我但說四大從妄想生。非從四大生。是則妄想爲四大種。非四大爲四大種也。且妄想無性。卽四大本自不生。今彼愚夫邪執謬解。不獨見四大生。抑且妄執四大能生生。此所以不善四大造色。妄起四計。故於如不如。斯乃愚夫言說。非聖賢也。故下結云。非我所說。然此經文簡古。佛意幽深。最難潛通血脉。舊注引楞嚴世界相續文。對釋此段。然雖消文有據。其實義難會通。何也。以彼說世界生起之由。以言次第相生之情狀。今此但說四大從妄想生。以破外道妄計四大爲生因耳。二處言同義別。若執彼明文。則返晦此經旨。觀者幸勿以臆斷。下文自當證之。文云。謂地等四大及造色等有四大緣。非彼四大緣。謂妄想是四大因。非四大爲四大因也。

色及虛空俱計著邪諦。五陰集聚四大造色生。

記曰。此承上文牒外道計。以明四大不能造色生。以破外道妄計卽色是我等四句也。邪諦。冥諦也。卽數論師所立二十五冥諦。謂從神我爲冥初主諦。從冥生覺。從覺生我心。從我心生五塵。從五塵生五大。從五大生十一根。然此中色及虛空。五大也。五陰。卽十一根也。然彼外道妄計五大生五陰。以虛空無形。唯能和色。故但云五陰集聚從四大造色生。俱。和合也。又勝論師計六句爲生因。謂一實。二德。三業。四大有。五同異。六和合。又於實句中執有九法。謂五大。時。方。和合。此九能生五陰諸法。故妄執卽色是我。我在色中等四句邪見。今世尊將欲破之。乃先出其計云。色及虛空俱。乃是計著邪諦。妄說五陰積聚四大造色生。下文先破色不卽我。我不在色中等。後破四大造色不能生五陰。

且先破色不卽我。以外道妄計八識爲神我。故約識破之。

大慧。識者因樂種種跡境界。故餘趣相續。

記曰。此破色不卽我等四計意也。然彼外道妄計四大造色能生五陰。故妄計我在色中。色卽是我等。佛謂彼所計神我。卽我法中識也。若言色卽是我。且人死時四大色滅。而識不滅。以此識因愛樂貪著六塵境界。故造善惡業。又招未來果報。復於餘趣受生。相續不斷。若果然色卽是識。其色滅時而識亦與之俱滅矣。豈非斷滅耶。今既餘趣受生相續。足知識不滅。識既不滅。則色非卽我。明矣。不但色不卽我。抑且四大造色不能生五蘊。故下文破之。

大慧。地等四大。及造色等。有四大緣。非彼四大緣。

記曰。此言四大不能造色也。以外道計四大爲能造。五蘊諸法爲所造。是四大與四大爲生緣矣。緣卽因也。故佛牒其計而破之曰。四大及所造五蘊等色法。自有與彼爲因者。乃妄想耳。但非彼四大與五陰爲因也。何者。以彼四大不能造色生五陰故。故下文徵破。

所以者何。謂性形相處所作方便無性。大種不生。大慧。性形相處所作方便和合生。非無形。是故四大造色相外道妄想。非我。

記曰。此徵破四大不能造五陰之所以也。性謂四大自體。形相處。卽彼諸法上長短高下大小等形狀。方便。卽造作之方法也。以上佛言四大不能造四色。故此徵而破之曰。何故不能造。以推求能造四

大自體形相及造作方法。皆不可得。以無自性故。既無自性。則大種本自不生。本自無生。又豈能生他諸法耶。是計四大能造者妄也。若謂所造五蘊諸法從四大生。此亦不成。何者。以能造大種是有體相形狀之物。今能造者既是有形。而所造五蘊亦應有形。非無形也。意謂縱許四大能造。但能造五蘊中色法一陰耳。然彼四陰無形者彼安得而造之耶。是計所造者妄也。且彼計色卽是我。况色滅而識不滅。足知五陰非四大所造。今觀四大本不能造色。是故計四大造色相者。乃外道妄想分別顚倒見耳。非我所說也。故云非我。由上佛言四大有形不能造無形。故下文釋成。以明觀五陰如。

復次大慧。當說諸陰自性相。云何諸陰自性相。謂五陰。云何五。謂色受想行識。彼四陰非色。謂受想行識。

記曰。佛言有形不能造無形。故說五陰自性相。以明四陰非色所造。將顯五陰本如也。

大慧。色者四大及造色各各異相。大慧。非無色有四數。如虛空。譬如虛空過數相。離於數。而妄想言一虛空。

記曰。此釋四陰無形非色所造也。四大。外四大也。造色。內四大也。謂五陰中色之一陰。可說是四大所造。以有堅濕煖動四法各各異相。故是有形。不比無色四陰如虛空故。至若受等四陰無有形相。猶若虛空。但以妄想名言說爲四陰。譬如虛空超過數相。但分別言一虛空耳。豈有虛空無形屬彼四大所造耶。是則妄計四大能造五陰者。皆邪見也。

大慧。如是陰過數相。離於數。離性非性。離四句。數相者愚夫言說。非聖賢也。

記曰。此通釋五陰皆空也。如是陰。通指五陰也。性。色陰。非性。四陰。謂不但四陰如空。而色陰推求各無自性。大種不生。而色本空也。是則五陰皆空。超過數相。又豈可以五數目之耶。故云如是陰超數相。離於數。然既超名數。則五陰元無。五陰既無。則離性非性矣。離性。則色不可謂之有。離非性。則四陰不必謂之無。是則有無既離。四句安寄。故云離性非性。離四句。然而四句既離。則百非俱遣。名言路絕。則陰本如如。又豈可以數相求之耶。是故計數相者。乃愚夫言說耳。殆非聖賢眞知見力也。永嘉云。一切數句非數句。與吾靈覺何交涉。深證乎此。

大慧。聖者如幻種種色像離異不異施設。又如夢影士夫身離異不異故。大慧。聖智趣同陰妄想現。

記曰。此釋伏難以明五陰本如也。由上佛說五陰皆空。恐愚者疑謂現見五陰聖凡皆有。何以言無。故此釋云。我說五陰皆空。不是絕無。但聖智觀之。如幻不實。所謂了達緣生無性。其體皆空。但不作一異等妄見施設耳。豈是絕然滅無耶。然此五陰乃法身影明。如夢中身。如鏡中影。無別所有。故說非異非不異。是故我言五陰本如。而愚夫不達乎此。乃妄作一異等分別見。永嘉云。幻化空身即法身。是則五陰當體元是法身。五陰妄想現時。而法身齊現。但隨聖凡所見不同耳。若以妄想分別。則法身隱而五陰現。若以聖智而觀。則法身現而五陰消。故前文云。然彼惑亂。諸聖亦現。而非顛倒故

云聖智趣同陰妄想現。斯實妄想本如。能觀察此。所謂攀緣如禪。下文結云。

是名諸陰自性相。汝當除滅。滅已說寂靜法。斷一切佛剎諸外道見。

記曰。此結名離過也。然未達五陰本如。故作一異生滅妄見。其所說者。皆生滅法。故此結云。五陰如此空寂。汝當除滅自性相見。滅此生見。即證無生。其所說者皆寂滅法。又當以此所證斷一切外道邪見。

大慧。說寂靜時。法無我見淨。及入不動地。入不動地已。無量三昧自在。及得意生身。得如幻三昧。通達究竟力明自在。救攝饒益一切衆生。猶如大地載育衆生。菩薩摩訶薩普濟衆生亦復如是。

記曰。此結攀緣如禪行成得果之相也。前觀察義禪行成。從凡夫入解行。即登初地。漸觀深入至上上地。以頓見眞理。漸斷無明。故所謂頓悟漸修者是也。今攀緣如禪觀行成就。頓登八地。頓證無生。頓斷無明。頓捨藏識。所謂頓悟頓修者是也。已上三種禪。乃三乘行相。然二乘禪固在所呵。後二雖勝。猶屬迷悟因果。故後偈云。諸乘非究竟。何也。以宗門縱然親證眞如。猶是法身邊事。非法身向上事也。至若如來清淨禪。則不屬因果。故爲最上一乘。乃此經之宗趣。所以但說前三種禪已。即便說邪正二果。而如來禪則不容有說。意令吾人默契不言之表耳。及其向後大慧特請。世尊但云。前聖所知轉相傳受。妄想無性。一語而已。此直指從上佛祖所傳心印。以爲禪宗的訣。意顯此經之宗趣也。觀者深察之。

○已上釋邪正因行不同已竟

○下文釋邪正果德不同○先示邪果

復次大慧。諸外道有四種涅槃。云何爲四。謂性自性非性涅槃。種種相性非性涅槃。自相自性非性覺涅槃。諸陰自共相相續流注斷涅槃。是名諸外道四種涅槃。非我所說法。

記曰。此辯果德不同。初示邪果也。由上佛說因行既有眞僞。故所感果亦有邪正。故此先言四種涅

槃以顯外道二乘因行之不真也性自性非性涅槃者謂數論師妄立神我以爲主諦實有自體以非究竟涅槃故佛隨便而斥之曰彼所計自性其實非性但妄執耳故云性自性非性涅槃種種相性非性涅槃者謂外道妄計色究竟天以爲涅槃謂盡虛空界十二類生皆我身中一類流出又計大自在天以爲涅槃謂自己身心并十方虛空皆從彼出又順世外道計四大是實是常能生諸法故求火光明樂水清淨愛風周流觀塵成就各各從事以爲常住以計彼種種相實有自性故佛斥之曰彼所計者其實非性但妄執耳故云種種相性非性涅槃自相自性非性覺涅槃者謂勝論師計一切無情有知立六句義謂有實德業大有同異和合以極微爲常住故以十方草木皆稱有知與人無異草木爲人人死還爲十方草木故唐譯云覺自相猶言微塵自相而有知覺也故佛斥之

曰彼自相自性本無自性亦非有覺但妄計耳故云自相自性非性覺涅槃諸陰自共相相續流注斷涅槃者謂無想天人以永滅依爲歸寧地及定性聲聞證滅諦已居滅已休更不前進及定性辟支并不迴心諸緣覺倫觀化知無緣離證滅執諸陰已滅不受後有永斷生機取爲涅槃故云諸陰自共相相續流注斷涅槃此四皆外道自取以爲涅槃故云非我所說然二乘不達自心心外取法故亦云外道

○下示正果

大慧我所說者妄想識滅名爲涅槃

記曰此明佛所說涅槃正果也然彼外道所取涅槃皆妄想識耳佛謂我所說涅槃者非別有體即彼妄想識寂滅處當體便是涅槃非離此外別有涅槃可證也故云妄想識滅名爲涅槃問曰前初云證自智境界轉所依藏識爲大涅槃次復云一切識自性習氣藏識意識見習轉已我及諸佛說名涅槃此獨言妄想識滅名爲涅槃者何也答曰此三立言意旨不同不可作佛說涅槃有差別會也前初乃責二乘以不知證自智境界轉所依藏識爲大涅槃故妄計未來諸根境界滅以爲涅槃果耳然舉大涅槃言意在責彼不知非正說涅槃也次乃勘校邪正因果不同意謂彼外道二乘以依有無斷常等四句修行愚夫所行禪爲因故所感果亦非究竟我以離四句法修行觀察攀緣如禪故轉生死爲涅槃故云一切識自性習氣藏識意識見習轉已我及諸佛方說爲涅槃謂不同外道以妄見習氣爲涅槃也今乃釋前不同之所以正示涅槃行相以顯此經之宗極故但言妄想識滅爲涅槃蓋言妄想當體寂滅即是涅槃更不待轉何者以妄想無性故是則即彼外道二乘見習

盡是涅槃不必別求以當體無生更何所轉此正最上一乘實此經宗極故下文云七識不生以立意不同故言亦異也然此妄想即第六意識故次辯之

大慧白佛言世尊不建立八識耶佛言建立大慧白佛言若建立者云何離意識非七識佛告大慧彼因及彼攀緣故七識不生

記曰此問明八識本來涅槃義也由佛前言轉藏識妄見習氣爲涅槃然藏識八識也見習七識也今此但言六識滅爲涅槃故此疑問不建立八識耶佛言建立又問既建立者且七識爲生死根云何但言六識滅爲涅槃而不言七識耶佛言八識者乃如來藏清淨真心也本來寂滅而七識無體

本自不生。但彼六識依八識而起攀緣。八識因六識攀緣而有生滅。故云彼因及攀緣故。今意識若寂滅。則七識不生。而八識當體元是清淨涅槃。又何待轉而後方爲涅槃耶。

意識者境界分段計著生習氣長養藏識意俱我我所計著思惟因緣生不壞身相。

記曰。此釋上七識不生義也。唐譯云。意識分別境界起執著時。生諸習氣。長養藏識。由是意俱我我所執思量隨轉。無別體相。謂七識所以不生者。以無體故。但因意識攀緣五塵境界時。生起習氣熏彼藏識。而藏識受熏。以習氣力。影現根身器界。而妄見此影。執爲我我所者。乃名七識。故云意俱。是則七識思量。但隨六八內外門轉。乃八識之影明。如燈毛輪。無別有體。雖有名而無實。以唯一精眞

故云不壞身相。

藏識因攀緣自心現境界計著心聚生展轉相因。

記曰。此言藏識元是不動智體。但因六識攀緣自心境界。諸識相因而生。故得藏識之名也。由意識一起。而諸識齊起。故云心聚生。然八識湛淵。本無生滅。秖因六識攀緣而有生滅。七識因八識而起執著。六識因七識而起分別。五識因六識而攬境。六識又因五識而攀緣。七識又因六識而增長見習。八識又因七識我執染汚而不解脫。故云展轉相因。是則生從六識相因而生。滅則六識滅而諸識齊滅。此所謂一根既返源。六根俱解脫也。

譬如海浪自心現境界風吹若生若滅亦如是是故意識滅七識亦滅

記曰。此以喻顯七識本不生也。海喻藏識。浪喻七識。境界如風。謂藏海澄淵。本無七識波浪。但自意識攀緣六塵境界風吹。故有起滅。今若意識不起。境界風停。則七識當體寂滅。是則生但因緣生。滅但因緣滅。非七識也。故云七識不生。

爾時世尊欲重宣此義而說偈言。

我不涅槃性　所作及與相　妄想爾燄識
此滅我涅槃

記曰。此總頌外道涅槃非我所說義也。謂外道妄計涅槃實有自性。及有所作相。佛言我不如此。然

我所說者。但以妄想所知識滅。名爲涅槃耳。爾燄。所知也。

彼因彼攀緣　意趣等成身　與因者是心
爲識之所依

記曰。此頌七識不生也。謂彼藏識。因彼意識攀緣。故有七識身生。然而與意爲因者。乃是藏識心王。非七識也。故云與因者是心。以藏識爲諸識之所依。故是則藏識之生滅。前五之攬境。及七識之假名。總因意識而有。故意識若滅則諸識當體不生。故下以喻成。

如水大流盡　波浪則不起　如是意識滅
種種識不生

記曰。此以喻結成也。問。諸教皆言七識爲意根。乃生滅之樞機。今言七識不生。但言意識滅。卽爲涅槃者何也。答。此直示頓悟無生之旨。乃禪宗修心之的訣也。若謂定有七識以爲意根。則相續長劫。何由一念頓證無生耶。今了七識不生。則意識脫體無依。意識無依。則妄想無性。當下寂滅。妄想寂滅。則一切內外心境無不寂滅。淨名云。一切衆生本來涅槃。不復更滅。謂是故也。故云如是意識滅。種種識不生。此實自覺聖智境界。豈彼外道邪見三乘比智所可入耶。故古德云。靈光獨耀。迥脫根塵。體露眞常。不拘文字。心性無染。本自圓成。但離妄緣。卽如如佛。

○已上廣釋前三種禪以顯三乘差別因果相竟

○次下廣釋如來禪融會五法自性總歸如如以顯一乘平等因果相有三

○初卽妄卽眞以顯因平等

復次大慧。今當說妄想自性分別通相。若妄想自性分別通相善分別。汝及餘菩薩摩訶薩離妄想。到自覺聖。外道通趣善見。覺攝所攝妄想。斷緣起種種相妄想自性行。不復妄想。

記曰。此卽妄想差別以示平等行相也。因上一往佛說妄想爲十界五性三乘生死涅槃之本。恐其行人不知何等妄想。故此特示其相。欲令行人卽妄想以證如如也。然妄想名雖通稱。其實有多種差別不同。若不善知其相。抑將認妄爲眞。故楞嚴云。譬如國王爲賊所侵。發兵討除。是兵要當知賊所在。唐譯云。我今當說妄計自性差別相。令汝及諸菩薩摩訶薩善知此義。超諸妄想。證聖智境。知外道法。遠離能取所取分別。於依他起種種相中。不更取著妄所計相。

大慧。云何妄想自性分別通相。唐譯云。妄計自性差別相。謂言說妄想。所說事妄想。相妄想。利妄想。自性妄想。因妄想。見妄想。成妄想。生妄想。不生妄想。相續妄想。縛不縛妄想。是名妄想自性分別通相。

記曰。此標妄想差別相也。前說轉一切自性習氣藏意意識見習爲涅槃。故隨說二種自性相。謂言說自性相計著。事自性相計著。此蓋示其所當轉者也。言說自性相計著者。從無始言說虛僞習氣計著生。乃名也。事自性相計著者。從不覺自心現分齊計著生。乃相也。以妄想因名相而生。故此二乃妄想總相。今列十二妄想。蓋亦不出前二。但廣示其相。乃前二之差別相耳。由妄想因他名相而有。是謂緣起。今顯妄想無性。本自圓成。則彼名相自如如矣。故云通相。故此科云眞妄平等。

大慧。云何言說妄想。謂種種妙音歌詠之聲美樂計著。是名言說妄想。

記曰。此計世俗言語音聲及歌詠詞句等。以爲實有自性者也。

大慧。云何所說事妄想。謂有所說事自性聖智所知。依彼而生言說妄想。是名所說事妄想。

記曰。此計出世聖言量。以爲實有所說自證境界。依之妄起分別者也。謂於佛所說菩提涅槃眞如佛性第一義諦自證聖智出世等法。以爲實有自性。依之復起種種言說分別。以作實法。故唐譯云。謂執有所說事。是聖智自證境界依此起說。

大慧。云何相妄想。謂卽彼所說事。如鹿渴想。種種計著而計著。謂堅濕煖動相一切性妄想。是名相妄想。

記曰。此合上二而言也。以於佛所說出世法中。執以爲實。妄有所得。故云於彼所說事中如渴鹿想。又於所說世諦法中。根塵四大等法。計著實有自性。故云種種計著而計著等。此上三。乃言說自性計著也。

大慧。云何利妄想。謂樂種種金銀珍寶。是名利妄想。

記曰。此下九種妄想。乃事自性計著妄想也。於諸財寶不達性空。故云利妄想。

大慧。云何自性妄想。謂自性持此。如是不異。惡見妄想。是名自性妄想。

記曰。此妄計世間諸法。一一各有自性。執之決定如是不可更易。卽外道執四大種各有自性而能生物。故云惡見妄想。

大慧。云何因妄想。謂若因若緣有無分別。因相生。是名因妄想。

記曰。此外道妄計諸法。有從有因生。無從無因生。故唐譯云。謂於因緣分別有無。以此因相而能生故。故云因妄想。

大慧。云何見妄想。謂有無一異俱不俱惡見。外道妄想計著妄想。是名見妄想。

記曰。此外道依有無等起四句見。故云見妄想。

大慧。云何成妄想。謂我我所想。成決定論。是名成妄想。

記曰。此外道妄計卽色是我。離色是我等成決定論。故魏譯云。取我我所相。說虛妄法。唐譯云。理分別。謂於無理處。以宗因喻成立有理。故云成妄想。

大慧。云何生妄想。謂緣有無性生。計著。是名生妄想。

記曰。此生見也。謂計諸法若有若無。皆悉有生。以有有生。無亦有生。故如云太極從無極而生。然太極無形。而妄見有生。此無而有生也。至若兩儀八卦三才萬物皆一定有生。此有而有生也。故唐譯云。若有若無從緣而生。是名生分別。

大慧。云何不生妄想。謂一切性本無生無種因緣生無因身。是名不生妄想。

記曰。此不生見也。謂一切諸法本來不生者。以未生已前先有不生之體。此體不從因生。故云無種因緣生無因身。如莊子云生生者不生。卽所謂有物先天地者是也。故唐譯云。計著一切法本來不生。未有諸緣而先有體。不從因起。既不從因起。是無因也。無因則無果。既無因果。則成斷滅。是則名雖不生。實斷見耳。故前百丈錯答學人不落因果一轉語。五百生墮野狐身。正墮此不生見。錯會無生義耳。觀此。痛令識法者懼。

大慧。云何相續妄想。謂彼俱相續。如金縷。是名相續妄想。

記曰。此相續妄想有二。一謂世法。即如世之五行相生相尅。八卦四時往復不斷。謂之相續。二謂佛法。說眾生世界業果相續不斷。亦謂之妄想。何者。以達無生者若一念不生。則前後際斷。一人發眞歸元。十方虛空悉皆消殞。何況空中所有國土而不振裂。如此。則又何從而相續耶。是則不達諸法唯心所現者。乃妄計諸法實有相續自性。特妄想耳。

大慧。云何縛不縛妄想。謂縛不縛因緣計著。如士夫方便。若縛若解。是名縛不縛妄想。

記曰。此計實有煩惱可縛。涅槃可脫也。前十一種妄想。屬凡夫外道。此一屬二乘。以彼二乘不達煩惱性空。故以生死為可縛。不達涅槃性空。故欲斷煩惱而取證。故如人被縛。必待解縛而後為脫也。如楞嚴云。根塵同源。縛脫無二。則非彼所知。

於此妄想自性分別通相。一切愚夫計著有無。

記曰。此結過也。凡所分別皆妄想耳。愚夫不達妄執以為實有實無。

大慧。計著緣起而計著者。種種妄想計著自性。如幻示現種種之身。凡夫妄想見種種異幻。

記曰。此言偏計執性。乃依他緣起。由不達圓成故妄以為實也。計著緣起而計著種種妄想計著自性者。如論所謂由彼彼偏計。偏計種種物。然此偏計本無自性。但依他起。乃分別緣所生耳。凡愚不了。妄以為實。故唐譯云。於緣起中執著種種妄計自性。如依於幻見種種物。凡愚分別。見異於幻。經云。眾生不異幻。了幻無眾生。以不能如幻觀眾生。而妄分別有無一異。故云見異於幻。

大慧。幻與種種非異非不異。若異者。幻非種種因。若不異者。幻與種種無差別。而見差別。是故非異非不異。是故大慧。汝及餘菩薩摩訶薩。如幻緣起妄想自性。異不異。有無。莫計著。

記曰。此結示眞妄平等相也。謂妄想本自緣生。了無自性。不可作一異有無分別執著。故非異非不異。以一異俱非。則如如平等矣。幻喻心。種種喻妄境。然種種依幻而起。且幻事本無。何況復於幻出種種。而又作一異有無等見耶。故誡之曰。如幻緣起妄想自性。異不異。有無。莫計著。謂彼妄想自性本無所有。乃依如幻緣起耳。故不應作一異有無計著也。

爾時世尊欲重宣此義而說偈言。

心縛於境界　覺想智隨轉　無所有及勝

平等智慧生

記曰。此總頌眞妄一如。以顯平等相也。謂三界五蘊一切境界。但隨妄想而轉。然於實際當體寂滅。本自如如。故云爾也。覺想謂妄覺無明也。智即六麁中智相。謂分別心也。無所有最勝處謂眞如實際也。以自他俱泯故云平等。由無明不覺妄見境界則心縛於境。境復牽心。故不平等。若以正智而觀。則心境雙絕。故平等耳。楞嚴云。知見立知。即無明本。知見無見。斯即涅槃。

妄想自性有　於緣起則無　妄想或攝受

緣起非妄想　唐譯云。在妄計是有。於緣起則無。妄計迷惑取。緣起離分別。

種種支分生　如幻則不成　彼相有種種

妄想則不成　彼相則是過　皆從心縛生

記曰。此頌泛舉妄想緣起相因而有也。謂妄想本無自性。所以有自性者。以於緣起諸法妄生取著故。且彼緣起諸法。非妄想也。何者。以一切諸法緣生如幻故。然彼幻事種種支分宛然若生。以皆如幻。故雖生不生。故云如幻則不成。然彼幻相雖有種種。其實性本無生。亦無有相。以見彼有相者。但妄想耳。若了彼如幻。則妄想不生。以不了如幻。依之造業。故彼相是過。此皆從心縛而生也。彼相既因妄想而有。若妄想不生。諸相自寂。則依他性空。相本無也。然心境互爲緣起也。今幻相不成。則無當心之境。妄想不成。則無了境之心。心境皆無。言思路絕。本自如如矣。

妄想無所知　於緣起妄想　此諸妄想性

即是彼緣起　妄想有種種　於緣起妄想

記曰。此頌妄想從緣起而生也。以妄想實際本無所知之境。但於緣起諸法不了無性。而復於彼妄生分別。計著有無。執取美惡。故云於緣起妄想。且此諸妄想性。除緣起外。別更無有。故云即是彼緣起。所以妄想有種種者。但於緣起妄想耳。

世諦第一義　第三無因生　妄想說世諦

斷則聖境界

記曰。此頌世諦即第一義。以明即妄即眞也。謂若妄計妄想緣起實有自性。即第一義諦而爲世諦。若了妄想緣起無性。即世諦而爲第一義諦。若不知諸法緣生者。即是無因生矣。又墮外道冥諦也。

是則本無世諦。而世諦但依妄想說耳。即妄想斷處。便是自覺聖智境界。故唐譯云。妄計是世俗。斷則聖境界。

譬如修行事　於一種種現　於彼無種種

妄想相如是

記曰。此頌通喻妄想緣起相因而生也。謂第一義諦本無諸相。但因妄想妄見諸法。而復於彼周偏計度。美惡一異。有無等。堅執爲實。其實第一義諦中本無此事。故云於彼無種種。修行者。謂鈍根二乘修八背捨。四偏處定。若觀青時。天地萬物皆青。若觀黃赤白時。一一皆然。彼於一色法。隨心轉變見種種相。以於無中妄見有故。以譬於第一義諦離名相處。妄見種種諸法。然其所見者皆妄想耳。

非實法也。故云妄想相如是。論云。由彼彼偏計。偏計種種物。此偏計所執。自性無所有。

譬如種種翳　妄想眾色現　翳無色非色

緣起不覺然

記曰。此頌以喻轉明上意也。謂於第一義諦無一法處。而見有種種者。蓋因無明不覺。依他妄分別緣生一切法。故論曰。依他起自性。分別緣所生。譬如翳目於無色相處。而妄見有青黃赤白諸色相現。凡愚不覺。妄執為實。故云緣起不覺然。

譬如鍊真金　遠離諸垢穢　虛空無雲翳

妄想淨亦然

記曰。此頌喻第一義諦遠離諸過。以顯圓成實性也。論曰。圓成實於彼。常遠離前性。以圓成實法爾隨緣成一切法。而法法皆真。但由妄想偏計種種執取。故於真不真。若情忘執謝。則萬法皆如。圓成自顯。故但云妄想淨亦爾。故下文但出妄想之過。

無有妄想性　及有彼緣起　建立及誹謗

悉由妄想壞

記曰。此頌特出妄想之過。意明緣起從妄想而有也。謂所以說有緣起建立及誹謗者。蓋因妄想而說耳。若無妄想。而說有緣起建立及誹謗者。此亦是妄想分別。乃自破壞如實之見矣。故云無有妄想等。世尊意謂汝等若無妄想。而我為何又說緣起及說汝等建立及誹謗之過耶。繇是觀之。則十方三世一切諸佛。出現世間。更無別法。特為說破眾生妄想耳。故下文云。前聖所知。轉相傳授妄想無性。

妄想若無性（唐譯云。若無妄計性。）**　而有緣起性**

無性而有性　有性無性生　依因於妄想

而得彼緣起　相名常相隨　而生諸妄想

究竟不成就　則度諸妄想　然後智清淨

是名第一義

記曰。此通頌三性五法。皆依妄想而立也。謂緣起本無。但因妄想而有。若無妄想而說有緣起者。是

則無因而有生。有生而從無因生也。此翻顯因依妄想方得有緣起。因有緣起。故名相隨生。如影隨形。是則名相又因妄想緣起而有。既有名相。則妄想又從名相而生。展轉相因。無有窮已。皆妄想之過也。如何得離妄想過耶。故次頌云。究竟不成就。則度諸妄想。然後智清淨。是名第一義。然究竟不成就者。華嚴云。如是自性。如幻如夢如影如像。悉不成就。智證云。以真如之性。法爾隨緣。雖即隨緣。法爾歸性。以隨緣時。似有顯現。如觀幻法不有而有。如觀夢境不見而見。如觀水中之影。非出非入。如觀鏡中之像。不內不外。以無性隨緣。故理不成就。以隨緣無性。故事不成就。理事不成。則一切法俱不成也。然一切法俱不成就。而介爾妄心。又何從而寄耶。故云究竟不成就。則度諸妄想。然後智清淨。是名第一義。斯則緣起名相妄想皆即正智如如矣。故下頌結顯之。

妄想有十二　緣起有六種　自覺智爾燄
彼無有差別　五法爲眞實　自性有三種
修行分別此　不越於如如

記曰。此頌總結前五法三自性等皆不越於如如也。良由眞如隨緣成一切法。法法皆眞。但以妄想執著而有差別。若以自覺聖智觀之。則彼諸法本來寂滅。此三性不越於如如也。以迷眞如之理而爲名相。故正智翻爲妄想。悟名相之本如。卽妄想而爲正智。此五法不越於如如也。故誡修行之士。能作如是觀。則日用頭頭物物皆如如矣。緣起有六種。卽卷初六因。爾燄。所知也。

衆相及緣起　彼名起妄想　彼諸妄想相

從彼緣起生　覺慧善觀察　無緣無妄想
成已無有性　云何妄想覺

記曰。此言迷悟因依也。謂迷時緣起妄想遞互相生。悟則性是圓成。更無緣起妄想矣。唐譯云。眞實中無物。云何起分別。故云。成已無有性。云何妄想覺。唐譯此下有圓成若是有。此則離有無。既已離有無。云何有二性。四句。

彼妄想自性　建立二自性　妄想種種現
清淨聖境界

記曰。此言凡聖二途。但依妄想而立也。謂若依妄想自性。妄見實有根身器界一切諸法。則名言事相二種自性從此建立。謂之凡愚。若能正於種種妄想現處。當下以智觀察妄想無性。脫體全空。卽是自覺聖智境界。此所謂達妄元虛。卽凡心而見佛也。清淨。空之異稱。二自性。正指言說自性相計著事自性相計著。此二蓋卽名相二法也。

妄想如畫色　緣起計妄想　若異妄想者
則依外道論

記曰。此言邪正二途亦依妄想而立也。心如工畫師。能畫諸世間。是則緣起諸法原從妄想而有。然愚夫不知。唯在緣起法上而生分別一異有無等見。而橫計別有生因。殊不知妄想是生法之本也。若捨妄想而言諸法別有異因。從冥諦微塵自在勝性等而生者。則墮外道邪見矣。故云。若異妄想者。則依

外道論。

妄想說所想　因見和合生　離二妄想者
如是則爲成

記曰。此結示正義也。唐譯云。以諸妄見故。妄計於妄計。謂彼凡愚外道但以妄見分別於妄計之法。所以不出妄想顚倒。若能離此妄想。則當下本自圓成。此正謂狂心不歇。歇卽菩提。勝淨明心。本非外得。何藉劬勞肯綮修證。故云。離二妄想者如是則爲成。此章蓋總觀五法自性都歸妄想。而妄想本自如如。此所以爲一乘平等行相也。

○上明卽妄卽眞以顯平等因相已竟

○下明卽心卽境以顯平等果相○初卽心

大慧菩薩摩訶薩復白佛言。世尊。惟願為說自覺聖智相及一乘。若自覺聖智相及一乘。我及餘菩薩善自覺聖智相及一乘。不由於他通達佛法。

記曰。此明自覺聖智。釋上如來禪。以顯平等果相也。由上佛約所觀妄想緣起行相。以明平等因已。但不知能觀自覺聖智及究竟一乘果相何如。將顯如來禪究竟淸淨平等實相最勝第一義諦。故興此問。

佛告大慧。諦聽諦聽。善思念之。當為汝說。大慧白佛言。唯然受教。佛告大慧。前聖所知。轉相傳授。妄想無性。菩薩摩訶薩獨一靜處。自覺觀察。不由於他。離見妄想。上上升進。入如來地。是名自覺聖智相。

記曰。此示如如智也。所謂教外單傳之旨。直指人心。見性成佛之密意。特揭於此。智證曰。無性之妙。佛祖所祕。蓋嘗密演。未嘗顯說。何以知之。圓覺曰。圓覺自性。非性性有。循諸性起。無取無證。維摩曰。不生不滅。是無常義。十地品曰。以不了第一義故。號為無明。起信論曰。以不如實知眞如法一故。不覺而有妄念。夫言非性性有。不生滅而無常。及不了知。皆以無性故也。而其言皆遮之。欲學者自悟。此予所謂密演者也。今則明告無性。是謂顯說。其曰前聖所知者。但妄想無性耳。豈眞有所傳耶。是在默契自知而已。古人云。得坐披衣。向後自看。故曰獨一靜處。自覺觀察。意謂若能觀此。則不由於他。是名自覺聖智。以無如外智能證於如。故此科云卽心。○下卽境

大慧。云何一乘相。謂得一乘道覺。我說一乘。云何得一乘道覺。謂攝所攝妄想。如實處不生妄想。是名一乘覺。大慧。一乘覺者。非餘外道聲聞緣覺梵天王等之所能得。唯除如來。以是故說名一乘。

記曰。此明平等果覺。以示如如理也。謂離能取所取分別。住如實處。一念不生。乃證如如理。所謂不取於相。如如不動。是名一乘覺也。此唯佛與佛乃能究盡諸法實相。故云唯除如來。非餘外道聲聞緣覺梵天王等之所能得。以無智外如為智所入。故科云卽境。由理智一如。故云心境平等。

○上卽心卽境以顯果平等

○下卽權卽實以顯法平等

大慧白佛言。世尊。何故說三乘而不說一乘。佛告大慧。不自般涅槃法故。不說一切聲聞緣覺一乘。以一切聲聞緣覺。如來調伏。授寂靜方便而得解脫。非自已力。是故不說一乘。復次大慧。煩惱障業習氣不斷。故不說一切聲聞緣覺一乘。不覺法無我。不離分段死。唐譯云。未名不思議變易死。故說三乘。不離應云已離。

記曰。此明如來所以不說一乘之意。以顯卽權卽實。以離不平等過也。意謂一向不為聲聞人說一

乘者。以有待而然。非絕然也。然有其二意。一則因彼但依如來所授寂靜方便而調伏之。雖證解脫。非已智分。以恐彼驚疑。故不敢爲說。二則以彼未盡所知習氣。未覺法無我。未名不思議變易死。不堪受此法。故不爲說耳。要且待時而說。非畢竟不說也。若竟不說。則有不平等過。意謂若離上過。亦可得入。故下明之。

大慧。彼諸一切起煩惱過習氣斷。及覺法無我。彼一切起煩惱過習氣斷。三昧樂味著非性。無漏界覺。唐譯云。若彼能除一切過習。覺法無我。是時乃離三昧所醉。於無漏界而得覺悟。既覺悟已。覺已。復入出世間上上無漏界。滿足眾具。當得如來不思議

自在法身。

記曰。此言聲聞種性無間。以顯法平等也。以彼二乘依妄想取涅槃果。故爲三昧所醉。不得法無我。若彼能了妄想無性。則於所取涅槃三昧及煩惱習氣。當下頓離。卽得如來無上涅槃。證不思議自在法身也。如此。則人法不異。何三乘之有。

爾時世尊欲重宣此義而說偈言。

諸天及梵乘　聲聞緣覺乘　諸佛如來乘
我說此諸乘　乃至有心轉　諸乘非究竟
若彼心滅盡　無乘及乘者　無有乘建立
我說爲一乘

記曰。此言聖凡見盡。分別情亡。卽是一乘。非是此外別有一乘也。諸天梵等。凡情也。聲聞緣覺諸佛如來。聖解也。若言轉凡成聖。縱得聖解。亦墮凡情。何也。所謂菩提心生。生滅心滅。猶屬生滅。以起心動念。卽乖法體故。所以宗門向上事。成佛作祖。嫌帶污名。以不離有心故。故云乃至有心轉。諸乘非究竟。若彼心量滅盡。凡聖情忘。能所雙寂。一念不生。卽是究竟一乘寂滅場地眞解脫也。

引導眾生故　分別說諸乘　解脫有三種
及與法無我　煩惱智慧等　解脫則遠離

記曰。此妨難遣情也。恐有疑云。三乘既非究竟。如來何以說不眞之法耶。故此釋云。如來爲引導眾

生。故說三乘三解脫二無我淨二障等。皆是隨他意語。如止啼黃葉耳。本非實法。但鈍根當作實法。故爲法縛。不得解脫。若大力量人。能頓見自心現量。任如實究竟處者。一眼覷透。則當下脫體無依。卽能掃除聖凡見量。如脫索獅子。自在遊行。方名眞解脫人。回視彼諸法。如大夢覺。未有不離之者。故云解脫則遠離。

譬如海浮木　常隨波浪轉　聲聞愚亦然
相風所飄蕩　彼起煩惱滅　餘習煩惱愚

記曰。此言聲聞所以被自共相風之所漂轉者。以彼但斷四住煩惱。未斷餘習根本無明故也。生死流有三種。謂欲流。有流。無明流。以彼但斷欲有二流。未斷無明流。既爲無明所流。故以五蘊處生死

海猶如浮木常隨波浪漂轉耳以彼入塵則墮故也

味著三昧樂　安住無漏界　無有究竟趣
亦復不退還　得諸三昧身　乃至劫不覺

記曰此言聲聞之過也以味著三昧故進不能趣究竟之地以安住無漏界故亦不退落三界生死以得三昧持心故雖經劫而不覺

譬如昏醉人　酒消然後覺　彼覺法亦然
得佛無上身

記曰此頌無間性也然二乘與佛性本無間但自為法縛所謂飲無為酒臥寂滅牀酒醒夢覺未有

不到如來地者問曰然上屢斥外道二乘且云闡提亦得成佛而此但許二乘而不言外道者何也答曰以品位言之則大凡不及小聖以根性言之則小聖不及大凡彼外道者雖云邪見而有根性猛利者多能一超便入如廣額屠兒放下屠刀便作佛事日劫相倍者有之若夫二乘沈醉無明至劫不覺最為難化者故此特特言之意在激彼劣解速進寶所斯正引權入實之密意耳如來神力加持殆非以所知心測度不思議妙用之力也

○此上廣釋邪正因果差別相已竟

觀楞伽阿跋多羅寶經記卷第十

觀楞伽阿跋多羅寶經記卷第十一

宋天竺三藏沙門求那跋陀羅譯

明建鄴海印沙門　釋德清筆記

一切佛語心品第三之一

○此下舉果驗因以示一乘真因相分二

○初舉意生身真果相

爾時世尊告大慧菩薩摩訶薩言意生身分別通相我今當說諦聽諦聽善思念之大慧白佛言善哉世尊唯然受教

記曰此復辯果德以驗真因相也由前二卷初大慧問無間行如來答云成就四法得修行者大方便乃至得無生法忍住第八地得離心意識五法自性二無我相得意生身故次從說因緣已下直至二卷終通明緣起妄想無性以顯離心意識五法三自性二無我相廣釋無間大方便行已意明行成得果故此即說意生身差別相也前自釋云意生身者譬如意去速疾無礙故名意生以前但言八地所得故名通相今言地地皆得故云分別通相中之差別相有三種耳

佛告大慧有三種意生身云何為三所謂三昧樂正受意生身覺法自性性意生身種類俱生無行作二譯皆云無作行意生身修行者了知初地上上增進相得三

種身。

記曰。此列意生身差別名也。然三昧樂正受意生身從初地至七地所得。覺法自性性意生身從入地至十地所得。種類俱生無行作意生身從等入妙所證。其相自有深淺差別。梵語三昧。此云正定。以智體不動名為正定。為揀偏邪。所謂首楞嚴大定是也。正受者。以不受諸受名為正受。乃正定中受用也。以三昧樂為其受用。故云三昧樂正受。

大慧。云何三昧樂正受意生身。謂第三第四第五地。三昧樂正受故。種種自心寂靜。安住心海。起浪識相不生。知自心現境界性非性。是名三昧樂正受意生身。

記曰。此釋初身相也。謂初登地。證平等眞如。直至七地。盡眞如際。已捨藏識。故云種種自心寂靜。七識波浪不生。故云安住心海。起浪識相不生。已斷俱生我執。我執既斷。則境界無依。故云知自心現境界性非性。此乃定力所持。亦名力持身。故云三昧樂正受意生身。七地證此。而云三四五地者。舉中以該初後也。

大慧。云何覺法自性性意生身。謂第八地觀察覺了如幻等法。悉無所有。身心轉變。唐譯云。了法如幻。皆無有相。心轉所依。得如幻三昧及餘三昧門。無量相力自在明。唐譯云。能現無量自在神通。如妙華莊嚴。迅疾如意。猶如幻夢水月鏡像。非造非所造。如造所造。一切色種種支分具足莊嚴。魏譯云。非四大生。似四大相具足身分。隨入一切佛剎大眾。通達自性法故。是名覺法自性性意生身。

記曰。此釋次身相也。謂八地菩薩。證一心眞如。進至九地。發眞如用。得如幻三昧。於一心轉變能現無量自在神通。一時俱發。如華開敷。譬如意去。石壁無礙。故云迅疾如意。非身現身。故如幻夢水月鏡像。非四大生。似四大相。身分宛然。故云具足莊嚴。進至十地。隨所憶念本願。化諸眾生。故云隨入一切佛剎大眾。十方諸佛所有法雲法雨。悉能含受。故云通達自性法故。是名覺法自性性意生身。

大慧。云何種類俱生無行作意生身。所謂覺一切佛法。緣自得樂相。唐譯云。了達諸佛自證法性。是名種類俱生無行作意生身。

記曰。此釋第三身相也。前十地菩薩。於諸佛法但能受之而已。今從等入妙。則能了達諸佛自證法相。已得諸佛自覺聖智善樂。深入妙莊嚴海。逆流而出。現十界身。無思而應。所謂妙相莊嚴。聖種類身。一時俱現。猶如意生。身土自他。無有障礙。故云覺一切佛種類俱生無行作意生身也。緣自得樂相者。所謂生滅滅已。寂滅為樂。乃諸佛自證所受用之法樂也。故觀音大士。以如幻聞熏聞修金剛三昧力故。生滅既滅。寂滅現前。忽然超越世出世間。即得上與十方諸佛同一慈力。下與六道眾生共一悲仰。故能一身普現。卽得三十二應。四不思議。十四無畏。十九說法。正得此種類俱生無行作意生身也。

大慧。於彼三種身相觀察覺了。應當修學。

爾時世尊欲重宣此義而說偈言。

非我乘大乘（魏譯我乘非大乘。唐譯。我大乘非乘。）非說亦非字
非諦非解脫　非無有境界　然乘摩訶衍
三摩提自在　種種意生身　自在華莊嚴

記曰。此頌結前所說大乘非乘。但所證者三種意生身而已。非是實有大乘可得也。然外道二乘修

行不得如來眞三摩地。但以名言習氣。故於所取妄有證得。故外道妄立神我冥諦。二乘妄取孤調解脫。以爲究竟。故世尊一往破其偏邪。示之以眞因正果。至此廣明三種意生身已。而頌總結前義云。我說大乘非是實有大乘可乘。亦非言說文字可到。亦非外道之冥諦神我。亦非二乘之孤調解脫。一切俱離。亦非斷滅。故云非無有境界。然我所乘者。但乘摩訶衍止觀之力。以此證得三種意生身如此而已。然前云外道有四種涅槃。而我所說者妄想識滅名爲涅槃。以此證之。蓋轉八識成四智。今束四智作三身耳。是則三昧樂意生身者。乃依六識起二空智。證平等眞如。轉第七識爲平等性智。是卽五蘊妄身證得素法身也。然此法身未能純淨。入定則明。出定則昧。故但得三昧樂正受意生身耳。至捨三昧樂。進入九地十地。廣修稱眞度生之業。鑑機說法。利樂有情。萬行莊嚴。是從平等眞如。發大利用。乃依平等性智。起妙觀察智。得如幻三昧。應十地機。現廣大尊特他受用報身。故云覺法自性性意生身耳。故如幻夢水月鏡像。以萬德圓備。故如妙華莊嚴。實報身也。至若以金剛心。斷彼生相無明。轉第八識成大圓鏡智。則前五識一時俱轉爲成所作智。卽彼有作而成無作。故云種類俱生無行作意生身。以依大圓鏡智平等顯現。則千種萬類之身。一時普應。至此無一物不彰。遮那妙體。無一時不修普賢行門。是乃從法報二身。而垂他受用。及大小隨類化身也。斯由轉心意意藏識爲大涅槃。則四智三身一念頓得。此豈彼外道二乘無因邪因而可得哉。故此結云我大乘非乘等。一往所談。萃極於此。行人當識通途大旨。請深觀之。決不可執愚昧於宗說二通也。以前云意生身依無間行而得。故向下問五無間行。正顯轉心意意藏識爲大涅槃耳。

○上辯眞果相

○下示五無間行以辯眞因相

爾時大慧菩薩摩訶薩白佛言。世尊。如世尊說若男子女人行五無間業不入無擇（魏譯云無間。）地獄。世尊。云何男子女人行五無間業。不入無擇地獄。

記曰。由前問修無間行。佛答以四種三昧。卽得意生身。故此廣明三種意生身。辯果已竟。隨便而問無間行之差別相。以辯眞因也。大慧意謂五無間業。乃入無間地獄之因。而世尊又說行五間業。有不入無間地獄者。不知何等五無間業。不入無間地獄。故特請問。欲令行人知其所擇。且意顯依智而得意生身。依識而得五蘊身。今轉識成智。是卽彼五蘊妄身而轉爲意生法身也。故次第明之。

佛告大慧。諦聽諦聽。善思念之。當爲汝說。大慧白佛言。善哉世尊。唯然受教。佛告大慧。云何五無間業。所謂殺父母。及害羅漢。破壞衆僧。魏唐二譯皆云破和合僧。惡心出佛身血。大慧。云何衆生母。謂愛更受生貪喜俱。魏譯云更受後生貪喜俱出。如緣母立。二譯此下俱有何者爲父四字。無明爲父。生入處聚落。斷二根本名害父母。

記曰。此言貪愛無明爲生死根。能斷此二。則生死永斷。頓證一乘。卽能轉五蘊業識身。而成清淨法身。故名殺父母爲無間行也。愛更受生者。乃發業無明。謂愛欲爲生死根本故。貪喜俱出。乃潤生無明。謂將受生時。以愛因緣見所愛境。復發愛涎。取所愛境。流愛爲種。納想爲胎。故云貪喜俱出。以貪依愛生。結生相續。故云如緣母立。然單愛不生。要與潤生無明和合。方能生名色芽。成六受用根。故云無明爲父。生入處聚落。入六入處。十二處聚落。是謂五蘊身也。然因癡與愛發業潤生。故有生死。是則生死實從二根本而生。若能斷彼。則生死頓斷。而卽此五蘊業身。當下轉爲清淨法身矣。

彼諸使不現。如鼠毒發諸法。究竟斷彼。名害羅漢。

記曰。此言能斷微細結習。故名害阿羅漢爲無間行也。舊注云。鼠之齧人。瘡雖已愈。其毒遇雷卽發。羅漢諸使亦爾。雖隱而不現。遇緣卽發。能斷微細習使。名害羅漢。然羅漢之名。正由未斷習氣而立。今能斷彼。卽阿羅漢當得如來法身也。

云何破僧。謂異相諸陰和合積聚。究竟斷彼。名爲破僧。

記曰。此言破諸陰和合名破僧爲無間行也。異相卽色受想行識也。諸陰和合積聚爲人。然僧以和合爲義。今稱陰爲僧者。以妄和合故。能斷彼陰集。名破和合僧。諸緣和合既斷。則本有法身自顯。此卽緣生而證實相也。

大慧。不覺外自共相自心現量七識身。以三解脫無漏惡想究竟斷彼七種識佛。二譯皆作八識。名爲惡心出佛身血。

記曰。此言轉識成智。故名出佛身血爲無間行也。然八識原是諸佛如來根本法身。但以前七轉識妄覺見習染污。故謂之血。今能以空無相無願三無漏智。斷彼七識染污無知。名爲出佛身血。卽彼八識轉爲根本正智。而得如來清淨法身矣。

若男子女人行此無間事者。名五無間。亦名無間等。

記曰。此結無間行也。謂能行此五無間。卽名證無間等眞實法也。故魏譯云。名證如實法。唐譯云。卽得現證實法。

復次大慧。有外五無間。今當演說。汝及餘菩薩摩訶薩聞是義已。於未來世。不墮愚癡。

記曰此防邪見也謂行內五無間即證聖智法門行外五無間定入無間地獄故世尊復說外五無間業誡令後世衆生知此義已不墮愚癡之惑也

云何五無間謂先所說無間若行此者於三解脫一一不得無間等法

記曰此言行外五無間不但於三解脫一一不得證眞實法抑令入無間獄受無間苦也先所說即指上五無間事是也

除此已餘化神力現無間等謂聲聞化神力菩薩化神力如來化神力爲餘作無間罪者除疑悔過爲勸發故神力變化現無間等無有一向作無間事不得無間等

記曰此釋疑也恐疑者云可有造五無間業而不入無間獄者故唐譯釋云唯除如來諸大菩薩及大聲聞見其有造無間業者爲欲勸發令其改過以神通力示其同事尋即悔除證於解脫此皆化現非是實造未有一向實造無間事而不入無間獄者蓋言因果報應無一毫可爽者

除覺自心現量離身財妄想離我我所攝受或時遇善知識解脫餘趣相續妄想

記曰此言能觀罪性本空亦能解脫五無間也謂但凡造五無間業未有不入地獄者唯除了悟自心現量達身心本空離我我所分別執著者或於多生曾種般若緣熟今時遇善知識開導頓悟自心離諸妄想永斷諸趣生死根本者此則不墮非此無不墮者

爾時世尊欲重宣此義而說偈言

貪愛名爲母　無明則爲父　覺境識爲佛
諸使爲羅漢　陰集名爲僧　無間次第斷

記曰此頌以無間智次第斷彼無明貪愛等故爲無間行也

謂是五無間　不入無擇獄

記曰長行正意明五無間行證眞實法乃因釋疑故說外五無間耳故此不頌

○此上二章舉果驗因示一乘眞因相竟

○○已前大科第二返妄歸眞初辯邪正頓示一乘理行因果相中辯明因地心已竟文從初卷五法章來止此計一萬七千餘言

○下辯果地覺分三○初明三身以顯法身常德又三○初總示佛之知覺

爾時大慧菩薩復白佛言世尊惟願爲說佛之知覺世尊何等是佛之知覺

記曰上辯因地心已竟此明果地覺也佛之知覺果地覺也由前云我說一乘道覺名爲大乘意謂一乘乃佛之知覺也不知何等是佛之知覺故此辯之

佛告大慧覺人法無我了知二障離二種死斷二煩

惱。是名佛之知覺。聲聞緣覺得此法者亦名爲佛。以是因緣故我說一乘。

記曰。此總示佛之知覺相也。二障卽煩惱所知。二死卽分段變易。二煩惱卽根本支末。舊註爲四住幷無明。亦不出此。謂但能斷如上諸過。卽名佛之知覺。所謂五住究盡。二死永亡。人法雙空。諸障永寂。方稱佛之知覺耳。

爾時世尊欲重宣此義而說偈言。

善知二無我　二障煩惱斷　永離二種死

是名佛知覺

記曰。此總明果覺之相也。然果佛有二。謂一緣生報佛。二法身眞佛。若緣生報佛。乃歷劫修生。此法報冥一。三身不二。若法身眞佛。則有佛無佛。性相常住也。○次顯報化二身

爾時大慧菩薩白佛言。世尊。何故世尊於大衆中唱如是言。我是過去一切佛。及種種受生。我爾時作曼陀轉輪聖王。二譯皆作頂生王。六牙大象。及鸚鵡鳥。釋提桓因。善眼仙人。如是等百千生經說。魏譯云。如是等百千經皆說本生。唐譯云。說百千本生之事。

記曰。此下將明緣生報化二身。以顯佛佛道同。果德不二。故致此問也。因上佛說覺無我等名之爲佛。大慧意謂世尊既因覺法爲佛。乃現在修成。蓋非已成之佛來應世者。如何世尊乃云我是過去佛耶。既云是過去佛。何以又言如來過去受種種身。又說爲頂生王。又說爲禽獸。若象若鸚鵡等。又說爲天帝。又說爲仙人。如是等說百千本生之事者何也。如此則自語相違也。此蓋常情所疑。故興此問。

佛告大慧。以四等故。唐譯云。依四平等祕密意故。如來應供等正覺於大衆中唱如是言。我爾時作拘留孫拘那含牟尼迦葉佛。云何四等。謂字等。語等。法等。身等。是名四等。以四種等故。如來應供等正覺於大衆中唱如是

言。云何字等。若字稱我爲佛。彼字亦稱一切諸佛。唐譯云。謂我名佛。一切如來亦名爲佛。彼字自性無有差別。是名字等。

記曰。此明佛佛名等。謂化等也。然名者實之賓也。以實等故名亦等。其他三乘皆不得此名者。以未臻其實故。

云何語等。謂我六十四種梵音言語相生。彼諸如來應供等正覺亦如是六十四種梵音言語相生。無增無減無有差別。迦陵頻伽梵音聲性。

記曰。此明佛佛音聲相等。謂報等也。六十四種梵音者。舊注引密跡力士經說。佛聲有八轉。謂體業。

具為從屬於呼。是八轉聲各具八德。所謂調和聲。柔軟聲。諦了聲。易解聲。無錯謬聲。無雌小聲。廣大聲。深遠聲。八八即成六十四聲。非唯釋迦一佛。一切諸佛音聲亦皆如是。迦陵頻伽此云妙聲鳥。正法念經云。迦陵頻伽出妙音聲。若天若人。緊那羅等無能及者。唯除如來音聲。故諸經稱佛音聲。必引為喻。楞嚴云。迦陵仙音偏十方界。

云何身等。謂我與諸佛法身及色身相好無有差別。除為調伏彼彼諸趣差別眾生故。示現種種差別色身。是名身等。云何法等。謂我及彼佛得三十七菩提分法。

記曰。此明佛佛身等法等。以法等故身等也。華嚴云。一身一智慧。力無畏亦然。蓋此明三身皆等也。三身者法報化也。然法身唯一。報身有二。謂自受用及他受用。化身有三。謂大化千丈盧舍那。及無邊相好等。小化丈六釋迦。隨類化。即所云種種受生。頂生天帝大象鸚鵡乃至猿鹿異類無處不入。此中色身。即自他受用報身。及大小化身種種身。即隨類化也。宗鏡問云。諸佛唯一法身。云何說三身差別。答。約用分三。其體常一。識論云。如是法身有三相別。一自性身。謂如來眞淨法界。受用變化平等所依。離相寂然。絕諸戲論。具無邊際眞常功德。是一切法平等實性。即此自性。亦名法身。大功德法所依止故。二受用身。此有二種。一自受用。謂諸如來修集無量福慧資糧所起無邊眞實功德。及圓淨常偏色身。相續湛然。盡未來際。恆自受用廣大法樂。二他受用。謂諸如來由平等智。示現微妙淨功德身。居純淨土。為住十地諸菩薩眾現大神通轉正法輪。決眾疑網。令彼受用大乘法樂。三變化身。謂諸如來由成事智。變現無量隨類化身。居淨穢土。為未登地諸菩薩眾。二乘異生。稱彼機宜。現通說法。令各獲得諸利樂事。是以轉滅三心得三身。一根本心。即第八識。轉得法身。二依本心。即第七識。轉得報身。三起事心。即前六識。轉得化身。又名三德。一斷德。謂斷一切煩惱。即法身。二智德。謂總四智為報身。三恩德。謂恩憐悲育一切有情為化身。且三身四智皆依一心轉八識而成故。佛佛咸證此心。故身等也。然此身智皆修行者究竟所歸。乃正所顯故不可不知。至若三十七品。乃念處正勤神足根力覺道。隨處有說。恐煩不引。蓋能斷煩惱者三十七品。所顯者法身耳。以稱眞而修。故身等法等。依眞而證。故法等身等也。故此道品亦名法身。乃法身因故。

畧說佛法無障礙智。是名四等。是故如來應供等正覺於大眾中唱如是言。

記曰。此結四等之所以也。謂佛佛所以四等者。蓋依一眞法界無障礙智故。然而此智為法界總統。佛佛所宗。由宗無障礙智。法法皆等。不獨此四而已。故云畧說。

爾時世尊欲重宣此義而說偈言。

迦葉拘留孫　拘那含是我　以此四種等
我為佛子說

○上明緣生報化二身已竟

○下明本有常住法身

大慧復白佛言。如世尊所說。我從某夜得最正覺。乃至某夜入般涅槃。於其中間乃至不說一字。亦不已說當說。不說是佛說。世尊如來應供等正覺何因說言不說是佛說。

記曰。此將顯本有法身常住眞佛。故致此問也。由上佛言我以六十四種梵音聲爲衆生說法。大慧故舉昔所聞而致疑曰。世尊常言始終不說一字。且云不說是佛說。意謂我見世尊未嘗不說。敢問世尊何因自言不說是佛說耶。向下佛答以二義。謂一者緣自得法。乃離言之道。本無有說。是則我說其不說耳。二者本住法。有佛無佛。此法常住。如趣城道。卽諸佛出世。特由之而已。蓋本有法身。非

分外有所作也。既無所作。更復何說。然而所說者。乃說其不可說處。故云不說是佛說。

佛告大慧。我因二法故作如是說。云何二法。謂緣自得法。及本住法。是名二法。因此二法。故我如是說。

記曰。此示不說說之所以也。不從他得。曰自得。本來寂滅湛然不動。曰本住。唐譯云。謂自證法。

云何緣自得法。若彼如來所得。我亦得之。無增無減。緣自得法究竟境界。離言說妄想。離字二趣。

記曰。此言自證法。乃離言之道。故無法可說也。謂諸佛所證自得之法。我亦得之。無一毫增減。然此法究竟離言說妄想。離文字二種趣。然我所說。乃離言說文字境界無說處說。故說其不說也。

云何本住法。謂古先聖道。如金銀等性。法界常住。若如來出世。若不出世。法界常住。如趣彼城道。譬如士夫行曠野中。見向古城平坦正道。卽隨入城。受如意樂。唐譯云。云何本住法。謂法本性。如金在鑛。若佛出世。若不出世。法住法位。法界法性。皆悉常住。譬如有人行曠野中。見向古城平坦舊道。卽便隨入。止息遊戲。大慧。於意云何。彼作是道。及城中種種樂耶。魏譯云。彼人始作是道。隨入城耶。始作種種諸莊嚴耶。答言不也。佛告大慧。我及過去一切諸佛法界常住亦復如是。唐譯云。我及諸佛所證眞如常住法性。亦復如是。是故說言我從某

夜得最正覺。乃至某夜入般涅槃。於其中間不說一字。亦不已說當說。

記曰。此言佛佛所證本住法。我但由之而已。故亦無可說也。本住者。言法性本自常住。所謂諸法從本來常自寂滅相。是法住法位。世間相常住。如趣王城坦路。衆聖共由。佛佛出世。但由之而已。非是始作。以無作故無可說。是則如來所說者。乃佛佛所經途路邊事耳。至若大道。及自受用處。唯在自行自知。默契而已。豈得而說之耶。以自得者乃本住法。皆不可說。是故始終中間不說一字。

爾時世尊欲重宣此義而說偈言。

我某夜成道　至某夜涅槃　於此二中間

我都無所說　緣自得法住　故我作是說
彼佛及與我　悉無有差別

記曰。此頌言佛佛道同。意顯非但我不說一字。即一切諸佛亦皆無法可說也。躡跡至此。究竟已極。向下明究竟一心。離有無相。以破二見。以顯涅槃離過。

爾時大慧菩薩復請世尊。惟願為說一切法有無有相。令我及餘菩薩摩訶薩離有無有相。疾得阿耨多羅三藐三菩提。佛告大慧。諦聽諦聽。善思念之。當為汝說。大慧白佛言。善哉世尊。唯然受教。

記曰。此因上佛說有佛無佛法界常住。故此特問有無相。以明究竟本際。有無二俱離。以顯涅槃離過也。淨名云。本際不可得。以生死涅槃本來平等。有無二俱離故。蓋此二見。乃依佛法而起者。由眾生不達三界唯心。妄執諸法以為實有。故佛說緣生以破彼計。而聞法者又執緣生之法以為實有。二乘妄計實有生死可斷。實有涅槃可證。故佛說究竟常住生死涅槃本來平等。以破彼計。而聞者不得佛意。又以為絕無。由此有無二見。但隨語生解。故於本住法不能自得耳。大慧因上佛說究竟至此。意將密防斯計。故特興此問。

佛告大慧。此世間依有二種。謂依有及無。唐譯云。世間眾生多墮二見。謂有見無見。墮性非性。欲見不離離相。

記曰。此示二見過也。依有者。謂依佛說緣生。以不達無生。故妄計以為實有能生所生者是也。依無者。謂依佛說妄想無性生死涅槃本來平等。以不了唯心。故妄計絕無。而起撥無之見者是也。計有則墮性。同於外道無因計。無則墮非性。墮一闡提撥無因果。故魏譯云。以見有諸法見無諸法。故非究竟法生究竟想。故云欲見不離離相。然皆不達自心現量。故於佛法中不能離言得義。但依言說妄想分別。起二見耳。古德云。不用求真。唯須息見。然有佛無佛。法界常住。是則眾生日用現證。何假外求。但一念不生。前後際斷。能所雙忘。妄見斯絕。自與本法相應耳。然此二見。正謂執佛教門而生煩惱。不得入理。所云學佛法成外道見者也。大論云。若不得般若方便。入阿毘曇。即墮有中。入空。即墮無中。倒執正法。還成邪人。正此輩也。

大慧。云何世間依有。謂有世間因緣生。非不有。從有生。非無有生。唐譯云。謂有因緣而生諸法。非不實有。實有諸法從因緣生。非無法生。大慧。彼如是說者。是說世間無因。

記曰。此明依佛教門。聞因緣生法。執為實有能生之因緣。所生之諸法。為墮有見也。謂諸眾生妄執世間定有因緣能生諸法。此計因緣實有也。故云非不實有。且既有能生之因緣。必有所生之諸法。此計諸法實有也。故云非無法生。然彼若謂實有因緣能生諸法。作如是說者。則墮外道無因。故云是說世間無因。以外道妄計實有生因。謂勝性四大時和合微塵自在等。以為生法之本。然本不能生而妄以為生因。是無因也。以非因計因。故云無因。然此無因從計有而出。以不達諸法本自無生

故。○上破墮有見○下破墮無見

大慧。云何世間依無。謂受貪恚癡性已。然後妄想計著貪恚癡性非性。大慧。若不取有性者。性相寂靜故。

記曰。此明依佛教門。聞說生死涅槃本來平等。遂撥無因果。爲墮無見也。由佛一往所說惑亂是常。煩惱性空。妄想無性等句。卽有增上慢人。遂執此語爲實。乃云煩惱卽菩提。生死卽涅槃。婬怒癡爲梵行。乃率意狂爲。步步行有。口口談空。謂飲酒食肉不礙菩提。行盜行婬無妨般若。且云但不取有罪福之性。則自然心境寂靜矣。行之何礙。故云受貪恚癡性已。然後妄想計著貪恚癡性非性。唐譯云。知受貪恚癡性已。而妄計言無。謂明知故爲妄言性空無罪也。故佛指彼所見而責問之曰。若不取有性者。性相寂靜故。意謂彼若果然不取貪恚癡爲有性者。性相寂靜故也。性。心。相。境。直欲令彼自揣其心。若心境果然寂靜否。心境若果寂靜。則蹈湯赴火。如處虛空。啗糞飲醇。無分淨穢。如此則可然。今既不然。定非眞知見也。乃妄想橫計。撥無因果之見耳。魏譯云。無有諸法。以不見諸物相故。唐譯云。及彼分別諸法。而不受諸法有。以二譯證之。故知此寂靜句。乃佛出彼執者妄計之辭。所謂將佛了義迴爲已解者是也。觀者當善於義。

謂諸如來聲聞緣覺不取貪恚癡性爲有爲無。

記曰。此言撥無者。妄擬三乘聖人亦同已見也。謂彼妄說三乘聖人。亦是先有貪瞋癡。但不取性者耳。以彼聖人知貪瞋癡本來寂靜。故不取爲有。亦不斷貪瞋癡。故不取爲無。唐譯云。復有知諸如來聲聞緣覺無貪瞋癡性。而妄計爲非有。謂妄計如已之不取爲非有也。此實惡見增上慢人。未得謂得。未證謂證。誠大闡提。斷佛種性。撥無因果者。所謂學佛法之外道也。如來懸見末法多此等輩。故此特出其過。令知所警。不墮邪見耳。

大慧。此中何等爲壞者。

記曰。此佛問大慧。此二人誰爲壞善根。墮空見。斷佛種者。壞。墮義。斷滅義。

大慧白佛言。世尊。若彼取貪恚癡性。後不復取。

記曰。大慧言墮空見爲壞者。

佛告大慧。善哉善哉。汝如是解。唐譯云。汝解我問。大慧。非但貪恚癡性非性爲壞者。於聲聞緣覺及佛亦是壞者。

所以者何。謂內外不可得故。煩惱性異不異故。

記曰。此出撥無者之謬見也。謂彼撥無之人。不但自以貪瞋癡無性爲斷壞善根者。彼且亦將聲聞緣覺及佛所證。妄同已見。又是斷滅佛種者。是則彼人不止自壞。而又壞滅佛法也。何故說彼自壞又壞佛法。以彼謬解佛語。妄謂內外不可得故。煩惱性異不異故。然內外。心境也。又內業因。外苦果也。煩惱卽貪恚癡。異謂多種。不異謂一眞。所謂煩惱卽菩提也。以彼撥無之人。妄謂內外心境因果。皆不可得。故無因無果。而云生死卽涅槃。煩惱卽菩提。故略無忌憚。縱放身心。以爲解脫。將謂聲聞緣覺及佛所證亦如此而已。此眞斷滅佛種者也。

大慧。貪恚癡若內若外不可得。貪恚癡性無身故無取故。非佛聲聞緣覺是壞者。佛聲聞緣覺自性解脫故縛與縛因非性故。

記曰，此正示三乘聖人之實證也，然三乘聖人所證於貪恚癡若內若外不可得者。以觀慧之力明見貪恚癡性本無體故。無可取故。豈可同彼撥無之人。現行貪恚癡境。造種種業。而妄自謂內外不可得耶。卽今身心苦惱處處纏縛。豈可妄謂煩惱性異不異耶。是故我說。乃彼撥無之人。自起惡見，斷滅善根耳。非佛聲聞緣覺是壞者也，以佛聲聞緣覺自性解脫故。縛與縛因非性故，解脫涅槃也，縛生死也，縛因。五住煩惱也，佛證無餘，二乘證有餘，逼名涅槃。故皆云自性解脫。四住煩惱爲分段

因。無明住地爲變易因。二乘度分段死，佛度變易死，故皆云縛與縛因非性，且三乘聖人實證如此，豈彼撥無者同日而語耶，

大慧。若有縛者應有縛是縛因故，大慧。如是說壞者。是名無有相，

記曰，此出撥無者之過也，然彼撥無者自謂同於三乘聖人。且彼聖人皆得自性解脫者。至於生死之縛煩惱縛因。皆已盡淨。而彼自揣果有生死苦縛耶，無苦縛耶，若果無苦縛。可爾，若尚有生死苦縛者。是應必有煩惱與苦爲因故。今旣業因未盡苦果難逃。生死迅輪。正當電轉。何得妄謂無因無果。然業惑方熾。豈可妄擬三乘聖人。引爲濟苦之嫛資。而爲自欺之媒筏耶。愚之甚也。如是故我說之名爲壞者。是爲墮無見者其相如此，悲哉末法。當痛識之，

大慧。因是故我說寧取人見如須彌山。不起無所有增上慢空見。

記曰，此甚言空見之過。意在痛勉遠離也，人見有見也，唐譯云。我依此義密意而說寧起我見如須彌山。不起空見懷增上慢，然依密意說寧起我見如須彌山。非是許起我見。蓋甚言空見之不可起也，然我見雖固難化，而外道中有利根者尚可一言而轉至若空見最不可治，然權教菩薩尚不識眞空名空亂意，況懷增上慢起撥無者乎，永嘉云。豁達空撥因果。莽莽蕩蕩招殃禍。謂是故也，

大慧。無所有增上慢者是名爲壞。墮自共相見希望。

不知自心現量。唐譯云，若起此見名爲壞者，墮自共見樂欲之中。不了諸法唯心所現，

見外性無常刹那展轉壞。陰界入相續流注變滅離文字相妄想。是名爲壞者，

記曰。此結責空見大過之所以也，所以我說增上慢人名爲壞者。以彼墮自共相見樂欲之中。不了諸法唯心所現故也。自共相謂五蘊根塵等，希望樂欲者謂內受根身。外染六塵。起貪瞋癡。堅著五欲。其實不了自心現量。外逐世界無常刹那展轉遷謝。內依蘊界處相。念念不停流注生死。如燈焰焰。似水涓涓。未嘗一念之停息者。爾乃自謂已證不生不滅，妄言生死平等，煩惱性空，復妄分別諸佛如來所證涅槃離文字相，以爲已解，此實未得謂得。未證謂證。增上慢人，故我說爲破壞佛法。斷

善根者。餘經中說，寧起有見如須彌山，不起無見如芥子許，以墮大險坑，諸佛所不化故。

爾時世尊欲重宣此義而說偈言，

有無是二邊　乃至心境界　唐譯云：心所行。

淨除彼境界　平等心寂滅　無取境界性

滅非無所有　有事悉如如　如賢聖境界

記曰。此頌撥無之見非眞寂滅，亦非聖賢境界也。謂有無二邊，皆是妄想所行之境界。然平等寂滅非心行處，必須淨除彼妄想境界，方默契耳。且彼增上慢人，妄謂不取貪瞋癡性以爲滅者，此乃撥無斷滅之滅，非眞無所有也。故云滅非無所有。若果日用現前有爲事上，頭頭物物，一念不動，心境

如如。如此方同聖賢境界。況彼日用現行無明業識，茫茫隨情造業。豈可妄擬同聖賢耶。此一頌總頌壞者之過。

無種而有生　生已而復滅　因緣有非有

不住我教法　非外道非佛　非我亦非餘　唐譯云，非餘衆。

因緣所集起　云何而得無

誰集因緣有　而復說言無

記曰。此頌借外道以斥撥無者之大過也。初偈皆指外道邪論，謂彼外道以不達諸法本自無生，而妄計無種而有生，種，因也。或計生已而復滅。或計四大微塵等和合因緣能生諸法，或計諸法亦有亦無，此等雖云邪見，然而尚未絕滅諸法。我已痛斥之云，此皆邪論，不住我教法矣。彼撥無者，妄謂不取貪瞋癡性便爲寂滅，因果皆無，而此惡見，又非外道之論，又非佛法，又非我所說，又非我其餘弟子所論。況彼現在煩惱因緣集起生死業果之中，起心動念，無非是業，無非是罪。云何而得無因無果耶。且煩惱集積因緣，而有三界生死業果，善惡報應，如影隨形。誰敢於此現前集起因緣有中，而復說言爲絕無耶。故云誰集因緣有，而復說言無，痛之甚也，責之深也。觀者可不懼乎。

邪見論生法　妄想計有無　若知無所生

亦復無所滅　觀此悉空寂　有無二俱離

記曰。此頌總結指歸觀心也。謂佛法外外道，乃邪見論生法。學佛法之外道，則妄想計有無，是皆不

知諸法本自無生。今亦無滅耳。彼苟知本無所生，則今亦復無滅。能觀諸法不生不滅，則當體空寂，心境雙忘。其有無二見自俱離矣。二見既離，則於自得本住法，當一念頓證，不期而得矣。

○上顯涅槃離過已竟

○下示二通以明果海離言

爾時大慧菩薩復白佛言。世尊。唯願爲我及諸菩薩說宗通相。若善分別宗通相者，我及諸菩薩通達是相。通達是相已，速成阿耨多羅三藐三菩提。不隨覺想及衆魔外道。唐譯云，善達此義，不隨一切衆邪妄解。

記曰。此下明忘言契證，將顯果海離言，故致此問也。因上學佛法者不得佛意，遂起撥無之見，以彼

不得自性宗通。故謬解佛言。以致誤墮如此。蓋以名言習氣未離。不能忘言默契。故大慧承前便問宗通相也。佛意謂彼人不但不善宗通。而亦不善說通。所以錯會佛意。故問一答二。

佛告大慧。諦聽諦聽。善思念之。當爲汝說。大慧白佛言。世尊。唯然受教。佛告大慧。一切聲聞緣覺菩薩有二種通相。謂宗通及說通。

記曰。由問宗通相。而併示之以說通相。故教之以離言觀心也。宗鏡云。內住自心第一義理。住自覺地入聖智門。以此相應名宗通相。此是行時非是解時。因解成行。行成解絕。則言語道斷。心行處滅。故魏譯云。爲我及諸菩薩建立修行正法之相。佛答云。有二種法。一者建立正法相。二者說建立正

法相。唐譯云。宗趣法相。言說法相。是知此二通。乃佛示三乘行人入理之要門也。謂諸修行者。第一要了悟自心。通達唯心現量。次要善達如來所說一切教法。皆是隨順衆生樂欲而說。如止啼黃葉。本無實法與人。凡觀佛教。不可依語作解。隨妄想轉。如此了達自心。又能善知佛法離言之旨。自然不墮外道邪見。亦不執了義大乘回爲已見。誤墮闡提破壞佛法也。以偈觀之。則聖旨的然因」而發也。

大慧。宗通者。謂緣自得勝進相。遠離言說文字妄想。趣無漏界自覺地自相。遠離一切虛妄覺想。降伏一切外道衆魔。緣自覺趣。光明輝發。是名宗通相。

記曰。此示宗通相也。魏譯云。能取無漏正戒。證諸地修行相法。離諸外道虛妄覺觀諸魔境界。降伏一切外道諸魔。顯示自身內證之法。唐譯云。超過一切不正思覺。伏魔外道。生智慧光。由是觀之。修行之士。初心入禪。五蘊未破。則所見境界皆非實證。故楞嚴詳辯五十重魔境。是則前三陰未破而所現境界。即此經所云虛妄覺想。後二陰未破所起諸見。即此經一切外道衆魔。今欲離之伏之方名緣自覺趣正行。而自性本有智慧光明自然輝發也。然欲離之伏之。非金剛心。秉自性金剛無漏實戒。斷斷不能。故魏譯云。能取無漏正戒。證諸地相也。故楞嚴云。識陰若盡。則汝現前諸根互用。從互用中。能入菩薩金剛乾慧。圓明精心於中發化。如是乃超十信十住十行十迴向。乃至十地等覺。入於如來妙莊嚴海。此所謂取無漏正戒。證諸地修行相方名緣自得勝進相也。彼撥無者。既不能

了達自心。即有志修行。又不能善達如來所說眞修行門。故不能遠離妄想覺觀。墮諸魔境界。而自以爲得者。以未秉無漏正戒。而爲惡習所使故。無怪乎所作所爲。以魔業爲正行也。

云何說通相。謂說九部種種教法。離異不異有無等相。以巧方便隨順衆生。如應說法。令得度脫。是名說通相。

記曰。此示說通相也。佛說十二部經。此云九部者。以大小通該故。然說通者。非是但能通曉九部大小教法。而善講說已也。蓋要了達本來無說無示。離異不異有無等相。乃依如來所證自得離妄想無言說處。而以善巧方便隨順衆生希望之心。各隨所應稱機而說。令彼得度。如渡河之筏。既已得

度。卽便捨之。非實法也。觀者若能了達無說之說。則自當離言觀義。不取法相。亦不取非法相矣。彼撥無者。不了自心。故不善於義。但執言說以爲實法。將如來了義大乘。迴爲已見。恣其貪嗔。所謂醍醐返成毒藥耳。佛云。我所說法。如標月指。故凡學者。聞教自合觀心。離指方能識月。所謂了法不在言。善入無言際。而能示言說。如響徧世間。如此方名說通相也。

大慧。汝及餘菩薩應當修學。

爾時世尊欲重宣此義而說偈言。

宗及說通相　緣自與敎法　善見善分別
不隨諸覺想

記曰。此總頌二通義也。善見。謂得宗通。善分別。謂得說通。此二皆善。則自不隨妄想轉矣。

非有眞實性　如愚夫妄想　云何起妄想
非性爲解脫

記曰。此頌責愚夫不善二通。故起顚倒見也。華嚴云。法性本空寂。無取亦無見。性空卽是佛。不可得思量。如此。豈有實法如愚夫之所分別者耶。既無可分別。如何愚夫於無分別法中。而妄取貪嗔非性爲解脫耶。故云非有眞實等。

觀察諸有爲　生滅等相續　增長於二見
顚倒無所知

記曰。此頌前章結責之文。以明倒見之所以也。謂彼愚夫所以倒見如此者。以不善二通。故不知法性空寂。但隨妄想分別。觀察內外根塵識界諸有爲法以爲實有。故妄生取著。念念攀緣。心心不住。生滅相續。日夜無隙。唯直增長二見顚倒。恣情造諸惡業。於佛所說修行正法離言說相。盲無所知。是故我說此輩名爲壞者。

一是爲眞諦　無罪爲涅槃　魏譯云。涅槃離於識。唯此一法實。唐譯云。涅槃離心識。唯此一法實。
觀察世妄想　如幻夢芭蕉
雖有貪恚癡　而實無有人　從愛生諸陰
有皆如幻夢

記曰。此頌直指一心。教之以修行正法相也。眞諦眞實也。涅槃。此云寂滅。謂眞實處。爲是也。罪舊注云。妄想。佛意謂凡所分別。皆非眞實。唯有一法是眞實處。謂無妄想寂滅心體。以言語道斷。心行處滅。乃最眞實處。唯此一事實。餘二則非眞。若了此眞實。住如實處。則能觀察一切世間身心境界妄想分別處。皆如幻夢芭蕉。都不實矣。幻夢喻心識。四蘊。芭蕉喻色蘊。既能了此身心不實。則我執頓空。我執既空。縱有貪恚癡性。而無作者。亦無受者。故云而實無有人。既無作無受。則心境雙亡。卽此從愛所生五蘊妄身。雖有而處之。皆如幻夢矣。所謂卻來觀世間。猶如夢中事。摩登伽在夢。誰能留汝形。若能作如是觀。豈復以不取貪嗔癡性爲得耶。如此觀者名爲正觀。若他觀者則名邪觀。此所謂建立修行正法相。卽此可以轉煩惱而作菩提。轉生死而爲涅槃。斯則卽此五蘊煩惱身心當下即得常住二轉依果矣。智者請深觀之。

○上從前初卷問五法自性章起至此通辯一乘理行因果行相已竟。

觀楞伽阿跋多羅寶經記卷第十一

觀楞伽阿跋多羅寶經記卷第十二

宋天竺三藏沙門求那跋陀羅譯

明建鄴海印沙門　釋德清筆記

一切佛語心品第三之二

○此下明依前理行頓示斷證因果相分二

○初顯因行分二

○初自利次利他初中又四

○且初明妄想不實以破我執斷煩惱障

爾時大慧菩薩白佛言。世尊。惟願爲說不實妄想相。問妄想相不實妄想云何而生。問妄想云何而生。說何等法名不實妄想。問妄想體。唐譯云。是何而生。因何而生。於何等法中不實妄想。問妄想處。唐譯云。誰之所生。

記曰。從前通辯一乘理行因果行相已竟。此下明依行造修斷惑證眞之次第也。由前果德章云。覺人法無我。了知二障。離二種死。斷二煩惱。是名佛之知覺。將明依行造修。先破二執。斷二障爲要。此問妄想云云。乃先斷煩惱障。破我執也。問妄想者。謂一切衆生及外道闡提惡見。皆因妄想而有。又云妄想無性。又云無妄想。即寂滅眞實處。大慧意謂既云妄想不實。不知如何是妄想。且無妄想即眞實處。寂滅不生。不知此妄云何而生。是何所生。因何而生。從何處生。蓋妄想乃煩惱之根本。故此科云破煩惱障。

佛告大慧。善哉善哉。能問如來如是之義。多所饒益。多所安樂。哀愍世間一切天人。諦聽諦聽。善思念之。當爲汝說。大慧白佛言。善哉世尊。唯然受教。佛告大慧。種種義種種不實妄想。計著妄想生。

記曰。此答妄想相及妄想生也。種種乃一切聖凡心境世出世間眞妄諸法。義乃名相也。謂於此諸法不了唯心。於中而起虛妄分別者。卽名妄想。但一念計著。卽妄想生。此總答問義。下文釋其所以。

大慧。攝所攝計著。不知自心現量。及墮有無見。增長外道見妄想習氣。計著外種種義。心心數妄想計著我我所生。

記曰。此釋成妄想之所以也。唐譯云。一切衆生。於種種境。不能了達自心所現。計能所取。虛妄執著。起諸分別。墮有無見。增長外道妄見習氣。心心所法相應起時。執有外義種種可得。計著於我及以我所。是故名爲虛妄。分別意謂無明是妄想因。以無明不覺自心現量。故見似外境。執以爲實。能取所取。虛妄計著。分別有無者。是名妄想。謂妄想之名相。依士釋。其我我所乃妄想生處。謂名相之妄想。依主釋也。以心境互爲緣起。故妄想習氣皆煩惱障。計我我所皆爲我執。心心數者。心乃八識心王。數乃五十一心所法。謂是心家所有之法也。分爲六位。一徧行五。二別境五。三善十一。四根本煩惱六。五隨煩惱二十。六不定有四。八識各具。隨分多寡。識論具明。

大慧白佛言。世尊。若種種義種種不實妄想。計著妄想生。攝所攝計著。不知自心現量。及墮有無見。增長外道見妄想習氣。計著外種種義。心心數妄想我我所計著生。

記曰。此大慧牒上佛語。以起下難。唐譯無此文。

世尊。若如是外種種義相。墮有無相。離性非性。離見相。世尊。第一義亦如是。離量根分譬因相。唐譯云。離諸根量宗因譬喩。世尊。何故一處妄想不實義種種性計著妄想

生。非計著第一義處相妄想生。將無世尊說邪因論耶。魏譯云。墮世間論。唐譯云。所言乖理。說一生一不生。

記曰。將明以不生滅心爲本修因。故此問妄想生不生也。此因世尊上言不實妄想從計著種種不實義生。故大慧卽躡所說而設難。世尊亦墮有無二見。將以辯明不生滅心耳。意謂若妄想從彼種種世諦不實義相生者。且彼世諦向墮有無四句見相。而世尊頻言彼諸法體離性非性。離四句見。且離四句。卽彼世諦而爲第一義諦矣。經云。世間諸因量求過不可得。故云第一義亦如是離量根分譬因相。旣二諦平等無二。世尊何故偏於世諦處言生妄想。於第一義處而不言生妄想耶。將無世尊說邪因論耶。然二諦同離有無。何故一處說生。一處說不生。此其世尊亦似愚夫起二種計墮

邪因論矣。

佛告大慧。非妄想一生一不生。所以者何。謂有無妄想不生故。外現性非性。覺自心現量。妄想不生。

記曰。此釋不墮二見之所以也。佛言。我非計世諦處生妄想。亦非計第一義諦不生妄想。所以者何。以我不起有無分別心故。以不見有世諦相故。故云外現性非性。以了彼諸法但唯自心所現。故分別不生。故云覺自心現量。妄想不生。

大慧。我說餘愚夫自心種種妄想相故。事業在前。種種妄想性相計著生。

記曰。此釋說愚夫妄想之所以也。謂我所說。非是說世諦處能生妄想。但說愚夫自心所生種種妄想耳。以彼愚夫妄見現前種種事業。不了唯心。故取以為實。妄生種種分別計著。是故我說為妄想生也。所謂境緣無好醜。好醜起於心。心若不强名。境界何由立。故凡所分別。皆分別自心。經云。若不了自心。云何知正道。故隨次明之。

云何愚夫得離我我所計著見。離作所作因緣過。覺自妄想心量。身心轉變。究竟明解一切地。如來自覺境界。離五法自性事見妄想。以是因緣。故我說妄想從種種不實義計著生。知如實義。得解脫自心種種妄想。

記曰。此世尊自述說法之本懷也。謂我因見眾生於種種諸法。而生種種計著分別。堅執不捨。如此愚夫。云何能得離我我所執著邪見。云何能離作所作善惡因緣生死過患。云何能覺自妄想心量。云何能得轉五蘊身得意生身。變無明識成究竟智。明解一切地。得到如來自覺境界。離五法自性事見想相。我為愍彼愚眾生故。以是因緣。故我說妄想從種種不實義計著生。欲令眾生知如實義。庶得解脫自心中種種不實妄想耳。我為要眾生各各了悟自心故。非是說世諦處能生妄想也。離五法自性事見妄想者。以五法自性皆迷悟邊事。若究竟自覺聖智。悉皆離故。

爾時世尊欲重宣此義而說偈言。

諸因及與緣　從此生世間　妄想著四句

不知我所通

記曰。此頌總責愚夫不達佛意。隨語生解也。謂我說因緣生諸世間者。意顯諸法本無生故。而愚夫不達。乃又依因緣復起四句妄見分別。此不知我所通義也。

世間非有生　亦復非無生　不從有無生

亦非非有無　諸因及與緣　云何愚妄想

非有亦非無　亦復非有無　如是觀世間

心轉得無我

記曰。此頌諸法本自無生也。謂世間諸法。不屬有無四句而生。故我說因緣。以顯彼無生意耳。云何愚夫於因緣法中。復起妄想作有無四句見耶。若能離四句而觀諸法者。則當下心轉得無我矣。

一切性不生　以從緣生故　一切緣所作
所作非自有

記曰。此頌釋諸法無生之所以也。謂一切法本自無生者。以從緣生故。既從緣生。則生但緣生。非自生也。作但緣作。非自作也。故云所作非自有。以自體不有。故不生耳。

事不自生事　有二事過故　無二事過故
非有性可得

記曰。此頌由因緣故顯不生也。唐譯云。果不自生果。有二果失故。無有二果故。非有性可得。然事果。皆言緣也。謂緣不自緣。必由於因。如果不自果。必由於華。若不待華而果。則果有二果之過。是無因也。故緣不由因而緣徑生者。則是世間計四大能生。墮無因過矣。若從因緣生。則無二過也。然緣必待因。是緣不生也。因必待緣。是因不生也。因緣既皆不生。則所生之法。亦無自性可得矣。以無性可得。故生本無也。故云不生。

觀諸有為法　離攀緣所緣　無心之心量
我說為心量　量者自性處　緣性二俱離
性究竟妙淨　我說名心量

記曰。此頌示自心現量觀也。由上言愚夫於種種諸法不實義起種種不實妄想分別者。以不了唯心現量故。第恐聞者不知如何是自心現量。故此特示之曰。若正當觀諸有為法時不起心分別。於所緣境。斯無第二念。則但是一心。即此離念之心。便是自心現量。故云無心之心量。我說為心量也。現量者。謂五識之初。同明了意識。映五塵實境時。分明顯現。無少差謬。不起第二念分別。是名現量。若剎那流入意地。起心分別長短方圓青黃等假法時。便是比量心矣。今云諸有為法。即五塵境。攀緣即第六意識能分別心。所緣即彼諸法所分別境。離猶絕也。無心無第二念分別心也。故魏譯云離念及所念。謂觀有為法時。但不起心分別。自然心境雙絕。寂爾靈知。經云。譬如眼光曉了前境。其光圓滿得無憎愛。以無憎愛念。故云無心。論云。心體離念。離念相者。等虛空界。此所謂無心之心量

也。然量之自體。能所雙絕。心境俱離。究竟妙淨。故說有自心現量耳。

施設世諦我　彼則無實事　諸陰陰施設
無事亦復然　有四種平等　相及因性生
第三無我等　第四修修者

記曰。此言觀成得益也。彼世諦我。乃一切衆生五蘊。各各執為我者。諸陰即內五蘊。乃自計為我者。總名諸有為法。皆所緣境也。謂若觀自他根身時。但不起心分別妍醜美惡。則心體寂爾虛閑。自然愛憎之念不起。如云恰似木人見花鳥。斯則一心不生。萬境俱寂。而所觀者但如鏡中無別分析。故彼我根身盡皆不實。不實則自然平等如如矣。相即自他根身。因乃生因。性謂不生性。修乃能修之

人。修者即所修之法。所言平等者。謂相與無相。生與無生。我與無我。若人若法。皆平等矣。故云有四種平等。此唯心現量觀成。法爾如此。

妄想習氣轉　有種種心生　境界於外現
是世俗心量

記曰。此言六七二識轉似外境。為世俗心量也。妄想。六識。習氣。七識。染污無知也。謂第六識。依染污末那。引起八識含藏種子習氣。熏發轉變。而有種種分別心生。似外境現。執為實我實法。不離唯心。但妄見耳。故云是世俗心量。

外現而非有　心見彼種種　建立於身財

我說為心量

記曰。此言前五識心量也。謂外境雖現。其實不有。彼乃八識親相分。但以妄見執取而作種種諸法事業。以為資生自處。依之建立五識身財。然皆不離唯心。故我亦說為心量。

離一切諸見　及離想所想　無得亦無生
我說為心量

記曰。此言轉識成智。以明真唯心現量也。謂能了別者。八識之見分。所分別者。八識之相分。然真如自性。心境雙絕。一切皆離。故云離一切見及想所想。到此泯絕無寄。而自亦不可得。當體獨立。寂滅無生。故我說此為真唯心現量也。

非性非非性　性非性悉離　謂彼心解脫
我說為心量　如如與空際　涅槃及法界
種種意生身　我說為心量

記曰。此言真如一心現量。真妄雙絕。以明究竟真無我義也。以心境雙絕。故非性。真亦不立。故非非性。以真妄俱離。方為寂滅一心究竟解脫。故我說此名為自心現量。如是則凡所言如如。言空。言實際。言涅槃。言法界。言種種意生身等。皆此一心現量之異稱耳。以如來藏中。求於去來迷悟生死。了不可得故。此則五法三自性皆離。八識二無我俱遣。方名如來自覺聖智究竟境界。行人必如是觀察。方能知如實義。始得解脫自心種種煩惱妄想。故我說為自心現量也。

○上明妄想不實以破我執斷煩惱障已竟
○下明言說性空以破法執斷所知障有四
○初明言說為法執之本

爾時大慧菩薩白佛言。世尊。如世尊所說。菩薩摩訶薩當善語義。云何為菩薩善語義。云何為語。云何為義。

記曰。此承前置問。將以破法執斷所知障也。初明言說為法執之本。良以世出世法。皆依語言分別。執為實有。故以語義為法執。名所知障。由先世尊誡云。當依於義。莫著言說。以不善語義。隨言生解。故致誤墮二見。起撥無之過。皆所知障。乃法執也。故次教以二通相。且云依如實義。則能解脫自

心種種妄想良由不善語義生多種過故大慧至此因問不知如何為善語義此問善語義之方便將以破法執也又不知云何為語云何為義此問其相

佛告大慧諦聽諦聽善思念之當為汝說大慧白佛言善哉世尊唯然受教佛告大慧云何為語謂言字妄想和合依咽喉脣舌齒齗頰輔因彼我言說妄想習氣計著生是名為語

記曰此示語相也唐譯云語者所謂分別習氣而為因依於喉舌脣齶齒輔而出種種音聲文字相對談說是名為語輔口輔齗齒根

大慧云何為義謂離一切妄想相言說相是名為義

記曰此示義相也謂言語道斷心行處滅即是義相故云離離猶不帶也

大慧菩薩摩訶薩於如是義獨一靜處聞思修慧緣自覺了向涅槃城習氣身轉變已自覺境界唐譯云以聞思修慧思惟觀察向涅槃道自智境界轉諸習氣觀地地中間勝進義相是名菩薩摩訶薩善義

記曰此示善義之方便也聞思修三慧也謂從聞中思而修之以依知識所演大智教光從耳達心聲入心通遺言得義安心觀照思惟審察寂滅真如自知境界念念深入以之熏修漸令習氣轉變滅無明暗發智慧光以至心智路絕一念相應是名得入自覺聖智斯乃善義之方便也智者應如是觀

復次大慧善語義菩薩摩訶薩觀語與義非異非不異觀義與語亦復如是若語義異者則不因語辯義而以語入義如燈照色

記曰此示因言顯義以明語義兼善也由上云義本離言第恐愚夫執為斷滅故此示之以因語入義所謂雖復不依言語道亦復不著無言說總持無文字文字顯總持以此方真教體清淨在音聞但於語義不可作一異見故如燈照色然因燈見色故不得言異而色非燈也故不得言一此又教以善語義之方便也

復次大慧不生不滅自性涅槃三乘一乘心自性等如緣言說義計著墮建立及誹謗見異建立異妄想如幻種種妄想現譬如種種幻凡愚眾生作異妄想非聖賢也

記曰此責外道妄執名言成所知障故教於語義當如實觀不可隨語生解也唐譯云若有於不生不滅自性涅槃三乘一乘五法諸心自性等中如言取義則墮建立及誹謗見以異於彼起分別故如見幻事計以為實是愚夫見非聖賢也謂若於不生滅等染淨諸法中如言取義計著言說與義

一者名建立。計言說與義異者。名誹謗。以於種種言說處起種種分別。故云異建立。異妄想。皆以爲實。故云如幻種種妄想現。以計種種幻事而以爲實者。眞愚夫見也。古曰。所知不是障。被障障所知。然所知者。眞諦寂滅。豈是障哉。但以執取名言以爲障礙。不能證入。所謂四相潛神。非覺違拒耳。

爾時世尊欲重宣此義而說偈言。

彼言說妄想　建立於諸法　以彼建立故

死墮泥犂中

記曰。此頌計言說諸法爲實者。惡見過也。謂佛說一切種種染淨諸法者。爲對治一切衆生妄想心病。乃因事而設。本非實法。雖因言顯義。而義不在言。若計種種眞妄諸法一一皆爲實有者。乃惡見也。故死墮泥犂。

陰中無有我　陰非卽是我　不如彼妄想

亦復非無我

記曰。此以五陰喩諸法言說義也。以但有言說。都無實義。故如陰中無有我。義本離言。言非是義。故如陰非卽是我。言說諸法。本非實有。故不如彼妄想。計陰爲我。雖非實有。不入斷滅。故如彼陰亦復非無我。如此觀語與義。則不墮有無一異見也。

一切悉有性　如凡愚妄想　若如彼所見

一切應見諦　一切法無性　淨穢悉無有

不實如彼見　亦非無所有

記曰。此以法合上喩也。前偈反顯諸法本非實有。謂一切諸法果然悉有自性如彼愚夫所分別者。則一一應當見眞實處。今但有語言。未見實義。如說火口不熱。談冰齒不寒。以此觀之。足徵一切言說諸法。皆無性矣。以皆無性。故言說淨穢非實有也。然聖人所見諸法與凡愚無別。但愚夫計以爲實。聖人視之如幻化耳。故云不實如彼見。亦非無所有。

○上明言說爲法執之本已竟

○下示智識爲縛脫之源

復次大慧。智識相今當說。若善分別智識相者。汝及諸菩薩則能通達智識之相。疾得阿耨多羅三藐三菩提。

記曰。此因上敎菩薩當善語義。故特說智識相。意令依智不依識也。然有分別是識。無分別是智。依識則兩傷。依智則兼善。以生滅不生滅故。苟以智而觀。則彼名言自絕矣。

大慧。彼智有三種。謂世間出世間出世間上上。

記曰。此列智相有三種也。其識。卽前所云略說有三種。廣說有八。是已。故此不具。

云何世間智。謂一切外道凡夫計著有無。

記曰。此世間智。卽六麤中智相是也。外道自稱一切智。而此方所言仁智。老氏所言棄智。皆此智也。佛云世智辯聰難。以依此智。不得入無生理。故云計著有無。

云何出世間智。謂一切聲聞緣覺墮自共相希望計著。

記曰此二乘偏空智也。以聲聞知苦斷集修道證滅法類忍智。及緣覺推因審因七十七智。以見有三界五蘊生死可厭不了唯心故云墮自共相以計有涅槃可證故云希望計著所以計著者以未離識性不了無明故。

云何出世間上上智。謂諸佛菩薩觀無所有法。見不生不滅離有無品。如來地人法無我緣自得生。

記曰此出世間上上智也。入地聖人證無相眞如。創得此智故云觀無所有。然知不生滅唯佛與佛

乃能究盡。故云緣自得生。謂從自覺聖智境界而生也。

大慧。彼生滅者是識。不生不滅者是智。復次墮相無相及墮有無種種相因是識。超有無相是智。

記曰有無相者。謂斷常二見也。種種相因。因卽生因。謂勝妙等。

復次長養相是識。非長養相是智。

記曰長養者。相續義。謂集諸種子。起諸現行。相續不斷故。然此辯識智相。以明識智觀體無二。唯在生與不生墮與不墮之分。要令卽識成智也。所以智識不二者。直如耳聞說法語言音聲時。最初一念得聲自性。乃現量境。卽是根本智照。不屬生滅不墮有無。當體常住。若刹那流入意地。分別義理。起第二念。卽是生滅。便墮有無。則相續不住。隨他言語流轉。卽智轉成識。所謂大智居於目前。翻爲名相之境矣。古德云。大衆見聞。只可一度。其有得於此乎。愚觀曹山三墮歎曰。非一切智無師智念念現前者。何以與此。智者請深觀此。自當善語義矣。

復次有三種智。謂知生滅。知自共相。知不生不滅。

記曰此如來自述自覺聖智。以明出世間上上智相也。謂凡夫外道不知生滅。故計著有無。二乘不知自共相。故墮自共相。三賢菩薩不知不生滅。故任運長養。不能超凡聖。見墮在識情。佛謂我自覺聖智無他。唯知此三者而已。以超凡聖量。故爲出世間上上智也。

復次無礙相是智。境界種種礙相是識。

唐譯云。著境界相是識。不

著境界相是智。

復次三事和合生方便相是識。無事方便自性相是智。

唐譯云。三和合相應生。是識。無礙相應自性相是智。

復次得相是識。不得相是智。自得聖智境界不出不入。故如水中月。

記曰此釋上自覺聖智相也。謂如來自覺聖智亦不離識外別求。然於一切境界與凡夫三乘見處無異。但有礙與不礙。和合不和合。得相不得相之分耳。以於境界著。卽成和合相應。有相可得。故卽智名識。卽有明暗去來出入之相。以不著不和合無相可得。故卽識名智。則於諸境界不出不入。如水中月。然水中月。不獨不出不入。抑且波濤洶湧而月體湛然不動不搖。自覺聖智若然者。以境智混融無二故。

爾時世尊欲重宣此義而說偈言。

採集業爲識　不採集爲智　觀察一切法

通達無所有　逮得自在力　是則名爲慧（魏譯云。識能集諸業。智能了分別。慧能得無相。及妙莊嚴境。）

縛境界爲心　覺想生爲智　無所有及勝　慧則從是生

記曰。此頌識智之相也。謂集諸業行。縛著境界者。爲識。能觀察諸法。照了妄想生滅者。爲智。若了心境皆空。達無所有。而入勝妙佛境界者。則爲慧矣。是則三賢皆慧力不充。以至登地。從發光燄慧而入無所有佛地者。方名慧具足也。

心意及與識　遠離思惟想　得無思想法

佛子非聲聞

記曰。識本是智。但以思惟妄想。故不眞也。今既遠離。卽識成智。此無思惟離心識處。唯八地及佛境界。故非聲聞可知。

寂靜勝進忍　如來清淨智　生於善勝義

所行悉遠離

記曰。此頌釋上離妄想境界也。舊注引仁王經中說有五忍。謂伏。信。順。無生。寂滅。各有下中上品。三賢但伏忍。登地至九。如次配次三忍。十地等覺及佛。得寂滅忍。故云寂靜勝進忍。是如來清淨智也。此忍智從勝義諦生。一切妄想心識所行境界皆悉遠離。故上云無思想法。非聲聞可得。

我有三種智　聖開發眞實　於彼想思惟

悉攝受諸性　二乘不相應　智離諸所有

記曰。此頌出世間上上自覺聖智相也。然三種智。卽上知生滅等。謂以我知此三種。故得聖智之名。能開發衆生眞實。然於凡愚思想攝受諸法之識。及二乘不如實相應之智。而我此智一切都離。故云智離諸所有。故魏譯云。我有三種慧。依彼得聖名。唐譯云。分別於諸相。開示一切法。我智離諸相。超過於二乘。

計著於自性　從諸聲聞生　超度諸心量

如來智清淨

記曰。此頌釋成上意也。唐譯云。以諸聲聞等。執著諸法有。如來智無垢。了達唯心故。謂凡夫執有諸法。二乘執有涅槃。皆不離心量。我以法界海慧照了一切。悉無所有。故皆超之。是名如來自覺聖智。爲出世間上上智也。

〇上示智識相竟

〇下卽轉變相以明動本不動

復次大慧。外道有九種轉變論。外道轉變見生。所謂形處轉變。相轉變。因轉變。成轉變。見轉變。性轉變。緣分明轉變。所作分明轉變。事轉變。大慧。是名九種轉變見。一切外道因是起有無生轉變論。

記曰。此言識智見境不同。以明動本不動意也。謂外道依識妄想分別。故所見之境轉變不一。如來依智觀察。無有一法若生若滅可動轉者。所謂我不見有衆生相故。然此九種轉變。蓋外道依五蘊而立。謂內身既爾。諸法皆然。總謂之形事。卽根境耳。其中七法。乃形勢相因。依之立言。故名轉變論也。形處轉變等者。謂六道受身。其狀不一。或從鬼畜而至人天。或由人天而入異類。各各身形轉此變彼。隨處不同。故云形處轉變。其所受身其相各別。從生至死。生住異滅。刹那刹那。念念遷謝。故云相轉變。然此身相。從無適有。必藉生因轉變而來。故云因轉變。既成此身。不能久留。漸至壞滅。故云成轉變。少壯鮮澤。衰老皴皺。隨其變狀。所見不同。故云見轉變。榮枯不同。苦樂亦異。如轉生作熟。變甘作苦。其性各別。故云性轉變。其能造者。四大之緣。各各分明。和合爲一。故云緣分明轉變。所造五根支節宛然。故云所作分明轉變。內身既爾。外法皆然。故云事轉變。外道見其身境如此轉變不常。或無而忽有。或有而忽無。因是遂起有無二見。妄生分別。作轉變論。此皆依識不依智。故所見生滅。不了唯心一眞境界故耳。此但標九名。下擧始終形事二義釋之。

云何形處轉變。謂形處異見。譬如金變作諸器物。則有種種形處顯現。非金性變。一切性變亦復如是。或有外道作如是妄想。乃至事變妄想。彼非如非異妄想故。

記曰。此釋轉變義也。上列九名。今擧始末釋之。其義自足。言形處轉變者。謂外道於形處起種種異見故。且自譬曰。如金作種種器。形狀變而金性不變。如來曉之曰。此乃外道作如是妄想分別見耳。於形既爾。於事亦然。故曰乃至事變亦妄想耳。何者。以彼諸法非如非異。不容起見。故凡所分別。皆不如實。但妄想故。然金器之喩。世尊於餘教中。蓋嘗約以示人。今則斥爲外道見。以此一乘頓教法門。貴在現量實證。不許比擬。以擧心動念。卽乖法體。墮見網故。若形變而性不變。正祖師所謂佛性有一半生滅。一半不生滅之過。故爲外道見也。

如是一切性轉變。當知如乳酪酒果等熟。外道轉變妄想。彼亦無有轉變。若有若無自心現外性非性。

記曰。此喩明諸法本無轉變之相。不可作一異見也。謂乳酪酒果熟味雖異而性不異。其實無有可轉變相。諸法亦爾。以外道不達唯心。故妄作轉變分別。然彼諸法亦無有轉變之相。所以不轉變者。以諸法不屬有無。無實體故。故云若有若無自心現外性非性。唐譯云。自心所見無外物故。

大慧。如是凡愚衆生自妄想修習生。大慧。無有法若生若滅。如見幻夢色生。

記曰。此釋上諸法不轉變之所以也。問曰。若言諸法不轉變者。則是諸法不生滅矣。不妨現見諸法生滅。何耶。答曰。如是諸法。本自無生。亦復無滅。而見有生滅者。皆是凡愚衆生自妄想習氣熏變而生。其實無有一法若生若滅。卽其所見皆當體不實。故唐譯云。如因幻夢所見諸色。如石女見說有生死。

爾時世尊欲重宣此義而說偈言。

形處時轉變　四大種諸根　中陰漸次生

妄想非明智

記曰。此總頌外道二乘皆不如實也。然長行雖云外道九種轉變。未言二乘。其九中因緣轉變。與二乘類。此頌形處時四大種諸根轉變。皆外道見。其計有中陰漸續後陰。則是二乘轉變見也。然皆依識分別。故云妄想非明智。中陰。卽中有身。俱舍云。死生二中間。五蘊名中有。

最勝於緣起　非如彼妄想　然世間緣起

如犍闥婆城

記曰。此頌如來如實知見也。謂彼外道二乘。於緣起諸法。不了如幻。計以爲實。故作轉變分別。如來於緣起諸法。不如彼作妄想分別。但見從緣起者皆不實。故如犍闥婆城。

○上明轉變相竟

○下明斷相續心以顯生本無生

爾時大慧菩薩復白佛言。世尊。惟願爲說一切法相續義解脫義。

記曰。此承上義致問。以明斷相續心。以顯生本無生也。由上佛說轉變不轉變義。大慧意謂若見諸法有轉變相。則生死相續。若不見諸法有轉變相。則當體眞常。釋然解脫。故此致問相續不相續義也。言解脫者。卽不相續義。唐譯云。深密義。及解脫。深密者。謂結生相續。深密難斷故。然轉變者。生滅見也。相續者。生滅不斷也。以微細流注。潛續藏識。堅固難破。故云深密。此俱生二執也。故此執一破。則生相頓寂。其身轉勝。證大涅槃。故云解脫。

若善分別一切法相續不相續相。我及諸菩薩善解一切相續巧方便。不墮如所說義計著相續。善於一切諸法相續不相續相。及離言說文字妄想覺。唐譯云。令我及諸菩薩摩訶薩。善知此法。不墮如言取義。深密執著。離文字語言虛妄分別。遊行一切諸佛刹土。無量大衆。力自在通總持之印。種種變化。

光明照耀。覺慧善入十無盡句。無方便行。猶如日月摩尼四大。於一切地。離自妄想相見。唐譯云。住於諸地。離分別見。見一切法如幻夢等。入佛地身。於一切衆生界。隨其所應而爲說法而引導之。悉令安住一切諸法如幻夢等。離有無品。及生滅妄想。異言說義。其身轉勝。

記曰。若善分別下。敘法有勝益。所以致問之意也。謂行人若能於相續法中得不相續。則一念頓證無生。頓登佛地。卽得安住一切諸法如夢如幻。自在法門。離有無品。斷生滅執。不著言說。令轉所依。得法身最勝也。有此勝益。故此請問。然非二障俱寂。何以有此勝益。

佛告大慧善哉善哉諦聽諦聽善思念之當為汝說大慧白佛言唯然受教佛告大慧無量一切諸法如所說義計著相續唐譯云於一切法如言取義執著深密其數無量所謂相計著相續緣計著相續性非性計著相續生不生妄想計著相續滅不滅妄想計著相續乘非乘妄想計著相續有為無為妄想計著相續地地自相妄想計著相續自妄想無間妄想計著相續有無品外道依妄想計著相續三乘一乘無間妄想計著相續唐譯云所

謂相執著緣執著有非有生非生滅非滅乘非乘為無為地地自相自分別現證外道宗有無品三乘一乘等皆言執著復次大慧此及餘凡愚眾生自妄想相續以此相續故凡愚妄想如蠶作繭以妄想絲自纏纏他有無有相續相計著

記曰此明如言取義法執不忘已見猶存故深密執著乃所知障為變易生死根也生死有二謂一變易死所知障招二分段死煩惱障招此十一相續皆如言取義所知障也亦名俱生我法二執三乘十地皆墮此執故云深密後三相續乃煩惱障愚夫所得分段死也相即五蘊妄想相及自覺聖智相緣即因緣及自得法緣有非有乃至三乘一乘等皆佛一往所說者然其所說皆應機之談本

無實法所謂佛說一切法為治一切心若無一切心何用一切法然所說法如空谷響如天鼓音凡愚不了妄以為實隨言取義深密執著文字語言虛妄分別重增生死故唐譯云此等密執有無量種皆是凡愚自分別執而密執著此諸分別如蠶作繭以妄想絲自纏纏他執著有無欲樂堅密由堅密故生死不斷問曰十一相續既云所知障三乘人有何以外道亦預之耶答曰此乃學佛人不得佛意不了唯心如言取義皆外道故此所謂學佛法成外道見者也

復次大慧彼中亦無相續及不相續相見一切法寂靜妄想不生故菩薩摩訶薩見一切法寂靜

記曰此示諸法如實義也謂此法中本無相續不相續相但由眾生執著不執著耳若於聖法中而

生執著即墮凡情則生死相續若於妄法而不執著即是聖解則當念解脫是則縛脫在人非干法也所謂萬法本閑唯人自鬧是故法中無有相續不相續相故唐譯云此中實無密不密相以菩薩摩訶薩見一切法住寂靜故無分別故苟能明見諸法寂靜不起分別則生死涅槃皆剩語矣

復次大慧覺外性非性自心現相無所有隨順觀察自心現量有無一切性無相見相續寂靜故於一切法無相續不相續相

記曰此致如實而觀諸法以釋上本無相續不相續義也唐譯云若了諸法唯心所現無有外物皆同無相隨順觀察於若有若無分別密執悉見寂靜是故無有密非密相是則徹見唯心現量而能

如實觀諸法者本自無縛今又何脫是故無有相續不相續相

復次大慧彼中無有若縛若解餘墮不如實覺知有縛有解所以者何謂於一切法有無有無衆生可得故

記曰此言由如實觀故無縛脫之相也以有相續故有縛以無相續故有解而此法中一切皆無何以故以一切諸法雖有而本不有以求其體性不可得故若一切法可得可言縛脫既無衆生可得又誰縛誰脫所謂皮既不存毛將安附故眞妄兩忘聖凡情盡

復次大慧愚夫有三相續謂貪恚癡及愛未來有喜愛俱魏譯云及愛樂生唐譯云及愛來生與貪喜俱以此相續故有趣相續彼相續者續五趣唐譯云令諸衆生續生五趣大慧相續斷者無有相續不相續相

記曰此言煩惱障爲五趣分段生死根也謂前十一相續爲所知障乃三乘人有今煩惱障乃凡夫所有者但三種耳故云愚夫有三相續然貪嗔癡乃發業無明其貪喜俱及愛來生之習氣乃潤生無明此實三界生死根本故云彼相續者續五趣然貪恚癡等雖能令衆生生死相續苟生滅見亡狂心歇滅者彼亦不可得以煩惱性空故故云相續斷者無有相續不相續相問曰此三相續與楞嚴三種相續何別答曰名同義別彼三種者謂世界衆生業果耳彼以無明爲因而起婬殺盜三貪

爲緣以是因緣故令世界衆生業果相續不斷今此中但說貪恚癡等爲煩惱障能令衆生生死相續不斷是故名同義別學者應知

復次大慧三和合緣作方便計著識相續無間生方便計著則有相續三和合緣識斷見三解脫一切相續不生

記曰此總示二種生死相續皆依七識而有也論云眼識九緣生耳識唯從八鼻舌身三七後三五三四故八識具緣多少不同唯第七識三緣而生謂第七識有漏位中緣第八見分爲我時唯具三緣一根本緣即第八識二作意三種子故云三和合緣作方便計著識相續無間生然方便計著識言雖通該八識而義實單指第七識也由此末那雙計麤細我法二執故云計著識以六轉呼爲染淨依故爲染依故煩惱障由之而生爲淨依故所知障由之而起故云方便識唐譯云有執著故則有密縛以第八識本是如來藏清淨法身眞體但因七識無明業力纏眠生死故不解脫若此識一斷則生死頓脫諸障永寂二死永亡故云三和合識斷見三解脫一切相續皆悉不生而云識斷者足知非八識但言七識耳前云但轉識滅而自眞相藏識實不滅藏識若滅者無始流注應斷則同外道斷滅論後文云七識不流轉以念念生滅無實體故由無實體故可言斷但一念不生則前後際斷永嘉云斷相續心謂是故也

爾時世尊欲重宣此義而說偈言

不眞實妄想　是說相續相　若知彼眞實
相續網則斷

記曰。此頌眞妄不異。隨見不一也。謂不了妄卽眞。隨念流轉。故相續是生。若了妄卽眞。則當體無生。相續網斷也。

於諸性無知　隨言說攝受　譬如彼蠶蟲
結網而自纏　愚夫妄想縛　相續不觀察

記曰。此頌愚夫見過也。謂凡愚無知。不能了達諸法不實。隨言取義執著。故妄想纏縛。如蠶作繭。無有出期。此謂於生滅相續法中。不善觀察故耳。意顯若善觀察。則無如是之過。

○已上破二執通斷二障已竟

○下文雙遣境智

觀楞伽阿跋多羅寶經記卷第十二

觀楞伽阿跋多羅寶經記卷第十三

宋天竺三藏沙門求那跋陀羅譯

明建鄴海印沙門　釋德淸筆記

一切佛語心品第三之三

○科前破二執通斷二障已竟

○下雙遣智境以明無智無得分二

○先遣所觀境○次遣能觀智初中又二

○先遣事境○次遣理境○且初

大慧復白佛言。如世尊所說。以彼彼妄想妄想彼彼性。非有彼自性。但妄想自性耳。

記曰。此躡牒佛言將以興難也。由佛前云。諸法本無自性。但妄計有自性耳。故此牒之。彼彼種種也。唐譯云。如世尊說。由種種心分別諸法。非諸法有自性。但妄計耳。此牒佛說。下就義立難云。

世尊。若但妄想自性。非性自性相待者。非爲世尊如是說煩惱淸淨無性過耶。一切法妄想自性。非性故。

記曰。此難染淨俱無成斷滅過。將顯境空智有。意且先遣事境也。大慧因聞佛說諸法皆無自性。但妄想耳。意謂若諸法但只是妄想分別。而無實體相對待者。斯則絕無諸法之性矣。若果然諸法絕無自性。豈不是世尊說衆生染習煩惱與如來淸淨涅槃。總皆無性耶。若染淨俱無。則墮斷滅過矣。夫何故。以世尊說一切法但是妄想分別。無實體故。斯疑境空而心亦斷也。非爲猶言豈不是也。下佛答以妄境雖空。聖智實有。

佛告大慧。如是如是。如汝所說。大慧。非如愚夫性自性妄想眞實。此妄想自性非有性自性相然。大慧。如聖智有性自性。聖知聖見聖慧眼。如是性自性知。

記曰。此言偏計本無。圓成實有。不墮斷滅過也。如是如是者。縱許之辭也。意謂若果如大慧所說。則是斷滅過矣。佛謂我說諸法無性者。以彼諸法本來寂滅。非如凡愚分別而有眞實事也。故唐譯云。一切凡愚分別諸法。而諸法性非如是有。此但妄執。無有性相。故云此妄想自性。無有性自性相然。謂此諸法但是妄想分別有自性耳。其實無有性自性相。如其所分別者。故云然也。所言諸法無性

者。但無偏計之妄想。豈絕無眞性哉。且如自覺聖智實有性自性事。此乃聖知聖見聖慧眼。明知明見有性自性者。非絕無也。誰謂斷滅。此則依他偏計執無。圓成實有。但相有性無。情有理無耳。故論云。由彼彼偏計。偏計種種物。此偏計所執。自性無所有。依他起自性。分別緣所生。圓成實於彼。常遠離前性。

大慧白佛言。若使如聖以聖知聖見聖慧眼。非天眼非肉眼。性自性如是知。非如愚夫妄想。世尊。云何愚夫離是妄想。不覺聖性事故。

記曰。此承上言有聖智事。牒難世尊亦墮有過。此難自語相違也。大慧意謂若離妄想外果有聖智事。許聖知聖見慧眼明知明見。但非天眼肉眼可知可見。而且非愚夫妄想境界者。是則愚夫有能離妄想者。亦可許知見矣。云何愚夫離是妄想。不覺聖性事耶。此大慧意許二乘是愚夫中能離妄想者。如何世尊往往呵其不見佛性。意難自語相違也。此下展轉而興五難。以成墮有之過。

世尊。彼亦非顚倒。非不顚倒。所以者何。謂不覺聖事性自性故。不見離有無相故。

記曰。此難凡聖不分也。非顚倒。聖人也。非不顚倒。凡愚也。大慧意謂若聖智實有而非知覺境界者。而凡愚不知。亦可謂聖人矣。故云彼亦非顚倒。爭奈凡愚現前不覺。不能明見。此又非不顚倒也。何者。且云有聖智事。又非所知之境。今凡夫既不知於所知。不可謂之凡。有而不能知。又不可謂之聖。

斯墮凡聖不分之過矣。

世尊。聖亦不如是見如事妄想。不以自相境界爲境界故。世尊。彼亦性自性相妄想自性如是現。不說因無因故。謂墮性相見故。

記曰。此難聖若有見。亦墮凡情也。意謂凡愚執著以自境界爲境界。聖人智照不同凡夫。故云聖亦不如是見如事妄想。所以不同者。以不以自境界爲境界故。今若聖人實有聖智爲自境界者。則不免執著。所謂若存聖解。卽墮凡情。亦同凡夫妄見矣。所以聖亦同凡者。以彼聖智境界執有自體。許可明知明見故也。且既可知見。則亦同凡夫妄想境界矣。故云彼亦性自性相妄想自性如是現。彼

指聖智境界何者以佛法中不論有因無因但有可知見者卽墮有法今聖智旣有可見豈不同於凡夫妄見耶故曰

謂墮性相見故

○上立難
○下出過

異境界非如彼等如是無窮過世尊不覺性自性相故

記曰此釋上難義以成過也謂凡夫境界種種差別不比聖智境界平等一如故曰異境界非如彼等意謂縱許聖智境界一同凡夫斯則墮多因唯感一果過如此因異果一則因果不分壞三界相而招無窮過失矣何者以壞諸法相因果混淆故云不覺性自性相故不覺謂不知猶不辯也

世尊亦非妄想自性因性自性相彼云何妄想非妄想如實知妄想

記曰此躡前妄想無性聖智有知之言以立難也上三難通難無所知之境此一難難無能知之心大慧因世尊前云妄想無性又云如實而知妄想無性者是名聖智意謂妄想所以無性者以不覺性自性相故也若不覺性自性相則是妄想自性亦不因諸法性自性相而有也故云亦非妄想自性因性自性相然妄想既不因諸法而有是無所知之境矣既無所知之境則無能知之心既無能知之心則聖智亦無知矣豈彼無知之聖智而能分別於無可分別之妄境而言聖智如實而知妄想耶故云彼云何妄想非妄想如實知妄想彼指聖智也意難若有可知之境則妄想不是無性若無可知之境則聖智不是有知且有知卽非眞知矣非眞則妄妄則不如實知如何世尊說有聖智事如實而知妄想耶斯則心境互有進退皆非又墮自語相違所謂招無窮過也

世尊妄想異二譯皆云妄想相異**自性相異世尊不相似因妄想自性相彼云何各各不妄想而愚夫不如實知然爲衆生離妄想故說如妄想相不如實有**

記曰此轉承上聖智如實知妄想意以約眞妄一異難也意謂聖智唯一眞不二妄想乃心境多種故云妄想相異自性相異所以妄想種種差別者因諸法有種種差別以心因境有故且因種種境有種種心各各妄想分別各各諸法故云不相似因妄想自性相旣妄想心境各各不同而彼聖智

唯一但能照一境耳云何於各各心境不妄想而言如實知耶若聖智明知明見各各心境而爲如實知者則愚夫分別各各心境亦應是如實知矣云何又說愚夫不如實知耶若聖智果如實而知妄想者則是聖智實有而妄想心境亦實有也世尊何故又爲令衆生離妄想故說諸法妄想相不如實有耶上難聖智若有知則聖墮凡情此難妄想若如實知則凡同聖解惟此不但眞妄不分抑且又墮多過何者若聖智實有則墮有見若妄想不實有又墮自語相違過以聖智如實知妄想故

○上立難
○下正顯過

世尊何故遮衆生有無有見事自性計著聖智所行境界計著墮有見

記曰。此因上二難結世尊亦墮有見過也。謂世尊必說聖智事是實有者。則墮執有之過矣。然世尊何故但遮衆生於有無見事自性不許計著。而自於聖智所行境界返生計著。而墮有見耶。

說空法非性。而說聖智自性事。

記曰。此總結五難。以成世尊亦墮有無二見也。謂世尊說諸法妄想空無自性。是墮無也。說聖智自性事。是墮有也。是則世尊亦墮有無二見。何故但遮衆生耶。然上五難。皆常情所疑。所謂如言取義者。大慧愍此。故預爲設難。將冀世尊決擇。以袪長夜之疑耳。殆非大慧顓愚而起種種謬計也。凡諸難意皆例此。觀者應知。

佛告大慧。非我說空法非性。亦不墮有見說聖智自性事。然爲令衆生離恐怖句故。衆生無始以來計著性自性相。聖智事自性計著相見說空法。大慧。我不說性自性相。

記曰。此并下文。總答五難意也。然大慧設難雖展轉有五。而正意唯難世尊亦墮有無見耳。故此世尊答云。我說空法不墮無見。說聖智事亦不墮有見。然我所以說聖智自性事者。蓋爲衆生聞說諸法無性。遂起斷滅恐怖。故我說聖智事是實有。然爲令衆生離斷滅恐怖耳。非我墮有見也。然我所以說空法者。爲衆生無始以來妄計諸法執有性自性相故。而於聖智離相境界亦執爲相見。妄生取著。故我說空法。令其捨離有無二見。非我墮無見也。然我所說。不但說生死法無自性。而聖智事亦無自性相。故云我不說性自性相。此所謂若有若無。有是二悉皆離也。故下文云。

大慧。但我住自得如實空法。離惑亂相見。離自心現性非性見。得三解脫。如實印所印。於性自性得緣自覺觀察住。離有無事見相。

記曰。此總結答意。以顯語不生心也。謂我不說諸法定有定無。但說我所住自得如實證法。令彼聞已。離惑亂妄想相見。不生恐怖。得見眞如無相境界。知其所見心外無法。故云離自心現性非性。悟得三解脫門。獲如實印。印定諸法。然以自覺聖智觀察見法自性。遠離有無一切諸著。故云於性自性得緣自覺觀察住。離有無事見相。我所說法。爲令衆生如是而已。非我墮有無見也。故淨名曰。說法不有亦不無。以因緣故諸法生。蓋如來說法應機破執。原無定法。此三世如來說法儀式也。

○上遣所觀事境已竟

○下遣所觀理境

復次大慧。一切法不生者。菩薩摩訶薩不應立是宗。

記曰。此明一切諸法本自無生。意誠聽者不應起見。以顯境絕也。然世尊特旨如此猛然而告之者。其來意甚遠。蓋以一切外道二乘皆墮生滅見網。不能得出。故我世尊於楞伽會上單顯無生。破彼生見。故初卷顯理究竟。特云空無生無二離自性相。教之以當依於義莫著言說。以結示之矣。及大慧不能離言說相。復以言說第一義等種種疑難。至以常聲爲請。佛答以無生如幻。而又疑佛自語相違。復特示之以名句形身本無自體。以顯如來不說之說。恐彼不達無說之義。復明告以四種記論因直指之曰。一切法不生。不容起見。以顯離言說相。此世尊極盡為人披肝露膽處也。而大慧畢竟生滅不亡。重重起見。業已重重破斥。乃至此上又以相續解脫為請。世尊答曰。一切相續不生。本無相續不相續相。到此不但生滅見枯。抑令聖凡情盡。可謂百尺竿頭更進一步矣。而大慧猶然纏綿。甚至疑佛亦墮有無二見。世尊答謂我雖說空有不墮有無。以意不在言故。然我說法以如實印印定諸法。以顯語不生心。至此無生之旨。燦然如眠白黑矣。而世尊懸鑑聞者。又將隨語生解。必執無生以為實有。立定有箇無生的主意而起臆見。如此則又墮外道邪見矣。故此急處一提。猛然斥而誡之曰。我說一切法不生者。我諸弟子不應立是宗。以此法中纔有絲毫意見。便落生死窠窟。即為佛法中外道矣。故六祖謂永嘉曰。汝甚得無生意。嘉云。無生豈有意耶。祖云。無意誰當分別。嘉云。分別亦非意。祖云。如是如是。

所以者何。謂宗一切性非性故。及彼因生相故。

記曰。此徵釋外道所立不生宗有二種過也。謂外道所計不出斷常二見。故所立不生宗有二。謂妄計諸法絕然斷滅以為不生。故云一切性非性故。此斷見也。又計別有異因能生諸法。謂是作者。如此方莊周所言生生者不生。以由不生者能生萬法。正若彼方所言作者不生而為生因故。謂彼若言不生者既為生因。此因即是生相矣。故云及彼因生相故。此常見也。此出彼宗體。下顯過。

說一切法不生宗。彼宗則壞。彼宗一切法不生彼宗壞者。以宗有待而生故。

記曰。此出彼外道所立宗。有能別不極成過也。佛謂彼外道所立不生宗。彼則自壞不生義。何者。以彼宗有待而生故。謂彼二種不生義皆有待而然也。斷見不生有待者。以待諸法滅盡方顯不生義故。常見不生有待者。以待生法方顯不生故。既皆有待。豈真不生耶。故中論云。若法因待成。是法還成待。名雖不生。還成生法。是故彼宗自壞不生義。亦名自教相違。

又彼宗不生入一切法故。不壞相不生故。立一切法不生宗者。彼說則壞。

記曰。此出彼宗過之所以。而以正法揀之也。然彼宗所以壞者。以彼宗所立不生墮有無斷常等一切法故。且一切法皆是生滅無常。而彼依有無而立宗。其實未出生法。是彼言雖不生。而義實生也。

故墮自教相違過。是違自宗也。故云彼宗不生入一切法故。若以正法揀之。然我法以不壞相為不生。以生即無生故。彼以壞相為不生。然既壞相是無常也。豈真無生耶。然彼壞相者。以斷滅為不生。是壞生相也。以不生能生。是壞不生相也。今以我不壞相法揀之。故彼所立一切法不生宗者。彼說則壞。以彼妄計不出有無生法故也。故下文出其所以。

大慧。有無不生宗。彼宗入一切性。有無相不可得。

記曰。此言彼宗壞之所以也。謂我說彼宗則壞者。以彼計有無皆不生。故依之立宗。然一切生滅之法。不出有無。是則彼所立宗即入一切法中矣。且諸法本無。若有若無皆不可得。有無既不可得。彼卻依何處而立宗耶。是故我說彼宗則壞。故唐譯云。彼宗有無法皆不生。此宗即入一切法中。有無相亦不生故。亦不生者。謂有無亦本不有也。

大慧。若使彼宗不生一切性不生而立宗。如是彼宗壞。以有無性相不生故。不應立宗。五分論多過故。展轉因異相故。及為作故。不應立宗分。

記曰。此以正教因相揀彼邪宗以成彼過。結不許立宗義也。若使。猶設使也。佛謂設使彼宗依一切性而立宗。如此則彼宗自壞。以一切法有無性相本自不生故。以一切諸法本自無生。何又用彼立宗耶。故彼不應依之立宗。然彼所立宗。若以正教因明五分勘之。則彼犯多過。以展轉因相與宗不合。多異相故。不但因不合宗。而宗自體亦不成就。何者。以彼計作者為不生故。是故我說教諸弟子

於無生義。不應更立宗分也。五分論多過者。五分。即一宗。二因。三喻。四合。五結。多過者。謂宗有九過。因有十四過。同喻有五過。異喻有五過。共有三十三過。其外道所立三支。若以正法揀辯。但有一過未遣。即屬邪宗。以因喻秖為成立宗體故。故因不轉。喻不齊。皆不成宗。故展轉因異相及為所作故。則成多過。故不應立宗。五分義。具載因明入正理論。以義廣恐繁不能備出。知此。則能定佛法綱宗。摧伏邪見。觀者應探討彼論。庶得其旨。

謂一切法不生。如是一切法空。如是一切法無自性。不應立宗。

記曰。此總結前義也。向云空無生無二離自性相。今謂不生既不應立宗。則若空若無性都不應立宗也。以但有言說。都無實義。凡所分別。皆不如實知見故。

大慧。然菩薩摩訶薩說一切法如幻夢。現不現相故。及見覺過故。當說一切法如幻夢性。除為愚夫離恐怖句故。大慧。愚夫墮有無見。莫令彼恐怖遠離摩訶衍。

記曰。此如來教諸菩薩說法之式也。問曰。菩薩於不生法既不應立宗。當說何等法耶。答曰。然菩薩當說一切法如幻夢。現不現故。然幻夢雖現。其實不現。意顯諸法雖生。其實無生也。諸法本自不生。而現有生者。非法生也。乃眾生見覺之過。妄見有生耳。故當說一切法如幻夢性。不可說諸法實有

不生也。然而亦有說不生者。乃為令愚夫離恐怖句故。不得已而以不生句斷彼生見耳。以一切法不生。不容有說。起心動念。即墮生死故。然為愚夫說不生者。因愚夫一向堅執有無實法。一旦說如幻夢。便生恐怖。則遠離大乘。斷佛種性。苟不以不生句隨機而開導之。則於佛法絕分。而菩薩亦失慈悲。故云愚夫墮有無見。莫令彼恐怖遠離摩訶衍。摩訶。此云大。衍。此云乘。菩薩如此說法。則得二通相矣。

爾時世尊欲重宣此義而說偈言。

無自性無說　無事無相續　彼愚夫妄想

如死屍惡覺（唐譯云。惡覺如死屍。）　一切法不生

非彼外道宗　至竟無所生　性緣所成就
一切法不生　慧者不作想　彼宗因生故
覺者悉除滅

記曰。此通頌五難章空無生無自性。本離言說相離心緣相。以明外道不應立宗也。無事卽空。以諸法本空。故無相續。但愚夫妄想。於不實計實。如此惡覺如死屍無知。徒增穢污耳。是則空無自性。不可思議。而不生義。豈容外道妄計而可宗之耶。以彼所立不生。至於畢竟斷滅無所生法。以不達緣生無性。無性緣生。故云至竟無所生。性緣所成就。下句性字。義貫上句讀。又所成就所字。作不字看。故唐譯云以彼所有生。非緣所成故。然一切法不生義。唯在有智者忘心默契而已。不應作想。況彼宗因生相而立。豈眞不生耶。故覺者悉除滅。以彼不生。亦生相故。

譬如翳目視　妄見垂髮相　計著性亦然
愚夫邪妄想　施設於三有　無有事自性
施設事自性　思惟起妄想　相事設言教
意亂極震掉　佛子能超出　遠離諸妄想

記曰。此頌諸法本無。但妄想有。以誡佛弟子不應起見也。空中本無毛輪。而因翳目有之。以喩眞中本無三界諸法。而因妄想計之。愚夫但執假名。動亂心識。具正知見者。當遠離也。故唐譯云。三有唯假名。無有實法體。由此假施設。分別妄計度。假名諸事相。動亂於心識。佛子悉超過。遊行無分別。

非水水想受　斯從渴愛生　愚夫如是惑
聖見則不然　聖人見清淨　三脫三昧生
遠離於生滅　遊行無所有　修行無所有
亦無性非性　性非性平等　從是生聖果

記曰。此頌明三界之相不異。聖凡之見乃殊也。然三界本無實法。而愚夫妄見爲實有者。如陽燄非水而作水想。是從渴愛所生也。愚夫如此。聖智豈然之哉。以聖見清淨。故所見三界空洞無物。卽此便證解脫三昧。遠離生滅矣。唐譯云。常行無相境。修行無相境。亦復無有無。有無悉平等。是故生聖果。由凡夫所見差別。故有業果相續。聖人所見三界不異。故生聖果耳。故經云。不如三界見於三界。

云何性非性　云何爲平等　謂彼心不知
內外極漂動　若能壞彼者　心則平等見

記曰。此頌徵釋上義。以明聖凡平等也。謂三界是一。云何凡愚見有無。云何聖人見平等。以彼愚夫不了三界本空。妄計心境以爲實有。故內外極漂動。若能了此。則當念平等矣。平等寂滅之異稱。所謂未達境唯心。起種種分別。達境唯心已。分別卽不生。

○上遣所觀境已竟

○下遣能觀智

爾時大慧菩薩復白佛言。世尊。如世尊說如攀緣事智慧不得。是施設量建立施設。所攝受非性。攝受亦非性。以無攝受故智則不生。唯施設名耳。唐譯云。如佛所說。若知境界但是假名。都不可得。則無所取。無所取故。亦無能取。能取所取二俱無故。不起分別。說名爲智。

記曰。上辯妄想無性已。此大慧理佛一往所談聖智境界。以辯聖智無知也。魏譯云。如世尊說。智慧觀察。不能見前境界諸法。乃至如實覺知。無法可取。亦無能取。是故智亦不能分別而取。故云智則不生。然攀緣事。乃前境界。諸法所謂相也。前云不得相是智。而智所以不得相者。以一切境界但是妄想施設建立。本無所取能取性故。既無可取之境。縱有眞智。又何從分別而取之耶。故云以無可取故智則不生。殊不知妄想境界如暗。智慧如明。明來則暗自去。非是有暗與明作對也。是故所言聖智無知者。由無所知之境。則了境之智亦亡。以無能所取相。故云不得相耳。所謂唯如如智獨存。

殆非絕然無知也。如此。大慧似乎不會聖智不得相義。將謂有境相對。如何不得。必欲知境方名爲智。故此起疑。乃牒舉前義。將以致難也。此牒義。下致疑。

云何世尊。爲不覺性自相共相異不異故智不得耶。爲自相共相種種性自性相隱蔽故智不得耶。爲山巖石壁地水火風障故智不得耶。爲極遠極近故智不得耶。爲老小盲冥諸根不具故智不得耶。

記曰。此致疑也。不覺等者。謂全然不知彼境界也。自相等隱蔽。猶言隱沒不現。謂全無可知之境作對也。山巖等障。謂知不透徹也。極遠。自力難到極近。細而難知也。諸根不具。謂盲冥無知。老小。謂不能一一盡知也。大慧疑智不得相莫不以此五者爲不得耶。下致難。

世尊。若不覺自共相異不異智不得者。不應說智。應說無智。以有事不得故。

記曰。此一難也。謂若全不知彼境爲不得者。此則不名智應名無智。以有境界而不知故。

若復種種自共相性自性相隱蔽故智不得者。彼亦無智。非是智。世尊。有爾燄故智生。非無性會爾燄故名爲智。

記曰。此二難也。謂若全無可知境界作對爲不得者。此亦非智。何者。以有所知之境故智生。非無能

知之性會彼所知之境而便以爲智耶。故唐譯云。此亦非智。以知於境說名爲智。非不知故。爾燄所知也。

若山巖石壁地水火風極遠極近老小盲冥諸根不具智不得者。此亦非智。應是無智。以有事不可得故。

記曰。此合三四難也。謂在世界則山巖石壁四大等事。或極遠而目力不到。或極近而牆壁遮障。四大擁逼。此則知不透徹。在衆生則老小盲冥無所識知。或諸根不具不能盡知。若以此等爲不得者。此亦非智。應是無智。以有事不可得故。唐譯云。彼亦非智。以有境界智不具足而不知故。此大慧意。蓋以不得前境爲無智。必欲見境方爲智也。故下破之。

佛告大慧。不如是。無智應是智。非非智。我不如是隱覆說攀緣事。智慧不得。是施設量建立。

記曰。此斥答所疑爲非量也。佛意謂豈不得前境便爲無智耶。應知此無智實是智。非無智也。然我所說智不得相者。不是說實有前境迭相隱覆故言智慧不得也。若計有前境迭相隱覆故智慧不得者。是妄想施設建立。非智慧也。

〇上斥非

〇下正答

覺自心現量有無有外性非性。知而事不得。不得故智於爾燄不生。順三解脫。智亦不得。非妄想者無始

性非性虛僞習智作如是知。是知彼不知。故於外事處所相性無性妄想不斷。自心現量建立。說我我所相攝受計著。

記曰。此正答實義也。佛言。我所說智不得者。以我覺了一切外法若有若無。皆無自性。唯是自心現量。皆悉空寂。以無境界與智爲對。我知如此事。故言智不得也。故云。覺自心現量有無外性非性。知而事不得。而猶如此也。然既無當心之境。境如矣。亦無了境之心。心如矣。心境皆如。俱不可得。以心境俱不可得故。智於爾燄不生。爾燄。所知之境也。境不可得。則境不生。心不可得。則智不生。心境無生。則順三解脫矣。三解脫。謂空。無相。無願。順。入也。然三解脫。非智不入。既入已。則智體亦忘。故云智亦不得。此所謂聖智無知也。然智無知處。殆非妄想愚夫以無始虛僞戲論熏習之智能作如是知也。此亡知之知。非彼所知。故云是知彼不知。由不知無知之知。故於外境界形相有無妄想分別相續不斷。故魏譯云。爲離如是虛妄心故。說一切法唯自心見。執著我我所故。故云自心現量建立。說我我所相攝受計著。

不覺自心現量於智爾燄而起妄想。妄想故外性非性觀察不得。依於斷見。

記曰。此責大慧不如實知而起無智斷滅之見也。由不達我我所諸法自心現量。故於智於境起於妄想。以妄想故。觀察若有若無不得實義。遂於智境依斷滅見而起分別。是皆不善二通。不達實義。故妄興邪智也。故下文以二通結責之。

爾時世尊欲重宣此義而說偈言。

有諸攀緣事　智慧不觀察　此無智非智

是妄想者說

記曰。此總頌斥疑也。謂若實有攀緣境界而言智慧不觀察。卽妄分別。以無智爲非智者。此皆是妄想愚夫所說。非明智也。

於不異相性　智慧不觀察　障礙及遠近

是名爲邪智

記曰。此合頌三問。總
斥爲邪智不正見也。

老小諸根冥　而智慧不生　而實有爾燄

是亦說邪智

記曰。此頌第四問。合前三問中。皆以有所知境界
方名爲智之義。總斥之曰。此亦爲邪智。然若實有
爾燄。是亦邪說。足
知所知障空也。

○此上二執已破。二障已淨。智行已圓
○下明忘言頓證。以顯果海離緣

觀楞伽阿跋多羅寶經記卷第十三

觀楞伽阿跋多羅寶經記卷第十四

宋天竺三藏沙門求那跋陀羅譯

明建鄴海印沙門　釋德清筆記

一切佛語心品第三之四

○此上二執已破。二障已淨。智行已圓
○下明忘言頓證。以顯果海離緣

復次大慧。愚癡凡夫。無始虛僞惡習妄想之所回轉。
回轉時自宗通及說通不善了知。著自心現外性相
故。著方便說。於自宗四句清淨通相。不善分別。

記曰。此總結示果海離緣。故責大慧於第一義諦
自覺聖智。妄起分別。隨語生解。橫生邪執。謬解佛
意。良由不善二通相故也。自覺聖智。離心緣相。離
言說相。然雖非有言。不是無語。故佛所說聖智無
知等者。正欲聞者離言觀義。忘知契心耳。何其聞
者猶然隨言妄生邪解。斯皆無始虛僞妄想惡習
之所回轉。而於自宗說通。不善了知。但執外境以
爲實有。故著方便言說。而不能善入清淨實相離
知境界也。論云。現前立少物。謂是唯識性。以有所
得故。非實住唯識。以境智未忘故也。世尊至此。偶
以二通結責者。意謂前者我已教諸三乘修行之
士。當善二通相。不可隨言取義矣。意責大慧何其
不體佛意。爾乃又執言說假名。而興種種邪執耶。
故教以忘言契證也。來意如此。故以二通結責之。

○已上二障已淨。二執已破。二死已亡
而結責以忘言契證。以示自利功圓

○此下示利他行且先雙結二利行

大慧白佛言。誠如尊教。惟願世尊爲我分別說通及宗通。我及餘菩薩摩訶薩善於二通。來世凡夫聲聞緣覺不得其短。

記曰。此大慧因佛斥責不善二通。而於聖智妄起分別。故此責躬請教二通也。問曰。二通前已發明。今復重請者何也。答曰。前因外道二乘妄起斷常二見。蓋由不了唯心現量境界。大慧特請宗通相。示彼知之。令開正見。而世尊因曰。彼等不獨不善宗通相。而亦不善說通相。故隨語生解。特說二通之相。令彼外道二乘。以便修行。不墮邪見。意在破外道二乘二見。令知離言之行故也。此因大慧躡

妄想無性之言。以起五難。躡聖智不得之言。以起四疑。是皆不了唯心。不達方便言說。而復隨言取義。將謂實有境智可得。故佛責以不善二通。作如是見。故此大慧特請二通。將以依教奉行。說法利生。以斷二乘之疑。意在遣心境。空境智。是以妙行契妙境也。前有相字。乃示彼令知。以便自利。今此二通意在必行。且便利他。觀者應知。庶得語義不生異見耳。前乃忘言之行。此乃離言實證也。

佛告大慧。善哉善哉。諦聽諦聽。善思念之。當爲汝說。大慧白佛言。唯然受教。佛告大慧。三世如來有二種法通。謂說通及自宗通。說通者。謂隨衆生心之所應。爲說種種衆具契經。是名說通。

記曰。此說通意在利他也。梵語脩多羅。此云契經。謂契理契機也。契理則妙符中道。契機則巧破三根。以一經言含多義。故云衆具契經。謂理無不該。機無不攝也。

自宗通者。謂修行者離自心現種種妄想。謂不墮一異俱不俱品。超度一切心意意識。自覺聖境界。唐譯云於自覺聖境界。離因成見相。二譯皆云離諸因緣相應見相。一切外道聲聞緣覺墮二邊者所不能知。我說是名自宗通法。

記曰。此自宗通意在自利也。以自通乃離心意識境界。故非外道二乘所可知也。離因緣相應見者。謂心境皆離故。

大慧。是名自宗通及說通相。汝及餘菩薩摩訶薩應當修學。爾時世尊欲重宣此義而說偈言。

我謂二種通　宗通及言說　說者授童蒙
宗爲修行者

記曰。菩薩有二利之功。故說通應機說法。故云授童蒙。謂凡夫顓愚如童蒙也。宗通自修行。謂修如實行故。

○上自他二行已竟

○下專請利他行

爾時大慧菩薩白佛言。世尊。如世尊一時說言。世間

諸論種種辯說。愼勿習近。二譯以世間諸論作盧伽耶陀。此翻左世。亦云惡論。即外道論也。若習近者。攝受貪欲。不攝受法。魏譯云。彼人但攝受欲食。不攝法食。世尊何故作如是說。

記曰。此特問利他行也。蓋承世尊一往痛責弟子不許近習外道論議。大慧因聞說通利他之談。意謂不善彼宗。其說不通。無以利彼。故理世尊前言。以致疑曰。世尊既云說通利童蒙。何故向來不許近習外道議論者何耶。因此發問。世尊答。謂外道議論。依邪見立。若近習者。壞正知見。意在入自宗通者。當離名言習氣爲第一也。然三界本無實法。但以名言習氣爲體。至若名言中。而外道議論最爲壞正知見。破壞佛法者。是故修行如實行人。當所痛絕。故大慧依說通而問。向下世尊依自宗通而答也。

佛告大慧。世間言論種種句味。因緣譬喻。採集莊嚴。誘引誑惑愚癡凡夫。不入眞實自通。不覺一切法。妄想顚倒。墮於二邊。凡愚癡惑。而自破壞。諸趣相續。不得解脫。唐譯云。盧伽耶陀所有詞論。但飾文句。誑惑凡愚。隨順世間虛妄言說。不如於義。不稱於理。不能證入眞實境界。不能覺了一切諸法。恆墮二邊。自失正道。亦令他失。輪迴諸趣。永不出離。不能覺知自心現量。不離外性自性妄想計著。是故世間言論種種辯說。不脫生老病死憂悲苦惱誑惑迷亂。

記曰。此甚言世論之過。深誡修如實行者不可近習也。所以不可近習者。以不入眞實自通。不覺自心現量。但依生滅妄想。不脫生老病死。以但有言說。都無實義故。然世尊於此經專誡名言習氣者。蓋娑婆世界以音聲爲佛事。由此界衆生耳根最利。以聲入心通。直達法性。最爲甚深。故楞嚴揀選圓通。以耳根爲第一。此經令修如實行者。以戒名言爲第一。以此方入道。無過耳根爲最勝。而障道亦無過名言爲最勝。故所謂根塵同源。縛脫無二也。然凡夫雖依名言結業。而間有利根宿具般若聞熏者。能觀言語性空。音聲不實。如風號谷響。即入無生者有之。若夫外道邪論。一入聞熏。即染污法性。壞正知見。破涅槃城。永劫沈淪。斷滅佛種。縱遇佛出。而爲見火所燒。邪智益熾。徒與正法相抗。

雖如來以無量善巧四辯大悲。潛神與居。亦不能化而入也。觀夫世尊出世。說法已四十年。而六師之徒如麻似粟。即其捨邪歸正者。如三迦葉波及鶖子等。約止千二百五十人耳。就中巨擘。尚內祕之儔。當正法盛時。尚爾。況末法乎。此吾佛世尊懸鑒後五百年。此輩當大破壞結集。是以此經專以破邪爲用。大爲今日設也。觀夫聖人憂患之心。當何如耶。悲夫。此經自入中國。幾二千年。而吾輩老師宿學。讀之苦不能句。甚爲。皆瞽。況遺言得意。以契佛祖心印。執之以定綱宗。行賞罰。克荷如來家業乎。由不善此法門。宜乎流習世論。甘受佛呵而爲惡弟子也。惟此未嘗不涕下。

大慧。釋提桓因廣解衆論。自造聲論。彼世論者有一弟子。持龍形像。唐譯云。現作龍形。詣釋天宮。建立論宗。要壞帝釋千輻之輪。隨我不如斷一一頭以謝所屈。作是要已。卽以釋法。二譯皆云論法摧伏帝釋。釋墮負處。卽壞其車。還來人間。如是大慧。世間言論因譬莊嚴。乃至畜生。魏譯云乃至現畜生身。亦能以種種句味。惑彼諸天及阿脩羅。著生滅見。而況於人。是故大慧。世間言論應當遠離。以能招致苦生因故。愼勿習近。大慧。世論者唯說身覺境界而已。

記曰。此言愼勿近習世論之所以也。謂世論弟子。以畜生形。尙能摧伏諸天脩羅。況復於人。而我末法弟子。無道力者。倘一近習。豈不爲彼破壞耶。若爲破壞。則能招致諸苦生因。故我誡之。愼勿近習。以彼世論無自宗通。唯說身覺境界而已。是故我說但攝受貪欲。不攝受法。要誓約也。

大慧。彼世論者。乃有百千。二譯皆有字句。但於後時後五百年。當破壞結集。惡覺因見盛故。惡弟子受。

記曰。此世尊懸讖末法。魔强法弱之時也。然彼世論於我法後五百年。所以而能破壞結集者。以時俗澆薄。其時人多惡覺因見熾盛故。而我法中有惡見弟子。亦受彼法。是故令彼壞正法也。由是觀之。然壞法者。蓋自壞耳。豈彼力耶。因見者。因。謂邪因。無因。見。謂十使煩惱中五利使。以不善解正法。故云惡覺。

如是大慧。世論破壞結集種種句味因譬莊嚴。說外道事著自因緣。無有自通。

記曰。此言破壞結集之所以也。然彼世論所以而能破壞正法者。以彼種種句味因譬莊嚴。皆說外道事。執著自性因緣。無非邪見。無有自性宗通故。苟知而近習者。卽飮他毒藥。不知而近習者。所謂誤服毒藥是也。

大慧。彼諸外道無自通論。於餘世論廣說無量百千事門。無有自通。亦不自知愚癡世論。

記曰。此結成彼法成事相承。不自知其非也。以彼本法無自通故。所傳弟子廣說百千事門。亦皆無自通。以無自通故。而彼癡人亦終不自知爲愚癡世俗之論。此誤服毒藥者也。

爾時大慧白佛言。世尊。若外道世論種種句味因譬莊嚴。無有自通自事計著者。

記曰。此大慧牒上佛語。將以發難也。

世尊亦說世論。爲種種異方諸來會衆天人阿脩羅。廣說無量種種句味。亦非自通耶。亦入一切外道智慧言說數耶。

記曰。此大慧因聞佛斥外道世論無有自通。遂躡以難佛爲人天脩羅廣說世間種種諸法。亦非自智所證之法。皆世論也。豈世尊亦無自通耶。豈不墮一切外道邪智妄想數中耶。大慧依世論而問。世尊依自通而答。

佛告大慧。我不說世論。亦無來去。唯說不來不去。大慧。來者趣聚會生。去者散壞。不來不去者。是不生不滅。我所說義。不墮世論妄想數中。所以者何。謂不計著外性非性。自心現處。二邊妄想所不能轉。相境非性。覺自心現。則自心現妄想不生。妄想不生者。空無相無作。入三脫門。名爲解脫。

記曰。此世尊依自通答其所說法非世論也。世論者。去來生滅之法也。來者。緣會而生。故云趣聚會生。去者。緣散而滅。故云散壞。以有去來生滅。故云世論。然我所說者。無來無去。不生不滅之法。豈墮彼世論妄想數中耶。所以不墮者。以我不著外境有無。了達唯心現量故。有無妄想所不能轉者。以了境無性故。故云相境不生。此境不生也。覺自心現。則自心妄想不生。此心不生也。境不生。故無來去。心不生。故不生滅。心境無生。即是空無相無作入三脫門。名爲解脫矣。意謂我所說者。乃解脫法。非生死法。所以不墮。

大慧。我念一時於一處住。有世論婆羅門。來詣我所。不請空閑。便問我言。瞿曇。一切所作耶。我時報言。婆羅門。一切所作。是初世論。彼復問言。一切非所作耶。我復報言。一切非所作。是第二世論。

記曰。此世尊將欲廣明世論。故舉昔事。且教菩薩說遮止論之法式也。舊說婆羅門具云婆羅賀磨拏。此云淨裔。亦云淨行。自稱其祖自梵天口生。因從梵姓。諸經中梵志即此類也。是唯五天竺有。餘國無之。其種別有經書世承爲業。或在家。或出家。皆恃術倨傲。多尚諍論。空閑無我也。以彼所計梵天作者以爲神我。故云不請空閑而問作者生一切法。以彼所見不出世論。開口便落妄想。故一問。世尊答云一世論。二問。答云二世論。乃至多問。答云多世論。故後責云。乃至少有心識流動分別外境皆是世論也。

彼復問言。一切常耶。一切無常耶。一切生耶。一切不生耶。我時報言。是六世論。大慧。彼復問我言。一切一耶。一切異耶。一切俱耶。一切不俱耶。一切因種種受生現耶。唐譯云。一切皆由種種因緣而受生耶。我時報言。是十一世論。大慧。彼復問言。一切無記耶。一切記耶。有我耶。無我耶。有此世耶。無此世耶。有他世耶。無他世耶。有解脫耶。無解脫耶。一切刹那耶。一切不刹那耶。虛空耶。非數滅耶。涅槃耶。瞿曇。作耶。非作耶。

記曰。此虛空下。問三無爲是作是不作也。唐譯云。虛空。涅槃及非擇滅。是所作耶。非所作耶。以外道妄計三無爲皆是有作。故後世尊答已。而復特諭大慧云。涅槃虛空滅。非有三種。但數有三耳。意謂三法尚不可得。何況又計作與不作耶。

有中陰耶。無中陰耶。大慧。我時報言。婆羅門。如是說者悉是世論。非我所說。是汝世論。我唯說無始虛偽妄想習氣種種諸惡三有之因。不能覺知自心現量而生妄想。攀緣外性。如外道法。我諸根義三合知生。我不如是。唐譯云。如外道說我及根境三和合知生。我不如是。知識也。婆羅門。我

不說因。不說無因。唯說妄想攝所攝性施設緣起。非汝及餘墮受我相續者所能覺知。唐譯云。我不說因。不說無因。唯依妄心以能所取而說緣起。非汝及餘取著我者之所能測。大慧。涅槃虛空滅非有三種。但數有三耳。

記曰。此世尊備敘昔對外道所說之法如此也。謂外道執其所見一一問佛。佛總斥之曰。此皆是汝之世論。非我所說也。然我說者。唯說一切衆生因於無始戲論諸惡習氣而生三界之相。不了唯是自心所現而生妄想。攀緣外法而妄取著。實無可得。我所說者如是而已。至若外道所說神我與根境三法和合而生識者。此是汝外道見。我不如是。且汝外道說有異因能生諸法。又說諸法自然從無因生。此是汝法。我法不然。我唯說妄想能取所取而說緣起。我此說者。非汝外道著我妄想者之所能知。佛謂外道如彼彼而問。我但如此而答。此即所謂止論。亦即說通相也。然外道諸問皆是彼計。至若妄計三無爲作不作者。乃涉我法。恐有所濫。故世尊特告大慧曰。彼所問三無爲者。非有三種。但數有三耳。非實有也。故唐譯云。虛空。涅槃及非擇滅。但有三數。本無體性。何況而說作與非作。

復次大慧。爾時世論婆羅門復問我言。癡愛業因故有三有耶。爲無因耶。我時報言。此二者亦是世論耳。彼復問言。一切性皆入自共相耶。我復報言。此亦世論。婆羅門。乃至意流妄計外塵。唐譯云。乃至少有心識流動。分別外境。

皆是世論。

記曰。此外道因聞佛說虛偽惡習爲三有因。故躡問彼三有者。果因癡愛業因而有耶。是無因耶。蓋彼意執定無因也。世尊答謂。不但有所妄計分別言說爲世論。乃至少有心識流動分別外境。皆墮外道邪見。悉是世論。何者。以舉心動念。即乖法體。妄見心外有法。即入外道見故。溈山坐次。仰山入來。師曰。寂子速道。莫入陰界。仰曰。慧寂信亦不立。師曰。子信了不立。不信不立。仰曰。秖是慧寂。更信阿誰。師曰。若恁麼。即是定性聲聞。仰曰。慧寂佛亦不立。此古人心識不少流動之樣子也。不如是。安稱超佛越祖之見。

復次大慧。爾時世論婆羅門復問我言。頗有非世論

者不我是一切外道之宗說種種句味因緣譬喻莊
嚴我復報言婆羅門有非汝有者非爲非宗非說非
不說種種句味非不因譬莊嚴

記曰此外道被斥皆墮世論遂問頗有非世論者
不且云我爲一切外道之宗所有詞論皆從我出
何獨不當佛意觀其自負如此正是堅著我見尙
諍論者而世尊答云有非世論但非汝有汝所有
者不出作爲所立自宗但依言說以立種種句味
因譬莊嚴耳我法非作爲非宗非說而亦不墮空
見故云非不說種種
句味非不因譬莊嚴

婆羅門言何等爲非世論非非宗非非說

記曰此外道意謂佛既斥我爲非宗非說而不知
何等爲非世論可有非非宗非非說者蓋所願聞
也非非
者是也

我時報言婆羅門有非世論汝諸外道所不能知以
於外性不實妄想虛僞計著故

記曰此世尊斥答外道謂有非世論但非汝外道
之所能知也汝等所以不知者以彼計著不實妄
想分別外境故我若有說汝
便隨語生解計著邪見矣

謂妄想不生覺了有無自心現量妄想不生不受外
塵妄想永息是名非世論此是我法非汝有也

記曰此示以正因非世論者如此但此是我法非
汝有也汝之所有者去來生死之法耳故下云

婆羅門略說彼識若來若去若死若生若樂若苦若
溺若見若觸若著種種相若和合相續若愛若因計
著唐譯云若因
而生計著
婆羅門如是比者是汝等世論非是
我有

記曰此示世論邪因相也謂外道世論多種不能
盡述今略說彼識所分別者不出來去死生苦樂
沒溺邪見觸著種種諸相於中妄計和合相續若
愛著不捨若妄立爲因而生計著如此而已此者
類也謂如此之類皆是汝之
世論而我法中無此說也

大慧世論婆羅門作如是問我如是答彼卽默然不
辭而退魏譯云默然而去而不問我建立眞法
唐譯云不問於我自宗實法默然而去思自
通處作是念言沙門釋子出於通外說無生無相無
因覺自妄想現相妄想不生

記曰此敘外道固執難化顚倒之狀也以彼與佛
立論負墮亦不更請佛教傲然不辭而退此其我
慢倨恃之態何如耶且復心不受善亦不知非以
思自所通處返以佛說爲非乃心念之曰沙門所
見出於我通之外其所說者乃無生無相無因心
境不生斷滅之法耳故魏譯云沙門釋子外於我
法是可憐愍說一切法無因無緣無有生相唯說
自心分別見法若能覺知自心見相則分別不生

前云彼無智者返以我言爲不正論。謂是故也。

大慧。此卽是汝向所問。我何故說習近世論種種辯說。攝受貪欲。不攝受法。

記曰。此世尊趣舉大慧請詞以結答問意也。謂汝向問我近習種種世論攝受貪欲不攝受法者。如上我說婆羅門者。皆是攝受貪欲不攝受法。然一切世論皆此類也。

大慧白佛言。世尊。攝受貪欲及法。有何句義。魏譯云。何者名貪句義。何者名法句義。

佛告大慧。善哉善哉。汝乃能爲未來衆生思惟咨問如是句義。諦聽諦聽。善思念之。當爲汝

說。大慧白佛言。唯然受教。佛告大慧。所謂貪者。若取若捨若觸若味。唐譯云。所言財者。可觸可受。可取可味。

繫著外塵。墮二邊見。復生苦陰。生老病死憂悲苦惱。如是諸患皆從愛起。斯由習近世論及世論者。我及諸佛說名爲貪。是名攝受貪欲。不攝受法。

記曰。如來頻斥世論但攝受欲食不攝受法食者。以彼恃術誑惑愚夫。唯貪利養。爲邪命食。深誡說法者當以淸淨也。愚讀智證知曹山貴正命食。立三墮。故黃蘗云。今時纔出來者。只欲多知多解。廣求文義。喚作修行。不知多知多解。翻成壅塞。唯多與兒酥乳。消與不消都總不知。三乘學道人皆此樣。盡名食不消。食不消者。所謂知解不消。皆爲毒藥。盡向生滅邊收。眞如之中無此事。故喚三乘學道人。知見不消。盡皆邪命。況彼外道世論。非酥乳比。苟一染指。豈非飲他毒藥乎。故維摩詰曰。爲壞和合相故。應取食。爲不受故。應受彼食。以空聚想入於聚落。所見色與盲等。所聞聲與響等。所臭香與風等。所食味不分別。受諸觸如智證。知諸法如幻相。無自性。無他性。本自不然。今亦不滅。乃可取食。此所謂於食等者於法亦等。如此則攝受欲食。卽攝受法食。此曹山不斷聲色墮。所以爲正命食也。苟少有可觸受可取味者。卽爲邪命。是名攝受貪欲不攝受法矣。

大慧。云何攝受法。謂善覺知自心現量。見人無我及法無我相。妄想不生。善知上上地。離心意意識。一切

諸佛智慧灌頂。具足攝受十無盡句。於一切法無開發自在。首卷云。無開發行自心自在。是名爲法。所謂不墮一切見一切虛僞。一切妄想。一切性。一切二邊。

記曰。此明攝受法者當如此也。然能善覺知自心現量見二無我。離心意識。則自然不墮一切諸見。如戲論分別斷常二邊。以不墮一切見。而能消一切見。如此。則六師所墮。汝亦隨墮。乃可取食。此曹山隨墮。所以爲正命食也。

大慧。多有外道癡人。墮於二邊。若常若斷。非黠慧者。受無因論。則起常見。外因壞因緣非性。則起斷見。大

慧。我不見生住滅故。說名爲法。

記曰。此結證世出世法所以異也。彼墮生滅二見。故名爲貪欲。我不見生住滅。故名爲法耳。舊注云。無黠慧者。受此無因論計四大不從因生。則起常見。或計造色外因壞滅。不復更生。因緣之性亦無。則起斷見。以彼論雖多。總不出二見。皆生滅耳。由我不見生住滅故。淨名曰。謗諸佛。毀於法。不入衆數。終不得滅度。汝若如是。乃可取食。此曹山尊貴墮所以爲正命食也。

大慧。是名貪欲及法。汝及餘菩薩摩訶薩應當修學。

爾時世尊欲重宣此義而說偈言。

一切世間論　外道虛妄說　妄見作所作

彼則無自宗　唯我一自宗　離於作所作

爲諸弟子說　遠離諸世論

記曰。此頌揀辯邪正也。以彼外道計梵天爲能作。一切諸法爲所作。故於正法眞實自宗不能成立。我以一心爲自宗。離於能作所作。以此爲諸弟子說。令其遠離彼諸世論也。

心量不可見　不觀察二心　攝所攝非性

斷常二俱離　乃至心流轉　是則爲世論

妄想不轉者　是人見自心

記曰。此頌自宗眞現量。破彼妄計也。然眞心現量。本自無相。不可以妄見見。而外道不善觀察。妄執有無能所。斷常二見。俱不能離。故爲世論。不獨如此。乃至但一舉心動念。心識纔有流轉。卽爲世論。何況妄執諍論者乎。若能於妄想境界不被動轉者。我說是人則爲眞能明見自心現量者矣。

來者謂事生　去者事不現　明了知去來

妄想不復生

記曰。此頌教觀察入自心現量之方便也。外道所以流轉者。以妄見有去來之相故。殊不知來者暫現。如電速滅。去則不現。本無所有。若人觀察諸法。明見去來生滅之相。了知本來寂滅者。是人則妄想不復生矣。

有常及無常　所作無所作　此世他世等

斯皆世論通

○前明斷證因相已竟○下明斷證果相分二○初轉依涅槃果○次轉依菩提果○初中又二　初揀二十一種邪宗○次示最上一乘正果○今初揀邪宗

爾時大慧菩薩復白佛言。世尊。所言涅槃者。說何等法名爲涅槃。而諸外道各起妄想。

記曰。從前問不實妄想以來。齊此。總明能證之行已圓。故大慧請問所證之果也。然二轉依果。謂轉煩惱成菩提。轉生死成涅槃。此先問涅槃相。然此經正在破邪顯正。故理行因果皆依邪正而辯。故每每發問。皆互舉二途。故此正問大涅槃果。乃曰世尊所言涅槃者。說何等法名爲涅槃。而外道乃於涅槃法作妄想分別耶。意顯不起分別。離心識處。卽大涅槃。故先揀邪宗。後示正果。

佛告大慧。諦聽諦聽。善思念之。當爲汝說。如諸外道妄想涅槃。非彼妄想隨順涅槃。唐譯云。如諸外道分別涅槃。皆不隨順涅槃之相。

大慧白佛言。唯然受教。佛告大慧。或有外道陰界入滅。境界離欲。見法無常。心心法品不生。不念去來現在境界。諸受陰盡。如燈火滅。如種子壞。妄想不生。斯等於此作涅槃想。大慧。非以見壞名爲涅槃。

記曰。此無想外道也。云斯等者。言其不一也。以見五陰界入俱滅。離欲界繫。見諸法無常。以心心數不起爲定。持心一境。不見三世之相。此無想也。諸受陰盡。如燈火滅。如種子壞。妄想不生。此正楞嚴所言。以永滅依爲所歸依。成空亡果。生斷滅種者。以妄見有涅槃之相。故佛破云。此等非以見壞爲涅槃。

大慧。或以從方至方名爲解脫。境界想滅。猶如風止。

記曰。此指常見外道立無因爲涅槃也。前云受無因論則墮常見。舊注從方至方。謂無有異趣。方。類也。此楞嚴所云。知人生人。悟鳥生鳥。言其因果從八萬劫無復改移。謂今盡此形。從類至類。亦復如是也。然此外道所以妄見斷滅者。以境界想滅。其實未盡想元。故云如風暫止。又有外道計方爲常住實有。具諸功能。生一切法。故以方爲涅槃。故云從方至方。二釋皆無因也。

或復以覺所覺見壞名爲解脫。或見常無常作解脫想。

記曰。此生滅想心已滅。妄謂理中自然成不生滅。故云覺所覺之見壞。以此爲涅槃者也。又以所覺不壞者爲常。以能覺見壞爲無常。此正如楞嚴所明四顚倒見。一分常。一分無常。故云見常無常作解脫想。若按唐譯云。或謂不見能覺所覺。或謂不起分別常無常見。此則冥然不辯。皆屬斷見。如云分別都無。拘賒黎等昧爲冥諦者是也。

或見種種相想招致苦生因。思惟是已。不善覺知自心現量。怖畏於相。而見無相。深生愛樂。作涅槃想。

記曰。此指計七斷滅爲涅槃者也。欲界人天諸相爲生苦因。故外道或計身滅。或欲盡滅。或苦盡滅。或極樂滅。或極捨滅。故云怖畏於相。而見無相深生愛樂。妄作眞涅槃想。或鈍根羅漢。厭苦斷集。棄有著無。貪著偏空。以爲涅槃。亦在此列。以不善覺知自心現量。故怖畏於相。而見無相深生愛樂也。此上五種皆斷見。

或有覺知內外諸法自相共相。去來現在有性不壞。作涅槃想。

記曰。此計五蘊根塵皆是實有自性。三世相續不壞。以爲涅槃者也。此正楞嚴所計五陰中死後有相。四種不死。乃常見也。

或謂我人衆生壽命一切法壞作涅槃想。

記曰。此計死後無相以爲涅槃。乃斷見也。

或以外道惡燒智慧見自性及士夫。彼二有間士夫所出名爲自性。如冥初比。求那轉變求那是作者。作涅槃想。

記曰。此計微塵作者爲涅槃者也。士夫。謂神我也。二有者。謂冥初生覺爲一有。從覺生我心爲一有。彼二有間。士夫所出名爲自性。如冥初比者。謂從我心生五塵。故云二有間所出。此正計微塵勝性能生諸法。故云名爲自性。如冥初比。求那者塵也。謂此微塵能依諸緣轉變作一切物。故云求那轉變求那是作者。然此作者亦云自性。亦云士夫神我。故唐譯云。計有自性及以士夫。求那轉變作一切物。計此作者以爲涅槃也。此非眞正智慧。故云惡燒智慧。蓋言邪見所燒。不能入清涼門耳。

或謂福非福盡。

記曰。此計豁達空爲涅槃者也。非福言罪也。謂罪福皆無。正指撥無因果者。

或謂諸煩惱盡。或謂智慧。

記曰。此計八萬劫盡自然得道。以此爲涅槃者也。唐譯云。或計不由智慧諸煩惱盡。此正計縷九數極。時熟得道。故云不由智慧斷練。而諸煩惱自盡。

或見自在是眞實作生死者作涅槃想。

記曰。此計大自在天體實徧常能生諸法。以此爲涅槃者也。以見彼體實徧常。故云是眞實作生死者。

或謂展轉相生。唐譯云。衆生展轉相生。生死更無餘因。如是卽是計著因。而彼愚癡不能覺知。以不知故作涅槃想。

記曰。此計指大梵天以爲生死因作涅槃者也。楞嚴云。盡虛空界十二類內所有衆生。皆我身中一類流出。生勝解者。是人則墮能非能執。摩醯首羅。現無邊身。成其伴侶。摩醯首羅。乃色究竟天。卽大梵天也。以大梵爲衆生主。故云衆生展轉相生。謂外道愚癡。不知無明愛業而爲生因。而妄指大梵爲生死因。故云以不知故作涅槃想。舊注謂計劫初生一男一女。彼二和合展轉相生。謂一切物滅歸於彼。而爲涅槃。然指男女生處物滅歸彼而爲涅槃。何其陋哉。殊非本旨。

或有外道言得眞諦道作涅槃想。

記曰。此計冥諦以爲眞諦。作涅槃想者也。

或見功德功德所起和合一異俱不俱作涅槃想。

記曰。此計六句爲生生之因。以爲涅槃者也。六句者。謂一實。二德。三業。四大有。五和合。六同異。妄指此六皆有實性。而一切法皆從此生。此中功德。卽實德業。功德所起。卽大有。大有者。乃地水火風四塵也。又計極微以成器界。故云和合。故唐譯云。或計求那與求那者而共和合。一性異性俱及不俱。執爲涅槃。唐譯約計極微能成世界。故舉求那爲首。此顯計六句。故云功德等。

或見自性所起孔雀文彩種種雜寶。及利刺等性。見已作涅槃想。

記曰。此計自然爲涅槃者也。斯卽楞嚴所云。計本無因。謂烏從來黑。鵠從來白。人天本豎。畜生本橫。白非洗成。黑非染造。乃至松直棘曲。鳥獸文彩。諸雜珍寶。一切物象。皆本無因。自然而爾。故以自然作涅槃想。

大慧。或有覺二十五眞實。或王守護國受六德論。作涅槃想。

記曰。此計能解二十五冥諦。能受六分論。守護衆生。卽得涅槃者也。前乃計冥諦六句是涅槃。此言

能知二十五冥諦。能受六分論。卽可以得涅槃。故與前所計不同。然六分論。卽前六句。但前計卽此是涅槃。此計能解能受者爲涅槃耳。故唐譯云。或謂能解二十五諦卽得涅槃。或有說言能受六分守護衆生。斯得涅槃。

或見時是作者。時節世間。如是覺者。作涅槃想。

記曰。此計時卽涅槃者也。然外道六句中。依實句復有九法。謂四大。空。時。方。和合。復有七種外道。一計大梵。二計時。三計方。四計本際。五計自然。六計虛空。七計我。以此七法爲常住實有具諸功能生一切法。此中時卽七中之一也。其大梵與方。自然。我等四法。前已出之。連時共出其五。而本際虛空。所以不明出者。然罪福盡卽豁達空也。二者所出微塵與冥初比。冥初卽本際也。前計已含。故不特出。西域外道。六師之外。又有計七種者。故古德云。六家七宗者此也。

或謂性。或謂非性。或謂知性非性。

記曰。此三乃計四句中有無亦有亦無三句爲涅槃者也。唐譯云。或執有物爲涅槃。或計無物以爲涅槃。或有計著有物無物爲涅槃者。

或見有覺與涅槃差別作涅槃想。

記曰。此計更有異因。以勝性爲涅槃者也。初卷云。外道說流注生因。非眼識色明集會而生。更有異因。彼因者。說言勝妙。若士夫。若自在。若時。若微塵。士夫等前已發明。此正計勝妙爲涅槃。故云見有覺與涅槃差別。有覺卽指勝性。然與涅槃差別者。謂四勝性能致涅槃。故不同涅槃。故於勝性作涅

槃想。此特謬計耳。若按唐譯云。或計諸物與涅槃無別。作涅槃想。斯諸物之言。蓋總指勝妙自在士夫時微塵等。此諸作者。就是涅槃。

有如是比種種妄想。外道所說。不成所成。智者所棄。

記曰。此結上妄計之過也。比。類也。上所出二十一種外道涅槃相。謂如是等類外道種種妄想所說涅槃。皆不成眞實所成。故爲智者所棄。

大慧。如是一切悉墮二邊。作涅槃想。如是等外道涅槃妄想。彼中都無若生若滅。

記曰。此釋上不成之所以也。然彼所以不成眞實涅槃者。以墮二邊故。所以墮二邊者。以彼不離妄

想生滅相故。其實卽彼涅槃妄想中本無生滅之相但彼愚夫妄想自生滅耳。故云彼中都無若生若滅。

大慧。彼一一外道涅槃彼等自論。智慧觀察都無所立。如彼妄想心意來去漂馳流動。一切無有得涅槃者。

記曰。此結示彼法空無利益也。謂彼外道涅槃皆依自宗而生妄想違背正理。若以智慧觀察無所成就。故云都無所立。若如彼妄想而求。唯令心意掉散往來漂馳流動徒費辛勤空無利益。故云一切無有得涅槃者。此所以不應親近修習也。

○上揀邪宗

○下示正果

大慧。如我所說涅槃者。謂善覺知自心現量。不著外性。離於四句。見如實處。不墮自心現妄想二邊。攝所攝不可得。一切度量不見所成。愚於眞實。不應攝受。棄捨彼已。得自覺聖法。知二無我。離二煩惱。淨除二障。永離二死。上上地。如來地。唐譯云。轉修諸地入於佛地。如影幻等諸深三昧。離心意意識。說名涅槃。大慧。汝及餘菩薩摩訶薩應當修學。當疾遠離一切外道諸涅槃見。

記曰。此示如來所說無上大涅槃眞常之果也。意謂我所說大涅槃者。如唐譯云。唯能了達自心現量。不取外境。遠離四句。住如實見。不墮二邊。離能所取。不入諸量。不著眞實。住於聖智所現證法。如是卽能悟二無我。離二煩惱。淨二種障。轉修諸地入於佛地。得如幻等諸大三昧。離心意意識。是名涅槃。我所說者如是而已。非若外道愚夫種種妄想計度。是故諸修如實行者。當速遠離一切外道妄想諸涅槃見。不應親習也。

前辯一乘因果行相。章末顯果德中。當機遂問佛之知覺。世尊答以覺人法無我。了知二障離二種死。斷二煩惱。是名佛之知覺。今明斷證章。故從破二見。斷二障。顯二無我。乃至境智俱忘。心法雙遣。以極忘言契證。然後乃顯自行功圓。教以利他。利他行滿。故特辯果德邪正。以至無上大涅槃果。方為修如實行究竟之相。故此示果德已竟。復明知二無我等。以結斷證功圓。修行極則。此通途之旨也。觀者了此通途血脈。方見聖人說法之本意。庶不流於臆見耳。智者應知。

爾時世尊欲重宣此義而說偈言。

外道涅槃見　各各起妄想　斯從心想生
無解脫方便　愚於縛縛者　遠離善方便
外道解脫想　解脫終不生　眾智各異趣
外道所見通　彼悉無解脫　愚癡妄想故

記曰。此頌上多種外道涅槃之見。但從各各自心妄想所生。其實都無解脫方便也。由無善方便。故愚於縛縛者。不能至無縛處。以定執涅槃可取故爲之所縛。而以妄見取之。故爲能縛者。若以縛縛爲解脫想。則終不生於解脫耳。以其衆智異趣。所見不一。而彼不悟。返自以爲通。豈非愚之甚耶。彼悉全無解脫之理。但是愚癡妄想之所分別。

一切癡外道　妄見作所作　有無有品論

彼悉無解脫　凡愚樂妄想　不聞眞實慧

言語三苦本　眞實滅苦因

記曰。此類外道妄計諸過。皆由不聞眞實智慧。但依名言妄想而立也。殊不知言語乃三苦之本。眞實乃滅苦之因。不依眞實而依言語。正謂以苦捨苦。所以悉無解脫也。三苦者。謂苦苦。壞苦。行苦。

譬如鏡中像　雖現而非有　於妄想心鏡

愚夫見有二　不識心及緣　則起二妄想

了心及境界　妄想則不生

記曰。此頌喻顯如實行也。謂三界五蘊根塵諸法。本來不有。如鏡中像。雖有而實非有。但於愚夫妄想心鏡。則見有名相事相。故心境角立。以不知心境本來寂滅。故妄起二見。若了唯心現量。能所雙忘。則當下妄想不生。卽爲正智如如矣。

心者卽種種　遠離相所相　事現而無現

如彼愚妄想　三有唯妄想　外義悉無有

妄想種種現　凡愚不能了

記曰。此頌釋上唯心義也。謂一切諸法。旣唯心現。則種種卽心。心卽種種。但是一心。了無能所。卽現前諸法雖現而無現。亦如愚夫之妄想。乃是自心顚倒也。是故三界唯心。但妄想見。實無外境與心爲緣。第愚夫不能了此。妄生分別耳。

經經說妄想　終不出於名　若離於言說

亦無有所說

記曰。此頌結示諸法但以名言爲體也。然一切經中所說妄想。皆不出於名言。若達名言體空。卽妄想諸法。皆不可得矣。

○大科明二轉依果上明轉生死爲涅槃已竟

○下卷首明轉煩惱爲菩提

觀楞伽阿跋多羅寶經記卷第十四

觀楞伽阿跋多羅寶經記卷第十五

宋天竺三藏沙門求那跋陀羅譯

明建鄴海印沙門　釋德清筆記

一切佛語心品第四之一

○前轉依涅槃果已竟
○下轉依菩提果四德分四
○初顯法身眞我德又二
○初顯三德祕藏○次顯一心眞如○且初

爾時大慧菩薩白佛言。世尊。惟願爲說三藐三佛陀。我及餘菩薩摩訶薩善於如來自性自覺覺他。

記曰。前顯轉涅槃果已竟。此顯轉依菩提果。先明三德祕藏。以示究竟眞我。故請正偏正覺善於如來自性也。三藐。此云正偏。三佛陀。此云正覺。如來自性。即法身自性。乃究竟眞我也。一往所談。蓋由凡夫著五蘊假我。外道妄計神我。故世尊以無我破之。今妄執已破。果德已顯。故說法身眞我。且云如來自性者。即法身眞我也。以彼妄計實有自性能生諸法。故以空無生無二離自性破之。今妄計既破。法身乃顯。故此言如來眞常法身自性。以顯自覺聖智究竟眞我也。

佛告大慧。恣所欲問。我當爲汝隨所問說。大慧白佛言。世尊。如來應供等正覺。爲作耶。爲不作耶。爲事耶。二譯皆爲果。爲因耶。爲相耶。爲所相耶。爲說耶。爲所說耶。爲覺耶。爲所覺耶。如是等辭句。爲異爲不異。

記曰。將顯法身離過絕非。以示斷德。故約過非以請也。辭句異不異者。謂異此等辭句有如來法身耶。爲不異此等辭句是如來法身耶。故下如來所答。直指究竟一心眞源。故云一切皆非。論曰。當知眞如非有相非無相。非一相非異相等。

佛告大慧。如來應供等正覺。於如是等辭句。非事非因。所以者何。俱有過故。

記曰。此直指一心眞源離過絕非也。若言法身是作是不作。是果是因等。俱有過咎。故唐譯總云非。

大慧。若如來是事者。或作或無常。無常故。一切事應是如來。我及諸佛皆所不欲。若非所作者。無所得故。方便則空。同於兎角槃大之子。以無所有故。

記曰。此出上有過之所以也。若言如來法身是果事者。則同有作。凡有作者。皆無常。若以無常爲法身者。則一切世間無常之事皆如來矣。安有如來法身是無常耶。經云。若以色見我。以音聲求我。是人行邪道。不能見如來。故魏譯云不許此法。斯計如來是事是作者。則墮無常過矣。若言如來非所作者。則法身絕無體性。如是則雖修方便。而亦無所得。悉空無利益。枉費辛勤。故云方便則空。同於兎角石女之子。畢竟空無。此計法身非作者。則墮斷滅過矣。斯則作與不作。若果若因。都皆有過。

大慧。若無事無因者。則非有非無。若非有非無。則出於四句。四句者。是世間言說。若出四句者。則不墮四句。不墮四句。故智者所取。一切如來句義亦如是。慧者當知。

記曰。此明法身句義也。經云。如來藏中。求於去來迷悟生死。了不可得。是故法身爲因果宗。而不屬因果。由不屬因果。故非有無。非有無。故離四句。四句者。是世間言說。非聖言量也。四句既離。百非自遣。離過絕非。故爲智者所取。智者應知。一切法說如來句義皆若此。

如我所說一切法無我。當知此義。無我性是無我。一切法有自性。無他性。如牛馬。

記曰。此以五陰諸法皆有自性。以比顯法身實有眞我。以明雖超因果不入斷滅也。意謂我說如來離有無四句者。非是絕無。淪於斷滅。蓋有法身眞我自性存焉。何者。且如我尋常所說一切諸法悉皆無我。當知此無我句。然我者主宰義。自在義。以諸法中無有主宰。不得自在。以此義故。故說無我。非絕無諸法自性也。故云當知此義。無我性是無我。譬如他人身中無有我性。我自身中無有他性。非無彼此自身也。故云一切法有自性。無他性。如牛馬。如來眞我句義。應知亦然。

大慧。譬如非牛馬性。非牛馬性。其實非有非無。彼非無自性。如是大慧。一切諸法非無自相。有自相。但非無我愚夫之所能知。以妄想故。如是一切法空。無生。無自性。當如是知。

記曰。此以喩釋法身有自性義也。然五蘊法身。非異非不異。以法身隱於五蘊之內。則法身無自性。而非無五蘊自性。如牛中無馬性。非無牛性也。法身顯於諸法之中。則諸法無自性。而非無法身自性。如馬中無牛性。非無馬性也。故云如牛馬。其實非有非無。彼非無自性。是故一切諸法。皆有法身常住自相。但非無我愚夫之所能知。無我。謂二乘。愚夫。謂外道。然彼所以不知者。以妄想分別諸法自性故。不但法身句義如然。卽我所說一切法空。一切法無生。一切法無自性。一一皆當作如是知也。然前一往由彼二乘外道妄計諸法以爲實有自性有生。故說空無生無自性以遮遣之。所謂但破其執。不破其法。非是實無法身常住自性也。

如來如是。魏譯云。如來法身亦復如是。與陰非異非不異。若不異陰者。應是無常。若異者。方便則空。若二者。應有異。如牛角相似。故不異。長短差別。故有異。一切法亦如是。

記曰。此正明法身五陰離異不異。以顯法身平等也。永嘉云。幻化空身卽法身。故法身與陰不可言異不異也。若法身與陰不異者。然陰乃無常。而法身亦墮無常矣。若法身與陰異者。然五陰有相。而法身無相。無相則空。空則斷滅。滅則雖修而無取證矣。故云方便則空。如此則異不異者不出名言。皆非量也。既離一異。則無有二。若二者。卽應有異。但法身與陰。同出而異名。如牛兩角。本唯一體。故不異。爭柰五蘊生滅。而法身湛然。如角之長短差別。故有異耳。不獨陰與法身。卽諸法皆然。故云一切法亦如是。

大慧。如牛右角異左角。左角異右角。如是長短種種色各各異。大慧。如來於陰界入。非異非不異。

記曰。此言法身比類不及也。謂法身與陰界入。雖曰同體不異。如牛兩角。牛角尚有左右長短一定各異之相。而法身與陰界入畢竟不異。故魏譯云。如是如來法身之相。於五陰中。不可說一。不可說異也。上明法身與世間五陰離異不異。

如是如來解脫非異非不異。如是如來。以解脫名說。

記曰。此明法身與出世解脫離異不異。以顯解脫德也。魏譯云。於解脫中。不可說一。不可說異。如是

依解脫故。說名如來法身之相。

若如來異解脫者。應色相成。色相成。故應無常。若不異者。修行者得相應無分別。而修行者見分別。是故非異非不異。

記曰。此釋法身與解脫離異不異。以顯解脫德也。謂法身若異解脫者。然解脫即涅槃。而涅槃無相。若法身異。此則屬色相。凡是色相皆是無常。而法身同此。應墮無常。此則計異者過矣。若法身不異解脫者。則無能所。若無能所。則因果不分。不妨修行者現有能證所證差別。故非不異也。故魏譯云。若如來法身不異解脫者。則無能證所證差別。而修行者則見能證及以所證。且有能所。非不異也。

如是智及爾燄非異非不異。

記曰。此明能觀智與所觀境非異不異。以顯般若德也。故唐譯云。如是智與所知非異不異。斯歷法身解脫般若非異非不異。以顯究竟一心三德祕藏。非縱非橫。圓滿融攝。故永嘉云。法身不癡即般若。般若無著即解脫。解脫寂滅即法身。舉一即具三。言三體即一。是以三諦一境。法身之理恆清。三智一心。般若之明常照。境智冥合。解脫之應隨機。非縱非橫。圓∴之道玄會。故知三德妙性。宛爾無乖。一心深廣難思。何出要而非路。是以即心為道者。可謂尋流而得源矣。故下釋其根量俱非。以顯究竟一心極果。

大慧。智及爾燄非異非不異者。非常非無常。非作非所作。非有為非無為。非覺非所覺。非相非所相。非陰非異陰。非說非所說。非一。非異。非俱非不俱。非一非異非俱非不俱。故悉離一切量。離一切量則無言說。無言說則無生。無生則無滅。無滅則寂滅。寂滅則自性涅槃。自性涅槃則無事無因。無事無因則無攀緣。無攀緣則出過一切虛偽。出過一切虛偽則是如來。如來則是三藐三佛陀。大慧。是名三藐三佛陀佛陀。

記曰。此直顯寂滅一心眞如自性轉依極果。以酬近請。通結前途究竟歸趣。以顯法身離一切相也。

論云、當知眞如自性、非有相、非無相、非非有相、非非無相、非有無俱相、非一相、非異相、非非一相、非非異相、非一異俱相。乃至總說。依一切衆生以有妄心念念分別、皆不相應、故說爲空。若離妄心、實無可空故。以實無可空故、說如來有眞實自性也。經云、如來者、卽諸法如義。以一切法皆同如故。故云出過一切虛僞。卽是如來。以但涉言詮、皆墮戲論故。大慧初問一百八義。而世尊直答一切皆非。由一心眞如平等寂滅、本無言說故。今從生滅門中方便攝引歸極於此。故顯理行斷證因果已竟、而以一心眞如涅槃菩提總結之。以眞如究竟離一切相。故一切皆非。此蓋別答門中卽言說以顯無言也。以此中正明菩提。而但稱如來法身。恐昧者不知。故結示云。如來卽是三藐三佛陀。

大慧、三藐三佛陀佛陀者、離一切根量、

記曰。此總結如來法身離心意識境界也。一往大慧所問。世尊所答。乃至重重展轉徵辯。唯顯此離心意識境界而已。不獨此會。卽四十九年三百餘會所說。亦不過顯此。乃至三世諸佛之所證。歷代祖師之所傳。亦唯此而已。更無別法。故云唯此一事實。餘二則非眞。斯正古德所云心識不到處。故云佛陀者離一切根量。

爾時世尊欲重宣此義而說偈言。

悉離諸根量　無事亦無因　已離覺所覺
亦離相所相

記曰、此總頌法身離諸過也。根量乃見聞知識境界。以法身離念。非心行處。故因果能所一切皆離。

陰緣等正覺　一異莫能見　若無有見者
云何而分別

記曰。此頌五陰法身平等無二也。以正眼而觀眞妄平等。故一異莫能見。既無一異可見。云何而可分別耶。

非作非不作　非事亦非因　非陰非在陰
亦非有餘雜　亦非有諸性　如彼妄想見
當知亦非無　此法法亦爾

記曰。此頌法身淸淨也。以法身淸淨。故一切皆非。雖無諸相如彼妄見。而眞如自性亦復非無。以法法皆眞故。云亦爾。

以有故有無　以無故有有　若無不應受
若有不應想

記曰。此頌言有無相待而生。不應起二見也。謂法身雖離諸相。不入斷滅。故不可著無。當知法身非無。而實有自性。若於法身自性而復作有見者。亦是妄想。故云若無不應受。若有不應想。故魏譯云。無既不可取。有亦不應說。此所謂悉離諸根量也。

或於我非我　言說量留連　沈溺於二邊
自壞壞世間　解脫一切過　正觀察我通

是名為正觀　不毀大導師

記曰。此總顯離過。結歸觀心也。向因凡夫妄執假我。外道妄計神我。故以無我之言破之。而二乘復計無我以為實法。故此言法身眞我以破之。意謂向之我與非我。皆言說量。旣墮二見已。若於今之所顯法身眞我為是。而復以向之二我為非。此亦墮言說量。噵連沈溺於有無二邊。終非究竟。不獨自壞。抑且壞他。何者。以但有言說。都無實義。皆為戲論故。若解脫如上一切諸過。能正念觀察我所通達離心識處。是名正觀。方為不謗正法。不毀導師。若他觀者。皆邪見也。

〇上明轉依菩提果以顯法身三德祕藏以結歸觀心竟

〇〇下顯一心眞如離一切相攝歸第一義諦

〇〇初離名字相

爾時大慧菩薩復白佛言。世尊。如世尊說脩多羅攝受不生不滅。又世尊說不生不滅是如來異名。云何世尊。為無性故說不生不滅。為是如來異名。唐譯云。世尊。如佛經中分別攝取不生不滅。言此卽是如來異名。世尊。願為我說不生不滅。此則無法。云何說是如來異名。如世尊說一切諸法不生不滅。當知此則墮有無見。**佛告大慧。我說一切法不生不滅。有無品不現。**

記曰。此難明寂滅一心以顯如來法身離名字相也。大慧因聞如來法身不生不滅。遂致疑曰。且如經中一向所說不生滅者。但顯無性之理而已。今則云不生不滅是如來異名。然不生不滅則是無性。無性則離名字相。云何說此是如來異名耶。且不生是墮無。不滅是墮有。故唐譯云。世尊說一切諸法不生不滅。當知則墮有無見。故世尊答云。我說一切法有無品不現。何者。以不生則不有。不滅則不無。不有不無。故不屬有無。故云有無品不現。唐譯有無二見有問無答。此經有答無問。故二譯互相發明。

大慧白佛言。世尊。若一切法不生者。則攝受法不可得。一切法不生故。若名字中有法者。惟願為說。

記曰。此大慧復以有無致疑難者。以明果德究竟離名字相也。意謂世尊旣云說法有無品不現。然不現則無可取。故云攝受法不可得。旣不可得。則就中一法不立矣。以一切法不生故。且一法不立。

又有誰是如來名字耶。此則自語相違也。若說不生法是如來名字者。似乎此中又是有法者。非超有無矣。故云若名字中有法者。若。猶似也。此義云何。願為我說。

佛告大慧。善哉善哉。諦聽諦聽。善思念之。吾當為汝分別解說。大慧白佛言。唯然受教。佛告大慧。我說如來非無性。亦非不生不滅攝一切法。亦不待緣故不生不滅。亦非無義。大慧。我說意生法身如來名號。唐譯云。我說無生卽是如來意生法身別異之名。**彼不生者。一切外道聲聞緣覺七住菩薩**二譯皆云七地。**非其境界。大慧。彼不生卽如來**

異名。

記曰。此斥大慧謬計不得佛意。而以法身正義答之也。以大慧疑不生不滅爲斷滅。又疑不生不滅攝一切生滅之法。意謂必待生滅緣盡方得不生不滅。故此斥云。亦非無性。亦非攝一切法。亦不待緣。然雖一切皆非。而亦非無義。何者。以我說一切法當體無生。即是如來異名。殆非此外別有也。第無生意。乃八地菩薩實證平等眞如方能明見。殊非外道二乘所能測知。亦非七地菩薩之境界也。永嘉云。若實無生無不生。以無生無不生故名意生法身。既證平等眞如。則法法皆如。以法法無生。當體皆如。故無生是如來異名。到此境界。所謂無一物不播如來之號。無一法不關遮那之形。故下文以多名釋之。趙州云。老僧把一枝草爲丈六金身用。把丈六金身爲一枝草用。佛是煩惱。煩惱是佛。苟非深證無生三昧者。又何以與此。

大慧。譬如因陀羅釋迦不蘭陀羅。梵語釋迦提婆因陀羅。此云帝釋。又云富蘭陀。又云憍尸迦。皆帝釋異名。如是等諸物。一一各有多名。亦非多名而有多性。亦非無自性。

記曰。此喩釋如來雖有多名而無多體。以顯唯一實也。唐譯云。譬如帝釋地及虛空。乃至手足。隨一一物各有多名。非以多名而有多體。亦非無體。以法法皆眞。故名異而體同。唯了無生者。故不以名異而異其體。在徇名者特生異見耳。

如是大慧。我於此娑呵舊云娑婆。亦云索訶。此云堪忍。世界有三阿僧祇此云無數。百千名號。愚夫悉聞。各說我名。而不解我如來異名。唐譯云。諸凡愚人。雖聞雖說。而不知是如來異名。大慧。或有衆生知我如來者。有知一切智者。有知佛者。有知救世者。有知自覺者。有知導師者。有知廣導者。有知一切導者。有知仙人者。有知梵者。有知毘紐此云大力。者。有知自在者。有知勝者。有知迦毘羅者。城名。以佛生彼城故。有知眞實邊者。有知月者。有知日者。有知王者。有知無生者。有知無滅者。有知空者。有知如如者。有知諦者。有知實

際者。有知法性者。有知涅槃者。有知常者。有知平等者。有知不二者。有知無相者。有知解脫者。有知道者。有知意生者。大慧。如是等三阿僧祇百千名號。不增不減。此及餘世界。皆悉知我。如水中月。不出不入。

記曰。此出多名而體不異。正顯離名字相也。由體不異。故如水中月。不出不入。所謂一月普現一切水。一切水月一月攝。以無去來。故不出不入。蓋法身普應衆生。平等顯現。而無去來之相。但隨所見聞各別異耳。華嚴名號云。如來有四百億十千名。法華壽量云。我於餘國作佛。更有異名。姓氏不同。名號各別。良以法身無生。故無不生。無名。故無不名。以無不名。故不可得而名焉。不可得而名。故名名

字離也此非愚者所知

○上離名字相竟

○下離言說相

彼諸愚夫不能知我墮二邊故然悉恭敬供養於我而不善解知辭句義趣不分別名不解自通計著種種言說章句於不生不滅作無性想不知如來名號差別如因陀羅釋迦不蘭陀羅不解自通會歸終極於一切法隨說計著

記曰此明如來法身離言說相也然名字起於言說以彼愚夫不達言說性空故妄計名字各異至於寂滅無生離名言處眞實法身言無所知由不知此故妄計有無墮二邊見是等然雖供養於我而不能善解名字句義趣中所含多名一體故云不分別名但取差別之相以不善解法身自通故但執言教昧於眞實謂不生不滅是無體性殊不知正是法身徧一切處而爲如來差別名號如因陀羅等也以不解自通會歸終極至離言說處故於一切法唯計言說

大慧彼諸癡人作如是言義如言說義說無異所以者何謂義無身故言說之外更無餘義唯止言說大慧彼惡燒智不知言說自性不知言說生滅義不生滅大慧一切言說墮於文字義則不墮離性非性故無受生亦無身唐譯云離有離無故無生無體故

記曰此言計言說者不達實義也然彼愚夫妄謂義如言說義與言說不異如斯則但有言說而無實義矣故云義無體故以此人不了言說自性將謂言說之外更無餘義唯止於言說而已所以然者以彼愚癡惡智不知言說自性是生滅法而義不生滅耳所以言說生滅而義不生滅者以言說墮於文字義則不墮以超文字離有無相故無生無體故是故不墮

大慧如來不說墮文字法文字有無不可得故除不墮文字大慧若有說言如來說墮文字法者此則妄說法離文字故是故大慧我等諸佛及諸菩薩不說

一字不答一字所以者何法離文字故非不饒益義說言說者衆生妄想故

記曰此明如來說法不墮文字相也所以不墮者以法離有無相故除不墮文字者則說與不說皆明墮也此外若以如來有所說者則爲謗佛故云則爲妄說由法離文字故諸佛菩薩唯說離文字法故始終不說一字不答一字何者以法離文字故也問曰既不說一字豈不饒益衆生耶答曰非不饒益義說但對衆生所說者乃說破衆生妄想夢耳殆非實有法可說也故云說者衆生妄想故

大慧若不說一切法者教法則壞教法壞者則無諸佛菩薩緣覺聲聞若無者誰說爲誰

記曰此釋難也難曰既法離文字則無法可說而如來何以又說一切法耶故此釋云以無法可說是名說一切法乃說其無可說耳所謂雖復不依言語道亦復不著無言說若絕然不說者教法則壞教法壞則無諸佛菩薩緣覺聲聞矣若總無者則壞法界相而又誰是說法者而復爲誰說法耶所謂實際理地不立一塵建化門頭不捨一法是在卽說而不有其說豈絕然不說而後方爲離文字哉

是故大慧菩薩摩訶薩莫著言說隨宜方便廣說經法以衆生希望煩惱不一故我及諸佛爲彼種種異解衆生而說諸法令離心意意識故不爲得自覺聖智處

記曰此釋上不說說乃爲迷者非爲悟者說也謂諸佛如來本無法可說其所廣說一切法者皆爲隨順衆生種種解欲破彼希望煩惱令轉心意意識故耳所謂佛說一切法爲治一切心若無一切心何用一切法故云不爲得自覺聖智處說是故菩薩莫著言說

大慧於一切法無所有覺自心現量離二妄想諸菩薩摩訶薩依於義不依文字

記曰此釋上不爲悟者說之意也所以不爲得自覺智說者以彼了一切法無所有知自心現量菩薩離有無二妄想見以此諸菩薩但依於義不著言說故耳

若善男子善女人依文字者自壞第一義亦不能覺他墮惡見相續而爲衆說不善了知一切法一切地一切相亦不知章句

記曰此言迷者自他俱損也唐譯云依文字者墮於惡見執著自宗而起言說不能善了一切法相文辭章句既自損壞亦壞於他不能令人心得解悟

若善一切法一切地一切相通達章句具足性義彼則能以正無相樂而自娛樂平等大乘建立衆生

記曰此言悟者自他俱益也唐譯云亦能令他安住大乘正無相樂者所謂自覺聖智善樂揀非二乘外道偏邪三昧也住正無相樂者卽名攝受大乘從上諸祖皆深證此無相三昧故能以離文字法建立衆生

大慧攝受大乘者則攝受諸佛菩薩緣覺聲聞攝受諸佛菩薩緣覺聲聞者則攝受一切衆生攝受一切衆生者則攝受正法攝受正法者則佛種不斷佛種不斷者則能了知得殊勝入處魏譯云一切勝妙生處唐譯云則得勝妙處知得殊勝入處菩薩摩訶薩常得化生建立大乘十自在力現衆色像通達衆生形類希望煩惱諸相

如實說法。如實者不異。唐譯云。眞實法者無別無異。如實者不來不去相。一切虛僞息。是名如實。大慧。善男子善女人。不應攝受隨說計著。眞實者離文字故。

記曰。此明善知如實法者。則能具足一切世出世法也。謂善了知如實無生法者。則能具足一切世出世法。建立正法。續佛慧命。能令佛種不斷。便生佛家。故云得勝妙生處。自利功圓。亦即能令衆生安住大乘。而以十力普現色身。隨衆生解欲應時應根說如實法。而無一切去來之相。斯皆善達如實離文字法者之利益也。是故行人切莫計著隨言說相。

大慧。如爲愚夫以指指物。愚夫觀指不得實義。如是愚夫隨言說指攝受計著。至竟不捨。終不能得離言說指第一實義。

記曰。此喩愚夫執言說之失也。經云。我所說法如標月指。離指方能識月。若執指爲月。則兩失之矣。故云執言說指。終竟不捨。終不能得離言說指第一實義。

大慧。譬如嬰兒應食熟食。不應食生。若食生者。則令發狂。不知次第方便熟故。大慧。如是不生不滅不方便修則爲不善。是故應當善修方便。莫隨言說。如視指端。

記曰。此以喩釋喩。以明忘言契證之義也。然離言之道。固非淺智可知。苟不以方便指示。則終歸迷悶而不入。譬如嬰兒應與熟食。而食之以生者。則必發狂。是與食者不善方便故也。此不生滅法。不屬方便。猶如生食。若不善以離言方便之指。彼亦將狂悶而不入。故黃蘗云。今時纔出來者。只欲多知多解。廣求文義。喚作修行。不知多知多解。翻成壅塞。唯多與兒酥乳。消與不消。都總不知。三乘學道人皆此樣。盡名食不消者。所謂知解不消。皆爲毒藥。盡向生滅邊收。眞如之中無此事。故前云是攝受欲食。非攝受法食也。所以曹山貴王命食。此善方便之言。該於師資。故下令親近大德多聞。

是故大慧。於眞實義當方便修。眞實義者。微妙寂靜是涅槃因。言說者妄想合。妄想者集生死。唐譯云。言說者與妄想合流轉生死。大慧。眞實義者從多聞者得。大慧。多聞者謂善於義。非善言說。善義者不隨一切外道經論。身自不隨。亦不令他隨。是則名曰大德多聞。是故欲求義者。當親近多聞。所謂善義。與此相違計著言說。應當遠離。

記曰。此教修眞實義之方便也。非眞流之行。無以契眞。然眞實義。乃離心意識寂滅境界。是從多聞忘言者得。非執名字者所能入也。所言多聞者。謂善離言得義。非善言說也。善義者。乃得二通處。則

自不隨外道邪見論議而亦不令他隨如此方名大德多聞是故欲求義者應當親近大德多聞遠離計著言說者此則名爲修眞實義之方便也

○上顯一心眞如離言說相已竟

○下辯生滅因緣以顯一心眞如離心緣相

爾時大慧菩薩復承佛威神而白佛言世尊世尊顯示不生不滅無有奇特所以者何一切外道因亦不生不滅世尊亦說虛空非數緣滅及涅槃界不生不滅世尊外道說因生諸世間世尊亦說無明愛業妄想爲緣生諸世間彼因此緣名差別耳外物因緣亦

如是世尊與外道論無有差別微塵勝妙自在衆生主等如是九物不生不滅世尊亦說一切性不生不滅有無不可得外道亦說四大不壞自性不生不滅四大常是四大迺至周流諸趣不捨自性世尊所說亦復如是是故我言無有奇特惟願世尊爲說差別所以奇特勝諸外道若無差別者一切外道皆亦是佛以不生不滅故而世尊說一世界中多佛出世者無有是處如向所說一世界中應有多佛無差別故

記曰此疑佛說不生不滅與外道不異以難明一心眞如離生滅因緣正顯離心緣相也此有四疑一謂外道計作者爲因能生諸法諸法生滅而作者不生滅故疑此與佛所說三無爲法無異二謂外道計我爲因一切世間從我流出故云生諸世間世尊亦說無明愛業妄想爲緣生諸世間彼因此緣名差別耳說外四大生法亦爾三謂外道計微塵勝妙自在天衆生主時方空大種和合等九法不生不滅世尊亦說一切性不生不滅有無不可得四謂外道計四大不壞自性不生不滅以四大常周流諸趣不捨自性故然世尊亦說四大性眞周徧法界是則世尊所說與外道無別是故我言世尊說法無有奇特也惟願世尊爲我說所以勝外道處若世尊說法不異外道則諸外道皆亦是佛以彼說法亦不生滅故然世尊向說一世界中無有多佛苟如上所說果與外道無別則是一

世界中應有多佛出世矣

佛告大慧我說不生不滅不同外道不生不滅所以者何彼諸外道有性自性得不生不變相唐譯云我之所說不生不滅不同外道不生不滅不生無常論何以故外道所說有實性相不生不變我不如是墮有無品大慧我者離有無品離生滅非性非無性如種種幻夢現故非無性云何無性謂色無自性相攝受現不現故攝不攝故以是故一切性無性非無性唐譯云我所說法非有非無離生離滅云何非無如幻夢色種種見故云何非有色相自性非是有

故見不見故取不取故是故我說一切諸法非有非無但覺自心現量妄想不生安隱快樂世事永息愚癡凡夫妄想作事非諸聖賢

記曰此言如來所說乃離有無生滅而說不生不滅不比外道墮於有無起生滅見也以外道妄計諸法各有自性不生不變然諸法無常而彼所計不生不滅者亦無常論耳以彼未離有無品故然我說法所以離生滅者以彼諸法本非有非無故云何非無謂一切法如幻夢色然雖本無不妨現見種種相故云何非有以彼色性本無自體元非有故如彼幻夢諸事但愚者所見所取而智者不見不取故是故我觀一切法若此故說非有非無唯了達自心現量者則於彼法不生分別分別不

生則心地寂滅寂滅故永絕貪求貪求既絕故安穩快樂世事從此永息矣此非愚夫所與故云愚癡凡夫妄想作事非諸聖賢

不實妄想如犍闥婆城及幻化人大慧如犍闥婆城及幻化人種種眾生商賈出入愚夫妄想謂眞出入而實無有出者入者但彼妄想故如是大慧愚癡凡夫起不生不滅惑彼亦無有有為無為如幻人生其實無有若生若滅性無性無所有故一切法亦如是離於生滅愚癡凡夫墮不如實起生滅妄想非諸聖賢

記曰此言境本無生而愚夫妄起生滅見也謂不但法本無生而亦心本寂滅心寂滅則彼妄想亦了無自性矣故云不實妄想如犍闥婆城及幻化人且彼乾城幻人雖有種種商賈出入其實無有出者入者迷者謂以為眞智者不然是則愚癡凡夫所起不生滅惑卽彼妄想亦本非有無如幻人生本無生也以妄無體故云其實無有若生若滅性無性無所有故故僧問古德云起滅不停時如何德云咄是誰起滅此古人徹見妄想無性故乃爾爾是則心若寂滅而一切法皆寂滅矣所謂一心不生萬法無咎但愚癡凡夫墮不如實見自起生滅妄想耳非聖賢也

不如實者不爾如性自性妄想亦不異若異妄想者

計著一切性自性不見寂靜故不見寂靜者終不離妄想

記曰此言聖人見諸法不如實者不似凡愚墮生滅妄見也故云不爾何者以見諸法當體如如不起分別異見故故云如性自性妄想亦不異然諸法從本來常自寂滅相不容起見若起種種異見分別者則是計著一切實有性自性相矣所以計著者以不見諸法本來寂靜故苟不見諸法寂靜者則終不離妄想矣何者以離念境界唯證相應故

○上顯一心眞如離一切相已竟

○下結究竟一心

是故大慧無相見勝非相見相見者受生因故不勝

大慧。無相者。妄想不生。不起不滅。我說涅槃。

記曰。此總結一心眞如離一切相。以成究竟果德也。經云若見諸相非相。卽見如來。故云無相見勝。非相見。以外道。於無生中妄見生滅。故長淪生死。故相見者乃受生之因。故不勝。若能見無相者。則一切分別妄想當下不生。不生則不滅。不生不滅。此則名爲大涅槃矣。是則了妄想無性卽是涅槃。非離此外別有涅槃相也。

大慧。涅槃者。如眞實義見。離先妄想心心數法。逮得如來自覺聖智。我說是涅槃。

記曰。此結示一心眞如自性涅槃。乃離心意識自覺聖智境界也。論曰。心眞如者。卽是一法界大總

相法門體。所謂心性不生不滅。一切諸法。唯依妄念而有差別。若離心念。則無一切境界之相。是故一切法從本已來。離名字相。離言說相。離心緣相。畢竟平等。無有變異。不可破壞。唯是一心。故名眞如。以一切言說假名無實。但隨妄念。不可得故。言眞如者。亦無有相。謂言說之極。因言遣言。此眞如體無有可遣。以一切法悉皆眞故。亦無可立。以一切法皆同如故。當知一切法不可說不可念。故名爲眞如。問曰。若如是義者。諸衆生等。云何隨順而能得入。答曰。若知一切法雖說無有能說可說。雖念亦無能念可念。是名隨順。若離於念。名爲得入。故云如眞實義見。離先妄想心心數法。逮得如來自覺聖智。我說是涅槃。

爾時世尊欲重宣此義而說偈言。

滅除彼生論 唐譯云。爲除有生執 建立不生義
我說如是法 愚夫不能知 一切法不生
無性無所有 犍闥婆幻夢 有性者無因
不生無自性 何因空當說 以離於和合
覺知性不現 是故空不生 我說無自性

記曰。此下至頌終。總明眞如一心離生滅因緣相也。謂如來本無法說。而其所以說無生無自性者。以爲破彼生見執有自性。故以彼愚夫不知諸法不生。本無自性。故說犍城幻夢以喩之。然彼所執有自性者。墮無因故。然如來何因說無生無自性耶。以諸法空故。故云何因空當說。以彼外道妄執諸法各有自性和合而生。今則離之。是以諸法本空當體無生。故說無自性耳。此頌離生滅相。

謂一一和合 性現而非有 分析無和合
非如外道見 夢幻及垂髮 野馬犍闥婆
世間種種事 無因而相現 折伏有因論
申暢無生義 申暢無生者 法流永不斷
熾然無因論 恐怖諸外道

記曰。此頌離因緣相也。以外道妄計實有生因和合而生諸法。世尊謂我但分析彼和合雖現而非有。故說幻夢垂髮陽燄犍城。以喩明世間諸法雖現而無因。以折伏有因論。申暢無生義耳。然能申

暢無生義者。則使法流永不斷滅。且我熾然說無因論。以破彼有因。令其外道聞者生恐怖故。然佛說無因論。乃無彼生因。殆非外道無因比也。識之。

爾時大慧以偈問曰。

云何何所因　彼以何故生　於何處和合
而作無因論

記曰。此大慧趣舉佛問外道生因偈以反質疑。將破無因論義也。佛問外道云。汝之生法云何而生。爲從有因生。爲從無因生。答言。從有因生。佛又問云。既從有因生。有何所因耶。答言。從微塵四大勝性等爲生因。佛又問云。彼微塵四大等復以何故生耶。答言。以無因生。佛言。若彼微塵等既是無因。

無因則無法。無法則無處。無處則無和合。無和合則無生矣。汝言無因。乃於何處和合而作無因論耶。大慧舉此質疑者。以聞上佛說無因破彼有因。故此疑云。且無因乃外道所計。佛嘗以此破之矣。今何故又說無因破彼有因耶。故此涉疑致問。以外道所計生因亦無因。故佛說緣生乃破彼無因。又說無因以破彼生因。意在直指無生。以息彼生滅之見耳。故下文明答之。

爾時世尊復以偈答。

觀察有爲法　非無因有因　彼生滅論者
所見從是滅

記曰。此答意顯離生滅因緣相也。謂能觀察一切諸法不屬有因無因。而即頓見無生。而彼生滅之見自息矣。龍勝曰。有物從緣生。無物從緣滅。起唯諸緣起。滅唯諸緣滅。乃知色生時但是空生。色滅時但是空滅。以空不屬緣。故不生耳。

爾時大慧說偈問曰。

云何爲無生　爲是無性耶　爲顧視諸緣
有法名無生　名不應無義　惟爲分別說

記曰。此徵無生義也。由上佛說離生滅法以顯無生。大慧遂問云何爲無生耶。爲諸法無性是無生耶。爲別有生性顧視諸緣名無生耶。既有無生名。必有無生義。惟願爲我說之。

爾時世尊復以偈答。

非無性無生　亦非顧諸緣　非有性而名
名亦非無義　一切諸外道　聲聞及緣覺
七住非境界（魏譯作七地）　是名無生相
遠離諸因緣　亦離一切事　唯有微心住
想所想俱離　其身隨轉變　我說是無生

記曰。此頌無生義也。以離諸因緣及以作者。入唯心住。得二轉依。意生法身。乃眞無生義。然此無生非無性。亦非有性。既有此名。亦非無義。但此無生義。乃八地已上所證如實住處。殆非外道二乘及七地菩薩之境界也。以彼外道邪見。二乘偏執。七地菩薩未離心量。尚在生滅數中。未入微細眞實住處。心境未忘。故此非彼所知也。離此諸過。是眞無生。

無外性非性　亦無心攝受　斷除一切見
我說是無生　如是無自性　空等應分別
非空故說空　無生故說空

記曰。此頌心境雙絕法身眞空。以顯無生實義也。以境離有無。心離執取。斷一切見。卽是眞空法身。此非斷滅之空。以心境無生故說空耳。

○上頌無生義

○下總頌離生滅因緣相

因緣數和合　則有生有滅　離諸因緣數

無別有生滅　捨離因緣數　更無有異性
若言一異者　是外道妄想　有無性不生
非有亦非無　除其數轉變　是悉不可得
但有諸俗數　展轉爲鉤鎖　離彼因緣鎖
生義不可得

記曰。此頌一心眞如離因緣相也。因緣者生滅之本也。離此因緣。別無生法。故肇公云。一切諸法。緣會而生。緣會而生。則未生無有。無有則無生。故云離諸因緣數。無別有生滅。以十二因緣轉變生法。故云諸因緣數。捨此。不但無生。抑且平等平等。了無一異之性矣。此中若言一異者。卽外道見。何者。以有無二性。皆悉不生。總非有故。除因緣外。悉不可得。是則緣生無性故空。空故無生。無生則法身平等。離一切相。此所以離因緣外。更無生義可得。

生無性不起　離諸外道過　但說緣鉤鎖
凡愚不能了

記曰。此正示緣生無性義也。性者因緣也。謂生本無生。必待緣生。以緣生無性。故生本無也。唐譯云。生無故不生。是則生卽無生。故離外道生法之過。以緣生卽無生。故我但說因緣而密顯無生。所以凡愚不能曉了。妄謂離因緣外別有生性耳。

若離緣鉤鎖　別有生性者　是則無因論

破壞鉤鎖義　如燈顯衆像　鉤鎖現若然
是則離鉤鎖　別更有諸性

記曰。此釋外道計因緣外別有生性義也。佛謂若果離因緣外別有生性者。則是墮無因論。淪於斷滅矣。故云破壞鉤鎖義。鉤鎖者卽因緣也。以彼外道妄計別有生性。要待因緣而生。譬如衆像先有。要待燈照而後見。故因緣現生法。卽如燈之現衆像。故佛斷之曰。若此論者。正是離因緣外別有生性。故我說彼是無因論。

無性無有生　如虛空自性　若離於鉤鎖
慧無所分別

記曰此責外道不達緣生無性。故妄生分別也。以緣生無性。故無有生。無生則無性。體相如虛空。此乃離緣之道。絕諸對待。于此境界。三世諸佛不敢觀著。誰當於此分別乎。故云慧無所分別。今彼既於離因緣外而生分別者。足知皆妄計也。

復有餘無生　賢聖所得法　彼生無生者

是則無生忍

記曰此揀無生義也。謂彼外道所計生法。固是邪見。而我法中復有餘無生義。乃二乘賢聖所得。亦非眞實。以彼斷盡生法。然後方得無生。不了生本無生。故非眞實。是則我說生卽無生。方是眞實無生法忍。乃八地所證。又非二乘淺智所知也。

若使諸世間　觀察鈎鎖者　一切離鈎鎖

從是得三昧

記曰此揀正行也。謂外道妄計離因緣法。則增長邪見。非眞離也。若使諸世間人。一一能觀因緣無性。了知離緣無生之理。則從是卽得無生三昧正定矣。下示觀之之方。

癡愛諸業等　是則內鈎鎖　鑽燧泥團輪

種子等名外　若使有他性　而從因緣生

彼非鈎鎖義　是則不成就　若生無自性

彼為誰鈎鎖　展轉相生故　當知因緣義

記曰此示觀因緣之方法也。癡愛諸業等。乃十二因緣。卽無明緣行。行緣識。識緣名色。名色緣六入。六入緣觸。觸緣受。受緣愛。愛緣取。取緣有。有緣生。生緣老死憂悲苦惱。三世輪轉。牽纏不斷。故為內鈎鎖。鑽燧得火。泥團成瓶。種子生芽。此三者為外物因緣。此等內外因緣諸法。但觀空無自性。卽證無生。何必離此之外。更立他性耶。若使此外別有他性從因緣生者。卽是無因。此則不但壞因緣義。抑且彼法不成。以彼所計自性。乃無因故。若觀生法本無自性。則因緣頓空。又復誰為鈎鎖耶。以有展轉相生。故說因緣之義耳。意謂若有因緣。必無自性。若離因緣。卽是無生。豈有離因緣外別有自性耶。是則能觀緣生無性。無性緣生。則了因緣體空。卽入眞無生義。智者當作如是觀。

堅溼煖動法　凡愚生妄想　離數無異法

是則說無性

記曰此釋諸法無性之所以也。謂四大等法。當體全空。本無自性。但以緣會而生。更無別法。而外道不了。橫計四大實有自性。以為生因。乃妄想分別。非正見也。是故我說緣生無性。卽是無生。以破彼計。離此數外。了無異法。但說無性耳。

如醫療衆病　無有若干論　以病差別故

為說種種治　我為彼衆生　破壞諸煩惱（唐譯云滅除煩惱病）

知其根優劣　為彼說度門

非煩惱根異　而有種種法　唯說一乘法

是則爲大乘。

記曰。此結歸一乘。以顯一心眞如究竟義也。謂如來說法。唯說無生。然無生本無有說。而有多種言辭方便開示者。以其病病故也。故如醫療衆病。病多而方亦異。佛爲破除衆生煩惱病。故以其病根不同。故說諸度法門。此其法本不異。異自機耳。所謂唯有一乘法。無二亦無三。除佛方便說。但以假名字。引導於衆生。入大乘爲本。故云唯說一乘法。是則爲大乘。前顯理究竟處。則曰我大乘非乘。今明斷證已竟。故亦以大乘結之。

○上明一心眞如離一切相。總顯究竟涅槃眞我德已竟。

○下破外道七種無常。以顯究竟涅槃眞常德

觀楞伽阿跋多羅寶經記卷第十五

觀楞伽阿跋多羅寶經記卷第十六

宋天竺三藏沙門求那跋陀羅譯

明建鄴海印沙門　釋德清筆記

一切佛語心品第四之二

○下破外道七種無常以顯究竟涅槃眞常德有二○初破七種無常

爾時大慧菩薩摩訶薩復白佛言。世尊。一切外道皆起無常妄想。世尊亦說一切行無常。是生滅法。此義云何。爲邪爲正。爲有幾種無常。

記曰。此因外道所計無常。將顯涅槃究竟眞常德也。前顯離生滅因緣。以明法身眞我。此顯離無常見。卽證法身眞常。意謂佛昔日亦說無常。不知與彼外道所說。孰邪孰正。然問外道所計無常有幾種者。意在盡出彼計破之。令其不墮耳。

佛告大慧。一切外道有七種無常。非我法也。何等爲七。彼有言說作已而捨。是名無常。

記曰。此外道宗立有勝性作者。能造一切四大諸法。今此計云。所造四大是常。其能造者造已卽捨。此是無常。故下文云離始造無常。

有說形處壞是名無常。

記曰此計四大能造所造俱是常畢竟不壞但分析長短等形色不可得謂形處壞是無常

有說卽色是無常

記曰此計能造四大是常所造色是無常此與初計相返

有說色轉變中間是名無常無間自之散壞如乳酪等轉變中間不可見無常毀壞一切性轉

記曰此計能造與所造俱常但兩色中間有箇無常性能使所造色法相續變異自然壞滅如乳酪等兩色中間有無常法令其轉變而不可見此之無常能轉一切性此與初三兩計相返

有說性無常

記曰此計有箇無常自性不壞而能壞彼諸法如杖瓦石等能壞一切物此與上計相返

有說性無性無常

記曰此計能造所造俱無常也性是能造無性是所造謂能造之性既造了色則自體已壞而所造者又亦隨壞故俱無常此與上計俱相返

有說一切法不生無常入一切法

記曰此計有箇不生的性入在一切生法中而隨諸法壞滅卽此不生的便是無常上列所計下牒其計而破之

大慧性無性無常者謂四大及所造自相壞四大自性不可得不生

記曰此牒破第六性無性無常計也謂彼外道所計四大能造諸法然必壞了自體方才造出如種生芽而所造者又非本四大矣故能所俱壞以爲無常佛破之曰彼四大自性本不可得然能造既本無體無體故本自不生不生則無能所能所二相了不可得又指何法名無常耶

彼不生無常者非常無常一切法有無不生分析乃至微塵不可見是不生義非生是名不生無常相若不覺此者墮一切外道生無常義

記曰此牒破第七不生無常計也然彼外道妄計有箇不生的性入在一切生法之中隨諸法壞故

名不生是無常佛言若言不生是無常者此則非常非無常矣何者若言不生則是眞常今又云隨諸法壞則非是常故云非常非無常此出其過乃破之曰然一切有無等法本自不生豈又有箇不生性入彼諸法耶若果有不生性入彼諸法則應可見卽今分析諸法乃至微塵許畢竟不可見此無生義旣不可見則是諸法生本無生矣且無常者生法也然我說諸法生本無生而彼返以不生爲生是無常故曰非生是名不生無常相此眞顚倒也我諸弟子若不覺此生本無生義則墮外道生無常見以彼所計不生還成生法故云生無常義莊周云生生者不生正墮於此

大慧性無常者是自心妄想非常無常性所以者何謂無常自性不壞大慧此是一切性無性無常事除

無常無有能令一切法性無性者。如杖瓦石破壞諸物。

記曰。此牒破第五性無常計也。佛謂彼外道所計有箇無常自性不壞。而能壞諸法者。此乃是彼自心分別妄計耳。如此計者。又不是常。又不是無常。何也。彼所謂無常自性不壞而能壞一切法。以成無常之事。是則除此無常之外。更無有能壞諸法者。然無常能壞彼諸法。如杖瓦石能壞諸物者。如此則必定無常與諸法異。方能壞之。故下約一異破之。

現見各各不異。是性無常事。非作所作有差別。此是無常。此是事。作所作無異者。一切性常無因性。大慧。一切性無性有因。非凡愚所知。

記曰。此約一異以破性無常也。謂若果然無常能壞諸法者。必定能壞之性與所壞之法二體各異。方能壞之。今現見各各不異。不能揀出性無常與所壞事。能所二相有差別體。故云非作所作有差別。作即無常。所作即所壞事也。若能所異體。則當可指陳此是無常。此是所壞滅事。既不可指。則不異體也。若能所不異而為一體者。則一切法應常。又墮無因矣。何者。以彼計無常性不壞。不壞則是常。今既與諸法為一體。然無常既常。而一切法皆常矣。故云無異者一切性常。且彼所計因無常故。能令諸法壞滅。今既一體。則不見有因能令諸法壞滅者。此又自墮無因。彼宗亦不成。故云無因性。然諸法壞滅。不是無因。故唐譯云。諸法壞滅。實亦有因。但非凡愚之所能了。

非因不相似事生。若生者一切性悉皆無常。是不相似事。作所作無有別異。而悉見有異。

記曰。上已破無常能滅諸法。此又破無常性能生諸法也。佛言。若彼計無常性能生一切法者。但一切生法因果相似。如種豆蘇等。未有種豆而得蘇者。故云非因不相似事生。若不相似而能生者。則是一因而生多果。今以一無常性而生一切法。則一切性皆同一無常矣。故云若生者一切性悉皆無常。如此。則因果不別。種類不分。則一切異法應並相生。此乃是不相似事。而能生所生不可辨別。混而為一矣。故云作所作無有別異。且即今現見諸法各各有異。此則非是無常能生一切法也。

若性無常者。墮作因性相。若墮者。一切性不究竟。一切性作因相墮者。自無常應無常。無常無常故。一切性不無常。應是常。

記曰。此破計無常為生因。不得為常也。謂若必以無常性是有法。而為生因者。則墮作因。大凡作者。皆無常故。若能作之因既墮無常。則所作諸法皆無常矣。故云若墮者一切性不究竟。若能生之因墮於所生之無常法中。此則自無常亦應是無常。而不得計能生者為常矣。故云一切性若因相墮者。自無常應無常。若自無常既是無常。則所作一切法不是無常。應是常。何者。以捨已之常而入彼諸法。則彼諸法得我之常性。此乃自是無常。而所生者皆應是常。若彼是常。則不可壞。而計所生之法可壞者。又不成矣。故唐譯云。若無常性是有法者。應同所作。自是無常。自無常故。所無常法皆應是常。

若無常入一切性者應墮三世。彼過去色與壞俱。未來不生。色不生故。現在色與壞相俱。

記曰。此破無常性能入諸法中也。然外道妄計無常入於諸法之中。自性不壞。而能壞彼諸法。佛言。若謂無常入一切性者。則應墮三世。既墮三世。則隨壞滅。而自性不得不壞矣。何者。若入過去。過去色已壞。若入未來。未來色未生。若入現在。現在不住。刹那變滅。而無常亦與之俱壞矣。且自體既壞。豈能壞彼諸法耶。

色者四大積集差別。四大及造色自性不壞。離異不異故。一切外道一切四大不壞。一切三有四大及造色在所知有生滅。離四大造色。一切外道於何所思惟性無常。四大不生。自性相不壞故。

記曰。此又轉破四大是常之計也。因上執無常不壞性入一切色法。佛破之云。一切三世色法俱屬可壞。而無常無不壞之理。故此又妨轉計云。以能入之無常不壞。故所入之四大亦常住不壞。故此破云。色者乃四大所造積集差別之性耳。能造所造本無二體。豈有所造色法既壞。而能造之四大不壞耶。以能造所造不一不異故。若不一。則二體各別。若不異。則俱屬可壞。況一切三有能造所造。人人皆知是生滅法。又豈但色壞而四大有不壞之理耶。既能所俱壞。此外更於何處覓無常不壞之性耶。故唐譯云。一切外道計四大種體性不壞。色者即是大種差別。造色離異不異故。其自性亦不壞滅。大慧。三有之中能造所造莫不皆是生住滅相。豈更別有無常之性能生於物而不滅耶。以外道妄計無常性常能作生滅主宰。此計幽潛。故展轉破之。如此方莊周亦云。生生者不生。又云。彼為衰殺非衰殺。彼為本末非本末。苟不達眞無生意。鮮不墮此中者。故前云。若不覺此者。則墮一切外道生無常義。

離始造無常者非四大。復有異四大各各異相。自相故非差別可得。彼無差別。斯等不更造。二方便不作。當知是無常。

記曰。此牒破第一作已捨無常計也。外道計非四大無常復有異四大性而能始造。即捨名為無常。蓋彼以所造四大是常。以能造者為無常故。然彼計不出互自共三法為能造。故佛破之曰。非四大互造。以四大各各異相故。亦非獨自造以無差別相可得故。既無差別相可得。此等亦非更共造。以彼此乖離。二方便不作故。然二處既非。則本無造者。畢竟是無常矣。故云當知是無常。豈有無常而能造彼常法耶。故唐譯云。非大種互造大種。以各別故。非自相造。以無異故。非復共造。以乖離故。

彼形處壞無常者。謂四大及造色不壞。至竟不壞。大慧。竟者分析乃至微塵觀察壞。四大及造色形處異見。長短不可得。非四大。四大不壞。形處壞現墮在數論。

記曰。此牒破第二形處壞無常計也。外道計能造大種及所造色畢竟不壞。卽分析乃至微塵際。但滅形狀長短等見。不滅能造所造色體。故以不壞色體爲常。形狀變壞處爲無常。故云形處異見。長短不可得。非四大。佛破之曰。四大不壞。形處壞現。此正墮在僧佉數論之中。以僧佉計四大是常故。

色卽無常者。謂色卽是無常。彼則卽也形處無常。非四大。若四大無常者。非俗數言說。世俗言說非性者。則墮世論見。一切性但有言說。不見自相生。

記曰。此牒破第三卽色無常計也。外道計色卽是無常。然所造色不出形狀長短等。故佛言彼之所

計卽如前形處無常意同。蓋非四大無常也。若四大無常義。屬正教所談。故云非俗數言說可到。然彼世論說造色無常者。則墮世論。二譯皆云盧迦耶見。乃四韋陀之一。謂斷見之儔也。以彼妄見諸法實有自性。然此但有言說。都無實義。以不見有自相生故。

轉變無常者。謂色異性現。非四大。如金作莊嚴具。轉變現。非金性壞。但莊嚴具處所壞。如是餘性轉變等亦如是。

記曰。此牒破第四色轉變中間無常也。外道計能造所造俱常。但兩色中間有箇無常性。能使所造色法相續變異。自然壞滅。如乳酪等。此言色之異性現。謂之無常。非四大無常也。故如金作莊嚴具。轉變現。然非金性壞。但莊嚴具處所壞耳。此如是而餘諸法轉變亦如是。斯與上二計言別意同。此是牒計。下文破計。

如是等種種外道無常見妄想。火燒四大時。自相不燒。各各自相相壞者。四大造色應斷。

記曰。此出上計所以也。唐譯云。如是等種種外道虛妄分別見無常性。彼作是說。火不能燒諸大自相。但各分散。若能燒者。能造所造則皆斷滅。謂此等外道妄作無常見。言火燒四大時。但形狀壞而自體不壞。如金莊嚴具形雖壞而金性不壞。若四大自體壞者。則能造所造皆斷滅矣。此計有箇壞有箇不壞。正所謂佛性一分常一分無常者也。末法見性多墮於此。大槩外道所計。不出常與無常。

故下文以非常非無常通破之。

大慧。我法起非常非無常。所以者何。謂外性不決定故。魏譯云。我不說外境界有故。唯說三有微心。唐譯云。三界唯心故。不說種種相有生有滅。四大合會差別。四大及造色故。妄想二種事攝所攝。知二種妄想。離外性無性二種見。唐譯云。不說諸相故。大種性處種種差別不生不滅故。非能造所造故。能取所取二種體性。一切皆從分別起故。如實而知二取性故。覺自心現量。妄想者思想作行生。非不作行。離心性無性妄想。世間出世間出世間上上一

切法。非常非無常。

記曰。此結顯涅槃所以離斷常義也。謂彼外道所
以墮於斷常者。以妄見外境以爲實有。不了唯心
所現。故說種種相有生有滅。妄謂四大能造所造。
故妄見有能取所取。故墮有無二見。妄起斷常。我
法總皆離此諸見。了達唯是自心現。故彼妄想者
但從思想作業而生。非不作業無生義也。我此無
生離心意識有無二見。了達世出世間上上諸
法唯是自心。更無別法。是故我法非斷非常。

不覺自心現量。墮二邊惡見相續。一切外道不覺自
妄想。此凡夫無有根本。謂世間出世間出世間上上。
從說妄想生。非凡愚所覺。

記曰。此結顯外道過也。以彼不了唯心。故墮二邊
惡見相續。不覺皆從自心妄想而生。此凡夫外道
以無有根本智慧故。彼亦將謂如來所說世間出
世間出世間上上法。亦如彼從言說妄想生。彼不
知如來說法離心意識言說境界。故顛倒妄見
分別如此。然如來所說法。非彼凡愚所知故。

爾時世尊欲重宣此義而說偈言。

遠離於所造　及與形處異　性與色無常
外道愚妄想

記曰。此總頌外道所計七種無常。皆
妄想分別也。此舉其四。如文可知。

諸性無有壞　大大自性住　外道無常想
沒在種種見

記曰。此頌轉變無常也。謂一切諸法自性常住。無
動轉者。外道不了。妄計無常。盡沒在種種邪見耳。

彼諸外道等　無若生若滅　大大性自常
何謂無常想　一切唯心量　二種心流轉
攝受及所攝　無有我我所

記曰。此頌不生無常及四大是常造色是無常計
也。謂外道妄計不生是無常。入一切諸法。既云不
生。不生則不滅矣。如何又云無常耶。既云四大是
常。而何又云所造是無常耶。是故知一切諸法唯
是一心現量。則有無二見。能所二取。我及我所。本
來不有。皆是自心妄分別耳。唐譯云。彼諸外道衆。

皆說不生滅。諸大性自常。
誰是無常法。

梵天爲樹根　枝條普周徧　如是我所說
唯是彼心量

記曰。此頌外道所計不獨七種無常。卽一切常見
如計梵天是常。爲衆生主。能生諸物等。皆屬邪見。
故我說彼亦
是自心量耳。

○上辯外道所計無常以顯涅槃眞常
○此文但辯無常其顯眞常之文錯簡在三昧章
後
○下辯三乘三昧以顯涅槃眞樂

爾時大慧菩薩復白佛言。世尊。惟願爲說一切菩薩

聲聞緣覺滅正受次第相續若善於滅正受次第相續相者我及餘菩薩終不妄捨滅正受樂門不墮一切聲聞緣覺外道愚癡

記曰上明外道邪計無常將顯究竟涅槃眞常其文未竟此辯三乘所取三昧門樂以顯涅槃眞樂且以防邪誤也故承此即問菩薩聲聞緣覺滅正受次第相續意若善能了此滅正受相則不妄捨如來果海滅正受樂門捨猶失也謂若知三乘皆非究竟則不妄取偏邪得少爲足失於如來大寂滅海正受樂門也故下世尊歷敍菩薩八地非眞夢河之喻意令策進勿誤墮耳

佛告大慧諦聽諦聽善思念之當爲汝說大慧白佛

言世尊惟願爲說佛告大慧六地菩薩摩訶薩及聲聞緣覺入滅正受

記曰此言六地菩薩與聲聞緣覺同斷三界煩惱障種患心勞慮故滅心入正受也然猶有出入未能念念入耳以未忘染淨相故

第七地菩薩摩訶薩念念正受離一切性自性相正受非聲聞緣覺諸聲聞緣覺墮有行覺攝所攝相滅正受是故七地非念正受

記曰此言七地菩薩念念入正受不同二乘有欣厭也七地所以念念入者以不見有生死可厭不見有涅槃可求故云離一切性自性相正受此非二乘可及二乘所以不及七地者以厭有爲而志樂無爲不離能取所取境界是故七地非二乘有念正受也故魏譯云菩薩於七地中念念入滅盡定以諸菩薩悉能遠離一切諸法有無相故聲聞辟支佛不能念念入滅盡定以緣有爲行入滅盡定墮在所取能取境界是故聲聞辟支佛不能入七地中念念滅盡定

得一切法無差別相非分得種種相性覺一切法善不善性相正受是故七地無善念正受

記曰此明二乘不及七地之所以也然二乘所以不及七地者魏譯云以覺諸法種種異相有法無法善不善法同相異相而入滅盡定是故聲聞緣覺不能入七地中念念滅盡定以無善巧方便智故此中無善念謂無彼二乘善不善等念也

大慧八地菩薩及聲聞緣覺心意意識妄想相滅

記曰此言八地行相也謂八地菩薩無功用道常在三昧無出入相而同聲聞緣覺涅槃滅妄想心識然此名同義別以二乘滅前六識勞慮永斷沈於寂滅故無一念度生之心八地聖人捨離藏識生滅心滅沈於寂滅而亦不起度生之願以寂滅雖同其實大異何者以二乘即取此爲涅槃更不前進而八地則三昧覺所持又得如來神力加持故不取涅槃相以此爲異耳下文自明

初地乃至七地菩薩摩訶薩觀三界心意意識量離我我所自妄想修墮外性種種相愚夫二種自心攝

所攝向無知。不覺無始過惡虛偽習氣所熏。

記曰此言七地已前不善修習則墮外道邪見也。謂從初地至七地所修觀行雖能觀察三界一切唯是心意意識本欲離我我所若無多聞慧依自妄想見不善修習則墮外道種種邪徑愚夫有無二種妄見於自心中起能所取執以爲實所謂自心取自心非幻成幻法此乃一向無知不覺無始過惡虛偽習氣之所熏變耳菩薩至此而猶誤墮邪見固宜深防也楞嚴五十重陰魔皆依觀心所窮而發甚至幾於覺位而淪滅者況七地乎以此較彼正行陰將破未破時也。

大慧。八地菩薩摩訶薩聲聞緣覺涅槃。菩薩者三昧覺所持。是故三昧門樂不般涅槃。若不持者如來地

不滿足。棄捨一切有爲衆生事。故佛種則應斷。諸佛世尊爲示如來不可思議無量功德。聲聞緣覺三昧門得樂所牽。故作涅槃想。

記曰此言八地若不得如來神力加持則墮二乘也。謂上云八地所得三昧與二乘涅槃其名雖同所證則異。以得諸佛神力加持故於三昧門不入涅槃若不持者便不化度一切衆生不能滿足如來之地亦即斷絕如來種性是故諸佛爲說如來不可思議諸大功德令其究竟不入涅槃聲聞緣覺著三昧樂是故於中生涅槃想。

大慧。我分部七地善修心意意識相。善修我我所攝受。人法無我。生滅自共相。善四無礙。決定力三昧門。地次第相續入道品法。不令菩薩摩訶薩不覺自共相。不善七地。墮外道邪徑。故立地次第。

記曰此言七地乃斷證之關鍵故須用加不加則墮外道邪徑因此故說諸地相也。謂從初地至七地歷眞見道以來見巧方便善能觀察心意意識遠離我我所執得人法無我超生滅自共相善解四無礙辯方得決定三昧門至此純無相觀方能漸升八地乃至十地等覺入菩提分法究竟果海皆從此七地建立斯實斷證之大關此所謂險道者也。若不得如來神力加持則多墮於外道邪徑。佛言我恐此諸菩薩不善了知自共相不知諸地次第相續墮於外道諸惡見中。故此爲說諸地行

相使知應去應度不致退墮此乃無漸次中施漸次蓋以不得已而建立非實有所說也。

大慧。彼實無有若生若滅。除自心現量。所謂地次第相續。及三界種種行。愚夫所不覺。愚夫所不覺者。謂我及諸佛說地次第相續。及說三界種種行。

記曰此言三界諸行本無生滅諸地次第本無建立唯此一心更無別法但以愚夫不了唯心故我及諸佛建立作如是說以爲對治其實無有可說也。愚夫無知謂我實有所說。

復次大慧。聲聞緣覺第八菩薩地。滅三昧門樂醉所醉。不善自心現量。自共相習氣所障。墮人法無我法

攝受見妄想涅槃想非寂滅智慧覺

記曰此言聲聞緣覺於第八地中其名雖同所證異也以彼二乘昧著入滅三昧爲彼所醉不達自共相是自心所現以習氣障蔽故墮二無我法攝受見故起妄想涅槃之想非若八地眞寂滅智慧覺也言二乘於八地中取爲涅槃者蓋是昔修菩薩大行退本願者殆非定性趣寂之儔也以彼定性趣寂止得我空不得法空尚不能知初地之法況八地乎故魏譯於此章末置有此問而宋唐二譯皆無之

大慧菩薩者見滅三昧門樂本願哀愍大悲成就知分別十無盡句不妄想涅槃想彼已涅槃妄想不生故唐譯云以入涅槃不生果故離攝所攝妄想覺了自心現量一

切諸法妄想不生不墮心意意識外性自性相計著妄想非佛法因不生隨智慧生得如來自覺地如人夢中方便度水未度而覺覺已思惟爲正爲邪非正非邪餘無始見聞覺識因想種種習氣種種形處墮有無想心意意識夢現

記曰此言八地入滅三昧而不取證者以不捨大願度生事故也此菩薩已入涅槃而不起涅槃想故云涅槃妄想不生以了達唯心無外境界故離能所取於一切法不生分別以深得無生法忍故不墮心意意識及外法性相執著之中以得眞知見力故非佛法正因不生唯隨智慧而生如是故得如來自覺地也以久沈生滅勞慮今一旦頓得寂滅其樂無喻故此三昧極難得出菩薩功行至此無功用中鮮不沈醉多墮二乘寂滅之地故華嚴八地十方諸佛同聲加勸與起智慧門不令耽著此三昧樂墮二乘地是故授以方便引發令出故此菩薩於三昧夢中極力願出如夢度大河未度而覺乃自思惟爲正爲邪復更思惟如是之相非正非邪唯我無始見聞覺知虛妄熏習因故見種種色形相顚倒不離有無於心意意識妄想夢中現耳其實本非有也舊注云覺境無水船筏非正夢時見水船筏非邪以譬八地覺已本無生死故道品功德非正七地未覺故道品功德非邪所謂於未出離妄功用中故有修證如夢中渡河施船筏之具耳

大慧如是菩薩摩訶薩於第八菩薩地見妄想生魏譯云見分別心從初地轉進至第七地見一切法如幻等方便度攝所攝心妄想行已作佛法方便未得者令得大慧此是菩薩涅槃方便不壞魏譯云非滅諸法名爲涅槃唐譯云所得涅槃非壞滅也離心意意識得無生法忍大慧於第一義無次第相續說無所有妄想寂滅法

記曰此結成八地涅槃行相也見妄想生者論云覺心初起心無初相以遠離微細念故得見心性心即常住名究竟覺此菩薩以如幻三昧不起滅定而現諸威儀勤修佛法廣作度生事業所謂度

盡眾生而不見有一眾生可滅度者。此所謂離心意識得無生法忍。是菩薩大涅槃。非若二乘滅壞諸法所取之涅槃也。然雖作如是說。蓋亦方便施設耳。於第一義諦中本無是事。故唐譯云。第一義中無有次第。亦無相續。遠離一切境界分別。此則名為寂滅之法。由大慧問滅正受次第相續。故結示云。於第一義無次第相續。說無所有妄想寂滅法。魏譯此處大慧有問。略云。世尊今說二乘得八地寂滅門樂。又說二乘止得人空。不得法空。如此則二乘向不能證初地之法。何況八地寂滅門樂。佛言。聲聞有三種。今言入八地寂滅門樂者。此是先修菩薩行者。墮聲聞地。還依本心修菩薩行。同入八地寂滅門樂。非增上慢寂滅聲聞。以彼不能入菩薩行。以未曾覺知三界唯心。未能修菩薩諸行法故。是故決定寂滅聲聞不能證彼菩薩所行寂滅門樂。言三種者。一內祕外現者。二退菩薩行

者。三定性趣寂增上慢者。前云二乘成佛。此言決定不能者。意在抑揚激勸故也。

爾時世尊欲重宣此義而說偈言。

心量無所有　此住及佛地　去來及現在
三世諸佛說

記曰。此總頌第一義中本無諸地佛地次第之相。乃三世諸佛究竟之談也。住亦地也。所以無所有者。以唯心故。故唐譯云。諸住及佛地唯心無影像。此是去來今。諸佛之所說。

心量地第七　無所有第八　二地名為住
佛地名最勝　唐譯云。此二地名住。餘則我所得。　**自覺智及淨**
此則是我地

記曰。此頌七八二地尚屬因地。至於自覺聖智清淨涅槃。則屬佛所證究竟果地也。然七地雖是真修。以心量未滅。故八地心量雖滅而尚未究竟。不名最勝。唯自覺聖智方名最勝處耳。

自在最勝處　清淨妙莊嚴　照耀如盛火
光明悉徧至　熾燄不壞目　周輪化三有　唐譯云。摩醯最勝處。色究竟莊嚴。譬如大火聚光焰熾然發。化現於三有。悅意而清涼。
化現在三有　或有先時化　於彼演說乘
皆是如來地

記曰。此言建立諸乘諸地。皆報化二佛所說。非法佛說也。謂得自覺聖智者。則於色究竟天寶華宮殿成等正覺。示現廣大尊嚴之身。光明照耀。化現三有。此報身佛也。論曰。此菩薩功德成滿。於色究竟處。示一切世間最高大身。以一念相應慧無明頓盡。名一切種智。自然而有不思議業。能現十方利益眾生。化現在三有者。此唐譯云。或有現變化。或有先時化。此應化佛也。惟此報化佛演說諸乘。諸地。雖說三乘。其實為一乘。故云於彼說諸乘。皆是如來地。是故雖有諸地。而實無次第之相也。熾然不壞目者。謂毒龍放光。即損人目。如來光明。不損人目。所謂悅意清涼也。

十地則為初　初則為八地　第九則為七
七亦復為八　第二為第三　第四為第五

第三爲第六　無所有何次

記曰。此頌第一義諦寂滅法中。無次第相續說也。意顯此經唯法佛所說寂滅法。故無次第。此所謂不涉途程。不落階級。乃佛祖向上一路也。然其中往往以地位言之者。意以地上眞修三昧。以印破外道二乘偏邪之見。令彼不墮邪慢增上慢耳。其實意不定在地位也。智者知之。

○上辯三乘三昧差別以顯涅槃眞樂德防邪誤已竟

○下文正示涅槃眞常德

文應屬前七無常章後

爾時大慧菩薩復白佛言。世尊。如來應供等正覺爲常爲無常。

記曰。此因上世尊破七種無常已。乃曰我法起非常非無常。故大慧承便而問如來應供等正覺畢竟是常是無常耶。意顯如來法身離斷離常。故爲究竟眞常也。此正是顯涅槃眞常之文。應在七無常章末。錯簡在此。乃傳譯之誤也。

佛告大慧。如來應供等正覺非常非無常。謂二俱有過。若常者有作主過。常者一切外道說作者。無所作。是故如來常非常非作常。有過故。

記曰。此明如來涅槃非常非無常所以爲眞常也。以常與無常二皆有過故。何者。若言如來是常。則墮有能作者過。以一切外道說有微塵勝性等爲能作者是常故。如來無所作。豈同彼常耶。是故說如來之常非常者。蓋非作者常。以彼作者常有過故。

若如來無常者。有作無常過。陰所相相無性。陰壞則應斷。而如來不斷。

記曰。此言如來非無常也。若言如來是無常者。則墮有所作過。若言所作。則同五陰。然五陰乃相之所相者。此相畢竟無有。如來若同五陰。則陰壞而如來亦應斷滅矣。然如來法身常住不斷。豈同所作之陰耶。不同。故非無常。

大慧。一切所作皆無常。如瓶衣等。一切皆無常過。一切智衆具方便應無義。以所作故。一切所作皆應是

如來。無差別因性故。是故大慧。如來非常非無常。

記曰。此重明所作無常。總結離過義也。謂一切所作皆是無常。如瓶衣等。而如來若同所作者。皆有無常之過。若如來無常者。則一切智所修正因。福慧莊嚴。六度萬行。衆具方便。悉空無利益。以同所作無常故。况如來功流萬世而常存。道通百劫而彌固。豈無常哉。若如來果同所作。則諸世間一切所作皆應是如來矣。以無異因故。是故如來非常非無常。

復次大慧。如來非如虛空常。如虛空常者。自覺聖智衆具無義過。

記曰。此言如來常非如虛空之常也。以虛空頑然無知。而如來眞智靈鑒。故若言同虛空之常者。則

自覺聖智性自具足恆沙功德悉空無益。如此則墮斷滅無知之過。故如來非如虛空之常。此恐愚夫聞說法身眞常。遂起豁達空見。故世尊懸破如此。

大慧。譬如虛空。非常非無常。離常無常一異俱不俱。常無常過故。不可說。是故如來非常。

記曰。上云非如虛空者。謂如來具聖智功德。不比虛空頑然無知故。此言如虛空者。謂如虛空體性湛然。無所變動。不墮有無一異俱不俱等諸數量過故。故不可說常非常也。

復次大慧。若如來無生常者。如兔馬等角。以無生常故。方便無義。以無生常過故。如來非常。

記曰。此言如來非以不生爲常也。因前云不生是如來異名。恐妄執畢竟不生是如來常。故此破云若以不生是如來常者。則如來同於兔馬等角。以畢竟不生。則如來墮絕無之過。若如來絕無者。則一切菩薩所修萬行方便。無所證得。悉空無益。而如來果中亦絕無廣大益物之用矣。以絕無故。若以不生是如來常。則墮此大過。故如來非不生常。

復次大慧。更有餘事知如來常。所以者何。謂無間所得智常故。如來常。大慧。若如來出世。若不出世。法畢定住。聲聞緣覺諸佛如來無間住。不住虛空。亦非愚夫之所覺知。

記曰。此言如來實有眞常之法。而非愚夫之所知也。謂如來之常法。乃無間聖智所證眞常之理。乃諸佛如來同一法性法住法位。如來出世。若不出世。畢定常住。不變不易。此法卽在一切二乘外道所住無間性中。非是空無。然非凡愚之所能知。

大慧。如來所得智。是般若所熏。非心意意識彼諸陰界入處所熏。大慧。一切三有。皆是不實妄想所生。如來不從不實虛妄想生。大慧。以二法故。有常無常。非不二。不二者寂靜。一切法無二生相故。是故如來應供等正覺非常非無常。大慧。乃至言說分別生。則有常無常過。分別覺滅者。則離愚夫常無常見。不寂靜。慧者永離常無常。非常無常熏。

記曰。此釋如來眞常之所以也。謂如來所以眞常而眾生所以無常者。以如來所得聖智。乃從般若實智所熏。不從心意識陰界入處妄想所熏。故如來得名爲常。彼一切三有眾生所以無常者。以彼皆是不實妄想所熏。故名無常。而如來不從彼妄想生。且彼凡愚心行。又豈能知如來之常法耶。以見眞妄兩異。故涅槃生死爲二。故有常無常之說。此非不二寂滅之法也。若眞妄兩忘。寂滅不二。則一切法皆悉平等。無二無別。無生無起。以如來所得寂滅不二之法。故不可說言常無常耳。以寂滅不二法中。言思路絕。乃至起心動念。但有言說分別心生。則墮常無常過。何況種種妄計耶。唯有分別妄想歇滅者。則頓離彼過。外道愚夫常無常見。故不寂靜。離二見者。則名大智慧人也。以慧者永離不寂靜見。故不被彼常無常妄見所熏。乃以眞常智慧而熏之也。意謂非智慧者。卽心識少有流動。生滅未忘。而鮮不被其所熏習矣。此如來深慈。防之甚也。誡之深也。可不識哉。

爾時世尊欲重宣此義而說偈言。

衆具無義者　生常無常過　若無分別覺　永離常無常

記曰。二譯偈初皆有一偈。唐云。遠離常無常。而現常無常。恆如是觀佛。不生於惡見。若常無常者。所集皆無益。爲除分別覺。不說常無常。此言衆具者。卽外道所計常無常一異等諸惡見也。謂此等諸

見皆悉無益。但妄計分別。起常無常過。若分別情亡。諸見頓息。則永離常無常過矣。

從其所立宗　則有衆雜義　等觀自心量　言說不可得

記曰。此言若從外道所立自宗。則有衆多雜亂知見不同。若達唯心現量。則言思路絕。而言說亦不可得矣。況復依彼邪說而求實義耶。此言從所立宗有衆雜義。足知因辯七種無常以顯如來涅槃眞常義也。文義自相屬。觀者應知。

○上接辯七種無常文以顯涅槃眞常德已竟
○下示如來藏自性清淨以顯涅槃眞淨德

觀楞伽阿跋多羅寶經記卷第十六

觀楞伽阿跋多羅寶經記卷第十七

宋天竺三藏沙門求那跋陀羅譯

明建鄴海印沙門　釋德清筆記

一切佛語心品第四之三

○前接辯七種無常文以顯涅槃眞常德已竟
○下示如來藏自性清淨以顯涅槃眞淨德

爾時大慧菩薩復白佛言。世尊。惟願世尊更爲我說陰界入生滅。彼無有我。誰生誰滅。愚夫者依於生滅。不覺苦盡。不識涅槃。

記曰。此將示如來藏自性清淨。以顯法身眞淨德。故興此問。然云更爲我說陰界入生滅等者。由前二卷初顯理究竟處。已問如來藏自性清淨轉三十二相入一切衆生身中。而爲陰界入垢衣所纏。貪欲愚癡不實妄想塵勞所污。且疑世尊說如來藏同外道我。世尊已爲決擇云。我說如來藏不同外道之我。且我有時說空。無相。無願。眞如。實際。法性。法身。涅槃。離自性。不生不滅。本來寂靜。自性涅槃。如是等句說如來藏已。然彼但以顯理究竟以顯法身無我。以破外道神我之計。故特舉如來藏以問。今此斷證業已究竟。將顯法身本淨。但爲陰界入客塵所污。直欲淨彼染污。以顯涅槃淨德。故特舉所治陰界入生滅等染污義以請。將啟世尊如來藏自性清淨之談。以顯涅槃眞淨德也。故云更爲我說陰界入等。此大慧約染污邊問。向下世尊約如來藏自性清淨答。

佛言善哉諦聽當為汝說大慧白佛言唯然受教佛告大慧如來之藏是善不善因能徧興造一切趣生譬如伎兒變現諸趣離我我所不覺彼故三緣和合方便而生外道不覺計著作者為無始虛偽惡習所熏名為識藏生無明住地與七識俱如海浪身長生不斷離無常過離於我論自性無垢畢竟清淨

記曰此言如來藏自性清淨以顯法身眞淨德也如來藏者乃自性清淨心在纏之名大慧疑謂五陰無我若無有我則誰生誰滅誰知苦盡誰證涅槃佛言陰界入雖無我而有如來藏為眾生佛性惟此藏性能為世出世間善不善因能徧興造六道生死形色染法猶如伎兒變現諸事然本無我我所亦能成就出世淨法以二乘不知此如來藏性為生死因乃謂根塵識三緣和合方便而為生因外道不知此如來藏性而妄計神我作者以為生因然此藏性蓋為無始虛偽惡習之所熏變失其如來藏名但名識藏耳故云佛說如來藏即是阿賴耶依此藏識生無明住地變起前七識浪生滅不停故如來藏亦隨七識流轉生死如海波澄因風起浪故生死相續長劫不斷其實如來藏性本自常住離於二乘無常之見本自無我離於外道神我之論雖在纏眠染汚之中其實自性無垢畢竟清淨是所謂迷此性而為生死悟此性而為涅槃以此藏性無常不能壞故為眞常眾苦不能侵故為眞樂生死不能拘故為眞我煩惱不能汚故為眞淨此所以為如來無上涅槃眞實果體也

其餘諸識有生有滅意意識等念念有七因不實妄想取諸境界種種形處計著名相不覺自心所現色相不覺苦樂不至解脫名相諸纏貪生生貪

記曰此言藏識本不生滅但七識生滅以明如來藏為生死染因也大慧疑問陰界入既無我誰生誰滅而彼愚夫因何不知苦盡不知解脫佛答意云陰界入者本如來藏不生不滅今雖在纏名識藏其體本眞亦不生不滅其生滅者非是藏識乃前七識有生滅耳故唐譯云其餘七識意意識等念念生滅然彼七識所以生滅者特以妄想為因境界為緣和合而生計著名相以為實有以不了此境界色等諸法唯是自心之所顯現以不了故貪著名相逆順境界生憎愛心起苦樂受為此名相纏縛既從貪生復生於貪以是因緣愚癡眾生隨生死流不知苦盡不求解脫此所以如來藏變現六趣為生死染因也

若因若攀緣彼諸受根滅次第不生餘自心妄想不知苦樂入滅受想正受第四禪善眞諦解脫修行者作解脫想不離不轉名如來藏唐譯云若因及所緣諸取根滅不相續生自慧分別苦樂受者或得滅定或得四禪或復善入諸諦解脫便妄生於得解脫想而實未捨未轉如來藏中識藏之名識藏七識流轉不滅唐譯云若無藏識七識則滅所以者何彼因攀緣諸識生故非聲聞緣覺修行境界不覺

無我。自共相攝受生陰界入。

記曰。此言依如來藏爲無想外道及二乘因也。若因若攀緣者。上云妄想爲因。境相爲緣。蓋妄想指前七識。乃八識之見分。境相乃八識之相分。今言諸受根滅次第不生者。謂前六識不取諸境。而七識自然不起也。以外道及鈍根那含。俱能灰滅六識。以不了唯心。又無多聞智慧。但依自心分別妄計。厭苦趣樂。或入滅受想定而居五那含。或墮無想而入四禪。外道若有利根羅漢。善修四諦。出於三界。得眞諦解脫。證偏空理。其實未得究竟涅槃。便自妄生滅度解脫之想。此但盡生死謂爲解脫。其實未得一切解脫。以彼其實未捨未轉如來藏中識藏之名故也。藏識。七識流轉不滅者。謂彼外道二乘所以非眞滅者。以藏識未轉。故七識流轉不滅。何者。以依彼轉緣彼。互爲緣起故。故唐譯云。

若無藏識。七識則滅。何以故。因彼及所緣而得生故。意在若轉藏識之名。而七識亦隨之而滅矣。所以七地已前未捨藏識。但依自妄想修。心境不如。以心外求法。故多墮邪見。二乘不了。故墮自共相見。以彼未淨藏識中無始虛僞習氣故。故唐譯云。然非一切外道二乘諸修行者所知境界。以彼唯了人無我性。於蘊界處取於自相及共相故。然藏識者。亦名阿賴耶識。又云阿陀那識。此云無沒識。以在生死流而不沒故。偈曰。阿陀那識甚深細。習氣種子成瀑流。我於凡愚不開演。恐彼分別執爲我。故非彼境界。

見如來藏五法自性人法無我則滅。地次第相續轉進。餘外道見不能傾動。唐譯云。若見如來藏五法自性諸法無我。隨地次第而漸轉滅。不爲外道惡見所動。是名住菩薩不動地。得十三昧道門樂。三昧覺所持觀察不思議佛法。自願不受三昧門樂及實際。唐譯云。爲三昧力諸佛所持觀察不思議佛法及本願力。不住實際及三昧樂。向自覺聖趣。不共一切聲聞緣覺及諸外道所修行道。得十賢聖種性道及身智意生。離三昧行。是故大慧。菩薩摩訶薩欲求勝進者。當淨如來藏及識藏名。

記曰。此言如來藏爲出世淨因也。謂轉藏識名。見如來藏。即得八地無功用道。方證法無我智。偈曰。不動地前纔捨藏。以捨此藏識染汚之名。即是如來清淨之藏。非別有所得也。所言法執者。謂五法

三自性八識二無我等。一切對治眞妄之法。以未轉藏識時。而七識未滅。皆有所執。取以爲我。故今藏識既轉。則七識滅。七識滅。則五法自性人法無我當下隨滅。以五法等皆依藏識而立故。今識轉而彼亦滅。所謂皮既不存。毛將安附。此所以爲得法無我而進八地。到此生滅既滅。對治亦亡。無功可用。故云無功用道。既無功用。得法無我。則一切外道惡見不能傾動。故名住不動地。住此地已。即得十種三昧門樂。但此菩薩向在生滅勞慮。覺識煩動。未得眞樂。今生滅既滅。寂滅現前。樂無可喻。則味著三昧不起。了無度生之念。若不蒙佛力加持引拔令出。則墮二乘。故爲諸佛三昧神力之所加持。又以昔本願力之所持故。所以雖證涅槃而不住實際。而亦不取三昧之樂。故以如幻三昧現意生身。利益衆生。以趣自覺聖智究竟之果。此所以不同外道二乘所修行道也。是故菩薩修如實

行求勝法者。當淨如來藏中識藏之名。如是而已。此外別無可證得也。

○上正顯涅槃眞淨德竟

○下文釋疑勸修

大慧。若無識藏名。如來藏者。則無生滅。大慧。然諸凡聖悉有生滅。修行者自覺聖智現法樂住。不捨方便。

記曰。此釋疑也。問曰。既轉識藏名如來藏。然識藏有生滅。而如來藏亦有生滅否。答曰。若無識藏名。而如來藏則無生滅。又問。一切凡愚未轉藏識。故心有生滅。一切聖人既轉藏識。心亦有生滅否。答曰。等覺已還雖轉藏識而容有生滅。以雖趣自覺聖智住現法樂。而不捨於勇猛精進度生事業。且異熟未空。尚有微細生相無明未盡。所謂眞常流注。故亦有生滅。故云。然諸凡聖悉有生滅。修行者

自覺聖趣現法樂住。不捨方便。問曰。生滅者七識也。上云若無藏識。七識則滅。七識既滅。而諸聖者已轉如來藏。復何生滅耶。答曰。以但轉名言。無實性故。下經云。七識不流轉。不受苦樂。非涅槃因。如來藏者。受苦樂與因俱。若生若滅。由是觀之。向之生滅者非七識。乃如來藏也。何者。以如來藏有隨緣義。不變義。故不生滅者。不變義也。而生滅者。隨緣義也。以隨染緣。則爲生死因。而眾生念念生滅。造諸惡業。故沈淪生死。此凡夫生滅也。若隨淨緣則爲涅槃因。而菩薩念念無生。起大智用。利樂有情。故證趣涅槃。此聖人生滅也。是故凡聖悉有生滅。以生而無生。無生而生。故凡聖平等。六祖云。佛性無常。又云。若法身寂滅。則同草木瓦石。誰當受樂。又云。法性是生滅之體。五蘊是生滅之用。一體五用。故生滅是常。此非深證無生。達法性緣起者。何以與此。一體五用六祖所斥引用失檢

大慧。此如來藏識藏。一切聲聞緣覺心想所見。雖自性清淨。客塵所覆。故猶見不淨。非諸如來。大慧。如來者現前境界。猶如掌中視阿摩勒果。

記曰。此釋轉難也。問曰。既云如來藏自性清淨。凡聖平等。何以有聖凡之別。答曰。以所見不同故也。唐譯云。此如來藏識藏本性清淨。客塵所染而爲不淨。一切二乘及諸外道臆度起見。不能現證。如來於此分明現見。如觀掌中菴摩勒果。以凡夫不覺。故爲不淨。外道妄覺。二乘偏覺。皆屬比非二量。故所見不淨。菩薩分覺。以十地菩薩觀佛性。如隔縠見月。故猶屬比量。亦未盡淨。唯有如來現前境界。視如來藏如觀掌果。方爲現量。究竟清淨。是故此經貴唯心現量。頓見佛性。義現乎此。

大慧。我於此義。以神力建立。令勝鬘夫人。及利智滿足諸菩薩等宣揚演說如來藏及識藏名七識俱生。聲聞計著見人法無我。唐譯云。令諸聲聞見法無我。故勝鬘夫人承佛威神說如來境界。非聲聞緣覺及外道境界。如來藏識藏。唯佛及餘利智依義菩薩智慧境界。是故汝及餘菩薩摩訶薩。於如來藏識藏。當勤修學。莫但聞覺作知足想。

記曰。此顯涅槃淨德究竟已極於此。故結勸修也。唐譯云。我爲勝鬘夫人及餘深妙淨智菩薩說如

來藏名藏識。與七識俱起。令諸聲聞見法無我。大慧。爲勝鬘夫人說佛境界。非是外道二乘境界。大慧。此如來藏藏識。是佛境界。與汝等比淨智菩薩隨順義者所行之處。非是一切執著文字外道二乘之所行處。法華云。鈍根小智人。著相憍慢者。不能信是法。故非所行處。以智未淨故。又云。有佛子心淨柔軟亦利根。無量諸佛所。而行深妙道。爲此諸佛子。說是大乘經。故爲利智滿足者。說如來藏即識藏與七識俱生。所以說此者。正爲策進二乘見法無我故。所言淨智者。謂依義不依語也。寶鏡云。但形文彩。即屬染汚。百丈云。本無名目。謂之佛是染汚。謂之法。是染汚。噫嘆作佛法。蚤是染汚。況貪嗔癡及種種邪見憶想圖度耶。此所以非深妙淨智者不能入也。故勉之曰莫但聞覺作知足想。

爾時世尊欲重宣此義而說偈言。

甚深如來藏　而與七識俱　二種攝受生　智者則遠離

記曰。此頌如來藏自性清淨也。謂如來藏本自清淨。第以無始惡習所熏。而爲識藏。生住地無明。與七識俱。故染淨因緣依之而立。故云二種攝受生。以此藏性染淨俱非。聖凡情盡。故云智者則遠離。二種攝受。謂能取所取。即見相二分。以有心境故生。忘則不生。

如鏡像現心　無始習所熏　如實觀察者　諸事悉無事

記曰。此頌釋上遠離義也。以一切凡聖生死涅槃諸法。於藏性中悉如鏡現像。本來不有。但以無始染淨二習之所熏故。然如來藏中求於去來迷悟生死了不可得。故云如實觀察者諸事悉無事。古德云。盡大地求一無事人不可得。誠哉。

如愚見指月　觀指不觀月　計著名字者　不見我眞實

記曰。此頌愚夫計著名言不得眞實義也。前云我所說法如標月指。

心爲工伎兒　意如和伎者　五識爲伴侶　妄想觀伎衆

記曰。此頌愚夫隨識而行。不隨智也。永嘉云。損法財。滅功德。莫不由茲心意識。心謂八識。能變能現。故如伎兒。意謂七識。依因托緣。故如和伎者。五識叢生。故爲伴侶。六識分別。故爲觀者。本來不有。如幻不實。故譬之伎。所以貴如實觀。王文公觀俳優偈曰。諸優戲場中。一貴復一賤。心知本自同。所以無欣怨。寂音謂此老人通身是眼。瞞渠一點不得。

○從初卷分別自性章起破名相妄想以來止此通約五法三自性八識二無我以辯邪正因果相已竟

○此下明五法三自性八識二無我究竟差別相分二○初總明迷悟因依○先問

爾時大慧菩薩白佛言。世尊。惟願爲說五法自性識二種無我究竟分別相。二譯皆云。差別之相。我及餘菩薩摩訶

薩於一切地次第相續分別此法入一切佛法入一切佛法者乃至如來自覺地

記曰此問明五法自性究竟差別相也由前一往所言世出世間凡聖邪正一切因果皆依五法三自性八識二無我建立今所建立者邪正因果既周但未明能建立者五法自性識無我等差別之相故此請問冀佛甄明庶令行人了達無疑則可依之分別無謬而入一切佛法乃至入於自覺聖智究竟地也

○○次答中初總明迷悟因依○次別顯四門攝入○且初

佛告大慧諦聽諦聽善思念之大慧白佛言唯然受

教佛告大慧五法自性識二種無我分別趣相者謂名相妄想正智如如若修行者修行入如來自覺聖趣離於斷常有無等見現法樂正受住現在前大慧不覺彼五法自性識二無我自心現外性凡夫妄想非諸聖賢

記曰此總明眞妄迷悟因依也意謂若修行者因觀察五法自性八識無我明見無謬則於如來自證境界則離斷常有無等見得現法樂甚深三昧若諸愚夫因不了此法則妄見心外實有諸法妄生分別執取故流轉生死是則迷悟聖凡皆依此法也

○次別顯四門攝入分五○初總明五法差別相分二○初明差別之法

大慧白佛言世尊云何愚夫妄想生非諸聖賢佛告大慧愚夫計著俗數名相隨心流散流散已種種相像貌墮我我所見希望計著妙色計著已無知覆障故生染著染著已貪恚癡所生業積集積集已妄想自纏如蠶作繭墮生死海諸趣曠野如汲井輪以愚癡故不能知如幻野馬水月自性離我我所起於一切不實妄想離相所相及生住滅從自心妄想生非

自在時節微塵勝妙生愚癡凡夫隨名相流

記曰此總言五法中名相生起差別之因及外道妄計之所以也唐譯云凡愚不知名是假立心隨流動見種種相計我我所染著於色覆障聖智起貪瞋癡造作諸業如蠶作繭妄想自纏墮於諸趣生死大海如汲井輪循環不絕不知諸法如幻如燄如水中月自心所見妄分別起離能所取及生住滅謂從自在時節微塵勝性而生隨名相流言凡夫不知名相虛假不實故妄取爲我及爲我所依之造作種種諸業自取生死苦果不休而外道不知名相唯自心現依妄計分別能所生滅因緣而生乃別起異見謂從自在時節微塵勝性而生斯則名相本無但依他起從偏計執而有也下正釋五法差別

大慧。彼相者眼識所照名爲色。耳鼻舌身意意識所照名爲聲香味觸法。是名爲相。

記曰。此釋五法中名相也。名相謂色心耳。意識爲名。五根六塵通名爲相。又相各有名。亦名名相。故云眼識所照名爲色等。蓋五根所對爲實色。意根所緣法塵爲假色。然實則可見有對。假則不可見無對。唯識百法具明。此中但約爲名相。

大慧。彼妄想者施設衆名。顯示諸相。如此不異。唐譯云此事如是決定不異。象馬車步男女等名。是名妄想。

記曰。此釋五法中妄想也。設施衆名。顯示諸相者。謂名依相立。相逐名生。名相本無。依分別有。故名妄想。

大慧。正智者。彼名相不可得。猶如過客。諸識不生。不斷不常。不墮一切外道聲聞緣覺之地。

記曰。此釋五法中正智也。不住爲客。於名相不住。故不可得。以不可得。故諸識不生。然識既不生。非智而何。以智觀諸法。則不分別。不顛倒。不斷不常。則自不墮一切聲聞緣覺之地矣。以不墮偏邪。故名正智。

復次大慧。菩薩摩訶薩以此正智。不立名相。非不立名相。捨離二見建立及誹謗。知名相不生。是名如如。

記曰。此言五法中如如也。若以識而知。則名相橫生。若以正智而觀。則名相不立。斯即名相之本如。非離名相外別有如也。但於名相不起有無二見建立誹謗。以知名相本自不生。故名如如耳。故云非不立名相等。所謂唯如如智獨存。然名相不生。境如也。所以知名相不生者。心如也。心境如如故一法不立。

○上明差別之法

○下顯住如如之人

大慧。菩薩摩訶薩住如如者。得無所有境界。故得菩薩歡喜地。得菩薩歡喜地已。永離一切外道惡趣。正住出世間趣。法相成熟。分別幻等一切法。自覺法趣相。離諸妄想。見性異相。

記曰。此言住如如者之實證也。得無所有境界者。以唯如故。法相成熟者。以不被相縛故。以得自覺法趣。故離諸妄想。以得眞如用。故見性異相。所謂除滅無明。見本法身。自然而有不思議業種種之用。卽與眞如等。徧一切處。此蓋從初地以至九地之行相也。唯識登地證十眞如。以彼約勝德故。此唯一如無二如。約實證故。

次第乃至法雲地。於其中間三昧力自在神通開敷。

魏譯云。入法雲地已。次以三昧力。得如來地已。種種自在神通諸華莊嚴如來之地。

變化圓照示現成熟衆生。如水中月。善究竟滿足十無盡句。爲種種意解衆生分別說法。法身離意所作。

是名菩薩入如如所得。

記曰。此明行成得果之相也。以轉識藏得如來藏名。故云法身離意所作。是名菩薩入如如所。論云。眞如自體相者。從本已來自性滿足一切功德。所謂自體有大智慧光明義故。徧照法界義故。眞實識知義故。自性清淨心義故。常樂我淨義故。清涼不變自在義故。具足如是過於恆沙不離不斷不異不思議佛法。乃至滿足無有所少義故。名爲如來藏。亦名如來法身。乃至云。如是淨法無量功德。即是一心。更無所念。是故滿足。名爲法身如來之藏。以無所念。方得滿足。是故此言法身離意所作。是名入如如所。故登地以來至究竟地。法爾具有如是業用。

○上明五法差別相已竟

○下明三門入五法分二○初三自性入五法

爾時大慧菩薩白佛言。世尊。云何世尊。爲三種自性入於五法。爲各有自相宗。佛告大慧。三種自性及八識二種無我悉入五法。

記曰。此問明四門互相攝入。以顯一心眞如染淨融通。以顯如來藏性含攝之妙也。舊註云。大慧前舉四門而問。如來但約五法一門而答。故此再問爲三自性入於五法中耶。爲別有自相宗耶。佛答言餘三門悉入五法中者。以但修一門。則諸門備攝。餘三亦爾。然所以互相攝備者。以法性融通。隨緣轉變故。

大慧。彼名及相。是妄想自性。

記曰。此言妄想自性入五法中名相也。以有名相故起分別。名相若無。分別何起。故此妄想入彼名相攝也。

大慧。若依彼妄想生心心法。名俱時生。如日光俱。種種相各別分別持。是名緣起自性。

記曰。此言緣起自性入五法中妄想也。謂彼五法中妄想名相。乃相因而起。以妄想生心心所法時。則諸法假名依之而生。如日與光。謂心境不相離故。既有種種名。則有種種相。復起種種分別。互相依持。所謂心生則種種法生。以心境互爲緣起故。此緣起自性即入彼五法中妄想攝也。

大慧。正智如如者。不可壞。故名成自性。

記曰。此言成自性入五法中正智如如也。謂正智如如乃妙性天然。非可作法。故不可壞。以不可壞。故本自圓成。即名成自性。

○上明三自性入五法竟

○下明八識二無我入五法

復次大慧。自心現妄想。八種分別。謂識藏意意識及五識身相者。不實相妄想故。我我所二攝受滅。二無我生。

記曰。此言八識二無我入五法中也。謂於自心所現妄法。是爲名相。於此執著生起八識。即是妄想。

如此八識入五法中也。若於心境妄計實有我及我所。卽是名相妄想。若了心境不實。二攝受滅。二無我生。卽是正智如如。此二無我入五法中也。若了此妄相皆是不實。則分別不生。卽爲正智。如

○三明四門攝一切法

是故大慧。此五法者。聲聞緣覺菩薩如來自覺聖智諸地相續次第。一切佛法悉入其中。

記曰。此言四門攝一切法也。謂非但五法攝餘三門。卽聲聞緣覺菩薩如來。若因若果。一切諸法悉入其中。

○四明總歸如如以示正觀

復次大慧。五法者。相名妄想如如正智。大慧。相者。若

處所形相色像等現。是名爲相。唐譯云。此中相者。謂所見色等形狀各別。是名爲相。若彼有如是相。名爲瓶等。卽此非餘。是說爲名。唐譯云。依彼諸相立瓶等名。此如是此不異。是名爲名。施設衆名。顯示諸相瓶等心心法。是名妄想。彼名彼相畢竟不可得。始終無覺。於諸法無展轉。離不實妄想。是名如如。唐譯云。彼名彼相畢竟無有。但是妄心展轉分別。如是觀察乃至覺滅。是名如如。眞實決定究竟自性不可得。彼是如相。我及諸佛隨順入處。普爲衆生如實演說。施設顯示。於彼隨入正覺。不斷不常。妄想不起。隨順自覺聖趣。一切外道聲聞緣覺所不得相。是名正智。

記曰。此言修行五法之方便也。前言五法相因而有。謂名相因妄想而有。如如因正智而得。且彼名相。通約心境相待而言。所以攝入三性。此單言一切諸法總謂之相。相各有名。分別名者謂之妄想。謂此名相妄想。本自如如。唯能了此如如之相。而復能爲衆生顯示者。乃名正智。卽所謂自覺聖智也。故前後五法之次不同。而立意亦別耳。彼名相畢竟不可得者。境本如如也。始終無覺者。謂旣無所知之境。亦無能知之心。則心本如如也。心境如如。故於諸法無展轉生滅。而離不實妄想矣。此眞如相。以無相故。故眞實決定究竟自性不可得。斯乃我及諸佛所證入處。而所以普爲衆生開示。說者亦

說此如如實相。顯示於彼。令彼衆生隨順入此。不墮斷常。不生妄想。入自覺聖智趣。超過一切外道二乘境界。如此方名正智也。是則我所證所說者。唯此而已。卽令衆生所證者。亦唯此而已。故法華云。唯此一事實。餘二則非眞。下結勸修學。

大慧。是名五法三種自性八識二種無我。一切佛法悉入其中。是故大慧。當自方便學。亦教他人。勿隨於他。

記曰。此結勸修也。唐譯云。於此法中。汝應以自智善巧通達。亦勸他人令其通達。通達此已。心則決定。不隨他轉。然通達如如。其心方決定不隨他轉。此所以七地未離心識。而亦恐墮外道邪徑也。

爾時世尊欲重宣此義而說偈言

五法三自性　及與八種識　二種無有我

悉攝摩訶衍

記曰此總頌上四門攝盡一切大乘佛法也梵語摩訶衍此云大乘

名相虛妄想　自性二種相　正智及如如

是則為成相

記曰此頌五法攝三自性也

○上示五法三自性八識二無我以明究竟差別相已竟

○下明法身常住以示生死涅槃平等相分二

○初明法身常住

爾時大慧菩薩復白佛言世尊如世尊所說句過去諸佛如恆河沙未來現在亦復如是云何世尊為如說而受為更有餘義惟願如來哀愍解說佛告大慧莫如說受三世諸佛量非如恆河沙所以者何過世間望非譬所譬

記曰前一往通顯法界眞妄因果究竟總歸如如此將示法身常住以顯法界平等如如故舉恆沙之喻以請問也蓋尋常舉多多之數以恆沙喻之大慧意謂果是三世諸佛如恆沙之多耶故云如說而受為復別有餘義耶佛言不可謂三世諸佛如恆沙之多何者以如來最勝超諸世間無與等者不可以量求故云過世間望非譬所譬經云三界有無一切法不能與佛為譬喻

以凡愚計常外道妄想（唐譯云我以凡愚諸外道等心恆執著常與無常）長養惡見生死無窮欲令厭離生死趣輪精勤勝進故為彼說言諸佛易見非如優曇鉢華難得見故息方便求有時復觀諸受化者作是說言佛難值遇如優曇鉢華優曇鉢華無已見今見當見如來者世間悉見不以建立自通故說言如來出世如優曇鉢華大

慧自建立自通者過世間望彼諸凡愚所不能信自覺聖智境界無以為譬眞實如來過心意意識所見之相不可為譬

記曰此言法身常住不可以言說心量譬喻求也然法身離言不墮諸數豈可以數量比擬而求之耶然以恆沙喻佛易見者蓋為策發懈怠眾生破其執著怖遠之情欲令厭離生死發精進心耳故為彼說諸佛易見如恆河沙非如優曇華如曰寶處在近是也若言佛難值遇彼必退怯謂難見故不肯進求故我以易見之言以啟發之非實言也若有根熟堪受化者恐其懈怠欲令精進速趣菩提故我便說言佛難值遇如優曇華使生渴仰戀慕之心故此亦寓言非實然也且優曇華並無已

見今見當見之者。而如來出世悉知悉見。豈可以優曇華比如來耶。如是以曇華喻佛者。乃說化佛誘衆生之方便耳。非是建立說法身自通處也。故說如來如優曇華。然自建立自通法者。乃內證聖智法身境界。世間無等。故云過世間望彼諸凡愚。不能信受自覺聖智境界。無以爲譬。妄謂可以比喻而知。殊不知眞實如來法身。乃超過心意意識所見之相。不可於中而立譬喻以求之也。故般若云。若以色見我。以音聲求我。是人行邪道。不能見如來。

大慧。然我說譬佛如恒河沙。無有過咎。

記曰。此釋疑也。疑曰。然如來法身既無可譬。而又喻佛如恒河沙。豈不墮自語相違過耶。故此釋云。然我有時而說譬佛如恒河沙者。無有相違過咎。何者。以我所言恒河沙者。非多多之謂也。以有深

義故。故下以七種深義釋之。

大慧。譬如恒沙。一切魚鼈輸收摩羅失獸摩羅云殺子魚**師子象馬人獸踐踏。沙不念言彼惱亂我而生妄想。自性清淨無諸垢汚。如來應供等正覺自覺聖智恒河大力神通自在等沙。一切外道諸人獸等一切惱亂。如來不念而生妄想。如來寂然無有念想。如來本願以三昧樂安衆生故。無有惱亂。猶如恒沙等無有異。又斷貪恚故。**

記曰。此喻顯法身離念也。如來自覺聖智法性如河。大力神通自在等如恒河中沙。雖被踐踏而不起一念惱亂之想。而諸外道天魔等惱亂如來。而如來寂然不生一念厭捨之心。以利益衆生本願三昧力所持故。又斷無始貪恚愛憎習氣故。以此離念之智。故如恒河沙。殆非多多之謂也。以菩提所緣緣苦衆生。故云本願三昧樂。

譬如恒沙。是地自性。劫盡燒時燒一切地。而彼地大不捨自性。與火大俱生故。其餘愚夫作地燒想。而地不燒。以火因故。如是大慧。如來法身如恒沙不壞。

記曰。此喻顯法身不壞也。如來法身。在無情謂之法性。在有情謂之佛性。故如沙爲地之自性。無情

世界成住壞空。而有情衆生生老病死。雖爲八相遷流無明三毒之火燒煮。而法身湛然曾無加損於其間。何者。以俱無生無二故。故如大地被燒。而沙不失自性。以沙與火俱生故。而愚夫謂地被燒。而地實不燒。地以火爲因故。火能生土。故火是地之因。以譬愚夫將謂三毒火燒法身亦壞。而法身實不壞。何者。以三毒煩惱是法身因故。

大慧。譬如恒沙無有限量。如來光明亦復如是。無有限量。爲成熟衆生故。普照一切諸佛大衆。

記曰。此喻法身無限量也。論云。所謂自體有大智慧光明義故。徧照法界義故。又云。以智性卽色故。說名法身徧一切處。所現之色無有分齊。隨心能示十方世界。無量菩薩。無量報身。無量莊嚴。各各

差別。皆無分齊而不相妨。此非心識分別能知。以眞如自在用義故。故云光明無有限量等。

大慧。譬如恆沙。刹求異沙。永不可得。如是大慧。如來應供等正覺。無生死生滅。有因緣斷故。

記曰。此喻法身一相也。謂法身遠離生住異滅。以永斷三有生死因故。論云。本來平等同一覺故。故云譬如恆沙刹求異沙永不可得。

大慧。譬如恆沙。增減不可得知。如是大慧。如來智慧成熟衆生。不增不減。非身法故。身法者有壞。如來法身非是身法。

記曰。此喻法身離增減過也。論云。一者體大。謂一切法眞如平等不增減故。所言如來智慧約成熟衆生而說。不增不減者。蓋約權智利物。卽十方無量衆生皆取如來智慧而如來不減。皆契佛心。亦無所增。所謂既已爲人己愈有。既已與人己愈多也。何者。以法身非身故。故唐譯云。譬如恆沙。取不知減。投不見增。諸佛亦爾。以方便智成熟衆生。無減無增。何以故。如來法身無有身故。

如壓恆沙。油不可得。二譯皆有大慧譬如四字。如是一切極苦衆生逼迫如來。乃至衆生未得涅槃。不捨法界自三昧願樂。以大悲故。

記曰。此喻顯同體大悲也。以衆生業性盡是如來法身。是則衆生受大極苦皆是逼迫如來矣。故衆生未盡涅槃而如來亦不得常樂我淨。所以乃至一微細衆生不入涅槃。而如來亦不捨法界自三昧願樂度生事業。以同體大悲所持故。油喻嗔心。魏譯云。諸佛如來爲諸衆生苦惱所壓嗔不可得。

大慧。譬如恆沙隨水而流。非無水也。如是大慧。如來所說一切諸法。隨涅槃流。是故說言如恆河沙。如來不隨諸去流轉。去是壞義故。大慧。生死本際不可知。不可知故云何說去。大慧。去者斷義。而愚夫不知。

記曰。此喻言說法身也。沙喻一切生死法。水喻法身涅槃法。然法身流轉五道。名曰衆生。若衆生以無明業識說涅槃法。而涅槃法皆隨生死流。而如來以自覺聖智說生死法。而生死法皆隨涅槃流。

不但所說之法隨涅槃。而言說卽涅槃。以言辭相寂滅故。是故如來說法不隨諸去流轉。所以不隨流轉者。以不見有生死法故。故云生死本際不可知。既生死本際尙不可知。我云何而說生死有去義耶。且去是斷義。然生死本際卽涅槃常住。又何說斷。但此非愚夫所知。

○上明法身常住

○下明生死涅槃平等

大慧白佛言。世尊。若衆生生死本際不可知者。云何解脫可知。佛告大慧。無始虛僞過惡妄想習氣因滅。自心現知外義。妄想身轉解脫不滅。唐譯云。了知外境自心所現。分別轉依名爲解脫。非滅壞也。是故無邊非都無所有。爲彼妄想作無邊等異名。觀察內外離於妄想無異衆生。智及爾燄一切諸法悉皆寂靜。唐譯云。離分別心。無別衆生。以智觀察內外諸法。知與所知悉皆寂滅。不識自心現妄想故妄想生。若識則滅。

記曰。此明生死涅槃本來平等。以顯佛界如衆生如。一如無二如也。唐譯云。若生死本際不可知者。云何衆生在生死中而得解脫。大慧意謂離生死外。別求解脫也。佛言。生死本際即涅槃。故以衆生迷本際而爲生死。故有無始虛僞過惡妄想習氣因。此所以妄見心外實有諸法。今但滅彼妄想習氣。則能了知心外無法。即此妄想便是涅槃。非離此妄想外別有涅槃也。故云妄想身轉解脫不滅。是故無邊非都無所有。以本際全成妄想。即此妄想乃本際之異名耳。故魏譯云。本際者是分別心。

一體異名。離分別心。更無衆生。斯則本際即妄想。妄想即衆生。故本際如而衆生亦如也。以皆如故。以智觀察內外諸法。知與所知皆悉寂滅。但以不了妄想說自心生。故妄想生。若了唯心。即妄想頓滅。由是觀之。生死涅槃本無二致。惟在迷悟之間。悉由自心轉變耳。豈更有他哉。

爾時世尊欲重宣此義而說偈言。

觀察諸導師　猶如恆河沙　不壞亦不去
亦復不究竟　是則爲平等

記曰。此頌法身平等也。然不壞不去。亦不究竟斷滅。此所以爲平等如如。

觀察諸如來　猶如恆沙等　悉離一切過
隨流而性常　是則佛正覺

記曰。此頌法身常住也。以隨流而性常。是所謂眞實常住。

○上明法身常住。以顯生死涅槃平等相竟

○下示藏心自性。以顯眞妄生滅平等相

觀楞伽阿跋多羅寶經記卷第十七

觀楞伽阿跋多羅寶經記卷第十八

宋天竺三藏沙門求那跋陀羅譯

明建鄴海印沙門　釋德清筆記

一切佛語心品第四之四

○上明法身常住以顯生死涅槃平等相竟

○下示藏心自性以顯眞妄生滅平等相

爾時大慧菩薩復白佛言。世尊。惟願為說一切諸法剎那壞相。世尊。云何一切法剎那。

記曰。此將顯衆生如。故問剎那生滅之法也。魏譯云。為我說一切法生滅之相。云何如來說一切法念念不住。然一切法者。極而言之。乃世出世間聖凡之法。無不該盡。略而言之。乃衆生五蘊身心之法耳。總而言之。皆屬生滅。故謂之衆生。若以妄心分別。都是生滅之法。即大慧初所請問百八句者是已。前大慧致問。世尊總斥之曰非。意顯眞如理中本無此事。故今一往約生滅門中以五法自性識無我等一一開示。以至眞妄一如。究竟已極。將明生滅本如。以顯不獨佛界如。而衆生界亦如如也。故大慧已聞法身常住。故此特舉生滅之法以問之。以眞妄之法不出一心。故世尊攝如來藏以舉之。

佛告大慧。諦聽諦聽。善思念之。當為汝說。佛告大慧。一切法者。謂善不善。無記。有為。無為。世間。出世間。有罪無罪。有漏。無漏。受不受。魏譯云。內法。外法。唐譯云。有受法。無受法。大慧。略說心意意識及習氣。是五受陰因。是心意意識習氣長養。唐譯云。舉要言之。五取蘊法。以心意意識習氣為因而得增長。凡愚善不善妄想。大慧。修三昧樂三昧正受現法樂住。名為賢聖善無漏。唐譯云。凡愚於此而生分別。謂善不善。聖人現證三昧樂住。是則名為善無漏法。

記曰。此明世出世間凡聖之法。總依五蘊身心而有也。謂一切法者。大約不越世出世間善惡無記及有無心境有漏無漏之法耳。此等諸法。通以五蘊身心為因。然凡愚執此五蘊以為實有。故依之造作世間善惡無記罪過有漏之業。外道不知五蘊無我。故妄執以為神我。而起有無二見。故謂之生滅。出世聖人以三昧力。觀此五蘊身心如幻如化。現住法樂而成善無漏法。故謂之不生滅。通皆唯一五蘊身心。良由所見不同。故有凡聖之別。據實而論。總皆不離生滅。謂之剎那。何者。以皆未離心意識故。所謂菩提心生。生滅心滅。猶是生滅。但存有所得心。皆為生滅。況妄計分別者乎。然此生滅之法。本自無生。何者。以皆不離如來藏故。然如來藏中本無去來迷悟生死。而彼諸法又豈生滅耶。是知剎那者妄見也。

大慧。善不善者。謂八識。何等為八。謂如來藏名識藏。心意意識及五識身。非外道所說。

記曰。此言如來藏為善不善因。以顯生滅本不生滅也。然上云諸生滅法。不出善與不善。今云善惡二法皆是八識。八識即如來藏。而如來藏本不生滅。即彼八識雖是生滅而亦不生滅。何者。以如來藏隨染淨緣之所熏變故也。若無明熏真如而如來藏隨染緣起。即名八識而有生滅。若真如熏無明。而如來藏隨淨緣起。即彼八識名如來藏而不生滅。是則染淨隨緣起滅自彼。而如來藏性湛然常住。了無生滅善惡去來之相。此非外道所知也。故論云。依無明熏習所起識者。非凡夫能知。亦非二乘智慧所覺。乃至菩薩究竟地不能盡知。唯佛窮了。何以故。是心從本以來自性清淨而有無明。為無明所染有其染心。雖有染心而常恆不變。是故此義唯佛能知。又云。熏習義有二種。一者根本熏習。以能成就業識義故。二者所起見愛熏習。以能成就分別事識義故。故此云如來藏名識藏。心意意識及五識身。然首云生滅者諸識也。今至此云不生滅者亦諸識也。以識藏即如來藏故。

大慧。五識身者。心意意識俱。善不善相展轉變壞。相續流注。不壞身生。亦生亦滅。唐譯云。無異體生。生已即滅。**不覺自心現。次第滅。餘識生。形相差別攝受。**

記曰。此言前五識生滅之狀也。心意意識俱者。謂前五識起時。各無自性。必依第六同時意識而起。然意識必依七識意根。然七識依內外門轉。若依外門同六識轉時。必內托八識而為根本依。以七識無體故。故云五識起時必與心意意識俱時而轉。故作善作惡展轉變壞相續流注。生滅不停。然皆不離八識自證分故。雖各了自境而無異體生。故云不壞身生。既無異體生。則雖生不生。故云生已即滅。謂正生時即滅。故下偈云。物生則有滅。此顯真無生意也。但以不覺自心現者妄見生滅差別執取耳。其實本自無生也。次第滅餘識生者。謂五識最初一念攬境之時。未有分別。謂之現量。及第二念分別美惡之時。前五已謝。即屬第六明了意識起心分別形相好醜差別而生執受。故云次第滅餘識生。

意識五識俱相應生。剎那時不住。名為剎那。

記曰。此言六識生滅之狀也。然意識不自生。必待五識緣境之時而意識同時相應而起。故唐譯云。與彼五識共俱。取於種種差別形相。剎那不住。我說此等名剎那法。由是觀之。五七八識皆本不生。其所以生滅者。但意識耳。故前二卷涅槃章云。妄想識滅。名為涅槃。此與前文對觀。自當洞明深旨。

大慧。剎那者名識藏如來藏。魏譯云。阿黎耶識名如來藏。唐譯云。如來藏名識藏。**意俱生識習氣剎那。無漏習氣非剎那。非凡愚所覺。計著剎那論故。不覺一切法剎那非剎那。以斷見壞無為法。**

記曰。此正顯生滅本不生滅。以明不變隨緣隨緣不變義也。意謂所言剎那者。非他乃識藏也。且識藏即如來藏。然如來藏既非剎那而識藏又豈是剎那耶。是則剎那非剎那。足知生滅本不生滅矣。然其生滅者。殆非識藏。蓋是七識俱生之六識所攬染污有漏習氣所熏。彼自生滅耳。斯則生從緣生。滅從緣滅。與我藏體了不干涉。故云意俱生識習氣剎那。若以無漏習氣所熏。則彼生滅者亦不生滅矣。故云無漏習氣非剎那。但此非凡愚所知。以彼計著剎那論故。以彼不知一切諸法剎那本非剎那故妄計無爲眞如亦同諸法壞故墮於斷見。此剎那者。魏譯文雖不倫。其義更顯。彼云剎尼迦者。名之爲空。阿黎耶識名如來藏。無共意轉識熏習故。名之爲空。具足無漏熏習法故。名爲不空。此與論覺體相四義中前二正相符合。論云。覺體相者有四種大義。與虛空等猶如淨鏡。云何爲四。一者如實空鏡。遠離一切心識境界相。無法可現。非覺照義故。二者因熏習鏡。謂如實不空。一切世間境界悉於中現。不出不入。不失不壞。常住一心。以一切法即眞實性故。又一切染法所不能染。智體不動。具足無漏熏眾生故。然魏譯無共意轉識熏習。即論遠離一切心境界相。以此對觀。足知生滅本不生滅也。

大慧。七識不流轉。不受苦樂。非涅槃因。大慧。如來藏者受苦樂與因俱。若生若滅。四住地無明住地所醉。凡愚不覺剎那見妄想熏心。

記曰。此釋上生本不生義也。尋常皆言七識生滅流轉。招致生死。此言七識不流轉者。正顯無生深義也。七識所以不流轉者。以無自性故。蓋生死善惡苦樂等法。而造作者乃前六識。而受熏持種致未來果者乃八識也。然七識無造無受。故不能爲生死因。況生處即滅。故不流轉。尚不能爲生死因。又豈能作涅槃因耶。既不能爲染淨因。則無自性明矣。自性尚無。誰當生滅。然如來藏自性清淨。本不生滅。不受苦樂。非生死因。今云受苦樂與因俱若生若滅者。殆非如來藏也。乃是四住煩惱及無明緣。爲彼所醉。故有苦樂與生死俱。妄生滅耳。然此藏性體恆清淨。湛然常住。又何嘗有生死苦樂生滅之相耶。是則內外諦觀。畢竟了無生滅。而凡愚不覺此義。妄起剎那之見。是乃妄想熏心。非明智也。下以喻明。

復次大慧。如金金剛佛舍利得奇特性。終不損壞。大慧。若得無間。魏譯云。如來證法。唐譯云。若得證法。**有剎那者。聖應非聖。而聖未曾不聖。如金金剛。雖經劫數稱量不減。云何凡愚不善於我隱覆之說。於內外一切法作剎那想。**

記曰。此以喻結成究竟寂滅相也。謂如來藏自性清淨堅固。雖在生死。體常不壞。如金剛佛骨。以得奇特性故。此乃一切諸佛證之。以爲自覺聖智無上涅槃。在一切眾生得之而爲心性。所謂聖凡平

等無間之法也。若眾生得此無間之性有生滅者。而聖人得之亦非聖人矣。今既聖人得之未嘗不聖。而凡夫得之又豈眞凡夫耶。然而此性既如金剛。雖經劫數稱量不減。豈可在聖有增。在凡而又滅之耶。既聖凡平等。如何於一切法又有生滅。故云云何愚夫不善於我隱覆之說。於內外一切法作剎那想。此經直指眾生業識。頓示如來藏心。故從初卷生滅章起。一往所談。辯明邪正因果。皆依八識迷悟而立。至此所顯理行因果已極。故復結歸如來藏識藏。今明八識本不生滅。以示平等如如。以顯從生滅門入眞如門。會歸一心。以爲究竟。此通途之大旨也。故此後便明修本無修。無得示法身離過。以終其說焉。向後空無常剎那偈文。應屬於此。乃譯人錯簡。觀者幸會取觀之。理更昭著。

○上顯生滅平等相竟

○下廣明六度以示妙行無修相

大慧菩薩復白佛言世尊如世尊說六波羅密滿足得成正覺何等爲六二譯俱有云何滿足

記曰此廣明六度以示妙行無修無得以成上平等義也因前一往所言但了自心現量證自覺聖智卽名爲佛是則不勞多劫廣修六度矣云何世尊於餘經中常說六度滿足方得成佛耶此乃聖教相違也但不知何等六度今云成佛如何滿足故與此問向下世尊答以三種六度卽此所云滿足者蓋一念頓修亦非廣歷多劫以明無修無得以示究竟如如智也

佛告大慧波羅密有三種分別謂世間出世間出世間上上

記曰大慧問何等六度而世尊答以三種之名也世間卽人天行出世間卽二乘行出世間上上乃一乘行也

大慧世間波羅密者我我所攝受計著攝受二邊爲種種受生處樂色聲香味觸故滿足檀波羅密唐譯云謂諸凡愚著我我所執取二邊求諸有身貪色等境如是修行檀波羅密戒忍精進禪定智慧亦如是凡夫神通及生梵天

記曰此言世間有漏六度也謂凡愚著相修行布施乃計我能施計有所施物依有無二見爲求未來受生人天勝處乃具足六塵五欲境界而行布施乃至戒等五度亦如是以有漏因感有漏果故得生梵天獲凡夫五通不離生死故稱世間永嘉云住相布施生天福猶如仰箭射虛空勢力盡箭還墜招得來生不如意謂是故也

大慧出世間波羅密者聲聞緣覺墮攝受涅槃故行六波羅密樂自己涅槃樂

記曰此言二乘六度也謂二乘人爲厭捨生死欣趣涅槃求於自度修習六種劣無漏行故不得作佛以著涅槃相故

出世間上上波羅密者覺自心現妄想量攝受及自心二故不生妄想於諸趣攝受非分自心色相不計

著爲安樂一切衆生故生檀波羅密起上上方便

記曰此言最上一乘行首布施度也謂大菩薩了唯心現量作如實觀而於自心內外二法覺知唯妄分別現所行布施善達三輪體空不起施者妄想不生受者執著不取中間施物色相但爲安樂一切衆生故而恆行布施故以捨性障爲檀度也論云於眞如法中深解現前所修離相以知法性體無慳貪故隨順修行檀波羅密然檀能攝於六度論曰檀義攝於六資生無畏法此中一二三是名修行住故云上上方便

卽於彼緣妄想不生戒是尸波羅密

記曰此戒度也梵語具云尸羅此云淸涼又云止得正翻爲戒此所言戒非有作持之相乃性戒也

諸度皆然。卽於彼緣妄想不生戒者。謂於彼施受一切染淨境緣妄想不生。則自性清淨戒相如空。有何持犯。以性淨爲戒度也。論云。以知法性無染離五欲過故。隨順修行尸羅波羅密。

卽彼妄想不生忍。知攝所攝。是羼提波羅密。

記曰。此忍度也。梵語羼提。此云安忍。又云忍辱。以心能安忍外所辱境。故名忍辱。謂卽於彼持犯妄想不生。以此無生法忍可於心。乃無生忍。非忍辱之謂也。然無生非所可忍而忍之者。以知能取所取性空寂故。以此爲忍度也。論云。以知法性無苦離嗔惱故。隨順修行羼提波羅密。

初中後夜精勤方便。隨順修行方便。妄想不生。是毘黎耶波羅密。

記曰。此精進度也。梵語毘黎耶。此云精進。以稱如實修行。於修行方便亦不起方便之想。法華頓捨二執。是眞精進。故以此爲進度也。論云。以知法性無身心相離懈怠故。隨順修行毘離耶波羅密。

妄想悉滅。不墮聲聞涅槃。攝受是禪波羅密。

記曰。此禪度也。梵語具云禪那。此云思惟修。正翻靜慮。謂心意意識妄想悉滅。而以大悲大願救度衆生。雖得涅槃而不取證。故不墮聲聞涅槃。以二乘禪有執取故。此以不取涅槃爲禪度也。論云。以知法性常定。體無亂故。隨順修行禪波羅密。

自心妄想非性。智慧觀察。不墮二邊。先身轉勝而不可壞。得自覺聖趣。是般若波羅密。

記曰。此智度也。梵語般若。此云智慧。謂了知三界之相。從自心妄想現。而非實有。以智慧觀察。不墮有無二見。而法身轉勝。了無生滅而不可壞。得入自覺聖智趣。以此爲智度也。論云。以法性體明離無明故。隨順修行般若波羅密。然此六度。皆約性而修也。華嚴云。心常不與世心和合。名爲精進。悲智利俗。不與識俱。名之禪定。已踐佛果出世妙慧。名爲智慧。以皆稱性而修。故修無修相。此所謂一念滿足無上菩提。故云無所得相。所以爲如實行也。

爾時世尊欲重宣此義而說偈言。

空無常刹那　愚夫妄想作　如河燈種子

而作刹那想　刹那息煩亂　寂靜離所作

一切法不生　我說刹那義　物生則有滅魏譯云。初生則有滅。　不爲愚者說

記曰。此頌前刹那章義也。譯人錯簡於此。謂愚夫妄想分別諸法。以爲實有。計以爲常。故世尊說空無常刹那。如河流如燈焰如種子。迅速遷逝。刹那不住。以破彼計。而愚夫不善隱密之意。復執言說爲實。而定作刹那之想。殊不知刹那之法本非刹那。息於動亂。當體寂靜。離於所作。爾乃妄作生滅之見。以一切法本自無生。故我方說刹那義耳。然一切法生處卽滅。當體無生。此無生義。豈可爲愚者說之耶。故云初生卽有滅。不爲愚者說。楞嚴云。當處發生。隨處滅盡。幻妄稱相。其性眞爲妙覺明體。此豈易與愚者說耶。

無間相續性　妄想之所熏　無明爲其因

心則從彼生　乃至色未生　中間有何分魏譯云。若無明爲因。能生諸心者。乃至色未生。中間依何住。

相續次第滅魏譯云。卽生卽有滅。　餘心隨彼生　不住於色時

何所緣而生　以從彼生故　不如實因生

云何無所成　而知刹那壞唐譯云。若緣彼心起。其因則虛妄。因妄體不成。云何刹那滅。

記曰。此頌展轉發明心境無生。以釋刹那非刹那義也。謂三界上下六趣往來。本自空洞無物。當體常住。了無纖毫起滅之相。若謂六趣相續生滅之相。以妄想所熏無明爲因。心從彼境而有生滅者。此亦不然。何者。若果有色境與心爲緣。可說心從彼生。若色未生時。此心又依何法所住而生分別耶。故云乃至色未生。中間依何住。此則計心從境生者妄矣。故般若云不應住色生心。然不住色生心。心本無生也。若謂諸法相續次第生滅。而餘心心所亦因隨彼境變滅而生者。此亦不然。何者。若彼色境果是有住。可說隨彼而生。且彼諸法當處發生隨處滅盡。自體寂然。了無生相。是則色本無住。色既無住。又有何法爲心所緣而生之耶。故云不住於色時。何所緣而生。此則計境有生滅者妄矣。色既無住。則境本無生也。若謂因從彼無生之境而生心者。此因如石女兒。亦成虛妄矣。故云以從彼生故。不如實因生。因既虛妄。而所生之體不成。云何於無所成。而妄見有刹那生滅之法耶。由是觀之。展轉諦窮。心境寂然。了無生滅。此所以我說刹那也。所以不生滅者。以心境不相到故。故大經云。譬如河中水。湍流競奔逝。諸法不相知。各各亦如是。

修行者正受　金剛佛舍利　光音天宮殿

世間不壞事　住於正法得　如來智具足

比丘得平等　云何見刹那　犍闥婆幻等

色無有刹那　於不實色等　視之若眞實

記曰。此言諸法無生。唯智眼明見。而非妄想邪見所可知也。謂修如實行者。於正定中觀諸世間法眞常。當體堅固。猶如金剛舍利光音天宮。常住不壞。以光音天水火不到故。然修行者定心觀之。尙已如此。何況八地菩薩安住正法。已得如來聖智滿足。證平等眞如之比丘。云何而見諸法又有刹那生滅之相耶。且一切色法本來不實。如乾城幻事。無有刹那生滅。以不實故。云何愚夫於不實中妄爲眞實。計四大種爲能造色。既大種不實。云何而說能造耶。此皆愚夫妄見也。已上頌文。當隨刹那章觀之。其義自見。

○上明妙行無修相已竟

○下廣破衆疑總顯法身離過

爾時大慧菩薩復白佛言。世尊。世尊記阿羅漢得成阿耨多羅三藐三菩提。與諸菩薩等無差別。一切衆生法不涅槃。誰至佛道。

記曰。此廣釋衆疑。總顯法身離過也。大慧因世尊一往所說語頗相違。第恐後人不善如來隱覆密意。便生疑惑。故此一一舉而徵明之。以顯如來法身永離諸過也。然此問答。舊註分爲十段。今諦審語勢。及觀答意。對彼二譯。皆合前六爲二。故止有六疑。但語意展轉耳。然如來出世。以身口意三輪應物。永離諸過。今六問中。其授記說識施設本際等。口業也。金剛侍衛遭魔受報等。身業也。不說一字。常定無慮無察等。意業也。以三業清淨。故非身現身。無說示說。不慮而應。不察而知。此所謂法身普徧。如水中月。不出不入。故永離諸過也。且此首疑世尊爲二乘授記作佛。與菩薩不異等者。蓋因六度章。言聲聞緣覺。樂自已涅槃。雖行六波羅密。不能成佛。此則二乘與菩薩異也。何故於前不定性中云。三昧樂住聲聞。當得如來最勝之身。於滅正受章中。而云六地菩薩與聲聞緣覺同入滅正受耶。此則菩薩二乘又不異也。然二乘既有成佛之分。何故刹那章中。又言七識不流轉。不受苦樂。非涅槃因。然七識者。一切衆生識也。既云非涅槃因。此則衆生絕無成佛之分矣。而二乘亦衆生耳。既衆生法不至涅槃。又誰至於佛道耶。魏譯皆有如來復說四字。此合舊註三問爲一問。

從初得佛至般涅槃。於其中間不說一字。亦無所答。

如來常定。故亦無慮。亦無察。化佛化作佛事。

記曰。此中展轉含有三疑。而向下答文合爲一義也。謂四等章中。言如來有六十四種梵音爲衆生說法。何故本住章中云。從初成佛至般涅槃。於其中間不說一字。而恆沙章中。又云如來寂然無有念想。然無念想。則是如來心常在定。無慮無察矣。且說法者。乃意言分別。何得又以多種音聲而說法耶。且四頓章中云。法佛者離心自性。今無慮察。卽是離心自性。乃法佛也。若無慮察而能說法。則是法佛說法矣。何故又說化佛化作佛事耶。斯則展轉紆疑。故冀佛甄別。此亦合舊註三問爲一。

何故說識刹那展轉壞相。

記曰。此第三疑也。刹那章中言七識不流轉。何故又云五識身心意意識俱善不善相。展轉變壞相續流注耶。

金剛力士常隨侍衛。

記曰。此第四疑也。恆沙章中言如來法身過世間望。則是不可見相矣。金剛力士又何從而侍衛耶。

何不施設本際。

記曰。此第五疑也。恆沙章中言生死本際不可知。本際者始也。解脫者終也。既不知本際之始。云何復說衆生得解脫之終耶。衆生既得解脫。是有本際可知矣。何不施設本際耶。

現魔魔業惡業果報旃遮摩納孫陀利女空鉢而出。

惡業障現。云何如來得一切種智而不離諸過。

記曰。此第六疑也。恆沙章偈云。觀察諸如來悉離一切過。且如佛初成道時。而天魔與四兵。持苦具詣樹下繞佛。此魔業也。及旃遮婆羅門女。以木盂繫腹。與外道孫陀利女。共相謗佛。又佛會入娑黎耶村。巡門乞食。無施之者。持空鉢而出。至若食馬麥。頭痛背痛。刺傷足。調達推山壓佛。設火窟醉象毒飯等事。此皆惡業障現。不能悉舉。皆過惡也。何言如來悉離諸過耶。然二譯問惡業作二問。今亦合爲一問答矣。

佛告大慧。諦聽諦聽。善思念之。當爲汝說。大慧白佛言。善哉世尊。唯然受教。佛告大慧。爲無餘涅槃故。說誘進行菩薩行者故。此及餘世界修菩薩行者。樂聲聞乘涅槃。爲令離聲聞乘進向大乘化佛授聲聞記。非是法佛。大慧。因是故記諸聲聞與菩薩不異。

記曰。此答第一問也。謂所以與二乘授記者。有其二意。一爲聲聞自取有餘涅槃。今欲策進大乘。以證無餘涅槃故。二爲初心菩薩怖畏大乘。自生退縮。樂聲聞行。亦令捨小趣大故。有此二意。故爲二乘授成佛記。且此乃是化佛方便之所爲。非法佛也。因此故說聲聞與菩薩不異。下釋不異之所以。

大慧。不異者。聲聞緣覺諸佛如來。煩惱障斷解脫一味。非智障斷。大慧。智障者。見法無我。殊勝清淨。煩惱障者。先習見人無我斷。七識滅。法障解脫。識藏習滅。究竟清淨。

記曰。此釋二乘不異菩薩之所以也。謂二乘所以不異菩薩者。以聲聞緣覺菩薩及藏教果佛。同斷煩惱障。證人無我。所得但空涅槃無差別故。非斷智障證法無我也。台教云。同除四住。此處爲齊。若伏無明。三藏則劣。故云聲聞緣覺諸佛如來煩惱障斷。一味解脫。非智障斷。若智障斷。則得眞殊勝清淨矣。以二乘所證劣無漏。故所言煩惱障者。乃先習也。先習者。謂三界生因。潤生枝末無明。卽見思也。二乘證我空理。已斷三界生因。無復分段生死。故云先習見人無我斷。然煩惱障斷。但滅前六識耳。唯此與菩薩同。若七識滅。則分斷根本無明。方得法障解脫。若藏識種子習氣生相無明滅盡。方得究竟清淨。此又非二乘所知也。

因本住法故。前後非性。無盡本願故。如來無慮無察而演說法。正智所化故。念不妄故。無慮無察。四住地無明住地習氣斷故。二煩惱斷。離二種死。覺人法無我及二障斷。

記曰。此答第二問也。前問世尊從初成佛乃至涅槃中間不說一字。等佛謂所以不說者。因我證本住法故。然本住法者。所謂諸法實相。有佛無佛法界常住。常住則無始終。無始終則無成佛及涅槃相。故云前後非性。前後際斷。寂然不生。念慮永絕。又有何法可說耶。然於無可說中而有說者。但以諸佛如來曠劫修因。所發救護衆生無盡本願所熏。於湛然法界無慮無察寂定心中。應衆生機而演說法。卽其所說。乃從正智稱性所流。無有妄念。不待思慮然後說也。如來所以無思無慮者。以如來久已斷盡五住習氣及根本枝末二種煩惱。離二種死。覺人法二無我。煩惱所知二障永寂。故以諸障永寂。卽得種類俱生無作意生身。自然而有不思議業用。而能現應化身。化作佛事。此所以無說示說。非身現身。是名如來眞法身也。

大慧。心意意識眼識等七剎那習氣因。善無漏品離。不復輪轉。大慧。如來藏者輪轉。涅槃苦樂因。空亂意慧愚癡凡夫所不能覺。

記曰。此答第三問也。前疑剎那章云七識不流轉。何故云五識身心意意識俱。善不善展轉變壞相續流注。既云七識變壞剎那不住。即是流轉。一等七識。何故又云流轉。又云不流轉耶。今佛答意。謂心等七識所以言流注者。以前七識本無自性。但以如來藏被無明所熏而有習氣。以此習氣爲因。熏起前七妄想影子。念念生滅剎那不住。因此但說七識生滅。非言流轉也。所言流轉者。謂順法性而流入生死。轉生死而爲涅槃。作世出世間善不善因。以具此勝能。有大業用。方名流轉。今前七識

但能爲世間有漏不善之因。不能作出世善無漏因。是故我言不流轉耳。故云無漏善品離。故不復輪轉。至說如來藏輪轉者。以自性清淨。體不生滅。但以無自性故。隨緣轉變。以受有漏善不善熏。則爲人天六道生死苦樂因。若受純淨無漏善法所熏。則能爲出世涅槃眞樂因。以具有如此轉變業用。故云如來藏輪轉涅槃苦樂因。但此祕密深意。非三乘劣解。外道愚夫所知也。故云空亂意慧愚癡凡夫所不能覺。空亂意慧者。乃創修大乘。未達眞空。無決定信者。

大慧。金剛力士所隨護者。是化佛耳。非眞如來。大慧。眞如來者。離一切根量。一切凡夫聲聞緣覺及外道根量悉滅。得現法樂。住無間法智忍故。非金剛力士所護。一切化佛不從業生。化佛者非佛。不離佛。因陶家輪等衆生所作相而說法。非自通處說自覺境界。

記曰。此答第四問也。前問意因恒沙章言如來法身過世間望。遂疑何以又有金剛力士常隨侍衛。今佛答云。金剛力士所隨護者。乃化佛耳。非眞如來也。眞如來者。離一切根量。以滅一切凡夫外道二乘根量故。得現法樂安住無間法智忍中。故不假守護。然一切化佛。乃從衆生機感應現而生。非是業報所生。所謂應化非眞佛。雖非眞佛。然亦從眞起。故云不離佛。以應不離眞故。其所說法亦非眞法。乃隨衆生種種心行樂欲不同。施設方便。各令歡喜成辦事業。故云因陶家輪等衆生所作相而說法。蓋陶家以輪繩泥水因緣造作種種器物。隨其所求各適其用。故然所說法乃隨他意語。非

隨自通處說自覺境界也。

復次大慧。愚夫依七識身滅。起斷見。不覺識藏故。起常見。自妄想故不知本際。自妄想慧滅故解脫。

記曰。此答第五問也。前問因恒沙章云生死本際不可知。遂疑謂既不知生死之始。云何而知解脫之終耶。故問何不施設本際。今佛答意。謂本際者。實際理地也。然實際中本無生死。又何有始終。然我所言生死本際不可知者。蓋責凡愚外道。但隨妄想生滅。不達實際耳。非是說生死有本際而不可知也。然彼愚夫依七識念念滅處起於斷見。不知藏識但以相續流注不斷處起於常見。此皆自生妄想分別。故不知本際耳。非言生死有始。但彼自妄想滅。便是解脫。亦非涅槃有終也。

四住地無明住地習氣斷故。一切過斷。

記曰。此答第六問也。前問因恆沙章言如來悉離一切過。遂以魔冤惡業果報致疑。今佛答意謂如來離一切過者。五住煩惱習氣究竟永斷故。然又遭魔者。此定業也。以示身堪忍。調伏剛強眾生。須具無生法忍。慈心三昧力故。所以有惡業果報者。以為眾生示現定業難逃。在佛不免。欲令眾生明信因果。懼惡報應。將使怖果絕因。離生死苦趣故。此皆化佛方便權智示現與民同患之意耳。非是如來實有惡業報應。具諸過惡也。且以五住煩惱永斷。故言離過。殆非言不受定業為離過也。

爾時世尊欲重宣此義而說偈言。

三乘亦非乘　如來不磨滅（唐譯云。無有佛涅槃。）

一切佛所記　說離諸過惡　為諸無間智

及無餘涅槃　誘進諸下劣　是故隱覆說

諸佛所起智　即分別說道　諸乘非為乘

彼則非涅槃

記曰。此頌通共五偈。單頌授記一義耳。初一偈意言法界理中本無三乘。故云亦非乘。法身如來亦無涅槃之事。故云不磨滅。然既無三乘。亦無涅槃。而云為一切聲聞悉授佛記者。因為說諸二乘狹劣過惡。欲令捨離小心。趣向大道。究竟無間種智。證入無餘涅槃。誘進諸下劣人。捨近習想。是故密意隱覆。說有佛果可成。令彼生歡喜耳。非是實有涅槃待彼證之也。斯蓋權智方便施設。若以諸佛所證根本實智。即依自智說自證眞實之道。則諸乘非為乘矣。以十方佛土中。唯有一乘法。無二亦無三故。是則彼二乘所證非眞涅槃明矣。故云諸佛所起智。即分別說道等。

欲色有及見　說是四住地　意識之所起

識宅意所住　意及眼識等　斷滅說無常

或作涅槃見　而為說常住

記曰。此頌授記中煩惱障斷。非智障斷意也。所言煩惱障者。乃四住煩惱也。謂欲愛住地。色愛住地。有愛住地。見一切住地。此四煩惱乃意識之所起。而第七末那內熏八識堅住。以為生死種子。故云識宅意所住。以前七識念念生滅無常。而彼見為斷。以不知藏識流注。而便以為常。遂作涅槃之見。

故我說彼非涅槃也。此常住言。乃出二乘妄計耳。故唐譯云。見意識眼等無常故說斷。迷意藏起常。邪智謂涅槃。觀此偈文。即頌授記文義亦尚不足。其餘五問之意。亦當有頌。或經文脫略耳。

○此上廣決眾疑以顯法身離過已竟

○下特示眞修佛性戒本以彰生佛平等

爾時大慧菩薩以偈問曰。

彼諸菩薩等　志求佛道者　酒肉及與葱

飲食為云何　惟願無上尊　哀愍為演說

愚夫所貪著　臭穢無名稱　虎狼所甘嗜

云何而可食　食者生諸過　不食為福善

惟願為我說　食不食罪福

大慧菩薩說偈問已。復白佛言。惟願世尊為我等說食不食肉功德過惡。我及諸菩薩於現在未來當為種種希望食肉眾生分別說法。令彼眾生慈心相向。得慈心已。各於住地清淨明了。唐譯云。為未來現在非習所熏食肉眾生而演說之。令捨肉味。求於法味。於一切眾生起大慈心。更相親愛如一子想。住菩薩地。疾得究竟無上菩提。聲聞緣覺自地止息已。亦得速成無上菩提。

記曰。此因上世尊一往開示理行因果究竟已極。而大慧至此特以食肉為請者。將示真修如實行者。當以性戒為本故也。如楞嚴進修五十五位。初以三種漸次為首。悲夫。眾生所以常寢生死者。獨以婬殺盜妄四種根本重罪牽纏。不得出離也。彼首斷婬。此專斷殺。皆為真修之要。但此經來文未盡。不能畢見如來清淨垂範耳。或曰。諸經首唱斷殺。楞嚴獨唱斷婬。說者以真修以斷婬為本。利生以斷殺為先。何言斷肉便為真修耶。愚曰。不然。如來說法。各隨所因。初無執一之談也。彼因阿難誤墮。便唱斷婬。此因夜叉王宮。便唱斷殺。各隨性習偏重。所謂痛處著錐耳。良以眾生貪著五欲因緣。沈淪生死。五欲者。財色名食睡也。豈獨色欲偏令人生死。而食便不致生死耶。楞嚴三相續中。以三貪為本。所謂婬貪殺貪盜貪也。彼首婬貪。而此重殺盜二貪。蓋為末世眾生迷於性真。昧於同體相

吞相殺。尤甚羅剎。故如來大慈特因夜叉鬼王而發之也。彼首剗正性。此先除助因。違現業。盡相須也。然恨未見畢竟之論耳。第前云一切眾生皆攝受欲食。不能攝受法食。此云欲令眾生捨於肉味。求於法味。於一切眾生慈心相向。如一子地。苟非深得法味。悟平等性。何以不食肉者便能住菩薩地。速得無上菩提耶。此示真修性戒。而因鬼王發之者無疑矣。且曰聲聞住自涅槃。亦因不食肉故。而能疾得無上菩提者。豈不以貪涅槃味。攝受欲食。為戕害法身。而違平等自性者耶。二乘苟能捨此欲味。則一念頓證無上菩提。成佛之速無過於此。是愚所謂性戒也。智者請深觀之。

惡邪論法唐譯云路伽耶等。此云順世。又云善論。諸外道輩邪見斷常顛倒計著。尚有遮法不聽食肉。況復如來世間救護

正法成就而食肉耶。

記曰。此言外道邪見。尚有遮禁不聽食肉。何況如來大悲含育世所依怙。而許自他俱食肉耶。深明必應制斷也。

佛告大慧。善哉善哉。諦聽諦聽。善思念之。當為汝說。

大慧白佛言。唯然受教。佛告大慧。有無量因緣不應食肉。然我今當為汝略說。謂一切眾生從本以來展轉因緣。嘗為六親。以親想故。不應食肉。唐譯云。一切眾生從無始來在生死中輪迴不息。靡不曾作父母兄弟男女眷屬。乃至朋友親愛侍使。易生而受鳥獸等身。云何於

中取而食之。驢騾駱駝狐狗牛馬人獸等肉。屠者雜賣故。不應食肉。不淨氣分所生長故。不應食肉。衆生聞氣悉生恐怖。如旃陀羅此云屠者。及譚婆此云食狗肉人。又獵師也。等。狗見憎惡。驚怖羣吠故。不應食肉。又令修行者慈心不生故。不應食肉。凡愚所嗜。臭穢不淨。無善名稱故。不應食肉。令諸呪術不成就故。不應食肉。以殺生者。見形起識。深味著故。不應食肉。彼食肉者。諸天所棄故。不應食肉。令口氣臭故。不應食肉。多惡夢故。不應食

肉。空閑林中虎狼聞香故。不應食肉。令飲食無節故。不應食肉。令修行者不生厭離故。不應食肉。我嘗說言。凡所飲食。作食子肉想。作服藥想故。不應食肉。聽食肉者。無有是處。

記曰。此甚言食肉之過患也。其實不應食肉。有無量因緣。今略說者如是耳。首稱一切衆生於生死中。靡不曾為父母兄弟六親眷屬朋友知識者。此所謂法性平等同體之慈也。以親因而觀衆生。則無肉可食。以佛性而觀衆生。則無物可取。無物可取。則衆生相空。無肉可食。則自性清淨。相空性淨。此所以為性戒成就。一念而登佛地也。不食之利。既能遠取菩提。而食之之害。則當斷佛慧命永殞

善根矣。由是觀之。如上略說之過。猶舉易信者言之。為遮衆生恐怖故耳。

復次大慧。過去有王名師子蘇陀娑。食種種肉。遂至食人。臣民不堪。即便謀反。斷其奉祿。以食肉者有如是過。故不應食肉。

記曰。此甚言昧於同體。故致食人。違背性眞。故致反逆。順逆由已。而依違應之矣。二譯此中有多因緣。當合觀之。

復次大慧。凡諸殺者。為財利故。殺生屠販。彼諸愚癡食肉衆生。以錢為網而捕諸肉。魏譯云。是故買者與殺無異。彼殺

生者。若以財物。若以鉤網。取彼空行水陸衆生。種種殺害。屠販求利。大慧。亦無不教不求不想而有魚肉。以是義故。不應食肉。

記曰。此言因食肉而資殺業也。彼殺生為利而殺。食肉以錢而網。是以食之者衆。而殺之者多。殺之者日益多。而食肉者業益甚。是故買與殺者其罪均也。總之皆以妄想貪求故耳。所以殺者求利而想愈增。食者求味而想愈熾。是以殺食相讎。同惡相資。故云亦無不教不求不想而有魚肉者。此其所以業等也。魏譯云。我觀世間無有是肉而非命者。故我說食肉之罪。斷如來種。

大慧。我有時說遮五種肉。或制十種。今於此經。一切

種一切時開除方便一切悉斷

記曰此明開權顯實意也佛謂我餘經中亦會許食五種淨肉制斷十種生物而已今則一切頓斷一切生命盡不許食何者以昔機未純未示佛性義權且遮制以將就之欲待時故今則眾志貞純說時已至若不頓斷食肉以頓示佛性種子令其成實則我以小乘化人自墮吝法之譽此事定爲不可故我於楞伽此會一切盡斷都不許食也五種淨肉者謂不見不聞不疑鳥殘自死是也應斷十種者謂人蛇象馬龍狐猪狗獅子獼猴是也

大慧如來應供等正覺尚無所食況食魚肉亦不教人以大悲前行故視一切眾生猶如一子（唐譯云聲聞緣覺及諸菩薩尚唯法食豈況如來大慧如來法身非雜食身大慧我已洗滌一切習氣我已善擇諸心智慧大悲平等普視眾生猶如一子云何而許聲聞弟子食於子肉何況自食）是故不聽令食子肉

記曰此世尊廣說食肉之過而以同體大悲結示之也然如來法身非雜食身故以法喜爲食此正欲行人捨離欲食攝受法食耳所以切戒行人勿食眾生血肉者以如來視一切眾生如一子故然子之於父母氣分同也良以法身流轉五道名曰眾生而一切眾生皆以如來法身爲體故以同體而觀猶如一子則無眾生苟食其肉豈非戕法身斷慧命耶不食則自性無虧法身常住矣成佛之要莫速於此不食肉章長行之文二譯甚廣今此文正當魏譯十分之一當唐譯十分之三耳顧此長行雖略而偈文頗詳詳略相因盡譯人善義之體勢殆非佛語有出入也觀者於此三譯全經悉當以義會之

爾時世尊欲重宣此義而說偈言

曾悉爲親屬　鄙穢不淨雜　不淨所生長
聞氣悉恐怖

記曰此總頌不淨氣分等文所謂長詳偈略且偈又先後互明

一切肉與葱　及諸韭蒜等　種種放逸酒
修行常遠離　亦常離麻油　及諸穿孔牀
以彼諸細蟲　於中極恐怖

記曰此長略偈詳也葱薤韭蒜所謂生噉生恚熟食發婬故與酒肉併食之則生諸放逸增長婬欲也不食麻油不驚細蟲況食血肉耶

飲食生放逸　放逸生諸覺（唐譯云生邪覺）
從覺生貪欲　是故不應食　由食生貪欲
貪令心迷醉　迷醉長愛欲　生死不解脫

記曰此明因殺盜而致婬欲也楞嚴謂酒肉葱蒜等爲助因此言食之而生貪欲貪心迷醉增長愛欲故生死不脫者由彼食貪無明滋培欲根故增長耳令絕食貪則無明之水既涸欲愛之田自乾

名色之芽自枯。此所以因斷味食。而生死頓絕。速至菩提也。

爲利殺衆生　以財網諸肉　二俱是惡業
死墮叫呼獄　若無教想求　則無三淨肉
彼非無有因　是故不應食

記曰。無有不生之肉。故云彼非無有因。

彼諸修行者　由是悉遠離　十方佛世尊
一切咸訶責　展轉更相食　死墮虎狼類
臭穢可厭惡　所生常愚癡　多生旃陀羅

獵師譚婆種　或生陀夷尼（魏譯作羅刹女）
及諸食肉性　羅刹猫狸等　徧於是中生

記曰。言好食腥羶。必多墮於此類。性皆然也。

縛象與大雲　央掘利魔羅

記曰。縛象。魏譯云象腋。唐譯云象脇。央掘利魔羅。唐譯云央掘摩。皆經名也。

及此楞伽經　我悉制斷肉　諸佛及菩薩
聲聞所訶責　食已無慚愧　生生常癡冥
先說見聞疑　已斷一切肉　妄想不覺知
故生食肉處

記曰。此言如來元不曾許食淨肉也。佛謂我先所說見聞疑殺不許食者。其密意已是斷一切肉。總不許食矣。以一切肉。總不出此三種殺。故所言不見不聞不疑。殺除此則無肉可食矣。而衆生妄想無知。將謂如來許不見等是爲淨肉。遂生可食之想。此愚之甚也。

如彼貪欲過　障礙聖解脫　酒肉葱韮蒜
悉爲聖道障　未來世衆生　於肉愚癡說
言此淨無罪　佛聽我等食　食如服藥想（唐譯云淨食尚如藥。）
亦如食子肉　知足生厭離

修行行乞食

記曰。此責衆生無知。妄謂如來許食淨肉也。謂衆生所以妄謂淨肉可食者。以彼貪欲過患所致耳。名雖淨肉。其實障礙聖解脫道。與酒肉葱蒜等無差別。而衆生愚癡。言此是淨而無罪過。是佛所聽食者。謬之甚矣。然佛每誡比丘節量時食。勿生貪求。若受信施淨食之時。應當觀察如服藥想。亦如饑世食子肉想。爲欲慚愧知足。生厭離心。行乞食法故。然於淨食尚然如此。何況教彼食淨肉耶。

安住慈心者　我說常厭離　虎狼諸惡獸
恆可同遊止　若食諸血肉　衆生悉恐怖
是故修行者　慈心不食肉　食肉無慈慧

永背正解脫　及違聖表相　是故不應食

記曰。食肉無慈慧。謂傷同體。無正知見。故永背正解脫。謂不隨順法性。行邪險道。入生死。故違聖表相。謂虧護生威儀。不能化利衆生。故有此多失。故修行者不應食也。

得生梵志種　及諸修行處　智慧富貴家

斯由不食肉

記曰。此結不食肉者之利益也。凡善惡之報有三。謂現報。生報。後報。如長行歷言身口臭穢。物見驚怖。及王臣反逆等。皆現報也。如偈中前云。墮號叫獄。及虎狼臭類猫狸羅刹。及屠兒等惡種類中。皆生報後報也。今偈不食肉。而得生梵種諸修行處。及智慧富貴之家。此乃善業。生報後報。若是而驗。

現報可知矣。以遠穢惡。故生梵種。以能順法界性。故生修行處。所謂不離道場也。以捨愚癡。故生智慧。以永絕貪求。堪爲佛子。故生富貴家。以如來富有法界。貴爲世尊。唯達法性平等。而能不食肉者。可以克紹家業耳。其他復何與焉。悲夫。一切衆生同迷法性。而受五蘊幻妄身心也。觀相雖異。觀性實同。昧者迷同而忽異。爾乃仇視自心。恣殺以快己。豈不謬哉。此所謂自心取自心。非幻成幻法。能了達自心現量。則物我兼忘。人法雙泯。一種平懷。蕩然自盡。豈非不以忘取著之情。而爲成佛之梯筏耶。此所以眞修之行。而以斷肉爲第一清淨明誨也。然考之四重。此雖一隅。智者倘能深觀而諦思之。即此可以思過半矣。

此經傳云。大部有四十卷。一百五十一品。此來者四卷。唯此一品。以經來未盡。故闕流通。其百八問中。今別問別答者。五法。三自性。八識。二無我。總別迷悟因果邪正階差修證始終根性差等義。已問答明白具足。其未問答者。但名相差別之事耳。如誰生諸寶性已下。至若天地人物萬象之差。人欲好樂之別。及佛所補大慧問不及者。算數之事。并華藏世界形狀不同等。具如華嚴世界成就華藏世界。及阿僧祇壽量諸品證之。則其未至之文。特名相耳。先覺所以不持來者。以所重在唯心唯識法門。欲頓悟一心。即此更無餘法。至其所未來者。縱盡法界數量。第不過一心之影現耳。達磨指此爲心印。豈此外更有剩法乎。觀者應知。

偈曰

稽首寂滅海　莊嚴妙色身

圓滿總持門　永離文字相

隨緣和合者　自性清淨僧

蒙以同體慈　哀愍攝受我

能以思惟心　入此甚深藏

于一毛端頭　現自覺境界

普使見聞者　頓悟法性空

一切幻化緣　了達唯心現

願法界量滅　同入平等觀

普於一切時　一切塵中現
凡在有情身　共登極樂國

觀楞伽阿跋多羅寶經記卷第十八

越州王仲培施銀一百四十兩
西蜀釋玉荘施英洋一百圓
魏古薇堂施英洋廿四圓爲消除業障增長淨因
釋仰西施英洋五圓　釋一超施英洋五圓
天津柴衣言爲
父元濬母王氏施英洋十圓
天津信女王菊英施英洋六圓
釋康淨施英洋四圓以上三款釋開覺經募

壽州郭廬洲　杜青園　張輔清　高捷三　各
施本洋一圓　郭子青　薛子疇　廖鴻鈞
丁先衡　王文彬　各施龍洋一圓　徐聯珠
葛子信　郭金品　王鴻熙　趙玉衡　吳向榮
各施錢五百文　李捷三施錢六百文　費文堯
施錢八百文　孫振瀛施錢二千文　誂方募
比丘尼淨蓮　行如　各施龍洋十一圓　本如
施洋四圓　本誠　昌文　覺義　各施洋一圓
優婆夷本玉　覺成　德眞　各施洋一圓　信女曹門
仇氏施洋二圓　江門潘氏　周門劉氏
查門翟氏　翟門王氏　伍門韓氏　姚門宣氏
查門樊氏　李門馬氏　郭門朱氏　汪門包氏
各施洋一圓以上二十人蕪湖釋得月經募
除付刻資外印書四十五部施送訖
光緒三十一年冬十一月金陵刻經處識

楞伽補遺

經文卷第一　筆記卷一之五

楞伽阿跋多羅寶經者。楞伽寶名。具云釋迦毗楞伽。此云能勝。義云堅固。阿跋多羅。此云無上。謂此楞伽乃無上寶也。聞之梵師云。此寶八楞。視之渾圓。其體光明瑩徹。最極堅固。不可鑽穿。世間之寶無過勝者。以能勝一切。故云無上寶也。西域南海有楞伽寶山。居大海濱。以山純此寶所成。故山以

寶名。山高五百由旬。山頂有城。亦名楞伽寶城。無門可入。爲夜叉王所據。山形下細上大。因名不可往。有神通者乃能入。此經發起。因佛於大海龍宮說法七日。回過山下。顧謂衆曰。過去諸佛皆於此山說自證境界。我亦當說。時夜叉王以神力故。知佛言念。故往請佛入城演說此經。是則山以寶名。經以處名。通取爲喻。乃單喻爲題也。然單約喻明經者。第一義如來藏心。亦名寶明妙性。又云寶覺

明心是爲堅固法身不動智體名自覺聖智寂滅一心名大寂滅海亦云智海覺海寶明空海下經云藏識海謂眾生本具如來藏清淨法身迷之而爲藏識變成五蘊之眾生自覺聖智變爲妄想煩惱寶明空海成生死之業海夜叉乃惡鬼飛行而食人肉者故山高五百由旬居大海中而爲煩惱生死夜叉所據也佛在此山說自證境界者謂以自覺聖智而觀識藏卽如來藏生死卽涅槃煩惱

卽菩提現前五蘊身心卽是如來常住法身頓證一心更無別法此乃最上乘非心識思量境界唯許上上根人一悟頓悟不悟則不許意識湊泊故山名不可往有神通者乃能入故寶乃無上之寶處乃不可往之處通喻此經顯示第一義心乃離心意意識境界爲無上法門也此經發明五法三自性皆空八識二無我俱遣直顯離心意意識境界故達摩指此爲心印是則全經旨趣在此一題

以喻發明及夜叉王發起因緣已盡甚深妙義矣約天台五種釋題此經以單喻爲名寂滅一心如來藏性爲體自覺聖智爲宗專破二乘外道邪執故以摧邪顯正爲用以無上頓教大乘爲教相以此經顯示五性三乘無性闡提皆許成佛爲法華開顯之前茅故判爲法華先導也

佛語心品者此經直指寂滅一心爲宗以自覺聖智證入爲趣以此心不屬迷悟了絕聖凡十法界

依正因果一法不立所謂五法三自性皆空八識二無我俱遣以此四門皆迷悟邊事所以大慧讚佛偈云若有若無有是二悉皆離以有是生死法無是涅槃法此二皆離則法界性空寂滅一心顯矣故云佛語心品謂佛所說者唯此一心法耳故禪宗指此爲心印謂之佛祖向上一路名頓教大乘

大慧讚佛五偈半極盡一心之旨故後顯一心文

云空無生無二。離自性相故。初偈云。世間離生滅。猶如虛空華。此讚佛能證一心空義。以明了徧計本無也。言世間。卽該三世間。謂智正覺世間。有情世間。器世間。通該十法界依正因果。以此三種世間皆生滅法也。以唯心所現。本無生滅。但依徧計而有。以性空故。故如空華。卽此一偈。已超迷悟因果。直示一心之源矣。唯佛以自覺聖智證窮此心。故云智不得有無之相。今愍物迷此。故以同體大

悲出現世間而開示衆生。故云而興大悲心。故今所說。正示此一心耳。

次偈云。一切法如幻。遠離於心識。此示一心本無生義也。併後一偈。以明了依他無性從緣而有。意謂世間現有生滅。何以言空。故云以一切法本自無生。但依他有。故如幻耳。幻喻生本無生。若以妄心分別。則見有生滅。若遠離心識分別不生。則當體無生。了無一法當情。豈非空耶。

三偈文例應云。世間恆如夢。遠離於斷常。此顯無二也。意謂世出世間一切諸法唯心所現。外道二乘不了唯心。依他而起。故妄分有無。起斷常有無二見。若了唯心。則遠離斷常。了無二見矣。

四偈顯離自性。意謂衆生不了唯心。則妄執人法二我。爲二障根本。則起惑造業。妄見生死之相。旣了唯心。則人法雙忘。二障頓淨。唯一圓成。則生死之相不可得矣。此上四偈讚佛超世間生死有法

也。然空無生無二離自性相故。乃當經一心之旨。後文自顯。以三性釋者。乃淸涼意。故引義以證之。

五偈讚佛超涅槃法。意謂一切諸法旣唯一心。則本來寂滅。不假更滅。故云一切無涅槃。然諸法旣以本自涅槃。則法法皆眞。盡是法身眞體。如此。又何別有涅槃爲佛所證耶。故云亦無涅槃佛。斯則法身常住。又豈有佛更入涅槃耶。何耶。以遠離覺所覺。故謂唯此絕待一心。本無能所對待故也。唯

佛證此所以若有若無有是二悉皆離也故二譯載夜叉王首即問佛云何捨法云何捨非法佛答以外道見生死爲法涅槃爲非法是二應捨故大慧讚云有無俱離是則全經之旨不出夜叉發起一問并大慧偈讚而已故向下所破者乃有無二見耳

悉檀離言說梵語悉檀此云徧施謂佛以四法徧施衆生四者一世界悉檀令衆生得歡喜益二爲人悉檀令得生善益三對治悉檀令得破惡益四第一義悉檀令得入理益謂佛雖以四法徧施衆生然但應衆生之機本來離言說相意責大慧不達離言之旨故有此問我今特爲顯示建立數句離言之旨故向下一一皆曰非

大慧聞一心眞如離一切相了無說示是知十法界相皆唯心所現唯識所變乃生滅門事故即問諸識有幾種生住滅也七種自性魏譯云外道有

七種自性講者槪以正教道理釋之昧之甚矣殊不知此經專破外道不知唯心唯識道理故别立異法以爲生因以迷眞妄不一不異唯識眞因故立異因佛前文責外道墮斷見論故特出所計生法異因有五言勝妙士夫自在時微塵等乃外道所計之法爲生因者故隨後即出所立妄計各有確定自性爲宗有七耳既出邪宗故後示正教云我有七種第一義也經文上下血脈佛語昭然而昧者妄擬謬之甚矣若七種自性已立正義又何下文重出七種第一義豈不贅耶

七種第一義心境界者謂佛以法界一心爲自境也慧境界者慧光無量照徹微塵剎土也智境界者謂以權實二智窮盡眞妄聖凡也見境界唐本云二見境界謂雙照眞俗二邊也超二見謂窮盡一心中道也超十地境界者謂等覺後心極盡因門也如來自到境界證窮法界自覺聖智究竟果

海也意謂我所建立乃稱一心眞如平等佛慧以二智見二空證眞如以至等覺入佛果海以爲法門蓋依性自性第一義心而建立故不與外道惡見共也此七第一義心乃單示佛境界不說因心若說因心則失旨矣

問曰說三種識卽結果者何耶　答曰前三種識中最初顯識生之由以無明熏眞如爲現識生起因取種種塵等爲分別事識生起因佛意顯此藏識依眞而起乃眞妄和合故特指阿賴耶識爲生死涅槃因立此眞因將破外道無因邪因故卽辨明邪正以示唯心如幻觀門顯直觀藏識頓破根本無明頓證一心爲究竟極果故隨便成立唯心一番因果以結三種識相也

問曰生滅章中大慧初問諸識有幾種生住滅佛答以略說有三種識廣說有八種相今前略有三種識已竟而大慧復問廣說八種相中先敘世尊

所說心意意識五法自性相且云一切諸佛菩薩所行自心見等所緣境界不和合顯示一說成眞實相一切佛語心然後方請說藏識海浪法身境界者何耶　答曰此通途問意血脈幽潛最難理會請試言之此經單示寂滅一心離一切相故云五法三自性皆空八識二無我俱遣故大慧初問百八句蓋約五法三自性八識二無我以問故佛指寂滅一心以答故云一切皆非是則直指一心一法不立則不容有說矣此顯一心眞如離一切相也故大慧隨問諸識有幾種生住滅是約心生滅門容有言說矣然生滅門中先問諸識者以五法三自性二無我三門皆依八識轉變而立也故先問諸識一門未及問五法三自性二無我後三門義佛答謂諸藏識略說有三種識廣說有八種相今前答略說三識單顯第八識自體已竟故大慧重請有八種相故問藏識海浪乃問前七識生

起之由也。然請辭先敘所說心意意識五法等。乃至成眞實佛語心者。乃通牒前問答申領佛意。以啟前七識生起之問也。然五法等。乃依八識之所建立也。世尊答云一切皆非。此已領佛示眞實佛語心矣。及問生滅門。世尊略說三種識。世尊說不思議熏變。乃八識生起之由。且云眞識現識。乃顯識藏即如來藏。已領其旨矣。意謂五法等皆依八識建立。但不知前七轉識因何而生。又不知如何

生即無生。故問藏識海浪即法身境界。又不知五法三自性二無我因何而立。故因請八識之相。含問四門之義也。故世尊向下先答八識生起之由後。又重申問五法自性佛一一答畢。末後結歸二無我觀。以成唯心觀門。爲眞實佛語心也。故答意從此直至後文結果章中。以通明五法自性顯正智如如。方盡從生滅門入眞如門究竟之義也。大科甚明。當通觀之。

問曰。大慧問藏識海浪。乃問前七識也。而云法身境界者何耶。　答曰。大慧述領一心之旨。意謂佛上來說心意意識五法自性皆空。乃是一切諸佛菩薩自心現量所緣境界。一法不立。絕諸對待。故云不和合。如此說是已顯眞實佛語心。此已領前識藏如來藏眞妄不一不異之旨矣。但不知前七識生起之由。所以生本無生之義。故請說藏識海浪即是法身境界也。故下答文中示四因緣故眼

識生。以緣生性空。以顯生即無生之意。即法身境界也。合業生相者。然業即業識。生謂生相無明。起信云。以依阿賴耶識說有無明。初無明熏眞如成業識。既成業識。則生相無明即依業識。故云合業生相。以生相無明即熏業識。遂起染心。則深生計著爲我。此即七識生起之相也。

八識偈中。佛顯八識即眞。本來一體。雖異而不異。以示海浪法身境界。故以海水波浪喻浪異而水

不異也大慧遂以日月喻佛說法應當與一切衆生說平等眞實之法何以世尊一向與二乘人只說六識爲生死本何故不說八識即眞之眞實法耶佛答以彼衆生心不眞實不堪受眞實法耳非不說也譬如海波下十句喻顯其法元有頓漸之不同故說亦因之建立然說雖有頓漸其實無有一定之次第意謂我說六識漸時未嘗不兼帶八識而說但衆生聞者不解耳又設畫師喻以明說

法應當隨機先後次第建立也彩色無文二句喻法本離言但爲悅衆生不得不隨機施設非我不說實也下文更顯深義謂不但說權法爲不實即說眞實法亦無實法與人以眞實離名字種種皆如幻故末後云聲聞亦非分者足徵大慧意疑佛不與二乘說八識眞實之法也哀愍者指佛謂今日乃說自覺之境界也

長行結示欲知自心現量自覺境界須要眞實修行自悟乃可相應非是說了便休故後文示聖智三相爲修行之要成立唯心第二番因果也

問曰佛一往已爲大慧開示八識因緣已顯離心意識境界矣而大慧至此問聖智分別自性經且云爲百八句所依者何也 答曰此經直指一心爲正顯五法三自性皆空八識二無我俱遣以爲宗體以大慧初以百八義請問者乃通依五法自性八識無我而問皆屬迷悟邊事故佛答以一切

皆非此直示一心眞如一法不立是則五法自性八識無我蕩絕無遺矣故大慧隨問諸識生滅言雖問諸識生滅意實不知空遣故佛爲示生滅因緣隨示以直觀藏識教以離心意境界是則八識之相已遣矣倘不知五法自性無我因何建立如何空遣故特問聖智事分別自性經意謂空此諸法乃自覺聖智事非三乘比智可能耳言百八句分別所依者正顯所問百八義皆依五法自性而

問也。然舉果德轉得如來法身者。乃躡上佛示離心意識所轉果德。意在離此五法。乃得如上之果。是舉眞果以證眞因也。此問意乃經中之血脈。學者縱能通達文字。而不知血脈。亦無歸宿。此旨甚微。故特示之。佛答中卽舉外道有無二見者。正顯外道不了唯心。故於名相上橫計而生妄想。乃正破名相妄想也。

離異不異者。謂妄想與名相元別。故異。今妄想乃

依名相而起。故不異。以有心境對待故也。今言離異不異者。正教以遠離心境絕諸對待。心境皆空。則五法自性皆空矣。此正空名相妄想之要旨也。

顯正智章中。以三佛說法頓漸。以明正智者。蓋因前八識頌中。大慧責佛旣云唯心頓現一切諸法。則佛當爲衆生直說眞實頓法可也。何以又說三乘漸法耶。佛答謂因衆生心不眞實。難與說實。恐其不信。則說之無益。以隨機不同。不得不施漸法耳。故此顯說頓漸之所以。以四漸喻機。以四頓喻佛。在佛以平等大慧教化衆生。雖漸亦頓。在機有利鈍不一。雖頓亦漸。故以法證。佛則有三身。故法亦有三乘。此化儀之必然者。以衆生根本實智。迷之而爲自心現流。故淨現流以成正智。然迷雖頓。而淨則漸也。

頓喻四中。明鏡喻頓示衆生一眞法界淸淨圓明心體。日月喻頓破衆生無明業識。顯示本有不思

議業用。藏識喻頓令自心衆生一時成熟究竟佛果。自心所現根身器界。喻自心之衆生。法依佛喻頓以音光明智照一切衆生心地。頓令五性三乘破滅無明。頓見本有平等法身。三身佛說法。乃以法證佛也。法依佛者。乃依法身所垂之報身佛也。說緣生者。以顯緣生無性無性緣生。乃頓漸漸頓之法也。卽華嚴經所說四十二位行布圓融之旨。法身佛說離心自性法。乃直示頓法也。化身佛所

說乃六度權行單漸法也結歸法身佛者乃示此經爲頓頓宗也後聲聞外道破邪因以顯正因此又漸中之漸意謂有機如此不得不施漸之漸也然在經文其義甚隱諦觀佛意經旨理實昭著

破二種邪因科在二乘云即二乘邪因以示正因者以聲聞乃證聖智差別相但示究竟故即彼所證以示究竟眞因故云即在外道云以聖智破邪因者以外道所計常不思議乃別立異因以無常爲常故佛以眞常聖智破妄計故云以

舉果驗因者謂舉今現證之果以驗昔日之因也以聲聞所證涅槃以非眞滅爲滅足驗昔因未得聖智究竟相也謂外道今取斷滅爲果者蓋昔以生法爲不生特以無常爲常故今墮斷滅之見耳

五無間種性一章重明爲機稟佛性是一因聞三乘之法名言熏習故種性有五前頓漸章明法一機異故有三乘即一乘法分別說三者也今五無間性乃因聞前三乘法不得離言之義執文言熏習成種此又顯機之所稟佛性是一故云無間因地各別故有五種性耳

如來無間種性有四種一權教事六度二乘乘空慧三實教四即圓教四位菩薩釋者諦觀經文明標如來種性意指如來果法非說因位中事若以菩薩釋之失本指矣蓋以直指一心眞如若悟唯心即頓登佛地即圓教之三賢此亦不立況權教空慧乎若以前三位菩薩法釋之則聞熏但成前

三菩薩種性非如來種性矣

結二無我末觀成得果一節此結酬前請也因大慧初問分別自性觀察無我淨除妄想炤明諸地乃至逮得如來法身故此開示五法自性二無我已畢乃顯眞因故即證成必得如來之果勸令應當修學乃總結四門番顯正智如如以空遣五法自性證二無我通示三番因果也

結示五法自性二無我果相已竟。而大慧陡問建立誹謗二惡見者。何也。答曰。初問五法生起之由。世尊卽說外道有無二見爲名相妄想之因。故今開示已明。今卽問彼二種惡見從何而起也。佛答二種惡見從非有而建立也。蓋非有乃無也。建立爲有也。意謂外道不達諸法本無。則以有爲實有。及至壞滅。則以無爲絕無。故有爲建立無乃誹謗。此二見所由生也。此問來意幽潛。若不知來端。

則經旨血脈不貫也。

問曰。示二見已後。乃重都結前果者何也。答曰。佛意總顯唯心無外境界。其五法自性二無我等。從迷中來。皆因外道有無二見爲生死本。是爲大過。故今通遣已畢。乃結冥因得果成佛之後。當單爲衆生說唯心法。以破外道有無二見爲化儀。此所以爲頓教法門。此經頓宗。但破外道二乘偏邪之見。不說別斷煩惱。以識藏卽如來藏。故但了妄想無性。則生死涅槃平等。更無煩惱可斷。故但離二見。卽頓證法身。故都結成四番因果也。

經文卷第二　筆記卷六之十

問曰。顯理中示寂滅一心。已歸究竟。然以如來藏并上一心。總爲顯理。且大慧又以外道我見爲問。似與一心之旨不同。何以總爲一科。答曰。此有深旨。以經初夜叉王問佛云何應捨有無佛既答已。隨卽示云寂滅者名爲一心。一心者名如來藏。

此則總標一經宗本。要顯寂滅一心不屬迷悟。究竟不生。然所以有聖凡生起者。皆如來藏隨染淨緣轉變爲生因耳。然前百八義一切皆非。以顯一心寂滅無生之旨矣。次大慧隨問諸識有幾種生住滅。雖問識之生滅。然尙未審識生之因。且於一心究竟處建立誹謗章中云。非有因建立因。直說初識前無因如此。一心豈不墮於畢竟斷滅耶。故此大慧隨問如來藏者。以前雖明一心之旨。尙未明如來藏之義。方今將顯如來藏隨緣爲染淨生法之因。要明識藏卽如來藏。故後文如來藏爲善不善因。以如來藏卽前三種識中之眞識也。以此經不說無明爲因生八識。直指如來藏卽藏識。要顯妄卽是眞。實斯經之宗本也。不同諸教。然大慧疑世尊說如來藏同外道我者。正是佛說阿陀那識甚微細習氣種子成瀑流我於凡愚不開演恐彼分別執爲我。以外道向執藏識爲神我。故今將以如來藏眞我以破彼計。是則外道計有無二見則前以寂滅一心破之矣。向執我見未亡。故特以如來藏眞我破之。以盡破彼計。圓滿一心。故總科爲顯理究竟義旨深潛。誠非麤浮可見也細尋佛意微妙難知。

總示正行章。破本無四句可離。頌中如是觀三有。究竟得解脫。末後結云。爲淨煩惱爾燄二種障故。譬如商主。次第建立百八句無所有。足證前百八句乃依三界作四句妄計而立。然無所有則皆非也。

問曰。當轉二性。教中一向說轉生死爲涅槃轉煩惱成菩提。此中但說轉二自性者何耶。答曰。此經不同三乘別教。直指一心不屬迷悟。以生死涅槃本來平等。更無可轉。但以外道不了言說性空。妄計言說有實自性。起種種徧計。二乘不了諸法緣生無性妄執諸法有實自性。以此二種障正知見。意謂若了言說性空。則徧計情亡。若了緣生無性則依他性泯。二計既亡。則圓成自顯。所以但轉二自性計著也。後廣辨四行禪。葢依此而立也。

略示邪因果相章末示感應二徵。結示果相至究竟地得灌頂位二加持者。此正示以眞因所得之果。如此方爲眞修也。

問曰。四種禪皆依惑亂爲所觀者何耶。答曰。以前云惑亂起聖種性及愚夫種性。故愚夫及外道二乘其禪皆惑亂也。觀察禪二種。以能觀正智觀所觀惑亂。以對待未泯。故為漸次。其攀緣如禪。然攀緣卽惑亂也。乃名相妄想耳。觀名相妄想本如故名攀緣如禪。此二種禪。以分頓漸。名三乘禪。故觀察禪果相。則從解行入初地漸次上進。其攀緣如禪則頓登八地。此頓漸之分也。然觀察義禪。能觀者正智。所觀者妄想名相。故眞妄雙舉。此乃對待而觀。故要離四句。以外道妄執四大名相。以妄

想分別作四句見耳。其攀緣如禪。則直觀五陰本自如如。絕諸對待。故為頓悟。於中主意專破外道計四大造五陰。以神我為主諦。若觀四大本空。五陰無我。卽此五陰本自如如矣。

問曰。示正果中。說妄想識滅名為涅槃。不說轉藏識。單說滅六識者。何也。　答曰。此經宗旨。說識藏卽如來藏。不必更轉。其藏性寂滅之體。所以不得顯現者。但因妄想攀名相之過也。以藏體本是湛淵之心。猶如湛海。雖云前七波浪。其實只因六識攀緣外境界風。鼓動波浪。卽七識亦因六識所起之波浪。其體同是八識精明。故本不生。是故三性之中。依他元自無性。其過在徧計執性耳。然妄想乃徧計執性。正是六識攀緣種種如幻依他境界。增長習氣。長養藏識。故今特辨妄想過重。故六識滅。則內外心境一切皆寂滅。如來藏性應念現前。所以特說六識滅為涅槃也。此經宗趣。與相宗迥

不相同。故不立七識。所以世尊隨節說妄想分別通相。以顯卽妄卽眞。為如來最上一乘禪也。

經旨來意。從二卷初示正行科中。四方便為能觀之智。二種自性指所破之惑。無四句可離。無聖智可得。乃所顯圓成之理。及離過絕非一科。四節立定。自後略示邪正因果。及廣辨邪正因果。總是廣釋卷初四節之義。其觀察義禪。觀察覺卽前能觀之智。妄想攝受計著覺卽釋前所破之惑。攀緣如

禪卽顯前圓成之理。末後如來最上一乘禪卽釋前離過絕非。細觀經旨。前後各應。其理昭然。

經文卷第三　筆記卷十一之十四

初三種意生身。五無間種性。乃示因圓。宗說二通。乃示果滿。以果海離言故。

問曰。斷證科。初明妄想不實破我執。言說性空破法執者何也。　答曰。以外道妄想專以執我見爲本。而二乘雖離五蘊假我。猶執涅槃爲我。故亦云

心惑亂。故云煩惱障。然依言說爲法執者。以內教學佛法者。不能離言得義。但執言說爲實法。故今教以離言觀心。爲破法執。斷所知障也。然我執外道居多。法執學佛法者居多。若起信所說我見亦依所聞佛法而起。此經專破外道神我。故經論意異耳。

問曰。其破法執。經文指語義而說。其旨甚明。若約妄想爲破我執。意旨未顯。以大慧但問妄想。

答曰。一往所說妄想。多指外道。而二乘但兼帶而已。然外道妄想所計者。一我見耳。然大慧雖通問妄想生處。惟世尊約指攝所攝墮有無外道見計著我我所生。此所以妄想爲外道我執之本也。其凡夫二乘計五蘊爲我者。經文長行未顯。至頌中云施設世諦我。諸陰陰施設。其旨的然明矣。更復何疑。

問曰。大乘教中皆說二執有分別俱生麤細不同。

且云分別二執。從三賢至初地斷盡。俱生二執。從二地至七地斷我執盡。法執至佛地乃盡。今經說麤細二執一時斷盡。未明其旨。請問其詳。　答曰。此經頓教大乘。意在頓破無明。頓證一心。故二障亦頓斷耳。大經云。不了第一義。故號爲無明。第一義者。卽此經所說第一義諦寂滅一心也。然不了二字。卽無明也。了乃知也。經中頻言知自心現量者。謂了第一義心也。且麤細二障因無明而有。今

言頓了自心現量。則頓破無明。無明既破。則彼二障又何從而有耶。以眞知自體有大智慧光明義故。說名爲智。此卽自覺聖智也。若以卽心正智獨炤一心寂滅之體。則一切皆離。今因不了。則妄起分別執著。故名妄想。是以此經不說斷無明。單說斷妄想。妄想淨處。卽頓證一心。故無漸次先後耳。所謂知幻卽離。不作方便。離幻卽覺。亦無漸次。故爲頓敎大乘。

問曰。轉變章言轉變者。乃一切衆生生死往來捨身受身之情狀也。而獨指外道者何耶。 答曰。佛說衆生生死往來。受報好醜。乃隨善惡業緣。故說如乳酪酒果等熟。但是異熟隨緣耳。因外道妄計有作者爲轉變主宰。此邪見妄計。故特曉之曰。如是凡愚衆生。自妄想修習生。實無有法爲生滅主宰者。但如幻夢色生。言自妄想修習生。此云邪師邪敎乃分別我執。以一往所說。乃分別法執也。

問曰。相續章乃大慧因聞前佛說轉變相。故卽問生死相續義狀。生死乃煩惱障招。而但約言說而問。且舉極果之益以請者何耶。 答曰。此經旨幽潛。殊非淺識所易窺也。此由前辨果地覺中佛說覺人法無我。了知二障。斷二煩惱。離二種死。是名佛之知覺。故此斷證科中約破二執。斷二障。以顯眞因也。然所知障單約執言說爲法執。故大慧以言說爲問。而所答十一相續皆執言說以爲所知

障。以取變易生死者。乃俱生法執也。以障有二。故生死亦二。故末後總以愚夫三相續乃煩惱障招。俱生我執。是乃總結二障二死皆七識執取所招。故歸過於三和合計著識爲相續生死之本也。佛意甚明。第淺識者未易見耳。

問曰。前世尊說妄想識滅名爲涅槃。且云七識不生。今者何以俱生二執歸過於七識。豈不自語相違耶。 答曰。觀佛立言。各有所主。非相違也。以初

云藏識因境界風吹。故起前七識浪爲生滅耳。今顯藏識自性本來涅槃。但因境界風吹故有生死。若無境界風吹。則自性爲常住涅槃矣。然境界乃五塵境界也。且此塵境惟心所現本自如如。若無六識攀緣執取。則諸法如如不動矣。但因六識不了唯心妄自攀緣執取。則識風鼓扇返吹藏海起七波浪。是則起境界風全是六識之過。而七識不預。以此識依內門轉故。故云不生。此所以六識一

滅則八識爲自性涅槃矣。今言俱生二執歸過於七識者。以無始來一向七識單執八識爲我。名我愛執藏集諸種子相續生死。名爲結生相續長劫不斷。乃此識之能。而六識不預焉。以造業者乃六識。受報者八識。相續生死者七識耳。是各就勝能而說。非前後自語相違過也。

問曰。經中一往節節。大慧問中。多舉果德以請。然世尊結顯果德已非一矣。然與正顯果德有何別耶。答曰。大慧前於節次問中。所言果者。乃爲請說法利。特舉果以顯法益也。世尊即說果德者。乃爲破邪以明眞因。乃舉果以證驗眞因。皆在因門。非正說果德也。今因行已圓。二障已破。五住已亡。永離二死。歸極一心。因窮果滿。以顯究竟一心之極果。此是正說果德。說二轉依。以顯法身出纏證眞常樂我淨四德。此返妄歸眞之極則也。

經文卷第四 筆記卷十五之十八

問曰。當明法身常住。生死涅槃平等處。返妄歸眞業已究竟一心眞原矣。大慧乃問剎那者何耶。

答曰。此正原始要終。結歸一心之極則也。以初問百八義。佛以寂滅一心而答曰一切皆非。故大慧即問諸識有幾種生住滅。是則迷悟修證皆生滅門中事也。然大慧初問百八義。總該十界依正。迷悟因果不出五法三自性八識二無我四門攝盡。故今徵詰諸妄。了悟一心。以顯五法三自性皆空。

八識二無我俱遣。究竟歸趣一心真原。以顯法身極則。以示生死涅槃平等。此是從迷返悟。總屬生滅邊收。皆不出大慧初問二種生滅也。意謂以有相生住滅故。有凡夫外道二乘偏邪之執。以有流注生住滅故。有七地已前菩薩之見。意顯縱悟法身。亦未離生滅妄見。所謂菩提心生。生滅心滅。猶屬生滅。今顯生滅本不生滅義。若了本不生滅。則從前一往所說。皆夢中事。乃妄功用中有修斷耳。

故前夢中渡河之喻。以顯有所修證皆夢幻法門。方顯法身向上極則也。以此足見吾佛說始終不說一字。乃頓宗之極則也。

楞伽補遺

寶應朱峻夫居士施洋銀二十一圓敬刻此種連圈計字九千六百十二個

甲寅仲春月金陵刻經處識

妙法蓮華經通義卷第一 經文卷一上

明南嶽沙門憨山釋德清述

敘意

昔天台智者大師精持此經得法華三昧親見靈山一會儼然未散乃通以三觀解釋此經全體以至百界千如總歸觀心其玄義釋籤最爲精詳但文博義幽淺識難窺槩以爲繁而宗之者希溫陵禪師創爲要解文簡義盡託事表法雅有指歸且宗華嚴之義爲一始一終極爲允當以意在簡要未盡發揮始終源本故觀者未能洞達原始要終

之旨略爲闕然然二師判經全部皆以後八品總入流通似未徹歸趣學者漫視爲尋常致使佛意未暢經旨不明在文字不無爲贅清自幼入講肆聽習不一而竊有疑焉時懷參究往蒙　恩遣嶺外先辱達觀禪師聞予發難爲許誦此經百部以消夙愆及在行間乃開道場於壘壁集諸弟子課諷衆請講說一遍恍然有契遂以開示悟入四字判其全經衆皆悅可因筆爲擊節始終一貫而以華嚴信解行證四門收之略無剩法請益大方間有許可因思大綱雖挈以分品目而經未會通不便初學復述品節以彰全經之旨猶略而未詳以宗華嚴發明如來出世爲一大事因緣於方便品如來自敘甚明第傳者昧其源頭故學者不無望洋之歎也故今復爲通義者以尊古德舊解不敢妄爲訓釋但會通全經以歸開示悟入佛之知見發明華嚴始終一貫之大旨以暢如來出世之本懷若合殊流而歸於海以重在綱宗而文言可略故通其大義雖製不師古而理有所宗觀者幸無以人廢言而區區僭越之罪可逭矣

懸判

佛說一代時教古德分判淺深多少不一賢首大師分而爲五謂小始終頓圓以此經爲終教以華嚴爲圓教天台智者大師分而爲四謂藏通別圓以此經爲純圓以華嚴爲別圓謂帶別明圓是則二師似有相左蓋各有所尊耳天台以爲純圓者意謂此經純談實相如大白牛純一無雜三乘同歸五性齊入理無不徹事無不盡究竟爲圓而以華嚴爲別圓者以四十二位之行布謂借別明圓此則未盡圓融果海事事無礙稱性之極談故獨尊此經不無貶損以天台親悟法華三昧得處稱

尊以顯法勝妙非謂抑揚賢首以華嚴爲圓此經爲終者蓋華嚴乃報身佛據實報土稱性所演圓圓果海法界圓融自在法門依正塵毛一一稱性週遍雖言諸位義彰因果交徹無障無礙故稱爲圓而以法華爲終者以此經乃化佛所說據方便土曲引三乘同歸一極所謂如來以一大事因緣故出現於世欲令衆生開示悟入佛之知見然佛知見者乃一眞法界如來藏心舍那證之爲法界海慧普光明智是謂一乘常住眞心初成正覺於菩提場即稱此心演說華嚴頓彰圓融無礙法界

獨被大機而小根在座如盲如聾所化不廣所謂一門狹小未盡本懷故觀樹經行三七思惟將一乘法分別說三故以同體大悲不起於座遍現十方垂應化身爲娑婆世界畏生死輪迴者於鹿野苑說四諦法度諸衆生而諸聲聞雖證涅槃而於一乘佛之知見杳然絕分因此費佛四十年中權巧方便彈呵陶汰之功至此法華會上衆志貞純纔信佛心乃有成佛之分故一一授記方遂如來出世本懷至此利生之緣將終故云終教此約化儀事畢爲終而稱圓者乃收因結果究竟攝入果

海之圓非自住圓融果海之圓也故華嚴爲頓圓如日初出先照高山此經爲漸圓如合殊流而歸於海若龍女成佛亦名圓頓大論所明二經歸趣皎如日星請觀方便一品則如來出世本懷具可見矣是知經中喻稱長者威德特尊指佛報身而言也一眞法界長者家也華藏世界無量莊嚴長者之富也一乘因果大白牛車也前至寶所法界歸盡之地即所謂妙莊嚴海也凡所施設皆歸法界種種發露何所不明是故古德有判華嚴爲根本法輪諸方便教爲枝末法輪法華爲攝末歸本

法輪而教中所顯不出理行因果以理行爲因證入爲果愚謂四十年前方便引攝至楞伽會上說自覺聖智識藏即如來藏顯理圓心妙經云我大乘非乘已有開權顯實之意至法華會上純談實相一色一香皆歸中道顯行圓境妙理行既圓心境皆妙佛之知見了此而已如來出世本懷無餘事矣故三乘人開此知見故一一授記即入涅槃所以爲終引歸法界方爲究竟此賢首約化儀判爲終教極爲盡理溫陵約與華嚴相爲始終最爲有見第未盡發揚耳但諦觀經旨融會教觀妙契

佛心則了無剩法矣。

釋題

題稱妙法蓮華經者，乃直指一眞法界如來藏心以立名也。論云：所言法者，謂衆生心，是心總攝世出世間一切諸法，而爲法界之全體，一切聖凡染淨因果，無不包含融攝，在聖不增，在凡不減，處染不垢，出塵不淨，是以舍那如來證窮此心，故心境一如，聖凡平等，衆生本具，故曰奇哉奇哉，一切衆生具有如來智慧德相，但以妄想顛倒執著而不證得，良由諸佛悟之，而爲普光明智，名佛知見，衆

生迷之而爲無明業識生死根株。一見此心，當下是佛，此心之妙也。華藏世界，依正莊嚴，重重無盡，微妙圓融，塵毛草芥，依心而立，實相無相，此境之妙也。心境不二，純是一眞，故稱妙法。然此妙法，衆生迷之，名爲藏識，諸佛悟之，名如來藏，依此一心建立法界，名蓮華藏。是以眞妄交徹，染淨融通，因果同時，始終一際，故約喻則取象蓮華，約法則直指心體也。然而此心在佛則爲普光明智，亦名實智，又名一切種智，亦名自覺聖智，故名佛知見。在衆生則爲根本無明，以衆生本具佛之知見，但以無明封蔀而不知，故諸佛出世，單爲揭示此心，使其衆生自知自見而悟入之，故曰諸佛如來唯一大事因緣故出現於世，所謂開示衆生佛之知見，使得清淨，故唯以此事爲大，更無餘事，是爲如來出世本懷。甚矣此心之難悟也。惟我舍那如來初成正覺於菩提場，頓示此心，演大華嚴，名曰普照法界脩多羅，名爲一乘，獨大根衆生見聞得益，而下根劣解，身雖在座，如盲如聾，故興同體大悲，觀樹經行，將一乘法分別說三，故現應化身，雙垂兩相，二始同時，於鹿野苑說四諦法，度諸聲聞，原其

本懷，特爲開示佛知見也。以衆生根純，自茲以來，經四十年，勞佛種種無量方便，羣機不悟，久被彈呵，方有信佛之心，直至法華會上，見其根機既純，諦信此心，卽爲一一授記成佛，所謂知一切法卽心自性，成就慧身，不由他悟。釋迦出世本懷，今日方遂，故盡情吐露，歷敘一往同患之苦心，以了利生之能事，於此不久卽入涅槃，所謂應跡之終也。故如長者將終，委付家業，是知此經如付家業之囑書，乃爲一代時敎之流通，以一向不說，謂之護念，今日乃說，是爲付囑，故事該已往，義在言外，苟

非圓照法界妙契佛心而以區區文字求之則渺無歸宿了此一題則於全經之旨思過半矣

姚秦三藏法師鳩摩羅什奉　詔譯

姚秦者乃東晉五胡亂華姚興有國之號也初前秦主苻堅見道安法師尊稱爲聖人安曰貧道非聖聞之西域龜茲國有鳩摩羅什者是爲聖人檀越欲見當可迎之時堅以鐵甲七萬命呂光爲將伐龜茲取什及至闉城王曰吾與中國相邈遠素不相通何爲見伐光曰大秦天王聞王國有聖人鳩摩羅什欲請歸供養非利王之土地也時什年

方二十乃龜茲王甥智辯非常業已爲王講般若經王曰什乃吾國之寶豈肯輕棄聽其命耳闉久不解什請於王曰以貧道之故而苦其民人非慈悲之道也願請行卽當返耳王不得已遂遣行光迎什入關聞堅已卒姚萇自立光遂據涼州卽位國號大涼未幾光卒子紹立爲太原公呂纂所害纂立又爲呂超所廢立呂隆數年什皆被幽姚興弘始三年遣師伐隆隆降遂奉什入長安秦主師禮之什在涼爲紹等挫辱有不堪其言者師安忍之及見秦主初甚敬重次因西域梵師有持禪波羅密經至者與什甚契興欲留之梵師不住遂棄去興怒陰遣使者襲殺於關外因疑什恐有去志乃賜宮女與什謂續佛種以占什意什逆知之以爲法情深遂納之以釋其疑譯此經時始居草堂正當危疑之際而以法爲重乃不避嫌成此法緣因見古人忘身爲法備歷艱難什滅葬後塔前生青蓮華姚興啟塔視之花從舌根而出非大聖示現何以有此哉初肇公同居譯場秦主雅重未幾什入滅而肇亦被害悲哉

此經二十八品大科爲三分前序一品以彰說法

之由致判爲序分正宗一分二十七品以開示悟入四字科之從方便品至法師品九品爲開佛知見見寶塔一品爲示佛知見從提婆達多品至囑累品十一品爲悟佛知見從藥王本事品至普賢勸發品六品爲入佛知見開示悟爲信解入爲行證品末數句爲流通分以終焉

序品第一

如是我聞一時佛住王舍城耆闍崛山中與大比丘衆萬二千人俱皆是阿羅漢諸漏已盡無復煩惱逮得已利盡諸有結心得自在其名曰阿若憍陳如摩

訶迦葉。優樓頻螺迦葉。伽耶迦葉。那提迦葉。舍利弗。大目犍連。摩訶迦旃延。阿㝹樓駄。劫賓那。憍梵波提。離婆多。畢陵伽婆蹉。薄拘羅。摩訶俱絺羅。難陀。孫陀羅難陀。富樓那彌多羅尼子。須菩提。阿難。羅睺羅。如是衆所知識大阿羅漢等。復有學無學二千人。摩訶波闍波提比丘尼。與眷屬六千人俱。羅睺羅母耶輸陀羅比丘尼。亦與眷屬俱。

此結集法藏之儀式也。乃世尊臨滅。阿難所請。最後垂範。諸經通置於首。具如常解。惟佛說法。各稱機宜。其所列衆。以當機爲首。此經乃最上一乘教

菩薩法。而以聲聞居前者。以今開權顯實。特爲引攝二乘入佛知見。授記作佛。故爲上首。若夫歎德。則曰諸漏已盡。心得自在。正顯諸二乘人。心已調柔。堪受大法。斯正機熟得道之時。若下所列諸弟子輩。則其人也。其有學比丘尼等。亦首居者。以佛所化者有因有親。餘皆屬因。此則親也。緣因佛性。正爲此耳。向下各爲授記。是爲了因佛性顯了。利生之能事畢矣。

菩薩摩訶薩八萬人。皆於阿耨多羅三藐三菩提不退轉。皆得陀羅尼。樂說辯才。轉不退轉法輪。供養無量百千諸佛。於諸佛所植衆德本。常爲諸佛之所稱歎。以慈修身。善入佛慧。通達大智。到於彼岸。名稱普聞無量世界。能度無數百千衆生。其名曰文殊師利菩薩。觀世音菩薩。得大勢菩薩。常精進菩薩。不休息菩薩。寶掌菩薩。藥王菩薩。勇施菩薩。寶月菩薩。月光菩薩。滿月菩薩。大力菩薩。無量力菩薩。越三界菩薩。跋陀婆羅菩薩。彌勒菩薩。寶積菩薩。導師菩薩。如是等菩薩摩訶薩八萬人俱。爾時釋提桓因與其眷屬二萬天子俱。復有明月天子。普香天子。寶光天子。四大天王。與其眷屬萬天子俱。自在天子。大自在天子。

與其眷屬三萬天子俱。娑婆世界主梵天王。尸棄大梵。光明大梵等。與其眷屬萬二千天子俱。有八龍王。難陀龍王。跋難陀龍王。娑伽羅龍王。和修吉龍王。德叉迦龍王。阿那婆達多龍王。摩那斯龍王。優鉢羅龍王等。各與若干百千眷屬俱。有四緊那羅王。法緊那羅王。妙法緊那羅王。大法緊那羅王。持法緊那羅王。各與若干百千眷屬俱。有四乾闥婆王。樂乾闥婆王。樂音乾闥婆王。美乾闥婆王。美音乾闥婆王。各與若干百千眷屬俱。有四阿脩羅王。婆稚阿脩羅王。佉羅騫駄阿脩羅王。毗摩質多羅阿脩羅王。羅睺阿脩羅

王各與若干百千眷屬俱。有四迦樓羅王。大威德迦樓羅王。大身迦樓羅王。大滿迦樓羅王。如意迦樓羅王。各與若干百千眷屬俱。韋提希子阿闍世王。與若干百千眷屬俱。各禮佛足。退坐一面。

此序廣列法會之眾也。諸大菩薩。乃助佛揚化。為法眷屬。以佛為出世至聖。所說之法。乃絕世之談。自非法身大士。何能鼓贊。文殊是七佛之師。而能妙契佛心。故居上首。此經以智立體。是所宗。故至若諸天人王龍神八部。常隨佛化。為護法眾。故俱在座。以如來出世。為化眾生齊成佛道。是為本懷。

今為諸二乘人。一一授記。各得成佛。將畢利生之事。正似長者將終。委付家業。并會親族國王大臣剎利居士。為作證盟。而付囑之。此所以靈山一會。不少一人。可想見其勝集也。若華嚴集眾。同異生身。有四十二。以表各得一位法門。圓成果海。是知諸經列眾。各有所宗耳。

上為通序。下為別序。

爾時世尊。四眾圍繞。供養恭敬。尊重讚歎。為諸菩薩說大乘經。名無量義。教菩薩法。佛所護念。佛說此經已。結跏趺坐。入於無量義處三昧。身心不動。是時天雨曼陀羅華。摩訶曼陀羅華。曼殊沙華。摩訶曼殊沙華。而散佛上。及諸大眾。普佛世界。六種震動。爾時會中比丘比丘尼優婆塞優婆夷。天龍夜叉乾闥婆阿脩羅迦樓羅緊那羅摩睺羅伽。人非人。及諸小王轉輪聖王。是諸大眾。得未曾有。歡喜合掌。一心觀佛。

此別序。發起此經之由致也。將談妙法。先說無量義經者。以四十年前。為三乘人所說諸法。皆方便施設。未離心意識量。今將顯示一乘實相佛知見地。故先說此經而為前導。意欲諸人離心識出情量。乃可入佛知見耳。此經乃諸佛秘密心法。如輪

王頂髻中珠。不妄與人。故為佛所護念。此已顯心法之妙矣。復入無量義處三昧者。以顯寂滅一心實相真境。非散心亂意可窺。必從三昧而觀。方可深入無際。故三昧亦名無量義處。此已顯境妙也。心境皆妙。而全經之旨。已彰於此矣。意顯了此心境。方為成佛之真因。故天雨四花。非入此心境。不足以翻破無明。故地搖六震。已顯妙法全體大用。所謂先以定動者也。法會大眾。昔所未見。故皆歡喜。不知所以。故但觀佛而已。冀有所授也。

爾時佛放眉間白毫相光。照東方萬八千世界。靡不

周徧下至阿鼻地獄上至阿迦尼吒天於此世界盡見彼土六趣衆生又見彼土現在諸佛及聞諸佛所說經法并見彼諸比丘比丘尼優婆塞優婆夷諸修行得道者復見諸菩薩摩訶薩種種因緣種種信解種種相貌行菩薩道復見諸佛般涅槃者復見諸佛般涅槃後以佛舍利起七寶塔

此全彰法界眞境也白毫相光表中道妙智所謂自心現自覺聖智境界也以一眞法界普光明智一切衆生動亂根塵識界皆是此智隨緣變現今此智現前洞然照徹了無隔礙故徧照東方萬八

千界三界苦樂之依處六道衆生之輪迴諸佛成佛之始終菩薩利生之妙行皆不離此智用故皆圓現於光中了此一光則淨穢情忘生佛平等而一乘實相佛智見地昭然心目之間矣所謂後以智拔者也全經大旨盡見於斯

爾時彌勒菩薩作是念今者世尊現神變相以何因緣而有此瑞今佛世尊入於三昧是不可思議現希有事當以問誰誰能答者復作此念是文殊師利法王之子已曾親近供養過去無量諸佛必應見此希有之相我今當問爾時比丘比丘尼優婆塞優婆夷

及諸天龍鬼神等咸作是念是佛光明神通之相今當問誰爾時彌勒菩薩欲自決疑又觀四衆比丘比丘尼優婆塞優婆夷及諸天龍鬼神等衆會之心而問文殊師利言以何因緣而有此瑞神通之相放大光明照於東方萬八千土悉見彼佛國界莊嚴於是彌勒菩薩欲重宣此義以偈問曰

文殊師利 導師何故 眉間白毫 大光普照
雨曼陀羅 曼殊沙華 旃檀香風 悅可衆心
以是因緣 地皆嚴淨 而此世界 六種震動
時四部衆 咸皆歡喜 身意快然 得未曾有

眉間光明 照於東方 萬八千土 皆如金色
從阿鼻獄 上至有頂 諸世界中 六道衆生
生死所趣 善惡業緣 受報好醜 於此悉見
又覩諸佛 聖主師子 演說經典 微妙第一
其聲清淨 出柔軟音 教諸菩薩 無數億萬
梵音深妙 令人樂聞 各於世界 講說正法
種種因緣 以無量喻 照明佛法 開悟衆生
若人遭苦 厭老病死 爲說涅槃 盡諸苦際
若人有福 曾供養佛 志求勝法 爲說緣覺
若有佛子 修種種行 求無上慧 爲說淨道

文殊師利　我住於此　見聞若斯　及千億事
如是衆多　今當略說　我見彼土　恆沙菩薩
種種因緣　而求佛道　或有行施　金銀珊瑚
眞珠摩尼　硨磲瑪瑙　金剛諸珍　奴婢車乘
寶飾輦輿　歡喜布施　迴向佛道　願得是乘
三界第一　諸佛所歎　或有菩薩　駟馬寶車
欄楯華蓋　軒飾布施　復見菩薩　身肉手足
及妻子施　求無上道　又見菩薩　頭目身體
欣樂施與　求佛智慧　文殊師利　我見諸王
往詣佛所　問無上道　便捨樂土　宮殿臣妾

剃除鬚髮　而被法服　或見菩薩　而作比丘
獨處閑靜　樂誦經典　又見菩薩　勇猛精進
入於深山　思惟佛道　又見離欲　常處空閑
深修禪定　得五神通　又見菩薩　安禪合掌
以千萬偈　讚諸法王　復見菩薩　智深志固
能問諸佛　聞悉受持　又見佛子　定慧具足
以無量喻　爲衆講法　欣樂說法　化諸菩薩
破魔兵衆　而擊法鼓　又見菩薩　寂然晏默
天龍恭敬　不以爲喜　又見菩薩　處林放光
濟地獄苦　令入佛道　又見佛子　未嘗睡眠

經行林中　勤求佛道　又見具戒　威儀無缺
淨如寶珠　以求佛道　又見佛子　住忍辱力
增上慢人　惡罵捶打　皆悉能忍　以求佛道
又見菩薩　離諸戲笑　及癡眷屬　親近智者
一心除亂　攝念山林　億千萬歲　以求佛道
或見菩薩　肴膳飲食　百種湯藥　施佛及僧
名衣上服　價直千萬　或無價衣　施佛及僧
千萬億種　旃檀寶舍　衆妙臥具　施佛及僧
清淨園林　華果茂盛　流泉浴池　施佛及僧
如是等施　種種微妙　歡喜無厭　求無上道

或有菩薩　說寂滅法　種種教詔　無數衆生
或見菩薩　觀諸法性　無有二相　猶如虛空
又見佛子　心無所著　以此妙慧　求無上道
文殊師利　又有菩薩　佛滅度後　供養舍利
又見佛子　造諸塔廟　無數恆沙　嚴飾國界
寶塔高妙　五千由旬　縱廣正等　二千由旬
一一塔廟　各千幢旛　珠交露幔　寶鈴和鳴
諸天龍神　人及非人　香華伎樂　常以供養
文殊師利　諸佛子等　爲供舍利　嚴飾塔廟
國界自然　殊特妙好　如天樹王　其華開敷

佛放一光　我及衆會　見此國界　種種殊妙
諸佛神力　智慧希有　放一淨光　照無量國
我等見此　得未曾有　佛子文殊　願決衆疑
四衆欣仰　瞻仁及我　世尊何故　放斯光明
佛子時答　決疑令喜　何所饒益　演斯光明
佛坐道場　所得妙法　爲欲說此　爲當授記
示諸佛土　衆寶嚴淨　及見諸佛　此非小緣
文殊當知　四衆龍神　瞻察仁者　爲說何等

此彌勒問明實相眞境也。一乘妙法實相眞境佛知見地已盡露於一光之中矣四衆昔所未見故

驚而起疑殊非心識思量可到。彌勒位居補處欲顯此法深妙故爲衆騰疑。以文殊大智必能了其原由且以歷事多佛必會見其實事。故須請問以決之。至於所問光中所現六趣衆生之情狀。諸佛利生之事業。菩薩修行之始終。乃至種種求道之因緣。供佛舍利之妙行。歷歷明見。且謂如來入定須臾之頃。光中乃見衆多久遠之事相纖悉不遺。何緣有此。殊不知舍那如來於菩提場說華嚴時。入普光明智刹那際三昧乃現十界身。毘羅普應處處說法。利益衆生。是知鹿苑至今四十年中所作事業未起刹那三昧。此豈劣解衆生心識分別所能知耶。是則一往所說未盡光中之事。今日乃露法界之一斑耳。故了此光相則洞見佛心。是謂悟佛知見矣。此非心識可知。亦非言說可到。實爲妙法之全體。務在妙悟絕言。是故世尊將談妙法先以一光爲前相也。吾人苟能覩此光相不言而喻。又何墮落葛藤窠臼哉。

爾時文殊師利語彌勒菩薩摩訶薩及諸大士善男子等。如我惟忖。今佛世尊欲說大法雨大法雨。吹大法螺擊大法鼓演大法義。諸善男子。我於過去諸佛曾見此瑞放斯光已。卽說大法。是故當知今佛現光亦復如是。欲令衆生咸得聞知一切世間難信之法。故現斯瑞。

此文殊總答問意也。夫瑞不虛應。應必有由。故知現瑞將說大法之前相也。雨以潤其焦枯。螺以壹其衆志。鼓以策其疲怠。皆說大法之譬也。以大法希有。恐作尋常。欲生難遭之想。故先以瑞事驚發。故曰欲令咸得聞知難信之法故現斯瑞。

諸善男子。如過去無量無邊不可思議阿僧祇劫。爾時有佛號日月燈明。如來應供。正徧知明行足善逝。

世間解無上士調御丈夫天人師佛世尊演說正法初善中善後善其義深遠其語巧妙純一無雜具足清白梵行之相爲求聲聞者說應四諦法度生老病死究竟涅槃爲求辟支佛者說應十二因緣法爲諸菩薩說應六波羅蜜令得阿耨多羅三藐三菩提成一切種智

此引燈明之本始以證釋迦祖述其道以顯妙法傳續有由也佛號日月燈明者以日月通乎晝夜照不及者則燈以繼之此常然大明不昧以象普光明智之德也能證此智即名爲佛故十號具足

以佛所證根本實智故所說法稱性而談故初中後善隨機分別故說三乘而爲一乘之方便故曰令成一切種智引古證今此則釋迦化儀相同也

次復有佛亦名日月燈明次復有佛亦名日月燈明如是二萬佛皆同一字號日月燈明又同一姓姓頗羅墮彌勒當知初佛後佛皆同一字名日月燈明十號具足所可說法初中後善其最後佛未出家時有八王子一名有意二名善意三名無量意四名寶意五名增意六名除疑意七名響意八名法意是八王子威德自在各領四天下是諸王子聞父出家得阿耨多羅三藐三菩提悉捨王位亦隨出家發大乘意常修梵行皆爲法師已於千萬佛所植諸善本

此歷敘從前二萬佛名字皆同而說法亦同以明佛佛道同以顯妙法心心相印也名號及所證既同而說法又同故初中後善以其本智乃轉八識之所成故最後佛未出家時而有八子此本覺在纏之象也八子各領四天下謂其識不離四大根身也賴耶出纏故聞父出家諸識悉捨染污而俱成智矣故云悉捨王位亦隨出家常修梵行也釋迦本既同古而跡亦相類本跡既同而無不同矣

是時日月燈明佛說大乘經名無量義教菩薩法佛所護念說是經已即於大眾中結跏趺坐入於無量義處三昧身心不動是時天雨曼陀羅華摩訶曼陀羅華曼殊沙華摩訶曼殊沙華而散佛上及諸大眾普佛世界六種震動爾時會中比丘比丘尼優婆塞優婆夷天龍夜叉乾闥婆阿脩羅迦樓羅緊那羅摩睺羅伽人非人及諸小王轉輪聖王等是諸大眾得未曾有歡喜合掌一心觀佛爾時如來放眉間白毫相光照東方萬八千佛土靡不周徧如今所見是諸佛土彌勒當知爾時會中有二十億菩薩樂欲聽法

是諸菩薩見此光明普照佛土得未曾有欲知此光所爲因緣時有菩薩名曰妙光有八百弟子是時日月燈明佛從三昧起因妙光菩薩說大乘經名妙法蓮華教菩薩法佛所護念六十小劫不起於座時會聽者亦坐一處六十小劫身心不動聽佛所說謂如食頃是時衆中無有一人若身若心而生懈倦日月燈明佛於六十小劫說是經已卽於梵魔沙門婆羅門及天人阿脩羅衆中而宣此言如來於今日中夜當入無餘涅槃時有菩薩名曰德藏日月燈明佛卽授其記告諸比丘是德藏菩薩次當作佛號曰淨身

多陀阿伽度阿羅訶三藐三佛陀佛授記已便於中夜入無餘涅槃佛滅度後妙光菩薩持妙法蓮華經滿八十小劫爲人演說日月燈明佛八子皆師妙光妙光教化令其堅固阿耨多羅三藐三菩提是諸王子供養無量百千萬億佛已皆成佛道其最後成佛者名曰然燈八百弟子中有一人號曰求名貪著利養雖復讀誦衆經而不通利多所忘失故號求名是人亦以種諸善根因緣故得值無量百千萬億諸佛供養恭敬尊重讚歎彌勒當知爾時妙光菩薩豈異人乎我身是也求名菩薩汝身是也今見此瑞與本無異是故惟忖今日如來當說大乘經名妙法蓮華教菩薩法佛所護念

此燈明相傳至二萬佛是知佛性種子前無始也時至而說無量義經入無量義定者則佛佛以開佛知見爲究竟之談也雨花動地放光等事一一同今以顯實相心境始終不二寂滅眞常是爲希有之法也而彼衆騰疑則難信難解從來舊矣非特今也彼佛出定卽說妙法華經足證開權顯實之法自古佛佛說法之弘規以此可知今日之事矣彼佛說妙法時六十小劫之久而聽衆謂如食

頃是知一乘妙法佛知見地爲普光明智不離刹那際三昧也一入此三昧則生滅見亡頃久一致了無身心之相則十世古今始終不離於當念所以無有一人而生懈倦也說此經已卽入涅槃諸佛利生了此大事則出世之本懷畢矣以此則知我佛不久涅槃時至也將滅而授德藏之記者欲以此法付囑有在冀將傳續於無窮足證此會弟子各當成佛有分也彼佛滅後妙光持法華經八十小劫爲人演說者以顯一乘佛知見地究竟不離智用也燈明八子皆師妙光者以顯妙觀察智

在因則有轉染令淨之功在果而有鑒機說法之用所以八子皆令成佛也八子最後成佛者號曰然燈因師妙光而成果亦仗持經之功用然燈又爲釋迦之本師則其妙法展轉傳授有自來矣以明古今一道也然此佛之知見殊非識情思量分別之境故求名貪利者而不通利且以善根爲成佛眞因故得值多佛此又爲今日聲聞得記之證也故文殊結指其人曰彼妙光者我身是也求名菩薩則汝彌勒是也彌勒既會在昔持經而疑現前之事者信乎此法非識心分別之境也歷觀往

古入定放光之瑞相出定說經授記之因緣則知今日必說大乘妙法蓮華經也此乃懸序即今法會之因由先示實相寂滅之心境全體大用一念頓彰此非言說可到故放一光圓明顯現以借文殊大智爲衆傍通畢見如來出世之本懷即四十年來未起普光明智刹那際三昧也世尊一日陞座文殊白槌云諦觀法王法法王法如是故後正說妙法但云如是而已

爾時文殊師利於大衆中欲重宣此義而說偈言

我念過去世　無量無數劫　有佛人中尊
號日月燈明　世尊演說法　度無量衆生
無數億菩薩　令入佛智慧　佛未出家時
所生八王子　見大聖出家　亦隨修梵行
時佛說大乘　經名無量義　於諸大衆中
而爲廣分別　佛說此經已　即於法座上
跏趺坐三昧　名無量義處　天雨曼陀華
天鼓自然鳴　諸天龍鬼神　供養人中尊
一切諸佛土　即時大震動　佛放眉間光
現諸希有事　此光照東方　萬八千佛土
示一切衆生　生死業報處　又見諸佛土

以衆寶莊嚴　瑠璃玻黎色　斯由佛光照
及見諸天人　龍神夜叉衆　乾闥緊那羅
各供養其佛　又見諸如來　自然成佛道
身色如金山　端嚴甚微妙　如淨瑠璃中
內現眞金像　世尊在大衆　敷演深法義
一一諸佛土　聲聞衆無數　因佛光所照
悉見彼大衆　或有諸比丘　在於山林中
精進持淨戒　猶如護明珠　又見諸菩薩
行施忍辱等　其數如恆沙　斯由佛光照
又見諸菩薩　深入諸禪定　身心寂不動

以求無上道　又見諸菩薩　知法寂滅相
各於其國土　說法求佛道　爾時四部眾
見日月燈佛　現大神通力　其心皆歡喜
各各自相問　是事何因緣　天人所奉尊
適從三昧起　讚妙光菩薩　汝為世間眼
一切所歸信　能奉持法藏　如我所說法
唯汝能證知　世尊既讚歎　令妙光歡喜
說是法華經　滿六十小劫　不起於此座
所說上妙法　是妙光法師　悉皆能受持
佛說是法華　令眾歡喜已　尋即於是日

告於天人眾　諸法實相義　已為汝等說
我今於中夜　當入於涅槃　汝一心精進
當離於放逸　諸佛甚難值　億劫時一遇
世尊諸子等　聞佛入涅槃　各各懷悲惱
佛滅一何速　聖主法之王　安慰無量眾
我若滅度時　汝等勿憂怖　是德藏菩薩
於無漏實相　心已得通達　其次當作佛
號曰為淨身　亦度無量眾　佛此夜滅度
如薪盡火滅　分布諸舍利　而起無量塔
比丘比丘尼　其數如恆沙　倍復加精進
以求無上道

此頌長行。入定放光。及光中圓現法界事相。生佛始終。一一相同。但於唱滅。詳出教誡勉勗之辭。及滅後起塔四眾精進求道之事。此又預為今會最後之垂範也。以見佛法難值耳。

是妙光法師　奉持佛法藏　八十小劫中
廣宣法華經　是諸八王子　妙光所開化
堅固無上道　當見無數佛　供養諸佛已
隨順行大道　相繼得成佛　轉次而授記
最後天中天　號曰然燈佛　諸仙之導師

度脫無量眾　是妙光法師　時有一弟子
心常懷懈怠　貪著於名利　求名利無厭
多遊族姓家　棄捨所習誦　廢忘不通利
以是因緣故　號之為求名　亦行眾善業
得見無數佛　供養於諸佛　隨順行大道
具六波羅密　今見釋師子　其後當作佛
號名曰彌勒　廣度諸眾生　其數無有量
彼佛滅度後　懈怠者汝是　妙光法師者
今則我身是　我見燈明佛　本光瑞如此
以是知今佛　欲說法華經　今相如本瑞

是諸佛方便　今佛放光明　助發實相義
諸人今當知　合掌一心待　佛當雨法雨
充足求道者　諸求三乘人　若有疑悔者
佛當爲除斷　令盡無有餘

此頌助化傳宣顯益皆同結證必說妙法華經而先以光瑞爲方便也今佛放光明助發實相義者以佛知見寂滅心境殊非言說思量可到聊以毫端三昧示之所謂如我按指海印發光要使諸人直下便見不隔絲毫所以宗門諸祖棒喝交馳揚眉瞬目無非直指西來的意此則不待言說而爲

方便也人者苟能了此光相則日用現前二六時中咳唾掉臂無非法華三昧矣

妙法蓮華經通義卷第一

妙法蓮華經通義卷第二 經文卷一中

明南嶽沙門憨山釋德清述

方便品第二

正說之初品以方便名者以第一義諦平等寂滅超情離見無作無爲是則佛未出世祖未西來一段眞風凜凜充塞渾淪現成所謂向上一路空劫已前唯佛與佛乃自知之是謂佛之知見豈假作爲良以衆生迷而不悟勞我世尊捨自法樂脫珍御服著弊垢衣現身三界曲爲今時發揚此事是則纔出母胎一手指天一手指地曰天上天下唯我獨尊此則徹底爲人通身吐露早已大垂方便

矣及至出家入山修道成佛說法四十年來去來坐立常爲此事更無餘事則從前一往種種施設無非特爲衆生指示本分向上一事何莫而非方便耶柰何衆生垢重情深一向不悟所幸淘汰既久根器漸純將有開發之機故世尊今日特爲大衆吐露本懷顯示本有故爲此會說法華經開示佛之知見以明出世之因緣令諸衆生各各自知自見自信自肯悟入而後已方愜本懷所以各爲授記者正顯但信自心卽名爲佛一悟此心則染

淨情忘法法皆妙心外無法除此心外無片事可得所謂一乘妙法佛知見也以此寂滅離言之道非言可到故先入定以示其微密放光以彰其圓妙是則前之光瑞又爲今日之方便也大眾不悟猶自驚疑故假彌勒文殊傍通一線是爲方便之方便也悲夫大眾畢竟茫然故我世尊重打葛藤此則一落言詮又爲此法之方便也故以名品此連下入品判爲開佛知見者以眾生本有佛之知見向被無明封蔀而不自知故如來出世特揭而開之然此開字約佛則爲揭開打開開除之開故

云開方便門下經云如卻關鑰開大城門在機則爲開發之開所謂悟自心者如蓮華開然盡三周說法通爲開者以世尊一往四十年前所說三乘之權意要聞者了悟一心之妙以三乘人不得離言之旨但執權說以爲眞實故不信自作佛今則開除前權打開秘藏頓顯一實故上根聞說卽信自心非智者不能故法說一周獨舍利弗一人領悟而中根之士因譬方知故譬喻一周四大弟子領悟其下根之士終爲絕分故廣引宿昔因緣之事而後方悟故千二百等皆從因緣一周而領悟

也其說雖長總要當機的信自心是佛所以一一授記成佛是以極盡如來神力爲眾發揚今日纔得大眾發眞信心名雖領悟但醒悟之悟非悟入之悟其實但入信門而已矣歷觀後文許以信得入及諸弟子自敘昔日不信之辭及身子領悟四大弟子述成乃以信解標品故開佛知見重在信心正與華嚴知一切法卽心自性成就慧身不由他悟而以信爲基本也故雖授記而猶歷多劫事多佛正同四十二位乃由信解而後行證也苟不立諸位則歷劫無明何由頓淨無上佛果豈能頓

圓哉請觀化儀則知如來說法始終之意也

爾時世尊從三昧安詳而起告舍利弗諸佛智慧甚深無量其智慧門難解難入一切聲聞辟支佛所不能知

此世尊出定稱歎諸佛二智甚深以證已智將以開佛知見也諸佛本智證窮法界徹盡塵毛故實智甚深隨順三乘機宜所說九部諸法通爲引攝眾生入佛知見故爲入智慧之門言雖種種差別不一皆爲指示一心究竟佛知見地言近指遠難解難入故爲權智甚深諸二乘人淺智著相不能

了達離言之旨故不能知非智不入故身子當機意在激發二乘也

所以者何佛曾親近百千萬億無數諸佛盡行諸佛無量道法勇猛精進名稱普聞成就甚深未曾有法隨宜所說意趣難解

此微釋二智甚深所以也以親近多佛則佛之心印盡得之矣盡行道法則佛佛修行妙道利生規則盡習之矣其所造進不至徹法而不已以勇猛精進故實德內充而名稱普聞如此名實並隆者以其成就未曾有法也故爲衆生隨宜所說諸法

皆爲發揚第一義諦寂滅之旨所以意趣難解故非二乘所知也

舍利弗吾從成佛已來種種因緣種種譬喻廣演言教無數方便引導衆生令離諸著所以者何如來方便知見波羅密皆已具足

此佛自歎二智甚深以明從前方便之所以也以諸佛證已則已智之甚深可知故自出世成佛以來四十年中所說九部諸法以種種因緣譬喻無數方便權巧法門無非顯示一乘引導衆生離生死著入佛知見而已法雖差別而心本一眞以我如來權實二智皆已具足故稱性而說方便權中已具知見之實諸二乘人隨言取義故不知究竟歸趣所以難信難解開權顯實已揭於此矣

舍利弗如來知見廣大深遠無量無礙力無所畏禪定解脫三昧深入無際成就一切未曾有法舍利弗如來能種種分別巧說諸法言辭柔軟悅可衆心舍利弗取要言之無量無邊未曾有法佛悉成就

此歎二智甚深之因也由親近多佛盡行多法故所證眞實知見廣大深遠卽諸佛之德用若四無量心四無礙辯十力四無所畏禪定解脫等一切

諸法一一深證窮極一切未曾有法皆悉成就以其所證實智既深故德用無邊此在華嚴所明佛智佛境界佛功德等一一稱眞法界皆以海言方知廣大深遠也由其所證者深故隨順機宜善能分別種種巧說諸法觀根逗機言不逆意故柔輭應不失時故衆悅此權智甚深之妙也佛之德用說不能盡總而言之無量無邊未曾有法佛皆成就此其所以諸二乘人不能知也

止舍利弗不須復說所以者何佛所成就第一希有難解之法唯佛與佛乃能究盡諸法實相所謂諸法

如是相如是性如是體如是力如是作如是因如是緣如是果如是報如是本末究竟等。

此正顯諸法實相也既說而又止之者葢顯此法迥出常情未可輕談恐其聞者驚疑不信故秪可但言難解不敢言其所以也然所以不可言者以佛所成希有之法諸三乘人難信難解唯佛與佛乃能究竟諸法之實相此乃離言難解之法豈可輕談哉下釋諸法實相難解之所以然諸法者不過相性體力作因緣果報本末耳盡此十法而已皆易見而易信者何難之有以即諸法以顯實相

故深妙而難解也何謂諸法實相耶若言其相相即無相相如也若言其性妙性天然性如也若言其體體自眞常體如也若言其力力用稱眞力如也若言其作作而無作作如也若言其因生本無生因如也若言其緣性空成事緣如也若言其果果不離因果如也若言其報業性昭然報如也若言本末則始終一際本末如也以上諸法一一是如是之法故究竟平等寂滅無二此諸法之實相也以可信可解者諸法三乘皆知而難信難解者即諸法以明實相此唯佛與佛乃能究盡殊非二

乘可知耳。

爾時世尊欲重宣此義而說偈言。

世雄不可量　諸天及世人　一切眾生類
無能知佛者　佛力無所畏　解脫諸三昧
及佛諸餘法　無能測量者　本從無數佛
具足行諸道　甚深微妙法　難見難可了
於無量億劫　行此諸道已　道場得成果
我已悉知見　如是大果報　種種性相義
我及十方佛　乃能知是事　是法不可示
言辭相寂滅　諸餘眾生類　無有能得解

除諸菩薩眾　信力堅固者　諸佛弟子眾
曾供養諸佛　一切漏已盡　住是最後身
如是諸人等　其力所不堪

此重頌二智甚深難解以顯究竟實相也稱佛爲世雄者無雌可匹曰雄謂佛超出凡聖而獨尊之稱也言道場所得果正指盧舍那佛於菩提場初成正覺證窮法界海慧乃曠劫修因所感之果此佛自證之境界故唯佛悉知言如是大果報者正指華藏世界無量莊嚴圓融果海交徹無礙故云種種性相義此唯佛與佛乃能知之以果海離言。

不可說示故云言辭相寂滅此離言之道非思量分別之境豈三乘人所堪耶但可以信入耳此頌正顯究竟一實之地爲今所歸之極致以長行未盡故頌中特發明之

假使滿世間　皆如舍利弗　盡思共度量
不能測佛智　正使滿十方　皆如舍利弗
及餘諸弟子　亦滿十方刹　盡思共度量
亦復不能知　辟支佛利智　無漏最後身
亦滿十方界　其數如竹林　斯等共一心
於億無量劫　欲思佛實智　莫能知少分

新發意菩薩　供養無數佛　了達諸義趣
又能善說法　如稻麻竹葦　充滿十方刹
一心以妙智　於恆河沙劫　咸皆共思量
不能知佛智　不退諸菩薩　其數如恆沙
一心共思求　亦復不能知

此歷頌三乘不知二智之甚深也身子智慧第一假使滿世間之身子固不能知即正使滿十方之身子合弟子之衆智亦不能知身子雖智不如獨覺之利智亦滿十方如竹林之多合衆智爲一心盡億劫之長久亦不能知獨覺雖利不若菩薩之大根如稻葦之多即充滿十方合一心於恆河沙劫咸皆思量亦不能知新發意之菩薩不若地上不退之深證合恆沙之衆心思而求之亦不能知信乎佛智甚深微妙也以佛智如空無所依超出思量心識之表而三乘人以所知心測度而求其境界豈可得乎三賢十聖住果報唯佛一人居淨土如九重深密事不許外人知而佛智甚深總非九界衆生可知耳

又告舍利弗　無漏不思議　甚深微妙法
我今已具得　唯我知是相　十方佛亦然

舍利弗當知　諸佛語無異　於佛所說法
當生大信力　世尊法久後　要當說眞實
告諸聲聞衆　及求緣覺乘　我令脫苦縛
逮得涅槃者　佛以方便力　示以三乘教
衆生處處著　引之令得出

此頌誡令當信妙法亦信三乘是權也以實相離言之道非心識思量分別之境界而三乘人以心思測度而求之此其所以難知也以其法不思議甚深微妙故爲佛與佛乃知之耳諸人但當信之而已若信今是實信昔是權則可捨執著而悟入

之也。大經云。若人欲識佛境界。當淨其意如虛空。遠離妄想及諸取。令心所向皆無礙。是豈可以執著思量而求之耶。

爾時大眾中有諸聲聞漏盡阿羅漢阿若憍陳如等千二百人。及發聲聞辟支佛心比丘比丘尼優婆塞。優婆夷各作是念。今者世尊。何故慇勤稱歎方便而作是言。佛所得法甚深難解。有所言說意趣難知。一切聲聞辟支佛所不能及。佛說一解脫義。我等亦得此法到於涅槃。而今不知是義所趣。爾時舍利弗知四眾心疑。自亦未了。而白佛言世尊。何因何緣慇勤

稱歎諸佛第一方便甚深微妙難解之法。我自昔來未曾從佛聞如是說。今者四眾咸皆有疑。惟願世尊敷演斯事。世尊何故慇勤稱歎甚深微妙難解之法。

此身子因佛止而不說乘大眾之疑而請也。世尊此會入定放光現希有事。大眾無不驚疑。所幸文殊已釋之矣。今方出定不待眾問。而自極歎二智之甚深。且云從前所說之法意趣難解。二乘所不能知。然一向聞佛所說一解脫義。我等已得。何嘗不知。而今世尊一旦無故而作是說者。此我眾心甚可疑也。此正二乘但信佛語。執悋之心未捨。將以昔證為實。不知是權。所以因斥而起疑。即身子雖智而亦未免懷疑也。願聞今日稱歎之因緣。所以為眾請說。

爾時舍利弗欲重宣此義而說偈言。

慧日大聖尊　久乃說是法　自說得如是
力無畏三昧　禪定解脫等　不可思議法
道場所得法　無能發問者　我意難可測
亦無能問者　無問而自說　稱歎所行道
智慧甚微妙　諸佛之所得　無漏諸羅漢
及求涅槃者　今皆墮疑網　佛何故說是

其求緣覺者　比丘比丘尼　諸天龍鬼神
及乾闥婆等　相視懷猶豫　瞻仰兩足尊
是事為云何　願佛為解說　於諸聲聞眾
佛說我第一　我今自於智　疑惑不能了
為是究竟法　為是所行道　佛口所生子
合掌瞻仰待　願出微妙音　時為如實說
諸天龍神等　其數如恆沙　求佛諸菩薩
大數有八萬　又諸萬億國　轉輪聖王至
合掌以敬心　欲聞具足道

此重頌請意也。聖人不出世。萬古如長夜。故稱佛

為慧日。四十年前未曾稱歎甚深不可思議之法。故云久乃說之。無問而自說者。以是道場所得法。乃佛自證之境界。非衆所知。故無能發問者。卽我雖智慧亦難可測。故不能問。所以無問而自說也。況所歎之法。是世尊尋常所行之道。衆皆以爲已知矣。而今極歎其甚深微妙。唯佛自知。殊非三乘所及。所以大衆生疑也。衆等皆疑。我亦未了。敢問世尊所歎者。爲是究竟之法耶。爲是所行之道耶。若是究竟法。則是道場所證。唯佛自知。固非我等可及。若是所行道。則四十年來衆所同見同聞。而

共知者。業已取證矣。何甚深之有。此其所以生疑也。欲聞具足道。則究竟所行。皆願指示歸趣也。故敢以請。

爾時佛告舍利弗。止止不須復說。若說是事。一切世間諸天及人皆當驚疑。

此因請說而重止也。所以重止而不說者。以今日開權盡廢三乘。打破向家之窠窟。如家國之喪亡。恐其皆當驚疑也。夜光投人。鮮不按劍。況無上妙法乎。是以未敢輕易投人也。

舍利弗重白佛言。世尊。惟願說之。惟願說之。所以者何。是會無數百千萬億阿僧祇衆生。曾見諸佛。諸根猛利。智慧明了。聞佛所說。則能敬信。爾時舍利弗欲重宣此義而說偈言。

法王無上尊　惟說願勿慮　是會無量衆
有能敬信者

此申重請必說之意也。意謂世尊所以不說者。將爲此會智淺根劣而不信耳。今觀四衆根利智明。必能敬信。必不負世尊開示也。

佛復止舍利弗。若說是事。一切世間天人阿脩羅皆當驚疑。增上慢比丘將墜於大坑。爾時世尊重說偈言。

止止不須說　我法妙難思　諸增上慢者
聞必不敬信

此出再止之意也。所以止之而不說者。非是秘悋。亦非無機。第恐增上慢人聞而不信。以此輩未得謂得。未證謂證。自以爲足。必生誹謗。則不唯無益。而返害之。將墮惡道。以妨此等。故不若不說爲嘉耳。

爾時舍利弗重白佛言。世尊。惟願說之。惟願說之。今此會中如我等比百千萬億世世已曾從佛受化。如

此人等必能敬信，長夜安隱，多所饒益。爾時舍利弗欲重宣此義而說偈言。

無上兩足尊　願說第一法　我爲佛長子
惟垂分別說　是會無量衆　能敬信此法
佛已曾世世　教化如是等　皆一心合掌
欲聽受佛語　我等千二百　及餘求佛者
願爲此衆故　惟垂分別說　是等聞此法
則生大歡喜

此申三請之意也。身子所恃而懇請者，以觀此會大衆皆久受佛化者，必無增上之儔也。然下退席

之衆皆與身子同一法會，周旋久矣，而竟不知其人者，可見人之相與，知心之難，即此可進增慢之儔也。

爾時世尊告舍利弗，汝已慇勤三請，豈得不說。汝今諦聽，善思念之，吾當爲汝分別解說。

此因懇請許說也。佛爲此會業已入定放光動地，最先警發羣機矣，此非小小因緣也。及方出定，即便稱歎二智甚深，而又無問而自說矣，宜乎徑談。何以將說而又止之，必待再三懇請而後說者何也。一則以顯二智甚深，難信難解，未可輕談；二則

發其二乘樂大之心，堅其篤信，令生希有之想耳。以二乘人一向與佛周旋，視爲尋常，而其所說之法易信易解，故遇便信受，不以爲難，即有不信，而所損不多，以其法乃權設，人乃小果，尚有可待之時。今則開佛知見，爲一乘成佛之眞種，況微妙甚深，若輕說則仍前如言取義而不入，或我慢輕忽而不信，則永斷佛種，絕成佛之眞因，或致誹謗而墮惡道，則所損者大，故待再三懇請而後說也。觀華嚴將說十地，而金剛藏必須三加五請而後說者，一以恐其有損而不說，二則以其地法深妙難

解而不易說。且法界海會純一上機，宜其隨說而猶鄭重若是。今法華一乘實相，正是華嚴法界之地體，況二乘劣解力所不堪，若輕投而不信，則永斷善根，再無成佛之機矣。且如來化緣將畢，時不待人，安有從前之日月哉。所以必須衆志貞堅，可一變而至於道也。三止之意，豈徒然耶。

說此語時，會中有比丘、比丘尼、優婆塞、優婆夷五千人等，即從座起，禮佛而退。所以者何。此輩罪根深重，及增上慢，未得謂得，未證謂證，有如此失，是以不住。世尊默然而不制止。

此上慢退席，以策羣機也。當許說時，座下有五千人禮佛而退，世尊默然而不制止者，正以警發二乘當捨夙習，而以虛心受教也。增上慢者，已實未得未證而自以為已得證，故謂之上慢。又且自高於已得證者，云增上慢。此輩自以為足，其心不虛，無受教之地，若聞妙法而不信入，則永斷佛種。此在座與二乘同列，皆有自足之心也。如後身子與四大弟子皆云：佛說一解脫義，我等已得。又云：我等已得涅槃，而不復進求無上菩提，是皆增上慢儔也。以其執著夙習知見，安能得入一乘妙法哉。

故今退者不止，正欲激發此輩，令捨舊日名言習氣，自淨其心，可受今日之教也。若留而惑眾，則大負如來深慈矣。

爾時佛告舍利弗：我今此眾，無復枝葉，純有貞實。舍利弗，如是增上慢人，退亦佳矣。汝今善聽，當為汝說。舍利弗言：唯然，世尊，願樂欲聞。

此喜機純可說也。無復枝葉，純有貞實，則益堅眾志，故云退亦佳矣。楞嚴云：若有一人不清淨者，則使道場終不成就。況五千乎？故以退者為佳也。

佛告舍利弗：如是妙法，諸佛如來時乃說之，如優曇鉢華時一現耳。

此正說妙法也。如來極盡神力，剛道如是二字而已。信乎諸法寂滅相，不可以言宣也。如是者，直指之辭。法者，即前相性等諸法。然諸法未見其妙，但即諸法以見如，如是為妙耳。若見諸法之妙，則心外無法，一切真常，無非實相。了此即名為佛。故如優曇華時一現耳。優曇乃端應華，三千年一現，現則有聖人出。此則待時而現也。以喻一乘妙法，尋常不說，必待機熟得道之時而說也。

舍利弗，汝等當信佛之所說，言不虛妄。

上已直指妙法全體，但以難信難解，此下所謂分別解說，蓋不得已而有說也。以其難信，故最初教以當信。以前三乘之法，二乘皆執為實，今一旦廢之，恐其不信，故誡以信佛所說，言不虛妄。此正世尊法久後要當說真實，此開權顯實，已盡於一言之下矣。向下無非發明此意。

舍利弗，諸佛隨宜說法，意趣難解。所以者何？我以無數方便，種種因緣、譬喻言辭，演說諸法。是法非思量分別之所能解，唯有諸佛乃能知之。所以者何？諸佛世尊唯以一大事因緣故出現於世。舍利弗，云何名諸佛世尊唯以一大事因緣故出現於世。諸佛世尊欲令衆生開佛知見使得清淨故出現於世。欲示衆生佛之知見故出現於世。欲令衆生悟佛知見故出現於世。欲令衆生入佛知見道故出現於世。舍利弗。是爲諸佛以一大事因緣故出現於世。佛告舍利弗。諸佛如來但教化菩薩。諸有所作常爲一事。唯以佛之知見示悟衆生。舍利弗。如來但以一佛乘故爲衆生說法。無有餘乘若二若三。

此明權即是實。以顯一乘之妙也。諸佛隨宜說法。皆以爲權。殊不知意趣難解。以即權即實。故難信

耳。下徵釋之曰。何以權即是實。以無數方便演說諸法。皆離心意識境界。以顯佛知見地。原非思量分別之境。而二乘人以思量求之。故不能解。所以唯佛與佛乃能知耳。所以即權即是顯實者。不待今日。故云諸佛本爲一大事因緣故出現於世。所言一者。謂一眞法界常住眞心也。心外無法。故曰一。廣大包含生佛平等依正不二。故曰大。諸佛證此自利利他。故曰事。以衆生本具爲因諸佛爲此出世助發爲緣。單因此緣此而出世間。更無別事。故四十年來種種方便開示者此心耳。故下又徵釋之曰。云何名一大事等。此又分別解說一大事也。所言一大事者。乃衆生本具眞心。即佛之知見也。然而此心但爲無明所蔽。故諸佛出世。特爲衆生揭開而指示之。令離妄染而得清淨。使自悟入。爲此而已。豈更別有他事哉。故結之曰。是爲諸佛以一大事因緣故出現於世。是知諸佛但爲教化菩薩。令其成佛。唯此一事。原非爲教二乘也。豈有二乘三乘爲實事哉。此則如來大暢出世本懷。盡廢三乘之權。獨顯一乘之妙。極盡於此矣。

舍利弗。一切十方諸佛法亦如是。舍利弗。過去諸佛。

以無量無數方便種種因緣譬喻言辭而爲衆生演說諸法。是法皆爲一佛乘故。是諸衆生從諸佛聞法。究竟皆得一切種智。舍利弗。未來諸佛當出於世。亦以無量無數方便種種因緣譬喻言辭而爲衆生演說諸法。是法皆爲一佛乘故。是諸衆生從佛聞法究竟皆得一切種智。舍利弗。現在十方無量百千萬億佛土中諸佛世尊多所饒益安樂衆生。是諸佛亦以無量無數方便種種因緣譬喻言辭而爲衆生演說諸法。是法皆爲一佛乘故。是諸衆生從佛聞法究竟皆得一切種智。舍利弗。是諸佛但教化菩薩。欲以佛

之知見示衆生故欲以佛之知見悟衆生故欲令衆生入佛之知見故舍利弗我今亦復如是知諸衆生有種種欲深心所著隨其本性以種種因緣譬喻言辭方便力而爲說法舍利弗如此皆爲得一佛乘一切種智故舍利弗十方世界中尚無二乘何況有三

此歷引十方三世諸佛說法之儀式以證釋迦今日言不虛妄以有憲章祖述也佛意謂我以無量方便演說諸法皆爲一乘佛知見者非創爲也乃宗十方三世一切諸佛諸佛皆以無量方便種種譬喻言辭演說諸法是法皆爲一佛乘故令諸衆

生聞法究竟皆得一切種智直至成佛而後已佛佛皆然是知諸佛但爲敎化菩薩直令悟入佛之知見以此爲能事是故我今遵諸佛說法之儀式所以先說三乘者以知衆生有種種欲深心所著故不得已隨其本性而開導之以佛說一切法爲治一切心若無一切心何用一切法卽其所說皆要衆生得一佛乘一切種智故耳十方世界尚無二乘三乘我何獨異於諸佛哉此則痛斥二乘盡廢昔權如來出世本懷畢露於此矣

舍利弗諸佛出於五濁惡世所謂劫濁煩惱濁衆生濁見濁命濁如是舍利弗劫濁亂時衆生垢重慳貪嫉妬成就諸不善根故諸佛以方便力於一佛乘分別說三

此敍諸佛出世不得已而說三之意也佛佛出世所以必說三乘者以處濁惡之時也衆生剛强垢重而難化不得不隨機而調伏之所以費盡無量無數之方便故將一乘法分別說三豈得已哉劫濁謂同造惡一類衆生同聚一時故名劫濁執斷常等具六十二種邪見名見濁衆生心識但以妄想貪瞋癡等擾亂其心名煩惱濁以不淨種子發

業潤生合成衆生名衆生濁業識命根隨生死業故名命濁當此時世濁亂之極豈可頓敎成佛哉所以廣用方便者此也

舍利弗若我弟子自謂阿羅漢辟支佛者不聞不知諸佛如來但敎化菩薩事此非佛弟子非阿羅漢非辟支佛又舍利弗是諸比丘比丘尼自謂已得阿羅漢是最後身究竟涅槃便不復志求阿耨多羅三藐三菩提當知此輩皆是增上慢人所以者何若有比丘實得阿羅漢若不信此法無有是處除佛滅度後現前無佛所以者何佛滅度後如是等經受持讀誦

解義者是人難得若遇餘佛於此法中便得決了舍利弗汝等當一心信解受持佛語諸佛如來言無虛妄無有餘乘唯一佛乘

此痛斥二乘令堅一乘之信也華嚴地上菩薩名眞阿羅漢且地上菩薩大阿羅漢豈有不知成佛之事哉故云若我弟子自謂阿羅漢辟支佛若不知諸佛但教菩薩事者此則非佛弟子所謂假名羅漢辟支佛耳故下領悟則曰我等今者眞是聲聞眞阿羅漢所云非眞阿羅漢者以不信此法故也且我弟子既證羅漢得出生死即當上求佛果

可也今執著小乘而自以為足不復進求菩提者皆是增上慢人也若果眞是阿羅漢豈有不信成佛之事哉此斥之深而欲信之切也若現前親見佛聞法無有不信此事者除佛滅後不得見佛但能持經容有不信者雖此時不信但能受持解義者亦作成佛遠因此人若遇餘佛亦得決了所謂金剛種子塵劫不磨如人食之終當透皮而出此正華嚴所說聞而不信尚結佛種之因以佛性種子為成佛之眞因固當信重故云汝等當一心信解受持佛語諸佛如來言無虛妄等以結章首之言也

妙法蓮華經通義卷第二

妙法蓮華經通義卷第三 經文卷一下

明南嶽沙門憨山釋德淸述

方便品第二之餘

爾時世尊欲重宣此義而說偈言。

比丘比丘尼　有懷增上慢　優婆塞我慢
優婆夷不信　如是四衆等　其數有五千
不自見其過　於戒有缺漏　護惜其瑕疵
是小智已出　衆中之糟糠　佛威德故去
斯人尠福德　不堪受是法　此衆無枝葉
唯有諸貞實

此頌退席之衆也。長行通舉五千。頌列三等。雖云上慢我慢不信。總之皆一闡提也。缺戒護疵則根器不淨。小智糟糠則智淺心麤。以無福德故不堪受法。所以去耳。此衆貞實故當說也。

舍利弗善聽　諸佛所得法　無量方便力
而爲衆生說　衆生心所念　種種所行道
若干諸欲性　先世善惡業　佛悉知是已
以諸緣譬喻　言辭方便力　令一切歡喜
或說脩多羅　伽陀及本事　本生未曾有
亦說於因緣　譬喻幷祇夜　優波提舍經
鈍根樂小法　貪著於生死　於諸無量佛
不行深妙道　衆苦所惱亂　爲是說涅槃
我設是方便　令得入佛慧　未曾說汝等
當得成佛道　所以未曾說　說時未至故
今正是其時　決定說大乘　我此九部法
隨順衆生說　入大乘爲本　以故說是經

此頌卽實明權也。初一偈總頌。謂佛所得法。乃道場所得一乘實智佛知見之大法也。以衆生不堪。故以方便權巧而爲說之。此三七思惟。正爲此也。衆生心所念下一偈。頌不堪之所以。良由衆生心

念行道邪正。欲性好尙。善惡業果。種種若干之不同。皆非受大之根器。爲是等故。不敢說大。佛悉知是已下兩偈半。正明施權。謂旣知根器不堪。不得不以方便權巧而化之。此九部法。皆爲此輩而說也。脩多羅。云契經。伽陀。云孤起頌。本事。說佛本行如提婆達多忍辱仙等。本生。說佛往因。如十六王子等。未曾有。卽希有之事。因緣。卽種種緣法。譬喻如下火宅等。祇夜。云應頌。優波提舍。云論議。此敘小乘九部之權法。正爲二乘而說者。若加方廣。自說。授記。爲十二部。總爲隨機之說也。鈍根下四偈

半頌卽權明實之意。謂以鈍根樂小之人。雖近多佛而不行妙道。故爲生死衆苦所惱。愍此等故。說小乘之涅槃。設是方便。其實意要引入佛慧。如下化城之設。意在引至寶所。但密意調伏。未曾明說汝等成佛。一向不說者。以說時未至故。今正是其時。決定說大乘。然大非九部之外別有也。但知九部隨機之說。專以引入大乘爲本懷。因爲入大。故說此經。非別有大乘也。卽權明實之意。盡揭於此矣。

有佛子心淨　柔輭亦利根　無量諸佛所
而行深妙道　爲此諸佛子　說是大乘經
我記如是人　來世成佛道　以深心念佛
修持淨戒故　此等聞得佛　大喜充偏身
佛知彼心行　故爲說大乘　聲聞若菩薩
聞我所說法　乃至於一偈　皆成佛無疑

此頌令爲大根顯實也。心淨根利。行深妙道。則異上鈍根。堪荷大法。故爲說大乘。所謂正直捨方便也。故記是人來世成佛。以此大根深心念佛。則心與佛冥。修持淨戒。則不貪著生死。一聞得佛大喜偏身。所謂毛孔熙怡。佛性種子殊勝。故爲說大乘。

若未聞妙法。則根之利鈍尚有差別。若得聞此大法。則無論大小皆得成佛無疑。所謂利根鈍根等雨法雨。皆得充滿。此正顯實之大益也。

十方佛土中　唯有一乘法　無二亦無三
除佛方便說　但以假名字　引導於衆生
說佛智慧故

此頌結顯一實也。謂雖有三乘假名引導。其實但顯一乘佛慧。所以權卽是實。是知諸法皆如也。

諸佛出於世　唯此一事實　餘二則非眞
終不以小乘　濟度於衆生　佛自住大乘
如其所得法　定慧力莊嚴　以此度衆生
自證無上道　大乘平等法　若以小乘化
乃至於一人　我則墮慳貪　此事爲不可
若人信歸佛　如來不欺誑　亦無貪嫉意
斷諸法中惡　故佛於十方　而獨無所畏
我以相嚴身　光明照世間　無量衆所尊
爲說實相印　舍利弗當知　我本立誓願
欲令一切衆　如我等無異　如我昔所願
今者已滿足　化一切衆生　皆令入佛道

此頌敘佛出世唯說一乘之意也。初五句。頌諸佛出世唯證一實故不以小乘度人下二十句歷敘不以小乘度人之所以以佛自住大乘當行平等之慈利物也所得法乃道場所證法身眞體也定慧莊嚴乃現他受用報身也法報冥一故曰平等以自證平等之大法豈可以小乘而化人即化一人已墮慳貪尙為不可況其多乎凡若有人信歸於佛佛則一以至誠待之若欺其不能誑其不知貪其利嫉其勝皆諸法之惡也佛皆斷之故於十方無惡名之怖亦無大眾之畏故以相好莊嚴之身現光明普照之相為說一乘實相之大法此暗

敘坐菩提場之事也一實相印所謂海印三昧也佛所說法以實相印印定故魔外不混舍利下一偈敘出世本懷如我下一偈敘今滿願方稱本懷也

若我遇眾生　盡教以佛道　無智者錯亂
迷惑不受教　我知此眾生　未曾修善本
堅著於五欲　癡愛故生惱　以諸欲因緣
墜墮三惡道　輪迴六趣中　備受諸苦毒
受胎之微形　世世常增長　薄德少福人
眾苦所逼迫　入邪見稠林　若有若無等
依止此諸見　具足六十二　深著虛妄法
堅受不可捨　我慢自矜高　諂曲心不實
於千萬億劫　不聞佛名字　亦不聞正法
如是人難度　是故舍利弗　我為設方便
說諸盡苦道　示之以涅槃　我雖說涅槃
是亦非眞滅　諸法從本來　常自寂滅相
佛子行道已　來世得作佛

此頌敘開權之所以也佛既本願化一切眾生成佛如何又說三乘之法耶以所遇無智之眾恐其錯亂迷惑不受故所以隨機演說耳非本意也下

廣頌五濁惡世眾生難度不得不設方便之意我知下八句頌煩惱濁受胎下四句頌命濁入邪見下八句頌見濁於千萬下四句頌劫濁當此濁惡之世眾生汨沒苦惱之中故設方便先說出苦之法示以涅槃滅苦之道此但滅盡諸苦出分段生死非眞滅度出變易生死也諸法下四句顯實如何是眞滅耶以諸法本來眞常寂滅此是一乘之妙道佛子行此來世成佛以二乘但見生滅四諦之法故今特為顯示方盡如來出世本懷也

我有方便力　開示三乘法　一切諸世尊

皆說一乘道　今此諸大衆　皆應除疑惑
諸佛語無異　唯一無二乘

此頌敘顯實也。如來方便知見波羅蜜皆已具足。故云有方便力。以此故說三乘。以諸佛皆說一乘。故我今唯說一乘。衆當諦信無疑也。

過去無數劫　無量滅度佛　百千萬億種
其數不可量　如是諸世尊　種種緣譬喻
無數方便力　演說諸法相　是諸世尊等
皆說一乘法　化無量衆生　令入於佛道

此頌十方三世道同。先明過去諸佛也。以過去諸

佛皆依權演實。故我釋迦祖述其道也。

又諸大聖主　知一切世間　天人羣生類
深心之所欲　更以異方便　助顯第一義

此頌廣明助顯第一義也。言更以異方便者。此意從序品文殊云。今佛放光明。助發實相義而來。意謂實相妙法。非言可宣。佛先放一光全彰妙體。則實相眞境平等顯現。可不言而悟矣。爲正方便。以諸佛皆以無數方便說三乘法。今言卽權顯實。良以此法微妙難信。恐三乘人一向執權。悟而不捨。不能離言取義。則實相難明。前雖放光平等示現。

惜乎諸人不悟。業已當面錯過矣。前云佛子行道已。來世得作佛。意恐二乘之人。向怖佛道長遠。猶存希望有待之心。未必盡信。故不肯捨權。則負此嘉會失其時矣。今顯第一義諦實相妙法。生佛平等。不論聖凡有福無福。乃至人天小善。但能從佛發一信心。則直趣果海。不遭歧路。此我世尊急欲二乘發起信心。故引諸佛更以異方便助顯第一義也。故下引菩薩人天。乃至微因小善舉手低頭。一稱佛名。則成金剛種。莫不成佛。況三乘九部之權法。豈非成佛之本乎。是則宗門發明向上。一棒

一喝之下。揚眉瞬目。譏呵怒罵之間。令人頓脫生死情根。豈非舉手低頭已成佛耶。以前已一光平等顯現。恐其忽略。又云種種因緣說法皆爲一乘。故今重以種種小行助顯。故云更以異方便助顯第一義。由是觀之。一向三乘之權法。豈非一實之法乎。故云我此九部法。入大乘爲本者此也。

若有衆生類　值諸過去佛　若聞法布施
或持戒忍辱　精進禪智等　種種修福慧
如是諸人等　皆已成佛道　諸佛滅度後
若人善輭心　如是諸衆生　皆已成佛道

諸佛滅度已　供養舍利者　起萬億種塔
金銀及玻瓈　硨磲與碼碯　玫瑰瑠璃珠
清淨廣嚴飾　莊校於諸塔　或有起石廟
旃檀及沉水　木櫁并餘材　甎瓦泥土等
若於曠野中　積土成佛廟　乃至童子戲
聚沙為佛塔　如是諸人等　皆已成佛道
若人為佛故　建立諸形像　刻雕成眾相
皆已成佛道　或以七寶成　鍮鉐赤白銅
白鑞及鉛錫　鐵木及與泥　或以膠漆布
嚴飾作佛像　如是諸人等　皆已成佛道

彩畫作佛像　百福莊嚴相　自作若使人
皆已成佛道　乃至童子戲　若草木及筆
或以指爪甲　而畫作佛像　如是諸人等
漸漸積功德　具足大悲心　皆已成佛道
但化諸菩薩　度脫無量眾　若人於塔廟
寶像及畫像　以華香旛蓋　敬心而供養
若使人作樂　擊鼓吹角貝　簫笛琴箜篌
琵琶鐃銅鈸　如是眾妙音　盡持以供養
或以歡喜心　歌唄頌佛德　乃至一小音
皆已成佛道　若人散亂心　乃至以一華
供養於畫像　漸見無數佛　或有人禮拜
或復但合掌　乃至舉一手　或復小低頭
以此供養像　漸見無量佛　自成無上道
廣度無數眾　入無餘涅槃　如薪盡火滅
若人散亂心　入於塔廟中　一稱南無佛
皆已成佛道

此頌歷敘異方便也。今異方便，首舉菩薩，次舉人天，而不及二乘者，以今九部法，止是二乘成佛之方便，因恐不信，故引菩薩凡夫非分之法以助顯之，使其必信無疑也。且菩薩乃未成佛之人也。今

言已成者，意顯六度乃稱眞實相之行也。凡夫乃非成佛之人也。今言若善輭心，則非剛強梗化之人，但能隨順佛法，信心不逆者，以凡夫中有此善輭之心，於佛滅後，雖未見佛，但能因佛發心，或為供舍利，誠心造塔，以用七寶，乃至童子之聚沙，或為供像，誠心七寶，以至童子草木爪甲之戲畫，或為供佛，誠心華香伎樂，以至散心舉手低頭之恭敬，或散亂心見佛，一稱其名號，如是種種眾行，微因小善，蓋皆從佛發心也。所以一一皆已成佛者，以眾生乃諸佛心內之眾生，但日用而不知有。今

從佛發心則知有佛知有則自心全體是佛是以凡作一行皆是佛行所謂一念信心卽得菩提故一一言皆已成佛道非虛語也言已成佛者天台六卽若理卽則具之而已若名字卽則知名識字已成之義明矣所以舉此諸行爲助顯者苟二乘人能信菩薩之六度凡夫之衆善皆已成佛而九部之方便豈非實相之妙法二乘之涅槃豈非成佛之正行乎端在的信自心不疑佛語當下直證實相矣此如來開權顯實之善巧啟發二乘迫切懇至之心難以言語形容矣觀者若但隨言說而

不深體其心則於妙法難窺其奧

於諸過去佛　在世或滅度　若有聞是法
皆已成佛道

此頌結過去道同也三乘皆親見佛所說之行也凡夫供塔等皆佛滅後乃因佛旋發之行也適然之行尚成佛况特立之法乎

未來諸世尊　其數無有量　是諸如來等
亦方便說法　一切諸如來　以無量方便
度脫諸衆生　入佛無漏智　若有聞法者
無一不成佛　諸佛本誓願　我所行佛道
普欲令衆生　亦同得此道　未來世諸佛
雖說百千億　無數諸法門　其實爲一乘
諸佛兩足尊　知法常無性　佛種從緣起
是故說一乘　是法住法位　世間相常住
於道場知已　導師方便說

此頌未來道同也諸佛本誓願四句言未來諸佛所以祖述現在者以釋迦本願欲令一切衆如我等無異故未來諸佛皆同此願耳諸佛下八句言諸佛自得之法甚深稱性而說故方便甚深也法常無性等者謂一眞法界爲本住法所謂常住眞

心故曰常然法界以緣起爲宗故云無性無明十二因緣卽普光明智以隨染淨緣遇緣卽宗染緣乃生死業種淨緣乃佛種吾佛證窮此智故說一乘以爲衆生成佛之緣故曰是故說一乘是法住法位等者以佛稱性說法謂之海印森羅常住用其所說之法皆不動本際故住法位以住法位故世間相卽常住實相是則無有一法非眞實者道場所證如此而已所謂本住法乃實智也以第一義諦寂滅離言但以方便權智爲衆演說故所說法一一稱眞故權卽是實所謂二智甚深也此特

敘於未來諸佛中者意爲將授記者垂範也。

天人所供養　現在十方佛　其數如恆沙
出現於世間　安隱衆生故　亦說如是法
知第一寂滅　以方便力故　雖示種種道
其實爲佛乘　知衆生諸行　深心之所念
過去所習業　欲性精進力　及諸根利鈍
以種種因緣　譬喻亦言辭　隨應方便說

此頌現在道同也。初十句。明權卽是實。知衆下八句。明多方助顯。

今我亦如是　安隱衆生故　以種種法門

宣示於佛道　我以智慧力　知衆生性欲
方便說諸法　皆令得歡喜

此頌自行祖述三世也。初四句。明權卽實。我以下四句。明隨機助顯所謂悅可衆心也。

舍利弗當知　我以佛眼觀　見六道衆生
貧窮無福慧　入生死險道　相續苦不斷
深著於五欲　如犛牛愛尾　以貪愛自蔽
盲瞑無所見　不求大勢佛　及與斷苦法
深入諸邪見　以苦欲捨苦　爲是衆生故
而起大悲心　我始坐道場　觀樹亦經行
於三七日中　思惟如是事　我所得智慧
微妙最第一　衆生諸根鈍　著樂癡所盲
如斯之等類　云何而可度　爾時諸梵王
及諸天帝釋　護世四天王　及大自在天
并餘諸天衆　眷屬百千萬　恭敬合掌禮
請我轉法輪　我卽自思惟　若但讚佛乘
衆生沒在苦　不能信是法　破法不信故
墜於三惡道　我寧不說法　疾入於涅槃
尋念過去佛　所行方便力　我今所得道
亦應說三乘　作是思惟時　十方佛皆現

梵音慰喻我　善哉釋迦文　第一之導師
得是無上法　隨諸一切佛　而用方便力
我等亦皆得　最妙第一法　爲諸衆生類
分別說三乘　少智樂小法　不自信作佛
是故以方便　分別說諸果　雖復說三乘
但爲教菩薩　舍利弗當知　我聞聖師子
深淨微妙音　稱南無諸佛　復作如是念
我出濁惡世　如諸佛所說　我亦隨順行
思惟是事已　卽趣波羅奈　諸法寂滅相
不可以言宣　以方便力故　爲五比丘說

是名轉法輪　便有涅槃音　及以阿羅漢
法僧差別名　從久遠劫來　讚示涅槃法
生死苦永盡　我常如是說　舍利弗當知
我見佛子等　志求佛道者　無量千萬億
咸以恭敬心　皆來至佛所　曾從諸佛聞
方便所說法　我即作是念　如來所以出
爲說佛慧故　今正是其時　舍利弗當知
鈍根小智人　著相憍慢者　不能信是法
今我喜無畏　於諸菩薩中　正直捨方便
但說無上道　菩薩聞是法　疑網皆已除
千二百羅漢　悉亦當作佛　如三世諸佛
說法之儀式　我今亦如是　說無分別法

此頌因觀六道汨於五濁。歷敘出世因緣也。初十六句。敘觀五濁。佛具五眼。非佛眼不能窮衆生界。故以佛眼觀貧窮無福慧衆生濁也。入生死苦命濁也。深著五欲煩惱濁也。不求佛法。劫濁也。深入邪見見濁也。以觀此五濁衆生。故興同體大悲以起濟度之心也。我始下十句敘出世因緣。以明三七思惟也。舍那如來於菩提場初成正覺。法報冥一。自受法樂。因見苦惱衆生。感動無緣慈力。故初

七思惟度脫。又思自證智慧微妙第一。非鈍根所堪。且思度之之方。故云云何而可度。爾時下八句。敘感應道交。謂正思出世。適諸天來請。此正機感應會之時。後文所謂聞有人言也。我即下八句。二七思惟。鈍根不堪大法。恐其有損。故寧入涅槃而不敢輕投也。尋念下四句。三七思惟。當遵諸佛說法儀式。以一乘法分別說三也。作是下十八句。敘諸佛勸喻釋迦。善體諸佛之心。而以方便即權顯實也。故云但爲教菩薩。舍利下八句。敘釋迦因聞諸佛勸喻而依教奉行也。思惟下十句。正敘雙垂兩相。現應化身。爲今弟子說三乘法也。已前佛未出世。未有三寶。今日乃有三寶之名耳。從久遠下四句。明雖說三乘。本懷但爲顯實也。涅槃無上大涅槃也。生死苦永盡。二死永亡也。以諸佛久遠劫來所讚示者。皆即權以顯實。故我常如諸佛所說。所謂雖說三乘。但爲教菩薩也。舍利下十二句。敘出世本懷。因爲待機。今正機熟。應說佛慧之時也。如是妙法。諸佛如來時乃說之。所謂欲識佛性義。當觀時節因緣。根機既熟。啐啄同時。則不勞餘力。故世出世法。皆貴乎時也。佛祖用處。不違時失候。

故云今正是其時。舍利下八句。敘退席之衆也。言劣根既去。則不混亂衆心。故喜而無畏。以無回互委曲之心。故正直捨方便。但說無上道也。菩薩下四句。言昔日小乘。一聞今法。皆是菩薩。昔日懷疑。今皆已除。各各自信成佛。故千二百人悉皆作佛。此則不待一一授記。早已爲衆分明決擇矣。如三世下四句。通結釋迦仰遵三世諸佛儀式也。

諸佛興出世　懸遠值遇難　正使出於世
說是法復難　無量無數劫　聞是法亦難
能聽是法者　斯人亦復難　譬如優曇華
一切皆愛樂　天人所希有　時時乃一出
聞法歡喜讚　乃至發一言　則爲已供養
一切三世佛　是人甚希有　過於優曇華
汝等勿有疑　我爲諸法王　普告諸大衆
但以一乘道　教化諸菩薩　無聲聞弟子

此頌極讚一乘之難遇。以堅二乘之信也。初云如是妙法。諸佛如來時乃說之。如優曇華時一現耳。故歷敘其難。諸佛曠劫一出。豈易值哉。卽出世而未便卽說此法。猶隱忍待時。經四十年。此法豈易說哉。今日方說。尚有退席之衆。此聽信者更不易

得其人也。所以此法如優曇華時時一現。上時訓是。然佛雖難值今已值。法固難說今已說。雖難猶不爲難。獨有聽而信者甚爲難耳。故有聞法歡喜不但全身擔荷卽發一言讚歎者。甚爲希有。過於優曇華。此極言信心難發也。汝等下。勸其勿疑。當信佛也。我今業已普告大衆。明示但以一乘教化菩薩矣。汝等二乘決不可以聲聞自居也。我佛慈悲懇切。唯恐二乘不信。故叮嚀勸喻之如此也。

汝等舍利弗　聲聞及菩薩　當知是妙法
諸佛之祕要　以五濁惡世　但樂著諸欲
如是等衆生　終不求佛道　當來世惡人
聞佛說一乘　迷惑不信受　破法墮惡道
有慚愧清淨　志求佛道者　當爲如是等
廣讚一乘道

此頌敘付囑保護之意也。謂此妙法。乃諸佛祕密心要。一向不敢輕談者。故切誡身子等。既得此法。於五濁惡世。不可輕易說向於人。恐其不信而取惡道之損也。若果有上根利智。是爲難得。又不可失人。卽當爲說。故曰廣讚。則不嫌其多說也。

舍利弗當知　諸佛法如是　以萬億方便

隨宜而說法　其不習學者　不能曉了此
汝等既已知　諸佛世之師　隨宜方便事
無復諸疑惑　心生大歡喜　自知當作佛

此頌總結前意也。諸佛法如是。謂上說十方三世諸佛皆說卽權顯實之法也。汝等既知諸佛隨宜方便之事。則知元無三乘。不必更疑。諸聲聞人無成佛之分。則宜歡喜自信作佛也。甚矣。心之難明也。佛性種子。衆生與佛不隔一毫。只在信與不信耳。昔有僧問古德。如何是佛。德云。我說恐汝不信。僧云。和尚重言。安敢不信。德云。卽汝便是。僧茫然。

所以自信為難也。故世尊既說是法。又恐作尋常。故囑其保重。又囑其必信。此其成佛真因。以信為本也。

妙法蓮華經通義卷第三

妙法蓮華經通義卷第四　經文卷二上

明南嶽沙門憨山釋德清述

譬喻品第三

品名譬喻者。比事類情。故曰譬喻。此品來意。由佛法說。盡廢昔權以顯今實。二乘一向自絕成佛之望。身子上根。既聞佛慧。心大歡喜。自信作佛。故述領悟之懷。世尊特為授記。第中下根人。向執權乘。未肯頓捨。故佛說火宅喻。許賜諸子三車。一車之權實。中根之人始得領悟。故此品來也。其下九喻。各有所主。以前說如來出世為一大事因緣。今以長者驚入火宅救濟諸子。又為一大事之譬喻也。

爾時舍利弗踴躍歡喜。卽起合掌。瞻仰尊顏而白佛言。今從世尊聞此法音。心懷踴躍。得未曾有。所以者何。我昔從佛聞如是法。見諸菩薩受記作佛。而我等不預斯事。甚自感傷。失於如來無量知見。世尊。我常獨處山林樹下。若坐若行。每作是念。我等同入法性。云何如來以小乘法而見濟度。是我等咎。非世尊也。所以者何。若我等待說所因成就阿耨多羅三藐三菩提者。必以大乘而得度脫。然我等不解方便隨宜所說。初聞佛法。遇便信受。思惟取證。世尊。我從昔來終日竟夜每自剋責。而今從佛聞所未聞未曾有法。斷諸疑悔身意泰然快得安隱。今日乃知眞是佛子。從佛口生從法化生得佛法分。

此身子自敘今得之欣懷悔昔不知之過咎也。踊躍下慶今之得。所以下傷昔之失。我常下悔怨佛之過也。身子雖小乘盡蒙佛恩受佛教非一日矣。尙不知佛心將以爲偏黨況其他乎。是知師資水乳從昔所難也。若我等下敘知佛心不偏乃貪小自誤之過。我從下慶今之得。前云若我弟子不信此法非眞羅漢。故身子自信以眞子自許也。眞子

乃因聞佛說眞實之法而出。故云從佛口生。化我一向執著鄙吝之心。故云從法化生。今法王大寶自然而至。故云得佛法分也。

爾時舍利弗欲重宣此義而說偈言。

我聞是法音　得所未曾有　心懷大歡喜
疑網皆已除　昔來蒙佛教　不失於大乘
佛音甚希有　能除衆生惱　我已得漏盡
聞亦除憂惱　我處於山谷　或在林樹下
若坐若經行　常思惟是事　嗚呼深自責
云何而自欺　我等亦佛子　同入無漏法
不能於未來　演說無上道　金色三十二
十力諸解脫　同共一法中　而不得此事
八十種妙好　十八不共法　如是等功德
而我皆已失　我獨經行時　見佛在大衆
名聞滿十方　廣饒益衆生　自惟失此利
我爲自欺誑　我常於日夜　每思惟是事
欲以問世尊　爲失爲不失　我常見世尊
稱讚諸菩薩　以是於日夜　籌量如是事
今聞佛音聲　隨宜而說法　無漏難思議
令衆至道場　我本著邪見　爲諸梵志師

世尊知我心　拔邪說涅槃　我悉除邪見
於空法得證　爾時心自謂　得至於滅度
而今乃自覺　非是實滅度　若得作佛時
具三十二相　天人夜叉衆　龍神等恭敬
是時乃可謂　永盡滅無餘　佛於大衆中
說我當作佛　聞如是法音　疑悔悉已除
初聞佛所說　心中大驚疑　將非魔作佛
惱亂我心耶　佛以種種緣　譬喻巧言說
其心安如海　我聞疑網斷　佛說過去世
無量滅度佛　安住方便中　亦皆說是法

現在未來佛　其數無有量　亦以諸方便
演說如是法　如今者世尊　從生及出家
得道轉法輪　亦以方便說　世尊說實道
波旬無此事　以是我定知　非是魔作佛
我墮疑網故　謂是魔所為　聞佛柔軟音
深遠甚微妙　演暢清淨法　我心大歡喜
疑悔永已盡　安住實智中　我定當作佛
為天人所敬　轉無上法輪　教化諸菩薩

此頌身子領悟自敘昔失之疑展轉再三而申其情。以慶今得而大喜也。我聞下十句。敘今已得。知昔不失。以除憂。我處下二十四句。敘悔責昔失之過咎。我常下八句。敘尋常懷疑而不決。今聞下二十句。敘今聞法知非悔責昔日著邪之自誤。佛於下四句。敘慶今得已除疑結。頌長行。初聞佛所說下三十六句。重陳疑狀。以釋不疑之所以甚矣。人心之難悟也。佛明教猶疑而不信。將以醍醐為毒藥耳。初身子請說。世尊止之曰。不須復說。若說是事。一切天人皆當驚疑。始而將謂無可驚疑者。今身子自陳其情曰。初聞佛說。則心大驚疑。甚至以佛為魔者。是則幾乎永絕其分矣。則驚疑之狀可

知。若非佛以種種因緣而調伏之。則此疑不能釋。其心終不能安也。以引三世諸佛之儀式。始信佛心。乃知波旬無此事。以我墮疑網故。以佛為魔耳。柔軟微妙者。感佛法說種種因緣以顯實。且佛囑云。心生大歡喜。自知當作佛。故我心歡喜。自知定當作佛也。如來出世為此二乘。無論往昔因緣。即今已費四十年之苦心。今日剛得一人信受而不疑。是知師資雅合利生之事。豈易易哉。

爾時佛告舍利弗。吾今於天人沙門婆羅門等大眾中。說我昔曾於二萬億佛所為無上道故。常教化汝。汝亦長夜隨我受學。我以方便引導汝故。生我法中。舍利弗。我昔教汝志願佛道。汝今悉忘。而便自謂已得滅度。我今還欲令汝憶念本願所行道故。為諸聲聞說是大乘經名妙法蓮華教菩薩法佛所護念。

此敘身子久蒙佛化之因緣。顯今緣熟而得記也。法界以緣起為宗。故佛性有正因緣因。所謂佛種從緣起。故眾生雖具正因佛性。若不遇諸佛菩薩善友出世教化為緣。則終難顯了。所謂佛以一大事因緣出現世間。此經重在緣因。今身子雖信自當作佛。而追敘其昔日之疑。將謂已失成佛之利。

故佛說昔化之本因。已教成佛之緣種。但忘之耳。非失之也。故今雖說聲聞成佛。但令知其本有自信而已。非別有所增益也。此法華經。乃成佛之因緣。一向不說。故云護念。今已說之。以見緣熟。所謂付囑。故爲授記。下諸弟子授記。皆此意也。

舍利弗。汝於未來世。過無量無邊不可思議劫。供養若干千萬億佛。奉持正法。具足菩薩所行之道。當得作佛。號曰華光如來。應供。正徧知。明行足。善逝。世間解。無上士。調御丈夫。天人師。佛世尊。國名離垢。其土平正清淨嚴飾。安隱豐樂。天人熾盛。琉璃爲地。有八

交道。黄金爲繩。以界其側。其傍各有七寶行樹。常有華果。華光如來。亦以三乘教化衆生。舍利弗。彼佛出時。雖非惡世。以本願故。說三乘法。其劫名大寶莊嚴。何故名曰大寶莊嚴。其國中以菩薩爲大寶故。彼諸菩薩。無量無邊。不可思議。算數譬喻所不能及。非佛智力無能知者。若欲行時。寶華承足。此諸菩薩。非初發意。皆久植德本。於無量百千萬億佛所。淨修梵行。恆爲諸佛之所稱歎。常修佛慧。具大神通。善知一切諸法之門。質直無僞。志念堅固。如是菩薩。充滿其國。舍利弗。華光佛壽十二小劫。除爲王子未作佛時。其國人民壽八小劫。華光如來過十二小劫。授堅滿菩薩阿耨多羅三藐三菩提記。告諸比丘。是堅滿菩薩次當作佛。號曰華足安行多陀阿伽度阿羅訶三藐三佛陀。其佛國土亦復如是。舍利弗。是華光佛滅度之後。正法住世三十二小劫。像法住世亦三十二小劫。

此說授記之事也。記亦云記莂。莂者草菜之種子。意顯因果不爽也。身子自知作佛。而授記猶過多劫。事多佛。具菩薩道而後成者。以聲聞一向安住小乘。已絕成佛之分。非佛教化之本懷。故於四十

年來種種因緣發起捨小樂大之心。而竟不得。以其不信自心是佛故也。以不信是佛。故一切菩薩道法利生事業皆非己分。所以歷劫無明全然未破。是爲焦芽敗種耳。世尊多方調伏。直至今日。方肯自信。然所信者。乃不生滅心。此心是爲成佛之眞因。故從此可以進修成佛之行矣。然菩薩所修成佛之行。以四弘誓願爲本。度無邊之衆生。斷無盡之煩惱。學無量之法門。成無上之佛道。以二乘向有佛道長遠之怖。安肯發此大心哉。以今既信自心。正可教以大行。所謂教菩薩法也。供多佛修

福具諸行修慧也。福慧兩足。四弘誓願已滿。所以爲成佛之因。故歷多劫而後得果。名實並充。依正俱妙。宜矣。弟子成佛號華光者。此隨因獨得之名也。華爲因。光爲智。以身子夙因智慧。故果亦如之。十號諸解甚詳。此佛之通號也。國名離垢。則不比娑婆。亦說三乘。乃隨其本願。劫名大寶。則時非五濁。菩薩無數。則純一上根。壽十二小劫。則非滅劫。將滅轉授堅滿之記。則使妙法傳續無窮。正法像法住世三十二小劫者。以時非五濁。人無三惡。故法住之久宜矣。此所謂未來之佛也。然諸弟子授

記成佛。依報莊嚴。眷屬殊勝。法住久遠。一一皆超過於釋迦者何也。以華藏世界二十重佛刹。殊勝微妙者多。獨娑婆一土。穢惡不堪。乃同一類惡業衆生所感同業煩惱之報土。乃應身佛調伏衆生之地。非實報微妙之境也。今諸聲聞成佛。乃直指其實報莊嚴。以佛佛斷盡煩惱。純一淨因。故所感酬因之報。亦清淨無比。此雖殊勝。特華藏中一塵毛耳。豈能盡法界之量哉。惟我毗盧遮那證窮法界。故通一華藏而爲化境。此其佛智甚深。不可思議。難信難解者此也。後言長者其家大富。其子卽克紹家業。所須不過盡一己之量而已。豈能盡長者之所有哉。以此觀之。則可以窺此經之歸趣矣。

爾時世尊欲重宣此義。而說偈言。

舍利弗來世　成佛普智尊　號名曰華光
當度無量衆　供養無數佛　具足菩薩行
十力等功德　證於無上道　過無量劫已
劫名大寶嚴　世界名離垢　清淨無瑕穢
以琉璃爲地　金繩界其道　七寶雜色樹
常有華果實　彼國諸菩薩　志念常堅固
神通波羅蜜　皆已悉具足　於無數佛所

善學菩薩道　如是等大士　華光佛所化
佛爲王子時　棄國捨世榮　於最末後身
出家成佛道　華光佛住世　壽十二小劫
其國人民衆　壽命八小劫　佛滅度之後
正法住於世　三十二小劫　廣度諸衆生
正法滅盡已　像法三十二　舍利廣流布
天人普供養　華光佛所爲　其事皆如是
其兩足聖尊　最勝無倫匹　彼卽是汝身
宜應自欣慶

此重頌授記之事也。頌言華光亦爲王子而出家

者本之燈明智勝。卽我釋尊皆從王子而出家。是知無有一佛不是轉識成智而證三身者。故云棄國捨榮。豈有天生彌勒。自然釋迦。不修而成者耶。

爾時四部衆。比丘。比丘尼。優婆塞。優婆夷。天。龍。夜叉。乾闥婆。阿脩羅。迦樓羅。緊那羅。摩睺羅伽等大衆。見舍利弗於佛前受阿耨多羅三藐三菩提記。心大歡喜踊躍無量。各各脫身所著上衣以供養佛。釋提桓因。梵天王等。與無數天子。亦以天妙衣。天曼陀羅華。摩訶曼陀羅華等。供養於佛。所散天衣。住虛空中而自迴轉。諸天伎樂百千萬種。於虛空中一時俱作。雨衆天華。而作是言。佛昔於波羅奈初轉法輪。今乃復轉無上最大法輪。爾時諸天子欲重宣此義而說偈言。

昔於波羅奈　轉四諦法輪　分別說諸法
五衆之生滅　今復轉最妙　無上大法輪
是法甚深奧　少有能信者　我等從昔來
數聞世尊說　未曾聞如是　深妙之上法
世尊說是法　我等皆隨喜　大智舍利弗
今得受尊記　我等亦如是　必當得作佛
於一切世間　最尊無有上　佛道叵思議
方便隨宜說　我所有福業　今世若過世
及見佛功德　盡迴向佛道

此敘在會四衆八部。因見身子受記。各各皆生歡喜也。以如來住世。爲四衆八部之依皈。一向隨佛聞法。未知究竟。如諸將從漢。人人思得尺寸之封也。始見如來放光現瑞。皆已騰疑。不知所爲何事。且因文殊已知將說法華經矣。及出定說經。但歎二智甚深。謂一切天人三乘所不能知。此則更生疑悶也。然身子爲佛之長子。乃四衆天人之所敬仰者。始且驚疑。終竟領悟。而得授記成佛。故如長者得子。而委付家業。則眷屬親族皆有所依歸。故四衆歡喜而身解脫。所以脫衣供佛。從此人人自知必當作佛。故盡發迴向之心也。此法王御世。與諸魔共戰。今賞一功。而法界之家國定矣。豈小緣哉。世尊出世。爲一大事因緣。卽今已遂本懷。尚有未信之徒。自可一一次第而舉。故向下之談。如建瓴之勢。聞者望風而靡。不勞餘力矣。

爾時舍利弗白佛言。世尊。我今無復疑悔。親於佛前得受阿耨多羅三藐三菩提記。是諸千二百心自在者。昔住學地。佛常敎化言。我法能離生老病死究竟涅槃。是學無學人。亦各自以離我見及有無見等。謂得涅槃。而今於世尊前聞所未聞。皆墮疑惑。善哉世尊。願為四眾說其因緣。令離疑悔。

此身子自慶領悟得記。復為未悟請佛決疑。所以發起喻說也。

爾時佛告舍利弗。我先不言諸佛世尊以種種因緣譬喻言辭方便說法。皆為阿耨多羅三藐三菩提耶。是諸所說。皆為化菩薩故。然舍利弗。今當復以譬喻更明此義。諸有智者。以譬喻得解。

此正開喻說也。謂先前以種種因緣譬喻言辭。皆為顯發一乘無上菩提。教菩薩法。明言我法無有二乘。則人人皆當知有成佛之分矣。又何疑耶。然既於因緣不悟。則更當譬喻以發明之。前說一大事因緣。所以難明者。以方便品末。直說舍那現應化身。將一乘法分別說三。是則明言有法報身佛在焉。而二乘一向但認釋迦應身之佛。熟遊三界穢濁之境。執著已證二乘之果。不復知有向上事。雖前明告現身三界三七思惟之事。而聲聞劣解。猶有所未解。故當更以譬喻總明現身三界之因緣耳。故後喻說甚明。

舍利弗。若國邑聚落。有大長者。其年衰邁。財富無量。多有田宅及諸僮僕。其家廣大。唯有一門。多諸人眾。一百二百。乃至五百人。止住其中。堂閣朽故。牆壁隤落。柱根腐敗。梁棟傾危。周帀俱時欻然火起。焚燒舍宅。長者諸子。若十二十。或至三十。在此宅中。長者見是大火從四面起。即大驚怖。而作是念。我雖能於此所燒之門安隱得出。而諸子等。於火宅內樂著嬉戲。不覺不知。不驚不怖。火來逼身。苦痛切已。心不厭患。無求出意。

此正陳三界無安。猶如火宅為喻說也。言娑婆世界居華藏世界海中。但一塵毛。若國邑中之一聚落村舍耳。長者則指從報垂化之主佛也。年邁。喻法報冥一。自受法樂之地。如長者年邁安恬寂靜之時也。以修進位中。比壯志功勳。若忘功罷業。比年老心閒而無事也。財富等。喻實智。僮僕。喻權智。以供任使。宗門所謂奴兒婢子邊事也。其家廣大唯有一門。喻一乘佛知見。所謂十方諸如來。一道出生死也。三界具有五道眾生。故云五百人止住其中。堂閣朽故。喻三界眾生依正二報無常敗壞之相也。眾生清涼心中無故而起五欲之火。故曰歎然長者諸子。喻三善道。言五道衆生堪受化者。什一而已。長者見是大火下。喻以佛眼觀見六道衆生貧窮無福慧。故不覺不知。以苦捨苦。故無求出意。佛見衆生之苦如此。所以興起大悲濟度之心也。

舍利弗。是長者作是思惟。我身手有力。當以衣裓。若以几案。從舍出之。復更思惟。是舍唯有一門。而復陿小。諸子幼稚。未有所識。戀著戲處。或當墮落。爲火所燒。我當爲說怖畏之事。此舍已燒。宜時疾出。無令爲火之所燒害。作是念已。如所思惟。具告諸子。汝等速

出。父雖憐愍。善言誘喻。而諸子等。樂著嬉戲。不肯信受。不驚不畏。了無出心。亦復不知何者是火。何者爲舍。云何爲失。但東西走戲。視父而已。

此下喻三七思惟。依實施權之意也。身手有力。喻佛具有神力智慧力也。衣裓几案。衣裓若此方之衣襟。可以提取。几案如此方之椅轎。可以提挈。喻攝受也。一門。喻一乘法。被機不廣。故云狹小。所謂若我但以神力及智慧力。捨於方便。讚如來知見力無所畏者。衆生不能以是得度。以一乘法信之者希。則得度者寡。意要施權。令衆生自信自肯。則受化者衆矣。此喻始坐道場初七思惟。若但讚佛乘。衆生沒在苦。不能信是法。故二七思惟。依實施權。故云一門狹小。意要別設方便也。佛以神力攝授提挈衆生而不得。必欲自信自肯者。正謂把手他人行不得。爲人自肯乃方親耳。若人不信不肯。則諸佛所不化矣。諸子幼稚下。喻衆生無知難化。將設方便。先陳其害。使知怖畏。乃肯自出。此三轉之初。先示三界之苦狀也。父雖下。喻衆生迷惑不受教。不求大勢佛。及以斷苦法。故如視父而已。了無親信之心也。

爾時長者卽作是念。此舍已爲大火所燒。我及諸子若不時出。必爲所焚。我今當設方便。令諸子等得免斯害。父知諸子先心各有所好種種珍玩奇異之物。情必樂著。而告之言。汝等所可玩好。希有難得。汝若不取。後必憂悔。如此種種羊車鹿車牛車。今在門外。可以遊戲。汝等於此火宅。宜速出來。隨汝所欲。皆當與汝。爾時諸子聞父所說珍玩之物。適其願故。心各勇鋭。互相推排。競共馳走。爭出火宅。

此言長者救焚。喻佛三七思惟。現身三界。初說三乘也。然佛已出三界。而言同及諸子。必爲所焚者。

喻佛性之在衆生五欲煩惱之中若不以方便開顯必當斷滅佛種故如同焚也先心所好者喻衆生以著諸欲而墮生死今亦以種種所欲之物而引導之故說三乘種種方便所謂先以欲鉤牽後令入佛慧也互相推排爭出火宅者喻佛居鹿苑諸外道等如舍利弗各領徒衆而爭歸於佛也推排喻諸弟子初心捨邪從正之狀是足以見三乘之權有力也

是時長者見諸子等安隱得出皆於四衢道中露地而坐無復障礙其心泰然歡喜踊躍時諸子等各白

父言父先所許玩好之具羊車鹿車牛車願時賜與舍利弗爾時長者各賜諸子等一大車其車高廣衆寶莊校周帀欄楯四面懸鈴又於其上張設幰蓋亦以珍奇雜寶而嚴飾之寶繩交絡垂諸華纓重敷婉筵安置丹枕駕以白牛膚色充潔形體姝好有大筋力行步平正其疾如風又多僕從而侍衛之所以者何是大長者財富無量種種諸藏悉皆充溢而作是念我財物無極不應以下劣小車與諸子等今此幼童皆是吾子愛無偏黨我有如是七寶大車其數無量應當等心各各與之不宜差別所以者何以我此物周給一國猶尚不匱何況諸子是時諸子各乘大車得未曾有非本所望

此喻廢三顯一之意也長者見諸子得出其心歡喜等者喻諸小乘因聞佛教而出三界證四諦果無復生死煩惱之障礙故如露地而坐如諸子心安而父亦踊躍歡喜正如子病而父亦病子安而父亦安佛以同體大悲攝化衆生意見於此矣時諸子等就父索車喻聲聞執權果以爲實也長者各賜一大車等者喻今說法華各授成佛之記名爲等賜以顯平等佛性也其車高廣喻一乘之廣

大也衆寶莊校等者顯長者之財富無量喻一乘二智之甚深所謂方便知見波羅蜜皆已具足莊校華纓所以飾外喻方便權智婉筵丹枕所以飾內喻實智法樂駕以白牛喻大法唯大根衆生堪荷負也膚色等喻大根之純淨大力喻堪荷負行步平正喻正行其疾如風喻根利多僕從喻多方便自慰也所以者何下自釋等賜大車之意謂長者財富無量不應自厚而薄於子正喻佛自住大乘若以小乘化則爲墮慳貪也今此下結一視諸子喻佛觀三界衆生如一子地故愛無偏黨也所

以者何。下喻佛無盡藏既已與人已愈有。故云猶尚不匱。諸子各乘大車等。喻今二乘成佛實出望外也。

舍利弗。於汝意云何。是長者等與諸子珍寶大車。寧有虛妄不。舍利弗言。不也世尊。是長者但令諸子得免火難。全其軀命。非為虛妄。何以故。若全身命。便為已得玩好之具。況復方便於彼火宅而拔濟之。世尊。若是長者乃至不與最小一車。猶不虛妄。何以故。是長者先作是意。我以方便令子得出。以是因緣無虛妄也。何況長者自知財富無量。欲饒益諸子。等與大

車。佛告舍利弗。善哉善哉。如汝所言。

此佛審身子長者許三而賜一。為虛妄不者。以三車本無。喻三乘假設。唯有一乘是實也。身子所言不虛者。意謂身命可寶。尤貴於物也。全軀保命。已得弘多。況免火宅之難乎。即不與最小一車。猶不虛妄。以長者本意假設為誘引故。況今等賜一大寶車。已出望外。豈虛妄耶。是則身子已信三乘為假。一乘是實。則諸大弟子可因譬喻而悟矣。故佛讚言善哉善哉。善其契會佛心也。

舍利弗。如來亦復如是。則為一切世間之父。於諸怖畏衰惱憂患無明闇蔽永盡無餘。而悉成就無量知見力無所畏。有大神力及智慧力。具足方便智慧波羅蜜。大慈大悲。常無懈倦。恆求善事利益一切。而生三界朽故火宅。為度眾生生老病死憂悲苦惱愚癡闇蔽三毒之火。教化令得阿耨多羅三藐三菩提。見諸眾生為生老病死憂悲苦惱之所燒煮。亦以五欲財利故受種種苦。又以貪著追求故。現受眾苦。後受地獄畜生餓鬼之苦。若生天上及在人間。貧窮困苦。愛別離苦。怨憎會苦。如是等種種諸苦。眾生沒在其中。歡喜遊戲。不覺不知。不驚不怖。亦不生厭。不求解

脫。於此三界火宅東西馳走。雖遭大苦。不以為患。舍利弗。佛見此已。便作是念。我為眾生之父。應拔其苦難。與無量無邊佛智慧樂。令其遊戲。舍利弗。如來復作是念。若我但以神力及智慧力。捨於方便。為諸眾生讚如來知見力無所畏者。眾生不能以是得度。所以者何。是諸眾生未免生老病死憂悲苦惱。而為三界火宅所燒。何由能解佛之智慧。舍利弗。如彼長者。雖復身手有力。而不用之。但以慇勤方便。勉濟諸子火宅之難。然後各與珍寶大車。如來亦復如是。雖有力無所畏。而不用之。但以智慧方便。於三界火宅拔

濟衆生。爲說三乘聲聞。辟支佛。佛乘。而作是言。汝等莫得樂住三界火宅。勿貪麤弊色聲香味觸也。若貪著生愛。則爲所燒。汝速出三界。當得三乘聲聞辟支佛佛乘。我今爲汝保任此事。終不虛也。汝等但當勤修精進。如來以是方便誘進衆生。復作是言。汝等當知此三乘法。皆是聖所稱歎。自在無繫。無所依求。乘是三乘。以無漏根力覺道禪定解脫三昧等而自娛樂。便得無量安隱快樂。舍利弗。若有衆生。內有智性。從佛世尊聞法信受。慇勤精進。欲速出三界。自求涅槃。是名聲聞乘。如彼諸子爲求羊車出於火宅。若有

衆生。從佛世尊聞法信受。慇勤精進。求自然慧。樂獨善寂。深知諸法因緣。是名辟支佛乘。如彼諸子爲求鹿車出於火宅。若有衆生。從佛世尊聞法信受。勤修精進。求一切智。佛智。自然智。無師智。如來知見力無所畏。愍念安樂無量衆生。利益天人。度脫一切。是名大乘菩薩。求此乘故。名爲摩訶薩。如彼諸子爲求牛車出於火宅。舍利弗。如彼長者。見諸子等安隱得出火宅。到無畏處。自惟財富無量。等以大車而賜諸子。如來亦復如是。爲一切衆生之父。若見無量億千衆生。以佛教門出三界苦怖畏險道。得涅槃樂。如來爾

時便作是念。我有無量無邊智慧力無畏等諸佛法藏。是諸衆生。皆是我子。等與大乘。不令有人獨得滅度。皆以如來滅度而滅度之。是諸衆生脫三界者。悉與諸佛禪定解脫等娛樂之具。皆是一相一種。聖所稱歎。能生淨妙第一之樂。舍利弗。如彼長者初以三車誘引諸子。然後但與大車。寶物莊嚴。安隱第一。然彼長者無虛妄之咎。如來亦復如是。無有虛妄。初說三乘引導衆生。然後但以大乘而度脫之。何以故。如來有無量智慧力無所畏諸法之藏。能與一切衆生大乘之法。但不盡能受。舍利弗。以是因緣當知諸佛

方便力故。於一佛乘分別說三。

此以法合喻也。如來以一子地視衆生。故爲世間父。故喻長者宅主。而生三界。下此合其家廣大。以成就無量知見等。正如長者大富也。本有救焚之心。故生三界與民同患。教化衆生。令至安隱之地。故欲令得菩提也。見諸衆生下。合宅舍四面火起。諸子耽湎嬉戲。不以爲患也。舍利弗下。合長者救焚無策。是舍唯有一門。而復狹小。思設濟度之方也。若我但以神力等。以至衆生不能以是得度。正合一門狹小之義也。所以者何下。合諸子癡迷思

設方便權宜也。如彼長者下。合假設三車誘引諸子本心在後等賜一大車也。而作是言下。合善言誘喻諸子也。汝速出三界下。合長者許門外三車。可以遊戲快樂也。若有衆生下。合諸子出宅。就父索車也。喻中許三。原無三。法中許三各取證。意使三乘之人。知昔果是權。文雖法喻不齊。而意在開權顯實也。此一段。通明三乘之權。合諸子聞許三車。而爭出火宅也。如彼長者下。將顯今實。合長者等賜一大白牛車。重牒其喻。以法合也。如來亦復如是。正顯今實。諸三乘人一一授記成佛也。故云

皆以如來滅度而滅度之。是諸衆生下。合等賜諸子一大寶車。寶物莊校。無物不備。正喻法界莊嚴萬德具足也。淨妙第一之樂。正合婉筵丹枕。所謂實智自受法樂也。如彼長者下。重顯初許三車不妄。正合今廢權立實。諦信今實不虛也。如來亦復如是下。總結喻說。以明開權顯實之意。諸佛所證法藏甚深。靡不竭施。衆生但法大機小。不能盡受。所以將一乘法分別說三者此也。

妙法蓮華經通義卷第四

妙法蓮華經通義卷第五　經文卷二中

明南嶽沙門憨山釋德淸述

譬喻品第三之餘

佛欲重宣此義而說偈言。

譬如長者　有一大宅　其宅久故　而復頓弊
堂舍高危　柱根摧朽　梁棟傾斜　基陛隤毀
牆壁圮坼　泥塗褫落　覆苫亂墜　椽梠差脫
周障屈曲　雜穢充徧　有五百人　止住其中

此頌喻佛爲三界依歸。故如宅主。其宅久故下十二句。三界喻衆生同業所感之依報。堂舍通喻衆

生別業所感之正報。高危等。喻無常敗壞之狀。久故。謂從來如此。非特今也。有五百人止住其中。則五道衆生皆不免無常生老病死之苦也。

鵄梟鵰鷲　烏鵲鳩鴿　蚖蛇蝮蠍　蜈蚣蚰蜒
守宮百足　鼬貍鼷鼠　諸惡蟲輩　交橫馳走
屎尿臭處　不淨流溢　蜣蜋諸蟲　而集其上
狐狼野干　咀嚼踐蹋　嚌齧死屍　骨肉狼藉
由是羣狗　競來搏撮　饑羸慞惶　處處求食
鬭諍攄掣　啀喍嗥吠　其舍恐怖　變狀如是
處處皆有　魑魅魍魎　夜叉惡鬼　食噉人肉

毒蟲之屬　諸惡禽獸　孚乳產生　各自藏護
夜叉競來　爭取食之　食之既飽　惡心轉熾
鬬諍之聲　甚可怖畏　鳩槃荼鬼　蹲踞土埵
或時離地　一尺二尺　往返遊行　縱逸嬉戲
捉狗兩足　撲令失聲　以腳加頸　怖狗自樂
復有諸鬼　其身長大　裸形黑瘦　常住其中
發大惡聲　叫呼求食　復有諸鬼　其咽如鍼
復有諸鬼　首如牛頭　或食人肉　或復噉狗
頭髮髼亂　殘害兇險　饑渴所逼　叫喚馳走
夜叉餓鬼　諸惡鳥獸　饑急四向　闚看窗牖

如是諸難　恐畏無量　是朽故宅　屬于一人
其人近出　未久之間　於後宅舍　忽然火起
四面一時　其燄俱熾　棟梁椽柱　爆聲震裂
摧折墮落　牆壁崩倒　諸鬼神等　揚聲大叫
鵰鷲諸鳥　鳩槃荼等　周章惶怖　不能自出
惡獸毒蟲　藏竄孔穴　毗舍闍鬼　亦住其中
薄福德故　為火所逼　共相殘害　飲血噉肉
野干之屬　並已前死　諸大惡獸　競來食噉
臭煙蓬㶿　四面充塞　蜈蚣蚰蜒　毒蛇之類
為火所燒　爭走出穴　鳩槃荼鬼　隨取而食

又諸餓鬼　頭上火然　饑渴熱惱　周章悶走
其宅如是　甚可怖畏　毒害火災　眾難非一

此詳喻三界眾生惡業因果。一一備陳其情狀也。上言是朽宅中有五百人。而言子者。一十二十乃至三十。蓋言五趣眾生堪受化者不過什一。特指人天善類而言。其不受化造惡者眾矣。今總言惡業眾生肆貪嗔癡諸煩惱濁種種顛倒習氣之不一。故感三途苦果之不同。甚可畏也。喻文一百三十二句。總顯三途之因果皆由人中惡習情想所召之不同。蓋舉果以驗因言雖稱喻其實是法。如

楞嚴習因交報可徵矣。前譬如長者下十六句。總喻三界眾生。鴟梟鵰鷲下二十四句。別言畜生之因果也。畜有飛走蠢蝡諸蟲。受形巨細之不同。或婬習以恣貪。或嗔習以肆毒。其惡均也。三毒肆發而無忌。故云交橫馳走。男女身形種種不淨屎尿流溢。猶然貪愛執著而不捨。誠若蜣蜋之集糞壤。狐狼之嚙死屍。貪得不已。若羣狗憧惶而求食。爭競不休。摣掣而發嘷吠之惡聲。此畜類之因果。皆三毒之顯現。故云其舍恐怖變狀如是。槩言畜生之情狀也。處處下別顯鬼趣之因果也。言處處皆

有者無一衆生不以魑魅魍魎之心而爲鬼趣之因也夜叉云苦活鬼言食人肉者由昔人中惡業深重損法身傷慧命斷絶善根故墮鬼中以苦自活而以人肉爲食者此由人而入鬼趣者也三毒相滋故云產生執恪不捨故云藏護此由畜生復入鬼趣之苦果故夜叉爭取而食之此由畜而入鬼趣者也以畜類既多而鬼趣亦盛故食飽而惡心轉熾宿習現行兩相交攻故鬬諍之聲甚可怖畏也鳩槃荼云可畏鬼無常殺鬼也或時離地等者或一念之善而感人天壽即墮落故云往返遊

行言嬉戲者所謂在餘惡道如遊園觀也鬼取其畜畜畏死而鬼快意故云怖狗自樂畜多種而獨指狗者以狗習近於人貪嗔盛故復有諸鬼下單言餓鬼之狀也身大裸形言其貌惡常住其中言其時長一墮此中經五百劫不聞漿水之名故云叫喚求食鼓腹鍼咽首如牛頭言其形惡食人噉狗言從人及畜皆墮此類也頭髮鬔亂言狀惡殘害兇險言性惡皆宿習然也叫喚馳走則苦逼所致夜叉下通結鬼畜皆有求出之心而無門可出故但闚看窗牖而結云如是諸難恐畏無量皆三毒之實報是皆舉果以明因重在因也以二類皆有互相造業之狀故下言地獄則通重其果是朽故宅下通顯地獄之因果也以地獄苦逼二類但受而不能造故將明地獄而重舉宅主者意喻三界朽宅唯佛能化故云屬於一人三界衆生由三毒猛熾故云忽然火起無常敗壞一至則無論鬼畜皆歸地獄故宅被火焚而諸鬼大叫諸蟲慞惶不能自出所謂生不修福死歸苦處也惡獸毒蟲始則交横肆毒今則悶絶無知故云藏竄孔穴地獄苦極之狀也毗舍闍云惱害鬼言煩惱至此亦

無所施故云亦住其中是皆生無福德故爲火逼入於地獄冤對相尋故云共相殘害也野干之屬始則淫貪嗔以嚙他人之死屍今則自死其屍又爲諸大惡獸之所食也地獄盡皆業火燒然故臭煙充塞昏無所見也蜈蚣毒蛇始則逞毒以傷人今被燒而爭出又爲惡鬼所取食此則從地獄出復墮畜生之中矣餓鬼本因婬習所招以生爲欲火死爲業火故頭上火然無飲無食故饑渴悶走而不能出此三毒惡業所歸之極處也故總結云其舍如是甚可怖畏衆難非一也甚矣衆生癡迷

三毒熾然。故感三途之劇報。皆迷一心所致。故知三途惡事。皆唯心變現之境也。佛始以火宅喻三界。舉其大者而言之。其宅中諸惡禽獸及諸惡鬼。皆三惡道中之實事。如楞嚴所謂內分之因果也。言雖爲喻。其實即果以明因。非別取分外之物爲喻也。然衆生三毒而爲三途之因。形雖未化。而心與之俱往矣。古釋配合於法雖詳。不若剋就因果之實事爲切。故不暇一一。今但略通大義。若欲具明。請觀別解。

是時宅主 在門外立 聞有人言 汝諸子等

先因遊戲 來入此宅 稚小無知 歡娛樂著
長者聞已 驚入火宅 方宜救濟 令無燒害
告喻諸子 說衆患難 惡鬼毒蟲 災火蔓延
衆苦次第 相續不絕 毒蛇蚖蝮 及諸夜叉
鳩槃荼鬼 野干狐狗 鵰鷲鵄梟 百足之屬
饑渴惱急 甚可怖畏 此苦難處 況復大火
諸子無知 雖聞父誨 猶故樂著 嬉戲不已
是時長者 而作是念 諸子如此 益我愁惱
今此舍宅 無一可樂 而諸子等 耽湎嬉戲
不受我教 將爲火害 即便思惟 設諸方便

告諸子等 我有種種 珍玩之具 妙寶好車
羊車鹿車 大牛之車 今在門外 汝等出來
吾爲汝等 造作此車 隨意所樂 可以遊戲
諸子聞說 如此諸車 即時奔競 馳走而出
到於空地 離諸苦難 長者見子 得出火宅
住於四衢 坐師子座 而自慶言 我今快樂
此諸子等 生育甚難 愚小無知 而入險宅
多諸毒蟲 魑魅可畏 大火猛燄 四面俱起
而此諸子 貪樂嬉戲 我已救之 令得脫難
是故諸人 我今快樂 爾時諸子 知父安坐

皆詣父所 而白父言 願賜我等 三種寶車
如前所許 諸子出來 當以三車 隨汝所欲
今正是時 惟垂給與 長者大富 庫藏衆多
金銀琉璃 硨磲碼碯 以衆寶物 造諸大車
莊校嚴飾 周帀欄楯 四面懸鈴 金繩交絡
眞珠羅網 張施其上 金華諸瓔 處處垂下
衆綵雜飾 周帀圍繞 柔軟繒纊 以爲茵褥
上妙細氎 價值千億 鮮白淨潔 以覆其上
有大白牛 肥壯多力 形體姝好 以駕寶車
多諸儐從 而侍衛之 以是妙車 等賜諸子

諸子是時　歡喜踊躍　乘是寶車　遊於四方
嬉戲快樂　自在無礙

此頌長者救焚也。宅主在門外立。譬佛獨出三界也。聞有人言。譬三七思惟諸天梵王請轉法輪也。先因遊戲者。謂三界衆生始因無明縱浪煩惱而墮三界。初非有心要墮。故云嬉戲。長者聞已下四句。喻佛現身三界與民同患也。告諭諸子十六句。喻將說三乘先示生死苦患之相也。諸子下四句。頌諸子了無出心。喻衆生雖聞佛教而不信也。是時長者下二十四句。喻佛初說三乘假名引導也。

諸子聞說下六句。諸子聞說三車而爭出宅。喻衆生依佛教法而出三界也。長者見子下二十句。喻衆生離苦而慈父樂也。生育甚難言人身不易得也。爾時諸子下十二句。喻三乘執權當實也。長者大富下三十句。喻今獨說一乘妙法也。寶物莊嚴喻一乘果法萬德皆備也。諸子是時下六句。喻今聞法歡喜也。

告舍利弗　我亦如是　衆聖中尊　世間之父
一切衆生　皆是吾子　深著世樂　無有慧心
三界無安　猶如火宅　衆苦充滿　甚可怖畏
常有生老　病死憂患　如是等火　熾然不息
如來已離　三界火宅　寂然閑居　安處林野
今此三界　皆是我有　其中衆生　悉是吾子
而今此處　多諸患難　唯我一人　能為救護
雖復教詔　而不信受　於諸欲染　貪著深故
以是方便　為說三乘　令諸衆生　知三界苦
開示演說　出世間道　是諸子等　若心決定
具足三明　及六神通　有得緣覺　不退菩薩
汝舍利弗　我為衆生　以此譬喻　說一佛乘
汝等若能　信受是語　一切皆當　成得佛道

此頌以法合喻也。合上十節。一一可知。總之皆為捨權就實也。

是乘微妙　清淨第一　於諸世間　為無有上
佛所悅可　一切衆生　所應稱讚　供養禮拜
無量億千　諸力解脫　禪定智慧　及佛餘法
得如是乘　令諸子等　日夜劫數　常得遊戲
與諸菩薩　及聲聞衆　乘此寶乘　直至道場
以是因緣　十方諦求　更無餘乘　除佛方便

此頌廣讚一乘之德也。佛所悅可。言一乘乃佛所樂說。若三乘則原非本心。日夜劫數者。謂一入妙法則久近情忘。以法自娛。無論大小。直至成佛而不退也。故結之以是因緣更無餘乘。

告舍利弗　汝諸人等　皆是吾子　我則是父
汝等累劫　衆苦所燒　我皆濟拔　令出三界
我雖先說　汝等滅度　但盡生死　而實不滅
今所應作　唯佛智慧　若有菩薩　於是衆中
能一心聽　諸佛實法　諸佛世尊　雖以方便
所化衆生　皆是菩薩　若人小智　深著愛欲
爲此等故　說於苦諦　衆生心喜　得未曾有
佛說苦諦　眞實無異　若有衆生　不知苦本

深著苦因　不能暫捨　爲是等故　方便說道
諸苦所因　貪欲爲本　若滅貪欲　無所依止
滅盡諸苦　名第三諦　爲滅諦故　修行於道
離諸苦縛　名得解脫　是人於何　而得解脫
但離虛妄　名爲解脫　其實未得　一切解脫
佛說是人　未實滅度　斯人未得　無上道故
我意不欲　令至滅度　我爲法王　於法自在
安隱衆生　故現於世

此頌重明佛爲救衆生出世應機說法。頌我爲一切世間之父等意也。皆是吾子。言三界衆生爲佛一子地。未有父不憐子者。因見衆生長劫燒然。故興悲出世拔濟也。以衆生根小。故先設權乘。雖出生死。其實非眞滅度也。今說佛慧。唯是實法。若昔所化有衆生聞而生信者。則皆是菩薩。俱有成佛之分矣。若人小智下。明昔權所以。言苦集滅道四諦之法。所以爲權者。以小智衆生。深著愛欲。故爲先說苦諦以警之。使知苦而生厭。諦者眞實而無異也。衆生知苦。而不知苦本。故爲說貪欲爲苦本。使知斷集而滅苦也。若滅貪欲。則苦無所依。使知修道而證滅也。以離苦名爲解脫耳。是人於何下

十二句。言滅非眞滅。所言解脫者。但離虛妄分段生死。名爲解脫。其實未得一切解脫。以有變易生死尚在。故說此人未實滅度。以未得無上大涅槃故。所以爲權。佛之本意。只要衆生成佛。豈以是爲足哉。但大小三乘。皆應機之法也。然小法非眞。而如來亦說者。以我爲法王。於法自在。隨我所說。無非秖爲安隱衆生。故現於世耳。

汝舍利弗　我此法印　爲欲利益　世間故說
在所遊方　勿妄宣傳

此頌申明令說大法。深誡身子擇機宣傳也。誡其

勿妄者以我今日所說名爲法印佛所說法以實相印印定諸法故使魔外不得混易此法專爲利益世間故說但須擇機苟非其人則甚勿妄傳也

若有聞者　隨喜頂受　當知是人　阿惟越致
若有信受　此經法者　是人已曾　見過去佛
恭敬供養　亦聞是法　若人有能　信汝所說
則爲見我　亦見於汝　及比丘僧　并諸菩薩
斯法華經　爲深智說　淺識聞之　迷惑不解
一切聲聞　及辟支佛　於此經中　力所不及
汝舍利弗　尚於此經　以信得入　况餘聲聞

其餘聲聞　信佛語故　隨順此經　非已智分

此頌正明擇機也若有聞而隨喜頂受者是人則爲不退大菩薩矣卽無大機但有聞而能信者此亦難得亦可爲說若有信受下十二句言信機也以能信此法者則已曾供佛聞法福慧深厚若能信汝卽爲見我及比丘菩薩如在今日靈山一會此堪能荷負故可爲說耳斯法下八句言此大法爲深智說非淺識所及也汝舍下八句言不及所以且汝智慧第一尚以信得入况餘聲聞信語而不信心者乎所以非已智分也

又舍利弗　憍慢懈怠　計我見者　莫說此經
凡夫淺識　深著五欲　聞不能解　亦勿爲說
若人不信　毀謗此經　則斷一切　世間佛種
或復顰蹙　而懷疑惑　汝當聽說　此人罪報
若佛在世　若滅度後　其有誹謗　如斯經典
見有讀誦　書持經者　輕賤憎嫉　而懷結恨
此人罪報　汝今復聽

此頌誡非機勿傳也此法甚深難信難解卽佛住世親爲衆說猶且待機四十年未敢速說及說尚有增上慢人况佛滅後舍利弗等縱善說誰能信

之乎其在同儕多有憍慢自高及懈怠寡聞者亦有我見自是者此三等人皆不可說說亦不信返生誹謗不若不說爲得耳其在凡夫無智况深著五欲卽聞亦不解說之何益故誡勿妄宣傳也非機不信不唯無益而返害之以此經乃人人佛性種子也凡不信者定生誹謗若謗此經則斷一切世間佛種矣縱不誹謗或顰蹙而厭聽懷疑而不決皆不信之傳也言有害者以取三途之罪報也

汝今復聽吾今爲汝一一說之

其人命終　入阿鼻獄　具足一劫　劫盡更生

如是展轉　至無數劫

此頌歷言謗經之罪以警不信之儔也其有謗經之罪必先墮地獄一入地獄而時長難出者以佛性種子名常住眞心既背此心而永劫沈淪常在地獄固其所也

從地獄出　當墮畜生　若狗野干　其形頷瘦
黧黮疥癩　人所觸嬈　又復爲人　之所惡賤
常困饑渴　骨肉枯竭　生受楚毒　死被瓦石
斷佛種故　受斯罪報　若作馲駝　或生驢中
身常負重　加諸杖捶　但念水草　餘無所知

謗斯經故　獲罪如是　有作野干　來入聚落
身體疥癩　又無一目　爲諸童子　之所打擲
受諸苦痛　或時致死　於此死已　更受蟒身
其形長大　五百由旬　聾騃無足　宛轉腹行
爲諸小蟲　之所唼食　晝夜受苦　無有休息
謗斯經故　獲罪如是

此頌明畜生之報也畜有多種隨業受形狗性苟且以失正信故墮狗以多疑故墮野干以損法身故形瘦而黧癩以不敬三寶故人惡賤以不饗禾法味故困饑渴肉枯竭以永殞善根故生受楚毒死被瓦石皆斷佛種性之罪報也上乃畜之眇小者若作駝驢皆力大而能負重者以煩惱癡重故常負重而更受杖捶以性執愚故但念水草餘無所知皆謗此經所感之報也或因邪見而作野干又無一目以生不知所敬故被童子打擲而至死也捨此而更受蟒身長大而無足蓋嗔癡之劇報也受小蟲唼食之苦者以多口誹謗故受苦不休是皆謗此經之罪報也

若得爲人　諸根闇鈍　矬陋攣躄　盲聾背傴
有所言說　人不信受　口氣常臭　鬼魅所著

貧窮下賤　爲人所使　多病痟瘦　無所依怙
雖親附人　人不在意　若有所得　尋復忘失
若修醫道　順方治病　更增他疾　或復致死
若自有病　無人救療　設服良藥　而復增劇
若他反逆　抄劫竊盜　如是等罪　橫罹其殃
如斯罪人　永不見佛　眾聖之王　說法教化
如斯罪人　常生難處　狂聾心亂　永不聞法
於無數劫　如恆河沙　生輒聾瘂　諸根不具
常處地獄　如遊園觀　在餘惡道　如己舍宅
駝驢豬狗　是其行處　謗斯經故　獲罪如是

若得爲人　聾盲瘖瘂　貧窮諸衰　以自莊嚴
水腫乾痟　疥癩癰疽　如是等病　以爲衣服
身常臭處　垢穢不淨　深著我見　增益瞋恚
婬欲熾盛　不擇禽獸　謗斯經故　獲罪如是
告舍利弗　謗斯經者　若說其罪　窮劫不盡
以是因緣　我故語汝　無智人中　莫說此經

此頌言人中之報也。若得爲人者，言從地獄畜生幸出而爲人也。生無智慧，故諸根暗鈍。不敬三尊，故矬陋攣躄。爲人短小，輕蔑人故。以生無聞見，故感盲聾。以我慢自高，故感背傴。以謗法故，人說不

信。口出惡言，故口氣常臭。邪想固蔽，故鬼魅所著。以生無法則，故貧窮下賤，爲人所使。以不餐采法藥，故多病痟瘦。以遠離慈父，故無所依怙，雖親人，人不在意也。以無正念，故所得易忘。以性習顛倒，故修醫順方，而更增他疾，自病遇藥，而返增劇。以非理加謗，故他逆而橫罹其殃。上皆人中之報也。以永殞善根，故永不見佛聞法，長劫聾瘂，諸根不具。纔由三途而出爲人，人中業感，旋卽復入三途。故常處地獄，如遊園觀，在餘惡道，如已舍宅，駝驢猪狗，是其行處，皆謗經之業招感也。若得爲人下十六句，言先從三途出而爲人，由人而復入三途。今則又從三途出而爲人，所謂如遊園觀也。旣得爲人，猶然夙業難消，仍復盲聾等爲莊嚴，水腫等惡病爲衣服，言苦不離身也。身臭不淨之如此矣。且又我見而不悛，嗔恚而不息，婬熾而不擇，如此安能脫苦趣，何以停寢劇報之迅輪乎。是皆謗經之罪報也。告舍利下，總結非機，有此多損，說不能盡。以是因緣，故誡汝無智人中莫說此經也。

若有利根　智慧明了　多聞强識　求佛道者
如是之人　乃可爲說　若人曾見　億百千佛

植諸善本　深心堅固　如是之人　乃可爲說
若人精進　常修慈心　不惜身命　乃可爲說
若人恭敬　無有異心　離諸凡愚　獨處山澤
如是之人　乃可爲說　又舍利弗　若見有人
捨惡知識　親近善友　如是之人　乃可爲說
若見佛子　持戒淸潔　如淨明珠　求大乘經
如是之人　乃可爲說　若人無瞋　質直柔輭
常愍一切　恭敬諸佛　如是之人　乃可爲說
復有佛子　於大眾中　以淸淨心　種種因緣
譬喻言辭　說法無礙　如是之人　乃可爲說

若有比丘　爲一切智　四方求法　合掌頂受
但樂受持　大乘經典　乃至不受　餘經一偈
如是之人　乃可爲説　如人至心　求佛舍利
如是求經　得已頂受　其人不復　志求餘經
亦未曾念　外道典籍　如是之人　乃可爲説
告舍利弗　我説是相　求佛道者　窮劫不盡
如是等人　則能信解　汝當爲説　妙法華經

此頌正言上根可説之人也。如上所説一一有人。如此眞法器也。乃可爲説。否則失其人矣。安可使慧命不續乎。求佛舍利。則精誠之至也。昔康僧會

西域。望見震旦有五色光燭天。知爲佛舍利。尋光而來。至江東佛陀里。結茅設像行道。或奏吳主孫權以爲異。主詔問。言爲佛弟子。問佛何在。云佛已滅。有舍利可驗。問可得見乎。云精誠求之。乃可得也。因命立壇求之。不應。以死始期七日。不應。改期七日。又不應。再期。終不應。會乃禱曰。余死不惜。則此土眾生終絶佛法之緣也。於是精誠益篤。中夜極力大呼佛號三聲。徧身血汗迸流。於是忽聞瓶中鏗然有聲。光燭天地。進之吳主。大喜建塔奉之。此長干塔爲江南佛寺之始。爲人求經如此。豈忍不爲一説乎。告舍利下。總結正機。前非機之罪。窮劫説之不能盡。今正機之益。亦窮劫説之不盡也。

妙法蓮華經通義卷第五

妙法蓮華經通義卷第六 經文卷二下

明南嶽沙門憨山釋德清述

信解品第四

此述中根領悟。因喻說而生信解也。此品來意。四大弟子因聞世尊譬喻之說。又見身子領悟得記。乃今的信昔果是權。解今一乘是實。因悔恨癡迷。故說窮子喻以敘本懷。曲盡父慈子頑之狀。以譬怖大之心。既聞開發。今始自信。乃解昔非。故此品來也。信解始此。其意直至囑累品方盡信解之義。以諸子由信解而堪囑累故。

爾時慧命須菩提。摩訶迦旃延。摩訶迦葉。摩訶目犍連。從佛所聞未曾有法。世尊授舍利弗阿耨多羅三藐三菩提記。發希有心。歡喜踊躍。

此敘四大弟子聞說譬喻。乃生信解。故歡喜踊躍將敘昔懷也。前法說則身子智慧上首。獨一人領悟。此喻說亦所難信。以從前種種因緣譬喻談之熟矣。今非昔比。要且非智莫解。故須菩提。稱曰慧命。居上首也。以小乘空法。空生等上首一捨。則眾皆能捨矣。以聞未曾有法。發希有心。所以歡喜踊躍也。

即從座起。整衣服。偏袒右肩。右膝著地。一心合掌。曲躬恭敬。瞻仰尊顏。而白佛言。我等居僧之首。年並朽邁。自謂已得涅槃。無所堪任。不復進求阿耨多羅三藐三菩提。世尊往昔說法既久。我時在座。身體疲懈。但念空無相無作。於菩薩法。遊戲神通。淨佛國土。成就眾生。心不喜樂。所以者何。世尊令我等出於三界。得涅槃證。又今我等年已朽邁。於佛教化菩薩阿耨多羅三藐三菩提。不生一念好樂之心。我等今於佛前聞授聲聞阿耨多羅三藐三菩提記。心甚歡喜。得未曾有。不謂於今忽然得聞希有之法。深自慶幸。獲

大善利。無量珍寶。不求自得。世尊。我等今者樂說譬喻以明斯義。

此敘得失之情也。居僧之首。下先敘昔之所以執信小果為實者。以年朽邁。幸得涅槃之安。自謂不堪大事。無復進求無上菩提之心。以此自足。故世尊一向說法。我等疲懈。絕無精進。但念自證空法為足。了無度生之心。是故於菩薩大法淨佛國土教化眾生之事。心不喜樂。所以不喜者。以世尊始令我等出於三界。我等已出。已證涅槃之果矣。況今年邁。但以無事為安。是故於菩薩利生成佛之

事。不生一念好樂之心。且每聞佛呵自謂絕無成佛之分矣。豈知昔果是權設哉。我等今於下。敘今信解之情。因聞佛授聲聞成佛之記。所以心大歡喜者。以忽然得聞希有之法。法王大寶。不求而一旦自得。豈不深自慶幸哉。慶幸之心。無以自見。當說譬喻以述領悟之意。

譬若有人。年既幼稚。捨父逃逝。久住他國。或十二十。至五十歲。年既長大。加復窮困。馳騁四方。以求衣食。漸漸遊行。遇向本國。其父先來求子不得。中止一城。其家大富。財寶無量。金銀琉璃珊瑚琥珀玻瓈珠等。

其諸倉庫悉皆盈溢。多有僮僕臣佐吏民。象馬車乘牛羊無數。出入息利。乃徧他國。商估賈客亦甚眾多。時貧窮子遊諸聚落。經歷國邑。遂到其父所止之城。父每念子。與子離別五十餘年。而未曾向人說如此事。但自思惟。心懷悔恨。自念老朽。多有財物。金銀珍寶倉庫盈溢。無有子息。一旦終沒。財物散失。無所委付。是以慇勤每憶其子。復作是念。我若得子。委付財物。坦然快樂。無復憂慮。

此喻信解之情。先敘昔日不信之狀也。良以眾生無明暗蔽眞性。如幼稚無知。背覺合塵。久淪生死。如捨父逃逝。久住他國。備洸五道。生死長遠。故如五十。其年長大。以無善根。困歷四生。以苦自活。如求衣食。以有正因熏習。故漸到本國。以本覺法身流轉五道。名曰眾生。所謂如來藏轉三十二相入一切眾生身中。如垢衣所纏。故云其父先來以背覺合塵。故云求子不得。中止一城。其家大富等者。譬舍那如來。居華藏界。現威特身。稱法界之莊嚴。故云大富。珍寶無量等。喻佛實智。佛有無量知見波羅蜜皆已具足。故云悉皆盈溢。僮僕等。喻佛方便權智利生之事業。臣民可以任使。令象馬等可

以供運載。皆權智也。化功歸已。故云出入息利。應身無量徧十方界。故云徧他國多商賈也。商賈以主人之本而取利。喻佛之應身也。久淪生死。徧歷諸趣。故喻經歷國邑。今幸值佛出世。故如漸到父城也。父每念子者。經云奇哉奇哉。一切眾生具有如來智慧德相。但以妄想顛倒而不證得。所謂與子離別五十餘年。心知眾生具有佛性。而尚未設化。故云未曾向人說如此事。但自思惟下。喻三七思惟度生之方法。心懷悔恨者。悔昔既有一乘之緣種。不應放捨。恨易失而難遇也。老朽。喻佛因窮

果滿若生緣之殆盡也。多有財物。喻二智甚深。無有子息。喻無上根以續慧命。佛法無傳。如家業之散失。欲有所付。是以初七思惟。以興無緣之大悲也。思法有所付。故如來以大事因緣出現於世。但以護念付囑爲懷。若長者思得其子。以付家業。始得無憂也。

世尊。爾時窮子傭賃展轉。遇到父舍。住立門側。遙見其父踞師子牀寶几承足。諸婆羅門。刹利居士皆恭敬圍繞。以眞珠瓔珞價直千萬莊嚴其身。吏民僮僕手執白拂侍立左右。覆以寶帳垂諸華旛。香水灑地。

散衆名華。羅列寶物。出內取與。有如是等種種嚴飾。威德特尊。窮子見父有大力勢。卽懷恐怖。悔來至此。竊作是念。此或是王。或是王等。非我傭力得物之處。不如往至貧里。肆力有地衣食易得。若久住此。或見逼迫強使我作。作是念已疾走而去。時富長者於師子座見子便識。心大歡喜。卽作是念。我財物庫藏。今有所付。我常思念此子。無由見之。而忽自來。甚適我願。我雖年朽。猶故貪惜。卽遣旁人急追將還。爾時使者疾走往捉。窮子驚愕。稱怨大喚。我不相犯。何爲見捉。使者執之逾急。強牽將還。於時窮子自念無罪。而被囚執。此必定死。轉更惶怖悶絕躃地。父遙見之。而語使言。不須此人。勿強將來。以冷水灑面。令得醒悟。莫復與語。所以者何。父知其子志意下劣。自知豪貴爲子所難。審知是子。而以方便不語他人云是我子。使者語之。我今放汝。隨意所趣。窮子歡喜得未曾有。從地而起。往至貧里。以求衣食。

此喻二乘華嚴會上怖大之事也。說華嚴時。二乘亦預。但未入法界之門。故喻窮子遇到父舍。而住立門側也。遙見其父踞師子牀等。喻說華嚴地上菩薩主伴圍繞諸天神王如吏民僮僕等。正喻怖

大。以有眼不見舍那身。有耳不聞華藏法。故如威德特尊。卽懷恐怖而竊以爲王。非已可莅也。以二乘之見狹劣。故念非傭力得物之處。以華嚴廣大自在稱性法門。非二乘所堪。貧里喻人天小乘易修易得。故如肆力有地衣食易得也。或見逼迫。喻無心希求。強以大乘見化。恐失已利。故疾走而去。見子便識。喻普見衆生皆有佛性也。凡有心者定當作佛。故喻思有所付。思念此子無由見之。喻佛正觀衆生無衆生相。以衆生任運自然現於平等大悲心中。故如而忽自來甚適所願也。年朽貪惜

喻法報功德佛所護念卽遣旁人喻華嚴頓教乃佛加被菩薩所說十信法門知一切法卽心自性成就慧身不由他悟所謂急追將還也凡非已所爲而加之曰怨今作佛本非二乘所求故喻不相犯而見捉華嚴四十二位一一皆說菩薩求佛果海利生之事故喻執之逾急強牽將還菩薩往來三界利生遊戲神通之事二乘觀三界如牢獄厭四生如桎梏故喻窮子念無罪而被囚執此必定死悶絕躃地正喻有眼不見有耳不聞之狀也二乘去果海甚遠故喻父遙見然一乘頓法被機不

廣思欲開權故縱之勿強識莫與語也所以者何下釋縱放所以將申設權之意也佛自知一乘頓法非劣根所堪故喻如長者自知豪貴爲子所難言審知等者喻若衆生全無佛性則已苟有佛性不慭不受其化也因此故須方便以度之正喻將欲施權也不語他人云是我子喻待其時聽自信也放之者任之而已喻不強化往至貧里喻樂爲鄙事既知是子而縱之者意在必須方便此二乘之權特爲不信劣根衆生所設明矣

爾時長者將欲誘引其子而設方便密遣二人形色憔悴無威德者汝可詣彼徐語窮子此有作處倍與汝直窮子若許將來使作若言欲何所作便可語之雇汝除糞我等二人亦共汝作時二使人卽求窮子既已得之具陳上事爾時窮子先取其價尋與除糞其父見子愍而怪之又以他日於窗牖中遙見子身羸瘦憔悴糞土塵坌污穢不淨卽脫瓔珞細軟上服嚴飾之具更著麤弊垢膩之衣塵土坌身右手執持除糞之器狀有所畏語諸作人汝等勤作勿得懈息以方便故得近其子後復告言咄男子汝常此作勿復餘去當加汝價諸有所須盆器米麪鹽醋之屬莫

自疑難亦有老弊使人須者相給好自安意我如汝父勿復憂慮所以者何我年老大而汝少壯汝常作時無有欺怠瞋恨怨言都不見汝有此諸惡如餘作人自今已後如所生子卽時長者更與作字名之爲兒爾時窮子雖欣此遇猶故自謂客作賤人由是之故於二十年中常令除糞過是已後心相體信入出無難然其所止猶在本處世尊爾時長者有疾自知將死不久語窮子言我今多有金銀珍寶倉庫盈溢其中多少所應取與汝悉知之我心如是當體此意所以者何今我與汝便爲不異宜加用心無令漏失

爾時窮子即受教敕領知眾物金銀珍寶及諸庫藏而無希取一餐之意然其所止故在本處下劣之心亦未能捨

此喻施權也將欲等將者且然未必之辭喻佛未現應身先遣菩薩內祕外現以同事攝誘引二乘爲先導也除糞喻斷煩惱以華嚴說無明十二因緣即普光明智此豈二乘所堪故說小乘斷見思速取小果易見效也故云先取其價慕果修因故喻尋與除糞見子愍怪喻興慈悲也窗牖遙見等喻佛未現身前以佛眼觀見六道眾生貧窮無福

慧因此三七思惟以方便度脫也即脫瓔珞等喻佛隱千丈尊特之身現丈六老比丘相右手執除糞器等喻隨順劣根三十四心斷結成佛之事因此得與二乘周旋故喻以方便故得近其子也咄男子等斥使安意無復他慕喻諸小乘初從外道親近於佛恐有退墮之意故斥使安之也當加汝價等小乘始學七方便得證初果如一日之價由是而進二三四果漸入大乘故喻加價也諸有所須等者喻三十七品助道之法老弊使人喻小乘神通皆佛所棄故如老弊我如汝父者喻釋迦示三藏果頭佛以非眞佛故云如父所以者何下喻上如父而漸親之意嗔恨諸惡喻外道謗佛更與作字名之爲兒喻二乘與諸菩薩同入法性皆當稱子但幼小無力故名爲兒爾時窮子下喻歷阿含方等斷見思煩惱故云二十年中常令除糞過是已後下喻歷方等而入般若彈呵淘汰之功二乘之人於此漸向大乘故云心相體信般若會上佛命須菩提轉教菩薩人雖小乘能說大法故云出入無難未捨小果故云所止猶在本處長者有疾等喻憂慧命未續涅槃將至也以般若未盡法

界之量故云多少取與令二乘轉教故云汝悉知之將定父子之分故先囑云當體此意般若乃平等佛慧故喻父子不異將有付囑故云宜加用心無令漏失上皆喻佛命二乘轉教之辭也即受教敕下喻奉命轉教故般若萬行二乘悉知故喻領知眾物但以非已智分故喻無希取一餐之意以二乘未肯即捨小果故喻窮子下劣之心亦未能捨也已上通喻昔失蓋約四十年前之事下喻今得正顯此會

復經少時父知子意漸以通泰成就大志自鄙先心

臨欲終時而命其子幷會親族國王大臣剎利居士皆悉已集卽自宣言諸君當知此是我子我之所生於某城中捨吾逃走跉跰辛苦五十餘年其本字某我名某甲昔在本城懷憂推覓忽於此間遇會得之此實我子我實其父今我所有一切財物皆是子有先所出內是子所知世尊是時窮子聞父此言卽大歡喜得未曾有而作是念我本無心有所希求今此寶藏自然而至

此喻今得也復經少時等喻說般若後二乘已有樂大之心也臨欲終時等喻涅槃時至卽說此經

授記二乘作佛也將欲付囑乃因多寶集十方分身諸佛證明此法故云幷會親族等宣言等喻此經中說往昔教化因緣之事一切財物皆是子有喻今授記依正劫國莊嚴等事也窮子聞父此言卽大歡喜正喻今得也

世尊大富長者則是如來我等皆似佛子如來常說我等爲子世尊我等以三苦故於生死中受諸熱惱迷惑無知樂著小法今日世尊令我等思惟蠲除諸法戲論之糞我等於中勤加精進得至涅槃一日之價既得此已心大歡喜自以爲足便自謂言於佛法中勤精進故所得弘多然世尊先知我等心著弊欲樂於小法便見縱捨不爲分別汝等當有如來知見寶藏之分世尊以方便力說如來智慧我等從佛得涅槃一日之價以爲大得於此大乘無有志求我等又因如來智慧爲諸菩薩開示演說而志於此無有志願所以者何佛知我等心樂小法以方便力隨我等說而我等不知眞是佛子今我等方知世尊於佛智慧無所悋惜所以者何我等昔來眞是佛子而但樂小法若我等有樂大之心佛則爲我說大乘法於此經中唯說一乘而昔於菩薩前毀訾聲聞樂小法

者然佛實以大乘教化是故我等說本無心有所希求今法王大寶自然而至如佛子所應得者皆已得之

此以法合喻也佛視衆生如一子而二乘人心以菩薩爲眞子自視爲似子而已佛因衆生苦故特說出苦小乘之法諸聲聞人以爲諸苦熱惱迷惑求脫心切故樂著小法此樂小之情也三苦者謂苦苦壞苦行苦也今日世尊下合滯權之情也世尊以方便力等敘佛令二乘說般若轉教菩薩之事以得小果爲足故於大乘般若無有志求我等

又因下敘世尊知我樂小故不卽爲授記故我等不知眞是佛子。總上通合昔失也。今我等下合今知不失也。以今日覩佛慈悲方知昔日元無祕悋。而我等亦未嘗失。但不樂大耳。於此經中下敘悟佛心。觀今爲說一乘則知昔彈呵之時早欲以大乘教化矣。此謂是我等咎也。是故下正合今得。今見世尊說此大法。特爲身子授記。且云千二百人皆當作佛。此實法王大寶不求自至。所以爲大慶幸也。

爾時摩訶迦葉欲重宣此義而說偈言。

我等今日　聞佛音教　歡喜踊躍　得未曾有
佛說聲聞　當得作佛　無上寶聚　不求自得
譬如童子　幼稚無識　捨父逃逝　遠到他土
周流諸國　五十餘年　其父憂念　四方推求
求之既疲　頓止一城　造立舍宅　五欲自娛
其家巨富　多諸金銀　硨磲碼碯　眞珠琉璃
象馬牛羊　輦輿車乘　田業僮僕　人民衆多
出入息利　乃徧他國　商估賈人　無處不有
千萬億衆　圍繞恭敬　常爲王者　之所愛念
羣臣豪族　皆共宗重　以諸緣故　往來者衆
豪富如是　有大力勢　而年朽邁　益憂念子
夙夜惟念　死時將至　癡子捨我　五十餘年
庫藏諸物　當如之何　爾時窮子　求索衣食
從邑至邑　從國至國　或有所得　或無所得
饑餓羸瘦　體生瘡癬　漸次經歷　到父住城
傭賃展轉　遂至父舍　爾時長者　於其門內
施大寶帳　處師子座　眷屬圍繞　諸人侍衛
或有計算　金銀寶物　出內財產　注記券疏
窮子見父　豪貴尊嚴　謂是國王　若國王等
驚怖自怪　何故至此　覆自念言　我若久住

或見逼迫　強驅使作　思惟是已　馳走而去
借問貧里　欲往傭作　長者是時　在師子座
遙見其子　默而識之　卽敕使者　追捉將來
窮子驚喚　迷悶躃地　是人執我　必當見殺
何用衣食　使我至此　長者知子　愚癡狹劣
不信我言　不信是父　卽以方便　更遣餘人
眇目矬陋　無威德者　汝可語之　云當相雇
除諸糞穢　倍與汝價　窮子聞之　歡喜隨來
爲除糞穢　淨諸房舍　長者於牖　常見其子
念子愚劣　樂爲鄙事　於是長者　著弊垢衣

執除糞器　往到子所　方便附近　語令勤作
既益汝價　并塗足油　飲食充足　薦席厚煖
如是苦言　汝當勤作　又以輭語　若如我子
長者有智　漸令入出　經二十年　執作家事
示其金銀　眞珠玻瓈　諸物出入　皆使令知
猶處門外　止宿草菴　自念貧事　我無此物
父知子心　漸已曠大　欲與財物　卽聚親族
國王大臣　刹利居士　於此大衆　說是我子
捨我他行　經五十歲　自見子來　已二十年
昔於某城　而失是子　周行求索　遂來至此

凡我所有　舍宅人民　悉以付之　恣其所用
子念昔貧　志意下劣　今於父所　大獲珍寶
并及舍宅　一切財物　甚大歡喜　得未曾有

此頌通敘信解之情也。譬如下頌喩昔失也。初八句。頌子逃父求也。求之下三十四句。頌喩菩提場思化有緣之衆也。死時將至喩不化衆生慧命將絕也。爾時窮子下十二句。喩迷淪之事也。求索衣食。喩在迷中有出苦之心也。有得無得。喩從小乘外道修習也。饑餓等。喩未得正修返傷法體也。遂至父舍。喩到覺場未敢入也。爾時長者下十句。喩說華嚴時也。窮子見父下十四句。喩乍見法界之事也。長者是時下十二句。頌喩說華嚴大法也。但普觀衆生具有佛性。未卽開說。故云默識。驚愕等。正喩聞說頓法。怖大之事也。長者知子下十二句。頌喩開權也。遣人。卽內祕外現。以示同事攝也。窮子下四句。喩樂小。長者於牖下十句。喩隱勝現劣也。既益汝價下八句。喩說小果修進之法也。若汝也如我子。似子而已。非眞子也。長者有智下十二句。頌喩般若時也。入出二十年。正喩轉教般若之事。以非已智分。故云我無此物。而不希取也。已上

通頌喩昔失。父知下二十二句。頌說法華因緣之事也。今於下六句。頌喩今得。上頌喩說。下法合也。

佛亦如是　知我樂小　未曾說言　汝等作佛
而說我等　得諸無漏　成就小乘　聲聞弟子
佛敕我等　說最上道　修習此者　當得成佛
我承佛教　為大菩薩　以諸因緣　種種譬喩
若干言辭　說無上道　諸佛子等　從我聞法
日夜思惟　精勤修習　是時諸佛　卽授其記
汝於來世　當得作佛　一切諸佛　祕藏之法
但為菩薩　演其實事　而不為我　說斯眞要

如彼窮子　得近其父　雖知諸物　心不希取
我等雖說　佛法寶藏　自無志願　亦復如是
我等內滅　自謂爲足　唯了此事　更無餘事
我等若聞　淨佛國土　教化眾生　都無欣樂
所以者何　一切諸法　皆悉空寂　無生無滅
無大無小　無漏無爲　如是思惟　不生喜樂
我等長夜　於佛智慧　無貪無著　無復志願
而自於法　謂是究竟　我等長夜　修習空法
得脫三界　苦惱之患　住最後身　有餘涅槃
佛所教化　得道不虛　則爲已得　報佛之恩

我等雖爲　諸佛子等　說菩薩法　以求佛道
而於是法　永無願樂　導師見捨　觀我心故
初不勸進　說有實利　如富長者　知子志劣
以方便力　柔伏其心　然後乃付　一切財物
佛亦如是　現希有事　知樂小者　以方便力
調伏其心　乃教大智　我等今日　得未曾有
非先所望　而今自得　如彼窮子　得無量寶
世尊我今　得道得果　於無漏法　得清淨眼
我等長夜　持佛淨戒　始於今日　得其果報
法王法中　久修梵行　今得無漏　無上大果

我等今者　眞是聲聞　以佛道聲　令一切聞
我等今者　眞阿羅漢　於諸世間　天人魔梵
普於其中　應受供養

佛亦如是下八句。頌合樂小故爲說小法也。佛敕我等下三十二句。通合滯權也。佛敕下至說無上道。合說般若教菩薩事也。諸佛子下至當得作佛合聞般若菩薩各得授記成佛也。一切下至說斯眞要。合自滯權小。疑佛不爲說大也。如彼下重喻滯權故云自無志願非佛悋而不教也。我等內滅下二十二句。重明初心樂小所以貪著小乘得少

爲足。故不生喜樂。因此故於般若佛慧無復志願。以自所得法將爲究竟耳。我等下十句重敘樂小之心。即以所得小果謂已報佛恩矣。所以自足而不進也。我等雖爲下二十二句重明滯權佛即縱捨以待時也。以待調伏其心然後乃教大智。佛恩難報正在於此。我等今日下二十八句。正敘今得。言得道得果正明今悟一乘實智也。以久持淨戒修梵行。而今乃得無上大果。是知今實亦由昔權而至也。前云若不信此法非阿羅漢。今日乃知是眞阿羅漢應受人天供養也。

世尊大恩　以希有事　憐愍教化　利益我等
無量億劫　誰能報者　手足供給　頭頂禮敬
一切供養　皆不能報　若以頂戴　兩肩荷負
於恆沙劫　盡心恭敬　又以美膳　無量寶衣
及諸臥具　種種湯藥　牛頭旃檀　及諸珍寶
以起塔廟　寶衣布地　如斯等事　以用供養
於恆沙劫　亦不能報　諸佛希有　無量無邊
不可思議　大神通力　無漏無爲　諸法之王
能爲下劣　忍於斯事　取相凡夫　隨宜爲說
諸佛於法　得最自在　知諸眾生　種種欲樂

及其志力　隨所堪任　以無量喻　而爲說法
隨諸眾生　宿世善根　又知成熟　未成熟者
種種籌量　分別知已　於一乘道　隨宜說三

此明深知大恩。念不能報也。世尊下二十六句申明恩大難酬。謂佛以希有事方便憐愍教化利益我等。脫億劫難拔之苦。證無上菩提之果。何恩大於此哉。所以無量億劫無能報者也。手足下。言難報之事。以恩量如空。安可以有相身心身外長物而可以報哉。所以於恆沙劫亦不能報也。諸佛希有下十句。重申難報之所以也。以佛自證無量不可思議廣大神通。而能爲我等下劣眾生忍於斯事。且又爲我等取相凡夫曲施方便隨宜而說。此世尊慈悲大恩。無可爲喻。豈能報耶。諸佛於法下十六句。述明隨宜而說。以感方便大恩也。所以能隨宜而說者。以佛得最自在之法。所謂我爲法王。於法自在。故能知眾生種種樂欲。隨力所堪。故以無量譬喻言詞而爲說法。隨根授法。種種籌量。分別知已。故於一乘法隨宜說三。此領三七思惟之事。感此曲垂方便之恩至難酬報者此也。既不能報。惟心感而已。從上佛祖知恩者希。果能知恩則

爲的骨子矣。窮子一喻描寫窮子始終之情狀。吐露當機之本心。未有如此之詳且盡者。苟不知恩何能有此。

妙法蓮華經通義卷第六

妙法蓮華經通義卷第七 經文卷三上

明南嶽沙門憨山釋德清述

藥草喻品第五

此品來意因上四大弟子領悟許三賜一。說喻自陳昔失今得之情。世尊印可其心。然猶未盡知如來知見之力。抑恐執相之徒。不達如來平等說法隨類異解之旨。將謂實有三乘之果可證。涅槃習氣不忘。不能徹法源底。故說藥草一喻。以顯如來說法平等一味。但隨根大小。各受不同。如一雨無私。三草二木。隨分受潤各別。是知法本不異。異在

於機。此則唯有一乘無二無三之旨自明。而使聞者習見頓除。可入如來平等法慧。開佛知見明矣。此後即爲授記。故此品來也。

爾時世尊告摩訶迦葉及諸大弟子。善哉善哉。迦葉。善說如來眞實功德。誠如所言。如來復有無量無邊阿僧祇功德。汝等若於無量億劫說不能盡。迦葉當知。如來是諸法之王。若有所說皆不虛也。於一切法。以智方便而演說之。其所說法皆悉到於一切智地。如來觀知一切諸法之所歸趣。亦知一切衆生深心所行。通達無礙。又於諸法究盡明了。示諸衆生一切智慧。

此如來述成四大弟子雖悟而猶未盡也。迦葉等旣領譬喻之說。乃設窮子怖父。長者曲垂方便誘引之心。以喻如來俯爲二乘極盡慈悲之意。可謂善說如來眞實功德矣。但所知者。似乎如來涉於有心。單爲二乘之人。實有三乘之設。殊不知如來說法。以平等大悲。無問有性無性。一音說法。普使聞知。齊成佛道。原無三一之分。此是如來無作妙力。所謂復有無量無邊功德。無量億劫說不能盡者。即出世至今所見聞者。如海一滴耳。此非汝等

所知也。以如來是諸法之王。得大自在。凡有所說。皆稱法界性眞實不虛。故於一切法。以方便權智。應機而說。即其所說。皆歸究竟眞實智地。無有虛談。以如來實智證理。則觀知一切諸法歸趣究竟實際。以權智鑑機。則知一切衆生之心樂欲所行。無不通達。又善能分別諸法之相。若性相權實一一明了。即其所說。善能開示衆生本有智慧。此所以爲無量功德之大略。豈汝所能盡知耶。

迦葉。譬如三千大千世界。山川谿谷土地所生卉木叢林及諸藥草。種類若干。名色各異。密雲彌布。徧覆

三千大千世界一時等澍其澤普洽卉木叢林及諸藥草小根小莖小枝小葉中根中莖中枝中葉大根大莖大枝大葉諸樹大小隨上中下各有所受一雲所雨稱其種性而得生長華果敷實雖一地所生一雨所潤而諸草木各有差別迦葉當知如來亦復如是出現於世如大雲起以大音聲普偏世界天人阿脩羅如彼大雲偏覆三千大千國土於大衆中而唱是言我是如來應供正偏知明行足善逝世間解無上士調御丈夫天人師佛世尊未度者令度未解者令解未安者令安未涅槃者令得涅槃今世後世如

實知之我是一切知者一切見者知道者開道者說道者汝等天人阿脩羅衆皆應到此爲聽法故爾時無數千萬億種衆生來至佛所而聽法如來於時觀是衆生諸根利鈍精進懈怠隨其所堪而爲說法種種無量皆令歡喜快得善利是諸衆生聞是法已現世安隱後生善處以道受樂亦得聞法既聞法已離諸障礙於諸法中任力所能漸得入道如彼大雲雨於一切卉木叢林及諸藥草如其種性具足蒙潤各得生長

此法一機異之譬也三千大千之土地總譬一眞法界衆生本有之心地山川谿谷所生之草木譬三界所有之衆生種類名色之各異譬三乘五性之不同木有貞樗草有良毒今取衆生堪受化者如草之可爲藥木之可成材者其不受化者皆腐毒樗朽耳故名藥草衆生根性種種不一有三乘五性之不同故云種類若干名色各異此喩所被之機也佛以法界身雲普偏十方故如密雲彌布圓音一演十剎頓周故如一雨普洽衆生聞者隨類各解故如三草二木各有所受稱其種性各得成實所謂佛以一音演說法衆生隨類各得解初

從人天小乘以及菩薩無不成就皆能自利利他除生死之病獲涅槃之安故但取藥草而喩至若闡提外道及十惡不信之衆生皆狠毒蕪草亦無不蒙潤但不能信受故非機耳雖一地所生等喩衆生同稟一眞法性而隨種成熟不同所謂法本不異異在機也由是觀之三乘之法非佛有心分別唯以法界海慧平等普說由機聞見各異自分大小差別是則昔日權法皆說佛慧但小智自私而不受非佛定有三乘可執取也此迦葉等雖悟昔權而不知本無三一之分此如來平等大慧無

量功德說不能盡者殊非二乘可知也。如來亦復如是下法合可知。於大眾中唱如是言下至為聽法故乃佛初成正覺法王應運出興詔告三界之詞也。以空劫無佛三界眾生自未見佛。今法王從眞界出不知佛是何人。為何而來所知何法。恐其驚怖故告之曰我是如來等使皆知是佛也。為度者度等使知佛為度眾生令出苦得樂而來也。如實知之等告以所證之法且能開能說使三界眾生皆應來此聽法。此正為一大事因緣出現世間之本懷正如大雲雨也。爾時無數下三界眾生因

聞布告召集而來也。如來於時等觀根說法。如三草二木隨分受潤。人天三乘各得成熟。故云皆令歡喜各得善利。此隨根之法似先有心分別其實佛以平等大慧觀眾生各各不同。故一音所演之法大小具足。即一四諦法而三乘各解不同。正法一機異。非有心差別也。故天台判教有祕密不定。正此謂也。前云如來不說大者非今日別說一大。但說破昔日所說皆大法耳。以迦葉但悟今日是大。將謂昔說是小。故如來復說此喻以洗執昔之狹習了悟平等佛慧乃堪授記耳。是諸眾生等敍聞法得益各得成就漸得入道。正如一雲普雨三草二木具足受潤各得生長也。所云漸得入道非佛有漸法。要知法本是頓。但聞者漸漸成熟。如雨是普在草木各得具足蒙潤但隨根漸長耳。如華嚴地上菩薩自五戒十善四諦十二因緣歷次而修。豈非人天小善皆法界大法哉。况諦緣乎。若分別諸法。則二乘所知。若無分別之分別。則非二乘所知也。

如來說法。一相一味。所謂解脫相離相滅相究竟至於一切種智。其有眾生聞如來法若持讀誦如說修

行所得功德不自覺知。所以者何。唯有如來知此眾生種相體性。念何事思何事修何事。云何念云何思。云何修。以何法念。以何法思。以何法修。以何法得何法。眾生住於種種之地。唯有如來如實見之明了無礙。如彼卉木叢林諸藥草等而不自知上中下性。如來知是一相一味之法。所謂解脫相離相滅相究竟涅槃常寂滅相終歸於空。佛知是已觀眾生心欲而將護之。是故不卽為說一切種智。汝等迦葉甚為希有。能知如來隨宜說法能信能受。所以者何。諸佛世尊隨宜說法難解難知。

此敍佛平等一味之法也。佛所說法。本一實相。元無異相。純是甘露醍醐。曾無異味。解脫者。雖說諸法。而離一切法。離相者。雖說諸相。而離一切相。滅相者。雖說生滅。而顯寂滅無生。此釋一相一味之法也。以此故所說法一一究竟皆至一切種智。豈有三乘之法哉。但衆生聞者。隨其根性若持若修。各隨所得。而不自覺知。此法一。而機自異耳。所以者何等。釋衆生不知之所以然。佛說法雖是平等一音。而衆生根器有種相體性。樂欲念思修得之不同。必先觀察了知。然後應機普說。是則佛皆如

實了知衆生之性欲。而衆生不自覺知本根之大小。故所聞法。如蚊飲海。各隨量而足。將謂佛法止此而已。豈知平等一味之法哉。如來知是下。釋上不卽說大之所以然。佛既以平等大法普施衆生。衆生所受大小不同。佛不早爲說破。一向久默斯要者。以佛說法一言一句無不究竟歸極於法界眞空。但衆生心欲之不同。故將護之。以待其時。故不卽爲說一切種智之事。恐其驚疑。特隱忍以待。非畢竟不說也。今衆生根熟。涅槃時至。不得不說耳。迦葉能知如來隨宜說法。甚爲希有。然隨宜中平等。此其難解難知也。

爾時世尊欲重宣此義而說偈言。

破有法王　出現世間　隨衆生欲　種種說法
如來尊重　智慧深遠　久默斯要　不務速說
有智若聞　則能信解　無智疑悔　則爲永失
是故迦葉　隨力爲說　以種種緣　令得正見

此重頌前義也。破有下四句。總述迦葉讚佛之意。九界衆生皆墮於有。凡夫有生死。二乘有涅槃。菩薩有衆生可度。有佛果可求。唯佛能破。故云破有。於法自在。故稱法王。如來尊重下十二句。頌佛待

時說大之意。如來所以久默不說者。恐小智生疑。故隨力爲說。漸漸令得正見。此迦葉所未知也。

迦葉當知　譬如大雲　起於世間　徧覆一切
慧雲含潤　電光晃曜　雷聲遠震　令衆悅豫
日光揜蔽　地上淸涼　靉靆垂布　如可承攬
其雨普等　四方俱下　流澍無量　率土充洽
山川險谷　幽邃所生　卉木藥草　大小諸樹
百穀苗稼　甘蔗蒲萄　雨之所潤　無不豐足
乾地普洽　藥木並茂　其雲所出　一味之水
草木叢林　隨分受潤　一切諸樹　上中下等

稱其大小　各得生長　根莖枝葉　華果光色
一雨所及　皆得鮮澤　如其體相　性分大小
所潤是一　而各滋茂

此喻顯平等大慈之意也。佛身如雲。說法如雨。則平等可知。而言密雲大雲。垂布可攬。則喻法身普徧俯就羣情之意。未雨而雷電前驅。喻凡說法。必先放光現瑞動地。爲前相也。初云三草二木。頌至百穀等。則喻三乘五性無不利潤。然乾地亦洽。則無性闡提未嘗不滋也。其雲所出等。喻佛一身一智慧平等一味。所被之機。受益不同。隨分自足。

而各滋茂成熟也。

佛亦如是　出現於世　譬如大雲　普覆一切
既出於世　爲諸衆生　分別演說　諸法之實
大聖世尊　於諸天人　一切衆中　而宣是言
我爲如來　兩足之尊　出於世間　猶如大雲
充潤一切　枯槁衆生　皆令離苦　得安隱樂
世間之樂　及涅槃樂　諸天人衆　一心善聽
皆應到此　覲無上尊　我爲世尊　無能及者
安隱衆生　故現於世　爲大衆說　甘露淨法
其法一味　解脫涅槃　以一妙音　演暢斯義

常爲大乘　而作因緣　我觀一切　普皆平等
無有彼此　愛憎之心　我無貪著　亦無限礙
恆爲一切　平等說法　如爲一人　衆多亦然
常演說法　曾無他事　去來坐立　終不疲厭
充足世間　如雨普潤　貴賤上下　持戒毀戒
威儀具足　及不具足　正見邪見　利根鈍根
等雨法雨　而無懈倦

此佛亦如是下。法合也。初四句合喻本。既出下四句。頌出世本懷。大聖下十四句。頌告詔之辭。諸天下十句。頌召集人天。當說平等法也。其法下六句。

頌一相一味平等之法。凡有所說。當作大乘因緣。所謂究竟皆得一切種智也。我觀下二十四句。正頌平等說法。貴賤等。釋平等之意。無論貴賤持毀。邪正利鈍。一以平等大慧而普被之。足知三乘五性不待今日授記矣。

一切衆生　聞我法者　隨力所受　住於諸地
或處人天　轉輪聖王　釋梵諸王　是小藥草
知無漏法　能得涅槃　起六神通　及得三明
獨處山林　常行禪定　得緣覺證　是中藥草
求世尊處　我當作佛　行精進定　是上藥草

又諸佛子　專心佛道　常行慈悲　自知作佛
決定無疑　是名小樹　安住神通　轉不退輪
度無量億　百千衆生　如是菩薩　名爲大樹
佛平等説　如一味雨　隨衆生性　所受不同
如彼草木　所禀各異　佛以此喻　方便開示
種種言辭　演説一法　於佛智慧　如海一滴
我雨法雨　充滿世間　一味之法　隨力修行
如彼叢林　藥草諸樹　隨其大小　漸增茂好
諸佛之法　常以一味　令諸世間　普得具足
漸次修行　皆得道果

此一切下頌衆生隨根受益不同各得成實也初四句總頌諸地謂從三界九地以至菩薩十地也後釋諸地或處下四句明人天知無漏法下八句明聲聞緣覺求世尊處下四句明藏教菩薩依權教修故名爲草偈云我當作佛然藏教所期三藏果頭佛也又諸佛子下六句明通教菩薩安住神通下六句明圓教菩薩佛平等下六句頌法一而機異也佛以此喻下六句結佛功德説不能盡之意以由迦葉不能盡知如來功德故説此喻以發明之然一雲一雨平等普潤三草二木具足成熟雖喻佛之功德廣大不可思議其實於佛智慧海中如一滴耳豈能盡喻佛之功德哉迦葉所以不能盡知也我雨法雨下八句總明成熟之利諸佛之法下六句總明成熟之機下別明隨機得果

聲聞緣覺　處於山林　住最後身　聞法得果
是名藥草　各得增長　若諸菩薩　智慧堅固
了達三界　求最上乘　是名小樹　而得增長
復有住禪　得神通力　聞諸法空　心大歡喜
放無數光　度諸衆生　是名大樹　而得增長
如是迦葉　佛所説法　譬如大雲　以一味雨

潤於人華　各得成實

此聲聞下頌各得增長也初六句頌聲聞緣覺而得增長若諸菩薩下六句言權教菩薩而得增長復有住禪下八句言實教菩薩而得增長所謂具足蒙潤各得生長者也如是迦葉下六句總結成實

迦葉當知　以諸因緣　種種譬喻　開示佛道
是我方便　諸佛亦然　今爲汝等　説最實事
諸聲聞衆　皆非滅度　汝等所行　是菩薩道
漸漸修學　悉當成佛

此迦葉下顯開權顯實諸佛道同也初六句明卽權顯實諸佛道同今爲汝等下八句總結今實通廢昔權開後授記之文也已爲授記而云漸漸修學悉當成佛者正顯昔非眞修自今開佛知見方是成佛眞因所謂不生滅心爲本修因也楞嚴云理須頓悟事因漸除故云漸漸

授記品第六

此品來意由四大弟子領悟平等一味之旨已解本無三乘之實本有佛之知見既開則成佛眞因已具乃爲四人授記特以名品故此來也

爾時世尊說是偈已告諸大衆唱如是言我此弟子摩訶迦葉於未來世當得奉覲三百萬億諸佛世尊供養恭敬尊重讚歎廣宣諸佛無量大法於最後身得成爲佛名曰光明如來應供正徧知明行足善逝世間解無上士調御丈夫天人師佛世尊國名光德劫名大莊嚴佛壽十二小劫正法住世二十小劫像法亦住二十小劫國界嚴飾無諸穢惡瓦礫荊棘便利不淨其土平正無有高下坑坎堆阜琉璃爲地寶樹行列黃金爲繩以界道側散諸寶華周徧清淨其國菩薩無量千億諸聲聞衆亦復無數無有魔事雖

有魔及魔民皆護佛法爾時世尊欲重宣此義而說偈言

告諸比丘　我以佛眼　見是迦葉　於未來世
過無數劫　當得作佛　而於來世　供養奉覲
三百萬億　諸佛世尊　爲佛智慧　淨修梵行
供養最上　二足尊已　修習一切　無上之慧
於最後身　得成爲佛　其土清淨　琉璃爲地
多諸寶樹　行列道側　金繩界道　見者歡喜
常出好香　散衆名華　種種奇妙　以爲莊嚴
其地平正　無有丘坑　諸菩薩衆　不可稱計
其心調柔　逮大神通　奉持諸佛　大乘經典
諸聲聞衆　無漏後身　法王之子　亦不可計
乃以天眼　不能數知　其佛當壽　十二小劫
正法住世　二十小劫　像法亦住　二十小劫
光明世尊　其事如是

此授迦葉之記也諸弟子授記之事有因有果而所得之果有同不同者蓋各隨本因而感也皆以今日開佛知見爲發覺初心從此已去所修之行方爲成佛之眞因以因圓而後得果也然因中必由事佛供佛者供佛則修福宣法則修慧二嚴具

足乃因圓而後得果故最後身方得成佛也最後身者論云菩薩地盡覺心初起心無初相遠離微細念故得見心性此乃無明盡淨二死永亡之時名最後身然事佛多寡之不一乃無明厚薄之不等也然有造塔不造塔者以所積福各有深淺之不一也名號各別則各隨本因而國土莊嚴同一清淨則同一唯心清淨所感之實報所化衆生無三惡道則本願之所召眷屬之大小壽命之修短法住之久近皆各隨願力之所致例皆然也迦葉名飲光因地事日月燈佛然燈續明以紫金光塗

佛形像故感果號名光明國名光德劫名大莊嚴宜矣壽命法住皆二十小劫則差於身子亦本願所持也國土清淨則同一淨心三乘眷屬亦夙緣也以非惡世故魔皆護法

爾時大目犍連須菩提摩訶迦旃延等皆悉悚慄一心合掌瞻仰尊顏目不暫捨即共同聲而說偈言

大雄猛世尊　諸釋之法王　哀愍我等故
而賜佛音聲　若知我深心　見爲授記者
如以甘露灑　除熱得清涼　如從饑國來
忽遇大王膳　心猶懷疑懼　未敢即便食
若復得王教　然後乃敢食　我等亦如是
每惟小乘過　不知當云何　得佛無上慧
雖聞佛音聲　言我等作佛　心尚懷憂懼
如未敢便食　若蒙佛授記　爾乃快安樂
大雄猛世尊　常欲安世間　願賜我等記
如饑須教食

此目犍連等因迦葉得記故希記而請也然前佛總說千二百聲聞悉亦當作佛則人人皆有成佛之分明矣而三子必欲指名而說其實事猶恐其不得悚慄而請者此正小乘夙懷執相之習狹劣

之心未即頓捨今雖蒙佛許可自已未敢承當故如饑逢王膳未敢便食必須得旨後乃敢食所以雖聞作佛而心尚懷憂必冀佛說乃安樂耳

爾時世尊知諸大弟子心之所念告諸比丘是須菩提於當來世奉覲三百萬億那由他佛供養恭敬尊重讚歎常修梵行具菩薩道於最後身得成爲佛號曰名相如來應供正徧知明行足善逝世間解無上士調御丈夫天人師佛世尊劫名有寶國名寶生其土平正玻瓈爲地寶樹莊嚴無諸丘坑沙礫荆棘便利之穢寶華覆地周徧清淨其土人民皆處寶臺珍

妙樓閣聲聞弟子無量無邊算數譬喻所不能知。諸菩薩衆無數千萬億那由他。佛壽十二小劫。正法住世二十小劫。像法亦住二十小劫。其佛常處虛空爲衆說法。度脫無量菩薩及聲聞衆。爾時世尊欲重宣此義而說偈言。

諸比丘衆　今告汝等　皆當一心　聽我所說
我大弟子　須菩提者　當得作佛　號曰名相
當供無數　萬億諸佛　隨佛所行　漸具大道
最後身得　三十二相　端正姝妙　猶如寶山
其佛國土　嚴淨第一　衆生見者　無不愛樂

佛於其中　度無量衆　其佛法中　多諸菩薩
皆悉利根　轉不退輪　彼國常以　菩薩莊嚴
諸聲聞衆　不可稱數　皆得三明　具六神通
住八解脫　有大威德　其佛說法　現於無量
神通變化　不可思議　諸天人民　數如恒沙
皆共合掌　聽受佛語　其佛當壽　十二小劫
正法住世　二十小劫　像法亦住　二十小劫

此空生得記也。將來事佛因行與迦葉等。果號名相。則各隨本因。以須菩提解空第一。然所空者名相之外。更無可空。故將來成佛。果號名相。正顯空法得證也。尊者生時。庫藏皆空。故果上劫名有寶。國名寶生。蓋即空以顯不空義也。亦本因耳。其土清淨。則同一淨心。人民皆處寶臺。應有寶義也。眷屬壽命法住久近。與迦葉等。但彼佛常處虛空說法。則由空法實證。故果亦如之。

爾時世尊復告諸比丘衆。我今語汝。是大迦旃延。於當來世。以諸供具供養奉事八千億佛。恭敬尊重。諸佛滅後。各起塔廟高千由旬。縱廣正等五百由旬。以金銀琉璃硨磲碼碯真珠玫瑰七寶合成。衆華瓔珞塗香末香燒香繒蓋幢旛供養塔廟。過是已後。當復

供養二萬億佛。亦復如是。供養是諸佛已。具菩薩道。當得作佛。號曰閻浮那提金光如來應供正徧知明行足善逝世間解無上士調御丈夫天人師佛世尊。其土平正。玻瓈爲地。寶樹莊嚴。黃金爲繩以界道側。妙華覆地。周徧清淨。見者歡喜。無四惡道地獄餓鬼畜生阿脩羅道。多有天人。諸聲聞衆及諸菩薩無量萬億莊嚴其國。佛壽十二小劫。正法住世二十小劫。像法亦住二十小劫。爾時世尊欲重宣此義而說偈言。

諸比丘衆　皆一心聽　如我所說　眞實無異

是迦旃延　當以種種　妙好供具　供養諸佛
諸佛滅後　起七寶塔　亦以華香　供養舍利
其最後身　得佛智慧　成等正覺　國土清淨
度脫無量　萬億眾生　皆爲十方　之所供養
佛之光明　無能勝者　其佛號曰　閻浮金光
菩薩聲聞　斷一切有　無量無數　莊嚴其國

此旃延得記也。旃延因記則先事八千億佛。及佛滅後。造七寶塔廟供佛舍利。歷二萬億佛。總之少於飲光空生。而速得佛者。由昔善於論義。法性精明。果號那提金光。則精瑩之至。因行然也。壽命十

二劫。則隨機感住世。法住久近。則願力所持。

爾時世尊復告大眾。我今語汝。是大目犍連。當以種種供具。供養八千諸佛。恭敬尊重。諸佛滅後。各起塔廟高千由旬。縱廣正等五百由旬。以金銀琉璃硨磲碼碯眞珠玫瑰七寶合成。眾華瓔珞塗香末香燒香繒蓋幢幡。以用供養。過是已後。當復供養二百萬億諸佛亦復如是。當得成佛。號曰多摩羅跋旃檀香如來應供。正偏知。明行足。善逝世間解。無上士。調御丈夫。天人師。佛世尊。劫名喜滿。國名意樂。其土平正。玻瓈爲地。寶樹莊嚴。散眞珠華。周徧清淨。見者歡喜。多諸天人。菩薩聲聞。其數無量。佛壽二十四小劫。正法住世四十小劫。像法亦住四十小劫。爾時世尊欲重宣此義而說偈言。

我此弟子　大目犍連　捨是身已　得見八千
二百萬億　諸佛世尊　爲佛道故　供養恭敬
於諸佛所　常修梵行　於無量劫　奉持佛法
諸佛滅後　起七寶塔　長表金剎　華香伎樂
而以供養　諸佛塔廟　漸漸具足　菩薩道已
於意樂國　而得作佛　號多摩羅　旃檀之香
其佛壽命　二十四劫　常爲天人　演說佛道

聲聞無量　如恆河沙　三明六通　有大威德
菩薩無數　志固精進　於佛智慧　皆不退轉
佛滅度後　正法當住　四十小劫　像法亦爾
我諸弟子　威德具足　其數五百　皆當授記
於未來世　咸得成佛　我及汝等　宿世因緣
吾今當說　汝等善聽

此目連得記也。目連因記事佛少於旃延。而佛滅度後。造塔供佛。則二百萬億。越數更多。亦由功行造進不一也。目連宿習神通第一。則果號旃檀香。然香有清遠潛通神通之象也。眷屬亦等。但壽命

少長亦隨機感法住四十小劫甚久則願力所持也然諸聲聞人一向皆有佛道長遠之怖者以未見實果可期渺無歸宿故生怖耳今授記作佛猶經多劫而不怖者以有實果在前取證有時則宿習易捨以小乘所重名言習氣不得佛語則此心不安是知授記之事即以名言而策進之如止啼黃葉正以楔出楔之意耳如人素以夢事為吉凶之兆必以圓夢語為準然夢豈眞吉凶耶漢武帝時有人善圓夢帝以假夢試之曰朕夢殿瓦二片化一對鴛鴦飛去其人圓曰宮中必有相殺者頃

即報云宮人有相殺而死者帝曰朕戲之耳非夢也何以應人曰夢者神之所至也神動而吉凶隨之故諸佛說法度生如說夢事信矣我諸弟子下十句起後因緣之說也

妙法蓮華經通義卷第七

妙法蓮華經通義卷第八 經文卷三下

明南嶽沙門憨山釋德清述

化城喻品第七

此品來意由前五人俱得授記座中尚有一類鈍根聲聞向以佛果菩提非已智分狹劣習氣未忘將謂彼為唱導之首宜乎得記而此輩猶懷絕分之心故世尊遠引塵劫已前大通佛時十六王子教化之宿因會下一乘之緣種自是以來生生受化今緣已熟正是印許之時以破大眾執著之疑躍然發起慕大之心以除宿習故廣引大通之往

事十六王子講法之因緣以顯緣因佛性也故說化城一喻原是虛設以明三乘畢竟是權為止怖遠疲勞之眾令眾暫息可進寶所以此開發策進鈍根故大眾聞說頓悟昔因自信成佛乃各得授記故此品來也

佛告諸比丘乃往過去無量無邊不可思議阿僧祇劫爾時有佛名大通智勝如來應供正徧知明行足善逝世間解無上士調御丈夫天人師佛世尊其國名好城劫名大相諸比丘彼佛滅度已來甚大久遠譬如三千大千世界所有地種假使有人磨以為墨

過於東方千國土乃下一點大如微塵又過千國土復下一點如是展轉盡地種墨於汝等意云何是諸國土若算師若算師弟子能得邊際知其數不不也世尊諸比丘是人所經國土若點不點盡抹爲塵一塵一劫彼佛滅度已來復過是數無量無邊百千萬億阿僧祇劫我以如來知見力故觀彼久遠猶若今日爾時世尊欲重宣此義而說偈言

我念過去世　無量無邊劫　有佛兩足尊
名大通智勝　如人以力磨　三千大千土
盡此諸地種　皆悉以爲墨　過於千國土

乃下一塵點　如是展轉點　盡此諸塵墨
如是諸國土　點與不點等　復盡抹爲塵
一塵爲一劫　此諸微塵數　其劫復過是
彼佛滅度來　如是無量劫　如來無礙智
知彼佛滅度　及聲聞菩薩　如見今滅度
諸比丘當知　佛智淨微妙　無漏無所礙
通達無量劫

此如來遠引大通智勝之本因以證現今法會之緣種也佛號大通智勝者乃一切種智諸佛法身之果體衆生本有之佛性也唯此智體超法界量故云大徹聖凡情故云通常然不昧故云智乃勝義中眞勝義性故云勝以此智最勝故用不離體故十號具足常住寂光故國名好城空劫已前故劫名大相衆生背此智體其來無始故云過不可思議阿僧祇劫也寂音以華嚴法界觀眞空絕相理事無礙周徧含容三種觀門釋大通智三字三義具足爲勝此最稱理但此言本具觀言修顯似有先後耳此智又名無師智自然智諸佛證此智體名一切種智華嚴云奇哉奇哉一切衆生具有如來智慧德相但以妄想顚倒執著而不證得若

離妄想顚倒執著則一切智無師智自然智當下現前是知此智爲一切諸佛之果體一切衆生之佛性也以二乘迷此本智故皆言昔失將謂絕無成佛之分前雖授五人記乃諦信佛心而不疑者尙有劣解下根執著二乘名言習氣昔失之疑不忘今雖聞記而疑情未盡不悟不失之所以故佛特說因緣推原佛性之本無始自來不失故的指大通之往事明見如今則未來授記得果之事亦不虛妄所謂以因緣破下根之執也前歷言佛智非二乘所知然佛果海功德難思此亦不知之一

端也彼佛滅度已來甚大久遠者正顯法身隱而不現衆生迷之蓋已久矣故說塵墨之劫以況之歷大千世界以爲墨將爲地種就十方內且以東方過千國土下墨一點大如微塵是則經千國土纔一點耳如是展轉東行又過國土如初次第點之有墨點者已不可知非算師所及況點與未點盡抹爲塵此塵之數已極多矣以此一塵爲一劫則劫可量哉此則推原其始無始也彼佛滅度已來復過是數足徵衆生迷此佛性其來久矣豈二乘可知耶然前對上根但云成佛已來不言其時

對中根言教化之事但言二萬億佛所謂舉一隅也今對下根則極盡塵劫之量者以劣解二乘向存斷滅始終之見陋習難祛非此不足以破之此如來接引之方便也且以如來知見觀彼久遠猶若今日況我如來應世四十年來不離剎那際三昧豈虛言哉故如來所說真實不虛下根聞此雖顓蒙之極不得不信佛真實之說也佛爲二乘苦心則火宅長者及窮子之父豈能盡佛真慈哉偈云佛智淨微妙無漏無所礙通達無量劫是知佛智前觀無始則後觀無終即授記弟子成佛之事至遠不過三百萬億劫數佛眼觀之如目前耳可不信乎

佛告諸比丘大通智勝佛壽五百四十萬億那由他劫其佛本坐道場破魔軍已垂得阿耨多羅三藐三菩提而諸佛法不現在前如是一小劫乃至十小劫結跏趺坐身心不動而諸佛法猶不在前爾時忉利諸天先爲彼佛於菩提樹下敷師子座高一由旬佛於此坐當得阿耨多羅三藐三菩提適坐此座時諸梵天王雨衆天華面百由旬香風時來吹去萎華更雨新者如是不絕滿十小劫供養於佛乃至滅度常

雨此華四王諸天爲供養佛常擊天鼓其餘諸天作天伎樂滿十小劫至於滅度亦復如是諸比丘大通智勝佛過十小劫諸佛之法乃現在前成阿耨多羅三藐三菩提

此言大通智勝佛從法垂應之跡也佛壽五百萬億那由他劫特舉應緣之跡耳言本坐道場則出真兆聖應現之始也垂得菩提以佛佛出現必示初成正覺故云垂得垂者將也問曰佛既示現不必更得而云垂得菩提佛法不現者何耶答此待機也所謂佛真法身猶若虛空應物現形如水中

月。衆生心水淨菩提影現中。華嚴經云。毗盧遮那於一切衆生身中成等正覺。是知佛本非身。以衆生爲身。今大通智佛有應無感。故垂得菩提而佛法不現在前。正以衆生心器未淨。故十小劫以待時耳。結加趺坐身心不動者。所謂正入剎那際三昧。卽首言無量義處三昧也。今釋尊應身待四十年。豈爲久耶。忉利諸天先就菩提樹下敷座以待者。正顯不離菩提樹下而徧應也。適坐此座則諸天雨華作樂。乃至滅度者。顯佛出現始終不起剎那際三昧也。序品光中圓現諸佛始終。將謂光中

之境耳。今則直顯此經皆說光中之實事也。過十小劫佛法現前乃得菩提者。機感契會心境絕待之時也。古云。若識佛性義。當觀時節因緣。是知今說佛慧因緣。要待機緣契會。非時不敢强說也。

其佛未出家時有十六子。其第一者名曰智積。諸子各有種種珍異玩好之具。聞父得成阿耨多羅三藐三菩提。皆捨所珍。往詣佛所。諸母涕泣而隨送之。其祖轉輪聖王與一百大臣及餘百千萬億人民皆共圍繞隨至道場。咸欲親近大通智勝如來供養恭敬。尊重讚歎。到已頭面禮足繞佛畢已。

此原始釋迦之本因也。大通智勝蓋明一切種智。今云其佛未出家時有十六子者。明一切種智皆由轉識而成也。以迷此智成阿賴耶識。乃在纏生死之名也。而此識體其用有八。前云日月燈明。而有八子者。是單約識言。故名有意。今云十六。而名智積。蓋約識本於智。以迷則轉智成識。其用有八。悟則轉識成智。其用有四。然成所作智其用有五。故亦有八。今約眞妄一體。故云十六。而四智圓滿通名一切種智。故其子名智積。言未出家時。特在纏之名耳。若剋果體則眞妄不二。父子情亡矣。釋

迦本因爲第十六子。則權實可知。諸子各有等者。謂本識未轉。則諸識皆有染汚無知貪染等事。本識一轉。則諸識齊轉。頓破發業潤生二種無明。故云聞父出家皆捨所珍。始覺合本。故云往詣佛所。經云。無明以爲父。貪愛以爲母。今識既轉智。則貪愛煩惱返滋智用。故云諸母涕泣而隨送之。以愛難捨不得不捨也。其祖轉輪聖王等者。識論阿賴耶外。別立九識。名白淨識。亦卽眞如。今賴耶一轉則心所百法。并諸微細煩惱一時齊轉。皆與眞如爲大智用。故其祖轉輪聖王與一百大臣及餘人

民皆共圍繞隨至道場也。

一心合掌瞻仰世尊以偈頌曰。

大威德世尊　爲度衆生故　於無量億歲
爾乃得成佛　諸願已具足　善哉吉無上
世尊甚希有　一坐十小劫　身體及手足
靜然安不動　其心常惔怕　未曾有散亂
究竟永寂滅　安住無漏法　今者見世尊
安隱成佛道　我等得善利　稱慶大歡喜
衆生常苦惱　盲瞑無導師　不識苦盡道
不知求解脫　長夜增惡趣　減損諸天衆

從冥入於冥　永不聞佛名　今佛得最上
安隱無漏道　我等及天人　爲得最大利
是故咸稽首　歸命無上尊

爾時十六王子偈讚佛已。勸請世尊轉於法輪。咸作是言。世尊說法。多所安隱。憐愍饒益諸天人民。重說偈言。

世雄無等倫　百福自莊嚴　得無上智慧
願爲世間說　度脫於我等　及諸衆生類
爲分別顯示　令得是智慧　若我等得佛
衆生亦復然　世尊知衆生　深心之所念
亦知所行道　又知智慧力　欲樂及修福
宿命所行業　世尊悉知已　當轉無上輪

此王子讚佛出世專爲利益天人也。大威德下六句讚佛功圓得果。世尊甚希有下八句讚佛入定待機。今者下四句自慶善利。衆生常苦惱下八句。言當化之機。今佛下六句。慶自他俱利也。讚已請轉法輪。顯佛出世本爲安隱憐愍衆生。非徒然也。故請說法。世雄無等倫四句。請說實智也。度脫於我等下六句。請佛說權智也。世尊知我心下八句。請佛必用開權以應衆生之機也。

佛告諸比丘。大通智勝佛得阿耨多羅三藐三菩提時。十方各五百萬億諸佛世界六種震動。其國中間幽冥之處。日月威光所不能照。而皆大明。其中衆生各得相見。咸作是言。此中云何忽生衆生。又其國界諸天宮殿乃至梵宮。六種震動。大光普照。徧滿世界。勝諸天光。

此如來特爲下根開佛知見也。梵語毗盧遮那。此云光明徧照。即大通智而云成佛。爲一切種智也。此智爲一切衆生本有之佛知見。佛爲此故出現世間。名爲一大事因緣。以衆生一迷此智而爲無明固結根身器界隔礙而不通故但爲妄想煩惱之所動亂日用而不知故造妄業妄遭衆苦故佛以同體大悲出現世間而開示之使其悟入以出生死此乃如來出世之本懷也衆生一明此智即當下是佛此義驚人非劣根所堪故待時熟而說此法華一會通顯四十年來皆爲此事之本懷然非輕易可遽說者所言開示者以言開曉以事指示故法會之初先放一光照東方萬八千世界圓現法界事相生佛始終是舉此智全體之一隅以爲開佛知見之前茅將謂弟子根機既熟可不言

而喻矣且此智境在彌勒補處尚且懷疑故借文殊七佛之師代爲說破引燈明之本始證今佛之瑞相是第一番示佛知見也法會瞢然未曉又假世尊出定慇勤稱歎方便開示至方便品末世尊已爲極力宣揚矣止得身子一人領悟是知衆生之迷固已深矣又說火宅一喻三界衆苦之狀可謂詳悉如示諸掌矣且又止得四人領悟然在會千二百衆猶然睡夢之中也奈之何哉信乎其智慧門難解難入也故佛說宿世因緣明以告之遠引大通智勝之本始以爲今日之因緣特爲下根之人大發明之初則眉光待放而後照但見東方今則本有之智光不屬收放而常明者故幽暗之處而皆大明是則本然不昧之智體衆生日用而不知今智體忽然現前則衆生各各頓知本有故咸言此中云何忽生衆生也奇哉奇哉大光徧滿則通照十方此又特爲下根第二番示佛知見也此猶遠引古佛若向下現寶塔品則爲大衆指在目前乃第三番示佛知見也其十方天王尋光請佛皆廣方便品末時諸梵天王等未盡之意也

爾時東方五百萬億諸國土中梵天宮殿光明照耀

倍於常明諸梵天王各作是念今者宮殿光明昔所未有以何因緣而現此相是時諸梵天王即各相詣共議此事時彼衆中有一大梵天王名救一切爲諸梵衆而說偈言

我等諸宮殿　光明昔未有　此是何因緣
宜各共求之　爲大德天生　爲佛出世間
而此大光明　徧照於十方

爾時五百萬億國土諸梵天王與宮殿俱各以衣祴盛諸天華共詣西方推尋是相見大通智勝如來處於道場菩提樹下坐師子座諸天龍王乾闥婆緊那

羅摩睺羅伽人非人等恭敬圍繞。及見十六王子請佛轉法輪。卽時諸梵天王頭面禮佛。繞百千帀。卽以天華而散佛上。其所散華如須彌山。幷以供養佛菩提樹。其菩提樹高十由旬。華供養已。各以宮殿奉上彼佛。而作是言。惟見哀愍饒益我等。所獻宮殿願垂納受。時諸梵天王卽於佛前一心同聲以偈頌曰。

世尊甚希有　難可得值遇　具無量功德
能救護一切　天人之大師　哀愍於世間
十方諸衆生　普皆蒙饒益　我等所從來
五百萬億國　捨深禪定樂　爲供養佛故

我等先世福　宮殿甚嚴飾　今以奉世尊
惟願哀納受

爾時諸梵天王偈讚佛已。各作是言。惟願世尊轉於法輪。度脫衆生。開涅槃道。時諸梵天王一心同聲而說偈言

世雄兩足尊　惟願演說法　以大慈悲力
度苦惱衆生

爾時大通智勝如來默然許之。又諸比丘。東南方五百萬億國土諸大梵王。各自見宮殿光明照耀。昔所未有。歡喜踊躍生希有心。卽各相詣共議此事。時彼衆中有一大梵天王名曰大悲。爲諸梵衆而說偈言。

是事何因緣　而現如此相　我等諸宮殿
光明昔未有　爲大德天生　爲佛出世間
未曾見此相　當共一心求　過千萬億土
尋光共推之　多是佛出世　度脫苦衆生

爾時五百萬億諸梵天王與宮殿俱。各以衣裓盛諸天華。共詣西北方推尋是相。見大通智勝如來處於道場菩提樹下坐師子座。諸天龍王乾闥婆緊那羅摩睺羅伽人非人等恭敬圍繞。及見十六王子請佛轉法輪。時諸梵天王頭面禮佛。繞百千帀。卽以天華

而散佛上。所散之華如須彌山。幷以供養佛菩提樹。華供養已。各以宮殿奉上彼佛。而作是言。惟見哀愍饒益我等。所獻宮殿願垂納受。爾時諸梵天王卽於佛前一心同聲以偈頌曰。

聖主天中王　迦陵頻伽聲　哀愍衆生者
我等今敬禮　世尊甚希有　久遠乃一現
一百八十劫　空過無有佛　三惡道充滿
諸天衆減少　今佛出於世　爲衆生作眼
世間所歸趣　救護於一切　爲衆生之父
哀愍饒益者　我等宿福慶　今得值世尊

爾時諸梵天王偈讚佛已。各作是言。惟願世尊哀愍一切。轉於法輪度脫衆生。時諸梵天王一心同聲而說偈言。

大聖轉法輪　顯示諸法相　度苦惱衆生
令得大歡喜　衆生聞此法　得道若生天
諸惡道減少　忍善者增益

爾時大通智勝如來默然許之。又諸比丘。南方五百萬億國土諸大梵王。各自見宮殿光明照耀昔所未有。歡喜踊躍生希有心。即各相詣共議此事。以何因緣我等宮殿有此光耀。時彼衆中有一大梵天王名

曰妙法。爲諸梵衆而說偈言。

我等諸宮殿　光明甚威耀　此非無因緣
是相宜求之　過於百千劫　未曾見是相
爲大德天生　爲佛出世間

爾時五百萬億諸梵天王與宮殿俱。各以衣裓盛諸天華。共詣北方推尋是相。見大通智勝如來處於道場菩提樹下。坐師子座。諸天龍王乾闥婆緊那羅摩睺羅伽人非人等恭敬圍繞。及見十六王子請佛轉法輪。時諸梵天王頭面禮佛。繞百千帀。即以天華而散佛上。所散之華如須彌山。并以供養佛菩提樹。華供養已。各以宮殿奉上彼佛。而作是言。惟見哀愍饒益我等。所獻宮殿願垂納受。爾時諸梵天王即於佛前一心同聲以偈頌曰。

世尊甚難見　破諸煩惱者　過百三十劫
今乃得一見　諸飢渴衆生　以法雨充滿
昔所未曾覩　無量智慧者　如優曇鉢華
今日乃值遇　我等諸宮殿　蒙光故嚴飾
世尊大慈愍　惟願垂納受

爾時諸梵天王偈讚佛已。各作是言。惟願世尊轉於法輪。令一切世間諸天魔梵沙門婆羅門皆獲安隱

而得度脫。時諸梵天王一心同聲以偈頌曰。

惟願天人尊　轉無上法輪　擊於大法鼓
而吹大法螺　普雨大法雨　度無量衆生
我等咸歸請　當演深遠音

爾時大通智勝如來默然許之。西南方乃至下方亦復如是。爾時上方五百萬億國土諸大梵王。皆悉自覩所止宮殿光明威耀昔所未有。歡喜踊躍生希有心。即各相詣共議此事。以何因緣我等宮殿有斯光明。時彼衆中有一大梵天王名曰尸棄。爲諸梵衆而說偈言。

今以何因緣　我等諸宮殿　威德光明耀
嚴飾未曾有　如是之妙相　昔所未聞見
爲大德天生　爲佛出世間

爾時五百萬億諸梵天王與宮殿俱。各以衣裓盛諸天華。共詣下方推尋是相。見大通智勝如來處於道場菩提樹下。坐師子座。諸天。龍王。乾闥婆。緊那羅。摩睺羅伽。人非人等恭敬圍繞。及見十六王子請佛轉法輪。時諸梵天王頭面禮佛。繞百千帀。即以天華而散佛上。所散之華如須彌山。并以供養佛菩提樹。華供養已。各以宮殿奉上彼佛。而作是言。惟見哀愍饒

益我等。所獻宮殿願垂納受。時諸梵天王即於佛前一心同聲以偈頌曰。

善哉見諸佛　救世之聖尊　能於三界獄
勉出諸眾生　普智天人尊　哀愍羣萌類
能開甘露門　廣度於一切　於昔無量劫
空過無有佛　世尊未出時　十方常闇瞑
三惡道增長　阿脩羅亦盛　諸天眾轉減
死多墮惡道　不從佛聞法　常行不善事
色力及智慧　斯等皆減少　罪業因緣故
失樂及樂想　住於邪見法　不識善儀則
不蒙佛所化　常墮於惡道　佛爲世間眼
久遠時乃出　哀愍諸眾生　故現於世間
超出成正覺　我等甚欣慶　及餘一切眾
喜歎未曾有　我等諸宮殿　蒙光故嚴飾
今以奉世尊　惟垂哀納受　願以此功德
普及於一切　我等與眾生　皆共成佛道

爾時五百萬億諸梵天王偈讚佛已。各白佛言。惟願世尊轉於法輪。多所安隱。多所度脫。時諸梵天王而說偈言。

世尊轉法輪　擊甘露法鼓　度苦惱眾生

開示涅槃道　惟願受我請　以大微妙音
哀愍而敷演　無量劫習法

此言智勝始坐道場。諸天梵王請轉法輪也。方便品末釋尊自敘始坐道場。觀樹經行。三七思惟。意欲將一乘法。分別說三。進退未決。時諸天梵王請佛開漸。由是遂說三乘。以尋念過去佛所行方便力。亦應說三乘。今則大通智勝佛。十方梵天一時普請。及出定所說乃四諦法。是知前言過去佛。即今之智勝明矣。斯則釋尊爲智勝之子。而說法仰遵其本師。是爲祖述之家法也。前但泛泛略敘。今

則實指所以爲下根設也凡諸佛出現於世皆以釋梵諸天爲請主例應然也智勝光徧十方諸天各隨所向尋光而來前藥草喻云我是如來等是以言召此以光召及其說法皆一律也足徵諸佛種種方便皆爲一乘固無疑矣然諸天覲佛獻供皆同讚辭各別但無佛出世時劫不同東南方言一百八十劫南方言百三十劫上方云昔無量劫空過無有佛是皆各隨機感之不同抑見智勝光照之遠大以大梵天王爲娑婆界主今言十方各五百萬億國土諸大梵王則佛光所照極法界之

量通爲一土則與眉光所照東方萬八千土天淵矣惟佛智慧難解難知在上根可舉一隅至若下根非已智分不得不爲盡情吐露使其了然自信故知此輩鈍根非此不能令生信解此如來所爲善巧方便也

爾時大通智勝如來受十方諸梵天王及十六王子請即時三轉十二行法輪若沙門婆羅門若天魔梵及餘世間所不能轉謂是苦是苦集是苦滅是苦滅道

此智勝受請說法也三轉十二行法輪乃說四諦法也三轉者謂示相勸修作證初轉示相謂此是苦逼迫性等示四諦之相也次轉勸修謂此是苦汝應知等勸令厭苦斷集慕滅修道也作證轉者謂我已知等以已證彼也二乘聞之隨聲即悟故云聲聞舊解謂三轉令入見修無學三位是已又云十二行者寂音謂令聞法者發生無漏眞聖慧眼於每諦中觀三世爲總又每諦中觀過去爲智觀未來爲明觀現在爲覺別爲四諦如是一轉總別四行故爲三轉十二行也諦者審諦之又諦實眞實凡夫在苦而不審諦二乘審知是實而不知

眞實菩薩達苦性空四諦名一實通大小故天台釋四諦有四謂生滅無生無量無作隨四教之不同藏教小乘但知生滅而不知無生通教雖知無生而不知無量無作別教則無量圓教則無作唯一四諦各隨所見之不同也方便品釋迦受請則曰將一乘法分別說三今大通受請則直說小法而不更言分別者正爲下根釋昔權即實之疑也以一向小乘不知是權故方便品特爲開權顯實而上根已領中根未悟三假一實之義故說火宅喻三車一車令其領悟然諸小乘雖知昔權而不

知權卽是實故說藥草喻以一雨無私三草二木隨根受潤以顯法本是一但機有異耳中根雖悟而下根猶疑不達法一機異之旨故遠引大通說法之因緣以顯法一正應藥草一雨之意故今智勝受請說法不言分別說三但直說四諦隨根領悟大小之不同然四諦一法耳而小乘聞之則唯悟生滅通教聞之則悟無生別教聞之則悟無量圓教聞之則悟無作豈非法一機異耶故華嚴名四聖諦地上所修亦四諦法况小乘乎故如來說法其智慧門難解難入者此也

及廣說十二因緣法無明緣行行緣識識緣名色名色緣六入六入緣觸觸緣受受緣愛愛緣取取緣有有緣生生緣老死憂悲苦惱無明滅則行滅行滅則識滅識滅則名色滅名色滅則六入滅六入滅則觸滅觸滅則受滅受滅則愛滅愛滅則取滅取滅則有滅有滅則生滅生滅則老死憂悲苦惱滅佛於天人大眾之中說是法時六百萬億那由他人以不受一切法故而於諸漏心得解脫皆得深妙禪定三明六通具八解脫第二第三第四說法時千萬億恆河沙那由他等眾生亦以不受一切法故而於諸漏心得解脫從是已後諸聲聞眾無量無邊不可稱數

此廣四諦說十二因緣法也十二因緣乃中乘法有流轉還滅二門從無明緣行至生緣老死憂悲苦惱為流轉門廣苦集二諦世間因果也自無明滅至憂悲苦惱滅為還滅門廣滅道二諦出世間因果也小乘以集諦為苦本集乃三毒等諸煩惱也中乘則言無明為三毒煩惱集諦之因則深進迷原故為利根說也無明者謂妙性本明但因一念妄動俄然晦昧迷本圓明故號無明以本體湛然因無明鼓動故有遷流故名為行既遷其體則

智轉成識矣故行緣識此三支乃過去本起之因也然因必有果故識為生死結根以智本無名無相今識攬四大色心和合有名有相故為名色此初投胎之始受形之原住胎凝滑之相也既入其胎五七三十五日六根完具故名六入六根既具形成出胎根與塵接故為觸領納所觸違順之境故為受此五支乃現在之果也受必生愛愛必執取取必造業既造其業後果不亡故為有此現在三支因也既有業因而後果隨之故為生生緣老死等此未來二支果也三世循環生死相續窮劫

不斷故。爲生死衆苦之因緣。通爲苦集二諦。中乘修斷。但觀無明一滅。則餘十一支一齊皆滅。如倒樹根斷。則枝葉齊倒。乃利根修斷之行。是爲滅道二諦也。故云廣說十二因緣等。佛於天人下。初會聞法獲益之衆也。不受一切法。悟空理也。言諸漏者。漏有三種。謂欲漏有漏無明漏。今云心得解脫。謂枝末緣斷。則根本無明伏而不起。是爲解脫。非斷無明爲大解脫也。禪定三明等。皆二乘所證之果。第二第三等。言其次諸會。亦說諦緣之法。而小乘得度者衆。故云不可稱數。

爾時十六王子。皆以童子出家而爲沙彌。諸根通利。知慧明了。已曾供養百千萬億諸佛。淨修梵行。求阿耨多羅三藐三菩提。俱白佛言。世尊。是諸無量千萬億大德聲聞。皆已成就。世尊亦當爲我等說阿耨多羅三藐三菩提法。我等聞已。皆共修學。世尊。我等志願如來知見。深心所念。佛自證知。爾時轉輪聖王所將衆中八萬億人。見十六王子出家。亦求出家。王卽聽許。

此王子請說大乘之法也。十六王子初捨珍愛。親近智勝。請轉法輪。其所請者。但云安隱天人。雖不言小。而意在小也。故智勝先說諦緣之法。如今釋尊初說阿含漸敎也。諸小乘人既已得度。故諸王子皆以童子出家。特請佛說無上菩提成佛之大法。自陳深心本願。則志願成佛。非二乘所知。故王子爲請也。王子出家。乃諸識出纏之象。諸識既轉。則一切根本枝末煩惱。一齊都轉爲眞如妙用。故轉輪王所將臣民八萬億人俱出家也。以諸識俱轉爲智用。乃成佛之眞因。所以請說大法也。

爾時彼佛受沙彌請。過二萬劫已。乃於四衆之中。說是大乘經。名妙法蓮華。敎菩薩法。佛所護念。說是經

已。十六沙彌。爲阿耨多羅三藐三菩提故。皆共受持。諷誦通利。說是經時。十六菩薩沙彌。皆悉信受。聲聞衆中亦有信解。其餘衆生千萬億種。皆生疑惑。佛說是經。於八千劫。未曾休廢。說此經已。卽入靜室。住於禪定八萬四千劫。是時十六菩薩沙彌。知佛入室寂然禪定。各升法座。亦於八萬四千劫。爲四部衆廣說分別妙法華經。一一皆度六百萬億那由他恒河沙等衆生。示敎利喜。令發阿耨多羅三藐三菩提心。大通智勝佛過八萬四千劫已。從三昧起。往詣法座。安詳而坐。普告大衆。是十六菩薩沙彌。甚爲希有。諸根

通利智慧明了已曾供養無量千萬億數諸佛於諸佛所常修梵行受持佛智開示衆生令入其中汝等皆當數數親近而供養之所以者何若聲聞辟支佛及諸菩薩能信是十六菩薩所說經法受持不毀者是人皆當得阿耨多羅三藐三菩提如來之慧佛告諸比丘是十六菩薩常樂說是妙法蓮華經一一菩薩所化六百萬億那由他恒河沙等衆生世世所生與菩薩俱從其聞法悉皆信解以此因緣得值四萬億諸佛世尊於今不盡

此智勝受請說大法也然已受請而猶過二萬劫

乃說妙法華經者蓋待時熟而說亦若今日也以彼壽長故待時亦久宜其然矣及說妙法獨十六王子為當機故能受持皆悉信受其餘聲聞亦有信解者然未能持也其餘衆生皆生疑惑者正是當時遺塵為今日之當機也以疑惑者衆故說時亦久經八千劫今說此經不滿數年而收機已盡特約緣熟者止此耳其未熟者又為將來之緣種也釋尊說此經已不久即入涅槃者以化緣已畢而智勝乃入靜室禪定者以待十六王子之成熟欲以妙法傳續無窮所謂護念付囑教菩薩法於時王子說法華經是則王子乃妙法之鼻祖而成佛度生至今未出大通三昧也智勝入定八萬四千劫者表衆生八萬四千煩惱為諸佛禪定之門菩薩妙行之智用故能度六百萬億那由他恒河沙等之衆生表轉六識微細之煩惱皆為成佛之妙行故令皆發菩提心也是知疑惑衆生不假知識久久熏習之功何由能生正信哉誠哉難信難解而此會猶有退席之衆耳智勝出定印證十六沙彌善說法要吁嗟大衆皆當數數親近供養正為今日之緣種矣所以者何下釋教親近之意以

三乘人但能信是十六沙彌之說者皆得如來智慧之大益所以教令親近耳佛告諸比丘下正示昔為今日緣種也十六菩薩常說妙法所化衆生世世不離久而自信正顯聞熏之功也故歷值多佛至今不盡以顯妙法淵源而來直至今日豈小緣哉

諸比丘我今語汝彼佛弟子十六沙彌今皆得阿耨多羅三藐三菩提於十方國土現在說法有無量百千萬億菩薩聲聞以為眷屬其二沙彌東方作佛一名阿閦在歡喜國二名須彌頂東南方二佛一名師

子音。二名師子相。南方二佛。一名虛空住。二名常滅。西南方二佛。一名帝相。二名梵相。西方二佛。一名阿彌陀。二名度一切世間苦惱。西北方二佛。一名多摩羅跋旃檀香神通。二名須彌相。北方二佛。一名雲自在。二名雲自在王。東北方佛名壞一切世間怖畏。第十六我釋迦牟尼佛。於娑婆國土成阿耨多羅三藐三菩提。

此十六王子。以說妙法之功。各得成佛。示現八方。名號不同。蓋隨德稱名。舊解約八卦以釋之。固為有理。學者不無牽合。釋迦牟尼出現娑婆。名堪忍

土。特隨本願。故於難忍世界教化眾生。非深慈大願。誰能此哉。壽量品云。我實成佛以來。甚大久遠。此云比已成佛出現娑婆。然今釋迦為毗盧之應身。是知三身一體。久近情亡。是為佛不思議力也。

諸比丘。我等為沙彌時。各各教化無量百千萬億恆河沙等眾生。從我聞法。為阿耨多羅三藐三菩提。此諸眾生。於今有住聲聞地者。我常教化阿耨多羅三藐三菩提。是諸人等。應以是法。漸入佛道。所以者何。如來智慧難信難解。爾時所化無量恆河沙等眾生者。汝等諸比丘。及我滅度後未來世中聲聞弟子是也。

此釋尊述往昔教化之事。正為今日之緣種也。始而釋迦但以妙法一乘成佛之種子。教化無量之眾生。皆已從佛發菩提心。已而今有住聲聞地者。此言自後退墮。前云我昔教汝志願佛道。汝今悉忘者。是也。以是原以大法教汝。欲令成佛。汝等忘之。故我今日應當以此三乘。令汝漸得佛道。此往昔之因緣皎然。汝等但執昔權。不達如來眞實之義。所以如來智慧難信難解也。爾時所化之眾。即汝等現前受教之弟子。今日緣熟得道之時也。其有不能得記者。而昔因猶在。又為將來之緣。則我

滅度未來世中聲聞弟子是也。豈有昧其本因哉。

我滅度後。復有弟子。不聞是經。不知不覺菩薩所行。自於所得功德生滅度想。當入涅槃。我於餘國作佛。更有異名。是人雖生滅度之想。入於涅槃。而於彼土求佛智慧。得聞是經。唯以佛乘而得滅度。更無餘乘。除諸如來方便說法。

此言廣為未來得度之因緣也。然我所化弟子。今生不能盡受佛教。若我滅後。有不信此經。負著小乘者。則我於餘國作佛。更有異名。又為度脫之因

緣即於餘國受化亦必從此經而入更無餘乘除諸方便之說是知佛佛度生成佛皆說此經爲究竟也餘國作佛如華嚴名號品佛有四百億十千名盡隨機應現之號然名異而實不異故皆以妙法開示衆生佛慧也

諸比丘若如來自知涅槃時到衆又清淨信解堅固了達空法深入禪定便集諸菩薩及聲聞衆爲說是經世間無有二乘而得滅度唯一佛乘得滅度耳

此結顯終實也諸佛出世雖爲一大事因緣一定先說三乘引導待機熟時至化緣將畢然後乃說

此經盡廢昔權獨顯一實此諸佛利生之法式也衆又清淨正言機熟堪授之人故集諸菩薩爲說此經各各授記作佛方盡出世本懷也

比丘當知如來方便深入衆生之性知其志樂小法深著五欲爲是等故說於涅槃是人若聞則便信受譬如五百由旬險難惡道曠絕無人怖畏之處若有多衆欲過此道至珍寶處有一導師聰慧明達善知險道通塞之相將導衆人欲過此難所將人衆中路懈退白導師言我等疲極而復怖畏不能復進前路猶遠今欲退還導師多諸方便而作是念此等可愍云何捨大珍寶而欲退還作是念已以方便力於險道中過三百由旬化作一城告衆人言汝等勿怖莫得退還今此大城可於中止隨意所作若入是城快得安隱若能前至寶所亦可得去是時疲極之衆心大歡喜歎未曾有我等今者免斯惡道快得安隱於是衆人前入化城生已度想生安隱想爾時導師知此人衆既得止息無復疲倦即滅化城語衆人言汝等去來寶處在近向者大城我所化作爲止息耳諸比丘如來亦復如是今爲汝等作大導師知諸生死煩惱惡道險難長遠應去應度若衆生但聞一佛乘

者則不欲見佛不欲親近便作是念佛道長遠久受勤苦乃可得成佛知是心怯弱下劣以方便力而於中道爲止息故說二涅槃若衆生住於二地如來爾時即便爲說汝等所作未辦汝所住地近於佛慧當觀察籌量所得涅槃非眞實也但是如來方便之力於一佛乘分別說三如彼導師爲止息故化作大城既知息已而告之言寶處在近此城非實我化作耳

此將開化城引進之喻先立滯權爲喻本也如來所以先設漸教者以方便權智觀察衆生深心樂欲之不同知其樂小難以語大故說小乘涅槃爲

暫息耳。譬如下喻設漸意。五百由旬喻衆生流轉五道也。三毒充滿故喻惡道。曠絕無人喻衆生迷失本眞。唯恣貪嗔故云怖畏之處。珍寶處喻妙莊嚴海果覺報土。多衆喻三乘之人。欲出生死而求作佛也。西域商人求寶必有一爲導師將引衆人。此喻釋尊出世爲衆導師引出五道故云欲過此難。所將人衆疲極欲退喻二乘狹劣怖畏佛道長遠。皆有止息之心也。導師方便等喻釋尊方便施權也。過三百由旬化作一城喻三界外設小乘涅槃爲中路止息之所也。疲極衆喜喻愜二乘之心

也。衆人入城生安隱想喻小乘躭著涅槃不復前進也。導師知衆不疲即滅化城喻今機熟廢權立實也。寶處在近喻佛果非遙肯進即是故不言里數。此喻明爲下根開權顯實矣。諸比丘下法合喻本。知諸生死下合知通塞。若衆生下合怖遠疲極。若但說佛乘而不開漸則衆生怖畏佛道長遠。是則不得不設方宜也。佛知是已下正合化城。二涅槃即聲聞緣覺二果也。若衆生下合衆止息即滅化城策進寶所也。一乘佛慧即是寶所。二乘已出三界險道故云近於佛慧。以權捨即實。成佛無難。此開權顯實之義也。

爾時世尊欲重宣此義而說偈言。

大通智勝佛　十劫坐道場　佛法不現前
不得成佛道　諸天神龍王　阿脩羅衆等
常雨於天華　以供養彼佛　諸天擊天鼓
幷作衆技樂　香風吹萎華　更雨新好者
過十小劫已　乃得成佛道　諸天及世人
心皆懷踊躍　彼佛十六子　皆與其眷屬
千萬億圍繞　俱行至佛所　頭面禮佛足
而請轉法輪　聖師子法雨　充我及一切

世尊甚難值　久遠時一現　爲覺悟羣生
震動於一切　東方諸世界　五百萬億國
梵宮殿光耀　昔所未曾有　諸梵見此相
尋來至佛所　散華以供養　幷奉上宮殿
請佛轉法輪　以偈而讚歎　佛知時未至
受請默然坐　三方及四維　上下亦復爾
散華奉宮殿　請佛轉法輪　世尊甚難值
願以大慈悲　廣開甘露門　轉無上法輪
無量慧世尊　受彼衆人請　爲宣種種法
四諦十二緣　無明至老死　皆從生緣有

如是衆過患　汝等應當知　宣暢是法時
六百萬億姟　得盡諸苦際　皆成阿羅漢
第二說法時　千萬恒沙衆　於諸法不受
亦得阿羅漢　從是後得道　其數無有量
萬億劫算數　不能得其邊　時十六王子
出家作沙彌　皆共請彼佛　演說大乘法
我等及營從　皆當成佛道　願得如世尊
慧眼第一淨　佛知童子心　宿世之所行
以無量因緣　種種諸譬喻　說六波羅密
及諸神通事　分別眞實法　菩薩所行道

說是法華經　如恒河沙偈　彼佛說經已
靜室入禪定　一心一處坐　八萬四千劫
是諸沙彌等　知佛禪未出　爲無量億衆
說佛無上慧　各各坐法座　說是大乘經
於佛宴寂後　宣揚助法化　一一沙彌等
所度諸衆生　有六百萬億　恒河沙等衆
彼佛滅度後　是諸聞法者　在在諸佛土
常與師俱生　是十六沙彌　具足行佛道
今現在十方　各得成正覺　爾時聞法者
各在諸佛所　其有住聲聞　漸教以佛道

我在十六數　曾亦爲汝說　是故以方便
引汝趣佛慧　以是本因緣　今說法華經
令汝入佛道　愼勿懷驚懼

此頌因緣之事也。大通智勝佛下十六句。頌智勝成佛。彼佛十六子下四句。頌王子見佛。頭面禮佛足下。頌王子請法。東方諸世界下二十句。頌十方梵王請轉法輪。無量慧世尊下八句。頌受請開漸。宣暢是法時下四句。頌初會說法。二乘得益。第二說法時下八句。頌二三四會多衆得益。時十六王子下八句。頌王子請說大法。佛知童子心下十句。

頌受請爲說妙法華經。言如恒河沙偈者。謂機廣時長。故所說之經文言亦多如此。稱性應機之談。本無一定之法。故今經一期止二十八品。燈明六十劫說。大通八千劫說。常不輕於威音王佛所。則聞二十萬億偈。喜見於日月淨明德佛所聞八百萬億阿閦婆偈。此稱性之談。故廣略不同。所謂通方之說也。彼佛說經已下十六句。頌大通入定。王子說妙法華經。所度有恒河沙衆。彼佛滅度後四句。頌所化之衆世世爲得度之因緣。長行無滅度之文。偈中出之。是十六沙彌下四句。頌王子成佛。

爾時聞法者下八句。頌十六佛皆說妙法。引入佛慧。是知所化之緣。其來久矣。以是本因緣下四句。頌今所化。皆本昔緣。原下成佛種子。故今作佛。慎勿疑也。如此歷歷昔緣。卽下根昧劣。詎不信哉。

譬如險惡道　迥絕多毒獸　又復無水草
人所怖畏處　無數千萬衆　欲過此險道
其路甚曠遠　經五百由旬　時有一導師
强識有智慧　明了心決定　在險濟衆難
衆人皆疲倦　而白導師言　我等今頓乏
於此欲退還　導師作是念　此輩甚可愍

如何欲退還　而失大珍寶　尋時思方便
當設神通力　化作大城郭　莊嚴諸舍宅
周帀有園林　渠流及浴池　重門高樓閣
男女皆充滿　卽作是化已　慰衆言勿懼
汝等入此城　各可隨所樂　諸人既入城
心皆大歡喜　皆生安隱想　自謂已得度
導師知息已　集衆而告言　汝等當前進
此是化城耳　我見汝疲極　中路欲退還
故以方便力　權化作此城　汝今勤精進
當共至寶所　我亦復如是　爲一切導師
見諸求道者　中路而懈廢　不能度生死
煩惱諸險道　故以方便力　爲息說涅槃
言汝等苦滅　所作皆已辦　既知到涅槃
皆得阿羅漢　爾乃集大衆　爲說眞實法
諸佛方便力　分別說三乘　唯有一佛乘
息處故說二　今爲汝說實　汝所得非滅
爲佛一切智　當發大精進　汝證一切智
十力等佛法　具三十二相　乃是眞實滅
諸佛之導師　爲息說涅槃　既知是息已
引入於佛慧

此譬如下四十六句。通頌設喻。如文可知。但長行唯言化城。頌中而言城郭舍宅園林浴池樓閣男女充滿等事。則廣喻三乘權果功德利用。大小相似。總非實證。故通云化作。爲止息耳。我亦復如是下法合。前十句合開權。既知下十六句合廢權立實。諸佛下四句。總結法喻。終一品之義。

妙法蓮華經通義卷第八

妙法蓮華經通義卷第九 經文卷四上

明南嶽沙門憨山釋德清述

五百弟子受記品第八

此品來意。五百弟子聞前法喻二周。五人得記。復聞宿世因緣之事。乃知佛以無量神通方便引導衆生。原下一乘之種子。爾乃的信佛心。亦信自心決定成佛。疑慮頓盡。故云心淨。志慕授記。故云踊躍。堪荷家業。父子情忘。故云深心本願。唯佛能知。故世尊與千二百各同授記。以滿出世本懷也。故此結集者。以授字爲品。謂既發大信。堪當荷受。故此品來也。經舉千二百人。品標五百者。以五百爲千二之上首故。

爾時富樓那彌多羅尼子。從佛聞是智慧方便隨宜說法。又聞授諸大弟子阿耨多羅三藐三菩提記。復聞宿世因緣之事。復聞諸佛有大自在神通之力。得未曾有。心淨踊躍。卽從座起。到於佛前。頭面禮足。卻住一面。瞻仰尊顏。目不暫捨。

此結集者。敘致滿慈領悟之情也。從佛聞是等者。謂聞法說二智甚深。喻說三車一車隨宜之權。同輩五人各得授記。今聞往昔大通之因緣。導師化城之神通。此上諸事。皆一向所未曾聞者。所以得未曾有也。先是未聞此法。則尚懷疑執恪小果。既聞開示。則疑惑消除。故曰心淨。自信成佛可期。故踊躍歡喜。故嚴整三業。卻住瞻仰。冀佛授記也。

而作是念。世尊甚奇特。所爲希有。隨順世間若干種性。以方便知見而爲說法。拔出衆生處處貪著。我等於佛功德。言不能宣。唯佛世尊能知我等深心本願。

此述滿慈之辭也。歎佛甚奇特希有者。因聞三周開示。領契佛心。故發歎也。隨順世間拔出貪著等。正歎奇特希有之事也。空生於般若會上。忽見世

尊護念付囑之心。故歎希有。乃不言而喻。今滿慈歷聞三周之說。具見如來大慈大悲。無非護念付囑之心。令五性三乘遠令離著。是爲甚奇希有之事。蓋因言而悟也。世尊前云迦葉等不能盡知如來眞實功德。滿慈自謂我等於佛功德。其實言不能宣。然我等深心助宣佛法。護願流通。意欲得記。此心亦不能言。唯佛世尊證知我心。固不待言。前迦葉等自述領悟。尚有許多綢繆疑慮之情。今滿慈但云深心本願。唯佛證知。則從來不疑於佛。將顯內祕之本。以發下根劣解之信。卽此是爲助宣

之意也。故居千二百首良有以也。

爾時佛告諸比丘。汝等見是富樓那彌多羅尼子不。我常稱其於說法人中最爲第一。亦常歎其種種功德。精勤護持助宣我法。能於四衆示教利喜。具足解釋佛之正法。而大饒益同梵行者。自捨如來無能盡其言論之辯。

此下世尊歷敘滿慈內秘外現。助宣佛法之事。以迹成其深心本願如此也。汝等見是下。迹滿慈現前助宣釋迦之法有如此者。滿慈最善說法。故世尊稱爲說法第一。捨如來不能盡其言論之辯。此

迹善說之極也。

汝等勿謂富樓那但能護持助宣我法。亦於過去九十億諸佛所。護持助宣佛之正法。於彼說法人中亦最第一。又於諸佛所說空法。明了通達。得四無礙智。常能審諦清淨說法。無有疑惑。具足菩薩神通之力。隨其壽命常修梵行。彼佛世人。咸皆謂之實是聲聞。而富樓那以斯方便饒益無量百千衆生。又化無量阿僧祇人。令立阿耨多羅三藐三菩提。爲淨佛土故。常作佛事教化衆生。

此迹滿慈於過去佛所護持助宣之事。亦見其深心本願也。空法通達。言達實相眞空也。四無礙。說法之辯也。唯佛能全。滿慈亦具。常能審諦。則觀根逗機。清淨說法。則不著法相。無有疑惑。則決定說。具足菩薩等。則內秘外現。而人不知。密行皆謂實是聲聞。但知其跡也。所化多衆令立菩提。則所說者非小法也。淨土化生。非小行也。皆是深心本願之事。

諸比丘。富樓那亦於七佛說法人中而得第一。今於我所說法人中亦爲第一。於賢劫中當來諸佛說法人中亦復第一。而皆護持助宣佛法。亦於未來護持

助宣無量無邊諸佛之法。教化饒益無量衆生。令立阿耨多羅三藐三菩提。爲淨佛土故。常勤精進教化衆生。漸漸具足菩薩之道。

上迹遠事過去多佛。此迹近事過去七佛也。過去諸佛雖多。在莊嚴劫之最後。謂毘婆尸。尸棄。毘舍浮三佛。及賢劫初。謂拘留孫。拘那含。迦葉。至我釋迦四佛。通爲七佛。此其近劫相傳心印之佛也。自此已往賢劫將來至星宿劫諸佛。一一佛所皆能護持助宣佛法。專以說法爲行。淨土化生。具菩薩道。以爲成佛之基也。前五人得授因記。世尊但說

親近供養諸佛之行而已。今滿慈因記佛迹助宣護法之事。如此之詳至者。以世尊密意專重護持正法廣結成佛之緣。爲大行也。故因中不必更修餘行。唯以助宣護持佛法爲第一妙行。而向後歷歷囑其持經廣歎法師功德。皆此意也。

過無量阿僧祇劫。當於此土得阿耨多羅三藐三菩提。號曰法明如來應供。正徧知明行足。善逝世間解。無上士。調御丈夫。天人師佛世尊。其佛以恆河沙等三千大千世界爲一佛土。七寶爲地。地平如掌。無有山陵谿澗溝壑。七寶臺觀充滿其中。諸天宮殿近處

虛空。人天交接。兩得相見。無諸惡道。亦無女人。一切衆生皆以化生。無有婬欲。得大神通。身出光明。飛行自在。志念堅固。精進智慧。普皆金色。三十二相而自莊嚴。其國衆生常以二食。一者法喜食。二者禪悅食。有無量阿僧祇千萬億那由他諸菩薩衆。得大神通。四無礙智。善能敎化衆生之類。其聲聞衆。算數校計所不能知。皆得具足六通三明及八解脫。其佛國土。有如是等無量功德莊嚴成就。劫名寶明。國名善淨。其佛壽命無量阿僧祇劫。法住甚久。佛滅度後。起七寶塔徧滿其國。

此滿慈得記也。以因中弘法傳佛心印。故不離當處而證菩提。故果記當於此土得菩提也。顧此娑婆本穢。而滿慈果土純一清淨者。足見卽穢卽淨。密示實相眞土矣。但隨心轉變。於是可知。以因中於諸空法明了通達。故果號法明。以稱法性淨土利生廣大無量。故果感依報以恆沙娑婆通爲一土。以平等大悲清淨說法。故依報國土地平如掌無有山陵。以稱法性建立諸法。故七寶臺觀充滿其中。以當說法淨穢情亡。善惡平等。故人天交接兩得相見無諸惡道。因中常修梵行廣化衆生。故

果土無有女人婬欲。衆生皆是化生。清淨說法之報也。衆生不從婬欲而生。故身出光明。永離欲縛故飛行自在。衆生皆以從法化生。故志念堅固。精進智慧無諸雜亂妄想也。身皆金色。離欲之報也。衆生以食爲命。國人旣皆化生。則不攝受欲食。故唯以法喜禪悅爲食也。從來但說敎菩薩法。故眷屬皆大菩薩。而聲聞亦多者。以漸漸具足菩薩之道。是亦願力所攝之衆也。上皆依報莊嚴也。劫名寶明。以法寶圓明故。時非五濁。故國名善淨。亦隨清淨說法之因也。壽命但云無量而不言數。法住

不言正像。但云甚久。而不定其期。此以稱性說法
以法性本無始終。故慧命常住。正法恆存。滅後起
塔徧滿其國。此滿慈說法之因果獨記如此。足知
如來密意獨顯持經功勝也。且娑婆世界乃釋迦
之化土也。名五濁惡世。衆苦所聚。名爲堪忍。其國
山陵溝壑。高下不平。便利不淨。穢惡充滿。衆生婬
欲沈淪生死之地。乃小乘之所厭怖。如牢獄桎梏。
長辭而不敢再入者。今滿慈得記不離此土而證
菩提。地平如掌。國土清淨之若此。絕無女人。衆生
化生。身相光明之若彼。又以無量娑婆通爲一土。

其廣大又如此者。此正特示二乘開佛知見。則狹
陋消除。取捨情亡。欣厭心息。卽目前所遇。純是華
藏莊嚴清淨寶報之佛土。更不向外馳求。直下不
疑。頓登佛地。此授記之功畢現於此。卽下根劣解。
豈不自信。而甘自外於佛知見乎。國土淨穢隨心
轉變。詎不信哉。觀此足見如來化生之善巧。誠謂
佛智不可思議矣。若以此記與衆例視而輕忽之。
則不達如來微妙之意也。
爾時世尊欲重宣此義。而說偈言。
諸比丘諦聽　佛子所行道　善學方便故
不可得思議　知衆樂小法　而畏於大智
是故諸菩薩　作聲聞緣覺　以無數方便
化諸衆生類　自說是聲聞　去佛道甚遠
度脫無量衆　皆悉得成就　雖小欲懈怠
漸當令作佛　內秘菩薩行　外現是聲聞
少欲厭生死　實自淨佛土　示衆有三毒
又現邪見相　我弟子如是　方便度衆生
若我具足說　種種現化事　衆生聞是者
心則懷疑惑　今此富樓那　於昔千億佛
勤修所行道　宣護諸佛法　爲求無上慧

而於諸佛所　現居弟子上　多聞有智慧
所說無所畏　能令衆歡喜　未曾有疲倦
而以助佛事　已度大神通　具四無礙智
知諸根利鈍　常說淸淨法　演暢如是義
敎諸千億衆　令住大乘法　而自淨佛土
未來亦供養　無量無數佛　護助宣正法
亦自淨佛土　常以諸方便　說法無所畏
度不可計衆　成就一切智　供養諸如來
護持法寶藏　其後得成佛　號名曰法明
其國名善淨　七寶所合成　劫名爲寶明

菩薩衆甚多　其數無量億　皆度大神通
威德力具足　充滿其國土　聲聞亦無數
三明八解脫　得四無礙智　以是等爲僧
其國諸衆生　婬欲皆已斷　純一變化生
具相莊嚴身　法喜禪悅食　更無餘食想
無有諸女人　亦無諸惡道　富樓那比丘
功德悉成滿　當得斯淨土　賢聖衆甚多
如是無量事　我今但略說

此頌通述弟子內秘外現之事也。滿慈與身子等十大弟子皆同德也。獨露權應之跡居千二百之首。正示特爲引進鈍根之方便。將令知恩而信解也。然聲聞有權現有實果。若千二百人。皆實果鈍根。苟知滿慈等權應之跡。必能捨小而信大矣。故世尊於此發其秘耳。今此下三十句通頌權現護宣之行。其後下二十二句別頌滿慈授記之事。富樓下六句結頌可知。言但略說。則功德不可思議矣。

爾時千二百阿羅漢心自在者作是念。我等歡喜得未曾有。若世尊各見授記。如餘大弟子者。不亦快乎。佛知此等心之所念。告摩訶迦葉。是千二百阿羅漢。

我今當現前次第與授阿耨多羅三藐三菩提記。

此千二百請記也。以如來歎滿慈宿因深厚。非千二百之所敢望。今聞佛開示本爲接引鈍根。亦各自信有成佛之分。故歡喜以請。佛知衆心。故告迦葉者。然已遂本懷。中心自快。故特告上首。正如同事之人。事偕而相慶意也。

於此衆中。我大弟子憍陳如比丘。當供養六萬二千億佛。然後得成爲佛。號曰普明如來。應供。正徧知。明行足。善逝。世間解。無上士。調御丈夫。天人師。佛。世尊。其五百阿羅漢。優樓頻螺迦葉。伽耶迦葉。那提迦葉。迦留陀夷。優陀夷。阿㝹樓馱。離婆多。劫賓那。薄拘羅。周陀。莎伽陀等。皆當得阿耨多羅三藐三菩提。盡同一號。名曰普明。

此授五百弟子記也。釋尊初於鹿苑三轉四諦法輪。度參侍五人。而憍陳先悟。以最初得度。故居僧首。乃實果羅漢之領袖。故五百中特表而出之。獨爲授記示異等也。授記不言因行意有前列六人可法也。果號普明。以開佛知見入佛智慧。無復癡暗也。偈云常放大光明。常說無上道。故得此號。其五百羅漢盡同一號。其德同也。不言劫國等事。頌中具之。經有長頌廣略互見之式。

爾時世尊欲重宣此義而說偈言。

憍陳如比丘　當見無量佛　過阿僧祇劫
乃成等正覺　常放大光明　具足諸神通
名聞徧十方　一切之所敬　常說無上道
故號爲普明　其國土清淨　菩薩皆勇猛
咸升妙樓閣　遊諸十方國　以無上供具
奉獻於諸佛　作是供養已　心懷大歡喜
須臾還本國　有如是神力　佛壽六萬劫
正法住倍壽　像法復倍是　法滅天人憂

其五百比丘　次第當作佛　同號曰普明
轉次而授記　我滅度之後　某甲當作佛
其所化世間　亦如我今日　國土之嚴淨
及諸神通力　菩薩聲聞衆　正法及像法
壽命劫多少　皆如上所說　迦葉汝已知
五百自在者　餘諸聲聞衆　亦當復如是
其不在此會　汝當爲宣說

此頌陳那之記以標衆也。憍陳下十句頌正報果號。其國土清淨下頌依報眷屬。佛壽下四句頌壽命法住。其五百下八句頌例五百次第成佛。其所化世間亦如我今日。則所化之機皆先權後實也。國土之嚴淨下六句頌依報眷屬法壽一一皆若憍陳也。迦葉汝已知下六句。舉五百以例餘七百。皆得果記相同也。此千二百授記之文不詳陳因行者。以鈍根羅漢且令生信。至若事佛功行。又待各自發心耳。不敢遽以難行所怖之事加之。此如來將護之意也。

爾時五百阿羅漢。於佛前得授記已。歡喜踊躍。即從座起。到於佛前頭面禮足。悔過自責。世尊。我等常作是念。自謂已得究竟滅度。今乃知之。如無智者。所以

者何。我等應得如來智慧。而便自以小智爲足。

此五百自述領悟之懷也。我等應得等。謂一向自以失於如來智慧。今日乃知本不曾失。但我等自以小智爲足耳。此領悟也。

世尊。譬如有人至親友家醉酒而臥。是時親友官事當行。以無價寶珠繫其衣裏與之而去。其人醉臥。都不覺知。起已遊行。到於他國。爲衣食故勤力求索甚大艱難。若少有所得便以爲足。於後親友會遇見之。而作是言。咄哉丈夫何爲衣食乃至如是。我昔欲令汝得安樂五欲自恣。於某年日月。以無價寶珠繫汝

衣裏。今故現在。而汝不知。勤苦憂惱。以求自活。甚爲癡也。汝今可以此寶貿易所須。常可如意無所乏短。佛亦如是。爲菩薩時教化我等。令發一切智心。而尋廢忘。不知不覺。既得阿羅漢道。自謂滅度。資生艱難。得少爲足。一切智願。猶在不失。今者世尊覺悟我等。作如是言。諸比丘。汝等所得。非究竟滅。我久令汝等種佛善根。以方便故。示涅槃相。而汝謂爲實得滅度。世尊。我今乃知實是菩薩。得受阿耨多羅三藐三菩提記。以是因緣。甚大歡喜。得未曾有。

此領因緣之說。設喻自況也。大通智勝十六王子。

并無數人民。如親友也。王子說法華經。比爲我等已下一乘緣種。如繫珠也。是時不悟。如醉臥也。自此迷淪生死。如遊行他國。退住聲聞地。故若少有得便以爲足也。於後親友會遇。如今遇釋尊咄哉者。喻昔日彈呵也。指示衣珠。喻今開佛知見。令悟本有佛性也。此喻昔失今得。佛亦如是下。法合昔因。今者世尊下。法合今緣。我今乃知等。法合今得。故甚大歡喜。得未曾有也。

爾時阿若憍陳如等。欲重宣此義。而說偈言。

我等聞無上　安隱授記聲　歡喜未曾有
禮無量智佛　今於世尊前　自悔諸過咎
於無量佛寶　得少涅槃分　如無智愚人
便自以爲足　譬如貧窮人　往至親友家
其家甚大富　具設諸肴膳　以無價寶珠
繫著內衣裏　默與而捨去　時臥不覺知
是人既已起　遊行詣他國　求衣食自濟
資生甚艱難　得少便爲足　更不願好者
不覺內衣裏　有無價寶珠　與珠之親友
後見此貧人　苦切責之已　示以所繫珠
貧人見此珠　其心大歡喜　富有諸財物

五欲而自恣　我等亦如是　世尊於長夜
常愍見教化　令種無上願　我等無智故
不覺亦不知　得少涅槃分　自足不求餘
今佛覺悟我　言非實滅度　得佛無上慧
爾乃爲眞滅　我今從佛聞　授記莊嚴事
及轉次受決　身心徧歡喜

此憍陳頌述今得悔責昔失也。我等聞無上三句。慶今得也。禮無量下七句。悔昔失也。譬如貧窮人下十六句。頌喻昔緣。與珠之親友下八句。頌喻今緣。我等亦如是下八句。頌合昔因。今佛下四句。頌

合今緣我今下四句總頌得記故自慶也

授學無學人記品第九

此品來意由前三周開示當機聞已各信自心不疑佛說故上首弟子自無學幷五百及千二百皆久受教化各得受記業已安慰其心矣尙有新學聲聞若阿難羅睺等各願得記以滿衆望以見佛平等之慈故各爲授記因以名品故此品來也然佛性有三種因謂正因緣因了因三因若顯成佛無疑人人本具故爲正因要假教法知識助發乃顯故爲緣因自信了悟故爲了因若舍利弗等五

人了悟之速者乃正因深厚也若五百弟子者廣引昔緣以見久受教化乃緣因熟也而緣因之中有親有因起信論云或示親友今學無學輩若弟若子是緣因之中而最親者無不得度之理也故盡授記方見如來平等慈悲之意故次前品

爾時阿難羅睺羅而作是念我等每自思惟設得授記不亦快乎即從座起到於佛前頭面禮足俱白佛言世尊我等於此亦應有分唯有如來我等所歸又我等爲一切世間天人阿脩羅所見知識阿難常爲侍者護持法藏羅睺羅是佛之子若佛見授阿耨多羅三藐三菩提記者我願既滿衆望亦足爾時學無學聲聞弟子二千人皆從座起偏袒右肩到於佛前一心合掌瞻仰世尊如阿難羅睺羅所願住立一面

此記有學衆也蓋學於無學故名有學乃新學小聲聞耳阿難爲佛弟羅睺爲佛子所謂攝受親也因見千二百無學皆得授記乃遺有學故思惟以請然阿難多聞羅睺密行皆內祕之儔今列有學者以有學不敢希記向以成佛非已智分不知所請若不假大權引導則不蒙佛指名的授以決衆疑故示居此耳以二尊宿爲衆知識今列學衆若

得記前則皆可得矣故曰我願既滿衆望亦足爾時學無學二千人因見阿難啟請故一心同請

爾時佛告阿難汝於來世當得作佛號山海慧自在通王如來應供正徧知明行足善逝世間解無上士調御丈夫天人師佛世尊當供養六十二億諸佛護持法藏然後得阿耨多羅三藐三菩提教化二十千萬億恆河沙諸菩薩等令成阿耨多羅三藐三菩提國名常立勝旛其土淸淨琉璃爲地劫名妙音徧滿其佛壽命無量千萬億阿僧祇劫若人於千萬億無量阿僧祇劫中算數校計不能得知正法住世倍於

壽命。像法住世復倍正法。阿難。是山海慧自在通王佛。為十方無量千萬億恆河沙等諸佛如來所共讚歎。稱其功德。爾時世尊欲重宣此義而說偈言。

我今僧中說　阿難持法者　當供養諸佛
然後成正覺　號曰山海慧　自在通王佛
其國土清淨　名常立勝旛　教化諸菩薩
其數如恆沙　佛有大威德　名聞滿十方
壽命無有量　以愍衆生故　正法倍壽命
像法復倍是　如恆河沙等　無數諸衆生
於此佛法中　種佛道因緣

此阿難多聞持佛法藏。智慧高深。通達自在。故果號如之。教化二十千萬億恆沙菩薩。則唯以大法攝化。純一無雜也。國名常立勝旛。則以正法摧邪。尊勝如幢。劫名妙音徧滿。則法音所感。壽命不可校計。法住倍之。則法性常住之應也。以持諸佛法藏。故諸佛讚其功德。頌偈如文可知。

爾時會中新發意菩薩八千人咸作是念。我等尚不聞諸大菩薩得如是記。有何因緣而諸聲聞得如是決。

新發意菩薩聞阿難記而生疑者。將以啟其夙因也。其所疑者。以壽命法住遠而無極也。

爾時世尊知諸菩薩心之所念。而告之曰。諸善男子。我與阿難等。於空王佛所。同時發阿耨多羅三藐三菩提心。阿難常樂多聞。我常勤精進。是故我已得成阿耨多羅三藐三菩提。而阿難護持我法。亦護將來諸佛法藏。教化成就諸菩薩衆。其本願如是。故獲斯記。

此世尊發明阿難遠因。以釋大衆之疑也。以阿難與佛同時發心。但佛願度生。故勤精進。阿難樂多聞。故願持法藏。法性無量。故壽命無窮。純教菩薩。

故國無二乘。其本願如此。故果亦如之。諸弟子獨滿慈阿難特異於衆。蓋重持法之功也。

阿難面於佛前自聞授記及國土莊嚴。所願具足。心大歡喜得未曾有。即時憶念過去無量千萬億諸佛法藏。通達無礙。如今所聞。亦識本願。爾時阿難而說偈言。

世尊甚希有　令我念過去　無量諸佛法
如今日所聞　我今無復疑　安住於佛道
方便為侍者　護持諸佛法

阿難因聞佛記。又述昔因。即能憶念過去無量諸佛法藏。亦識本願。卽如善財於彌勒樓閣前聞彈指之聲。頓見閣中無盡諸佛境界。是知諸佛法藏。乃阿難閣中物耳。偈言方便爲侍者。正是自識本願。則不可與諸悔失慶得者同日語也。記獨異衆宜矣。阿難宿因如此。楞嚴摩登之事。豈顛倒夢想乎。

爾時佛告羅睺羅。汝於來世當得作佛。號蹈七寶華如來應供正偏知明行足善逝世間解無上士調御丈夫天人師佛世尊。當供養十世界微塵等數諸佛如來。常爲諸佛而作長子。猶如今也。是蹈七寶華佛

國土莊嚴壽命劫數所化弟子正法像法。亦如山海慧自在通王如來無異。亦爲此佛而作長子。過是已後。當得阿耨多羅三藐三菩提。爾時世尊欲重宣此義而說偈言。

我爲太子時　羅睺爲長子　我今成佛道
受法爲法子　於未來世中　見無量億佛
皆爲其長子　一心求佛道　羅睺羅密行
唯我能知之　現爲我長子　以示諸衆生
無量億千萬　功德不可數　安住於佛法
以求無上道

此羅睺羅得記也。羅睺密行第一。今記得果號蹈七寶華。則所履微密妙行所感也。爲佛長子。言能克荷家業。意表成佛以行爲首也。其國土壽命眷屬法住。皆與阿難等者。顯聞思修行本無異。慧命均等。故果報亦等。理宜然也。

爾時世尊見學無學二千人。其意柔輭。寂然淸淨。一心觀佛。佛告阿難。汝見是學無學二千人不。唯然已見。阿難。是諸人等當供養五十世界微塵數諸佛如來。恭敬尊重護持法藏。末後同時於十方國各得成佛。皆同一號。名曰寶相如來應供正偏知明行足善

逝世間解無上士調御丈夫天人師佛世尊。壽命一劫。國土莊嚴。聲聞菩薩。正法像法。皆悉同等。爾時世尊欲重宣此義而說偈言。

是二千聲聞　今於我前住　悉皆與授記
未來當成佛　所供養諸佛　如上說塵數
護持其法藏　後當成正覺　各於十方國
悉同一名號　俱時坐道場　以證無上慧
皆名爲寶相　國土及弟子　正法與像法
悉等無有異　咸以諸神通　度十方衆生
名聞普周徧　漸入於涅槃

爾時學無學二千人聞佛授記歡喜踊躍而說偈言
世尊慧燈明　我聞授記音　心歡喜充滿
如甘露見灌
此普授有學無學衆記也此有學衆皆新學聲聞衆皆知其難並無學者也一概特記恐衆見疑故世尊先言其意柔軟寂然淸淨則因聞妙法已踐無學之境堪當得記衆所未知所以佛告阿難汝見是二千人不意謂可曾見此衆現前領悟之心也以此示之潛消衆疑故為授記以因中護持法藏故果號寶相謂以佛法寶藏為自莊嚴也壽命劫國

等皆悉同者以因同也此二千人向於法中未見行事故記亦大略不一一也頌文可知言漸入於涅槃則亦以三乘化導也既聞記已歡喜踊躍故說偈讚謝

法師品第十

此品來意由前世尊廣讚一乘甚深微妙能信受者卽得成佛故諸大弟子各得授記然此一乘乃衆生本具正因之佛性也今以如來方便開示說此妙法以為助顯之緣因無不了悟乃堪荷負以今證昔既知大通之本因緣緣至今而不失則知今日一會之法緣又為將來無盡之種子所謂凡有聞法者無一不成佛乃至一念隨喜者卽得菩提故以法師標品以心為師故名法師意在今以法華之正因要託法師以開顯以為將來窮劫之勝緣蓋佛性種子要借緣熏熏有新舊大通為舊熏今乃新熏也法師有五種謂隨喜讀誦受持書寫解說但能一種卽名法師以此經已有如來全身故能持者卽為荷擔如來故當敬侍如佛以顯殊勝妙法要假人弘則使佛種不斷故毀謗者其罪甚重以斷佛種性故也由是以見如來出世本

懷已周故次授記此品來也

爾時世尊因藥王菩薩告八萬大士藥王汝見是大衆中無量諸天龍王夜叉乾闥婆阿脩羅迦樓羅緊那羅摩睺羅伽人與非人及比丘比丘尼優婆塞優婆夷求聲聞者求辟支佛者求佛道者如是等類咸於佛前聞妙法華經一偈一句乃至一念隨喜者我皆與授記當得阿耨多羅三藐三菩提

此下廣記八部以示平等大慈極顯持經之益也前白毫光中所見若諸佛子種種因緣而求佛道是則前諸授記乃三乘人種種因緣而求佛道者

也。又曰。諸求三乘人。若有疑悔者。佛當爲除斷。是知現前八部。皆求三乘之人也。追其昔因。此輩豈非大通智勝之遺塵乎。然此等輩。佛佛出世。皆爲護法。則聞法之緣業已熟矣。況今聞此妙法。一偈一句乃至一念隨喜者。皆與授記。當得菩提。以示平等佛慧。故與現前一一授記。以顯妙法之勝益也。此特告藥王者。乃忘身捨執。妙契此法。能持之人。即爲持經者之師表也。

佛告藥王。又如來滅度之後。若有人聞妙法華經。乃至一偈一句一念隨喜者。我亦與授阿耨多羅三藐

三菩提記。

此懸記未來持法之人也。如來滅後。此法在世。即法身常住。故若聞一偈一句乃至一念隨喜者。已有成佛眞種。如人食少金剛。終竟透皮而出。無不成佛之理也。故亦爲授記。此但言隨喜者。下正示六種法師。

若復有人受持讀誦解說書寫妙法華經。乃至一偈。於此經卷敬視如佛。種種供養華香瓔珞末香塗香燒香繒蓋幢旛衣服伎樂。乃至合掌恭敬。藥王當知。是諸人等。已曾供養十萬億佛。於諸佛所成就大願。愍衆生故。生此人間。藥王。若有人問何等衆生於未來世當得作佛。應示是諸人等於未來世必得作佛。

此示六種法師。正是持經之人也。謂此六種持經之人。能敬此經如佛而供養恭敬者。是人則已曾供多佛。宿福深厚。成就大願而來者。若有人問何等衆生於未來當得作佛。我應示是諸人等必當作佛也。天台判六種法師當五品觀行位。即以隨喜妙法。爲成佛眞種。故必得作佛無疑矣。寂音謂脩多羅有觀照二門。是妙方便。故凡言於此經受持讀誦書寫演說者。觀照方便之力也。五品觀行

者。謂一隨喜。二讀誦。三說法。四兼行六度。五正行六度。言隨喜者。問隨喜何法。答妙法。妙法者。即此心也。妙心體具。如如意珠。心佛及衆生。是三無差別。此心即空即假即中。常境無相。常智無緣。無緣而緣。無非三觀。無相而相。三諦宛然。是故五種法師必得作佛者。觀行之力也。故東印土國王請二十七祖齋王問尊者何不看經。者曰。貧道出息不涉衆緣。入息不居陰界。常轉如是經百千萬億卷。是知持經所重。觀照持心。非循行數墨。執紙墨文字。爲成佛之因也。

何以故若善男子善女人於法華經乃至一句受持讀誦解說書寫種種供養經卷華香瓔珞末香塗香燒香繒蓋幢旛衣服伎樂合掌恭敬是人一切世間所應瞻奉應以如來供養而供養之當知此人是大菩薩成就阿耨多羅三藐三菩提哀愍眾生願生此間廣演分別妙法華經何況盡能受持種種供養者

藥王當知是人自捨清淨業報於我滅度後愍眾生故生於惡世廣演此經若是善男子善女人我滅度後能竊為一人說法華經乃至一句當知是人則如來使如來所遣行如來事何況於大眾中廣為人說

此徵釋上持經緣勝所以也上言能持一句則具六種法師之功德何況能持全經然在惡世演此經者是人定是淨土果人示生惡世者也若如來滅後有能竊為一人說此經一句者是人即是如來所使行如來事之人何況為眾廣演者乎以持如來之慧命故也

藥王若有惡人以不善心於一劫中現於佛前常毀罵佛其罪尚輕若人以一惡言毀呰在家出家讀誦法華經者其罪甚重

此戒勿輕毀持經之人也佛體如空毀之如唾空耳持經之人慧命所係毀之則斷佛種故罪不容悔

藥王其有讀誦法華經者當知是人以佛莊嚴而自莊嚴則為如來肩所荷擔其所至方應隨向禮一心合掌恭敬供養尊重讚歎華香瓔珞末香塗香燒香繒蓋幢旛衣服肴饌作諸伎樂人中上供而供養之應持天寶而以散之天上寶聚應以奉獻所以者何是人歡喜說法須臾聞之即得究竟阿耨多羅三藐三菩提故

此勉敬事持經之人如敬佛者以能持此心則全

體是佛則為如來肩所荷擔不但荷擔如來也昔佛上忉利天為母說法優闐王與諸弟子思慕世尊因目連等三十二人往詣天宮以旃檀香造如來像請回人間四眾瞻禮及世尊自天宮回見像作禮讚曰我滅度後賴汝於震旦國度人無量然一香像尚能持佛慧命況持此經之人乎然如來肩所荷擔隨所至方尊重供養宜矣所應尊重如此者以歡喜說須臾聞即得菩提故也

爾時世尊欲重宣此義而說偈言

若欲住佛道　成就自然智　常當勤供養

受持法華者　其有欲疾得　一切種智慧
當受持是經　并供養持者　若有能受持
妙法華經者　當知佛所使　愍念諸衆生
諸有能受持　妙法華經者　捨於清淨土
愍衆故生此　當知如是人　自在所欲生
能於此惡世　廣說無上法　應以天華香
及天寶衣服　天上妙寶聚　供養說法者
吾滅後惡世　能持是經者　當合掌禮敬
如供養世尊　上饌衆甘美　及種種衣服
供養是佛子　冀得須臾聞　若能於後世

受持是經者　我遣在人中　行於如來事

此總頌持經之勝益也。佛道高遠不易住。自然智妙出天然不易成。但當供養持經之人。則皆易矣。一切種智佛果智也。積劫修因然後乃得。今但持此經并供養持者則疾得矣。是知妙法全體在經與人也。故持經之人。非如來所使。其孰能之。諸有能受持下八句。頌捨清淨業報等文。應以下四句。頌既是果人。故應當供養也。吾滅後下十二句。言惡世難持能持。難聞幸聞。故當敬禮供養。冀得須臾聞也。所以惡世能持者。非如來所遣則不能也。

若於一劫中　常懷不善心　作色而罵佛
獲無量重罪　其有讀誦持　是法華經者
須臾加惡言　其罪復過彼　有人求佛道
而於一劫中　合掌在我前　以無數偈讚
由是讚佛故　得無量功德　歎美持經者
其福復過彼　於八十億劫　以最妙色聲
及與香味觸　供養持經者　如是供養已
若得須臾聞　則應自欣慶　我今獲大利
藥王今告汝　我所說諸經　而於此經中
法華最第一

此頌較毀讚之罪福也。如長行可知。毀者之罪如此。而讚者獲福又如彼。所重慧命不斷也。於八十億劫下八句。頌以長時之供養。慶須臾之得聞。以供乃人天小善。聞乃直得菩提。故爲獲大利也。藥王下四句。頌結勝益。以諸經中此法華經爲第一故。

爾時佛復告藥王菩薩摩訶薩。我所說經典。無量千萬億已說今說當說。而於其中此法華經最爲難信難解。藥王。此經是諸佛秘要之藏。不可分布妄授與人。諸佛世尊之所守護。從昔已來未曾顯說。而此經

者如來現在猶多怨嫉況滅度後

此下顯法深妙承上第一誡勿輕授也三世諸佛所說經無量萬億即釋尊所說諸經亦無量萬億唯獨此法華經難信難解者以是諸佛秘要之藏故諸佛所寶故不可妄授匪人一向守護入默而未顯說者以如來現世猶多怨嫉如退席之儔況滅後乎所以愼勿輕授也

藥王當知如來滅後其能書持讀誦供養爲他人說者如來則爲以衣覆之又爲他方現在諸佛之所護念是人有大信力及志願力諸善根力當知是人與

如來共宿則爲如來手摩其頭

此言如來滅後惡世難持能持者一以仗佛覆護二以自有三種大力也佛以忍辱爲衣謂心體妙法住寂滅忍是如來以衣覆之也隨順覺性故爲諸佛所護念也徹信自心爲大信力志以此法普施衆生爲大志願力承事諸佛心無疲厭爲善根力妙契法身故與如來共宿念佛故應忍故爲如來摩頭安慰也苟非具斯數者而於惡世持經難矣

藥王在在處處若說若讀若誦若書若經卷所住處皆應起七寶塔極令高廣嚴飾不須復安舍利所以者何此中已有如來全身此塔應以一切華香瓔珞繒蓋幢旛伎樂歌頌供養恭敬尊重讚歎若有人得見此塔禮拜供養當知是等皆近阿耨多羅三藐三菩提

此言經即如來法身全體故在處皆應起塔也以法身無依以塔爲依故此塔即應種種供養也見塔禮拜以親近法身故即近菩提

藥王多有人在家出家行菩薩道若不能得見聞讀誦書持供養是法華經者當知是人未善行菩薩道

若有得聞是經典者乃能善行菩薩之道其有衆生求佛道者若見若聞是法華經聞已信解受持者當知是人得近阿耨多羅三藐三菩提

此言妙法爲菩薩修行求佛之本也凡有僧俗欲行菩薩道而不聞此經是人未善行菩薩道者以不達本故也大經云忘失菩提心而修諸善根是爲魔業以心外取法故所謂達本情亡知心體合所以爲善故得聞是經乃可以爲善行也此則乃佛知見若聞是經信解受持者則爲開佛知見故得近菩提下設喻以明其善行

藥王。譬如有人渴乏須水。於彼高原穿鑿求之。猶見乾土。知水尚遠。施功不已。轉見濕土。遂漸至泥。其心決定知水必近。

此喻求法之要。爲善行之譬也。水喻正因佛性。高原喻煩惱深厚。穿鑿喻觀照研窮。乾土喻未見佛性。故云去水尚遠。施工不已喻觀行漸進。濕土喻分見眞理。至泥喻法流不遠。故云知水必近。是則濕土如聞般若。泥則若聞此經也。及聞此經更須假觀照之功。方便悟入。乃見佛性眞源。所謂與如來法流水接也。由是觀之。若以文字語言爲得者。

正謂依他作解。塞自悟門。若望消渴而得淸凉者難矣。故經云近之而已。前云寶處在近。此云知水必近。又云得近菩提。不言到而云近。宗門所謂語忌十成者耶。

菩薩亦復如是。若未聞未解未能修習是法華經。當知是人去阿耨多羅三藐三菩提尚遠。若得聞解思惟修習。必知得近阿耨多羅三藐三菩提。所以者何。一切菩薩阿耨多羅三藐三菩提皆屬此經。此經開方便門。示眞實相。是法華經藏深固幽遠。無人能到。今佛教化成就菩薩而爲開示。

此以法合也。此經乃諸佛之慧命。菩薩修行。若未聞未解未能修習此經者。則去菩提尚遠。以向被無明煩惱所覆。如乾土也。若得聞解思修。以觀照方便。則近菩提。如鑿井見泥。然菩薩修行必要依此經者。以一切菩提皆屬此經。故以此經開方便門示眞實相。故此法華經藏卽衆生如來藏也。若未開示。蘊在識藏。以此識藏菩薩地盡不能盡知。唯佛能知。故云深固幽遠無人能到。非大根亦不能信。故今佛爲菩薩開示。不入餘衆生手也。

藥王。若有菩薩聞是法華經驚疑怖畏。當知是爲新發意菩薩。若聲聞人聞是經驚疑怖畏。當知是爲增

上慢者。

此言非機難信也。若菩薩聞而驚怖者。乃新發意者。聲聞聞而驚怖者皆增上慢人。皆非機也。

藥王。若有善男子善女人。如來滅後。欲爲四衆說是法華經者。云何應說。是善男子善女人。入如來室。著如來衣。坐如來座。爾乃應爲四衆廣說斯經。如來室者。一切衆生中大慈悲心是。如來衣者柔和忍辱心是。如來座者。一切法空是。安住是中。然後以不懈怠心。爲諸菩薩及四衆廣說是法華經。

此示說經之方。所謂敎菩薩法也。歷言敬說經者供養如佛。故敬說者。非徒事口舌。必須具佛之體。所說與佛心相應。體佛之心也。故云。入如來室。著如來衣。坐如來座。乃可說法。安身為室。夫法身非身。以衆生為身。故曰慈悲。所緣緣苦衆生。則佛以慈悲為室也。覆體為衣。佛本無我。無我則無物可對。無物可對。則物莫能傷。潛身於忍。則無我之至。故以忍辱為衣也。遇心為座。心空則寂滅。寂滅則聲如谷響。說無所說。故以法空為座也。如來身心語言。為若此。菩薩能具此體。安住其中。然後以不

懈怠心。為四衆說。如是乃可名為說經者。否則欲其敬事如佛難矣。

藥王。我於餘國。遣化人為其集聽法衆。亦遣化比丘比丘尼優婆塞優婆夷。聽其說法。是諸化人。聞法信受。隨順不逆。若說法者。在空閒處。我時廣遣天龍鬼神乾闥婆阿脩羅等。聽其說法。我雖在異國。時時令說法者。得見我身。若於此經。忘失句逗。我還為說令得具足。

此言說者體佛之行。則感佛護助弘宣也。前云。若我弟子未受化者。若我滅後。於餘國作佛。更有異名而度脫之。今云。如來滅後。有如是依法說是經者。我於他方。必遣化人。為聽法衆。先信是法。令不信者信也。若說法者。在空閒處。我必廣遣八部。為護法。使無魔擾也。不但遣人。即我親現其身於其人前。若有忘失句逗。我必為說。令通利無遺失也。以如來滅後。濁惡世中。持經者難。非仗如來加被攝受。何能令法久住哉。

爾時世尊。欲重宣此義。而說偈言。

欲捨諸懈怠　應當聽此經　是經難得聞
信受者亦難　如人渴須水　穿鑿於高原

猶見乾燥土　知去水尚遠　漸見溼土泥
決定知近水　藥王汝當知　如是諸人等
不聞法華經　去佛智甚遠　若聞是深經
決了聲聞法　是諸經之王　聞已諦思惟
當知此人等　近於佛智慧　若人說此經
應入如來室　著於如來衣　而坐如來座
處衆無所畏　廣為分別說　大慈悲為室
柔和忍辱衣　諸法空為座　處此為說法
若說此經時　有人惡口罵　加刀杖瓦石
念佛故應忍　我千萬億土　現淨堅固身

於無量億劫　爲衆生說法　若我滅度後
能說此經者　我遣化四衆　比丘比丘尼
及清淨士女　供養於法師　引導諸衆生
集之令聽法　若人欲加惡　刀杖及瓦石
則遣變化人　爲之作衞護　若說法之人
獨在空閒處　寂寞無人聲　讀誦此經典
我爾時爲現　清淨光明身　若忘失章句
爲說令通利　若人具是德　或爲四衆說
空處讀誦經　皆得見我身　若人在空閒
我遣天龍王　夜叉鬼神等　爲作聽法衆

是人樂說法　分別無罣礙　諸佛護念故
能令大衆喜　若親近法師　速得菩薩道
隨順是師學　得見恆沙佛

此頌初四句總顯法勝信受者不易捨懈怠者心不與世情和合是眞精進以心契妙法名精進行故欲捨懈怠當聽此經也如人下六句設喻藥王下十句法合若人下十四句言體佛行我千萬億土下三十六句佛助弘宣爲現光明身等乃現身面言說加持也諸佛護念正謂敎菩薩法佛所護念也若親近下四句結勸言得見恆沙佛者所謂恆沙性德總在心源隨順心師則性德顯矣

齊此已前九品判爲開佛知見者開有二意在佛則爲衆開示開顯開發要令聞者自信此心在機則爲開悟以衆生久迷不信自心令聞佛說則恍然了悟所謂悟心之士如蓮華開經雖通言四種知見約義則上十品經通顯如來出世本懷諸大弟子一向不知佛心故多疑佛說甚至以佛爲魔今則決信無疑方顯開悟此心之衆宗門所謂的信自心是佛直到不疑之地故判屬開字古德槩以前爲說三周法授三根記法師一品爲授廣記

以圓該前記諦觀經義獨重持經之人極言妙法之益者以衆生向不知有今旣知有當須奉重不可妄授匪人所謂非器不傳通顯開佛知見之義耳

妙法蓮華經通義卷第九

妙法蓮華經通義卷第十 經文卷四中

明南嶽沙門憨山釋德清述

見寶塔品第十一

此品來意判爲示佛知見者以顯示如來常住法身直指淨土實報眞境欲令衆生知此見此法身境界乃爲佛之知見一往但以言說開曉今則的以實事指示故此品單約示字也惟此法身眞境經初一光東照圓現法界事相生佛始終乃通示衆生心境之妙由當機未悟妙心乃以識情思量所謂情生智隔不達目前便是將謂非已智分今

蒙如來種種開示當機已信佛言自知作佛各得授記是乃雖信自心然猶未信實相眞境此則生滅之見未忘淨穢之執未謝故世尊至此將顯法身常住故七寶妙塔從地涌出多寶如來全身現在以消生滅之見卽此娑婆三變淨土以祛淨穢之執且十方諸佛充滿其中以彰法界塵塵剎剎觸目皆是實相眞境此乃佛之眞知見也故此品爲示佛知見當授記已畢故此品來也然塔高五百由旬塔中多寶全身不散者以示衆生卽此五蘊生滅身心便是常住法身安宅也就此娑婆三變皆成淨土者以示華藏莊嚴實報眞境不離五濁業用也此特示毘盧遮那依正實報莊嚴之一斑欲令衆生知此心境之妙卽可目前現證不生佛道長遠之怖也引權入實意見於此何以明之此經所明開方便門示眞實相何謂眞實相以我毘盧遮那曠劫修因所證法身眞佛所居寂光眞土從法垂報千丈盧舍那佛所居實報莊嚴淨土而此身土皆眞故爲眞實之相而釋迦乃從報垂應之化身其所居之土皆與民同患乃娑婆五濁之穢土而此身土皆假故凡施設一往說法皆以

爲權所謂方便門者是也由盧舍那初成正覺現千丈身坐菩提場說華嚴經而二乘在座如盲如聾是雖身土皆眞而教法俱實柰何獨被大機小根絕分故入剎那際三昧雙垂兩相二始同時正說華嚴不妨示應化身八相成道於鹿野苑將一乘法分別說三以接小機所謂以方便力爲說四諦十二因緣六度等法攝三根雖有教菩薩法總屬權教正如長者誘引諸子許以三車非實有也故未盡如來出世本懷以諸弟子未見法身眞境故經云我本立誓願欲令一切衆如我等無異意

欲直令衆生親證如來法身境界以趣華藏莊嚴之實果方稱本懷奈何下劣之徒一向執權當實更不前進且於佛所說疑而不信故費世尊四十年來種種方便淘汰之功今已純熟且化緣將畢故於此會直吐本懷開除昔日三乘之權以顯一乘之實經中長者家業之富正喻華嚴一乘圓妙之法也以諸聲聞但認釋迦應身之佛以爲眞不知尚有眞佛也但見娑婆穢土之可厭不達實相眞境也故生滅之見淨穢之情一向執恪而不捨以不達唯心所現故將說此經先放白毫一光普

照東方萬八千世界洞示法界之眞境卽在衆生日用之間此非心識思量分別可到故重假方便種種開示大衆各信自心遂一一授記成佛正若華嚴所言初發心時知一切法卽心自性成就慧身不由他悟此但了心眞不達境實心境未融未是成佛眞因猶屬衆生知見未是佛之知見也故前授記已顯心眞今說此品以顯境妙直指目前現證故特判爲示佛知見故云以事指陳以洗小乘從前宿習知見易於修證方盡如來出世之本懷也此品來意幽遠非細心參詳殊難領會但融觀華嚴自知此中歸趣

爾時佛前有七寶塔高五百由旬縱廣二百五十由旬從地涌出住在空中種種寶物而莊校之五千欄楯龕室千萬無數幢旛以爲嚴飾垂寶瓔珞寶鈴萬億而懸其上四面皆出多摩羅跋栴檀之香充徧世界其諸旛蓋以金銀琉璃硨磲碼碯眞珠玫瑰七寶合成高至四天王宮三十三天雨天曼陀羅華供養寶塔餘諸天龍夜叉乾闥婆阿脩羅迦樓羅緊那羅摩睺羅伽人非人等千萬億衆以一切華香瓔珞旛蓋伎樂供養寶塔恭敬尊重讚歎

此正指示佛知見也佛知見者乃自覺聖智所知所見乃一眞法界眞境也惟此法界乃法身之安宅報化依之而起也故諸佛證之爲一切種智報身踞之爲華藏莊嚴化身以之爲神通妙用衆生迷之爲五蘊身心八萬四千煩塵惱勞修心之士若不洞見一眞法界總屬門外止宿草菴不爲實證故此三周開說已圓佛前寶塔出現爲示佛知見之象也然法身無依以法界爲依法界者寂滅之心也寶塔者寂滅之境也五百由旬者喻衆生五蘊身心卽是寂滅眞境也縱廣二百五十由旬

者喻迷此法界即此身心不出二十五有也從地涌出者喻無明心地若破寂滅之境現前所謂生滅既滅寂滅現前則此五蘊身心本無所有故云住在空中種種寶物而莊校者喻此法界本非斷滅具有恆沙稱性功德神通妙用也高出四天則非四大可拘也諸天散華八部作供者喻此法界本爲諸天之所奉重八部之所守護元非寂寞無人之地也

爾時寶塔中出大音聲歎言善哉善哉釋迦牟尼世尊能以平等大慧教菩薩法佛所護念妙法華經爲

大眾說如是如是釋迦牟尼世尊如所說者皆是眞實

此言塔中出聲以示寂而能說非斷滅也歎言善哉善哉等以讚釋迦能稱法界體以平等大慧說此妙法華經也如是如是者印證所說皆究竟如法界也所說皆是眞實證其所說不妄也前世尊歷對弟子自謂言不虛妄今塔音現證釋迦說寂滅法意要三乘必信以此印定羣機也

爾時四眾見大寶塔住在空中又聞塔中所出音聲皆得法喜怪未曾有從座而起恭敬合掌卻住一面

此四眾見塔喜怪也喜者七寶妙塔忽然涌出住在空中甚爲希有固可喜也而塔中出聲甚可怪也若悟塔中所出音聲則一切音聲皆寂滅矣大眾不知所以然而然故合掌住立冀佛開示也

爾時有菩薩摩訶薩名大樂說知一切世間天人阿脩羅等心之所疑而白佛言世尊以何因緣有此寶塔從地涌出又於其中發是音聲

此當機見塔爲眾疑請也大樂說菩薩請者以寂滅之法乃離言之道苟非樂說則終絕言矣淨名云雖復不依言語道亦復不著無言說樂說之義

也塔非無故而現故請說其因緣

爾時佛告大樂說菩薩此寶塔中有如來全身乃往過去東方無量千萬億阿僧祇世界國名寶淨彼中有佛號曰多寶其佛行菩薩道時作大誓願若我成佛滅度之後於十方國土有說法華經處我之塔廟爲聽是經故涌現其前爲作證明讚言善哉彼佛成道已臨滅度時於天人大眾中告諸比丘我滅度後欲供養我全身者應起一大塔其佛以神通願力十方世界在在處處若有說法華經者彼之寶塔皆涌出其前全身在於塔中讚言善哉善哉大樂說今多

寶如來塔聞說法華經故從地涌出讚言善哉善哉
此說塔現之因也塔中有如來全身者然塔喻衆生五蘊身中有如來全身所謂幻化空身卽法身也楞伽云如來藏自性清淨轉三十二相入於一切衆生身中如大價寶垢衣所纏今國名寶淨乃如來藏出纏離垢之象也佛號多寶法身乃如來藏以具有恆沙稱性功德故名多寶其佛行菩薩道時誓願滅後凡十方說法華經處塔現作證者以多寶本以妙法得證法身故凡說經處法身卽現在法會中聞說妙法苟能開佛知見則此五蘊

身心頓見法身全體此作證之象也彼佛成道已臨滅囑供全身以大塔者正顯離相滅相究竟涅槃常寂滅相之法也其佛以神通下至塔中讚言善哉善哉等者所謂寂而能演徧十方以此經卽法身全體若佛知見一開卽出現作證也上敘多寶之因緣大樂說結示今緣也

是時大樂說菩薩以如來神力故白佛言世尊我等願欲見此佛身

此法會願見塔中多寶佛身也法身顯現雖是以已智力須仗佛威神故假佛神力以請

佛告大樂說菩薩摩訶薩是多寶佛有深重願若我寶塔爲聽法華經故出於諸佛前時其有欲以我身示四衆者彼佛分身諸佛在於十方世界說法盡還集一處然後我身乃出現耳大樂說我分身諸佛在於十方世界說法者今應當集大樂說白佛言世尊我等亦願欲見世尊分身諸佛禮拜供養

此世尊許見且述多寶本願將集分身以顯三身一體正破二乘向認化身之執也大樂說下世尊當集分身大衆將因多寶亦願得見分身諸佛

爾時佛放白毫一光卽見東方五百萬億那由他恆

河沙等國土諸佛彼諸國土皆以玻璃爲地寶樹寶衣以爲莊嚴無數千萬億菩薩充滿其中徧張寶幔寶網羅上彼國諸佛以大妙音而說諸法及見無量千萬億菩薩徧滿諸國爲衆說法南西北方四維上下白毫相光所照之處亦復如是

此光召分身諸佛也初將說此經佛入無量義處三昧放白毫一光照東方萬八千世界圓現法界事相生佛始終蓋擧法界一隅以彰妙法全體意顯諸佛出世始終不出刹那際三昧其所說法皆光中之事文殊引燈明之本始是顯示佛之知見

欲令大眾開悟也大眾不悟故如來出定方便演說所謂開方便門至引大通智勝成佛之事初入三昧十方世界而皆大明是開示佛之知見也而下根眾生雖悟往昔之因緣而未親證實相之眞境故三周說法尚帶言說今既廣記現在未來凡有聞法者無一不成佛抑恐小乘執相之徒名言習氣未忘情存生滅淨穢之見難造一眞之境故假寶塔涌出多寶現身光召十方諸佛三變淨土乃即五蘊以見法身就目前以證實相正是指示佛之知見也故放白毫一光即見東方五百萬億

恆沙國土諸佛等者示五道眾生皆住諸佛一眞之地也見諸佛菩薩爲眾說法者示眾生動亂妄想即諸佛菩薩恆演法音也光中不現眾生生死三乘求道等事者以今直證法身以名教菩薩法故不言其餘種種也今說十方諸佛皆釋迦之分者然佛有三身乃從法垂報從報垂化今示三身一體意顯釋迦即多寶分身即釋迦法化冥一之象也所謂佛身充滿於法界普現一切羣生前隨緣赴感靡不周而恆處此菩提座今分身齊集共證妙法以顯十方諸佛道同古今一際釋迦所說眞實不虛意顯無邊刹境自他不隔於毫端十世古今始終不離於當念也至若三變淨土意顯穢即是淨娑婆即華藏目前全是實相眞境故光中諸國皆七寶莊嚴也初一光顯示次三周開示今此會指示乃盡佛之知見耳此正極諸佛之神力發揚此事所謂長者幷會國王親族將付家業一大事因緣圓會於此非特爾也

爾時十方諸佛各告眾菩薩言善男子我今應往娑婆世界釋迦牟尼佛所并供養多寶如來寶塔

此十方諸佛因光召而將集也

時娑婆世界即變清淨琉璃爲地寶樹莊嚴黃金爲繩以界八道無諸聚落村營城邑大海江河山川林藪燒大寶香曼陀羅華徧布其地以寶網幔羅覆其上懸諸寶鈴唯留此會眾移諸天人置於他土

此變土以容分身諸佛所謂示眞實相也一眞法界本無淨穢但隨心轉變以娑婆穢土原是華藏只以染惡眾生所集故穢惡充滿土石諸山高下不平二乘不達唯心妄生欣厭取捨以見心外有法故一向執取涅槃不起一念度生之心故怖之如牢獄畏之如桎梏是未見穢土本淨眾生本空

耳今如來此會特爲指示佛之知見只欲了達一眞平等法界明悟心境皆眞徹見諸法實相是則三周開示乃開方便門今多寶出現三變淨土所謂示眞實相也然娑婆本淨但衆生無明覆心智光未發故妄見其穢今佛放白毫光徧照十方顯示唯心境界開佛知見則刹塵心念皆佛出興即此穢邦變成淨土故經云容受分身諸佛故三變淨土也淨穢唯心不假餘力但因光照而云即變顯此娑婆即是華藏故瑠璃爲地寶樹莊嚴等一眞平等故無諸聚落山川等總入神通大光明藏

故燒大寶香是爲衆生成佛因地故華布其地萬行彌滿皆是法音故寶網羅覆懸諸寶鈴衆生本空故移諸天人置於他土苟開佛知見則當下情忘頓見實相眞境矣昔華嚴會上二乘如盲今則分明顯現目前是所謂示佛知見也

是時諸佛各將一大菩薩以爲侍者至娑婆世界各到寶樹下一一寶樹高五百由旬枝葉華果次第莊嚴諸寶樹下皆有師子之座高五由旬亦以大寶而校飾之爾時諸佛各於此座結跏趺坐如是展轉徧滿三千大千世界而於釋迦牟尼佛一方所分之身猶故未盡

此東方分身諸佛來集也諸佛各將一大菩薩以爲侍者意顯果因一契也寶樹高五百由旬寶座高五由旬意明開佛知見則念念佛現不離五蘊身心也諸佛各於此座結跏趺坐者所謂不離當處也徧滿三千大千世界一方所分之身猶故未盡者意顯重重無盡也

時釋迦牟尼佛欲容受所分身諸佛故八方各更變二百萬億那由他國皆令清淨無有地獄餓鬼畜生及阿脩羅又移諸天人置於他土所化之國亦以瑠

璃爲地寶樹莊嚴樹高五百由旬枝葉華果次第嚴飾樹下皆有寶師子座高五由旬種種諸寶以爲莊校亦無大海江河及目眞鄰陀山摩訶目眞鄰陀山鐵圍山大鐵圍山須彌山等諸山王通爲一佛國土寶地平正寶交露幔徧覆其上懸諸旛蓋燒大寶香諸天寶華徧布其地釋迦牟尼佛爲諸佛當來坐故復於八方各更變二百萬億那由他國皆令清淨無有地獄餓鬼畜生及阿脩羅又移諸天人置於他土所化之國亦以瑠璃爲地寶樹莊嚴樹高五百由旬枝葉華果次第莊嚴樹下皆有寶師子座高五由旬

亦以大寶而校飾之。亦無大海江河及目眞鄰陀山。摩訶目眞鄰陀山鐵圍山大鐵圍山須彌山等諸山王通爲一佛國土。寶地平正寶交露幔徧覆其上懸諸旛蓋燒大寶香。諸天寶華徧布其地。

此二變三變淨土。將廓法界眞境也。前初變淨土。業已通變娑婆而爲一淨土矣。但容東方所分身佛已充滿其中。似無容針之地矣。尚不能盡。是一方之佛有餘而全土之境不足。則分身之多可知。今於娑婆之外。八方各更變二百萬億那由他國。皆令清淨。是則境又不止一娑婆也。問曰。華藏界

中獨一娑婆而爲穢土。以有三惡道穢惡充滿。其餘佛土悉皆清淨。今娑婆之外所更變者。皆有三途人天。且隱惡道而移天人。又似娑婆同土也。且前已通變而東方諸佛已充滿矣。今更三變者果何土耶。答曰。此意甚深。是顯法界無邊。以明衆生妄緣無盡也。然娑婆一土。釋迦化境。常言三千大千世界而已。諦觀滿慈得記。以恆河沙等三千大千世界爲一佛土。是知娑婆非止一三千大千而已。以衆生迷本法界眞心。全體變爲無明妄想。是迷則徧迷。乃全變法界而爲衆生界也。斯則衆生

充滿法界。豈一娑婆可能容受哉。所謂恆河沙等三千大千通爲一土是也。然各隨所見局爲一土耳。故華藏通多淨土者。以隨諸佛菩薩淨心所見。以即迷爲悟。故即穢而淨。以隨衆生妄心所見。故即淨而穢。今令衆生開佛知見。是即迷返悟。故即無量劫來生死妄想。今一念全體轉爲諸佛智用。故釋迦十方分身來集之象也。以妄想無盡。故佛亦無邊。然境隨心變。今眞心既轉。而眞境隨轉。所以娑婆之外。八方各更變二百萬億那由他國土。將廓法界之量。今且猶是分轉。非全轉也。若全轉

者。豈有方向名數哉。今以無盡妄想轉爲佛智。則宜乎佛多而境迫。豈一娑婆可能容受哉。然三變文云爲諸佛當來坐故。復於八方各更變二百萬億等。是知衆生今已開佛知見。則妄想永絕。自今念念諸佛現前。是爲諸佛當來坐也。問曰。所云全迷法界。今既開悟。即當一時全轉。何假三變淨土次第而然耶。答曰。此正顯如來有大方便。引攝衆生之意。以衆生垢重。不能頓見法界全體。故向設三乘之權。引令漸進。然執權之徒。知見狹劣。如來不敢遽以全體示之。所謂若說是事。皆當驚疑恐

其驚怖而不信。故說無量種種方便而引導之。然今雖信佛心而猶未見實相眞境。故假三變淨土以示之。然初變娑婆者。以二乘一向但見三界生死可怖。故生厭離而求涅槃。不敢復入此正衆生知見也。今示娑婆即是淨土。以破二乘欣厭取捨之心也。次於八方各更變者。是引二乘趣向法界。欲令捨權從實。前至寶所。不生退怯之心也。次爲諸佛當來坐故。於八方各更變二百萬億等者。乃引權教菩薩令入究竟佛慧也。將窮法界實際。乃今姑爲三乘劣解略示少分而已。豈能盡舉全體

大用哉。是知已變之外。淨土不可思議。正是諸佛功德無量無邊。諸佛智慧甚深無量者此耳。前云其智慧門難解難入。若非如來善巧開示廣大神力。以多寶之事而略示之。則智慧門終竟難解難入也。即今變土集佛之事。二乘何從而知解耶。此所謂示佛知見也明矣。然所變之土皆云寶華徧布其地。乃明示此佛知見爲成佛眞因也。

爾時東方釋迦牟尼所分之身。百千萬億那由他恒河沙等國土中諸佛。各各說法。來集於此。如是次第十方諸佛皆悉來集坐於八方。爾時一一方四百萬億那由他國土。諸佛如來徧滿其中。是時諸佛各在寶樹下坐師子座。皆遣侍者問訊釋迦牟尼佛。各齎寶華滿掬。而告之言。善男子。汝往詣耆闍崛山釋迦牟尼佛所。如我辭曰。少病少惱。氣力安樂。及菩薩聲聞衆悉安隱不。以此寶華散佛供養。而作是言。彼某甲佛與欲開此寶塔。諸佛遣使亦復如是。

此言東方分身諸佛既集。則十方次第而集也。娑婆之外。二三各變二百萬億佛土。故八方各四百萬億。今已徧滿。意顯佛身充滿塵塵刹刹無盡無盡也。諸佛各在寶樹下坐師子座者。所謂而恆處

此菩提座也。各遣侍者問訊釋迦。佛佛未親見者。所謂法身無有彼此。迭相見故。各齎寶華滿掬供佛者。顯此妙法爲成佛眞因故。問訊之辭。以見釋迦示現與民同病之意也。

爾時釋迦牟尼佛見所分身佛悉已來集。各各坐於師子之座。皆聞諸佛與欲同開寶塔。即從座起。住虛空中。一切四衆起立合掌。一心觀佛。於是釋迦牟尼佛以右指開七寶塔戶。出大音聲。如卻關鑰開大城門。即時一切衆會皆見多寶如來於寶塔中坐師子座。全身不散。如入禪定。又聞其言。善哉善哉。釋迦牟

尼佛快說是法華經。我爲聽是經故而來至此。爾時四衆等見過去無量千萬億劫滅度佛說如是言。歎未曾有。以天寶華聚散多寶佛及釋迦牟尼佛上。

此釋迦開多寶塔。以示法身出現也。佛身如空無所依。以塔在虛空。而釋尊欲開寶塔。亦住虛空者。示法身體同之象也。以右指開七寶塔戶。示自性開發。不勞餘力也。如卻關鑰開大城門者。歷劫堅固無明妄想。忽然迸裂。法身頓現。宗門所謂囫地一聲也。衆會皆見多寶如來全身不散如入禪定者。示衆生自性開發。則現前五蘊身心頓見法身

全體顯現。心境當處寂滅之象也。爲聽是經而來至此者。以所說妙法深契法身眞際也。衆喜散華者。各示眞因之象也。

爾時多寶佛於寶塔中分半座與釋迦牟尼佛。而作是言。釋迦牟尼佛可就此座。卽時釋迦牟尼佛入其塔中。坐其半座結跏趺坐。爾時大衆見二如來在七寶塔中師子座上結跏趺坐。各作是念。佛坐高遠。惟願如來以神通力令我等輩俱處虛空。卽是釋迦牟尼佛以神通力接諸大衆皆在虛空。

此多寶分座釋迦入塔共坐者。示五蘊緣生之佛與法身同體眞應不二之象也。大衆見二如來作念佛座高遠俱願處空者。正顯二乘向以佛道長遠爲怖。今佛知見既開。則眞見遠而不遠。俱願親近。佛地可期之象也。佛以神力接衆在空者。顯二乘人非佛神力方便接引。無由得近佛慧也。四十年來接引之功。乃取效於今日耳。豈小緣哉。

以大音聲普告四衆。誰能於此娑婆國土廣說妙法華經。今正是時。如來不久當入涅槃。佛欲以此妙法華經付囑有在。

此言護念付囑之事也。妙法華經。如來護念之法

也。能持此經。則爲護念之人矣。苟有持者。則此法付囑有在。如來出世本懷。爲一大事。唯此而已。故法若有所付。則大事畢矣。所謂唯此一事更無餘事。故云不久當入涅槃。正如長者將終。若得其子委付家業。志願畢矣。由是觀之。佛祖接人。直可得到法身邊。若法身向上事。則當於佛未出世祖未西來時薦取。不待今也。

爾時世尊欲重宣此義而說偈言。

聖主世尊　雖久滅度　在寶塔中　尙爲法來
諸人云何　不勤爲法　此佛滅度　無央數劫

處處聽法　以難遇故　彼佛本願　我滅度後
在在所往　常爲聽法　又我分身　無量諸佛
如恆沙等　來欲聽法　及見滅度　多寶如來
各捨妙土　及弟子衆　天人龍神　諸供養事
令法久住　故來至此　爲坐諸佛　以神通力
移無量衆　令國清淨　諸佛各各　詣寶樹下
如清淨池　蓮華莊嚴　其寶樹下　諸師子座
佛坐其上　光明嚴飾　如夜闇中　然大炬火
身出妙香　徧十方國　衆生蒙熏　喜不自勝
譬如大風　吹小樹枝　以是方便　令法久住

告諸大衆　我滅度後　誰能護持　讀說斯經
今於佛前　自說誓言　其多寶佛　雖久滅度
以大誓願　而師子吼　多寶如來　及與我身
所集化佛　當知此意　諸佛子等　誰能護法
當發大願　令得久住　其有能護　此經法者
則爲供養　我及多寶　此多寶佛　處於寶塔
常遊十方　爲是經故　亦復供養　諸來化佛
莊嚴光飾　諸世界者　若說此經　則爲見我
多寶如來　及諸化佛　諸善男子　各諦思惟
此爲難事　宜發大願　諸餘經典　數如恆沙
雖說此等　未足爲難　若接須彌　擲置他方
無數佛土　亦未爲難　若以足指　動大千界
遠擲他國　亦未爲難　若立有頂　爲衆演說
無量餘經　亦未爲難　若佛滅後　於惡世中
能說此經　是則爲難　假使有人　手把虛空
而以遊行　亦未爲難　於我滅後　若自書持
若使人書　是則爲難　若以大地　置足甲上
升於梵天　亦未爲難　佛滅度後　於惡世中
暫讀此經　是則爲難　假使劫燒　擔負乾草
入中不燒　亦未爲難　我滅度後　若持此經

爲一人說　是則爲難　若持八萬　四千法藏
十二部經　爲人演說　令諸聽者　得六神通
雖能如是　亦未爲難　於我滅後　聽受此經
問其義趣　是則爲難　若人說法　令千萬億
無量無數　恆沙衆生　得阿羅漢　具六神通
雖有是益　亦未爲難　於我滅後　若能奉持
如斯經典　是則爲難　我爲佛道　於無量土
從始至今　廣說諸經　而於其中　此經第一
若有能持　則持佛身　諸善男子　於我滅後
誰能受持　讀誦此經　今於佛前　自說誓言

此聖主下十句頌因多寶勉衆意在得人付囑也彼佛下四句頌多寶本願又我下十二句頌化佛來集爲證妙法欲令久住故爲坐下四句頌三變淨土諸佛各各下十八句頌諸佛畢集歎美容儀淨妙如清池蓮華光明照曜如夜炬火妙香普熏衆生觸者心喜神悅如大風吹小樹枝言披靡傾倒喜不自持也諸佛來儀如此爲令妙法久住故告諸大衆下十四句求持法之人能護持者當自發願多寶與我及諸化佛當作證也諸佛子等下二十句再求能持說者則爲見我及供多寶并諸

化佛也所以再三求持經者旣已開示佛之知見貴在能持使佛種不斷若視爲尋常則有負如來今日之大事因緣也持經必教發願者以惡世難持欲令信力堅固不得遇緣生退怯耳故下文歷言其難諸善男子下八句令諦思此經難持不若諸經之易易愼勿輕忽故令發願而後持也若接須彌下十六句言說經之難若手接須彌指動大千固已爲難而神通者能之有頂諸天智慧難越而慧辯過勝者亦能超之唯有此經於惡世中最爲難說以人多弊惡多怨難信故也假使有人下八句言書難虛空難把楞嚴阿難旣悟則觀十方虛空如手持葉物是則虛空猶可把也若此經者寂滅離言之道豈得而書之耶是以書之爲難也若以大地下八句讀難大地至重梵天至高足甲至微置大地於足甲而昇梵天神通廣大者不難不若惡世讀此經爲難也假使下八句持難負乾草入劫火而不燒亦未爲難惡世衆生暴惡煩惱火中能持此經是爲難也若持八萬下十二句聽難八萬四千法藏以文言敷演何足爲難獨此經之實相無量義趣而能聽聞是爲難也若人說法

下十二句奉難若有人善說法令諸聞者得羅漢六通此亦未難能持此經卽得菩提故爲難耳我爲佛道下八句顯所以難言我自成佛以來從始至今於無量土所說諸經蓋無量矣皆隨機之談獨有此經開示一乘佛性凡有持者疾得菩提故爲第一若能持此經則全持佛身慧命不斷然非大根堅固忍力實難持也諸善男子下六句令持者發誓只欲堅其願力也上通頌難持

此經難持　若暫持者　我則歡喜　諸佛亦然
如是之人　諸佛所歎　是則勇猛　是則精進

是名持戒　行頭陀者　則為疾得　無上佛道
能於來世　讀持此經　是眞佛子　住淳善地
佛滅度後　能解其義　是諸天人　世間之眼
於恐畏世　能須臾說　一切天人　皆應供養

此頌難持能持。故我及諸佛歡喜讚歎也。然持此經非紙墨文字之謂也。要亡言得旨頓契佛心是為勇猛精進。則是總持萬行頓斷煩惱故為持戒頭陀。不歷多劫頓登佛地所以疐持即有如是大益也。能於來世下八句承上大益。故惡世能持是眞佛子。能解其義則為世間眼目。以開佛知見也。

於恐畏下四句結能說者當如供佛也。問曰。多寶證法化佛畢集世尊更無他說。獨以持經苦口叮嚀再三四者何也。答曰。以佛知見衆生之迷固已久矣。遠自大通塵點劫來。一向迷之而不悟。已費吾佛生生世世隨之教化業經無量不可思議劫數矣。直至今日猶勞四十年之方便開示現前信解者幾何人哉。是謂佛法之難遇也如此今既開示若不堅力持之則恐此後一失。又不知更經塵點之劫未審可如今日之聽聞也。若此法失持則佛種斷絶豈細事哉正如大富長者創業艱難勤苦累世。而致富有家業。苟無克家之子而持守之。若一旦散失。難求再昔也。此其世尊苦口叮嚀再三勸持者蓋此意也。已前十品通為開示佛之知見總名信解。故向後諸品多言持經之功以顯悟佛知見既悟。守之為難也。

妙法蓮華經通義卷第十

妙法蓮華經通義卷第十一 經文卷四下

明南嶽沙門憨山釋德清述

提婆達多品第十二

此品來意通下十品通爲悟佛知見也以前三周開示爲開佛知見諸二乘人但信此心而已雖信心眞未達境妙故現寶塔一品直示境妙名爲示佛知見此下名爲悟佛知見者以諸聲聞雖信自心作佛猶有歷劫無明未盡從來狹劣知見習氣未忘雖云信解猶屬知解故須多方妙行調治乃得法身淸淨抑恐此輩涉俗利生不善方便故預

示種種守護之方由從妙行乃得悟入使其不墮凡情不生驚怖此正如來廣大慈悲所謂預留醫方之意也向下通顯行證臨文各有所屬此判悟之之初而以提婆達多名品者以顯悟有難易以行爲本也以諸聲聞久懷佛道長遠之怖故不起一念好樂之心今雖蒙授記且又經歷多劫乃得證果抑恐引起宿習不肯勤求故世尊自引本事雖爲國王乃不惜身命而求妙法由此苦行遂至今日得證菩提此悟之難乃漸悟也又恐下劣之輩畏難而不進故又說文殊所化七歲龍女成佛之事以見其易且海爲生死沈溺之地龍乃三毒之首女爲陰邪垢濁之器此最難化者而獻珠之頃當下成佛何其易易耶此頓悟也良以親近大智爲依歸故意令當機於佛滅後當親最勝知識可保妙悟之極永不墮二乘之地故悟之首以立漸頓故此品來也

爾時佛告諸菩薩及天人四衆吾於過去無量劫中求法華經無有懈倦於多劫中常作國王發願求於無上菩提心不退轉爲欲滿足六波羅密勤行布施心無悋惜象馬七珍國城妻子奴婢僕從頭目髓腦

身肉手足不惜軀命時世人民壽命無量爲於法故捐捨國位委政太子擊鼓宣令四方求法誰能爲我說大乘者吾當終身供給走使時有仙人來白王言我有大乘名妙法華經若不違我當爲宣說王聞仙言歡喜踴躍卽隨仙人供給所須采果汲水拾薪設食乃至以身而爲牀座身心無倦於時奉事經於千歲爲於法故精勤給侍令無所乏

此佛自敘往昔勤求妙法之難以警二乘懈怠之心也言無量劫中求法華經無有懈倦者則求法之心非一劫矣况多劫中常作國王而勤求之又

非尋常之人矣且爲求法故象馬等外施也頭目等內施也捐捨國位則一切施也然有說妙法者願終身走使伏勞忍苦忘我之至也時有仙人應求而爲説則精誠所感也王聞卽歡喜隨侍執勞而不厭乃至以身爲床座而不倦且經千歲長時而不辭給時周足此求法之心何其勤苦長遠耶且現前二乘之人得授記者各人自揣求法之心曾有如是之精誠乎是則我今爲說法王大寶諸人不求而自至豈可尋常易視哉是則將來歷事多佛固應體我如是之心方名持法之人也古云既悟守之爲難茍無克苦堅强何以得成聖果故首告悟心以此

爾時世尊欲重宣此義而說偈言

我念過去劫　爲求大法故　雖作世國王
不貪五欲樂　椎鐘告四方　誰有大法者
若爲我解說　身當爲奴僕　時有阿私仙
來白於大王　我有微妙法　世間所希有
若能修行者　吾當爲汝說　時王聞仙言
心生大喜悅　卽便隨仙人　供給於所須
采薪及果蓏　隨時恭敬與　情存妙法故

身心無厭倦　普爲諸衆生　勤求於大法
亦不爲已身　及以五欲樂　故爲大國王
勤求獲此法　遂致得成佛　今故爲汝說

我念過去下二十二句通頌世尊往昔求法之精勤也阿私陀此云無比乃佛過去之本師若法有比則不能令求者忘身至此也普爲諸衆生下八句頌昔求法之難而今爲衆說之易也欲令大衆知所重故

佛告諸比丘爾時王者則我身是時仙人者今提婆達多是由提婆達多善知識故令我具足六波羅蜜慈悲喜捨三十二相八十種好紫磨金色十力四無所畏四攝法十八不共神通道力成等正覺廣度衆生皆因提婆達多善知識故

此佛述昔師仙人爲今提婆達多正示刻苦爲成佛之因也提婆達多此云天熱生時人天心皆熱故以爲名又母禱天而生故亦云天授斛飯王之子佛之從弟然事逆行世世專意害佛今則更甚常以毒藏十指甲禮佛接足足不傷而指自壞又與阿闍世王謀欲殺佛而自爲新佛王縱五百醉象踏佛佛以手指指現師子象皆攝伏又推大石

歷佛地神遮之石碎迸其小者中佛足流血因是陷入地獄佛遣使問其安否報曰我處此如四禪天樂又問幾時出地獄答曰待世尊來入地獄我方出之其五逆類如此害之非一世也今云提婆即昔說妙法之仙人而言由提婆達多善知識故令我具足六波羅密慈悲喜捨等所以得成正覺廣度衆生者皆因提婆達多善知識故是則如來今日佛果皆因提婆而成其恩重不可言矣其實皆以怨害世尊歸重如此者足知佛果難成所謂或示怨家以怨害折磨堅其精進不退之忍力非

此何以得至今日哉所謂彼一闡提非一闡提世間解脫誰轉世尊述此蓋因前品極言持法之難以惡世多怨故欲二乘得記之人將來持經處於惡世當觀如來因提婆之怨害得成菩提然後乃能無退怯心即取佛果無難故當悟守之初必若佛事提婆爲嘉範然後方能令法久住也

告諸四衆提婆達多却後過無量劫當得成佛號曰天王如來應供正徧知明行足善逝世間解無上士調御丈夫天人師佛世尊世界名天道時天王佛住世二十中劫廣爲衆生說於妙法恆河沙衆生得阿羅漢果無量衆生發緣覺心恆河沙衆生發無上道心得無生忍至不退轉時天王佛般涅槃後正法住世二十中劫全身舍利起七寶塔高六十由旬縱廣四十由旬諸天人民悉以雜華末香燒香塗香衣服瓔珞幢旛寶蓋伎樂歌頌禮拜供養七寶妙塔無量衆生得阿羅漢果無量衆生悟辟支佛不可思議衆生發菩提心至不退轉

此與提婆達多授記而不列於諸弟子中者以是世尊本師故且以磨礪砥行堅固如來之忍力以成菩提故居悟守之首而爲惡世持經之範也佛

號天王者謂由怨害令佛强忍以至天然而得大自在故感果如之國名天道者謂佛佛成道未有不由忍苦而成自然之理也常說妙法蓋因中始以妙法教釋尊故果上常說而衆生聞妙法俱得三乘之果者正示法一而機異也時天王佛滅後供塔之人皆得三乘之果者亦由因行所感也

佛告諸比丘未來世中若有善男子善女人聞妙法華經提婆達多品淨心信敬不生疑惑者不墮地獄餓鬼畜生生十方佛前所生之處常聞此經若生人天中受勝妙樂若在佛前蓮華化生

此言未來有聞此品信敬而不疑者則永不墮三途乃至若在佛前蓮華化生者以見世尊求法之難多怨成就之力而於妙法精持堅忍不退之益故獲如此之勝報也

於時下方多寶世尊所從菩薩名曰智積白多寶佛當還本土釋迦牟尼佛告智積曰善男子且待須臾此有菩薩名文殊師利可與相見論說妙法可還本土

此下方智積請多寶佛當還本土者以證法事畢不宜久住意表證悟未忘猶存法執必返一絕跡

兩忘能所方爲妙悟宗門所謂悟之一字亦須吐卻乃返本還源之象也釋迦留之以待文殊者表以所悟妙法融爲觀照消磨法執方盡持法之妙也故待文殊可與相見論說妙法

爾時文殊師利坐千葉蓮華大如車輪俱來菩薩亦坐寶蓮華從於大海娑竭羅龍宮自然涌出住虛空中詣靈鷲山從蓮華下至於佛所頭面敬禮二世尊足修敬已畢往智積所共相慰問卻坐一面

此言文殊坐寶蓮華從海涌出者表悟心者如蓮華開妙智現前藏識海中挺然獨露也至於佛所禮二尊足者始覺之智合乎本覺之象也往智積所共相慰問者二智冥會之象也非此不足以言妙悟

智積菩薩問文殊師利仁往龍宮所化衆生其數幾何文殊師利言其數無量不可稱計非口所宣非心所測且待須臾自當證知所言未竟無數菩薩坐寶蓮華從海涌出詣靈鷲山住在虛空此諸菩薩皆是文殊師利之所化度具菩薩行皆共論說六波羅密本聲聞人在虛空中說聲聞行今皆修行大乘空義文殊師利謂智積曰於海敎化其事如是

此問文殊所化之衆言其數無量不可稱計者謂生死大海三毒窟宅非大智不能深入非妙法不能轉煩惱而爲妙行也以智起惑忘則無數煩惱當體清淨故無數菩薩坐寶蓮華詣靈鷲山住在空中也煩惱一轉則一切行皆是佛行故皆修行大乘空義也故文殊曰我於海敎化其事如是

爾時智積菩薩以偈讚曰

大智德勇健　化度無量衆　今此諸大會
及我皆已見　演暢實相義　開闡一乘法
廣導諸衆生　令速成菩提

此智積偈讚文殊。初四句。謂非大智勇健不能化此多衆。次四句。謂非妙法。不能轉變如此之速。

文殊師利言。我於海中。唯常宣說妙法華經。

此文殊重答前偈。謂唯常宣說妙法華經更無別法。意顯妙法成就之速。故下問可有速得成佛之人。

智積問文殊師利言。此經甚深微妙。諸經中寶。世所希有。頗有衆生。勤加精進修行此經。速得佛不。

智積重問文殊。言妙法甚深。可有衆生依之修行。速得佛否。此問要顯妙法之功甚速故爾。

文殊師利言。有娑竭羅龍王女。年始八歲。智慧利根。善知衆生諸根行業。得陀羅尼。諸佛所說甚深祕藏。悉能受持。深入禪定。了達諸法。於刹那頃發菩提心。得不退轉。辯才無礙。慈念衆生猶如赤子。功德具足。心念口演微妙廣大。慈悲仁讓。志意和雅。能至菩提。

智積菩薩言。我見釋迦如來。於無量劫難行苦行。積功累德求菩提道。未曾止息。觀三千大千世界。乃至無有如芥子許。非是菩薩捨身命處。為衆生故。然後乃得成菩提道。不信此女於須臾頃便成正覺。

此文殊深讚八歲龍女利根。依此妙法修行。而能卽至菩提。此其人也。海中異類。三毒穢濁。柔弱女身。而能具如是勝妙之德者。正顯生死垢濁煩惱之體本是成佛智用也。故云能至菩提。且云刹那發心。卽得不退者。所謂一念轉移之力也。此實常情所難信。故智積生疑。釋迦多劫修因。乃得菩提。何以龍女須臾便成正覺。所謂得其旨者。等諸佛於刹那。失其門者。徒修因於曠劫。正顯妙法勝能。非頃久淨穢之情可計也。

言論未訖。時龍王女忽現於前。頭面禮敬。卻住一面。以偈讚曰。

深達罪福相　徧照於十方　微妙淨法身
具相三十二　以八十種好　用莊嚴法身
天人所戴仰　龍神咸恭敬　一切衆生類
無不宗奉者　又聞成菩提　唯佛當證知
我闡大乘教　度脫苦衆生

此龍女現證。以消狹劣滯相之執也。執釋迦之久修。見龍女之罪垢。是皆不達罪福性空。唯文殊大智徧照。則了無異相。一際平等。何遲速之有哉。我闡大乘教。度脫苦衆生。意在唯持妙法。以度衆生也。

時舍利弗語龍女言。汝謂不久得無上道。是事難信。所以者何。女身垢穢。非是法器。云何能得無上菩提。佛道懸曠。經無量劫。勤苦積行。具修諸度。然後乃成。又女人身。猶有五障。一者不得作梵天王。二者帝釋。三者魔王。四者轉輪聖王。五者佛身。云何女身速得成佛。

此身子生疑。正示二乘執相之見也。如身子所見女身五障。絕無成佛之分。此蓋常情所共執。以不達法性本空。了無男女淨穢之相。知此可入平等實相矣。

爾時龍女有一寶珠。價直三千大千世界。持以上佛。佛卽受之。龍女謂智積菩薩尊者舍利弗言。我獻寶珠。世尊納受。是事疾不。答言甚疾。女言以汝神力。觀我成佛。復速於此。當時眾會。皆見龍女忽然之間變成男子。具菩薩行。卽往南方無垢世界。坐寶蓮華。成等正覺。三十二相。八十種好。普為十方一切眾生演說妙法。

此龍女自示成佛之速也。龍之所鍾愛者珠。今龍女獻珠之頃。當下成佛者。表能頓斷法愛。則佛性現前。所謂稟明於心。不假外也。龍女忽然變成男子者。示佛性無常。了無男女之相。正破二乘執相之執也。卽往南方。言明正為南。表離無明暗。則藏性頓顯。佛體現前。卽往南方無垢世界。坐寶蓮華成等正覺也。以從妙法得悟。故普為眾生演說妙法。因身子生疑。故龍女卽變男子。當下成佛。所以激發二乘。正謂個個丈夫。不若一弱女也。

爾時娑婆世界菩薩聲聞天龍八部人與非人。皆遙見彼龍女成佛。普為時會人天說法。心大歡喜。悉遙敬禮。無量眾生聞法解悟。得不退轉。無量眾生得受道記。無垢世界六反震動。娑婆世界三千眾生住不

退地。三千眾生發菩提心而得受記。智積菩薩及舍利弗一切眾會默然信受。

此法會蒙益也。無垢世界六種震動者。轉染令淨。頓悟唯心之象也。娑婆眾生住不退地而得授記者。因龍女激發而獲勝益。智積身子大眾之疑頓釋。故默然信受。以此品顯示忍力堅固。當如釋迦之精勤。自無疲厭之心。知龍女之速證菩提。自無佛道長遠之怖。此世尊以是方便教菩薩也。

持品第十三

此品來意。由前當機開解。已得授記。猶歷多劫成

佛世尊慮恐小乘狹劣習氣未除，復生佛道長遠之怖，乃自敘往昔求法之難，以消疲倦之心。復以龍女當下成佛之事，以發欣慕之願。故次之以持品者，蓋此經是諸佛之慧命，為眾生正因之佛性。若如來滅後，人多弊惡，最難奉持。苟失其持，則佛種斷絕此世尊之隱憂也。故諸菩薩默領佛意，安慰世尊，願不有慮，各願奉持廣說此經，不惜身命也。而五百弟子與學無學人，亦領佛意，亦各願於餘國廣宣此經，以娑婆國土人多上慢，自量其力，不能化度故也。時佛姨母等諸比丘尼，向來自視女身多障，不敢希望佛果。今見龍女成佛之易，亦自信成佛有分，故請世尊特為授記。因亦願於他國廣宣此經，以見不退之心也。爾時世尊乃視八十億那由他菩薩而不言者，意謂諸聲聞人，雖願持經，而未習涉俗利生之行，不知遠害之方，法力不充，恐被留難，使法緣不廣，欲諸菩薩以調護之。故諸菩薩默領佛意，齊發誓願，於如來滅後周旋往返十方世界，唯以忍行受持此經。然非己力，皆是如來神力以守護之。此乃將導初心，所以安慰如來，願不有慮也。然品以持名者，持謂守其所有

而不失之意，猶世俗所謂守業為難也。譬如大富長者，盡以家業委付其子，儻一失守，則祖脈斷絕，豈細事哉。故此品經文單說持經之事，以明悟守之難，故此品來也。

爾時藥王菩薩摩訶薩及大樂說菩薩摩訶薩，與二萬菩薩眷屬俱，皆於佛前作是誓言：惟願世尊不以為慮，我等於佛滅後，當奉持讀誦說此經典。後惡世眾生善根轉少，多增上慢，貪利供養，增不善根，遠離解脫，雖難可教化，我等當起大忍力，讀誦此經，持說書寫，種種供養，不惜身命。爾時眾中五百阿羅漢得受記者白佛言：世尊，我等亦自誓願，於異國土廣說此經。復有學無學八千人得受記者，從座而起，合掌向佛作是誓言：世尊，我等亦當於他國土廣說此經。所以者何？是娑婆國中人多弊惡，懷增上慢，功德淺薄，瞋濁諂曲，心不實故。

此因世尊前來極言此經難持，而諄諄激勸，且云誰能護持此經，自說誓願，故藥王樂說發願奉持也。以藥王忘身捨執，樂說具樂說辯，所謂以不懈怠心，乃能持耳。故首眾發願。世尊所慮末世難持此經者，以人多弊惡，故藥王願持，先述弊惡之人。

以善根轉少難可教化若欲持經當起大忍力不惜身命此正領前如來教以入如來室等及給使仙人求法之勤苦如此乃可能持也以二大士激厲二乘發起持經之誓願故五百阿羅漢同時發心願持然終不敢遊履娑婆當於餘國廣宣此經耳足見小乘狹劣之心未能遽捨也

爾時佛姨母摩訶波闍波提比丘尼與學無學比丘尼六千人俱從座而起一心合掌瞻仰尊顏目不暫捨於時世尊告憍曇彌何故憂色而視如來汝心將無謂我不說汝名授阿耨多羅三藐三菩提記耶憍

曇彌我先總說一切聲聞皆已授記今汝欲知記者將來之世當於六萬八千億諸佛法中爲大法師及六千學無學比丘尼俱爲法師汝如是漸漸具菩薩道當得作佛號一切衆生喜見如來應供正徧知明行足善逝世間解無上士調御丈夫天人師佛世尊憍曇彌是一切衆生喜見佛及六千菩薩轉次授記得阿耨多羅三藐三菩提爾時羅睺羅母耶輸陀羅比丘尼作是念世尊於授記中獨不說我名佛告耶輸陀羅汝於來世百千萬億諸佛法中修菩薩行爲大法師漸具佛道於善國中當得作佛號具足千萬光相如來應供正徧知明行足善逝世間解無上士調御丈夫天人師佛世尊佛壽無量阿僧祇劫爾時摩訶波闍波提比丘尼及耶輸陀羅比丘尼并其眷屬皆大歡喜得未曾有即於佛前而說偈言

世尊導師　安隱天人　我等聞記　心安具足

諸比丘尼說是偈已白佛言世尊我等亦能於他方國廣宣此經

此佛姨母希記亦將同衆發起持經之心也佛常隨女衆有六千人皆是新學佛姨母爲首向以女身多障絕無成佛之分今見龍女成佛亦各自信

作佛故希望授記但不敢直請故以憂色目視如來欽渴之心蓋已切矣故如來呼其名而告之曰汝所以憂色而視如來者將無謂我不說汝名而授記耶然我已先總說千二百聲聞悉亦當作佛矣汝今欲特知記者汝與六千比丘尼當事六萬二千億佛皆爲法師以此說法因緣漸漸具足菩薩之道當得作佛號一切衆生喜見以說法開示衆生各各歡喜故感果號如之其六千人次第授記而羅睺羅母耶輸陀羅比丘尼心亦希記故世尊亦特爲授記乃告之曰汝於來世亦事多佛爲

大法師漸具佛道將來成佛號千萬光相者以因中爲佛之妻能不著癡愛助成如來之萬德且又說法能開衆生之心性故果號千萬光相宜矣既皆得記亦誓持此經然但在他方廣宣終怯娑婆以初學法力未充故也

爾時世尊視八十萬億那由他諸菩薩摩訶薩是諸菩薩皆是阿惟越致轉不退法輪得諸陀羅尼即從座起至於佛前一心合掌而作是念若世尊告勅我等持說此經者當如佛教廣宣斯法復作是念佛今默然不見告勅我當云何時諸菩薩敬順佛意幷欲

自滿本願便於佛前作師子吼而發誓言世尊我等於如來滅後周旋往反十方世界能令衆生書寫此經受持讀誦解說其義如法修行正憶念皆是佛之威力惟願世尊在於他方遙見守護

此世尊顧視八十萬億那由他菩薩者口雖不言意謂二乘劣弱不能於此世界廣宣此經欲此諸菩薩末世護持所謂付囑有在也以此諸菩薩皆居不退得總持門以是十方雲集之衆堪能荷負故也是諸菩薩已契佛心故敬順佛意幷欲自滿本願故於佛前作師子吼齊發誓言各願於如來滅後周旋往來十方世界護持此經是則不但娑婆一國土也前世尊云誰能護持此經自發誓願故此諸菩薩深體佛意也又願世尊於他方遙見守護以其末世難持須仗如來威神力故也

即時諸菩薩俱同發聲而說偈言

惟願不爲慮　於佛滅度後　恐怖惡世中
我等當廣說　有諸無智人　惡口罵詈等
及加刀杖者　我等皆當忍　惡世中比丘
邪智心諂曲　未得謂爲得　我慢心充滿
或有阿練若　衲衣在空閑　自謂行眞道

輕賤人間者　貪著利養故　與白衣說法
爲世所恭敬　如六通羅漢　是人懷惡心
常念世俗事　假名阿練若　好出我等過
而作如是言　此諸比丘等　爲貪利養故
說外道論義　自作此經典　誑惑世間人
爲求名聞故　分別於是經　常在大衆中
欲毀我等故　向國王大臣　婆羅門居士
及餘比丘衆　誹謗說我惡　謂是邪見人
說外道論義　我等敬佛故　悉忍是諸惡
爲斯所輕言　汝等皆是佛　如此輕慢言

皆當忍受之　濁劫惡世中　多有諸恐怖
惡鬼入其身　罵詈毀辱我　我等敬信佛
當著忍辱鎧　為說是經故　忍此諸難事
我不愛身命　但惜無上道　我等於來世
護持佛所囑　世尊自當知　濁世惡比丘
不知佛方便　隨宜所說法　惡口而顰蹙
數數見擯出　遠離於塔寺　如是等眾惡
念佛告勅故　皆當忍是事　諸聚落城邑
其有求法者　我皆到其所　說佛所囑法
我是世尊使　處眾無所畏　我當善說法
願佛安隱住　我於世尊前　諸來十方佛
發如是誓言　佛自知我心

今日靈山一會世尊之可喜者諸三乘人皆契佛心各各授記其所慮者於惡世中此經難持而最難得者堅忍大力之人以持之此世尊之隱憂恐其佛種斷絕故也其諸得記聲聞皆不能已故默視諸來雲集之菩薩故此諸菩薩敬順佛意誓願弘持故頌首四句頌敬順佛意惡世願持也其下歷言忍諸難事以顯難持之所以有諸無智下四句通言弊惡之人後皆出家之魔類惡世中比丘

一偈通言出家之邪慢或有阿練下八句言假名修行之魔類阿練若云寂靜處假稱修行以假為眞妄自尊大如六通之羅漢也是人懷惡心下十二句頌忍惡心言破法之情狀偽造經書貪求利養毀謗賢善眞魔種也常在大眾中下十四句頌忍毀謗破法之事此諸邪慢最難忍者皆當忍之濁劫惡世中下十二句頌忍惡事言以恐怖惡事為惡鬼所附而撓害之或罵詈毀辱以敬信佛故忍此諸難身命尙不愛況侵害乎言但惜無上道以所重者佛種慧命其餘一切皆不足計以護持佛所囑之法為重故也世尊自當知下十句頌忍見擯之事謂所宜經典濁惡比丘不知是佛隨宜所說將謂我等自造故惡口而謗或嚬蹙而憎甚至見擯不容安住於塔寺此世尊自當知此等人我等念佛告勅付囑之心則皆當忍此諸惡也甚矣佛法之難弘宣也若白衣生謗尙有可原今皆佛之弟子自行破壞弟子不信則誰當信者譬如獅子身中蟲自食獅子身中肉佛亦無如之何矣世尊所憂正若今日也苟非堅持忍力何能堪此之怨害乎諸聚落城邑下八句頌在處弘宣凡有

求者我皆身到其所說佛所囑之法以是世尊所使仗佛威神故不畏艱難一一善說願佛安隱不以爲慮也以一乘佛性種子其開示在佛其悟入在機故修行之士苟非堅忍不拔之志何由徹悟得到親證實際之地故須善知識調護使其漸進深造此世尊今日付囑護持此經是在緣因佛性也若但念誦文言又何難之有我於世尊下四句結頌領旨前寶塔云我滅度後誰能護持讀說斯經今於佛前自說誓言故此頌旨故請世尊多寶幷分身佛同作證也

妙法蓮華經通義卷第十一

妙法蓮華經通義卷第十二 經文卷五上

明南嶽沙門憨山釋德淸述

安樂行品第十四

此品來意由寶塔品如來專求持經之人其初心得記之衆雖遵佛敕且懼娑婆人多弊惡不敢橫身皆直願往他方弘宣而藥王樂說敬順佛意誓以忍力持之此雖能行然强力忍詬非初心所能亦非持久之計故文殊特爲啓請末世持經之方以教悟守之法故佛爲說四安樂行意謂惡世諸難自我所招苟自有以處之則自然遠離諸難而

不以爲患四行具足乃得悟守之力方盡持經之妙故說髻珠之喻以顯第一之功故此品來也惟此四行品節向以行處近處深心大悲心四法釋之義雖有當臨文未便會通舊解以正身正語正意大悲心四法節文甚明故今從之然此四法以性戒爲主亦若楞嚴由攝心爲戒而入也

爾時文殊師利法王子菩薩摩訶薩白佛言世尊是諸菩薩甚爲難有敬順佛故發大誓願於後惡世護持讀說是法華經世尊菩薩摩訶薩於後惡世云何能說是經

此文殊因上藥王樂說等諸菩薩敬順佛意發願於後世持經故特爲新學菩薩請問持經之法欲令此等各具遠害之方不畏弊惡難事也

佛告文殊師利若菩薩摩訶薩於後惡世欲說是經當安住四法

此世尊因文殊請遂說四安樂行以此弘經可以遠諸患難也四行者正身正語正意大悲然菩薩涉俗利生無過自利利他二行而已三業端正自利之實也大悲一行利他之功也若三業不正來難之端也無慈愍心則致害之由也安可以涉俗

乎此如來垂訓守護家業之嘉範也二行以智爲先導故文殊特請

一者安住菩薩行處親近處能爲衆生演說是經文殊師利云何名菩薩摩訶薩行處若菩薩摩訶薩住忍辱地柔和善順而不卒暴心亦不驚又復於法無所行而觀諸法如實相亦不行不分別是名菩薩摩訶薩行處

此別說四法初正身行也前法師品教持經之法則曰入如來室著如來衣坐如來座如來室者大慈悲心是如來衣者忍辱心是如來座者諸法空是蓋言親近隨順之至也今此四法廣釋前義但行處近處有理事二行然必以忍辱爲第一所謂著如來衣也故行處首言住忍辱地者究竟寂滅之地也忍有生忍無生忍寂滅忍生忍者謂強力忍詬而未能忘我我不忘安能消彼暴戾哉無生忍者謂橫逆之來但觀心本不生雖彼以惡加之而自心不生不爲所動然不動雖安未能忘物故戒勿親近以防惡覺惡習乃爲善入無生也寂滅忍者謂觀自他身心本自寂滅寂滅則心境雙忘了無對待全不見有毀辱之相故能柔和善順而

不卒暴心亦不驚是所謂忍辱地乃入如來室也以彼已寂滅則無毀者亦無受者忍相亦無故曰又復於法無所行若有所行則彼我未忘非寂滅地矣所以不見有所行者以觀法如實相謂當體寂滅本自如如故不見有可行之忍亦不分別所忍之辱此平等不二能所兩忘心行處滅所謂法空爲座理行之妙也是爲行處

云何名菩薩摩訶薩親近處菩薩摩訶薩不親近國王王子大臣官長不親近諸外道梵志尼揵子等及造世俗文筆讚詠外書及路伽耶陀逆路伽耶陀者

亦不親近諸有兇戲相扠相撲及那羅等種種變現之戲。又不親近旃陀羅及畜猪羊雞狗畋獵漁捕諸惡律儀。如是人等。或時來者。則爲說法。無所希望。又不親近求聲聞比丘比丘尼優婆塞優婆夷。亦不問訊。若於房中。若經行處。若在講堂中。不共住止。或時來者。隨宜說法。無所希求。文殊師利。又菩薩摩訶薩。不應於女人身取能生欲想相而爲說法。亦不樂見。若入他家。不與小女處女寡女等共語。亦復不近五種不男之人。以爲親厚。不獨入他家。若有因緣須獨入時。但一心念佛。若爲女人說法。不露齒笑。不現胷

臆。乃至爲法。猶不親厚。況復餘事。不樂畜年少弟子沙彌小兒。亦不樂與同師。常好坐禪。在於閒處。修攝其心。文殊師利。是名初親近處。

此言初親近處。以戒定爲本也。專戒不親不可親之人。恐引惡習。多妨正行。卽楞嚴由三漸次入無生忍之意也。不親近國王等。防染富貴驕恣之習。所以妨正念也。不親諸外道。防邪見之習。妨正見也。梵志出家邪見之人。尼犍子在家邪見之人。言不親世俗文筆等。乃妄言綺語雜論。妨正思惟也。言路伽耶陀者。師破弟子之惡論。逆路伽耶陀弟子破師之惡論。不親。謂妨正知見也。言不親兇險相扠相撲等者。謂防顛倒散亂之習也。那羅延此云力。旃陀羅此云嚴幟。謂以惡自嚴如標幟。此妨寂靜行也。畜猪羊等惡律儀。防殺盜之習也。來者則爲說法。以消惡念。所謂大慈悲心也。不親求聲聞等者。防小乘狹劣之習也。楞伽經云。應捨外道小乘惡見議論。當親近最勝知識。言不問訊。至不共住止者。防漸染之習也。來時則爲說法。化彼狹習。令入大道。所謂入如來室也。不親女人等者。防淫習也。不近不男之人。言非法器。防猥媟邪僻之

習也。不獨入他家。防譏嫌邪染。恐失正念也。爲女人說法。不露齒笑。乃至爲法猶不親厚。防引婬機。破壞戒心也。不畜年少弟子等者。恐妨安樂行也。觀此近處。卽根本戒品。所謂執身不行。執心不起。其三千威儀八萬細行。通不出此。楞嚴經云。因戒生定。因定發慧。常好坐禪。則定依戒立也。是名初親近處。猶屬事行。

復次菩薩摩訶薩。觀一切法空。如實相。不顛倒。不動不退不轉。如虛空無所有性。一切語言道斷。不生不出不起。無名無相實無所有。無量無邊。無礙無障。但

以因緣有。從顛倒生故說。常樂觀如是法相。是名菩薩摩訶薩第二親近處。

此第二近處。以觀照為體。前戒不親近諸惡律儀。深防染習。執心不起。乃無生忍。此觀一切法空。乃寂滅忍。正所謂諸法空為座也。謂觀一切諸法當體空寂。稱眞實相。了無一法可得。不見有顛倒動轉生滅動亂之相也。以觀諸法本自寂靜。故不生不滅。了無動轉。當體如如。故心境如空本無所有。若心境寂滅。則一切寂滅。故言語道斷。如是則無毁我者。亦無受者。以絕對待。故無生出起滅之相。

故曰無名無相。一切皆無。則心言路絕。故無量無邊無礙無障也。以觀諸法雖寂而非斷滅。故但以因緣假合而有。一切皆從顛倒妄想而生。故有言說耳。此乃安心寂滅之境。所謂住忍辱地。故曰常樂觀如是法相。是名第二親近處。惡世持經妙行。無出此矣。雖云正身。其實三業寂靜。總該萬行。涉俗利生。無尚此矣。

爾時世尊欲重宣此義而說偈言。

若有菩薩　於後惡世　無怖畏心　欲說是經
應入行處　及親近處　常離國王　及國王子
大臣官長　兇險戲者　及旃陀羅　外道梵志
亦不親近　增上慢人　貪著小乘　三藏學者
破戒比丘　名字羅漢　及比丘尼　好戲笑者
深著五欲　求現滅度　諸優婆夷　皆勿親近
若是人等　以好心來　到菩薩所　為聞佛道
菩薩則以　無所畏心　不懷希望　而為說法
寡女處女　及諸不男　皆勿親近　以為親厚
亦莫親近　屠兒魁膾　畋獵漁捕　為利殺害
販肉自活　衒賣女色　如是之人　皆勿親近
兇險相撲　種種嬉戲　諸淫女等　盡勿親近

莫獨屏處　為女說法　若說法時　無得戲笑
入里乞食　將一比丘　若無比丘　一心念佛
是則名為　行處近處　以此二處　能安樂說

若有菩薩下。至能安樂說六十句。通頌行處近處也。初六句總標。常離國王下六句。頌不近國王兇戲惡律儀外道四事。亦不親近下二十句。頌不近求小乘等。寡女下四句。頌不近婦女不男等。亦莫親近下十二句。頌不近殺盜婬三事。莫獨下八句。頌不為女人說法。乞食將一比丘。所謂上座阿闍黎。防誤失也。阿難無此。故誤墮耳。一心念佛。所謂心清淨也。是則下四句。總結二處事行。

又復不行　上中下法　有爲無爲　實不實法
亦不分別　是男是女　不得諸法　不知不見
是則名爲　菩薩行處　一切諸法　空無所有
無有常住　亦無起滅　是名智者　所親近處
顚倒分別　諸法有無　是實非實　是生非生
在於閒處　修攝其心　安住不動　如須彌山
觀一切法　皆無所有　猶如虛空　無有堅固
不生不出　不動不退　常住一相　是名近處
若有比丘　於我滅後　入是行處　及親近處

說斯經時　無有怯弱　菩薩有時　入於靜室
以正憶念　隨義觀法　從禪定起　爲諸國王
王子臣民　婆羅門等　開化演暢　說斯經典
其心安隱　無有怯弱　文殊師利　是名菩薩
安住初法　能於後世　說法華經

又復不行下三十二句。通頌二處理行。初十句頌於法無所行等。謂其心寂止。不起分別也。言不得諸法。謂無一法可當情故。若不知不見也。此頌行處理行。一切諸法下二十二句。頌近處理行。空無所有等。頌觀一切法空。無所有。如實相等。以心言路絕。故其心安住不動也。觀一切下。頌觀一切法。如虛空義。以諸法如空。故常住一相。若有比丘下六句。結頌二處。釋上能安樂說。以心無怯弱。故安樂耳。菩薩有時下十二句。頌無怯弱之所以。謂菩薩時入禪定。隨義觀法。言如理觀察。得諸法正性。以從定起說經。所以心安無怯也。文殊師利下五句。結頌正身行也。

又文殊師利。如來滅後。於末法中。欲說是經。應住安樂行。若口宣說。若讀經時。不樂說人及經典過。亦不輕慢諸餘法師。不說他人好惡長短。於聲聞人。亦不

稱名說其過惡。亦不稱名讚歎其美。又亦不生怨嫌之心。善修如是安樂心故。諸有聽者。不逆其意。有所難問。不以小乘法答。但以大乘而爲解說。令得一切種智。

此正語行也。應住安樂行者。卽上二處。如理觀察。無分別心。然後稱理而說。故無口過也。不說經典過。以達諸法實相。乃佛隨宜所說。故不言其法有過。過者。謂偏空跛驢智慧等也。不慢餘師。以無人我相。故不言人之過也。於聲聞人。不稱名說過。以二乘權教。爲如來方便施設也。不稱名讚歎。恐其

執化城爲寶所也。不生怨嫌之心。以不見有毀我者也。諸有問者。但以大乘法答。令得種智。此大慈悲心也。如此可謂善修安樂行矣。

爾時世尊欲重宣此義而說偈言

菩薩常樂　安隱說法　於淸淨地　而施牀座
以油塗身　澡浴塵穢　著新淨衣　內外俱淨
安處法座　隨問爲說　若有比丘　及比丘尼
諸優婆塞　及優婆夷　國王王子　羣臣士民
以微妙義　和顏爲說　若有難問　隨義而答
因緣譬喻　敷演分別　以是方便　皆使發心

漸漸增益　入於佛道　除懶惰意　及懈怠想
離諸憂惱　慈心說法　晝夜常說　無上道教
以諸因緣　無量譬喻　開示衆生　咸令歡喜
衣服臥具　飮食醫藥　而於其中　無所希望
但一心念　說法因緣　願成佛道　令衆亦爾
是則大利　安樂供養　我滅度後　若有比丘
能演說斯　妙法華經　心無嫉恚　諸惱障礙
亦無憂愁　及罵詈者　又無怖畏　加刀杖等
亦無擯出　安住忍故　智者如是　善修其心
能住安樂　如我上說　其人功德　千萬億劫
算數譬喻　說不能盡

此頌正語行也。菩薩常樂下三十六句。通頌正語行。初十句安隱說法。言內外俱淨也。安隱內淨其心也。淨地油塗澡浴淨衣。外淨也。香油塗身。乃蘇合油。西域以此塗身。取其香而潔也。安處法座。所謂法空爲座。則內外俱空矣。隨問爲說。言不逆其意也。若有比丘下二十六句。頌說法之儀式也。四衆國王等。求法之人也。以微妙義。謂但說大乘實相之法也。和顏則樂說。隨義而答。應機而說也。皆使發心等。謂大慈悲也。除懶惰懈怠。則勇猛精進。

以法自娛。故離諸憂惱。晝夜常說。則精進之至。咸令歡喜。所謂示教利喜也。衣服臥具下十句。頌淸淨說法。不希利養也。願成佛道。則以法爲供。所謂諸供養中法供養最。謂以法爲樂。則自受安樂供養。故無外慕耳。我滅度後下十二句。頌廣前品忍行。以心主於忍。故口無語過。所以能遠諸害也。蓋言諸難皆從自心不忍而致。以安住於忍。所謂兵無所容其刃。以無死地。故一切皆無矣。智者如是下八句。結頌正語行也。謂菩薩善修其心。能住安樂。則自無諸難。法利益廣。受化益多。故功德無窮。

說不能盡也

又文殊師利菩薩摩訶薩於後末世法欲滅時受持讀誦斯經典者無懷嫉妒諂誑之心亦勿輕罵學佛道者求其長短若比丘比丘尼優婆塞優婆夷求聲聞者求辟支佛者求菩薩道者無得惱之令其疑悔語其人言汝等去道甚遠終不能得一切種智所以者何汝是放逸之人於道懈怠故又亦不應戲論諸法有所諍競當於一切衆生起大悲想於諸如來起慈父想於諸菩薩起大師想於十方諸大菩薩常應深心恭敬禮拜於一切衆生平等說法以順法故不

多不少乃至深愛法者亦不爲多說文殊師利是菩薩摩訶薩於後末世法欲滅時有成就是第三安樂行者說是法時無能惱亂得好同學共讀誦是經亦得大衆而來聽受聽已能持持已能誦誦已能說說已能書若使人書供養經卷恭敬尊重讚歎

此正意行也意根諸惡煩惱三毒爲最嫉妒嗔也諂媚於上誑惑於衆貪與癡也輕罵學佛道者求其長短恐其勝已三毒發業也以末法惡世三毒熾盛之時持經之人本爲化彼強暴爾乃自以三毒逆之所謂以火益火名曰溢多安可以爲善故戒持經自淨其心與法相應也若比丘等謂四衆有求三乘之道者毋矜已爲大乘學者而惱亂彼人令其疑悔返失本行也當以慈悲調伏攝化漸進可也語其人言下惱亂之語也既不能調攝而以逆言加之譏其所學去道甚遠不得種智又責其放逸此言是而心非故觸動彼心多生誹謗是自致之也戲論諸法謂分別大小乘法空有偏圓致起諍競是皆發於三毒意根未淨所以不能住安樂行也當於一切衆生下正教持經之法當以慈悲爲首也衆生迷倒悲愍之心如一子地當想

如來之慈如父之等愛一子則無厭倦之心矣菩薩乃善學佛行專於利生之人當如師保之想以法其行故於十方菩薩常應深心恭敬禮拜也於一切衆生下教以持經調攝之行也平等說法則不以貴賤智愚高下其心謂以平等大悲而說也順法謂離四謗以有是增益謗無是損減謗亦無亦有相違謗非有非無戲論謗以稱法性而說則離此諸過故云不多不少深愛法者不爲多說如慈母之養嬰兒不多與兒酥恐食不消返生毒也末世持經能住此行則無能惱亂之人所謂善修

其心也。如此則得朋同學。得衆來聽。使法利漸廣。六種之功德自備。此實持經之妙行也。有人如此。孰不樂從其化。豈有怨害之事哉。是所謂眞安樂行矣。

爾時世尊欲重宣此義而說偈言。

若欲說是經　當捨嫉恚慢　諂誑邪僞心
常修質直行　不輕蔑於人　亦不戲論法
不令他疑悔　云汝不得佛　是佛子說法
常柔和能忍　慈悲於一切　不生懈怠心
十方大菩薩　愍衆故行道　應生恭敬心

是則我大師　於諸佛世尊　生無上父想
破於憍慢心　說法無障礙　第三法如是
智者應守護　一心安樂行　無量衆所敬

此若欲下四句。頌初節質直行。謂直心正念眞如法故。則意根三毒等煩惱自捨矣。不輕蔑下四句。頌第二節輕蔑。眇忽之義。正長行譏其去道甚遠。謂輕忽之也。是佛子下十二句。頌第三節。然通以忍爲主也。故曰常柔和能忍。想佛如父。敬菩薩如師。所以破自己憍慢之心。故說法自無障礙耳。第三法下。結頌。

又文殊師利。菩薩摩訶薩於後末世法欲滅時有持是法華經者。於在家出家人中生大慈心。於非菩薩人中生大悲心。應作是念。如是之人。則爲大失。如來方便隨宜說法。不聞不知不覺不問不信不解。其人雖不問不信不解是經。我得阿耨多羅三藐三菩提時。隨在何地。以神通力智慧力引之。令得住是法中。文殊師利。是菩薩摩訶薩於如來滅後有成就此第四法者。說是法時無有過失。

此大慈悲行也。前三行。即著如來衣。坐如來座。此一行所謂入如來室也。前法師品但教菩薩法。略

舉要行。今此品則廣釋前義耳。然慈能與樂。悲能拔苦。在家出家有能信受此法者。則增益其法樂。故生大慈心。非菩薩乃不信闡提之人。當愍其愚迷而調伏誘引。令生正信。以拔其苦。故生大悲心。應作是念下。出其悲愍之意。於不信之人。愍其大失。所以失者。於如來隨宜所說之妙法。一向不聞。故不知不覺。且執愚自是。故不問。以不聞故不信不解。彼旣顓愚如此。我終不棄。當成佛時。隨在何地。必欲以神通智慧引之。令得住是法中。使其正因不失。終有成佛之分。此大慈悲之至也。末世持

經具如是四行說法。乃能離諸過失。以妙契佛心。所謂行如來事也。

常爲比丘。比丘尼。優婆塞。優婆夷。國王。王子。大臣。人民。婆羅門。居士等供養恭敬尊重讚歎。虛空諸天。爲聽法故。亦常隨侍。若在聚落城邑空閑林中。有人來欲難問者。諸天晝夜常爲法故而衛護之。能令聽者皆得歡喜。所以者何。此經是一切過去未來現在諸佛神力所護故。文殊師利。是法華經於無量國中。乃至名字不可得聞。何況得見受持讀誦。

此通結四行之勝益也。言持經之人。具此四行。則

爲四眾國王等之所供養尊重讚歎。況有毀謗之辱乎。虛空諸天常隨守護。豈有魔撓之事乎。若處無人之境。儻有生心難問者。以諸天衛護神力使聽者歡喜安有惱害所加乎。前云我遣諸天龍神常爲守護。以此經一切三世諸佛神力所護。是知諸天晝夜常守者。乃如來所遣也。以行契佛行。故諸佛護念如此也。以此妙法華經無量國中。名字尚不得聞。何況得見受持讀誦。以法之難遇。故持經者固當愼重。是諸佛之慧命。人天之眼目。故不得不護念。若不聞不信。豈非大失耶。

文殊師利。譬如强力轉輪聖王。欲以威勢降伏諸國。而諸小王不順其命。時轉輪王起種種兵而往討伐。王見兵眾戰有功者。卽大歡喜。隨功賞賜。或與田宅聚落城邑。或與衣服嚴身之具。或與種種珍寶金銀琉璃硨磲碼碯珊瑚琥珀象馬車乘奴婢人民。唯髻中明珠不以與之。所以者何。獨王頂上有此一珠。若以與之。王諸眷屬必大驚怪。

此設輪王髻珠之喻。以況此經不妄與人也。佛王三界。稱曰大雄。以能破諸有。故强力輪王威伏諸國。譬力破諸有也。小王不順命。譬五陰煩惱生死

諸魔。背覺合塵。不順覺性也。如來出世。爲一大事。特爲攝伏諸魔。故現身說法。始從鹿苑說有。破凡夫執生死之苦。次說般若談空。破二乘厭有之見。次說深密和會空有。破二乘之偏執。次說楞伽直指識藏卽如來藏。頓見佛性。破二乘之權行。是則四十年中所說諸經。以無量無數種種方便。以破三乘之執情。故云起種種兵而往討伐。討謂聲其罪。伐謂破其國。乃彈呵二乘破涅槃城也。然三乘聞法。各有所證。故譬兵眾有功。論功賞賜也。田地以至奴婢人民等。皆三乘果位功德利用之事也。

獨王髻中明珠不與。譬不即為說此法華經也。所以不說者。恐衆驚疑。故不輕說。如髻珠不敢輕賜也。

文殊師利。如來亦復如是。以禪定智慧力得法國土。王於三界。而諸魔王不肯順伏。如來賢聖諸將與之共戰。其有功者。心亦歡喜。於四衆中為說諸經。令其心悅。賜以禪定解脫無漏根力諸法之財。又復賜與涅槃之城。言得滅度。引導其心。令皆歡喜。而不為說是法華經。文殊師利。如轉輪王見諸兵衆有大功者。心甚歡喜。以此難信之珠久在髻中不妄與人。而今

與之。如來亦復如是。於三界中為大法王。以法教化一切衆生。見賢聖軍與五陰魔煩惱魔死魔共戰有大功勳。滅三毒。出三界。破魔網。爾時如來亦大歡喜。此法華經能令衆生至一切智。一切世間多怨難信。先所未說而今說之。文殊師利。此法華經是諸如來第一之說。於諸說中最為甚深。末後賜與。如彼強力之王久護明珠今乃與之。文殊師利。此法華經諸佛如來秘密之藏。於諸經中最在其上。長夜守護不妄宣說。始於今日乃與汝等而敷演之。

此法合也。如來亦復如是。合首節。其有功者下。合次節。如轉輪王下。重牒其喻明獨髻珠不與。如來亦復如是下。重合次節。明諸經皆說。獨不說法華者。以難信故。先所未說而今說之。是為希有難信之法。如輪王解髻珠以賜。非上功者不能居也。故云此經是諸如來第一之說。故末後乃與。正如髻珠以待大功也。此法華經諸佛如來秘密之藏。結顯佛於生死長夜守護四十餘年。以待機也。

爾時世尊欲重宣此義而說偈言。

常行忍辱　哀愍一切　乃能演說　佛所讚經
後末世時　持此經者　於家出家　及非菩薩

應生慈悲　斯等不聞　不信是經　則為大失
我得佛道　以諸方便　為說此法　令住其中
譬如強力　轉輪之王　兵戰有功　賞賜諸物
象馬車乘　嚴身之具　及諸田宅　聚落城邑
或與衣服　種種珍寶　奴婢財物　歡喜賜與
如有勇健　能為難事　王解髻中　明珠賜之
如來亦爾　為諸法王　忍辱大力　智慧寶藏
以大慈悲　如法化世　見一切人　受諸苦惱
欲求解脫　與諸魔戰　為是衆生　說種種法
以大方便　說此諸經　既知衆生　得其力已

末後乃爲　說是法華　如王解髻　明珠與之
此經爲尊　衆經中上　我常守護　不妄開示
今正是時　爲汝等說　我滅度後　求佛道者
欲得安隱　演說斯經　應當親近　如是四法
讀是經者　常無憂惱　又無病痛　顏色鮮白
不生貧窮　卑賤醜陋　衆生樂見　如慕賢聖
天諸童子　以爲給使　刀杖不加　毒不能害
若人惡罵　口則閉塞　遊行無畏　如師子王
智慧光明　如日之照

此常行忍辱下四句通頌忍行爲本。後末世下十

二句。頌慈悲行。令住其中。謂令安住寂滅法中也。譬如强力下十六句。頌譬喻。如來亦爾下二十句。頌法合。法王以忍辱大力而說法。故持經妙行。必以忍辱爲最勝也。此經爲尊下六句。頌此經尊上。我滅度後下六句。頌結答問意。讀是經者下十四句。頌持經者能離障遠害也。遊行無畏下四句。頌持經之人無畏。光明者。以心與法一。故正大無畏若此也。

若於夢中　但見妙事　見諸如來　坐師子座
諸比丘衆　圍繞說法　又見龍神　阿脩羅等
數如恒沙　恭敬合掌　自見其身　而爲說法
又見諸佛　身相金色　放無量光　照於一切
以梵音聲　演說諸法　佛爲四衆　說無上法
見身處中　合掌讚佛　聞法歡喜　而爲供養
得陀羅尼　證不退智　佛知其心　深入佛道
卽爲授記　成最正覺　汝善男子　當於來世
得無量智　佛之大道　國土嚴淨　廣大無比
亦有四衆　合掌聽法　又見自身　在山林中
修習善法　證諸實相　深入禪定　見十方佛
諸佛身金色　百福相莊嚴　聞法爲人說

常有是好夢　又夢作國王　捨宮殿眷屬
及上妙五欲　行詣於道場　在菩提樹下
而處師子座　求道過七日　得諸佛之智
成無上道已　起而轉法輪　爲四衆說法
經千萬億劫　說無漏妙法　度無量衆生
後當入涅槃　如煙盡燈滅

此頌持經之勝益也。若於夢中但見妙事者。以持經之人。心與理冥。習消垢淨。如水淸月現。故妙境現前。此勝益之應也。見諸如來等十六句。頌夢中妙事。見佛爲衆說法。又見龍神聽自說法。又見佛

放光說法佛爲四衆下十二句又見佛說法自身處會聞法得總持證不退具足因行佛知其心故爲授記汝善男子下八句言授記之事又見自身下十句言得記之後見自身在山修行證實相得禪定定中又見佛金色莊嚴之身見已從佛聞法轉爲人說又夢作國王下十六句言夢作國王捨其國位往詣道場求道七日遂得佛智成無上道乃至說法千萬億劫度諸衆生化緣既畢當入涅槃此一夢之中始終見佛聞法悟道蒙佛授記及授記後又夢見捨國位求菩提乃至一生成佛終

至入於涅槃且經千萬億劫之久而歷歷事皆如前白毫光中所現諸佛始終一大事因緣者蓋未曾開佛知見則佛以光相示其成佛始終不離現前一念令其了然明見今聞妙法既已開佛知見因持經之益則自見成佛始終卽億劫長久只在當人一念不離刹那際令其自信不疑也然此約夢說所謂生死涅槃猶如昨夢意令持經之人四行成就當觀諸法如夢中事空無所有了不可得此深證實相三昧者之勝益也奇哉奇哉夢中見佛聞法悟道又夢入定定中說法利人乃至捨位求道至成佛度生及入涅槃經無量劫之久是雖夢事豈常情可測識哉華嚴古今一際延促同時具見於此以三百餘言敘無盡之事非佛妙辯何能若此

若後惡世中　說是第一法　是人得大利
如上諸功德

此頌結四行之勝益也

妙法蓮華經通義卷第十二

妙法蓮華經通義卷第十三 經文卷五中

明南嶽沙門憨山釋德清述

從地涌出品第十五

此品來意。以顯自心發悟恆沙性德現前。乃盡持經之妙行也。由前得記聲聞。雖願持經。自力不充。難入生死險道。要假他力。所以佛令菩薩調護。於心有所未安。今從他方來有八恆河沙數菩薩各願守護持此經者。世尊止而不許者何也。以從外來。故宗門所謂從門入者不是家珍。向自已胸中流出。方始蓋天蓋地。故云我自有六萬恆河沙眾。

從地涌出。體用雙彰。故眷屬同等。以此性德持經。方能妙契法身。故詣虛空。向二世尊。至此則生滅見謝。延促同時。故五十小劫。謂如半日。以此稱性成行。故四上首皆以行名。意顯如此持經。方稱如來本懷。蓋由安樂四行成就所致也。以性德現前。殊非心識分別可知。故彌勒與八千恆河沙眾。皆生疑心。乃云不識一人。故與諸佛侍者同時請問也。此非小緣。故先勉以被精進鎧。發堅固意。乃可信受。而如來自言。今欲顯發宣示諸佛智慧。自在神通之力。師子奮迅之力。威猛大勢之力。諸佛本懷。盡在於此。豈細事哉。然世尊告以此諸大眾。皆是如來成道已來初令發心所教化者。故彌勒大眾皆起疑心。以眼見世尊成道。四十年來所教化者。盡在靈山一會。而此地涌之眾。昔所未見也。且我等向蒙佛教。今尚如此劣解。而此大眾皆久植德本。深種善根者。何以少時化此多眾。故說父少子老之喻。以述疑情。此從地涌出。以顯迹妙。如來壽量。特顯本妙。以祛二乘執跡之見。以明法身常住。不屬生滅。故此品連壽量。次第而來也。

爾時他方國土諸來菩薩摩訶薩。過八恆河沙數。於

大眾中起。合掌作禮。而白佛言。世尊。若聽我等於佛滅後。在此娑婆世界。勤加精進。護持讀誦書寫供養是經典者。當於此土而廣說之。爾時佛告諸菩薩摩訶薩眾。止。善男子。不須汝等護持此經。所以者何。我娑婆世界自有六萬恆河沙等菩薩摩訶薩。一一菩薩各有六萬恆河沙眷屬。是諸人等。能於我滅後護持讀誦廣說此經。

此他方菩薩願在娑婆持此經典。佛止而不許者。佛意欲持此經。須在性德自足。不假於外。將顯本迹微妙。以彰法身常住。不屬生滅去來也。故云不

須汝等我自有六萬恆河沙等眷屬護持廣說此經也。菩薩之數皆以六萬言者，意表六識成智則恆沙性德當下現前。所謂自性宗通妙用無極。若寄他六識則落名言分別，非持經之妙，故他不足恃也。

佛說是時，娑婆世界三千大千國土地皆振裂，而於其中有無量千萬億菩薩摩訶薩同時涌出。是諸菩薩身皆金色三十二相，無量光明，先盡在此娑婆世界之下，此界虛空中住。是諸菩薩聞釋迦牟尼佛所說音聲從下發來。

此應佛所言自有六萬恆沙之眾同時從地涌現其前也。言三千國土地皆振裂而涌出者，謂地本一眞法界，向以無明感結故性德隱而不顯。今佛法音一至則頓破無明而自性全彰，妙悟自心故恆沙性德總在心源，妙用無邊。如是則可持經。非他分別名言者比，故不須他方者此也。菩薩皆具佛相者，以德用無二也。以是本覺妙明心體故身皆金色無量光明也。世界依法性空故在此世界下方虛空中住也。以始覺有功本覺乃顯，故聞佛音聲從下發來，意顯音聞為教體也。

一一菩薩皆是大眾唱導之首，各將六萬恆河沙眷屬。況將五萬四萬三萬二萬一萬恆河沙等眷屬者。況復乃至一恆河沙、半恆河沙、四分之一，乃至千萬億那由他分之一。況復千萬億那由他眷屬。況復億萬眷屬。況復千萬百萬乃至一萬。況復一千一百乃至一十。況復將五四三二一弟子者。況復單己樂遠離行。如是等比無量無邊，算數譬喻所不能知。

此言諸來菩薩各將眷屬多寡之不一也。謂所將者有齊沙數漸少至姟數，有姟數漸少至單己。而單己無眷屬者又過恆沙數之多。意顯數量無窮。

且伴主之不同，體用之不等也。

是諸菩薩從地出已，各詣虛空七寶妙塔多寶如來釋迦牟尼佛所。到已，向二世尊頭面禮足，及至諸寶樹下師子座上佛所，亦皆作禮，右繞三帀，合掌恭敬，以諸菩薩種種讚法而以讚歎，住在一面，欣樂瞻仰於二世尊。是諸菩薩摩訶薩從初涌出，以諸菩薩種種讚法而讚於佛。如是時間經五十小劫。是時釋迦牟尼佛默然而坐，及諸四眾亦皆默然五十小劫。佛神力故，令諸大眾謂如半日。爾時四眾亦以佛神力故，見諸菩薩徧滿無量百千萬億國土虛空。

此言涌出之衆見佛之儀也。言各詣虛空向二世尊者。謂入法界空。妙契法身也。種種讚法而讚於佛如是時間經五十小劫。大衆謂如半日者。言深證實相。入法界性。則延促同時。大經云。一念普觀無量劫。無去無來亦無住。所謂十世古今。始終不離當念。了無延促之相也。四衆以佛神力見諸菩薩徧滿虛空者。所謂無邊刹境自他不隔於毫端。以法界性空。無作妙力非三乘可見。故假佛神力乃見也。

是菩薩衆中有四導師。一名上行。二名無邊行。三名

淨行。四名安立行。是四菩薩。於其衆中最爲上首唱導之師。在大衆前各共合掌觀釋迦牟尼佛而問訊言。世尊。少病少惱安樂行不。所應度者受教易不。不令世尊生疲勞耶。

爾時四大菩薩而說偈言。

世尊安樂　少病少惱　教化衆生　得無疲惓
又諸衆生　受化易不　不令世尊　生疲勞耶

此言來衆上首問訊世尊者。親近隨順覺性之象。持經以妙行爲首。故皆名行也。問訊之辭言病惱疲勞者。以見釋尊示現與民同患。且徵娑婆弊惡難可敎化也。

爾時世尊於菩薩大衆中而作是言。如是如是。諸善男子。如來安樂少病少惱。諸衆生等易可化度。無有疲勞。所以者何。是諸衆生世世已來常受我化。亦於過去諸佛恭敬尊重種諸善根。此諸衆生始見我身聞我所說。卽皆信受入如來慧。除先修習學小乘者。如是之人。我今亦令得聞是經入於佛慧。

此如來荅衆問訊之辭。正顯本之妙也。言此衆生世世受化。則法緣已熟。供養多佛。則集福已厚。此證大通往昔之緣因。故今一見佛聞法。卽入佛慧。

是指上根利智之菩薩也。除先修習小乘者。今因聞此經亦令入佛慧。是知佛化衆生端在有緣。凡今不信弊惡之人。未下緣種。故今重在持經爲結將來之緣。所以如來汲汲求人。然所求之人。須是妙契佛心深體佛行。乃能忍可奈緣。所以難得其人耳。

爾時諸大菩薩而說偈言。

善哉善哉　大雄世尊　諸衆生等　易可化度
能問諸佛　甚深智慧　聞已信行　我等隨喜

於時世尊讚歎上首諸大菩薩。善哉善哉善男子。汝

等能於如來發隨喜心。

此來衆聞說化衆易度。故亦各發心。故云我等隨喜。世尊讚衆有隨喜心。善其法有託也。

爾時彌勒菩薩及八千恆河沙諸菩薩衆皆作是念。我等從昔已來不見不聞如是大菩薩摩訶薩衆從地涌出住世尊前合掌供養問訊如來時彌勒菩薩摩訶薩知八千恆河沙諸菩薩等心之所念幷欲自決所疑合掌向佛以偈問曰。

此彌勒因衆騰疑致問來衆之因緣也。言八千生疑者。顯八識未破之象也。謂此性德妙用。殊非識

心分別可知。故皆生疑。故云不見不聞也。彌勒乃唯識宗師。知衆心念。故爲衆請決所疑。以偈問也。

無量千萬億　大衆諸菩薩　昔所未曾見
願兩足尊說　是從何所來　以何因緣集

此問大衆來集之因緣也。

巨身大神通　智慧叵思議　其志念堅固
有大忍辱力　衆生所樂見　爲從何所來

此見來衆表裏異常。不知從何所來也。

一一諸菩薩　所將諸眷屬　其數無有量
如恆河沙等　或有大菩薩　將六萬恆沙
如是諸大衆　一心求佛道　是諸大師等
六萬恆河沙　俱來供養佛　及護持是經
將五萬恆沙　其數過於是　四萬及三萬
二萬至一萬　一千一百等　乃至一恆沙
半及三四分　億萬分之一　千萬那由他
萬億諸弟子　乃至於半億　其數復過上
百萬至一萬　一千及一百　五十與一十
乃至三二一　單已無眷屬　樂於獨處者
俱來至佛所　其數轉過上

此問來衆主伴多少不一也。將六萬恆沙。至億萬

分之一。乃敘所將之伴。將少者反過於將多者也。先約沙數而問千萬那由他。此約姟數而問。由將姟數以至單已。漸少者反多於將多者。譯文最巧。思之乃見。但觀結句。其數過上。則挨次而下。漸多於上也。

如是諸大衆　若人行籌數　過於恆沙劫
猶不能盡知　是諸大威德　精進菩薩衆
誰爲其說法　教化而成就　從誰初發心
稱揚何佛法　受持行誰經　修習何佛道

此詳問來衆誰所教化也。以從地涌出。則非常所

見且在下方空中而住又非可見故生疑也以見此多眾威儀智慧各各殊勝意非一佛一時所化故詳問誰為說法教化從誰發心稱何法持何經修習何佛道乃能如是之挺特也即此數問發起壽量之說也

如是諸菩薩　神通大智力　四方地振裂
皆從中涌出　世尊我昔來　未曾見是事
願說其所從　國土之名號　我常遊諸國
未曾見是眾　我於此眾中　乃不識一人
忽然從地出　願說其因緣　今此之大會

無量百千億　是諸菩薩等　皆欲知此事
是諸菩薩眾　本末之因緣　無量德世尊
惟願決眾疑

此問雖見從地涌出而竟不知從何乃自地下而來也故問所從來國土之名古德云渠無國土何處逢渠故云所遊諸國未曾見是眾也今此大眾欲知此眾之因緣故願世尊決疑也

爾時釋迦牟尼分身諸佛從無量千萬億他方國土來者在於八方諸寶樹下師子座上結跏趺坐其佛侍者各各見是菩薩大眾於三千大千世界四方從地涌出住於虛空各白其佛言世尊此諸無量無邊阿僧祇菩薩大眾從何所來爾時諸佛各告侍者諸善男子且待須臾有菩薩摩訶薩名曰彌勒釋迦牟尼佛之所授記次後作佛已問斯事佛今答之汝等自當因是得聞

此隨分身佛之弟子各白本佛亦疑而問也

爾時釋迦牟尼佛告彌勒菩薩善哉善哉阿逸多乃能問佛如是大事汝等當共一心被精進鎧發堅固意如來今欲顯發宣示諸佛智慧諸佛自在神通之力諸佛師子奮迅之力諸佛威猛大勢之力

此釋尊許答先勉眾精進者以其事之難信也彌勒號阿逸多云無能勝大事者謂諸佛智慧神通奮迅威猛及顯化地涌多眾之因緣皆大事也今將宣示非精進者不能領故勉之也諸佛智慧前云甚深無量但略拈示之耳一往開示即今言至久遠成佛教化多眾及下壽量等事皆廣顯佛智甚深無量也諸佛自在神通之力者如前三變淨土接眾在空以指開塔及後云舌至梵天謦欬彈指聲震大千等皆自在神通之力也諸佛師子奮迅之力者師子凡奮迅作舞不遺餘力如一音普

說分身齊集。說壽量之本。皆直示法身全體無有剩法。故如師子奮迅也。諸佛威猛大勢之力者。謂化地涌之多衆。拔三乘之堅壘。降五陰煩惱之衆魔。皆威猛大勢之力也。此四句。佛自述本具之能事。推之諸佛。顯道同也。佛之全體大用。一向秘而未發。今因地涌之衆。方談壽量功德等事。是皆難信。故勉其被精進鎧。可信受而不驚疑也。告彌勒補處者。欲為當來法式故也。

爾時世尊欲重宣此義而說偈言。

當精進一心　我欲說此事　勿得有疑悔

佛智叵思議　汝今出信力　住於忍善中
昔所未聞法　今皆當得聞　我今安慰汝
勿得懷疑懼　佛無不實語　智慧不可量
所得第一法　甚深叵分別　如是今當說
汝等一心聽

此頌許說勉聽也。此事。乃智慧神通等四事。以非尋常。故難信易疑。四事總屬佛之智慧。故云佛智叵思議。若信無力。則信不及矣。忍善中。謂住無生忍中。乃可信而不疑也。今所說者。是佛智慧。不可思量。第一甚深不可分別之法。而今說之。故再三安慰勿疑。勉其信力善聽也。

爾時世尊說此偈已。告彌勒菩薩。我今於此大衆宣告汝等。阿逸多。是諸大菩薩摩訶薩。無量無數阿僧祇。從地涌出。汝等昔所未見者。我於是娑婆世界得阿耨多羅三藐三菩提已。教化示導是諸菩薩。調伏其心。令發道意。此諸菩薩。皆於是娑婆世界之下。此界虛空中住。於諸經典讀誦通利。思惟分別正憶念。阿逸多。是諸善男子等。不樂在衆多有所說。常樂靜處。勤行精進。未曾休息。亦不依止人天而住。常樂深智。無有障礙。亦常樂於諸佛之法。一心精進。求無上慧。

此佛答彌勒所問也。言此地涌之衆。皆是我於娑婆世界成佛已來之所教化。此答誰為說法教化成就。從誰發心也。此界虛空中住。言不離當下。答所從來國也。於諸經典讀誦通利正憶念者。答受持行誰經。言諸經皆通。不止一經。謂一切法皆是佛法也。不樂在衆等者。答修習何佛道。言皆從止觀而入佛慧也。常樂靜處。亦不依止人天而住。修習止也。古德云。我不從人天來。論云。修習止者。不依形色身心世界等。一切皆離故也。常樂深智等。

修習觀也。觀照分明。則法法實相。意謂一切菩薩凡求佛道。未有不由止觀而入者。下方空中止示止觀之象。顯非止觀。不足以破恆沙住地煩惱。即從地涌出者此也。

爾時世尊欲重宣此義而說偈言。

阿逸汝當知　是諸大菩薩　從無數劫來
修習佛智慧　悉是我所化　令發大道心
此等是我子　依止是世界　常行頭陀事
志樂於靜處　捨大眾憒鬧　不樂多所說
如是諸子等　學習我道法　晝夜常精進

為求佛道故　在娑婆世界　下方空中住
志念力堅固　常勤求智慧　說種種妙法
其心無所畏　我於伽耶城　菩提樹下坐
得成最正覺　轉無上法輪　爾乃教化之
令初發道心　今皆住不退　悉當得成佛
我今說實語　汝等一心信　我從久遠來
教化是等眾

此頌答意也。首六句。頌答誰為教化。從誰發心。此等是我子下八句。頌答受持誰經。修習何道。此言止也。晝夜常精進下六句。頌答所從來國。亦言觀也。以為求佛道故住空中。勤求智慧故。說種種妙法。言已入佛慧。心無所畏。言二嚴已具。此二句頌其德也。我於伽耶城下八句。頌本末因緣。伽耶成道。言雖近跡。教化成道。意指遠因。故彌勒從此起疑。說父少子老之喻。以發起壽量之談。以顯本也。我今說實語下四句。結答問意。既云令初發心。又言久遠教化以成佛。事近而又言遠。是事難信。故以實語叮嚀。意在勿疑必信。此必有由也。故大眾生疑。

爾時彌勒菩薩摩訶薩及無數諸菩薩等。心生疑惑。

怪未曾有。而作是念。云何世尊於少時間教化如是無量無邊阿僧祇諸大菩薩。令住阿耨多羅三藐三菩提。即白佛言。世尊。如來為太子時。出於釋宮。去伽耶城不遠。坐於道場。得成阿耨多羅三藐三菩提。從是已來。始過四十餘年。世尊云何於此少時大作佛事。以佛勢力。以佛功德。教化如是無量大菩薩眾。當成阿耨多羅三藐三菩提。世尊。此大菩薩眾。假使有人於千萬億劫數不能盡。不得其邊。斯等久遠已來。於無量無邊諸佛所植諸善根。成就菩薩道。常修梵行。世尊。如此之事。世所難信。

此言衆生疑也。意謂世尊成道未久。如何敎化如是多衆。各各令住菩提。此跡近而指遠。故可疑也。但衆作念。而彌勒言請。謂見如來爲太子時出家成道。至今方四十餘年。其時甚少。此執近跡也。云何少時而化多衆。當成菩提。其指甚遠。固可疑也。況此諸菩薩皆久植德本。非少時之可成就。此事世所難信也。

譬如有人。色美髮黑。年二十五。指百歲人。言是我子。其百歲人。亦指年少。言是我父。生育我等。是事難信。

此設喩以況少時不能敎化多衆之疑也。年二十五言甚少。百歲言甚老。少喩釋尊。老喩地涌多衆。相違之甚。故舉世所疑。

佛亦如是。得道已來。其實未久。而此大衆諸菩薩等。已於無量千萬億劫爲佛道故。勤行精進。善入出住無量百千萬億三昧。得大神通。久修梵行。善能次第習諸善法。巧於問答。人中之寶。一切世間甚爲希有。今日世尊方云。得佛道時。初令發心。敎化示導。令向阿耨多羅三藐三菩提。世尊得佛未久。乃能作此大功德事。

此法合也。得道未久。合父少。而此大衆至甚爲希有。合子老。今日世尊作此大功德事。合相違。言此菩薩善入出住無量三昧。且此大衆未見作爲。而彌勒乃言其各得三昧。如此妙用自在者。又非不知也。故下自言信佛所說。

我等雖復信佛隨宜所說。佛所出言未曾虛妄。佛所知者皆悉通達。然諸新發意菩薩。於佛滅後若聞是語。或不信受。而起破法罪業因緣。唯然世尊。願爲解說。除我等疑。及未來世諸善男子。聞此事已。亦不生疑。

此爲後世請決疑也。彌勒自陳從佛既久。信佛所說。然佛所知者皆悉通達。則無所不知。而信知此事。決無疑矣。但恐新學菩薩智淺心麤。及佛滅後。聞而不信。則取破法之罪。故願佛說破。所以懇請。若如來不以壽量答之。則長夜之疑難決矣。故地涌之衆。實發壽量之本也。

爾時彌勒菩薩欲重宣此義而說偈言。

佛昔從釋種　出家近伽耶　坐於菩提樹
爾來尚未久　此諸佛子等　其數不可量
久已行佛道　住於神通力　善學菩薩道
不染世間法　如蓮華在水　從地而涌出

皆起恭敬心　住於世尊前　是事難思議
云何而可信　佛得道甚近　所成就甚多
願爲除衆疑　如實分別說　譬如少壯人
年始二十五　示人百歲子　髮白而面皺
是等我所生　子亦說是父　父少而子老
舉世所不信　世尊亦如是　得道來甚近
是諸菩薩等　志固無怯弱　從無量劫來
而行菩薩道　巧於難問答　其心無所畏
忍辱心決定　端正有威德　十方佛所讚
善能分別說　不樂在人衆　常好在禪定

爲求佛道故　於下空中住　我等從佛聞
於此事無疑　願佛爲未來　演說令開解
若有於此經　生疑不信者　即當墮惡道
願今爲解說　是無量菩薩　云何於少時
教化令發心　而住不退地

此頌敘疑也。佛昔從釋種至如實分別說二十句。敘執近疑久。故此起問。如蓮華在水。讚地涌之德也。譬如少壯人下八句。頌設喻。世尊亦如是下十六句。頌衆老成之德。我等從佛聞下十二句。頌爲後世啟請決疑也。

卷十三終

妙法蓮華經通義卷第十四 經文卷五下

明南嶽沙門憨山釋德清述

如來壽量品第十六

此品來意。由前地涌之衆。彌勒騰疑。故世尊說自壽量。以顯本跡之妙。竭盡本懷。以破二乘生滅之見。以顯法身常住。隨緣普應。隱顯無礙。以明如來智慧甚深無量。方便利生。其智慧門難解難入之意也。然諸修行人。不透法身。終非真悟。絲毫情念未忘。盡屬衆生知見。非佛知見也。前寶塔品遠假多寶如來。欽啟法身境界。而諸大衆雖信多寶。不

信釋迦同是一身一智慧力。以諸聲聞昔所見者。但知鹿苑說法之佛。以爲真佛。更不知有向上事。又聞將欲入滅。重起生滅之見。雖蒙授記。但信佛語。未見佛心。此則終難取菩提之果。以悟非真悟。則修亦非真修。而如來出世本懷。畢竟未盡。故前多方開示。猶屬依他。到此如來極盡神力。披露本懷。明示法身全體。故說自壽量無窮。以醫師喻明滅而不滅。欲諸聲聞直須悟此法身常住。是乃可爲真因。故因答涌出。此品來也。然顯理已圓。故下但分別功德。意在隨順而悟得也。

爾時佛告諸菩薩及一切大衆。諸善男子。汝等當信解如來誠諦之語。復告大衆。汝等當信解如來誠諦之語。又復告諸大衆。汝等當信解如來誠諦之語。是時菩薩大衆。彌勒爲首。合掌白佛言。世尊。惟願說之。我等當信受佛語。如是三白已。復言。惟願說之。我等當信受佛語。

此世尊因前地涌之衆。彌勒騰疑啟請。故說此品以答之。未說之先。再三叮嚀當信如來誠諦之語者。以壽量之事。難信難解。所謂諸佛智慧甚深無量。今若說之。恐聞者視爲荒唐謬悠之談。儻生疑

不信。則返罪戾。故苦口告誡而後說也。彌勒大衆三白。當信受佛語。唯願說之。請法之心篤切之至也。

爾時世尊知諸菩薩三請不止。而告之言。汝等諦聽。如來秘密神通之力。

此正答衆問。言三請不止者。此正發揮方便品初。如來出定。自言諸佛智慧甚深無量。其智慧門難解難入之二語。前佛自歎而不說。因身子三請三止而後說者。前因引二乘漸入佛慧。將欲開佛知見。故身子爲當機也。今說壽量。乃廣明前意。而因彌勒以請者。以前三周方便開示。已說其智慧門。故爲二乘授記。然諸得記者。其實未悟法身實際。故因地涌而說壽量。將爲新記菩薩悟此法身。以爲眞因。必得佛果。故因彌勒一生補處大士而請也。觀後分別功德。則知悟此本法方爲眞悟。可以入佛知見也。然佛出世。爲大事因緣。單爲衆生開示佛之智慧。乃法身眞體。令其悟入。是故最初出定。卽特告之。但標示之而已。種種開示。直至寶塔品。方分明顯示。佛之智慧。猶假多寶。示其同體而已。未自親說本分事也。今則直示本有壽量。所謂

八字打開。通身吐露。方爲竭盡本懷。以此事四十年來。久默斯要。不務速說。卽今開顯。未敢遽說。猶費三周種種方便。而今乃說者。斯皆如來秘密神通之力也。是知如來出世一番。至今法華全經。單爲說破諸佛智慧甚深無量。其智慧門難解難入二語而已。觀者豈易見哉。

一切世間天人及阿脩羅。皆謂今釋迦牟尼佛。出釋氏宮。去伽耶城不遠。坐於道場。得阿耨多羅三藐三菩提。然善男子。我實成佛已來無量無邊百千萬億那由他劫。

此答一語破盡人天三乘之疑以見迹而不見本故也所謂達本情亡知心體合知本是爲眞知見力也

譬如五百千萬億那由他阿僧祇三千大千世界假使有人抹爲微塵過於東方五百千萬億那由他阿僧祇國乃下一塵如是東行盡是微塵諸善男子於意云何是諸世界可得思惟校計知其數不彌勒菩薩等俱白佛言世尊是諸世界無量無邊非算數所知亦非心力所及一切聲聞辟支佛以無漏智不能思惟知其限數我等住阿惟越致地於是事中亦所

不達世尊如是諸世界無量無邊爾時佛告大菩薩衆諸善男子今當分明宣語汝等是諸世界若著微塵及不著者盡以爲塵一塵一劫我成佛已來復過於此百千萬億那由他阿僧祇劫

此說壽量長遠難思故以地種塵墨以取世界微塵之數也前因緣周中引釋尊於大通智勝佛前爲王子時說法華經結一乘之緣將明遠因以一三千大千世界爲地種磨以爲墨今以五百千萬億那由他阿僧祇三千大千世界爲地種盡以爲塵而塵又細於墨點盡此微塵則地種已不勝其多矣前云乃過東方千國土乃下一點今則過東方五百千萬億那由他阿僧祇國乃下一塵則不著塵之國又不勝其多矣是此微塵之數已非算數所知心力所及矣則三乘學人與不退菩薩皆所不達矣況諸世界著塵不著塵者總以爲塵一塵一劫豈可得而思議耶是知大通猶約多迹而言耳故方便品歷言身子三乘及不退諸菩薩滿三千界如稻麻竹葦之多人合其智力而不知諸佛智慧者義見於此矣

自從是來我常在此娑婆世界說法教化亦於餘處

百千萬億那由他阿僧祇國導利衆生

此言成佛壽量如上塵劫之遠且多也且云自從是來常在娑婆世界說法教化又在他方導利衆生此其所以難信難解故二乘人天聞之無怪其皆驚疑也此直示常住法身本無生滅依報世界同一寂光所謂有佛無佛性相常住故知諸佛本不涅槃衆生原無死生是爲平等法界實相妙法畢露於此矣是豈三乘劣解可能信解耶故必開佛知見乃盡知盡見正謂唯佛與佛乃能究盡諸法實相者此也直欲三乘行人知此見此方名悟

佛知見耳。

諸善男子。於是中間，我說然燈佛等，又復言其入於涅槃，如是皆以方便分別。

此答伏難之文也。上言成佛久遠，乃說諸佛智慧甚深無量，此言授記涅槃皆是方便，乃說其智慧門以方便之權，特為顯實，所以難解難入也。

諸善男子。若有眾生來至我所，我以佛眼觀其信等諸根利鈍，隨所應度，處處自說名字不同，年紀大小，亦復現言當入涅槃，又以種種方便說微妙法，能令眾生發歡喜心。

此言法身湛然常住，而現身利生應化之跡，但隨機有利鈍，故說名字不同，如華嚴名號品，壽命長短，如阿僧祇品，法有頓漸，如四聖諦品，皆隨緣之用，非本法也。

諸善男子。如來見諸眾生樂於小法，德薄垢重者，為是人說我少出家，得阿耨多羅三藐三菩提。然我實成佛已來久遠若斯，但以方便教化眾生，令入佛道，作如是說。

此言跡近本久，其所施設皆方便耳。

諸善男子。如來所演經典，皆為度脫眾生，或說己身，或說他身，或示己身，或示他身，或示己事，或示他事，諸所言說，皆實不虛。

此言所說之法，或自或他，如燈明、大通、多寶等事，皆是一身一智慧示現之事，皆是實事，所言非虛。以眾生智淺，故生疑不信，起異見耳。

所以者何？如來如實知見三界之相，無有生死，若退若出，亦無在世及滅度者，非實非虛，非如非異，不如三界見於三界，如斯之事，如來明見，無有錯謬。以諸眾生有種種性、種種欲、種種行、種種憶想分別故，欲令生諸善根，以若干因緣譬喻言辭種種說法，所作佛事未曾暫廢。

此釋皆實不虛之意，以顯諸法實相常住也。如實知見三界之相等者，所謂諸法如是相性體力本末究竟等也。以如來明見三界之相本無生死出沒生滅虛實如異等相，所謂一相一味之法，離相滅相究竟常寂滅相也。以三界眾生迷此本法，故妄見有生滅差別等相，以如來明見一際平等，無有錯謬，所謂佛知見也。故云不如三界見於三界。今為眾生開佛知見，直欲知此見此三界之相如是而已。故前云如是妙法者此也。是所謂諸佛智慧甚深無量。只以眾生根性不同。有種種性欲憶想分別。故應機施設。以若干因緣譬喩種種說法。所作者皆佛事也。是所謂其智慧門難解難入也。

如是我成佛已來甚大久遠。壽命無量阿僧祇劫常住不滅。

此結示法身常住不滅也。

諸善男子。我本行菩薩道所成壽命今猶未盡。復倍上數。然今非實滅度。而便唱言當取滅度。如來以是方便教化眾生。

此言唱滅以明權也。前以塵劫所喩之壽命。乃明法身久遠常住不滅。此言本行菩薩道時所成未盡壽命復倍上數者。是所謂法身向上事也。如此而唱滅者。方便應機之權跡耳。

所以者何。若佛久住於世。薄德之人不種善根。貧窮下賤。貪著五欲。入於憶想妄見網中。若見如來常在不滅。便起憍恣而懷厭怠。不能生難遭之想恭敬之心。是故如來以方便說。

此釋唱滅之所以也。若佛久住於世。則薄德等人。不起難遭之想。不生恭敬之心。爲是等故。所以唱滅耳。以權跡示現。實在而言滅。所以難信。

比丘當知。諸佛出世。難可值遇。所以者何。諸薄德人。過無量百千萬億劫。或有見佛。或不見者。以此事故。我作是言。諸比丘。如來難可得見。斯眾生等聞如是語。必當生於難遭之想。心懷戀慕。渴仰於佛。便種善根。是故如來雖不實滅。而言滅度。又善男子。諸佛如來法皆如是。爲度眾生。皆實不虛。

此言如來眞實不滅。而言滅者。欲令眾生發難遭想。懷戀慕心。使種善根。所以不實滅而言滅也。此權示滅。諸佛利生法皆如此。總是爲度眾生。故權卽是實。故云皆實不虛。

譬如良醫智慧聰達。明練方藥。善治眾病。其人多諸子息。若十、二十。乃至百數。

此設醫師之喩。以喩如來實在言滅。以釋爲度眾生之意。醫師喩佛。醫方喩教。妙藥喩理。眾病藥性種種喩對治眾生種種性欲之病。所謂佛說一切法。爲治一切心。若無一切心。何用一切法。諸子至百言三界眾生。一十二十者。指由人天而至十類也。

以有事緣。遠至餘國。諸子於後飮他毒藥。藥發悶亂。宛轉於地。

此喻佛化緣畢。故隱身不現。又現他方。是爲舊醫。
前佛旣滅。三界衆生親習外道小乘。故如飲他毒
藥。宛轉於地。喻以苦捨苦。輪迴六趣也。
是時其父還來歸家。諸子飲毒。或失本心。或不失者。
遙見其父。皆大歡喜。拜跪問訊。善安隱歸。我等愚癡。
誤服毒藥。願見救療。更賜壽命。父見子等苦惱如是。
依諸經方。求好藥草。色香美味。皆悉具足。擣篩和合。
與子令服。而作是言。此大良藥。色香美味。皆悉具足。
汝等可服。速除苦惱。無復衆患。
此喻如來觀見三界衆苦所逼。故現出世。是謂新

醫。然云其父還來。言無二父也。衆生在迷。去佛甚
遠。故云遙見。知名識字。故云皆大歡喜。發心造修。
故云拜跪問訊。已知煩惱苦本生死苦患。願求出
離。故云我等愚癡。誤服毒藥。願見救療。返妄歸眞。
故云更賜壽命。俯遵諸佛法式。應機教化。將一乘
法分別說三。故云依諸經方。求好藥草等。萬行具
足。故云色香美味。諸所說法。皆是一相一味之法。
故云具足擣篩和合。以此權巧方便救度。故云汝
等可服。斷惑證眞。故云速除苦惱。無復衆患。
其諸子中不失心者。見此良藥色香俱好。卽便服之。

病盡除愈。餘失心者。見其父來。雖亦歡喜問訊。求索
治病。然與其藥。而不肯服。所以者何。毒氣深入。失本
心故。於此好色香藥。而謂不美。
此喻受化難易也。見藥卽服者。所謂上根利智。遇
卽信受。受化易也。言見父雖喜。亦求治病。而不肯
服藥者。喻二乘人雖親佛法。而不肯取菩提也。以
習障深厚。故云毒氣深入。
父作是念。此子可愍。爲毒所中。心皆顚倒。雖見我喜。
求索救療。如是好藥。而不肯服。我今當設方便。令服
此藥。卽作是言。汝等當知。我今衰老。死時已至。是好

良藥。今留在此。汝可取服。勿憂不差。作是教已。復至
他國。遣使還告。汝父已死。
此喻將唱滅說此經也。此子可愍等。喻二乘執權
不捨。不求大乘。故云而不肯服。良藥留在。喻說此
經。告父已死。喻唱入涅槃。賓往他國而言已死。喻
其實不滅而示現滅度也。
是時諸子聞父背喪。心大憂惱。而作是念。若父在者。
慈愍我等。能見救護。今者捨我遠喪他國。自惟孤露。
無復恃怙。常懷悲感。心遂醒悟。乃知此藥色香美味。
卽取服之。毒病皆愈。其父聞子悉已得差。尋便來歸

咸使見之。

此喻受持此經即得開悟佛知見也。故云尋便來歸咸使見之。所謂我處靈鷲山常在而不滅也。此彰法身常住。隨機有隱顯耳。

諸善男子。於意云何。頗有人能說此良醫虛妄罪不。

不也。世尊。

此審虛妄。顯佛語眞實。總結上喩。

佛言。我亦如是。成佛已來無量無邊百千萬億那由他阿僧祇劫。爲衆生故。以方便力言當滅度。亦無有能如法說我虛妄過者。

此言佛眞法身常住不滅。但隨機感權示滅度。故云以方便力等。

爾時世尊欲重宣此義而說偈言。

自我得佛來 所經諸劫數 無量百千萬
億載阿僧祇 常說法教化 無數億衆生
令入於佛道 爾來無量劫

此通頌法身常住。隨機隱顯也。自我得佛八句頌成佛久遠常住不滅。

爲度衆生故 方便現涅槃 而實不滅度
常住此說法

此頌滅而不滅。以滅乃權見非實滅也。

我常住於此 以諸神通力 令顛倒衆生
雖近而不見 衆見我滅度 廣供養舍利
咸皆懷戀慕 而生渴仰心 衆生旣信伏
質直意柔輭 一心欲見佛 不自惜身命
時我及衆僧 俱出靈鷲山 我時語衆生
常在此不滅 以方便力故 現有滅不滅

此頌釋滅而不滅之意也。其實法身常住。而言滅者。乃以神通力。令顛倒衆生。雖近而不見。將謂我滅耳。衆見我滅度下十四句。釋不滅之所以。若衆

因見我滅。咸供舍利而起戀慕渴仰之心。欲求見佛。乃至不惜身命。則苦求之至時則我與衆僧於靈鷲山俱時出現。而語衆生言我常在此。是謂善權。故曰以方便力。現滅不滅。非眞滅也。

餘國有衆生 恭敬信樂者 我復於彼中
爲說無上法 汝等不聞此 但謂我滅度

此頌法身普應。隨機隱顯。所謂水清月現。感應道交。原非有心彼此也。

我見諸衆生 沒在於苦惱 故不爲現身
令其生渴仰 因其心戀慕 乃出爲說法

此頌隱顯隨機之意。機息則隱。機感則出。是知隱顯在機。不在佛也。

於阿僧祇劫　常在靈鷲山

神通力如是

及餘諸住處

此頌顯法身常住。無論此界他方。常在不滅之意。

衆生見劫盡　大火所燒時　我此土安隱

天人常充滿　園林諸堂閣　種種寶莊嚴

寶樹多華果　衆生所游樂　諸天擊天鼓

常作衆技樂　雨曼陀羅華　散佛及大衆

此頌三災壞劫。而此土安隱。是法身所居寂光性

土及實報莊嚴土也。言佛常在靈山不滅。則此娑婆雖經三災。壞而不壞。是知此穢土。卽是實報莊嚴。不待三變爲淨土耳。以衆生垢重無明所見。故穢惡充滿。佛眼觀之。則眞空冥寂。微妙莊嚴。故前三變淨土。特示衆生佛知見耳。園林等。皆實報莊嚴之事。卽此娑婆便是實報。豈常情所見乎。

我淨土不毀　而衆見燒盡　憂怖諸苦惱

如是悉充滿

此頌淨土其實不毀。而衆生見燒盡者。乃別業妄見。惡業所召耳。

是諸罪衆生　以惡業因緣　過阿僧祇劫

不聞三寶名　諸有修功德　柔和質直者

則皆見我身　在此而說法　或時爲此衆

說佛壽無量　久乃見佛者　爲說佛難値

此十二句。頌淨穢隨機。隱顯非佛。隨感而應無定相也。

我智力如是　慧光照無量　壽命無數劫

久修業所得　汝等有智者　勿於此生疑

當斷令永盡　佛語實不虛

此頌總結法身常住本無隱顯。勸衆當信也。梵語

毘盧遮那。此云光明徧照。以法身智慧光照無量故壽亦無量。

如醫善方便　爲治狂子故　實在而言死

無能說虛妄

此頌喻也。

我亦爲世父　救諸苦患者　爲凡夫顚倒

實在而言滅　以常見我故　而生憍恣心

放逸著五欲　墮於惡道中

此頌法合。以凡夫顚倒。故實在言滅。所以示滅者。惟恐常見我而生憍恣。爲是等故。乃示滅耳。是知

佛若隱若顯皆爲度生無虛日也

我常知衆生　行道不行道　隨所應可度
爲說種種法　每自作是意　以何令衆生
得入無上慧　速成就佛身

此頌施權之所以也所謂曲隨機宜方便說法總之無非爲令衆生速得成就佛慧耳

分別功德品第十七

此品來意由聞佛說壽量長遠已悟法身常住兼見三變淨土之境已了三界唯心此乃妙悟爲深信解以爲眞因可契如來常住眞果以此持經方

爲妙行以法身常住世間淨土不離當處故勉能作如是觀者是爲深信解相矣故此分別功德不可思議到此生滅情亡淨穢見泯妙悟已極方爲眞持經者故此品來也天台判五種法師屬觀行位是知持經意在妙悟非文字也故能超越一切有爲功德

爾時大會聞佛說壽命劫數長遠如是無量無邊阿僧祇衆生得大饒益

此經家敘致法會大衆聞說壽量得大饒益也

於時世尊告彌勒菩薩摩訶薩阿逸多我說是如來壽命長遠時六百八十萬億那由他恆河沙衆生得無生法忍復有千倍菩薩摩訶薩得聞持陀羅尼門復有一世界微塵數菩薩摩訶薩得樂說無礙辯才復有一世界微塵數菩薩摩訶薩得百千萬億無量旋陀羅尼復有三千大千世界微塵數菩薩摩訶薩能轉不退法輪復有二千中國土微塵數菩薩摩訶薩能轉清淨法輪復有小千國土微塵數菩薩摩訶薩八生當得阿耨多羅三藐三菩提復有四四天下微塵數菩薩摩訶薩四生當得阿耨多羅三藐三菩提復有三四天下微塵數菩薩摩訶薩三生當得阿

耨多羅三藐三菩提復有二四天下微塵數菩薩摩訶薩二生當得阿耨多羅三藐三菩提復有一四天下微塵數菩薩摩訶薩一生當得阿耨多羅三藐三菩提

此如來正示聞說壽量得大饒益之人也而所敘得益之人義有淺深次第即分別悟入淺深得果因之有先後耳無生忍者乃由前修安樂行初住忍辱地今聞壽量法身常住了無生滅得忍行成就以無生法忍可於心故如是恆沙衆生得無生忍也楞嚴經云由三漸次得無生忍義當觀行成

就卽頓悟無生。以入信位。今經因修四安樂行。以忍爲主。初由生忍以至無生。如觀音耳根動靜不生。聞所聞盡。是亦由觀照了悟無生。義當信位也。以信屬外凡。故標舉衆生聞持陀羅尼者。陀羅尼此云總持。謂總一切法。持無量義。今云聞持者。因聞壽量。了悟法身安住實相。持而不失。義當十住。住持眞理。以圓悟圓持。不歷次第。故云總持。謂圓悟法身。總該十位。圓成一心。故曰聞持陀羅尼。得樂說無礙辯才者。義當十行。以十住圓悟實相眞空。但住空理。今從空出假。涉俗利生。故爲十行。然

樂說無礙。正說法利生之行。以一行圓成一切行故。得無量旋陀羅尼者。旋。猶漩水之急流漩洑處也。此義當十迴向。由前空假二行攝歸中道。回向三處圓成一心。以念念空假。卽念念中道。如水之急流有漩。謂心心攝入中道第一義諦也。能轉不退法輪者。義當初地。謂一登地。得大歡喜。永不退轉。故能轉淸淨法輪者。義當二地。以離一分無明破戒之垢。故云淸淨。皆云能轉法輪者。以隨悟隨行。故此經義悟卽是行。故八生已下。歷次乃至一生當得菩提者。由三地歷次以至十地。一生補處。

當成佛果也。其所約位。由淺至深。故衆生極多。而菩薩由多漸少。初從世界微塵之數。減至一四天下微塵數者。以理愈深。位彌高。故其人漸少。此見根之利鈍不一也。問曰。此經純談實相。直悟法身。頓登佛果。不說行位漸次階級。今乃約位釋之。無乃謬解佛意乎。答曰。理固然也。華嚴乃一乘圓頓法門。其所說四十二位。皆以信爲根本。故曰初發心時卽得菩提。是以法界一念因心。卽該果海。故曰因該果海。果徹因源。是始終地位。總在因心。此乃無漸次之漸次也。楞嚴所說位次。乃曰由三增

進。成就五十五位。是依四根本戒。圓滿一心。攝入三觀。故從三漸次悟無生忍。是則五十五位。皆依一心三觀。但就斷惑淺深以約位次。雖列諸位。總在一心。此亦無漸次之漸次也。今經依四安樂行。以盡持經之妙。由聞壽量。妙悟法身。正與楞嚴由三漸次悟無生忍義同。但彼經所宗。一心三觀。此經所宗實相。爲衆生正因佛性。意借緣因悟入。卽名爲佛。故不說修斷行位漸次。只以悟佛知見爲本。今既由四行。妙悟法身。徑登佛地。乃今較量功德。猶約諸位次釋之者。以約緣因佛性。以緣有淺

深故悟有近遠。但以悟而言。不說斷無明以分位也。此經純談實相。所謂無明實性即佛性。故無煩惱可斷。是約位以驗悟非實有地位可名目也。若以階級爲難。過矣。古德云。聖諦亦不立。何階級之有。此實圓頓之旨也。

復有八世界微塵數衆生皆發阿耨多羅三藐三菩提心。

此單言發心衆生。乃未入道者也。

佛說是諸菩薩摩訶薩得大法利時。於虛空中雨曼陀羅華摩訶曼陀羅華。以散無量百千萬億寶樹下

師子座上諸佛。幷散七寶塔中師子座上釋迦牟尼佛。及久滅度多寶如來。亦散一切諸大菩薩及四部衆。又雨細末栴檀沈水香等。於虛空中。天鼓自鳴。妙聲深遠。又雨千種天衣。垂諸瓔珞。眞珠瓔珞。摩尼珠瓔珞。如意珠瓔珞。徧於九方。衆寶香鑪燒無價香。自然周至供養大會。一一佛上有諸菩薩執持幡蓋。次第而上至於梵天。是諸菩薩。以妙音聲歌無量頌讚歎諸佛。

此空瑞證法也。壽量如空。本具萬德。故空中雨華。以法身體同。故供釋迦多寶及諸大衆也。又雨細末栴檀沈水香等者。言法身妙空。所有神通妙行。無不充足也。上至梵天。顯法身徧至色邊際也。空中出音讚佛者。言法性妙空。法音充滿。歎佛功德不可思議也。

爾時彌勒菩薩從座而起。偏袒右肩。合掌向佛而說偈言。

佛說希有法　昔所未曾聞　世尊有大力
壽命不可量　無數諸佛子　聞世尊分別
說得法利者　歡喜充徧身　或住不退地
或得陀羅尼　或無礙樂說　萬億旋總持

或有大千界　微塵數菩薩　各各皆能轉
不退之法輪　復有中千界　微塵數菩薩
各各皆能轉　清淨之法輪　復有小千界
微塵數菩薩　餘各八生在　當得成佛道
復有四三二　如此四天下　微塵諸菩薩
隨數生成佛　或一四天下　微塵數菩薩
餘有一生在　當成一切智　如是等衆生
聞佛壽長遠　得無量無漏　清淨之果報
復有八世界　微塵數衆生　聞佛說壽命
皆發無上心

此彌勒偈讚顯此法利。爲當來成佛眞因也。佛說希有法下八句。敘讚法利也。或住不退地下十二句。頌初入道。以至登地已上也。復有小千界下十二句。頌三地以至十一地也。如是等衆生下四句。頌因聞壽量得實果報之如上也。復有八世界下。頌發心衆生未入道者。

世尊說無量　不可思議法　多有所饒益
如虛空無邊　雨天曼陀羅　摩訶曼陀羅
釋梵如恒沙　無數佛土來　雨栴檀沈水
繽紛而亂墜　如鳥飛空下　供散於諸佛

天鼓虛空中　自然出妙聲　天衣千萬種
旋轉而來下　衆寶妙香鑪　燒無價之香
自然悉周徧　供養諸世尊　其大菩薩衆
執七寶旛蓋　高妙萬億種　次第至梵天
一一諸佛前　寶幢懸勝旛　亦以千萬偈
歌詠諸如來

此頌瑞應也。以法身如空。體具萬德。故空中種種瑞應。以供諸佛也。

如是種種事　昔所未曾有　聞佛壽無量
一切皆歡喜　佛名聞十方　廣饒益衆生
一切具善根　以助無上心

此結頌所顯也。言如是種種瑞事。昔所未有者。蓋爲聞說壽量長遠。故法空妙應。助發妙心。現此諸瑞也。前現瑞爲助顯第一義。今現瑞爲助發無上心。

爾時佛告彌勒菩薩摩訶薩。阿逸多。其有衆生聞佛壽命長遠如是。乃至能生一念信解。所得功德無有限量。

此言因聞壽量。較量後益也。一念信解功德無量者。以壽量如空。一念信解。卽入法性妙空。功德豈

有限量哉。

若有善男子善女人。爲阿耨多羅三藐三菩提故。於八十萬億那由他劫。行五波羅密。檀波羅密。尸羅波羅密。羼提波羅密。毘黎耶波羅密。禪波羅密。除般若波羅密。以是功德比前功德。百分千分百千萬億分不及其一。乃至算數譬喻所不能知。若善男子善女人有如是功德。於阿耨多羅三藐三菩提退者。無有是處。

此言信解壽量。卽入佛慧。故多劫行五波羅密。以除般若。皆屬有爲事行。淨名云無慧方便縛。所以

多劫功行。不比佛慧功德也。已入法位。故永不退入生死也。

爾時世尊欲重宣此義而說偈言。

若人求佛慧　於八十萬億　那由他劫數
行五波羅密　於是諸劫中　布施供養佛
及緣覺弟子　并諸菩薩眾　珍異之飲食
上服與臥具　栴檀立精舍　以園林莊嚴
如是等布施　種種皆微妙　盡此諸劫數
以迴向佛道　若復持禁戒　清淨無缺漏
求於無上道　諸佛之所歎　若復行忍辱

住於調柔地　設眾惡來加　其心不傾動
諸有得法者　懷於增上慢　為斯所輕惱
如是亦能忍　若復勤精進　志念常堅固
於無量億劫　一心不懈息　又於無數劫
住於空閒處　若坐若經行　除睡常攝心
以是因緣故　能生諸禪定　八十億萬劫
安住心不亂　持此一心福　願求無上道
我得一切智　盡諸禪定際　是人於百千
萬億劫數中　行此諸功德　如上之所說
有善男女等　聞我說壽命　乃至一念信
其福過於彼　若人悉無有　一切諸疑悔
深心須臾信　其福為如此

若人求佛慧下四句。總頌標五度。於是諸劫中下十二句。別頌施度。若復持禁戒下四句。頌戒度。若復行忍辱下八句。頌忍度。若復勤精進下四句。頌進度。又於無數劫下十二句。頌禪度。是人於百千下四句。頌結五度總諸功德。有善男女等八句。頌較功德。謂一念信解壽量。其福過彼多劫行五度者。以斷諸疑悔安住實智。絕諸思量外慕。故功德勝彼不可思議也。

其有諸菩薩　無量劫行道　聞我說壽命
是則能信受　如是諸人等　頂受此經典
願我於未來　長壽度眾生　如今日世尊
諸釋中之王　道場師子吼　說法無所畏
我等未來世　一切所尊敬　坐於道場時
說壽亦如是

此頌上根聞說壽量必信不疑也。其有諸菩薩下十六句。言無量劫行道宿種深厚。故聞說壽命必能信受。故頂受此經。願於未來長壽度生。如今世尊說無畏法。我等將來成佛說壽亦如是也。由必

信不疑故願力堅固如此也
若有深心者　清淨而質直　多聞能總持
隨義解佛語　如是之人等　於此無有疑
此頌必信乃上根利智之人也深心則深達實相清淨則戒根具足質直則志念堅固多聞則承事多佛總持則通達法藏隨義而解則妙契離言如此之人乃能必信所謂此經不入餘眾生手也
又阿逸多若有聞佛壽命長遠解其言趣是人所得功德無有限量能起如來無上之慧
此言壽量義趣也壽量歸趣乃法身極則故所得

功德無有限量善入佛慧故能起如來無上之慧起猶開發也
何況廣聞是經若教人聞若自持若教人持若自書若教人書若以華香瓔珞幢旛繒蓋香油蘇燈供養經卷是人功德無量無邊能生一切種智
此顯聞持利益也何況者比上之辭言但知義趣則起佛智慧何況廣聞而轉教他人六種受持則功德無邊自然生一切種智矣
阿逸多若善男子善女人聞我說壽命長遠深心信解則為見佛常在耆闍崛山共大菩薩諸聲聞眾圍繞說法又見此娑婆世界其地琉璃坦然平正閻浮檀金以界八道寶樹行列諸臺樓觀皆悉寶成其菩薩眾咸處其中若有能如是觀者當知是為深信解相
此言深信解相也言能深心信解法身常住則靈山一會儼然常存娑婆穢土宛然華藏能如是觀是為深信解相以一念頓超十地卽得成佛故云深信解也前方便品卽許身子以信得入及四大弟子領悟乃品標信解之名雖蒙授記信解未深但以信佛語故每誡曰如來所說言不虛妄然未

信佛心也及現寶塔雖見多寶不滅三變淨土猶然不知釋尊法身常住穢土本淨以自心未有開悟也及說持經四安樂行依之精研地涌現前乃自心發悟故如來自說壽量長遠以顯法身常住不滅到此乃見法身永無生滅淨穢一如方信佛心故結指觀心曰若能如是觀者是為深信解相故愚前云信解標品直至現寶塔品乃由信而知解從提婆品至此由行而悟故為深信解以徹悟法身極則也天台通以三觀釋經義宗於此以悟法華三昧親見靈山一會現存是自證深信解相

非特爾也但學人智淺心麤不能融入妙觀故以爲緊耳。豈知古人之妙悟哉。

又復如來滅後若聞是經而不毀呰起隨喜心當知已爲深信解相何況讀誦受持之者斯人則爲頂戴如來。

上明壽量一品之利此明全經之利也。言但能隨喜此經則已爲深信解相矣何況讀誦受持豈不爲頂戴如來耶以此經是如來法身全體故。

阿逸多是善男子善女人不須爲我復起塔寺及作僧坊以四事供養衆僧所以者何是善男子善女人

受持讀誦是經典者爲已起塔造立僧坊供養衆僧則爲以佛舍利起七寶塔高廣漸小至於梵天懸諸旛蓋及衆寶鈴華香瓔珞末香塗香燒香衆鼓伎樂簫笛箜篌種種舞戲以妙音聲歌唄讚頌則爲於無量千萬億劫作是供養已。

此言若能受持讀誦此經則爲供佛及僧以此經乃一體三寶所以持經即供三寶也。

阿逸多。若我滅後聞是經典有能受持若自書若教人書則爲起立僧坊以赤栴檀作諸殿堂三十有二高八多羅樹高廣嚴好百千比丘於其中止園林浴池經行禪窟衣服飲食牀褥湯藥一切樂具充滿其中。如是僧坊堂閣若千百千萬億其數無量以此現前供養於我及比丘僧。

此重舉持經則爲已供三寶者以顯法供養最故也。

是故我說如來滅後若有受持讀誦爲他人說若自書若教人書供養經卷不須復起塔寺及造僧坊供養衆僧。

此結顯法供最勝也不須塔寺等以顯理行最勝故。

況復有人能持是經兼行布施持戒忍辱精進一心智慧其德最勝無量無邊譬如虛空東西南北四維上下無量無邊是人功德亦復如是無量無邊疾至一切種智。

此言持經又能兼行六度則功德無量以能疾至一切種智故也。

若人讀誦受持是經爲他人說若自書若教人書復能起塔及造僧坊供養讚歎聲聞衆僧亦以百千萬億讚歎之法讚歎菩薩功德。

上言但能持經不須復造塔寺僧坊等恐廢於行

也。故此又言既能持經，又能兼行事行，起造塔寺僧坊，又能讚歎三乘之人，如此理事雙修，豈不更爲殊勝。

又爲他人種種因緣隨義解說此法華經，復能清淨持戒，與柔和者而共同止，忍辱無瞋，志念堅固，常貴坐禪，得諸深定，精進勇猛，攝諸善法，利根智慧，善答問難。阿逸多，若我滅後，諸善男子善女人受持讀誦是經典者，復有如是諸善功德，當知是人已趣道場，近阿耨多羅三藐三菩提，坐道樹下。阿逸多，是善男子善女人，若坐若立若行處，此中便應起塔，一切天

人皆應供養，如佛之塔。

此言既能持經，又能解說，又能備修衆多理行，豈不爲已趣道場得近菩提坐道樹下，將成正覺哉。此釋上疾得一切種智之義也。有人如此妙行，則四威儀處皆應起塔供養，以此人已具佛心佛行，去佛不遠，固當供養也。此總結深信解相之功德也。

爾時世尊欲重宣此義而說偈言。

若我滅度後　能奉持此經　斯人福無量
如上之所說　是則爲具足　一切諸供養
以舍利起塔　七寶而莊嚴　表刹甚高廣
漸小至梵天　寶鈴千萬億　風動出妙音
又於無量劫　而供養此塔　華香諸瓔珞
天衣衆伎樂　然香油蘇燈　周帀常照明
惡世法末時　能持是經者　則爲已如上
具足諸供養　若能持此經　則如佛現在
以牛頭栴檀　起僧坊供養　堂有三十二
高八多羅樹　上饌妙衣服　牀臥皆具足
百千衆住處　園林諸浴池　經行及禪窟
種種皆嚴好　若有信解心　受持讀誦書

若復教人書　及供養經卷　散華香末香
以須曼薝蔔　阿提目多伽　熏油常然之
如是供養者　得無量功德　如虛空無邊
其福亦如是　況復持此經　兼布施持戒
忍辱樂禪定　不瞋不惡口　恭敬於塔廟
謙下諸比丘　遠離自高心　常思惟智慧
有問難不瞋　隨順爲解說　若能行是行
功德不可量　若見此法師　成就如是德
應以天華散　天衣覆其身　頭面接足禮
生心如佛想　又應作是念　不久詣道樹

得無漏無爲　廣利諸人天　其所住止處
經行若坐臥　乃至說一偈　是中應起塔
莊嚴令妙好　種種以供養　佛子住此地
則是佛受用　常在於其中　經行及坐臥

若我滅度後四句總頌持經勝福是則爲具足下十八句頌則爲供佛若能持此經下十二句頌則爲供僧若有信解心下十二句頌單持經供養之福況復持此經下四句頌兼行六度恭敬塔廟下六句頌備具衆善若能行是行二十二句頌結持經之人以敬持經之人如佛則凡於所止坐臥之

處則當莊嚴如供養佛以此佛子如佛則受用亦如佛也須曼那又云蘇摩那此云適意薝蔔亦云瞻博迦此云黃華阿提目多伽此云無龍舐此三華最香熏麻取油然燈供佛

妙法蓮華經通義卷第十四

妙法蓮華經通義卷第十五 經文卷六上

明南嶽沙門憨山釋德清述

隨喜功德品第十八

此品來意由前分別持經功德但聞壽量一品已爲殊勝然猶未盡隨喜全經之益今以一念隨喜之功較之超過八千年中廣以七寶資生布施四百萬億阿僧祇世界六趣衆生又令各得四果之福者以極顯此法殊勝之益以堅二乘願樂之心故此品來也

爾時彌勒菩薩摩訶薩白佛言世尊若有善男子善

女人聞是法華經隨喜者得幾所福而說偈言

世尊滅度後　其有聞是經　若能隨喜者
爲得幾所福

此彌勒因聞持壽量功德業已如佛殊勝極矣但不知偶爾暫時隨喜功德當何如耶故此請問

爾時佛告彌勒菩薩摩訶薩阿逸多如來滅後若比丘比丘尼優婆塞優婆夷及餘智者若長若幼聞是經隨喜已從法會出至於餘處若在僧坊若空閑地若城邑巷陌聚落田里如其所聞爲父母宗親善友知識隨力演說是諸人等聞已隨喜復行轉教餘人

聞已亦隨喜轉教。如是展轉至第五十。阿逸多。其第五十善男子善女人隨喜功德。我今說之。汝當善聽。

此約轉教之最後。將以較法會之初聞者功德之勝也。四衆人等。無論長幼。皆法會之親聞者。從法會出。至於餘處。若在僧坊等。言不擇其處。猶街談里說。不爲法會也。父母宗親。不拘其人。皆非法會之聽衆也。是皆率略。非嚴整之儀也。隨力演說。則未必盡達全經之旨也。是諸人等聞說。但隨順歡喜而已。非精持也。復行轉教至第五十人。則與法會漸疏且遠矣。今將顯最初法會聽聞之功德。姑以第五十人之功德較之。則可知已。此以疏較親。極顯初聽之勝益也。華嚴五十聖位。重初發心功德無比。此第五十人。乃聞名字而初發心者耶。

若四百萬億阿僧祇世界。六趣四生衆生。卵生胎生溼生化生。若有形無形。有想無想。非有想非無想。無足二足四足多足。如是等在衆生數者。有人求福。隨其所欲娛樂之具。皆給與之。一一衆生。與滿閻浮提金銀琉璃硨磲瑪瑙珊瑚琥珀諸妙珍寶。及象馬車乘七寶所成宮殿樓閣等。

此以廣大財施。較隨喜之福也。四百萬億阿僧祇世界。則世界之廣大且多矣。六趣四生以及十類衆生。則盡衆生之數。不可量矣。盡衆生之所求。隨所欲之樂具。一一與之。則心無遮限矣。與滿閻浮提之金銀七寶。乃至樓閣等。則財施之廣大無邊矣。此極言財施之大也。

是大施主。如是布施滿八十年已。而作是念。我已施衆生娛樂之具。隨意所欲。然此衆生。皆已衰老。年過八十。髮白面皺。將死不久。我當以佛法而訓導之。卽集此衆生。宣布法化。示教利喜。一時皆得須陀洹道。斯陀含道。阿那含道。阿羅漢道。盡諸有漏。於深禪定。皆得自在。具八解脫。

此以法施較隨喜之功德也。然以廣大財施滿八十年。則將盡形壽時之久也。又愍衆生衰老。忠以法度之。乃爲說法。令廣多之衆生皆證四果。得出生死之苦。超深禪定之樂。此則法施無窮也。

於汝意云何。是大施主所得功德。寧爲多不。彌勒白佛言。世尊。是人功德甚多。無量無邊。若是施主但施衆生一切樂具。功德無量。何況令得阿羅漢果。

此世尊徵明財法二施之功德。將較隨喜之功德也。

佛告彌勒。我今分明語汝。是人以一切樂具施於四百萬億阿僧祇世界六趣衆生。又令得阿羅漢果。所得功德。不如是第五十人。聞法華經一偈隨喜功德。百分千分百千萬億分不及其一。乃至算數譬喻所不能知。

此以財法二施較第五十人之功德也。外財有漏。小果權乘。故難比佛性種子。故隨喜一偈之功超勝廣大二施之福。

阿逸多。如是第五十人。展轉聞法華經隨喜功德。尚無量無邊阿僧祇。何况最初於會中聞而隨喜者。其

福復勝無量無邊阿僧祇。不可得比。

此以疏較親。故不可比。蓋後聞者。如初發心。初聞法者。如地上菩薩之象。以親從法會聽聞妙法。直入佛慧。所以功德不可思議比量耳。

又阿逸多。若人為是經故。往詣僧坊。若坐若立。須臾聽受。緣是功德。轉身所生。得好上妙象馬車乘。珍寶輦輿。及乘天宮。

此明隨喜生報之勝也。前聞壽量。則報與佛無異。故經行坐臥。卽是佛受用。今隨喜之益。轉身生報。得好象馬車乘。及天宮殿。以所隨喜者是一乘妙法。故感報如之。

若復有人於講法處坐。更有人來。勸令坐聽。若分座令坐。是人功德。轉身得帝釋坐處。若梵王坐處。若轉輪聖王所坐之處。

此言分座令聽之報也。以聞此經法空為座。今暫分座。故感報天帝輪王之座。以一念讓心。與法空等故。

阿逸多。若復有人語餘人言。有經名法華。可共往聽。卽受其教。乃至須臾間聞。是人功德。轉身得與陀羅尼菩薩共生一處。

此言勸聽之報也。所勸之人。卽須臾聞。而勸者感報功德。轉身得與陀羅尼菩薩共生一處。以此妙法一心。為法界總相大法門體。故勸人暫聞。則心同法界。故得總持之菩薩共生也。

利根智慧。百千萬世。終不瘖瘂。口氣不臭。舌常無病。口亦無病。齒不垢黑。不黃不疏。亦不缺落。不差不曲。唇不下垂。亦不褰縮。不麤澀。不瘡胗。亦不缺壞。亦不喎斜。不厚不大。亦不黧黑。無諸可惡。鼻不匾㔸。亦不曲戾。面色不黑。亦不狹長。亦不窊曲。無有一切不可喜相。唇舌牙齒。悉皆嚴好。鼻修高直。面貌圓滿。眉高

而長額廣平正。人相具足。世世所生見佛聞法。信受教誨。

此言勸者六根之報也。利根智慧意根也。不瘖瘂等舌根也。有音無字曰瘖。音字俱無曰瘂。差不齊也。曲歪齒也。褰縮短唇也。胗唇瘡也。咼斜歪口也。上皆舌報。鼻不下鼻根也。匾㔸平鼻也。曲戾歪鼻也。面色下身根也。窊曲陷而曲也。所生見佛眼根也。聞法信受耳根也。此言勸人聽法感報之六根端正具足之如此。意將顯持經六根清淨之報也。

阿逸多。汝且觀是勸於一人令往聽法功德如此。何

況一心聽說讀誦。而於大眾為人分別。如說修行。

此以劣顯勝也。且勸一人聽法。感報之如此。況一心聽說精持者乎。此所以六根清淨之報有在也。

爾時世尊欲重宣此義而說偈言。

若人於法會　得聞是經典　乃至於一偈
隨喜為他說　如是展轉教　至於第五十
最後人獲福　今當分別之　如有大施主
供給無量眾　具滿八十歲　隨意之所欲
見彼衰老相　髮白而面皺　齒疏形枯竭
念其死不久　我今應當教　令得於道果
即為方便說　涅槃眞實法　世皆不牢固
如水沫泡燄　汝等咸應當　疾生厭離心
諸人聞是法　皆得阿羅漢　具足六神通
三明八解脫　最後第五十　聞一偈隨喜
是人福勝彼　不可為譬喻　如是展轉聞
其福尚無量　何況於法會　初聞隨喜者
若有勸一人　將引聽法華　言此經深妙
千萬劫難遇　即受教往聽　乃至須臾聞
斯人之福報　今當分別說　世世無口患
齒不疏黃黑　唇不厚褰缺　無有可惡相

舌不乾黑短　鼻高修且直　額廣而平正
面目悉端嚴　為人所喜見　口氣無臭穢
優鉢華之香　常從其口出　若故詣僧坊
欲聽法華經　須臾聞歡喜　今當說其福
後生天人中　得妙象馬車　珍寶之輦輿
及乘天宮殿　若於講法處　勸人坐聽經
是福因緣得　釋梵轉輪座　何況一心聽
解說其義趣　如說而修行　其福不可限

若人於法會四句。頌最初一人親聞隨喜。如是展轉下四句頌轉教至第五十。約最後人較其功德。

如有大施主下四句頌財施見彼衰老相下十六句頌法施眞實法謂小乘涅槃世皆不牢固如水沫泡燄謂無常之法最後下四句頌較最後之福如是下四句頌以後較初之福若有勸一人下二十句頌轉教之報若故詣僧坊下八句頌專聞報若於講法下四句頌分座報何況一心下四句頌以劣較勝此較隨喜暫聞之功德業已超勝無比將顯精持之人必得六根清淨之前象也

法師功德品第十九

此品來意由前廣讚持經之大益今顯持經之法

師卽得六根清淨者以顯法華三昧之勝益現前卽登不退地以發二乘精進不退之心故此品來也前法師品但以法師爲助發之緣因今此品乃正顯持經之功德名同義別以佛性種子要藉緣熏使慧命不斷故法師功德最勝故以功德簡之

爾時佛告常精進菩薩摩訶薩若善男子善女人受持是法華經若讀若誦若解說若書寫是人當得八百眼功德千二百耳功德八百鼻功德千二百舌功德八百身功德千二百意功德以是功德莊嚴六根皆令清淨

此言法師功德而告常精進者謂持經之人必精心純一永離懈怠有進無退方稱法師前言六種法師謂讀誦受持解說書寫供養今不言供養意在持經不言受持以讀誦解說書寫四種皆受持之行故不舉也言六根功德有八百千二百之不等者楞嚴定六根優劣文云世界相涉三世四方宛轉十二流變三疊六根功德各各圓成有千二百以力用不齊故眼唯八百以後方全暗鼻闕中交身合中知以三分言功一分缺德故眼鼻身三各具八百以彼義選圓根故約六根各具力用之

不等今經正顯父母所生常身以顯持經卽得六根清淨之報故只就現在肉身六根而言清淨不在優劣也彼言功德乃指六根之力用今言功德卽持經不出六根故一一功德莊嚴六根皆得清淨意在持經之功德也言卽得清淨者然清淨乃遮空之辭也以肉質六根皆隔礙而不通奔染六塵原非清淨今言清淨乃顯持經功德所致故也故曰皆得清淨問曰經言六根清淨皆云父母所生現前肉身卽能徹見徹聞三千大千世界者是事難信請決所疑答曰理固如是無足怪也請試

言之。然衆生知見本是一眞法界圓明心體無邊刹境十世古今靡不洞照纖毫不遺與十方佛同體無二者也。但以一念無明妄動障蔽妙明故感結水火風土四大壅令留礙故隔越不通以致見不超色聞不出聲此固衆生之知見也。今持經之人一念頓悟本圓眞心故曰一人發眞歸元十方虛空悉皆消殞何况空中所有國土而不振裂是則塵消覺淨故十方世界圓明洞照。而言三千猶約量而言之耳。言清淨者謂六根銷復乃空之異名以就現前肉身故遮之也。且觀音耳根圓通生

滅既滅寂滅現前故能上與十方諸佛同一慈力下與六道衆生共一悲仰豈直六根清淨而已乎。首楞嚴云阿那律陀無目而見跋難陀龍無耳而聽乃至迦葉圓明了知不因心念是皆父母所生肉身也。又曰不明自發則諸暗相永不能昏根塵既消云何覺明不成圓妙此六根清淨之象也。是則眼見三千世界等無足怪也。

是善男子善女人父母所生清淨肉眼見於三千大千世界內外所有山林河海下至阿鼻地獄上至有頂亦見其中一切衆生及業因緣果報生處悉見悉知。爾時世尊欲重宣此義而說偈言。

若於大衆中　以無所畏心　說是法華經
汝聽其功德　是人得八百　功德殊勝眼
以是莊嚴故　其目甚清淨　父母所生眼
悉見三千界　內外彌樓山　須彌及鐵圍
幷諸餘山林　大海江河水　下至阿鼻獄
上至有頂處　其中諸衆生　一切皆悉見
雖未得天眼　肉眼力如是

此眼根清淨功德也。言肉眼清淨則色塵空而不隔妙體現前徹見三千大千世界一切衆生心念

頭數皆現心中。三際了然故果報生處悉知悉見。楞嚴所云行陰若盡則衆生生死業流灣環無不畢見况圓明洞照乎。頌言無所畏心則直心正念眞如法也。以是持經故功德自具其實圓照法界。今言八百但就肉身言之耳。彌樓此云光明即七金山之一也。

復次常精進若善男子善女人受持此經若讀若誦若解說若書寫得千二百耳功德以是清淨耳聞三千大千世界下至阿鼻地獄上至有頂其中內外種種語言音聲象聲馬聲牛聲車聲啼哭聲愁歎聲螺

聲。鼓聲。鐘聲。鈴聲。笑聲。語聲。男聲。女聲。童子聲。童女聲。法聲。非法聲。苦聲。樂聲。凡夫聲。聖人聲。喜聲。不喜聲。天聲。龍聲。夜叉聲。乾闥婆聲。阿脩羅聲。迦樓羅聲。緊那羅聲。摩睺羅伽聲。火聲。水聲。風聲。地獄聲。畜生聲。餓鬼聲。比丘聲。比丘尼聲。聲聞聲。辟支佛聲。菩薩聲。佛聲。以要言之。三千大千世界中。一切內外所有諸聲。雖未得天耳。以父母所生清淨常耳。皆悉聞知。如是分別種種音聲。而不壞耳根。爾時世尊欲重宣此義而說偈言。

父母所生耳　清淨無濁穢　以此常耳聞

三千世界聲　象馬車牛聲　鐘鈴螺鼓聲
琴瑟箜篌聲　簫笛之音聲　清淨好歌聲
聽之而不著　無數種人聲　聞悉能解了
又聞諸天聲　微妙之歌音　及聞男女聲
童子童女聲　山川險谷中　迦陵頻伽聲
命命等諸鳥　悉聞其音聲　地獄衆苦痛
種種楚毒聲　餓鬼飢渴逼　求索飲食聲
諸阿脩羅等　居在大海邊　自共言語時
出於大音聲　如是說法者　安住於此間
遙聞是衆聲　而不壞耳根　十方世界中
禽獸鳴相呼　其說法之人　於此悉聞之
其諸梵天上　光音及徧淨　乃至有頂天
言語之音聲　法師住於此　悉皆得聞之
一切比丘衆　及諸比丘尼　若讀誦經典
若爲他人說　法師住於此　悉皆得聞之
復有諸菩薩　讀誦於經法　若爲他人說
撰集解其義　如是諸音聲　悉皆得聞之
諸佛大聖尊　教化衆生者　於諸大會中
演說微妙法　持此法華者　悉皆得聞之
三千大千界　內外諸音聲　下至阿鼻獄

上至有頂天　皆聞其音聲　而不壞耳根
其耳聰利故　悉能分別知　持是法華者
雖未得天耳　但用所生耳　功德已如是

此耳根清淨功德也。普賢心聞洞十方。今以持經既悟妙心。則十方洞聞。了無壅塞也。有理之言。爲法聲。無理之言爲非法聲。頌云撰集解其義。然撰集解義。是未有聲也。而能聞之者。蓋彼以思而知。故我以不思而聞。所以爲心聞也。頌言悉能分別知。則不獨徒聞其聲而已。此乃耳根清淨之妙也。

復次常精進。若善男子善女人受持是經。若讀若誦若解說若書寫成就八百鼻功德以是淸淨鼻根聞於三千大千世界上下內外種種諸香須曼那華香闍提華香末利華香薝蔔華香波羅羅華香赤蓮華香靑蓮華香白蓮華香華樹香果樹香栴檀香沈水香多摩羅跋香多伽羅香及千萬種和香若末若丸若塗香持是經者於此閒住悉能分別又復別知衆生之香象香馬香牛羊等香男香女香童子香童女香及草木叢林香若近若遠所有諸香悉皆得聞分別不錯持是經者雖住於此亦聞天上諸天之香波利質多羅拘鞞陀羅樹香及曼陀羅華香摩訶曼陀

羅華香曼殊沙華香摩訶曼殊沙華香栴檀沈水種種末香諸雜華香如是等天香和合所出之香無不聞知又聞諸天身香釋提桓因在勝殿上五欲娛樂嬉戲時香若在妙法堂上爲忉利諸天說法時香若於諸園遊戲時香及餘天等男女身香皆悉遙聞如是展轉乃至梵世上至有頂諸天身香亦皆聞之并聞諸天所燒之香及聲聞香辟支佛香菩薩香諸佛身香亦皆遙聞知其所在雖聞此香然於鼻根不壞不錯若欲分別爲他人說憶念不謬爾時世尊欲重宣此義而說偈言

是人鼻淸淨　於此世界中　若香若臭物
種種悉聞知　須曼那闍提　多摩羅栴檀
沈水及桂香　種種華果香　及知衆生香
男子女人香　說法者遠住　聞香知所在
大勢轉輪王　小轉輪及子　羣臣諸宮人
聞香知所在　身所著珍寶　及地中寶藏
轉輪王寶女　聞香知所在　諸人嚴身具
衣服及瓔珞　種種所塗香　聞香知其身
諸天若行坐　遊戲及神變　持是法華者
聞香悉能知　諸樹華果實　及酥油香氣

持經者住此　悉知其所在　諸山深險處
栴檀樹華敷　衆生在中者　聞香悉能知
鐵圍山大海　地中諸衆生　持經者聞香
悉知其所在　阿脩羅男女　及其諸眷屬
鬬諍遊戲時　聞香皆能知　曠野險隘處
師子象虎狼　野牛水牛等　聞香知所在
若有懷妊者　未辨其男女　無根及非人
聞香悉能知　以聞香力故　知其初懷妊
成就不成就　安樂產福子　以聞香力故
知男女所念　染欲癡恚心　亦知修善者

地中衆伏藏　金銀諸珍寶　銅器之所盛
聞香悉能知　種種諸瓔珞　無能識其價
聞香知貴賤　出處及所在　天上諸華等
曼陀曼殊沙　波利質多樹　聞香悉能知
天上諸宮殿　上中下差別　衆寶華莊嚴
聞香悉能知　天園林勝殿　諸觀妙法堂
在中而娛樂　聞香悉能知　諸天若聽法
或受五欲時　來往行坐臥　聞香悉能知
天女所著衣　好華香莊嚴　周旋遊戲時
聞香悉能知　如是展轉上　乃至於梵世

入禪出禪者　聞香悉能知　光音偏淨天
乃至於有頂　初生及退沒　聞香悉能知
諸比丘衆等　於法常精進　若坐若經行
及讀誦經典　或在林樹下　專精而坐禪
持經者聞香　悉知其所在　菩薩志堅固
坐禪若讀誦　或爲人說法　聞香悉能知
在在方世尊　一切所恭敬　愍衆而說法
聞香悉能知　衆生在佛前　聞經皆歡喜
如法而修行　聞香悉能知　雖未得菩薩
無漏法生鼻　而是持經者　先得此鼻相

此鼻根清淨功德也。須曼那此云善攝意。薝蔔此云黃華。小而香。波羅羅此云藂華。多摩羅跋。此云賢無垢香。多伽羅此云木香。衆生之香。蓋衆生身分皆各有氣分熏人。約義爲香耳。波利質多羅乃帝釋員生樹。拘鞞陀羅云大遊戲地樹。不壞不錯言無壞無雜也。言聲聞及佛四聖之香。所謂戒香。定香。智慧香。解脫香。解脫知見香。此皆非有形色之香。豈鼻根可能聞哉。鼻根清淨。故乃可聞。所謂心空聞性香也。頌言地中寶藏懷妊男女。聞香而能辨。初懷妊時。即知其成就不成就。又男女所念

染欲癡恚之心及地中伏藏。金銀珍寶銅器所盛。又珍寶貴賤。聞香知貴賤出處。凡此等事豈鼻根所能哉。華嚴所言。菩薩有十種甚微細智非洞明法界無以辨。博如此。而言鼻根清淨。是所謂寄根而言耳。乃至衆生在佛前聞經皆歡喜。如法而修行。聞香悉能知。此非平等法性。無以洞達如此。肉身之鼻。天然實相。不待無漏法生矣。

復次常精進。若善男子善女人。受持是經。若讀若誦若解說若書寫。得千二百舌功德。若好若醜。若美不美。及諸苦澀物。在其舌根。皆變成上味。如天甘露。無

不美者若以舌根於大眾中有所演說，出深妙聲，能入其心，皆令歡喜快樂。又諸天子、天女、釋梵諸天，聞是深妙音聲有所演說言論次第，皆悉來聽。及諸龍、龍女、夜叉、夜叉女、乾闥婆、乾闥婆女、阿脩羅、阿脩羅女、迦樓羅、迦樓羅女、緊那羅、緊那羅女、摩睺羅伽、摩睺羅伽女，為聽法故，皆來親近恭敬供養。及比丘、比丘尼、優婆塞、優婆夷、國王、王子、羣臣眷屬、小轉輪王、大轉輪王、七寶千子、內外眷屬，乘其宮殿，俱來聽法。以是菩薩善說法故，婆羅門、居士、國內人民，盡其形壽，隨侍供養。又諸聲聞、辟支佛、菩薩、諸佛，常樂見之。

是人所在方面，諸佛皆向其處說法，悉能受持一切佛法，又能出於深妙法音。爾時世尊欲重宣此義而說偈言：

是人舌根淨　終不受惡味　其有所食噉
悉皆成甘露　以深淨妙聲　於大眾說法
以諸因緣喻　引導眾生心　聞者皆歡喜
設諸上供養　諸天龍夜叉　及阿脩羅等
皆以恭敬心　而共來聽法　是說法之人
若欲以妙音　徧滿三千界　隨意即能至
大小轉輪王　及千子眷屬　合掌恭敬心
常來聽受法　諸天龍夜叉　羅刹毘舍闍
亦以歡喜心　常樂來供養　梵天王魔王
自在大自在　如是諸天眾　常來至其所
諸佛及弟子　聞其說法音　常念而守護
或時為現身

此舌根清淨功德也。舌約嘗味，則好醜美惡苦澀諸物，一入舌根，皆變上味，純成甘露法味，此乃離味之知也。約說法在眾生中，則諸天八部五眾之人，俱來聽法，盡形供養。在四聖，則聲聞、辟支、菩薩、諸佛常樂見之，且又感諸佛皆向說法，悉能受持。

是謂諸佛法身入我性，我性還共如來合，此所以又能出於深妙法音也。頌言諸佛常念守護現身，謂妙契法身故也。

復次常精進，若善男子、善女人受持是經，若讀若誦，若解說若書寫，得八百身功德，得清淨身，如淨琉璃，眾生喜見。其身淨故，三千大千世界眾生，生時死時，上下好醜，生善處惡處，悉於中現。及鐵圍山、大鐵圍山、彌樓山、摩訶彌樓山等諸山，及其中眾生，悉於中現。下至阿鼻地獄，上至有頂，所有及眾生，悉於中現。若聲聞、辟支佛、菩薩、諸佛說法，皆於身中現其色像。

爾時世尊欲重宣此義而說偈言。

若持法華者　其身甚清淨　如彼淨琉璃
衆生皆喜見　又如淨明鏡　悉見諸色像
菩薩於淨身　皆見世所有　唯獨自明了
餘人所不見　三千世界中　一切諸羣萌
天人阿脩羅　地獄鬼畜生　如是諸色像
皆於身中現　諸天等宮殿　乃至於有頂
鐵圍及彌樓　摩訶彌樓山　諸大海水等
皆於身中現　諸佛及聲聞　佛子菩薩等
若獨若在衆　說法悉皆現　雖未得無漏

法性之妙身　以清淨常體　一切於中現

此身根清淨功德也。以身清淨如淨琉璃。故衆生喜見。衆生生死善惡報處。及三界形色。四聖體用。一一皆在身中顯現。如鏡現像。寂音引晉佛圖澄者。本天竺人。以永嘉四年至洛陽。自言百餘歲。腹旁有孔。以絮塞之。夜讀則拔絮出光照室。又常將齋臨水。從孔中引腸胃洗濯。還納腹中。以油塗掌中。使童子即而窺之。童子驚走曰。是中有軍馬。蓋照見石氏擒劉曜。計其處千餘里。此亦父母所生之常體也。頌言。菩薩於淨身。皆見世所有。唯獨自明了。餘人所不見。此正楞嚴所謂一人發眞歸元十方虛空悉皆消殞。空中國土悉皆振裂。此蓋發眞者見餘人所不見也。

復次常精進。若善男子善女人。如來滅後受持是經。若讀若誦若解說若書寫。得千二百意功德。以是清淨意根。乃至聞一偈一句。通達無量無邊之義。解是義已。能演說一句一偈。至於一月四月。乃至一歲。諸所說法。隨其義趣。皆與實相不相違背。若說俗間經書治世語言資生業等。皆順正法。三千大千世界六趣衆生。心之所行。心所動作。心所戲論。皆悉知之。雖

未得無漏智慧。而其意根清淨如此。是人有所思惟籌量言說。皆是佛法。無不眞實。亦是先佛經中所說。

爾時世尊欲重宣此義而說偈言。

是人意清淨　明利無濁穢　以此妙意根
知上中下法　乃至聞一偈　通達無量義
次第如法說　月四月至歲　是世界內外
一切諸衆生　若天龍及人　夜叉鬼神等
其在六趣中　所念若干種　持法華之報
一時皆悉知　十方無數佛　百福莊嚴相
爲衆生說法　悉聞能受持　思惟無量義

說法亦無量　終始不忘錯　以持法華故
悉知諸法相　隨義識次第　達名字語言
如所知演說　此人有所說　皆是先佛法
以演此法故　於衆無所畏　持法華經者
意根淨若斯　雖未得無漏　先有如是相
是人持此經　安住希有地　爲一切衆生
歡喜而愛敬　能以千萬種　善巧之語言
分別而說法　持法華經故

此意根清淨功德也。以意根清淨。離諸思量分別。故於一偈一句達無量義。以深達實相故。說俗間

經書治世語言資生業等。皆順正法。如古德機緣廬陵米價。麻三斤。乾矢橛。庭前柏樹子。洗鉢盂去等。一一如此。皆意根清淨。故拈起便示向上第一義也。六道衆生心所動作。皆悉知之。以心徧十方同一體故。此人有所說。皆是先佛法。以得諸佛智慧故。是人持此經。安住希有地。總言六根清淨如此爲希有地也。

此言悟佛知見。蓋以四安樂行爲妙悟之始。壽量爲妙悟之極。故較量分持全經之功德。以至六根清淨。乃爲妙悟之實效。然就父母所生肉身六根而言者。楞嚴云識陰盡者。如淨琉璃中含寶月。故六根融通。圓照法界。是皆未盡果縛。即肉身而言妙悟開發之如此。是知持經妙悟。端在識心盡破。分別情亡。故一一圓明清淨實相。此法爾如然。稟明於心。不假外也。故從上諸祖。妙悟自心。皆能如此。但不欲顯露惑世耳。觀其各有臨終付囑密記之事。靡不歷然。此其驗也。故天台智者大師妙悟法華三昧。親見靈山一會儼然現存。豈非眼根清淨之驗歟。

妙法蓮華經通義卷第十五

妙法蓮華經通義卷第十六 經文卷六中

明南嶽沙門憨山釋德清述

常不輕菩薩品第二十

此品來意由前言持經功德之勝今正示以堅持之行故如來自敘往昔爲菩薩時名爲不輕持此妙法唯以平等佛慧教化衆生乃至多遭毀辱絕無一念疲厭之心以至今日得菩提果此持經之驗也以此勸進二乘當遵此範末世持經可無厭患自無退墮之心也以此妙法悟之爲難既悟守之爲難且於惡世弘持此經更難之難故世尊憂

懸之意也深而叮嚀告誡之心也切所以歷說持經之行自提婆達多以來皆明悟守之事至此遵如來行然後乃爲精持以得六根清淨乃見其人故此品來也前後諸品文雖不一義實一貫參會經文自得其旨具見如來說法之意也

爾時佛告得大勢菩薩摩訶薩汝今當知若比丘比丘尼優婆塞優婆夷持法華經者若有惡口罵詈誹謗獲大罪報如前所說其所得功德如向所說眼耳鼻舌身意清淨

此將顯精持之利先牒指持毀以警之也毀謗之罪如前喻品末與法師品說聞持之福如向法師功德品說將顯精持而先牒明損益者意謂不善持者令彼毀謗而獲罪法師雖能善持得六根清淨不能化彼强暴但能自利而不能利他今常不輕以佛性徧記四衆令增上慢皆轉邪心而生正信而自亦得六根清淨所謂自利利他二行具足故將說精持而先牒罪福意顯持經必若常不輕者乃盡精持之妙也告大勢者以忍有大力故也

得大勢乃往古昔過無量無邊不可思議阿僧祇劫有佛名威音王如來應供正徧知明行足善逝世間

解無上士調御丈夫天人師佛世尊劫名離衰國名大成其威音王佛於彼世中爲天人阿脩羅說法爲求聲聞者說應四諦法度生老病死究竟涅槃爲求辟支佛者說應十二因緣法爲諸菩薩因阿耨多羅三藐三菩提說應六波羅密法究竟佛慧得大勢是威音王佛壽四十萬億那由他恆河沙劫正法住世劫數如一閻浮提微塵像法住世劫數如四天下微塵其佛饒益衆生已然後滅度正法像法滅盡之後於此國土復有佛出亦號威音王如來應供正徧知明行足善逝世間解無上士調御丈夫天人師佛世

尊如是次第有二萬億佛皆同一號最初威音王如來既已滅度正法滅後於像法中增上慢比丘有大勢力爾時有一菩薩比丘名常不輕

此將舉精持之人先舉所師之佛也佛號威音王者可畏曰威聞聲而伏謂之威音不必作意而人自畏之故曰威音王菩薩住寂滅忍以平等大悲普施衆生衆生聞聲而自畏伏故所師之佛爲威音王而人稱已曰常不輕是以尊行加人故也以安忍寂滅物我兩忘永離憂惱故劫名離衰唯以忍行故無損有益故國名大成此乃空劫初成之

佛故宗門稱向上曰威音那畔今說精持而先指毀謗之罪者意謂不能持經故損他無益即前四安樂行雖能守已以免毀謗之來不致損他而猶不能轉彼不信以入信根故持經法師雖能自得六根淸淨而不能令他同入是但自利不能利他故非精持今不輕菩薩以平等大悲佛性種子徧記四衆不但安忍謗辱而能化彼增慢轉罪爲福方是眞精進行有大勢力乃盡持經之妙也故佛將顯此行先舉損益有深意也

得大勢以何因緣名常不輕是比丘凡有所見若比丘比丘尼優婆塞優婆夷皆悉禮拜讚歎而作是言我深敬汝等不敢輕慢所以者何汝等皆行菩薩道當得作佛

此徵不輕得名之因緣也因以佛性徧觀四衆故禮拜讚歎皆稱行菩薩道當得作佛是以平等大悲普視衆生不輕於人也

而是比丘不專讀誦經典但行禮拜乃至遠見四衆亦復故往禮拜讚歎而作是言我不敢輕於汝等汝等皆當作佛

此言不專讀誦經典但行禮拜者以經乃詮顯如來法身佛性種子之具也今以佛性普觀四衆則法身徧在大衆身中斯則眞經在人而不在紙墨文字即此便爲眞持經矣

四衆之中有生瞋恚心不淨者惡口罵詈言是無智比丘從何所來自言我不輕汝而與我等授記當得作佛我等不用如是虛妄授記如此經歷多年常被罵詈不生瞋恚常作是言汝當作佛說是語時衆人或以杖木瓦石而打擲之避走遠住猶高聲唱言我不敢輕於汝等汝等皆當作佛以其常作是語故增上慢比丘比丘尼優婆塞優婆夷號之爲常不輕

此言因是而得不輕之名也。罵詈不瞋，打擲不怨，而猶常自高聲授記，願人作佛者，此正安心寂滅，物我兩忘無我之至也。以是之故，久而不退，卽彼鬬提四眾，皆起信根，非此不足以化强暴，故皆號之爲常不輕。大哉，佛意甚深微妙之如此也。始也，二乘不聞此經，絕無成佛之分，是法身慧命備載此經，故曰此中已有如來全身。故二乘既聞此經，皆得授記作佛，以法由人弘，若無人弘，則慧命斷絕，故所重者又在持經之人也。且惡世難持，不善持者令人不信生謗，則無益而有損，是則持經又

最難得其人也。故說四安樂行，教以持經之方，不致彼謗。及得其人，有能持者，當供如佛，是則佛性慧命又在能持之人，而不在經矣。所謂人存政舉也。故能持之人，卽得六根清淨之益，此雖自利，而不能利他，是但能持而不能弘也。今常不輕者，不專誦經，但行禮拜，而以佛性種子徧記四眾，是則佛性普在諸人，而不獨在持經者也。故能轉彼邪心，化彼兇暴，而生正信，皆植成佛之因。如此方盡如來涉世利生之本懷也。觀其義深遠，其語巧妙，不但四十年前之方便，卽法華一會，特爲此事猶且方便，微密漸導，至此而顯發其極致。此豈常情所窺測哉。觀者不見佛心，而以文字智辯爲多者，有負如來深慈矣，可不敬哉。

是比丘臨欲終時，於虛空中，具聞威音王佛先所說法華經二十千萬億偈，悉能受持，卽得如上眼根清淨，耳鼻舌身意根清淨。得是六根清淨已，更增壽命二百萬億那由他歲，廣爲人說是法華經。

此言不輕聞經得自利之益也。臨終者，顯向未聞經，未得慧命也。空中聞威音王佛先說此經者，意顯此經乃眞空法界所流也。二十千萬億偈者，凡

有對則爲二，以此經乃心境雙忘離相寂滅之法。眾生心境種種無量，一聞此經，則一切心境化爲寂滅之法矣。故經有二十千萬億偈，未足多也。卽得六根清淨者，顯持經之益也。更增壽命，以臨終聞經，以能受持續佛慧命，以稱法界寂滅之性，故得二百萬億那由他歲，以稱性而演，故盡命說經。

於時增上慢四眾比丘、比丘尼、優婆塞、優婆夷，輕賤是人爲作不輕名者，見其得大神通力，樂說辯力，大善寂力，聞其所說，皆信伏隨從。是菩薩復化千萬億眾，令住阿耨多羅三藐三菩提。

此言不輕因聞法持經轉邪利他之益也。彼增上慢四眾人等乃昔輕賤不輕者。向已稱美名。則已不毀。知所重矣。今見不輕得大神通。謂六根清淨。樂說辯力。謂廣說此經。大善寂力。謂住寂滅忍。故皆信伏隨從。是則不但不毀。抑又歸化。此由不輕忍力所致也。故復化千萬億眾令住菩提。此利他之行。見持經之益也。然世尊將說妙法。而五千上慢禮佛而退。是知此輩乃諸佛所不化者。今見不輕而感化如此。所謂覩德人之容使人之意也消。是貴身體力行之益有勝於言說分別也。

命終之後。得值二千億佛。皆號日月燈明。於其法中。說是法華經。以是因緣。復值二千億佛。同號雲自在燈王。於此諸佛法中。受持讀誦。為諸四眾說此經典。故得是常眼清淨。耳鼻舌身意諸根清淨。於四眾中說法。心無所畏。得大勢。是常不輕菩薩摩訶薩。供養如是若干諸佛。恭敬尊重讚歎。種諸善根。於後復值千萬億佛。亦於諸佛法中說是經典。功德成就。當得作佛。

此言不輕持經值佛之益也。命終得值二千億佛。皆號日月燈明者。謂住寂滅法。佛性種子。慧光常明。如日月燈。故云。於其法中說法華經也。復值二千億佛。同號雲自在燈王者。謂妙法如雲。普被羣生。慧光破暗。得大自在也。以得六根清淨。絕諸對待。故說法無畏也。供養既多。善根已深。故說此經。久而不倦。當得作佛也。

得大勢。於意云何。爾時常不輕菩薩。豈異人乎。則我身是。若我於宿世。不受持讀誦此經。為他人說者。不能疾得阿耨多羅三藐三菩提。我於先佛所。受持讀誦此經。為人說故。疾得阿耨多羅三藐三菩提。

此言不輕乃釋尊前身也。以持經之久。故成佛之速。意在勵其精持也。

得大勢。彼時四眾比丘比丘尼優婆塞優婆夷。以瞋恚意輕賤我故。二百億劫常不值佛。不聞法。不見僧。千劫於阿鼻地獄受大苦惱。畢是罪已。復遇常不輕菩薩教化阿耨多羅三藐三菩提。

此言不輕復化之益也。彼四眾瞋恚不輕而不信者。故感千劫地獄之苦。罪畢還遇不輕教化成佛。所謂聞而不信。尚結佛種之因也。

得大勢。於汝意云何。爾時四眾常輕是菩薩者。豈異人乎。今此會中跋陀婆羅等五百菩薩師子月等五百比丘尼思佛等五百優婆塞皆於阿耨多羅三藐三菩提不退轉者是。

此言今日在會大衆即昔日謗法之人也。以初謗者乃法華經也。故今還因聞此經而得開悟。以四衆現存豈非大益。

得大勢當知是法華經大饒益諸菩薩摩訶薩能令至於阿耨多羅三藐三菩提。是故諸菩薩摩訶薩於如來滅後常應受持讀誦解說書寫是經。

此結顯勝益所以勸持也。前言謗經之罪但言地獄三途之苦。報盡爲人。終無獲益。意顯不善持者。

令人終於不信。是謂慧命斷絕也。今言謗者即感地獄苦畢復蒙教化。此其慧命不絕者乃善持經之益。佛意持經必若不輕然後爲精持。故勸受持。引已往事以誠將來。佛慈深矣。

爾時世尊欲重宣此義而說偈言。

過去有佛　號威音王　神智無量　將導一切
天人龍神　所共供養　是佛滅後　法欲盡時
有一菩薩　名常不輕　時諸四衆　計著於法
不輕菩薩　往到其所　而語之言　我不輕汝
汝等行道　皆當作佛　諸人聞已　輕毀罵詈
不輕菩薩　能忍受之　其罪畢已　臨命終時
得聞此經　六根清淨　神通力故　增益壽命
復爲諸人　廣說是經　諸著法衆　皆蒙菩薩
教化成就　令住佛道　不輕命終　值無數佛
說是經故　得無量福　漸具功德　疾成佛道

此頌述不輕遠因也。從過去有佛下至疾成佛道四十句通頌不輕持經之事。連言命終聞經先言增壽後言值無數佛。是知慧命相續永永無窮也。

彼時不輕　則我身是　時四部衆　著法之者
聞不輕言　汝當作佛　以是因緣　值無數佛

此會菩薩　五百之衆　并及四部　清信士女
今於我前　聽法者是

此言今緣以證昔因也。彼時不輕下十四句言不輕即我。彼謗毀者即現前四衆也。

我於前世　勸是諸人　聽受斯經　第一之法
開示教人　令住涅槃　世世受持　如是經典
億億萬劫　至不可議　時乃得聞　是法華經
億億萬劫　至不可議　諸佛世尊　時說是經
是故行者　於佛滅後　聞如是經　勿生疑惑
應當一心　廣說此經　世世值佛　疾成佛道

此結勸持也。我於前世下至時說是經十六句顯昔勸之益。是故行者下八句言今勸之益。言時聞時說所謂欲識佛性義當觀時節因緣也。

古釋齊此已前二十品名正宗分。此後八品判屬流通。今愚以開示悟入四字分二十八品通是正宗。以提婆達多品至後囑累十一品爲悟佛知見。藥王及後至普賢勸發六品爲入佛知見。已前二十二品通名信解向後六品顯行證故意以藥王明行爲入。此與古釋全不相蒙。而以義爲準臨文自當證知。

如來神力品第二十一

此品來意由前世尊廣說持經之功復示自持之行。是則當機圓悟已極。已遂如來出世本懷且得地涌持經之衆故如來歡喜乃極盡神力而印證之且示當機平等法界直令親佛境於目前見淨土於當下以顯法利已圓將付法王家業也。然後地涌之衆以發啟者正顯自心性德滿足方爲法華全體也。如來即現神力徧身毛孔皆放光明舌至梵天。地皆震動者所謂通身吐露徹底掀翻也。諸佛同放光明以顯佛佛道同也。十方諸佛同坐光中空中出聲遙讚釋迦說法華經者。以顯十方諸佛心心相印也。十方世界通達無礙如一佛土者。乃昭廓法身眞境。以消二乘限量之心也。如來至此極盡神力發揚此經功德不盡者。以如來所有一切之法。一切自在神力。一切密祕之藏。一切甚深之事。皆於此經宣示顯說。故久默斯要。今乃說之。以其難信難解。今已深信深解。所謂悟佛知見也。而奉持之功德亦非思議可及。故開示至此。顯理已極妙悟已圓。乃盡佛神力以印證之。故判此品已前爲信解之眞因。因心旣眞可克妙果。故次囑累。先此品來意顯地涌之衆皆克家之子也。

舊判此品連後七品俱屬流通。此品爲發起義有未盡。故愚判藥王連後五品爲入佛知見。由行以證果。方盡如來說法儀式故也。

爾時千世界微塵等菩薩摩訶薩從地涌出者。皆於佛前一心合掌瞻仰尊顏而白佛言。世尊。我等於佛滅後。世尊分身所在國土滅度之處。當廣說此經。所以者何。我等亦自欲得是眞淨大法。受持讀誦解說書寫而供養之。

此地涌之衆請持妙法也。然地涌之衆皆克家之子特為持經而出何以一向默住直待至此方請者以此大眾向住下方空中行頭陀事志樂靜處。似未達涉俗利生之事故待世尊分別持經功德。以堅願樂之心。及說不輕以示二利之行故至此。方於佛前願於滅後凡分身所在滅度之處皆願廣說此經。亦自欲得是眞淨大法所以請也。新記之衆願於他方弘經而不敢在娑婆。藥王願在娑婆而不敢往十方。唯地涌之眾願往分身所在之處廣說此經。則願大而心廣與佛心等故特付囑之。

爾時世尊於文殊師利等無量百千萬億舊住娑婆世界菩薩摩訶薩及諸比丘比丘尼優婆塞優婆夷天龍夜叉乾闥婆阿脩羅迦樓羅緊那羅摩睺羅伽人非人等一切眾前現大神力出廣長舌上至梵世。一切毛孔放於無量無數色光皆悉徧照十方世界。眾寶樹下師子座上諸佛亦復如是出廣長舌放無量光。釋迦牟尼佛及寶樹下諸佛現神力時滿百千歲然後還攝舌相。一時謦欬俱共彈指是二音聲徧至十方諸佛世界地皆六種震動。

此如來印許持經故現大神力以示得遂本懷踊躍歡喜之意也。舊住娑婆言文殊等在會與地涌之眾揀非他方雲集者以將囑累先現神力謦之也。神力乃法界無作妙力也。華嚴謂之神變相。廣長舌者如來三十二相有覆面舌。今言出廣長舌。乃神力所現也。舌雖大而不出口。今言出廣長舌上至梵世。且梵世乃色究竟處也。而云至者正顯有色相處凡一切音聲形色皆說法音聲也。毛孔甚微細世界甚廣大而云一切毛孔放無量無數色光徧照十方世界者意顯正報毛孔依報微塵一一其中智光充滿皆說法之地也。此釋迦一佛

所現神力之廣大如此。眾寶樹下諸佛乃分身雲集之佛。一一舌相光明皆與釋迦等無有異者顯佛佛道同也。現神力滿百千歲者放光之頃。即經如許長時顯三際平等也。至梵世則竪窮徧十方則橫該。百千歲則三世。意顯此舌根竪窮橫徧十方三世神力充滿法音彌布意將以此神力說此經之功德猶不能盡也。謦欬彈指最小音聲而能徧至十方地皆震動者意顯法音稱眞法界故聲所及處眾生聞者無明頓破之象也。將顯讚經功德故先現此神力也。

其中眾生天龍夜叉乾闥婆阿脩羅迦樓羅緊那羅摩睺羅伽人非人等以佛神力故皆見此娑婆世界無量無邊百千萬億衆寶樹下師子座上諸佛及見釋迦牟尼佛共多寶如來在寶塔中坐師子座又見無量無邊百千萬億菩薩摩訶薩及諸四衆恭敬圍繞釋迦牟尼佛既見是已皆大歡喜得未曾有

此言衆生八部各因神力攝受開佛知見也其中衆生八部皆住十方界光中之所攝受者且此皆肉眼不能遠見今因佛光所攝皆遙見娑婆世界空中雲集十方分身諸佛及見釋迦多寶幷無邊

法會圍繞釋迦者是所謂開佛知見頓見靈山一會儼然現在故皆歡喜得未曾有此因神力所攝也

即時諸天於虛空中高聲唱言過此無量無邊百千萬億阿僧祇世界有國名娑婆是中有佛名釋迦牟尼今爲諸菩薩摩訶薩說大乘經名妙法蓮華教菩薩法佛所護念汝等當深心隨喜亦當禮拜供養釋迦牟尼佛彼諸衆生聞虛空中聲已合掌向娑婆世界作如是言南無釋迦牟尼佛南無釋迦牟尼佛以種種華香瓔珞旛蓋及諸嚴身之具珍寶妙物皆共遙散娑婆世界所散諸物從十方來譬如雲集變成寶帳徧覆此間諸佛之上於時十方世界通達無礙如一佛土

此言空中諸天因光所照見靈山一會說法華經轉教衆生隨喜者意顯能入法性眞空方能悟此妙法據此乃可轉教衆生隨喜正謂坐如來座方能弘持此經也彼諸衆生聞此聲已皆向釋迦三稱者此因轉教故諸聞者各各開佛知見也以種種瓔珞妙物遙散娑婆者以諸妙行一一回向佛道也所散之物變成寶帳者以理融事通歸法界

也十方世界通達無礙如一佛土者開佛知見則一切根塵識界廓然無礙此皆神力所致也

爾時佛告上行等菩薩大衆諸佛神力如是無量無邊不可思議若我以是神力於無量無邊百千萬億阿僧祇劫爲囑累故說此經功德猶不能盡

此結顯經德已上種種神力說不能盡也且以至梵天之舌相照十方之毛光合十方雲集分身諸佛之神力滿百千歲之長時是則豎窮三際橫徧十方震動大千通諸佛土如是神力於無量劫說此經之功德猶不能盡者極顯此經乃法界之全

體然諸佛神力雖廣大無比猶是分顯未能盡舉法界之量如所謂未徧普賢一毛孔故也以法界全體諸佛衆生正報之毛孔依報世界之微塵一一徧含十方刹土大經云普賢一一毛孔中不可說刹次第入毛孔能受彼諸佛諸刹不能徧毛孔如一毛孔一切毛孔一一皆然如一微塵一切微塵塵塵亦爾以此經雖未明言事事無礙而一眞法界乃四法界之本故也以此經所詮實相寂滅眞心是一眞法界之實相故諸佛所現神力而不能盡說此經之功德也華嚴云假使有人以虛空爲紙大海爲墨須彌爲筆書寫此經一字功德不盡正此意也

以要言之如來一切所有之法如來一切自在神力如來一切祕要之藏如來一切甚深之事皆於此經宣示顯說

此言神力不能盡說之所以也一切所有盡法界之所有也一切自在神力盡法界無作之大用也一切祕藏盡法界之祕密也一切甚深之事徹法界之源底也是皆法身全體殊不可以見聞之跡求之今此經分明顯說如上神力雖廣大無邊猶屬可見可聞所以不能盡說此經之功德耳

是故汝等於如來滅後應一心受持讀誦解說書寫如說修行所在國土若有受持讀誦解說書寫如說修行若經卷所住之處若於園中若於林中若於樹下若於僧坊若白衣舍若在殿堂若山谷曠野是中皆應起塔供養所以者何當知是處卽是道場諸佛於此得阿耨多羅三藐三菩提諸佛於此轉於法輪諸佛於此而般涅槃

此囑地涌之衆傳持此經以結前云此中以有如來全身皆應起塔等義也所以者何下釋所以也

以一切諸佛成道度生轉法輪入涅槃皆從此經出故應起塔供養故當弘持使慧命不斷也

爾時世尊欲重宣此義而說偈言

諸佛救世者　住於大神通　爲悅衆生故
現無量神力　舌相至梵天　身放無數光
爲求佛道者　現此希有事　諸佛謦欬聲
及彈指之聲　周聞十方國　地皆六種動
以佛滅度後　能持是經故　諸佛皆歡喜
現無量神力　囑累是經故　讚美受持者
於無量劫中　猶故不能盡　是人之功德

無邊無有窮　如十方虛空　不可得邊際
能持是經者　則為已見我　亦見多寶佛
及諸分身者　又見我今日　教化諸菩薩
能持是經者　令我及分身　滅度多寶佛
一切皆歡喜　十方現在佛　幷過去未來
亦見亦供養　亦令得歡喜　諸佛坐道場
所得祕要法　能持是經者　不久亦當得
能持是經者　於諸法之義　名字及言辭
樂說無窮盡　如風於空中　一切無障礙
於如來滅後　知佛所說經　因緣及次第

隨義如實說　如日月光明　能除諸幽冥
斯人行世間　能滅眾生暗　教無量菩薩
畢竟住一乘　是故有智者　聞此功德利
於我滅度後　應受持斯經　是人於佛道
決定無有疑

諸佛救世者下十二句。頌神通之事。以佛滅度下十二句。頌神力不能盡說持經之功德。能持是經下六句。頌持經即見釋迦多寶分身諸佛。幷我今日教菩薩事。以一切諸佛法身應現之事。皆在此經。故能見之。能持是經下八句。頌能持是經由見諸佛。故諸佛歡喜。諸佛坐道場下十句。頌由持此經。即得諸佛祕要之法。故得四無礙辯也。諸法法無礙也。之義義無礙也。名字言詞。詞無礙也。樂說無窮樂說無礙也。故結云一切無障礙。於如來滅後下十句。頌由得四無礙辯。故能說法教無量菩薩皆住一乘之大益也。是故有智者下六句。結頌勸持也。將欲囑累。先現神力。以顯不能盡說此經之功德者。意顯此經乃如來道場所得之法。功德廣大。以發持經菩薩堅固願力也。

囑累品第二十二

此品來意。以從前開示顯理已圓。當機悟心已徹。信解已眞。是成佛之眞因已具。則如來出世本懷已滿。正若長者父子情忘。即當委付家業。故說囑累為信解之終。故此品來。非斷為流通也。齊此已上十一品經。為悟佛知見。合前二十一品。通為信解。總屬顯理為因。下六品顯行。以明證入為果。

爾時釋迦牟尼佛。從法座起。現大神力。以右手摩無量菩薩摩訶薩頂。而作是言。我於無量百千萬億阿僧祇劫。修習是難得阿耨多羅三藐三菩提法。今以付屬汝等。汝等應當一心流布此法。廣令增益。如是三摩諸菩薩摩訶薩頂。而作是言。我於無量百千萬億阿僧祇劫修習是難得阿耨多羅三藐三菩提法。今以付囑汝等。汝等當受持讀誦廣宣此法令一切衆生普得聞知。

將欲付囑先摩頂安慰而告諭者。示其慈憐令不驚疑而必信也。三摩其頂。再三諄切之至也。無上菩提最爲難得之法。佛於歷劫勤苦。乃至三千世界無芥子許不是菩薩爲求菩提捨身命處。以久受勤苦。乃可得成所謂難得阿耨菩提也。今將付囑再三言其難得者。正如長者大富之家。要子知

其創業之艱難也。今以此法付囑菩薩。非特欲其持守而已。且欲廣宣此法令一切衆生普得聞知以所託者重。故告諭之心也切。是謂一大事因緣。非細故也。

所以者何。如來有大慈悲無諸慳悋亦無所畏。能與衆生佛之智慧。如來智慧自然智慧。如來是一切衆生之大施主。汝等亦應隨學如來之法。勿生慳悋。於未來世。若有善男子善女人信如來智慧者。當爲演說此法華經使得聞知。爲令其人得佛慧故。若有衆生不信受者。當於如來餘深法中示教利喜。汝等若能如是則爲已報諸佛之恩。

此釋令其廣宣之意也。十方如來但以衆生爲心。凡已所有皆與衆生。以有大慈悲無所悋惜亦不畏衆生之多。凡有求者皆能與之。此諸佛之本心也。能與衆生佛之智慧。如來智慧。自然智慧。然云佛之智慧而有三種者何耶。言佛之智慧乃衆生所迷。今與開示令其悟入者是也。如來智慧乃衆生與佛平等共有。因修而後證得者也。自然智慧則天然妙性本無迷悟。不屬修證者也。智慧本一。但由開示而後悟入。由悟入而後修。因修而證本

有天然之自性。故說有三種也。今佛既與開示必使悟修而證本有。方爲究竟。盡皆與之無悋。故是一切衆生之大施主。此如來之心以衆生爲心也。故教諸菩薩亦應隨學如來之法。一切與之勿生慳悋也。故於未來世凡有信佛智慧者。即當爲說此經使得佛慧。上言三種智慧。今教菩薩但言如來智慧者。以先爲衆生開示佛之知見使自悟入修習證得。故以開示爲急務。所以特言之也。儻若衆生有不信如來智慧者。當於餘深法中示教利喜。謂於三乘權教祕密法中漸漸誘引。使令信受。

此正付囑之意也。故曰汝等若能如是則為已報諸佛之恩矣。前方便品末身子等感悟佛恩乃至頂戴塵劫身為牀座徧於三千世界畢竟不能報佛之恩。故此結勸但能弘宣此經則為已報諸佛之恩矣。所謂假使頂戴經塵劫身為牀座徧三千。若不弘法度眾生畢竟無能報恩者。

時諸菩薩摩訶薩聞佛作是說已。皆大歡喜徧滿其身。益加恭敬曲躬低頭合掌向佛俱發聲言。如世尊敕當具奉行。唯然世尊。願不有慮。諸菩薩摩訶薩眾。如是三反俱發聲言。如世尊敕當具奉行。唯然世尊。願不有慮。

此諸菩薩因佛付囑而受命也。因佛摩頂三囑故此三反受命安慰世尊願不有慮。此正克家之子。足以慰父之心也。

爾時釋迦牟尼佛令十方來諸分身佛各還本土。而作是言諸佛各隨所安。多寶佛塔還可如故。

此付囑事畢。故令分身諸佛各還本土也。前窮子喻長者思念此子。意欲委付家業。及窮子歸來。始而驚怖。既而疑。久而信。益久而親。父子情忘。故長者并會親族國王大臣委付家業。今多寶出現。分身齊集。正會國王大臣之意。故今付囑已畢。遂令分身諸佛各還本土也。而留多寶還可如故者。以前雖悟法身。但只親近隨順而已。後顯證入。正欲妙契法身方為深入實證。故留多寶。言還閉塔如故。正顯證入法身祕密藏耳。故留證也。

說是語時。十方無量分身諸佛坐寶樹下師子座上者。及多寶佛并上行等無邊阿僧祇菩薩大眾。舍利弗等聲聞四眾。及一切世間天人阿脩羅等。聞佛所說。皆大歡喜。

此因證法得人付囑。故皆歡喜也。分身諸佛與諸

菩薩皆喜者。喜釋迦法有所付也。身子與新記弟子等歡喜者。喜有菩薩受囑。眾等末世有所依歸也。

金剛經云。如來善護念諸菩薩。善付囑諸菩薩。是知如來出世。一向護念菩薩。專為付囑此事也。四十年來求人不得。今幸得人而付囑之。已盡如來出世本懷。利生之能事已畢於此。所謂教菩薩法佛所護念者。業已盡情吐露矣。故今付囑。其受囑者但印證其心而已。欲證實果。必須修行。所謂先悟後修。故後六品以藥王等正顯依法修行。方可

證入名爲入佛知見詎可視爲虛受耶。故愚判爲入佛知見意在顯行。若言流通則此經爲一代時教之總流通耳。智者詳之。

妙法蓮華經通義卷第十六

妙法蓮華經通義卷第十七 經文卷六下

明南嶽沙門憨山釋德清述

藥王菩薩本事品第二十三

此品來意由前顯理已圓今當顯行。以明入佛知見也。前乃教菩薩法後乃依教修行以取實證。以藥王明行者意謂二乘雖悟圓理尙有微細無明習氣未淨難於涉俗利生。猶要歷事多佛廣修衆行必資止觀之藥調治之方淨治微細無明破俱生我法二執以爲妙行乃可證入。故首問藥王。云何遊於娑婆世界而行百千萬億難行苦行者。正示二乘初涉生死險道全仗止觀之力。故以藥王昔因聞法華經得現一切色身三昧。以破俱生我法二執。乃能以神力供佛得受付囑也。然身供佛約破俱生我執之象。然臂供養約破俱生法執之象。二執既空皆因法華三昧之力。以顯持經之功。乃見妙法最勝。故廣讚經功凡有修者無不獲益。故此品來也。二執有分別俱生二種。初由開示悟佛知見頓斷一分無明已破分別二執。卽登初地。俱生二執。由二地至七地斷俱生我執。從八地至佛地斷俱生法執。今云破二執乃二地至七地行相至此乃顯。故云分別二障極喜無二執俱生地地除。故判爲入佛知見明矣。楞伽明菩薩以止觀力進破二障實證眞理。從二地起至七地頓捨藏識。乃入八地。自此以後。卽得三種意生身。一者謂三昧樂意生身。二者覺法自性意生身。三者種類俱生無行作意生身。此當八地。得現一切色身三昧。乃三昧樂意生身也。妙音觀音二品。如次配二種身。以得此身。乃實證之驗也。以此意生身入定則有出定則無。故云三昧樂正當七地。

爾時宿王華菩薩白佛言。世尊。藥王菩薩云何遊於

娑婆世界。世尊。是藥王菩薩有若干百千萬億那由他難行苦行。善哉世尊。願少解說。諸天龍神夜叉乾闥婆阿脩羅迦樓羅緊那羅摩睺羅伽人非人等。又他國土諸來菩薩。及此聲聞衆聞皆歡喜。

此徵明藥王苦行。以宿王華發起者。意顯宿修稱眞之行。以爲成佛眞因也。藥王前願於娑婆世界廣說此經。故今明行。但以涉俗利生。弘經爲妙行。故問藥王云何遊於娑婆世界。有百千萬億難行苦行也。願少解說。令衆歡喜者。意顯止觀爲涉俗之要。欲令新記菩薩得此調心不退娑婆弊惡也。前四安樂行但遠謗辱譏嫌。此止觀妙行。乃證入之妙行。意將歷境調心。以治微細無明惑障也。故願說之。令此聲聞衆喜也。非此止觀妙行。則終不敢入娑婆矣。所以請也。

爾時佛告宿王華菩薩。乃往過去無量恆河沙劫。有佛號日月淨明德如來應供正偏知明行足善逝世間解無上士調御丈夫天人師佛世尊。其佛有八十億大菩薩摩訶薩。七十二恆河沙大聲聞衆。佛壽四萬二千劫。菩薩壽命亦等。彼國無有女人地獄餓鬼畜生阿脩羅等。及以諸難。地平如掌。琉璃所成。寶樹

莊嚴。寶帳覆上。垂寶華旛。寶瓶香鑪。周偏國界。七寶爲臺。一樹一臺。其樹去臺盡一箭道。此諸寶樹。皆有菩薩聲聞而坐其下。諸寶臺上各有百億諸天作天伎樂。歌歎於佛。以爲供養。爾時彼佛爲一切衆生喜見菩薩。及衆菩薩諸聲聞衆。說法華經。

此將明藥王之苦行。故先述其本因也。所師之佛號日月淨明德者。謂以正智觀照。破無明暗。淨治染垢之象也。其佛法眷有八十億菩薩。七十二恆沙聲聞者。意破七識染污無知習氣。將顯八識圓明之體。以契本覺眞心之象也。以本覺妙體不離

四大根塵。故佛壽四萬二千歲。淨智妙圓。絕諸染污。故國無女人及四惡道也。七識本是平等性智。故地平如掌。八識本是如來藏體大圓鏡智。故琉璃所成。具有恆沙性德。故寶樹莊嚴等。菩薩聲聞皆坐寶臺者。言三乘皆依七八二識修行以成。自然得果。故令諸天作樂供佛。喜見爲藥王前身。因聞說法華經。則實相妙行有所授受而來也。彼佛爲一切眾生喜見菩薩說法華經。一切眾生喜見者。以離染淸淨。故眾所喜見。此藥王之前身也。聞法華經苦行。資始有本之行也。

是一切眾生喜見菩薩。樂習苦行。於日月淨明德佛法中。精進經行。一心求佛。滿萬二千歲已。得現一切色身三昧。

此言藥王前身。因聞經資行得益也。喜見精進經行。一心求佛者。因聞妙法。以止觀調心。卽楞伽云無間行。起信云一行三昧。故曰一心。以觀實相。於一切法了無異相。故觀眞如名無間行。又名一行也。滿萬二千歲得現一切色身三昧者。楞伽大慧問無間行。佛說修行者大方便。乃至得無生法忍。住第八地。得離心意識。五法自性。二無我相。得意生身。然意生身有三種。經云。云何三昧樂正受意生身。謂第三四五地。三昧樂正受。種種自心寂靜。安住心海。起浪識相不生。知自心現境界性非性。是名三昧樂正受意生身。釋曰。謂初登地證平等眞如。直至七地。盡眞如際。已捨藏識。故云自心種種寂靜。七識波浪不生。故云安住心海。起浪識相不生。已斷俱生我執。我執既斷。則境界無依。故云知自心現境界性非性。此乃定力所持。亦名力持身。故云三昧樂正受意生身。七地證此。而云三四五地舉中以該初後也。今云一心求佛。正安住眞

如一心也。以七識既破。則根塵自泯。故云滿萬二千歲。住三昧中。眞如圓明。普照一切。了無障礙。一切異類種種形色。皆現三昧心中。如摩尼珠隨緣顯現。故云三昧樂正受意生身。所謂得現一切色身三昧。蓋言三昧中現也。前法師功得品。持此經者得六根淸淨而已。未能現一切色身也。今喜見持經。以依所悟實相修行。入眞如三昧。乃依行所成。故云一心求佛。乃得現一切色身三昧。故判此品已後爲入佛知見。謂依解起行。行起解絕。乃得證入。故楞伽說三種意生身。正顯無間行實證之

相以此釋之方見此經入佛知見之實證而後六品非流通也智者請深觀之

得此三昧已心大歡喜即作念言我得現一切色身三昧皆是得聞法華經力我今當供養日月淨明德佛及法華經即時入是三昧於虛空中雨曼陀羅華摩訶曼陀羅華細末堅黑旃檀滿虛空中如雲而下又雨海此岸旃檀之香此香六銖價直娑婆世界以供養佛

此言喜見因得法利以三昧力研窮習氣之象也謂聞實相妙法故得三昧今欲隨順眞如實相將

爲成佛眞因故空中雨華作供即以眞如三昧熏變習氣故雨香作供養也以三昧乃眞如氣分故香價直娑婆

作是供養已從三昧起而自念言我雖以神力供養於佛不如以身供養即服諸香旃檀薰陸兜樓婆畢力迦沈水膠香又飲薝蔔諸華香油滿千二百歲已香油塗身於日月淨明德佛前以天寶衣而自纏身灌諸香油以神通力願而自然身光明徧照八十億恆河沙世界其中諸佛同時讚言善哉善哉善男子是眞精進是名眞法供養如來若以華香瓔珞燒香末香塗香天繒旛蓋及海此岸旃檀之香如是等種種諸物供養所不能及假使國城妻子布施亦所不及善男子是名第一之施於諸施中最尊最上以法供養諸如來故作是語已而各默然其身火然千二百歲過是已後其身乃盡

此言喜見然身正示破俱生我執之象也上以神力運供乃三昧無作妙力此言然身乃眞如三昧進破俱生我執之象故言從三昧起也以三昧熏變習氣淨治根塵故云服諸香滿千二百歲熏變根身故云香油塗身已捨藏識垢染故云天寶衣

而自纏身以全體眞如故灌諸香油我執頓破故云而自然身藏識已捨則八識圓明恆沙無明皆成妙覺故光明徧照八十億恆河沙世界其中諸佛同時讚歎也是由精進一心我執既破妙契法身故讚言是眞精進是名眞法供養如來也諸供養中法供養最故華香諸物及國城等供皆所不及也眞如實證妙絕忘言故諸如來而各默然以根塵既消我執亦泯故火然千二百歲其身乃盡

一切眾生喜見菩薩作如是法供養已命終之後復生日月淨明德佛國中於淨德王家結跏趺坐忽然

化生。卽爲其父而說偈言。

大王今當知　我經行彼處　卽時得一切
現諸身三昧　勤行大精進　捨所愛之身
供養於世尊　爲求無上慧

說是偈已。而白父言。日月淨明德佛今故現在。我先供養佛已。得解一切衆生語言陀羅尼。復聞是法華經八百千萬億那由他甄迦羅頻婆羅阿閦婆等偈。大王。我今當還供養此佛。

此言喜見然身得化生之益也。以染汚旣除。我執已破。則證清淨眞如名白淨識。故轉生淨德王家。

以由八地出眞如三昧。所謂意生身也。故云結跏趺坐忽然化生。爲父說偈。以敘前緣。乃具足六通宿命現前也。言日月淨明德佛今故現在者。謂佛見未忘法執。尙存也。以證實相眞如。則一切世諦語言資生業等皆順正法。故云因供佛故。得解一切衆生語言陀羅尼。陀羅尼云總持。眞如之異稱也。以從八地出。當法師位。善能說法。故復聞法華經八百千萬億等偈。此正法執未忘也。將破此執。故云我今當還供養此佛。

白已。卽坐七寶之臺。上昇虛空。高七多羅樹。往到佛所。頭面禮足。合十指爪。以偈讚佛。

容顏甚奇妙　光明照十方　我適曾供養
今復還親覲

爾時一切衆生喜見菩薩說是偈已。而白佛言。世尊。世尊猶故在世。

此敘喜見再覲本師之儀也。以我執旣破。入法性空。故云上昇虛空。以將躋等覺。故云往到佛所。以本覺分顯。故云我曾供養。今復親覲。而言世尊猶故在世。此正佛見未泯。雲門云。法身亦有兩般病。得到法身。爲法執不忘。已見猶存。坐在法身邊。是

一。直饒透得法身去。放過卽不可。子細檢點將來。有甚麼氣息。亦是病。此宗門法身二種病。前則教義所收。次爲透法身句。則教所不攝也。今云破法執。正雲門第一種病。所謂微細法執。今云世尊猶故現在。正宗門法身見也。須破此執。乃可入妙。

爾時日月淨明德佛告一切衆生喜見菩薩。善男子。我涅槃時到。滅盡時至。汝可安施牀座。我於今夜當般涅槃。又敕一切衆生喜見菩薩。善男子。我以佛法囑累於汝。及諸菩薩大弟子。幷阿耨多羅三藐三菩提法。亦以三千大千七寶世界諸寶樹寶臺。及給侍

諸天。悉付於汝。我滅度後。所有舍利。亦付囑汝。當令流布廣設供養。應起若干千塔。如是日月淨明德佛敕一切衆生喜見菩薩已。於夜後分入於涅槃。

此言喜見持經法利。妙契法身。堪續慧命。故日月淨明德佛臨入涅槃。付囑大事也。言當入涅槃。以佛法囑累而云。及菩薩弟子。幷菩提法。及三千大千七寶世界。給侍諸天等。幷滅後舍利。一切齊付者。以所證菩提。及眷屬莊嚴。正報依報。及法身舍利等。皆因修妙法所成。一眞實相。故齊付之。所謂全付家業也。言佛法。乃所說應機之法也。菩提法。

乃道場所得法也。囑令起塔。意顯法身依持寂滅眞境。故使慧命不斷也。既付囑已。即入涅槃。

爾時一切衆生喜見菩薩。見佛滅度。悲感懊惱。戀慕於佛。即以海此岸栴檀爲𧂐。供養佛身。而以燒之。火滅已後。收取舍利。作八萬四千寶瓶。以起八萬四千塔。高三世界。表刹莊嚴。垂諸旛蓋。懸衆寶鈴。

此言喜見受囑起塔。續佛慧命也。栴檀能清涼熱惱。以此爲𧂐。供佛而然之。所謂入法身寂滅清涼之境也。收取舍利八萬四千。起如許塔者。一一入法身寂滅。則八萬四千煩惱。一一皆化入寂滅眞際矣。表刹莊嚴等。謂法身本具性德莊嚴也。

爾時一切衆生喜見菩薩。復自念言。我雖作是供養。心猶未足。我今當更供養舍利。便語諸菩薩大弟子。及天龍夜叉等一切大衆。汝等當一心念。我今供養日月淨明德佛舍利。作是語已。即於八萬四千塔前。然百福莊嚴臂。七萬二千歲。而以供養。令無數求聲聞衆。無量阿僧祇人。發阿耨多羅三藐三菩提心。皆使得住現一切色身三昧。

此言喜見然臂。乃示破俱生法執之象也。言作是供養心猶未足者。謂所證未至極。則不以得少爲

足也。菩薩大弟子及天龍等。乃日月淨明德佛之所付囑者。以先然身未足爲供。故今然臂方爲盡心。意顯俱生二執盡破。方爲實證也。二執既破。則八萬四千煩惱。都歸寂滅之地。則向之七識執持根境諸法者。亦俱歸寂滅矣。故云然臂供八萬四千舍利塔七萬二千歲也。二執既破。則捐捨小乘。頓入無上正覺。故無數求聲聞人。皆發菩提心。亦得住現一切色身三昧也。

爾時諸菩薩天人阿脩羅等。見其無臂。憂惱悲哀。而作是言。此一切衆生喜見菩薩。是我等師。教化我者。

而今燒臂身不具足於時一切衆生喜見菩薩於大衆中立此誓言我捨兩臂必當得佛金色之身若實不虛令我兩臂還復如故作是誓已自然還復由斯菩薩福德智慧淳厚所致當爾之時三千大千世界六種震動天雨寶華一切人天得未曾有

此言諸菩薩天人八部等見其無臂而憂惱者以其法愛難捨也圓覺經云法愛不存心漸次可成就喜見誓言兩臂如故者所謂但破其執不破其法也至若得佛則無不具足故如故也以希有之事故瑞以應之此上敘藥王之往因也

佛告宿王華菩薩於汝意云何一切衆生喜見菩薩豈異人乎今藥王菩薩是也其所捨身布施如是無量百千萬億那由他數

此結昔證今也故曰一切衆生喜見菩薩即藥王菩薩是其藥王捨身布施無量百千萬億那由他數者謂種種我法二執也始而法師品歷言此經難持繼而安樂行品教以持經之方然彼四行但能遠彼强暴而不能化繼而說常不輕雖能化彼上慢而未能忘佛見法見於佛知見難於證入是皆俱生我法二執未能淨盡難以妙契法身故說藥王然身而得付囑然臂而續慧命意在進破二執方盡持經之妙行乃可入佛知見也

宿王華若有發心欲得阿耨多羅三藐三菩提者能然手指乃至足一指供養佛塔勝以國城妻子及三千大千國土山林河池諸珍寶物而供養者

此言欲得菩提能然手足一指供養舍利勝以國城妻子三千國土諸珍寶物而供養者意顯能破少分微細法執則能妙契法身超勝有爲功德也是故持經妙行重在自破煩惱所知二障也

若復有人以七寶滿三千大千世界供養於佛及大

菩薩辟支佛阿羅漢是人所得功德不如受持此法華經乃至一四句偈其福最多

此較持經一四句偈其福超越七寶滿三千界供佛之功德者以彼有相福田難比法身無爲功德也以法身無爲不墮諸數故能超之

宿王華譬如一切川流江河諸水之中海爲第一此法華經亦復如是於諸如來所說經中最爲深大又如土山黑山小鐵圍山大鐵圍山及十寶山衆山之中須彌山爲第一此法華經亦復如是於諸經中最爲其上又如衆星之中月天子最爲第一此法華經

亦復如是。於千萬億種諸經法中最爲照明。又如日天子能除諸暗。此經亦復如是。能破一切不善之暗。又如諸小王中轉輪聖王最爲第一。此經亦復如是。於衆經中最爲其尊。又如帝釋於三十三天中王。此經亦復如是。諸經中王。又如大梵天王。一切衆生之父。此經亦復如是。一切賢聖學無學及發菩薩心者之父。又如一切凡夫人中須陀洹斯陀含阿那含阿羅漢辟支佛爲第一。此經亦復如是。一切如來所說。若菩薩所說。若聲聞所說諸經法中最爲第一。有能受持是經典者亦復如是。於一切衆生中亦爲第一。

一切聲聞辟支佛中菩薩爲第一。此經亦復如是。於一切諸經法中最爲第一。如佛爲諸法王。此經亦復如是。諸經中王。

此廣顯妙法具有十種第一殊勝之德。所以超越三乘。乃以十種譬喻明之也。一深廣如海。諸水所不能及。所謂諸佛智慧甚深無量。二最高最上如須彌山。諸山所不能及。三照明長夜如月。衆星所不能及。四破暗如日。生盲亦蒙其益。五最尊上如轉輪王。六統攝一切如帝釋天爲三十三天中王。此經統諸佛之法義。七爲三乘之依怙。如梵天王爲衆生父。八爲三乘之第一。如二乘於凡夫中爲第一。九爲諸經中爲第一。如三乘中菩薩爲第一。十爲諸法中王。如佛爲法王。以此十喻通喻此經。於一大時教中爲最上一乘之妙法。最爲殊勝。故也。上顯法勝。下顯功勝。

宿王華。此經能救一切衆生者。此經能令一切衆生離諸苦惱。此經能大饒益一切衆生。充滿其願。如清涼池能滿一切諸渴乏者。如寒者得火。如裸者得衣。如商人得主。如子得母。如渡得船。如病得醫。如暗得燈。如貧得寶。如民得王。如賈客得海。如炬除暗。此法

華經亦復如是。能令衆生離一切苦。一切病痛。能解一切生死之縛。

此言妙法之勝能也。能救一切者。能拔衆生生死之苦也。能離苦惱。煩惱苦因苦苦果也。饒益衆生。即充滿其願也。此三乃標其勝能。如清涼池下十二喻。別顯勝能也。此法華經下。法合上喻。總而言之。能令衆生離一切苦惱病痛。解一切生死之縛也。衆生苦痛縛著。皆由無明惑結。今佛知見一開。智光現前。能破無明。則諸苦自滅。所謂如暗得燈也。

若人得聞此法華經，若自書，若使人書，所得功德，以佛智慧籌量多少，不得其邊。若書是經卷，華香、瓔珞、燒香、末香、塗香、旛蓋、衣服、種種之燈，蘇燈、油燈、諸香油燈、薝蔔油燈、須曼那油燈、波羅羅油燈、婆利師迦油燈、那婆摩利油燈供養，所得功德亦復無量。

此言得聞妙法，由有勝能，故書寫者功德無邊，供養功德無量也。

宿王華，若有人聞是藥王菩薩本事品者，亦得無量無邊功德。若有女人聞是藥王菩薩本事品，能受持者，盡是女身，後不復受。

此言若聞藥王一品，亦得無量功德也。易卦乾坤，以乾爲陽，坤爲陰，故乾爲男，坤爲女，以乾剛坤柔也。此法華經言佛性金剛種子堅固不壞，故女人持經入佛知見，亦永爲般若眞因，佛性種子歷劫不磨，所以不復更受女身也。

若如來滅後，後五百歲中，若有女人聞是經典，如說修行，於此命終，卽往安樂世界阿彌陀佛大菩薩衆圍繞住處，生蓮華中寶座之上，不復爲貪欲所惱，亦復不爲瞋恚愚癡所惱，亦復不爲憍慢嫉妒諸垢所惱。

此言女人能如法修行，所得利益，以較男子更勝也。西方極樂世界蓮華化生，此佛說能念佛者，卽得往生。今惡世女人能於此經所說修行，卽得往生者，以入佛知見，頓破無明，頓斷煩惱，以心淸淨，故佛土淸淨，是爲淨土之因也。然貪欲、瞋恚、愚癡、憍慢、嫉妒，乃女人之所最重者，今依經修行，一旦頓斷，不爲所惱，故身得淸淨，往生淨土宜矣。言後五百歲，佛滅度後，初五百年解脫堅固，二五百年禪定堅固，三五百年多聞堅固，四五百年福德堅固，五五百年鬬諍堅固。今云後五百年，卽鬬諍堅

固之時，女人於此難持之時持之，所以得益最勝。女人如此，其男可知。

得菩薩神通、無生法忍。得是忍已，眼根淸淨，以是淸淨眼根，見七百萬二千億那由他恆河沙等諸佛如來。是時諸佛遙共讚言：善哉善哉，善男子，汝能於釋迦牟尼佛法中，受持讀誦，思惟是經，爲他人說，所得福德無量無邊，火不能焚，水不能漂，汝之功德，千佛共說不能令盡。汝今已能破諸魔賊，壞生死軍，諸餘怨敵皆悉摧滅。善男子，百千諸佛以神通力共守護汝，於一切世間天人之中無如汝者，唯除如來，其諸

聲聞辟支佛。乃至菩薩智慧禪定無有與汝等者。宿王華。此菩薩成就如是功德智慧之力。

此猶約女人持經生淨土者而言功德也。無生法忍登地乃得。已證平等眞如。已破妄見。故眼根清淨。已轉七識根塵。故見七百萬二千億那由他恒河沙等諸佛。以諸佛法身應念現前。故遙見共讚。汝能於下。至無有與汝等者。皆諸佛讚辭也。以非有爲功德。故不能焚漂。以稱法界性。故說不能盡也。言破諸魔等者。諸魔即五陰魔。生死軍即死魔。餘怨敵即煩惱魔。言能破悉摧。所謂與五陰魔煩

惱魔死魔共戰。有大功勳。出三界。破魔網。故云能破能摧也。以得諸佛之慧命。故諸佛共護。以超越世間。故天人不如。以得一乘佛慧。故三乘之禪定不能與等。以三乘未得佛慧故也。故結之曰此菩薩成就如是功德智慧之力。此借女人以讚。故廣結其大益也。

若有人聞是藥王菩薩本事品。能隨喜讚善者。是人現世口中常出青蓮華香。身毛孔中常出牛頭栴檀之香。所得功德。如上所說。

上言能依全經修行。此言但能隨喜藥王一品之利益也。能隨喜讚善。則舌根清淨。故口出青蓮華香。已悟色身即法身。故毛孔中出旃檀之香。而功德說不能盡也。羅什滅後。塔前湧青蓮華一枝。啟塔視之。華從舌根出。是譯妙法華經之驗也。

是故宿王華。以此藥王菩薩本事品囑累於汝。我滅度後後五百歲中。廣宣流布於閻浮提。無令斷絕。惡魔魔民諸天龍夜叉鳩槃荼等得其便也。宿王華。汝當以神通之力守護是經。所以者何。此經則爲閻浮提人病之良藥。若人有病。得聞是經。病即消滅。不老不死。

此以一品囑累宿王。意在持經以苦行爲本也。後五百歲閻浮提中魔强法弱之時。非苦行不能廣宣此經。非護持不能無障。故囑宿王無令諸魔得其便也。特囑宿王當以神力守護者。以此經是閻浮提人病之良藥。如天甘露。故云病即消滅。不老不死。以此經佛付囑地涌之衆。意在十方世界往返弘宣。而且以藥王專在娑婆。尙不愜心。今以此品單付宿王。囑在南閻浮提廣宣流布者。況閻浮乃四洲之一耳。其境甚狹。其人甚惡。佛何獨重於此耶。然十方雖廣。實佛本心。以佛化娑婆。彼三洲

不生唯現閻浮乃身教之地人多弊惡故獨囑之意顯閻浮提人與此經有緣故爲良藥非此經不能攝化非苦行不能弘宣故獨以此品歸重也

宿王華汝若見有受持是經者應以青蓮華盛滿末香供散其上散已作是念言此人不久必當取草坐於道場破諸魔軍當吹法螺擊大法鼓度脫一切眾生老病死海是故求佛道者見有受持是經典人應當如是生恭敬心

此囑宿王敬奉持經之人也青蓮華喻妙淨明心粖香喻微妙神通言持經者已具此經故以此散

之以見其人不久坐道場破魔軍說法度人出生死海固當恭敬如佛想也

說是藥王菩薩本事品時八萬四千菩薩得解一切眾生語言陀羅尼

此言聞品得益也以入佛知見深證實相故達一切眾生語言皆入法性故得陀羅尼總持法門也言藥王得現一切色身三昧則一切色皆是佛身今云語言陀羅尼則一切言音皆是法音以八地菩薩出眞如定進至九地當法師位現身說法此在七地已具體而微故爲後位勝進相也

多寶如來於寶塔中讚宿王華菩薩言善哉善哉宿王華汝成就不可思議功德乃能問釋迦牟尼佛如此之事利益無量一切眾生

此因說藥王本事苦行持經皆已妙契法身故多寶讚歎宿王華而問此事利益眾生故伸讚歎也多寶出現原爲證明此經意在得人以續慧命故今讚歎藥王次乃復召妙音已得其人則終會不再見矣

妙法蓮華經通義卷第十七

妙法蓮華經通義卷第十八 經文卷七上

明南嶽沙門憨山釋德清述

妙音菩薩品第二十四

此品來意。以顯法華三昧。實登八地。證平等眞如已。從八地起。進九地位。發眞如用。色心自在。得如幻三昧。居法師位。以至等覺分身說法。無思而應。特以妙音名。故此品來也。妙音隨類現身說法者。此正覺法自性性意生身也。前藥王乃三昧樂意生身。以入定則有。出定則無。此意生身。以出入三昧隨類示現。乃異熟所變。故有往來之象。若觀音則法界緣起。普門示現。觀者應知。

爾時釋迦牟尼佛。放大人相肉髻光明。及放眉間白毫相光。徧照東方百八萬億那由他恆河沙等諸佛世界。

此顯持經妙行因圓。將躋果覺。故光召妙音。以示因果冥會之相也。佛有九十七種大人相。肉髻頂相為第一。是為無見頂相。從此放光。示無上果法所流智光也。眉間白毫相光。示中道妙智所流之光。以此妙智為本因心。今二光齊放。表眞因契果。始覺合本之象也。經初將說妙法。先放眉光。以示實相眞境。意欲行人了此光體。以為發覺初心。以造實相。入佛知見。今二執既破。妙行已圓。故二光齊放。以顯因果一如。初則但照東方萬八千世界。以表就衆生迷妄動亂根塵識界以悟實相。今則徧照東方百八萬億那由他恆河沙等世界。然曰徧照。乃略舉一隅。以示圓照法界也。以無邊法界。不離衆生動亂根塵。以擴而充之。則徧融無礙。故先照東方。

過是數已。有世界名淨光莊嚴。其國有佛。號淨華宿王智如來應供。正徧知。明行足。善逝。世間解。無上士。調御丈夫。天人師。佛世尊。為無量無邊菩薩大衆恭敬圍繞而為說法。釋迦牟尼佛白毫光明徧照其國。

此言光照佛國。以示始覺有功。本覺乃顯之象也。世界名淨光莊嚴。乃常寂光土。為法身所居之土也。佛號淨華宿王智者。淨華表妙行為因。宿王智乃果覺也。意顯以彼果覺為我因心。故號淨華宿王智佛。乃寂光果佛。一向未顯。今因釋迦白毫光明偏照其國者。以白毫光表因心之智。今照其佛國。正示始本契會之相也。故二光但言白毫。

爾時一切淨光莊嚴國中。有一菩薩。名曰妙音。久已植衆德本。供養親近無量百千萬億諸佛。而悉成就甚深智慧。得妙幢相三昧。法華三昧。淨德三昧。宿王戲三昧。無緣三昧。智印三昧。解一切衆生語言三昧。集一切功德三昧。清淨三昧。神通游戲三昧。慧炬三昧。莊嚴王三昧。淨光明三昧。淨藏三昧。不共三昧。日旋三昧。得如是等百千萬億恆河沙等諸大三昧。

此言始覺菩薩得諸三昧。以顯入佛知見之象也。淨光國中有妙音菩薩者。以九地菩薩出眞如三昧。如從淨光國來。居法師位。應機說法。無思而說。如天鼓音。故名妙音。此由深證實相眞如。起大智

法華通義卷十八　妙音菩薩品　三

用。乃九地以至等覺之象也。此地菩薩從登地來。歷事多佛。故云久植德本。親近無量諸佛。已證平等眞如。深入法界。故云成就甚深智慧。得妙幢相三昧等者。大經云。九地菩薩得一切種一切智智。入受職位。卽得百萬阿僧祇三昧。今言妙幢相等十六種三昧。皆從眞如三昧所出。約用乃有差別之名。故因成就甚深智慧而得。以此菩薩善能說法。折伏異道。摧邪顯正。故云妙幢相三昧。以由持經深證實相。故云法華三昧。以佛知見淨治微細無明。故云淨德三昧。以顯本覺永離諸縛。得大自在。故云宿王戲三昧。以無緣慈普應羣機。故云無緣三昧。其所說法。以實相印印定諸法。故云智印三昧。以一切語言皆順正法。故云解一切衆生語言三昧。以眞如爲萬行之本。故云集一切功德三昧。以法身顯現。故云清淨三昧。以得大智用。離諸縛著。故云神通遊戲三昧。以智慧明破諸癡暗。故云慧炬三昧。稱眞妙用嚴飾法身。故云莊嚴王三昧。永離垢障。智光常照。故云淨光明三昧。識藏卽如來藏。故云淨藏三昧。非三乘所有。故云不共三昧。以智慧日念念中道。故云日旋三昧。此略舉三

法華通義卷十八　妙音菩薩品　四

昧之總名。其實得百千萬億恆河沙等諸大三昧也。

釋迦牟尼佛光照其身。卽白淨華宿王智佛言。世尊。我當往詣娑婆世界。禮拜親近供養釋迦牟尼佛。及見文殊師利法王子菩薩。藥王菩薩。勇施菩薩。宿王華菩薩。上行意菩薩。莊嚴王菩薩。藥上菩薩。

此正始覺有功。本覺乃顯之象也。起信論云。始覺義者。依本覺故。故妙音白宿王智。以始覺合乎本覺。從體起用。故願往娑婆見釋迦佛。向以大智爲本因心。故及見文殊。將會衆行以入妙圓果海。故

見藥王勇施宿王上行莊嚴藥上等諸菩薩也。

爾時淨華宿王智佛告妙音菩薩汝莫輕彼國生下劣想善男子彼娑婆世界高下不平土石諸山穢惡充滿佛身卑小諸菩薩衆其形亦小而汝身四萬二千由旬我身六百八十萬由旬汝身第一端正百千萬福光明殊妙是故汝往莫輕彼國若佛菩薩及國土生下劣想妙音菩薩白其佛言世尊我今詣娑婆世界皆是如來之力如來神通游戲如來功德智慧莊嚴

此因妙音請詣娑婆往見釋尊乃示以平等妙行

也莫輕彼國生下劣想者意顯菩薩妙行必以染淨忘能所滅影像方入平等法界也佛菩薩身皆卑小者欲其卽應化以見法身意在本不小也汝身四萬二千由旬乃因四無量心以應根塵大願所成也六百八十萬由旬乃六根八識轉成妙淨法身也皆是如來之力等者菩薩作用皆依佛智無作無爲而應變無方也故云神通遊戲功德智慧等

於是妙音菩薩不起於座身不動搖而入三昧以三昧力於耆闍崛山去法座不遠化作八萬四千衆寶蓮華閻浮檀金爲莖白銀爲葉金剛爲鬚甄叔迦寶以爲其臺。

此妙音將至娑婆先現華瑞爲前象也以無作妙力故不起於座以三昧力化作八萬四千衆寶蓮華者以示無作妙用也然以三昧力而現蓮華者大經云九地菩薩得百萬阿僧祇三昧其最後三昧名受一切智勝職位此三昧現在前時有大寶蓮華忽然出生其華廣大量等三千大千世界以衆妙寶間錯莊嚴等問曰妙音來見釋迦本非受職而以此釋之特非過歟答曰取象言之也以菩

薩深證實相入佛知見因窮行滿當因果交會之際故自然而有不思議力現大作用以約理旣齊故取象亦等以大經正說十地滿心此約入佛知見妙行已圓義當冥會以此經妙行無住不言漸次但就顯理固當如是夫復何疑。

爾時文殊師利法王子見是蓮華而白佛言世尊是何因緣先現此瑞有若干千萬蓮華閻浮檀金爲莖白銀爲葉金剛爲鬚甄叔迦寶以爲其臺爾時釋迦牟尼佛告文殊師利是妙音菩薩摩訶薩欲從淨華宿王智佛國與八萬四千菩薩圍繞而來至此娑婆

世界供養親近禮拜於我。亦欲供養聽法華經。

此文殊見華致問。將顯妙音來意也。故佛答之。華嚴以智立體。入法界品善財初見文殊。指參知識。末後文殊遥申右手以摩其頂。表智滿不異於初心也。此經亦以智立體。故初放一光。示實相境。因文殊以發起。故今入佛知見。妙音來證。又因文殊以發揮。二經旨趣既同。故取象亦等。

文殊師利白佛言。世尊。是菩薩種何善本。修何功德。而能有是大神通力。行何三昧。願為我等說是三昧名字。我等亦欲勤修行之。行此三昧。乃能見是菩薩色相大小威儀進止。惟願世尊以神通力。彼菩薩來令我得見。

此文殊為機發問。如文可知。

爾時釋迦牟尼佛告文殊師利。此久滅度多寶如來。當為汝等而現其相。時多寶佛告彼菩薩。善男子來。文殊師利法王子欲見汝身。

此多寶召妙音也。妙音本為親近釋迦。并見文殊。聽法華經。而又假多寶召見者。正顯等覺入妙。必仗法身來接。而非應化門頭之事也。多寶召妙音後。尚住空中。自此終會不言者。以持經行人。既已妙契法身。泯同果海。了無二相。以離業識。法身無有彼此迭相見故。故示悟時乃見。入則不見也。

於時妙音菩薩於彼國沒。與八萬四千菩薩俱共發來。所經諸國。六種震動。皆悉雨於七寶蓮華。百千天樂不鼓自鳴。

此妙音來儀也。與八萬四千菩薩俱來者。意顯向以持經妙行入佛知見。會八萬四千煩惱而成神通妙用也。妙行所歷。頓破無明。故所經諸國六種震動。凡有所作。皆是眞因。故徧雨蓮華。自然法音。故天樂自鳴。此皆依行顯德。故瑞以應之也。

是菩薩目如廣大青蓮華葉。正使和合百千萬月。其面貌端正復過於此。身眞金色。無量百千功德莊嚴。威德熾盛。光明照耀。諸相具足。如那羅延堅固之身。入七寶臺。上升虛空。去地七多羅樹。諸菩薩衆恭敬圍繞而來。詣此娑婆世界耆闍崛山。到已下七寶臺。以價直百千瓔珞。持至釋迦牟尼佛所。頭面禮足。奉上瓔珞。

此妙音已至之儀也。目如廣大青蓮華等。敘妙音之身相。明四萬二千由旬之身分相好也。入七寶臺。乃華中之臺也。上升虛空。表升法性空也。以瓔

珞奉釋迦者表以妙行莊嚴法身也

而白佛言世尊淨華宿王智佛問訊世尊少病少惱起居輕利安樂行不四大調和不世事可忍不衆生易度不無多貪欲瞋恚愚癡嫉妬慳慢不無不孝父母不敬沙門邪見不善心不攝五情不世尊衆生能降伏諸魔怨不久滅度多寶如來在七寶塔中來聽法不又問訊多寶如來安隱少惱堪忍久住不

此妙音敬爲本師致訊釋迦之辭也所問訊之事皆娑婆堪忍之難事釋尊現身與民同患故此問之問訊多寶亦以少惱爲辭足見娑婆非易入之

地也

世尊我今欲見多寶佛身惟願世尊示我令見爾時釋迦牟尼佛語多寶佛是妙音菩薩欲得相見時多寶佛告妙音言善哉善哉汝能爲供養釋迦牟尼佛及聽法華經并見文殊師利等故來至此

此妙音見二世尊正始覺契會本覺之象也及聽法華經并見文殊乃入佛知見二智冥合之象也多寶法身釋迦報化之身也今皆見之意謂既顯本覺則三身一體是無二無分矣

爾時華德菩薩白佛言世尊是妙音菩薩種何善根修何功德有是神力

此問妙音本因也以華德而問者華表妙行之本意顯妙音如是三昧神通之力皆依妙行所成故假以請問也

佛告華德菩薩過去有佛名雲雷音王多陀阿伽度阿羅訶三藐三佛陀國名現一切世間劫名喜見妙音菩薩於萬二千歲以十萬種伎樂供養雲雷音王佛并奉上八萬四千七寶鉢以是因緣果報今生淨華宿王智佛國有是神力

此答敘妙音本因也本所師佛名雲雷音者以密

雲將雨潤澤羣萌必雷音先警應機自在故名雲雷音王乃從法垂應之號也妙音師之蓋有自矣以一切世界不離法界眞際故國名現一切世間是則所依眞土也以衆生有求隨感而現故名喜見乃適化應機之時也萬二千根塵相對之象也十萬乃百千大數也伎樂表微妙悅可之行也八萬四千乃塵勞法門相待之數鉢名應量器表應機應量之法也以此菩薩音於根塵門頭以百千微細妙行廣化衆生能轉塵勞而爲法門能爲衆生知根普應隨時教化以昔具如此妙行之因故

今感果得名妙音。而有如是三昧神通之事。此蓋自入佛知見而證得也。故曰有是神力。

華德。於汝意云何。爾時雲雷音王佛所妙音菩薩技樂供養奉上寶器者。豈異人乎。今此妙音菩薩摩訶薩是華德。是妙音菩薩已曾供養親近無量諸佛。久植德本。又值恒河沙等百千萬億那由他佛。

此徵明昔因以證今緣也。故曰技樂供養奉上寶器者。今此妙音菩薩是也。以妙音供佛已多。植德已厚。故感報神力有如此也。

華德。汝但見妙音菩薩其身在此。而是菩薩現種種

身。處處爲諸衆生說是經典。

將言妙音應化之事。以見廣大神力也。其身在此。而現種種身。處處爲諸衆生說是經典者。以妙音因從妙法入佛知見。由破二執得淨二障。已證平等眞如。今從眞如三昧起進入九地。以至等覺。居法師位。而以三昧力現十界身。將說現身。故先標總相也。

或現梵王身。或現帝釋身。或現自在天身。或現大自在天身。或現天大將軍身。或現毗沙門天王身。或現轉輪聖王身。或現諸小王身。或現長者身。或現居士身。或現宰官身。或現婆羅門身。或現比丘比丘尼優婆塞優婆夷身。或現長者居士婦女身。或現宰官婦女身。或現婆羅門婦女身。或現童男童女身。或現天龍夜叉乾闥婆阿脩羅迦樓羅緊那羅摩睺羅伽人非人等身。而說是經。諸有地獄餓鬼畜生及衆難處。皆能救濟。乃至於王後宮。變爲女身而說是經。

此言現十界身隨應說法。先舉梵天。以至三途之相也。六趣在善道者可以聞法。故曰而說是經。至於三途不能聞法。但救濟其苦而已。

華德。是妙音菩薩能救護娑婆世界諸衆生者。是妙

音菩薩如是種種變化現身。在此娑婆國土。爲諸衆生說是經典。於神通變化智慧無所損減。是菩薩以若干智慧明照娑婆世界。令一切衆生各得所知。於十方恒河沙世界中亦復如是。

此牒上神力廣顯妙用也。言能六趣現身。如此種種神通變化。而於智慧無減者。如以一燈分百千燈。本燈如故。所謂既已爲人已愈有。既已與人已愈多也。以若干智慧明照娑婆者。謂以入佛智慧種種三昧。能入一切衆生心想。故云各得所知也。於十方恒河沙世界中亦復如是者。言不獨娑婆

而能分身無量世界。此起下亦現四聖之身也。

若應以聲聞形得度者。現聲聞形而爲說法。應以辟支佛形得度者。現辟支佛形而爲說法。應以菩薩形得度者。現菩薩形而爲說法。應以佛形得度者。卽現佛形而爲說法。如是種種隨所應度而爲現形。乃至應以滅度而得度者。示現滅度。華德。妙音菩薩摩訶薩成就大神通智慧之力。其事如是。

此現四聖身而說法也。以如是現身隨類說法。雖是三昧神通之力。其實因入佛智慧之力而然也。

爾時華德菩薩白佛言。世尊。是妙音菩薩深種善根。

世尊。是菩薩住何三昧。而能如是在所變現度脫衆生。佛告華德菩薩。善男子。其三昧名現一切色身。妙音菩薩住是三昧中。能如是饒益無量衆生。

此問妙音住何三昧。而能妙應如此。佛答名現一切色身三昧。此正覺法自性性意生身也。楞伽經云。云何覺法自性性意生身。謂第八地。觀察覺了如幻等法悉無所有。身心轉變得如幻三昧及餘三昧門。無量相力自在明。如妙華莊嚴。迅疾如意。猶如幻夢水月鏡像。非造所造。如造所造。一切色種種支分具足莊嚴。隨入一切佛刹大衆。通達自性法。故是名覺法自性性意生身。釋曰。謂八地菩薩證一心眞如。進至九地。發眞如用。得如幻三昧。於一心轉變。能現無量自在神通。一時俱發。如華開敷。譬如意去。石壁無礙。故云迅疾如意。進至十地。隨所憶念。化諸衆生。故云隨入一切佛刹大衆。蓋菩薩修行。彼約得自覺聖智。此以入佛知見。斷惑證眞。至此自然而有不思議業用。覿體相當。非以地位局之也。苟不約以行成德。但云流通。則妙音觀音。豈徒然哉。而入佛知見亦無益矣。

說是妙音菩薩品時。與妙音菩薩俱來者八萬四千

人。皆得現一切色身三昧。此娑婆世界無量菩薩亦得是三昧及陀羅尼。

此言乘法妙利。故聞者斷證皆同也。

爾時妙音菩薩摩訶薩供養釋迦牟尼佛及多寶佛塔已。還歸本土。所經諸國。六種震動。雨寶蓮華。作百千萬億種種伎樂。既到本國。與八萬四千菩薩圍繞。至淨華宿王智佛所。白佛言。世尊。我到娑婆世界。饒益衆生。見釋迦牟尼佛。及見多寶佛塔。禮拜供養。又見文殊師利法王子菩薩。及見藥王菩薩。得勤精進力菩薩。勇施菩薩等。亦令是八萬四千菩薩得現一

切色身三昧。說是妙音菩薩來往品時。四萬二千天子得無生法忍。華德菩薩得法華三昧。

此言妙音還國覆命本師也。攝用歸體故歸本國。以未入妙覺猶在因位。出入三昧故有往來之相。往來皆還無作妙力盡成妙行。故雨寶蓮華作種種技樂。以同行同證故令伴者八萬四千人皆得現一切色身三昧。四萬二千天子因聞法而得無生法忍。華德發問。故得法華三昧。亦以實行而證入故。

妙法蓮華經通義卷第十八

妙法蓮華經通義卷第十九 經文卷七中

明南嶽沙門憨山釋德清述

觀世音菩薩普門品第二十五

此品來意謂以法華三昧入佛知見。始覺因圓。妙入果海。逆流而出。現十界身。無思而應。所謂聖種類身一時俱現。乃得種類俱生無行作意生身之象。以顯妙法三昧之極致。故此品來也。以滅根本生相無明。大圓鏡智平等顯現。故假觀音普門示現以發明之。由觀音大士初以如幻聞熏聞修金剛三昧力故。生滅既滅。寂滅現前。忽然超越世出

世間。即得上與十方諸佛同一慈力。下與六道眾生共一悲仰。故能以一身普應一切。無不感應。此妙行圓滿法華三昧之成功妙極於此。故從藥王已來至此三品。約三種意生身以證行成德也。若判流通則前經但有信解而無行證。則解為空解。而新記菩薩將來歷事多佛。又何以臻佛果乎。聖旨昭然。深觀可見。意謂妙行雖圓。誠恐行人餘習緣影難盡。故復說三種加持。乃可克成妙果。故次三品以終焉。

爾時無盡意菩薩即從座起。偏袒右肩。合掌向佛。而

作是言世尊觀世音菩薩以何因緣名觀世音。

此顯法華三昧入佛知見妙證極果故以觀音普門示現發明也因無盡意而請問者蓋如來藏迷爲阿賴耶識其用在五意故有不思議業力今轉識成智而五意識俱成不思議之神力妙用觀音普門依此而現故因無盡意發起也但問觀音之名者欲因名以質實也故世尊答以實事。

佛告無盡意菩薩善男子若有無量百千萬億衆生受諸苦惱聞是觀世音菩薩一心稱名觀世音菩薩即時觀其音聲皆得解脫。

此答觀音得名之由也於音言觀者楞嚴經云由我不自觀音以觀觀者令彼十方苦惱衆生觀其音聲即得解脫故觀音名徧十方界此由耳根如幻聞熏聞修金剛三昧以觀照力獲耳根圓通言不自觀音以觀觀者謂返觀聞性不由前塵所起知見故聲塵既滅聞性圓通蓋從音聲而入故得觀音之名也彼經言由耳根觀照得名今言無量苦惱衆生一心稱名菩薩觀其音聲皆得解脫者是約機以得名也以菩薩下與六道衆生同一悲仰是從觀自性圓通則與一切衆生性皆平等是則衆生乃菩薩心中之衆生也故衆生之苦即菩薩之苦若衆生之苦惱音聲以感激之則菩薩觀聲寂滅頓入法性神力加之則衆生之苦不期脫而自脫矣此自他兼明智悲之力也此總舉名以彰德用下別釋之。

若有持是觀世音菩薩名者設入大火火不能燒由是菩薩威神力故若爲大水所漂稱其名號即得淺處若有百千萬億衆生爲求金銀瑠璃硨磲碼碯珊瑚琥珀眞珠等寶入於大海假使黑風吹其船舫飄墮羅刹鬼國其中若有乃至一人稱觀世音菩薩名者是諸人等皆得解脫羅刹之難以是因緣名觀世音。

此別顯觀音德用即十四無畏也楞嚴具明經云知見旋復令諸衆生設入大火火不能燒觀聽旋復令諸衆生大水所漂水不能溺以知見屬火聞聽屬水以菩薩見聞俱泯根塵俱消故加被衆生水火不害也以斷滅妄想心無殺害令諸衆生入諸鬼國以觀照力加被其人故鬼不能爲害也

若復有人臨當被害稱觀世音菩薩名者彼所執刀杖尋段段壞而得解脫。

此由菩薩消形同聲無塵可對則了無可觸故令刀杖不能加害。

若三千大千國土滿中夜叉羅刹欲來惱人聞其稱觀世音菩薩名者是諸惡鬼尚不能以惡眼視之況復加害。

此脫羅刹鬼難。羅刹以幽暗爲性以聞熏精明慧性發光則諸暗相承不能昏故羅刹不敢惡眼視之。

設復有人若有罪若無罪杻械枷鎖檢繫其身稱觀世音菩薩名者皆悉斷壞即得解脫。

此由音性圓消觀聽返入離諸塵累故能枷鎖皆悉斷壞也。

若三千大千國土滿中怨賊有一商主將諸商人齎持重寶經過險路其中一人作是唱言諸善男子勿得恐怖汝等應當一心稱觀世音菩薩名號是菩薩能以無畏施於眾生汝等若稱名者於此怨賊當得解脫眾商人聞俱發聲言南無觀世音菩薩稱其名故即得解脫。無盡意觀世音菩薩摩訶薩威神之力巍巍如是。

此由滅音圓聞徧生慈力故能令眾生離諸怨賊。以劫奪生於敵對今音滅聞圓塵境頓空無復對待故賊不能劫也已上脫外難下淨內業。

若有眾生多於淫欲常念恭敬觀世音菩薩便得離欲。

此由熏聞離塵色所不劫故能令離慾貪欲以緣塵愛取今離塵不取故欲亦遠離。

若多瞋恚常念恭敬觀世音菩薩便得離瞋。

此由純音無塵根境圓融無諸違逆故能離瞋。

若多愚癡常念恭敬觀世音菩薩便得離癡。

此由消塵旋明明照無礙之力加之故離諸癡暗。

然愚癡性障出於昏暗今既照明故離癡也。

無盡意觀世音菩薩有如是等大威神力多所饒益是故眾生常應心念若有女人設欲求男禮拜供養觀世音菩薩便生福德智慧之男設欲求女便生端正有相之女宿植德本眾人愛敬。無盡意觀世音菩薩有如是力。

此由融形涉世徧事諸佛爲法王子以此加之故即生男以男子有幹事之能爲法王子幹事之德也以能領受十方諸佛法門有女子承順翕受之德故即得生女。

若有衆生恭敬禮拜觀世音菩薩。福不唐捐。是故衆生皆應受持觀世音菩薩名號。無盡意。若有人受持六十二億恒河沙菩薩名字。復盡形供養飲食衣服臥具醫藥。於汝意云何。是善男子善女人功德多不。無盡意言。甚多世尊。佛言。若復有人受持觀世音菩薩名號。乃至一時禮拜供養。是二人福。正等無異。於百千萬億劫不可窮盡。

此第十四無畏功德也。以娑婆世界有六十二億恒河沙菩薩方便利生。若持觀音一名。則與彼六十二億平等。以觀音圓證平等法界故。一名等衆

多名也。此十四無畏。皆是實事。若約理解。則不顯大士拔苦之神力也。

無盡意。受持觀世音菩薩名號。得如是無量無邊福德之利。

此總結受持得十四無畏之德也。

無盡意菩薩白佛言。世尊。觀世音菩薩。云何游此娑婆世界。云何而爲衆生說法。方便之力。其事云何。

此問將顯三十二應之德也。經云。由我供養觀音如來。蒙彼如來授我如幻聞熏聞修金剛三昧。與佛如來同慈力故。令我身成三十二應。入諸國土。始自佛身。終至人非人等。爲三十二。此正明種類俱生無行作意生身也。

佛告無盡意菩薩。善男子。若有國土衆生。應以佛身得度者。觀世音菩薩卽現佛身而爲說法。應以辟支佛身得度者。卽現辟支佛身而爲說法。應以聲聞身得度者。卽現聲聞身而爲說法。

此現四聖之身也。此不言菩薩身。以已現故。

應以梵王身得度者。卽現梵王身而爲說法。應以帝釋身得度者。卽現帝釋身而爲說法。應以自在天身得度者。卽現自在天身而爲說法。應以大自在天身

得度者。卽現大自在天身而爲說法。應以天大將軍身得度者。卽現天大將軍身而爲說法。應以毗沙門身得度者。卽現毗沙門身而爲說法。

此現六凡身。先舉天道之總主也。梵天爲初禪天主。帝釋爲忉利天主。自在大自在天居欲界頂。天大將軍統領鬼神。四天王統領世界。毗沙門居北方爲尊。梵釋乃常隨佛衆。餘則舉其總領也。

應以小王身得度者。卽現小王身而爲說法。應以長者身得度者。卽現長者身而爲說法。應以居士身得度者。卽現居士身而爲說法。應以宰官身得度者。卽

現宰官身而爲說法。應以婆羅門身得度者。卽現婆羅門身而爲說法。

此現人道。由王臣以及士庶也。妙音先舉輪王。然輪王有金銀銅鐵四種。所領四三二一天下。如次。其所統者名粟散王。今言小王。乃粟散也。不言輪王。略之也。或該之耳。小王治邦國。長者推族姓。居士清節自守。宰官判斷邦邑。婆羅門術數攝衛。其實百工四民。皆能現之。但舉其大者耳。

應以比丘比丘尼優婆塞優婆夷身得度者。卽現比丘比丘尼優婆塞優婆夷身而爲說法。

此現四眾身也。

應以長者居士宰官婆羅門婦女身得度者。卽現婦女身而爲說法。應以童男童女身得度者。卽現童男童女身而爲說法。

此現婦女及童眞之身也。卽長者居士宰官婆羅門之婦女也。

應以天龍夜叉乾闥婆阿脩羅迦樓羅緊那羅摩睺羅伽人非人等身得度者。卽皆現之而爲說法。應以執金剛神得度者。卽現執金剛神而爲說法。

此現八部身也。執金剛神乃執金剛杵以護法者。

無盡意。是觀世音菩薩成就如是功德。以種種形游諸國土度脫眾生。是故汝等應當一心供養觀世音菩薩。是觀世音菩薩摩訶薩於怖畏急難之中能施無畏。是故此娑婆世界皆號之爲施無畏者。

此結三十二應。誠當供養也。六趣但言三善道。不說三途者。以苦趣非說法處。然非不救。如現焦面大士。是亦現身。但不分類耳。

無盡意菩薩白佛言。世尊。我今當供養觀世音菩薩。卽解頸眾寶珠瓔珞價直百千兩金而以與之。作是言。仁者受此法施珍寶瓔珞。

此無盡致供。聞法增進之象也。瓔珞乃菩薩嚴飾。頸乃受繫之所。今解以供觀音。因聞隨感普應。悟妙行隨緣。頓捨法愛。故解此致供。名爲法施。

時觀世音菩薩不肯受之。無盡意復白觀世音菩薩言。仁者。愍我等故。受此瓔珞。爾時佛告觀世音菩薩。當愍此無盡意菩薩及四眾天龍夜叉乾闥婆阿脩羅迦樓羅緊那羅摩睺羅伽人非人等故。受是瓔珞。卽時觀世音菩薩愍諸四眾及於天龍人非人等。受其瓔珞。分作二分。一分奉釋迦牟尼佛。一分奉多寶佛塔。

觀音不受以表法界性中本無受捨也。佛勸受之。表不捨一法也。轉奉二尊表回向三處以泯同果海也。

無盡意。觀世音菩薩有如是自在神力游於娑婆世界。

此正結答問意也。

爾時無盡意菩薩以偈問曰。

世尊妙相具　我今重問彼　佛子何因緣
名爲觀世音

此無盡意重以偈問。

具足妙相尊　偈答無盡意　汝聽觀音行
善應諸方所　弘誓深如海　歷劫不思議
侍多千億佛　發大清淨願　我爲汝略說
聞名及見身　心念不空過　能滅諸有苦

此世尊總述觀音之德以答也。以有深誓願度苦衆生。由滅苦得名也。諸有乃二十五有。

假使興害意　推落大火坑　念彼觀音力
火坑變成池　或漂流巨海　龍魚諸鬼難
念彼觀音力　波浪不能沒

此下別頌救難。乃十四無畏。但傍舉諸難。故文不次。此八句首舉三災之難也。

或在須彌峯　爲人所推墮　念彼觀音力
如日虛空住　或被惡人逐　墮落金剛山
念彼觀音力　不能損一毛

此傍舉險難也。

或值怨賊繞　各執刀加害　念彼觀音力
咸卽起慈心

此頌怨賊難也。

或遭王難苦　臨刑欲壽終　念彼觀音力
刀尋段段壞

此頌刑戮難也。

或囚禁枷鎖　手足被杻械　念彼觀音力
釋然得解脫

此頌囚繫難也。

呪詛諸毒藥　所欲害身者　念彼觀音力
還著於本人

此頌呪毒難也。

或遇惡羅刹　毒龍諸鬼等　念彼觀音力
時悉不敢害

此頌羅刹鬼難也。

若惡獸圍繞　利牙爪可怖　念彼觀音力
疾走無邊方　蚖蛇及蝮蝎　氣毒烟火然
念彼觀音力　尋聲自迴去

此頌毒蟲難也。

雲雷鼓掣電　降雹澍大雨　念彼觀音力
應時得消散

此頌災變難也。已上皆救外難。下救內難。

衆生被困厄　無量苦逼身　觀音妙智力
能救世間苦

此總頌婬怒癡。皆衆生內分業苦也。

具足神通力　廣修智方便　十方諸國土
無刹不現身　種種諸惡趣　地獄鬼畜生
生老病死苦　以漸悉令滅

此總頌現身說法也。長行無惡道。頌中出之。

眞觀清淨觀　廣大智慧觀　悲觀及慈觀
常願常瞻仰

此頌結顯觀智也。顯菩薩應物觀照有五。眞觀者謂觀衆生本是一眞法界。了無異相。故云眞觀。衆生心性本來清淨。無諸雜染。故云清淨觀。以大智慧照破癡暗。故云智慧觀。無苦不拔。故云悲觀。無樂不與。故云慈觀。菩薩以此五觀常照衆生。故隨感而應。是故衆生常願瞻仰也。

無垢清淨光　慧日破諸暗　能伏災風火
普明照世間

此言觀智之用也。無垢清淨光。言法身三德。無垢。解脫德也。清淨法身德也。光。般若德也。以此三德菩薩已證。以是德用普照世間。故如慧日能破諸暗也。三災乃迷性德所變。今三德圓滿。故能伏三災遠離諸難也。以此觀智普明常照世間。是知菩薩未嘗一念捨衆生也。

悲體戒雷震　慈意妙大雲　澍甘露法雨
滅除煩惱燄

此頌應機說法之象也。已證法身三德具足。然法身寂滅。而能應現說法利生者。以無緣慈悲之力也。然法身無體。以悲爲體。戒者法身所流之教戒也。故將說法。先以雷震驚動羣機。以慈意而興廣大法雲。然後乃澍甘露法雨。以此滅除衆生煩惱。是故經云。菩提所緣緣苦衆生。若無慈悲。則佛亦不出世。亦無法可說也。

諍訟經官處　怖畏軍陣中　念彼觀音力

衆怨悉退散

此頌由滅煩惱故能散衆怨觀照之力也

妙音觀世音　梵音海潮音　勝彼世間音

是故須常念　念念勿生疑

此頌依德立名勸持獲益也無心而說故曰妙音不慮而知故曰觀音清淨無著故云梵音應不失時故云海潮音皆非世間之音也故須常念諦信而勿疑也

觀世音淨聖　於苦惱死厄　能爲作依怙

具一切功德　慈眼視衆生　福聚海無量

是故應頂禮

此讚德勸皈以顯利益也已證法身故云淨聖普被衆生故與苦惱生死作依怙也以具一切功德故能十四無畏以慈眼視衆生故能三十二應爲衆生福聚如海無量故應頂禮也

爾時持地菩薩卽從座起前白佛言世尊若有衆生聞是觀世音菩薩品自在之業普門示現神通力者當知是人功德不少

此結讚聞品之功德也因持地結德者以觀音證極法身盡一眞地而能以大地心任持衆生出生功德故以持地結讚也觀音以無作妙用應諸衆生故云自在之業無處不現故云普門示現無苦不拔故云神通之力此觀音已證妙覺雖居果位不捨因行乃已成佛示法界身雲故言普門若前妙音乃等覺已前之行故憑三昧力猶有往來之相佛意說此三品意在入佛知見必破二執淨二障盡眞如際現大神用而入妙覺因果一如方爲究竟故予約楞伽三種意生身釋之以明證入之次第此經既不說地位漸次故特約此以彰實行將示新記菩薩爲未來入佛知見之證驗也如來

說法深意豈可以淺識漫視哉

佛說是普門品時衆中八萬四千衆生皆發無等等阿耨多羅三藐三菩提心

此結聞品成行也佛果菩提名無等等謂無物與等而能等一切以觀音證此故聞者皆發此心以成妙行也

陀羅尼品第二十六

此品來意由前妙行已圓當克妙果若上上根人一超直入在中下之輩第藏識幽深塵劫餘習潛伏其中雖有止觀之功而智有所困神有所不及

者非假加持之力不易斷也至此故說後三品以顯三種加持之象故此品來也三種加持謂神力法力現身面言說楞伽唯二今多法力此品乃神力加持也呪乃諸佛祕密心印如天子之祕符大將執之摧堅破鋭無敵不克藏識爲生死窟穴最極幽深故云是法華經藏深固幽遠無人能到其習氣潛伏止觀之力所不及者須仗如來祕密心印之力以攻之楞嚴云若修行人習氣未除應當一心誦我神呪謂是故也楞伽云若不以神力建立者則墮外道惡見妄想及諸聲聞衆魔希望故

七地已前不加則墮外道八地不加則墮二乘九地至等覺不加不得入妙以七地以前藏識未破等覺以前異熟未空故須加也然三意生身乃驗其已至三種加持乃警其未至蓋如來說法通途之大義如此非謂意生身後方有加持也萬無以先後視之

爾時藥王菩薩即從座起偏袒右肩合掌向佛而白佛言世尊若善男子善女人有能受持法華經者若讀誦通利若書寫經卷得幾所福佛告藥王若有善男子善女人供養八百萬億那由他恒河沙等諸佛於汝意云何其所得福寧爲多不甚多世尊佛言若善男子善女人能於是經乃至受持一四句偈讀誦解義如說修行功德甚多爾時藥王菩薩白佛言世尊我今當與說法者陀羅尼呪以守護之即說呪曰

此言持經之福將顯入佛知見之大利也因藥王發起者向以藥王爲止觀之象且爲苦行持經之首入佛知見之先覺故此請問以示新記菩薩始以止觀調心終以密呪消磨習氣也以佛說修行有顯密二行故止觀爲顯行呪爲密行楞嚴經云若修行人習氣未除應當一心誦我神呪是故修

行之士將躋覺位而間被魔力所壞者習氣使然也故末世持經必須神呪加持可保無虞楞伽經七地已前不加則墮衆魔希望謂是故也此品判爲神力加持而首問持經之福者向言持經之益多約利他在機今言其福專明自利在己以此經大益非厚福者不能荷擔如聞般若非於一佛二佛三四五佛而種善根謂非福不能載慧也言讀誦云通利是在入佛知見故云如說修行以持經大慧之福非神力不能保全故須加持故前屢較功德但言七寶今特約供佛功德是在即慧之福

也。故佛印之曰。如說修行。其福甚多。

安爾一曼爾二摩禰三摩摩禰四旨隸五遮黎第六賒咩七賒履多瑋八羶帝九目帝十目多履十一娑履十二阿瑋娑履十三桑履十四娑履十五叉裔十六阿叉裔十七阿耆膩十八羶帝十九賒履二十陀羅尼二十一阿盧伽婆娑簸蔗毗叉膩二十二禰毗剃二十三阿便哆邏禰履剃二十四阿亶哆波隸輸地二十五歐究隸二十六牟究隸二十七阿羅隸二十八波羅隸二十九首迦差三十阿三磨三履三十一佛陀毗吉利袠帝三十二達磨波利差帝三十三僧伽涅瞿沙禰三十四婆舍婆舍輸地三十五曼哆邏三十六曼哆邏叉夜多三十七郵樓哆三十八郵樓哆憍舍略三十九惡叉邏四十惡叉冶多冶四十一阿婆盧四十二阿摩若那多夜四十三

　此祕密神呪。乃諸佛心印。從來不翻。譯梵成華。有五不翻。一祕密不翻。即神呪。二含多義不翻。如婆伽婆。三此方無不翻。如閻浮樹。四順古不翻。如阿耨菩提。五尊重不翻。如般若。此呪乃五不翻之一也。如軍中之密號。但取辦事。不許人知。

世尊。是陀羅尼神呪。六十二億恒河沙等諸佛所說。若有侵毀此法師者。則為侵毀是諸佛已。

　凡呪皆稱陀羅尼。此云總持。謂總一切法。持無量義。心印之義稱也。此呪乃六十二億諸佛所說。則諸佛之心印。繫於持經之法師。故須此呪以護持也。藥王先說者。以為顯密二行之首故。

時釋迦牟尼佛讚藥王菩薩言。善哉善哉。藥王。汝愍念擁護此法師。故說是陀羅尼。於諸眾生多所饒益。

　此釋尊印讚也。

爾時勇施菩薩白佛言。世尊。我亦為擁護讀誦受持法華經者。說陀羅尼。若此法師得是陀羅尼。若夜叉。若羅剎。若富單那。若吉蔗。若鳩槃茶。若餓鬼等伺求其短。無能得便。即於佛前而說呪曰。

痤隸一摩訶痤隸二郁枳三目枳四阿隸五阿羅婆第六涅隸第七涅隸多婆第八伊緻柅九韋緻柅十旨緻柅十一涅隸墀柅十二涅犁墀婆底十三

世尊。是陀羅尼神呪。恒河沙等諸佛所說。亦皆隨喜。若有侵毀此法師者。則為侵毀是諸佛已。

　此勇施說呪護持者。頓斷習氣。非勇不能。以此助成妙行。故次藥王說呪也。夜叉等皆惱害鬼。持經法師。末世多害。非假呪力。不能免害成行。故須加持也。

爾時毗沙門天王護世者白佛言。世尊。我亦爲愍念衆生。擁護此法師故。說是陀羅尼。卽說呪曰。

阿梨 一 那梨 二 㝹那梨 三 阿那盧 四 那履 五 拘那履 六

世尊。以是神呪擁護法師。我亦自當擁護持是經者。令百由旬內無諸衰患。

毗沙門。北方之天王也。四王護世。統領鬼神。爲生死界主。北方先說呪者。北方之卦爲坎。坎者陷也。以一陽陷二陰之中。以示生死險難之象。行人於生死險難之中。而欲頓證菩提。非神力加持。又何

以濟險難出生死乎。毗沙門爲險難之主。故先說也。

爾時持國天王在此會中。與千萬億那由他乾闥婆衆恭敬圍繞。前詣佛所。合掌白佛言。世尊。我亦以陀羅尼神呪。擁護持法華經者。卽說呪曰。

阿伽禰 一 伽禰 二 瞿利 三 乾陀利 四 旃陀利 五 摩蹬耆 六 常求利 七 浮樓莎柅 八 頞底 九

世尊。是陀羅尼神呪。四十二億諸佛所說。若有侵毀此法師者。則爲侵毀是諸佛已。

持國東方天王也。東方之卦爲震。震者動也。東爲羣動之首。易曰。吉凶悔吝生乎動也。論曰。動必有苦。是則行人於生死動亂之中。而作至靜之行。苟非神力加持。又何以臻寂滅之境哉。至若南方之卦爲離。離者麗也。虛明之象。西方之卦爲兌。兌者悅也。若在虛明悅豫之境。則無庸加持。故彼二天王不須說耳。

爾時有羅刹女等。一名藍婆。二名毗藍婆。三名曲齒。四名華齒。五名黑齒。六名多髮。七名無厭足。八名持瓔珞。九名皐帝。十名奪一切衆生精氣。是十羅刹女。與鬼子母。幷其子及眷屬。俱詣佛所。同聲白佛言。世

尊。我等亦欲擁護讀誦受持法華經者。除其衰患。若有伺求法師短者。令不得便。卽於佛前而說呪曰。

伊提履 一 伊提泯 二 伊提履 三 阿提履 四 伊提履 五 泥履 六 泥履 七 泥履 八 泥履 九 泥履 十 樓醯 十一 樓醯 十二 樓醯 十三 樓醯 十四 多醯 十五 多醯 十六 多醯 十七 兜醯 十八 㝹醯 十九

寧上我頭上。莫惱於法師。若夜叉。若羅刹。若餓鬼。若富單那。若吉蔗。若毗陀羅。若犍馱。若烏摩勒伽。若阿跋摩羅。若夜叉吉蔗。若人吉蔗。若熱病。若一日。若二日。若三日。若四日。若至七日。若常熱病。若男形。若女

形。若童男形。若童女形。乃至夢中。亦復莫惱。卽於佛前而說偈言。

若不順我呪　惱亂說法者　頭破作七分
如阿梨樹枝　如殺父母罪　亦如壓油殃
斗秤欺誑人　調達破僧罪　犯此法師者
當獲如是殃

諸羅刹女說此偈已。白佛言。世尊。我等亦當身自擁護受持讀誦修行是經者。令得安隱離諸衰患消衆毒藥。佛告諸羅刹女。善哉善哉。汝等但能擁護受持法華名者。福不可量。何況擁護具足受持供養經卷。

華香瓔珞末香塗香燒香。旛蓋技樂。然種種燈。蘇燈油燈。諸香油燈。蘇摩那華油燈。薝蔔華油燈。婆師迦華油燈。優鉢羅華油燈。如是等百千種供養者。皐帝。汝等及眷屬應當擁護如是法師。

此羅刹女。乃毗沙門所統。故亦說呪擁護持經法師也。羅刹女。乃幽昧之鬼。與鬼子母皆飛行而食人肉者。女則陰邪之至。此示無明羅刹業習戕害法身。今以止觀研窮化無明而作妙明心光。故羅刹女。亦以自身擁護受持讀誦修行是經者。頓令無明三毒淨盡無餘。所謂令得消衆毒藥也。若夜叉等。皆所部之惡鬼。此皆莫惱。則無可惱者矣。佛讚印許。但護持經名之福已不可量。何況具足受持供養。其福更不可思議矣。供佛必以香燈者。表妙契法身。潛通法界。故香供爲尊。一切煩惱應念化成無上知覺。故種種諸燈供養而爲第一。

說是陀羅尼品時。六萬八千人得無生法忍。

此聞品成行也。以顯密雙修。卽得六根淸淨八識圓明。故六萬八千人皆得無生法忍。此神力加持之益也。

妙法蓮華經通義卷第十九

妙法蓮華經通義卷第二十 經文卷七下

明南嶽沙門憨山釋德清述

妙莊嚴王本事品第二十七

此品來意以明轉識成智之象以顯法力加持也妙莊嚴王乃如來藏在纏而爲八識心王之象今顯發本眞故云本事淨藏淨眼二子乃六七二識轉染令淨之象夫人柔順內助爲止觀內熏之象治淨無明故云淨德以六七因中轉故二子先請出家二子轉父邪心一同出家正顯本覺出纏之象此止觀之力乃法身菩薩得無分別心與諸佛

智用相應以法力自然修行眞如熏習滅無明故所謂法力加持故此品來也意謂由神力加持外魔既消法力內熏淨除二障證二轉依故說妙莊嚴王之本事也前神力加持乃七地已前之象法力加持乃出八地眞如三昧進九地以至等覺之象

爾時佛告諸大衆乃往古世過無量無邊不可思議阿僧祇劫有佛名雲雷音宿王華智多陀阿伽度阿羅訶三藐三佛陀國名光明莊嚴劫名喜見

此將顯妙嚴之本事先敘所師之佛也佛號雲雷音宿王華智者密雲將雨雷以先之故云雲雷音宿爲果覺華爲因行是以果覺智爲因地心進至九地諸佛法雲法雨悉能領受故所師之佛號雲雷音宿王華智也常寂光土以光爲嚴故名光明莊嚴淨土爲衆聖所歸故云喜見此舉彼時之佛也

彼佛法中有王名妙莊嚴其王夫人名曰淨德有二子一名淨藏二名淨眼

王名妙莊嚴者謂如來藏元是妙嚴果體今迷之而爲阿賴耶識名爲八識心王因之而有六七轉識造種種業受種種苦若轉七識而爲平等性智

則藏識無染污可受故云淨藏若轉六識而爲妙觀察智則分別之見即消見分亦泯即得法眼淨故云淨眼此轉染令淨之象

是二子有大神力福德智慧久修菩薩所行之道所謂檀波羅密尸羅波羅密羼提波羅密毗尼耶波羅密禪波羅密般若波羅密方便波羅密慈悲喜捨乃至三十七品助道法皆悉明了通達

此其二子有大神力以顯二智有廣大力用也以菩薩六度萬行佛慈悲喜捨四無量心乃至三十七品助道法皆仗二智之力用故云皆悉明了通

達。三十七品謂四念處四正勤四神足五根五力七覺支八正道。成佛之行。槩不出此。以四心爲體。六度爲用。道品爲助。皆六七二識轉智所修之行故。

又得菩薩淨三昧。日星宿三昧。淨光三昧。淨色三昧。淨照明三昧。長莊嚴三昧。大威德藏三昧。於此三昧亦悉通達。

此言二子之三昧也。以二智觀照。念念淨治無明。故云淨三昧。日爲本智。星宿乃微細觀察。故云日星宿三昧。照明三體。故云淨光三昧。了達根塵。故

云淨色三昧。身心世界。內外洞觀。故云淨照明三昧。念念莊嚴法身。故云長莊嚴三昧。能破煩惱諸魔障礙。故云大威德藏三昧。是皆二智止觀之象。

爾時彼佛欲引導妙莊嚴王。及愍念衆生故。說是法華經。時淨藏淨眼二子到其母所。合十指爪掌。白言。願母往詣雲雷音宿王華智佛所。我等亦當侍從親近供養禮拜。所以者何。此佛於一切天人衆中說法華經。宜應聽受。母告子言。汝父信受外道。深著婆羅門法。汝等應往白父。與共俱去。淨藏淨眼合十指爪掌。白母。我等是法王子。而生此邪見家。母告子言。汝等當憂念汝父。爲現神變。若得見者。心必淸淨。或聽我等往至佛所。

此敘二子化父之因緣也。非一乘妙法佛知見地。不能轉彼業識。故云欲引導妙莊嚴王。故說法華經。非二識智用止觀之力。不能開佛知見。故二子白母。願母見佛聽經。止觀之功。專爲轉邪之用。故令往白父共去。二識本是妙明佛智。今爲識用。故云生邪見家。以止觀熏變無明。方得轉染令淨。故母令二子爲現神變。父若見者。心必淸淨。

於是二子念其父故。涌在虛空。高七多羅樹。現種種

神變。於虛空中行住坐臥。身上出水。身下出火。身下出水。身上出火。或現大身滿虛空中。而復現小。小復現大。於空中滅。忽然在地。入地如水。履水如地。現如是等種種神變。令其父王心淨信解。

此二子現神變。以警發父心也。謂以無作智淨自心體。故涌在虛空。地水火風。皆八識之相分。向執取爲我。我所。今一一變化消融無礙。方離執取之心。故令父見神變。心淨信解也。

時父見子神力如是。心大歡喜。得未曾有。合掌向子言。汝等師爲是誰。誰之弟子。二子白言。大王。彼雲雷

音宿王華智佛今在七寶菩提樹下法座上坐於一切世間天人眾中廣説法華經是我等師我是弟子父語子言我今亦欲見汝等師可共俱往

此父見神力心大歡喜發心見佛者以藏識受六七智用所熏即有轉變之機也故問其所師欲其往見

於是二子從空中下到其母所合掌白母父王今已信解堪任發阿耨多羅三藐三菩提心我等為父已作佛事願母見聽於彼佛所出家修道爾時二子欲重宣其意以偈白母

願母放我等　出家作沙門　諸佛甚難值
我等隨佛學　如優曇鉢華　值佛復難是
脫諸難亦難　願聽我出家

母即告言聽汝出家所以者何佛難值故

二子見父已信仍白其母求聽出家者以六七因中轉故先請出家然非止觀內熏之力不能親證佛慧故母聽二子出家以顯佛難值遇意欲深心信解乃可入佛知見也

於是二子白父母言善哉父母願時往詣雲雷音宿王華智佛所親近供養所以者何佛難得值如優曇鉢羅華又如一眼之龜值浮木孔而我等宿福深厚生值佛法是故父母當聽我等令得出家所以者何諸佛難值時亦難遇

此二子白請父母同往見佛者意顯始因止觀熏變心境一如乃能入佛知見故願俱往見佛言佛甚難值時亦難遇者所謂欲識佛性義當觀時節因緣也

彼時妙莊嚴王後宮八萬四千人皆悉堪任受持是法華經淨眼菩薩於法華三昧久已通達淨藏菩薩已於無量百千萬億劫通達離諸惡趣三昧欲令一

切眾生離諸惡趣故其王夫人得諸佛集三昧能知諸佛祕密之藏二子如是以方便力善化其父令心信解好樂佛法於是妙莊嚴王與羣臣眷屬俱淨德夫人與後宮采女眷屬俱其王二子與四萬二千人俱一時共詣佛所到已頭面禮足繞佛三帀卻住一面爾時彼佛為王説法示教利喜王大歡悅

此叙合宮皆有可化之機也意顯藏識含藏種子習氣煩惱蒙止觀熏變之力皆轉染令淨故王後宮八萬四千眷屬皆堪任持妙法華經也然如來藏所以不出生死苦趣者以六識所造業力牽纏

故也今七識不執則六識亦轉則八識生死之因絕本來無染即入佛知見故淨眼菩薩得法華三昧淨藏菩薩通達離諸惡趣三昧也以始覺有功本覺乃顯故其王與夫人得諸佛集三昧能知諸佛祕密之藏也以六七二識既轉則五八一時俱轉則四大根塵一切煩惱無不轉者故王及羣臣并四萬二千人一時俱詣佛所也到此則一切法無非佛法故彼佛爲王說法示教利喜

爾時妙莊嚴王及其夫人解頸眞珠瓔珞價直百千以散佛上於虛空中化成四柱寶臺臺中有大寶牀

敷百千萬天衣其上有佛結加趺坐放大光明爾時妙莊嚴王作是念佛身希有端嚴殊特成就第一微妙之色

此妙嚴供佛之益也由轉染令淨解脫纏縛故解頸眞珠瓔珞以散佛上也以妙契法身常樂我淨涅槃妙德故化成四柱寶臺臺中有大寶牀敷百千萬天衣其上有佛結跏趺坐也蓋虛空恆一眞常德也天衣適體眞樂德也有佛趺坐眞我德也放大光明眞淨德也以藏識既空法身乃現故念佛身希有微妙之色此妙契法身之象也

時雲雷音宿王華智佛告四衆言汝等見是妙莊嚴王於我前合掌立不此王於我法中作比丘精勤修習助佛道法當得作佛號娑羅樹王國名大光劫名大高王其娑羅樹王佛有無量菩薩衆及無量聲聞其國平正功德如是

此佛與妙嚴授記者以悟藏性本空開佛知見乃是成佛眞因故爲授記也普蔭羣生故佛號娑羅王以永破無明癡暗故國名大光頓超諸有故劫名大高王皆八識出纏之象也

其王即時以國付弟與夫人二子并諸眷屬於佛法

中出家修道王出家已於八萬四千歲常勤精進修行妙法華經過是已後得一切淨功德莊嚴三昧即升虛空高七多羅樹而白佛言世尊此我二子已作佛事以神通變化轉我邪心令得安住於佛法中得見世尊此二子者是我善知識爲欲發起宿世善根饒益我故來生我家

此言妙嚴出家之益也以藏識轉智泯同法身以權智應緣故云以國付弟言與夫人等者意顯止觀功圓同時出纏則一切智用根塵諸法一時俱爲妙用矣故與夫人二子并諸眷屬於佛法中精

勤修道則轉一切煩惱皆爲佛知見矣故於八萬四千歲精勤修習妙法華經也至此則一切行皆爲淨妙功德而爲法身莊嚴矣故云得一切淨功德莊嚴三昧也證無住身入法性空故云上昇虛空本覺既顯方見始覺之功故王見佛以感二子爲善知識也此蓋借法力熏習眞如爲緣因佛性修而得者故云二子轉我邪心令得安住於佛法中得見世尊此二子是我善知識爲欲發起宿世善根來生我家此其善知識是大因緣所以化導令得見佛此皆顯示資借緣因熏習之力也

爾時雲雷音宿王華智佛告妙莊嚴王言如是如是如汝所言若善男子善女人種善根故世世得善知識其善知識能作佛事示教利喜令入阿耨多羅三藐三菩提大王當知善知識者是大因緣所謂化導令得見佛發阿耨多羅三藐三菩提心

此彼佛印證妙嚴正顯緣因佛性故歸重善知識也意謂正因佛性人人本具故爲宿世善根要借善知識緣因助發止觀熏修乃顯所謂佛種從緣起故此歸重善知識是大因緣故此經歷敍大通智勝之本因以下一乘之緣種故今乃得從此妙法悟入故持經之法師皆是末世衆生佛性之因緣故不敢侵毀者正以善知識所持佛性種子爲重故也

大王汝見此二子不此二子已曾供養六十五百千萬億那由他恒河沙諸佛親近恭敬於諸佛所受持法華經愍念邪見衆生令住正見

此出二子之本因也已曾供養六十五百等者謂六識發起觀智就五根門頭一一洞明不爲根塵所惑凡有所作皆爲妙行故云供養六十五百千萬億那由他恒河沙等諸佛親近恭敬於諸佛所

受持法華經愍念邪見衆生令住正見是知持經法師專以觀照熏習爲本也而熏習之功久經多劫又非一時之故也

妙莊嚴王即從虛空中下而白佛言世尊如來甚希有以功德智慧故頂上肉髻光明顯照其眼長廣而紺青色眉間毫相白如珂月齒白齊密常有光明脣色赤好如頻婆果爾時妙莊嚴王讚歎佛如是等無量百千萬億功德已於是來前一心合掌復白佛言世尊未曾有也如來之法具足成就不可思議微妙功德教戒所行安隱快善我從今日不復自隨心行

不生邪見憍慢瞋恚諸惡之心。說是語已，禮佛而出。

此妙嚴讚佛，以顯妙契法身之象也。故先讚報身相好，復讚法身功德，以如來之法具足成就不可思議微妙功德，教戒所行安隱快善，皆法身之功德也。圓覺經云：譬如銷金礦，金非銷故有，雖復本來金，終以銷成就，一成眞金體，不復重爲礦。故妙嚴云我從今日不復自隨心行，不生邪見憍慢瞋恚諸惡之心也。此妙嚴徹見自心，直到不疑之地。是皆妙法之功，所謂法力加持之益也。

佛告大衆：於意云何，妙莊嚴王豈異人乎？今華德菩薩是。其淨德夫人，今佛前光照莊嚴相菩薩是。哀愍妙莊嚴王及諸眷屬故，於彼中生。其二子者，今藥王菩薩、藥上菩薩是。是藥王、藥上菩薩成就如此諸大功德，已於無量百千萬億諸佛所植衆德本，成就不可思議諸善功德。若有人識是二菩薩名字者，一切世間諸天人民亦應禮拜。

此示淨藏淨眼二子今緣也。意顯能轉妙嚴邪心，及化夫人眷屬俱入佛法中者，皆仗二子止觀調治熏變之功。今藥王藥上之宿因也。以一切菩薩修行未有不依止觀而修。一切如來成等正覺未有不因止觀而得。此是藥王藥上二菩薩成就如此諸大功德，已於無量佛所植衆德本，故能成就不思議力也。意在結歸觀心，以盡持經妙行，以顯法力加持之功也。故識是二菩薩名字，皆應禮拜。

佛說是妙莊嚴王本事品時，八萬四千人遠塵離垢，於諸法中得法眼淨。

此結聞品成行也。意顯止觀功成，則一切塵勞應念清淨，故八萬四千人遠塵離垢得法眼淨也。

普賢菩薩勸發品第二十八

此品來意，由前信解以資妙行，行成得果，玆當證入，乃現身面言說加持也。經云：是人若坐思惟此經，爾時我復乘六牙白象王現其人前，其人若有所忘失一句一偈，我當教之，與其讀誦。又云：若有受時讀誦正憶念修習書寫是法華經者，當知是人則見釋迦牟尼佛，如從佛口聞此經典。此正現身面言說加持也。以等覺菩薩若不加持，不得入妙。以有法身來接，故須加持，乃得證入。故此品來也。此經以智立體，故文殊啟發，以資信解，以行成德，故普賢成終，以明證入。故爲入佛知見也。普賢有二：一道前屬因，二道後屬果。謂行彌法界曰普，鄰極亞聖曰賢此在等覺屬因稱眞法界曰普彌綸萬化曰賢此在妙覺屬果以此普賢乃法界之全體爲毗盧十身之願身故菩薩依此發心信解修行還證此體故曰無不從此法界流無不還歸此法界然菩薩因圓至等覺已必假果覺來接乃得入妙故此品爲證入之終而普賢以願力守護必得是經也以因普賢乃得證入故曰勸發

爾時普賢菩薩以自在神通力威德名聞與大菩薩無量無邊不可稱數從東方來

此言普賢來儀也以法華初會普賢向不在座今

從東方來者然東爲羣動之地以法華妙行稱眞法界普徧一切衆生妄想亂動心中今入佛知見而法界性體方得現前故此終會普賢乃從東方來始而光照東方終則普賢從東方來正示智行冥一之象也以此法性普入一切衆生身中不爲煩惱之所罣礙故云自在神通力以法身眞際乃離心意處故曰威德無一不具故曰名聞此爲萬行之本故與無量無邊不可稱數大菩薩俱

所經諸國普皆震動雨寶蓮華作無量百千萬億種種技樂

此言普賢凡所舉動必破無明而成妙行以滋法喜故云普皆震動雨寶蓮華作種種技樂

又與無數諸天龍夜叉乾闥婆阿脩羅迦樓羅緊那羅摩睺羅伽人非人等大衆圍繞各現威德神通之力到娑婆世界耆闍崛山中頭面禮釋迦牟尼佛右繞七帀

此言隨從普賢八部神衆皆資妙行以爲護法故云各現威德神通之力右繞七帀見佛慇勤之儀也

白佛言世尊我於寶威德上王佛國遙聞此娑婆世

界說法華經與無量無邊百千萬億諸菩薩衆共來聽受惟願世尊當爲說之若善男子善女人於如來滅後云何能得是法華經

此普賢問法以見來意也以普賢妙行爲法身全體有大威力故曰寶威德上王佛國心聞洞達故曰遙聞既曰遙聞特請惟願說之世尊未答一辭者正顯離言之道不容聲矣世尊說般若須菩提巖中晏坐帝釋散華歎曰尊者善聽般若須菩提言未之聞也帝曰世尊以不說說尊者以不聞聞世尊一日陞座文殊白椎云諦觀法王法法王法

如是世尊便下座今普賢特請願說世尊不答普賢卽問云何能得是經意顯妙法乃絕言之道無說無示離言默證乃可悟入故云能得是經

佛告普賢菩薩若善男子善女人成就四法於如來滅後當得是法華經一者爲諸佛護念二者植衆德本三者入正定聚四者發救一切衆生之心善男子善女人如是成就四法於如來滅後必得是經

此佛正示普賢妙行以資證入也由普賢特爲聽經而來故請惟願說之世尊未答一辭意示離言寂滅之道蓋不容言故隨問云何能得是經故佛

說成就四法當得是經一爲諸佛護念二植衆德本三入正定聚四發救一切衆生之心者起信論云信成就發三種心一者直心正念眞如法故故云諸佛護念二者深心樂集一切諸善行故故云植衆德本三者大悲心欲拔一切衆生苦故故云發救一切衆生之心又云如是信心成就得發心者入正定聚故云入正定聚然此品顯證而言信成就者謂初以文殊大智發信依信生解依解發行行起解絕故爲證入是乃信之成就也所謂發心畢竟二無別如是二心先心難然信必借行乃得成就故文殊大智定須普賢勸發故終以四法必得是經也論依最初發心說此約成就說足見智行相依始終無二也

爾時普賢菩薩白佛言世尊於後五百歲濁惡世中其有受持是經典者我當守護除其衰患令得安隱使無伺求得其便者若魔若魔子若魔女若魔民若爲魔所著者若夜叉若羅刹若鳩槃茶若毗舍闍若吉蔗若富單那若韋陀羅等諸惱人者皆不得便

此正顯加持之力也以有加持守護之力故使諸魔惡鬼諸惱人者皆不得便此雖絕外患實淨內

障以普賢妙行能使一切煩惱諸魔不得現行不致戕害法身以損慧命令其安隱證入也

是人若行若立讀誦此經我爾時乘六牙白象王與大菩薩衆俱詣其所而自現身供養守護安慰其心亦爲供養法華經故是人若坐思惟此經爾時我復乘白象王現其人前其人若於法華經有所忘失一句一偈我當教之與共讀誦還令通利

此正現身面言說加持也言是人若行若立若坐思惟此經是則四威儀中念念深入法華三昧不忘不愚若有忘失一句一偈則普賢菩薩乘六牙

白象現其人前教之與其讀誦還令通利必使證入而後已是為身面言說加持也

爾時受持讀誦法華經者得見我身甚大歡喜轉復精進以見我故即得三昧及陀羅尼名為旋陀羅尼百千萬億旋陀羅尼法音方便陀羅尼得如是等陀羅尼

此言由加持力以見身面即得三昧及陀羅尼也陀羅尼此云總持一心真如之異稱三種陀羅尼止觀之義旋即楞嚴旋倒聞機之旋如急流之水有旋渡也蓋一切法總歸一心故名真如湛然常

寂為旋陀羅尼是名為止一心真如有大智用不離一心為百千萬億旋陀羅尼是名為觀體用不二但是一心止觀雙運名為中道遮照同時存泯無礙為法音方便陀羅尼是名等持因見普賢入法界性一念頓得故云以見我故即得三昧等

世尊若後世後五百歲濁惡世中比丘比丘尼優婆塞優婆夷求索者受持者讀誦者書寫者欲修習是法華經於三七日中應一心精進滿三七日已我當乘六牙白象與無量菩薩而自圍繞以一切眾生所喜見身現其人前而為說法示教利喜亦復與其陀羅尼呪得是陀羅尼故無有非人能破壞者亦不為女人之所惑亂我身亦自常護是人惟願世尊聽我說此陀羅尼呪即於佛前而說呪曰

此普賢說呪擁護以盡加持之力也後五百歲乃鬭諍堅固難持之時非假加持之力無以克成勝果故須加也前云行立坐等四威儀中念念思惟今云修習是經應一心精進是則非徒讀誦而可冀其感應也滿三七日則以一切眾生所喜見身現其人前是由觀照增明如水清月現行人心與法界冥一故菩薩現身此感應道交自然之理也

欲為行人淨治無明習氣故說加持呪曰

阿檀地一 檀陀婆地二 檀陀婆帝三 檀陀鳩舍隸四 檀陀修陀隸五 修陀隸六 修陀羅婆底七 佛馱波羶禰八 薩婆陀羅尼阿婆多尼九 薩婆婆沙阿婆多尼十 修阿婆多尼十一 僧伽婆履叉尼十二 僧伽涅伽陀尼十三 阿僧祇十四 僧伽婆伽地十五 帝隸阿惰僧伽兜略阿羅帝波羅帝十六 薩婆僧伽地三摩地伽蘭地十七 薩婆達磨修波利剎帝十八 薩婆薩埵樓馱憍舍略阿㝹伽地十九 辛阿毗吉利地帝二十

此呪力加持令其功速成就也以呪能破障凡修

習止觀之力有所不及者故須神呪加持功易克成耳。

世尊若有菩薩得聞是陀羅尼者當知普賢神通之力若法華經行閻浮提有受持者應作此念皆是普賢威神之力。

此顯呪乃法界全體故云當知普賢神通之力若念普賢威神則法界大用現前故心與呪冥則菩薩感應如響。

若有受持讀誦正憶念解其義趣如說修行當知是人行普賢行於無量無邊諸佛所深種善根爲諸如

來手摩其頭。

此言持經要行以正念爲主也前一往但云受持而已至此普賢特言思惟修習正憶念是知持經以觀照爲要行非徒循行數墨而已起信論云覺心初起心無初相遠離微細念故得見心性又云能觀無念可謂向佛智矣此中正憶念即無念也思惟修習必觀無念乃與眞如法界相應故感普賢現身加持如來手摩其頭故下歷言正憶念解其義趣是知入佛知見必以正念爲要行也。

若但書寫是人命終當生忉利天上是時八萬四千天女作衆技樂而來迎之其人即著七寶冠於采女中娛樂快樂何況受持讀誦正憶念解其義趣如說修行。

此較勝行之益也若但書寫全不解義則感生忉利天報何況正念解義修行而不感如來加持乎。

若有人受持讀誦解其義趣是人命終爲千佛授手令不恐怖不墮惡趣即往兜率天上彌勒菩薩所彌勒菩薩有三十二相大菩薩衆所共圍繞有百千萬億天女眷屬而於中生有如是等功德利益是故智者應當一心自書若使人書受持讀誦正憶念如說修行。

此顯解義之勝益以勸修持也上但書寫則感生忉利天上矣今解義之福利臨終必感千佛授手接引上生兜率天宮與彌勒補處菩薩共生一處是爲當來龍華三會又爲一乘妙法之緣種矣是故智者應當一心正憶念如說修行爲妙行也。

世尊我今以神通力故守護是經於如來滅後閻浮提內廣令流布使不斷絕。

此普賢結願流布此經普使佛種不斷也。

爾時釋迦牟尼佛讚言善哉善哉普賢汝能護助是

經令多所眾生安樂利益。汝已成就不可思議功德深大慈悲。從久遠來發阿耨多羅三藐三菩提意。而能作是神通之願守護是經。我當以神通力守護能受持普賢菩薩名者。

此如來讚歎普賢護助持經之德。如來亦以神力守護受持普賢名者。以此經乃如來護念之法。普賢護持經人。則經在普賢。故如來亦護持普賢名者則經亦在持名之人也。以凡所舉念皆法界性現前昭著故。

普賢。若有受持讀誦。正憶念修習書寫是法華經者。

當知是人則見釋迦牟尼佛。如從佛口聞此經典。當知是人供養釋迦牟尼佛。當知是人佛讚善哉。當知是人為釋迦牟尼佛手摩其頭。當知是人為釋迦牟尼佛衣之所覆。

此言正憶念修習入佛知見之妙證也。此經已有如來全身故。則見釋迦。妙契法身故。如從佛口親聞。念念入佛知見。故即供佛佛所讚善。以是成佛真種。必見授記。故佛手摩頭。則一切行皆是佛行。故為衣之所覆。是皆正憶念修習之妙證也。

如是之人。不復貪著世樂。不好外道經書手筆。亦復不喜親近其人。及諸惡者。若屠兒若畜猪羊雞狗。若獵師。若衒賣女色。是人心意質直。有正憶念。有福德力。是人不為三毒所惱。亦不為嫉妬我慢邪慢增上慢所惱。是人少欲知足。能修普賢之行。

此言持經妙證之成功也。前安樂行品戒持經者。不親近外道經書及不近諸惡律儀女人等。不起三毒等煩惱。一一切戒者恐引習氣有妨正憶念。故遠之不使為害也。今已入佛知見。一切惡習淨盡自然不貪不喜不為所惱。凡所修為皆是普賢妙行也。若知見未開則動成擾亂。今既證入。則無

法不妙。故不待遠離而心自遠矣。

普賢。若如來滅後後五百歲。若有人見受持讀誦法華經者。應作是念。此人不久當詣道場。破諸魔眾。得阿耨多羅三藐三菩提。轉法輪。擊法鼓。吹法螺。雨法雨。當坐天人大眾中師子法坐上。

此言入佛知見即得菩提。故見持經者。應作成佛之念也。證果有期。故云不久當詣道場等。破諸魔下。皆成佛之事。

普賢。若於後世受持讀誦是經典者。是人不復貪著衣服臥具飲食資生之物。所願不虛。亦於現世得其

福報。

此言持經所感現前之福也。以法味資神，故不貪著世間樂具；以即慧之福，故所願不虛，三障日消，故其福益厚。現報如此，則未來生天殊勝可知。先後分別持經之益不同，以正憶念如說修行，故不久成佛；以但受持讀誦書寫，故感人天福報。

若有人輕毀之言：汝狂人耳，空作是行，終無所獲。如是罪報，當世世無眼。若有供養讚歎之者，當於今世得現果報。若復見受持是經者，出其過惡，若實若不實，此人現世得白癩病。若輕笑之者，當世世牙齒疏

缺，醜脣平鼻，手脚繚戾，眼目角睞，身體臭穢，惡瘡膿血，水腹短氣，諸惡重病。

此通言讚毀業報昭然，如影響也。毀持經者為狂人，則失正知見，故感世世無眼。若有供養讚歎其人，則獲現果報。若出其人之過惡，無論虛實，即得白癩病者，以傷毀法身，故感此報。若輕笑之者，則感世世牙齒疏缺，諸惡等報者，以從口業傷妙法全體，故感通身諸惡重病也。前方便品末歷言毀經之報者，以戒說者不擇其機，令無智人輕毀譏謗，是單約謗經者說也。及持品以後歷言毀謗持經法師，是單約謗人而言，恐人聞謗不信法師，佛種自此斷絕矣。今言持經者，意在正憶念如說修行之人，業已入佛知見，妙證法身，毀之則傷法身全體矣。是知先後佛說毀謗之報，各有所主，非謂此節結前文也。然佛以大圓鏡智平等說法，圓照法界，始終一貫，稱性所演，以備殫羣情，本無思量分別。若以文章起伏照應求之，似涉有心思量，故為文字則落世諦常情之語，非大智無思稱性所說也。故云學者當善於義，莫著言說。

是故普賢，若見受持是經典者，當起遠迎，當如敬佛。

此結敬事持經之人，通結重法之義也。前文歷言敬持經者當敬如佛，以如說修行，入佛知見，不久即得菩提，妙行已圓，故當敬事如佛，正謂此也。是故者，承上結文之辭也。

說是普賢勸發品時，恆河沙等無量無邊菩薩得百千萬億旋陀羅尼，三千大千世界微塵等諸菩薩具普賢道。

此結聞品成行也。以入佛知見，則一切諸法通歸法界，故得百千萬億旋陀羅尼，則一一行稱眞法界，故云得普賢道，以聞此普法，故成此大益。妙法

大利歸極於此。楞嚴妙行。歸無所得。華嚴善財童子參徧知識。入法界後。但見普賢。以法界性中本無證得。故唯有普賢方稱法界之量。故二經旨趣。相須一貫。以見如來說法之致也。

佛說是經時。普賢等諸菩薩。舍利弗等諸聲聞。及諸天龍人非人等。一切大會皆大歡喜。受持佛語。作禮而去。

此為末後流通分也。此經以文殊發啟。而結會不說其名者。以泯同果海。故如華嚴會緣入實。則無文殊。但歸普賢。其義等也。此經專為引攝二乘。故

聲聞信受奉行。

迴向偈

稽首法界主　相好光明身　隨緣應眾生
演說微妙法　令一切聖賢　盡開佛知見
我以一毛智　測量法性空　如飲海一滴
欲識百川味　寂滅離言法　難以思惟求
甚深智慧門　方便可通達　願見聞隨喜
頓開佛知見　佛種不思議　究竟常不斷
共入涅槃城　安住極樂國

妙法蓮華經通義卷第二十

信女舒程氏率男詒堂女懷珍施龍銀二百圓敬刻
妙法蓮華經通義以此功德回向
先夫舒紹基消除三障圓成四德往生淨土速證
菩提并祈己身同諸男女百福駢臻千祥雲集
華嚴懸談餘款撥來龍銀一百五十圓
除付刻資外印書五十部施送仍餘龍銀二十圓
撥歸法華經合論刻資
光緒三十四年冬十一月金陵刻經處識

楊文會 編訂

釋氏十三經註疏

上

齊魯書社

圖書在版編目（CIP）數據

釋氏十三經註疏 / 楊文會編訂.—濟南：齊魯書社，2013.1

ISBN 978-7-5333-2755-2

Ⅰ.①釋… Ⅱ.①楊… Ⅲ.①佛經—注釋

Ⅳ.①B942

中國版本圖書館CIP數據核字（2013）第031073號

釋氏十三經註疏

楊文會 編訂

出版發行 齊魯書社

社　　址 濟南市英雄山路189號

郵　　編 250002

網　　址 www.qlss.com.cn

電子郵箱 qilupress@126.com

印　　刷 山東新華印務有限責任公司

開　　本 787mm × 1092mm　1/16

印　　張 75.125

插　　頁 10

字　　數 1084千

版　　次 2013年1月第1版

印　　次 2013年1月第1次印刷

標準書號 ISBN 978-7-5333-2755-2

定　　價 560.00圓（上下册）

序

早在二十年前，我就曾經給在三秦出版社工作的朋友趙建黎提出一個建議，希望他能够考慮編輯出版佛教十三經。當時的想法其實很簡單，一方面是因爲傳統文化的繼承與弘揚已經成爲時代的必然潮流，而佛教經典又是這一潮流得以推進的必要支撑，所以，佛教經典將越來越爲社會所需求；另一方面，佛教經典的出版應該借助於一些傳統的文化因素，借機而行可能會更具吸引力，而釋氏十三經其實就是仿照儒家十三經的名稱，希望能以這種組團性呈現方式，在與儒家文化經典的呼應中獲取更多的感召力與影響力。

當時，我還做了比較系統深入的研究，選取了十三部最有影響力的經典，同時也徵求了時任中國社會科學院南亞研究所所長、著名佛教學者黄心川先生的意見，也得到他的大力支持。可惜因爲出版社有多方面的考慮，加之我忙於他事，而佛教出版市場也在千變萬化，此事後來就擱置下來了。讓我萬萬没有想到的是，二十年後，我的學生史全超竟能接續前緣，得益於齊魯書社社領導的魄力和同仁的慧眼，開始編輯出版《釋氏十三經註疏》，這其中的因緣真讓我感慨萬千。

《釋氏十三經》是指佛教當中十三部最有影響的經典。近年來，關於佛教十三經的具體經目，學界和教界稍有不同的意見，但大同小異，僅有個别經目略有出入，有的側重考慮各個不同佛教派系之間的平衡，有的側重考慮佛教經典在歷史上傳播的廣度與影響的深度，有的則是考慮經典本身内容的相互呼應與整體的完整統一。這次，齊魯書社所選取的十三經註疏具有以下四個特點：

第一，所收入的十三經爲晚清著名佛教學者楊仁山居士根據佛教理論與傳播實踐等因素綜合考慮之後所選定的，包括：《四十二章經》、《佛遺教經》、《八大人覺經》、《金剛經》、《梵網經》、《無量壽經》、《觀無量壽經》、《維摩詰經》、《法華經》、《圓覺經》、《心經》、《楞伽經》、《楞嚴經》。這十三部佛經基本涵蓋了佛教的主要思想與核心信仰，同時兼顧了流傳的廣度與影響的深度。這些經典支撑了中國佛教的主流形態，特别是唐以後中國佛教的基本思想情趣，均可從這些經典中得到充分而直接的理論滋養，所以，我認爲是最爲恰當的一種十三經版本。另外，十三經中有五部爲鳩摩羅什所譯，再次印證了鳩摩羅什的佛經翻譯堪稱中國佛教譯經事業的典範，他的譯經風格和譯經成果對中國佛教産生了極爲深遠的影響。

第二，本次選取的十三經都是註疏本，包括：《圓覺近釋》、《梵網經合註》、《四十二章經解》、《佛遺教經解》、《八大人覺經略解》、《心經註解》、《金剛經註解》、《無量壽經義疏》、《觀經四帖疏》、《首楞嚴經纂註》、《維摩詰所説經註》、《楞伽經記》、《法華通義》。除了經典原文之外，主要篇幅是歷史上高僧大德對這些經典的註釋。因爲這些經典都是古代翻譯出來的域外經典，是外來文化輸入中國的歷史見證，在歷史上都曾經歷了一個文化衝突與融合的過程，在一代又一代佛教義學高僧的努力下，逐漸被中國人所理解，並經過消化吸收的過程，逐步實現了中國化，成爲中國文化的有機組成部分。所以，正是因爲這些高僧的深入研究與系統解讀，佛教經典纔在中國落地生根，廣爲傳播。今天，我們借助中國古代高僧的經典註疏，可以更加全面、深刻、清晰地理解這些經典。

第三，《釋氏十三經註疏》中所收録的釋經高僧具有廣泛的代表性和權威性，從後秦的僧肇，到隋代的慧遠，唐代的善導，再到明代的通潤、智旭、宗泐、如玘、真界、德清。這些高僧代表了中國歷史上最具有佛教學識與修行境界的一群人，他們對所註經典的理解是深刻準確的，他們的註釋是信得過的。尤其值得注意的是，十三部經疏中，後秦、隋、唐三代各有一部作品，另外十部均爲明代作品。後秦僧肇的《維摩詰所説經註》、隋代慧遠的《無量壽經義疏》、唐代善導的《觀經四帖疏》分别爲《維摩詰經》、《無量壽經》和《觀無量壽佛經》註疏作品中無可逾越的傑作，其他十部經典的註釋之所以選擇明代的作品，也是編者精挑細選之後的抉擇。在我看來，明代的釋經儘管不如隋唐時代那麽燦爛繁榮，但對今天的中國佛教影響極大。宋代以前的釋經更多屬於在消化吸收印度佛教基礎上的理論創新，支撑了宗派的形成，而宋代之後的釋經則是在理論創新業已完成之後更趨冷静、綜合、圓融，更趨本土化和生活化的會通，所以，從理解佛教理論與實踐佛法的立場來看，明代的釋經，尤其是本十三經註疏所選用的明代幾位高僧的作品都是既系統全面，又深刻到位的釋經著作，值得細細品味。

第四，本次出版多據金陵刻經處的刻本進行影印，而金陵刻經處的刻本具有舉世公認的品質，其校勘之精良，版式之考究，選本之謹慎，印刷之清爽，堪稱佛經版本之典範。中國歷史上刻經事業極爲發達，尤其是雕版印刷術發明之後，歷代的刻經猶如汗牛充棟，對中國佛教經典的普及與佛教思想的傳播起到了巨大的推動作用。刻經事業發展到近代，儘管已失去佛經傳播主渠道的角色，但刻版技術却達到了最發達的程度，刻經的甄别與刻經的校勘等也達到很高的水平。本次影印出版的這些刻本都十分精良，采用影印的方式，既保持了古色古香的韻味，也避免了重新排版過程中可能出現的錯訛，對於極爲重要的經典來説，因爲讀者需要在攝心凝神狀態下，清净、仔細、悠緩、莊重地拜讀，所以這種保持古色的出版方式是合適的。而對於學者來説，也爲每種經疏提供了一個比較完美的版本，對其義理研究與版本校勘等項工作都大有裨益。

全超來信告訴我齊魯書社計劃出版《釋氏十三經註疏》的設想，並希望我作個簡單的序。我想這既是我與佛教十三經二十年因緣的最終成熟，也是我與全超三年師生之緣的温馨延伸，同時我也將此看做是我與齊魯書社因緣的增廣。近三十年前，我就開始關注齊魯書社，齊魯書社出版的很多書都成爲我的精讀作品，至今在我的書房還有很多齊魯書社的書籍。今天，能够與齊魯書社有此一序之緣，也算是三十年積纍而來的福分。

惜緣，惜福，勉之，勉之！

李利安

二〇一二年十二月十一日

目録

大方廣圓覺脩多羅了義經近釋卷一

明二楞庵釋通潤述

體無不徧曰大。法無不備曰方。用無不具曰廣。故清涼云。大以曠兼無際。方以正法自持。用則稱體而周。具此三義。故名圓覺。脩多羅此云契經。謂契理契機。故契經中有了義不了義。如來爲人天二乘說不了義教。以器小不能擔荷大法。故說唯佛一人獨得覺性。爲菩薩乘說了義教。以根大能擔荷大法。故說一切衆生皆得作佛。然對機說教雖各不同。而契理契機實無有二。此經直顯一切衆

生本來成佛。名爲圓覺。直截分明。毫無隱覆。此則契經中了義契經。非不了義契經也。然圓覺二字義匪一途。故下文約十二義以發明。而義始備。如文殊章云。有大陀羅尼名曰圓覺。又云。彼知覺者猶如虛空。此則直指衆生心體如如不動了了常知者爲圓覺也。普賢章云。一切衆生種種幻化皆生如來圓覺妙心。此指根身器界及界內界外二種無明併種種幻智。皆從圓覺妙心流出。此約出生凡聖染淨二法名圓覺也。普眼章中。顯四大六根六塵六識乃至十力四無所畏悉皆清淨徧滿

不動始知衆生本來成佛者。此約凡聖染淨悉皆具足如來平等圓滿覺性。根根塵塵周徧法界名圓覺也。金剛藏章。一切如來妙圓覺性。本無菩提及與涅槃。亦無成佛及不成佛。無妄輪迴及非輪迴者。此約染淨聖凡纖塵不立名圓覺也。彌勒章中由本貪欲發揮無明。顯出五性差別不等。依二種障而現深淺者。此約衆生皆證圓覺本無差別。由隨染緣而有二障。故有六凡。由隨淨緣而證二空。故有四聖。於無差別處而現差別。以顯不變隨緣如摩尼之現五色爲圓覺也。清淨慧章若遇善

友教令開悟淨圓覺性。發明起滅。卽知此生性自勞慮。勞慮永斷得法界淨。此名凡夫隨順覺性等者。此約五性差別不等。實無差別。以顯隨緣不變名圓覺也。威德章若諸菩薩悟淨圓覺。以淨覺心取靜爲行名奢摩他。起變化行名三摩提。隨順寂滅名爲禪那。乃至辯音章中單複圓修等者。此約一心三觀卽空卽假卽中名圓覺也。淨諸業障章。直顯衆生覺性本淨。皆由耽著我人衆生壽者四相。生愛生憎爲障爲礙。不能入清淨覺。必須斷盡四相。一切寂滅覺性始圓名圓覺也。普覺章所問

求何等人。依何等法。行何等行。除去何病。云何發心者。要須事事明了。毫無錯謬。名圓覺也。圓覺章以大圓覺爲我伽藍。身心安居平等性智者。謂具如上種種深義。方得渾身安住圓覺伽藍。故名圓覺。賢善首章具上衆義。證此五名。方稱無上法王。爲賢善首。故名圓覺。故知十二菩薩。綸貫一經。圓覺二字。通該衆義。豈可以一知一見。便謂盡圓覺哉。故題中既標圓覺。又稱了義。正顯性相雙陳。理惑並闡。圓融行布。兩不相妨。始是如來稱性至極之深談耳。

唐罽賓沙門佛陀多羅譯

開元釋教目錄云。佛陀多羅。唐言覺救。北印土罽賓國人也。於東都白馬寺譯。道詮法師疏云。三藏法師佛陀多羅。於長壽二年龍集癸巳。持梵本至神都。於白馬寺譯。譯者。翻梵語而成華言也。其度語筆授證義潤文諸德。具如別錄。

如是我聞。一時婆伽婆。入於神通大光明藏。三昧正受。一切如來光嚴住持。是諸衆生淸淨覺地。身心寂滅。平等本際。圓滿十方。不二隨順。於不二境。現諸淨土。與大菩薩摩訶薩十萬人俱。

智論云。婆伽婆有四義。婆伽云德。婆言有。合名有德。又婆伽云分別。婆名巧。巧分別諸法總相別相故。又婆伽云聲。婆云有。以名聲普聞故。又婆伽云破。婆云能。以能破淫怒癡故。入者。謂性相俱泯。體同法界。入無入相。故神通大光明藏者。卽如來藏之異名。是凡聖均稟同賦之體也。破業識之牆垣。名曰神通。撤無明之封蔀。名曰大光明藏。由不定而定。故曰正定。不受而受。故曰正受也。又大卽是體。光明是相。藏卽是用。又大卽法身。光明是般若。藏是解脫。問。大光明藏。人人滿足。若如來稱入。而

衆生豈出此光明藏乎。答。衆生未嘗出此大光明藏。但爲四大所局。二障所纏。而神不通。光明不大故不言入。非不入也。故下經云。非覺違拒諸能入者。有諸能入。非覺入故。宗鏡問云。博地凡夫位齊諸佛。云何不具諸佛神通。答。非是不具。但是衆生不知。如有學人問大安禪師云。如何是諸佛神通。師曰。汝從何來。答曰。江西來。師曰。莫不謾語否。答曰。終不謬言。學人再問。如何是諸佛神通。師曰。果然。斯皆可驗。並是現前日用不知。故龐居士云。心通法亦通。十八斷行蹤。但自心無礙。何愁神不通。

故知神之不通是自生障礙耳一切如來皆以此大光明藏莊嚴此身住持此土非若衆生以藏識莊嚴此身住持此土也然此大光明藏元非他物卽是衆生所具無垢無染清淨覺地諸佛證之名法性身以不見有身心二相故寂滅無高無下故平等無崖無岸故曰本際不違不逆故曰隨順無彼無此故曰不二由如來證衆生之體用衆生之用故能於清淨覺地現清淨土與大菩薩同住一處所謂以大圓覺爲我伽藍身心安居平等性智也問法身無相眞土如空皆是一心無別依正云

何卽談身土答只於自心性相分身土名謂以自身相義名身卽以自心性義名土又心則諸佛證之爲法身境則諸佛證之爲淨土則法身淨土皆爲所證而智爲能證也諸大乘經在淨土說者如深密經法集經稱讚大乘經密嚴經心印經與顯經大毗盧經入印法門經虛空藏經佛地經等佛地經云是薄伽梵住最勝光曜放大光明普照無邊世界周圓無際等論釋云此土受用土攝說此經佛是受用身此淨土量無邊際故若爾此地上菩薩所應見聞何故於此化土中結集流布論自

答云佛爲地上諸菩薩說令傳法者結集流通又云說此經時地前大衆見變化身居此穢土爲其說法地上大衆見受用身居佛淨土爲其說法所聞雖同所見各別而傳法者爲令衆生聞勝希願證佛功德故就勝者所見結集也然土雖多種不出於三一法性二受用三變化若開受用爲自他卽成四土統唯二種謂淨及穢或性及相故肇公云淨土穢土蓋隨衆生心之所宜淨者示之以寶玉穢者示之以瓦礫美惡自彼於土無定無定之土乃名淨土隨類普應故曰諸也

其名曰文殊師利菩薩普賢菩薩普眼菩薩金剛藏菩薩彌勒菩薩清淨慧菩薩威德自在菩薩辯音菩薩淨諸業障菩薩普覺菩薩圓覺菩薩賢善首菩薩等而爲上首與諸眷屬皆入三昧同住如來平等法會

夫聖人立名多依行德故各有所表梵語文殊師利此云妙首亦云妙德表根本智六波羅密中智爲首德故此章直示因地法行用根本智頓斷無明以顯清淨覺地如如不動故爲問首普賢表行由行以成德故次普賢知行並進方便大開則法

眼洞照。故次普眼。法眼既明。惑根已斷。而金剛不壞之體迥然獨露。故次金剛藏。圓頓之根。已解唯心。若權敎菩薩。不知惑斷則顢頇佛性。必須詳明唯識。廣辯階差。故次彌勒。惑相雖明。階差已辨。若不知所證各別。則儱侗眞如。故次清淨慧。惑相已明。眞如已解。若不知觀法。猶未能斷惑證眞。不能隨順得入。其於威德未得自在。故次威德。雖三觀詳明。威德已具。若不詳辯三觀法輪。法輪無盡。亦未得圓通無礙。故次辯音。觀法雖明。若四相不除業根不淨。不能入淸淨覺。故次淨業障。四相已知

業根已淨。若五行不明。覺心不普。猶隔一塵。故次普覺。五行既明。則中根可入。若不詳明道場儀式。建立三期。剋心三觀。則下根人猶在門外。而覺性不圓。故次圓覺。覺既圓滿。必立名以彰其實。故次賢善首。是知一經之義。自始至終。雖條分縷析。若統會一宗。則以大圓覺爲我伽藍。一言已蔽。故十二菩薩。爲諸菩薩之綱領。而爲上首。其所入三昧。卽大光明藏。所住法會。卽不二境。所現淨土。以凡聖一源。主伴同會。故曰同住如來平等法會也。不思議佛境界經云。爾時世尊語文殊言。汝能了知

如來所住平等法否。文殊言。我已了知。佛言。何者是如來所住平等法。文殊云。一切凡夫起貪瞋癡處。是如來所住平等法。佛言。云何一切凡夫起貪瞋癡處。是如來所住平等法。文殊言。一切凡夫於空無相無願法中起貪瞋癡。是故一切凡夫起貪瞋癡處。卽是如來所住平等法。佛言。空豈有法。而言於中有貪瞋癡。文殊言。空是有。貪瞋癡亦是有。佛言。空云何有。貪瞋癡亦云何有。文殊言。空以言說故有。貪瞋癡亦以言說故有。所謂平等法者。是指衆生清淨覺地也。近有解此經大光明藏三昧

之相狀何似。生滅心是。顚倒心是。一切貪瞋癡煩惱皆是。堂堂釋子。乃甘心與魔外同流。而反極毀先賢。譏訶老宿。噫。佛海潰穢。至此極矣。有志者讀此。寧不痛心疾首乎。

於是文殊師利菩薩。在大衆中。卽從座起。頂禮佛足。右繞三帀。長跪叉手。而白佛言。大悲世尊。願爲此會諸來法衆。說於如來本起清淨因地法行。及說菩薩於大乘中發清淨心。遠離諸病。能使未來末世衆生求大乘者。不墮邪見。作是語已。五體投地。如是三請。終而復始。

先敍問法威儀次正請有二一問如來因地發心謂如來未成佛時最初因地發何等心修何等行得生淨土成佛果二問菩薩發心欲求菩提於大乘中發清淨心云何始得遠離諸病病卽後文四病也若末世眾生欲修行者旣知如來因行又知菩薩發心依之而行則遠離諸病不墮邪見矣

爾時世尊告文殊師利菩薩言善哉善哉善男子汝等乃能爲諸菩薩諮詢如來因地法行及爲末世一切眾生求大乘者得正住持不墮邪見汝今諦聽當爲汝說時文殊師利菩薩奉教歡喜及諸大眾默然

而聽

此讚問許說及佇聽也諦聽者謂諦審而聽勿雜亂也智論云聽者端視如渴飲一心入於語義中踊躍聞法生歡喜如是之人乃可說默然而聽者謂泯慮忘緣一心靜聽也

善男子無上法王有大陀羅尼門名爲圓覺流出一切清淨眞如菩提涅槃及波羅蜜教授菩薩一切如來本起因地皆依圓照清淨覺相永斷無明方成佛道

此標宗立體也無上法王佛也於法自在更無有上故陀羅尼云總持謂圓覺體中具足恆沙稱性功德故門者出入義出者一切染淨諸法皆從此中流出故入者一切染淨諸法皆從此中反復故以不染不汙故曰清淨不妄不變故曰眞如在無明而常覺故曰菩提在生死而常寂故曰涅槃波羅蜜云到彼岸有六種謂布施持戒忍辱精進禪定智慧由此六種翻無明生死而爲菩提涅槃教謂教導授謂傳授圓照清淨覺相卽圓覺也無明有四謂生住異滅畢竟不生名爲永斷方成佛道者塵沙諸佛皆以此爲因地進而至於極果故○

由文殊請問因地法行世尊卽將自己所證大光明藏重安名字以諭之故曰有大陀羅尼門名爲圓覺又自釋所以稱圓覺者以能從中流出清淨眞如（卽因地心）菩提涅槃（卽果地覺）及波羅蜜（卽因行也）是則依之而發心藉之而證果賴之而起行無不從此法界流無不還歸於法界故名圓覺不獨爾也卽佛佛授手祖祖相傳亦不出此故曰教授菩薩或清淨眞如菩提涅槃是體大波羅蜜是相大教授菩薩是用大具此三義名圓覺也然此圓覺生佛皆具但眾生爲無明所覆業識所局故圓而不覺小

乘則心量褊淺雖覺而不圓菩薩則非圓非覺唯如來亦圓亦覺故稱圓覺如來最初因地所修法行別無他法皆依此圓照清淨覺相起幻智而永斷無明方成佛道所謂十方薄伽梵一路涅槃門也故華嚴偈云有一大經卷量等三千界在於一塵中一切塵亦然有一智慧人淨眼悉明見破塵出經卷廣饒益眾生故知圓滿覺性生佛等有但塵經未剖寶藏猶埋既不自知枉受貧苦唯佛一人獨得其用名爲圓覺不亦宜乎

云何無明善男子一切眾生從無始來種種顛倒猶

如迷人四方易處妄認四大爲自身相六塵緣影爲自心相譬彼病目見空中華及第二月善男子空實無華病者妄執由妄執故非唯惑此虛空自性亦復迷彼實華生處由此妄有輪轉生死故名無明

此徵無明所起處而自釋之也徵云大光明藏既是眾生本具清淨覺地云何眾生遺此光明而轉爲無明故釋之曰一切眾生從無始來種種顛倒故轉此大光明藏而成無明不覺喻如迷人認東爲西惑南爲北其實迷者自迷方實不轉所謂顛倒者謂遺失清淨平等法身妄認地水火風四緣

假合而成者以爲身遺失本妙圓妙清淨覺心妄認緣塵分別影事以爲心而計我計法此由隨順無明不覺而起相見二分復迷相見而偏生我法二執所謂既棄海認漚復認漚爲海故名顛倒喻如目有赤眚遂見空中有華及見眞月邊有第二月也空喻眞理目喻正智狂華喻身二月喻心應立量云身心是有法本無是宗因云無明業識所現故同喻如空華二月既知病目見空華二月是妄則知淨眼見虛空一月是眞下復以二喻合法故云空實無華由病目人妄執爲有由妄執故不

唯惑此虛空自性本無華相亦復迷彼實華所生之處亦應合云月實無二揑者妄執由妄執故非唯惑此眞月自性亦復迷彼二月生處二喻既明則知覺性本無身心迷者妄認由妄認故非唯惑此圓覺自性亦復迷彼身心生處矣今既不知圓覺自性之本無又不知身心自性所自出於是計無作有認幻爲眞隨順無明起惑造業由此妄有輪轉生死此惑業苦三皆由迷此大光明藏而起此大光明藏轉而爲無明業識者如此

善男子此無明者非實有體如夢中人夢時非無及

至於醒了無所得如衆空華滅於虛空不可說言有定滅處何以故無生處故一切衆生於無生中妄見生滅是故說名輪轉生死

此因上實華二字發起無明本無實體故有智慧者照之卽滅也若使無明果有實體則是有根必不可滅以是依他起性故可迷可覺而覺體本無生滅也正如患夢之人夢時非無及至於醒了不可得人喻本覺夢喻不覺醒喻始覺因睡而夢睡熟而醒總與本人無干則知因迷而不覺因悟而始覺總與本覺無預又如衆華滅空不可說言衆

華在空實有可滅之處以空中實無生華處故則知華起華滅總屬目中翳之有無亦與虛空無預一切衆生因有無明於無生中妄見有生有滅是故說名輪轉生死然非覺性實有生死輪轉也

善男子如來因地修圓覺者知是空華卽無輪轉亦無身心受彼生死非作故無本性無故

此牒答永斷無明方成佛道也言汝所問如來本起因地修圓覺者而圓覺性實無可修由衆生病目妄執空華以爲實有故隨華相輪轉妄見身心實有生死如來以智慧覺照彼無明本無華相卽滅則不隨華相輪轉亦不隨身心受彼生死所謂照見五蘊皆空度一切苦厄也然言無生死者非若聲聞析之使無非若緣覺推之使無非若三賢菩薩作種種幻行而滅之使無直是照見淸淨覺心身心寂滅本來自無故不隨生死流轉而曰無明永斷覺道方成耳

彼知覺者猶如虛空知虛空者卽空華相亦不可說無知覺性有無俱遣是則名爲淨覺隨順何以故虛空性故常不動故如來藏中無起滅故無知見故如法界性究竟圓滿徧十方故是則名爲因地法行菩薩因此於大乘中發淸淨心末世衆生依此修行不墮邪見

復恐認賊爲子特顯覺體了了常知不落有無方是大徹大悟之眞知也故詳示之曰雖說知是空華卽無輪轉必須不存知相方是眞知若存知相猶是幻知非眞知也以彼眞知之體猶如虛空不可以有知論不可以無知論故起信云離念相者等虛空界若存知知此如空覺性爲有知卽是頭上安頭同於凡夫之知固是空華相矣若存知知此如空覺性爲無知卽是斬頭覓活同於土木瓦

石之無知亦是空華相也故趙州云知是妄覺不知是無記以此知體性自神解不同妄識仗境托緣作意之知不同太虛空廓斷滅之無知以聖心無知而無所不知此即靈知之體性也永嘉云若以有知無知為知體即是隨順無明不名隨順淨覺必須坐斷兩頭有無俱遣方是隨順清淨覺性所以者何以清淨覺性了了常知不但不曾迷亦且不曾覺以是常寂滅相如虛空性常自不動故也所以不動者以虛空自性不受生死不墮有無在如來藏中無起無滅無知無見以虛空不動徧

至一切色非色處亦如法性不動究竟徧滿一切處故應立量云覺性是有法不動為宗因云非所作故無知見故無起滅故喻如虛空所證如此是名初心成等正覺是名如來因地法行楞嚴謂之發覺初心起信謂之眞如三昧若菩薩依此圓照清淨覺相為因方是正因否則皆墮邪因矣若末世衆生依此清淨覺相而起行得正住持否則皆墮邪見矣

爾時世尊欲重宣此義而說偈言文殊汝當知一切諸如來從於本因地皆以智慧覺了達於無明知彼如空華即能免流轉又如夢中人醒時不可得覺者如虛空平等不動轉覺徧十方界即得成佛道衆幻滅無處成道亦無得本性圓滿故菩薩於此中能發菩提心末世諸衆生修此免邪見

謂如來本起因地莫不皆以智慧覺性了達無明本無實體猶如空華為發菩提心之始果能知彼無明是空華相則不為華相眩目即免生死流轉亦如患夢之人忽然醒覺則夢中所現之相皆不可得是知衆生在迷未免流轉若既迷而忽覺唯一眞如迴無所有渾身住於平等性智豈有流轉

哉既無流轉則此覺性究竟圓滿徧十方界是則名為初發心時便成正覺也然對夢說醒對迷說覺對衆生說佛皆是未覺已前對待之法若無明滅盡衆幻銷滅則成佛作祖亦是鉢盂安柄虛空釘橛以本性圓滿本來成佛不待更成故說圓滿菩提歸無所得龐居士云十方同聚會箇箇學無為此是選佛場心空及第歸如是則自然應念登科隨處及第何須授記安名乎菩薩向此著眼則能發菩提心衆生向此進修永不墮於邪見若不入此門總是旁蹊曲徑非直截路故宗鏡問云初

發心時便成正覺。云何復說後心成佛。答。非初非後。不離初後。智論云。不但以初心得。亦不離後心得。所以者何。若但以初心得不以後心者。菩薩初發心時便應是佛。若無初心。云何有第二第三心。以初心爲根本因緣故。不但以後心得亦不離初心者。以後心不離初心故。若無初心。卽無後心。以初心集種種無量功德。後心方得具足。故能斷煩惱習氣。成無上道。此卽頓悟漸修也。○此章言不滿四百。該攝性相二宗之旨。若約性宗。淸淨覺相屬眞如門。無明。妄認妄執。是不覺義。知是空華卽

無輪轉。是覺義。因本覺而有不覺。因不覺而有始覺。此二屬生滅門。今欲令行人頓悟眞如爲因地心。故曰衆幻滅無處成道亦無得也。○若約相宗。五法三性四大是色蘊。是相。六塵緣影是無色四蘊。是名。妄認妄執是妄想。知是空華是正智。覺心不動是如如。身心是依他起性。妄認妄執是二種偏計執性。生死是分段變易二種生死。知是空華等。是斷二執。除二死。證二空。得二果。是圓成實性也。○此章要旨。直指衆生日用知體爲圓覺性。若有分別有妄認妄執。卽生死因。若無分別無妄認妄執。卽菩提因。故曰。知之一字。衆禍之門。知之一字。衆妙之門。

於是普賢菩薩在大衆中。卽從座起。頂禮佛足。右遶三帀。長跪叉手。而白佛言。大悲世尊。願爲此會諸菩薩衆。及爲末世一切衆生修大乘者。聞此圓覺淸淨境界。云何修因。世尊。若彼衆生知如幻者。身心亦幻。云何以幻還修於幻。若諸幻性一切盡滅。則無有心。誰爲修行。云何復說修行如幻。若諸衆生本不修行。於生死中常居幻化。曾不了知如幻境界。令妄想心云何解脫。願爲末世一切衆生。作何方便漸次修習。

令諸衆生永離諸幻。作是語已。五體投地。如是三請。終而復始。

前章已顯頓悟法門。正恐行人以爲知幻便了。不必更離。不知前所言遣者卽離也。故普賢躡前知虛空者卽空華相及偈中衆幻滅無處成道亦無得以發三問。以明旣知而必欲遠離也。初問言修行者本爲斷無明得菩提也。若曰知是空華卽無輪轉。又云衆幻滅無處成道亦無得。則此圓覺淸淨境界纖塵不立。則無事修行斷證矣。云何而說修圓覺乎。故曰若彼衆生等。意謂旣能了知無明

是幻則身心亦皆是幻矣既曰是幻固宜任之不必起幻智而銷幻無明成幻佛可也云何更欲依圓照清淨覺相起種種如幻之智銷種種如幻之無明而成如幻之佛果耶次問不唯不當修即欲修行亦無可修以幻智既滅身心亦滅則無有心其誰修行十波羅蜜而曰修諸幻以除幻既知無可修而復修無可證而求證何異望石女生兒邀空華結果豈非枉用功乎三問若諸衆生但恃天眞常居幻化而不離又不能了知是幻而求離此則既不能知幻又不能離幻云何而得解脫此三

等者一是不必修二是無可修三是恃天眞而不用修願爲此三等人作何方便漸次修習方能永離諸幻

爾時世尊告普賢菩薩言善哉善哉善男子汝等乃能爲諸菩薩及末世衆生修習菩薩如幻三昧方便漸次令諸衆生得離諸幻汝今諦聽當爲汝說時普賢菩薩奉教歡喜及諸大衆默然而聽

善男子一切衆生種種幻化皆生如來圓覺妙心猶如空華從空而有幻華雖滅空性不壞衆生幻心還依幻滅諸幻盡滅覺心不動依幻說覺亦名爲幻若說有覺猶未離幻說無覺者亦復如是是故幻滅名爲不動

種種幻化總指五陰四大及十力四無畏等生者謂本覺心體隨無明染緣而生三科七大等隨眞如淨緣而生十力四無所畏等故諸染淨諸法皆無自體總是依他喻如空華暫生華生暫滅華滅而空未嘗有生滅衆生幻心隨無明染緣生還隨眞如淨緣滅而覺心未嘗動誰謂幻性盡滅則無有心耶喻如金翅鳥王命終之後骨肉都盡唯有心在也然所謂依幻說覺者即是口口談空心心

著有此即任運而不修者謂之依幻說覺謂之依通妄知是名爲幻不名爲覺此依字與皆依圓照清淨覺相之依相應謂不依圓照清淨覺相永斷無明成佛道乃依幻而自說爲覺故名幻而不名覺也故先德云說得一丈不如行取一尺說得一尺不如行取一寸若說固有覺性本來是佛恃天眞而不勞修者此亦是幻亦非是覺若說無佛可成枉用功而不必修此亦是幻亦非是覺三說字須著眼看先德云此事不是說了便休必須大死一番離盡諸幻親見本來則千聖喚不回頭方是

覺心不動。若未曾離幻。未出輪迴而辨圓覺。彼圓覺性。未有不隨流轉者。豈可謂知幻而不當修。許斷滅而枉修恃天眞。而不用修哉。

善男子。一切菩薩及末世衆生。應當遠離一切幻化虛妄境界。由堅執持遠離心故。心如幻者亦復遠離。遠離爲幻。亦復遠離。離遠離幻。亦復遠離。得無所離。卽除諸幻。譬如鑽火。兩木相因。火出木盡。灰飛煙滅。以幻修幻。亦復如是。諸幻雖盡。不入斷滅。善男子。知幻卽離。不作方便。離幻卽覺。亦無漸次。一切菩薩及末世衆生。依此修行。如是乃能永離諸幻。

應當二字是極勵之語。謂既知是幻。應當遠離。勿謂知而不必遠離也。遠離有四重。遠離一切幻化境界者。卽亡塵也。楞嚴所謂動靜二相了然不生也。心如幻者亦復遠離者。卽盡根也。所謂聞所聞盡也。遠離爲幻亦復遠離者。卽空智也。所謂覺所覺空也。離遠離幻亦復遠離者。卽滅空也。所謂空所空滅也。得無所離。卽除諸幻者。所謂生滅既滅寂滅現前也。故先德云。洞山門下無佛法與人。只有一口劍。凡是來者一斬便斷。使伊性命不存。見聞都泯。直向父母未生前要與相見。喻如鑽火之人。兩木相因。必火出木盡。灰飛煙滅。方得了當。木喻發智之心境。火比了心境之妙智。由智發而心境皆空。如火發而兩木俱盡也。若木雖空而灰在。猶未了當。故欲其盡灰也。如心境空而智在。卽智是病。故欲其空智也。灰雖盡而煙氣猶在。有些氣息亦是病。猶未了當。故欲其滅煙氣。喻如智雖空而空在。空亦是病。故欲其滅空也。故學道者如鑽火。必至火出木盡。灰飛煙滅。方知火性不壞。所謂火傳也。而不知其盡也。必須幻境幻心幻智幻空悉皆滅盡。方知覺性常存。不入斷滅。故宗鏡云。此

清淨覺。是出世間常住心寶。豈世間無常敗壞之法所能壞耶。如貧女室中金藏。雖未掘而匪移。若力士額中寶珠。任闘沒而常在。如雪山箭中萬味。暫流出而恆存。若大地底下金剛。縱穿斵而不壞。誰謂無心不勞修證哉。故復勉之曰。既知是幻。卽當遠離。卽此遠離便是方便。此外更無方便矣。若能離幻。卽是覺性。卽此離幻便是漸次。此外更無漸次矣。蓋知幻是對不知幻而認爲實有者開方便。遠離是對取著而不捨者開漸次。故前云假說方便也。首楞云。狂心自歇。歇卽菩提。歇卽是離。誰

謂知而不必離哉。末世衆生依此圓覺而修方能永離諸幻。若知無明窟中有覺性而不離終不成佛道。喻如知鑛中有金而不銷終不成眞金也。○前章重在知字。此章重在離字。二章總爲上根說頓悟頓斷頓修頓證法。非中下根可能企及。故曰。心聞洞十方。生於大因力。非初心可入也。

爾時世尊欲重宣此義而說偈言。普賢汝當知。一切諸衆生。無始幻無明。皆從諸如來圓覺心建立。猶如虛空華。依空而有相。空華若復滅。虛空本不動。幻從諸覺生。幻滅覺圓滿。覺心不動故。若彼諸菩薩及末

世衆生。常應遠離幻。諸幻悉皆離。如木中生火。木盡火還滅。覺卽無漸次。方便亦如是。

生佛二界。皆從淸淨覺心隨緣建立。故祖師云。山河大地由此建立。三昧六通因茲發現。喻如空華。因病目而妄見空中華生。而空體未曾生。因瞖消而妄見空中華滅。而空體未嘗滅。因無明染緣熏習覺性而生根身器界。故說幻從諸覺生。而覺性未嘗生。因眞如淨緣熏習無明修六度而滅幻化。故說幻滅覺圓滿。而覺性未嘗滅。以覺性無我。隨染處染。隨淨處淨。而實未嘗動。故修行者應當遠離種種幻化。諸幻悉離而覺性不動。正如木中生火。火出木盡。木盡火滅。而火性不動。故說離幻卽覺。若至於覺則實無漸次。以漸次在人不在法故。故曰菩提無漸次。漸次取菩提。

大方廣圓覺脩多羅了義經近釋卷一

大方廣圓覺修多羅了義經近釋卷二

明二楞庵釋通潤述

於是普眼菩薩在大衆中，卽從座起，頂禮佛足，右遶三帀，長跪叉手，而白佛言：大悲世尊，願爲此會諸菩薩衆及爲末世一切衆生，演說菩薩修行漸次，云何思惟，云何住持，衆生未悟作何方便，普令開悟。世尊，若彼衆生無正方便及正思惟，聞佛如來說此三昧，心生迷悶，卽於圓覺不能悟入。願興慈悲，爲我等輩及末世衆生假說方便。作是語已，五體投地，如是三請，終而復始。

此爲頓教菩薩開漸門也。由前二章雖各出手眼，悉談頓法，若是上上根人，階梯不立，聖諦不爲，者尚嫌多口。但根器稍劣者，若無階級，不能悟入。普眼法門，此普眼所以乘機發問也。先德云：盡大地是沙門一隻眼，以眼外無法故。今此菩薩請問修行漸次，使盡大地衆生發明此眼，此華嚴亦名普眼法門也。云何思惟者，謂如何用心，方知身心是幻。云何住持者，謂如何遠離，方得覺心不動。其未悟者，作何方便，方得入此普眼門也。若衆生無正方便及正思惟，雖聞如來說此神通大光明三昧，反生迷悶，不能悟入。以法大機小，不能一肩擔荷，固當於無階梯處強立階梯，無漸次中安立漸次，方得悟入耳。

爾時世尊告普眼菩薩言：善哉善哉，善男子，汝等乃能爲諸菩薩及末世衆生，問於如來修行漸次，思惟住持，乃至假說種種方便。汝今諦聽，當爲汝說。時普眼菩薩奉教歡喜，及諸大衆默然而聽。

善男子，彼新學菩薩及末世衆生，欲求如來淨圓覺心，應當正念，遠離諸幻。

此爲新學菩薩略通一線，假說方便，以明知幻卽

離，離幻卽覺也。先總標正念爲方便之始。欲求者，謂生樂欲，尋求此覺心也。以此身心皆是覺心所現影像，卽今現在有形色者是身，有分別者是心。誰是本來清淨覺性，如是推求尋覓，必欲親見本來面目，故曰欲求淨圓覺心也。若欲如是推求，應當正念遠離諸幻。言正念者，謂不念一切諸法，唯是一心觀察，必欲知此身心是幻，又必欲遠離諸幻。若知而不離，是有目無足；若離而不知，是有足無目。必須知幻而又離幻，如目足更資，方能得入。先依如來奢摩他行，堅持禁戒，安處徒衆，宴坐靜室。

恆作是念。我今此身四大和合。所謂髮毛爪齒皮肉筋骨髓腦垢色皆歸於地。唾涕膿血津液涎沫痰淚精氣大小便利皆歸於水。暖氣歸火。動轉歸風。四大各離。今者妄身當在何處。卽知此身畢竟無體。和合爲相。實同幻化。

此下正陳方便也。奢摩他定學也。起信云。若修止者。住於靜處。端坐思惟。不依氣息。不依形色。不依地水火風。乃至不依見聞覺知。名依奢摩他。堅持禁戒者。謂一向絕緣防護根門。不令向外奔馳也。安處徒眾者。必得同心同行之人爲伴侶。互相砥

礪也。宴坐靜室者。坐以攝身。身住而心得安。故必靜室者。以離喧囂。功夫易就也。四緣既具。則一心一境方堪入觀。先當正念觀察此身假合無我。寶積經云。此身生時。與其父母四大種性一類。歌羅邏身。若唯地界無水界者。譬如有人握乾麨灰。終不和合。若唯水界無地界者。譬如油水。無有堅實。卽便流散。若唯地水無火界者。譬如夏月陰處肉團。無日光時。卽便流轉。若唯地水火無風界者。則不增長。故一大不成。二大三大不成。必四大和合。方得成就。故先觀察堅凝者爲地。潤濕者爲水。暖者爲火。動者爲風。現今此身雖見四大和合而各有所歸。則此妄身畢竟屬於何大。則知四大畢竟無體。但是和合假名爲身。實同幻化。如是推求。卽知此身實無我相。而向之認四大爲自身相妄矣。故庵提女了義經云。若能明知地水火風四緣畢竟未曾自得有所和合。是爲生義。若知地水火風畢竟不自得有所離散。是爲死義。

四緣假合。妄有六根。六根四大。中外合成。妄有緣氣於中積聚。似有緣相。假名爲心。善男子。此虛妄心。若無六塵。則不能有。四大分解。無塵可得。於中緣塵各

歸散滅。畢竟無有緣心可見。

次復正念觀察此心假合無我也。正由四緣假合而妄有身。復因此身而妄立六根。若離四大。必無六根。若離六根。亦無四大。故外有四大。內有六根。和合而成有根之身。名曰根身。首楞嚴經云。由明暗等二種相形。於妙圓中粘湛發見。見精映色。攬色成根。根元目爲淸淨四大。因名眼體。如葡萄朶。浮根四塵。流逸奔色。等豈非中外合成而有根身乎。既有六根。仍復引生五識。攀緣五塵。而意識總採五塵落謝影子。積聚八識田中爲種子。名爲法

塵而爲意識所緣之境以意識緣法塵似有能緣之相遂假名能緣者以爲心也下復逆推緣心無體故曰卽此能緣妄心是因六塵而有離塵則無是因境而有心也若使四大分解無塵可得於中四大六塵各歸散滅畢竟無有能緣之心可見是無境亦無心也如是推求卽知此心亦無有我而向之妄認六塵緣影爲自心相者妄矣已上發明知幻二字竟

善男子彼之衆生幻身滅故幻心亦滅幻心滅故幻塵亦滅幻塵滅故幻滅亦滅幻滅滅故非幻不滅譬

如磨鏡垢盡明現善男子當知身心皆爲幻垢垢相永滅十方清淨

下復發明卽離二字此中滅字卽遠離也只是以智觀察是幻故不妄認妄執脫粘內伏違其現業銷其種習名爲滅耳不是銷滅也若是銷滅卽墮無色四空所修意謂既知身心是幻卽當以如幻金剛十種深喻而遠離之不令粘著固當先離幻身次離幻心次離幻境此卽遠離垢邊垢也次離滅幻之智此卽遠離淨邊垢也染淨諸幻既盡而非幻不滅者所謂離幻卽覺也良由衆生內爲意識所使身見所持故頭頭妄認生徧計執必須去盡識情而清淨覺體光明始露喻如磨鏡必去盡鏡面之垢而鏡體光明始得發露故知衆生皆有光明淨覺而不現者若有古鏡而不磨也永嘉云比來塵鏡未曾磨今日分明須剖析然則光明覺體之幻垢元非他物卽是妄認四大爲身六塵緣影爲心而成垢耳若了四大本空緣影不實清淨覺體不爲身見染汙則垢相滅而十方清淨矣此卽奢摩他已成之相也

善男子譬如清淨摩尼寶珠映於五色隨方各現諸

愚癡者見彼摩尼實有五色善男子圓覺淨性現於身心隨類各應彼愚癡者說淨圓覺實有如是身心自相亦復如是由此不能遠於幻化是故我說身心幻垢對離幻垢說名菩薩垢盡對除卽無對垢及說名者善男子此菩薩及末世衆生證得諸幻滅影像故爾時便得無方清淨無邊虛空覺所顯發

此以喻明種種幻化皆生如來圓覺妙心故離幻卽覺也清淨摩尼寶珠喻清淨覺性五色喻五蘊身心隨方各現者若五方天王之見珠色各各不同喻五蘊是依他起癡人見彼摩尼實有五色者

喻從依他起性而起徧計執性也圓覺淨性隨五業道而各現五蘊身心正如摩尼隨方而現五色愚夫不達五蘊身心元是淨圓覺心循業發現本無實體乃妄認淨圓覺性實有四大爲自身相實有六塵緣影爲自心相正如愚人妄認摩尼實有五色故先德云五蘊山頭一段空同門出入不相逢無量劫來賃屋住到頭不識主人公由彼愚癡不了身心是幻是依他起妄執爲實貪著生愛不能遠離諸幻化相妄有流轉是故我說身心皆是淨圓覺心所現幻垢由對妄認身心未離幻垢者

名衆生故對離幻垢者名菩薩若衆生幻垢既盡則對離幻垢之菩薩亦除既無幻垢之衆生亦無離幻垢之菩薩矣是知衆生菩薩皆是假名生死涅槃悉成僞號故說衆幻滅無處成道亦無得而又說種種幻化皆生如來圓覺妙心也若此菩薩幻覩已成則依如來圓覺妙心所現種種幻化影像依他之法悉皆除滅則不妄執隨方所現之色以爲實有爾時卽證圓覺妙心便得無方清淨至此則知無邊虛空皆從大覺心中顯發亦如海中一漚況他物乎此卽三摩鉢提已成之相也

覺圓明故顯心清淨心清淨故見塵清淨見清淨故眼根清淨根清淨故眼識清淨識清淨故聞塵清淨聞清淨故耳根清淨根清淨故耳識清淨識清淨故覺塵清淨如是乃至鼻舌身意亦復如是善男子根清淨故色塵清淨色清淨故聲塵清淨香味觸法亦復如是善男子六塵清淨故地大清淨地清淨故水大清淨火大風大亦復如是善男子四大清淨故十二處十八界二十五有清淨彼清淨故十力四無所畏四無礙智佛十八不共法三十七助道品清淨如是乃至八萬四千陀羅尼門一切清淨善男子一切

實相性清淨故一身清淨一身清淨故多身清淨多身清淨故如是乃至十方衆生圓覺清淨善男子一世界清淨故多世界清淨多世界清淨故如是乃至盡於虛空圓裹三世一切平等清淨不動

此下廣明覺性清淨不動徧滿以顯體大相大用大也法既解脫則意識尋伺覺觀不起法執轉成妙觀察智徧照一切諸法所謂觀察圓明照大千故曰覺圓明故顯心清淨也覺既圓明方顯意識分別之心一時清淨而一切清淨但言不頓彰故一一漸次以顯清淨耳心清淨下先明十八界清

淨也見塵清淨者言心既清淨則所見之色不染汙也眼根清淨者則能見之根亦不流逸也眼識清淨者則所發之識不起分別也此明初三界清淨也識清淨下謂初三界既清淨已則後四三界亦清淨也覺塵該鼻舌身三界故根清淨下顯根淨而六塵亦淨也六塵清淨下顯塵淨而四大亦淨也四大清淨下顯四大淨而三界亦淨也言二十五有者四洲四惡趣六欲并梵天無想五那含四空四禪定已上總明世間法清淨也○彼清淨下復明出世法清淨也十力者一知處非處力謂

總知一切諸法因緣果報降無因邪因知人可度不可度等二知三世業報力謂知三世業及順現受等三報知所度有障無障等三知諸禪解脫三昧垢淨力及知依此所得諸果四知信等五根上中下力五知種種欲樂令捨不淨增淨六知一乘三乘五乘貪瞋癡種種性欲知卽時異時誰可度不可度等七知一切道至處八知宿命九知死此生彼卽天眼智十知自解脫無疑總一智而有十種用故分爲十總名力者以能摧怨敵不可屈伏故○四無所畏者一正知一切法無畏謂佛誠言

我是一切正智人等二盡諸漏及習無畏言我無漏等三說一切障道法無畏四說一切出苦道無畏○四無礙智者一法無礙如說地水風火等二義無礙如說堅濕暖動等三詞無礙謂得彼方言以說地等四樂說無礙於三種智中樂說也○十八不共法者以力等二乘有分此無分故一身無失二口無失三意無失四無異想五無不定心六無不知已捨七欲無減八精進無減九念無減十慧無減十一解脫無減十二解脫知見無減十三一切身隨智慧行十四一切口隨智慧行十五一

切意隨智慧行十六以智慧知過去通達無礙十七以智慧知現在通達無礙十八以智慧知未來通達無礙○三十七助道品者助謂資助助正道故道卽是止觀品卽是類正因類故亦云菩提分分亦因義三十七者謂四念處四正勤四神足五根五力七菩提分八聖道分然但以十法爲體謂精進定慧各八念四戒三信二輕安捨思惟各一也○四念者一觀身五種不淨謂種子住處自相自性究竟二觀受是苦三觀心無常四觀法無我此對治凡夫四倒也又觀身畢竟空觀受內外空

觀心無所有觀法但有名此對治二乘四倒也○四正勤者四念處火若得勤風則無所不燒故次辨之以精進爲體故總名勤異外道勤故名正勤雖是一勤隨義分四一未生之惡遏令不生二已生之惡斷令不續三未生善令生四已生善令長○四神足者謂欲勤心觀欲謂樂勤謂無間心卽是定專一境性觀卽是慧內自揀擇以勤過散亂智火微弱故須定制卽所欲自在神卽神通足卽是定由出世法最勝自在欲等四法能證此故名爲神足亦名如意足以欲如心故○五根者信進念定慧此五通生出世間法前三至此總得名根○五力者卽前五根增長魔梵等不能屈伏故名爲力○七覺者謂念是所依支由繫念故令諸善法皆不忘失擇法是自體支覺自相故精進是出離支由此勢力能到所到故喜是利益支由心勇悅身調適故輕安定捨皆不染汙支能除麤重依定轉依故行捨平等永捨貪憂故故七皆云覺支也雖一刹那七法俱起而隨行相各說功能故有七也○八正道者謂正見是分別支依前所證眞實簡擇故皆云正思惟是誨示他支如其所證方

便安立思惟名義發言語故下三皆是令他信支語者謂依所證問答決擇令他信有見清淨故業是身業進止正行具足令他信有戒清淨故命者如法乞求依聖種住離五邪命精進是淨煩惱障支由此永離一切結故念是淨隨煩惱障支由不忘失正止舉相永不容受沈掉等故定是能淨最勝功德障支由此引發神通等無量勝功德故○上之七類次第者謂聞法已先當念持次卽勤修勤故攝心調柔調柔故信等成根根增爲力七覺分別八正正行總八喻顯法性如地念處如種子正勤爲種植神足如抽芽五根如生根五力如莖葉增長開七覺華結八正果○八萬四千陀羅尼清淨者塵勞既有八萬四千一一對翻皆成淨法故論云不覺念起見諸境界故說無明乃至具有過恒河沙妄染之義對此義故心性無動卽有過恒沙等諸淨功德相義示現問世出世法二相有殊如何此經皆云清淨答若約聖凡對治則勝劣懸殊若約法性觀一種總是幻化皆從緣起無自性故所謂一切法不可得也謂既見得一切世出世法皆是非相方見實相亦不見有實相可得名

實相清淨實相清淨者此人卽證平等法方名一身清淨由一身清淨則見十方衆生圓覺悉皆清淨若十方衆生清淨名一佛刹清淨一刹清淨乃至塵塵刹刹一切時一切處悉皆平等清淨不動此卽禪那觀已成之相以顯清淨覺地本來不染爲三世十方根身器界之體以顯體大也此入初地覺通如來盡佛境界時也

善男子虛空如是平等不動當知覺性平等不動四大不動故當知覺性平等不動如是乃至八萬四千陀羅尼門平等不動當知覺性平等不動

此明初地以至八地所證境界也由轉意識爲妙觀察智得入初地已次又轉七識爲平等性智得入第八不動地故曰平等不動以萬法卽覺性卽萬法之不動知覺性之不動故虛空平等不動則知覺性亦爾彼知覺者如虛空故四大平等不動故則知覺性平等亦爾以是法住法位大人性自常故此顯淨覺相大本來不動也然必至八地斷七識俱生我執則生死涅槃二心永不復起方名眞不動地

善男子覺性偏滿清淨不動圓無際故當知六根偏滿法界根偏滿故當知六塵偏滿法界塵偏滿故當知四大偏滿法界如是乃至陀羅尼門偏滿法界善男子由彼妙覺性偏滿故根性塵性無壞無雜根塵無壞故如是乃至陀羅尼門無壞無雜如百千燈光照一室其光偏滿無壞無雜

此明九地以至等覺所證境界也以覺性卽萬法卽覺性偏滿無有邊際則根塵四大乃至陀羅尼門亦復偏滿無有邊際也首楞嚴云如一見根偏周法界耳鼻舌身覺觸覺知妙德瑩然偏周法界由無明業識動則有分別不動卽等周法界如是

則五現量識等根一一皆偏法界如眼見色時色不可得元來等法界如是則塵含刹土芥納須彌一攝一切一切攝一一入一切一切入一周偏法界事事無礙由彼妙覺性偏滿故根性塵性大小不壞彼此無雜如一室中千燈並照燈隨盞異盞盞不同光隨燈通光光涉入故常別常入經云一中解無量無量中解一所謂一多無礙以顯淨覺用大本來周偏也此中清淨不動周偏法界與楞嚴清淨本然周偏法界之義同

善男子覺成就故當知菩薩不與法縛不求法脫不

厭生死不愛涅槃不敬持戒不憎毀禁不重久習不輕初學何以故一切覺故譬如眼光曉了前境其光圓滿得無憎愛何以故光體無二無憎愛故

此從等覺入妙覺境界也謂始由習此三觀證此三大方得於一切法成等正覺遂轉此第八業識爲大圓鏡智則前五識亦轉爲成所作智名爲圓覺成就名究竟覺覺既究竟方見一切世出世法悉皆平等故不見有染法可縛亦不見有淨法可脫不見有生死可厭亦不見有涅槃可愛不以持戒而生敬不以毀禁而生憎不以久習而生尊重

心不以初學而生輕慢想以證平等故觸目所見者皆是菩提至此方可說天地同根萬法一體生死卽涅槃無明卽佛性以覺性究竟圓滿徧十方界故觸處皆是自己光明其體無二不生分別譬如眼光緣現量境其光徧滿得無憎愛以平等一相故此卽如來所證妙覺境界也所謂身心寂滅平等本際圓滿十方不二隨順蓋如此

善男子此菩薩及末世衆生修習此心得成就者於此無修亦無成就圓覺普照寂滅無二於中百千萬億阿僧祇不可說恆河沙諸佛世界猶如空華亂起亂滅不卽不離無縛無脫始知衆生本來成佛生死涅槃猶如昨夢善男子如昨夢故當知生死及與涅槃無起無滅無來無去其所證者無得無失無取無捨其能證者無作無止無任無滅於此證中無能無所畢竟無證亦無證者一切法性平等不壞善男子彼諸菩薩如是修行如是漸次如是思惟如是住持如是方便如是開悟求如是法亦不迷悶

菩薩修習此心已得究竟圓滿徧十方界者則身心寂滅物我兩融得正住持方可說不見我爲能成就之人覺爲所成就之法由彼轉此業識成大

圓鏡智以此鏡智照見一切根身器界皆悉寂滅平等無二所謂大圓無垢同時發普照十方塵刹中故見恆沙國土在妙覺心中亂起亂滅猶如狂華之在空中亂起亂滅也復能照見一切衆生不卽圓覺不離圓覺無生死法可縛亦無涅槃法可脫至此始知衆生本來是佛不假修證故世尊初成正覺歎曰奇哉一切衆生具有如來智慧德相但以妄想執著而不證得回視向來欲斷生死證涅槃作種種勤勞肯綮之事皆是夢中所現境界既醒之後則知生死涅槃了不可得既知是夢則

知涅槃不曾起生死不曾滅涅槃本無來生死本無去其所證之法悟時不曾得迷時不曾失悟時不曾取迷時不曾捨其能證之人亦遠離四病不以作諸幻行而執爲能證不以取靜爲行而執爲能證不以一切任運而執爲能證不以一切寂滅而執爲能證以此所證圓覺體中纖毫不立擬心卽差動念卽隔故無所證之法亦無能證之佛故楞伽偈云一切無涅槃無有涅槃佛亦無佛涅槃遠離覺所覺而前文亦云衆幻滅無處成道亦無得以一切法性本來平等不壞故所以云眞如凡

聖悉是夢言佛及衆生並爲增語故結示云若此菩薩依此清淨覺心爲本修行一心觀察根身器界如幻爲修行之具最後遠離諸幻入清淨覺爲住持之境此卽無漸次中强立漸次無方便中强立方便也若能如是漸次開示漸次修習漸次取證必不迷悶而不能入矣至此則初章皆依圓覺清淨覺相永斷無明方成佛道始得明了起信所謂依本覺故而有不覺依不覺故而有始覺也如此

爾時世尊欲重宣此義而說偈言普眼汝當知一切諸衆生身心皆如幻身相屬四大心性歸六塵四大體各離誰爲和合者如是漸修行一切悉清淨不動徧法界無作止任滅亦無能證者一切佛世界猶如虛空華三世悉平等畢竟無來去初發心菩薩及末世衆生欲求入佛道應如是修習

一切衆生妄認四大及六塵緣影爲身心相不知身心皆由迷圓覺妙心而成業識幻出五蘊身心本無實體若一一觀察則知身相屬四大而身本無身心相歸六塵而心本無心旣四大各離則誰爲和合而有我耶如是我執旣空則分別法執亦

盡分別法執旣盡則根身器界悉皆清淨得入初地復從初地漸斷俱生法執入不動地復從不動而漸入等妙則覺性圓滿周徧法界至此則所證之法四病俱離旣不見有所證之法亦不見有能證之人反觀一切佛土猶如空華一切三世無去來今此卽菩薩漸次所證以至極果也若初發心求入佛道者當如是修習則永斷無明而得入矣

大方廣圓覺脩多羅了義經近釋卷二

大方廣圓覺脩多羅了義經近釋卷三

明二楞庵釋通潤述

於是金剛藏菩薩在大眾中卽從座起頂禮佛足右遶三帀長跪叉手而白佛言大悲世尊善爲一切諸菩薩眾宣揚如來圓覺清淨大陀羅尼因地法行漸次方便與諸眾生開發蒙昧在會法眾承佛慈誨幻翳朗然慧目清淨世尊若諸眾生本來成佛何故復有一切無明若諸無明眾生本有何因緣故如來復說本來成佛十方異生本成佛道後起無明一切如來何時復生一切煩惱惟願不捨無遮大慈爲諸菩

薩開祕密藏及爲末世一切眾生得聞如是脩多羅教了義法門永斷疑悔作是語已五體投地如是三請終而復始

由聞一切眾生本來成佛恐人生疑此菩薩能以金剛智斷人之疑故乘機發問所謂劍爲不平離寶匣也善爲下領讚如來善說方便世尊下正陳三疑一疑眾生若是本來成佛則不當有無明此知不變而不知隨緣者執也二疑若無明本有則不當說本來成佛何故復說眾生本來成佛此知隨緣而不知不變者執也三疑若謂十方異生本來成佛後起無明則一切如來旣已成佛何時更生一切煩惱此則生可成佛則佛亦可成生是凡聖混亂之執也此箇疑團直是金剛圈栗棘蓬吞不入吐不出是爲末世眾生參禪起疑情之樣子不異黃龍三關語惜乎世尊無端註破祕密藏者謂此法門眾生共證眾生不知故曰具足凡夫法凡夫不知具足聖人法聖人不會此藏未曾開時千難萬難若開時不消彈指頃要須鑰匙在自己手裏始得言了義法門者謂若開此藏門一時盡見底蘊更無藏覆則旣斷其疑復盡其悔蓋疑者

於諸諦理疑豫爲性能障信心爲業而悔者則悔善悔惡而心不定也

爾時世尊告金剛藏菩薩言善哉善哉善男子汝等乃能爲諸菩薩及末世眾生問於如來甚深祕密究竟方便是諸菩薩最上教誨了義大乘能使十方修學菩薩及諸末世一切眾生得決定信永斷疑悔汝今諦聽當爲汝說時金剛藏菩薩奉教歡喜及諸大眾默然而聽

言決定信者謂決定信得本來是佛不假外求若大梅云任你非心非佛我自卽心卽佛之類

善男子。一切世界。始終。生滅。前後。有無。聚散。起止。念念相續循環往復。種種取捨。皆是輪迴。未出輪迴而辨圓覺。彼圓覺性。卽同流轉。若免輪迴。無有是處。譬如動目能搖湛水。又如定眼由迴轉火。雲駛月運。舟行岸移。亦復如是。善男子。諸旋未息。彼物先住。尚不可得。何況輪轉生死垢心。曾未淸淨。觀佛圓覺而不旋復。是故汝等便生三惑。

先答第一疑。言如來寂滅性本無始終生滅輪迴之事。而有始終生滅等者。皆是業識隨六種因緣相續成輪迴心。故有輪轉耳。世爲遷流。界爲方位。

謂一切時一切處皆由此六因流轉也。始終者。是種子生現行。以種子爲始。現行爲終。此卽當有因也。生滅者。謂現行生種子。以現在現行爲生。流入未來作種子爲滅。是相續因也。此二種爲親因緣。前後者。謂前念引生後念。卽等無間緣。以其在因果中間。有相不斷等而開導。是相因也。有無者。謂心境相生。有則俱有。無則俱無。卽所緣緣。是顯示因也。聚散者。謂緣會則聚。緣離則散。卽種種業增上緣。如轉輪王有勝勢用。作增上事。是作因也。起止者。謂已上衆緣止滅。方得生起。是待因也。具前四緣。辨有漏法。具後一緣。辨無漏法。今言如來寂滅性本無雜染。由隨染緣而成雜染。本無淸淨。由隨淨緣而成淸淨。如是染淨念念相續循環往復。或取穢而捨淨。或捨穢而取淨。所以動念息念。皆在始終生滅等中輪轉。若是捨六因。轉八識。盡二障。出二死。無輪迴性者。則知圓覺自性本來不動。若是六因未盡。八識未轉。二障未除。二死未出者。在輪迴中辨圓覺性。彼圓覺性雖是寂滅不動。卽隨染淨二緣流轉矣。旣在輪迴。則觸處粘著。而說能免輪迴者。無有是處。下以四喻發明淨圓覺心

本無流轉。隨八識而有流轉。動目能搖湛水者。謂湛水不動。因目動而見湛水動。喻妙湛覺性本不動。因無明一動。轉成業識。而妙湛覺性亦隨業識而動也。定眼由迴轉火者。由。因也。火本未曾輪轉。因定眼而見火輪迴轉。喻覺性本無流轉。因七識定執爲我。隨所生所繫。故見有流轉耳。故譚子云。瞰迴流者。頭目自旋。作環舞者。宮室皆轉。雲駛月運者。謂月本不馳。因雲駛而見月馳。喻覺性任運而轉。未嘗馳流。因意識馳流奔逸諸境。故見覺性亦馳流耳。舟行岸移者。謂岸本不移。因舟行故見

岸移。喻覺性本不遷流。因前五識隨境遷移。故見覺性亦遷移耳。由是而知目動者則見湛水必搖。求其不搖不可得。眼定者則見火輪必轉。求其不轉不可得。雲駛則見月必運。求其不運不可得。舟行則岸必移。求其不移不可得。物尚如此。何況生死輪轉八種染汙識心。曾未有一念清淨。而以不清淨心觀清淨覺。有不隨流轉者乎。由隨緣不變。故說眾生本來成佛。由不變隨緣。故有一切無明生起。汝等不解此義。於無輪轉處妄見輪轉。於無惑處妄起三惑。三惑。謂見思塵沙及根本無明也。

三惑有即指三疑者未必。

善男子。譬如幻翳妄見空華。幻翳若除不可說言此翳已滅何時更起一切諸翳。何以故。翳華二法非相待故。亦如空華滅於空時。不可說言虛空何時更起空華。何以故。空本無華。非起滅故。生死涅槃同於起滅。妙覺圓照離於華翳。善男子。當知虛空非是暫有亦非暫無。況復如來圓覺隨順而為虛空平等本性。

此以喻答第三疑也。翳喻無明。華喻身心。翳生華生。翳滅華滅。若翳滅而更待翳生。華滅而更待華生。斯實狂癡矣。以翳華二法本無種子。故翳滅於眼。不可更待眼中何時更起諸翳。亦如空華既滅於空。不應更待空中何時更起狂華也。何以故。空本無華。尚無有起。安得有滅。故知生死涅槃皆同翳華之起滅。若以眾生圓照清淨覺相論。尚無無明身心翳華二相可得。何況既已成佛證此清淨覺地者而復生煩惱乎。當知翳華在虛空中。可說暫有暫無。若是虛空常恆不動。豈可說為暫有暫無耶。虛空尚不可說暫有暫無。況復如來隨順圓覺而為虛空平等本性。乃可說為暫有暫無而曰何時復起無明煩惱哉。由此一喻顯覺性本無修

證。

善男子。如銷金鑛。金非銷有。既已成金。不重為鑛。經無窮時。金性不壞。不應說言本非成就。如來圓覺亦復如是。

此以喻答第二疑也。若謂無明本有。不應復說本來成佛者。喻如有人大開鑪鞲銷鑛成金。然鑛中之金。是鑛中自有。非但因銷而有也。使其鑛盡成金。則金決不重復為鑛。經無窮時而金性決不變壞。此金雖是從銷而出。然不應言此金非鑛中本來自有也。如來圓覺。喻如眞金在無明鑛。必銷盡

無明而覺性始顯。然此覺性，元是無明鑛中自有，非獨銷無明而有也。若無明鑛盡，成淨覺性，則淨覺性決不重起無明，卽經無量劫而覺性不壞。雖覺性從銷而出，終不應言此覺性非無明鑛中本來自有，而曰非本來成佛乎。故曰聖人本是凡夫做，若凡夫不具聖性，則永無成佛之期矣。由此一喻，顯覺性有修有證。

善男子。一切如來妙圓覺心，本無菩提及與涅槃，亦無成佛及不成佛，無妄輪迴及非輪迴。善男子，但諸聲聞所圓境界，身心語言皆悉斷滅，終不能至彼之

親證所現涅槃，何況能以有思惟心，測度如來圓覺境界。如取螢火燒須彌山，終不能著。以輪迴心生輪迴見，入於如來大寂滅海，終不能至。是故我說一切菩薩及末世衆生，先斷無始輪迴根本。善男子，有作思惟從有心起，皆是六塵妄想緣氣，非實心體，已如空華。用此思惟辨於佛境，猶如空華復結空果，展轉妄想，無有是處。善男子，虛妄浮心多諸巧見，不能成就圓覺方便，如是分別非爲正問。

此下直顯清淨覺性，坐斷兩頭，纖毫不立也。以轉無明故有菩提之號，轉生死故有涅槃之稱，以是對待法故。若了無明本空，生死本寂，旣無所證之相，亦無能證之名，故無成佛不成佛之事，亦無輪迴不輪迴之說，以此清淨覺心離諸名相故也。故宗鏡問云：若直了此心是佛，更受八相成道否。答：若了此心，卽是天眞佛，不說成與不成。若說成佛，是增語，是助語。故曰法身覺了無一物，本源自性天眞佛。旣直示之，復責之曰，且諸聲聞亦具自性圓滿清淨境界，而且隳肢體，黜聰明，斷言語，息思想，如是進修，但得灰斷寂滅解脫，終不能到彼之本來親證自性所現清淨涅槃空寂境界，況以有

思惟心測度如來圓覺境界，喻如螢火燒須彌山，終不能著。若是眞火，則一星可燒大地，況須彌哉。今以輪迴心生輪迴見，欲入如來大寂滅海，終不能至。若一念緣起無生，無明頓斷，則彈指之頃卽得悟入，豈待久乎。是故菩薩欲成佛道，先斷無始輪迴根本。下復責之曰，有作思惟從有心起，皆是因六塵而生妄想緣影，非是眞實心體，悉如空華。因此生滅思惟而欲辨不生不滅之境，如邀空華而結空果，但是展轉重增妄想，豈可得哉。且此有作思惟虛而不實，妄而不眞，浮而不深，故多機巧。

會穿鑿會度量不知修圓覺者正忌許多骨董唯是癡癡憨憨媒媒晦晦百不可取一無所堪者方可入也故又責之曰如是三種分別計度皆是衆生曲見非爲正問問云如來最初讚彼所問是甚深祕密方便此又責其多諸巧見非爲正問何也答讚者美其發起責者泯其知見

爾時世尊欲重宣此義而說偈言金剛藏當知如來寂滅性未曾有終始若以輪迴心思惟卽旋復但至輪迴際不能入佛海譬如銷金鑛金非銷故有雖復本來金終以銷成就一成眞金體不復重爲鑛生死

與涅槃凡夫及諸佛同爲空華相思惟猶幻化何況詰虛妄若能了此心然後求圓覺

如來寂滅性本無始終生滅但衆生未出輪迴以思惟心辨於佛境故卽隨彼思惟亦成輪轉但一入輪迴則不能入於佛海故衆生雖是本來成佛由入無明海故隨海中波浪流轉若能永斷無明而覺性自顯然不可說無明海中本無清淨覺性也正如銷鑛成金此金元是鑛中固有非因銷而有也然雖本有必因去鑛而成金若金體一成則不重爲鑛故說佛本是而勤修惑元無而須斷雖然如是亦是第二門頭方便說法若約妙覺明心第一義諦本無是事則生死涅槃俱爲幻翳衆生與佛盡是空華由汝最初動念思惟卽是幻化卽是輪迴根本何故捨此而更詰其幻化不亦謬乎若能了此思惟卽是幻化卽是輪迴根本然後可求圓覺矣

於是彌勒菩薩在大衆中卽從座起頂禮佛足右繞三帀長跪叉手而白佛言大悲世尊廣爲菩薩開祕密藏令諸大衆深悟輪迴分別邪正能施末世一切衆生無畏道眼於大涅槃生決定信無復重隨輪轉

境界起循環見世尊若諸菩薩及末世衆生欲遊如來大寂滅海云何當斷輪迴根本於諸輪迴有幾種性修佛菩提幾等差別迴入塵勞當設幾種敎化方便度諸衆生惟願不捨救世大悲令諸修行一切菩薩及末世衆生慧目肅清照曜心鏡圓悟如來無上知見作是語已五體投地如是三請終而復始

前四章已爲頓敎菩薩廣辨惟心以顯因地覺心竟下復爲漸敎菩薩深究輪迴根本廣談唯識以顯果地覺也若知唯心而不達唯識則顚頂佛性故彌勒乘機發問推窮五性差別也先領悟前說

深悟輪迴者。領悟始終生滅等皆是輪迴相也。分別邪正者。謂以思惟心測度圓覺爲邪。以直心而直入圓覺爲正。無畏道眼者。恐畏生於疑慮。今疑慮永斷故得無畏道眼。生決定信者。謂一信卽心卽佛更無有疑。則邪說更不能奪。不復更隨輪轉境界而起種種輪迴知見矣。下正請有四。一問輪迴根本不知輪迴根本是何等物。二問種種取捨皆是輪迴。不知輪迴有幾種性。三問輪迴之性各各不同。修佛菩提復有幾等差別。四問既得菩提回心入輪迴中度輪迴衆。當設幾種方便此等皆

末世修菩薩行極要切事。故願不捨大悲闡明斯事。不爲輪迴心雜擾輪迴見染汙。則慧目肅清覺心如鏡。而光明普照圓悟如來無上正知見矣。

爾時世尊告彌勒菩薩言。善哉善哉。善男子。汝等乃能爲諸菩薩及末世衆生請問如來深奧祕密微妙之義。令諸菩薩潔淸慧目。及令一切末世衆生永斷輪迴心悟實相具無生忍。汝今諦聽當爲汝說。時彌勒菩薩奉教歡喜。及諸大衆默然而聽。

輪迴根本何故稱爲深奧祕密微妙之義。以無明實性卽是佛性。若能了達無明實性卽能了達眞如佛性。以如來藏卽識藏故。不思議熏不思議變。非思量所知故。故曰此法甚深奧。少有能信者。又曰不退諸菩薩亦復不能知。以菩薩不知唯如來能知。故曰深奧祕密。而又曰微妙義也。若知此義則不爲幻翳所障潔淸慧目。而永斷根本無明深達諸法實相。卽能證入無生法忍矣。

善男子。一切衆生從無始際由有種種恩愛貪欲。故有輪迴。

此如來在淨土中說穢土法故直指愛心潤生爲三界輪迴根本以答第一問也。謂三界一切異生

皆由父母妻子深恩重愛。堅固膠執。而生貪欲。是故父母子孫相生不斷故有輪迴。世人不能擔荷大事因緣。迷背覺性。雖爲男子之身。而無丈夫之志。只爲愛根不淨。總被欲絲纏縛。生生死死。無由出離。故阿難以邪染爲緣。淩發大教。而仲尼亦云根也欲。焉得剛。故知三界輪迴唯一愛根更無他物。

若諸世界一切種性。卵生胎生濕生化生皆因淫欲而正性命。當知輪迴愛爲根本。由有諸欲助發愛性是故能令生死相續。欲因愛生。命因欲有。衆生愛命

還依欲本愛欲爲因愛命爲果由於欲境起諸違順境背愛心而生憎嫉造種種業是故復生地獄餓鬼知欲可厭愛厭業道捨惡樂善復現天人又知諸愛可厭惡故棄愛樂捨還滋愛本復現有爲增上善果皆輪迴故不成聖道是故衆生欲脫生死免諸輪迴先斷貪欲及除愛渴善男子菩薩變化示現世間非愛爲本但以慈悲令彼捨愛假諸貪欲而入生死若諸末世一切衆生能捨諸欲及除憎愛永斷輪迴勤求如來圓覺境界於清淨心便得開悟

此答第二問於諸輪迴有幾種性也卵因想生胎

因情有濕以合感化以離應雖異生種性各各不同而此四生攝盡三界一切種性故說一切種性皆以淫欲爲因成生死之正性亦以淫欲爲因成生死之正命也當知三界輪迴唯以愛爲根本良以衆生從出母胎即有愛性與之俱生則有愛性爲正因矣況復更有種種色聲香味觸等五塵諸可樂境爲助因以助發愛性若火得風其燄愈熾由是而造諸惡業由是而受諸果報塵沙劫波莫之遏絕又不但出胎之後愛性俱生即初受胎時於父母邊亦由貪愛而生耽著然後動其欲心而

有淫欲故欲因愛生復因淫欲然後於父母邊納想爲胎即於想中傳命故命因欲有故知衆生愛命依欲本而得成由彼過去愛欲爲能感因而以現在愛命爲所感果現在既有愛命爲果復對現在五塵諸境其順我情者生愛逆我情者生憎而起惑著既於違順二境起惑著已復造種種惡業由此現在惑業苦因復招未來三途劇報是則三途業報皆以愛欲爲本明矣既知三途劇報在愛欲於彼欲境深生厭惡欲求出離故愛善業而厭惡業即復捨惡業而修善業蓋惡即淫等而善即

不淫等也由此善業爲欲界人天受生之因故復現欲界人天受生之果故首楞嚴云形雖出動心跡尚交自此已還名爲欲界又知厭欲界而愛初禪故復捨欲界而入初禪厭初禪而愛二禪即復捨初禪而入二禪厭二禪而愛三禪即復捨二禪而入三禪厭三禪而愛四禪即復捨三禪而入四禪至於四禪即知前三天種種欣厭無非耽著勝樂總是愛心皆可厭惡故棄彼愛心而樂於捨不知樂捨之心居然是愛還滋愛本由此不動業因便感有爲增上善果故雖入四空無非樂捨總名

伏愛。未盡愛根。皆是輪迴。不成聖果。故首楞嚴云雖非無爲。眞不動地。有所得心。功用已熟。故知三界一切種性。皆以貪愛爲根本也。是故衆生欲出三界。超生死。免輪迴者。固當先斷欲根。除愛渴。透此一關。便是出塵羅漢矣。問菩薩不斷貪欲。入生死中。廣作佛事。何故必欲學小乘。斷貪欲除愛渴而求出生死乎。答菩薩入生死度生。皆是以變化身。示現世間。如鏡花水月。非若衆生。實以淫欲爲因而有此身也。但以大慈悲力。大誓願力。現同事攝。令彼捨愛。假貪愛而入生死。其實毫無愛根也。

若自已有愛。自墮生死。安能斷人之愛。令彼出生死乎。故末世修行者。若能外捨五塵欲境。內除憎愛二心。則永斷輪迴。心得淸淨。用此淸淨心。勤求圓覺境界。於淸淨心便得開悟。正如出鑛之金。方堪作器。若是藥汞金。入煅則流去。是則尚不能免輪迴。欲求開悟。安可得哉。

善男子。一切衆生。由本貪欲。發揮無明。顯出五性差別不等。依二種障而現深淺。云何二障。一者理障。礙正知見。二者事障。續諸生死。云何五性。善男子。若此二障。未得斷滅。名未成佛。若諸衆生。永捨貪欲。先除事障。未斷理障。但能悟入聲聞緣覺。未能顯住菩薩境界。善男子。若諸末世一切衆生。欲泛如來大圓覺海。先當發願勤斷二障。二障已伏。卽能悟入菩薩境界。若事理障已永斷滅。卽入如來微妙圓覺。滿足菩提及大涅槃。善男子。一切衆生皆證圓覺。逢善知識依彼所作因地法行。爾時修習便有頓漸。若遇如來無上菩提正修行路。根無大小。皆成佛果。若諸衆生雖求善友。遇邪見者。未得正悟。是則名爲外道種性邪師過謬。非衆生咎。是名衆生五性差別。

此答第三問修佛菩提幾種差別也。一切衆生皆

以貪欲爲根本。長養無明。令彼無明發揚揮散。引蔓牽枝。頭頭羈紲。故於眞如平等無差別處。顯出五性差別也。皆由二障而現深淺者。謂凡夫對二乘。則凡夫障深。二乘障淺。二乘對菩薩。則二乘障深。菩薩障淺。若菩薩對佛。則菩薩有障。唯佛無障。二障者何。一者理障。亦名所知障。由不達一法界義。心不相應。忽然念起。障所知理。礙佛知見。名之爲障。卽無明也。二者事障。亦名煩惱障。謂以昏煩之法。擾亂於心。於事不了。起惑造業。生死相續。不得自在。名之爲障。卽見思二惑也。五性者何。一謂

二障俱在而未除者爲最深名未成佛亦名異生性即三界人天六道雖善惡不同愛根未斷皆在輪迴不成聖果二謂永捨貪欲但斷見思無力兼斷理障直超三界不念衆生者但能悟入二乘小果猶處門外止宿草庵未能顯然住於菩薩境界此障比異生爲淺比三賢菩薩爲深是故末世衆生欲泛如來大圓覺海當先發弘願以斷二障也三二障俱伏即能悟入菩薩境界者謂修大乘順解脫分依識性相能深信解者入資糧位復修大乘順決擇分能漸伏除能取所取引發眞見者名

加行位由但住三賢未能入地此障比二乘爲淺較入地爲深若二障分斷即入初地若二障斷盡即入如來微妙圓覺得住無上圓滿菩提出障圓明得入如來大涅槃海能盡未來化有情類故唯識云十種障者一異生障謂二障中分別起者依彼種立異生性故二乘見道唯斷一種名得聖性菩薩初見道時具斷二種名得聖位二邪行障謂所知障中俱生一分及彼所起悞犯三業彼障二地極淨尸羅入二地時便能永斷三闇鈍障謂所知障中俱生一分令所聞思修法忘失彼障三地

勝定總持及彼所發殊勝三慧入三地時便能永斷四微細煩惱現行障謂所知障中俱生一分第六識俱身見等攝彼障四地菩提分法入四地時便能永斷五於下乘般涅槃障謂所知障俱生一分令厭生死樂趣涅槃同下二乘厭苦欣滅彼障五地無差別道入五地時便能永斷六麤相現行障謂所知障俱生一分執有染淨麤相現行彼障六地無染淨道入六地時便能永斷七細相現行障謂所知障中俱生一分執有生滅細相現行彼障七地妙無相道入七地時便能永斷八無相中

作加行障謂所知障中俱生一分令無相觀不任運起入第八地便能永斷彼永斷故得二自在九利他不欲行障謂所知障中俱生一分令於利樂有情不欲勤行要修已利彼障九地四無礙解入九地時便能永斷斷此障已得四無礙十於諸法中未得自在障謂所知障俱生一分令於諸法不得自在彼障十地大智法雲及所含藏所起事業入十地時便能永斷作大神通此地於法雖得自在而有餘障未名最極謂有俱生微細所知障及有任運煩惱障種金剛喩定現在前時彼皆頓斷

入如來地。故曰。分別二障極喜無。六七俱生地地除。第七修道除種現。金剛道後等皆無難云、一切眾生皆證圓覺。云何而有五性差別。答。眾生雖同證圓覺性。由彼所遇善知識者。或是大乘。或是小乘。或人天乘。各各不同。彼卽以己之所證所得者示人。故聞法者隨彼熏習。依彼所作因地法行修習。便有頓漸不同。若得値遇大善知識。示以無上菩提正修行路。令彼得沾平等甘露法味。卽無論大根小根皆成佛果。故知性本是一。因熏習而成五。非本性有五也。五者眾生雖求善友。値遇邪師。

不具正眼。心未能識。卽依彼所作因地法行。如數論勝論投灰拔髮等。勤苦修習。未得正悟。便入外道種性。所謂我眼本正。因師故邪。則此過在邪師非眾生咎。此等皆依二障深淺。遂成五性差別。

善男子。菩薩唯以大悲方便入諸世間。開發未悟。乃至示現種種形相逆順境界。與其同事化令成佛。皆依無始清淨願力。若諸末世一切眾生。於大圓覺起增上心。當發菩薩清淨大願。應作是言。願我今者住佛圓覺。求善知識。莫値外道及與二乘。依願修行漸斷諸障。障盡願滿。便登解脫清淨法殿。證大圓覺妙莊嚴域。

此答第四問同入塵勞當設幾種方便度生也。故答云。唯以一種大悲爲勝方便。入諸世間開發未悟。乃至隨類現形。若怨若親。行同事攝化令成佛。皆依過去因中清淨願力所持。故能一目等視。不爾。便成愛見大悲矣。故末世眾生起增上勝心。欲泛如來大圓覺海。當發大願。願我今者住佛圓覺。求善知識。莫値外道小乘。以外道見邪。小乘量小故。依此願力。勤斷二障。以障盡故。觸目無非解脫。以願滿故。對境無非圓覺。如是則三德圓明。三身

齊證矣。

爾時世尊欲重宣此義而說偈言。彌勒汝當知。一切諸眾生。不得大解脫。皆由貪欲故。墮落於生死。若能斷憎愛。及與貪瞋癡。不因差別性。皆得成佛道。二障永銷滅。求師得正悟。隨順菩薩願。依止大涅槃。十方諸菩薩。皆以大悲願。示現入生死。現在修行者。及末世眾生。勤斷諸愛見。便歸大圓覺。

一切眾生不得解脫者。皆由貪欲繫縛生死。不得出離。若能斷憎愛除三毒。不依五種差別性爲因地法行。而依圓照清淨覺相。皆得成佛道矣。所以

皆成佛者。由彼斷二障。求正悟。發大誓願。故得依止大涅槃海。住佛圓覺。所以必欲發願者。以十方菩薩。皆以大悲願力。斷愛見。入生死。故現在菩薩當斷愛見。便得入大圓覺矣。

大方廣圓覺修多羅了義經近釋卷三

大方廣圓覺修多羅了義經近釋卷四

明二楞庵釋通潤述

於是清淨慧菩薩。在大衆中。卽從座起。頂禮佛足。右繞三帀。長跪叉手。而白佛言。大悲世尊。爲我等輩廣說如是不思議事。本所不見。本所不聞。我等今者蒙佛善誘。身心泰然。得大饒益。願爲一切諸來法衆。重宣法王圓滿覺性。一切衆生及諸菩薩如來世尊所證所得。云何差別。令末世衆生。聞此聖敎。隨順開悟漸次能入。作是語已。五體投地。如是三請。終而復始。

五性雖明階差已辨。若認五性以爲實。則儱侗眞如。慧不清淨。故乘機發問。以明五性皆循一性而起。由彼伏斷修證各各不同。故有差別。先領前。不思議事等者。謂染淨因果。皆由不思議業力熏變。故不可得而見。卽世尊尋常亦不易開演。故亦不易聞。今蒙世尊循循善誘。得聞此法。故身心皆安泰矣。下正請。言我雖知五性差別。皆由二障深淺而立。然覺性圓滿。衆生共證。本無有二。則凡夫外道二乘菩薩及諸如來所證所得。不應有二。云何而有五性差別。若了此義。使能隨順覺性。漸次得入矣。

爾時世尊告清淨慧菩薩言。善哉善哉。善男子。汝等乃能爲末世衆生請問如來漸次差別。汝今諦聽。當爲汝說。時清淨慧菩薩奉教歡喜。及諸大衆默然而聽。

漸次差別者。謂斷十種惑證十種如。各各差別。故見五性有差別。而所證亦有差別也。前章約斷惑此章約證眞。

善男子。圓覺自性。非性性有。循諸性起。無取無證。於實相中。實無菩薩及諸衆生。何以故。菩薩衆生。皆是幻化。幻化滅故。無取證者。譬如眼根不自見眼。性自平等。無平等者。衆生迷倒。未能除滅一切幻化。於滅未滅妄功用中。便顯差別。若得如來寂滅隨順。實無寂滅及寂滅者。

謂圓覺自性。非有五性。故曰非性性有。由圓覺不守自性。循諸性起。諸性起時。卽隨順圓覺自性而起。實無自性。故無衆生所取幻化法。亦無菩薩所證寂滅法。若在第二門頭世諦論。則能取所取能證所證。容有差別。若在第一義諦實相論。實無衆生爲能取。菩薩爲能證。何以故。以菩薩衆生。是對待法。皆是幻垢。幻垢旣除。則一切皆覺。云何復見

彼爲能取之衆生。彼爲能證之菩薩乎。喻如眼根不見己眼。以彼所證覺性。本來平等。故不見有能平等之人也。是知本有覺性。生佛圓滿。實無差別。然而見有差別者。以衆生住於昏迷顚倒法中。未能頓滅一切幻化。隨其智力淺深。漸斷漸證。於此妄功用中。便顯五性差別之名。若證如來身心寂滅平等本際。隨順不二之地。尙不見有所寂滅之法。亦不見有能寂滅之人。又何五性差別之有。

善男子。一切衆生。從無始來。由妄想我。及愛我者。曾不自知念念生滅。故起憎愛。耽著五欲。若遇善友敎令開悟淨圓覺性。發明起滅。卽知此生性自勞慮。

所謂妄功用中便顯差別者。謂一切衆生。皆由意識妄想所執之我。及七識所執之我。由此二識執我執法。妄認四大爲自身相。六塵緣影爲自心相。曾不自知念念生滅。故起憎愛。於五塵境。耽著不捨。而起五欲。故有三界生死輪迴。若遇善友敎令開悟不生不滅淨圓覺性。是寂滅法。復爲發明念念生滅者。是徧計性。由彼一聞此敎。悟知此生塵勞思慮。皆是自己狂癡亂想。然未能伏斷二執。未能隨順覺性。雖復名覺。卽是不覺。故名未成佛。亦

名異生性。
若復有人勞慮永斷。得法界淨。卽彼淨解爲自障礙。
故於圓覺而不自在。此名凡夫隨順覺性。
若修奢摩他。斷見思二惑。永除事障。便能內發寂靜輕安。爾時便得無方淸淨。故曰勞慮永斷得法界淨。勞慮者。卽塵勞思慮也。由彼斷勞慮得淨法已。卽守此淨解。復爲自已作障作礙。故於圓滿覺性不得自在。故先德云。神光不昧。萬古徽猷。入此門來。莫存知解。以存知解。是名二乘隨順覺性。以但斷我執。名相似覺。不曰二乘而曰凡夫者。以法

執未除。同凡夫故。先德云。得到法身。爲法執未忘。己見猶存。墮在法身邊。亦是病。又云。騎驢不見驢是病。騎驢不肯下。亦是病。前病是異生所患。後病是二乘所患也。
善男子。一切菩薩見解爲礙。雖斷解礙。猶住見覺。覺礙爲礙而不自在。此名菩薩未入地者隨順覺性。
此明菩薩見得守淨解者。是障礙。修習種種殊勝資糧。爲有情故。勤求解脫。以斷解礙。不住淨境。而未能了能所取空。多住外門修菩薩行。故於二取所引隨眠。未能伏滅。令彼不起二取現行。猶見有能覺者在。故住見覺。卽此見覺依然是障。所謂蟭螟雖脫殼。猶自抱寒枝。故於圓覺不得自在。唯識論云。現前立少物。謂是唯識性。以有所得故。非眞住唯識。此是資糧位中菩薩隨順覺性。由未斷法執。亦名相似覺。
善男子。有照有覺。俱名障礙。是故菩薩常覺不住。照與照者同時寂滅。譬如有人自斷其首。首已斷故。無能斷者。則以礙心自滅諸礙。礙已斷滅。無滅礙者。脩多羅敎如標月指。若復見月。了知所標畢竟非月。一切如來種種言敎開示菩薩。亦復如是。此名菩薩已

入地者隨順覺性。
謂三賢位中菩薩雖修三摩提。尙有能照之智及所覺之理。猶存能所。未能忘相。所以俱名障礙。故修禪那。以斷照覺。照覺俱斷。能所兩忘。得入法性。覺通如來。盡佛境界。分證平等法身。始登初地。故得常覺不住。能照所照同時寂滅。故唯識頌云。若時於所緣。智都無所得。爾時住唯識。離二取相故。以初地用金剛智斷分別法執。證徧行眞如。不取種種戲論相。智與眞如平等平等。譬如有人自斷其首。以法執已斷。不見有能斷之智。如首已斷。不

見有能斷之人反顯地前皆以礙心滅礙有所伏
之惑有能伏之人故有照與照者同時寂滅初地
已上斷分別法執證平等性智非斷而斷非證而
證非若地前以礙心滅礙故不見有所滅之礙及
滅礙之智故曰礙已斷滅無滅礙者何以故以地
前菩薩皆是認化佛所說事六度而修行未達圓
覺體中具足萬行如不見眞月但執指爲月至加
行位觀察名義自性差別至初地而名義始空斷
言語息思想純以智慧修六度行不生取著故起
信云以知法性體無慳貪隨順修行檀波羅蜜等

如見月而不認標指從是菩薩得眞見道入通達
位此名已入地者隨順覺性由分斷法執分證眞
理名隨分覺

善男子一切障礙卽究竟覺得念失念無非解脫成
法破法皆名涅槃智慧愚癡通爲般若菩薩外道所
成就法同是菩提無明眞如無異境界諸戒定慧及
淫怒癡俱是梵行衆生國土同一法性地獄天宮皆
爲淨土有性無性齊成佛道一切煩惱畢竟解脫法
界海慧照了諸相猶如虛空此名如來隨順覺性

論云如菩薩地盡滿足方便一念相應覺心初起
心無初相以遠離微細念故得見心性心卽常住
故見一切煩惱無明諸障礙法同一圓融淸淨實
覺由未見本覺時故有得有失旣見本覺則本自
無失今亦無得故法法皆眞無非解脫未覺之時
謂有爲之法有成有壞無爲之法無成無壞旣覺
之後卽有爲是無爲卽無爲是有爲故成法破法
皆是涅槃未覺之先無明智慧定是兩法旣覺之
後無明實性卽是佛性故智慧愚癡皆名般若未
覺之前邪法正法迥然各異旣覺之後平等本際
故菩薩外道同是菩提未覺之先無明眞如元是

兩法旣覺之後無明邊際卽是眞如邊際故無異
境未覺之先三學三毒是對待法旣覺之後三毒
卽是三學故俱是梵行未覺之前則有情無情成
敵兩立旣覺之後則天地同根萬物一體故衆生
國土同一法性未覺之先則苦樂二境宛然差別
旣覺之後則苦樂本空故地獄天宮皆爲淨土未
覺之先五性差別旣覺之後五性元同一性三乘
卽是一乘故有性三乘與無性闡提皆成佛道未
覺之前縛脫有二旣覺之後則知縛處卽解解處
卽縛故煩惱卽是解脫未覺之前對境生情旣覺

之後則分別一切法不起分別想故以法界海慧照了諸法猶如虛空故曰離念相者等虛空界法界一相卽是如來平等法身此名如來隨順淨覺以斷生相無明名究竟覺也已上顯示凡夫以至佛果漸斷漸證竟

善男子但諸菩薩及末世衆生居一切時不起妄念於諸妄心亦不息滅住妄想境不加了知於無了知不辨眞實彼諸衆生聞是法門信解受持不生驚畏是則名爲隨順覺性善男子汝等當知如是衆生已曾供養百千萬億恆河沙諸佛及大菩薩植衆德本

佛說是人名爲成就一切種智

此特舉頓悟法門以示行人當修也居一切時起妄念者起卽是病是狂心是異生若一切時不起妄念便超異生入覺性矣故古德云莫妄想厭勞慮而息妄心者息卽是病是狂心是釘椿搖櫓漢是二乘於諸妄心亦不息滅便超二乘入覺性矣住妄想境加了知而住見覺者加卽是病是狂心是頭上安頭是三賢菩薩住妄想而不加了知超三賢而入覺性矣於無了知辨眞實者辨卽是病是狂心是開口成雙橛地上菩薩也於無了知不辨眞實便超十地而入覺性矣若一心不生萬法無咎四病頓除四狂頓歇歇卽菩提此圓頓根所修法門也故先德云纔擬心塵勞滿眼若不擬心一一天眞一一明妙彼諸衆生若聞此法而深生信解決定受持永無忘失而且不生驚恐直下承當者此卽名爲隨順覺性若善財龍女廣額屠兒一生圓曠劫之果者是其倫也故讚之曰此等衆生不於一佛二佛三四佛所種諸善根曾向河沙諸佛所種善根者方能荷擔此事佛說是人初發心時便成正覺知一切法卽心自性成就慧身不由他悟名爲成就一切種智

爾時世尊欲重宣此義而說偈言淸淨慧當知圓滿菩提性無取亦無證無菩薩衆生覺與未覺時漸次有差別衆生爲解礙菩薩未離覺入地永寂滅不住一切相大覺悉圓滿名爲徧隨順末世諸衆生心不生虛妄佛說如是人現世卽菩薩供養恆沙佛功德已圓滿雖有多方便皆名隨順智

言圓滿覺性本無所證之差別亦無能證之漸次但在覺與未覺之間而有漸次差別耳故得法界淨而爲淨解障礙者爲二乘去解礙而存見覺者

爲三賢。去照覺而證寂滅者爲登地。至於覺性圓滿無不隨順者爲大覺。若於一切處不生心動念者。卽名功德圓滿。現世卽爲第二導師。已上雖分頓漸二門。至於隨順淨覺。實無二致。所謂方便多門。隨順之智則一也。

於是威德自在菩薩。在大衆中。卽從座起。頂禮佛足。右繞三帀。長跪叉手。而白佛言。大悲世尊。廣爲我等分別如是隨順覺性。令諸菩薩覺心光明。承佛圓音。不因修習而得善利。世尊。譬如大城外有四門。隨方來者非止一路。一切菩薩莊嚴佛國及成菩提。非一

方便。唯願世尊廣爲我等宣說一切方便漸次。幷修行人總有幾種。令此會菩薩及末世衆生求大乘者速得開悟。遊戲如來大寂滅海。作是語已。五體投地。如是三請。終而復始。

彌勒章明所斷惑。淸淨慧章明所證理。若不明所修觀行。無從斷惑證眞。而威德不得自在。故次明所修觀智。而威德乘機發問也。覺心光明者。謂障盡而覺心明淨也。承佛圓音等者。領前忘心頓證之旨。證心不生虛妄。卽名成就一切種智。是不因修習而得善利。況復勤修習者乎。世尊下正請。大城喩圓覺。大城有四門。門門可入。喩圓覺有三觀。觀觀可通。故一切方便漸次者。問所修之行也。幷修行人者。問修觀之人也。若知此二種。則速得開悟。便得遊戲大寂滅海矣。

爾時世尊告威德自在菩薩言。善哉善哉。善男子。汝等乃能爲諸菩薩及末世衆生問於如來如是方便。汝今諦聽。當爲汝說。時威德自在菩薩奉敎歡喜。及諸大衆默然而聽。

善男子。無上妙覺徧諸十方。出生如來與一切法同體平等。於諸修行實無有二。方便隨順其數無量。圓

攝所歸。循性差別。當有三種。

無上妙覺流出十方一切如來。故與諸佛同體平等。復流出一切染淨諸法。故又與諸法同體平等。諸修行人雖張萬行而求之。無非一道。若以方便隨順衆生根器利鈍。煩惱厚薄。沈掉不等。則隨機設敎。其數無量。若統攝所歸。皆能隨順覺性。而差別方便。略有三種觀行。則攝盡無餘。

善男子。若諸菩薩悟淨圓覺。以淨覺心取靜爲行。由澄諸念。覺識煩動。靜慧發生。身心客塵從此永滅。便能內發寂靜輕安。由寂靜故。十方世界諸如來心於

中顯現如鏡中像此方便者名奢摩他
悟謂解悟以用也取謂先知得身中有不生滅淨圓覺性因有散亂之習曾不自知念念生滅故用此淨覺取靜爲行銷落諸念故見分別意識煩亂擾動猶如沸鼎而靜慧漸漸發生則向之妄認色身不住之客及緣影搖動之塵皆悉不起便能內發寂靜輕安以去昏沈故身輕去掉舉故心安由寂靜故一切如來密圓淨妙皆現其中如淨鏡之現影像是人卽獲無生法忍如此方便名奢摩他奢摩他此云止能止一切勞慮故此觀若成卽能

斷煩惱障證生空理入信心住
善男子若諸菩薩悟淨圓覺以淨覺心知覺心性及與根塵皆因幻化卽起諸幻以除幻者變化諸幻而開幻衆由起幻故便能內發大悲輕安一切菩薩從此起行漸次增進彼觀幻者非同幻故非同幻觀皆是幻故幻相永離是諸菩薩所圓妙行如土長苗此方便者名三摩鉢提
心性根塵卽十八界也皆因無始無明迷眞而起本無自性悉因幻人化出良以根本無明背眞而起而十八界復因無明而起故根塵識三爲幻所化而根本無明業識爲幻者故卽起幻智以除幻者復變化種種緣生如幻之法開導如幻之衆生由起幻行故能內發大悲輕安由度生情切大悲心勝勇猛精進若無其身故身心亦輕安也一切菩薩從此起行者謂凡修菩薩行者莫不皆從靜覺心中起諸幻行漸次增進如三資糧四加行是也彼觀幻者非同幻故者言幻者雖是無明而彼觀察其爲幻者是智非識故不同幻以智識不同故也非同幻觀皆是幻故者若究而言之不但幻者是幻卽觀察幻者之智猶然是幻以眞如體上

不但不容立幻者亦且不容立幻智故始而知幻者生幻化次以幻智除幻者終以覺心拂幻智直至智識俱忘能所滅盡方得幻相永離得入初地是名菩薩所修妙圓加行也如土長苗者土喻因地覺心苗喻幻智謂依淨覺而起幻智從幻智而入覺心是名稱眞之行此方便者名三摩鉢提三摩鉢提此云等至以等持之中能至聖位故此觀若成卽伏我法二執證相似覺入三賢四加行位
善男子若諸菩薩悟淨圓覺以淨覺心不取幻化及諸靜相了知身心皆爲罣礙無知覺明不依諸礙永

得超過礙無礙境。受用世界及與身心相在塵域。如器中鍠聲出於外。煩惱涅槃不相留礙。便能內發寂滅輕安妙覺隨順寂滅境界。自他身心所不能及。眾生壽命皆爲浮想。此方便者名爲禪那。

不取幻化及靜相者。言前止觀二法皆不取。直下觀察覺心不動。了了常知。不起分別。如文殊章中所云者是也。由了知身心皆爲罣礙。故不取幻化。又了知無知覺明不依諸礙。故不取靜相。終日覺而未嘗覺。終日明而未嘗明。爲無知覺明。以身心是依他起性。無知覺明是圓成實性。故直觀覺性

者。永得超過礙無礙境。所謂坐斷兩頭。中間迥出者也。百丈云。靈光獨耀。迥脫根塵。體露眞常。不拘文字。心性無染。本自圓成。但離妄緣。卽如如佛。此卽如來禪祖師禪也。受用世界及與身心相在塵域者。言既入此門。尋常日用無所用心。但是飢來喫飯。困來打眠。水邊林下長養聖胎。形雖寓於塵域而無一毫世情。所謂神雖世表。終日域中。喻如器中之鍠聲出於外也。鍠作鐄。大鐘也。俗諺云。鐘在寺裏。聲在外邊。取無拘礙意。由彼不取二相。迥然獨出。了知生死涅槃猶如昨夢。故不相留礙。便能內發寂滅輕安。言寂滅者。不取靜故寂。不取幻故滅。由纖塵不立。故身心輕安。所謂生滅既滅。寂滅現前也。此寂滅境。惟是妙覺眞心。方能隨順。若存四相。則不能隨順矣。故隨順妙覺者。自他身心所不能及也。自謂我相。他謂人相。言此寂滅境界。非有我相人相者所能及。亦非有眾生壽命相者所能至也。以地上菩薩斷分別我法二執。故我人證悟所不能及。斷俱生我法二執。故眾生壽命皆爲浮想。此方便者名爲禪那。禪那此云靜慮。謂卽靜而慮。卽慮而靜。定慧平等之通稱。此觀若成。卽

斷無明。證隨分覺。始從初地以至等覺所修者是也。

善男子。此三法門。皆是圓覺親近隨順。十方如來因此成佛。十方菩薩種種方便。一切同異。皆依如是三種事業。若得圓證。卽成圓覺。善男子。假使有人修於聖道。教化成就百千萬億阿羅漢辟支佛果。不如有人聞此圓覺無礙法門。一刹那頃隨順修習。

此上三種觀行。皆是親近隨順之方便。所謂因地法行也。十方如來依此爲因而成正覺。三賢十聖所修一切同異方便。亦皆依此三種而修。同方便

者謂入地菩薩初得聖性證平等法故異方便者謂地前菩薩未證聖性在異生性故若約單修初觀者斷我執證相似覺是二乘隨順覺性之方便修次觀者雙伏我法二執證相似覺是三賢菩薩隨順覺性之方便修第三觀者雙斷我法二執證隨分覺是入地菩薩隨順覺性若此三觀由漸而進至於等覺後心以金剛慧頓斷生相無明入究竟覺故曰若得圓證即成圓覺也善男子下舉劣以顯勝也據教中勸一人二人持五戒十戒者得福甚多況令爾許人成就羅漢辟支具足六通八

解永超三界十纏而乃不如有人暫修圓覺唯一刹那者豈況長時圓修妙觀者哉故圭峰云聞五種名勝刹寶布施說半偈義勝河沙小乘實由無法不持無機不被者也

爾時世尊欲重宣此義而說偈言威德汝當知無上大覺心本際無二相隨順諸方便其數即無量如來總開示便有三種類寂靜奢摩他如鏡照諸像如幻三摩提如苗漸增長禪那惟寂滅如彼器中鍠三種妙法門皆是覺隨順十方諸如來及諸大菩薩因此得成道三事圓證故名究竟涅槃

此三種觀從次而入爲漸修超次而入爲頓修禪那即頓修法門也

大方廣圓覺脩多羅了義經近釋卷四

大方廣圓覺脩多羅了義經近釋卷五

明二楞庵釋通潤述

於是辨音菩薩在大衆中卽從座起頂禮佛足右繞三帀長跪叉手而白佛言大悲世尊如是法門甚爲希有世尊此諸方便一切菩薩於圓覺門有幾修習願爲大衆及末世衆生方便開示令悟實相作是語已五體投地如是三請終而復始

前說三觀行相分明未審諸位菩薩所修爲復一人具三爲復三人各一爲前後爲同時爲依次爲超次故辨音菩薩乘機發問有幾修習也楞嚴明

二十五圓通此明二十五種輪雖方便不同同歸圓覺故曰方便開示令悟實相

爾時世尊告辨音菩薩言善哉善哉善男子汝等乃能爲諸大衆及末世衆生問於如來如是修習汝今諦聽當爲汝說時辨音菩薩奉敎歡喜及諸大衆默然而聽

善男子一切如來圓覺清淨本無修習及修習者一切菩薩及末世衆生依於未覺幻力修習爾時便有二十五種清淨定輪

輪者運轉義一切菩薩皆運此輪到如來地故輪者摧碾義一切菩薩皆運此輪摧惑障碾無明故初有三輪單修三觀次有二十一輪互修三觀最後一輪圓修三觀合爲二十五輪此二十五輪亦在覺與未覺妄功用中漸次修證故有差別下文二十五輪觀名悉依圭峰略疏

若諸菩薩惟取極靜由靜力故永斷煩惱究竟成就不起於座便入涅槃此菩薩者名單修奢摩他

若諸菩薩惟觀如幻以佛力故變化世界種種作用備行菩薩清淨妙行於陀羅尼不失寂念及諸靜慧此菩薩者名單修三摩鉢提

若諸菩薩唯滅諸幻不取作用獨斷煩惱煩惱斷盡便證實相此菩薩者名單修禪那

先明單修三觀一澄渾息用觀以靜力斷煩惱證涅槃雖是菩薩其行與二乘無異名單修奢摩他二庖丁恣刃觀由達諸法如幻能以佛力變化種種作用備行清淨妙行如華嚴十行品所說雖行萬行而又不失寂滅及靜慧相者名單修三摩鉢提三呈音出礙觀不取作用獨斷煩惱猶是二乘作用煩惱斷盡便證實相此是入地菩薩作用煩惱有二謂界內界外單斷界外者是二乘作用幷

斷界內者是菩薩作用矣。

若諸菩薩先取至靜，以靜慧心照諸幻者，便於是中起菩薩行。此菩薩者名先修奢摩他，後修三摩鉢提。

若諸菩薩以靜慧故證至靜性，便斷煩惱永出生死。此菩薩者名先修奢摩他，後修禪那。

若諸菩薩以寂靜慧復現幻力種種變化度諸眾生，後斷煩惱而入寂滅。此菩薩者名先修奢摩他，中修三摩鉢提，後修禪那。

若諸菩薩以至靜力斷煩惱已，後起菩薩清淨妙行度諸眾生。此菩薩者名先修奢摩他，中修禪那，後修

三摩鉢提。

若諸菩薩以至靜力心斷煩惱，復度眾生建立世界。此菩薩者名先修奢摩他，齊修三摩鉢提禪那。

若諸菩薩以至靜力資發變化，後斷煩惱。此菩薩者名齊修奢摩他三摩鉢提，後修禪那。

若諸菩薩以至靜力用資寂滅，後起作用變化世界。此菩薩者名齊修奢摩他禪那，後修三摩鉢提。

初七輪以取靜為首功而兼幻寂交互成七，以明無假無中無不空也。一運舟兼濟觀，修定出塵是運舟，發慧化物是兼濟。二湛海澄空觀，海湛則波濤不動，空澄則水性清明。三首羅三目觀，三觀俱修猶如三目。四三點齊修觀，三點梵書伊字，一人具修三種名齊，非謂同時。五品字單雙觀，先單修次雙修猶品字，故曰單雙。六獨足雙頭觀，白澤圖中有山精頭如鼓，有兩面前後俱見而獨足。雙修二觀如雙頭，單修一觀如獨足。七果落花敷觀，謂以靜定樹結寂滅果，如果落；復以幻觀度眾生，如花敷。

若諸菩薩以變化力種種隨順而取至靜。此菩薩者名先修三摩鉢提，後修奢摩他。

若諸菩薩以變化力種種境界而取寂滅。此菩薩者名先修三摩鉢提，後修禪那。

若諸菩薩以變化力而作佛事，安住寂靜而斷煩惱。此菩薩者名先修三摩鉢提，中修奢摩他，後修禪那。

若諸菩薩以變化力無礙作用斷煩惱故，安住至靜。此菩薩者名先修三摩鉢提，中修禪那，後修奢摩他。

若諸菩薩以變化力方便作用，至靜寂滅二俱隨順。此菩薩者名先修三摩鉢提，齊修奢摩他禪那。

若諸菩薩以變化力種種起用資於至靜，後斷煩惱。此菩薩者名齊修三摩鉢提奢摩他，後修禪那。

若諸菩薩以變化力資於寂滅後住清淨無作靜慮。
此菩薩者名齊修三摩鉢提禪那後修奢摩他。
次七輪以幻爲首而兼靜寂交互成七以明無空
無中無不假也。一先武後文觀如武王伐紂後鑄
甲兵爲農器。二功成退職觀發慧利物名功成習
寂內修名退職。三幻師解術觀先起變化作術法
後歸靜體是解術。四神龍隱海觀起幻度生如神
龍散雨歸體入寂如隱海。五龍樹通眞觀先起幻
後歸靜寂如龍樹初行幻術廣化邪途後修眞乘
自階聖果。六商那示相觀商那和修即優波麴多

之師。先以神力示相降伏麴多弟子慢心後乃入
定歸寂。七大通宴默觀大通如來先化物後歸寂
若諸菩薩以寂滅力而起至靜住於清淨此菩薩者
名先修禪那後修奢摩他。
若諸菩薩以寂滅力而起作用於一切境寂用隨順
此菩薩者名先修禪那後修三摩鉢提。
若諸菩薩以寂滅力種種自性安於靜慮而起變化
此菩薩者名先修禪那中修奢摩他後修三摩鉢提
若諸菩薩以寂滅力無作自性起於作用清淨境界
歸於靜慮。此菩薩者名先修禪那中修三摩鉢提後

修奢摩他。
若諸菩薩以寂滅力種種清淨而住靜慮起於變化
此菩薩者名先修禪那齊修奢摩他三摩鉢提。
若諸菩薩以寂滅力資於至靜而起變化此菩薩者
名齊修禪那奢摩他後修三摩鉢提。
若諸菩薩以寂滅力資於變化而起至靜清明境慧
此菩薩者名齊修禪那三摩鉢提後修奢摩他。
此七輪以寂爲首次兼靜幻交互成七以明無空
無假無不中也。初寶明空海觀寂如寶明靜如空
海。二虛空妙用觀寂體如空幻化如用。三舜若呈

神觀舜若空神遇佛光映之暫現如此先寂次靜
後幻。四飲光歸定觀先證體次起神通後入定。五
多寶呈通觀多寶佛先成佛證體後於塔中發大
音聲如靜幻無礙。六下方騰化觀即地涌眾從下
方現。七帝青含變觀此寶含諸物像對即變應應
而還空如寂體含用應緣起幻而復安靜。此二十
一輪極顯理事無礙。
若諸菩薩以圓覺慧圓合一切於諸性相無離覺性
此菩薩者名爲圓修三種自性清淨隨順。
善男子是名菩薩二十五輪。一切菩薩修行如是。

以圓覺慧圓合一切者。是顯事事無礙也。若性若相若靜若幻。乃至折旋俯仰。唾罵戲笑皆不離無上妙覺者。所謂一切障礙。卽究竟覺。是名圓修三觀。無非隨順圓覺淸淨自性也。善男子下。總結正因。

若諸菩薩及末世衆生依此輪者。當持梵行。寂靜思惟。求哀懺悔。經三七日。於二十五輪各安標記。至心求哀。隨手結取。依結開示。便知頓漸。一念疑悔。卽不成就。

此結示修觀威儀法式。及用心方便也。梵行是戒寂靜是定。思惟卽正念。觀察是慧。懺悔者。發露先業也。各安標記者。精祈一行也。若自信一門。則不須祈卜。若狐疑不決。卽憑聖力以卜應修。隨手取之。不宜揀擇。故隨手取結。依所取結開而示之。便知頓漸。莫貪餘觀。若存一念疑悔。則心不專而志不一。卽不成就矣。

爾時世尊欲重宣此義而說偈言。辯音汝當知。一切諸菩薩。無礙淸淨慧。皆依禪定生。所謂奢摩他。三摩提禪那。三法頓漸修。有二十五種。十方諸如來。三世修行者。無不因此法。而得成菩提。唯除頓覺人。幷法

不隨順。一切諸菩薩。及末世衆生。常當持此輪。隨順勤修習。依佛大悲力。不久證涅槃。

頓漸修者。頓修卽末後一輪。漸修卽二十四輪也。唯除頓覺人者。謂不立階級及文字法相。如前所云居一切時不起妄念者。則一斷永斷。一證永證。是上上根。截法而過。或不藉此而修。或信根不具。不肯隨順者。亦不依此修。其餘三賢十聖一切修菩薩行者。皆當依此法輪隨順勤修也。修而復加勤者勵之也。

於是淨諸業障菩薩在大衆中。卽從座起。頂禮佛足。右繞三帀。長跪叉手。而白佛言。大悲世尊。爲我等輩廣說如是不思議事。一切如來因地行相。令諸大衆得未曾有。覩見調御歷恆沙劫勤苦境界。一切功用。猶如一念。我等菩薩深自慶慰。世尊。若此覺心本性淸淨。因何染汙。使諸衆生迷悶不入。唯願如來廣爲我等開悟法性。令此大衆及末世衆生作將來眼。說是語已。五體投地。如是三請。終而復始。

斷惑已明。證眞已解。觀行已了。則圓融行布二門畢具。然作業之根。根於四相。若四相不除。業根不淨。則陀羅尼門不能得入。故淨諸業障菩薩乘機

發問也。先領悟。不思議事者。初以一法演三。次以三法演爲二十一。末以二十一法束爲一。然非思量分別所能解。唯證契者方得明了。此卽一切菩薩所修因地法行也。今聞此法。親見如來歷劫所修勤苦功用。不離當念。我等所以深自慶慰。世尊下正請。若此覺心本來清淨。則現在諸修行人。不勞功用。皆可得入。是因何物染汙爲障爲礙。令彼行人昏迷悶絕。不能得入。唯願如來廣爲我等開悟法性。說其所以不能得入之故。而爲末世衆生作正法眼。指明入路。不令中道遲迴。迷悶不入也。

爾時世尊告淨諸業障菩薩言。善哉善哉。善男子。汝等乃能爲諸大衆及末世衆生。諮問如來如是方便。汝今諦聽。當爲汝說。時淨諸業障菩薩奉教歡喜。及諸大衆默然而聽。

善男子。一切衆生從無始來。妄想執有我人衆生及與壽命。認四顚倒爲實我體。由此便生憎愛二境。於虛妄體重執虛妄。二妄相依生妄業道。有妄業故妄見流轉。厭流轉者妄見涅槃。由此不能入淸淨覺。非覺違拒諸能入者。有諸能入非覺入故。是故動念及與息念皆歸迷悶。何以故。由有無始本起無明爲己主宰。一切衆生生無慧目。身心等性皆是無明。譬如有人不自斷命。是故當知有愛我者我與隨順。非隨順者便生憎怨。爲憎愛心養無明故。相續求道皆不成就。

先總明四相。妄想卽指六七二識。於無中橫計爲有故曰執。有四相有二解。一迷世法執。二迷出世法執。初執世法我者。謂取自體爲我。計我展轉趣於餘趣爲人。計我盛衰苦樂種種變易相續爲衆生。計我一報命根不斷而住爲壽者。此卽迷世間法而執我也。由諸衆生認此四種顚倒我相以爲

實體。由執我故便於己生愛。於他生憎。順我者愛。逆我者憎。且四大五蘊本無有我。今執爲我。已是虛妄。今於虛妄我體復起愛憎。則是妄上加妄。惑中添惑。由此二妄相依。遂興妄業。旣造妄業。妄有果報輪轉生死。至於厭生死而欣滅道者。則妄見涅槃。由此我相不除。欣厭未盡。所以不能入淸淨覺。非是淸淨覺心拒人而不容入也。但是求入之人不由覺路而入。故不能入耳。是故動念者墮於生死。故不入。息念者守乎涅槃。故不入。且動念者不入固矣。何故息念者亦不得入。良以無明有二。

一根本二枝葉二乘但斷枝葉無明尚有根本無明爲己主宰故也一切衆生出母胎時卽與無明俱生故初生時卽無慧目不知四大身心有圓覺性如生盲人不識乳色豈知此無明者卽是衆生生死根本但修行人不肯命根下手譬如有人不肯自斷其命處處護惜是故當知有愛我者我與隨順而愛之有逆我者便相違拂以憎之由此憎愛二心長養根本無明不覺不知故二乘者雖名息念而無明未斷暗長潛滋以生滅心求不生不滅之果是掘地覓天烏可得哉下復詳明迷出世

法執我也言不但凡夫小乘在四相中卽三賢十聖未斷生相無明已前皆四相中攝除佛一人四相方盡故下文以證悟了覺分四相始終唯以一我字貫之若仲尼意必固我雖分爲四亦總一我之意但彼約世間我此約出世我故不同耳

善男子云何我相謂諸衆生心所證者善男子譬如有人百骸調適忽忘我身四肢絃緩攝養乖方微加針艾卽知有我是故證取方現我體善男子其心乃至證於如來畢竟了知淸淨涅槃皆是我相

人我相易知法我相難知故約證悟了覺以顯所謂我相者謂諸衆生心所證者卽此證者便是我相喻如有人百骸調適不知有我若四肢或絃或緩或攝養乖方略加針砭艾火則我相便露現見世人跛跛挈挈一無所能者胸中夷坦卽無我相一有抱負或文學或智巧或經濟或技藝或辨論則磊磈不平我相立現是故纔有證取而見我爲能證涅槃爲所證此卽四果聖人斷人我而現法我相所謂卽彼淨解爲自障礙是也無論纔證小果存有所證是我相卽證如來究竟圓覺及淸淨涅槃而證相不忘亦是我相以圓滿菩提歸無所

得故問金剛經云四果聖人皆不作念我得須陀洹果等何故此中說有我答二果三果斷欲界我四果斷三界我故曰無我而有涅槃可證法我未忘故說有我

善男子云何人相謂諸衆生心悟證者善男子悟有我者不復認我所悟非我悟亦如是悟已超過一切證者悉爲人相善男子其心乃至圓悟涅槃俱是我者心存少悟備殫證理皆名人相

所謂人相者謂諸衆生心悟證者爲非而自謂我能悟證者之非此卽人相也蓋菩薩發心自未得

度而急於度人故見有人不知有我故釋之曰由前取所證者爲我悟其爲非故不作證心不復認我不知所悟非我卽是人相此人相者亦卽是我以悟得自已能超過一切證者故也此卽三賢位中行六度行變化諸幻而開幻衆者所現我相所謂雖斷解礙猶住見覺是也不但悟得自已能超行度生超過一切證者爲人相其心乃至圓悟能證如來清淨涅槃俱是我相已若使存有一念悟心自謂我能備盡證理毫無取證是去證心而存悟皆名人相故先德云縱有妙悟也須吐卻

善男子云何衆生相謂諸衆生心自證悟所不及者

善男子譬如有人作如是言我是衆生則知彼人說衆生者非我非彼云何非我我是衆生則非是我云何非彼我是衆生非彼我故善男子但諸衆生了證了悟皆爲我人而我人相所不及者存有所了名衆生相

所言衆生相者謂諸衆生了知自已超過前之證悟而證悟之所不及者卽衆生相也喻如有人作如是言我是衆生則知彼人說衆生者決非是我亦非是彼所以決非是我者以我是衆生則知非我所以說非彼者以我是衆生又非彼之我故此卽地上菩薩證寂滅時所現我相也非若小乘之獨斷我執而有證心故曰非我非若三賢雙伏二執而有悟心故曰非彼我由彼雙斷分別我法二執故能了前證者爲我相復了悟者爲人相故能屏其證心蕩其悟跡不向證悟處栽根自謂我人不及但其常覺不住存有所了卽此了心名衆生相

善男子云何壽命相謂諸衆生心照清淨覺所了者一切業智所不自見猶如命根善男子若心照見一

切覺者皆爲塵垢覺所覺者不離塵故如湯消冰無別有冰知冰消者存我覺我亦復如是

所謂壽者相者謂此菩薩覺心圓照已得清淨覺相但存一念覺前所了者爲非未至無得無覺卽此覺者名壽命相此相最極微細自人天以至等覺業相未空業識不轉者皆不能見唯是離念如空心無初相者方能得見此卽根本生相無明也正如人之命根雖不自見而使色身連持不斷應立量云壽命相是有法覺所了是宗因云一切業智所不見故同喻如命根由地上菩薩覺前前非

故常覺不住。至於等覺。能以清淨覺心。照見十地常覺不住者。皆是塵垢。但存覺所了之覺相。卽此覺相亦未離塵。喻如湯之消冰。冰雖消而無別有冰。然而要知冰之所以消者。畢竟是湯。以冰與湯是對待法。非本然之水體故也。今以後覺而覺前非。是存我而覺我。上我是能覺。下我是所了之覺亦是對待覺。以未忘覺相。亦非本來清淨覺體故但併除覺相。方是圓滿菩提清淨覺相矣。故文殊章云。知虛空者。卽空華也。

善男子。末世衆生不了四相。雖經多劫勤苦修道。但

名有爲。終不能成一切聖果。是故名爲正法末世。何以故。認一切我爲涅槃故。有證有悟名成就故。譬如有人認賊爲子。其家財寶終不成就。何以故。有我愛者亦愛涅槃。伏我愛根爲涅槃相。有憎我者亦憎生死。不知愛者眞生死故。別憎生死名不解脫。云何當知法不解脫。善男子。彼末世衆生習菩提者。以己微證爲自清淨。猶未能盡我相根本。若復有人讚歎彼法。卽生歡喜便欲濟度。若復誹謗彼所得者。便生瞋恨。則知我相堅固執持。潛伏藏識。遊戲諸根。曾不間斷。善男子。彼修道者不除我相。是故不能入清淨覺

此明四相若存。不成聖果也。聖果二字。若槩論。單斷人我執。不斷法我執。證二乘果。雙伏我法二執。證三賢果。雙斷分別我法二執。名斷人相而證初地果。雙斷俱生我法二執。名斷衆生相而證入地果。若斷生相無明。名斷壽命相。證菩提果。若不了四相。雖多劫勤修。卽有所得。但名有爲。增上善果未出三界。不成一切聖果。是故雖在如來正法。卽名末世。良以正法之時。有敎理行證。像法之時。有敎理行而無證。末世則有敎理而無行證。以彼認一我而爲涅槃。無實修實證故也。若剋定論。唯是

十地已上菩薩爲聖果。二乘三賢。皆是有爲法中所收。以有證悟。卽名成就。正如認賊爲子。家寶日銷。豈有成就之理乎。何故有證悟者終不成就一切聖果。以地前菩薩。及二乘小果。皆未斷法我。皆有我愛。既有我愛。亦愛涅槃。由彼但伏我愛之根爲涅槃相。實未曾斷法愛根。故但列三賢。不入聖位。非眞涅槃。既有我愛。必有我憎。既有我憎。必憎生死。不知卽此法愛。眞生死本。乃不斷法愛。而別憎生死。是處濁而憎穢。所以不得成就法解脫。而名爲我也。云何當知有法愛者不得成就法解脫

而名我耶謂彼習菩提者但覺略有所證自謂已得淸淨不知愛根潛伏在內法愛不除生死未出故知不得法解脫也然則以何爲驗知其有我相而不得法解脫乎若復有人讃歎彼所得法彼卽生愛心便欲濟度若復誹謗彼所得法彼卽生憎心則知我相堅固執持彼之種子則潛伏藏識彼之現行則遊戲諸根此則種現相生曾無間斷豈非認一切我爲涅槃乎故略疏云因對外境驗得內心我執猶堅潛藏相續雖慧軍數舉魔衆頻摧由阿賴城堅難攻主宰未挪常侍防護牢强意識

謀臣經營內外旁監五識之將以鎮六根之門由是賊主頻通遊戲時時偸號竊我法王往往侵疆擾我觀境雖外怯般若晝行夜伏而內挾無明晝夜不斷然則彼修道者不除我相故不能入清淨覺非覺違拒也

善男子若知我空無毁我者有我說法我未斷故衆生壽命亦復如是善男子末世衆生說病爲法是故名爲可憐愍者雖勤精進增益諸病是故不能入清淨覺

不獨不成聖果抑且認病爲法難可救療是知我相若空則毁譽不動不見有毁我法者今聞毁我法者則瞋讃我法者則喜此則彼所說者是有我之法非無我法也以我相未斷故然則我相之麤者尚未能斷況衆生之細及壽命之至細者乎則知一我在而四相皆存且此四相是衆生病根今以病爲法不亦可憐愍哉是故不除四相卽醍醐上味皆成毒藥縱使勤劬精進無非增益諸病是故不能入清淨覺非覺違拒也

善男子末世衆生不了四相以如來解及所行處爲自修行終不成就或有衆生未得謂得未證謂證見

勝進者心生嫉妬由彼衆生未斷我愛是故不能入清淨覺

又不特以病爲法已也抑且依幻說覺將他作己由彼不了四相乃以如來所解者爲已解以如來所行者爲已行所謂依經解義三世佛冤故華嚴云如人數他寶自無半錢分於法不修行多聞亦如是豈知從門入者不是家珍終不成就哉或有衆生未得菩提自謂已得未證涅槃而曰已證見勝進者反生嫉妬此豈眞證眞得之人乎此皆不斷我愛自生障礙是故不能入清淨覺非覺違拒

也。

善男子。末世衆生。希望成道。無令求悟。唯益多聞。增長我見。但當精勤降伏煩惱。起大勇猛。未得令得。未斷令斷。貪瞋愛慢諂曲嫉妬。對境不生。彼我恩愛。一切寂滅。佛說是人漸次成就。求善知識。不墮邪見。若於所求別生憎愛。則不能入清淨覺海。

此示以入覺之方也。末世衆生希望成佛作祖。不令肯心求悟。唯是記持語言以資談柄。增長我見者。喻如說食不自飽也。應當聞法之後。以精進心加功用行。降伏煩惱。起大勇猛。單刀直入。未得之

果決令得。未斷之惑決令斷。貪瞋愛慢是根本煩惱之三。諂曲嫉妬是小隨煩惱之二。若此根隨煩惱對境不生。則此愛根於一切處自然寂滅。是人漸次得成聖果。有何迷悶而不能入乎。然雖如是精勤修習已具正因。又必資藉外緣之力。內外夾持方得成就。故須親近明眼知識。蕩其證悟。去其執情。令其胷中秕糠塵垢纖悉不留。豁虛空洞。則不墮於旁門小徑。直入如來正徧知海。若於所求善知識處。不能盡心奉事。而別起愛憎揀過揀非。猶是我根不淨。亦不能入清淨覺。是故欲入淨覺必除四相也。

爾時世尊欲重宣此義而說偈言。淨業汝當知。一切諸衆生。皆由執我愛。無始妄流轉。未除四種相。不得成菩提。愛憎生於心。諂曲存諸念。是故多迷悶。不能入覺城。若能歸悟刹。先去貪瞋癡。法愛不存心。漸次可成就。我身本不有。憎愛何由生。此人求善友。終不墮邪見。所求別生心。究竟非成就。

覺城悟刹。皆喻法性土。言法愛者。對我愛言。我愛是煩惱障。二乘所斷。法愛是所知障。是入地菩薩斷。斷我愛者成小果。斷法愛者成菩提也。且此愛

心由我而起。若知我且不有。憎愛何由而生乎。若修行人不存法愛。已具正因。更求善友而爲外緣指歸正道。終不墮於邪見中矣。若於所求善知識邊。別起憎愛。則亦不能入清淨覺。以下人不眞不得其精故也。

大方廣圓覺脩多羅了義經近釋卷五

大方廣圓覺脩多羅了義經近釋卷六

明二楞庵釋通潤述

於是普覺菩薩。在大眾中。卽從座起。頂禮佛足。右繞三帀。長跪叉手。而白佛言。大悲世尊。快說禪病。令諸大眾得未曾有。心意蕩然。獲大安隱。世尊。末世眾生。去佛漸遠。賢聖隱伏。邪法增熾。使諸眾生求何等人。依何等法。行何等行。除去何病。云何發心。令彼羣盲不墮邪見。作是語已。五體投地。如是三請。終而復始。

雖四相已明。病根盡顯。若不識正知見人。則不值正法。不知正行。不去正病。不發正心。亦不得究竟成就。覺心未普。此普覺所以乘機發問也。快說禪病者。謂說得禪病極痛快也。禪本無病。由習禪者以病爲法。不得其門。不能得入。故說爲病。今一聞之後。病根已除。故心意蕩然。毫無疑滯。得大安隱矣。世尊下。正請。師者。人之模範。邪正之所自出。故問求何等善知識爲增上緣。則不墮邪見。良以師爲指南。教爲繩墨。故古人悟後。要須得遇眞善知識。深錐痛劄。去其所重。方是正法。不然。便落窠臼。故藥山云。纔有所重。便成窠臼。故問依何等法。且行以成德。不可不擇其要。故問行何等行。若所依之法。有執而不去。則執藥成病。認病爲法。不唯無益。而且有損。故問除去何病。發心爲入道之初。邪正大小。全在最初一步。故問云何發心。若知此五種。自眼既明。亦能普覺諸盲。入於正道。若己眼不明。是以盲引盲。未有不墮坑塹者。

爾時世尊告普覺菩薩言。善哉善哉。善男子。汝等乃能諮問如來如是修行。能施末世一切眾生無畏道眼。令彼眾生得成聖道。汝今諦聽。當爲汝說。時普覺菩薩奉教歡喜。及諸大眾默然而聽。

無畏道眼者。謂具五種性。則能辨龍蛇。分邪正。決能直進。不生怯故。

善男子。末世眾生將發大心。求善知識。欲修行者。當求一切正知見人。心不住相。不著聲聞緣覺境界。雖現塵勞。心恆清淨。示有諸過。讚歎梵行。不令眾生入不律儀。求如是人。卽得成就阿耨多羅三藐三菩提。末世眾生見如是人。應當供養。不惜身命。彼善知識四威儀中。常現清淨。乃至示現種種過患。心無憍慢。況復摶財妻子眷屬。若善男子。於彼善友不起惡念。卽能究竟成就正覺。心華發明。照十方剎。

先答第一求何等人也。謂末世眾生將發大心欲求善知識爲師依之而修要先擇正知見人爲師以師如良醫善知藥忌師如導師善知通塞故須先擇也所謂正知見者謂離凡夫境界心不住色相離二乘境界心不住空相既不住色空即是菩薩根器故雖現塵勞而不染塵勞如淨名云雖有妻子常修梵行示有眷屬常樂遠離是也示有諸過而讚歎梵行者如淨名經云入諸淫舍示欲之過是也此皆內祕外現與人作同事攝不令衆生入不律儀若求如此正知見人爲師則能與人抽釘拔楔換骨換髓成就菩提故遇如是正知見人

應當不惜身命盡心供養如雪山捨身神光斷臂之類此善知識具大作用能實能權或時以順境化人現清淨相則慈悲藹然或時以逆境接人現貪瞋相則棒喝交馳所謂或順或違皆名增上如慈明之罵德山之棒臨濟之喝汾陽之肉誌公之鴿遇賢之酒等皆逆行也若遇此境不當便生憍慢不起恭敬故智度論云於諸師尊如世尊想若能開釋深義解散衆疑於我有益則盡心恭敬不念餘惡如弊囊盛寶不以囊惡故不取其寶又如夜行險道弊人執炬不以人惡故不取其照也縱使現種種過患尚不當生心憍慢況復祇是搏取財物及有妻子僕從便生憍慢哉若事善知識不生憍慢即驗此心穩貼不起愛憎平等一相決能究竟入清淨覺覺華自然發明圓滿清淨照十方刹

善男子彼善知識所證妙法應離四病云何四病一者作病若復有人作如是言我於本心作種種行欲求圓覺彼圓覺性非作得故說名爲病二者任病若復有人作如是言我等今者不斷生死不求涅槃涅槃生死無起滅念任彼一切隨諸法性欲求圓覺彼

圓覺性非任有故說名爲病三者止病若復有人作如是言我今自心永息諸念得一切性寂然平等欲求圓覺彼圓覺性非止合故說名爲病四者滅病若復有人作如是言我今永斷一切煩惱身心畢竟空無所有何況根塵虛妄境界一切永寂欲求圓覺彼圓覺性非寂相故說名爲病離四病者則知清淨作是觀者名爲正觀若他觀者名爲邪觀

此答第二依何等法也此善知識所證妙法應離四病方是正法此四病者即前所修三觀及無修無證之圓覺由執而不化遂轉成病故不起執心

卽病是藥。若起執心。卽藥成病。古德所謂通身是藥通身是病也。言作病者。是服三摩提藥所成也。彼意自謂此圓覺性。必須劬勞肯綮作種種行度諸衆生。方得成就。不知彼圓覺性本非可作。妙性靈臺。不受熏鍊。豈可修種種行而妄得之乎。此則迷天眞而事簸鑿。故名作病。言任病者。是服圓覺清淨本無修證之藥所成也。彼意自謂生死本空不必更斷。涅槃本寂。亦不必求。故不求涅槃。不斷生死。但是任意而行。信緣而去。隨諸法性。逢貪卽貪。遇瞋卽瞋。逢衣便著。遇食便喫。了無忌憚。不避

譏訶。起如是心。欲求圓覺。此則恃天眞而不修。常居幻化。不得解脫。故名任病。疏云。前則驅馳覓佛。此則放縱身心。設令善惡不拘。亦墮無記之性。七賢豈是大道。四皓寧爲聖人。倘昧欲天焉冥覺體。行人至此。溺水沈舟。宜自警懷。勿沾斯病。止病者。是服奢摩他藥所成也。彼意自謂永息妄心。猶如木石。方能對境不生分別。得與一切法性契合。寂然平等。欲以止息妄想而求圓覺。不知覺性如水上葫蘆。按著便轉。如日中寶石。色無定形。而欲以止契合之乎。起如是心求圓覺者。名爲止病。言滅

病者。此服禪那藥所成也。止則但止徧計。滅則幷滅依他。彼意自謂永滅根本枝葉二種無明。則身尙無所有。況世界乎。以彼無明爲器界之本。若斷其源流則自絕。故欲滅盡無明以求圓覺。不知彼圓覺性不變而能隨緣。成一切相。頭頭上彰。法法上顯。起如是心欲斷盡煩惱求圓覺者。名爲滅病。所謂生心動念。卽涉迷倒。謂但有纖毫。卽是塵也。然則如何除此四病。前不云乎。居一切時不起妄念。於諸妄心亦不息滅等。如是而修。方離四病。故古德云。莫動著。動著卽頭角生。故離四病者則能

離念。若能離念。則見清淨覺性。若於此法作如是觀。名正知見。若於此法略有沾帶。卽墮四病。卽名邪見。故曰。般若如大火聚。四面不可入。又云。般若如清涼池。四面皆可入。故知作止任滅。亦是藥。亦是病。前四相約能證。故說證取方現我體。悟已超過一切證者等。此四病約所證。故說作種種行欲求圓覺。任彼一切欲求圓覺等。

善男子。末世衆生。欲修行者。應當盡命供養善友。事善知識。彼善知識。欲來親近。應斷憍慢。若復遠離。應斷瞋恨。現逆順境。猶如虛空。了知身心畢竟平等。與

諸衆生同體無異。如是修行方入圓覺。

此答行何等行也。自具佛性爲正因。善知識爲增上緣。如木中火性。是火正因。若無外緣。火不能發。故知供事善知識是第一修行。以善知識難遇。如優曇華故也。言盡命者。謂不惜身命。身命不惜。何況其他。彼善知識若來親近。勿以其近之而生憍慢。若復遠離。勿以爲遠之而生瞋恨。近如四祖之訪牛頭。遠如石門之罵浮山。若遇此二境。而心不動。猶如虛空。非眞見自他身心平等無二者不能也。若能如是方得證入。若使近之不遜。遠之則怨。是斗筲之器。非載道之具也。惡足道哉。

善男子。末世衆生不得成道。由有無始自他憎愛一切種子。故未解脫。若復有人觀彼怨家如己父母。心無有二。卽除諸病。於諸法中自他憎愛亦復如是。

此答除去何病也。末世衆生精勤修習不成聖果者。由有無始我人憎愛種子。爲膏肓之疾。致令心不平等。執我執法。不得解脫。若盡憎愛怨親等觀。心無有二。則諸病皆除。若怨親既等。於諸法中生死涅槃悉皆平等。則不二法門應念得入矣。

善男子。末世衆生欲求圓覺。應當發心作如是言。盡於虛空一切衆生。我皆令入究竟圓覺。於圓覺中無取覺者。除彼我人一切諸相。如是發心。不墮邪見。

此答發何等心也。盡於虛空一切衆生。大心也。我皆令入究竟圓覺。第一心也。於圓覺中無取覺者。常心也。除彼我人一切諸相。不顚倒心也。若發此四心。不墮邪見。是故修圓覺者。最初若無正知見人爲導師。則緣不具。若無離四病法爲正因。則因不具。因緣既具。若不盡命事善知識。則行不滿足。雖盡心事善知識。而我相不盡。病根不除。不能入覺。四緣既具。方得自覺淸淨。若不發後四心。不能覺人。而覺心不普。故必五行具足。方得自覺覺他。名普覺矣。

爾時世尊欲重宣此義而說偈言。普覺汝當知。末世諸衆生。欲求善知識。應當求正見。心遠二乘者。法中除四病。謂作止任滅。親近無憍慢。遠離無瞋恨。見種種境界。心當生希有。還如佛出世。不犯非律儀。戒根永淸淨。度一切衆生。究竟入圓覺。無彼我人相。當依正智慧。便得超邪見。證覺般涅槃。

心遠二乘。是頌求正知見人。法中二句。頌求何等法。親近五句。頌事善知識行。不犯下。頌發心。

於是圓覺菩薩在大衆中卽從座起頂禮佛足右繞三帀長跪叉手而白佛言大悲世尊爲我等輩廣說淨覺種種方便令末世衆生有大增益世尊我等今者已得開悟若佛滅後末世衆生未得悟者云何安居修此圓覺清淨境界此圓覺中三種淨觀以何爲首惟願大悲爲諸大衆及末世衆生施大饒益作是語已五體投地如是三請終而復始

此問道場儀式及加行也由此一問則下根亦得進修方便皆得悟入而覺體始圓故圓覺乘機發問也云何安居者問建立壇儀也三觀以何爲首

者問加行也

爾時世尊告圓覺菩薩言善哉善哉善男子汝等乃能問於如來如是方便以大饒益施諸衆生汝今諦聽當爲汝說時圓覺菩薩奉敎歡喜及諸大衆默然而聽

善男子一切衆生若佛住世若佛滅後若法末時有諸衆生具大乘性信佛祕密大圓覺心欲修行者若在伽藍安處徒衆有緣事故隨分思察如我已說若復無有他事因緣卽建道場當立期限若立長期百二十日中期百日下期八十日安置淨居若佛現在當正思惟若佛滅後施設形像心存目想生正憶念還同如來常住之日懸諸旛華經三七日稽首十方諸佛名字求哀懺悔遇善境界得心輕安過三七日一向攝念若經夏首三月安居當爲清淨菩薩止住心離聲聞不假徒衆至安居日卽於佛前作如是言我比丘比丘尼優婆塞優婆夷某甲踞菩薩乘修寂滅行同入清淨實相住持以大圓覺爲我伽藍身心安居平等性智涅槃自性無繫屬故今我敬請不依聲聞當與十方如來及大菩薩三月安居爲修菩薩無上妙覺大因緣故不繫徒衆善男子此名菩薩示

現安居過三期日隨往無礙

此先答安居也住世正法也滅後像法也法末末法也具大乘性者昔具聞熏種性也信佛祕密大圓覺心而欲修行者信是修行最初事若不信便不修不修便不入故不信爲不善之本而信根爲諸善之首必信而後可說修行也故欲修者必選擇伽藍安處徒衆伽藍此云衆園若有度生緣事不得空閒則隨空閒時分而以正念觀察不立期限此在普眼章中已說若無他事及他因緣卽當建立道場剋定期限如古人封紙衾自誓此生不

悟當不開此炙之類期有上中下必須安置淨居離諸諠雜若佛在世則不須設像但當正念眞如則觸處無非聖境若佛滅後必須設佛形像心存目注如對聖容不令心生散亂如是三七日內一心禮敬諸佛行懺悔法若見佛相或見光明則昏掉皆離故得身心輕安過三七日當一向攝心住於正念是正念者當知唯心無外境界也已上三期是修奢摩他安置淨居法式也若使安居結夏當爲清淨菩薩止住之法心遠二乘故不安徒衆唯是清淨獨居獨行獨步至安居日卽於佛前陳

情發願踞菩薩乘者簡小乘也同入清淨實相住持等者謂與清淨菩薩同入清淨覺地住持大光明藏卽用此大光明藏爲我自已清淨伽藍故不入衆園也昔趙州掃地次有僧問曰既是清淨伽藍爲甚麽有塵州曰有一點也故知一念不起妄識不行則住清淨伽藍身心安居平等性智以涅槃自性空寂境界本無處所不依倚一物故無所繫屬若是八識王所卽有繫屬故一有繫屬卽有染汙不得平等以大圓覺爲伽藍而身心安居平等性智也今我下出不繫徒衆之所以以我所修

無上妙覺大事因緣與小乘志願不同如水火不同器故不同居也或修圓覺者不與萬物爲侶諸塵作對獨往獨來故不繫徒衆此名菩薩示現安居修禪那之法式也過此三月則任意所往卽得事事無礙問何故修奢摩禪那者各有安居之式而修三摩者無安居法耶答三摩修萬行故不用安居也

善男子若彼末世修行衆生求菩薩道入三期者非彼所聞一切境界終不可取善男子若諸衆生修奢摩他先取至靜不起思念靜極便覺如是初靜從於

一身至一世界覺亦如是善男子若覺徧滿一世界者一世界中有一衆生起一念者皆悉能知百千世界亦復如是非彼所聞一切境界終不可取善男子若諸衆生修三摩鉢提先當憶想十方如來十方世界一切菩薩依種種門漸次修行勤苦三昧廣發大願自熏成種非彼所聞一切境界終不可取善男子若諸衆生修於禪那先取數門心中了知生住滅念分劑頭數如是周徧四威儀中分別念數無不了知漸次增進乃至得知百千世界一滴之雨猶如目覩所受用物非彼所聞一切境界終不可取是名三觀

初首方便。
次答加行。先總標。非彼所聞一切境界終不可取
者。謂信解行證當始終如一。不當雜用心也。下別
答。先別答修靜觀。靜極便覺者。言靜至極處覺心
自然顯發。如普眼章中。一身靜則覺偏一身。一世
界靜則覺偏一世界。若覺偏一世界。則此一世界
有一衆生起念皆悉能知。一界既爾。百千世界亦
然。若修靜者。始終唯以靜觀入覺。其餘終不可取
者。恐岐路多而用心不專也。次別答修幻觀。依種
種門者。卽六度萬行也。前威德章是以行資願。此

章以願資行。良以有行無願。行必茫然。有願無行。
願唯虛設。必須行願相資。熏成上求下化之種。而
現行自生。不勞餘力也。三別答修寂觀。數門者謂
觀察生住異滅分劑頭數。是其所滅之無明也。論
云。若得無念者。則知心相生住異滅。蓋一念中有
九十一刹那。一刹那中有生住異滅。如是四威儀
中。分別生滅之數。無不了知。生滅既了。如是乃至
百千世界雨滴之數。亦皆了知。毫無錯謬。如觀掌
中庵摩羅果。故總結云。是名三觀初首方便。然觀
雖有首。而圓覺實無首。故易稱羣龍無首。

若諸衆生偏修三種。勤行精進。卽名如來出現於世。
此明偏修三觀。若三觀皆成。現世卽佛。所謂若得
圓證。卽成正覺也。
若後末世鈍根衆生。心欲求道。不得成就。由昔業障。
當勤懺悔。常起希望。先斷憎愛嫉妬諂曲。求勝上心。
三種淨觀隨學一事。此觀不得復習彼觀。心不放捨。
漸次求證。
此爲鈍根別開互修三觀也。此觀不得復習彼觀
者。疏云。有人色相所礙。空靜之觀難成。先觀色幻
幻卽全空。靜觀方成。復有執定實色礙於心識。難

修幻觀。先知其體本無。而不妨現相。方成假觀。復
有修中。難成絕待。先知假全空而無假。空全假而
無空。空假俱無。絕諸對待。方成寂觀。又有人直見
心源。方知諸法卽性故空。不壞相故假。或從性現
故假。無別所現故空。先後綺互。如前中間二十一
輪是也。問。何故前云非彼所聞終不可取。此中又
云此觀不得復習彼觀。答。前約別修。要當專一。此
約互修。必須復習。皆對機說法也。
爾時世尊欲重宣此義而說偈言。圓覺汝當知。一切
諸衆生欲求無上道。先當結三期。懺悔無始業。經於

三七日。然後正思惟。非彼所聞境。畢竟不可取。奢摩他至靜。三摩正憶持。禪那明數門。是名三淨觀。若能勤修習。是名佛出世。鈍根未成者。常當勤心懺。無始一切罪。諸障若消滅。佛境便現前。

正憶念者。卽不忘所發大願也。明數門。謂分別了知生住異滅分劑頭數。毫無錯謬也。

於是賢善首菩薩。在大衆中。卽從座起。頂禮佛足。右繞三帀。長跪叉手。而白佛言。大悲世尊。廣爲我等及末世衆生。開悟如是不思議事。世尊。此大乘敎。名字何等。云何奉持。衆生修習。得何功德。云何使我護持

經人。流布此敎。至於何地。作是語已。五體投地。如是三請。終而復始。

題目爲一經之總綱。故以一部之要義。撮聚五名。若證此五種名。卽名無上法王。爲賢善之首。故賢善乘機發問也。問有五。一問立名。以有義必有名故。先德云。離經一字。卽同魔說。故問名字何等。二問云何奉持。此敎守而不失。三問修習此經。得何功德。四問護持之法。五問流通之地。

爾時世尊告賢善首菩薩言。善哉善哉。善男子。汝等乃能爲諸菩薩及末世衆生。問於如來如是經敎功德名字。汝今諦聽。當爲汝說。時賢善首菩薩奉敎歡喜。及諸大衆。默然而聽。

善男子。是經百千萬億恆河沙諸佛所說。三世如來之所守護。十方菩薩之所歸依。十二部經清淨眼目。是經名大方廣圓覺陀羅尼。亦名脩多羅了義。亦名祕密王三昧。亦名如來決定境界。亦名如來藏自性差別。汝當奉持。善男子。是經唯顯如來境界。唯佛如來能盡宣說。

先答名字。是經者。正指此一部大經言也。諸佛所說者。以穿破諸佛鼻孔故。如來守護者。諸寶之中

法寶爲上。如來護念。如驪龍之護如意珠故。菩薩歸依者。托此立身。依此度生故。清淨眼目者。是涅槃妙心。正法眼藏故。大方廣者。謂其體大。其德方。其用廣故。德何以言方。謂大體中。具足戒定慧等性德。此不是彼。彼不是此。各有定名。各有對治故。陀羅尼云總持。總一切法。持無量義故。了義者。一字不立。一義不遺故。祕密王者。近在目前。望之不見故。深固幽遠。無人能到故。決定境界者。森羅萬象。一法所印故。自證法門。物不能轉故。已上四名。皆顯如來藏性不變義。下一名。顯隨緣義也。如來

藏自性差別者。以如來藏不守自性隨緣而成五性差別故。惟顯如來境界者。十二菩薩皆爲圓覺故。唯佛如來能盡宣說者。唯如來究竟實相。亦唯如來能盡宣說故。以諸佛智慧甚深無量故。

若諸菩薩及末世衆生。依此修行。漸次增進至於佛地。

此答至於何地也。謂行人依此五種名字。發心修行。漸次增進。自十住十行十回向十地以至佛地。此經亦從發心流布直至佛地。所謂依名證實也。

善男子。是經名爲頓教大乘。頓機衆生從此開悟。亦

攝漸修一切羣品。譬如大海不讓小流。乃至蚊䖟及阿脩羅飲其水者皆得充滿。

此答云何奉持也。此經三根普被。頓漸俱收。喻如大海。能運大鯤大鵬。能運小魚小鰕。江河入之而不辭。溝瀆入之而不阻。故細而蚊䖟。大而脩羅。悉隨其量而得充滿。則知此經大小奉持。未嘗失也。

善男子。假使有人純以七寶積滿三千大千世界以用布施。不如有人聞此經名及一句義。善男子。假使有人敎百恆河沙衆生得阿羅漢果。不如有人宣說此經分別半偈。善男子。若復有人聞此經名信心不惑。當知是人非於一佛二佛種諸福慧。如是乃至盡恆河沙一切佛所種諸善根。聞此經教。

此答修習功德也。以大千七寶布施。福已無量。然不及聞此經一義者。一是世寶。一是法寶。世寶有盡。法寶無窮。世寶可壞。法寶不壞。故教百河沙衆生得四果。福已無盡。不如有人宣說此經半偈者。一是木難火齊。一是如意寶珠故。一是神蛟。一是神龍故。是以不但聞此全經得解了者。是恆沙佛所種善根者。卽聞五種名而心不惑者。亦從恆河沙諸佛所種善根來者。方得此經耳。法豈易聞哉。

汝善男子。當護末世是修行者。無令惡魔及諸外道惱其身心。令生退屈。

此答護持經人也。謂末世若依此經而修行者。汝等當以神力冥加護持。勿令魔外動其心而生退屈也。正宗分竟。

爾時會中有火首金剛摧碎金剛尼藍婆金剛等八萬金剛。幷其眷屬。卽從座起。頂禮佛足。右繞三帀。而白佛言。世尊。若後末世一切衆生有能持此決定大乘。我當守護如護眼目。乃至道場所修行處。我等金

剛自領徒眾晨夕守護。令不退轉。其家乃至永無災障疫病消滅。財寶豐足。常不乏少。

此下流通分。先金剛藏神守護流通。火首金剛。即烏芻瑟摩。以此經是非幻不滅之體。故金剛藏神守護也。無災障者。斷二障故。消疫病者。離四病故財寶豐足者。具足一切智寶故。

爾時大梵王。二十八天王。并須彌山王。護國天王等。即從座起。頂禮佛足。右繞三帀。而白佛言。世尊。我亦守護是持經者。常令安隱。心不退轉。

此天王守護流通也。二十八天。總指三界二十八

天王也。須彌山王。別明帝釋。護國天王。別明四王也。心不退轉者。無諸魔擾。心不惱動故。

爾時有大力鬼王名吉槃茶。與十萬鬼王。即從座起頂禮佛足。右繞三帀。而白佛言。世尊。我亦守護是持經人。朝夕侍衛。令不退屈。其人所居一由旬內。若有鬼神侵其境界。我當使其碎如微塵。

三鬼王守護也。吉槃茶食人精血。其疾如風。統諸鬼神。故號為王。故知能持此經者。即惡鬼神俱為護法。況善神乎。修行者唯患道力之不堅。勿患鬼神之不護也。

佛說此經已。一切菩薩。天龍鬼神。八部眷屬。及諸天王梵王等。一切大眾。聞佛所說。皆大歡喜。信受奉行。

五眾流通也。

大方廣圓覺修多羅了義經近釋卷六

成都文殊院募貲

光普施銀十兩

果智　續宗　常慶　圓福　各施銀二兩

普護　悟正　本極　通機　海壽　崇宇

勝泉　眞意　摩光　宗禪　乘華　慧鑑

勝超　廣培　源泉　眞空　海慧　大空

覺華　珠光　能度　隆恩　昌文　如樹

通理　紹和　傳宗　隆翼　增道　圓朗

遍篤　本億　昌蓮　淸涫　源誠

各施銀一兩

共刻此經連圈計字四萬六千九百八十一箇

光緒十二年春二月金陵刻經處識

梵網合註緣起

大哉梵網經心地品之爲教也指點眞性淵源確示妙修終始戒與乘而並急頓與漸而同收約本迹則橫竪俱開兼華嚴法華之奥旨約觀行則事理俱備攬五時八教之大綱文雖僅傳一品義實統貫全經緬惟智者大師之時人根尚利故既廣宣教觀法門乃僅疏此下卷戒法而大師精諳律藏文約義廣點示當年之明律者則易開悟今時之昧律者則難千有餘年久成秘典我蓮池和尚始從而爲之發隱此其救時苦心誠爲不可思議

特以專弘淨土律學稍疎故於義疏仍多闕疑之處又下卷雖獲流通而上卷猶未開闡嗚呼四依大士於法豈有吝心直是衆生緣薄罕能遘於希有法門耳智旭幼崇理學即以千古聖賢道脈爲己任但恨障深慧劣往往執東魯而謗西乾後因聞自知録序并閱良知寂感之談始發信心嗣又聞地藏本願并聽大佛頂經猛圖出世於是矢志參禪逃家行脚雖亦數發悟解柰何剋證無期賴有一點慚愧正因斷不敢錯下承當生增上慢以蹈邇來大妄語之覆轍爰念夙因力薄應須兼戒兼教以自熏修先從閣黎古德法師遵學戒之法於蓮老遺規次探法華玄義摩訶止觀等書私淑台家教觀而毘尼一藏細閱三番梵網一經奉爲日課遂於發隱所闕之疑渙然冰釋即上卷文古義幽昔人所稱不能句讀者亦復妙旨泠然現前因擬一爲合註以補前人之缺而此志雖發緣障多端六七年來悠悠未遂客歲藉大病爲良藥方遂入山本志適如是昉公遠從閩地攜杖來尋爲其令師肖滿全公請講此經以資冥福復有二三同志歡喜樂聞予繇是力疾敷演不覺心華開發

義泉沸涌急秉筆而隨記之共成玄義一卷合註七卷註既成敘厥本末以告來哲蓋雖不敢謂凡夫心力實能超越前賢而夙有微因今復久誦半生淹浹自不無千慮之一得故於理觀事相不惜一一指陳誠可勸開解篤行者之半臂也後之覽者尚勿以繁瑣而厭忽之俟解行雙圓迺歸諸筏喻可耳時

歲在丁丑後安居第一褒灑陀日菩薩戒弟子

智旭撰於九子別峯之梵網室中

梵網合註凡例

一古人經疏必各別行一則不敢以疏混經二則經疏文義各有血脈不宜間斷夾雜故也後代根鈍對閱爲難於是爲師匠者每每從而會之雖巧被初機慈心殷厚而割裂紛繆亦覺不少今欲仍古式恐後人復加割會乃曲殉時機合經成註但經文頂格書之註低一字科低二字卽卷首緣起亦低一字所以表示尊重佛語弗敢濫混也

一古人既不以疏雜經故甚至有字字句句而爲

科者以科卽是疏卽能表詮經旨故不厭其繁也會之者亦字字句句而科之幾使經文不成句讀亦可慨矣且末法根鈍多畏繁科今乃止設大科其餘子科悉皆從略設有一二不能免者卽於疏中出之使經文不至支離割截

一古人著述每多破立如玄義懸談等必先出舊解方事折衷今此經上卷雖有一二家解不足流通下卷則惟義疏發隱一書其中缺略雖多紕繆則少縱有一二出入亦不復辨別是非長短但自據理直釋而已若欲委知古今同異請以義疏發隱對閱自當知之

一戒相結罪重輕一一本於大小經律深思細擇融會貫通方敢組織成文使其言簡意盡並無片言隻字敢任私臆但不復如毘尼集要逐節標其出某處耳倘不相信請徧閱大藏極其精通然後料簡予所不及賜以教正予深望焉

一大乘律法雖是一切律之所朝宗然旣通於七衆故於比丘五篇七聚名義仍須隱而不說蓋菩薩比丘及比丘尼自應習學毘尼集要及律藏全書卽於彼中通曉篇聚名義此中不必更

宣若菩薩沙彌菩薩優婆塞等只須依此修學而篇聚名義尚非分內之所應知萬萬勿求先知致成盜法重難高明之士信之慎之

佛說梵網經菩薩心地品玄義

明菩薩沙彌古吳智旭述
菩薩比丘溫陵道昉訂

夫道窮覺海。必稱性以垂慈。教被羣機。必攝末而歸本。是以界內界外。混之弗齊。行布圓融。類之不隔。梵網經心地品者。其衆生之本源。諸佛之慧命乎。本源自性清淨。故稱爲梵。慧命徧傳塵刹。故稱爲網。萬法之所集起。故稱爲心。凡聖之所依持。故稱爲地。約身則舍那爲本。釋迦爲迹。約土則華藏爲本。此界爲迹。本迹雖殊。皆不離於梵網。約法則

九處所說爲別。四禪今說爲總。約義則次第行位爲別。初心木叉爲總。總別雖殊。皆不出於心地。故機緣初熟。乃接衆以覲本源。心地既敷。仍秉法而傳異界。示成正覺。即廣演總中之別。還至菩提。复先敷別內之總。至哉斯教。允返迷歸悟之要津。行菩薩道之根本也。拈一品而知一部。指歸即一部而通一代儀法。觀一佛而徧知十方三世楷模。迺紹先哲之芳規。補前聖之未備。將釋經文。先陳五義。一釋名。二顯體。三明宗。四辨用。五教相。

釋名爲二。初釋佛說梵網經名。次釋菩薩心地品名。初中爲三。初釋佛說。次釋梵網。第三釋經。

初言佛說者。乃大聖慈尊。四辯宣揚也。梵語具云佛陀。此翻覺者。自覺覺他。覺行圓滿。故名爲佛。原始要終。具六即義。謂一切衆生本具覺性。名爲理佛。聞此理性圓解初開。是名字佛。念念觀心。伏五住惑。名觀行佛。功深垢落。淨於六根。名相似佛。分破無明。分見法性。名分證佛。無明斷盡。理性圓顯。名究竟佛。佛有三身。謂法報化。法即本覺性體。報乃始覺智圓。化則慈悲應現。有處云。法身名毗盧遮那。此翻光明徧照。報身名盧舍那。此翻淨滿。化

身名釋迦牟尼。此翻能仁寂默。然晉譯華嚴。皆稱爲盧舍那。唐譯皆稱毗盧遮那。只是梵音楚夏。未必專以此分法報。又華嚴或名釋迦。或名遮那。本無異體。惟此經舍那自坐華臺。釋迦據百億界。當知三身非一非異。機緣不同見一異耳。又三身皆具單複二義。法身單者。惟指本來清淨理體。報身單者。惟指無上功德智慧。化身單者。惟指應現如水中月。法身複者。一本性清淨法身。即衆生本源自性天眞佛也。二離垢妙極法身。即諸佛所證究竟法界理也。報身複者。一自受用報身。即諸佛智

斷二德究竟實果二他受用報身卽地上菩薩隨其心量所見刹塵相好一一相好皆無分劑者也化身複者一應現身示成八相二變化身無而倐有又化身亦名應身應物示現如月印水故也示八相者復有三種一勝應身謂地上大士所見相好無量及一類大根衆生雖未登地餘善根力亦能見之此亦名爲他受用報二帶劣勝應身卽通教三乘所見接入別圓故勝猶依事識故劣三劣應身卽界內鈍根所見丈六老比丘相惟依事識不達相海無邊之致故名爲劣此三應身復須約

橫竪以辨其相約橫辨者只一丈六境本定身界內鈍根見其在木樹下坐生草座以老比丘身轉生滅四諦法輪界內利根卽見在寶樹下坐天衣座以帶劣勝應身轉無生四諦法輪界外鈍根又卽見其在華藏界坐華王座以圓滿報身轉無量四諦法輪乃至界外利根又卽見其居寂光土坐虛空座以淸淨法身轉無作四諦法輪此則佛身不動機見自殊故名橫辨也約竪辨者如此經中千百億釋迦自坐菩提樹下義當劣應應藏教機千華上佛自居四禪宮中義當帶劣勝應應通教

機故起信論云菩薩功德成滿於色究竟處示一切世間最高大身謂以一念相應慧無明頓盡名一切種智自然而有不思議業能現十方利益衆生卽其證也盧舍那佛自據蓮華臺藏世界義當他受用報亦名勝應應別教機此則佛身不同處所亦異若藏教機轉而爲通則離於樹下得見四禪中佛若通教機接入別教則從於四禪還至華藏世界惟圓人根利於一切身若橫若竪了知皆卽法身影現故不別明身相處所此名竪辨也問起信爲圓頓大乘胡得判作通教佛相答文中既

言示世間最高大身知是應化非指法報而通教爲大乘初門前通三藏令不滯於化城後通別圓令同歸於寶所故功德成滿菩薩示現此身最切機宜兼與今經宛合以三千大千世界統一色究竟天故亦統一佛身卽所謂周帀千華上之千釋迦也於同居土中最爲高大故名勝應對方便土中猶屬分段故名帶劣言一念相應慧者明是應通教機言無明頓盡名一切種智者約權則斷盡色心無知習氣亦稱佛眼一切種智約實則是從法報而垂應化言不思議業能現十方者卽所謂

一華百億國一國一釋迦千百億釋迦是千釋迦化身也無而倏有又有二種一示現佛相二示九界相如妙音觀音等隨類現身來時不知去時不覺佛佛道同總以慈悲感應成茲妙用也如此三身義意無量總非異體法身如珠體圓報身如珠光淨化身如珠影互涉離體無光離光無影繇影知光繇光見體三身理明梵網義顯矣又此三身卽是三德法身卽法身德除中道外無別體故報身卽般若德證理繇實智故化身卽解脫德處處應現往故三德秘藏諸佛非增衆生非減三身亦

爾但迷時爲理卽三身乃至成佛時爲究竟三身耳說者悅其所懷謂諸佛久修久證一體三身了知一切衆生同具此德大悲熏心每思濟度今機緣初熟適接歸本源世界親覲本尊稟受心地法門次復示成樹下普爲凡夫結重輕戒俾受者頓入佛位成眞佛子度生本懷於茲暢悅據文則上卷是舍那所說下卷是釋迦所說然經傳此界必繇釋迦之所覆述題稱佛說當指釋迦亦以三身不異故也問三身旣是不異何故釋迦擎接大衆還至蓮華臺藏世界同禮舍那答三身不異亦非

定一以不異而異故約豎辨如此經中釋迦億國舍那華臺以不一而一故約橫辨如華嚴中不動寂場徧於塵刹又以一而不一故華嚴明或見釋迦或無量壽或復阿閦或賢首等令人不作定一之見以異而不異故此經云如是千百億盧舍那本身令人不作定異之見佛身一異旣不可思議說法傳受亦不可思議謂初一番舍那傳法千釋迦受之次一番千釋迦傳法千百億釋迦受之第三番千百億釋迦傳法一切衆生受之乃至現在衆生展轉傳法後世衆生次第受之以言其異則

同者亦異舍那尚非千佛千佛尚非百億況千百億豈卽一切衆生是名爲迹是隨情說以言其同則異者亦同千百億旣卽千佛化身千佛又卽舍那化身彼一切衆生何獨非舍那同體故曰若人受佛戒卽入諸佛位汝是當成佛我是已成佛是名爲本是隨智說爲本施迹繇迹顯本此擎接大衆還蓮華藏意也舍那爲本千釋迦爲迹千佛又爲本千百億釋迦爲迹千百億又爲本一切衆生爲迹乃至展轉傳法者復爲本受法者復爲迹本迹重重不可思議而離本無迹迹是本家之迹故

云諸佛心內衆生離迹無本本是迹家之本故云衆生心內諸佛法華本迹豎約塵劫此經本迹橫約億界豎則古今不離當念橫則自他不隔毫端爲本施迹妙智隨情開迹顯本融情歸智豈不巧哉又此經不惟橫開本迹知自他之不隔亦復豎開本迹顯今古之常然如下卷初云吾今來此世界八千返爲此娑婆世界坐金剛華光王座乃至摩醯首羅天王宮爲是中一切大衆略開心地法門竟豈非開顯數數示成正覺之事故法華經云我實成佛已來久遠若斯但以方便教化衆生令

入佛道作如是說也若謂概論受生行菩薩道則觀此大地無有一微塵許非是菩薩捨身命處又何止八千返耶問開近顯遠惟在法華餘部之所不共今方初示成道胡得便約發本爲解若此經既已發本又何須法華更開答法華兩番開顯皆點示界內權機令歸佛道今經與華嚴同部自被界外兩機縱令二乘在座猶然若啞如聾況未與法席那知絕唱故須直至法華方得開會不可謂根已熟者亦至法華方開會也問佛三身中的是何身說法答三身既非一異自不容偏執何身說

法但爲對治有異故使諸經所說不同或云報化非眞佛亦非說法者此則恐人執相迷理故惟示法性本覺以爲眞佛也或云法佛者自覺聖境無言無說說法現儀皆化佛耳此則恐人以法身墮在情量故惟指化佛示三輪也實則說法度生非法身亦不離法身非報化身亦不離報化身若得四悉檀意謂惟法身說法亦可如云報化非說法者謂惟報化說法亦可如云法身無言無說謂三身合乃說法亦可如云功德和法身處處應現往謂三身各各說法亦可法報佛爲地上菩薩說法

勝應佛爲地前及聲聞緣覺說法劣應佛爲一切凡夫說法謂三身總無所說亦可如云四十九年不說一字若不解四悉因緣隨執一句皆名謗佛也

次釋梵網爲二初約喻次約法初約喻者經云時佛觀諸大梵天王網羅幢因爲說無量世界猶如網孔一一世界各各不同別異無量佛教門亦復如是故知以喻爲名也能喻惟一謂梵王珠幢所喻有二謂世界及佛教門世界卽所被之機教門卽能被之法法性平等理非種種繇機異故教門亦殊初明所被之機不言衆生而言世界者

舉依報以該正報所謂佛世界乃至地獄世界以此種種世界皆是衆生同別二妄所成同中有別別中有同同別互緣安立刹網淨穢差別非言可窮略而明之有四種土一常寂光土二實報無障礙土三方便有餘土四凡聖同居土以四土攝十界者寂光是佛世界實報是菩薩世界方便是聲聞緣覺世界同居是六凡世界也於此四土又各分淨穢及具橫論豎論二義今先明四土初常寂光土者常即法身寂即解脫光即般若又三德皆常性無遷故三德皆寂離塵勞故三德皆光極明

淨故如此三法不縱不橫名秘密藏乃清淨法身所遊居處約智名身約理名土身土一如非二相也此無各各別異之致而實徧周別異界中以別異世界離此別無安立處故實報無障礙土者緣於全性起修稱性所感眞實果報色心自在塵刹互含地上大士之所遊居身能現土土亦現身不違法性勝妙莊嚴具如華嚴所明法界安立海也方便有餘土者出三界外三乘聖衆修方便道之所遊居但離分段未免變易但盡見思未除別惑故名有餘謂有九人生於此土藏教二人聲聞緣

覺通教三人聲聞緣覺及六地以上菩薩別教三人十住十行及十回向圓教一人即是十信也凡聖同居土者三界九地二十五有本是凡夫有漏善不善不動業之所招感而聖人亦復同居其同居者有二種聖一實二權實者謂此聖人始是凡夫本繇夙業牽生此界生此界後因修道力證三乘果權者謂此聖人或是寂光實報方便土人繇大悲願力哀愍衆生示生此界非是業牽以此二種聖人與凡雜處故名凡聖同居土也問同居土中聖有權實上三土中惟聖無凡亦各有權實否

答方便土中二權一實若從同居土中斷見思惑盡分段生乃於方便土中受法性身如前所明九人總名一實若寂光實報佛及菩薩爲誘定性二乘及地前菩薩令入正位示居方便是名二權實報土中一權一實若別地圓住分破無明而得生者名之爲實若寂光法佛現他受用報身教諸菩薩令盡無明源者名之爲權寂光土中惟實無權以是諸佛所遊居故次明四土各分淨穢者同居土中五濁輕者則淨如極樂世界妙喜世界等五濁重者則穢如今娑婆世界等又或純淨無穢或

純穢無淨或淨兼穢或穢兼淨或淨轉穢或穢轉淨各各不同別異無量皆緜衆生業感致斯差降具如諸經廣明方便土中析空拙度者穢體空巧度者淨細論則九人所見後後轉勝亦得展轉論於淨穢實報土中次第三觀證入者穢一心三觀證入者淨寂光土中分證名穢究竟名淨問同居緜業所牽可分淨穢上之三土皆是聖居那復有穢答譬如孫陀絕色比於天女不啻瞎猴上味酥酡禪天視之不啻膿血色界妙身四空視之逾於癰毒小乘三昧法眼觀之猶如癡醉以此爲例淨

穢何窮未登妙覺穢終未盡淨終未極故曰一一世界各各不同別異無量也次明橫論豎論者豎則出於同居乃入方便出於方便乃入實報出於實報乃入寂光斷惑既淺深不同住處亦高下迥別橫則不移當處所見自殊於同居土橫超三土謂見思斷盡即見方便塵沙斷盡分破無明即見實報亦得分見寂光無明斷盡即得了了見於寂光於方便土橫超二土謂實報寂光於實報土橫超一土謂常寂光常寂光土無復可超亦無橫豎又約諸佛菩薩三乘聖人隨於己土橫豎自在謂

常寂光土能爲衆生現下三土實報土中能爲衆生現下二土方便土中能爲衆生現同居土又同居土中能爲衆生示上三土方便土中能爲衆生示上二土實報土中能爲衆生示寂光土故曰無量世界猶如網孔互相涉入也　次明能破之法法貴當機機既萬殊法亦千變概而爲語有四種教良以衆生流轉二死止因迷眞迷中二種無明迷眞故有分段生死須設界內教以度之迷中故有變易生死須設界外教以度之而眞中二迷復各有輕重不同故界內外人又各有利鈍根異迷

眞重者爲界內鈍根非析空觀莫生其解故有藏教法起迷眞輕者爲界內利根非體空觀不逗其宜故有通教法起迷中重者爲界外鈍根非次第三觀莫治其惑故有別教法起迷中輕者爲界外利根非一心三觀莫開其悟故有圓教法起就此四教復各四門謂有門空門亦有亦空門非有非空門凡四四一十六門就十六門又各具四種悉檀謂諸衆生聞一一門或得歡喜益是世界悉檀或得生善益是爲人悉檀或得滅惡益是對治悉檀或得入理益是第一義悉檀故曰佛教門亦復

如是猶如世界各各不同別異無量也又說此四教更有四種化儀不同或頓說或漸說或秘密說或不定說頓說者頓示圓宗或雖兼別總被大機如華嚴及此經等漸說者曲爲小機引權入實如阿含爲漸初但說藏教方等爲漸中並談四教而二乘秖得通益般若爲漸末帶通別正談圓教而二乘秖得別益秘密說者爲此說頓爲彼說漸一座一音各自異解互不相知不定說者頓說中得漸益漸說中得頓益以小助大以大助小如此儀法融攝難思故曰佛教門亦復如是猶如無量世

界喻以網孔互相涉入也約四教對四土三佛者寂光法佛說圓教實報報佛說別教方便勝應佛說通教同居劣應佛說藏教又法佛能具說四教報佛能說三教謂藏通別勝應能說二教謂藏與通劣應能說一教謂惟三藏又同居中樹下劣應須具說四教衆生根性雜故色究竟天帶劣勝應惟說三教藏教之機不能見故方便土中勝應身佛止說別圓二教令見中道界內二機皆絕分故實報土中他受用報惟說圓教令諸菩薩永盡無明源故自受用報冥於法性惟受眞樂等覺以下

所不能見無所說法其諸菩薩所可見者皆卽他受用報耳寂光法身惟是諸佛自覺聖智境界無復可說又報智冥法性身離一切相徧一切身非說非不說雙照說與不說謂自受用報冥法身而寂然是不說義種種應身依法報而起用卽是說義又不惟法身非說非默雙照說之與默卽報化等身亦各具說默二用四辯宣揚名之爲說三昧正受名之爲默有云說法則利益衆生默然則自受法樂一往語耳自有衆生聞佛說法而得歡喜生善滅惡入理者復有衆生見佛默然而得歡喜

生善滅惡入理者是故如來一說一默皆關四悉因緣又說能詮表四教一十六門門門令得四益默亦能顯示四教一十六門門門亦得四益若從說法薦取者一往判是信行若從默然薦取者一往判是法行又自有從說法而起隨法行者自有從默然而起隨信行者事非一概又從默然處薦取者一往判是利根從說法處薦取者一往判是鈍根又自有利根則一聞便悟鈍根乃須入定示相者亦非一概今更約機感總述其意樹下千百億劣應正爲應藏教機而博地凡夫有夙具通別

圓根者卽於此劣應而聞後之三敎色究竟天帶劣勝應身正爲應通敎機而諸天世人有夙具別圓根者卽於此帶劣勝應身而聞後之二敎方便勝應身正爲接通入於別圓故鈍者但聞別敎利者兼聞圓法實報土中華臺報身正應別圓二機故華嚴圓而兼別此經別而兼圓葢諸佛現身說法本爲一實而施三權必引三權而歸一實旣以說法而引亦以示相而引說法而引復有二義一豎引二橫引豎引者先說阿含以除凡情次說方等以奪聖解次說般若以會其法後說法華以會

其人如前所明於三漸中僅得三益直至法華方得圓益此約最鈍根人必須備歷五味而豎入也橫引者卽秘密不定二種化儀隨其根性或於阿含便悟圓常或於方等或於般若便悟圓常不必歷盡諸味隨於何味皆得超入所謂置毒乳中乳卽殺人酪及二酥乃至醍醐隨其毒發皆卽殺人也示相而引亦有二義一豎引二橫引豎引者樹下機熟得見色究竟身四天機熟接歸華藏世界華藏機熟證入平等法性也橫引者只此丈六劣應生身通敎機熟卽見其爲高大勝應別敎機熟

卽見其爲剎塵相海圓敎機熟卽見其爲淨妙法身也此橫豎二引復各二意若彼衆生未曾伏斷見思塵沙無明而得見勝應他報及法身者卽是夙因將熟故佛以神力加被令見見已方得惑斷理彰若彼衆生旣已伏斷三惑而得見三身者卽是現在功熟故佛隨機應之如水清則月自現然佛力亦因自力自力亦緣佛力感應道交機法相稱尤見別異無量而互相涉入也約喻釋竟次約法者梵網卽是衆生心性乃諸佛之本源行菩薩道之根本是大衆諸佛子之根本也自性本淨

名梵塵介含攝名網繇此心性建立無量世界衆生之法及設無量敎門諸佛之法故曰心佛及衆生是三無差別而此心性體絕染淨徧能出生染淨諸法正染淨時仍非染淨染亦法界淨亦法界染淨俱不思議乃名爲梵所謂佛界淸淨乃至地獄淸淨卽此心性體非同異徧能示現同異諸相正同異時仍非同異異亦法界同亦法界同異俱不思議乃名爲網所謂佛爲法界一切法趣佛乃至地獄爲法界一切法趣地獄略而言之夫心者不起而已介爾有心三千具足謂一念心中必具

十界於一一界必各互含便成百界如此百界各具相性乃至本末究竟等十如共有千如復次實法一千假名一千國土一千則成三千實法者地獄五陰乃至佛界五陰假名者地獄假名乃至佛界假名國土者地獄依報乃至佛界依報隨指一法隨舉一名隨拈一塵無非法界理事頓足無欠無餘如一法一切諸法亦復如是如一名一切諸名亦復如是如一塵一切諸塵亦復如是而但云介爾有心三千具足者以衆生太廣佛法太高故且令觀心庶易悟入只此介爾極微劣心三千性

相炳然頓具非前非後不減不增何以故一念體圓名爲理具隨起念時卽名事造良繇介爾所起之心於十界中必落一界一界旣現九界同彰故地獄現時一切法趣地獄十界無非獄界又獄界亦能徧起十界乃至佛界現時一切法咸趣佛界十界無非佛界又佛界亦能徧起十界法性自爾非關强造只因此介爾一念之心必全攬法界以爲其體而此法界從來無有分劑不可割裂安得謂此介爾之心止是少許法界理耶又此介爾之心旣全具法界之理必全具法界之事以此法界

從來攝一切事罄無不盡並無一事如微塵許能出法界外者倘謂介爾心中但具法界全理不具法界全事不幾有理外之事耶所以念體念用同名爲心念體則冥乎理具而理具還包事造念用則成乎事造而事造還含理具故此事理兩重三千皆卽一念心中圓具如帝網珠光光融攝重重無盡難議難思昏迷倒惑此理常如梵網理也迷此理心紛然五住妄受二死不契妙心是成世界種種差別諸佛愍之隨機設教爲圓爲別爲通爲藏敎設四門門兼四悉或頓或漸或秘或顯廣化

衆生令歸本際梵網敎也背塵趣覺兼敎修行小大隨其夙根鈍利仍其慣習或轉或接或借或會從無量門通一實境梵網行也繇理起敎因敎發行藉行契理理非心外敎行亦然理卽法身敎卽般若行卽解脫迷成三障悟顯三身自悟名佛悟他名說自他不二名爲梵網約法釋竟　第三釋經者先正釋次示通別三明具義互含先正釋者梵語修多羅此翻契經上契妙理下契羣機故名爲契爲法爲則今古常然故名爲經從來譯師皆略去契字直稱爲經經乃此方之言訓法訓常法

者軌持義軌生物解任持自性常者不變不壞義軌持即契機常即契理字雖從略義亦無減而此經法具有敎行理三言敎經者大聖垂慈隨類開示所有訓誥法界同遵故名爲經言行經者一行五行萬行微塵數行三乘聖衆之所共繇決無異趣故名爲經言理經者有佛無佛性相常住魔外不能令其壞大聖不能有所作豎窮橫徧體極眞如故名爲經又文字即敎經契機即成行經契理即是理經又此方以文字爲敎體故指卷帙爲經於卷帙中具足三經能令衆生解其所詮即是敎

依此生善滅惡即是行依此證入法性即是理當知卷帙只是色法於色塵中既具三經餘塵亦爾如佛在世時以音聲爲敎體或隨聞歡喜隨聞生善滅惡隨聞入證於一音中三經圓具或從善知識及說法人邊聞言得益亦復如是隨法行人歷法觀察以法塵爲敎體香積佛國以香飯作佛事是味爲敎體或有佛國以天衣作佛事是觸爲敎體以要言之六塵體是法界故一一無非敎經亦無非行經亦無非理經但隨根有利鈍致使迷悟不同耳。次示通別者梵網是別名別餘經故經是通名同名經故敎行理三皆論通別具如台宗廣明有釋經爲能詮佛說梵網爲所詮者玆所不用以佛等五字皆是能詮字下之義皆是所詮若以能所判釋豈佛說梵網四字便非文字而經之一字便無義耶故惟得論通別也　三明具義互含者先明具義謂佛等五字各具敎行理三義佛即是敎生物解故亦即是行是心作故又即是理究竟性故說即是敎四辯宣故亦即是行如說行故又即是理如理說故梵即是敎顯淨法故亦即是行具梵行故又即是理清淨性故網即是敎示

差別故亦即是行徧布列故又即是理相常住故經即是敎善詮顯故亦即是行共遵繇故又即是理不可壞故。次明互含謂佛等五字各含諸字之義佛即是說令他悟故亦即是梵極清淨故亦即是網三輪普覆法界海故亦即是經爲天人師極眞常故說即是佛覺悟他故亦即是梵言音淨故亦即是網具足四悉一十六門攝諸衆生出生死故亦即是經堪秉受故梵即是佛清淨覺故亦即是說顯示理故亦即是網互照無窮故亦即是經清淨之性不可壞故網即是佛覆護衆生故亦

卽是說昭示衆生故亦卽是梵莊嚴清淨故亦卽是經豎窮橫徧故經卽是佛法身舍利故亦卽是說永傳慧命故亦卽是梵離過絕非故亦卽是網義門無量故更約品名互顯者佛卽菩薩不捨衆生故菩薩卽佛不違法界故佛卽是心心外無佛故心卽是佛佛性之外無別心故佛卽是地荷負衆生故地卽是佛平等持載故梵網卽菩薩自覺覺他故菩薩卽梵網差別莊嚴故梵網卽心地緣心所現故心地卽梵網王所相應故人卽是法寶法所成故法卽是人假名所顯故乃至人法卽喻假施設故喻卽人法依理智故經卽是品離別無總故品卽是經離總無別故一一互含義理無際盡一品文盡一部教盡一代法盡十方三世諸佛所說隨拈一經隨拈一品隨拈一句隨拈一字亦各互含無限無劑故云一卽是多多卽一文隨於義義隨文又云一中解無量無量中解一一字法門海墨書而不盡若不作此解釋者安窺梵網法喻之旨耶　次釋菩薩心地品名者爲四初釋菩薩人名次釋心地法名三就人法對釋四釋品字先釋菩薩者梵語具云摩訶菩提質帝薩埵此

翻大道心成就衆生或翻覺有情或云大士或云開士以其依四諦境發四弘誓擐大甲冑能爲難事上弘佛法下化衆生悲智雙運故獲此名今略去六字但稱菩薩明此行位須約四教　一明藏教菩薩創聞生滅四諦及事六度法愍己愍他大悲增上發菩提心誓度一切歷三阿僧祇劫熾然修行六波羅密初僧祇中離三惡道及邊地根缺女身亦能常識宿命但心猶未知作佛與不作佛二僧祇中心知作佛口未能言第三僧祇功德漸備了知作佛口亦能言三僧祇滿更住百劫修相好因積百福成一相冶大千盲人悉瘥爲一福等如經廣明至最後生住兜率天宮待衆生緣熟示現降神母胎乃至出家坐菩提樹降伏魔軍齊此以前總名菩薩發眞無漏三十四心頓斷見思習氣乃名爲佛此藏教中說菩薩於三阿僧祇劫久受生死求大菩提但自專精修行六度而見思二惑伏而不斷以見思若斷卽證聲聞辟支佛地永入涅槃不復能行菩薩道故何以須作此說謂此教門本爲界內鈍根而設正化二乘傍化菩薩正化二乘者愍其久在火宅了無出意自非權示生

滅四諦法門尚不免被三界火燒何繇得解佛之智慧故須爲說斷見思惑出分段苦且入化城以蘇息之既爲二乘說此法門何得更說菩薩斷惑利生所以三祇止言伏惑直至樹下方乃頓發無漏三十四心也然使見思果在則二生三生尚難保其不迷不退况歷三祇故知此說權中之權已爲通教所破經云安有毒器堪貯醍醐此之謂也　二明通教菩薩有九地第十名佛一乾慧地體陰界入如幻如化總破見愛八倒名身念處受心法亦如是住此觀中修正勤如意根力覺道雖未

得相似理水而總相智慧深利故稱乾慧第二性地從乾慧增進得成煖法乃至頂法忍法世第一法相似得無漏性水故言性地三八人地人者忍也體見假發眞斷惑在無間三昧中八忍具足智少一分名八人地四見地者見第一義無生四諦之理斷見惑八十八使皆盡五薄地者體愛假發眞斷欲界思惑前六品盡餘三品在煩惱薄也六離欲地體愛假即眞斷欲界思惑盡故名離欲七已辦地體色無色愛即眞發無漏斷上八地思惑七十二品俱盡故言已辦此前七地與聲聞人共

八辟支佛地既斷正使兼侵習氣此地與緣覺人共九菩薩地從空入假道觀雙流深觀二諦進斷習氣色心無知遊戲神通淨佛國土成就衆生學佛十力四無所畏也第十地名爲佛者大功德力以資智慧一念相應慧觀眞諦究竟習亦無餘如劫火燒木無復灰炭香象渡河到於邊底也此教亦名三乘共十地以七地之前與三乘共八地之前與支佛共又此教名爲通者三人雖各不同通觀無生體法同證無學同出分段同到化城故稱爲通又通前藏教通後別圓故稱爲通也　三明

別教菩薩此教專被界外之機機不一故說亦不同華嚴明十住十行十迴向爲三賢十地爲聖此經明三十心十地義意頗同而名字迥異至後釋文中當辨金光明但出十地佛果勝天王明十地涅槃明五行如是增減不同皆不出四悉檀意而瓔珞明五十二位位次最爲周足至若唯識明資糧加行二位頗似藏教而通達位後明修習十地乃是別教地名楞嚴於十信前更加乾慧十迴向後明四加行并取最初三漸次行以爲能歷五十七位是其所歷能所合稱其名六十聖位若單約

所歷復除乾慧非眞妙覺非路則名五十五位眞菩提路若據乾慧名同通教四種加行復濫藏名而義理迥別此意多途未易卒舉今且約瓔珞明其階次一外凡十信位一信二念三精進四慧五定六不退七迴向八護法九戒十願此十位伏三界見思煩惱次內凡十住位一發心二治地三修行四生貴五方便具足六正心七不退八童眞九法王子十灌頂初住斷見惑七住斷思惑盡證位不退與藏通二佛齊八住以上斷界內塵沙伏界外塵沙此十住名習種性用從假入空觀見眞諦

理開慧眼成一切智行三百由旬三內凡十行位一歡喜二饒益三無違逆四無屈撓五無癡亂六善現七無著八難得九善法十眞實此十行斷界外塵沙名性種性用從空入假觀見俗諦理開法眼成道種智四內凡十迴向位一救護衆生離衆生相二不壞三等一切佛四至一切處五無盡功德藏六隨順一切平等善根七等隨順一切衆生八眞如相九無縛無著解脫十入法界無量此十迴向伏無明習中觀名道種性行四百由旬從八住至此名行不退又此三十位亦名三賢也五明十地聖位一歡喜二離垢三發光四燄慧五難勝六現前七遠行八不動九善慧十法雲初地用中道觀破一分無明顯一分三德證念不退開佛眼成一切種智行五百由旬初到寶所百界作佛八相成道利益衆生二地以上地地各斷一品無明證一分中道六明等覺位從法雲地更斷一品無明入一生補處此十一位俱名聖種性齊此名爲菩薩更破一品無明入第七妙覺位了了見性證大菩提名之爲佛 四明圓教菩薩圓教位次名與別同但別教次第漸修圓教一心圓具別教位

位各不相收圓教位位互相融攝是爲不同今亦用瓔珞五十二位復依法華於十信前更明五品觀位一隨喜品若人夙植深厚或從善知識或從經卷圓聞妙理謂心佛衆生三無差別此心卽空卽假卽中全體法界頓具百界千如種種性相聞已信解慶已慶人欲開此心而修圓行圓行者一行一切行略言爲十一者識知一念平等具足不可思議二者愍已昏迷慈及一切三者又知此心常寂常照四者用寂照心破一切法卽空卽假卽中五者善識一心諸心若通若塞六者悲於此心

具足道品向菩提路七者又解此心正助之法八者善識己心及凡聖心九者安心不動不墮不退不散十者雖識一心無量功德不生染著十心成就其心念念悉與諸波羅密相應名隨喜品二讀誦品內則勤修理觀外則讀誦大乘聞有助觀之力如膏助火十心轉明三說法品內解轉勝引晳熏心導利前人化功歸己隨說法淨則智慧淨十心倍明也四兼行六度品正觀增明傍兼利物能以少施與虛空等使一切法趣檀檀爲法界事相雖少運懷甚大戒等亦爾理觀爲正事行爲傍故

言兼行事福資理十心彌盛也五正行六度品圓觀濵熟事理欲融事不妨理理不隔事權實二智究了通達治世語言資生產業皆與實相不相違背十心光猛如火益薪也此五品位用圓三觀圓伏五住煩惱名爲外凡次入內凡十信緜修圓行善巧增益五倍深明得入圓位善修平等法界即入信心善修慈悲即入念心善修寂照入精進心善修破法即入慧心善修通塞即入定心善修道品入不退心善修正助入迴向心善修凡聖位次即入護心善修安忍即入戒心善修離著即入願

心此是六根清淨位初心任運先斷見惑證位不退七心任運思惑斷盡八心九心十心任運斷盡界內界外塵沙證行不退與別教十迴向齊次明聖位初住以圓觀力分破一品無明三心圓發謂緣因善心發即解脫德了因慧心發即般若德正因理心發即法身德如此三德不縱不橫圓在一心發得本有故名初發心住從二住去乃至等覺凡四十位位位各破一品無明各顯一分三德乃至妙覺永別無明父母究竟登中道山頂成大菩提證大涅槃一切大理大誓願大莊嚴大智斷大

徧知大道大用大權實大利益大無住即是十觀成乘圓極竟在於佛盧舍那名淨滿一切皆滿也然圓教行人亦名菩薩亦名爲佛以創聞圓理能生圓解是名字即佛外凡五品是觀行即佛內凡十信是相似即佛住行向地乃至等覺皆名分證即佛妙覺極果究竟即佛而等覺以下五品以上已背塵緣未極覺海亦名菩薩又佛既有六即菩薩亦然乃至十界皆明六即妙覺即是究竟菩薩亦是究竟緣覺聲聞究竟天人修羅究竟地獄鬼畜生也　次釋心地法名者據天台師但疏下卷

戒品則云亦是譬名以品內所明大士要用如人身之有心能總萬事能生勝果為大士所依義之如地今據上品具明菩薩三十心十地法門當是指法之稱然三十心無非菩薩之所遊履一一皆能生勝妙果何獨非地而體性十地一一皆能總攝諸法一一何非菩薩妙心但以相似位中未證眞實故地亦名心分證位中堪任荷持故心亦名地則知心地二字似別還通約法約喻皆無不可且下卷重輕戒品若云初發心中常所誦一戒似向發心一位別別拈此塵許法門若云乃至十發

趣十長養十金剛十地諸菩薩亦誦我今亦如是誦是誡一切菩薩之要用一切大士之所依喻以心地愈覺融通矣　三就人法對釋者問菩薩階位既有四教不同今此心地的屬何教答正屬別圓二教非屬藏通藏通菩薩法門雖亦從此心地流出而機不相關設別圓有接通之義既已被接不復名通今就上下二卷須作兩番對釋次更合釋會經　先就上卷三十心十地對釋者若心心別歷地地漸證即是別教菩薩若一心一切心一切心一心一地一切地一切地一地即是圓教菩

薩又一往對位解釋則發趣十心向於十住長養十心同於十行金剛十心同於十向體性十地同於歡喜乃至法雲若再往研義則住行向位念念皆應修習此三十心歡喜等地位位皆應遊履此體性地亘繇菩薩行位功德難思若欲具說眾必驚疑次第略明人復偏執故此經與華嚴部味雖同特示出入如華嚴十地明十波羅密此則以十度為發趣十心華嚴所明菩薩四攝此經收在十長養中此經所明十金剛心大似圓教內凡十信又第六不退心中即具明三種不退華嚴以十度

分屬十地此則初地便具十力十號及不共法而五地復專明十力七地專明十八不共十地專明十號功德是以迷宗者便謂相違得旨者知其互映雖次第漸陳而一地中非不具足一切諸地功德雖位位圓攝而分證法身亦自宛然成其高下若不位位具德則圓頓之義不成若不宛然高下則四十二位徒設如月雖漸圓月體非漸月雖不異光必漸增可以悟性修交成義矣　次就下卷十重四十八輕戒對釋者藏教在家菩薩但秉優婆塞戒或兼秉善生經中六重二十八輕出家菩

薩但秉沙彌比丘二種律儀若急於自度惟持遮戒即名二乘若爲衆生故善識開遮即名菩薩不別秉此重輕戒也通教菩薩與藏教同別圓二教菩薩正秉此戒名字位中從師受得或千里無師像前求受若善修五悔者不惟發得攝律儀戒亦能發得定共道共乃至證入五品十心及登正位受此戒已極至佛身於其中間戒體常在設隔世不憶數數重受亦非新得惟退失大心及毀犯十重便失戒體失此戒者如人壞心如地崩陷不復堪能修習善法增長菩提故知此戒即心地也此

心地戒從名字菩薩直至等覺位位修習堅固成就入妙覺位戒體圓極諸惡永淨萬善悉滿是故名爲盧舍那佛若藏教菩薩轉入別圓者未得定道須從師受已得定道隨發律儀通教初心亦復如是若通教被別圓接者既入眞似二位隨應發得勝妙律儀不須受得或爲物作則示現秉受亦彌善也問下卷經云一切有心者皆應攝佛戒又云國王王子乃至畜生變化人等但解法師語盡受得戒今明藏通菩薩不秉此戒義云何通答此經不又云衆生受佛戒即入諸佛位乎國王乃至

畜生但秉此戒即屬別圓不得名藏通也且據即入佛位位同大覺之言則別教初心尚非其分何況藏通　次更合釋會經者夫以本源心地出生一切菩薩行位各各不同於此菩薩位中位位修行心地法門亦復無量非依心地之法孰成菩薩之名非因菩薩之人孰秉心地之法人即是法法即是人繇人故有大菩提繇法故有大涅槃菩提是智涅槃是理無理外之智能照於理無智外之理爲智所照理智雙絕理智圓彰智無量故理亦無量理難思故智亦難思交融互攝橫徧豎窮信

如帝網明珠光光相映一珠中現一切珠一切珠中一珠影一切珠中一切珠一珠各住一珠位題稱梵網妙極於斯又本源心地不惟出生一切菩薩行位亦復徧出一切諸法所謂地獄心乃至佛心地獄地乃至佛地而茲但云菩薩心地者以菩薩上同慈力下同悲仰徧攝十界之義尤爲明顯且菩薩既論六即六即便包十界十界無非心地法門又菩薩位中不惟修此三十心十地亦復徧修一切心地所謂修於地獄心地獄地知即法界乃至修於佛心佛地知即法界而茲但云菩薩者

以界界既各明六卽則一名卽一切名一義卽一切義也如此義理無量無邊自非梵網孰爲其喩故名梵網經菩薩心地也 四釋品字者梵語跋渠此翻爲品品者類也義類相從故名爲品此經有一百一十二卷六十二品今惟第十菩薩心地品上下兩卷什師誦出然上卷明三十心十地爲入佛果之根源下卷明十重四十八輕戒又爲行菩薩道之根本性修因果義理皆周飲一滴而知大海燒一丸而具衆香惟貴精修不俟多也

二顯體者略爲三義初明須顯體二正出體三會異 初明須顯體者體是主質乃名下之所詮種種名言意欲令人尋名得體如因筌得魚因指得月若逐名迷體如捉蛇尾反遭其螫世尊所以常爲比丘說筏喩也卽如此經從梵網題名心地品名乃至上下二卷全文一一無非能詮之名就茲名下一一皆顯所詮之體得此體已方能全性起修以修合性又釋名總詮三法體章別在法身宗章別在般若用章別在解脫教相分別總別故釋名之後須先顯體體雖法身必具二德雖具二德還屬法身具二德故非縱屬法身故非橫不縱不

橫故成妙體妙體貴極諸法中尊一切萬行之所歸趣無量功德之所莊嚴種種言辯之所詮顯如衆星拱宸衆流歸海故以禮釋體明是貴極之法法身德也悟此體者爲法界源到實相底故以底釋體明是透徹之宗般若德也得此體者會萬殊而不二徧衆法而無遺故以達釋體明是無礙之用解脫德也如此三義爲一妙體迷之則歷劫長淪悟之則當下具足經云大衆心諦信汝是當成佛我是已成佛又盧舍那佛先現虛空光體性本源成佛常住法身三昧示諸大衆後開心地法品意在於斯 二正出體者此經以諸佛本源心地爲體言心地則當體卽是更無他求言本源則法爾性德非關修證言諸佛則出障圓明非同在纏以盧舍那佛及一切世尊所證最極清淨常住法身全是衆生心性之理更無少許別法可得此理卽名爲體亦爲一切教體亦爲一切行體此印眞正魔外所不能壞權小所不能濫也 三會異又二先會諸經次會義疏無作戒體 先會諸經者此經與華嚴同一部味當以法界爲體法界與諸佛本源心地同體異名更無別體又諸大乘經皆

以實相爲印爲經正體實相亦卽諸佛本源心地異名以其離一切相卽一切法超諸戲論不可破壞無相不相故名實相以其萬法之所從出萬法之所歸趣故名法界以其在凡不減在聖不增迷悟宛然體性常住故名諸佛本源心地乃至或名法住或名法位或名一切種智或名一實境界或名中道第一義諦等無量異名無量異義究竟總無別體也 次會義疏無作戒體者問此品既以諸佛本源心地爲體何故智者大師義疏三重玄義之中第二出體乃明無作戒體答大師但疏重輕戒相以便行持故僅列三重玄義謂第一釋名第二出體第三料簡蓋戒法惟貴專修故理體姑置不辨若辨理體則自性清淨無犯無持亦無得失於弘揚戒法似非所急故獨明無作戒體用彰修證之門能如實修自能合性又大部教觀既已廣開稱性圓解今正示秉戒成修何須復談理體所以於三重中雖名出體乃是戒之當體非是所依理體以理體屬性戒體屬修理體於五重中屬體戒體於五重中屬宗言無作者只是一作之後不俟再作所謂憑師秉受直至未來任運止惡任

運行善故名無作與無作四諦之義不同以此無作戒體乃是無漏色法受之則得不受則無持之則堅毀之則失故屬事不屬理屬修不屬性屬宗不屬體然事理非二性修交成宗體不隔故起信論云以知法性無染離五欲過故隨順修行尸波羅蜜此經云光非青黃赤白黑非色非心非有非無非因果法而戒光從口出又云計我著相者不能生是法滅壽取證者亦非下種處菩薩戒羯磨文云先發菩提願乃堪受此戒是則無作戒體全依理體而發而本淨理體全賴戒法而顯故義疏中出體一章始則重在以修合性指宗爲體次明止行二善又屬力用中事而料簡一章宛同教相雖曰三重五義自足略五成三急在修證四依利物豈不巧哉茲復曲爲末世鈍根寡於聞見既不能向大部教觀開圓解門又不能知三十心十地是何法義徒受菩薩戒之虛名何關修證故略述教觀大綱以成合註俾稍知性修不二之旨既通釋一品經文須用五重玄義無作自歸於宗心地乃成正體古今異轍意在於斯

三明宗者體顯於性宗顯於修全性起修故不二

而二。全修在性。故二而不二。如梁柱是屋之綱維。屋空是梁柱所取。今以屋空喻體。梁柱喻宗。繇有梁柱方得受用屋空。故次體之後須明宗也。此經以佛性因果爲宗。佛性非因非果。偏能出生一切因果。經云。一切衆生皆有佛性。此佛性者。卽是諸佛本源心地。以此不生不滅爲本修因。然後圓成果地修證。則因亦佛性。果亦佛性。據經文中有三重因果。一者三十心十地爲因。成等正覺爲果。二者初發心常所誦戒爲因。分滿法身爲果。三者諦信成佛爲因。波羅提木叉爲果。又三十心十地亦

得傳傳論於因果。正覺惟果。諦信惟因。本源自性清淨爲因。因常住法身爲果。果如此重重因果。會入非因非果。是此經宗致。文云。應當靜觀察諸法眞實相。不生亦不滅。不常復不斷。不一亦不異。不來亦不去。如是一心中方便勤莊嚴。夫不生不滅等。卽眞常佛性非因果法。亦名諸法實相。亦名一心。正顯經體。而方便莊嚴。卽是稱性圓修成妙因果。明此經宗也。方便莊嚴復有二義。一者智慧莊嚴。二者功德莊嚴。上卷三十心十地。深明觀慧。屬於慧行。下卷十重四十八輕。備顯止行二善。屬於

行。行此亦一往爲語。若備論者。心地法門。具勝功德。無作妙戒。全繇慧明。故曰繇慧淨故戒淨。繇戒淨故慧淨。如兩手互洗。不容前後。而此無作妙戒。及發趣長養金剛等心。體性平等。諸地同以本源清淨佛性爲所依體。以宗契體。體非宗外。悟體成宗。宗原屬體。修證要門。孰過於此。

四辨用者。用是力用。亦名功德。此經以捨凡入聖爲用。上卷云。我已百阿僧祇劫修行心地。以之爲因。初捨凡夫。成等正覺。下卷云。若人受佛戒。卽入諸佛位。又云。但解法師語。盡受得戒。皆名第一清

淨者。今總釋其意。須知傳傳捨凡。傳傳入聖。則傳傳清淨。若云初捨凡夫成等正覺。則惟佛名聖。惟佛第一清淨。若云受佛戒。卽入佛位。則但能解語便已入聖。便成清淨。故佛頂從三漸次。直至妙覺通名六十聖位。若約教道而論。則別教三十心名賢。十地名聖。圓教十信爲賢。初住以去名聖。賢是相似清淨。聖是分證清淨。今更約六卽義釋。謂本源自性清淨。是理卽佛。亦理卽聖。理卽清淨。此全是凡。因此經力用而捨。若解語受戒。卽入佛位。是名字佛。亦名字聖。名字清淨。因此經力用。最初而

入若常作諦信靜觀實相是觀行佛亦觀行聖觀行清淨若三十心向果是相似佛亦相似聖相似清淨若登體性十地是分證佛亦分證聖分證清淨若法身智身滿足是究竟佛亦究竟聖究竟清淨因此經力用次第而入從前望後一一爲聖從後望前一一爲凡理卽惟凡正覺惟聖捨凡須盡入聖須極又理卽聖亦理卽凡究竟聖亦究竟凡中間四卽亦復如是凡無可捨聖無可入無捨無入而論捨入是名無作大功德力也

五教相者此經於五時中是第一時日照高山於五味中卽是乳味於化儀中卽屬頓教於化法中卽是別圓然與華嚴同而不同略有三義一者華嚴遮那卽是釋迦徧坐塵剎此經舍那自坐華臺釋迦自據千葉二者華嚴諸會說法不動而周此經復從座起乃至餘處三者華嚴十住多明圓義而兼於別十地多明別義而兼於圓此經三十心多明別義亦復兼圓十地多明圓義亦仍兼別一往爲論似較華嚴爲劣細尋厥旨各有所繇良以如來平等大慈方便應現巧具四悉勝劣隨機或勝法中得劣益或劣法中得勝益事非一致那容

定判且如遮那卽是釋迦則三身一體之義固爲易彰而釋迦接見舍那儼然有開迹顯本之致利根者亦堪取悟又三十心名迴與住行向異或一心別對一位或位位圓修此心兩經參合適彰法門之妙今但麤定其相則華嚴圓兼別此經別兼圓又釋迦但云千百億者周帀千華適就二地菩薩所見戒波羅密增上故也只此二地所見法門亦復全具一切事理因果無量中一一中無量題稱梵網良有以也又周帀千華何必不表一念千法既念念具足千法亦法法互具無盡聊示千百億界以表心地法門耳五重義竟

佛說梵網經菩薩心地品玄義

佛說梵網經菩薩心地品合註卷第一

姚秦三藏法師鳩摩羅什譯
明菩薩沙彌古吳智旭註
菩薩比丘溫陵道昉訂

(甲)入文爲三。從品初至光爲何等相。有九行經。爲放光發起分。從爾時釋迦擎接大衆。至下卷心心頂戴歡喜受持。爲正示法門分。從爾時釋迦牟尼佛說上蓮華臺藏至卷終。有八行經十四行偈。爲流通益世分。雖是六十二品中之一品序及流通。自在全經。而就茲一品。三分宛然。

(乙)初放光發起爲三。初總標法會時處。二釋迦放光警衆。三菩薩放光集問。(丙)初總標法會時處又二。初明時處主伴。二指所說法門。(丁)今初

爾時釋迦牟尼佛在第四禪地中摩醯首羅天王宮。與無量大梵天王不可說不可說菩薩衆。

諸經通序。皆具六種成就。此是一品別行。略無信聞。以信聞二義。文在初品。理貫全經故也。今但出四種。爾時二字。標時成就。釋迦牟尼。標主成就。第四禪地。標處成就。梵王菩薩。標伴成就。既主伴同時同處。必聞妙法。既聞妙法。必如理信解。文雖標四義。乃具六。言爾時者。時無實法。長短惟心。但據師資道合。機教相符。總名爾時。言釋迦牟尼佛者。乃我本師萬德嘉號。佛有無量德。應有無量名。今且就此土示生之姓。及父王所立之字。人共稱之。梵語釋迦。此翻能仁。亦翻能儒。亦翻直林。此卽是姓。梵語牟尼。此翻寂默。餘菩薩爲太子時。躬臨釋種大會。釋衆咸皆默然。父王爲立此字。姓字合稱。立茲嘉號。約義釋者。寂默故不住生死。能仁故不住涅槃。悲智雙運。乃稱大覺。在第四禪地者。法身

無在無不在。爲衆生故。示現住處。有云暫時名在。久居名住。此偏舉耳。久亦名在。暫亦名住。在之與住。字別義同。今約住釋義。佛有四住。一者天住。二者梵住。三者聖住。四者佛住。五戒十善。名爲天住。四禪八定。慈悲喜捨。名爲梵住。戒定慧脫。名爲聖住。首楞三昧。十力無畏不共等法。名爲佛住。行住坐臥四威儀中。恆不離此一切法門。以天住應欲界機。以梵住應色無色機。以聖住應三乘機。以佛住應一乘機。佛爲能住。四法爲所住。又四法爲能住。天王宮爲所住。以此四法攝衆生故。示有住處。

住本無住非似凡夫於無住中隨業住也第四禪名爲地者於三界九地中卽捨念清淨地佛既在此應同梵住而意在敷心地門接衆見本則是住於佛住也摩醯首羅此翻大自在居於色究竟天爲大千世界尊主亦名大梵天王大千界内惟有一王今言無量則他方雲集衆也菩薩義見玄義不可說不可說者大數極名大梵爲異生衆菩薩爲同生衆若異若同總是夙聞大教成就大根應聞此大法者適與此大會耳觀心釋者介爾有心名爾時此心與一切衆生同體名釋迦此心本性

空寂名牟尼此心本自靈覺名佛此心本自平等清淨名四禪地此心本來自在無所係屬名摩醯首羅宮此心具一切清淨差別功德名無量大梵天王此心具一切無差別智慧不可窮盡名不可說不可說菩薩衆

(丁)二指所說法門

說蓮華臺藏世界盧舍那佛所說心地法門品

海衆雲攢欲聞大法隨機演示意在歸源如此心地法門乃盧舍那佛所說而淨滿本尊乃居蓮華臺藏世界今爲衆宣說俾知厥本以爲下文擎接禮覲之先容也此華藏雖名報土而稱法垂報體卽寂光寂光理性藉報乃彰如此指點正欲令人自悟耳觀心釋者此心體無染汙具妙因果名爲蓮華此心竪實高顯一切法之中道名臺此心廣含諸法名藏此心竪窮名世橫徧名界此心離過絕非名淨具塵沙德名滿一心徧喻諸心名說此心衆法之所集起名心此心衆法之所依持名地此心堪作軌持名法此心徧通諸法名門略釋梗概如此下文不復委出可以意知

(丙)二釋迦放光警衆

是時釋迦身放慧光所照從此天王宮乃至蓮華臺藏世界其中一切世界一切衆生各各相視歡喜快樂而未能知此光光何因何緣皆生疑念無量天人亦生疑念

前已說示華臺世界舍那本尊所說法門恐人不信故又放光徹照其境俾悟本源也慧光者色心不二故身光卽是慧光說智及智處皆名爲般若也所照乃至華藏等者本迹不二故能照窮法界海也相視快樂者以生佛體同故不覺受熏之易未知何因何緣者未知本源心地之因開迹顯本

之緣也。皆生疑念者。衆生則久在沈迷。天人則但秉權迹。故一時開悟爲難也。

（丙）三菩薩放光集問

爾時衆中玄通華光主菩薩從大莊嚴華光明三昧起以佛神力放金剛白雲色光。光照一切世界。是中一切菩薩皆來集會。與共同心異口問此光光爲何等相。

衆既生疑。理須發悟。非藉當機孰爲請主。而發迹顯本乃是不思議大事因緣。故必放光警集海衆同致問也。菩薩名玄通華光主者。玄微通徹。即該因徹果之稱。華表於行。光表於智。此行此智成佛本源。故名爲主。玄則華光皆玄。智行之性甚微妙故。通則華光皆通。智行之法徧因果故。梵語三昧此翻正定。所住三昧名大莊嚴華光明者。此智行乃稱性所起。還莊嚴性。故名大也。以佛神力者。本住三昧。觸佛光而起定。隨承佛力而放光召衆也。所放光名金剛白雲色者。究竟堅固。故名金剛。表法身德。淨無瑕玷。名之爲白。表般若德。萬德叢集名之爲雲。表解脱德。又三德皆堅固。三德皆無瑕三德皆集法。如此光明全是三德秘藏。一切世界

菩薩之所同修同證。故蒙照皆來集會也。同心異口問此光者。還問前來佛所放光因緣相也。

（乙）次正示法門二。初舍那說心地法。次釋迦宣菩薩戒。（丙）初中三。初問答標名。次正說義趣。三付囑引傳。（丁）初又二。初釋迦騰問。二舍那垂答。（戊）初復二。初攝衆見本。二爲衆請法。（己）今初

是時釋迦即擎接此世界大衆。還至蓮華臺藏世界百萬億紫金剛光明宫中。見盧舍那佛坐百萬億蓮華赫赫光明座上。時釋迦及諸大衆。一時禮敬盧舍那佛足下已。

華藏是本源世界。猶如故鄉。故言還也。前雖放光照徹斯境。而大衆但承光遠見。未曾親履。今始面奉本尊。知本迹之非隔。一時禮敬。正表以迹合本也。

（己）二爲衆請法

釋迦佛言。此世界中地及虛空一切衆生。爲何因緣得成菩薩十地道。當成佛果。爲何等相。如佛性本源品中。廣問一切菩薩種子。

前既兩番放光。動其疑念。令其發問。故今代衆啓

請重問因緣深義。俾各從本佛親聞也。地及虛空一切衆生者。五趣及四王忉利二天。爲地居衆生。餘四欲天。及色無色界。爲空居衆生。是諸衆生皆悉當成佛。果但未知繇何因緣耳。十地爲分果。佛爲滿果。成之必藉因緣。而若因若果。必有其相。今直略問而已。若廣問者。具如佛性本源品也。此卽結集家語。懸指彼處全經。後皆倣此。

（戊）二舍那垂答二。初以定示答。次誡聽言答。（己）今初

爾時盧舍那佛。卽大歡喜。現虛空光體性本源成佛常住法身三昧。示諸大衆。

將演法門。先以定示者。略有三義。一者爲顯法體以此法門。非語言文字之所能宣。惟是聖智所行境界。然佛既親證此法。則常時在定。那有出入。當體卽是。亦何隱現。但衆生久沈迷網。惟同體大悲能以不思議稱性方便而開曉之。故名爲現也。二者爲順悉檀因緣。自有衆生聞說法而得四益。亦自有衆生見入定而得四益。故須以定示之。三者爲顯如來一語一默。無非妙道。所作佛事。皆悉不虛。先以定示。了知此法不滯言詮。復以語答。了知此法不墮暗證。相貌音聲。皆爲教體。而此三昧名虛空光體性等者。虛空則蕩無纖塵。光則徧照法界。體性則實相眞源。亦三德秘藏之異名耳。此秘密藏。一切衆生本來具足。爲成佛之眞因。諸佛如來究竟圓證。成常住之極果。今和盤托出。直使大衆當下見其若因若果之相。亦可謂直捷痛快者矣。

（己）次誡聽言答二。初誡修三慧。次委答所問。（庚）今初

是諸佛子諦聽。善思修行。

佛法雖妙。非慧莫悟。妙悟雖多。三慧收盡。聽不諦審。則聞慧不生。思不如理。則思慧不生。行不努力。則修慧不生。聞慧在名字。思慧在觀行。修慧在相似。繇聞慧故。得伏五住。繇思慧故。得淨六根。繇修慧故。得開秘藏。此猶次第爲語。若稱性者。三慧並在一心之中。

（庚）次委答所問二。初總答因果本迹。二廣示心地名相。（辛）初中又四。初明因。二明果。三從本垂迹。四攝迹歸本。（壬）今初

我已百阿僧祇劫修行心地。以之爲因。

以身爲證明是自行眞實法門也。梵語阿僧祇此云無數。不言三阿僧祇。而言百阿僧祇者。被界外機須知因地如斯遙曠也。

(壬)二明果

初捨凡夫。成等正覺。號爲盧舍那。住蓮華臺藏世界海。

生相無明永盡名爲初捨凡夫。果德究竟圓極名爲成等正覺等則雙照二邊。正則契會中道。於十號中。即是正徧知號也。盧舍那者。此云淨滿。如望夜之月。黑相都淨。光體圓滿。從德立號。報智冥法之極稱也。住蓮華臺藏世界海者。實報無障礙土。諸佛所感稱實果報。色心不二。依正重重。又此世界係於衆生心性。顯現還依衆生心性安住。衆生心性名爲蓮華。在汙不染。因果同時。係此心性妙蓮華故。乃使世界亦如蓮華。即此心性爲萬法之宗極。故名臺。含無邊之刹網。故名藏。豎無終始。故名世。橫絕方隅。故名界。深廣難思。故名海。究竟契合。故名住也。

(壬)三從本垂迹

其臺周徧有千葉。一葉一世界。爲千世界。我化爲千釋迦。據千世界。後就一葉世界。復有百億須彌山。百億日月。百億四天下。百億南閻浮提。百億菩薩釋迦坐百億菩提樹下。各說汝所問菩提薩埵心地。其餘九百九十九釋迦。各各現千百億釋迦亦復如是。

周徧千葉者。圓表千法。別應二地。略如玄義所明也。千釋迦者。正起信論所明於色究竟天示現世間最高大身。乃帶劣勝應。通機所見者也。據者。統攝化導之義。百億者。千萬爲億。共是十萬萬數。乃大千世界之區域也。須彌。此云妙高。四寶所成。居四洲大海之中。腹細上廣。頂爲忉利所居。腰爲日月所遶。如起世經廣明。閻浮提者。四洲之一。在須彌南。爲諸佛示生之處。此洲有一大樹名閻浮。提餘洲所無。故以爲名。亦名贍部洲也。菩薩釋迦者。初坐菩提樹下。未示成佛。猶名菩薩。化復現化。徧千百億界者。廣攝羣機。曲垂方便。正起信論所明自然而有不思議業。能現十方利益衆生。乃人間劣應。藏機所見者也。各各現千百億釋迦。千字疑衍。以合計乃成千百億故。

(壬)四攝迹歸本

千葉上佛。是吾化身。千百億釋迦。是千釋迦化身。吾

以爲本源名爲盧舍那佛
從本垂迹則不異而異攝迹歸本則異而不異指兩重化歸於一眞正欲人各悟本源覺性元自清淨圓滿耳
(辛)次廣示心地名相二初正列四十法門次結示得入果相 (壬)今初
爾時蓮華臺藏世界盧舍那佛廣答告千釋迦千百億釋迦所問心地法品諸佛當知堅信忍中十發趣心向果一捨心二戒心三忍心四進心五定心六慧心七願心八護心九喜心十頂心諸佛當知從是十

發趣入堅法忍中十長養心向果一慈心二悲心三喜心四捨心五施心六好語心七益心八同心九定心十慧心諸佛當知從是十長養心入堅修忍中十金剛心向果一信心二念心三迴向心四達心五直心六不退心七大乘心八無相心九慧心十不壞心諸佛當知從是十金剛心入堅聖忍中十地向果一體性平等地二體性善慧地三體性光明地四體性爾焰地五體性慧照地六體性華光地七體性滿足地八體性佛吼地九體性華嚴地十體性入佛界地
堅信忍者從外凡位仰信中道佛性之理修習堅

固得成於忍乃證發趣位也發趣心者從假入空開發趣向登菩提路向果者一一心皆向佛果又一一心中各具向果二義趣入名向住位名果如四果四向等此十心即是十波羅密亦即十住法門深達空法而修十度十度皆是無相法門護即力度喜即方便頂即智度次第與通途稍別者各有取義不可定執也又十波羅密皆有長養善法金剛堅固義皆亦體性法門而但云發趣者且就似解位中即生心而本無住言之耳堅法忍者從發趣法修習堅固得成於忍乃證長養位也長養

心者出空入假以如幻三昧長養善法此即四等四攝定總於等慧總於攝亦即十行法門又四等妙定四攝妙慧皆有開發趣向金剛堅固義皆亦體性法門而但云長養者且就似解位中即無住而常生心言之耳堅修忍者修長養心堅固成忍乃證金剛位也金剛心者習中觀伏無明猶如金剛不可沮壞此心名義大似圓家十信亦即十迴向法門又信等亦皆有發趣長養義亦皆是體性法門而但云金剛者且就似解位中無住即生心生心即無住言之耳堅聖忍者金剛心中以中道

觀修習聖法。發眞智斷成堅固忍。乃證十地位也。
斷十重障。證十眞如。猶如大地荷負一切。捨凡入
聖。頓同佛體。灼見佛性。故一一皆名體性地也。此
與通途十地義意頗同。名字迥別。至後方釋。又十
地皆有發趣長養金剛之義。而直云體性地者。前
約相似解行。故地地皆名爲心。此約證眞履實。故
心心皆名爲地耳。
(壬)二結示得入果相。又二。初以自身證。二轉授衆
生。(癸)今初
是四十法門品。我先爲菩薩時修入佛果之根源。

正覺如果。此法如根。正覺如海。此法如源。佛所先
修。決定非謬也。
(癸)二轉授衆生
如是一切衆生。入發趣長養金剛十地。證當成果。無
爲無相。大滿常住。十力。十八不共行。法身智身滿足。
入發趣等四十法門。方能證當成果。正顯理雖性
具。心藉修成。不可高談理性而生邪慢也。無爲無
相者。諸漏永盡。大滿者。萬德圓極。常住者。不變不
遷。力不共滿足。故大滿。法身滿足。故常住。智身滿
足。故無爲無相。又無爲卽自在我德。無相卽淨德。

大滿卽樂德。常住卽常德。力不共亦無爲。無相大
滿常住。法身亦無爲無相大滿常住。智身亦無爲
無相大滿常住。三德各具四德也。
(丁)二正說義趣二。初菩薩問義。二舍那詳答。(戊)
今初
爾時蓮華臺藏世界盧舍那佛。赫赫大光明座上。千
華上佛。千百億佛。一切世界佛。是座中有一菩薩。名
華光王大智明菩薩。從坐而立。白盧舍那佛言。世尊。
佛上略開十發趣。十長養。十金剛。十地名相。其一一
義中。未可解了。唯願說之。唯願說之。妙極金剛寶藏

一切智門。如來百觀品中已明。
於諸佛大會中而菩薩啓問者。正屬所被之機故
也。華光王卽華光主義。大智明卽玄通義。前文放
光集衆。表示緣本智而起妙行。故名玄通華光主。
此文問義兼修表示資妙行而趣大覺。故名華光
王大智明。
(戊)二舍那詳答四。初明十發趣。二明十長養。三明
十金剛。四明十地。(己)初中三。初總徵。二別釋。
三結指。(庚)今初
爾時盧舍那佛言。千佛諦聽。汝先言云何義者。發趣

中。

但吿千佛者。此是如來本所修行無上法門。故令千佛轉相傳授也。發趣義略如前釋。此以十波羅蜜。心心開發。趣向眞道。名十發趣。別則一心分對一住。圓則住住修行此心。乃至妙覺圓滿此心。今就義便。且約從假入空爲解。若利根者。旣見於空。亦見不空。見不空故。開發趣向證妙眞諦。此眞卽中。亦復卽俗。三諦圓融。不可思議。一心一切心。一切心一心。十段文中。每露此旨。讀者須善悟之。

(庚)二別釋十。初捨心。至十頂心。　(辛)今初

若佛子。一切捨國土城邑田宅金銀明珠男女已身。有爲諸物。一切捨。無爲無相。我人知見假會合成主者造作我見。十二因緣。無合無散無受者。十二入十八界五陰。一切一合相。無我我所相。假成諸法。若內一切法。外一切法。不捨不受。菩薩爾時名如假會觀現前。故捨心入空三昧。

若佛子者。紹佛家業。當踐佛位。故名佛子。一切捨者。總標修捨。謂捨內外物。乃至捨我法執也。國土下。先明捨內外物。無爲下。次明捨我法執。謂但觀無爲無相之理。了知一切我人知見。皆是假會合成。彼外道妄計有主者造作者。及神我見。乃至二乘妄計有十二因緣實法。其實緣起亦無有合。緣滅亦無有散。亦無有受合受散者。舉凡十二入十八界五陰等法。一切凡夫所計一合之相。本無我及我所之相。不過是假成諸法耳。是以若內一切法。外一切法。本無故不須捨。本無故不可受。此則從假入空。名爲如假會觀。此觀現前。任運入空三昧矣。此亦可別對發心住者。棄妄故名捨心。發眞故名發心住也。又發眞卽是別義。發中卽是圓義。一切法不受。是遮俗照眞。一切法不捨。是遮眞照俗。又不受卽雙遮。不捨卽雙照。雙遮雙照。中道宛然。

(辛)二戒心

若佛子。戒非非戒。無受者。十善戒。無師說法。欺盜乃至邪見。無集者。慈良淸直正實正見捨喜等。是十戒體性。制止八倒。一切性離。一道淸淨。

戒之一字。標無作體。此無作戒。永離二邊。契中道。非非戒下。先明離有。慈良下。次明離空。制止下。結明德用。非戒者。外道邪戒。及凡夫取相持戒。雖善惡不同。咸非入道正門。故名非戒。今菩薩戒體非

同凡外之非戒。以其了達無受者故也。此十善戒法雖師師相授。而實無師能說此法。所謂和尚是戒耶。阿闍黎是戒耶。乃至白四羯磨是戒耶。即所對治欺盜等十惡法。亦本無集者。以此惡法。不自生。不他生。不共生。不無因生。又未生無藏處。欲生無來處。正生無住處。生已無去處。則法性本無染汙也。但法性中本自具足慈良等一切性德。即是十戒體性。謂慈即不殺體性。良即不盜體性。淸即不婬體性。直即不兩舌體性。正即不惡口體性。實即不妄言。不綺語體性。正見即不癡體性。捨即不

貪體性。喜即不瞋體性也。制止八倒者。一切性離即無受。乃至無集。能制止凡外四倒。一道淸淨。即慈良等體性。能制止二乘四倒。蓋凡夫及外道。不論惡戒善戒。咸生取著。無常計常。苦謂是樂。無我執我。不淨計淨。故成有漏因果。二乘雖證無漏。不達性體。常謂無常。樂謂是苦。我謂無我。淨謂不淨。故入涅槃時。戒善隨廢。大乘從性起修。全修在性。以性德爲所依體。以無作色爲當體。始從初受。極至佛身。不壞不失。任運止惡行善。性德即法身。無作色即報身。所謂諸佛究竟色也。於律儀上法爾

有攝衆生義。即應化身。此戒心亦可別對治地住者。地是所治。戒是能治也。

（卒）三忍心

若佛子。忍有無相慧體性。一切空空忍。一切處忍名無生行忍。一切處得名如苦忍。無量行一一名忍。無受無打無刀杖。瞋心皆如如。無一一諦。一相無無相有無有相。非非心相。緣無緣相。立住動止。我人縛解。一切法如。忍相不可得。

有無相慧體性者。謂菩薩三忍。咸以無相慧爲體性也。下別釋三忍。即約三苦境明之。觀一切壞苦

皆知本空。故名空忍。觀一切處行苦。皆本無生。名無生行忍。觀一切處苦苦。得其實相。知即法身。名如苦忍。若非三忍之力。一切行門皆不成就。故無量行一一名忍。此總結上文也。下重明三忍觀慧。以諦觀壞苦境界。內無能受之我。外無能打之人。中間無所用之刀杖。故瞋心皆如彼眞如之理而不動搖。所以名空忍也。以諦觀行苦境界。了知無苦集等一一差別之諦。惟是一眞實相。雖無一一諦。而并無無相。雖有一眞實相。而亦無有相。亦非心與非心之相。亦無緣與無緣之相。是名無生行

忍也。以諦觀苦苦境界了知若立若住若動若止若我若人若縛若解一切法當體皆如。既一切皆如則忍相亦不可得。是名如苦忍也。一切法如。即上文所謂一切處得耳。此三苦繇於三受。若別對者。樂受是壞苦。苦受是苦苦。不苦不樂受是行苦。若通論者。三受皆壞苦。必變壞故。三受皆行苦。遷流造作性故。三受皆苦苦。生死惡法故。此亦可別對修行住者。以三忍力修無量行也。

㊉四進心

若佛子。若四威儀一切時行。伏空假會法性。登無生

山而見一切有無如有如無。天地青黃赤白一切入。乃至三寶智性一切信進道空無生無作無慧起空入世諦法亦無二相續空。心通達進分善根。

無相精進常時無間不拘行坐。故云一切時行。行何等法。謂常伏習空觀假會觀法性觀也。以三觀力故能登無生山。而見一切有無之法有亦真如無亦真如。總不背於法性。故於天地等世間法乃至三寶等出世法。一切信其皆是真如。即於此世出世法中修習進道。皆與空無生無作三解脫門相應。亦并無三脫之慧可得。乃至起真空觀入世諦法。亦與空法無二。惟以相續真空觀。通達進分善根。是名無相真精進也。此亦可別對生貴住者。登無生山。即是入如來種。

㊉五定心

若佛子。寂滅無相。無相無量行。無量心三昧。凡夫聖人無不入三昧。體性相應。一切以定力故。我人作者受者。一切縛見性。是障因緣。散風動心。不寂而滅。空空八倒無緣。假靜慧觀一切假會。念念寂滅。一切三界果罪性皆由定滅。而生一切善。

寂滅無相標定體也。無相下先明定能生善。一切

下次明定能滅罪。無緣下結示觀慧功能。先明生善者。言此定雖則無相而能具無量行。所謂四無量心。三昧。一切凡夫聖人無不入此三昧相應。以大慈故與一切聖樂。以大悲故拔一切凡苦。以大喜故於一切凡聖等生慶悅。以大捨故於一切凡聖等心無二。又此四無量定三乘聖人固所共修。一切凡夫亦皆曾證。以劫盡時火水風災將起。一切有情法爾成就此定。乃生四禪處故。次明滅罪者。言一切我人等縛著邪見之性。凡屬障道因緣散風動心。以定力故。皆不須作意求寂而自永滅。

滅故空凡夫四倒不寂而滅故空二乘四倒也次結示功能者言用此無緣假靜慧觀一切假會之法皆即念念寂滅所以三界苦果及其罪性皆繇定力而滅而罪性既滅法爾生得慈悲等一切善也靜慧即是靜慮梵名禪那無緣假者謂一切假名諸法當體全空本無可緣今達假法性空故名無緣假靜慧此定心亦可別對方便具足住者三昧體性凡聖無不相應如胎已成人相不缺也

㊁六慧心

若佛子空慧非無緣知體名心分別一切法假名主者與道通同取果行因入聖捨凡滅罪起福縛解盡是體性功用一切見常樂我淨煩惱慧性不明故以慧為首修不可說觀慧入中道一諦其無明障慧非相非來非緣非罪非八倒無生滅慧光明燄為照樂虛方便轉變神通以智體性所為慧用故

空慧者標第一義空眞慧之體也此之妙慧非同二乘斷空一無所緣而已當知即是靈知之體亦名眞心外道迷此眞體故分別一切法假名主者然即此外道惡慧亦本與覺道通同二乘不了此體故但取果行因入聖捨凡滅罪起福一切縛著皆悉解盡然即此二乘偏慧亦是此體性之功用但彼外道及二乘人於一切知見常樂我淨煩惱等法慧性不明是以或生執著或欲捨離耳故今以慧為首修不可說觀慧雙破二執雙照二理入於中道一諦中道既顯方知其無明之障慧者本非有相非有來處非有生緣非有罪累本非八倒原無生滅是以慧光明燄獨為照耀而隨其意樂虛融無礙起諸方便以種種轉變神通化導含識此皆以眞智體性所為而慧即其用故也此亦可別對正心住者入中道一諦則容貌如佛樂虛方便則心相亦同

㊁七願心

若佛子願願大求一切求以果行因故願心連願心連相續百劫得佛滅罪求求至心無生空一願觀觀入定照無量見縛以求心故解脫無量妙行以求心成菩提無量功德以求為本初發求心中間修道行滿願故佛果便成觀一諦中道非陰非界非沒生見見非解慧是願體性一切行本源

願願者隨所發願數數無盡不止一發也大求者惟為菩提不向二乘不向三有也一切求者心無

限劑不捨一法也。以果行因故願心連者。先達心佛衆生三無差別之理稱果覺之性而行妙因。故所發大願相連不絕永無退悔。至於百劫之久。猶如舍那本所修行。則覺道必得究竟滅罪必得無遺矣。八謂願求之心。屬於散動。而不知求求至心者。卻與無生空一。所謂取捨若極與不取捨亦非異轍。故修此願時觀觀皆入正定照明佛法也。次重明得佛滅罪。謂無量見縛。皆以求心故得解脫。無量妙行。皆以求心乃成菩提。無量功德皆以求心而爲其本。是以初發求心中間修道以行塡願。

但令行滿願。故佛果便得成也。若無求心。如擔麻棄金。豈脫見縛。紫光劣願。豈成無漏。但念三脫豈樂神通耶。次更明觀。觀入定。謂觀於一諦中道非陰非界非沒見生見之見非二乘之解慧。當知是願即是中道體性。乃一切行之本源也。沒生見者沒即無見。生即有見。此亦可別對不退住者。願願相連故身心日益增長也。

(辛)八護心

若佛子。護三寶護一切行功德。使外道八倒惡邪見不嬈正信滅我縛見縛。無生照達二諦觀心現前。以護根本無相護護空無作無相以心慧連慧連入無生空道智道皆明光明光護觀入空假分分幻化幻化所起如無如無法體集散不可護觀法亦爾。

此即力波羅蜜也。護三寶者。不爲外道邪見四倒所嬈。護一切行功德者不爲二乘偏空四倒所嬈。故於佛道具足正信能滅我法二執。而無生觀慧照達眞俗二諦使觀心常現前也。此妙護心名爲根本無相之護。即以此護護根本無相之護。護於空無作無相三解脫門。繫此心中智慧相連不絕。則能證入無生空道。令其能觀之智及所觀之無生

空道皆悉明光。又以此明光智道護持觀智。入於空假二境分分幻化法中。悉知一切幻化所起如無謂皆即第一義空。而此如無法體集亦非集散亦非散。若集若散皆不可得而護。所護之境既不可得則能護之觀法亦爾不可得也。能護所護皆不可得乃名根本無相護。若有少法可得則爲八倒之所嬈矣。此亦可別對童眞住者。以善護故離一切過靈相具足。

(辛)九喜心

若佛子。見他人得樂常生喜悅及一切物假空照寂

而不入有爲。不無寂然大樂。無合有受。而化有法。而見云假。法性平等一觀。心心行多聞。一切佛行功德無相喜智。心心生念。而靜照樂心緣一切法。

此卽方便波羅密也。繇善知同體巧方便故。不但自修功德以益衆生。但見他人得於世出世樂。常生隨喜之心。而卽以此隨喜功德。又能普悅及一切物。益以卽假卽空卽照卽寂。而雖不入於有爲之法。不無寂然法性大樂也。以不入有爲故無合。以不無大樂故有受。以無合故。而化有法。令其忘相。以有受故。而見云假。令互得益。此正以心佛衆

生法性本來平等一體之觀。故成此善巧方便也。此修巧便菩薩。心心行於多聞。使觀智增益明了。乃至三世一切佛行功德。皆以無相隨喜之智慧方便。於念念中攝取現前生隨喜念。而恆以此靜照樂心。徧緣法界一切諸法。使其互爲莊嚴。重重無盡。此則以法界中樂。還復普施法界衆生。所謂惠而不費者也。亦可削對法王子住者。方便最巧妙故。

(辛)十頂心

若佛子。是人最上智。滅無我輪見疑身一切瞋等。如頂觀連觀連。如頂法界中因果如如一道最勝上。如頂如人頂。非非身見六十二見五陰生滅神我主人動轉屈伸。無受無行可捉縛者。是人爾時入內空。値道心心。衆生不見緣。不見非緣。住頂三昧寂滅定。發行趣道性實我人常見八倒生緣。不二法門。不受八難幻化果畢竟不受。唯一衆生去來坐立。修行滅罪。除十惡生十善。入道正人正智正行。菩薩達觀現前。不受六道果。必不退佛種性中。生生入佛家。不離正信。

此卽智波羅密也。以差別智徧知諸法。善達法界

如如頂法。名最上智。此智徧能滅無利鈍諸使。所謂我輪見疑身一切瞋等。能令如頂觀智。相連不斷。繇此觀智相連。觀於如頂法故。了知法界中若因若果。皆卽如如一道。更無二如。故此名爲最勝上如頂法。猶如人之頂相也。然雖喻以人頂。實乃非非身見。亦非六十二見可見。亦非五陰生滅之法。亦非外道所計神我主人能動轉屈伸者。亦自不受諸法。亦無行相可得。旣是第一正受。心行處滅。又安可捉縛哉。非非身見者。上非字。是遮拂之辭。下非字。連身字爲義。謂凡外非身計身。故名爲

非身見或疑衍一非字亦通也是人爾時既證頂法滅於身見乃至無受無行便入內空三昧親值於道名爲見道是時雖心心以度衆生爲事而不見有緣相亦不見有非緣相住是頂三昧中從寂滅定發起妙行進趣佛道一切外道所執性實我人常見及八倒生緣等皆入不二法門所謂行於非道通達佛道故不受邪見八難之報及三界中一切幻化果報亦皆畢竟不受然既無我人亦無果受將誰修行而成佛道耶惟有一種八識心心所之法聚假名衆生去來坐立非斷非常法爾展

轉相續修行滅罪除惡生善入於正道證於正忍正智之法發起正行爾時菩薩通達觀智常得現前既不受六道有漏之果亦復不退佛種性中而墮二乘之地生生入於佛家不復離正信矣此亦可別對灌頂住者以住頂三昧故

(庚)三結指

上十天光品廣說

(巳)二明十長養三初總徵二別釋三結指　(庚)今初

盧舍那佛言千佛諦聽汝先問長養十心者

四無量定四攝法慧最能增長佛道養育衆生名十長養別則一心分對一行圓則位位具修此心乃至妙覺滿足此心今就義便且約從空入假爲解既二諦平等則中道自圓彰矣又四等非無觀慧四攝非無定力今以定慧分攝亦一往語耳

(庚)二別釋十初慈心至十慧心　(辛)今初

若佛子常生慈心生樂因已於無我智中樂相應觀入法受想行識色等大法中無生無住無滅如幻如化如如無二故一切修行成法輪化被一切能生正信不由魔教亦能使一切衆生得慈樂果非實非善

惡果解空體性三昧

慈以與樂爲義故常生慈心能生樂因然或不與無我智相應便屬情愛故必於無我智中以樂相應之觀而入一切諸法所謂觀於受想等大法中一切卽空卽假卽中無生住滅卽空也如幻化卽假也如如無二卽中也如此一切修行滿足成就法輪化被一切能使一切衆生咸生正信不由魔教此則成於樂因亦能使一切衆生得於究竟慈樂之果而此慈樂果非二乘所證實滅亦非世間善惡果報乃是解空體性三昧諸佛菩薩大法樂

耳此亦可別對歡喜行者化被一切即十方隨順之義

(辛)二悲心

若佛子以悲空空無相悲緣行道自滅一切苦於一切衆生無量苦中生智不殺生緣不殺法緣不著我緣故常行不殺不盜不婬而一切衆生不惱發菩提心者於空見一切法如實相種性行中生道智心於六親六怨親怨三品中與上樂智上怨緣中九品得樂果空現時自身他一切衆生平等一樂起大悲

以悲空空無相者了知大悲之體本自空空無相

今欲證此體故以悲緣而行菩薩之道先自滅一切苦因隨於一切衆生無量苦中生拔濟智設自身未免苦輪則安能廣度一切也無量苦者因則見思爲苦塵沙爲苦無明爲苦果則惡道爲苦有漏爲苦沈寂爲苦迷中爲苦生智者生眞諦智拔見思苦因拔惡道有漏二種分段苦果生俗諦智拔塵沙苦因拔沈寂苦果生中諦智拔無明苦因拔迷中變易苦果以要言之即是一念圓修三種大悲繇修生緣大悲故拔惡道之苦亦拔沈寂之苦俗諦三昧成是名不殺生緣觀一切衆生皆我父母等也繇修法緣大悲故拔有漏分段之苦眞諦三昧成是名不殺法緣觀一切地水是我先身一切火風是我本體也繇修無緣大悲故拔迷中變易之苦中諦三昧成是名不著我緣觀心佛衆生三無差別不緣假名不緣實法惟緣中道佛性無緣而無不緣也若約次第釋者藏教持性重戒是不殺生緣通教體色入空是不殺法緣別教修行中道是不著我緣圓教三悲一念中修故能圓拔無量衆苦然悲觀雖深總以事戒爲所依境若無事境理觀不發故常行不殺不盜不婬而一切

衆生不惱發菩提心者我不以殺盜婬事惱人人亦自不惱我互不相惱斯即永拔苦因而此圓悲不惟拔苦隨即與樂良繇菩薩不但見空亦即於空見一切法如實之相故於種性行中隨生道種智心於親怨三品一一皆與上樂智果乃至上怨緣中亦令其九品得於樂果如是修習乃至空空無相之體現在前時則自身及他一切衆生皆平等使歸一樂而還起佛地之大悲矣此亦可別對饒益行者善能利益一切衆生故也

(辛)三喜心

若佛子。悅喜。無生心時。種性體相道智空。空喜。心不著我所出沒三世因果無集。一切有入空觀行成等喜。一切衆生起空入道捨惡知識求善知識示我好道使諸衆生入佛法家法中常起歡喜入佛位中復是諸衆生入正信捨邪見背六道苦故喜。

悅者暢適。喜者歡欣。此總標無量三昧之體相也。無生下。別出四喜。謂此悅喜不同世情欲樂所起特以自悟無生心時則一切種性體相以道智照之無不皆空故於空法而生歡喜。此卽以自解空理不受生縛故喜也。旣達空法。心不著於我所而

但求自度。惟爲化度衆生示現出沒三世。而非從業牽故一切因果悉皆無集。恆於一切二十五有之中隨處令其入空觀行成就故得平等歡喜。此卽以善解無著遊戲度生故喜也。於一切衆生起眞空智入慈悲道各各捨惡知識求善知識還示我以好道互相得益使諸衆生入佛法家故於法中常起歡喜此卽以慶他行因展轉度脫故喜也。旣入佛位之中。復使是諸衆生皆入正信捨邪背苦此卽以度他得果廣化衆生故喜也。此亦可別對無瞋恨行者。卽是自覺覺他得無違拒義故。此與發趣中喜心差別者。發趣是隨喜方便此是無量三昧也。

(辛)四捨心

若佛子。常生捨心。無造無相空法中如虛空於善惡有見無見罪福二中平等一照非人非我所心而自他體性不可得爲大捨及自身肉手足男女國城如幻化水流燈燄一切捨而無生心常修其捨。

無分別無執著其心平等名之爲捨。無造下。明離一切分別故爲大捨。及自身下。明離一切執著名一切捨而無生下。結明常生捨心卽是無住生心

之義也。無造卽無作。於此三解脫門法中觀一切法如虛空等。若善若惡若有若無若罪若福無不平等一照知其體性本不可得故於內身外物了達如幻化非實如流燄無住脫然放下永無恪惜也。此亦可別對無盡行者平等一照卽所謂三世平等十方通達。

(辛)五施心

若佛子。能以施心被一切衆生身施口施意施財施法施敎導一切衆生內身外身國城男女田宅皆如如相乃至無念財物受者施者亦內亦外無合無散

無心行化。達理達施。一切相現在行。

此四攝法中之布施攝也。發趣施度。以到彼岸爲義。此中施攝。以化衆生爲旨。故云被一切衆生也。菩薩所有身口意業。無不攝取衆生。而攝取之方。不過財法二施。三業爲能施。財法爲所施。能所並列。以此五施教導衆生。又觀內外身等。皆如眞如之相。乃至無有一念分別財物受者施者。如此了達三輪體空。亦內修理觀。亦外行布施。理觀亦無合布施亦無散。終日無心。終日行化。達卽事之理。達卽理之施。以此一切種種相貌而現在行施。卽

佛頂所謂種種法門。得無差悞者也。故亦可別對離癡亂行。

（辛）六好語心

若佛子。入體性愛語三昧。第一義諦法語義。一切實語言皆順一語。調和一切衆生。心無瞋無諍。一切法空智無緣。常生愛心。行順佛意。亦順一切他人。以聖法語教諸衆生。常行如心。發起善根。

欲明好語。先言入體性愛語三昧者。以說法度生。最爲難事。自非悟入妙法體性。則不能以四悉因緣巧作隨智隨情等說。惟入此體性三昧。了知一切法性。皆不可說。而有因緣故。亦可得說。其所說法。善逗羣機。能使衆生愛樂歡喜。故名體性愛語三昧也。既入三昧。則或說第一義諦法之語義。或說一切種種眞實語言。究竟皆順入於一乘眞語矣。第一語義者。隨自意語。隨智語也。一切實語言者。隨他意語。隨情語也。雖善巧隨情種種權說。毫無欺誑。譬如長者等與諸子白牛大車。終無虛妄之咎。故名一切實語言也。隨智固順一乘。隨情亦方便漸令入實。故云皆順一語。以此二語調和衆生。不恪眞法。故無瞋。常隨物機。故無諍。蓋繇一切

法空之智。雖無扳緣。而常於衆生生慈愛心。是以隨所說語。上則行順佛意而契理。下亦隨順一切他人而契機。恆以聖人法語教諸衆生。常行如心。而不離第一義諦。發起善根。而不捨方便說法。是謂菩薩愛語攝也。自他二語。一往分釋者。隨智爲上契佛理。隨情爲下契羣機。具足釋者。二語卽佛權實二智。故皆上合佛心。二語徧接利鈍衆生。故皆下順他人。此亦可別對善現行者。於一法性。作二種說。卽是同中顯現羣異。雖二種說。皆順一語。卽是一一異相各各見同也。

(辛)七益心

若佛子利益心時以實智體性廣行智道集一切明燄法門集觀行七財前人得利益故受身命而入利益三昧現一切身一切口一切意而震動大世界一切所爲所作他人入法種空種道種中得益得樂現形六道無量苦惱之事不以爲患但益人爲利

此卽利行攝也此之攝法全用權智而權智全以實智爲體故卽以實智體性而廣行權智之道集一切智慧光明集一切功德法財福慧並嚴乃使前人得益故自離久離生緣爲衆生故示受身命

而入利益三昧以三昧力現三輪不思議化震動大千舉足動步無非佛事皆使他人悟三觀門得現在益得究竟樂又復現形六道廣應羣機雖六道中有無量苦惱不以爲患但以益人爲利耳七財者一信二進三戒四慚愧五聞六捨七定慧三觀者法種爲中觀空種爲空觀道種爲假觀也此亦可別對無著行者現身口意震動世界卽所謂現塵現界不相留礙也

(辛)八同心

若佛子以道性智同空無生法中以無我智同生無二空同源境諸法如相常生常住常滅世法相續流轉無量而能現無量形身色心等業入諸六道一切事同空同無生我同無物而分身散形故入同法三昧

此卽同事攝也前之利行雖亦現形六道猶爲一切導首今則異類中行行於非道通達佛道善權化物尤爲不可思議良以了達道種性智同於眞空所謂卽俗而眞故證入於無生法中而以二種無我妙智同一切衆生無二在天而天在人而人不知其爲菩薩所化也蓋既悟此畢竟空寂萬法

同源之境一切諸法眞如實相故能於無生無住無滅性中示現常生常住常滅隨彼世法相續流轉無量而能現無量形身色心等業入諸六道一切善惡事業皆與其同正以畢竟空故雖示生而同無生證無生故雖現我而同無物而分身散形與其同事導歸佛乘故入同法三昧此亦可別對尊重行者種種示現咸導歸於第一波羅密多故也

(辛)九定心

若佛子復從定心觀慧證空心心靜緣於我所法識

界色界中而不動轉逆順出沒故常入百三昧十禪支以一念智作是見一切我人若內若外衆生種子皆無合散集成起作而不可得

復從定心者善修慈悲喜捨三昧成就奮迅超越等殊勝妙用也前發趣中第五定心以寂滅無相爲體此則以逆順出沒而爲功能蓋繇觀慧證入空理故心心寂靜而常能徧緣一切三昧境界不爲我所法識界色界之所動轉於九次第定隨意自在逆順出沒遂入百三昧及十禪支以一念相應智慧見一切根身器界現行種子因緣和合虛

妄有生而無合因緣別離虛妄名滅而非散惟是妄心之所集成名爲現行妄心之所起作名爲種子而當體了不可得也蓋四禪八定凡外亦能修習但繇未證空理故每爲禪法所用而不能巧用禪法既爲禪法所用則未免隨禪受生是被我所法識界色界所動轉也識界即四空天但有四蘊而無色蘊故名識界雖滅受想定二乘亦能證得但未達妙空便取滅證不復能現諸威儀今言逆順出沒者起定爲出入定爲沒從滅受想定起入非非想定乃至從二禪起入於初禪名逆出沒從初禪起入二禪乃至從非非想定起入滅受想定名順出沒若次第順逆出沒名師子奮迅三昧若間隔出沒名超越三昧乃至百大三昧總依九次第定爲本而九次第定又總依十禪支所成十禪支者支是分義謂繇分分心心所法成於禪定初禪有五支一覺二觀三喜四樂五一心二禪有四支一喜二樂三一心四內淨三禪有五支一樂二一心三捨四念五慧四禪有四支一一心二捨三念四不苦不樂今棄複存單總名十支此亦可別對善法行者逆順出沒三昧禪支能成十方諸佛

軌則也

㊉十慧心

若佛子作慧見心觀諸邪見結患等縛無決定體性順忍空同故非陰非界非入非衆生非一我非因果非三世法慧性起光光一燄明明見虛無受其慧方便生長養心是心入起空空道發無生心

慧見心者即是四攝巧慧作者起也前發趣中第六慧心明於空慧心體此明起空方便方便不背眞空也邪見是利使結患是鈍使本無決定體性菩薩於順忍中既證空理觀利鈍使咸與空同非

陰界入。及三世法。從眞慧體起光照相。用一智鑑徹照萬法。無不明了。見其本皆虛寂無有受者。而此慧方便。不惟是四攝之本。亦是十長養心之本。繇慧方便生長養心。繇長養心入於起空空道。便能發中道無生心。入於十金剛矣。慧方便者。慧卽實慧。方便卽權慧。權實二慧。非二體也。起空空道者。從空出假。假不礙空也。此亦可別對眞實行者。所謂觀一切法。一一皆是淸淨無漏。一眞無爲。

庚三結指

上千海眼王品。已說心百法明門。

佛說梵網經菩薩心地品合註卷第一

佛說梵網經菩薩心地品合註卷第二

姚秦三藏法師鳩摩羅什譯
明菩薩沙彌古吳智旭註
菩薩比丘溫陵道昉訂

己三明十金剛心三。初總徵。二別釋。三結指。 庚今初

盧舍那佛言。千佛諦聽。汝先言金剛種子有十心。

金剛種子者。修習中觀能爲金剛十地而作種子。又三十心皆是種子。惟此十心倍爲堅固。故名金剛。別則一心分對一向。圓則位位具修此心。乃至妙覺究竟此心。今就義便。且約次第中觀爲解。又

復大似圓家十信。一信一念。第六不退名義皆同。深心迴向。卽精進義。達卽慧義。直卽定義。大乘不異護心。無相還同迴向。慧心與戒。不壞與願。取義稍殊。亦不甚遠。良繇界外機宜不同。或接或借。致成異趣。圓人稱性修觀。總皆攬入一念心中。無違妨也。

庚二別釋十。初信心至十不壞心。 辛今初

若佛子。信者。一切行以信爲首。衆德根本。不起外道邪見心。諸見名著。結有造業。必不受。入空無爲法中。

三相無無無生無生無住住無滅滅無有一切法空
世諦第一義諦智盡滅異空色空細心心空細心心
心空故信信寂滅無體性和合亦無依然主者我人
名用三界假我我無得集相故名無相信
信爲道源功德母長養一切諸善根以信力故不
起外道邪見心及一切世間種種妄見名字計著
能結三有果報能造善惡諸業者亦必不受入於
眞空無爲法中生住滅相當體皆無亦并無無相
可得所謂生卽無生無生卽生無住而住住卽無
住無滅而滅滅卽無滅不惟無一切法亦無一切

法空惟以照了世諦第一義諦之權實妙智盡滅
凡外所計異色之空及色界空界之微細心想二
乘心空之微細心智如是心心皆空故方生中道
實信信於中道寂滅之理了知諸法不自生故無
體性不共生故無和合不無因故無依然依然卽
是自然不他生故無主者我人名但用三界假名
之我而此我實無得集之相故名無相信也此亦
可別對救護衆生離衆生相迴向者入空無爲法
中卽純潔精眞義不起邪見不受結業等卽遠諸
留患義用三界假我我無得集相卽當度衆生滅
除度相義心心空故信信寂滅卽迴無爲心向涅
槃路義

(辛)二念心

若佛子作念六念常覺乃至常施第一義諦空無著
無解生住滅相不動不到去來而於諸業受者一合
相迴向入法界智慧慧相乘乘乘寂滅倓倓無常光
光無無生生不起轉易空道變前轉後變轉化化化
轉轉變同時同住倓倓一相生滅一時已變未變變
變化亦得一受亦如是

作念者能念之觀慧六念者所念之諦境也能念

無非一心三觀所念無非一境三諦常覺下先釋
所念迴向下次釋能念常覺者心外無佛佛卽是
心乃至者略指法僧戒天心外無法法卽是心名
常法心外無僧僧卽覺法和合名常僧無作妙戒
究竟色相名常戒第一義天法爾性德名常天三
輪體寂究竟大施名常施名雖有六實惟第一義
諦此總明三諦圓融之境也空字別明眞諦無著
無解別明俗諦生住滅相現在不動不到過去未
來別明中諦既所念之境三諦一諦不可思議惟
一合相則於六念諸業及受用此法者當知亦皆

是法界一合相也。迴向入法界智者。若念佛時。佛爲法界一切法趣佛。乃至若念施時。施爲法界一切法趣施。此總明三觀圓融之念也。慧慧相乘等。別明卽空妙觀。燄喻於慧。無常卽相乘義。光喻於乘無無卽寂滅義。生生不起等。別明卽假妙觀。謂雖是生生不起。而復轉易。空道。所謂變前轉後。變轉化化化轉轉變。無盡重重。不可思議也。變者指能念之慧。化者指所念之境。因佛法等境。生於能念之慧。故名爲變。因於念慧。復成佛法等境。故名爲化。同時同住等。別明卽中妙觀。謂雖變化轉易。

而復同時同住。猶如燈炷燄燄一相。生滅一時。所謂過去已變。未來未變。現在變變。無不同時同住也。言同時者。如生住滅三相。一往謂是三世。然生相生時。滅相則滅。住相生時。生相則滅。滅相生時。住相則滅。住相滅故。住亦名滅。滅相生故。滅亦名生。生相滅故。生亦名滅。住相生故。住亦名生。又正生時生亦名住。正滅時滅亦名住。則一相中皆具三義。皆具三名。故同時也。言同住者。義無實性。名無實體。生不自生。亦不他生。亦不共生。不無因生。住不自住。亦不他住。亦不共住。不無因住。滅不自滅。亦不他滅。亦不共滅。不無因滅。四性推檢。求於生住滅之異相。了不可得。惟一無生無住無滅之法性。故同住也。燄燄一相。喻於同住。生滅一時。還喻同時。既能念之慧。三觀一觀。不可思議。惟是一相一時。則所念化境。亦得一相一時。而受用此法者。亦復如是一相一時矣。此亦可別對不壞迴向者。若非一境三諦一心三觀。皆爲可壞之法。以離眞言俗。離俗言眞。離眞俗而言中。總非法界究竟了義。今悉離此諸離。故名不壞也。

(辛)三迴向心

若佛子。深心者第一義空。於實法空。智照有實諦。業道相續因緣中道。名爲實諦。假名諸法。我人主者。名爲世諦。於此二有諦。深深入空。而無去來。幻化受果而無受。故深深深心解脫。

題稱迴向。文名深心者。迴二邊向中道。理極淵微故也。此深心者。卽是第一義空。謂於眞實法空智中。雙照有實二諦。咸歸一實。有卽世諦。實卽眞諦。何謂眞諦。卽是業道相續十二因緣中之道理是也。業從惑起。必招苦果。舉一該二。成大緣起。其中道理。所謂菩提涅槃。元清淨體。能生諸緣。緣所遺者雖是所遺不在緣外也何謂世諦卽假名諸法我人主者是也本無實法惟依世俗假說凡外不了乃成二執耳此二諦者實諦情無理有世諦理無情有故同名有諦深深入於第一義空而無去來者所謂性眞常中求於去來迷悟生死了無所得也幻化受果而無受者所謂因緣和合虛妄有生因緣別離虛妄名滅當處出生隨處滅盡也此亦可別對等一切佛迴向者本覺湛然覺齊佛覺故名深深心解脫也

（辛）四達心

若佛子達照者忍順一切實性性性無縛無解無礙法達義達辭達敎化達三世因果衆生根行如如不合不散無實用無用無名用用用一切空空空照達空名爲通達一切法空空空如如相不可得

精眞發明名爲達照以此菩薩所證忍法順於一切實性知彼性性皆本無結縛亦無解脫故能發生四無礙辯所謂法達能知種種法相義達能知所詮義趣辭達能知名句文身敎化達能作種種莊嚴樂說惟其心輪通達所以口輪無礙蓋旣了知三世因果及衆生根性業行皆悉如於眞如不合不散本無實法故能用於無以爲用而作隨智說亦本無名故能用於用以爲用而作隨情說如是若實若名一切皆空能空之智亦空照達此第一義空之理名爲通達一切法空彼空空之智如如之理其相皆不可得也此亦可別對至一切處迴向者達照卽是眞精發明地如佛地之義

（辛）五直心

若佛子直者直照取緣神我入無生智無明神我空空中空空空理心在有在無而不壞道種子無漏中道一觀而敎化一切十方衆生轉一切衆生皆薩婆

若空直道性直行於空三界生者結縛而不受

正念眞如名爲直心眞如徧一切法無所不在故以直心照了彼取緣神我入無生智也無明卽指取緣取緣神我本空空中亦空卽是雙遮而此空空理心在有在無而不壞中道種子卽是雙照以此無漏中道一觀敎化衆生令其皆入薩婆若海梵語薩婆若此翻一切智智三智一心中得名一切智智卽究竟果覺也繇達無明神我本空而證中道一實之理故內秉直性外行直行內外一如則於空華幻夢之三界所有生者結縛雖隨意遊

戲出沒而不受其顛倒矣此亦可別對無盡功德藏迴向者教化衆生皆薩婆若即所謂世界如來互相涉入得無罣礙也

㊁六不退心

若佛子不退心者不入一切凡夫地不起新長養諸見亦復不起集因相似我人入三界業亦行空而不住退解脫於第一中道一合行故不行退本際無二故而不念退空生觀智如如相續乘乘心入不二常空生心一道一淨爲不退一道一照

三不退位繫於三不退智而成初句總標不入下

別釋三不退位空生下別明三不退智常空下總結三智一心中修三位一心中證也不入凡夫地是位不退果不起新長養諸見我人等是位不退因新者謂行人已伏故惑而入禪那若於禪那中不善觀察發起愛見宿習名之爲新今善修不退心故故惑消滅新惑不生見愛二習皆悉寂滅雖示現入三界業亦常行於空理故得證位不退言不住退即是位不退也此位不退雖似與二乘共然二乘豈能入三界業故知圓位殊勝空非但空只須明此一種不退已非權小境界況具明三不退耶次明所證解脫乃於第一中道一合而行不同二乘解脫故不行退次明了知生死本際即涅槃本際煩惱本際即菩提本際更無二際念念恆與薩婆若智相應而不念退此三不退理趣甚深良繇三智所證空生觀智如如即是位不退智相續乘於大乘即是行不退智心入不二本際即是念不退智如此三智一心中修名爲常空生心即是無住生心之義善契心體名爲一道不染二邊名爲一淨是爲不退一道一照乃理智一如之極致也此亦可別對隨順平等善根迴向者謂於同

佛地中各各生清淨因取涅槃道故能圓證三不退理然三不退若分屬者別教位不退在第七住行不退在十迴向念不退在歡喜地圓教位不退在初信心行不退在第十心念不退在發心住今合明之正顯隨順平等善根義故

㊁七大乘心

若佛子獨大乘心者解解一空故一切行心名一乘乘一空智智乘行乘乘智心心任載任用任載任一切衆生度三界河結縛河生滅河行者坐乘任用載用智乘趣入佛海故一切衆生未得空智任用不名

爲大乘。但名乘。得度苦海。

惟一佛乘。無二無三。自成佛道。轉化一切。皆令成佛。故名獨大乘心。所謂若二乘解。若菩薩解。究竟皆歸第一義空。達此畢竟第一義空。所以一切行心皆名一乘。謂乘於一空之一切種智也。而此獨大乘心者。亦名智乘。亦名行乘。以乘此一切種智之心。此心堪任載諸衆生。堪任用趣佛海。故得名爲智乘及行乘也。何謂任載。謂任荷衆生。令度三界苦果之河。惑業結縛之河。無明生滅之河。而此行者不居此彼二岸。不住中流。常坐是乘而行濟

度。所以名行乘也。何謂任用。謂所載衆生。皆用智乘。令其悉得趣入佛海。不令一人墮二乘地。所以名智乘也。故使一切衆生。設有一人未得此空智任用者。則不名爲大乘。但名爲乘。得度苦海而已。此卽反顯獨大乘心。必能等觀一切衆生。皆以如來滅度而滅度之也。空智任用者。卽是中道應本。亦卽無住生心之義。若不令衆生同得此道。不名大乘。蓋不惟聲聞緣覺缺此大心。卽藏通二佛。究竟止歸灰斷。亦不得名爲獨大乘心。此亦可別對隨順等觀一切衆生迴向也。

（辛）八無相心

若佛子。無相心者。妄想解脫。照般若波羅密。無二。一切結業。三世法。如如一諦。而行於無生空。自知得成佛。一切佛是我等師。一切賢聖是我同學。皆同無生空。故名無相心。

無生死相。無涅槃相。無煩惱相。無菩提相。無十界差別相。無十界平等相。名無相心。所以若妄想若解脫。照之以般若波羅密。而皆無二。一切結業三世法。皆卽如如一諦。結者煩惑。惑卽般若。業者善不善不動有漏業。業卽解脫。三世法者。去來現在

三界苦果。苦卽法身。三德秘藏。惟一實理。如理妙智。名爲無生空智。行於此智。了了自知作佛。佛卽我師。賢聖卽我同學。以諸佛菩薩同修同證此無生空故。此亦可別對眞如相迴向者。想脫無二。所謂卽一切法。如如一諦。所謂離一切相。行無生空。所謂惟卽與離。二無所著也。

（辛）九慧心

若佛子。如如慧者。無量法界。無集無受生。生生煩惱而不縛。一切法門。一切賢所行道。一切聖所觀法。所有亦如是。一切佛教化方便法。我皆集在心中。外道

一切論邪定功用幻化魔說佛說皆分別入二諦處非一非二非有陰界入是慧光明光明照性入一切法。

發趣中慧雖明知體名心而入空義强故標空慧。長養中慧雖亦發無生心而出假義强故云作慧見心今則正顯契合中道之慧故云如如慧也此慧不落凡情不著聖解何謂不落凡情謂達無量法界無有集者亦無有受生者雖似有生生不停之煩惱而實不縛也何謂不著聖解謂一切法門賢所行聖所觀所有諸法亦復如是不縛著也既

凡聖二法永無執著則能善用凡聖諸法故一切諸佛教化方便皆集心中乃至外論邪定等皆悉分別入二諦處謂佛法是眞諦魔外是俗諦又魔佛差別是俗諦魔佛一如是眞諦眞不違俗故非一俗不違眞故非二既達斯致則五陰亦非陰十八界亦非界十二入亦非入淸淨本然惟是眞慧光明而此光明照性普入一切法中卽所謂眞得所如十方無礙故亦可別對無縛解脫迴向也

㊇十不壞心

若佛子不壞心者入聖地智近解脫位得道正門明菩提心伏忍順空八魔不壞衆聖摩頂諸佛勸發入摩頂三昧放身光光照十方國土入佛威神出沒自在動大千界與平等地心無二無別而非中觀知道以三昧力故光中見佛無量國土現爲說法爾時卽得頂三昧證虛空平等地總持法門聖行滿足心心行空空空慧中道無相照故一切相滅得金剛三昧法門入一切行門入虛空平等地

十金剛心皆以不壞爲義此居最後獨膺不壞之名此心乃是能入聖地之智已近解脫之位得中道之正門也入聖地智是般若德近解脫位是解

脫德得道正門是法身德入聖地智卽明實智菩提近解脫位卽明方便菩提得道正門卽明眞性菩提又入聖地智卽明了因慧心近解脫位卽明緣因善心得道正門卽明正因理心故曰明菩提心也此爲地前伏忍極位順於第一義空之理第一義空不住生死故界內陰魔煩惱魔死魔天魔所不能壞不住涅槃故界外苦無常無我不淨四魔所不能壞分滿衆聖一時摩頂十方諸佛咸皆勸發遂入摩頂三昧放光普照亦能入佛威神出沒自在動大千界儼然與登地者無別而猶不名

為初地者以其尚在伏忍猶屬相似中觀非以眞實中觀知道故也但以摩頂三昧力故光中見佛間法即得入頂三昧此於凡位之中最為尊上猶藏教所謂世第一位入此位已無間即證虛空平等地門總一切法持一切義知一切法即心自性性具功德任運現前無作妙行當下滿足矣然菩薩所以能捨凡入聖者良繇三十心法門心心皆行於空理以此空空之慧中道無相照故所以一切諸相皆悉寂滅乃能得是金剛三昧門入一切行門入虛空平等地也此亦可別對法界無量迴向者性德圓成法界量滅是眞不壞義故

庚三結指

如佛華經中廣說

己四明十地二初總徵二別釋　庚今初

盧舍那佛言千佛諦聽汝先問地者有何義

上荷佛法下荷衆生功德智慧之所歸趣慈悲巧便之所從生故名為地別則平等慧即歡喜地乃至入佛界即法雲地圓則歡喜乃至法雲十地地地皆悉具平等義具善慧義具光明義具爾焰義具慧照義具華光義具滿足義具佛吼義具華嚴義具佛界義又理即平等乃至究竟平等理即佛界乃至究竟佛界中間例知今就義便且約分證法身為解至於一地一切地一切地一地行布圓融雙照無礙入斯地者當自知之

庚二別釋十初平等地至十入佛界地　辛今初

若佛子菩提薩埵入平等慧體性地眞實法化一切行華光滿足四天果乘用任化無方理化神通十力十號十八不共法住佛淨土無量大願辯才無畏一切論一切行我皆得入生出佛家坐佛性地一切障礙凡夫因果畢竟不受大樂歡喜從一佛土入無量

佛土從一劫入無量劫不可說法為可說法反照見一切法逆順見一切法常入二諦而在第一義中以一智知十地次第一一事示衆生而常心心中道以一智知一切佛土殊品及佛所說法而身心不變以一智知十二因緣十惡種性而常住善道以一切智見有無二相以一智知入十禪支行三十七道而現一切色身六道以一智知十方色色分分了起入受色報而心心無縛光光照一切是故無生信忍空慧常現在前從一地二地乃至佛界其中間一切法門一時而行故略出平等地功德海藏行願如海一渧

毛頭許事。

前標名中稱體性平等地者乃是依理立位亦顯全性起修今此名爲入平等慧體性地者乃是攝位歸體亦顯全修在性也此地從眞實性中出生法化故一切行華光皆悉滿足華表解脫卽是行行光表般若卽是慧行三十心中雖亦具有二行但是相似解行今乃眞實法化所謂直法身非法身法身必具二德乃稱性滿足也旣證三德三身卽能隨意示現於第四天而成佛果乘此平等大慧之用任運敎化無有方隅所有神通變化非關

作意惟是理性所起名爲理化神通卽所謂無記化化通也言四天者或指欲界第四兜率天宮如千百億釋迦等或指第四禪色究竟天如千釋迦等此初地菩薩已得中道應本故皆能示現乃至十力十號十八不共一時具足安住實報無障礙土亦復分證常寂光土舉凡大願辯才等佛地功德我皆得入捨凡夫性入如來性大樂歡喜故亦名爲歡喜地也知刹土平等無性一卽無量故能橫徧十方知時劫亦平等無性無量卽一故能竪窮三世徹證不可說之法性而以四悉檀因緣善

巧方便爲衆生說不背法性知一切法卽是中道性德名反照知一切法皆空名逆見知一切法皆假名順見地前仰修中道猶謂迴出二邊今知中道徧一切法故常入二諦而卽在第一義中了知卽事卽理故以十地事示衆生而心心中道了知差別卽無差別故知佛土說法殊品而身心不變深達性惡卽是性善故知因緣十惡而常住善道雙照有無二相名一切智故非偏空雖行出世道而不住涅槃故現一切色身六道善能分別諸法相於第一義而不動故於色色支分雖了其起處

入處及受報處而心心無縛光光照一切此則證於念不退位入於無功用道故無生信忍空慧常現在前於一地中通達一切諸地法門故能一時而行良繇敎道雖別證道同圓故功德海藏非言所罄也

(辛)二善慧地

若佛子菩提薩埵善慧體性地清淨明達一切善根所謂慈悲喜捨慧一切功德本從觀入大空慧方便道智中見諸衆生無非苦諦皆有識心三惡道刀杖一切苦惱緣中生識名爲苦諦三苦相者如者如身

初覺從刀杖身色陰二緣中生覺爲行苦緣次意地覺緣身覺所緣得刀杖及身瘡腫等法故覺苦苦緣重故苦苦次受行覺二心緣向身色陰壞瘡中生苦覺故名爲壞苦緣是以三覺次第生三心故爲苦苦苦一切有心衆生見是三苦起無量苦惱因緣故我於是中入敎化道三昧現一切色身於六道中十種辯才說諸法門謂苦識苦緣刀杖緣具苦識行身瘡腫發壞內外觸中或具不具二緣中生識識作識受觸識名爲苦識行二緣故心心緣色心觸觸惱受煩毒時爲苦苦心緣識初在根覺緣名爲苦覺心作

心受觸識覺觸未受煩毒時是名行苦逼迮生覺如斲石火於身心念念生滅身散壞轉變化識入壞緣緣集散心苦心惱受念後緣染著心心不捨是爲壞苦三界一切苦諦復觀無明集無量心作一切業相續相連集因集因名爲集諦正見解脫空空智道心心名以智道道諦盡有果報盡有因清淨一照體性妙智寂滅一諦慧品具足名根一切慧性起空入觀是初善根第二觀捨一切貪著行一切平等空捨無緣而觀諸法空際一相我觀一切十方地土皆吾昔身所用故土四大海水是吾故水一切劫火是吾昔

身故所用火一切風輪是吾故所用氣我今入此地中法身滿足捨吾故身畢竟不受四大分段不淨故身是爲捨品具足第三次觀於一切所化衆生與人天樂十地樂離十惡畏樂得妙華三昧樂乃至佛樂如是觀者慈品具足菩薩爾時住是地中無癡無貪無瞋入平等一諦智一切行本遊佛一切世界現化無量法身如一切衆生天華品說

此中子科分三初菩提下總標德本次從觀下釋三品觀三菩薩爾時下結顯德用初中言善慧者此地亦名離垢垢是所離慧是能離又垢是所治

善是能治也以善慧而離垢穢垢離故善根清淨慧朗故善根明達言一切者卽指十善之法乃是五乘根本具如華嚴二地所明而十善又不出慈悲等五品觀也次釋三品觀者對治癡貪瞋三毒根本良以三毒爲十惡之源故須三品妙觀治之慈品具足則悲喜在其中矣復分爲三初釋慧品次釋捨品後釋慈品初中又三從觀入大空慧方便道智中句爲總標見諸衆生下爲詳釋慧品具足下爲總結標中總明緣觀行力入大空慧體起方便道智差別之用具足觀於三界四諦次詳釋

復四初觀苦諦二觀集諦三觀道諦四觀滅諦初觀苦諦者謂一切衆生皆有識心彼於三惡道及諸刀杖乃至八天一切苦惱緣中生於受苦之識名爲苦諦而此苦諦具有三相所謂三苦相者三界皆悉有之今就眼前易見之事而爲指點故云如者且如於身未觸境時本初有覺知之性卽是第五身識從彼刀杖及身色陰之二緣中生於覺知未受煩毒爲行苦緣次意地覺卽是同時意識緣此身覺所緣乃得刀杖及身瘡腫等法具受煩毒故覺苦苦緣以苦惱重故名爲苦苦次從受苦

覺及行苦覺二心緣於向來身色陰壞瘡中復生苦覺名壞苦緣受苦覺卽同時意識之所引生行苦覺卽五身識之所引生也是以從身覺意地覺受行覺之三覺次第生行苦苦苦壞苦之三心故總名爲苦苦此於三受之中且但約苦受以明三苦於苦受中文且約生時名行苦住時名苦苦滅時名壞苦實則三苦偏於三時亦復偏於三受亦復徧於三界也一切衆生見是三苦境界不達其因不知其緣展轉迷亂更起無量苦惱因緣可悲可憫故意輪入教化道三昧身輪普現一切色

身口輪以十無盡辯才說諸法門說何等法謂一切衆生苦識爲本生於苦緣彼刀杖緣具觸於苦識行相所緣之身而瘡腫發壞雖意家內觸及五根外觸或時有具不具但令具根塵二緣中生分別識本從識作識還自受卽此覺觸之識名爲苦識繇行於根塵二緣故心心緣色彼心相應之觸心所觸於惱害境界受煩毒時爲苦苦彼心中緣慮之識初在根門覺於塵緣名爲苦覺本從心作心還自受卽彼觸識覺於觸塵尚未受煩毒時是名行苦因於境緣逼迮復生覺觀如𨄅石火念念

生滅不稍停住身既有散壞轉變其識入於壞緣之中隨此緣之若集若散心苦心惱而領受之念仍於後緣染著心心不捨是爲壞苦此名三界一切苦諦也二觀集諦者無明卽是集諦謂以無量無知染汙之心作一切有漏善惡不動等業爲六道相續相連之集因卽此集因眞是苦因更無異因是名爲集諦也相續者前後不斷謂無始至今常如輪轉相連者一卽一切謂六道因果更互牽連三觀道諦者以正見破無明惑則諸業解脫果報空空惟有智道心心現前名以智道道諦道諦

雖多智慧爲首智道心心猶言心心智道也四觀滅諦者盡諸有之果報盡諸有之生因惟是清淨一照之體性妙智名爲寂滅一諦言體性妙智者本來具足之不動智也清淨是解脫德一照是般若德體性是法身德妙智者契如之智不言如而言智者無如外智無智外如故也三總結者謂如是觀於四諦則慧品具足名爲慧根於一切慧性起空體而入觀用是名初善根也次釋捨品捨四大而證法身乃名具足捨品後釋慈品隨衆生根性次第與樂必以佛樂爲要歸乃名具足慈品言

離十惡畏者愚夫癡狂不畏惡業初心菩薩深畏十惡未能究竟遠離二地以無作妙戒順無染性永離違犯得無怖畏故成大樂妙華三昧者上上品十善業道爲第一最妙莊嚴三結顯德用者慧品具足故無癡捨品具足故無貪慈品具足故無瞋無癡卽般若德無貪卽法身德無瞋卽解脫德三德卽是三諦三諦卽是平等一諦平等一諦卽是一心三智又無癡卽入一切空行無貪卽入一切中道行無瞋卽入一切有行三行爲萬行本以此智行二種莊嚴使能徧遊佛界徧現化身一一

化身卽報卽法三身一體不可思議如一切衆生天華品說結略指廣也

㊖三光明地

若佛子菩提薩埵光明體性地以三昧解了智知三世一切佛法門十二法品名味句重頌記別直語偈不請說律戒譬喻佛界昔事方正未曾有談說是法體性名一切義別是名味句中說一切有爲法分分受生初入識胎四大增長色心名六住於根中起實覺未別苦樂名觸識又覺苦樂識名三受連連覺著受無窮以欲我見戒取善惡有識初名生識終名死

是十品現在苦因緣果觀是行相中道我久已離故無自體性入光明神通總持辯才心心行空而十方佛土中現劫化轉化百劫千劫國土中養神通禮敬佛前諮受法言復現六道身一音中說無量法品而衆生各自分分得聞心所欲之法苦空無常無我一諦之音國土不同身心別化是妙華光明地中略開一毛頭許如法品解觀法門千三昧品說

以三昧解了智者從三昧所起之智所謂靜極明生名發光也名味句亦稱名句文味卽文也名詮自性句詮差別文卽是字爲名句之所依十二法

品者一重頌即是祇夜二記別即是授記三直語即修多羅四偈即孤起頌亦名伽陀五不請說即無問自說六律戒亦名因緣因有犯緣方制戒故七譬喻八佛界亦名本生九昔事亦名本事十方正亦名方廣十一未曾有十二談說即是議論是法體性名一切義別者體即當體謂文字經卷又他方六塵皆得為體如玄義所明性即所依理體謂小乘三印無常無我印於生死寂滅印於涅槃大乘一實相印生死涅槃無二際故名即通別二名一切義即宗用教相等如此名味句中雖說無

量法門要不出於十品因果謂有為受生之法雖分分差別無不皆具十支初入識胎為識支四大增長名六住為名色六入兩支實覺未別苦樂名觸識即觸支三受即受支連連覺著受無窮即愛支以愛欲心起我見而生戒取即取支感善惡有即有支於後有識初名生即生支識終名死即老死支除無明行二支為過去因此即是十品現在苦因緣果而此十品遷流造作之相既不自生復不他生亦不共生不無因生當體即空舉體即假全體即中有佛無佛性相常住非天人修羅梵魔外道所作亦非羅漢辟支菩薩諸佛所作名為法界亦名法位亦名法性亦名法住亦名甚深中道第一義諦觀是中道則能永離生緣故了知十品皆悉無自體性入於光明神通總持辯才何謂光明神通謂雖心心行空而於十方佛土中現劫化轉化百劫千劫中長養神通也劫化者延促自在轉化者淨穢隨心何謂總持辯才謂即徧十方界盡百千劫上諮法言下詔含識說法不同身心別化也是妙華下結略指廣

(辛)四爾燄地

若佛子菩提薩埵體性地中爾眞燄俗不斷不常即生即住即滅一世一時一有種異異現異故因緣中道非一非二非善非惡非凡非佛故佛界凡界一一是名為世諦其智道觀無一無二玄道定品所謂說佛心行初覺定因信覺思覺靜覺上覺念覺慧覺觀覺猗覺樂覺捨覺是品方便道心心入定果是人住定中燄燄見法行空若起念定入生心定生愛順道法化生名法樂忍住忍證忍寂滅忍故諸佛於入光光華三昧中現無量佛以手摩頂一音說法百千起發而不出定住定味樂定著定貪定一劫千劫中

住定。見佛蓮華坐說百法門。是人供養聽法。一劫住定。時諸佛光中摩頂。發起定品。出相進相去向相故。不沒不退不墮不住。頂三昧法上樂忍永盡無餘。卽入一切佛土中。修行無量功德品。行行皆光明。入善權方便教化一切衆生。能使得見佛體性常樂我淨。是人生住是地中。行化法門。漸漸深妙。空華觀智入體性中道。一切法門品滿足。猶如金剛。上日月道品已明斯義。

爾眞餤俗者。爾卽眞諦。餤卽俗諦。俗卽眞故不斷性無斷故。眞卽俗故不常相無常故。又眞卽俗故不斷非斷空故。俗卽眞故不常性空寂故。謂一切法卽生卽住卽滅同在一世。同在一時。同在介爾一念有心。是故不常。然而種子各異。異於現行之各異。故又卽不斷。如是因緣法之中道當知非一。以雙照故。亦復非二以雙泯故。乃至善惡凡聖性不可得。故佛界凡界。一一皆是假名建立。總名世諦。其智道觀。了知無一無二。乃是玄妙中道定品。所謂諸佛往昔心中行道。初始覺悟之定因。凡有十品。是十品覺支方便之道。心心入於定果。故名爲定因也。然十覺止是七覺支法。開出信覺慧覺

觀覺總屬擇法一支。思覺念覺總屬念支。靜覺卽是定支。上覺卽精進支。猗覺卽輕安支。亦名除覺。樂覺卽是喜支。捨覺卽捨支也。是人既住定中。餤照見諸法而行於空。若於定中善能起念便定入於無住生心境界。然初獲此定者。必定生於愛順也。彼於此中道法中變化生起是名眞法樂忍。亦名住忍。亦名證忍。亦名究竟寂滅之忍。倘終坐愛順境界。便爲永失。故諸佛於此菩薩正入光光華三昧時。必皆現無量佛。以手摩頂。一音說法。百千方便而起發之。光光華三昧卽所謂餤餤見法行空。而此菩薩生愛順故。猶不出定。亦住亦味亦著亦貪。乃至一劫千劫住定。然繇本願善根力故。雖久住定亦不畢竟入於涅槃。仍能見佛聞百法門。是人卽於定中供養聽法。又更一劫住定。是故諸佛再於光中摩頂。令其發起定品。善知出相進相去相向相。知出相故不沒。知進相故不退。知去相故不墮。知向相故不住。便於頂三昧法上樂忍永盡無餘。不爲頂墮菩薩。卽入一切佛土。乃至行化法門。漸漸深妙。空華觀智同入體性中道。一切法門皆得滿足。猶如金剛無有缺少矣。空者眞諦

華者俗諦也。日月道品結略指廣。然華嚴明八地
菩薩深證無生。諸佛爲設三橋七勸。今四地卽云
爾者。界外機緣不可思議。惟應仰信而已。

㊣五慧照地

若佛子。菩提薩埵慧照體性地。法有十種力生品起。
一切功德行。以一慧方便。知善惡二業別行處力品。
善作惡作業智力品。一切欲求願六道生生果欲力
品。六道性分別不同性力品。一切善惡根一一不同。
根力品。邪定正定不定是名定力品。一切因果乘是
因乘是果。至果處乘因道是道力品。五眼知一切法。

見一切受生故。天眼力品。百劫事一一知宿世力品。
於一切生煩惱滅。一切受無明滅解脫力品。是十力
品智知自修因果。亦知一切衆生因果分別。而身心
口別用。以淨國土爲惡國土。以惡國土爲妙樂土。能
轉善作惡。轉惡作善。色爲非色。非色爲色。以男爲女。
以女爲男。以六道爲非六道。非六道爲六道。乃至地
水火風非地水火風。是人爾時以大方便力。從一切
衆生而見不可思議。下地所不能知覺擧足下足事。
是人大明智漸漸進分分智光光無量無量。不可說
不可說法門現在前行。

慧照者。十力妙慧照一切法。悉皆通達。世出世道
無與等者。亦名難勝。此十種力。繇善修習之所生
成。故名生品。此能徧起一切功德之行。云何爲十。
一者以一慧方便。了知善惡二業別行。所謂作善
得善報。斯有是處。若得惡報。無有是處。作惡得惡
報。斯有是處。若得善報。無有是處。是名爲處力品。
二者於一切衆生善作惡作業緣果報。皆悉徧知。
是名業智力品。三者於一切衆生所有欲求。謂喜
願六道生生果等。名爲欲解力品。四者知六道種
性分別不同。名性力品。五者知六道一切善惡根。

上中下一一不同。名根力品。六者知衆生邪定正
定不定。是名定力品。七者知一切世出世因果之
法。乘是因。乘是果。如人乘爲因。還以人乘爲果。乃
至佛乘爲因。還以佛乘爲果。其得至果處者。正繇
乘此因道。是名道力品。八者以五眼知一切法。見
一切衆生受生差別。故名天眼力品。九者於百劫
事一一皆知。名宿世力品。言百劫者。猶所謂百劫
修行。是心地實非止於百劫而已。十者於一切招
分段生死之煩惱滅。一切受變易生死之無明亦
滅。名解脫力品。卽是漏盡智力。是十力品智能知

自修因果亦知一切衆生因果分別。而身心口能
各各別用。了達淨穢平等。故應折伏。則以淨國土
爲惡國土。應攝受。則以惡國土爲妙樂土。知善惡
性空。故垂誡則轉善作惡。垂勸則轉惡作善。知色
空不二。故爲著有者令見色爲非色。爲著空者令
見非色爲色。知男女無眞實相。故應以女身得度。
則以男爲女。應以男身得度。則以女爲男。乃至隨
意轉現。如維摩室中天女等。知凡聖平等。故應從
聖解得度。則以六道爲非六道。應就凡情解脫。則
以非六道爲六道。知四大無性。本如來藏。故乃至

地水火風。非地水火風。是人爾時以大方便力。觀
一切衆生界。卽是佛界。隨舉一法。皆見其不可思
議。舉足下足。下地莫知。乃至不可說不可說法門
現在前行。所以亦名難勝。亦名慧照也。

㊇六華光地

若佛子。菩提薩埵體性華光地。能於一切世界中。十
神通明智品。以示一切衆生種種變化。以天眼明智
知三世國土中微塵等一切色分分成六道衆生身。
一一身微塵細色成大色。分分知。以天耳智知十方
三世六道衆生苦樂音聲。非非音非非聲。一切法聲。

以天身智知一切色色非色非男非女形。於一念中。
徧十方三世國土劫量大小國土中微塵身。以天他
心智知三世衆生心中所行。十方六道中一切衆生
心心所念苦樂善惡等事。以天人智知十方三世國
土中一切衆生宿世苦樂受命。一一知命續百劫。以
天解脫智知十方三世衆生解脫斷除一切煩惱若
多若少。從一地乃至十地滅滅皆盡。以天定心智知
十方三世國土中衆生心定不定非定非不定起定
方法。有所攝受三昧百三昧。以天覺智知一切衆生
已成佛未成佛乃至一切六道人心心亦知十方佛

心中所說法。以天念智知百劫千劫大小劫中一切
衆生受命命久近。以天願智知一切衆生賢聖。十地
三十心中一一行願。若求苦樂若法非法一切求。十
願百千大願品具足。是人住地中。十神通明中現無
量身心口別用。說地功德百千萬劫不可窮盡。而爾
所釋迦略開神通明品。如觀十二因緣品中說。

十通智品起種種用。故名華光。無爲眞如性淨明
露。故名現前。繇眞性現前。遂得十通成就妙華光
明以自莊嚴也。非非音非非聲者。指無情聲。一切
法聲者。指出世音。滅滅皆盡者。位位斷惑究竟皆

盡非定非不定者所謂不起滅定現諸威儀有所攝受三昧者謂三昧各有種種功用六道人心心者謂人心中具有佛心若求苦樂若法非法者凡夫求苦聖人求樂凡求非法聖人求法又願生濁世是求苦願生淨土是求樂願現善道是求法願現惡趣是非法也此十通亦止是六通開出天身智還屬天眼眼見色相分分差別身知色相無差別也天人智天念智同屬宿命天人智知衆生宿命差別天念智知劫數增減差別也天解脫智卽漏盡通天定心智天覺智天願智並屬他心皆如文可知。

(辛)七滿足地

若佛子菩提薩埵滿足體性地入是法中十八聖人智品下地所不共所謂身無漏過口無語罪念無失念離八法一切法中捨常在三昧是入地六品具足復從是智生六足智三界結習畢竟不受故欲具足一切功德一切法門所求滿故進心足一切法事一切劫事一切衆生事以一心中一時知故念心足是二諦相六道衆生一切法故智慧足知十發趣人乃至一切佛無結無習故解脫足見一切衆生知他人自我弟子無漏無諸煩惱習故以智知他身六通足是人入六滿足明智中便起智身隨六道衆生心行口辯說無量法門品示一切衆生故隨一切衆生心行常入三昧而十方大地動虛空化華故能令衆生心行以大明具足見過去一切劫中佛出世亦是示一切衆生心以無著智見現在十方一切國土中一切佛一切衆生心心所行以神通道智見未來中一切劫一切佛出世一切衆生從是佛受道聽法故住是十八聖人中心心三昧觀三界微塵等色是我故身一切衆生是我父母而今入是地中一切功德一

切神光一切佛所行法乃至八地九地中一切法門品我皆已入故於一切佛國土中示現作佛成道轉法輪示入滅度轉化他方過去來今一切國土中具足十八不共之法盡眞如際故名滿足亦名遠行地也八法者利衰苦樂稱譏毀譽亦名八風一切法中捨者亦名無不知已捨此須四句分別謂不知不捨知而不捨不知而捨知已而捨凡夫於一切法不了元繇妄想執著是不知不捨解行菩薩雖知諸法眞實之相惑種未斷未能脫然永離是知而不捨二乘無差別智不知諸法種種體性

但能永無貪著。是不知而捨。惟佛究盡諸法實相如圓鏡照物。了了現前。永無粘著。是無不知已捨也。常在三昧者。卽四威儀中無不定。心欲具足。亦名欲無減。結習都盡。而常欲度生也。進心足。亦名精進無減。任運度衆生也。念心足。卽念無減。智慧足。卽慧無減。開化衆生。總不出眞俗二諦。依於二諦。作隨智隨情等說。具足一切法品。開化六道也。解脫足。卽解脫無減。智知他身六通足。卽解脫知見無減。謂佛於一切解脫中。知見明了。分別無礙也。便起智身等。是一切身業隨智慧行。口辯說等。

是一切口業隨智慧行。隨衆生心行等。是一切意業隨智慧行。能令衆生心行者。令是轉化之義。以大明具足等。是智慧知過去世無礙。以無著智等。是智慧知現在世無礙。以神通道智等。是智慧知未來世無礙。過去名大明。無昏昧忘失故。現在名無著。如鏡普照故。未來名神通。不可思議故。實則三世皆大明。皆無著。皆是神通道力也。從此數數示成八相。轉化十方。三世無所不徧。名爲滿足。亦名遠行。不亦宜乎。

㊁八佛吼地

若佛子。菩提薩埵佛吼體性地。入法王位三昧。其智如佛。佛吼三昧故。十品大明空門常現在前。華光音入心三昧。其空慧者。謂內空慧門。外空慧門。有爲空慧門。無爲空慧門。性空慧門。無始空慧門。第一義空慧門。空空慧門。空空復空慧門。空空復空空慧門。如是十空門。下地所不知。虛空平等地不可說不可說神通道智。以一念智知一切法分分別異。而入無量佛國土中。一一佛前諮受法轉法度與一切衆生。而以法藥施一切衆生。爲大法師。爲大導師。破壞四魔。法身具足。化化入佛界。是諸佛數。是諸九地十地

數中長養法身。百千陀羅尼門。百千三昧門。百千金剛門。百千神通門。百千解脫門。如是百千虛空平等門中而大自在。一念一時行。劫說非劫。非劫說劫。非道說道。道說非道。非六道衆生說六道衆生。六道衆生說非六道衆生。非佛說佛。佛說非佛。而入出諸佛體性三昧中。反照。順照。逆照。前照。後照。因照。果照。空照。有照。第一中道義諦照。是智惟八地所證。下地所不及。不動。不到。不出。不入。不生。不滅。是地法門品。無量無量不可說不可說。今以略開地中百千分一毛頭許事。羅漢品中已明。

一眞如心故名不動與佛同體從勝定出復名佛吼證於平等法性眞無生忍故名入法王位三昧華光音者諸佛七勸之音具如華嚴第八地中所明本從七勸起定而言入心三昧者既受諸佛加被方證一心妙用出入無非三昧也空慧者慧即大明之體繇眞實慧證法性空故名大明空門內空者觀內色淨相不可得外空者觀外色淨相不可得有爲空者五陰法中我我所不可得無爲空者對有爲說無爲有爲既空則無爲亦不可得性空者有爲無爲皆無自性無始空者世間衆生無

有始相第一義空者諸法中最上第一名爲涅槃而亦無相空空者第一義雖空能空之理猶在今能空亦空空空復空者空理雖空空理之智猶在今空空之智亦空空空復空空者理智皆空空空之空猶在今空空復空亦空是諸佛數者已證法身墮在佛位九地十地不過任運長養其法身耳陀羅尼此翻總持總一切法持一切義依此能發無礙辯才反照者內照身心順照者觀流轉門逆照者觀還滅門前照者觀於過去後照者觀於未來因照者照諸法因果照者照諸法果空照者照於眞諦有照者照於俗諦第一中道義諦照者照於中諦不動者攀緣永息不到者言思路絕不出者無不照時不入者非入定照不生者照性無生不滅者照性無滅羅漢品者結略指廣此地永捨藏識之名亦名阿羅漢位而界內界外義類不同若欲委知須閱四教儀集註

㊀辛九華嚴地

若佛子菩提薩埵佛華嚴體性地以佛威儀如來三昧自在王王定出入無時於十方三千世界百億日月百億四天下一時成佛轉法輪乃至滅度一切佛

事以一心中一時示現一切衆生一切色身八十種好三十二相自在樂虛空同無量大悲光明相好莊嚴非天非人非六道一切法外而常行六道現無量身無量口無量意說無量法門而能轉魔界入佛界佛界入魔界復轉一切見入佛見佛見入一切見佛性入衆生性衆生性入佛性其地光光光照慧慧照明燄明燄無畏無量十力十八不共法解脫涅槃無爲一道淸淨而以一切衆生作父母兄弟爲其說法盡一切劫得道果又現一切國土爲一切衆生相視如父如母天魔外道相視如父如母住是地中從生

死際起至金剛際以一念心中現如是事而能轉入無量衆生界如是無量略說如海一渧

以佛莊嚴而自莊嚴名佛華嚴發眞如用善能說法故又名善慧地也自在王王定者此自在王三昧爲一切三昧中王也卽出卽入卽入卽出乃至東方入定西方起等故名出入無時一切佛事以一心中一時示現者謂不惟次第示成八相又相相之中互具八相所謂或見住胎或見初生或見出家乃至或見已涅槃等其地光者指其光明之體光光照慧慧照者明其無盡無盡明燄明燄者

顯其互徹互融一念心中現如是事者所謂始終不出刹那際三昧轉入無量衆生界者謂普於一切世界現凡現聖也餘悉如文可知

(辛)十入佛界地

若佛子菩提薩埵入佛界體性地其大慧空空復空空復空如虛空性平等智有如來性十功德品具足空同一相體性無爲神虛體一法同法性故名如來應順四諦二諦盡生死輪際法養法身無二是名應供徧覆一切世界中一切事正智聖解脫智知一切法有無一切衆生根故是正徧知明明修行佛果時足故是明行足善逝三世佛法法同先佛法佛去時善善來時善善是名善善善是人行是上德入世間中教化衆生使衆生解脫一切結縛故名世間解脫是入一切法上入佛威神儀形如佛大士行處爲世間解脫調順一切衆生名爲丈夫於天人中教化一切衆生諸受法言故是天人師妙本無二佛性玄覺常常大滿一切衆生禮拜故尊敬故是佛世尊一切世人諸受奉教故是佛地是地中一切聖人之所入處故名佛界地爾時坐寶蓮華上一切與授記歡喜法身手摩其頂同見同學菩薩異口同音讚歎無二又

有百千億世界中一切佛一切菩薩一切雲集請轉不可說法輪虛空藏化導法門是地有不可說奇妙法門品奇妙三明三昧門陀羅尼門非下地凡夫心識所知惟佛佛無量身口心意可盡其源如光音天品中說十無畏與佛道同

受佛職位墮在佛數故名入佛界地慈陰妙雲覆涅槃海故亦名法雲地前八地中第十空門名爲空空復空空慧門今并此大慧而復空之證如虛空性平等智故得十號功德皆悉具足也空同一相等者眞空之智與實相之理無二其體性卽是

無爲。其神虛通其體一實。此三句明於如義。所有
一切諸法。無不皆同法性。此句明於來義。應順四
種四諦及眞俗二諦盡二種生死之輪際。法養之
智與法身之理無二。此則恆受第一法供養。樂名
應供也。正智者。卽根本智。聖解脫智者。卽差別智。
根本卽正義。差別卽偏義。明明者。上明字是始覺。
下明字是本覺。始覺合本故曰明明。修者稱性力
用。行者。性具功德從性起修。以修顯性故曰修行。
初地分證。今歸究竟。故稱爲足。善逝三世佛法者。
逝是入義。法同先佛法。佛者。謂雖應化無方。而其

儀則軌式。皆同先佛。法身無二。或示入涅槃爲去。
或示生人世爲來。無不契理契機。是故善而又善。
問。理無來去。來去隨機。但可契機。那云契理。答。理
無來去。亦無不來不去。但令契機。卽是契理。又示
來示去。故契機。來無來相。去無去相。故契理也。若
藏敎菩薩。惟能來度衆生。不能去至涅槃。縱令契
機。終不契理。若二乘之人。惟能去至涅槃。不能來
度衆生。縱令契理。終不契機。若奪而言之。旣不契
理亦不契機。不能接界外機故。旣不契機。亦不契
理。以未達無住涅槃。惟證偏空。不盡理性故。又權

敎大士。雖徧能示去示來。但出假須起空。入空須
棄假。亦不得名善善。今不起滅定現諸威儀。四威
儀中。心常在定。如明月之在天。水淸影現而非來。
水濁影亡而非去。乃名去來皆善善也。大士行處
爲世間解脫。應云爲無上士。文錯誤耳。妙本無二
者。謂始覺妙合本覺而無有二。常常大滿者。所謂
究竟滿足。一切世人諮受奉敎。故是佛地者。謂此
地自下地視之。亦名爲佛。是一切聖人之所入處。
故名佛界地者。謂此地乃是成佛近因。亦復名菩
薩也。爾時坐寶蓮華等。是初登此地。正受佛職事。

又有百千億等。是旣受佛職後事。是地有不可說
等。是結顯德業。如光音天品下。結略指廣。
(丁)三付囑弘傳二。初舍那付囑。二釋迦弘傳。(戊)
初中二。初結示付囑。二放光付囑。(己)今初
爾時盧舍那佛爲此大衆略開百千恆河沙不可說
法門中心地如毛頭許。是過去一切佛已說。未來佛
當說。現在佛今說。三世菩薩已學。當學。今學。我已百
劫修行是心地。號吾爲盧舍那。汝諸佛轉我所說。與
一切衆生開心地道。
本源心地。一切衆生之所共有。但無明障蔽。久成

閉塞。今轉此法門。令得開發。故云開心地道也。

㊀巳二放光付囑

爾時蓮華臺藏世界赫赫天光師子座上盧舍那佛放光。光告千華上佛。持我心地法門品而去。復轉爲千百億釋迦及一切衆生。次第說我上心地法門品。汝等受持讀誦。一心而行。

既結示付囑。復放光普告者。正顯心地法門。若本若迹。若因若果。無不以智爲前導也。故始則釋迦放光發起。表本覺之性明。能熏始覺。次則菩薩放光集衆。表始覺之智德。能尋本覺。今則舍那放光囑授。表於從果起因。妙彰理本。後復釋迦放光誦戒。表於即因成果。善修事迹。光光互映。了知始本不二。修性同源矣。

戊三釋迦弘傳三。初受法將辭。二旋歸本界。三遵勅利生。

巳今初

爾時千華上佛千百億釋迦從蓮華臺藏世界赫赫師子座起。各各辭退。舉身放不可思議光。光皆化無量佛。一時以無量青黃赤白華。供養盧舍那佛。受持上說心地法門品竟。

舉身放不可思議光者。迹光與本光無異。同是三德秘藏微妙智明也。光皆化無量佛者。此智是諸佛之母。諸佛繇此而出生也。無量華供養者。華表妙因。妙因從果德起。還用莊嚴果德也。

巳二旋歸本界

各各從此蓮華臺藏世界而沒。沒已。入體性虛空華光三昧。還本源世界閻浮提菩提樹下。從體性虛空華光三昧出。

三昧名體性虛空華光者。謂徹證本來如虛空之體性。則華光任運自現。體性即法身德。華即表解脫德。光即表般若德也。還本源世界閻浮提菩提樹下者。若據下卷初文。應云還至四禪摩醯首羅天王宮。先說魔受化經。方乃下生人間。示現出家。詣菩提樹。今徑明菩提樹下。從三昧出。正顯八相成道。始終皆不離此三昧也。又前接至華藏。既稱爲還。今復至南洲。亦名還本源世界者。前表理爲事本。今表事爲理本。故皆得稱還稱本源也。何謂理爲事本。謂本惟圓教一實之理。而衆生迷有深淺。悟有難易。故更設別教通教藏教以開示之。又本惟一行。是如來行。而衆生根有利鈍。修有巧拙。故更立五行萬行等以收羅之。又本惟眞常法身。

而衆生久在輪轉不能自見故更現勝應劣應等身以覺悟之又本惟寂光淨土而衆生違背日久證入無繇故更垂實報方便同居等土以攝受之是名理爲事本也何謂事爲理本謂只此因緣生法此法卽空卽假卽中總不得離此正因緣境而別談理性又只此施戒等行或達其三輪體空或知其莊嚴無盡或了其體是法界總不得廢此六度事行而高談理觀又只此丈六常身名爲境本定身界內利根卽見其坐天衣座轉無生四諦法輪界外鈍根卽見其相好無量徧坐道場界外利

根卽見其一一色相當體無非眞實法身故法華經云微妙淨法身具相三十二何處別有四佛爲四人說四教耶又只此同居一土斷見思者便能橫見方便破無明者便能橫見實報無明盡者便能橫見寂光方便一土猶可云別在界外實報寂光則未有隔於此土者是名事爲理本也

(己)三遵勅利生又二初且明一界佛二例結餘界佛。(庚)今初

出已方坐金剛千光王座及妙光堂說十世界海復從座起至帝釋宮說十住復從座起至燄天中說十行復從座起至第四天說十迴向復從座起至化樂天說十禪定復從座起至他化天說十地復至一禪中說十金剛復至二禪中說十忍復至三禪中說十願復至四禪中摩醯首羅天王宮說我本源蓮華臺藏世界盧舍那佛所說心地法門品

方者正也安住正法故云方坐也金剛千光王座下卷名華光王座千字卽華字之誤金剛表法身德華表解脫光表般若全以三德秘藏正法而爲其座也妙光堂卽普光明殿華嚴七處九會多云不起本處此云復從座起機宜不同所見各別略

如玄義中辨帝釋宮卽忉利天宮在須彌山之頂此云三十三天以四方各八天臣并中間天主爲三十三燄天亦云夜摩天此云時分不假日月光明但以蓮華開合分晝夜故第四天卽兜率陀天此云知足生此天者於五欲皆知足故中有內院卽一生補處所居復至四禪乃說此心地法門者本從四禪中放光發起接至華藏世界稟受此法故今仍於四禪說之又帝釋宮等分說此心地法四禪宮中合說此心地法分說表於行布合說表於圓融又顯此心地法雖位位差別總趣極果也

㊂二例結餘佛界

其餘千百億釋迦亦復如是無二無別。如賢劫品中說。

佛說梵網經菩薩心地品合註卷第二

佛說梵網經菩薩心地品合註卷第三下卷初

姚秦三藏法師鳩摩羅什譯

明菩薩沙彌古吳智旭註

菩薩比丘溫陵道昉訂

㊁次釋迦宣菩薩戒三。初敘說戒原繇。二例重輕戒相。三勸大眾奉行。㊂初中二。初覆敘垂迹傳法。二正明樹下勸發。㊃初中又二。初長行。次偈頌。㊄初中復二。初正述迹佛弘法。二方明以戒攝生。

㊅今初

爾時釋迦牟尼佛。從初現蓮華臺藏世界。東方來入天王宮中。說魔受化經已。下生南閻浮提。迦夷羅國。母名摩耶。父字白淨。吾名悉達。七歲出家。三十成道。號吾爲釋迦牟尼佛。於寂滅道場。坐金剛華光王座。乃至摩醯首羅天王宮。其中次第十住處所說。時佛觀諸大梵天王綱羅幢。因爲說無量世界。猶如綱孔。一一世界各各不同。別異無量。佛教門亦復如是。吾今來此世界八千返。爲此娑婆世界。坐金剛華光王座。乃至摩醯首羅天王宮。爲是中一切大眾。略開心地法門竟。

從初現蓮華臺藏世界者指上卷初於四禪天中放光徹照乃至擎接還歸事也東方來入天王宮者謂既秉受心地法門入體性虛空華光三昧即於三昧之中還來此土摩醯首羅天王宮中此土在華藏之東故云東方來入也說魔受化經者別為通教利根示現於第四禪天降魔已竟方更下生如玄義中所明不同三藏所見直至樹下方降魔也迦夷羅亦云迦維羅衛具云迦毘羅皤窣都翻為黃色所依處上古有黃頭仙人依此修道西域記云劫比羅伐窣堵此翻赤澤或名婆兜釋翅

搜或名釋翅瘦此翻能仁住處摩耶具云摩訶摩耶此翻大術或翻大幻謂以大願智幻法門為如來母也白淨或云淨飯或云真淨梵稱首圖馱那或稱閱頭檀也悉達具云薩婆悉達此翻頓吉以太子生時諸吉祥瑞皆悉具故大論翻為成利西域記云薩婆曷剌他悉陀唐言一切義成舊稱悉達訛略也七歲出家猶言出家七歲謂初出家時先學不用處定不久得證知非究竟次學非非想定又不久得證知其亦非究竟次復遊行諸國凡經一年次更苦行六年至年三十乃成正覺齊此

以前皆是體性虛空華光三昧中事示成佛已名為從三昧出即坐金剛華光王座及妙光堂說十世界海次復徧歷忉利夜摩兜率化樂他化初禪二禪三禪及摩醯宮共有十箇住處說於十種法門說法已周更為說喻令知所破之機能破之教皆如梵網皆不出於心地法門也寂滅道場即菩提道場菩提是智寂滅是理繇坐此處以菩提智證寂滅理故名為菩提道場亦名寂滅道場來此世界八千返者特指示成正覺之事非謂其餘化身如玄義中已明略開心地法門竟者結指上文

（庚）二方明以戒攝生

復從天王宮下至閻浮提菩提樹下為此地上一切眾生凡夫癡暗之人說我本盧舍那佛心地中初發心中常所誦一戒光明金剛寶戒是一切佛本源一切菩薩本源佛性種子一切眾生皆有佛性一切意識色心是情是心皆入佛性戒中當當常有因故當當常住法身如是十波羅提木叉出於世界是法戒是三世一切眾生頂戴奉持吾今當為此大眾重說無盡藏戒品是一切眾生戒本源自性清淨

十會既畢隨說戒品者以此住行向地等一切微

妙法門雖人人性具而沈迷日久方坐癡暗之地何繇得入然雖癡暗凡夫亦自有入門方便只恐不發心耳只如盧舍那佛本亦曾爲癡暗凡夫但初始發心便受戒品受戒之後便常誦習所以克證心地法門直至成佛皆以此一戒爲最勝因緣此戒是古先諸佛展轉相傳非是創立即是第一最上微妙之戒破諸黑暗名爲光明摧諸煩惱喻若金剛廣具一切功德法財目之爲寶又照一切法名爲光明攝善戒也體是無漏名爲金剛律儀戒也濟物利用名之爲寶攝生戒也蓋不惟舍那

繇此成佛舉凡一切諸佛無不以此戒爲本源一切菩薩亦無不以此戒爲本源以離此戒則三十心十地法門皆不成就乃至佛地一切功德亦不成就故也佛性種子者此戒本以正因佛性爲種子起信所謂以知法性無染汙故隨順修行尸波羅密而緣了佛性又以此戒爲種子涅槃所謂一切衆生雖有佛性要因持戒然後乃見因見佛性乃成阿耨多羅三藐三菩提也一切衆生既皆有佛性佛性徧一切法則若意若識若色若心但凡是情是心無不入於佛性戒中此戒的的是常有

眞因此戒的的是常住法身妙果如是十波羅提木叉出於世界普被羣機故此法戒乃三世一切衆生皆應頂戴受持者也思量名意別指第七了別名識別指前六集起名心別指第八五根四大名色是情者揀非無情是心者揀非無心謂除非木石無心不堪受戒但有心者皆有佛性有佛性者即入佛性戒中以此妙戒全依佛性理體所起還復開顯佛性莊嚴佛性故名佛性戒也當當猶言的的確確既是全性所起的是常有眞因既繇此開顯莊嚴佛性的是常住法身妙果所謂十無

盡戒一切戒之根本保任行人到解脫岸故名波羅提木叉此戒即是無盡之藏繇於本源自性淸淨爲所依體適成無作妙戒體故　出此無作戒體復爲三意初正出無作律儀二兼明定道二戒三更明三聚戒法　初正出無作律儀者天台師云戒體者不起而已起即性無作假色磐公釋云謂此戒體不起則已起則全性而性修交成必有無作假色假色者性必假色法以爲表見也無作一發任運止惡任運行善不俟再作故名無作此菩薩無作律儀應以七句勝義而詮顯之一者本

源清淨以爲其性。二者增上善心以爲其因。三者三種勝境以爲其緣。四者三番羯磨以爲其體。五者無漏妙色以顯其相。六者極至佛果以爲其期。七者妙極法身以爲其果。一清淨爲性者。所謂諸法眞實之相。不生不滅。不常不斷等。乃此戒所依之理體也。二增上因心者。所謂發菩提心。被四弘鎧。上求下化。情期極果。又須別圓二教初心。乃感此戒。若藏通二教之心。不能發此無上戒也。三勝境爲緣者。瓔珞經云。諸佛菩薩現在前受。名上品戒。菩薩法師前受。名中品戒。千里無師。於經像前

自誓而受。名下品戒。自誓受戒。復有不同。此經即須得見好相。瓔珞地持。皆惟貴發菩提心。或重內因。或重外緣。各有所以。須自審量耳。四從羯磨得者。磐公云。初番羯磨時。十方世界妙善戒法。緣心業力。悉皆震動。二番羯磨時。十方世界妙善戒法。如雲如蓋。覆行人頂。三番羯磨時。十方世界妙善戒法。從行人頂門。流入身心。充滿正報。盡未來際。永爲佛種。義疏云。大乘所明。戒是色聚。憑師一受。遠至菩提。隨定隨道。誓修諸善。誓度含識。以情期極果。此心力大。別發戒善。爲行者所緣。止息諸惡。

涅槃經念戒中云。雖無形色。而可護持。雖無觸對。善修方便。可令具足。故知別有此無作體。從羯磨得。若自誓受者。亦從三白時得。或從見好相時得也。五無漏色相者。謂初受戒竟。即於法界有情邊得不殺色。於法界情非情邊得不盜色。於法界有情邊得不婬色。於法界有情邊得不妄語色。乃至於法界有情邊得不瞋色。於法界三寶邊得不謗色。又衆輕戒中。於法界師友邊得不慢色。於法界酒得不飲色。於法界肉得不食色。乃至於法界法門得不破壞色。此不殺不盜等法。雖無形相可見。

而借色表顯。所謂非眼處色。是法處色。又殺盜等是有漏法。不殺等即無漏法。故名無漏色法。是以未受戒時。雖殺盜等事。未必念念徧造。而十方世界無非我殺盜婬妄之場。十方有情無非我殺盜婬妄所行之境。甫受戒已。則十方世界無非我慈良清直之地。十方有情無非我慈良清直所被之機。故一念中成就無漏微妙善色。一一徧於法界。一切諸念。亦復如是。名爲無盡戒品。不亦宜乎。六佛果爲期者。瓔珞經云。從今身至佛身。於其中間不得故殺生。乃至不得故謗三寶。藏菩薩戒羯磨

又云若諸菩薩雖復轉身徧十方界在在生處不捨菩薩淨戒律儀設轉受餘生忘失本念值遇善友爲欲覺悟菩薩戒念雖數重受而非新受亦不新得不同其餘戒法惟以盡壽爲期也七妙極法身果者摭義疏論興廢中謂方便求受其體則興至佛乃廢以佛果位中諸惡永淨更無可止萬善圓極更無可行持犯兩忘故名爲廢然此無作戒體旣是全性起修寧不全修在性旣全在性那可論廢又旣是無漏色法卽是諸佛究竟常色又安可廢若戒體可廢定慧解脫解脫知見亦應可廢

又盧舍那名淨滿惡無不淨善無不滿止是究竟戒體故曰惟佛一人持淨戒其餘皆名破戒者又豈有廢然此戒體雖至佛地乃稱究竟而初心所受更無異體故曰若人受佛戒卽入諸佛位以與三世諸佛同一戒體故也如太子初生卽入王位位同於王眞是王子雖治國平天下事尚未諳練不得言其非是王種菩薩受戒亦復如是頓同諸佛戒體名眞佛子雖定慧解脫力無畏不共法等尚未修習不得言其非是佛種如太子長成紹繼王位止是父母所生之身更無異身菩薩成佛亦復如是功德滿足坐於道場止是初發心時所得戒體更無異體如此妙體那得論廢如太子生後若壽命應盡若九橫因緣其身則死不復堪能紹繼王位菩薩受戒亦復如是若退失大菩提心若毀犯十重禁法其戒則失不復堪能成就菩提防此二緣善巧修習直至菩提成究竟戒故言妙極法身以爲果也　二兼明定道二戒者大小乘中皆有定共戒及道共戒謂繇定力自然止息諸惡名定共戒繇於道力自然永離諸惡名道共戒定道與律儀並起故稱爲共前明律儀從師受得今

則藉定道力自能發得無作律儀還以無作爲其體也此定道二戒若先已受律儀戒者止因定道倍增明淨更無異體若先未受律儀戒者隨定道力卽發律儀又定共亦名禪戒道共亦名爲無漏戒或定共通於欲界地定禪戒惟指初禪已上道共通於方便道中無漏惟指發眞已上若發眞無漏則永無退失若方便道及諸禪定容有進否也

三更明三聚戒法者瓔珞經云律儀戒謂十波羅夷攝善謂八萬四千法門攝生謂慈悲喜捨化及衆生令得安樂今明此三並是菩薩戒法亦並

以無作爲體。律儀備列重輕諸相。而止言十波羅夷者。以四十八輕皆是十重戒之等流眷屬。十重戒法攝一切戒。罄無不盡。是故名爲十無盡戒也。八萬四千法門。卽無作體所具衆善。慈悲喜捨。卽無作戒妙用功能。所以同名爲戒。又菩薩戒法。弘誓無盡。若不攝善攝生。卽是戒體有缺。故八萬四千法體。慈悲喜捨定體。總皆攬之以爲戒體。戒爲法界。一切法趣戒也。律儀戒是法身德。攝善戒是般若德。攝生戒是解脫德。攝律儀能成法身。攝善法能成報身。攝衆生能成化身。又繇律儀戒成於

斷德。繇攝善戒成於智德。繇攝生戒成於恩德。小乘心希自度。見苦斷集。故但有律儀。不慕佛地稱性功德。故無攝善法戒。不思濟度一切衆生。故無攝衆生戒。菩薩初發心時。便以上求下化爲懷。上求攝善。下化攝生。三聚淨戒。一時圓發。更非先後也。

(巳)次偈頌三。初頌舍那始授。二頌釋迦轉授。三勸信受奉持。義疏云。三序悉是此土釋迦所說。雜有經家之辭。

(庚)初頌舍那始授

我今盧舍那。方坐蓮華臺。周匝千華上。復現千釋迦。一華百億國。一國一釋迦。各坐菩提樹。一時成佛道。如是千百億。盧舍那本身。千百億釋迦。各接微塵衆。俱來至我所。聽我誦佛戒。甘露門卽開。

甘露者。不死之藥。喻持戒者能得涅槃常樂我淨。永無老死也。門爲能通。敎能通理。繇敎戒力。通至大涅槃城。

(庚)二頌釋迦轉授

是時千百億。還至本道場。各坐菩提樹。誦我本師戒。十重四十八。戒如明日月。亦如瓔珞珠。微塵菩薩衆。由是成正覺。是盧舍那誦。我亦如是誦。汝新學菩薩。

頂戴受持戒。受持是戒已。轉授諸衆生。

本師指舍那也。如明日月瓔珞珠者。日消罪霧。月照夜幽。珠療貧窮。律儀義也。日長善法。月得淸涼。珠富法財。攝善義也。日月麗天。無不瞻仰。瓔珞在身。觀者愛敬。攝生義也。旣勸受持。卽勸轉授。使燈燈相續。化化無盡。

(庚)三勸信受奉持

諦聽我正誦。佛法中戒藏。波羅提木叉。大衆心諦信。汝是當成佛。我是已成佛。常作如是信。戒品已具足。一切有心者。皆應攝佛戒。衆生受佛戒。卽入諸佛位。

位同大覺已眞是諸佛子大衆皆恭敬至心聽我誦
佛法中戒藏者一乘無上戒法不但揀異外道凡夫等戒亦復揀異聲聞緣覺戒也此戒即是諸戒之藏以一切八戒五戒十戒二百五十戒等無不從此大戒流出又一切八戒及具戒等無不攝入此大戒中故清淨毘尼方廣經云菩薩毘尼猶如大海所有毘尼無不納受也大衆心諦信者佛法大海惟信能入若不信自身決得成佛則有所戒品不能牢固若諦信自身有成佛分諦信舍那繇戒成佛自然念念護持妙戒不使毀缺也餘如前釋可知

(戊)二正明樹下勸發二初經家敘事二釋迦自說

(己)初中三初佛欲結戒二放光表瑞三大衆願聞 (庚)今初

爾時釋迦牟尼佛初坐菩提樹下成無上正覺已初結菩薩波羅提木叉孝順父母師僧三寶孝順至道之法孝名爲戒亦名制止

上文言示成佛道十處說法已竟復至菩提樹下說戒今言初坐等者意顯成道不久即宣此戒非待他時所謂先務之爲急也初結木叉頓制五十八事不同聲聞隨犯隨結者理論關機宜事論凡有三義一者大士深信頓聞不逆二者大士不假侍左右不得隨事隨白三者舍那爲妙海王子授菩薩戒即頓說此五十八條古制應爾也又聲聞隨事隨結皆悉集十句義今頓制諸戒亦應戒戒具足十義經雖不出理必應然略出名相俾知利益一攝取於僧謂制此重輕諸戒攝受衆生令歸大乘僧寶數中令取大乘僧寶果位二令僧歡喜謂繇攝取力故能令大地菩薩歡喜暢悅三令僧安樂謂繇禁戒力故能令菩薩種族利益增長得

安樂住四未信者令生信謂繇禁戒力故性遮清淨發起一切衆生正信之心五已信者令增長謂繇清淨律儀能令久淹佛法者益其堅固不退悔故六難調者令調順謂有一類假名菩薩及一類雖發大心煩惱習强者令以重輕諸戒調之懺悔訶責令不敢違法律故七慚愧者得安樂謂繇調順諸難調者則慚愧僧無擾亂故八斷現在有漏謂制止三業十支令不漏落業煩惱故九斷未來有漏謂永斷漏種不以染汙心受生死故十正法得久住謂繇大乘僧寶種性不斷建立弘通正法

輪故孝順父母等者戒相雖多孝順攝盡故總提孝順二字以爲其宗父母生我色身依之修道師僧生我戒身緣之成佛三寶生我慧命成就菩提故一一須孝順也爾雅釋善事父母爲孝大史叔明以順釋孝孝卽是順孝順父母有三差別一者冬溫夏凊昏定晨省奉養無方服勞靡間二者立身行道不辱所生三者善巧方便喻親於道孝順師僧亦應准此師僧者獨指授戒之師其餘僧衆自屬三寶中攝孝順三寶亦有三義一者供養承事不厭疲勞二者如說修行不汙法化三者革弊

防非弘通建立若約法門解者方便爲父智度爲母不離深義以爲和尚自心覺悟名佛自心理體名法理智一如名僧如理作意觀察名孝如理證入無背名順也緣斯事理二種孝順決至無上大菩提道故云至道之法孝卽名之爲戒亦卽名爲制止以孝則自不作惡故也

(庚)二放光表瑞

佛卽口放無量光明

瑞者信也欲說大事故放勝光廣召有緣同來聽也口放者一表此戒金口敷揚二表受者從佛口生

(庚)三大衆願聞

是時百萬億大衆諸菩薩十八梵天六欲天子十六大國王合掌至心聽佛誦一切諸佛大乘戒

百萬億者總敘有緣同集衆也諸菩薩別指三十心十地位八十八梵天別指色界一梵衆二梵輔三大梵此三總名初禪四少光五無量光六光音此三名第二禪七少淨八無量淨九徧淨此三名第三禪十福生十一福愛十二廣果此三屬第四禪凡夫所居十三無想亦屬四禪外道所居十四

無煩十五無熱十六善見十七善現十八色究竟天此五亦屬四禪三果聖人所居此十八天雖凡聖不同皆離欲穢得清淨定故名梵天六欲天子別指欲界一四王天二忉利天三夜摩天四兜率天五化樂天六他化自在天此六欲天雖尚有男女五欲而果報自然不假營求故皆名天十六大國王者西域諸國最多舉其甚大有十六國一史伽二摩竭提三迦尸四拘薩羅五跋祇六末羅七支提八跋沙九尼樓十般闍羅十一阿濕波十二婆蹉十三蘇羅十四乾陀羅十五劍浮沙十六阿

槃提合掌者身業肅恭至心者意業專精聽者口
業寂靜攝耳諦聽也
(己)二釋迦自說三初舉自誦勸人二明放光因緣
三勸大衆習學 (庚)今初
佛告諸菩薩言我今半月半月自誦諸佛法戒汝等
一切發心菩薩乃至十發趣十長養十金剛十地諸
菩薩亦誦
半月半月者望日爲白月十五晦日爲黑月十五
白表智德漸滿黑表斷德漸盡故於此日誦此戒
法名爲布薩正呼爲褒灑陀褒灑是長養義陀是

淨義言長養善法淨除不善也佛尚自誦何況餘
人佛既自誦益知至佛乃廢之說非盡理矣
(庚)二明放光因緣
是故戒光從口出有緣非無因故光光非青黃赤白
黑非色非心非有非無非因果法是諸佛之本源行
菩薩道之根本是大衆諸佛子之根本
初句直說放光之緣此光即表無作戒體此無作
戒全以性德爲其本因故非無因既是全性所起
即復全體是性是故非青非黃乃至非因果法非
青黃等色非分別識心不墮凡愚妄情妄境果也

非有非無不墮邪見斷常果也非因果法不墮權
小有修有證果也不墮此等諸果乃是法身妙果
既是法身妙果亦即成佛眞因故諸佛菩薩大衆
佛子皆以此爲本源
(庚)三勸大衆習學
是故大衆諸佛子應受持應讀誦應善學佛子諦聽
若受佛戒者國王王子百官宰相比丘比丘尼十八
梵天六欲天子庶民黃門婬男婬女奴婢八部鬼神
金剛神畜生乃至變化人但解法師語盡受得戒皆
名第一淸淨者

領納名受堅執名持口演其文爲讀誦躬行其事
爲善學黃門此云不男凡有五種謂生犍變妒半
八部二解或云一天二龍三夜叉四乾闥婆五阿
修羅六迦樓羅七緊那羅八摩睺羅伽或云四天
王各領二部東方持國天王領乾闥婆及毘舍闍
南方增長天王領鳩槃茶及薜荔多西方廣目天
王領龍及富樓那多北方多聞天王領夜叉及羅
刹金剛神亦名執金剛神亦名金剛力士持金剛
杵隨侍諸佛者也變化人謂天龍等變作人形解
法師語揀去不解語者不解則不能發菩提心以

為勝因故須揀之不揀種類以其同具佛性故也解則盡受得戒揀不解者雖受亦不得也未受戒前容有淨穢差別不等一受此戒咸成最上法器故皆名第一清淨也

丁次列重輕戒法二初十重二四十八輕 戊初中三初總標二別解三總結 己今初

佛告諸佛子言有十重波羅提木叉若受菩薩戒不誦此戒者非菩薩非佛種子我亦如是誦一切菩薩已學一切菩薩當學一切菩薩今學已略說菩薩波羅提木叉相貌應當學敬心奉持

十重名波羅提木叉者犯之則永棄佛海持之則保取解脫也既受須誦誦則知持知犯知輕知重知善護持不誦則日就遺忘現在失菩薩之位將來失成佛之種甚明其不可不誦也相貌者戒雖無形緜持犯而表示廣即十重四十八輕略說即是孝順若不敬心奉持便非孝順矣

己二別解十 第一殺戒至第十謗三寶戒

庚第一殺戒 此等皆是後人科文不宜雜入經文讀誦

佛言若佛子若自殺教人殺方便殺讚歎殺見作隨喜乃至呪殺殺因殺緣殺法殺業乃至一切有命者不得故殺是菩薩應起常住慈悲心孝順心方便救護一切衆生而反自恣心快意殺生者是菩薩波羅夷罪

釋此重輕戒法須用十門明義一隨文釋義二性遮重輕三七衆料簡四大小同異五善識開遮六異熟果報七觀心理解八懺悔行法九修證差別十性惡法門諸條悉具十門可以意得不復委標惟今初戒總出其意

初隨文釋義若佛子者發菩提心受菩薩戒紹佛家業住佛律儀不狂不亂不病壞心不隔他陰自

知我已受菩薩戒也若理即佛子未秉此戒無罪可結止得性罪若相似分證究竟佛子煩惑已斷永不犯戒但有清淨戒體常在今所指者即是名字觀行二種佛子耳自殺者或用內色謂手足等或用外色謂刀杖木石等或雙用內外色謂手執刀杖等令前人命斷名之為殺教人殺者或面教或遣使或作書等方便殺者即殺前方便束縛捉繫等或指示道路令前人捕獲亦名方便讚歎殺者前人本無殺心讚譽令起殺心隨喜殺者前人先有殺心與勸令其成就乃至呪殺者作起屍呪

及伏弩火坑等種種惡事具如五戒相經廣明殺因者心欲前人命斷殺緣者方便助成其事殺法者刀劍坑弩毒藥呪術等殺業者前人命根不得相續乃至一切有命者下及微細有情如蜎飛蠕動等不得故殺者揀非誤傷常住者了知心佛衆生三無差別其性常住慈悲心者同體大哀若保赤子惟思拔苦與樂孝順心者尊重佛性視同父母不敢輕於一切方便救護者慈悲孝順之實事反者明其不應恣心者因貪起殺不知制止快意者因瞋起殺洩其怨恨是菩薩者繇本受戒故有

此名波羅夷罪者此云棄罪犯此戒者永棄佛海邊外永失妙因妙果亦云墮罪犯此戒者墮落三塗亦云他勝處法受菩薩戒本欲破壞煩惱摧伏魔軍今犯此戒反被煩惱所勝又被魔軍所勝亦云是極惡法亦云是斷頭法亦云如斷多羅樹心如針鼻缺如大石破二分等夫律中明一人受比丘戒地神空神展轉傳告頃刻聲徧初禪魔則震恐若一人破比丘戒護身神出大歎息之聲亦復展轉傳告徧於初禪魔則歡喜今菩薩戒羯磨文明一人受戒則十方佛菩薩前法爾相現繇是諸

佛菩薩憶念憐愍倘一人破戒寧不徧令法界聖賢咨嗟悲悼耶持戒者審思之　二性遮重輕此戒具二業成罪一性業二遮業性業者雖不受佛戒世間法爾有罪如輪王十善亦制殺生國制殺人會須償命遮業者佛制之所遮止犯者得破戒罪此之殺業不受戒人但得性罪已受戒者兼得性遮二罪也問同一殺盜婬妄等事未受戒人止得一罪已受戒人反得二罪則受戒乃招罪之途有損無益答受佛戒卽入佛位皆名第一清淨功德豈可思議惟其持者功德力大所以破者罪業

倍深功德力大必宜秉受罪業倍深必宜莫犯也此戒備四緣成重一是衆生二衆生想三有殺心四前人命斷一是衆生者略爲三品上品謂諸佛聖人父母師僧佛不受害但令惡心出其身血卽犯逆罪害羅漢犯逆害三果以下但犯重菩薩取發趣以上害者犯逆害外凡位未入畢定性者但犯重殺父殺母殺和尚殺阿闍梨同犯逆罪中品謂一切人天害皆犯重下品謂四趣衆生修羅鬼神畜生等此有兩解一云同重大士防殺嚴故文云一切有命者不得故殺卽其證也二云但輕垢

在重戒中兼制以非道器故文云有命者舉輕況重耳今更推詳其致比丘戒法局在人倫故謂餘趣非器殺天亦止結輕今菩薩戒法全收五道則鬼神畜生咸堪載道害心斷命那得結輕然使故殺一蚊蚋等便成重罪便失菩薩無上律儀則害及人天者又將以何罪判之若以義斟酌畜生等解語受戒者害則犯重不解語者害則犯輕又菩薩重戒有二分別一失戒二不失戒害人天等犯重失戒害蚊蚋等但犯重罪不失戒體或數數故傷都無慚愧煩惱增上不知厭捨亦可失戒也二

衆生想者有當有疑有僻共成六句謂實是衆生實衆生想實非衆生非衆生想二句爲當實是衆生心中疑爲是衆生耶非衆生耶實非衆生心中疑爲是衆生耶非衆生耶二句爲疑實是衆生心中決謂非衆生想實非衆生心中決謂是衆生想二句爲僻若衆生衆生想衆生疑殺者犯重若衆生非衆生想如見蛇誤以爲繩見蟲誤以爲土雖斫之捻之本無殺心無犯戒罪若非衆生作衆生想及疑如見繩誤以爲蛇見土誤以爲蟲斫之捻之雖無所害具有殺心犯輕垢罪若非衆生非衆生想此全無罪又聖人聖人想父母父母想師僧師僧想人天人天想等各有六句結判逆與非逆若重若輕可以例知三殺心者謂惱害前境願其命斷正是業主緣此惡心或自身行殺或教他遣使等殺心復二一通心二隔心通心者如漫作坑弩漫爲燒斫隨有死者皆悉犯罪都無死者犯方便罪亦名不遂輕垢隔心者本爲此人作殺方便誤傷彼人於彼人都無殺心故不結罪仍於此人邊結方便罪四前人命斷者色心連持相續不斷名爲命根今使不得相續故成殺業此有兩時一

者於現生中見彼命斷二者作殺方便已先自捨命彼方命斷現生見彼命斷復有二句一者自身有戒二者自身捨戒若有戒時前人命斷結重若捨戒後前人命斷止於捨戒之前結方便罪後命斷時不復結罪但有世間性罪也先自捨命彼方命斷復有兩種一者後生自憶宿命二者不憶若自憶宿命者彼人或任勢命斷或更加方便令斷皆結重罪若不憶宿命者彼人任勢命斷結重以菩薩死後戒體不失故或更加方便令斷當知不因前方便死但結輕垢後加方便緣夙業牽不自

憶知。譬如比丘癡狂心亂及病壞心故不犯也。又菩薩未登不退。或繇業報因緣得癡狂心亂等病。當知有五因緣令狂病生。一親里死盡故狂。二財物失盡故狂。三田業人民失盡故狂。四或四大錯亂故狂。五或先世業報故狂。有五因緣令心散亂。一為非人所打故心散亂。二或非人令心散亂。三或非人食心精氣故心散亂。四或四大錯故心散亂。五或先世業故心散亂。有五因緣令心病壞。或風發故病壞心。或熱發故病壞心。或冷發故病壞心。或三俱發故病壞心。或時節氣發故病壞心。雖

有如是狂亂等病。若自覺是受菩薩戒者。殺心害命。仍犯重罪。若見火而捉。如金無異。見屎而捉。如栴檀無異。如是狂亂。都不自憶有菩薩戒。犯戒無罪。若菩薩未狂亂時。作殺方便。狂亂之後。彼人命斷。犯重。若菩薩狂亂時作殺方便。得本心後。彼人命斷。無犯。若得本心後。更加方便令命斷者。犯重。又菩薩本所受戒。極至佛身。捨身他世。戒體不失。若憶知宿命作殺生者。犯重。若不憶宿命。雖作殺生。不名犯戒。與狂亂心壞同科。　三七衆料簡。七衆者。一比丘衆。二比丘尼衆。三式叉摩那衆。四沙彌衆。五沙彌尼衆。六優婆塞。七優婆夷。前五是出家弟子。後二是在家弟子。此戒七衆同制。犯者皆得重罪。　四大小同異。大者大乘七衆。小者聲聞七衆也。此戒與聲聞不全同。同者同不得殺。異者大士見機得殺。如下所明。又大士害二師成逆。聲聞但結重罪。大士殺天犯重。聲聞非重。大士殺四趣。如上料簡。聲聞殺鬼神與殺天同。殺傍生。又略輕。大士捨身不失戒。結罪如上說。聲聞捨身。戒亦隨盡。不復結罪也。　五善識開遮。唐譯菩薩戒本云。若諸菩薩安住菩薩淨戒律儀。善權方便。為利

他故。於諸性罪少分現行。繇是因緣。於菩薩戒無所違犯。生多功德。謂如是菩薩見劫盜賊為貪財故。欲殺多生。或復欲害大德聲聞獨覺菩薩。或復欲造多無間業。見是事已。發心思惟。我若斷彼惡衆生命。墮那落迦。如其不斷。無間業成。當受大苦。我寧殺彼墮那落迦。終不令其受無間苦。如是菩薩意樂思惟。於彼衆生。為當來故。深生慚愧。以憐愍心而斷彼命。繇是因緣。於菩薩戒無所違犯。生多功德。解曰。此則大悲增上。純以代苦之心而行殺業也。深生慚愧。明其不自以為功能。以憐愍心。

明其實無一念瞋忿故雖甘受犯戒之罪而究竟無違犯耳倘私忿未忘或貪圖功德竊言於大士弘規豈能免性遮二業哉　六異熟果報異熟者異時而熟異性而熟異處而熟異時者今生造業或現生受報或來生受報或無量生後受報異性者造業通於三性謂善不善無記受報惟屬無記之性異處者人中造業六道酬償也此殺生罪果報如何華嚴二地品云殺生之罪能令衆生墮於地獄畜生餓鬼若生人中得二種果報一者短命二者多病解曰三途是正報人中是餘報也上殺

墮地獄中殺墮畜生下殺墮餓鬼或約前文三品衆生分上中下或約殺心猛弱分上中下或雖造上罪慇勤悔過轉成中下雖造下罪護過飾非不知慚愧轉成中上三義互成事非一致故業性差別惟佛窮盡耳持不殺戒復得何報十善業道經云若離殺生卽得成就十離惱法一於諸衆生普施無畏二常於衆生起大慈心三永斷一切瞋恚習氣四身常無病五壽命長遠六恆爲非人之所守護七常無惡夢寢覺快樂八滅除怨結衆怨自解九無惡道怖十命終生天若能迴向阿耨多羅

三藐三菩提者後成佛時得佛隨心自在壽命解曰十離惱法是花報自在壽命是果報也又大乘理趣六波羅密經淨戒品云此十善業一一皆感四種果報一現在安樂二煩惱怨賊勢力羸弱三於當來世常得尊貴無所乏少四精勤修習當得無上正等菩提離殺四者一菩薩於諸衆生不起害心能施無畏亦不恐怖以無怖故一切衆生親近供養尊重讚歎菩薩於彼生憐愍心緣慈心故過去所有一切怨恨自然心息二瞋恚害心悉皆羸劣以慈甘露用塗其心而能蠲除瞋等熱惱睡

眠安隱恆無惡夢以慈心故藥叉諸鬼食血肉者捨離害心及諸惡獸常相守護三者於未來世獲三果報一壽命長遠常無中夭二所生之處常無病苦三大富饒財恆得自在四者以不殺故得佛法分於五趣中所生之處於世自在隨意能住乃至坐於菩提樹下諸魔鬼神不能爲障成等正覺無量聖衆之所圍遶解曰此四果報二屬現在二屬當來約之卽是轉三障義除惡生善卽是先轉業障因業障轉能令報障亦轉兼能進轉煩惱惑業緣惑造報緣業感不了業因復從報法起惑緣

業現行亦熏煩惱種子故三法展轉不離如惡叉聚今先斷其業不復熏於惑種又旣令後報不起亦令先報漸薄此中初種卽轉現報第二是轉煩惱第三是轉生報第四是轉後報也夫以殺業苦報其劇如彼不殺善報其大如此金口誠言纖毫無謬柰之何不信受奉行哉　七觀心理解有事殺有理殺事殺如上所明理殺者凡夫外道執常執斷破害眞諦藏教析色觀空破害俗諦通教雖達無生終歸灰斷不知常住眞心是殺中諦別教仰信中道謂是迥出二邊修中觀時復殺二諦惟

圓人了達一心三觀全體法界不動法界始從名字終於究竟皆不犯理殺也　八懺悔行法犯此事理二殺旣各有輕重則欲令罪滅須知三種懺法不同先明事理二殺輕重差別事殺有三差別一逆二重三輕重復分二一失戒二不失戒一失戒者又分爲二一須見好相如此經云若有犯十戒者應敎懺悔要見好相便得滅罪若無好相雖懺無益也二堪任更受如羯磨文云若諸菩薩毀犯淨戒於現法中堪任更受又云若上品纏違犯他勝處法失律儀戒應當更受不云須見好相也

今會通其意此經雖一往偏指十重而理須獨歸前四以善生經中無後四戒地持經中無第五第六戒故羯磨文雖似獨指後四而前六等流亦可例通以殺盜等必有上中下別非可一概論故故失戒重罪須通途作此二類也二不失戒者如羯磨文云非諸菩薩暫一現行他勝處法便捨菩薩淨戒律儀也輕戒復二一染汙起或稱重垢二非染汙起或稱輕垢今經總名輕垢直對十重言之實則輕戒之中復有重輕差別兼有方便等流之不同故今合而明之共有六聚一逆二失戒重不

任更受欲受須見好相三失戒重堪任更受四不失戒重五染汙犯及方便重垢六非染汙犯及方便輕垢也此戒於六聚中殺上品是逆殺中品是失戒重須見好相殺下品是失戒重堪任更受或是不失戒重又方便罪者三品殺因殺緣皆輕垢或上品緣卽屬重垢三品殺法皆重垢或上品殺法應同不失戒重也理殺有四差別一殺眞諦二殺俗諦三殺中諦四雙殺二諦也次明三種懺法一作法懺二取相懺三無生懺此三種懺前不兼後後必具前作法懺又有三種一向一人悔過二

向三人悔過。三向衆僧悔過。非染汙犯及方便輕垢。但向一人悔過。罪便得滅。染汙犯及方便重垢須向三人悔過。或無三人。止向二人一人亦可得滅。不失戒重須向衆僧悔過。或無衆僧向三二人亦得。設總無清淨大小乘衆堪向悔過。但般重自誓終不復犯。罪亦得滅。若有人可向悔過。不得自誓滅也。失戒重罪堪任更受者。須向衆僧悔過重受。失戒重罪不堪更受者。卽須用取相懺法。取相懺者。所謂日夜六時誦重輕戒。苦到禮三世千佛。二七三七乃至一年。以見好相爲期。此須十科行

道備極精誠。仍復內資理觀外假壇儀。凡法華方等大悲占察等一切行法。皆屬取相懺攝。能滅根本重罪令淨戒復生。亦能滅七逆罪使重報輕受。但不云使得戒耳。無生懺者。正滅理殺之罪。亦除七逆重愆。此復四種。一析觀無生。謂觀此身六分所成所謂地水火風空識。微細推求實無有我及以我所。二體觀無生。謂觀此身如幻如化。如鏡中像夢中物等當體不實。彼六分法尚自不有。云何復有我及我所。三次第無生。謂雖知中道佛性含靈本具。繇迷强故不能頓觀。先觀一切假名諸法

從因緣生無有實性。從假入空得見眞諦。既見眞空不住於空。從空出假徧觀俗諦。二諦既明遮照和融。方歸中道。四一心無生。謂了知中道佛性徧一切法。如心佛亦爾。如佛衆生然。心佛及衆生是三無差別。此心卽空假中。三諦既是天然性德。三觀亦非造作修爲。一心之中法爾具足。如此觀智全卽諦理。深達罪福相徧照於十方。是名實相懺悔。以迷則全實相而爲罪相。悟則全罪相而卽實相故。是中析觀無生。能除凡外殺眞諦罪。亦除七逆令得無根信。墮獄卽出。不復受一劫苦。如阿含

經中阿闍世王是也。但不能令現身證初果耳。體觀無生能除藏教殺俗諦罪。亦除七逆例同阿含。次第無生能除通教殺中諦罪。亦除七逆。如阿闍世王轉重受輕身生惡瘡。照以月愛三昧光明。令免痛苦得無根信。但不云得菩薩戒耳。一心無生能除別教雙殺二諦之罪。亦除七逆。如阿闍世王悟無生忍發迹顯本。卽是不可思議大菩薩也。九修證差別。別圓觀行位人。善伏煩惱能防故殺。相似初心先斷見惑。與藏通初果齊。得道共力能斷故誤二殺。如釋種寧死不戰。是斷故殺。初果耕

地蟲離四寸是斷誤殺也華嚴二地云性不殺生者此約敎道二地戒波羅密增上或約理殺二地卽是界外須陀洹果故也藏敎外內二凡能防殺眞諦罪初果以上永斷殺眞之罪通敎乾慧性地能防殺俗諦罪八人以去亦復永斷別敎初心仰信中道能防殺中諦罪十住十行猶未永伏十向永伏初地永斷兼斷雙殺二諦之罪以證道同圓故圓敎初心了知法界不壞一法能防雙殺二諦之罪故名第一淸淨亦復論於名字淸淨觀行淸淨乃至究竟淸淨也　十性惡法門善惡之法皆

是性具達其性則能用善用惡而不被善惡所用不達其性則被善惡所用不知稱性功能以被善惡所用故全性德而成逆順二修感於苦樂二報以能巧用善惡故卽二修咸合平等一性成於折攝二門今明性惡復約二義一用事殺如古昔聖王殺仙豫婆羅門等五百人乃是與其無量壽命此亦可稱爲善識開遮又如無厭足王幻作惡人而行治罰沙彌呑食外道度令出家證果等皆巧用事殺也二用理殺所謂弑無明父害貪愛母護生須是殺殺盡始安居也前明不殺必至佛果方得究竟淸淨此文明殺亦至佛果方得究竟殺盡耳

(庚)第二盜戒

若佛子自盜敎人盜方便盜呪盜盜因盜緣盜法盜業乃至鬼神有主劫賊物一切財物一針一草不得故盜而菩薩應生佛性孝順心慈悲心常助一切人生福生樂而反更盜人財物者是菩薩波羅夷罪

不與而取他物名之爲盜自盜有八種或灼然劫取或潛行竊取或詐術騙取或勢力强取或詞訟取或牴謾取或受寄托而不還或應輸稅而不納

是名八種敎人盜者敎人爲我劫取乃至爲我偷稅也若但敎人作八種盜利不入己不結重罪是此戒兼制耳方便盜者彼物自來方便藏舉如攘羊之類呪盜者以種種呪術取他物或遣役鬼神等盜因者與心故取他物或以諂心或以曲心或瞋恚心或恐怖心是名盜因盜緣者穿窬窺闞等緣盜法者發鑰揀取等事盜業者舉他物離本處乃至等者舉輕況重佛性者一切衆生皆有當果之性性是不改爲義卽前戒中常住之意盜人財物者意顯從人邊結重也　此戒亦具性遮二業

以侵他依報奪他外命令他憂苦王法亦治罪故
五緣成重一是有主物二有主想三盜心取四直
五錢五舉離本處主有三品若佛物法物現前僧
物四方僧物父母師長物名上品若人天物名中
品若鬼神畜生物名下品盜上品及中品中人物
則重盜中品中天物及下品物結輕或雖重不失
戒二有主想亦具當疑僻六句有主有主想有主
疑二句結重無主有主想有主疑二句結輕有主
無主想無主無主想二句無犯又人物人物想人
物疑二句結重人物非人物想及非人物非人想

人物疑非人物想四句結輕三盜心者非與想非
己物想非糞掃想非暫用想非親厚想正是業主
四直五錢者西國一大錢直十六小銅錢若取五
錢若取直五錢物結重四錢以下結輕或雖重不
失戒若二番三番共取五錢物有意相續者數滿
結重無相續意者逐次結輕若所取物此處不直
五錢取處直五錢者結重若此處直過五錢取處
不直五錢結輕五舉離本處者他物置在此處移
動令出本界或自移或教他移或方便移或呪移
從此時結成盜罪詳如五戒相經中說若抵債不

還前人決作失想時結罪若受寄不還亦於前人
決作失想時結罪若偷稅已過關津不復受詰時
結罪若教人盜前人受教取離本處時結罪若教
人取某處某物彼人於異處取或取異物彼人結
重教者結方便罪若教者是盜心受教者無盜心
謂是取彼所應取物取離處時教者犯重受教者
無犯若教者非盜心受教者謂是盜心取離處時
受教者犯重教者無犯若教令盜五錢物受教者
取得四錢以下二俱結輕若教盜四錢以下受教
者取得五錢以上受教者結重教者結輕若本意

不論多少隨取離處時二人同其輕重若二人共
盜取物離本處直五錢雖分時各得減五錢然各
犯重若但教人盜本無心欲取其分離處時不結
重後受其分知是所盜物者結罪不知者無罪此
生有戒無戒後生憶不憶等具如殺戒中辨不犯
者與想已物想糞掃想暫用想親厚想若癡狂若
心亂若病壞心若轉生不自憶知　七衆同犯
大小乘不全共同者同不得盜異者大士見機得
盜如下所明舊云聲聞於佛滅後盜佛物輕菩薩
恆重今據僧祇律中寺主用塔物供僧直五錢即

結重。況自用耶。又畢陵伽婆蹉於賊舟上取檀越二子還其父母。以無盜心。不名犯戒。亦是見機得作之意。未必一向與大乘異也。　開遮者。菩薩戒本云。又如菩薩見有增上增上宰官上品暴惡。於諸有情無有慈愍。專行逼惱。菩薩見已。起憐愍心。發生利益安樂意樂。隨力所能。若廢若黜增上等位。由是因緣。於菩薩戒無所違犯。生多功德。又如菩薩見劫盜賊。奪他財物。若僧伽物。窣堵波物。取多物已。執為己有。縱情受用。菩薩見已。起憐愍心。發生利益安樂意樂。隨力所能。逼而奪取。勿令受

用如是財物。當受長夜無義無利。由此因緣。所奪財寶。若僧伽物。還復僧伽。窣堵波物。還窣堵波。若有情物。還復有情。又見衆生。或園林主。取僧伽物窣堵波物。言自己有。恣情受用。菩薩見已。思擇彼惡。起憐愍心。勿令因此邪受用業。當受長夜無義無利。隨力所能。廢其所主。菩薩如是。雖不與取。而無違犯。生多功德。解曰。前條是奪他名位。後條是奪他財寶。以憐愍心。能生功德。然僧伽物。還復僧伽。乃至有情之物。還諸有情。故無犯也。倘分毫沾染。是名賊復劫賊矣。　果報者。華嚴二地品云。偷

盜之罪。亦令衆生墮三惡道。若生人中。得二種果報。一者貧窮。二者共財不得自在。解曰。盜亦三種。三品牽墮三塗。例如殺戒所明。共財者。世間財物。五家所共。謂王賊水火。不肖子孫。惟功德法財。乃不共他有也。十善業道經云。若離偷盜。即得十種可保信法。一資財盈積。王賊水火及非愛子不能散滅。二多人愛念。三人不欺負。四十方讚歎。五不憂損害。六善名流布。七處衆無畏。八財命色力安樂。辯才具足無缺。九常懷施意。十命終生天。若能迴向菩提。後成佛時。得證清淨大菩提智。淨戒品

云。離不與取。亦四果報。一者於現生中。得離貪嫉。身心安樂。二者以離貪嫉。一切衆生之所信向。委寄任用。無復疑惑。與諸有情而作伏藏。三者於未來世。得大富饒。豪貴自在。所有珍財。王賊水火。無能侵奪。四者能與殑伽沙等一切諸佛。主功德藏。所謂十八不共法等清淨法財。二乘之人。耳尚不聞。何況得見。　觀解者。有事盜。有理盜。理盜者。未達性具法門。心外取法。取非其有。故名為盜。凡夫盜有。外道盜空。二乘盜眞。菩薩盜俗。別教盜取中道。惟圓人了達性徧性具。不於心外別取一法。不

犯理盜。懺悔者。若盜三寶父母師長物失戒。先須償還。方行取相懺法。盜人道物失戒。償與不償隨時斟酌。懺須取相。盜天及鬼神畜生物。須向衆僧悔過。或向三人悔過。又三品盜因盜緣向一人悔。上中二品盜法向三人悔。或向衆僧。下品盜法向一人悔。或向三人。盜有盜空。懺以析觀無生。盜眞盜俗盜中。皆悉懺以一心無生。又一心三觀妙無生懺通滅一切事盜理盜也。　修證者。別圓觀行位人。能防故盜。相似初心位齊初果。永斷故盜華嚴二地中義。如殺戒辨。藏教內凡外凡伏於空

有二盜。初果永斷盜空。四果永斷盜有。圓教觀行圓伏盜眞盜俗盜中之罪。初住分斷。妙覺究竟斷盡。別教登地證道同圓。亦能分斷理盜。　性惡者。事盜如開遮所明。理盜則菩提無與者。然我取菩提。三世諸佛乃稱究竟大盜耳。

佛說梵網經菩薩心地品合註卷第三

佛說梵網經菩薩心地品合註卷第四

姚秦三藏法師鳩摩羅什譯
明菩薩沙彌古吳智旭註
菩薩比丘溫陵道昉訂

(庚)第三婬戒

若佛子。自婬。教人婬。乃至一切女人。不得故婬。婬因。婬緣。婬法。婬業。乃至畜生女。諸天鬼神女。及非道行婬。而菩薩應生孝順心。救度一切衆生。淨法與人。而反更起一切人婬。不擇畜生。乃至母女姊妹六親行婬。無慈悲心者。是菩薩波羅夷罪。

婬者。汙穢交遘。鄙陋堪恥。名非梵行。亦名爲不淨行。正是生死根本。自婬者。自作汙行。教人者。勸他作汙染行。如媒嫁等事。自無迷染。但結輕垢。是此戒兼制。不同殺盜一概結重。或有一種別異煩惱教人於自身行婬。此則結重。婬因者。染汙之心。婬緣者。瞻視隨逐等事。婬法者。摩觸稱歎等事。婬業者。二根交接。入如胡麻許。卽成婬罪。不論精之出與未出。乃至畜生女等。舉劣結過。非道者。如善生經云。若於非時非處非女處女他婦。若屬自身。是名邪婬。釋曰。此六皆不順世間道理。故名非道也。

非時者或在日中或月六齋日年三齋月或八王日或自妻娠姙產後等非處者除小便道或於大便道及口中非女者或是男子或黃門二根處女者未曾嫁人又非己所攝受他婦者屬他所攝自身者令他人於自身或大便道或口中作不淨行淨法與人者應教人精持梵行永離生死苦本也

此戒舊云非性惟遮以男女居室世法所不禁故今言正婬可爾若邪婬事國制强奸者斬和奸者笞婬男者杖安得無罪又前朝古制和奸者男女皆坐宮刑罪亦不輕況出家人既不娶婦觸境

皆邪故知亦具性遮二業若在家菩薩受八關齋一日一夜斷於正婬可云惟遮業耳三緣成重一是道二婬心三事遂一是道者小便道大便道口道若於人女天女修羅女鬼神女畜生女三道中行婬欲皆波羅夷若於人男天男修羅男鬼神男畜生男大便道及口中二道行婬皆波羅夷若於人黃門乃至畜生黃門二道中婬皆波羅夷若於人二根乃至畜生二根三道中婬皆波羅夷乃至一切已死者但令三道未壞於中行婬皆波羅夷若令一切男子於自身二道行婬皆波羅夷二婬心者心生喜樂如饑得食如渴得飲非如熱鐵刺身三事遂者於三道中男根得入如胡麻許據此時結重罪失戒體未入而中止結方便罪不犯者爲怨家所執如熱鐵刺身惟苦無樂或熱睡不知或狂亂壞心或轉生不自憶　七衆者出家五衆全斷婬欲在家二衆惟制邪婬就己妻妾復制非時非處又月六齋日年三齋月等若受八關戒時無復邪正一切俱制犯者皆結重罪　大小乘略不同小乘夢中失精不犯或云但自責心大乘若夢行婬寤應生悔訶責煩惱倍於聲聞也　開遮

者菩薩戒本云又如菩薩處在居家見有女色現無係屬習婬欲法纏心菩薩求非梵行菩薩見已作意思惟勿令心恚多生非福若隨其欲便得自在方便安處令種善根亦當令其捨不善業住慈愍心行非梵行雖習如是穢染之法而無所犯生多功德出家菩薩爲護聲聞聖所教誡令不壞滅一切不應行非梵行解曰處在居家則斷非出家人事現無係屬則斷非他所守護纏心來求則斷非自起染心方便安處則斷是以禮攝受故無犯而有功也出家菩薩護聖教誡豈容稍藉口哉

果報者華嚴二地品云邪婬之罪亦令衆生墮三惡道若生人中得二種果報一者妻不貞良二者不得隨意眷屬解曰邪婬亦三品分別母女姊妹六親行婬名上品餘一切邪婬名中品已妻非時非處等爲下品又約心猛弱論三品又約悔不悔論三品致感三塗也十善業道經云若離邪行即得四種智所讚法一諸根調順二永離喧掉三世所稱歎四妻莫能侵若能迴向菩提後成佛時得佛丈夫隱密藏相淨戒品云離欲邪行亦四種報一者於現生中一切人天之所稱讚亦無疑阻人

所敬重遠離惡名二者六根調順令染欲火勢力微劣三者未來生處父母宗親妻子眷屬孝友貞順純一無雜離於女人所有過失令諸衆生無復染愛四者爲離邪婬而得馬王陰藏之相乃至成就無上菩提　觀解者婬名耽染有事婬有理婬色界凡外耽著味禪無色凡外耽著空定二乘耽著涅槃寂滅菩薩耽著遊戲神通別教棄於二邊耽著中道惟圓人了達一心三觀性修不二理智一如亡能所絕對待不犯理婬　懺悔者婬因向一人悔或自責心婬緣向三人悔或向一人婬法

向衆僧悔或向三人婬業失戒須取相懺又弄陰失精觸女身向女人作麤惡語或讚身索供或爲媒嫁事比丘自依僧法出罪餘衆向衆僧悔過若弄未出精而中止若觸黃門二根男子身若向黃門二根男子作麤惡語讚身索供若媒嫁事未成等向三人悔或向一人若耽著色無色定用析觀無生懺治之亦可用後三無生懺若耽著涅槃用體觀無生治之亦可用後二無生懺若耽著遊戲神通用次第無生懺之中觀治之亦可用一心無生妙懺若耽著中諦惟用一心無生妙懺治之

修證者初果永斷邪婬三果永斷正婬乃至夢中不復失精別教初住同初果五住同三果圓教初信同初果五信同三果理婬者藏四果通已辦別七住圓七信永斷色無色愛通教菩薩分三根上根三地四地出假中根五地六地出假下根七地八地出假永斷涅槃法愛別教十向習中觀永斷神通法愛圓教五品善知法界伏中道愛初住分斷妙覺究竟斷盡　性惡者用事婬如釋迦以化人度婬女菩薩以分身應魔女令發菩提心婆須密多以婬女身令人證解脫門等用理婬則法喜

為妻佛得第一無上法喜之樂名為究竟受五欲人。

(附)第四妄語戒

若佛子自妄語教人妄語方便妄語妄語因妄語緣妄語法妄語業乃至不見言見見言不見身心妄語而菩薩常生正語正見亦生一切衆生正語正見而反更起一切衆生邪語邪見邪業者是菩薩波羅夷罪。

虛而不實欺凡罔聖迴惑人心名為妄語此有四別一妄言謂見言不見不見言見聞覺知等亦爾。

共稱八種妄語眼根名見耳根名聞鼻舌身三名覺亦名為觸鼻亦可名為聞意根名知又實有言無實無言有乃至法說非法非法說法等但令違心而語皆名妄言二綺語謂一切華靡浮辭無義無利及一切世間王論賊論飲食論等三兩舌謂向此說彼向彼說此互相離間令成乖諍四惡口謂麤重罵詈忿怒呪咀令他不堪此戒正制大妄語罪餘一切妄言綺語是此戒兼制若兩舌惡口重者自屬說過毀他二戒輕者自屬十三十九戒制也自妄語者自言我得十地辟支四果四向四禪四空成不淨觀成安般念六通八解天來龍來修羅鬼神悉來問答或言已斷結使或言永離三塗如是等虛而不實圖致名利名大妄語教人妄語者教人為我傳揚美德以致名利同重若教人自言是聖名利自屬彼人但結輕垢此戒兼制方便妄語者作種種顯異方便或借鬼神仙乩或用呪術令人得夢境等妄語因者起心欲誑他人以取名利妄語緣者行來動止語默威儀種種方便以顯聖德妄語法者即十地四果等法妄語業者了了出口前人領解乃至等者舉輕況重兼制小

妄言也身心妄語者身業表相亦名妄語如問其得果點首示相問清淨不默然不答等皆欺誑心表示身相令前人領解口雖不言亦名妄語也正語者如實而語正見者為生死為菩提為衆生不為名利邪語邪見反此可知邪業者依於邪語邪見必成邪命惡業也　此亦性遮二業五緣成重一是衆生二衆生想三欺誑心四說重具五前人領解一衆生者上中下三品如前說上品境中向父母師僧妄語犯重向諸聖人妄語此人不惑又能以神力遮餘人令不聞但結方便罪若聖人中

未證他心智者向說仍重向中品境天人等同重正是迴誑之境或諸天有他心通不受其誑亦止結方便罪向下品境或云同重義疏結輕今言下境既有解語受戒之機向說亦應犯重以鼓誑鬼畜尤堪作名利媒故或可失戒猶許重受或可結不失戒重耳二衆生想亦當疑僻六句二重二輕二無犯如前可例又聖人聖人想聖人疑爲說妄語結輕聖人非聖人想爲說妄語稍重非聖人非聖想非聖疑爲說妄語結重非聖人聖人想爲說妄語稍輕又人人想人疑爲說妄語結重人非人

想稍輕非人人想人疑稍重非人非人想更輕上文衆生想六句約無情爲非衆生與有情相對故有二句無犯此指鬼畜爲非人相對故但論重輕無不犯者三欺誑心謂希圖名利非增上慢亦非戲笑假說正是業主此仍分通心隔心若通欲一切人聞隨有聞者結重若本惟欲此人聞此人不聞而彼人聞於彼無欺誑心總不結罪還於此人結方便罪若增上慢亦犯輕垢戒本經云菩薩見味禪以爲功德是染汙犯也四說重具謂十地辟支等雖四禪四空凡外亦能修證而是世間勝法

故亦同重不淨安般二觀乃佛法二甘露門今言成就即是有證有得天龍等來正是彰其聖德斷結使離三塗皆屬果證中事故皆犯重若欲說初果誤說二果欲說二果誤說初果等既不遂妄語本懷止結方便罪若言成就總別相念煖頂等法乾慧性地別十信圓五品既是凡夫法似不結重或雖重亦不失戒若言旋風土鬼來至我所若言持戒清淨善通三藏能習禪思等虛而不實皆犯輕垢五前人領解或自說或教人說或作書說但令彼人領知信服據此時結重若對面不解且結

方便後追思前言忽解時結重若人問汝得果得道否若點首自肯者結重默然不言非者結輕其餘小妄言等隨一一語結一一輕垢隨多人領解結多多輕垢若增上煩惱數數違犯無慚愧心失菩薩戒失戒後更說止得性罪若深生慚愧永斷相續亦許更受未必須見相也不犯者狂亂病壞心後生不自憶及戲笑說誤說獨說或向人說十地四果等法不言自證又綺語亦此戒兼制戒本經中別有綺語戒云若菩薩掉動心不樂靜高聲嬉戲令他喜樂是犯染汙起若忘誤犯非染汙起

不犯者。爲斷彼故起欲方便攝受對治性利煩惱
更數數起。又不犯者。他起慊恨欲令止故。若他愁
憂。欲令息故。若他性好戲。爲攝彼故。欲斷彼故。爲
將護故。若他疑菩薩慊恨違背和顏戲笑現心淨
故。又有世論戒云。若菩薩以染汙心。論說世事經
時者是犯染汙起。若忘誤經時犯非染汙起。不犯
者見他聚話護彼意故須臾暫聽若暫答他問未
曾聞事。　七衆同犯。　大小乘俱制。　開遮者。戒
本云。又如菩薩爲多有情解脫命難囹圄縛難刖
手足難劓鼻刵耳剜眼等難雖諸菩薩爲自命難

亦不妄語。然爲救脫彼有情故知而思擇故作妄
語。自無染心。惟爲饒益諸有情故。於菩薩戒無所
違犯生多功德。又如菩薩見諸有情信樂倡妓吟
咏歌諷或有信樂王賊飲食淫蕩街衢無義之論。
菩薩於中皆悉善巧於彼有情起憐愍心發生利
益安樂意樂現前爲作倡妓吟咏歌諷王賊飲食
淫衢等論。令彼有情觀喜引攝自在隨屬方便獎
導出不善處安立善處菩薩如是現行綺語無所
違犯生多功德。又大般涅槃經云。一切衆生雖有
佛性要因持戒然後乃見因見佛性得成阿耨多

羅三藐三菩提。若有說言佛說一切衆生悉有佛
性。煩惱覆故。不知不見。是故應當勤修方便斷壞
煩惱。作是說者。當知不犯四重。若有說言。我已成
就阿耨多羅三藐三菩提。何以故。以有佛性故。有
佛性者。必定當成阿耨多羅三藐三菩提。以是因
緣。我今已得成就菩提。當知是人犯波羅夷。何以
故。雖有佛性。以未修習諸善方便。是故未見。以未
見故。不能得成阿耨多羅三藐三菩提。　果報者。
二地品云。妄語之罪亦令衆生墮三惡道。若生人
中得二種果報。一者多被誹謗。二者爲他所誑。綺

語之罪。亦令衆生墮三惡道。若生人中得二種果
報。一者言無人受。二者語不明了。解曰。大妄語亦
分三品。對父母師僧人天爲上品。對鬼畜等爲中
品。對佛菩薩聖人爲下品。以不受惑故也。又欺誑
心强弱分三品。又悔不悔分三品。以此皆墮三塗。
小妄語及綺語則對上境爲上品。罪在欺侮故。對
中境爲中品。對下境爲下品。又亦約心約悔論三
品皆三塗也。十善業道經云。若離妄語卽得八種
天所讚法。一口常清淨優鉢羅香。二爲諸世間之
所信伏。三發言誠證人天敬重。四常以愛語安慰

衆生。五得勝意樂。三業清淨。六言無誤失。心常歡
喜。七發言尊重。人天奉行。八智慧殊勝。無能制伏。
若能迴向菩提。後成佛時。即得如來眞實語。若離
綺語。即得成就三種決定。一定爲智人所愛。二定
能以智如實答問。三定於人天威德最勝。無有虛
妄。若能迴向菩提。後成佛時。得如來諸所授記。皆
不唐捐。淨戒品云。離虛誑語亦四種報。一者現行
實語。諸天憐念。常共守護。二者旣無虛誑。衆生信
受。若說法時。人皆諦信。無勞功力。乃至斷妄語者。
不復造作惡業。何以故。以他問時。如實答故。若在

閒靜。不起妄念。何以故。若人問我。汝閒居時。生妄
念否。若言無者。是虛誑語。若言有者。羞愧他人。以
是因緣。能令妄心漸漸微薄。三者所生之處。口中
常出青蓮華香。蘇曼那香。一切有情之所愛敬。不
疑他人有虛誑語。亦令他人信已實語。能令衆生
永斷疑網。四者所有言辭。人皆信受。能令衆生聞
法歡喜。乃至當得無上菩提。離無義語。亦四種報。
一者現在世中。智人讚歎。心無卒暴。而得安樂。二
者所出言教。人皆信受。麤惡微薄。三者未來生處。
恆聞種種如意音聲。四者漸次能得無上菩提。獲

無礙辯。設彼大千世界。一切天龍人非人等來詣
佛所。同於一時。各各別問自所疑事。時佛於一剎
那。以一言音。悉能酬對。皆契本心。斷除疑網。　理
解者。違如實理。有所言說。皆名妄語。凡夫說有。違
於本空。外道說無。違於緣起。二乘說眞。違俗。菩薩
說俗。違中。別教說中。雙違二諦。惟圓人了達法界。
如理而說。名不妄語。亦名非無義語。　懺悔者。大
妄語成失戒。須取相懺。小妄語綺語等。增上類犯
失戒。應須更受。餘一切等流及方便罪。隨其輕重。
用三種作法除之。復有法說非法等一切妄語。或

破法輪僧。或破羯磨僧。若破法輪事成。犯逆罪。不
可悔。惟得用無生懺。轉重令輕耳。不成。犯方便重
垢。須向一切僧悔過。若破羯磨事成。據聲聞律。不
犯逆罪。今觀此經云。破羯磨轉法輪僧。均名七逆。
似非專指破法輪僧。以大士紹隆義勝。故破羯磨
亦成逆也。不成。亦方便重垢。向一切僧悔過。若違
理妄語。凡外用眞諦無生懺。二乘用從空出假懺。
菩薩用中道無生懺。別教用一心無生懺。又一心
無生懺。除一切事理妄語罪。無有不盡。　修證者。
藏通初果。別住圓信。永斷事妄。藏通初果。斷違空

違緣起妄。出假菩薩。斷違俗妄。別十迴向。伏違中妄。登地永斷。圓五品位。伏違二諦之妄。初住永斷。

性惡者。用事妄。如開遮所明。用理妄。則生生不可說。作生生說。生不生不可說。作生不生說。不生生不可說。作不生生說。不生不生不可說。作不生不生說。法非言說。言說皆妄。法非默然。默然亦妄。以四悉檀因緣。用妄言說。及妄默然。巧誘衆生。出魔入佛。名大妄語。亦最綺語。

㊎第五酤酒戒

若佛子。自酤酒。教人酤酒。酤酒因。酤酒緣。酤酒法。酤

酒業。一切酒不得酤。是酒起罪因緣。而菩薩應生一切衆生明達之慧。而反更生一切衆生顛倒之心者。是菩薩波羅夷罪。

酤者。貨賣求利。酒者。飲之醉人。是無明藥。自酤者。身行貨賣。教人者。令他爲我賣酒。同重。若教他自酤。利不入己。結輕。乃此戒兼制。因者。求利之心。緣者。種種器具。法者。斤兩價直。出納取與。等事。業者。運手賣酒。授與前人。一切酒者。西域酒有多種。或華或果。皆可造酒。但令飲之醉人。皆不得酤。起罪因緣者。四分律明飲酒十失。一顏色惡。二少力。三眼視不明。四現瞋恚相。五壞田業資生法。六增致疾病。七益鬬訟。八無名稱惡名流布。九智慧減少。十身壞命終。墮三惡道。大論復明三十五失等。

此惟遮業。以王法所不禁。故然是惡律儀所攝。雖不受戒人作此業者。亦招苦報。故特爲大士設此厲禁。倘總無罪報。文何須結戒令大士掣肘哉。五緣成重。一是衆生。二衆生想。三希利貨賣。四是眞酒。五授與前人。衆生三品如上說。上品者。賣與無醉亂人則輕。賣與有醉亂人則重。中品人天。正是所制。犯重。下品舊云結輕。以亂道義弱故。今云酤

與受戒鬼畜等。亦重。衆生想者。有醉亂醉亂想疑。犯重。餘四句輕。又中品中品想疑。二句則重。中品下品想。及下品三句。皆輕。又下品有戒有戒想疑。二句則重。餘四句輕。希利貨賣者。正是業主。出家菩薩。一切販賣求利。都制。在家菩薩。止許如法求財。不許作此惡律儀也。是眞酒者。酒色酒香酒味。飲之醉人。犯重。雖無酒色酒香。而有酒味。醉人。亦重。雖似酒色酒香。而無酒味。飲不醉人。無罪。藥酒雖亦希利。不能亂人。在家菩薩酤者無罪。又在家菩薩。或在婬舍。或賣淨肉。皆犯輕垢。以招呼引召。

不能如酒故也。授與前人者，從授受時結重，七衆同犯。　大小乘不全同。小乘作酒止結不應，酤者同於販賣。大乘作時結方便罪，酤犯重也。　徧觀律論，惟遮不開。　果報者，過酒器與人飲酒，尚云五百世無手，況復酤酒。　理解者，有三毒酒、散亂酒、禪定酒、無知酒、無明酒。三毒散亂迷醉欲界中人，禪定迷醉色無色界中人，無知迷醉二乘，無明迷醉菩薩。自醉結輕，招呼同伴結重也。　懺悔者，酤酒業成失戒，據此經中例須取相。若約地持爲例，或向衆僧殷重悔過，堪任更受，以是遮業故也。若未成酤業，及賣淨肉在婬坊等，或向衆僧，向三人一人等，例得悔除。若三毒酒、散亂酒、禪定酒，治以析觀、體觀、次第一心四種無生。無知酒，治以次第一心二種無生。無明酒，惟以一心無生治之。　修證者，初果得道，其力永斷事酤。凡外酤三毒散亂禪定等酒，初果亦永不酤，未免自飲，四果永不復飲。若無知酒，二乘但飲不酤，出假位中更不復飲。若無明酒，地前菩薩亦酤亦飲，登地但飲不酤，妙覺永不復飲也。　性惡者，事惡惟用飲，不用酤，用飲如末利夫人事。理惡亦酤亦飲，謂法性理水陶然眞樂，名爲眞酒。諸佛菩薩自既醉飽，亦廣飲人。又中諦酒、俗諦酒、眞諦酒、三昧酒、十善酒，以中諦酒酤與別圓菩薩，以俗諦酒酤與藏通菩薩，以眞諦酒酤與藏通二乘，以三昧酒酤與色無色界，以十善酒酤與人天，各令醉飽。又中諦藥酒治菩薩病，俗諦藥酒治二乘病，眞諦藥酒治凡夫病，三昧藥酒治散亂病，十善藥酒治十惡病。既酤與人，亦示自飲。又一切衆生醉三毒酒，與其同事，亦復示飲。又如婆藪仙人，示酤三毒酒，爲衆作誡。

(庚)第六說四衆過戒

若佛子，口自說出家在家菩薩、比丘、比丘尼罪過，教人說罪過，罪過因、罪過緣、罪過法、罪過業。而菩薩聞外道惡人及二乘惡人說佛法中非法非律，常生慈心，教化是惡人輩，令生大乘善信。而菩薩反更自說佛法中罪過者，是菩薩波羅夷罪。

說者，向未受菩薩戒人說大乘七衆罪過，向未受具戒人說比丘比丘尼二衆罪過也。出家在家菩薩，卽通指大乘七衆；比丘比丘尼，卽別指小乘二衆，以住持僧寶關係法門，故亦同重。罪過因等，應云說因、說緣、說法、說業。因者，說罪之心；緣者，欲說時莊嚴方便法者輕重罪相業者了了出口前人領解二乘名惡人者執一定之規繩疑大人之作略不知大乘妙用故斥之爲惡人佛法中罪過者揀非外道罪過亦揀非犯邊罪已失戒人罪過也

此亦性遮二業六緣成重一衆生二衆生想三說罪心四所說過五所向人六前人領解衆生者上中二境有菩薩戒有比丘比丘尼戒者重無戒者輕下境舊云有戒無戒皆輕今云有菩薩戒者宜重但未必失戒耳若前人實犯重罪已失戒者說但犯輕或雖犯重而未失戒或雖失戒如法重

受說皆犯重衆生想者有戒無戒六句二重四輕說罪心者有兩一陷沒心欲令前人失名利等二治罰心欲令前人被繫縛等此二心正是業主不論是實是虛皆犯重若獎勸心說及僧差說罪皆不犯所說過者或說罪事或說罪名各有當疑僻六句罪事者殺盜婬妄飲酒食肉等事罪名者大則七逆十重輕垢小則五篇七聚等名若重名重事作重想重疑而說犯重作輕想說犯輕若輕名輕事作輕想輕疑而說犯輕作重想說犯重所向人者上中二境無菩薩戒爲說菩薩七衆罪過犯重無比丘比丘尼戒爲說二衆罪過犯重若向有大乘戒有具戒者如法說實舉過令其懺悔不犯若所說不實自屬謗毀戒也下境不論有戒無戒向說皆輕毀損不深故前人領解者口業事遂據此時結罪隨語語結隨人人結若未解時止結方便　七衆同　大小異小乘說第一篇犯第二說第二篇犯第三說第三篇以下悉犯第七聚大士宜掩惡揚善故說重同重說輕同輕　開遮者惟除僧差及獎勸因緣餘悉不開　果報者若所說是實卽上品兩舌亦兼惡口若所說不實復是妄

語華嚴二地品云兩舌之罪亦令衆生墮三惡道若生人中得二種果報一者眷屬乖離二者親族弊惡惡口之罪亦令衆生墮三惡道若生人中得二種果報一者常聞惡聲二者言多諍訟解曰兩舌惡口約境約心約悔不悔亦各三品牽墮三塗也十善業道經云若離兩舌卽得五種不可壞法一得不壞身無能害故二得不壞眷屬無能破故三得不壞信順本業故四得不壞法行所修堅固故五得不壞善知識不誑惑故若能迴向菩提後成佛時得正眷屬諸魔外道不能沮壞若離惡口

即得成就八種淨業一言不乖度二言皆利益三言必契理四言辭美妙五言可承領六言則信用七言無可譏八言盡愛樂若能迴向菩提後成佛時具足如來梵音聲相淨戒品云不離間語亦四種報一者現在能令自他無諍所在安樂二者以和合故衆人愛敬過去所有離間語罪悉得銷滅於三惡趣心無憂懼三者於未來世得五種果一能獲金剛不壞之身世間刀杖無能損壞二於所生處得善眷屬無諸乖諍不相捨離三於所生處設不遭遇善友知識爲說法者自然覺悟無二法

門於佛法僧深生信向無有退轉四令諸有情一心一事歡喜相向速能證得慈三摩地五能勸發一切有情修習大乘令不退轉四者由遠離間常和合語得善眷屬隨順調伏乃至涅槃不相捨離離麤惡語亦四種報一者現在世中心常清淨與大悲雲降慈心雨滅妄貪欲止恚風塵令得清淨二者輭語之人一切愛敬讚歎隨順令麤惡者漸得調伏六根清淨三業無染三者於當來世永離三塗常生善處四者漸次能得無上菩提具梵音聲說法之時隨類各解而生念言今薄伽梵爲我

說法不爲餘人所說妙法皆契我心除我身心煩惱習氣　理解者如大涅槃經云佛禁無常汝猶說者即破佛禁又云我等皆應善覆無常說於常住以此爲例即是隱惡揚善之義若隱覆常住說於無常是說佛過亦是說四衆過　懺悔者犯重失戒應須更受或復取相彌善犯輕作法隨事斟酌犯於理說惟用一心無生　修證者初果以去無事說圓人初心無理說　性惡者說佛菩薩爲究竟五逆究竟大盜究竟五欲究竟大妄語人

（䖏）第七自讚毀他戒

若佛子自讚毀他亦教人自讚毀他毀他因毀他緣毀他法毀他業而菩薩應代一切衆生受加毀辱惡事向自己好事與他人若自揚己德隱他人好事令他人受毀者是菩薩波羅夷罪

自讚者稱己功德毀他者譏人過惡彼此互形顯己德而彰人短使名利歸於自身故犯重也若但以貪心自讚但以瞋心毀他各各結染汙犯戒本經中別有此條今經亦此戒兼制也教人者或教人讚我毀他則重或教彼自讚毀人則輕因者貪利之心緣者作諸方便法者陳其善惡業者前人

領解　此亦性遮二業五緣成重一衆生二衆生想三讚毀心四說讚毀具五前人領解衆生者上中二境重下境輕衆生想者上中上中想疑二重餘四句輕或下境作上中想亦重也讚毀心者欲彰彼短使名利悉歸於己非爲折伏非爲利益也說讚毀具者一種姓或尊或卑二行業或貴或賤三伎術工巧或上或下四過犯或有或無五結使或輕或重六形相或好或醜七善法或具不具前人領解者口業事遂隨語語結重羯磨文云若以上品纏犯失菩薩戒應須更受中品纏犯應向三人或過三人悔過除滅下品纏犯向一人悔以下三戒並同又不隨喜他善亦應此戒兼制戒本經云知他衆生有實功德以慊恨心不向人說亦不讚歎有讚歎者不唱善哉是犯染汙起若嬾惰懈怠放逸犯非染汙起不犯者知彼少欲護彼意故若病若無力若以方便令彼調伏若護僧制若令彼人起煩惱起溢喜起慢起非義除此諸患故若實功德似非功德若實善說似非善說若爲摧伏外道邪見若待說竟　七衆同　大小異大士利安爲本故重小乘自讚犯第七聚毀他犯第三篇

不合結也　開遮者戒本經云若輕毀外道稱揚佛法若以方便令彼調伏捨離不善修習善法又令不信者信信者增廣　果報者自讚若實卽如婬女爲一錢故而現戲笑若復不實自得大妄語報毀他若實名爲惡口不實復兼妄語所有果報悉如上說　理解者菩提爲自煩惱爲他涅槃爲自生死爲他菩提是道諦煩惱是集諦涅槃是滅諦生死是苦諦若生滅四諦卽具讚毀無生四諦卽無讚毀若無量四諦卽具讚毀無作四諦卽無讚毀又二乘以眞爲自以俗爲他菩薩以俗爲自以眞爲他別教以中爲自二諦爲他皆具讚毀圓無自他故無讚毀又對待妙卽具讚毀絕待妙卽無讚毀　懺悔者事中讚毀如羯磨文所云理中讚毀卽用體觀一心二種無生　修證者初果以上永斷事惡八人見地永斷界內理惡別地圓住永斷界外理惡　性惡者用事讚毀則摧邪顯正彈偏斥小歎大褒圓用理讚毀則法性爲自無明爲他無明之性卽是法性無可讚毀而熾然讚毀

(庚)第八慳惜加毀戒

若佛子自慳教人慳慳因慳緣慳法慳業而菩薩見

一切貧窮人來乞者。隨前人所須。一切給與。而菩薩以惡心瞋心。乃至不施一錢一針一草。有求法者。不爲說一句一偈一微塵許法。而反更罵辱者。是菩薩波羅夷罪。

慳惜所有名之爲慳。或悋財或悋法。皆所不應。教人者。或使人爲我拒毀。則重。或教人自行慳毀。則輕。因者。鄙悋之心。緣者。莊嚴方便。法者。示秘惜打罵等相。業者。前人領納貧窮人者。或貧於財。或窮於法。又空乏名貧。空乏則手足無措名窮。財法皆有貧窮二苦也。隨前人所須者。財則若多若少。法

則若大若小。皆應與之。惡心者。慳悋鄙惜。瞋心者。不喜其人。明非見機折伏也。決定毘尼經云。在家菩薩應行二施。一財。二法。出家菩薩行四施。一紙二墨。三筆。四法。得忍菩薩行三施。一王位。二妻子。三頭目皮骨。義疏云。當知凡夫菩薩。隨宜惠施。都杜絕故犯也。　此亦性遮二業。五緣成重。一衆生。二衆生想。三慳毀心。四示慳毀相。五前人領納。衆生者。上中二境。及下境有戒者。悉重。餘輕。衆生想六句。三重三輕。如上說。慳毀心者。謂惡瞋悋惜財法。欲以打罵拒絕。是犯。若彼不宜聞法得財。宜見

訶辱。皆不犯。示慳毀相者。或隱避不與財法。或言都無。或手杖驅斥。或惡言加罵。或自作。或使人打罵。皆重。前人領納者。知我悋惜之相。受我打罵之辱。隨事隨語結重。若彼遣使求財請法。對使人慳惜。遙作訶罵。既非對面損惱。稍輕。皆不結重。或雖重不失戒也。不犯者。戒本經云。若自無。若求非法物。若不益彼物。若以方便令彼調伏。若彼犯王法。護王意故。若護僧制。此明不與財不犯也。又云。若外道求短。若重病。若狂。若知不說令彼調伏。若所修法未善通利。若知前人不能敬順威儀不整。若

彼鈍根。聞深妙法。生怖畏心。若知聞已。增長邪見。若知聞已毀呰退沒。若彼聞已向惡人說。此明不與法不犯也。又菩薩善戒經云。求者三至。若不施者。是名犯重。不犯者。若以方便善語慰喩令彼求者不生恨心。求者二種。一者貧窮。二者邪見。不施貧者則便得罪。不施邪見則不名犯。又菩薩攝受徒衆。卽應以二事將護。所謂法及衣食。亦應此戒兼制。戒本經云。若菩薩攝受徒衆。以嗔恨心。不如法教授。不能隨時從婆羅門居士所求衣食臥具醫藥房舍。隨時供給。是犯染汙起。若嬾惰懈怠犯

非染汙起。不犯者。若以方便令彼調伏。若護僧制。若病。若無力。若使有力者說。若彼有力。多知識大德。自求衆具。若曾受教。自已知法。若外道竊法。不能調伏。七衆同。大小異。大乘不揀親疎。求者皆施。不與加毀悉犯。以本誓兼物故。小乘惟弟子不敎法。犯第七聚。不與財不制。加毀隨事各結。不合爲重。開遮者。戒本經云。觀衆生應以苦切之言方便利益。恐其憂惱而不爲者。是犯非染汙起。不犯者。觀彼現在少所利益。多起憂惱。果報者。慳毀之罪。亦在三塗。又慳財餘報。生生貧窮。慳法

餘報。世世愚鈍。當知不慳。即是無貪善根所攝。十善業道經云。若離貪欲。即得成就五種自在。一三業自在。諸根具足故。二財物自在。一切怨賊不奪故。三福德自在。隨心所欲物皆備故。四王位自在珍奇妙物皆奉獻故。五所獲之物。過本所求百倍殊勝。由於昔時不慳嫉故。若能迴向菩提。後成佛時。三界特尊。皆共敬養。淨戒品云。離貪嫉者。亦四種報。一者現在世中。於他富貴。起隨喜心。不捨毫釐。獲大功德。二者一切愛敬。身心安樂。威德自在。能淨心中貪欲雲翳。猶如夜月。衆星圍遶。三者所生之處。六根圓滿。財寶豐足。衆人愛敬。常行惠施無礙辯才。處衆無畏。四者乃至證得無上菩提。衆聖圍遶。功德最上。一切衆生同受教命。理解者。秘眞妙法名慳。令獲陋果名毀。法華經云。若以小乘化乃至於一人。我則墮慳貪。是事爲不可。懺悔者。事慳悔過。例前可知。理慳須用一心無生法華云。惟以如來滅度而滅度之。修證者。初果斷事慳。亦斷眞諦慳。菩薩不慳俗諦。別人不慳中諦。圓人不慳法性。名字不慳。乃至究竟不慳。性惡者。不捨一法名慳。破相歸性名毀。

㊎第九瞋心不受悔戒

若佛子。自瞋。敎人瞋。瞋因。瞋緣。瞋法。瞋業。而菩薩應生一切衆生善根無諍之事。常生慈悲心。孝順心。而反更於一切衆生中。乃至於非衆生中。以惡口罵辱。加以手打。及以刀杖。意猶不息。前人求悔。善言懺謝。猶瞋不解者。是菩薩波羅夷罪。

因者。忿恨隔絕之心。緣者。瞋隔方便。法者。示相發口業者。前人領解。非衆生者。變化幻人等。彼雖無情。作有情想而行瞋辱。亦犯輕也。此亦性遮二業。五緣成重。一衆生。二衆生想。三瞋隔心。四示不

受相五前人領解衆生者上中二境重下境輕或有戒者亦重但不失戒也衆生想六句如上瞋隔心者心懷忿恨不欲和解正是業主示不受相者或鬬閉斷隔發口不受前人領解者知彼不受隨身口業多少結重不犯者戒本經云若以方便令彼調伏若彼不如法悔其心不平不受其懺無罪又云若不慊恨性不受懺是犯非染汙起又云若菩薩侵犯他人或雖不犯令他疑者卽應懺謝慊恨輕慢不如法懺謝是犯染汙起若嬾惰懈怠犯非染汙起不犯者若以方便令彼調伏若彼欲令

作不淨業然後受者不謝無罪若知彼人性好鬬訟若悔謝者增其瞋怒若知彼和忍無慊恨心恐彼慚恥不謝無罪解曰此輕垢罪亦應此戒兼制也　七衆同　大士接取衆生爲務以乖化他之道故重小乘自利瞋他犯第七聚　開遮者戒本經云見有衆生應訶責者應折伏者應罰黜者以染汙心不訶責若訶責不折伏若折伏不罰黜是犯染汙起若嬾惰懈怠犯非染汙起不犯者彼不可治不可與語難可敎誨多起慊恨若觀時若恐因彼起鬬諍相違若相言訟若僧諍若壞僧若彼

不諂曲有慚愧心漸自改悔又云若菩薩成就種種神力應恐怖者而恐怖之應引接者而引接之欲令衆生消信施故不以神力恐怖引接者是犯非染汙起不犯者若彼衆生更起染著外道謗聖成就邪見若彼發狂若增苦受一切不犯又唐譯戒本云又如菩薩見諸有情爲行越路非理而行出麤惡語猛利訶擯方便令其出不善處安立善處菩薩如是以饒益心於諸有情出麤惡語無所違犯生多功德解曰以饒益心則非瞋隔心明矣果報者二地品云瞋恚之罪亦令衆生墮三惡

道若生人中得二種果報一者常被他人求其長短二者恆被於他之所惱害十善業道經云若離瞋恚卽得八種喜悅心法一無損惱心二無瞋恚心三無諍訟心四柔和質直心五得聖者慈心六常作利益安衆生心七身相莊嚴衆共尊敬八以和忍故速生梵世若能迴向菩提後成佛時得佛無礙心觀者無厭淨戒品云離瞋恚者亦四種報一者現世六根聰利儀容可觀人所親附二者心無瞋恚一切惱害打罵訶責盡皆不起譬如有人持迦嚕羅呪一切諸毒無能害之以無恚怒增長

慈心以慈眞言令三十六俱胝天魔鬼神悉皆摧伏奉慈眞言無所損害三者於未來世以慈心梯上生梵世一劫安樂令諸衆生斷惡修善四者漸次能得無上菩提具足莊嚴三十二相八十種好熾然炳著無量功德蘊集其身。理解者凡外隔眞二乘隔俗出假隔中但中隔於二諦。懺悔者事瞋作法例前可知隔眞用析體等四種無生隨一皆得隔俗於體觀等三隨用其一隔中於次第一心二懺亦隨用一隔二諦者惟用一心無生修證者三果斷事瞋盡初果不隔眞出假不隔俗

別向不隔中別地圓住不隔二諦又圓信圓觀皆伏一切理瞋。性惡者現忿怒大明王相是用事瞋一法不取名爲理瞋。

(庚)第十謗三寶戒

若佛子自謗三寶教人謗三寶謗因謗緣謗法謗業而菩薩見外道及以惡人一言謗佛音聲如三百矛刺心況口自謗不生信心孝順心而反更助惡人邪見人謗者是菩薩波羅夷罪。

此戒亦名謗菩薩藏說相似法或云邪見邪說戒謗者乖背之稱凡解不稱理言不審實異解異說皆名爲謗因者邪見之心緣者邪說方便法者言說著述等事業者前人領解。此亦性遮二業邪見爲本復加口過也五緣成重一衆生二衆生想三欲說心四正吐說五前人領解衆生者向上中二境謗則重向下境輕衆生想六句如前可知欲說心者謂邪見推晝惟此是實餘皆虛妄既心存謬解喜向人說也邪見雖多大端有四一上邪見二中三下四雜上者撥無因果如闡提等中者謂三寶不及外道若心中計成失戒若心知三寶勝口說不如既未翻歸不失戒體語語結重下者棄

大取小計成失菩薩戒計若未成犯輕屬下文心背大乘戒攝雜者或偏執或雜信或繫念小乘或思義僻謬偏執又二一執大謗小如戒本經云若菩薩如是見如是說言菩薩不應聽聲聞經法不應受不應學菩薩何用聲聞法爲是犯染汙起也二偏謗一部於方等中偏言某部非佛說亦犯輕垢如戒本經云若菩薩聞菩薩法藏甚深義眞實義諸佛菩薩無量神力誹謗不受言非利益非如來說是亦不能安樂衆生是犯染汙起也雜信者不背因果及三寶大乘但言外道鬼神亦有威力

奏章解神。或復勸他悉犯輕垢。繫念小乘者。知大乘高勝。且欲先取小果後更修大。此名念退犯輕垢。亦下文暫違菩提心戒攝。思義僻謬者。如今人義淺。三五家釋。是智力不及。此應非罪。若輕輙去取復有知他爲是。強欲立異。皆犯輕垢。又有說相似法。如戒本經云。若菩薩如是見。如是說言。菩薩不應樂涅槃。應背涅槃。不應怖畏煩惱。不應一向厭離。何以故。菩薩應於三阿僧祇劫久受生死。求大菩提。作是說者。是犯染汙起。何以故。聲聞深樂涅槃。畏厭煩惱。百千萬倍不及菩薩。彼習不染汙

心。勝阿羅漢也。正吐說者。若自說。若令人傳說。若作書著述等。前人領解者。納受邪言。隨語語結罪。披書發解。亦語語結罪。　七衆同。　大小異。大士化人爲任。故重。小乘說殺無果報。婬不障道。世界有邊無邊等。均名惡見。語語犯第七聚。三諫不捨結第三篇。更或不捨作惡見不捨羯磨。雖非滅擯而治法最嚴。冀令永捨惡見。故然終不結重也。惟遮不開。　果報者。二地品云。邪見之罪亦令衆生墮三惡道。若生人中得二種果報。一者生邪見家。二者其心諂曲。十善業道經云。若離邪見。即

得成就十功德法。一得眞善意樂眞善等侶。二深信因果。寧殞身命。終不作惡。三惟歸依佛。非餘天等。四直心正見。永離一切吉凶疑網。五常生人天。不更惡道。六無量福慧轉轉增勝。七永離邪道。行於聖道。八不起身見。捨諸惡業。九住無礙見。十不墮諸難。若能迴向菩提。後成佛時速證一切佛法。成就自在神通。淨戒品云。離邪見者亦四種報。一者於現世中離惡知識。親近善友。聞法信受。未生不善令永不生。已生不善令盡除斷。未生善法修習令生。已生善法修令增長。此正見者。一切善法

之根本也。二者能閉不善行門。於大衆中名稱普聞。心無疑悔。三者未來生處遇善知識得善伴侶。順於正見。歸佛法僧更無異向。於菩薩行無退轉心。除滅罪愆增長福聚。有漏無漏生死涅槃過患利益能善分別。了達諸法無我我所無有執著。正見力能究竟清淨。四者所有三乘勝妙功德人不能測。正見之力皆悉圓滿。能爲衆生作歸依處。度脫有情出生死苦。悉皆安置無上大乘。乃至處於法王之位。　理解者。凡外謗眞。二乘謗俗。出假謗中。但中謗於二諦。　懺悔者。事謗作法。例前可知。

謗眞於四無生隨用一懺謗俗於體觀等三亦隨用一謗中於次第一心亦隨用一謗二諦者惟用一心無生。修證者藏不謗眞通不謗俗別不謗中圓不謗二各於外內二凡永伏分證永斷。性惡者用事謗如婆藪仙人用理謗四句卽爲四門門門皆入道。

(己)三總結

善學諸仁者是菩薩十波羅提木叉應當學於中不應一一犯如微塵許何況具足犯十戒若有犯者不得現身發菩提心亦失國王位轉輪王位亦失比丘

比丘尼位亦失十發趣十長養十金剛十地佛性常住妙果一切皆失墮三惡道中二劫三劫不聞父母三寶名字以是不應一一犯汝等一切菩薩今學當學已學如是十戒應當學敬心奉持八萬威儀品當廣明。

此十重戒與瓔珞經同若善生經單明在家六重則無後四若地持經單明出家八重則無酤酒說過二戒又地持羯磨文中明受戒法亦通在家今此經及瓔珞去復存單合成十重然善生經意被界內不制後四猶之可也地持被界外機胡不制酤說二戒耶若謂出家不妨酤酒說過此決不然若謂在家不妨讚毀乃至邪說此尤不可蓋或各就僧俗易起過邊制之實則十戒皆通僧俗也不得現身發菩提心者直指此生爲語亦失國王位等者現在旣失其義未來必并失其名也問犯前四戒則一切戒體俱失犯後六戒止是失菩薩法何云亦失比丘比丘尼位答此是一往乘勢之語又或如從高處墜法爾至底理無中止所以身子六心中退仍向五道輪迴亦其驗也

佛說梵網經菩薩心地品合註卷四

佛說梵網經菩薩心地品合註卷第五

姚秦三藏法師鳩摩羅什譯
明菩薩沙彌古吳智旭註
菩薩比丘溫陵道昉訂

戊二明四十八輕戒三。初總標。二別釋。三總結。

己今初

佛告諸菩薩言。已說十波羅提木叉竟。四十八輕今當說。

初句結前。次句示後也。

己二別釋四十八第一不敬師友戒。至第四十八破法戒。

庚第一不敬師友戒

若佛子。欲受國王位時。受轉輪王位時。百官受位時。應先受菩薩戒。一切鬼神救護王身百官之身。諸佛歡喜。既得戒已。生孝順心恭敬心。見上座和尚阿闍梨大德同學同見同行者。應起承迎禮拜問訊。而菩薩反生憍心慢心癡心瞋心。不起承迎禮拜。一一不如法供養。以自賣身國城男女七寶百物而供給之。若不爾者。犯輕垢罪。

一切受佛戒人。皆應敬重師友。以有爵位者易生憍慢。故偏舉王及百官爲誡也。受戒則福庇幽明。所以鬼神救護。又能弘護法化。故諸佛歡喜。上座有三。一生年上座。戒臘在先。二福德上座。衆所推敬。三法性上座。證入聖位。和尚。或云鄔波駄耶。此翻親教師。或翻力生。繇此人力生我無漏妙戒身故。阿闍梨。或云阿遮梨耶。此翻軌範師。謂教授威儀。示我軌式。即下文所稱教誡法師也。大德者。總歎具大功德。同學者。宗同一師。同見者。心同一解。同行者。身同一業。憍者。亢己。慢者。忽人。癡者。不知賢聖。瞋者。心懷忿恚。以自賣身等者。舉重況輕。謂

尚應如此供養。況迎拜之儀而不爲耶。此四十八輕戒。准十重法。亦應有不敬因。不敬緣。不敬法。不敬業。飲因。飲緣。飲法。飲業。乃至破法因。破法緣。破法法。破法業等。但以衆輕垢。成與未成。同稱惡作。故不復委明耳。　此亦性遮二業。四緣成罪。一師友。謂上座及同行等。二師友想。六句。二重。二輕。二無犯。三不敬心。戒本經云。若憍慢瞋恨。不起迎拜等。是染汙犯。若嬾惰懈怠。或無記心。或忘誤。犯非染汙。起不犯者。若重病。若亂心。若睡眠不知。若聽法。若說法。若在說法衆中。護說者心。若以方便令

彼調伏。若護僧制。若護多人意。四應迎不迎。應供不供等事。成隨事結罪。 七衆同。 大小共。 惟遮不開。或方便令調伏。亦得名開。 果報者。師友知識。是得道大因緣。是全梵行。不敬則永失法利。魔所攝持。敬則常遇善緣。成就佛法。 理解者。外道不敬眞諦。二乘不敬俗諦。藏通不敬中諦。別教不敬二諦之友。 懺悔者。慢人作法懺。慢法如次用四種無生。 修證者。初果得不壞淨。及淨心地菩薩。永斷事慢。四敎分證人。如次斷四種理慢。性惡者。瑜伽法中作觀音慢。是觀行慢。十地品云。

我當於一切衆生中爲首爲勝等。是分證慢。天上天下。惟吾獨尊。是究竟慢。

㊊第二飲酒戒

若佛子。故飲酒。而酒生過失無量。若自身手過酒器與人飲酒者。五百世無手。何況自飲。亦不得敎一切人飲。及一切衆生飲酒。況自飲酒。一切酒不得飲。若故自飲。敎人飲者。犯輕垢罪。

故飲者。明非不知誤飲。一切衆生。指異類也。餘如酤戒中釋。 此是遮業。四緣成罪。一是酒。謂飲之醉人。二酒想。六句。二咽咽結罪。二輕垢。二無犯。三有飲心。四入口咽咽結罪。若敎他飲。咽咽二俱結罪。不犯者。病非酒不療。 七衆同犯。 大小乘俱制。 開者。如末利夫人事。 果報者。飲酒之罪。有五五百果。第一五百世在醎糟地獄。二五百在沸屎。三五百在曲蛆蟲。四五百在蠅蚋。五五百在癡熱無知蟲。文云五百世無手。或但舉最後五百也。 理解如酤酒中說。 懺悔者。事飲作法。理飲無生。 修證者。得法自在。入飲無迷亂。 性惡者。用事飲。如濟顚等。用理飲。卽法性眞酒。耽荒無厭。

㊊第三食肉戒

若佛子。故食肉。一切衆生肉不得食。夫食肉者。斷大慈悲佛性種子。一切衆生見而捨去。是故一切菩薩不得食一切衆生肉。食肉得無量罪。若故食者。犯輕垢罪。

故食者。明非不知誤食。一切衆生肉者。不論水陸空行。但是有情身分。悉遮止也。一切衆生。皆有佛性。與我同體。而今食噉其肉。殘慘之甚。故云斷大慈悲佛性種子。准此。則鬣口獸毛。亦所不忍。是以鴦掘經云。若絲綿絹帛。展轉傳來。離殺者手。施於比丘。亦不應受。受者非悲也。 此是遮業。四緣成罪一是肉謂有情身分二肉想二重三輕一無犯三有食心正是業主四入口咽咽結罪 七衆同 大小不全共小乘初聽三種淨肉一不見殺二不聞殺三不疑爲己殺又有九種十種不淨肉等禁食餘非所制大士懷慈一切悉斷又知水有蟲或疑有蟲不看不漉輒飲輒用大小俱制又蠶綿大小俱制大乘爲衆生故得畜憍奢耶等而非自用獸毛小乘不制大乘亦無特制而佛頂經中亦兼及之不用彌善 開遮者或鹿角虎骨等製入藥中此應非犯若爲藥故傷生命同得殺罪 果

報者楞伽經云爲利殺衆生以財網諸肉二俱是惡業死墮叫呼獄若無教想求則無三淨肉彼非無因有是故不應食佛頂經云死死生生互來相噉惡業俱生窮未來際又云殺彼身命或食其肉如是乃至經微塵劫相食相誅猶如轉輪互爲高下無有休息又云服其身分皆爲彼緣必使身心於諸衆生若身身分身心二途不服不食我說是人眞解脫者 理解者凡外食斷常癡肉二乘食偏眞枯肉菩薩食出假脂肉別教食但中頑肉 修證者別

懺悔者事食作法理食用四種無生

初住圓初信永斷事食四教分證斷四理食 性惡者用事食如釋迦本生現惡羅刹形怖人令受歸戒用理食則中道法性名爲第一美肉恣意飽噉

㊎第四食五辛戒

若佛子不得食五辛大蒜茖葱慈葱蘭葱興渠是五辛一切食中不得食若故食者犯輕垢罪

茖葱卽韭慈葱卽葱蘭葱卽小蒜興渠此方所無一切食中雜有此辛亦不得食非但戒單食也 此是遮業臭穢妨於淨法故制四緣成罪一是辛

二有辛想二重二輕一無犯三有食心四入口咽咽結罪 七衆同 大小共大乘防過義深較小略重 開遮者病非蒜等不愈須處僻靜別室食之不得入佛塔僧堂不得入僧浴室不得上都圊內俟斷食更七日後臭氣都盡沐浴浣衣香熏入衆具如律明 果報者佛頂經云是五種辛熟食發婬生啖增恚縱能宣說十二部經十方天仙嫌其臭穢咸皆遠離諸餓鬼等舐其脣吻福德日消長無利益修三摩地善神不護魔王得便命終自爲魔王眷屬受魔福盡墮無間獄 理解者見思

辛。塵沙辛。無明辛。· 懺悔者。事食作法。理食無生。

修證者。事辛爲修行第一漸次。最初應斷。初果斷見辛。四果斷思辛。出假斷塵沙辛。別地圓住分斷無明之辛。 性惡者。辛是熏染爲義。以法界辛。徧熏法界。如擊塗毒鼓。置毒乳中等喻。既以毒喻圓理。亦可以辛喻也。

(庚)第五不敎悔罪戒

若佛子。見一切衆生犯八戒。五戒。十戒。毀禁。七逆。八難。一切犯戒罪。應敎懺悔。而菩薩不敎懺悔。同住同僧利養。而共布薩。一衆說戒。而不舉其罪。不敎悔過

者。犯輕垢罪。

八戒者。八關齋法。又地持八重。五戒者。淸信士女所受。十戒者。十善戒。沙彌十戒。又此經十重。毀禁者。總明犯一切戒。卽毀三世諸佛明禁。七逆現在下文。八難。乃犯戒果報。一地獄。二畜生。三餓鬼。四盲聾瘖瘂。諸根不具。五生邪見家。世智辯聰。六佛前佛後。七北洲。八無想天。一切犯戒罪者。若大若小。若重若輕。若因若果。皆敎懺悔。敎懺悔者。以見聞疑三根。舉事令改往修來。捨過還善也。梵語懺摩。是此方請忍請恕之意。卽表除於往愆。悔乃此方之語。義稱惡作。謂追責前來所作是惡。決志改途易轍。卽表修於來善。同住同利。是共食味。布薩說戒。是共法味。理應如法舉罪。故不舉不敎者犯也。 此是遮業。四緣成罪。一有罪。二有罪想。若實謂無罪者非犯。三不敎心。戒本經云。瞋心不舉是染汙犯。嬾惰懈怠非染汙犯。四默然同住。不敎悔是一罪。同食味復一罪。同法味又一罪。隨事各結。不犯者。戒本經云。若狂。若知不說令彼調伏。若護他心。若護僧制。又云。見衆生造今世後世惡業。以慊恨心不爲正說。是染汙犯。不犯者。若自無智。若

無力。若使有力者說。若彼自有力。若彼自有善知識。若以方便令彼調伏。若爲正說。於我憎恨。若出惡言。若顚倒爲。若無愛敬。若復彼人性弊儱戾。又自不悔過。亦應此戒兼制。戒本經云。若菩薩不護不信之言。不護譏毀。亦不除滅。若實有過惡不除滅者。是染汙犯。實無過惡而不除滅。非染汙犯。不犯者。若外道誹謗。及餘惡人。若出家乞食修善因緣生他譏毀。若前人瞋狂而生譏毀。解曰。不敎人悔。惟是遮業。自過不悔。兼得性業也。又善生經云。若優婆塞見他四衆毀所受戒。心生憍慢。言我勝

彼彼不如我得失意罪。解曰。斯亦此戒兼攝。亦具性遮二業。亦通七衆同犯也。　七衆不全同。比丘應舉七衆罪。比丘尼得舉六衆罪。不得舉比丘罪。若與比丘親里知識私相勸諫無罪。式叉摩那得舉五衆罪。不得舉比丘比丘尼罪。沙彌得舉四衆罪。不得舉上三衆罪。沙彌尼得舉三衆罪。不得舉上四衆罪。在家二衆得舉自類罪。不得舉出家五衆罪。若親厚知識私相勸諫。皆恐無罪。又在家二衆無同利養事。惟有不舉及同布薩二過。　大小乘俱制。　開遮者。僧祇律云。若彼人兇暴。若依王

力大臣力。兇惡人力。或起奪命因緣。傷梵行者。應作是念。彼罪行業。必自有報。彼自應知。爾時但護根相應無罪。又四分律云。內有五法應舉他。以時不以非時。眞實不以不實。有益不以減損。柔軟不以麤獷。慈心不以瞋恚。　果報者。大涅槃云。若善比丘見壞法者。置不訶責驅遣舉處。是人佛法中怨。若能責遣。當知得福無量。不可稱計。菩薩善戒經云。旃陀羅等。及以屠兒。雖行惡業。不能破壞。如來正法。不必定墮三惡道中。爲師不能教訶弟子。則破佛法。必墮地獄。優婆塞戒經云。寧受惡戒。一

日中斷無量命根。終不養畜弊惡弟子。不能調伏。何以故。是惡律儀殃齊自身。畜惡弟子不能教誨。乃令無量衆生作惡。能謗無量善妙之法。壞和合僧。令多衆生作五無間。是故劇於惡律儀罪。　理解者。前人破於理戒。應教理懺。又觀心釋者。前念起惡爲罪。後念覺意觀察名爲教悔。　懺悔者。事不教用作法。理不教用無生。　修證者。他人犯戒於四諍中。卽是犯諍。若舉過不服。卽是覓諍。若復有人不知戒相。不決重輕。卽是言諍。若於三諍事發。又卽事諍。此之四諍。具十法者。乃能滅之。一持

戒。二多聞。三誦毘尼。極利。四廣解其義。五言辭了了。堪任問答。六諍起能滅。七不愛。八不恚。九不怖。十不癡。又僧祇明成就十四法。名爲第五持律。所謂善能滅諍。大約是無疑解脫阿羅漢也。教悔理罪。位在圓住。通教見地。亦滅界內理諍。　性惡者。維摩經云。外道六師。是汝之師。汝師所墮。汝亦隨墮。則非惟不教令悔。又從而和之矣。此亦具有事理二墮也。

(庚)第六不供給請法戒

若佛子。見大乘法師。大乘同學。同見同行。來入僧坊

舍宅城邑。若百里千里來者。卽起迎來送去。禮拜供養。日日三時供養。日食三兩金。百味飲食牀座醫藥供事法師。一切所須盡給與之。常請法師三時說法。日日三時禮拜。不生瞋心患惱之心。爲法滅身請法不懈。若不爾者。犯輕垢罪。

日食三兩金者。極勢之語。三時者。中前中後。初夜。瞋心者。恚彼法師。患惱者。恐己侈費。爲法滅身者。舉重況輕。　此是遮業。喪資神之益。故制也。四緣成罪。一是法師。二法師想。若不知者非犯。三不請心。若瞋若惱。是染汙犯。懈怠忘誤。非染汙犯。四漠

然空過。隨事結罪。又不受師教。亦應此戒兼制。戒本經云。欲求定心。慊恨憍慢。不受師教。是染汙犯。若懶惰懈怠。非染汙犯。不犯者。若病。若無力。若知彼人作顚倒說。若自多聞有力。若先已受法。　七衆同。　大小不全共。小乘未滿五夏。未諳律藏。見有持律人來。應請。餘非所制。大乘求法無厭。一切應請。　開遮者。若知不請令彼調伏。　果報者。不請則失聞熏益障智慧種。請則常能不離正法。　理解者。觀慧不現前。名不供給請法。　懺悔者。事不請作法。理不請無生。　修證者。入淨心地菩薩。常法供養一切三寶。事請理請俱無犯。　性惡者。事惡則如闍王之女見大聲聞而不起迎禮敬。理惡則觀於絕待法性。不得能供所供能請所請。

(庚)第七不往聽法戒

若佛子。一切處有講法毘尼經律。大宅舍中有講法處。是新學菩薩應持經律卷至法師所聽受諮問。若山林樹下。僧地房中。一切說法處。悉至聽受。若不至彼聽受諮問者。犯輕垢罪。

一切處者。通指僧坊俗地。大宅舍。別指俗地。山林等。別指僧地也。法毘尼經律者。法名軌持。毘尼名

滅。意指所詮。經律二字。意指能詮。謂經詮法。律詮毘尼。然毘尼正翻爲律。經亦訓法。訓常。文言似複。義理須明。謂經律二種。世間共有。而世間之經。未必詮於正法。世間之律。未必詮於毘尼。惟佛經佛律中。明五種遠離行相應。名之爲法。亦名毘尼。亦名佛所敎誡。所謂是出離非世法。是越度非有愛。是無欲非有欲。是無結非有結。是不親近生死。非親近。又五種出要行相應。名之爲律。亦名爲法。亦名佛所教誡。所謂令少欲不多欲。令知足不無厭。令易護不難護。令易養不難養。令智慧不愚癡。是

故名爲法毘尼經律。此法毘尼大小齊奉。七衆同修。非局在聲聞也。此是遮業。四緣成罪。一是講法律。二講法律想。三不往心。若瞋。慢。是染汙犯。若懈怠。非染汙犯。四不往聽。日日結罪。善生經中制四十里內須往。此亦應爾。不犯者。若不解。若病。若無力。若彼顛倒說。若護說者心。若數數聞。已受持已知義。若多聞。若聞持。若如說行。若修禪定不欲暫廢。若鈍根難悟難受難持。不往者皆不犯。七衆同。大小略異如前說。開遮者。佛藏經云。若比丘說法。雜外道義。有善比丘勤求道者。應從座

去。若不去者。非善比丘。亦復不名隨佛敎者。果報者。地持經云。菩薩於善知識聽受經法。於說法人有五處不應憶念。淨心專聽。一者不念破戒。謂不念言。此犯律儀。不應從彼聽受經法。二者不念下性。謂不念言。我不從彼下性之人聽受經法。三者不念醜陋。謂不念言。我不從此醜陋之人聽受經法。四者不念壞味。謂不念言。我不從彼不正語人聽受經法。但依於義。不依於味。五者不念壞美語。謂不念言。我不從彼麤言說人聽受經法。如是五處不憶念者。是菩薩勤攝正法。於說法人不起

嫌想。若下根菩薩起人過心。退不樂聽法。當知是菩薩不能自度。智慧退減。解曰。智慧退減。不聽之失也。能至心聽。則如沙彌戲擲。堪證四果。况實說正法耶。理解者。不歷法觀心。卽是不往聽法。懺悔者。事不往。作法。理不往。無生。修證者。事往應如常啼善財。理往。如石室觀空。又菩薩成就遊戲神通。能徧至十方聽法。成就念不退法。能念念永不離法。性惡者。不應以法更聽於法。

(庚)第八心背大乘戒

若佛子。心背大乘常住經律。言非佛說。而受持二乘

聲聞外道惡見。一切禁戒邪見經律者。犯輕垢罪。

心背者。明非口說。言非佛說者。意言分別計度。受持者。擬欲受持也。此具性遮二業。計二乘。惟遮業。計外道。兼性業。以是邪見故也。直制猶豫未決。是中下二邪見之方便。以其計尚未成。故且結輕。若計成。則失菩薩戒矣。七衆同。大小不全共。小是本習。故非犯。計外得責心罪。發心欲往。步步結應懺罪。聞外道說法。不入其心。悔還。尚許懺除。共住。若片語入心。奉行其法。乃至拔一髮等。失比丘戒。成重難。現身不復許入僧數。惟遮不開。

果報者。計外成邪見墮三塗。計小障大菩提。理解者。除一乘圓理其餘皆名邪小。　懺悔者。事背作法。理背須一心無生。　修證者。位不退人永不計外。行不退人永不計小。念不退人永不背理。　性惡者。用外用小接外小機。示同其計。

（庚）第九不看病戒

若佛子。見一切疾病人。常應供養如佛無異。八福田中看病福田是第一福田。若父母師僧弟子病。諸根不具。百種病苦惱。皆供養令差。而菩薩以瞋恨心不看。乃至僧坊城邑曠野山林道路中。見病不救濟者。

犯輕垢罪。

八福田者。一佛。二聖人。三和尚。四阿闍梨。五僧。六父。七母。八病人。七是敬田。病兼悲敬。故名第一。此是遮業。四緣成罪。一有病。二有病想。三不看心。瞋恨是染汙犯。懈怠非染汙犯。四應看不看。隨事結罪。不犯者。若自病。若無力。若教有力隨順病者。若知彼人自有眷屬。若彼有力自能經理。若病數數發。若長病。若修勝業不欲暫廢。若闇鈍難悟難受。難持難緣中住。若先看他病。如病窮苦亦爾。又云。見諸衆生有親屬。雖財物。雖以慊恨心。不爲開解。除其憂惱。是染汙犯。若嬾惰懈怠。非染汙犯。亦應此戒兼攝。　七衆同犯。　大小不全共。小乘惟師友同法共房。及僧尼須看。此外不制。大士弘誓兼物。一切應看。　開遮。如不犯中說。又復應知看病法。則四分律云。有五法能看病人。一知病人可食不可食。可食能與。二不惡賤病人大小便吐唾。三有慈愍心。不爲衣食。四能經理湯藥。乃至差若死。五能爲病人說法。令歡喜。根本律云。不應令無智人爲看病者。必有他緣。須自出外。於不善解看病之人。當可教示。勿令病者非理損害。墮水火。食

諸毒。持刀斧。墮巖塹。或昇高樹。食所忌食。皆應遮止。律攝云。若病人貧無藥直者。師主知識等應爲辦之。或施主邊求。或用僧伽物。或塔物。或幡蓋等莊嚴之具。依價賣之。以供藥直。若後病差。應償。若無力者。不還無罪。大師之子。是父財故。若看病苾芻供給病者。除性罪已。餘皆應作。　果報者。不看失慈心。益失悲敬二田。自有病苦。亦無人看。能看則成就第一福田。　理解者。衆生具有見思塵沙無明等病。不以四教法藥治之。名不看病。　懺悔者。事不看作法。理不看無生。自於四種無生善通

達己。乃能以法藥療他。修證者。生緣慈能看身病。法緣慈能看見思病。無緣慈能看無明病。性惡者。常與捨心相應。名不看病。又復示現病行。

(庚)第十畜殺具戒

若佛子。不得畜一切刀杖弓箭矛斧鬬戰之具。及惡網羅罥殺生之器。一切不得畜。而菩薩乃至殺父母尚不加報。況殺一切衆生。不得畜殺衆生具。若故畜者。犯輕垢罪。

矛者長鎗。罥者所以羂禽獸足。殺父母尚不加報舉重況輕。此是性遮二業。殺之方便。且結輕垢。

隨害物時。更結殺罪。七衆同犯。鬬戰具。書開國王王子。餘殺生器。道俗皆制。大小共。開遮者。或勸人戒殺。若買若化其器而藏舉之。毀壞彌善。果報如殺戒中說。理解者。前三教觀行。皆是殺理之具。懺悔者。畜事具作法。畜理具。須一心無生。修證者。初果以上。永捨事器。圓住永捨理器。性惡者。正以圓頓止觀。爲究竟殺具。

如是十戒。應當學。敬心奉持。下六度品中廣明。

此總結第一段十戒。應指廣文也。

(庚)第十一國使戒

若佛子。不得爲利養惡心故。通國使命。軍陣合會。興師相伐。殺無量衆生。而菩薩尚不得入軍中往來。況故作國賊。若故作者。犯輕垢罪。

利養惡心。明非和合息諍因緣也。尚不得入軍中往來者。軍中喧雜。非佛子所行之處。舉輕以況重也。國賊者。孟子云。今之所謂良臣。古之所謂民賊。賊是害義。興師相伐。必害於民。民爲國本。害民卽是害國也。此是性遮二業。正制爲利養故作此相害因緣。隨事隨語結輕。若瞋怒因緣。自屬殺戒。若貪奪寶物因緣。自屬盜戒。七衆同犯。大小

俱制。開遮者。如隱峯飛錫止兵。圖澄占鈴息難等。果報者。交扇失歡。得上品兩舌惡口報。殺戮取利。得上品殺盜報。理解者。無明國不可交通。煩惱軍往來得罪。懺悔者。事使作法。理使無生。修證者。初果以上。不爲事使。四教分證。不爲理使。性惡者。或爲事使。卽如圖澄等。或爲理使。則方便破無明國。善巧摧煩惱軍。又於無明國裏出入。煩惱軍中往來。以度衆生。

(庚)第十二販賣戒

若佛子。故販賣良人奴婢六畜。市易棺材板木盛死

之具尚不應自作況教人作若故自作教人作者犯輕垢罪。

販賣良人奴婢則有眷屬分離之苦販賣六畜則爲殺害之緣市易棺材板木則必利人之死教人作者或爲我作或令自作皆得罪也。　此亦性遮二業希利損物乖於慈心事事結罪若偷販生口賣畜令殺呪人令死以售棺材則犯盜罪殺罪七衆不全同在家畜耕牛等非犯然據善生經須先作淨施然後受戒否則得失意罪。　大小俱制。　開遮者買畜放生施棺給貧。　果報者眷屬分

張多病短命。　理解者取果行因名販賣偏眞涅槃名死具又不達性具之理則圖積功累德別求中道皆名販賣。　懺悔者事販作法理販須一心無生。　修證者初果以上無事販圓人無理販。　性惡者分離無明眷屬斷絕十二生因盡法界衆生市以無縫棺材所謂皆以如來滅度而滅度之

(庚)第十三謗毀戒

若佛子以惡心故無事謗他良人善人法師師僧國王貴人言犯七逆十重於父母兄弟六親中應生孝順心慈悲心而反更加於逆害墮不如意處者犯輕垢罪。

惡心者瞋惱之心欲前人陷沒也無事者無見聞疑三根父母兄弟六親者大士視一切人皆如父母兄弟六親也。　此是性遮二業六緣成罪一無罪二無罪想六句四犯二非犯三謗毀心正是業主四所說過七逆十重等五所向人向同法謗同法或向外人謗外人故輕若向外人謗同法自屬重戒中攝六前人領解隨語隨人結罪若說實非犯以惡心說亦犯輕垢。　七衆同。　大小共。　惟遮不開。　果報如妄言惡口中說。　理解亦如重

戒中說。　懺悔者事謗作法理謗無生。　修證者初果無不實謗三果無惡心說實圓人無理謗。　性惡者方便說此性惡法門謂佛是究竟大貪等。

(庚)第十四放火焚燒戒

若佛子以惡心故放大火燒山林曠野四月乃至九月放火若燒他人家屋宅城邑僧坊田木及鬼神官物一切有生物不得故燒若故燒者犯輕垢罪。

惡心者恣情任意不知愼重也四月至九月一往約多寒國土言之若少寒國土尤須審察時宜也燒他屋宅等者謂因不愼放火而誤及之若爲損

他故燒自屬盜戒等流罪攝。一切有生物不得故燒者放火非爲燒生有必傷生之勢故專制四月乃至九月。遠防殺緣。若爲殺故燒自屬殺戒中攝今結云若故燒者明非愼重而偶誤也。此是遮業四緣成罪。一非時二非時思三不愼心四正放火燒。七衆同。大小共。開遮者在家爲耕種等業出家爲除妨害擇時愼燒無犯。果報者不愼則有誤殺之業。理解者放見思火燒眞諦理智放無明火燒中道理智。懺悔者事燒作法見思燒四種無生無明燒須次第一心二種無生。修證者初果斷事燒四果斷見思燒佛斷無明燒性惡者放三智火燒盡法界三惑窟宅。

（庚）第十五僻敎戒

若佛子自佛弟子及外道惡人六親一切善知識應一一敎受持大乘經律應敎解義理使發菩提心十發趣心十長養心十金剛心於三十心中一一解其次第法用而菩薩以惡心瞋心横敎二乘聲聞經律外道邪見論等犯輕垢罪

佛弟子單指內衆外道惡人單指外衆六親通內外衆一切善知識謂交遊往還素相親善者也應敎解義理使發菩提心者繇解義理始堪發心不同盲修瞎煉也。又解義不發心增長狂慧發心不解義增長無明敎之使之令知眞解眞修也惡心者概欲令人入於偏邪瞋心者偏惱此人不以正敎横者枉其根性不稱機宜明非應病與藥也敎以外道性遮二業敎以二乘惟是遮業惡心瞋心是染汙犯無知根智非染汙犯。七衆同。大小不全共同者同不得敎以外道異者小乘本習小非犯。開遮者用隨情說逗彼機宜乃至示同外道等。果報者以外敎得邪見報以小敎障大

菩提以大乘敎自他俱利。理解者除一乘妙法皆名邪小故曰自此以前我等皆名邪見人也懺悔者敎事邪小作法敎理邪小須一心無生悟一心無生法已爲實施權開權顯實以正入邪引邪歸正無所不可。修證者初果無邪敎出假無小敎圓人無理內邪小。性惡者徧用一切邪小法門攝一切機又究竟邪小即究竟一乘

（庚）第十六爲利倒說戒

若佛子應好心先學大乘威儀經律廣開解義味見後新學菩薩有從百里千里來求大乘經律應如法

爲說一切苦行。若燒身燒臂燒指。若不燒身臂指供養諸佛。非出家菩薩。乃至餓虎狼師子。一切餓鬼悉應捨身肉手足而供養之。然後一一次第爲說正法。使心開意解。而菩薩爲利養故應答不答。倒說經律文字。無前無後。謗三寶說者。犯輕垢罪。

好心者。上求下化之心。先學者。自利利他之本。威儀者。化導之軌範。經律者。進修之門戶。廣開解義味者。致廣大而盡精微。明非淺近粗疏而已。燒身臂指供養諸佛。與衆生同悲仰而上求佛道之極致也。捨身肉手足供餓鬼虎狼等。與如來同慈力

而下化衆生之極致也。先爲說此如法苦行。以大其心志。堅其誓願。然後一一次第爲說正法。謂隨問而說。不顚倒說。不邪謬說。故能使其心開意解。此誠先學菩薩之職任也。應答不答。則不一一說。倒說則不次第。謗三寶則非正法。又倒說卽名爲謗。所謂說法不當機。所說爲非量也。　此是遮業。不先學是一過。不正說又一過。爲利是染汙犯。無知機智非染汙犯。　七衆同。　大小共。小乘依小法教人。亦不得隱沒義理。　開遮者。知機故不說。或爲斷邪命而訶苦行。破愚執而談理行。　果報者。爲利則邪命所攝。倒說則謗法等流。　理解者。不知四悉檀因緣。皆名倒說。　懺悔者。事倒作法。理倒無生。　修證者。初果無爲利心。出假具知根智。圓觀曉了四悉。　性惡者。一切法倒。一切法正。以正相入倒相。以倒相入正相。

(庚)第十七恃勢乞求戒

若佛子。自爲飲食錢財利養名譽故。親近國王王子大臣百官。恃作形勢。乞索打拍牽挽。橫取錢物。一切求利。名爲惡求多求。教他人求。都無慈心。無孝順心者。犯輕垢罪。

自爲者。明非爲三寶等。爲飲食乃至名譽。明非爲道也。惡求者威逼。故非善。多求者無厭。故非少。教他者教人爲我求。如遣使作書之類。　此具性遮二業。盜戒之等流也。或將本覓利。或薦書強化。皆屬此戒。若非分陵奪。自屬盜戒。又戒本經云。多欲不知足。貪著財物。是染汙犯。亦此戒攝。　七衆同犯。　大小俱制。　開遮者。爲三寶爲病人。爲衆生如法營求。非犯。　果報者。乞求則妨道惱他。不乞則正命清淨。自他俱利。　理解者。二乘橫取眞。藏通菩薩橫取俗。別教橫取中。　懺悔者。事取作法。

理取一心無生。修證者。初果斷事取。圓觀伏理取。圓住斷理取。性惡者。橫於九界遍取佛界善根橫於二十五有遍取眞常我性。

㊈第十八無解作師戒

若佛子。應學十二部經。誦戒者。日日六時持菩薩戒。解其義理佛性之性。而菩薩不解一句一偈。及戒律因緣。詐言能解者。卽爲自欺誑。亦欺誑他人。一一不解。一切法不知。而爲他人作師授戒者。犯輕垢罪。

大士以傳法度生爲正務。故應學十二部經。以爲度生之本。而戒經尤大士之根本。故應日日六時

誦持。令其精熟。然不但誦文而已。又必解其義理佛性之性。謂先悟本源自性淸淨。爲無作戒所依體性。卽依此無作戒。還爲成佛種子。是知自性淸淨者。正因佛性也。菩薩戒者。緣了佛性也。全一性以起二修。全二修而成一性。故名佛性之性。猶云諸佛本源佛性種子也。不解一句等。舉輕况重。蓋凡夫淺智。誰能法法全通。但知之爲知之。不知爲不知。斯無過咎。設但不解一句一偈。及戒律少分因緣。而不肯闕疑。詐言能解。卽爲內乖已心而自欺。外誤前人而誑他。何况一一戒律皆不解。一切佛法皆不知。則自且從師求學之不暇。豈可爲他人作師授戒哉。此是遮業。受戒不學。是一過。妄欲作師。又一過。隨事結罪。七衆者。舊云。比丘比丘尼犯。餘五衆無作師事。未制。今按善生經中。在家菩薩亦得畜在家弟子。似亦同制。然在家雖畜弟子。無授戒事。故云不犯耳。大小乘俱制。義疏曰。大乘爲師。必是出家菩薩。具足五德。一持戒。二十臘。三解律藏。四通禪思。五慧藏窮玄。什師所傳融師筆受。流傳至今。此其正說。次地持云。必須戒德嚴明。善解三藏。堪能發彼敬心。方可從受。不爾

得罪也。四分律曰。五法不成就。不得授人具足戒。不得與人作依止師。不得畜沙彌。一戒。二定。三慧。四解脫。五解脫知見。又不能教人堅住此五。又成就五非法。不得授人具足戒。與依止。畜沙彌。一無信。二無慚。三無愧。四懶惰。五多忘。又五。破增上戒。破增上見。破增上威儀。少聞。無智慧。又五。不瞻視病。不方便住處。不能破疑。不教捨惡見。減十歲。又五。不知犯。不犯。若輕。若重。減十歲。又五。不知教授弟子增上威儀。增上淨行。增上波羅提木叉。白。羯磨。又五。不知增戒。增心。增智慧。不知白。不知羯磨。

一一反上者得與人授具足戒得與依止得畜沙彌僧祇律曰十法成就聽度人出家受具一持戒二多聞阿毘曇三多聞毘尼四學戒五學定六學慧七能出罪能使人出罪八能看病能使人看病九弟子有難能送脫難能使人送十滿十歲是名十事聽度人出家受具足下至滿十歲知二部律亦得受依止者亦爾薩婆多律攝曰滿足十夏方住師位復須成就五法一知有犯二知無犯三知輕四知重五於別解脫經廣能開解於諸學處創結隨開若遇難緣善知通塞常誦戒本能決他疑

戒見多聞自他俱利威儀行法無有虧犯具如是德名親教師緣其親能教出離法故若雖近圓於諸學處不識重輕設六十夏仍須仗託明德依止而住若師小者惟除禮足自餘咸作此即名爲老小苾芻不得與他出家及受近圓也智旭曰傳法度生乃名報佛恩德此戒不是禁人作師只是責人無解耳堪嗟末世顛倒多端或駕言度生謬爲師範不解而詐稱能解門庭高設我相熾然或懶學律法退不爲師或宗教自負藐視律門竪我慢幢則訶毀戒學貪收徒衆則仍授戒名昧心厚顏

莫此爲甚又或謬謂大乘融通不須小律詎知小不兼大大必兼小如河不納海海必納河若不大小並學那名菩薩比丘故今略引聲聞師德用裨大士芳規觀者幸勿厭其繁瑣　開遮者爲白衣授終身五戒及六齋日授八戒法皆悉無犯然亦須知五戒八戒義趣又八戒法若無比丘比丘尼則式叉摩那沙彌沙彌尼亦得授之五戒法設無出家五衆則在家二衆亦得授之　果報者佛藏經云身未證法而在高座身自不知而教人者法墮地獄　理解者未眞見諦總名無解　懺悔者

無教門解須作法并善學無入理解須無生　修證者觀行相似位人有教門正解分證位人有入理眞解　性惡者一切法本不可解忘情絕解乃爲法界之師

(庚)第十九兩舌戒

若佛子以惡心故見持戒比丘手捉香爐行菩薩行而鬬遘兩頭謗欺賢人無惡不造者犯輕垢罪

惡心者瞋彼前人欲令鬬諍或嫉彼賢善欲爲妨惱也手捉香爐舉善行之一事鬬遘兩頭謂交扇令造諍端此雖說實猶犯況謗欺耶　此具性

遮二業。六緣成罪。一衆生。二衆生想。應以持戒不持戒六句分別。二稍重。四稍輕也。三兩舌心。正是業主。四說過無論實與不實。五所向人。若向無戒人。自屬重戒。若泛向同法非彼親友。自屬第十三謗毀戒。今正以鬬遘爲念。的向彼之親厚。故實與不實皆犯。若欲向此人誤向彼人。結方便罪。六前人領解語語結罪。　七衆同。　大小共。　開遮者。菩薩戒本云。又如菩薩見諸有情爲惡友朋之所攝受親愛不捨。菩薩見已。起憐愍心。發生利益安樂意樂。隨力隨能說離間語。令離惡友捨相親愛。

勿令當受長夜無義無利。如是以饒益心說離間語。乖離他愛。無所違犯。生多功德。　果報如第六重戒中說。　理解者。說有說無。爲兩舌。說眞說俗爲兩舌。說邊說中。爲兩舌。　懺悔者。事中兩舌須作法。有無兩舌。四無生。眞俗兩舌。後二無生。邊中兩舌。惟用一心無生。　修證者。初果無事兩舌。圓人無理兩舌。　性惡者。隨情隨智爲兩舌。一切實一切不實等亦是兩舌。

(庚)第二十不行放救戒

若佛子。以慈心故行放生業。一切男子是我父。一切女人是我母。我生生無不從之受生。故六道衆生皆是我父母。而殺而食者。卽殺我父母。亦殺我故身。一切地水是我先身。一切火風是我本體。故常行放生。生生受生常住之法。教人放生。若見世人殺畜生時。應方便救護。解其苦難。常教化講說菩薩戒。救度衆生。若父母兄弟死亡之日。應請法師講菩薩戒經律。福資亡者。得見諸佛。生人天上。若不爾者。犯輕垢罪。

以慈心故。總修三種慈心也。一生緣慈。卽觀六道皆我父母。二法緣慈。卽觀地水火風是我身體。三無緣慈。卽於生生受生之中而悟不生不滅常住

之法。教人放生者。以此三慈開示於人。救護。則解其現在苦難。教化講說。則拔其未來苦因。令不受未來苦難。又救是拔苦。度是與樂也。得見諸佛生人天上者。見佛聞法。恆於人天類中修道。永離畜生難處。方名究竟放救也。　此是遮業。四緣成罪。一苦衆生。二苦衆生想。三無慈心。若欲救而力不逮者。至心爲稱佛名。或爲說法。以作救慧命之緣因。不犯。四坐視不救。隨事結罪。不救身命。是一過。不救慧命。又一過。　七衆同犯。　大小不全共。小乘不救眷屬有罪。餘非所制。大士弘慈。一切悉救

惟遮不開。果報者。不救則失三慈法利。救則成就三慈法門。理解者。見外凡殺眞諦。二乘殺俗諦權教殺中諦。而不放救。懺悔者。不救事殺須作法。不救理殺須無生。修證者。慈心三昧成常行事理二救。性惡者。或不救事殺。如古人謂猪子云。正兩脚時不掙。今既四脚掙向何處。或不救理殺。殺盡安居。自作教他。寧惟不救。又從而助之。

如是十戒應當學。敬心奉持。如滅罪品中廣明一一戒相。

此總結第二段十戒。亦懸指廣文也。

佛說梵網經菩薩心地品合註卷第五

佛說梵網經菩薩心地品合註卷第六

姚秦三藏法師鳩摩羅什譯

明菩薩沙彌古吳智旭註

菩薩比丘溫陵道昉訂

（庚）第二十一瞋打報讐戒

若佛子。不得以瞋報瞋。以打報打。若殺父母兄弟六親。不得加報。若國主爲他人殺者。亦不得加報。殺生報生。不順孝道。尚不畜奴婢。打拍罵辱。日日起三業口罪無量。況故作七逆之罪。而出家菩薩無慈心報讐。乃至六親中故報者。犯輕垢罪。

不順孝道者。被他殺害。必有夙因。快意報讐。重增未來怨結。非所以愛死者也。尚不畜奴婢者。舉輕況重。然出家人。總不得畜。在家得畜。但不應非理打罵耳。七逆罪者。如孟軻云。殺人之父。人亦殺其父。殺人之兄。人亦殺其兄。去自殺惟是一間。今我爲父報讐。彼復結讐於我父。又種將來害父之因。故報讐卽可名七逆也。結云出家菩薩者。意顯在家菩薩。猶得兼用王法。以直報怨。出家斷不可矣。此是性遮二業。既傷慈忍。復結來怨故也。五緣成罪。一是讐。二讐想。有六句。初二句輕。謂讐作讐想讐疑而行瞋報二句稍重謂非讐而作讐想讐疑二句更重謂非讐非讐想讐非讐想而行瞋打卽第九重戒攝也三有報復心四行瞋報事五前人領納謂受其打罵結輕若害命結歸第一殺戒在家菩薩以直報怨憑斷事官依律決判無有私情若打若殺皆不犯或私行報復或賄賂求託官府過分治罰一一刑辱結輕害命結重又戒本經云若菩薩於他起慊恨心執持不捨是染汙犯亦可此戒兼制又菩薩怨不宜報恩則宜報故戒本經云受他恩惠以慊恨心不以若等若增酬答彼

者是染汙犯若懶惰懈怠非染汙犯不犯者若作方便而無力若以方便令彼調伏若欲報恩而彼不受　七衆同犯　大小俱制　惟遮不開　果報者報則相讐相害更無休息不報則解怨釋結永無讐對　理解者見思塵沙無明爲讐以空假中觀破之爲瞋報若了達煩惱卽菩提則無瞋報亦名以直報怨　懺悔者事報作法理報一心無生　修證者初果無事報圓住無理報　性惡者破煩惱怨殺無明賊

(庚)第二十二憍慢不請法戒

若佛子初始出家未有所解而自恃聰明有智或恃高貴年宿或恃大姓高門大解大福大富饒財七寶以此憍慢而不諮受先學法師經律其法師者或小姓年少卑門貧窮下賤諸根不具而實有德一切經律盡解而新學菩薩不得觀法師種姓而不來諮受法師第一義諦者犯輕垢罪

初始出家者明其染法未深未有所解者無佛法中正解既染法未深未開正解則更不宜憍慢而惟其染法未深未開正解往往易生憍慢也自恃凡有七事一恃世間聰智二恃位高三恃年尊四

恃門族五恃大解六恃大福七恃富財其法師者小姓則非大姓年少則非年宿卑門則非高門貧窮則非富財下賤則非有位諸根不具則非聰明大解而實有德是有眞修經律盡解是有正解解行雙美何得更論種姓今不來諮受其過何如此是性遮二業慢如高山法水不住失傳化之益乖參學之方四緣成罪一法師二法師想六句二重二輕二無犯三憍慢心正是業主與前第六瞋恚爲異四不諮受隨所應諮不諮結罪又戒本經云輕說法者不生恭敬嗤笑毀呰但著文字不依

實義是染汙犯。亦此戒兼制。七衆同。大小不全共。小乘於應請者。而憍慢不請則犯。餘惟不得憍慢不制悉請。大乘求法爲務。一切應請。一切不應憍慢。惟遮不開。果報者。憍慢則失正法種頑愚陋劣。重法則智慧開明菩提增長。理解者。一切諸法中悉有安樂性。不善用觀。橫於其中取一捨一。就所捨處不能於中如實觀其法性。名憍慢不請。懺悔者。事懺作法。理懺一心無生。修證者。初果無事懺。圓住無理懺。性惡者。天上天下惟吾獨尊。不見世間諸天及人堪受如來迎接

禮拜者。假使佛爲起迎。令彼即時頭破七分。

(庚)第二十三憍慢僻說戒

若佛子。佛滅度後。欲以好心受菩薩戒時。於佛菩薩形像前自誓受戒。當以七日佛前懺悔。得見好相便得戒。若不得好相。應二七三七乃至一年。要得好相。得好相已。便得佛菩薩形像前受戒。若不得好相。雖佛像前受戒。不名得戒。若先受菩薩戒法師前受戒時。不須要見好相。何以故。是法師師師相授。故不須好相。是以法師前受戒時。即得戒。以生至重心。故便得戒。若千里內無能授戒師。得佛菩薩形像前自誓受戒。而要見好相。若法師自倚解經律大乘學戒。與國王太子百官以爲善友。而新學菩薩來問若經義律義。輕心惡心慢心。不一一好答問者。犯輕垢罪。

師師相授不須好相者。以其展轉傳來。即是如來嫡肖。亦是法身常住。故律藏云。持律之人。是人補佛處也。生至重心者。謂視師如佛也。不得好相不名得戒。明自誓受戒如此之難。生至重心便乃得戒。明從師受戒亦復不易。既受得已。請問先達。先達豈可忽之而不好答乎。輕心者。忽彼來人。惡心者。慳悋嫉妬。慢心者。自恃福慧也。此亦性遮二

業。乖接引敎訓之道。四緣成罪。一求法人。二求法想。三憍慢心。四僻說出口。語語結罪。七衆同犯。皆得說法故。大小乘共。小乘亦不許僻說故。惟遮不開。果報者。悋法則愚癡。憍慢則陋劣。不悋不憍則功德智慧以自莊嚴。理解者。有修有證。皆名憍慢。不知四悉因緣。皆名僻說。懺悔者。事慢僻作法。理慢僻一心無生。修證者。初果斷事中慢僻。圓住斷理中慢僻。性惡者。我爲法王。於法自在。隨智隨情種種僻說。

(庚)第二十四不習學佛戒

若佛子有佛經律大乘法正見正性正法身而不能勤學修習而捨七寶反學邪見二乘外道俗典阿毘曇雜論一切書記是斷佛性障道因緣非行菩薩道者若故作者犯輕垢罪

經律大乘法者通指菩薩藏也正見者萬行之解正性者正因之性正法身者正果之性邪見者通指下文諸法二乘墮於偏空外道執其謬計俗典僅談世務阿毘曇即二乘論雜論即外道論一切書記即俗典世論也斷佛性者二乘焦菩提之芽外道剗正覺之種障道因緣者內惑正解之因外

亂正修之緣也　一向習小惟是遮業非染汙犯一向習外性遮二業是染汙犯不犯者若上聰明能速受學若久學不忘若思惟知義若於佛法具足觀察得不動智若於日日常以二分受學佛經一分外典又菩薩比丘比丘尼不學聲聞毘尼亦犯輕垢故戒本經云若菩薩於如來波羅提木叉中毘尼建立遮罪護眾生故令不信者信信者增廣同聲聞學何以故聲聞自度乃至不離護他何况菩薩第一義度又復遮罪住少利少作少方便者菩薩不同學此戒謂一者從非親乞衣二者受

自恣與三者多受鉢四者自乞縷令織五者臥具坐具六者金銀惟此六戒聲聞遮其自為菩薩開其為他則其餘二百四十四戒皆須同學明矣設不學不持則既犯比丘戒亦犯菩薩戒厥罪比聲聞加一等以是菩薩比丘不同菩薩沙彌等故即菩薩沙彌亦須同學十戒并威儀法以非菩薩優婆塞故若不學不持比聲聞沙彌亦加一罪益七眾受此菩薩戒時即舉五戒十戒六重六隨二百五十戒等一切轉為無盡戒體皆為菩薩之所應學故經文但云學二乘阿毘曇者犯罪不言學毘

尼者犯罪以毘尼乃大小通途原不單屬二乘故也　七眾同制各有所急比丘先習此經及二部律尼先此經及尼具戒式叉先習此經及二六法沙彌男女先習此經及十戒威儀在家先習此經及優婆塞戒餘力方許徧習　大小不全共同者同以本法為急亦同不得習外異者大不學毘尼犯小不學此經非犯　開遮者示同邪小以誘接之　果報者一向習小障菩提習外墮愛見　理解懺悔修證同第八戒　性惡者邪小究竟即大

(庚)第二十五不善知眾戒

若佛子。佛滅度後爲說法主。爲行法主。爲僧坊主教化主坐禪主行來主應生慈心善和鬬諍善守三寶物莫無度用如自已有而反亂衆鬬諍恣心用三寶物者犯輕垢罪。

說法主卽今法師行法主主淸規者亦可律師僧坊主知安居房舍等事卽今直院教化主勸人作福業者坐禪主知習禪事如僧堂首座之類行來主知乍到客情事者今名知賓慈心者和諍守物能與一切人樂也。此是遮業不善滅諍隨事結過不善守物隨用結過若三寶互用自屬盜戒若

發起諍事別得性罪。比丘比丘尼全犯餘五衆未知僧事不犯設充職事亦犯。大小俱制。惟遮不開。果報者不善滅諍得破僧方便罪不善守物招貧窮困苦報善和善守則統理大衆一切無礙。觀解者不能和融事理不知善守法財。懺悔者不善知事作法不善知觀無生。修證者無疑解脫能和事諍能守事財圓初住能和理諍能守理財。性惡者與般若兵杖與一切法戰是名亂衆鬬諍等賜諸子白牛大車是恣用三寶物。

㊛第二十六獨受利養戒

若佛子先在僧坊中住後見客菩薩比丘來入僧坊舍宅城邑若國王宅舍中乃至夏坐安居處及大會中先住僧應迎來送去飲食供養房舍臥具繩牀木牀事事給與若無物應賣自身及男女身割自身肉賣供給所須悉以與之若有檀越來請衆僧客僧有利養分僧坊主應次第差客僧受請而先住僧獨受請而不差客僧者僧坊主得無量罪畜生無異非沙門非釋種姓犯輕垢罪

菩薩謂大士衆比丘謂聲聞衆皆應有利養分也國王宅舍謂王所造立安僧宅舍也應賣自身等

者舉重况輕謂賣身割肉尚應供給况本皆有分之利養耶。此具性遮二業以僧次請僧時凡在界內者皆應有利養分而今不差客僧乖施主心貪利獨受是盜戒之等流也四緣成罪一有客謂應得利養分者來在界內二有客想六句二重二輕二無犯三獨受心正是業主四差竟據義疏云若知僧次的至彼人而不差者且犯輕垢以臨差時界外或更有來者尚未專有分故若差竟而別與餘人餘人自知未應受請而受得施主家食䞋五錢入手與差者同結重罪畜生無異又客來不

與僧中物分不起迎接亦此戒兼制向犯輕垢。比丘比丘尼全犯餘五衆未知僧事不犯或有時受差分食若偏厚偏薄偏有偏無皆犯輕垢善生經云僧中付食若偏爲師選擇美好過分與者是優婆塞得失意罪。大小乘俱制。惟遮不開。果報如慈悲道場懺法廣明。理解者不以大乘法普化一切名獨受利養。懺悔者獨受事養有二若但犯方便輕垢須作法懺若已得五錢入手結重失菩薩戒須取相懺獨受理養須一心無生懺。修證者初果不獨受事利圓住不獨受理利。性惡者盡十方是箇自已安有第二人同受供

養。

(庚)第二十七受別請戒

若佛子一切不得受別請利養入已而此利養屬十方僧而別受請即是取十方僧物入已及八福田中諸佛聖人一一師僧父母病人物自已用故犯輕垢罪。

即是取十方僧物入已等者以施主修福法應普徧平等一切利施本通十方僧衆繇汝別受令彼十方不得利養遠有奪取十方之義又八福田並有應得僧次利養之義如佛或應迹爲僧餘可知也。此是遮業令施主失平等心十方僧失常利施故制三緣成罪一是別請若有僧次一人同受不犯二別請想六句二重二輕二無犯又或請受戒說法或知此人非我則不營功德皆無犯三受竟結罪。出家五衆同犯在家無受利養事善生經云若優婆塞受招提僧臥具牀座得失意罪亦應此戒兼制。大小不同制小乘遮別衆食若四人中有一人是僧次者不犯不遮別受請。開遮者戒本經云檀越來請若至自舍若至寺內若至

餘家若施衣食種種衆具菩薩以瞋慢心不受不往是染汙犯不犯者若病若無力若狂若遠處若道路恐怖難若知不受令彼調伏若先受請若修善法不欲暫廢爲欲得聞未曾有法饒益之義及決定論若知請者爲欺惱故若護多人嫌恨心故若護僧制解曰此乃率衆受供非別受也又云有檀越以金銀眞珠摩尼瑠璃種種寶物奉施菩薩若瞋慢心違逆不受是染汙犯捨衆生故嬾惰懈怠非染汙犯不犯者若知受已必生貪著或施主生悔或施主生惑或施主貧惱若知是三寶物是

劫盜物若知受已多得苦惱所謂殺縛讁罰奪財訶責解曰此則受以爲衆非自享也 果報者既遠有奪取十方之義亦是盜戒等流 觀解者受入空請是別於俗諦受出假請是別於眞諦受但中請是別於二諦 懺悔者受事別請作法受理別請一心無生 修證者別初住圓初信不受事別請別初地圓初住不受理別請 性惡者法界妙供念念自受如人飲水冷煖自知誰能共之

庚第二十八別請僧戒

若佛子有出家菩薩在家菩薩及一切檀越請僧福

田求願之時應入僧坊問知事人今欲請僧求願知事報言次第請者卽得十方賢聖僧而世人別請五百羅漢菩薩僧不如僧次一凡夫僧若別請僧者是外道法七佛無別請法不順孝道若故別請僧者犯輕垢罪

次第請卽得十方賢聖僧者以凡聖難測不應妄生分別故七佛者一毘婆尸佛或云維衞此翻勝觀二尸棄佛或云式棄此翻爲火三毘舍浮佛或云毘舍婆或云隨比或云隨葉此翻徧一切自在此三世尊皆在過去莊嚴劫出世四拘留孫佛或云拘樓秦此翻所應斷五拘那含牟尼佛此翻金寂或翻金仙六迦葉佛此翻飲光七釋迦牟尼佛或云釋迦文此翻能仁寂默亦翻能儒此四如來皆於賢劫出世經中處處每引七佛證義以其並在此土又近在百小劫內長壽天皆曾見也不順孝道者不遵佛訓輕慢衆僧 此是遮業分別是田非田其心狹劣不順平等法門故也據聲聞律若僧次中請得一人餘別指名請求非犯此或應同若一概於僧次請彌善 七衆同 大小共 開遮者如親師取友則善須簡擇如欲說法授戒

化導衆人擇其才德俱優者請之非犯 果報者別請則違平等無相法門失廣大圓滿福德不別請則一滴投海頓同海體 理解者知對待妙不知絕待妙輕藏通別教之法而別尚圓敎是別請義 懺悔者事別請作法理別請須以一心融四無生 修證者初果無事別請圓信無理別請 性惡者於十法界中削令各得佛界之利

庚第二十九邪命戒

若佛子以惡心故爲利養販賣男女色自手作食自磨自舂占相男女解夢吉凶是男是女呪術工巧調

鷹方法。和合百種毒藥。千種毒藥。蛇毒。生金銀毒。蠱毒。都無慈愍心。無孝順心。若故作者。犯輕垢罪。

惡心者明非見機益物之心。爲利養共列七事。一販色。二作食。三占相解夢。四呪術。五工巧。六調鷹。七毒藥。　此是性遮二業。然惟販色毒藥二事兼有性罪。餘但遮罪。又今時養鷹多爲捕獵。此亦性罪。或屬損害衆生戒攝也。毒藥且就和合時結輕若害物時隨結殺罪。調鷹亦爾。又出家人四邪五邪八穢皆此戒兼制。四邪者。一仰口食。謂仰觀星宿推步盈虛等。二下口食。謂種植田園等。三方口

食。謂干謁四方。交結權貴等。四維口食。謂醫卜雜伎種種營生等。五邪者。一現奇特相。二自說功德。三卜相吉凶爲人說法。四高聲現威令人敬畏。五說得供養以動人心。八穢者。一田宅園林。二種植生種。三貯積穀帛。四畜養人僕。五養繫禽獸。六錢寶貴物。七氈褥釜鑊。八象金飾牀及諸重物。　出家五衆全犯。在家除販色調鷹毒藥三種。其餘如法自活。不犯。又善生經云。若優婆塞須田作者。不求淨水及陸種處。得失意罪。亦可攝屬此戒。淨水者謂無蟲水。陸種者陸生穀麥等。不須用水致傷蟲也。　大小俱制。　開遮者。出家人或偶用占相呪術工巧。隨機誘物。令入佛道。非希利心。亦復無犯。呪術是治病救難所用。故大小兩乘亦通有之。

果報者。緇門警訓云。今時講學。專務利名。不恥五邪。多畜八穢。但隨浮俗。豈念聖言。自下壇場。經多夏臘。至於淨法。一未霑身。寧知日用所資。無非穢物。箱囊所積。並是犯財。慢法欺心。自貽伊戚。學律者知而故犯。餘宗者固不足言。誰知報逐心成。豈信果繇因結。現見袈裟離體。當來鐵葉纏身。爲人則生處貧窮。衣裳垢穢。爲畜則墮於不淨毛羽

腥臊。況大小兩乘。通明淨法。倘懷深信。豈憚奉行。

理解者。不知性具而取果行因。積功累德。名爲販賣。不達無作道滅。名爲作食。不證自心現量。名爲占相。不知開權顯實。名爲呪術。未達無功用道。名爲工巧。有所取攫。名爲調鷹。偏眞偏俗。但中法門。名爲毒藥。　懺悔者。事邪作法。理邪一心無生。

修證者。初果無事邪。圓住無理邪。　性惡者。如維摩經中。三墮受食。是爲究竟邪命。又置毒乳中等。

(庚)第三十經理白衣戒

若佛子以惡心故自身謗三寶詐現親附口便說空行在有中經理白衣為白衣通致男女交會婬色作諸縛著於六齋日年三長齋月作殺生劫盜破齋犯戒者犯輕垢罪

六齋日者每月六日謂初八十四十五二十三二十九三十若遇月小則二十八二十九也此六日者初八二十三四天王使者巡行世間伺察善惡十四二十九四天王太子巡視世間十五三十四天王躬行世間若見修善者多則諸天歡喜保護國界若見修善者少則諸天愁憂不樂國界多災

故佛制在家男女不論但三歸者受五戒者受菩薩戒者遇此六日悉應於一晝夜受持八戒齋法以不非時食正名為齋以不殺等八戒共助成之故名八關戒齋謂以八戒及齋關閉情欲作出世正因也八戒者一不殺二不盜三不婬無論邪正悉斷四不妄語五不飲酒六不著香華鬘不香塗身七不歌舞倡伎不往觀聽八不坐高廣大牀也年三長齋月者毘沙門天王分鎮四洲正月五月九月鎮此南洲故佛制在家男女盡此一月受持齋法如上也此戒舊名不敬好時義疏云三齋六齋並是鬼神得力之日此日宜修善福過餘日而今於好時戲慢更犯隨所犯事隨篇結罪此時此日不應不知加一戒一云七衆俱制皆應敬時二云但制在家年三月六本為在家出家盡壽持齋不論時節文　今觀經文語勢郤似從出家人邊結過故易科為經理白衣大意謂出家人法宜誘誨白衣令得解脫令持齋戒而反說空行有為其經理乃至於六齋三齋好時不能使其作福修善反令作殺盜等事豈非以身謗三寶乎　此是遮業但從經理白衣結罪所云殺生劫盜破齋犯戒自

是俗人之事非出家人教其為之但既有通致男女等事未免為殺盜等而作遠緣故推極於此而顯其不應耳若實教其殺生劫盜兼得性業自屬殺盜戒攝　出家五衆全犯一切時中不得經理白衣也在家二衆已受菩薩戒不敬好時亦犯善生經云若優婆塞一月之中不能六日受持八戒供養三寶得失意罪也餘時如俗法嫁娶等不制若殺生劫盜破齋犯戒自隨事別結　大小俱制惟遮不開　果報者經理白衣亦屬邪命如前說又不敬好時則諸天愁憂能招災異敬好時則

諸天歡喜護國降祥。觀解者於眞諦外別緣俗諦名經理白衣不知人命在呼吸間名不敬好時。又不知十世古今不離當念介爾一念橫徧豎窮名不敬好時。懺悔者事犯作法理犯一心無生。修證者初果無事犯圓住無理犯。性惡者同流九界名經理白衣坐斷三世名不敬好時。

如是十戒應當學敬心奉持制戒品中廣明。

此總結第三段十戒也。

(庚)第三十一不行救贖戒

佛言佛子佛滅度後於惡世中若見外道一切惡人

劫賊賣佛菩薩父母形像及賣經律販賣比丘比丘尼亦賣發菩提心菩薩道人或爲官使與一切人作奴婢者而菩薩見是事已應生慈悲心方便救護處處教化取物贖佛菩薩形像及比丘比丘尼發心菩薩一切經律若不贖者犯輕垢罪。

惡世者正大士興慈運悲之時方便救護者盡其心力不得隱忍坐視也。此是遮業四緣成罪一應贖境謂尊像經律僧人等二應贖想六句二重二輕二無犯三無救贖心力不及者非犯四令彼褻辱隨事結過設力不及而漠不關心亦犯。七

衆同。大小不全其小乘不贖父母得罪餘不見制大士弘護爲任一切應贖。惟遮不開或如法流通經典不犯。果報者不救則失於二利救則具足二嚴。理解者不知性具名賣三寶方便開示令知性具名爲救贖。懺悔者事不救作法理不救須一心無生。修證者圓初信別初住通見地菩薩藏事度菩薩皆能盡力行事救圓初住別初地皆能盡力行理救。性惡者正欲以法界三寶强售法界中人。

(庚)第三十二損害衆生戒

若佛子不得販賣刀杖弓箭畜輕秤小斗因官形勢取人財物害心繫縛破壞成功長養猫狸猪狗若故養者犯輕垢罪。

刀杖弓箭者損害之具輕秤小斗者欺誑之具短尺亦是其類又以重秤大斗長尺取入亦同此制。然但約畜用故結輕耳若移換詐取令前人不覺者自屬盜攝因官形勢者行於逼奪以威力傷慈結輕若取非其有亦是盜攝繫縛者損其肢體破壞成功者毀其成業猫狗能傷鼠類猪終歸殺已上諸事皆非慈心者所應爲也。此具性遮二業

隨事結罪。七衆同犯。善生經云。若優婆塞爲於身命。若作市易斗秤賣物。一說價已不得前却。捨賤趣貴。斗秤量物任前平用。如其不平應語令平。若不如是。得失意罪。解曰。在家尚爾。况出家乎。大小俱制。 惟遮不開。 果報是殺盜等流。 理解者。凡外損眞。二乘損俗。藏通損中。別損二諦。懺悔者。事損作法。理損無生。 修證者。初果無事損。亦不損眞。出假不損俗。別向不損中。別地圓住不損二諦。 性惡者。損九界。成佛界。佛亦不立。則具損十界。

庚第三十三邪業覺觀戒

若佛子。以惡心故。觀一切男女等鬭。軍陣兵將劫賊等鬭。亦不得聽吹貝鼓角琴瑟箏笛箜篌歌叫妓樂之聲。不得樗蒲圍棊波羅塞戲彈棊六博拍毱擲石投壺牽道八道行城爪鏡蓍草楊枝鉢盂髑髏而作卜筮。不得作盜賊使命。一一不得作。若故作者。犯輕垢罪。

惡心者。明非見機益物。直是邪思邪覺也。其列五事。一鬭諍。二娛樂。貝者。螺也。七弦爲琴。二十五弦爲瑟。箏者。竹身十三弦。箜篌者。竹身二十四弦。三雜戲。樗蒲。即今賭錢。波羅塞戲。即今象棊。彈棊者。漢宮人粧奩戲。六博。即今雙陸。拍毱。即今踢毬。擲石。投壺者。古用石。今用矢。牽道八道行城者。縱橫各八路。以棊子行之。西域戲也。四卜筮。爪鏡。即圓光法。蓍草。即是易卦。楊枝。即樟柳神。鉢盂。即攪水碗法。髑髏。即耳報法。五使命。此五皆屬邪業。 盜賊使命。性遮兩業。餘惟遮罪。隨事結輕。又戒本經云。若菩薩嬾惰懈怠。耽樂睡眠。若非時。不知量。是染汙犯。不犯者。若病若無力。若遠行疲極。若爲斷彼故。起欲方便攝受對治。性利煩惱。更數數起。亦

可此戒兼攝。 出家五衆全犯。在家供養三寶。得作妓樂。出家不得自作。亦聽使白衣作。又投壺本於禮記。蓍龜本於易書。在家亦應無犯。 大小俱制。 開遮者。或見機益物等。又出家人欲決疑慮。自有圓覺經拈取標記法。占察經擲三輪相法。及大灌頂經梵天神策百首。可依用之。 果報者。觀則妨廢正道。失二世利。不觀則離諸掉悔。定慧易生。 觀解者。除不思議妙觀。皆名邪覺。 懺悔者。事邪作法。理邪一心無生。 修證者。三果無事邪。別地圓住無理邪。 性惡者。歷三性觀察徧覺一

切邪業中實相。

庚第三十四暫離菩提心戒

若佛子。護持禁戒。行住坐臥日夜六時讀誦是戒。猶如金剛。如帶持浮囊欲度大海。如草繫比丘。常生大乘善信。自知我是未成之佛。諸佛是已成之佛。發菩提心。念念不去心。若起一念二乘外道心者。犯輕垢罪。

金剛者能壞一切。不爲一切所壞。浮囊者渡海之具。喻出大涅槃經。草繫比丘者。佛世有一比丘。途中被賊劫奪衣物。慮其鳴衆來追。兼欲害命。內有

一賊知比丘法。謂餘賊言。不必殺之。但以生草繫其手足。彼戒不傷草木。自弗動耳。賊如言繫之。比丘守戒。寧死不移。賊去已遠。後有行路人來。方解其繫。今明大士護此菩提心戒。亦應如聲聞之護律儀。寧死莫犯也。　起二乘心。惟是遮業。念念非染汙犯。起外道心。性遮二業。念念是染汙犯。　七衆同。　大小不全共。同不得起外道心。二乘是其本習。　開遮者。若權入二乘外道。爲化彼故。　果報者。一念二乘心。亦障菩提。一念外道心。亦障出世。惟念念菩提心。能臻三種不退。　理解者。除一乘皆邪小。如前說。　懺悔亦如前說。　修證者。圓初信。別初住。通見地。藏初果。永不起外道心。行不退位。永不起二乘心。別地圓住。永不起理中邪小心。　性惡者。念念觀外道二乘境。即是不思議境。成就究竟外道。究竟二乘。

庚第三十五不發願戒

若佛子。常應發一切願。孝順父母師僧。願得好師同學善知識。常教我大乘經律。十發趣。十長養。十金剛。十地。使我開解。如法修行。堅持佛戒。寧捨身命。念念不去心。若一切菩薩不發是願者。犯輕垢罪。

願者緣心善境。希求勝事之謂。常應發者。所謂非是一發。惟應數發。令菩提心相續不斷也。一切願者。總指十願。一願孝順父母師僧。二願得好師。三願得同學勝友。四願教我大乘經律。五願解發趣。六願解長養。七願解金剛。八願解地。九願如法修行。十願堅持佛戒。蓋心地法門。戒爲其本。不持佛戒。何繇進趣。故結願持戒也。　此是遮業。若無大願。難尅大果。應發不發。隨時結過。　七衆同。　大小異。小乘若不願速出生死。希求人天。後有相續。亦犯責心罪。　惟遮不開。　果報者。不發則失決

定勝益相續而發則能得佛滅罪如發趣心中說理解者未得行不退容有間斷時 懺悔者數數發願令菩提心不斷即名爲悔 修證者行不退入不離大願以自莊嚴 性惡者不著佛求不著法求不著僧求不應法界更求法界

(庚)第三十六不發誓戒

若佛子發是十大願已持佛禁戒作是誓言寧以此身投熾然猛火大坑刀山終不毀犯三世諸佛經律與一切女人作不淨行復作是願寧以熱鐵羅網千重周匝纏身終不以此破戒之身受於信心檀越一

切衣服復作是願寧以此口吞熱鐵丸及大流猛火經百千劫終不以此破戒之口食於信心檀越百味飲食復作是願寧以此身臥大流猛火羅網熱鐵地上終不以此破戒之身受於信心檀越百種牀座復作是願寧以此身受三百矛刺身經一劫二劫終不以此破戒之身受於信心檀越百味醫藥復作是願寧以此身投熱鐵鑊經百千劫終不以此破戒之身受於信心檀越千種房舍屋宅園林田地復作是願寧以鐵鎚打碎此身從頭至足令如微塵終不以此破戒之身受於信心檀越恭敬禮拜復作是願寧以百千熱鐵刀矛挑其兩目終不以此破戒之心視他好色復作是願寧以百千鐵錐劖刺耳根經一劫二劫終不以此破戒之心聽好音聲復作是願寧以百千刃刀割去其鼻終不以此破戒之心貪嗅諸香復作是願寧以百千刃刀割斷其舌終不以此破戒之心食人百味淨食復作是願寧以利斧斬破其身終不以此破戒之心貪著好觸復作是願願一切衆生悉得成佛而菩薩若不發是願者犯輕垢罪

誓者必固之心勇猛自矢期於不退願以導其前誓以驅其後又願以進德修善爲力用誓以防非

滅惡爲功能也十大願者指前戒中十願也作誓有十三節共爲五科初一節爲欲染之誓如律中云猛火刀山但傷一期身命女人婬染墮地獄中受無量苦兼傷法身慧命故寧投刀火不作非梵行也夫男女居室猶爲世間正法尚嚴此誓况黃門男子逆理亂常又何必言有謂女色罪重男色罪輕者誠爲惡見大佛頂經云先惡魔師與魔弟子婬婬相傳眞地獄種子耳又經云劫初無男女二相因食觸穢二相乃生因有二相展轉染愛遂爲胎生之始然初不聞有男婬也減至壽五百歲

時方有非法婬起此婬一起罪惡斯劇頓滅爲二百歲繇此觀之男色之罪重於女色明矣故律及阿含之中佛因野火熾然爲諸比丘說此諸誓其根熟者頓斷惑染其未熟者懼罪捨戒佛不止之誠不欲其壞法門也乃至二果聖人見惑已斷婬習現前還俗娶妻終不破戒蓋如法捨戒將來尚可出家倘根本一破則終非道品且何忍於聖賢幢相之中而作此鄙穢哉此誓出家菩薩之所全發在家菩薩惟於邪婬境發止婬非所斷也是故今時出家菩薩大須自審倘此習本輕或雖重而

善自調制便可安處僧倫若煩惱習强不能自抑快哉捨戒愼莫破戒以捨戒還俗則現在雖失比丘沙彌之位尚爲菩薩優婆塞將來亦尚可爲沙彌比丘倘一破戒體則菩薩戒比丘戒沙彌戒優婆塞戒無不盡破乃至一日一夜八關齋戒皆悉不任更受縱令菩薩戒法得有見相重受之科而見相一事談何容易思之思之愼之愼之次五節爲供養之誓信心檀越本爲供修道人破戒受供苦報必劇此乃誓不破戒非誓不受供也有謂信施難消遂欲自營生業不思飲水踐土獨非國王之供養乎既無救於破戒之罪又更犯邪命之愆誠可悲也次一節爲恭敬之誓此亦誓不破戒非誓不受拜也有謂戒德多虧遂乃低身答拜甚至禮天神敬白衣既無救於破戒之罪又更敗壞出家儀式亦愚惑也次五節爲六根之誓約五根對五塵皆以破戒之心爲主卽意根爲政也食人百味淨食者前以破戒受人供養而言此以邪心貪著滋味而言當知貪著滋味卽名破戒心也後一節爲度生之誓 此是遮業爲防退心觸境不發隨事結過 出家五衆全犯在家無受供事但有

六根度生之誓 大小不全共同者同前四誓律及阿含皆廣明之異者小乘不制第五度生誓也 惟遮不開 果報者不發則失決定不退之益 理解者未證位不退隨發隨得堅固進趣之益前四誓或有間時未證行不退第五誓或有間時 懺悔者數數發誓令正願不退卽名懺悔 修證者位不退人前四誓淨行不退人第五誓淨 性惡者不動法界何誓可發又誓染法喜妻誓披忍辱衣誓食禪悅法喜食誓臥法空座誓服四教藥誓遊解脫園誓受自性禮誓觀法界妙色誓聽

圓頓好音。誓嗅法身妙香。誓餐法食妙味。誓受八自在樂觸。誓令一切衆生得不般涅槃際解脫門。

(庚)第三十七冒難遊行戒

若佛子。常應二時頭陀。冬夏坐禪。結夏安居。常用楊枝。澡豆。三衣。缾。鉢。坐具。錫杖。香爐。奩。漉水囊。手巾。刀子。火燧。鑷子。繩牀。經律。佛像。菩薩形像。而菩薩行頭陀時。及遊方時。行來百里千里。此十八種物常隨其身。頭陀者。從正月十五日。至三月十五日。八月十五日至十月十五日。是二時中。此十八種物常隨其身。如鳥二翼。若布薩日。新學菩薩半月半月常布薩。誦

十重四十八輕戒。若誦戒時。當於諸佛菩薩形像前誦。一人布薩。即一人誦。若二人三人至百千人。亦一人誦。誦者高座。聽者下座。各各披九條七條五條袈裟。若結夏安居時。亦應一一如法。若行頭陀時。莫入難處。若惡國界。若惡國王。土地高下。草木深邃。師子虎狼。水火風難。及以劫賊道路毒蛇。一切難處悉不得入。頭陀行道。乃至夏坐安居。是諸難處皆不得入。若故入者。犯輕垢罪。

常應二時頭陀者。春秋調適。遊行化物。無妨損也。頭陀。或云杜多。此翻抖擻。有十二法。皆是遠離勝行。聖所稱歎。一在阿蘭若處。二常行乞食。三次第乞食。四受一食法。五節量食。六中後不飲果蜜等漿。七糞掃衣。八但三衣。九塚間住。十樹下止。十一露地坐。十二但坐不臥。冬夏坐禪者。大寒大熱。常應靜坐。結夏安居者。夏行尤爲妨道。故須結制九旬也。楊枝所以淨口。澡豆所以潔身。三衣者。一僧伽梨。名上衣。二鬱多羅僧。名中衣。三安陀會。名下衣。缾有三種。一淨缾。貯水供飲。二隨用缾。貯水洗手。三觸缾。貯水洗大小便處。鉢者具云鉢多羅。此翻應器。謂體色量三皆應法。體用瓦鐵二物。不得

用金銀銅木七寶等。色以油麻熏成。量則隨其腹量分上中下。最大不過三升。最小不過升半。坐具者。梵名尼師壇。此云隨坐衣。所以護身護衣護臥具也。錫杖。賢聖之標。香爐。修清淨之供。漉囊。爲救物之具。手巾。爲除垢所需。刀子長不過三指。闊不過一指。所以便用。火燧。爲防熱食。兼爲除冥。鑷子。爲拔鼻毛。繩牀。隨處棲息。皆百一所需中物也。經契一心。律規三業。佛像標心極果。菩薩形像托志真因。既皆切於日用。亦可即事表法。故以如鳥二翼喻之。彼不知法義。惟汲汲以十八物爲務者

固非大士弘規倘竟高談名理而脫略事相恐亦非佛本意必事理俱備庶二翼無損耳布薩但舉新學者久學菩薩自不待言也披九條七條五條袈裟者九條即僧伽梨七條即鬱多羅僧五條即安陀會此但指比丘比丘尼言之若式叉摩那沙彌沙彌尼止許用縵條衣名爲無縫袈裟在家二衆於誦戒及入壇時亦得用無縫衣餘時不得然善生經云若優婆塞不儲畜僧伽梨衣鉢錫杖得失意罪此特制令儲畜非制令日用叉僧伽梨等即縵條之服加以三種法號所謂無縫三衣不同比丘之九條七條五條也一一如法者如法具十八物及如法誦戒等

此是遮業正制冒難遊行兼制備十八物如法誦戒蓋冒難遊行恐致夭逝在危生念所喪事重大士雖宜爲法忘身豈應不愼招損譬諸儒者雖有殺身成仁之事亦云知命者不立巖牆下也三緣成罪一難處謂惡國界等二難處想六句二重二輕二無犯三正遊行發足後步步結輕垢罪或先非難處正遊時難事忽起此亦非犯餘十八種物應備不備隨事結過半月誦戒或不誦或雖誦而不如法亦隨事結過七

衆同犯善生經云若優婆塞險難之處無伴獨行得失意罪准此則設有事緣多伴同往非犯又云優婆塞若犯國制得失意罪亦應此戒兼攝也大小不全共同者同不得冒難遊行異者大士制十八物聲聞惟制六物隨身謂三衣坐具鉢及漉囊餘非所制大士一人布薩即一人誦聲聞須有四人以上方差一人高坐而誦若三人二人即相向布薩若惟一人即心念布薩具如律中未受具者不宜先知故不委明然西域諸寺大小異居震旦國中大小雜住則布薩儀式亦須略明今共出六意一通列九衆二別論戒次三明誦戒人四明所誦法五明所用界六明廣略儀一通列九衆者若論半月誦戒通途軌式則應男女各別男以比丘爲主沙彌優婆塞隨聽女以比丘尼爲主式叉摩那沙彌尼優婆夷隨聽此則僧尼各有界限不容混雜若有他緣偶集如比丘尼等來請教誡優婆夷等來興供養正遇誦菩薩戒彼既曾受亦可隨聽則一切比丘坐竟次比丘尼比丘尼竟次式叉摩那次乃沙彌次沙彌尼次出家優婆塞優婆夷次在家優婆塞優婆夷出家者名近住在家者

名近事此九衆位次斷不容紊叉須男女有別不起譏嫌也二別論戒次者卽於九衆各自類中復依受戒先後次第而坐然西域大小異居大乘卽依菩薩戒次而坐小乘卽依比丘戒次而坐今大小雜居則誦菩薩戒時方依大乘戒次誦比丘戒時仍依僧臘不得以大奪小故釋籤云菩薩在小乘衆還依小乘戒次而坐在大乘衆則依大乘戒次而坐也又其人先受比丘戒後受菩薩戒者卽用比丘戒臘爲菩薩戒臘以受菩薩戒時則比丘戒一切轉成無盡戒體故若其人先受菩薩戒後

受比丘戒者於大乘中則依菩薩戒次於小乘中仍依比丘戒次不得以菩薩戒臘作比丘戒臘以菩薩戒非關住持僧寶數故故輔行云若先小後大則開小夏以成大夏若先受大後受律儀在小則依小在大則依大也比丘尼衆亦復如是若沙彌沙彌尼等小乘惟論生年大乘須論菩薩戒次近住近事亦復如是三明誦戒人者若九衆俱現在前必須菩薩比丘高座而誦餘皆默聽若無比丘惟有八衆必須菩薩比丘尼一人誦之若無比丘比丘尼惟下七衆必須菩薩式叉摩那一人誦之若幷無式叉摩那必須菩薩沙彌一人誦之若更無沙彌必須菩薩沙彌尼一人誦之若更無沙彌尼必須菩薩近住男誦若近住男亦無則菩薩近住女誦若近住女亦無則菩薩近事男誦若近事男亦無則菩薩近事女一人高座而誦其餘菩薩近事女下座默聽也問設有比丘而不能誦尼反能誦乃至有近事男而不能誦女反能誦則如之何答經云若受菩薩戒不誦此戒者非菩薩非佛種子安得受戒而不能誦耶問初受戒人如何答既初受戒未能誦戒卽不得遠離師友問設有

因緣不得與師友相近如何答平時許展轉反從下衆學熟至誦戒時必須上衆登座問平時展轉從下衆學時還得稱爲師否答前戒比丘得稱後戒比丘爲阿闍梨亦得一切事以師禮唯除禮足從沙彌學亦復如是若從三女衆學更須消息令勿生譏嫌若從近住近事學者不得稱師如佛世給孤長者恆爲新學比丘授法反禮比丘之足卽其例也問比丘不得禮白衣者何故維摩經中新學比丘禮居士足答此是古佛化現爲欲浚發大敎偶示彈斥且入三昧令識宿命豁然還得本心

故不得不破格禮足。非可援爲常例。又如蕭梁之時。有傅大士乃是彌勒現身。亦非餘諸凡聖所得藉口。今但當以給孤爲式。是故白衣說法。此誡無過。亦非佛法衰兆。倘稱白衣爲師。則大成非法。眞衰相矣。四明所誦法者。西域旣大小異居。小惟誦比丘戒。大乃兼誦比丘菩薩二種戒法。先誦比丘戒時。菩薩沙彌菩薩優婆塞等。俱不得聽。後誦菩薩戒時。則七衆俱應隨聽。今大小雜居。應作三種分別。一者此中若惟小乘。自依律法。不必更論。二者若惟大乘。或有比丘沙彌淨人同住者。比丘或

四人。或過四人。先作白誦比丘戒竟。次喚沙彌淨人同聽誦菩薩戒。比丘若三人二人。先相向三說布薩竟。次喚沙彌淨人同聽誦菩薩戒。比丘若惟一人。先自心念布薩竟。次喚沙彌淨人聽菩薩戒。若無比丘。惟有沙彌淨人同住。卽自誦菩薩戒。此亦還如西域常式也。三者若有大小乘比丘沙彌淨人雜住。先遣沙彌等出。但與小乘比丘和合布薩。若四人以上作白。若三人二人相向說竟。次遣小乘比丘出。喚菩薩沙彌菩薩淨人同聽誦菩薩戒。次喚小乘沙彌爲說十戒。次喚小乘淨人爲說

五戒。然沙彌十戒及優婆塞五戒。律無誦法。雲棲誦戒式中。乃先誦之。於理無違。於事有益。今準律中自恣之法。比丘比丘尼自恣竟。方喚小衆自恣。以此爲例。則於誦具戒畢。然後喚沙彌淨人爲說十戒五戒。似更妥也。又所誦戒法。若依此經。則先誦十重四十八輕戒。若地持中。別出菩薩戒本經一卷。正是半月誦戒之本。其列四重四十一輕戒相。其根本四重。及飮酒等。自屬具戒十戒五戒中攝。故不重出。惟出菩薩增上律儀。實與此經互爲表裏。以彼四重卽此經之後四重。故以彼四十一

輕。但與此經開合次第稍殊。而開遮持犯之致更明析。故藏中先後共有六譯。惟讖師所譯最善。故今輯在後集。半月半月。似應誦此戒本。但必先作比丘布薩。次喚沙彌爲說十戒。次喚淨人爲說五戒。然後遣出未受菩薩戒者。而比丘沙彌淨人次第坐聽。彌爲確當。高明者幸酌行之。五明所用界者。菩薩比丘。仍用比丘法中所結大界。尼亦如是。沙彌隨屬比丘。無別界法。聽比丘誦。不得別誦。餘二女衆屬比丘尼。亦復如是。在家二衆。若無事緣。宜至僧中聽誦。若有事緣。各於家中自誦亦得。若

至僧伽藍中。即須隨僧聽誦。亦不得別誦也。設師是小乘比丘沙彌弟子。是菩薩者。師自行比丘事。弟子亦自盡其沙彌之職。至誦戒時。先聽其師爲說十戒。次離師見聞之處。自誦菩薩戒法。或有近處誦菩薩戒者。白師而往聽之。六明廣略儀者。比丘戒之廣略。具如律中。茲不復論。若但大乘衆者。無難。即須全誦比丘菩薩二種戒本。設有難緣。略說比丘戒。廣說菩薩戒。難事若迫。二俱略說。若大小雜居者。設有難緣。應廣說比丘戒。略說菩薩戒。難迫。亦俱略說。若惟有菩薩沙彌淨人。則惟誦菩

薩戒法。設遇難迫。或但說重戒。或但云今十五日說戒。各各正身口意等。隨時斟酌。皆得。若無難緣。總不得略說也。　開遮者。或爲求法。或爲度生。冒難非犯。　果報者。遇難多作退道因緣。不遊堪使身心進道。　觀解者。見思塵沙無明爲惡國。亦名賊。亦名水。亦名火。亦名師子毒蛇虎狼。　懺悔者。冒事難及不備物。不誦戒。不如法誦。皆作法。冒理難須無生。　修證者。得五通人。無難事怖。得三智者。無三惑怖。　性惡者。偏入事理二難。以度衆生。

佛說梵網經菩薩心地品合註卷第六

佛說梵網經菩薩心地品合註卷第七

姚秦三藏法師鳩摩羅什譯

明菩薩沙彌古吳智旭註

菩薩比丘溫陵道昉訂

(庚)第三十八乖尊卑次第戒

若佛子。應如法次第坐。先受戒者在前坐。後受戒者在後坐。不問老少比丘比丘尼貴人國王王子。乃至黃門奴婢。皆應先受戒者在前坐。後受戒者次第而坐。莫如外道癡人。若老若少。無前無後。坐無次第。如兵奴之法。我佛法中。先者先坐。後者後坐。而菩薩一

一不如法次第坐者。犯輕垢罪。

如法有二種。一通論七衆。二別論戒次。坐有二時。一誦戒時。二平時。皆不得紊亂也。不問老少亦二義。一即通論七衆義。二即別論戒次義。一通論者。謂百臘比丘尼。不得於初夏比丘前坐。設比丘尼受菩薩戒。亦經百臘。猶故不得於初夏小乘比丘前坐。况是菩薩比丘。以比丘是上衆故。式叉摩那雖生年百歲。或菩薩戒已經百臘。總不得於大小乘比丘比丘尼前坐。以未是僧數故。沙彌雖生年百歲。或菩薩戒已經百臘。乃至不得於小乘式叉

摩那前坐沙彌尼雖生年百歲或菩薩戒亦經百臘乃至不得於小乘沙彌前坐優婆塞雖生年百歲受菩薩戒亦經百臘乃至不得於小乘驅烏沙彌尼前而坐況復沙彌及比丘等故善生經云優婆塞若在比丘沙彌前行得失意罪當知彼約行結坐亦有罪此約坐結行亦有罪也二別論者如比丘比丘尼衆皆須兼論大小二種戒次在大則大在小則小萬萬不得以大奪小故文殊應闍王之請尚須固遜迦葉然後暫居其先則平時之不亂戒次明矣其餘五衆惟各自論菩薩戒次不論

生年斯易可知言比丘比丘尼貴人等者謂先敘七衆尊卑定分後乃各就其類自敘戒次也比丘敘戒次竟然後尼敘戒次不言餘三衆者省文耳貴人即通指國王王子等對黃門奴婢賤人言之此等雖則同名在家二衆又須各以類分蓋王子雖受菩薩大戒既未出家仍不得居君父之先故又自為一類乃至者超略之辭意顯長者宰官婆羅門居士等別為一類以此輩人就世法中或敘爵敘齒敘德原無定局故今惟當敘戒然西域復有國王師事婆羅門者又當別論今則通約未出

家人固不得紊亂君臣名位也其或此國王子與彼國之王相為師友或王子未登王位亦與婆羅門長者居士等相為師友皆當別論耳黃門奴婢又必自為一類不得混在貴人類中蓋黃門於出家法屬重難攝斷不得入比丘沙彌之列奴婢屬輕遮攝若主人與姓得受比丘沙彌等戒即入比丘沙彌位中便在國王前坐今則雖受菩薩大戒仍未脫於奴婢故須別為一類不得紊亂主僕貴賤之名分也一一者正結指通別二種皆須如法及二種時皆須次第坐也問君臣父子主僕既同

受菩薩戒猶須各為一類何故律中臣先受具王後受具便為下座子先受具父後受具便為下座僕先受具主後受具亦便為下座耶答比丘戒法現出世相非世法之所攝故君若不聽則臣不得出家父母不聽則子不得出家主人不聽則奴不得出家既君父主人聽許出家一出家時便永捨臣子奴婢名位故君父主人後設受具即以彼為上座若君父主人在家亦即以彼為尊者福田所以五天竺國出家人法設見君父主人均稱檀越而君父主人見彼既出家之臣子奴婢必皆頭面

頂禮彼出家者必直受之萬無答拜之儀此不但佛世為然唐時玄奘義淨等師親至西乾目覩其事故父母反拜的的無可疑怪而蓮池和尚以答拜釋之不過一時解謗之權巧非確論也若夫菩薩戒法通於世出世間不壞俗諦故雖受菩薩戒君仍是君臣原是臣父子主僕亦復如是若欲亂其名位而統敘戒次則世法不成安立矣問若一出家時永捨臣子奴婢名位豈非無君無父正被儒者所譏答但捨虛名不捨恩義故律制比丘應盡心盡力孝養父母若不孝養則得重罪乃至佛

母涅槃佛尚親手舉柩又比丘身處山林故無事君之禮倘受王供養與王親善亦須隨事納忠此即不廢世間忠孝而况如法修行弘通至教令天龍歡喜護國護民令過現父母同離苦海此更成就出世忠孝然則大忠大孝孰過出家有此大義必不容更論小小虛名虛位矣問菩薩戒法不壞俗諦此理誠然如前所云在大則大在小則小亦可例云在眞則眞在俗則俗今出家人既受菩薩戒法則見君父主人亦可還同俗法否答前云在大則大在小則小者以大小雖殊總稱比丘故也

今欲例云在俗則俗者汝不復為菩薩比丘沙彌竟為菩薩優婆塞耶若汝實為菩薩優婆塞者便不復入沙彌比丘之數云何又得徧同大小二衆敘戒次耶若欲以優婆塞身雜入沙彌比丘之列則大壞出世之相既菩薩戒不壞世相豈可反壞出世相耶不知世出世相皆名俗諦建立皆不可壞故出家菩薩仍行出家儀則在家菩薩乃順在家儀則此即名為通於世出世間謂之在眞則眞在俗則俗亦皆得矣問菩薩大戒受之盡於未來申之極於佛果可謂至尊至勝至妙至大何故受

此戒者尚不許亂世間名位而出家戒法受之不過盡壽申之不過羅漢反可安受君父主人之禮拜耶答論廣大則莫若菩薩戒法論尊重則莫若出家律儀蓋是聖賢幢相出世芳標僧輪所繫佛法所關不但堪受君父主人禮敬亦已堪受四王帝釋之禮亦已堪受梵王之禮亦已堪受大千界主摩醯首羅之禮又不但比丘比丘尼也雖沙彌等亦可受君父主人禮敬以君父等雖受五戒及菩薩戒　故居家未斷正婬不若沙彌全斷婬欲永離生死苦因故以君父等雖於年三月六受八

戒齋不如沙彌盡壽不非時食永離生死增上緣故以君父等雖受五戒及菩薩戒猶得著香華鬘香油塗身歌舞倡伎作及觀聽坐高廣牀惟於齋日暫爾戒之不如沙彌皆永捨故以君父等雖受五戒及菩薩戒并於年三月六受八戒齋猶得畜金銀寶物如法營利仰事俯育不如沙彌依僧而住離妨道法威儀正命皆悉極清淨故故但令加法出家持戒雖受君主父母天龍鬼神禮敬誠無過咎且令君父等增長福聚功更難思倘無出家寶德縱反禮君父天神亦何救於破戒之罪但壞

亂佛法威儀增其過謬耳嗟嗟末世出家有名無義若僧若俗皆悉紐於見聞安於陋習爲說正法誰當信者聊述舊章令人稍知出世遺軌也又此出世軌式卽是菩薩戒中所出亦皆攝入菩薩戒中故菩薩戒得稱廣大兼具尊重之義若欲廢此七衆定位則既無尊重之儀亦失廣大之義矣問出家戒法既爾尊重何故法華經中常不輕比丘通禮四衆授記作佛答此是圓解初開慶而且慰觀彼時機應以大乘緣種而强毒之故作此破格行門非是通途軌式也倘實可通行則世尊昔時

旣繇此得淨六根便當以此法教示四衆豈有恪惜之心而大小律門並制僧不拜俗當知大有所關且小律僅云不應反禮白衣語猶平易至於大乘經律則云菩薩坐時見王長者起者得罪若先加趺見王長者跪者得罪若先衣不整見王長者檢容整服者得罪若王長者說惡語時隨意稱讚者得罪觀其辭峻旨嚴比小律而更甚倘亦懸見末世之中白衣習氣日傲緇門體態日卑故設此厲禁希挽回其萬一乎然則在家菩薩好心受佛戒者必應尊敬出家大小乘衆縱令破戒無戒之

儔亦不可慢須如象王之於獵者羅刹之於罪人方名敬佛敬戒而出家菩薩必應善學善行大小律儀以膺人天禮敬庶幾不辱僧體堪爲福田固不得徒事謙恭尤不得但恃堂堂僧相空腹高心增長我慢濫叨賢聖之標正恐人身未可長保袈裟一失厥苦方深幸相與痛勉之　此是遮業三緣成罪一非衆謂通別二種二非衆想六句二重二輕二無犯三正坐坐者及使坐者同犯隨一一坐結罪　七衆同　大小共　開遮者如文殊迦葉應闍王請又下座或沙彌等說法則登法座

果報者、不敬戒律、遠離正法、依戒相敬、出生勝益。如往昔雞猴及象因緣具載經律。　理解者、十乘觀法不次第現前、名乖法次、懺悔者、事乖作法。理乖無生。　修證者、善持大小毘尼、知事中次第。善修四教觀慧、知理中次第。　性惡者、生佛平等、有何次第、故文殊爲然燈佛師、仍侍釋迦、一心一切心、一觀一切觀、復何次第、故佛頂云、聖性無不通、順逆皆方便。

㊛第三十九不修福慧戒

若佛子、常應教化一切衆生、建立僧坊、山林園田、立作佛塔、冬夏安居、坐禪處所、一切行道處、皆應立之。而菩薩應爲一切衆生講說大乘經律、若疾病、國難、賊難、父母兄弟和尚阿闍梨亡滅之日、及三七日、四五七日、乃至七七日、亦應講說大乘經律、一切齋會求願、行來治生、大火所燒、大水所漂、黑風所吹船舫、江湖大海羅刹之難、亦讀誦講說此經律、乃至一切罪報、三惡八難七逆杻械枷鎖繫縛其身、多婬多瞋、多愚癡多疾病、皆應講此經律、而新學菩薩若不爾者、犯輕垢罪。

建立僧坊等制令修福、講說大乘等制令修慧。

此是遮業、隨力應修、遇緣當爲、而不爲、一一結罪。除力不及者無犯、此即戒本經所謂住少利少作少方便也。若慊恨心、是染汙犯、懶惰懈怠、非染汙犯。七衆同。　大小不全共。聲聞夏安居時、應修房舍、餘時不制、大士一切時中、應修福業。　開遮者、或常修禪誦等一切勝業、無暇他營。　果報者、不修則失二種莊嚴、修則菩提資糧任運增長。　理解者、不知性具緣因、名不修福、不知性具了因、名不修慧。　懺悔者、修即是悔。　修證者、行不退人、滿足事修、念不退人、滿足理修。　性惡者、無福慧法可修、無人修於福慧。

如是九戒應當學、敬心奉持、梵壇品當廣明。

此總結第四段九戒也

㊛第四十揀擇受戒戒

若佛子、與人受戒時、不得揀擇、一切國王王子、大臣百官、比丘比丘尼、信男信女、婬男婬女、十八梵天、六欲天子、無根二根、黃門奴婢、一切鬼神、盡得受戒、應教身所著袈裟、皆使壞色、與道相應、皆染使青黃赤黑紫色、一切染衣、乃至臥具、盡以壞色、身所著衣、一切染色、若一切國土中國人所著衣服、比丘皆應與其俗服有異若欲受戒時師應問言汝現身不作七逆罪不菩薩法師不得與七逆人現身受戒七逆者出佛身血殺父殺母殺和尚殺阿闍梨破羯磨轉法輪僧殺聖人若具七逆卽現身不得戒餘一切人盡得受戒出家人法不向國王禮拜不向父母禮拜六親不敬鬼神不禮但解法師語有百里千里來求法者而菩薩法師以惡心瞋心而不卽與授一切衆生戒者犯輕垢罪

不得揀擇者不應揀於品類謂國王乃至鬼神盡有佛性盡可隨類行菩薩道故盡得受戒也而亦

有二事應揀一是形儀二是業障應敎身所著袈裟等者敎令揀形儀也梵語袈裟此云染衣亦云壞色亦云臥具乃出家衣服之都名青黃赤黑紫色者律制三種壞色謂青黑木蘭今制五種按彌沙塞部若青色衣以黑木蘭點作淨黑衣點以青及木蘭木蘭衣點以青黑是名壞色今亦應爾比丘皆應與俗服有異者正明比丘及比丘尼體是僧寶故特爲制三種田衣永異凡俗其式叉摩那等五衆惟須壞色不得濫同比丘也應問現身不作七逆罪等者敎令揀業障也七逆業成定墮無間所以正障戒品前生非復可知亦復不爲戒障故但問現身也父者此身是其遺體若義父等非逆母者此身從彼而生若嫡庶等非逆和尚者比丘有二種一十戒和尚二具戒和尚比丘尼有三種一十戒和尚尼二式叉摩那受六法和尚尼三具戒和尚尼皆不得以比丘爲之式叉摩那有二種一十戒和尚尼二六法和尚尼沙彌沙彌尼皆一種卽授與十戒者也阿闍梨者比丘有五種一十戒闍梨二受具時敎授闍梨三受具時羯磨闍梨四依止闍梨乃至與依止僅一夜五敎讀闍梨

乃至從受一四句偈或說其義比丘尼有七種加受具時比丘僧中羯磨闍梨及六法闍梨尼式叉摩那有三種一十戒闍梨二六法闍梨三敎讀闍梨沙彌沙彌尼各二種一十戒二敎讀優婆塞優婆夷各三種一受五戒闍梨二受八關戒齋闍梨三敎讀闍梨又若并取受菩薩戒闍梨則七衆各加一種破羯磨僧者極少有八人同住皆是比丘四人四人各自爲黨於一大界之中別說戒別作種種羯磨破轉法輪僧者下至九人一人自稱佛誘彼四比丘別從其敎餘四比丘守正不從分作

二部不論界內界外但令非法說法如提婆達多等名破法輪聖人者小乘四果大乘發趣以上也夫不拜父母國王不敬六親鬼神而但解法師之語則其待法師者何重百里千里而來則其求法之心何切此而不授辜負當機不太甚乎惡心瞋心者明非見機益物之心一切衆生戒者明此大戒本是一切衆生所應同受不似比丘及沙彌戒須擇品類授也　此是遮業四緣成罪一是受戒器謂非七逆文形儀如法二堪受想六句二重二輕二無犯三有揀擇心謂或惡其下賤瞋其貧乏

等正是業主四令不得受隨所拒人結罪若知不堪受者非犯菩薩戒羯磨文云若諸菩薩欲授菩薩戒時先應為說菩薩法藏摩怛理迦菩薩學處及犯處相令其聽受以慧觀察自所意樂堪能思擇受菩薩戒非惟他勸非為勝他當知是名堅固菩薩堪受菩薩淨戒律儀又云無淨信者不應從受謂於如是所受淨戒初無信解不能趣入不善思惟有慳貪者慳貪蔽者有大欲者無喜足者不應從受毀淨戒者於諸學處無恭敬者於戒律儀有慢緩者不應從受有忿恨者多不忍者於他違

犯不堪耐者不應從受有懶惰者有懈怠者多分耽著日夜睡眠樂倚樂臥樂好合徒侶樂嬉談者不應從受心散亂者下至不能𣪘牛乳頃善心一緣住修習者不應從受有闇昧者愚癡類者極劣心者誹謗菩薩素怛羅藏及摩怛迦者不應從受解曰此皆揀非法器也豈可漫云無揀擇耶又前人本不欲受強令受戒亦犯輕垢　比丘比丘尼全犯餘五衆無授戒事未制　大小不全共小乘先許後拒則犯不許無犯大乘接化為本不授即犯　開遮者如沙門道進求曇無讖受菩薩戒讖

不許且命悔過七日七夜竟詣讖求受讖大怒不答進自念業障未消復更竭誠禮懺首尾三年乃夢釋迦文佛授以戒法明日詣讖欲說所夢未至數步讖即驚起口唱善哉已得戒矣我當為汝作證次第於佛像前更說戒相此則見機利益先不為授雖示大怒非惡心瞋心也　果報者妄揀則得悋法之罪失於二利善揀則莊嚴眷屬光顯法門　觀解者不歷三性徧修覺意三昧是揀擇義　懺悔者事擇作法理擇一心無生　修證者別住以去無事揀圓信以上無理揀　性惡者法法

皆揀則全非更無一法可受

(庚)第四十一爲利作師戒

若佛子教化人起信心時菩薩與他人作教誡法師者見欲受戒人應教請二師和尚阿闍梨二師應問言汝有七遮罪不若現身有七遮罪者師不應與受戒若無七遮者得與受戒若有犯十戒者應教懺悔在佛菩薩形像前日夜六時誦十重四十八輕戒苦到禮三世千佛得見好相若一七日二三七日乃至一年要見好相好相者佛來摩頂見光見華種種異相便得滅罪若無好相雖懺無益是人現身亦不得

戒而得增益受戒若犯四十八輕戒者對首懺悔罪便得滅不同七遮而教誡師於是法中一一好解若不解大乘經律若輕若重是非之相不解第一義諦習種性長養性性種性不可壞性道種性正法性其中多少觀行出入十禪支一切行法一一不得此法中意而菩薩爲利養故爲名聞故惡求多求貪利弟子而詐現解一切經律爲供養故是自欺詐亦欺詐他人故與人授戒者犯輕垢罪

教誡法師即教授阿闍梨也比丘戒法於僧中受故和尚及羯磨闍梨皆須現在比丘爲之菩薩戒法於十方諸佛菩薩前受故現在法師但得爲教授闍梨應教請二師者謂請本尊佛爲和尚此土即是釋迦請補處大士爲阿闍梨此時即是彌勒是名爲二師也文中以和尚阿闍梨二師爲句應問言者即是教誡師應問此謂未請二師之前先應問其遮難知無七遮方教請二師耳故菩薩善戒經云十方諸佛菩薩大德聽今某甲三說時已從十方諸佛及菩薩僧得菩薩戒說者我是受者某是我爲某甲證人大師者謂十方無量諸佛菩薩僧是小師者我身是也又受菩薩戒旣以本佛

爲和尚補處爲闍梨亦即以十方佛爲同壇尊證十方菩薩爲同學善友今不言請尊證同學者亦如比丘受戒但請二師也他經亦有備請五位聖師者隨機廣略故不同耳犯十戒者謂曾受此菩薩大戒而毀犯之或曾受比丘沙彌及五戒等而破於本根故須得見好相若本未受戒時作殺盜等業止有世間性罪未名犯戒亦不須問惟七逆須問耳現身亦不得戒者謂不許重受大戒而得增益受戒者謂作來生受戒勝因對首懺悔者謂對清淨大小乘衆自首其罪誓不更造即所謂作

法懺也若輕若重是非之相者輕則易懺重則難懺是犯須懺非犯則不須懺倘輕罪說重重罪說輕犯謂非犯非犯謂犯不能使人決疑出罪也第一義諦者卽是戒之體性亦卽心地之正因常住之極果習種性長養性者謂研習空觀漸次增長卽十發趣心性種性不可壞性者謂分別假性俗諦建立故不可壞卽十長養心道種性者謂中道能通卽十金剛心正法性者謂證入聖位卽十地及等妙二覺多少觀行出入者謂發趣則從假入空長養則出空入假金剛則迴二邊入中道十地

則從凡入聖又習種性則空觀尚少長養性則空觀乃多性種性則假觀尚少不可壞性則假觀乃多道種性則中觀尚少正法性則中觀乃多又三觀次第修習則少若一心中修習則多也十禪支者卽四禪所用喜樂等十支也不解輕重是非則昧於戒相不解第一義諦則昧於戒理不解習種性等則昧於道共定共種種差別昧戒相則不能決疑出罪昧戒理則不能啓迪眞信眞解昧道定差別則不能令人修證趣入可謂一盲引衆盲矣

、此是遮業而深壞法化二緣戒罪一是爲利心

二攝受徒竟戒本經云爲貪奉事畜養眷屬是染汙犯亦此兼制前之無解作師過在好名今則正在好利名利皆生死根本菩提大障其罪是均故皆結云自欺欺他而爲利者其心益陋劣矣　比丘比丘尼全犯餘五衆無授戒事但令爲利攝受徒衆亦犯　大小俱制小乘師德如前說　惟遮不開　果報者破壞法門劇於惡律儀罪　理解者二乘爲眞諦利出假菩薩爲俗諦利別向爲但中利惟圓人了達法界無利可爲　懺悔者爲事利作法爲理利須一心無生　修證者初果以上

不爲事利別地圓住不爲理利　性惡者普利法界正是獨利自己從名字爲利乃至究竟爲利

(庚)第四十二爲惡人說戒戒

若佛子不得爲利養故於未受菩薩戒者前若外道惡人前說此千佛大戒邪見人前亦不得說除國王餘一切不得說是惡人輩不受佛戒名爲畜生生生之處不見三寶如木石無心名爲外道邪見人輩木頭無異而菩薩於是惡人前說七佛敎戒者犯輕垢罪

說戒者半月半月誦戒也除國王者佛法付囑國

王故也虛生浪死故名畜生頑然罔覺故如木石
背覺合塵常居理外故名外道　此是遮業預向
人說則後受不能殷重故半月說戒時必先遣未
受大戒者出也四緣成罪一未受戒人謂未受此
菩薩戒者二未受人想六句二重二輕二無犯三
有為說心謂或為利養等四前人得聞從此時結
罪　七衆同犯　大小不全共小乘一切時中不
得向沙彌等說五篇罪名以彼若解五篇名義便
成盜法重難故也大乘惟半月誦戒時須遣未受
者出餘時不論如前文云一切時中皆應講此經

律後文云見一切衆生應勸受三歸十戒等故知
不同毘尼藏也又菩薩比丘比丘尼一切時中亦
不得以五篇罪名向未受具戒者說而菩薩沙彌
等亦不得預知五篇名義致成重難永障此生受
具戒也　惟遮不開　果報者說則輕褻正法不
說則屏翰正教　理解者常住佛性名為真戒未
悟圓宗皆名惡人應以餘法示教利喜不應但讚
一乘反令衆生沒在苦　懺悔者事說作法理說
須於一心無生中善達四悉因緣　修證者初果
及別住不犯事說具知根智不犯理說　性惡者

如善根強毒不輕授記即是向惡人說

(庚)第四十三故起犯戒心戒

若佛子信心出家受佛正戒故起心毀犯聖戒者不
得受一切檀越供養亦不得國王地上行不得飲國
王水五千大鬼常遮其前鬼言大賊若入房舍城邑
宅中鬼復常掃其脚迹一切世人皆罵言佛法中賊
一切衆生眼不欲見犯戒之人畜生無異木頭無異
若故毀正戒者犯輕垢罪

謂出家菩薩本以信心受戒故堪受一切供養堪
受天人鬼神恭敬若受而故毀便不得受一切供

養便為鬼及世人所賤可見戒之不可毀犯如此
柰何起心故欲毀之雖尚未毀先已從心結罪矣
此是性遮二業輕視戒律故三緣成罪一是犯
二犯想三起心欲犯念念輕垢又戒本經云起五
蓋心不開覺者是染汙犯亦此兼攝　七衆同犯
而出家人為世福田其責倍重　大小俱制小乘
即所謂輕戒罪也隨所犯罪更加一輕戒罪大乘
亦應例此又大士執心嚴於聲聞也若本無故毀
心者但隨事結本罪不加此罪若直起此心未犯
事者小但責心大亦應懺　惟遮不開　果報者

任其故起。則障增上。戒障增上。心障增上。慧得輕戒罪。若能開覺。則戒根堅固。定慧可尅。 觀解者。起理外心。卽名犯戒。 懺悔者。起心犯事作法。起心犯理。一心無生。 修證者。位不退。人無犯事心。念不退。人無犯理心。 性惡者。謗諸佛。毀於法。不入衆數。爲與衆魔共一手。作諸勞侶。

㊎第四十四不供養經典戒

若佛子。常應一心受持讀誦大乘經律。剝皮爲紙。刺血爲墨。以髓爲水。析骨爲筆。書寫佛戒。木皮穀紙絹素竹帛。亦悉書持。常以七寶無價香華。一切雜寶爲

香囊盛經律卷。若不如法供養者。犯輕垢罪。

供養有五事。一受持。二讀。三誦。四書寫。五香華雜寶供養。剝皮爲紙等。舉重況輕。 此是遮業。無敬法心。故得罪也。 七衆同。 大小不全共。小乘不誦持毘尼結罪。大乘應修五事。又不供養三寶。亦犯罪。戒本經云。於一日一夜中。若佛在世。若佛塔廟。若法。若經卷。若菩薩修多羅藏。摩得勒伽藏。若比丘僧。若十方世界大菩薩衆。若不少多供養。乃至一禮。乃至不以一偈讚歎三寶功德。乃至不能一念淨心。若不恭敬嬾惰懈怠。是染汙犯。若忘誤非染汙犯。不犯者。入淨心地菩薩。如得不壞淨比丘。常法供養一切三寶。善生經云。若得新穀果蓏茱茹。不先奉獻三寶。先自受者。是優婆塞得失意罪。若以殘食施於比丘比丘尼優婆塞優婆夷。是優婆塞得失意罪。 惟遮不開。 果報者。慢法。則遠離正法。失智慧種。敬法。則生生處處。常遇妙法。

觀解者。一念不與眞淨大法相應。名不供養。

懺悔者。事不供。作法。理不供。無生。 修證者。初果及淨心地人。無事慢。念不退人。無理慢。 性惡者。自心卽法。卽三寶。不應以心更供於心。

㊎第四十五不化衆生戒

若佛子。常起大悲心。若入一切城邑舍宅。見一切衆生。應當唱言。汝等衆生。盡應受三歸十戒。若見牛馬猪羊一切畜生。應心念口言。汝是畜生。發菩提心。而菩薩入一切處山林川野。皆使一切衆生發菩提心。是菩薩若不發敎化衆生心者。犯輕垢罪。

大悲心者。知一切衆生。及三世諸佛。與我身心無二無別。欲拔其性德之苦。而與以性德之樂也。 心念口言者。了達同體法性之力。冀令感通開悟也。

此是遮業。乖於弘誓。故制。四緣成罪。一衆生。二

衆生想。三無教化心。四不行教化。遇可化而不化隨事結過。然大士化度衆生。不出四攝。一者布施卽財法無畏三種。如慳瞋殺盜等戒所制。二者愛語。卽此戒制。三者利益。四者同事。戒本經中別制。此經亦屬此戒所攝。戒本經云。以慊恨心不隨他者。是染汙犯。懶惰懈怠。非染汙犯。不犯者。若彼欲爲不如法事。若病。若無力。若護僧制。若彼雖如法能令多人起非法事。若伏外道故。若以方便令彼調伏。解曰。此卽利益攝也。又云。見衆生所作。不與同事。所謂思量諸事。若行路。若如法興利。若田業

若牧牛。若和諍。若吉會。若福業。不與同者。瞋恨心是染汙犯。懶惰懈怠。非染汙犯。不犯者。若病。若無力。若彼自能辦。若彼自有多伴。若彼所作事。非法非義。若以方便令彼調伏。若先許他。若彼有怨。若自修善業。不欲暫廢。若性闇鈍。若護多人意。若護僧制。解曰。此卽同事攝也。　七衆同犯。　小乘無化他義。不制。　果報者。不化則失二利。化則二利增長。　觀解者。一心轉教餘心。名化衆生。一念不與妙觀相應。名爲不化衆生。　懺悔者。事不化。作法。理不化。無生。　修證者。行不退。常行事化。念不

退。常行理化。　性惡者。三世諸佛。一口吞盡。有何衆生可度。

㊎第四十六說法不如法戒

若佛子。常應教化。起大悲心。若入檀越貴人家。一切衆中。不得立爲白衣說法。應在白衣衆前高座上坐。法師比丘。不得地立爲四衆說法。若說法時。法師高座。香華供養。四衆聽者下坐。如孝順父母。敬順師教。如事火婆羅門。其說法者。若不如法說。犯輕垢罪。

高座者。以高卑言。上坐者。以上下言。不如法說。謂不順說法儀式。非謂顛倒謬說也。　此是遮業。三

緣成罪。一不如法。二不如法想。三正說法。若爲名利。是染汙犯。若忘誤。非染汙犯。又此且據坐言。若准律中。則人臥己坐。不得爲說。人坐己立。人在座己在非座。人在高坐。己在下座。人在前行。己在後行。人在高經行處。己在下經行處。人在道。己在非道。皆不得爲說。又衣纏頸者。覆頭者。裹頭者。叉腰者。著革屣者。著木屐者。騎乘者。持杖者。持劍者。持矛者。持刀者。持蓋者。皆不得爲說。惟除爲病人說法。一切不犯。　七衆同犯。以沙彌等。亦許登高座故。以白衣說一句一偈義。亦應如法。故又善生經

云僧若不聽說法讚歎輙自作者是優婆塞得失意罪亦此兼制。大小乘俱制。開遮者僧祇律云若比丘爲塔事僧事詣王及地主時彼言比丘爲我說法不得語令起恐生疑故若邊有立人者即作意爲立人說王雖聽比丘無罪又比丘患眼前人捉杖牽前爲說無罪又比丘在怖畏嶮道時防衛人言尊者爲我說法雖持刀杖爲說無罪。果報者不如法則令彼此皆招慢法之罪如法則令彼此皆有敬法之益。觀解者坐法空座乃名如法。懺悔者事不如法用作法理不如法用無

生。修證者初果以上事常如法別地圓住理常如法。性惡者依正剎塵俱說俱聽更何高下。

(庚)第四十七非法制限戒

若佛子皆已信心受佛戒者若國王太子百官四部弟子自恃高貴破滅佛法戒律明作制法制我四部弟子不聽出家行道亦復不聽造立形像佛塔經律立統官制衆使安籍記僧菩薩比丘地立白衣高座廣行非法如兵奴事主而菩薩正應受一切人供養而反爲官走使非法非律若國王百官好心受佛戒者莫作是破三寶之罪若故作破法者犯輕垢罪。

四部者居士居士婦童男童女也不聽出家行道則斷僧寶不聽造形像佛塔則斷佛寶不聽造經律則斷法寶。此具性遮二業障善法故四緣成罪一是三寶事二三寶事想三有制限心四制限得成隨事結罪。在家二衆全犯出家五衆無自在權勢設能隨力非法制限亦犯。大小俱制。開遮者如彌勒昔爲國王假設非法制限以興正法。果報者制限則得斷滅三寶大罪不制能招弘護三寶功德。觀解者不於一切法中顯出三寶體性名非法制限。懺悔者事制限須殷勤建

立三寶理制限須善修一心三觀。修證者初果以上無事制限別地圓住無理制限。性惡者不聽於九界外別別施設佛界。

(庚)第四十八破法戒

若佛子以好心出家而爲名聞利養於國王百官前說佛戒者橫與比丘比丘尼菩薩戒弟子作繫縛事如獄囚法如兵奴之法如師子身中蟲自食師子肉非餘外蟲如是佛子自破佛法非外道天魔能破若受佛戒者應護佛戒如念一子如事父母不可毀破而菩薩聞外道惡人以惡言謗破佛戒之聲如三百

矛刺心千刀萬杖打拍其身等無有異寧自入地獄經於百劫而不一聞惡人以惡言謗破佛戒之聲而況自破佛戒教人破法因緣亦無孝順之心若故作者犯輕垢罪。

國王百官指已受佛戒者雖是同法之人得於彼前說菩薩戒而不得於彼前橫作非法治罰也弟子有過但應如法治罰不應作繫縛事如獄囚兵奴以傷出家軌式如念一子喻愛之極如事父母喻敬之極又念子卽慈悲心事親卽孝順心也

此具性遮二業以毀辱法門故五緣成罪一是佛

弟子謂大小乘七衆不犯邊罪不捨戒者二佛弟子想六句二重四輕雖非佛弟子亦不應作繫縛事故但其事稀稀故不特制或復攝入瞋損戒中三有治罰心欲令前人受辱正是業主四所對人謂國王百官等同有戒者故僅結輕若向未受戒人治罰自屬第六重戒五正行治罰隨事結過出家五衆同犯在家二衆若治罰佛之弟子自屬前戒兼制厥罪彌甚具如地藏十輪經中廣訶大小乘俱制。　開遮者惡濁世中護持正法比丘得藉王大臣力兵杖自衞如大涅槃所明然不得非法治罰他人。　果報者作則有破壞法門損辱僧侶之罪不作則令衆僧增益安樂。　理解者不如說修行卽是破法因緣又不知四悉檀因緣卽是破法因緣。　懺悔者事破作法理破須行解雙進。　修證者初果以上無事破別地圓住無理破性惡者破一切法無不徧。

如是九戒應當學敬心奉持。

此總結第五段九戒也別釋四十八輕竟。

㊁三總結

諸佛子是四十八輕戒汝等受持過去諸菩薩已誦

未來諸菩薩當誦現在諸菩薩今誦。

此總結四十八輕戒也第二列重輕戒相大科竟

(丁)三勸大衆奉行五初舉所誦法二囑流通人三明流通益四重勸奉行五時衆歡喜。　(戊)今初

諸佛子聽十重四十八輕戒三世諸佛已誦當誦今誦我今亦如是誦。

(戊)二囑流通人

汝等一切大衆若國王王子百官比丘比丘尼信男信女受持菩薩戒者應受持讀誦解說書寫佛性常住戒卷流通三世一切衆生化化不絕。

前勸受中備列婬男婬女黃門鬼畜等。今但言信男信女者。正顯既受得戒皆名第一清淨也。佛性常住戒卷者。此戒卷在世。則佛性因緣之義不滅。

㊀戊三明流通益

得見千佛。爲千佛授手。世世不墮惡道八難。常生人道天中。

略舉三益。一見聖。二離苦。三得樂義。疏云。授手者。明秉戒人與佛相隣。次不遠也。世世不墮。常生人天。所離所得。豈止於此。且舉凡情所欣厭。以之爲勸耳。

(戊)四重勸奉行

我今在此樹下。略開七佛法戒。汝等大衆當一心學波羅提木叉。歡喜奉行。如無相天王品勸學中一一廣明。

(戊)五時衆歡喜

三千學士。時坐聽者。聞佛自誦心心頂戴。歡喜受持。

三千謂三千世界中同秉菩薩戒者。以上大科第二正示法門分竟。

(乙)三流通益世分爲二。初結示。二偈讚。(丙)初中四。初偏結說心地品。二略舉總十處說。三明所說之法。四明大衆奉行。(丁)今初

爾時釋迦牟尼佛說上蓮華臺藏世界盧舍那佛所說心地法門品中十無盡戒法品竟。千百億釋迦亦如是說。

是中先結此釋迦說竟。次結餘釋迦說竟也。

(丁)二略舉總十處說

從摩醯首羅天王宮至此道樹下十住處說法品。爲一切菩薩不可說大衆受持讀誦解說其義亦如是。千百億世界蓮華藏世界微塵世界。

是中亦先結此釋迦十處說法竟。次結餘釋迦十處說法竟也。微塵世界下闕亦如是說四字。

(丁)三明所說之法

一切佛心藏地藏戒藏無量行願藏因果佛性常住藏。如是一切佛說無量一切法藏竟。

前五句爲別。後一句爲總。就五別中。又各具通別二義。心藏者。通則一切諸法皆屬於心。別則指三十心。地藏者。通則一切諸法皆名爲地。別則指於十地。戒藏者。通則一切諸法皆名爲戒。別指十重衆輕。無量行願藏者。通亦收一切法。別指六度萬行十大願王等。因果佛性常住藏者。佛性非因非

果而因果不離佛性。故曰大乘因者。諸法實相。大乘果者。亦諸法實相。實相即佛性異名。今因亦佛性。果亦佛性。佛性常住。則因果亦皆常住。通則一切諸法。皆名因果佛性常住之藏。別則如佛性本源品等。

(丁)四明大衆奉行

千百億世界中。一切衆生受持歡喜奉行。若廣開心地相相。如佛華光王七行品中說。

相相者。心地無相。具一切相。重重無盡。總別難思。

(丙)二偈讚三。初讚持法益。二序學法事。三發度生

願。　(丁)今初

明人忍慧强。能持如是法。未成佛道間。安獲五種利。一者十方佛。憫念常守護。二者命終時。正見心歡喜。三者生生處。爲諸菩薩友。四者功德聚。戒度悉成就。五者今後世。性戒福慧滿。此是諸佛子。

明人者。能知如來秘密之藏。雖是肉眼。名爲佛眼也。忍是安忍。即指定力。謂有慧無忍。是名狂慧。有忍無慧。是名愚定。又二乘定多慧少。不見佛性。權位菩薩慧多定少。雖見佛性而不了了。故須忍慧俱强。方爲明人。方能持如是法也。諸佛護念者。一切諸佛。皆從此法出。猶如佛母。故持之者。與佛氣分交接。又不持此法。則斷佛種性。能持此法。則續佛慧命。故諸佛常自憫念守護持法人也。命終時正見歡喜者。已具佛眼。則假使鐵輪頂上旋。定慧圓明終不失也。生生爲菩薩友者。位同大覺。眞是佛子。一切菩薩皆我同學也。功德戒度悉成就者。戒爲一切功德之聚。如地悉能生養萬物。今常作如是信。戒品已具足。戒品既具。則一切功德聚悉具足成就也。性戒福慧滿者。達此性戒。則全性起修。全修在性。全性起修。故福由慧滿。全修顯性。故

慧由福滿。又性戒即正因理體。當法身德。持性之戒。即緣因福善。當解脫德。悟戒之性。即了因智慧當般若德。今後世滿者。從觀行滿。乃至究竟滿也。獲此五利。眞是佛子。當紹佛位。故云此是諸佛子。

(丁)二序學法事又二。初觀察法體。二護持戒相。

(戊)今初

智者善思量。計我著相者。不能生是法。滅壽取證者。亦非下種處。欲長菩提苗。光明照世間。應當靜觀察。諸法眞實相。不生亦不滅。不常復不斷。不一亦不異。不來亦不去。如是一心中。方便勤莊嚴。菩薩所應作。

應當次第學於學於無學勿生分別想是名第一道亦名摩訶衍一切戲論惡悉從是處滅諸佛薩婆若悉由是處出

心地法門十無盡戒皆如理而證稱性而修所謂中道了義無戲論法凡夫著有二乘證空皆背眞因故非種子應當靜觀察者靜是止之異名察即觀之審細止觀不二方是眞修諸法眞實相者諸法即十界十如權實之法觀相元妄無可指陳則幻惑非眞虛假不實觀性元眞本如來藏則無相不相名眞實相清淨本然故不生循業發現故不

滅又循業發現故生即不生清淨本然故滅亦不滅不變隨緣故不常隨緣不變故不斷理隨於事故不一事隨於理故不異迷無所從故不來悟無所滅故不去如是諸法即是一心如是一心即三十心十地及重輕諸戒之體性也悟此體性然後方便勤莊嚴之一心是正因理性靜觀是了因慧性方便是緣因善性也又觀察及持戒皆名方便莊嚴觀察即理方便名爲智慧莊嚴持戒即事方便名爲功德莊嚴又戒品具足全緣深信於理而心地增進全緣精修於事故曰緣戒淨故慧淨緣

慧淨故戒淨如兩手互洗洪無前後又勤方便而不靜觀察則有爲有漏無所莊嚴靜觀察而不勤方便則枯槁空寂無能莊嚴故須於一心中方便莊嚴此是菩薩所應作事應當次第學之勿謂此是學事墮在第二門頭不知稱性之修學即無學於無學道中而熾然習學雖云次第直如空中鳥迹不同漸次法門還與極圓極頓之理毫無分別故誡令勿生分別想也無作妙修全同理性名第一道無學妙性起於眞修名摩訶衍摩訶衍此翻大乘謂運載自他同入大涅槃城也以是第一道

故能滅凡外二乘種種戲論以是摩訶衍故能出諸佛薩婆若果薩婆若此翻一切智智乃一心三智究竟極果之總名也緣第一道堪運摩訶衍乘緣摩訶衍堪到薩婆若地緣薩婆若妙合無戲論理梵網心地果徹因該理趣至此極矣

(戊)二護持戒相

是故諸佛子宜發大勇猛於諸佛淨戒護持如明珠過去諸菩薩已於是中學未來者當學現在者今學此是佛行處聖主所稱歎

欲歸一心實相須修心地法門欲修心地法門須

持諸佛淨戒。故結勸護持戒相。以爲入道進修之本也。護持如明珠者。發隱云。一潔淨義。護持弗使染汙。二圓滿義。護持弗使殘缺。三光明義。護持弗使昏暗。今更爲之釋。成潔淨是解脫德。圓滿是法身德。光明是般若德。然明淨圓滿。皆是珠之相德耳。於相德中。宛具三義。若復廣爲表彰。則明珠體是無上至寶。相乃圓滿明淨。用能雨物濟貧。體爲法身。相爲般若。用爲解脫。以配三聚妙戒。法喻泠然。是以三世諸菩薩所學。卽是佛所行處。因果同符。安得不爲聖主所稱歎哉。聖主。卽聖中之聖也。

戊三發度生願

我已隨順說。福德無量聚。迴以施衆生。共向一切智。願聞是法者。悉得成佛道。

諸佛自誦此戒。我今亦誦。名之曰隨。諸佛半月半月如法而說。我今亦如法說。名之曰順。如此隨順而說。則福聚自然無量。而不以自私。故皆迴施衆生。又不令衆生墮在二乘三有。故共向一切智。又願聞是法者。一歷耳根。永爲道種。聞已能思。思已能修。悉成佛道。蓋本繇發菩提心。方受此戒。今誦此戒。仍迴向菩提也。迴施衆生。卽下化之心。名之爲悲。向一切智。悉成佛道。卽上求之心。名之爲智。繇上求。故方能下化。繇下化。故方名上求。悲智雙運。名菩提心。繇達心佛衆生。三無差別。如心佛亦爾。故須上求。如佛衆生然。故須下化。繇發此上求下化之心。故受得菩薩大戒。繇持此菩薩大戒。故能滿悲智兩輪。古人所謂發僧那於始心。終大悲以赴難。可謂從名字菩提。而直趨究竟菩提者矣。此偈讚共十四行。義疏之所不釋。或云是誦戒既畢。結撮施願之偈。今詳文義。似雖單結戒法。亦可通結上品。以十重四十八輕戒。卽能歷心地位次

之法。而三十心十地。卽持戒人從因至果所歷之位故也。亦如大佛頂經三漸次。爲能歷五十五位爲所歷。能所合稱。卽名六十聖位。今以能從所則戒卽心地。以所從能。則心地卽戒。通結何疑。

佛說梵網經菩薩心地品合註卷第七

合註跋語

夫本源心地含生共有無染性戒日用不知目翳而華舞大空夢蟻而尋羶階下晴虛之體依然輪王之身如故哀哉妄惑枉受幻輪勞我慈尊現身同患示成不倦於八千垂化無偏於塵剎一滴之心地既敷積劫之沈迷立醒而璟函久錮半珠僅呈緊我愚蒙得探全寶竭思殫機塵培泰嶽思法緣之匪易輒涕泗以滂沱願我同仁深思力學解行同遵自他俱利庶得上報佛恩不負己性矣

時

崇禎丁丑地藏大士誕日菩薩沙彌智旭閣筆故記

長白如山施洋銀二十圓

長白淨業學人善一施洋銀二十圓

邢德裕施錢五十千文

蟭螟巢施錢三十千文

正定王蔭福施錢二十千文

湘鄉龔定瀛施錢二十千文

嘉興莊祖基施錢十七千四百文

陽湖趙熙文同妻馮氏施錢十千文

陽湖趙烈文同姊周趙氏陳趙氏婦鄧氏施錢十千文

邵陽魏如海施錢五千文

邵陽魏綉君施洋銀九圓

長沙黃上達施錢八千文

道州何慶澂施錢四千二百文

上元林鼎文施錢四千二百文

四明釋堅三施洋銀一圓

石埭沈振瑞施洋銀二圓

共刻梵網玄義一卷梵網合註七卷連圈計字十二萬二千四百三十八箇

同治十三年春正月金陵刻經處識

佛說四十二章經解

明古吳蕅益釋智旭著

經題七字。通別合舉。人法雙彰。經之一字是通名。一切大小乘脩多羅藏同名經故。佛說四十二章六字是別名。異衆經故。就別名中。佛爲能說之人。四十二章爲所說之法。佛者。梵語具云佛陀。此翻覺者。謂自覺覺他。覺行圓滿。自覺不同凡夫。覺他不同二乘。覺滿不同菩薩。卽是釋迦牟尼如來萬德慈尊。娑婆世界之教主也。說者。悅所懷也。佛以度生爲懷。機緣未至。默然待時。機緣既熟。應病與

藥也。四十二章者。約數標名。蓋從一代時教之中。摘其最切要最簡明者。集爲一冊。以逗此土機宜。所以文略義廣。該通四教。未可輒判作小乘也。

後漢迦葉摩騰竺法蘭同譯

後漢。卽東漢。對前漢而言之。孝明皇帝永平三年。歲次庚申。帝夢金人項有日光。飛來殿庭。以問羣臣。太史傅毅對曰。臣聞西域有神。號之爲佛。陛下所夢。其必是乎。博士王遵亦奏曰。按周書異記載佛誕於周昭王二十六年甲寅。時江河泛溢。大地皆動。五色光貫太微。太史蘇由卜之。得乾之九五。飛龍在天。是西方大聖人也。後一千年。聲教流被此土。王命刻石爲記。埋之南郊。後於周穆王時。乾坤震動。有白虹十二道貫日經天。太史扈多占之謂是西方大聖人入滅之象。明帝乃於七年歲次甲子。勅郎中蔡愔中郎將秦景博士王遵等一十八人。西尋佛法。至印度國。請迦葉摩騰及竺法蘭。用白馬馱經。幷將舍利及畫佛像。以永平十年歲次丁卯。至洛陽。帝悅。造白馬寺。譯四十二章經。至十四年正月一日。五岳道士褚善信等負情不悅。表請較試。乃於十五日大集白馬寺南門。信等以

靈寶諸經置道東壇上。帝以經像舍利置道西七寶行殿上。信等繞壇涕泣。啟請天尊。詞情懇切。以旃檀柴等燒經。冀經無損。並爲灰燼。先時升天入火。履水隱形等術。皆不復驗。而佛舍利光明五色。直上空中。旋環如蓋。徧覆大衆。映蔽日輪。摩騰以神足通於虛空中飛行坐臥。神化自在。天雨寶華。及奏衆樂。時衆咸喜。得未曾有。此卽佛法入震旦之始也。按迦葉摩騰及竺法蘭皆中印度人。二名俱不見有翻。所云譯者。謂以華言易彼梵語。令此方之人得解義也。

世尊成道已作是思惟離欲寂靜是最爲勝住大禪定降諸魔道於鹿野苑中轉四諦法輪度憍陳如等五人而證道果復有比丘所說諸疑求佛進止世尊敎勑一一開悟合掌敬諾而順尊勑

諸經通序皆有六種證信一法體二能聞三機感四敎主五處所六同聞所謂如是我聞一時佛在某處等今文次第與通途稍異蓋緣佛法初來且順此方文字之體貴在簡略然細繹之六義俱備世尊二字卽標敎主成道已三字卽標機感鹿野苑中卽標處所憍陳如等及復有比丘卽標能聞

及餘同聞法輪敎勑卽標法體就此一文仍分四節初世尊成道已一句乃總敘一化之緣次從作是思惟至降諸魔道乃追敘成道之法三從於鹿野苑至證道果三句乃別敘法輪之始四從復有比丘至順尊勑乃正敘此經發起也初文世尊者卽我釋迦牟尼如來乃天中之天聖中之聖於一切器世間一切衆生世間一切正覺世間獨稱尊也成道者若論世尊實成佛道以來已經不可說微塵數劫如法華經壽量品中所明今爲此土有緣衆生故於過去人壽二萬歲時迦葉佛會示居補處位中上生兜率內院以淨天眼觀可化機直至人壽百歲時機緣方熟迺示降神於中印度迦維衛國父名淨飯母名摩耶處胎十月從左脅生一手指天一手指地目顧四方周行七步自言天上天下惟吾獨尊次復示爲童子徧學衆藝無不超倫至年二十九歲遊城四門覩老病死及沙門相決志出家子夜踰城金刀剃髮盡棄珍飾披樹神所獻麻衣遊學諸國先從阿藍迦藍習無所有處定不久得證知非究竟捨之而去次從鬱頭藍子習非想非非想處定亦不久得證知非究竟捨

之而去見諸外道競修苦行希冀得道各以三年爲期終無剋獲將欲度之遂往雪山示修六年苦行每日止食一麻一麥皮骨連立終不成道乃捨苦行受牧女十六轉乳糜之供精氣充足次往熙連河中浴身而出取天帝釋化現童子所施吉祥草詣摩竭提國金剛場菩提樹下敷草結加趺坐以慈心三昧降伏魔軍深入四禪觀察四諦於臘月初八夜明星出時豁然大悟證無漏道是爲佛寶初現世間也次文作是思惟等者乃追敘坐樹下時以無師智自然智了知離欲寂靜爲勝故先

訶棄欲界惡不善法與覺觀俱而入初禪次復離於覺觀內淨一心而入二禪次又離喜而證妙樂入於三禪次又雙棄苦樂捨念清淨入第四禪從四禪中頓發三明破魔王之愛網斷外道之見縛也或初成道句是根本智自證菩提次作是思惟等是後得智重觀四諦以爲說法之本寂靜最勝卽觀滅諦住大禪定卽觀道諦諸魔外道卽苦集二諦也第三文中鹿野苑者亦名鹿園在波羅柰國卽佛初轉法輪之處轉四諦法輪者苦集滅道名四諦苦是世間之果卽指三界六道色心五蘊集是世間之因卽指見思煩惱及有漏善惡不動等業滅是出世之果謂因滅故果滅便得寂靜無爲安樂道是出世之因謂略則戒定慧廣則三十七品所謂四念處四正勤四如意足五根五力七覺支八正道也此四皆名諦者審實不虛故復名四聖諦者惟有聖智乃證知故佛旣證見此四諦理轉令一切眾生咸使聞知從佛後得智中流出法音度入眾生心中故名爲輪又輪者摧碾之義以此教法轉破眾生見思諸惑故名爲輪說此四諦法輪凡有三轉一者示轉謂此是苦逼迫性此

是集招感性此是滅可證性此是道可修性二者勸轉謂此是苦汝應知此是集汝應斷此是滅汝應證此是道汝應修三者證轉謂此是苦我已知此是集我已斷此是滅我已證此是道我已修是爲法寶初現世間也憍陳如等五人者一阿濕婆此翻馬勝二跋提此翻小賢三拘利或名摩訶男此三人皆佛父黨四憍陳如此翻火器五十力迦葉或名婆敷此二人皆佛母舅初太子踰城出家父王思念不置命此五人尋之太子旣誓不肯歸五人不敢歸國遂相侍從太子旣修苦行二人不堪苦行者先自遁去太子後受美食三人樂苦行者亦復捨去於鹿苑中各修異道佛旣成道觀此五人應先得度遂往就之初轉法輪陳如先悟次說布施持戒生天之法訶欲不淨讚歎出離爲樂阿濕跋提尋悟第三說法迦葉拘利亦悟是爲僧寶初現世間也第四文中復有比丘等者佛旣度此五比丘已次復度耶舍等五十五人三迦葉等一千人舍利弗目犍連等二百人從是以後度人無量咸令成比丘性言比丘者此翻除饉謂其具持二百五十淨戒堪爲人世福田除彼眾生因中

果上之饑饉也。又含三義。一破惡。二乞士。三怖魔。所說諸疑。求佛進止。猶言決擇可否也。合掌表於一心聽法。不惰不散。已上序分。下皆正說。

佛言。辭親出家。識心達本。解無爲法。名曰沙門。常行二百五十戒。進止清淨。爲四眞道行。成阿羅漢。阿羅漢者。能飛行變化。曠劫壽命。住動天地。次爲阿那含。阿那含者。壽終靈神上十九天。證阿羅漢。次爲斯陀含。斯陀含者。一上一還。卽得阿羅漢。次爲須陀洹。須陀洹者。七死七生。便證阿羅漢。愛欲斷者。如四肢斷不復用之。

此第一章。總明沙門果證之差別也。欲證沙門四果。必須辭親出家。識心達本。解無爲法。蓋父母不許。則佛法中不聽出家。出家而不識心達本。則身雖離俗。仍縛有爲。不得名爲沙門。識心者。了知心外無法。卽悟徧計本空。達本者。了知心性無實。卽悟依他如幻。解無爲法者。了知眞如與一切法不一不異。卽證圓成實性。梵語沙門。此翻勤息。謂勤修戒定慧。息滅貪瞋癡也。常行二百五十戒。卽增上戒學。進止清淨。卽增上心學。爲四眞道行。卽增上慧學。謂觀察四諦而修道行也。阿羅漢具含三義。一殺賊。二應供。三不生。乃沙門所證第四無學之果。斷盡三界見思二惑。飛行變化。聊舉六神通之一事。曠劫壽命。謂三種意生身。堪能隨願久住。住動天地。言羅漢所住之處。天神地祇皆爲感動。或可一行一住。皆能震動天地也。阿那含。此云不還。卽第三果。十九天者。從四王天。上至無煩。爲第二十。則超過下十九天。繇彼已斷欲界九品思惑。卽於五淨居天中證阿羅漢。不復還來欲界也。斯陀含。此云一來。卽第二果。已斷欲界六品思惑。餘三品在。故一上欲天。一還人中。卽證阿羅漢也。須

陀洹。此云預流。卽是初果。已斷三界見惑。初預聖流。不復墮三惡道。但欲界九品思惑全在。故能更潤七生。謂欲界上上品任運貪瞋癡慢。能潤二生。上中品惑。能潤一生。上下品惑。亦潤一生。中上品惑。亦潤一生。中中品中下品惑。共潤一生。下上品下中品下下品惑。共潤一生。七番生死之後。方證阿羅漢果。此約任運斷者。若加行斷。則復不定。然三界見思。雖有多品多類。總以愛欲爲本。愛欲一斷。便出苦輪。故喻如四肢一斷。決不復用也。

佛言。出家沙門者。斷欲去愛。識自心源。達佛深理。悟

無爲法。內無所得。外無所求。心不繫道。亦不結業。無念無作。非修非證。不歷諸位而自崇最。名之爲道。

此第二章。明沙門果證。雖有差別。而所證之理。無差別也。斷凡聖同居欲愛。識自心源。我執本空。達佛眞諦深理。悟生空所顯眞如無爲之法。斷方便有餘欲愛。識自心源。法執本空。達佛俗諦深理。悟法空所顯眞如無爲之法。斷實報無障礙欲愛。識自心源俱空不生。達佛中諦深理。悟俱空所顯眞如無爲之法。又了知三土欲愛卽空。名斷欲去愛。識自心源徧計本虛。達佛眞諦深理。一空一切空

無假無中而不空。悟如來藏如實空義。名無爲法。了知三土欲愛卽假。名斷欲去愛。識自心源依他如幻。達佛俗諦深理。一假一切假無空無中而不假。悟如來藏如實不空義。名無爲法。了知三土欲愛卽中。名斷欲去愛。識自心源圓成本具。達佛中諦深理。一中一切中無空無假而不中。悟如來藏離卽離非是卽非卽義。名無爲法。此無爲法本自有之。非屬新生。故內無所得。惟一眞心。心外無法。故外無所求。知法如筏。故心不繫道。已斷惑種。故亦不結業。證無分別根本實智。故無念。證不思議後得權智。故無作。稱性之修。修卽無修。故非修。全性作證。證無所證。故非證。諸位如丈尺。顯虛空而虛空元非丈尺。又如入海。雖辨淺深。而淺深無非大海。故云不歷諸位而自崇最。名之爲道也。藏教則因滅會眞。滅非眞諦。故眞諦不歷諸位。通教卽事全眞。故眞諦不歷諸位。別教則中道隨緣不變。故中道不歷諸位。圓教則一色一香無非中道。故中道不歷諸位。繇上一章。方知性不廢修。繇今一章。方知修不礙性。繇上一章。方知卽而常六。繇今一章。方知六而常卽。四教皆論性修。皆論六卽。通

此旨者。則於一代時教。思過半矣。

佛言。剃除鬚髮而爲沙門。受道法者。去世資財。乞求取足。日中一食。樹下一宿。愼勿再矣。使人愚蔽者。愛與欲也。

此第三章。讚歎頭陀勝行。以爲證道要術也。上文旣云非修非證。恐人錯會。執性廢修。故今特申抖擻塵勞之行。以爲斷欲去愛之方。譬如古鏡。雖復本具光明。理須磨拭。方得瑩淨耳。

佛言。衆生以十事爲善。亦以十事爲惡。何等爲十。身三。口四。意三。身三者。殺盜婬。口四者。兩舌惡口妄言

綺語。意三者。嫉恚癡。如是十事不順聖道名十惡行。是惡若止名十善行耳。

此第四章。明善惡無性。猶如反掌。而生死涅槃惟此三業。更非他物也。斷他物命名之爲殺。不與而取名之爲盜。兩相交會名之爲婬。鬭亂彼此名爲兩舌。呪咀罵詈名爲惡口。心口相違名爲妄言。無義浮辭名爲綺語。慳鄙貪欲不耐他榮名之爲嫉。暴戾殘忍懷恨結怒名之爲恚。於諸事理盲無所曉名之爲癡。身口七支。惟是業道。意地三支。屬煩惱道。繇惑造業。必招苦果。長繫三界。故不順聖道。

是惡若止。即名十善。譬如破闇。即是光明。泮冰即便成水也。然惡既有事惡理惡。故翻惡爲善。亦有事善理善。就事善中。下品十善爲脩羅因。中品十善爲人道因。上品十善爲天道因。就理善中。眞諦善爲二乘因。俗諦善爲菩薩因。中諦善爲佛乘因。此三理善俱名上上品十善。以行事善者未必能達理善。而行理善者必兼圓滿事善故也。

佛言。人有衆過。而不自悔。頓息其心。罪來赴身。如水歸海。漸成深廣。若人有過。自解知非。改惡行善。罪自消滅。如病得汗。漸有痊損耳。

此第五章。承上止惡行善之意。而勸勉改過遷善也。有過不悔。則如水赴海。日深日廣。知過必改。則如病發汗。客邪自除。

佛言。惡人聞善。故來擾亂者。汝自禁息。當無瞋責。彼來惡者而自惡之。

此第六章。申明善能勝惡。而惡不能破善也。上文勸人止惡行善。改過遷善。恐有愚者。畏彼惡人撓亂。遂不敢行。故誡以慎勿瞋責惡人。以惡乃在彼。於我無涉故也。如明鏡中現於醜容。彼容自醜。鏡何醜哉。倘一生瞋責。則反攬彼之惡成我之惡矣。

佛言。有人聞吾守道。行大仁慈。故致罵佛。佛默不對。罵止。問曰。子以禮從人。其人不納。禮歸子乎。對曰。歸矣。佛言。今子罵我。我今不納。子自持禍。歸子身矣。猶響應聲。影之隨形。終無免離。慎勿爲惡。

此第七章。即上章彼來惡者而自惡之之明證也。今人聞罵。鮮不發瞋。大似領謝帖子。正中罵者之計耳。思之思之。或問。佛既大慈。何不令罵者無禍耶。答曰。佛豈欲令其得禍。無柰彼人自招禍患。今誡以慎勿爲惡。即是除其禍源。慈悲甚矣。

佛言。惡人害賢者。猶仰天而唾。唾不至天。還從己墮。

逆風揚塵，塵不至彼，還坌己身。賢不可毀，禍必滅己。

此第八章，深誡惡人令勿害賢，而兼以勖賢人也。人若果賢，則如天亦如上風，豈受唾塵，倘可受毀，便非賢矣。

佛言：博聞愛道，道必難會。守志奉道，其道甚大。

此第九章，誡勸稟教行人，須聞而思，思而修，不宜但貴口耳之學也。博聞者，不知隨文入觀，惟圖強記名言也。愛道者，不知道本即心，妄於心外取道也。守志者，念念趣向菩提，不雜名利心也。奉道者，念念體會心源，不復向外覓也。

佛言：覩人施道，助之歡喜，得福甚大。沙門問曰：此福盡乎？佛言：譬如一炬之火，數千百人各以炬來分取，熟食除冥，此炬如故，福亦如之。

此第十章，明隨喜功德，自他兼利，福無窮盡也。施道有三：一資生施，謂以財濟其貧窮；二無畏施，謂於難中拔其憂苦；三者法施，謂以三學令得四益。不惟自行三種施道，得福甚多，即使見他行施，助令歡喜，福亦無盡。沙門下釋疑，恐有愚人正行施時，見他隨喜，懼他分我功德，故以炬火如故曉之。蓋不惟無減於我，而福報展轉殊勝矣。昔有二人採花，一自供佛，一轉施人供佛，以問彌勒。彌勒曰：自供者成辟支佛果，施人者成無上菩提。蓋獨樂不若與人，與少不若與眾，世出世道，無不皆然也。熟食喻成聖果，除冥喻破三障。

佛言：飯惡人百，不如飯一善人；飯善人千，不如飯一持五戒者；飯五戒者萬，不如飯一須陀洹；飯百萬須陀洹，不如飯一斯陀含；飯千萬斯陀含，不如飯一阿那含；飯一億阿那含，不如飯一阿羅漢；飯十億阿羅漢，不如飯一辟支佛；飯百億辟支佛，不如飯一三世諸佛；飯千億三世諸佛，不如飯一無念無住無修無證之者。

此第十一章，較量福田勝劣不等，令人知所歸向也。一善勝百惡人，顯易可知。一持五戒人勝千善人者，以世間善人所奉十善，僅屬舊醫之法，不以三歸爲體，不成出世津梁；若能受三自歸，奉持五戒，爲佛弟子，便知四諦四念處門，於一生中堪證三果，故得千倍勝於常流也。一須陀洹勝萬五戒者，須陀洹已斷見惑，已預聖流，故得遠勝內外凡也。一斯陀含勝百萬須陀洹者，斯陀含已斷欲界六品思惑，煩惱漸薄，正使百萬住果須陀洹未修勝進行時終不能知二果境界何況能到耶一阿那含勝千萬斯陀含者阿那含已斷欲界思惑九品皆盡正使千萬斯陀含終不能知三果境界況能到耶一阿羅漢勝一億阿那含者萬萬曰億阿羅漢斷盡見思超出三界尤非住三果人能知能到故也辟支佛有二種一者出有佛世稟十二因緣教悟道侵習名爲緣覺二者出無佛世觀物幻化自悟無生斷結侵習名爲獨覺以阿羅漢但斷正使辟支佛兼侵餘習故一辟支能勝十億阿羅漢也三世諸佛約藏頭佛果言之三大阿僧祇劫

修行六度正習皆悉斷盡利益無量衆生故一佛能勝百億辟支佛也無念無住無修無證之者指圓教初住已上亦可兼攝別教初地通教佛地蓋通教體色入空知一切法無性故念即無念住即無住修即無修證即無證至成佛時能於色究竟天示現最高大身統王三千世界別歡喜地圓發心住皆已分證法身皆能示現百界作佛八相成道所以供此一人勝於千億三世諸佛也復次前之八番皆是約田此第九番即是約心蓋未達一切諸法念本無念住本無住修本無修證本無證

故於平等法中分勝分劣若了達無念無住無修無證妙理則下自惡人上至諸佛罔非無念無住無修無證之者所以人上佛飯佛施餓狗功德無異維摩以一分奉難勝如來一分施一最下乞人福亦平等若不知福勝劣差別則無以顯修德之足貴若不達生佛本自平等則無以悟性德之淵源是謂常同常別常別常同法界法爾微妙法門

佛言人有二十難貧窮布施難豪貴學道難棄命必死難得覩佛經難生値佛世難忍色忍欲難見好不求難被辱不瞋難有勢不臨難觸事無心難廣學博

究難除滅我慢難不輕未學難心行平等難不說是非難會善知識難見性學道難隨化度人難覩境不動難善解方便難

此第十二章略舉二十難事以爲勸誡也順情則易逆情則難然能深發肯心則雖難而易其或但隨流俗則雖易亦難夫貧窮則布施爲難故雖少許之施得福甚多不可不勉力也然現見有貧而能施者乃富人反不肯施則慳鄙爲何如耶豪貴學道倒施可知人所最重者身命誠能棄命則何事不可爲者然未聞保命畏死之人果能長生不

死。則亦何事貪惜耶。佛經難覩今幸覩佛經而不研精殫思則與不覩何異。佛世難值今幸值佛世而不及時進修則與不值何殊。色欲雖恆情所好。然或察其味少苦多。或觀其如幻如影。則亦何難忍制。若見好時知其未必可求。則貪心自息。若被辱時但以情恕理遣則瞋意自平。視富貴若草頭露何容以勢臨人。覩事境同夢所緣何必勞心措置。廣學而不博究如入海無指南針安能會理。恃學而生我慢如沃壤以滋稊稗反害良禾。佛嘗言四種不可忽。一者火雖小不可忽。二者龍雖小不

可忽。三者王子雖小不可忽。四者沙門雖小不可忽。今有輕未學者未知其不可忽故也。心平等則施難勝如來與施最下乞人功德無異。泯是非則一切諸法無非佛法。是非情見未忘決不能見法界眞善知識。不見現前一念心之實性決不可以學無上道。不學稱性權實之道不能隨化度人。未達隨化度人方便安能覩十法界境而一心不動。若不能於一一法界中具見一切法界事理何繇善解同體方便。故知此二十事後後難於前前也。

沙門問佛。以何因緣得知宿命會其至道。佛言。淨心守志可會至道。譬如磨鏡垢去明存。斷欲無求當得宿命。

此第十三章問意重在宿命。答意重在會道。蓋知宿命者未必會至道。而會至道者決能知宿命也。

沙門問佛。何者為善。何者最大。佛言。行道守眞者善。志與道合者大。

此第十四章明善莫善於眞修大莫大於實證也。行道守眞則萬善同會。志與道合則法界體圓。

沙門問佛。何者多力。何者最明。佛言。忍辱多力。不懷惡故兼加安健。忍者無惡必為人尊。心垢滅盡淨無

瑕穢是為最明。未有天地逮於今日。十方所有無有不見無有不知無有不聞得一切智可謂明矣。

此第十五章明忍辱力大滅垢明遠也。忍有三種。一耐怨害忍亦名生忍。二安受苦忍亦名法忍。三諦察法忍亦名第一義忍。今卽約耐怨害而入第一義也。餘文易知。

佛言。人懷愛欲不見道者。譬如澄水致手攪之。眾人共臨無有覩其影者。人以愛欲交錯心中濁興故不見道。汝等沙門當捨愛欲。愛欲垢盡道可見矣。

此第十六章明吾人心水本澄卽是至道。但繇愛

欲所攬。故不能於一念中炳現十界影像也。捨三界愛欲見思垢盡。則眞諦道可見。捨偏眞愛欲塵沙垢盡。則俗諦道可見。捨果報愛欲無明垢盡。則中諦道可見矣。

佛言。夫見道者。譬如持炬入冥室中。其冥卽滅。而明獨存。學道見諦。無明卽滅。而明常存矣。

此第十七章。深顯無明無性。故見道卽可永滅。亦顯無明未滅。不得名眞見道也。知無明之可滅。不致生於退屈。知眞見之常明。亦可祛增上慢矣。

佛言。吾法念無念念。行無行行。言無言言。修無修修。

會者近爾。迷者遠乎。言語道斷。非物所拘。差之毫釐。失之須臾。

此第十八章。明念行言修。皆超有無兩關。而不可以有無情見湊泊也。念卽無念。故常念此無念之念。豈以不念爲無念哉。行等三句。例此可知。會得則觸事全眞。迷者則轉趨轉遠。言語相卽解脫相。故言語道斷。一切物卽眞如性。故非物所拘。才涉有無。便隔霄壤。故差之毫釐。才涉思惟。便成剩法。故失之須臾。

佛言。觀天地念非常。觀世界念非常。觀靈覺卽菩提。如是知識得道疾矣。

此第十九章。明唯心識觀。遣虛存實也。天覆地載。凡情計爲常住實有。今觀天則寒暑代謝。地則陵谷遞遷。旣爾生滅非常。豈是心外實法。次觀一身之中。世爲遷流。界爲方位。世固念念不停。界亦互對無定。於中豈有實我實法。此則遣偏計之本虛也。次觀現前一念靈覺之性。旣離我法二執。便成四智菩提。此則存依圓之實性也。遣虛則無增益謗。存實則無損減謗。非有非無。速契中道矣。

佛言。當念身中四大。各自有名。都無我者。我旣都無。

其如幻耳。

此第二十章。示人以四大觀身。而入如幻法門也。身中堅者名地。潤者名水。煖者名火。動者名風。覓我了不可得。能成所成。體皆如幻。能觀所觀。亦復如幻。於一幻喩。便可通達空假中理。故知四大觀身。實四教之總戶也。

佛言。人隨情欲求於聲名。聲名顯著。身已故矣。貪世常名而不學道。枉功勞形。譬如燒香。雖人聞香。香之燼矣。危身之火。而在其後。

此第二十一章。甚明好名之人。不惟無益。而且深有損也。

佛言。財色於人。人之不捨。譬如刀刃有蜜。不足一餐之美。小兒舐之。則有割舌之患。

此第二十二章。甚明財色之味寡而傷害甚多。有智者不可類彼小兒也。

佛言。人繫於妻子舍宅。甚於牢獄。牢獄有散釋之期。妻子無遠離之念。情愛於色。豈憚驅馳。雖有虎口之患。心存甘伏。投泥自溺。故曰凡夫。透得此門。出塵羅漢。

此第二十三章。深明妻子舍宅之埋沒人。而勸以

速遠離也。欲界以男女眷屬爲妻子。種種宮殿爲舍宅。色界以味禪爲妻子。四禪天爲舍宅。無色界以癡定爲妻子。四空天爲舍宅。愛見所噬。患同虎口。充類言之。二乘以一解脫味爲妻子。偏眞涅槃爲舍宅。權教以遊戲神通爲妻子。出眞涉俗爲舍宅。透得空有兩門。方成中道無生之果。

佛言。愛欲莫甚於色。色之爲欲。其大無外。賴有一矣。若使二同。普天之人。無能爲道者矣。

此第二十四章。深明色欲爲衆生重病也。佛頂經云。婬心不除。塵不可出。

佛言。愛欲之人。猶如執炬逆風而行。必有燒手之患。

此第二十五章。甚明愛欲之不可習近也。逆風把炬。未有不燒手者。習近愛欲。安得不損淨法身。害方便手耶。

天神獻玉女於佛。欲壞佛意。佛言。革囊衆穢。爾來何爲。去。吾不用。天神愈敬。因問道意。佛爲解說。卽得須陀洹果。

此第二十六章。明佛不被魔嬈。遂能化魔也。天神卽魔王波旬。佛初成道時。先與甲兵。不能害佛。次獻三女。又不能嬈佛。乃歸佛化而證初果。人能觀

彼女人爲革囊衆穢。則婬意得除。自他俱利矣。

佛言。夫爲道者。猶木在水。尋流而行。不觸兩岸。不爲人取。不爲鬼神所遮。不爲洄流所住。亦不腐敗。吾保此木決定入海。學道之人。不爲情欲所惑。不爲衆邪所嬈。精進無爲。吾保此人必得道矣。

此第二十七章。喻明學道須遠離諸障也。兩岸以喻情欲。則有見思情欲。無明情欲。見思情欲。耽染生死。如觸此岸。無明情欲。耽染涅槃。如觸彼岸。人及鬼神。以喻衆邪。愛網所纏。如爲人取。見網所覆。如爲鬼神所遮。洄流所住。正與精進相反。腐敗。正

與無爲相反。蓋不能直心正念眞如。每欲進而反退。如流急反洄。不達無爲法性。則著相所修福慧。終成腐敗。故必不爲生死涅槃情欲所惑。不爲愛見衆邪所嬈。正念眞如而精進。了達法性本無爲。斯得道可保矣。

佛言。愼勿信汝意。汝意不可信。愼勿與色會。色會卽禍生。得阿羅漢已。乃可信汝意。

此第二十八章。深誡意馬難調。而色禍宜避也。衆生無始以來。祇因恣情率意。久受輪迴。未證阿羅漢。常與無明愛見慢俱。豈可自信汝意而不事推

簡耶。

佛言。愼勿視女色。亦莫共言語。若與語者。正心思念。我爲沙門。處於濁世。當如蓮華。不爲泥汙。想其老者如母。長者如姊。少者如妹。稚者如子。生度脫心。息滅惡念。

此第二十九章。申明遠女防過生善滅惡之方便也。先以蓮華不染而自期待。則正念自利。復視如母如姊如妹如子而度脫之。則慈心利他。既與二利相應。惡念自然息滅。

佛言。夫爲道者。如被乾草。火來須避。道人見欲。必當遠之。

此第三十章。申誡遠離諸欲。勿令爲欲火所燒害也。六情根猶如乾草。六塵境喻若烈火。未到心境兩空。應修遠離勝行。

佛言。有人患婬不止。欲自斷陰。佛謂之曰。若斷其陰。不如斷心。心如功曹。功曹若止。從者都息。邪心不止。斷陰何益。佛爲說偈。欲生於汝意。意以思想生。二心各寂靜。非色亦非行。佛言。此偈是迦葉佛說。

此第三十一章。申明斷欲須從心斷也。斷心之法。推此欲從意生。意復從思想生。只此思想爲自生

耶。他生耶。共生耶。無因生耶。又此思想爲在內耶。在外耶。在兩中間耶。爲在過去耶。現在耶。未來耶。如是推時。思想寂靜。思想寂靜故。意卽寂靜。意寂靜故。欲卽寂靜。欲寂靜故。觀一切色如鏡像等。卽是非色。觀一切行如泡沫等。卽是非行。從上諸佛展轉傳受。不過傳此調心方便而已。

佛言。人從愛欲生憂。從憂生怖。若離於愛。何憂何怖。

此第三十二章。推憂怖之繇愛欲。而勸人斷欲去愛也。衆生無始以來。妄認四大爲自身相。妄認六塵緣影爲自心相。執著貪戀。不肯暫捨。遂生種種

憂惱種種恐怖惟以四大觀身知身無我以四運觀心知心無常愛欲既斷憂怖自除

佛言夫爲道者譬如一人與萬人戰挂鎧出門意或怯弱或半路而退或格鬬而死或得勝而還沙門學道應當堅持其心精進勇鋭不畏前境破滅衆魔而得道果

此第三十三章喻明爲道之人須具戒定慧也專精學道之心譬如一人無始虛妄諸惑習氣譬如萬人受持淨戒譬如挂鎧惟堅持其心則無怯弱之意此戒力也精進勇鋭則無半路之退此定力也不畏前境則無格鬬致死此慧力也合此三力破滅無始衆魔而證道果是爲得勝而還矣

沙門夜誦迦葉佛遺教經其聲悲緊思悔欲退佛問之曰汝昔在家曾爲何業對曰愛彈琴佛言弦緩如何對曰不鳴矣弦急如何對曰聲絶矣急緩得中如何對曰諸音普矣佛言沙門學道亦然心若調適道可得矣於道若暴暴即身疲其身若疲意即生惱意若生惱行即退矣其行既退罪必加矣但清淨安樂道不失矣

此第三十四章明學道之法須善調身心勿令緩急失所也儒者亦云其進鋭者其退速又云勿忘勿助蓋三乘出要類如此

佛言如人鍛鐵去滓成器器即精好學道之人去心垢染行即清淨矣

此第三十五章喻明垢染不可不除也但除垢染即成清淨所謂但盡凡情別無聖解但有去翳法別無與明法也成佛作祖豈於心外有法可得哉不過淨除習氣而已

佛言人離惡道得爲人難既得爲人去女即男難既得爲男六根完具難六根既具生中國難既生中國值佛世難既值佛世遇道者難既得遇道興信心難既興信心發菩提心難既發菩提心無修無證難

此第三十六章展轉明難得之事以深警人令勿失良緣也不達無修無證豈名眞正發菩提心不發眞正菩提豈名信心不興信心豈名遇道既不遇道值佛何益既值猶不值則中國猶之邊方既中國不異邊方則六根具猶不具既六根具猶不具則男子亦非男子既男子不成男子則人身何異惡道靜言思之可不發菩提心急悟無修無證之要旨乎

佛言佛子離吾數千里憶念吾戒必得道果在吾左右雖常見吾不順吾戒終不得道。

此第三十七章深明心近則近心遠則遠而不以形迹論遠近也。金口誠言重戒若此末世弟子柰何弗思。僧祇律云波羅脂國有二比丘共伴來詣舍衛問訊世尊中路渴乏無水前到一井一比丘汲水便飲一比丘看水見蟲不飲飲水比丘問言汝何不飲答言世尊制戒不得飲蟲水故彼復勸言長老但飲勿令渴死不得見佛答言我寧喪身不毀佛戒遂便渴死即生忉利天上夭身具足

是夜先到佛所禮足聞法得法眼淨飲水比丘後日乃到佛所佛知而故問汝從何來爲有伴否彼即以上事答佛言癡人汝不見我謂得見我彼死比丘已先見我若比丘放逸懈怠不攝諸根雖共我一處彼離我遠彼雖見我我不見彼若有比丘於海彼岸能不放逸精進不懈斂攝諸根雖去我遠我常見彼彼常近我。

佛問沙門人命在幾間對曰數日間佛言子未知道復問一沙門人命在幾間對曰飯食間佛言子未知道復問一沙門人命在幾間對曰呼吸間佛言善哉子知道矣。

此第三十八章明人命無常不可不知也。一期色心連持不斷名爲命根乃依本識種子假立非有實法出息雖存入息難保況刹那刹那念念生滅非沈思諦觀豈能知之昔西域有一國王不信佛法問祖師曰吾見外道種種苦行尚不能折伏婬心而今沙門四事如意豈能斷煩惱耶祖師曰王試取一獄中必死罪人滿器盛油令其手捧用四屠人出刃隨後若能一滴不失便赦其罪若傾一滴隨手斬之同彼遊於四衢王更盡出宮女音樂

偏處歌舞試問罪人何所見聞王如其言令一罪人手捧滿油偏歷四衢女樂叢中一滴不墮因赦其罪召而問之汝於四衢何所見聞罪人答曰我於爾時唯恐一滴油墮白刃加頸故惟見手中之油更無他見聞也祖白王曰彼惟惜此一身之死遂於色聲無所見聞何況沙門秉佛無常無我至教痛念無量劫數生死之苦安得不斷煩惱彼外道等不知無常無我徒事苦行故無益耳王乃信服噫誠知人命在呼吸間何俟屠人執刃隨後而心始無放逸哉。

佛言。學佛道者。佛所言說。皆應信順。譬如食蜜。中邊皆甜。吾經亦爾。

此第三十九章。明佛經皆應信順。不應妄分大小頓漸。而生輕重心也。佛之言教。不出權實。爲實施權。開權顯實。四教各有四門。門門各具四悉。今有執小謗大。執大謗小。執事撥理。執理撥事者。皆違佛旨者也。

佛言。沙門行道。無如磨牛。身雖行道。心道不行。心道若行。何用行道。

此第四十章。明行道在心不在形也。心不入道。徒

事外儀。與磨牛何異哉。

佛言。夫爲道者。如牛負重。行深泥中。疲極不敢左右顧視。出離淤泥。乃可蘇息。沙門當觀情欲。甚於淤泥。直心念道。可免苦矣。

此第四十一章。誡人直心念道。當以出離情欲爲期也。

佛言。吾視王侯之位。如過隙塵。視金玉之寶。如瓦礫。視紈素之服。如敝帛。視大千界。如一訶子。視阿耨池水。如塗足油。視方便門。如化寶聚。視無上乘。如夢金帛。視佛道。如眼前華。視禪定。如須彌柱。視涅槃。如晝夕寤。視倒正。如六龍舞。視平等。如一眞地。視興化。如四時木。

此第四十二章。結明佛眼等觀一切諸法。所以破衆生之法執也。人間一百年。不過忉利天一晝夜。娑婆一大劫。不過極樂世界一晝夜。則王侯榮貴。與過隙塵何異。諸天器皿。純是七寶。極樂國地。黃金所成。彌勒成佛道時。此地亦皆瑠璃。況金玉瓦礫等。是四微所成。何足重哉。服雖紈素。不過蔽形苟可遮羞。敝帛何害。大千界亦是惟心。一訶子亦是惟心。觀相元妄。故於是中橫計大小。觀性元眞

變大千之心非大非多。變訶子之心非小非少也。阿耨池水與塗足油。例此可知。方便門者。諸佛所設三乘五乘七九諸方便也。衆生稟此法寶。剋果不虛。然在諸佛。不過爲實施權。豈有實法。故但如化寶聚耳。無上乘。雖云是最實事。然皆衆生性具之理。心外無法。故曰圓滿菩提。歸無所得。如夢中金帛。豈有實物可得哉。種種佛道。爲對凡情。凡情不生。佛道何有。所謂無爲無起滅。不實如空華也。須彌出海。風浪不能漂動。禪定持心。境識不能遷惑。然須彌無實法。不過四寶四微合成。禪定亦無

實法不過諸心心所四分合成耳生死如長夜無明所纏故晝夕咸寐涅槃如永日智慧開明故晝夕咸寤也流轉生死惟是六根安樂涅槃亦惟六根背覺合塵名爲倒而實無減背塵合覺名爲正而實無增故但如六龍舞不過首尾相換而已諸法既皆平等則隨舉一微塵法卽與一眞如地平等非離一切法外別有一大總相法門直是頭頭法法無非大總相法門也依一眞地而施化道如依大地而有四時之木春生夏榮秋實冬落番番生番番榮番番實番番落終而復始始而復終徧

於十方亘於三世皆是如來自在神力也

佛說四十二章經解

是經頓漸兼收首唱識心達本解無爲法名曰沙門又言心不繫道亦不結業無念無作非修非證不歷諸位而自崇最名之曰道金剛無住之旨維摩不二之門不越乎此矣又言飯千億三世諸佛不如飯一無念無住無修無證之者夫無念無住無修無證之者所謂自性天眞佛也三世諸佛覺此而已非有所加也諸供養中法供養最法供養者識自本心了法空寂念念佛出世念念佛滅度是爲飯一無念無住無修無證之者豈外求哉此爲頓敎其間羅舉四眞道十善行訶斥欲染策發淨業警世非常覺諸幻化此爲漸敎夫欲染不去則淨行難成淨行不成則本明不發故反復於斷愛去欲之修以爲行道守眞之助而要歸於無我了得無我心垢自盡常光現前是則名爲解無爲法然而世之人往往貪著有爲不捨愛欲者何也由不知人命無常世界幻化以須臾之樂招長劫之殃刃蜜炬風其言絕痛苟有丈夫之志者其可不瞿然深省乎經言佛所言說譬如食蜜中邊皆

甜學者於此盡心焉則五部諸經俱可得門而入矣一行道人彭際淸書

古歙程氏施貲敬刊

光緒十一年冬十月金陵刻經處識

佛遺教經解

明古吳蕅益釋智旭述

歸命常住大悲尊　應病與藥權實法
亦禮天親造論主　爲順初機重解釋

述曰。天親菩薩。以七分建立所修行法釋此經義。推徵精密。開誘殷勤。萬古以下。無能更贊一辭。觀其言曰。爲彼諸菩薩。令知方便道。以知彼道故。佛法得久住。滅除凡聖過。成就自他利。噫。此經奧旨菩薩誠盡之矣。末世鈍根。讀菩薩論。或解或不解。或昧或明。雖有源師節要。宏師補註。仍亦攝機未

徧。今不揣庸愚。輒復爲解。庶幾下里巴人。易爲賡和而已。

將釋此經。大分爲二。初題目。二入文。　初中二。初正釋題。二出譯人。　今初

佛遺教經

佛遺教三字是別名。經之一字是通名。就別名中。佛爲能說之人。遺教爲所說之法。人法雙標。能所並舉也。佛翻爲覺。衆生長劫在夢。佛斷無明。如從夢覺。既自覺已。又能覺他。覺一切法無不究竟。故名爲佛。又在夢之心。心不可滅。名爲本覺。從夢初醒。知夢本空。名爲始覺。既從夢醒。惟一覺心。更無二心。名究竟覺。此之覺性。含靈本具。無始無終。釋迦牟尼。不過先得我等之所同然。所以示成佛道。爲我等師。又因我等長迷不覺。故於無生無滅性中。示有生滅。譬如月輪在天。水清影現。水濁影亡。是故佛實常住。未嘗滅度。特爲我等一輩濁惡凡夫。唱言入滅。令生悲戀。又以大悲無盡。曠濟無邊。故雖示滅。仍留遺教接引後昆。遺者。貽留。教者。訓誡。猶儒書所稱顧命。亦人世所謂遺囑也。依而行之。則是法子。不依所囑。則是大逆不孝者矣。經者

訓法。訓常。具如餘處廣釋。

亦名佛垂涅槃略說教誡經

垂者。將入未入之時。涅槃者。離過絕非。不生不滅之義。而有四種。一自性清淨涅槃。卽一切諸法本來常寂滅相。佛與衆生平等無二。不增不減。此則不論出入。二有餘依涅槃。謂三乘已斷見思子縛。而所依果縛身心尚在。此約證果時入。三無餘依涅槃。謂三乘灰身泯智。復歸無名無物本體。今正約此論垂入也。四無住涅槃。謂諸佛菩薩有智慧故不住生死。有慈悲故不住涅槃。不住生死。故能

非滅示滅不住涅槃故能非生示生佛久證此無住涅槃今爲有緣度盡故示垂入無餘涅槃實不同二乘之一滅永滅也又涅槃有三義一性淨涅槃卽法身理體此則無出無入二圓淨涅槃卽般若斷惑究竟冥合性眞此則一入永入三方便淨涅槃卽解脫方便示現起諸應化此則數出數入若以三義對上四種者性淨卽自性清淨涅槃亦卽無住涅槃之體圓淨卽無住涅槃之相方便淨卽無住涅槃之用其有餘依無餘依二種若在二乘分中則攝屬圓淨以是圓淨之少分故但顯偏

眞未顯俗諦中諦但淨見思分段未淨塵沙無明及變易也若在如來分中則攝屬方便淨初成道時示同二乘之有餘依今滅度時示同二乘之無餘依也略說者對平日廣說此爲要略又對大機所見大般涅槃經此爲簡略故

二出譯人

姚秦三藏法師鳩摩羅什譯

姚興建國亦稱爲秦故名姚秦三藏者經律論也經詮一心律規三業論開慧辯以茲三學自軌軌他名爲法師鳩摩羅什此云童壽童年時便有耆德故翻梵成華名之曰譯

二入文爲三初序分二正宗分三流通分今

初

釋迦牟尼佛初轉法輪度阿若憍陳如最後說法度須跋陀羅所應度者皆已度訖於娑羅雙樹間將入涅槃是時中夜寂然無聲爲諸弟子略說法要

釋迦此翻能仁佛之姓也牟尼此翻寂默佛之名也約姓則事相有異故論中稱爲別相約名則諸佛理同故論中稱爲總相又能仁則具大慈悲不住無爲此相與二乘全別寂默則具大智慧不住

有爲此相與二乘略同具此總別二相名之爲佛義如前解論判此句是法師成就畢竟功德也佛成道已說法四十九年度人無量今舉初後以括始終初在鹿野苑中三轉四諦法輪憍陳如最先得度乃至涅槃會上須跋陀羅最後得度言轉法輪者佛以自心中所悟四諦之法度入一切眾生之心名之爲轉此法能摧眾生煩惱業苦三障名之爲輪陳如聞此法故見四諦理出生死海名之爲度梵語阿若此翻爲解亦翻無知解者明見四眞諦理無知者根本智證見諦理不存能所故也

憍陳如此翻火器乃尊者之姓須跋陀羅此翻好賢或翻善賢本是外道住鳩尸那城年一百二十聞佛將涅槃方往佛所聞八聖道遂得初果因卽出家嗣聞四諦成阿羅漢是中初轉法輪及最後說法二句論名爲開法門成就畢竟功德度阿若憍陳如及度須跋陀羅二句論名爲弟子成就畢竟功德也所應度者皆已度訖明佛智鑒機恆無忘失得益之衆算數莫窮論名爲大總相成就畢竟功德也娑羅此翻堅固雙樹者此樹四方各二各各一榮一枯上枝相合下根相連以表四德破

於八倒或惟見一雙卽表破於斷常繇大小機異故異見耳中夜卽表中道大乘以非榮非枯爲中道小乘以離斷離常爲中道也寂然者心行處滅無聲者言語道斷論名此四句爲因果自相成就畢竟功德謂雙樹間是因自相將入涅槃是因共果自相是時中夜是總自相寂然無聲是果自相也諸弟子者上首眷屬人位差別法要者世出世間法位差別論名此句爲分別總相成就畢竟功德也夫垂入涅槃則無復再會已在中夜則爲時不多故取要略說以作最後警策眞不啻一字一血矣讀者可弗思乎

二正宗分爲二初明共世間法要二明不共世間法要　初中三初對治邪業法要二對治止苦法要三對治滅煩惱法要　初又四初明根本清淨戒次明方便遠離清淨戒三明戒能生諸功德四說勸修戒利益　今初

汝等比丘於我滅後當尊重珍敬波羅提木叉如闇遇明貧人得寶當知此則是汝等大師若我住世無異此也

比丘此翻除饉卽福田之稱也又含三義一怖魔

二乞士三破惡然佛之遺教通誡一切四衆弟子而經中處處獨舉比丘者亦有三義一者示遠離相故二者示摩訶衍方便道與二乘共故三者比丘爲四衆之首舉其首以該四衆亦皆同遠離行故言滅後者卽示現遺教義波羅提木叉此翻保解脫亦翻別別解脫亦云處處解脫此卽是不盡滅法依此法身度二種障得度煩惱暗障故云如闇遇明得度空無善根障故云如貧得寶佛在世時以佛爲師佛滅度後以戒爲師不能持戒則同堂猶隔萬里苟能持戒則百世何異同時金口誠

言若此柰何捨此別求

次明方便遠離清淨戒

持淨戒者不得販賣貿易安置田宅畜養人民奴婢畜生一切種植及諸財寶皆當遠離如避火阬不得斬伐草木墾土掘地合和湯藥占相吉凶仰觀星宿推步盈虛歷數算計皆所不應節身時食清淨自活不得參預世事通致使命呪術仙藥結好貴人親厚媟慢皆不應作當自端心正念求度不得包藏瑕疵顯異惑衆於四供養知量知足趣得供事不應畜積

是中有二段文從初至墾土掘地是護戒令不同

凡夫增過從占相至不應畜積是護戒令不同外道損智初中凡十一事一不得販是方便求利增過二不得賣是現前求利增過三不得貿易是交易求利增過若依世價無求利心不犯賣買法式如律廣說四不得安置田宅是所居業處求多安隱增過五不得畜養人民是眷屬增過此示外眷屬非同意者六不得畜奴婢是難生卑下心增過以向此等人易生我慢故七不得畜畜生是養生求利增過八不得一切種植是多事增過九不得畜諸財寶是積聚增過十皆當遠離如避火阬是不覺增過十一不得斬伐草木墾土掘地是不順威儀及損衆生增過此十一種增過事修行菩薩宜速遠離不應親近或有爲衆許開者具如律說大須精審也第二文中先總遮五事次明三處波羅提木叉先五事者一不得合和湯藥二占相吉凶三仰觀星宿四推步盈虛五歷數算計凡此皆屬邪心求利不達正因緣法故遮止也次身處波羅提木叉有五句一節身對治他求放逸障二時食對治內資無厭足障三清淨自活對治共相追求障四不得參預世事是自性止多事五不得通

致使命是自性尊重不作輕賤事次口處波羅提木叉有二種邪語不應作一者依邪法語謂邪術惱衆生語及依邪藥作世辯不正語卽呪術仙藥是也二者依邪人語謂與族姓同好多作鄙媟語及親近族姓多作我慢語卽結好貴人親厚媟慢是也次意處波羅提木叉有六句一當自端心對治多見他過障不犯自淨心故二正念求度對治邪思惟障能自度下地故三不得包藏瑕疵不汙淨戒不受持心垢故四不得顯異惑衆遠離無緣顯已勝行令他不正解故五於四供養知量知足

對治於受用衆具中無限無厭足障。若入三昧分。則知量。若入道分。則知足故。四供養。謂飲食衣服臥具醫藥也。六趣得供事不應畜積。遠離貪覆心貯積衆具故。以上方便遠離凡夫及外道過。則令戒身清淨。堪紹如來淨法身也。

三明戒能生諸功德

此則略說持戒之相。戒是正順解脫之本。故名波羅提木叉。因依此戒。得生諸禪定。及滅苦智慧。

戒體惟一。所謂無作。戒相至多。所謂五篇七聚。今舉恆情最易犯者言之。故名略說。繇此戒故。能度

身口意惡。彼岸成就。三業解脫。是故行人若欲正順解脫。必以此戒爲本。因戒生定。因定發慧。定慧無不從戒生也。

四說勸修戒利益

是故比丘當持淨戒。勿令毀缺。若人能持淨戒。是則能有善法。若無淨戒。諸善功德。皆不得生。是以當知。戒爲第一安隱功德住處。

是中凡有五勸。一當持淨戒。是勸不失自體。二勿令毀缺。是勸不捨方便。三能有善法。是勸常集功德。四若無淨戒等。是勸知多過惡。五安隱功德住處。是勸住安隱處。勿住不安隱處也。初對治邪業法要竟。

二對治止苦法要三。初根欲放逸苦對治。二多食苦對治。三懈怠睡眠苦對治。初中二。初根放逸苦對治。二欲放逸苦對治。今初

汝等比丘。已能住戒。當制五根。勿令放逸入於五欲。譬如牧牛之人。執杖視之。不令縱逸犯人苗稼。若縱五根。非唯五欲。將無涯畔。不可制也。亦如惡馬不以轡制。將當牽人墜於阬埳。如被劫賊。苦止一世。五根賊禍。殃及累世。爲害甚重。不可不慎。是故智者制而

不隨。持之如賊。不令縱逸。假令縱之。皆亦不久見其磨滅。

巳能住戒。指前根本方便二種言之。以下正明護根法要。凡有三喻。初當制五根下。是牧牛喻。先法後喻。五根謂眼耳鼻舌身。五欲謂色聲香味觸。牛喻五根。牧人喻比丘。執杖喻戒。苗稼喻諸善功德。即定慧等法也。次若縱五根下。是惡馬喻。亦先法後喻。惡馬亦喻五根。轡制亦喻戒。阬埳喻三惡道。蓋縱五根。不惟妨善。又必墜惡。故云非唯五欲將無涯畔也。三如被劫賊下。是劫賊喻。先喻後

法殃及累世其禍甚於劫賊倘非制而不隨豈得名爲智者又假令縱之不久磨滅如刀刃上蜜不足一餐小兒舐之徒遭割舌之患耳

二欲放逸苦對治

此五根者心爲其主是故汝等當好制心心之可畏甚於毒蛇惡獸怨賊大火越逸未足喻也譬如有人手執蜜器動轉輕躁但觀於蜜不見深阬譬如狂象無鉤猿猴得樹騰躍踔躑難可禁制當急挫之無令放逸縱此心者喪人善事制之一處無事不辦是故比丘當勤精進折伏汝心

五根是色法頑鈍無知依心而轉故皆以心爲主所以欲制五根莫如制心言好制心者應知此心有三種三昧相有三種障法一者心性差別障能障無二念三昧二者輕動不調障能障調柔不動三昧三者失諸功德障能障起多功德三昧文中心之可畏等先明心性差別障貪分煩惱吸噬善根過於毒蛇瞋分煩惱吞害善根過於惡獸癡分煩惱損滅善根過於怨賊等分煩惱焚燒善根過於大火越逸故云未足喻也次譬如有人下明輕動不調障蜜器喻五根受五塵樂動轉輕躁喻轉識隨逐諸根念念不定但觀於蜜喻六識唯緣現世六塵不見深阬喻不知未來障礙障礙有二種一生處障礙二修一切行時困苦不能成就障礙狂象無鉤喻心無三昧法所制猿猴得樹喻心緣六塵境生染故當急挫令入調柔不動三昧也次縱此心者喪人善事明失諸功德障次制之一處句示無二念三昧相無事不辦句示起多功德三昧相精進折伏汝心句示調柔不動三昧相

二多食苦對治

汝等比丘受諸飲食當如服藥於好於惡勿生增減

趣得支身以除飢渴如蜂採華但取其味不損色香比丘亦爾受人供養趣自除惱無得多求壞其善心譬如智者籌量牛力所堪多少不令過分以竭其力

多食能障三昧故以五觀治之一當如服藥是受用對治觀二勿生增減是好惡平等觀三支身除飢渴是究竟對治觀四如蜂採華等先喻後法是不損自他觀五譬如智者籌量牛力等是知量知時觀也藥以療病食以療飢苟可療飢則已柰何於好便貪心增噉於惡便瞋心減受耶趣者裁取支者支持蜂喻比丘華喻供養味喻借此修道除

惱色香喻自他善心貪食多求旣損自三昧善亦損檀越善心也牛能負重然所負過分其力則竭喻比丘雖為人世福田然貪受多供則其道自敗矣

三懈怠睡眠苦對治

汝等比丘晝則勤心修習善法無令失時初夜後夜亦勿有廢中夜誦經以自消息無以睡眠因緣令一生空過無所得也當念無常之火燒諸世間早求自度勿睡眠也諸煩惱賊常伺殺人甚於怨家安可睡眠不自警寤煩惱毒蛇睡在汝心譬如黑蚖在汝室

睡當以持戒之鉤早併除之睡蛇旣出乃可安眠不出而眠是無慚人慚耻之服於諸莊嚴最為第一慚如鐵鉤能制人非法是故常當慚耻無得暫替若離慚耻則失諸功德有愧之人則有善法若無愧者與諸禽獸無相異也

心懶惰故懈怠身悶重故睡眠此二相須共成一苦障於定慧令不得生然此睡眠從三事起一從食起二從時節起三從心起經中勤修善法無令失時是對治從食所起睡眠初夜後夜亦勿有廢等是對治從時所起睡眠當念無常之火以下皆對治從心所起睡眠復有二意初從當念無常至不自警寤是觀察對治二從煩惱毒蛇至無相異也是淨戒對治初觀察對治中無常有二一者一期生滅為麤二者念念生滅為細世間亦二一者三界依報是器世間二者六道正報是衆生世間依正皆歸磨滅無可停留故如火燒且愛見二種煩惱約三界九地則具有八十八使愛有八十一品無不足以傷法身戕慧命故尤甚於怨家如此觀察警寤名觀察對治也次淨戒對治中謂煩惱雖不現行時亦未嘗不眠伏在汝藏識心中而此

煩惱毒害可畏猶如黑蚖不起則已起必殺人法身慧命自非持戒之鉤何能併除言戒鉤者木叉戒能防身口定共戒能伏心惑道共戒能斷心惑具此三戒永滅八識田中煩惱種子名為睡蛇旣出從此所作已辦不受後有名為乃可安眠是故阿羅漢斷心眠已不斷食起時節起眠以彼眠不為蓋故今若煩惱種子未斷而輒安眠則不知尊重已靈名為無慚不知羞已過惡名為無愧又不希聖賢名為無慚不耻卑下名為無愧慚愧二善心所起必同時人之所以異於禽獸正在此耳可

弗勉乎。二對治止苦法要竟。

三對治滅煩惱法要三。初瞋恚煩惱障對治。二貢高煩惱障對治。三諂曲煩惱障對治。　今初

汝等比丘。若有人來節節支解。當自攝心。無令瞋恨。亦當護口。勿出惡言。若縱恚心。則自妨道。失功德利。忍之爲德。持戒苦行所不能及。能行忍者。乃可名爲有力大人。若其不能歡喜忍受惡罵之毒。如飲甘露者。不名入道智慧人也。所以者何。瞋恚之害。則破諸善法。壞好名聞。今世後世人不喜見。當知瞋心甚於猛火。常當防護。無令得入。劫功德賊無過瞋恚。白衣受欲非行道人。無法自制。瞋猶可恕。出家行道無欲之人。而懷瞋恚。甚不可也。譬如清冷雲中。霹靂起火。非所應也。

文有六節。初若有人來節節支解。是舉所忍之境以重況輕。支解尚在所忍。餘諸逆境何足介懷。次當自攝心等。正示堪忍之相。無令瞋恨。則身意清淨。勿出惡言。則口業清淨也。三若縱恚心等。明不忍之失。自妨道者。不能自利。失功德利者。不能利他。恚心一起。二利俱喪。甚明其不可縱也。四忍之爲德等。深歎勝力以勸修行。蓋持戒者未必能忍辱。忍辱者決無不持戒。所以六度之中戒居第二。忍居第三。以前不兼後。後必具前故也。以我心而持戒。則報僅在人天。以無我而行忍。便成出世大道。犯而不校。譬如海闊天空。一任鳶飛魚躍。故名有力大人。五若其不能等。重明不忍之過。以誡行人。甘露是不死之藥。因他惡罵成我忍力。如豬揩金山。金則愈光。石磨良劍。劍則愈利。所以歌利調達。皆是釋迦眞善知識。設不於惡罵作甘露想。不能歡喜忍受。便是愚癡。未聞道故。況一念瞋心起。百萬障門開。破諸善法。何能自利。壞好名聞。何能利他。今世無二利之因。後世無二利之果。誰當喜見之者。所以欲護自利善法。當防瞋火。欲護利他功德。當防瞋賊也。六白衣受欲等。結況不應。從人至六欲天。未入道者。皆名白衣。彼有二過。一者受欲。欲與瞋相爲表裏。二不行道。無善法以制心。故瞋猶可恕。所謂俗人造罪。是其分內。不足深責也。出家行道無欲。如清冷雲。豈容懷瞋恚心。如起霹靂火耶。

二貢高煩惱障對治

汝等比丘。當自摩頭。已捨飾好。著壞色衣。執持應器。

以乞自活。自見如是。若起憍慢。當疾滅之。增長憍慢。尙非世俗白衣所宜。何況出家入道之人。爲解脫故。自降其身而行乞耶。

文有二節。初汝等比丘下。正設對治。二增長憍慢下。較量不應。初中有五句對治。一當自摩頭。則無冠冕以嚴首。二已捨飾好。則無劍佩以飾身。三著壞色衣。則無五彩以煥服。四執持應器。則無僮僕以供役。五以乞自活。則無帑藏以積財。故應用智慧常自觀察。設起憍慢。便應疾疾滅除之也。壞色衣。卽三種袈裟及一切下裙坐具等。皆用青黑木

蘭三種壞色。應器。卽鉢多羅。體色量三。皆悉應法。體惟瓦鐵二物。色則熏如鳩鴿。量乃隨腹大小也。次文舉白衣較量。白衣尙不宜憍慢。況求解脫者耶。

三諂曲煩惱障對治

汝等比丘。諂曲之心與道相違。是故宜應質直其心。當知諂曲但爲欺誑。入道之人。則無是處。是故汝等宜當端心。以質直爲本。

逢迎希合之言名諂。隨境逶迤之念名曲。諂則不質。曲則不直。祇爲自欺誑。亦欺誑他人。決非入道者所有也。直心是道場。心言直故。永無諸委曲相。設非正念眞如。豈得名端心哉。初明共世間法要竟。

二明不共世間法要。謂成就出世間大人功德也。文分爲八。初無求功德。二知足功德。三遠離功德。四不疲倦功德。五不忘念功德。六禪定功德。七智慧功德。八畢竟功德。　今初

汝等比丘。當知多欲之人。多求利故。苦惱亦多。少欲之人。無求無欲。則無此患。直爾少欲。尙宜修習。何況少欲能生諸功德。少欲之人。則無諂曲以求人意。亦

復不爲諸根所牽。行少欲者。心則坦然。無所憂畏。觸事有餘。常無不足。有少欲者。則有涅槃。是名少欲。

文有五種所知覺相。一知覺障相。謂多欲是煩惱障。多求是業障。苦惱亦多。是報障也。二知覺治相。謂無求無欲。則無此患也。三知覺因果集起相。謂少欲無患。已應修習。況能生諸功德。成就無量聖善法耶。四知覺無諸障畢竟相。謂無諂曲。是無惑障。無求人意。是無業障。不爲諸根所牽。是無苦障。蓋眼根牽人受色。乃至身根牽人受觸。令人不得自在。是大苦故。五知覺果成就相。謂心則坦然。故

法身成就。無所憂畏是般若成就。觸事有餘常無不足是解脫成就。三德具足名大涅槃。是知少欲爲因。涅槃爲果也。

二知足功德

汝等比丘。若欲脫諸苦惱。當觀知足。知足之法。卽是富樂安隱之處。知足之人。雖臥地上。猶爲安樂。不知足者。雖處天堂。亦不稱意。不知足者。雖富而貧。知足之人。雖貧而富。不知足者。常爲五欲所牽。爲知足者之所憐愍。是名知足。

前無求功德。是遠離他境界事。今知足功德。是於

自事中遠離也。文中欲脫苦惱。是對治苦因果。富樂安隱。是復說淸淨因果。次地上與天堂對辨。是約二處示現差別。又富與貧對辨。是約二事示現差別。又欲牽與憐愍對辨。是約二法無自利有自他利示現差別。一則常爲五欲所牽。是無自利。一則五欲不牽。是有自利。又能憐愍不知足者。是有利他也。

三遠離功德

汝等比丘。欲求寂靜無爲安樂。當離憒閙獨處閒居。靜處之人。帝釋諸天所共敬重。是故當捨己衆他衆。空閒獨處。思滅苦本。若樂衆者。則受衆惱。譬如大樹。衆鳥集之。則有枯折之患。世間縛著。沒於衆苦。譬如老象溺泥。不能自出。是名遠離。

文有三門攝義。一自性遠離門。體出故。示現四種對治。謂寂靜無爲安樂。對治我相執著障。寂靜卽法無我空。無爲卽無相空。安樂卽無取捨願空也。當離憒閙。對治我所障。五陰亂起無有次第名憒閙也。獨處閒居。對治彼二無相障。謂我及我所本自無相。今修三三昧。顯無相理。彼障隨滅也。帝釋諸天所共敬重。對治無爲首功德障。靜處是可重

法。於諸善法最爲首故也。二修習遠離門。方便出故。己衆謂五陰心心所法。他衆謂師徒同學。空閒獨處。如法而住。是方便慧成就。思滅苦本。遠離起因。是善擇智成就也。三受用諸見門。常縛故。謂樂衆者。則受衆惱。大樹喩第六識。衆鳥喩諸心所法。此約己衆言之。大樹喩比丘。衆鳥喩同學弟子等。此約他衆言之。從此諸見集生。喩招枯折之患。又因見成業。因業招苦。故喩如老象溺泥。不能自出。老譬觀智衰微。卽是惑障。象身重大。譬縛著情厚。卽是業障。溺泥譬沒於衆苦。卽是報障。一不遠離。

三障恆縛。柰何不深思出要乎。

四不疲倦功德

汝等比丘。若勤精進。則事無難者。是故汝等當勤精進。譬如小水長流。則能穿石。若行者之心數數懈廢。譬如鑽火未熱而息。雖欲得火。火難可得。是名精進。

勤則不惰。精則不雜。進則不退。所以三乘聖果剋獲無難。不同外道無益苦行也。次以小流穿石。喻恆不休息之功。鑽火數息。喻懈怠失念之過。如文可知。

五不忘念功德

汝等比丘。求善知識。求善護助。無如不忘念。若有不忘念者。諸煩惱賊則不能入。是故汝等常當攝念在心。若失念者。則失諸功德。若念力堅強。雖入五欲賊中。不為所害。譬如著鎧入陣。則無所畏。是名不忘念。

此不忘念是一切行上首。言一切行者。略說三種。一聞法行。即求善知識。二內善思惟行。即求善護。三如法修行。即求善助。此三行亦名三慧。慧以照了為義。行以進趣為義。照了進趣悉繇不忘念也。無聞行如覆器不能受水。無思行如漏器雖受而失。無修行如穢器雖不漏失穢不可用。今有不忘念。則有三行。有三行者。能破無始煩惱怨賊。是故常當攝念在心。即著堅鎧入陣。則不被賊害而能殺賊矣。

六禪定功德

汝等比丘。若攝心者。心則在定。心在定故。能知世間生滅法相。是故汝等常當精勤修習諸定。若得定者。心則不散。譬如惜水之家善治隄塘。行者亦爾。為智慧水故。善修禪定。令不漏失。是名為定。

攝心。謂善巧方便。訶棄下地心行。便能次第證入諸禪。乃至出生種種三昧也。心既在定。則如杲日

當空。明照萬象。故即能知世間生滅法相。言精勤者。對治三種懈怠。一精勤修習節量食臥。調出入息。對治不安隱懈怠。二精勤修習覺知諸定。有通慧功德。能盡苦源。及能成就大希有事。對治無味懈怠。三精勤修習觀察生老病死苦及四惡趣苦。我未能離。對治不知恐怖懈怠。繇修習此三對治已。心則不散。無所對治。便能發無漏慧。斷惑證果也。舉喻合法。在文易知。

七智慧功德

汝等比丘。若有智慧。則無貪著。常自省察。不令有失。

是則於我法中。能得解脫。若不爾者。旣非道人。又非白衣。無所名也。實智慧者。則是度老病死海堅牢船也。亦是無明黑暗大明燈也。一切病者之良藥也。伐煩惱樹之利斧也。是故汝等當以聞思修慧而自增益。若人有智慧之照。雖是肉眼。而是明見人也。是名智慧。

若有智慧則無貪著。是標實慧離障功德。謂遠離眞實義處障。及世間事處障故。繇斷迷理無明。故六七二識不貪著。第八識之見分以爲我法。是名遠離眞實義處障。繇斷迷事無明。故前六識不於

六塵境界而生貪著。是名遠離世間事處障也。常自省察不令有失。是總勸增益聞思修慧。是則於我法中能得解脫。謂繇三慧得證實智慧也。增益三慧以證實慧。乃名道人。未曾出家。乃名白衣。今旣出家。又無四慧進退咸失。故無所名也。次以四喻喻實智慧。見苦諦智如堅牢船。斷集諦智如大明燈。證滅諦智猶如良藥。修道諦智猶如利斧。然實智難證。故必當以聞思修慧而自增益。名字位中聞慧增益。得入停心別總相念。觀行位中思慧增益得入煖頂忍世第一法。相似位中修慧增益得見四聖諦理。發無漏實慧。證四道果。因中三慧未具天眼。慧解脫人。亦無天眼。然皆四諦分明。不墮邪見。則是明見人矣。且約藏教義解如此。通教例知。以是三乘共方便故。

八畢竟功德

汝等比丘。種種戲論。其心則亂。雖復出家。猶未得脫。是故比丘。當急捨離亂心戲論。若汝欲得寂滅樂者唯當善滅戲論之患。是名不戲論。

上來七種功德。皆是長養方便功德。此示自性遠離非對治法。故名畢竟功德也。眞如涅槃。本性清

淨。言語道斷。心行處滅。本非戲論所行境界。繇戲論故。違寂滅樂。初果得實智慧。見四聖諦。分別煩惱雖已永斷。而三界九地八十一品思惑皆是無始名言戲論熏習所成。令心擾亂。不契眞常。是故當急捨離戲論。乃得涅槃寂滅之樂。言善滅者。卽以所得四諦實慧。重慮緣眞。數數觀察。淨除業識種現。令其究竟不生也。此亦且約三藏義解。若開顯者。眞居事外。仍是戲論。卽事恆眞。乃非戲論。又卽空不具。仍是戲論。中道不空。乃非戲論。又離邊立中。仍是戲論。卽邊卽中。乃非戲論。又對權明實

仍帶戲論。開權顯實。無麤非妙。乃非戲論。又說權說實。說本說迹。亦皆戲論。觀心若起。本迹俱絕。乃非戲論。又唯貴默然。亶絕言見。仍屬戲論。知四句皆不可說。有因緣故。亦可得說。說與不說。性自平等。不作二解。不作一解。不作亦一亦二解。不作非一非二解。乃非戲論也。已上正宗分竟。

三流通分爲四。初勸修流通。二證決流通。三斷疑流通。四囑付流通。　今初

汝等比丘。於諸功德。常當一心。捨諸放逸。如離怨賊大悲世尊所說利益。皆已究竟。汝等但當勤而行之。若於山間。若空澤中。若在樹下。閒處靜室。念所受法勿令忘失。常當自勉。精進修之。無爲空死。後致有悔。我如良醫。知病說藥。服與不服。非醫咎也。又如善導導人善道。聞之不行。非導過也。

諸功德。指正宗分中共世間法要三種對治功德。及不共世間法要八種大人功德也。常當一心者。依第一義心而修也。捨諸放逸。如離怨賊者。遠離一心相違行也。所說利益。皆已究竟者。無限劑大悲於法無遺吝也。此中云何修。謂宜勤而行之也。何處修。謂山間空澤樹下閒處靜室也。何所修。謂念所受法也。何故修。謂勿令忘失也。以何方便修。謂常當自勉精進修之也。若未入眞實。皆名空死。若得少爲足。後必有悔。悔何及哉。約滅惡拔苦。喻如良醫。約生善與樂。喻如善導。佛不負衆生。衆生多負佛耳。可不悲夫。

二證決流通

汝等若於苦等四諦有所疑者。可疾問之。毋得懷疑不求決也。爾時世尊如是三唱。人無問者。所以者何。衆無疑故。時阿㝹樓馱。觀察衆心。而白佛言。世尊。月可令熱。日可令冷。佛說四諦。不可令異。佛說苦諦實苦。不可令樂。集眞是因。更無異因。苦若滅者。卽是因滅。因滅故果滅。滅苦之道。實是眞道。更無餘道。世尊。是諸比丘。於四諦中。決定無疑。

如來一代教法。義理雖多。四諦攝盡。以苦集二諦攝盡世間因果。滅道二諦。攝盡出世因果。故於四諦懷疑。則一切法咸皆有疑。苟於四諦無疑。則一切法皆得無疑。所以垂滅殷勤三唱。深顯除四諦外。更無餘法也。文中有三門攝義。示現決定無疑從初至不求決也。是第一方便顯發門。以此四諦乃修行者常所觀察。及依之起行故。從爾時世尊

至衆無疑故是第二滿足成就門於中如是三唱句示現法輪滿足成就人無問者句示現證法滿足成就衆無疑故句示現斷功德滿足成就也從阿㝹樓馱至決定無疑是第三分別說門阿㝹樓馱亦云阿那律亦云阿泥樓豆亦云阿難律陀皆梵音楚夏耳此翻無貧亦翻無滅亦翻如意昔於饑世施辟支佛一食獲九十一劫中往來人天常受福樂至今不滅所求如意故得此名天眼第一故能觀察衆心決定分別說也月是太陰精故冷日是太陽精故熱然此依報器世間法皆是吾人

唯識所現即是識之相分本無實法故有得神通者便可令月熱日冷至於佛所說之四諦乃是衆生心性法爾道理理無變異如苦諦者三界二十五有下自阿鼻地獄上至非非想天雖升沈迴異然無不爲四相所遷八苦所逼安可令樂如集諦者見思二惑善惡不動三有漏業的是牽生三界之因豈有異因如滅諦者因滅則苦果隨滅豈非寂靜無爲安樂如道諦者戒定慧三能斷苦因苦果至無苦處安有餘道此四皆審實不虛故名爲諦佛如實說比丘亦如實解所以決定無疑也

三斷疑流通又三初顯示餘疑二爲斷彼彼疑三重說有爲無常相勸修　今初

於此衆中所作未辦者見佛滅度當有悲感若有初入法者聞佛所說即皆得度譬如夜見電光即得見道若所作已辦已度苦海者但作是念世尊滅度一何疾哉

此仍是阿㝹樓馱分別語也於中有三種分別一所作未辦者指初果二果三果以思惑未盡斷故當有悲感如阿難愁憂等是也二初入法者指內外凡繇觀行力深故今一聞佛法速疾見道如夜

見電光更非延緩以見道一十六心不出一刹那故也三所作已辦者指阿羅漢見思斷盡永超三界苦海故無復情愛悲感但未知佛實不滅故謂滅度何疾也

二爲斷彼彼疑

阿㝹樓馱雖說此語衆中皆悉了達四聖諦義世尊欲令此諸大衆皆得堅固以大悲心復爲衆說汝等比丘勿懷悲惱若我住世一劫會亦當滅會而不離終不可得自利利他法皆具足若我久住更無所益應可度者若天上人間皆悉已度其未度者皆亦已

作得度因緣。自今以後。我諸弟子展轉行之。則是如來法身常在而不滅也。

四聖諦者。證此四諦得成聖果故名聖諦。又理雖固然唯聖諦了。故名聖諦也。時眾雖悉了達。而如來悲心淯至。普爲未來永斷餘疑。所以復爲眾說

是中文亦分三。初從勿懷悲惱至更無所益。即斷所作未辦見滅悲感之疑。既自利利他法皆具足。便可依之修道。至於會必有離。自是世法應爾。且我久住於汝無益。何用悲感爲哉。二從應可度者至得度因緣。即斷電光見道之疑。謂有疑曰。佛住

世時聞說即皆得度。佛滅度後見道無繇。故今釋曰所應度者我已度訖。縱未度者皆已爲作得度因緣。因緣若到。勿愁不見道也。三自今以後至而不滅也。即斷滅度何疾之疑。既弟子展轉行之。則因分住持不壞。既法身常在不滅。則果分住持不壞。因果俱常。何云疾滅。然此仍對權機。故且說五分法身爲常住耳。若入實者。應化亦常。靈山一會儼然未散。非欺我也。

三重說有爲無常相勸修

是故當知世皆無常。會必有離。勿懷憂惱。世相如是當勤精進。早求解脫。以智慧明。滅諸癡暗。世實危脆無堅牢者。我今得滅。如除惡病。此是應捨之身。罪惡之物。假名爲身。沒在老病生死大海。何有智者得除滅之。如殺怨賊而不歡喜。

文有二意。從初至無堅牢者。正明無常觀門以勸勤修。從我今得滅以下。是引已作證也。佛妙色身。等眞法性。無量功德莊嚴顯現。而云是罪惡物。喻以惡病怨賊者。示同凡夫。令警省耳。三斷疑流通竟。

四囑付流通

汝等比丘。常當一心勤求出道。一切世間動不動法皆是敗壞不安之相。汝等且止。勿得復語。時將欲過。我欲滅度。是我最後之所教誨。

常當一心。是囑令住於實慧。勤求出道。是囑令方便修習。以實慧難得。故勸令精進以修之也。欲界爲動法。色無色界爲不動法。雖有動靜之殊。總屬無常無我。不可不思出離也。勿得復語。是勸止三業成就寂滅無我法器。時將欲過。是示當歸滅。不離中道以爲究竟最後教誨。是正顯遺訓住持法中最勝最要。嗚呼。末後殷勤。悲心極矣。爲弟子者

宜何如鏤骨銘肝也。

佛遺教經解

跋語

旭未出家時讀此遺教。便知字字血淚。既獲剃染靡敢或忘。所恨慧淺障深。悠悠虛度。二十餘年。空無剋獲。既非道人。又非白衣。方撫心自愧。對鏡生慚。而虛名所誤。謬膺恭敬。承甫敦沈居士固請解釋此經。嗟夫。子不能臻修世出世間功德。徒以語言文字而作法施。何異諸天說法鳥耶。然一隙之明。弗忍自吝。藉此功德。同向西方。仍作迦陵頻伽

代彌陀廣宣法要可矣。甲申九月二十日記

古歙程氏施貲敬刊

光緒十一年冬十月金陵刻經處識

唐太宗文皇帝施行遺教經勅

法者。如來滅後以末代澆浮付囑國王大臣護持佛法。然僧尼出家。戒行須備。若縱情淫佚。觸塗煩惱。關涉人間。動違經律。既失如來玄妙之旨。又虧國王受付之義。遺教經是佛臨涅槃所說。誡勸弟子。甚為詳要。末俗緇素並不崇奉。大道將隱。微言且絕。永懷聖教。用思弘闡。宜令所司差書手十人多寫經本。務盡施行。所須紙筆墨等。有司準給。其官宦五品已上及諸州刺史各付一卷。若見僧尼行業與經文不同。宜公私勸勉。必使遵行。出文館辭林第六百九十三卷

宋眞宗皇帝刊遺教經

夫道非遠人。教本無類。雖蠢動之形各異。而常樂之性斯同。由愛欲之紛綸。致輪迴之增長。是以迦維之聖。出世而流慈。舍衞之區。隨機而演法。既含靈而悉度。將順俗以歸眞。猶於雙樹之間。普告大乘之眾。示五根之可戒。問四諦之所疑。期法奧之宣揚。俾眾心而堅固。大悲之念。斯謂至乎。朕祇嗣慶基。顧慚涼德。常遵先訓。庶導祕詮。因覽斯經。每懷欽奉。冀流通而有益。仍俾鏤於方板。所期貽厥庶邦。凡在羣倫。勉同歸向云爾。

八大人覺經略解

西土聖賢集　後漢沙門安世高譯

明　蕅益釋智旭解

大文爲三。初總標。二別明。三結歎。　今初

爲佛弟子。常於晝夜至心誦念八大人覺。

不論在家出家。但是歸依於佛。卽爲佛之弟子。既爲佛子。卽應恆修此八種覺。言常於晝夜者。明其功無間斷。言至心者。明其親切眞誠。言誦念者。明其文義湻熟。記憶不忘也。八大人覺釋現結歎文中。

二別明卽爲八。初無常無我覺。

第一覺悟世間無常。國土危脆。四大苦空。五陰無我。生滅變異。虛僞無主。心是惡源。形爲罪藪。如是觀察。漸離生死。

此入道之初門。破我法執之前陣也。先觀世間無常。國土危脆。如高岸爲谷。深谷爲陵等。則於依報無可貪著。次以四大觀身。地水火風互相陵害。故有四百四病之苦。各無實性。故究竟皆空。次以四陰觀心。所謂受想行識。幷此色身。共名五陰。於中實無我及我所。但是生滅之法。刹那刹那遷變轉異。不實故虛。非眞故僞。遞相乘代故無主。則於正報無可貪著。又此正報身心。不惟空愛惜之。於事無益。而且一迷六塵緣影爲自心相。則心便爲衆惡之源。一迷四大爲自身相。則形便爲衆罪之藪。倘不直下覷破。害安有極。若能如是觀察。則身心二執漸輕。卽漸離生死之第一方便也。

二常修少欲覺

第二覺知多欲爲苦。生死疲勞。從貪欲起。少欲無爲。身心自在。

此既以第一覺降伏見惑。次以第二覺降伏思惑也。思惑雖多。欲貪爲首。能修少欲。則可以悟無爲而得自在矣。

三知足守道覺

第三覺知心無厭足。惟得多求。增長罪惡。菩薩不爾。常念知足。安貧守道。惟慧是業。

此既修少欲。復修知足。以專心於慧業也。多欲不知足人。最能障慧。今於少欲之中。又復知足。則慧業任運可進矣。

四常行精進覺

第四覺知懈怠墜落。常行精進。破煩惱惡。摧伏四魔。

出陰界獄。

夫所謂少欲知足者，正欲省其精力以辦出要耳。倘託言知足而反坐在懈怠阬中，則墜落不淺矣。故必常行精進，以破見思煩惱，煩惱之魔既破，則陰魔天魔死魔皆悉摧伏，而五陰十八界獄乃可出也。

五多聞智慧覺

第五覺悟：愚癡生死，菩薩常念廣學多聞，增長智慧，成就辯才，教化一切，悉以大樂。

雖云精進，若不廣學多聞增長智慧，則成暗證之

愆，又有聞無慧，如把火自燒，有慧無聞，如執刀自割，聞慧具足，方可自利利他。

六布施平等覺

第六覺知：貧苦多怨，橫結惡緣，菩薩布施，等念怨親，不念舊惡，不憎惡人。

雖有智慧而無福德，亦不可以自利利他，故須具行三檀也。知貧苦之多怨，而行布施，即財施也；知怨親之平等而不念不憎，即無畏施也；法施已於上文明之。令以財及無畏圓滿三檀耳。

七出家梵行覺

第七覺悟：五欲過患，雖為俗人，不染世樂，常念三衣瓦鉢法器，志願出家，守道清白，梵行高遠，慈悲一切。

雖修智慧福德，若不永離居家五欲，終不可以紹隆僧寶，住持佛法，當知三世諸佛，無有不示出家而成道者也。三衣：一安陀會，二優多羅僧，三僧伽梨也。然使身雖出家，而不能守道清白，梵行高遠，慈悲一切，則為竊佛形儀，罪加一等，不可不知。

八大心普濟覺

第八覺知：生死熾然，苦惱無量，發大乘心，普濟一切，願代眾生受無量苦，令諸眾生畢竟大樂。

雖復出家，不發大乘普濟之心，則慈心不周，不發

代眾生苦之心，則悲心不切，慈悲周切，方是紹佛家業之真子也。

三結歎

如此八事，乃是諸佛菩薩大人之所覺悟，精進行道，慈悲修慧，乘法身船，至涅槃岸，復還生死，度脫眾生，以前八事，開導一切，令諸眾生覺生死苦，捨離五欲，修心聖道，若佛弟子誦此八事，於念念中滅無量罪，進趣菩提，速登正覺，永斷生死，常住快樂。

如此八事下十六字，結成名義，精進行道下十六

字結成自覺功德。法身船指所悟性德。涅槃岸指修德所顯也。復還生死下三十二字結成覺他功德。惟自覺方能覺他也。若佛弟子下三十二字結成誦念功德。能誦其文。必能精思其義。能思其義必能以此自覺覺他。故能滅罪而斷生死苦。趣覺而證常住樂也。

八大人覺經略解

古歙程氏施貲敬刊

光緒十一年冬十月金陵刻經處識

般若波羅蜜多心經註解
唐三藏法師玄奘奉　詔譯
明天界善世禪寺住持臣僧宗泐
演福講寺住持臣僧如玘奉　詔同註
按施護譯本世尊在靈鷲山中入甚深光明宣說正法三摩提舍利子白觀自在菩薩言若有人欲修學甚深般若法門者當云何修學而觀自在遂說此經此經卽世尊所說大部般若之精要故知菩薩之說卽是佛說傳至中華凡五譯今從玄奘所譯者以中國盛行故也般若者梵語也華言智慧波羅蜜多者華言到彼岸衆生由迷慧性居生死曰此岸菩薩由修般若悟慧性到涅槃曰彼岸心者般若心也此般若心人人本具說此經者欲令衆生斷除妄心顯發本性故也經者法也常也此經以單法爲名實相爲體觀照爲宗度苦爲用大乘爲教相此五者皆經中所說之旨單法者卽般若波羅蜜多也實相者卽諸法空相也觀照者卽照見五蘊皆空也度苦者卽度一切苦厄也大乘者卽菩薩所行深般若也

觀自在菩薩行深般若波羅蜜多時
觀自在者能修般若之菩薩也般若波羅蜜多者菩薩所修之法也菩薩用般若觀慧照了自心淸淨圓融無礙故稱自在此自行也復念世間受苦衆生令其修習此法改惡遷善離苦得樂無不自在此化他也菩薩者梵語菩提薩埵華言覺衆生但稱菩薩者從略也行者修行也深般若者實相般若也非初心淺智者所觀故云深也時者菩薩修行般若時也

照見五蘊皆空度一切苦厄
照者觀也五蘊者色受想行識也蘊者積聚也空者眞空也色者色身也受者領納也想者思想也行者作造也識者分別也識卽心王受想行是心所也度者度脫也一切苦厄者世間之衆苦也菩薩由照五蘊空寂離生死苦復憫在迷衆生顚倒妄想悖理亂常不忠不孝十惡五逆致受衆苦故說此般若法門令其修習皆得解脫也已上一段乃阿難結集法藏時敘述觀自在菩薩度生之功行此是別序也下段自舍利子起始是觀自在菩薩答舍利子所問也

舍利子

舍利子。佛之弟子。智慧第一。因其爲衆請問。故菩薩呼其名而告之云。

色不異空。空不異色。色卽是空。空卽是色。受想行識亦復如是。

色卽四大幻色。空乃般若眞空。衆生由迷眞空而受幻色。譬如水之成氷也。菩薩因修般若觀慧照了幻色卽是眞空。其猶融氷爲水。然色之與空其體無殊。故曰色不異空。空不異色。如氷不異水。水不異氷。復恐鈍根衆生不了。猶存色空二見。故曰色卽是空。空卽是色。如氷卽是水。水卽是氷。若受

若想若行若識。莫不皆然。此乃一經之要。般若之心也。

舍利子。是諸法空相。不生不滅。不垢不淨。不增不減。

是諸法者。指前五蘊也。空相者。卽眞空實相也。菩薩復告舍利子云。旣了諸法當體卽是眞空實相。實相之體本無生滅。旣無生滅。豈有垢淨。旣無垢淨。豈有增減乎。

是故空中無色。無受想行識。

此眞空實相之中。旣不可以生滅垢淨增減求之。故總結云。無色。無受想行識。無卽空也。

無眼耳鼻舌身意。無色聲香味觸法。

眞空實相之中。旣無五蘊。亦無六根六塵。此空十二入也。

無眼界。乃至無意識界。

旣無十二入。亦無十八界。十八界者。六根六塵六識也。乃至者。舉其始末而略其中也。如上五蘊十二入十八界。不出色心二法。爲迷心重者。說爲五蘊。爲迷色重者。說爲十二入。爲色心俱迷者。說爲十八界。已上三科。修學之人。隨其根器。但修一科卽能悟入。

無無明。亦無無明盡。乃至無老死。亦無老死盡。

此空十二因緣也。無明者。癡暗也。謂於本性無所明了。非瞢然無知。乃違理强覺之謂也。無無明等者。菩薩以般若智觀此無明。其性本空。無生滅相。故云無無明。亦無無明盡也。乃至無老死。亦無老死盡者。義與前同。但舉其始末而略其中也。生相者。如法華經云。無明緣行。乃至生緣老死。是也。滅相者。如經云。無明滅則行滅。乃至生滅則老死滅是也。十二因緣。亦名十二有支。一曰無明。亦名煩惱。二曰行。謂造作諸業。此二支乃過去所作之因

也。三曰識。謂起妄念初託母胎也。四曰名色。從託胎後。生諸根形也。五曰六入。於胎中而成六根也。六曰觸。出胎後六根對六塵也。七曰受。謂領納世間好惡等事。此五支乃現在所受之果也。八曰愛。謂貪染五欲等事也。九曰取。謂於諸境生取著心也。十曰有。謂作有漏之因。能招未來之果。此三支乃現在所作之因也。十一曰生。謂受未來五蘊之身也。十二曰老死。謂未來之身既老而死。此二支乃來世當受之果也。此十二因緣該三世因果。展轉因依。如輪旋轉。無有休息。一切眾生迷而不知。

良可悲也。此本緣覺之人所觀之境。大乘菩薩徹照此境皆無實性。故云無也。

無苦集滅道。

無苦集滅道者。觀四諦清淨也。苦即生死苦果。集是惑業苦因。此二者世間之法也。滅即涅槃樂果。道即道品樂因。此二者出世間之法也。說此四諦者。欲令眾生知苦斷集。慕滅修道。離苦得樂也。此本聲聞之人所觀之境。大乘菩薩照了此境當體空寂。故云無也。

無智亦無得。

智者般若之智也。大乘菩薩以智照境。既無五蘊及四諦諸法。即是人法皆空。境智俱泯。如病去藥忘。故云無智亦無得也。

以無所得故。

此結前起後之言。

菩提薩埵依般若波羅蜜多故。心無罣礙。無罣礙故。無有恐怖。遠離顛倒夢想。究竟涅槃。

菩提薩埵者。能依之人也。般若波羅蜜多者。所依之法也。菩薩之人。依此般若法門修學。功成理顯。故得心無業縛。因無業縛。故無生死恐怖。既無生

死恐怖。則無顛倒煩惱。此三障既空。三德乃顯。故云究竟涅槃。涅槃者。梵語摩訶般涅槃那。華言大滅度。大即法身。滅即解脫。度即般若。此之三德非別有也。即三障是。迷即三障。悟即三德。所謂生死即法身。煩惱即般若。結業即解脫。然雖障即是德。自非般若之功德。不能顯。譬如磨鏡。垢盡明現。斯之謂也。

三世諸佛依般若波羅蜜多故。得阿耨多羅三藐三菩提。

三世者。過去未來現在也。阿耨多羅三藐三菩提

者。華言無上正等正覺。此言非惟菩薩如是修證。而一切諸佛。莫不皆修般若得成正覺也。

故知般若波羅蜜多。是大神呪。是大明呪。是無上呪。是無等等呪。

前是顯說般若。後是密說般若。然既顯說而又密說者何耶。良由衆生根器不同。所入有異故也。四種呪者。蓋言般若功用。能破魔障。名大神呪。能滅癡暗。名大明呪。能顯至理。名無上呪。極妙覺果。無與等者。名無等等呪。

能除一切苦。眞實不虛。

此結般若功用廣大。除苦得樂。決定無疑。令諸衆生信受奉行也。

故說般若波羅蜜多呪。卽說呪曰。揭諦揭諦。波羅揭諦。波羅僧揭諦。菩提薩婆訶。

已上密說般若。此五種不翻之一也。蓋呪是佛之密語。非下凡所知。法華疏云。呪是鬼神王之名號。稱其王名。則部落敬主。故能降伏一切鬼魅。或云呪者如軍中密號。唱號相應。無所訶問。又呪者願也。如蜾蠃之祝螟蛉。願其類我。佛菩薩說呪。願諸衆生皆如我之得成正覺。能誦此呪者。則所願無

不成就也。

般若波羅蜜多心經註解

龍城曾氏施資敬刊
光緒二年冬十月長沙刻經處識

金剛般若波羅蜜經註解

姚秦三藏法師鳩摩羅什奉　詔譯

明天界善世禪寺住持臣僧宗泐

演福講寺住持臣僧如玘奉　詔同註

此經以喩法爲名實相爲體無住爲宗斷疑爲用大乘爲教相○初釋喩法名者金剛喩也般若法也金中精剛至堅至利能碎萬物此經能斷衆生疑執取以爲喩故大品般若十六分中以此經名能斷分波羅蜜是梵語華言到彼岸衆生在生死海中無有窮極修此般若到涅槃彼岸蓋大乘菩

薩達生死卽涅槃則非度而度非到而到也經者訓法訓常梵語修多羅此翻契經謂契理契機故也二辯實相體者卽一實相理也經云若人得聞是經卽生實相三明無住爲宗者宗者要也經云應無所住經中多以無住破著故以無住爲宗也四論斷疑爲用者由經力用能斷妄執故以斷疑爲用也五判大乘爲教相者經云爲發最上乘者說故以大乘爲教相也○此經乃姚秦三藏法師鳩摩羅什所譯分三十二分者相傳爲梁昭明太子所立六譯本無又與本論科節不同破碎經意故不取焉今註一本天親等論取其意而不盡用其語以其語深難便初學故也

如是我聞一時佛在舍衛國祇樹給孤獨園與大比丘衆千二百五十人俱

如是者指一經所聞法體也我聞者阿難謂如是之法我從佛而聞也一時者卽如來說法機應和合時也佛者覺也佛是教主尊極名佛舍衛者國名也華言豐德祇樹給孤獨園者祇陀太子施樹給孤長者買園共立精舍請佛而住此說法處也與大比丘衆者聞法之侶也比丘者梵語也華言

乞士上乞法以資慧命下乞食以資色身千二百五十人俱者此諸弟子凡佛說法之處常隨侍也已上如是等六事冠於諸經之首謂之通序如來臨滅度時阿難問佛一切經前當安何語佛言當安如是我聞等語非但我法如是三世諸佛法皆如是

爾時世尊食時著衣持鉢入舍衛大城乞食於其城中次第乞已還至本處飯食訖收衣鉢洗足已敷座而坐

此別序也亦名發起序以乞食爲發起者蓋佛欲

說無住相施故先乞食以表發之然佛以禪悅法喜爲食而行乞者示同凡僧欲令折已慢幢生彼福德耳爾時者當是時也世尊者世間所尊十號之一也食時者辰時也著衣者服僧伽黎衣也持鉢者持應量器也次第乞者佛心平等不擇貧富也本處者給孤園也洗足者食訖而洗足也敷座而坐者敷坐具而加趺也

時長老須菩提在大衆中卽從座起偏袒右肩右膝著地合掌恭敬而白佛言希有世尊如來善護念諸菩薩善付囑諸菩薩

長老須菩提乃此經發起之人稱長老者以其德長年老也梵語須菩提華言空生亦名善現從座起至恭敬乃請法之敬儀希有者讚佛之辭也善護念者爲護念現在根熟菩薩與智慧力令其成就自行與敎化力令其攝受衆生也善付囑者爲付囑未來根未熟菩薩已得大乘者令其不捨未得大乘者令其勝進也護念付囑卽希有事也佛德之大無過度生然雖注意於般若度生必待請問故善現覩相知意卽首稱歎希有而後請問也

世尊善男子善女人發阿耨多羅三藐三菩提心應云何住云何降伏其心

此發問之端也阿耨多羅三藐三菩提者華言無上正等正覺也問意以如來護念付囑現在未來菩薩令成佛果是菩薩雖發道心誓度衆生求成佛道未知其心云何安住大乘云何降伏妄心使至佛果不退失耶

佛言善哉善哉須菩提如汝所說如來善護念諸菩薩善付囑諸菩薩汝今諦聽當爲汝說善男子善女人發阿耨多羅三藐三菩提心應如是住如是降伏其心唯然世尊願樂欲聞

善現既讚歎請問妙稱佛心故印可云善哉善哉當爲汝說也而又誡約云應如是住如是降伏其心善現卽會佛意故唯然應之願聞是法然一經之大要不過善現所問安住大乘降伏妄心如來所答修行之法亦不出乎理事二行破執斷疑而已具見下文

佛告須菩提諸菩薩摩訶薩應如是降伏其心

善現雙問安住降伏如來但答降伏其心者蓋降伏妄心必安住大乘舉降伏則攝安住矣

所有一切衆生之類若卵生若胎生若濕生若化生

人與旁生具有四生諸天地獄中陰惟是化生鬼
通胎化二生皆屬欲界
若有色
色界天
若無色
無色界天
若有想
識處天
若無想
無所有處天

若非有想非無想
非想非非想處天
我皆令入無餘涅槃而滅度之如是滅度無量無數無邊衆生實無衆生得滅度者何以故須菩提若菩薩有我相人相衆生相壽者相卽非菩薩

此一段是菩薩所修理觀具乎四心謂廣大心勝心常心不顚倒心慈氏頌云廣大第一常其心不顚倒第一卽勝心也經云所有一切衆生之類者所懷之境廣此大心也云我皆令入無餘涅槃者此勝心也無餘涅槃卽如來究竟彼岸也云實無衆生得滅度者了生佛一如此常心也無我人衆生壽者此不顚倒心也若有四相謂之四倒若一衆生不令滅度及見衆生實滅度者則未能了達本源遂有我人衆生壽者四相不名菩薩我者於五蘊中妄計有我我所人者妄計我生人中異於餘趣衆生者妄計五蘊和合而生壽者妄計我受一期果報一期果報卽若長若短壽命也此皆顚倒妄想亦名四見菩薩能用般若妙智照了性空本無四相名降伏其心否則非菩薩也

復次須菩提菩薩於法應無所住行於布施所謂不

住色布施不住聲香味觸法布施須菩提菩薩應如是布施不住於相

此一段理觀兼事行也不住是理觀布施是事行於法者六塵諸法也布者普也施者捨也菩薩所修六度萬行以布施爲初度攝後五度蓋施有三種資生施無畏施法施也資生施者施以財物資他生也無畏施者持戒不惱無冤忍辱不報有冤法施者精進不倦說法禪定不差機說法智慧不顚倒說法然一切布施不過六塵所謂六塵如牀敷臥具飲食湯藥之類是也世人行施心希果報

是爲著相菩薩行施了達三輪體空故能不住於相三輪者謂施者受者及所施物也佛告善現應如是不住於相而行施者蓋欲菩薩降伏妄心也

何以故若菩薩不住相布施其福德不可思量須菩提於意云何東方虛空可思量不不也世尊須菩提南西北方四維上下空虛可思量不不也世尊須菩提菩薩無住相布施福德亦復如是不可思量須菩提菩薩但應如所教住

此段恐人疑云既離相施則無福報故佛告離相之施其福轉多良由不住相施施契性空性空無

邊施福無邊故舉十方虛空以爲喻也論云其義有三一徧一切處二寬廣高大三究竟不窮已上答降伏安住問竟

一斷求佛行施住相疑

此疑從前文不住相布施而來

須菩提於意云何可以身相見如來不不也世尊不可以身相得見如來何以故如來所說身相卽非身相佛告須菩提凡所有相皆是虛妄若見諸相非相卽見如來

前段說無住相施降伏其心是成佛之因恐善現疑佛果是有爲身相故佛問云可以身相見如來不善現悟佛問意乃答不可以身相見然有相者應身也無相者法身也法身是體應身是用若知用從體起應卽是法所以無相故論云如來所說相卽非相若能了達此意則一切世間之相無非眞如無爲佛體故佛印可善現云若見諸相非相卽見如來

二斷因果俱深無信疑

此疑從前無住行施非相見佛兩段經文而來

須菩提白佛言世尊頗有衆生得聞如是言說章句

生實信不

論云無住行施因深也無相見佛果深也因果之法既深疑末世在迷鈍根衆生不如是能生信心

佛告須菩提莫作是說如來滅後後五百歲有持戒修福者於此章句能生信心以此爲實

佛答末世自有具福慧人聞此般若能生實信言後五百歲者大集經中云有五箇五百歲今乃最後五百歲時也持戒戒也修福定也生信慧也三學俱備能生實信矣

當知是人。不於一佛二佛三四五佛而種善根。已於無量千萬佛所種諸善根。聞是章句。乃至一念生淨信者。

若論實信之由。從多佛所以種善根。聞此大乘之法。則能生信。至於一念少時生信。亦從佛所種諸善根而然也。

須菩提。如來悉知悉見。是諸衆生得如是無量福德。

信心生一念。諸佛盡皆知。凡有衆生聞是章句。乃至一念淨信。佛智佛眼無不知見。所以得福無量。

何以故。是諸衆生。無復我相。人相衆生相壽者相。無

法相。亦無非法相。

此順釋生信得福之故。該乎生法二空。論云。有智慧者。了知生法二無我。故又云。生法各有四種想。想卽相也。言無復我人衆生壽者四相。此生空也。言無法相亦無非法相者。他譯更有無相亦非無相。此法空也。疏云。初列生空有四相。次列法空但有兩句法非法也。蓋譯人略之耳。

何以故。是諸衆生。若心取相。則爲著我人衆生壽者。若取法相。則著我人衆生壽者。何以故。若取非法相。則著我人衆生壽者。

此返顯違經非福。言若心取相等。此生執也。若取法相等。此法執也。

是故不應取法。不應取非法。以是義故。如來常說。汝等比丘。知我說法。如筏喻者。法尚應捨。何況非法。

此結上文而證勸也。不應取法者。空能觀之智也。不應取非法者。空所觀之境也。論云。法有性相。尚不應取。何況非法。本無性相。又云。善如法尚不取。況不善非法。疏云。今言法者。說五陰空爲法。五陰相爲非法。卽以陰空爲藥名法。陰有爲病名非法。陰病既除。空藥亦遣。非法既謝。在法亦亡。與論意

正相涽合。言筏喻者。論云。如欲濟川。先應取筏。至彼岸已。捨之而去。又智論引筏喻經云。汝等若解我筏喻法。是時善法宜應棄捨。況不善法。斯乃無所得之要術。俾不凝滯於物矣。

三斷無相云何得說疑

此疑從前第一疑中不可以身相得見如來而來

須菩提。於意云何。如來得阿耨多羅三藐三菩提耶。如來有所說法耶。

向說不可以相見佛。佛非有爲。恐有疑云。何故釋

迦樹下得道諸會說法耶。

須菩提言。如我解佛所說義。無有定法名阿耨多羅三藐三菩提。亦無有定法如來可說。何以故。如來所說法。皆不可取不可說。非法。非非法。所以者何。一切賢聖。皆以無爲法而有差別。

眞如法體。離有無相。離言說相。豈可以耳聞心得耶。當知樹下得道諸會說法。但應身耳。其報身法身無得無說。然應卽法報。說卽無說。是故不可以有取。不可以無取也。善現解佛問意。卽答以無道可證。無法可說。何以故。下文自徵釋。由不可取不

可說。非法非非法。言非法者。不可以有取。言非非法者。不可以無取。由不可取。故不可說。然如來垂應有證有說者。蓋得非有非無之體也。一切賢聖者。三世十方佛菩薩也。以用也。無爲乃自證之理眞諦也。差別乃化他之用。俗諦也。諸佛說法。不離二諦。吾佛亦然。

須菩提。於意云何。若人滿三千大千世界七寶以用布施。是人所得福德。寧爲多不。須菩提言。甚多。世尊。何以故。是福德卽非福德性。是故如來說福德多。若復有人。於此經中受持乃至四句偈等。爲他人說。其福勝彼。何以故。須菩提。一切諸佛及諸佛阿耨多羅三藐三菩提法。皆從此經出。須菩提。所謂佛法者。卽非佛法。

此乃較量持說功德。佛問。假如人以大千世界七寶爲施。其福多不。善現會意。答云甚多。蓋此福德離福德自性。故言多也。佛又言。離性布施福報雖多。而受持此經。爲人演說。能趣菩提。其福勝彼。言乃至四句偈者。舉少以況多耳。然持經福勝者。蓋諸佛之身及所證之法。無不從是般若而生。般若稱爲佛母者。良有以也。然猶恐其於此取著。故復

告云。所謂佛法者。卽非佛法。

四斷聲聞得果是取疑

此疑從上無爲法不可取說而來

須菩提。於意云何。須陀洹能作是念。我得須陀洹果不。須菩提言。不也。世尊。何以故。須陀洹名爲入流。而無所入。不入色聲香味觸法。是名須陀洹。

梵語須陀洹。華言入流。此聲聞所證初果也。已斷見惑。離四趣生。預入聖人之流。故云入流。言無所入者。是不著於所入之流。又不著於六塵境界。故言不入也。

須菩提於意云何斯陀含能作是念我得斯陀含果不須菩提言不也世尊何以故斯陀含名一往來而實無往來是名斯陀含

梵語斯陀含華言一來此聲聞第二果也蓋欲界有九品思惑前六品已斷後三品未斷更須欲界一度受生故云一來言實無往來者謂不著於往來之相也

須菩提於意云何阿那含能作是念我得阿那含果不須菩提言不也世尊何以故阿那含名爲不來而實無不來是故名阿那含

梵語阿那含華言不來此聲聞第三果也斷欲界思惑盡不來欲界受生故曰不來言實無不來者謂不著於不來之相也

須菩提於意云何阿羅漢能作是念我得阿羅漢道不須菩提言不也世尊何以故實無有法名阿羅漢世尊若阿羅漢作是念我得阿羅漢道卽爲著我人衆生壽者

梵語阿羅漢華言無學此聲聞第四果也此位斷三界煩惱俱盡究竟眞理無法可學故名無學言實無有法名阿羅漢者謂無無學所證之相也若言有證卽著四相也此一段名四果離著論云向說無佛果可成無佛法可說云何四果各取所證而說恐起此疑故佛約此而問善現皆答以離著深會佛之意也

世尊佛說我得無諍三昧人中最爲第一是第一離欲阿羅漢我不作是念我是離欲阿羅漢世尊我若作是念我得阿羅漢道世尊則不說須菩提是樂阿蘭那行者以須菩提實無所行而名須菩提是樂阿蘭那行

此乃善現引自已所證離著令人生信也然善現

所證之果不過無學而世尊特稱其爲第一者以無諍故也梵語阿蘭那華言無諍無諍者謂離二障一者惑障二者智障離惑則不著有相離智則不著無相故無諍也實無所行者謂不著於所行之行也

五斷釋迦然燈取說疑

此疑亦從第三疑中不可取不可說而來

佛告須菩提於意云何如來昔在然燈佛所於法有所得不不也世尊如來在然燈佛所於法實無所得

此斷釋迦然燈授受之疑謂善現述已所證離著

固已得矣。而如來又恐善現疑佛昔受然燈之記於法實有所得。故與此問。善現答以實無所得。是無疑矣。然燈者，大論云：然燈生時，身光如燈，以至成佛亦名然燈。

六斷嚴土違於不取疑

此疑亦從第三疑中不可取而來

須菩提。於意云何。菩薩莊嚴佛土不。不也。世尊。何以故。莊嚴佛土者。即非莊嚴。是名莊嚴。是故須菩提。諸菩薩摩訶薩應如是生清淨心。不應住色生心。不應住聲香味觸法生心。應無所住而生其心。

問意以菩薩修六度萬行莊嚴淨土現身說法。是有所取。云何不取。答意以菩薩雖修行嚴土。行乃無作。土亦非嚴。非嚴而嚴。故曰即非莊嚴。是名莊嚴。既而如來又告善現云。為菩薩者。應如是生清淨心。乃非取而取。如維摩經云。隨其心淨則佛土淨。斯之謂也。若於六塵生著。不名清淨。故又云。應無所住而生其心。

七斷受得報身有取疑

此疑亦從第三疑中不可取而來

須菩提。譬如有人。身如須彌山王。於意云何。是身為大不。須菩提言。甚大。世尊。何以故。佛說非身。是名大身。

須彌山者，梵語須彌盧，華言妙高。此山四寶所成。高出眾山之上。故稱山王。佛之報身遠離諸漏。名之為非。尊崇奇特名之為大。佛之問意。以聖人之法。既無為無取。所得報身豈非有取。恐有此疑。故設喻為問。而善現即知須彌自無分別我是山王。故得為大。報身離著。亦復如是。故曰佛說非身。是名大身。

須菩提。如恆河中所有沙數。如是沙等恆河。於意云何。是諸恆河沙寧為多不。須菩提言。甚多。世尊。但諸恆河尚多無數。何況其沙。須菩提。我今實言告汝。若有善男子善女人。以七寶滿爾所恆河沙數三千大千世界。以用布施。得福多不。須菩提言。甚多。世尊。佛告須菩提。若善男子善女人。於此經中。乃至受持四句偈等。為他人說。而此福德勝前福德。

恆河，天竺之河，周四十里。佛多近此說法。故取為喻。前說一大千世界七寶布施。以喻持說福勝。今以無量大千世界七寶布施。不如持說此經四句。其福轉勝於彼。此則增勝而論格量持說之功。

復次須菩提隨說是經乃至四句偈等當知此處一切世間天人阿脩羅皆應供養如佛塔廟何況有人盡能受持讀誦須菩提當知是人成就最上第一希有之法若是經典所在之處則爲有佛若尊重弟子

藏佛舍利之處謂之塔奉佛形像之處謂之廟隨說此經四句偈處天人固當敬之如佛塔廟況能具足持誦者耶成就最上第一希有之法者成無上佛果菩提也若是經典等者經典所在卽佛之所在持說之人卽佛弟子可不崇敬乎哉

爾時須菩提白佛言世尊當何名此經我等云何奉

持佛告須菩提是經名爲金剛般若波羅蜜以是名字汝當奉持所以者何須菩提佛說般若波羅蜜卽非般若波羅蜜須菩提於意云何如來有所說法不須菩提白佛言世尊如來無所說

善現既聞持經成就希有之法故問此經何名云何受持佛答此經名金剛般若能斷一切疑執故當奉持也斷執雖用般若之智然法性本空不可取著故云卽非般若波羅蜜也如來又慮善現未達般若性空謂有言說故又詰云如來有所說法不而善現了知說卽無說乃答云如來無所說也

須菩提於意云何三千大千世界所有微塵是爲多不須菩提言甚多世尊須菩提諸微塵如來說非微塵是名微塵如來說世界非世界是名世界

此段文意由前施寶得福而來前以無量大千世界七寶布施得福雖多然非離性則是貪等煩惱染因有爲福報故此遂以世界微塵爲喻塵界乃無情之物不生貪等煩惱染因是則有爲福報不及塵界之無情況持說此經是遠離煩惱之因能取菩提而不勝耶非微塵非世界者非煩惱染因微塵世界也是名微塵是名世界者乃是無記微

塵世界也無記猶無情謂不起善惡也

須菩提於意云何可以三十二相見如來不不也世尊不可以三十二相得見如來何以故如來說三十二相卽是非相是名三十二相

三十二相者應身相也非相者法身相也是名三十二相者應既卽法法全是應不妨說三十二相也言施寶之福縱能成佛身相但是應身不及持說功德能成法身也

須菩提若有善男子善女人以恆河沙等身命布施若復有人於此經中乃至受持四句偈等爲他人說

其福甚多

七寶布施外財也身命布施內財也身施者如尸毗王代鴿是也命施者如薩埵餇虎是也以輕重較之則外財輕而易內財重而難然此二施皆有爲有漏因果總不如持說四句能取菩提之妙果也

爾時須菩提聞說是經深解義趣涕淚悲泣而白佛言希有世尊佛說如是甚深經典我從昔來所得慧眼未曾得聞如是之經世尊若復有人得聞是經信心淸淨則生實相當知是人成就第一希有功德世

尊是實相者則是非相是故如來說名實相世尊我今得聞如是經典信解受持不足爲難若當來世後五百歲其有衆生得聞是經信解受持是人則爲第一希有何以故此人無我相人相衆生相壽者相所以者何我相卽是非相人相衆生相壽者相卽是非相何以故離一切諸相卽名諸佛

善現知捨身命所感之福不如持說之勝得聞此法感佛恩深遂悲泣流涕讚言希有自謂從昔已來未曾聞是經典若人聞經信心淸淨則能生乎實相又謂我今直佛獲聞是經不以爲難而未來衆生得聞是法始爲希有所以希有者以依此經修行不起我人衆生壽者四相卽是非相非相卽實相也離此諸相卽成正覺故曰卽名諸佛也

佛告須菩提如是如是若復有人得聞是經不驚不怖不畏當知是人甚爲希有何以故須菩提如來說第一波羅蜜非第一波羅蜜是名第一波羅蜜

如是如是者然之之辭也大乘之法本是難信難解然非大乘根器卒聞是法未免驚愕疑怖畏懼能聞是法而不驚畏者實爲希有此希有法無與等者故名第一然法本無說慮其於法取著故云

非第一波羅蜜有因緣故亦可得說故云是名第一波羅蜜也

八斷持說未脫苦果疑

此疑從上捨身布施而來

須菩提忍辱波羅蜜如來說非忍辱波羅蜜何以故須菩提如我昔爲歌利王割截身體我於爾時無我相無人相無衆生相無壽者相何以故我於往昔節節支解時若有我相人相衆生相壽者相應生嗔恨須菩提又念過去於五百世作忍辱仙人於爾所世無我相無人相無衆生相無壽者相

忍辱者六度之一也。安受曰忍。毀害曰辱。前云捨身命之福報是生死苦因。不及持說之福。此之行忍亦捨身命。不成苦因者何耶。蓋能達法無我。到於彼岸也。說非忍辱波羅蜜者。卽遣著也。如是忍行佛昔曾行。故引歌利王之事以證之。梵語歌利。華言極惡。佛於宿世曾作仙人。山中修道。王因畋獵見而不喜。遂割其耳鼻。截其手足。時仙人略無嗔恨。以慈忍力。身復如故。蓋能了達我人衆生壽者四相皆空。非惟無苦。亦乃有樂也。又引過去五百世中作忍辱仙以證之者。明行忍行。非止一世也。

是故須菩提。菩薩應離一切相。發阿耨多羅三藐三菩提心。不應住色生心。不應住聲香味觸法生心。應生無所住心。若心有住。則爲非住。是故佛說菩薩心不應住色布施。須菩提。菩薩爲利益一切衆生。應如是布施。如來說一切諸相。卽是非相。又說一切衆生。卽非衆生。

佛累世行忍。以無我故得成菩提。故發菩提之心。應須離一切相。離相卽不住色等六塵也。應生無所住心。心無所住。卽能住菩提。若心有住則非住佛道矣。菩薩所行六度。皆應離相。色爲六塵之首。施爲六度之初。故云不應住色布施。如是行施。爲利羣生。若存施受之心。則非無住。下復遣著。故曰非相非衆生也。

九斷能證無體非因疑

此疑從上爲利生行施而來

須菩提。如來是眞語者。實語者。如語者。不誑語者。不異語者。須菩提。如來所得法。此法無實無虛。

如來所得菩提妙果。如理而證。離於言說。何故累稱持說功德。勝餘布施等福耶。然佛無所證而證。

無所說而說。所證所說。無不當理。恐善現未達此意。故又告云。是眞實等語。眞語者。說佛菩提也。實語者。說小乘法也。如語者。說大乘法也。不異語者。說授記事也。不誑語者。不誑衆生也。解譯無此一句。無實無虛者。如來所證之法。本離言說。故曰無實。對機有說。故曰無虛也。

十斷眞如有得無得疑

此疑從前不住相而來

須菩提。若菩薩心住於法而行布施。如人入暗。則無所見。若菩薩心不住法而行布施。如人有目。日光明照見種種色。

聖人以無爲眞如得名。然眞如之體徧一切時。徧一切處。何故衆生有得者有不得者。蓋心有住法不住法之異耳。住者住著也。如行布施不達三輪體空名爲住法。心既住法不成檀波羅蜜。如入暗中則無所見。若達三輪體空則心無所住。卽成檀波羅蜜。如人有目在日光中見諸色相也。

須菩提。當來之世。若有善男子善女人。能於此經受持讀誦。則爲如來以佛智慧悉知是人。悉見是人。皆得成就無量無邊功德。

言未來世中若有受持讀誦者。佛眼佛智悉能知見。既行勝因必成妙果。故曰成就無量無邊功德也。

須菩提。若有善男子善女人。初日分以恆河沙等身布施。中日分復以恆河沙等身布施。後日分亦以恆河沙等身布施。如是無量百千萬億劫以身布施。若復有人。聞此經典信心不逆。其福勝彼。何況書寫受持讀誦爲人解說。

初日分者寅卯辰時也。中日分者巳午未時也。後日分者申酉戌時也。如是一日三時捨無量身。歷無數劫而行布施。世間固無此事。然佛設此喻者。以況聞經生信福德之勝。何況書持誦說者耶。信力曰受。念力曰持。對文曰讀。背文曰誦。所謂書寫受持讀誦者自行也。爲人解說者化他也。

須菩提。以要言之。是經有不可思議不可稱量無邊功德。如來爲發大乘者說。爲發最上乘者說。若有人能受持讀誦廣爲人說。如來悉知是人。悉見是人。皆得成就不可量不可稱無有邊不可思議功德。如是人等則爲荷擔如來阿耨多羅三藐三菩提。何以故。須菩提。若樂小法者。著我見人見衆生見壽者見。則

於此經不能聽受讀誦爲人解說。

此般若之體本絕言思。其功德廣大不可得而稱量。非樂小乘者所可得聞。故曰爲發大乘者說。爲發最上乘者說。發大乘者通指行門三教之人也。發最上乘者的指圓頓之人能生信解者也。如是之人。修行此法。則成就不可思議功德。故能荷擔如來無上菩提。彼小乘不能聽受讀誦爲人解說爲著四見故也。

須菩提。在在處處若有此經。一切世間天人阿脩羅所應供養。當知此處則爲是塔。皆應恭敬作禮圍繞

以諸華香而散其處。

塔爲藏舍利之處。若天人脩羅固當敬事。此般若經卷所在之處。是眞法身舍利寶塔可不敬乎。

復次須菩提善男子善女人受持讀誦此經若爲人輕賤是人先世罪業應墮惡道以今世人輕賤故先世罪業則爲消滅當得阿耨多羅三藐三菩提

持誦此經者。人當恭敬而反被人輕賤者。以宿罪業合招惡報。由經力故。但被輕賤。被輕賤故其罪消滅。當得無上佛果。持經功德可謂大矣。

須菩提我念過去無量阿僧祇劫於然燈佛前得值

八百四千萬億那由他諸佛。悉皆供養承事無空過者若復有人於後末世能受持讀誦此經所得功德。於我所供養諸佛功德。百分不及一。千萬億分乃至算數譬喻所不能及。

阿僧祇翻無數時。那由他者。千億爲洛叉。十洛叉爲俱胝。十俱胝爲那由他。如來於過去然燈佛前。供養無數諸佛。其功德可謂深且大矣。乃言不及末世持經功德者。蓋持經能生理解得證菩提。供佛雖感福報。但是事相。故持經功德百千萬億分中不及一分也。又言算數譬喻所不能及者。蓋事

相之福。是可思議之法。而般若妙智忘能所絕待對。不可得而思議者也。

須菩提若善男子善女人於後末世有受持讀誦此經所得功德我若具說者或有人聞心則狂亂狐疑不信須菩提當知是經義不可思議果報亦不可思議。

此經非大乘根器不能持誦。而持誦所感功德。豈常人可聞。聞必狐疑不信。故不具說。蓋此經之義趣與其果報不可思議故也。

十一　斷安住降伏存我疑

此疑從前諸文無我人等相而來

爾時須菩提白佛言世尊善男子善女人發阿耨多羅三藐三菩提心云何應住云何降伏其心

善現初問此義。至是復問者何耶。問辭雖同。其意則別。蓋所問不過住大乘降妄心而已。初之問意。但問能住能降之法。此之問意。若謂我能住。我能降。存此分別。障於眞證無住之道。故又興此問也。

佛告須菩提若善男子善女人發阿耨多羅三藐三菩提心者當生如是心我應滅度一切衆生滅度一切衆生已而無有一衆生實滅度者何以故須菩提

若菩薩有我相人相衆生相壽者相則非菩薩所以者何須菩提實無有法發阿耨多羅三藐三菩提心者。

此一節文意亦與前同但前是破情顯智所破之情卽我人等四相麤執所顯之智卽般若眞智自此而下忘智顯理破我人等四相細執由此賢位漸入聖階矣。

十二斷佛因是有菩薩疑

此疑從上實無有法發菩提心者而來

須菩提於意云何如來於然燈佛所有法得阿耨多羅三藐三菩提不。

由前云實無有法發菩提心者意謂無發心者則無菩薩若無菩薩云何釋迦於然燈佛所名曰善慧布髮掩泥行菩薩行得受記耶佛恐善現潛有此疑故舉以問。

不也世尊如我解佛所說義佛於然燈佛所無有法得阿耨多羅三藐三菩提。

善現答意云善慧彼時都無所得離諸分別由悟無法故得受記。

佛言如是如是須菩提實無有法如來得阿耨多羅三藐三菩提須菩提若有法如來得阿耨多羅三藐三菩提者然燈佛則不與我授記汝於來世當得作佛號釋迦牟尼以實無有法得阿耨多羅三藐三菩提是故然燈佛與我授記作是言汝於來世當得作佛號釋迦牟尼。

善現旣會法無所得佛然其說乃言如是如是旣而又反覆告之者要令善現知法無所得深契至理故得受記蓋如來所證妙果乃心地本具法門離諸名相無授受中而論授受也。

十三斷無因則無佛法疑

此疑從上釋迦於然燈行因實無有得而來

何以故如來者卽諸法如義若有人言如來得阿耨多羅三藐三菩提須菩提實無有法佛得阿耨多羅三藐三菩提。

何以故者徵起之辭也由前云實無有法得菩提果故受然燈之記遂疑旣無佛果豈有佛法耶釋云如來者卽諸法如義如者眞如也不僞曰眞不異曰如此眞如體貫徹三世緜亘十方非空非有不變不遷名如來性若有所得卽非佛菩提也。

須菩提如來所得阿耨多羅三藐三菩提於是中無

實無虛。是故如來說一切法。皆是佛法。須菩提。所言一切法者。卽非一切法。是故名一切法。

所得者。忘情而證也。無實者。非有爲相也。無虛者是眞如體也。然此眞如非別有法。卽一切色等諸法離性離相名眞如體。唯佛與佛乃能證此。故一切法皆是佛法。眞如之體雖不離於諸法。然亦不可取著。故云卽非一切法。是名一切法。

須菩提。譬如人身長大。須菩提言。世尊。如來說人身長大。則爲非大身。是名大身。

上說如來所證眞如之體。徧一切處。可謂長大矣。

又恐善現起長大之見。故佛又設喩徵之曰。譬如人身長大。善現因喩有悟。卽曰非大身。是名大身。論云。大身有二義。一者徧一切處。卽法身。二者功德大。卽報身。此之二身。皆離諸相。故名爲非。

十四斷無人度生嚴土疑

此疑同十二疑。皆從第十一疑中實無有法發心者而來

須菩提。菩薩亦如是。若作是言。我當滅度無量衆生。則不名菩薩。何以故。須菩提。實無有法。名爲菩薩。是故佛說一切法。無我。無人。無衆生。無壽者。須菩提。若菩薩作是言。我當莊嚴佛土。是不名菩薩。何以故。如來說莊嚴佛土者。卽非莊嚴。是名莊嚴。須菩提。若菩薩通達無我法者。如來說名眞是菩薩。

法界混然。身土平等。尚無佛道可成。安有衆生可度。是則起度生之心。修行嚴土。卽凡夫見。不名菩薩者。畢竟起何等心。名爲菩薩。故云能通達無我法者。眞菩薩也。

十五斷諸佛不見諸法疑

此疑從上菩薩不見衆生可度佛土可淨而來

須菩提。於意云何。如來有肉眼不。如是世尊。如來有肉眼。須菩提。於意云何。如來有天眼不。如是世尊。如來有天眼。須菩提。於意云何。如來有慧眼不。如是世尊。如來有慧眼。須菩提。於意云何。如來有法眼不。如是世尊。如來有法眼。須菩提。於意云何。如來有佛眼不。如是世尊。如來有佛眼。須菩提。於意云何。如恒河中所有沙。佛說是沙不。如是世尊。如來說是沙。須菩提。於意云何。如一恒河中所有沙。有如是沙等恒河。是諸恒河所有沙數佛世界。如是寧爲多不。甚多世尊。佛告須菩提。爾所國土中。所有衆生。若干種心。如

來悉知。何以故。如來說諸心。皆為非心。是名為心。所以者何。須菩提。過去心不可得。現在心不可得。未來心不可得。

前說不見彼是眾生。不見我為菩薩。不見淨佛國土。如是則不見諸法名為諸佛如來。然而如來具足五眼。豈都無所見耶。五眼者。肉眼天眼慧眼法眼佛眼也。古德偈云。天眼通非礙。肉眼礙非通。法眼惟觀俗。慧眼了知空。佛眼如千日。照異體還同。此之五眼。通該十界。而優劣有殊。如經所說五眼。皆如來所具者。無非佛眼也。恆沙世界一切眾生

之心。如來無不知見。然眾生之心。種種顛倒。而言非心者。妄識本空也。是名為心者。真如不滅也。所以者何下。徵釋非心之所以也。蓋三世之心。過去已滅。未來未至。現在不住。皆是虛妄生滅。故求之不可得也。

十六斷福德例心顛倒疑

此疑從上心住顛倒而來

須菩提。於意云何。若有人滿三千大千世界七寶以用布施。是人以是因緣得福多不。如是世尊。此人以是因緣得福甚多。須菩提。若福德有實。如來不說得福德多。以福德無故。如來說得福德多。

前說眾生心有住著。是為顛倒。然福由心造。豈亦是顛倒。若是何名善法耶。恐潛此疑。故佛斷之。福德有實者。住相布施。成有漏因。其福則寡。福德無者。離相布施。成無漏因。其福乃多。是則不住於相。心離顛倒。所作之福。無非善法也。

十七斷無為何有相好疑

此疑從前如來者即諸法如義而來

須菩提。於意云何。佛可以具足色身見不。不也世尊。如來不應以具足色身見。何以故。如來說具足色身

即非具足色身。是名具足色身。須菩提。於意云何。如來可以具足諸相見不。不也世尊。如來不應以具足諸相見。何以故。如來說諸相具足。即非具足。是名諸相具足。

上說諸佛所證。乃無為之法。云何佛身有八十種好三十二相而可見耶。為斷此疑。故有此問。善現乃會如來法身固非色相可見。而未嘗離於色相而不可見。故云即非具足色身。是名具足色身。即非具足諸相。是名具足諸相。良由全法身無為之體。起應身相好之用。是故應身即是法身。乃無相

而相相而無相。無見而見見而無見者也。

十八斷無身何以說法疑

此疑從上身相不可得見而來

須菩提。汝勿謂如來作是念。我當有所說法。莫作是念。何以故。若人言如來有所說法。則爲謗佛。不能解我所說故。須菩提。說法者。無法可說。是名說法。

既云如來色身相好不可得見。如何爲人演說法耶。然如來悲願深重。隨感而應。無說而說。說即無說。不達此意。是爲謗佛。言無法可說。是名說法者。離性執。已不妨稱性而說也。

爾時慧命須菩提白佛言。世尊。頗有衆生。於未來世聞說是法。生信心不。

善現解空第一。與般若空慧相應。以慧爲命。故稱慧命。前云身乃非身之身。法乃非說而說。身說俱妙。難信難解。所以有此疑問。

佛言。須菩提。彼非衆生。非不衆生。

衆生有聖有凡。而凡夫衆生。於此般若不能生信。聖體衆生。乃能信解。言彼非衆生者。非凡夫衆生也。非不衆生者。非不是聖體衆生也。聖體衆生。卽大乘根器人也。豈可視爲凡夫衆生。不能生信。尚恐善現未悟。下文又徵釋之。

何以故。須菩提。衆生衆生者。如來說非衆生。是名衆生。

衆生衆生者。牒上文非衆生非不衆生也。如來說非衆生。是名衆生者。言非是凡夫衆生。是聖體衆生能生信解者也。

十九斷無法如何修證疑

此疑從前十二十三疑中無法得阿耨菩提而來

須菩提白佛言。世尊。佛得阿耨多羅三藐三菩提。爲無所得耶。佛言。如是如是。須菩提。我於阿耨多羅三藐三菩提。乃至無有少法可得。是名阿耨多羅三藐三菩提。

前既云實無有法得無上正覺。如何却有修證。故疑而問之。佛答有三。一答無法可得爲正覺。二答平等爲正覺。三答正助修善成正覺。初答如文可見。

復次須菩提。是法平等。無有高下。是名阿耨多羅三藐三菩提。

二答平等爲正覺也。

以無我無人無衆生無壽者修一切善法則得阿耨多羅三藐三菩提須菩提所言善法者如來說卽非善法是名善法

三答正助修善成正覺也正助者正謂正觀空四相也助謂緣助修一切善法也初答以無法可得爲正覺者達妄卽眞也二以平等爲正覺者法無高下也三以正助成正覺者離相修善也由離相故名爲善法

二十斷所說無記非因疑

此疑從上修善法而來

須菩提若三千大千世界中所有諸須彌山王如是等七寶聚有人持用布施若人以此般若波羅蜜經乃至四句偈等受持讀誦爲他人說於前福德百分不及一百千萬億分乃至算數譬喻所不能及

前既云從修善法得菩提則佛所說法是無記法不能得菩提耶恐有此疑故佛舉大千世界中施七寶聚如須彌山之多且大較之持說四句功德百千萬億分中乃不及其一蓋佛所說法雖言說相以離相故能作菩提之因故慈氏偈云雖言無記法而說是彼因彼卽菩提也

二十一斷平等云何度生疑

此疑從第十九疑中是法平等而來

須菩提於意云何汝等勿謂如來作是念我當度衆生須菩提莫作是念何以故實無有衆生如來度者若有衆生如來度者如來則有我人衆生壽者須菩提如來說有我者則非有我而凡夫之人以爲有我須菩提凡夫者如來說則非凡夫

既云是法平等無有高下云何如來卻度衆生故偈云平等眞法界佛不度衆生以名共彼陰不離於法界名卽衆生假名也陰卽五陰實法也此假

名實法皆卽法界故云不離於法界既卽法界凡聖一如豈有衆生可度故云佛不度衆生如來若謂我爲能度衆生爲所度此則著於四相由離四相則非度而度度而非度則是如來說有我者眞我也則非有我者非妄我也而凡夫之我是我執也非凡夫者論云非生謂不生聖人法卽毛道凡夫也

二十二斷以相比知眞佛疑

此疑從第十七疑中如來不應以色身諸相見而來

須菩提於意云何可以三十二相觀如來不須菩提言如是如是以三十二相觀如來佛言須菩提若以三十二相觀如來者轉輪聖王則是如來須菩提白佛言世尊如我解佛所說義不應以三十二相觀如來爾時世尊而說偈言

若以色見我以音聲求我是人行邪道不能見如來

三十二相者應身相也觀如來者觀法身如來也問意謂可於應身相好中觀見法身不善現乃知應身相好從法身流出若見相好卽見法身故答云如是如是佛又恐善現於應身取著不達法體

故又以輪王卽如來爲難而善現解佛難意故云不可以三十二相觀如來也旣而佛乃說偈以證之法身之體固不離於聲色但凡夫墮於聞見是行邪道不能見於如來也

二十三斷福果非關福相疑

此疑從上不應以相觀佛而來

須菩提汝若作是念如來不以具足相故得阿耨多羅三藐三菩提須菩提莫作是念如來不以具足相故得阿耨多羅三藐三菩提須菩提汝若作是念發阿耨多羅三藐三菩提心者說諸法斷滅莫作是念何以故發阿耨多羅三藐三菩提心者於法不說斷滅相

上明如來所證菩提不從福德而致是則菩薩所修福德不成菩提之因亦不克果報耶爲斷此疑故告之曰莫作是念如來不以具足相而得菩提具足相卽福德相也蓋大乘所修福德之因所得福德之果但離取著之相不同小乘斷滅之見故曰於法不說斷滅相也下又設喩以告

須菩提若菩薩以滿恆河沙等世界七寶持用布施若復有人知一切法無我得成於忍此菩薩勝前菩

薩所得福德須菩提以諸菩薩不受福德故須菩提白佛言世尊云何菩薩不受福德須菩提菩薩所作福德不應貪著是故說不受福德

假使有人以無量世界七寶行施心有所著所感之福則成有漏心若離著卽成無漏故云若有人知一切法無我得成於忍無我者無人法二執也忍卽無生法忍初住菩薩所證也旣得無生法忍則與彼住相行施者不同故云勝前菩薩所得福德言不受福德者不受有漏福報也善現又疑旣不受福報云何能獲無生法忍須知有漏果報則

不應受無漏果報則受而不取取謂取著故云菩薩所作福德不應貪著也

二十四斷化身出現受福疑

此疑從上不受福德而來

須菩提若有人言如來若來若去若坐若臥是人不解我所說義何以故如來者無所從來亦無所去故名如來

有來去坐臥者乃如來應身也無來無去者法身也然如來昔行菩薩道時不受福報云何至果有去來坐臥之相使諸眾生供養獲福恐有此疑故告以釋之謂如來應用示有動作而法身之體如如不動也

二十五斷法身化身一異疑

此疑從上應有去來法無去來而來

須菩提若善男子善女人以三千大千世界碎為微塵於意云何是微塵眾寧為多不須菩提言甚多世尊

上明應身去來是異法身無去來是一佛恐善現有一異之見故設喻以釋之釋中初舉世界微塵一異斷疑次舉言說我法離見初釋中文有三科一標界塵一異以顯無性言世界者喻法身也微塵者喻應身也世界一也微塵異也碎界作塵塵無異性合塵為界界無一性喻全法起應應無異性全應卽法法無一性故偈云去來化身佛法身常不動於是法界處非一亦非異然如來體用互融所以能一能異非一非異自在無礙者矣

何以故若是微塵眾實有者佛則不說是微塵眾所以者何佛說微塵眾則非微塵眾是名微塵眾

此釋微塵喻應身無異性若知碎世界作微塵微塵全是世界則塵無實性故曰則非微塵以離性計而說微塵故曰是名微塵也此喻全法起應應卽是法何異性之有哉

世尊如來所說三千大千世界則非世界是名世界何以故若世界實有者則是一合相如來說一合相則非一合相是名一合相須菩提一合相者則是不可說但凡夫之人貪著其事

此釋世界喻法身無一性若知合微塵為世界世界全是微塵則世界無實性故曰則非世界以離性計而說世界故曰是名世界也一合相者言眾塵和合為一世界非一合相者非性執之一合是

名一合相者乃離性之一合也此一合相不可思說而凡夫不了自生貪著耳此喻全應是法法不離應何一性之有哉

須菩提若人言佛說我見人見衆生見壽者見須菩提於意云何是人解我所說義不不也世尊是人不解如來所說義何以故世尊說我見人見衆生見壽者見則非我見人見衆生見壽者見是名我見人見衆生見壽者見

此下明離我法二見初離我見夫我見者有眞我之見有妄我之見妄我見者虛妄分別衆生見也

眞我見者遠離執著如來見也既離執著示有我見人見衆生見壽者見此不見而見也在迷衆生以爲如來實有四見故云不解如來所說義也善現既解如來所說之義卽知四見皆非虛妄分別是眞我之見故云是名我見人見衆生見壽者見也

須菩提發阿耨多羅三藐三菩提心者於一切法應如是知如是見如是信解不生法相須菩提所言法相者如來說卽非法相是名法相

次離法見夫如來說法要令衆生發菩提心修行契理故聞如來所說當如是知見信解不生法相言不生法相者不於法取著也法本離相如來稱性而說故云卽非法相是名法相此一段文雖證釋離於法執亦是總結降住正行由經初善現請問若人發無上菩提心者應云何住云何降伏其心如來答云應如是住如是降伏其心故今結云發菩提心者於一切法如是知見信解此結如是住也不生法相此結降伏妄心也

二十六斷化身說法無福疑

此疑從上塵喻化身是異而來

須菩提若有人以滿無量阿僧祇世界七寶持用布施若有善男子善女人發菩薩心者持於此經乃至四句偈等受持讀誦爲人演說其福勝彼云何爲人演說不取於相如如不動

此段文有三節初以無量阿僧祇世界七寶布施是假喻格量也自若有善男子下明持說福勝自云何爲人演說下是釋福勝所以據經文但明持說功德而論乃謂化佛說法有無量功德者蓋化佛是說經教主持說是弘經之人所弘之經是佛所說佛之所說離言說相故功德無量弘經之人

若能離著則其福能勝彼也如如者法身之理也化身既卽法身則無去無來故不動也

二十七斷入寂如何說法疑

此疑從上演說與不動而來

何以故

上言如如不動則佛常住世間爲衆生說法何故言如來入涅槃耶恐有此疑故說偈以釋云

一切有爲法如夢幻泡影如露亦如電應作如是觀

一切有爲法者一切世間生滅之法也佛生人中示同生滅亦屬有爲無常之法無常之法虛假不

實故以夢幻泡影露電六種爲喻應作如是觀者觀卽般若妙智以此妙智觀有爲法如夢幻等能觀既是妙智所觀無非妙境妙境者一境三諦也妙智者一心三觀也三觀者空假中也三諦者眞俗中也卽觀有爲之法離性離相之謂空無法不具之謂假非空非假之謂中諦者審實不虛之謂全諦發觀以觀照諦諦既卽一而三觀豈前後而照故云如是觀也能如是觀乃了化身卽法身無常卽常也雖卽法身不礙涅槃常卽無常也良以如來究竟非常非無常之法故所以能常能無常也是則終日涅槃終日說法不住有爲不住無爲不可得而思議者也一經始末皆稱如是始云如是住如是降心中間節節云如是至此又云如是觀論乃釋云妙智正觀故知妙智實一經之宗也

正宗竟

佛說是經已長老須菩提及諸比丘比丘尼優婆塞優婆夷一切世間天人阿脩羅聞佛所說皆大歡喜信受奉行

金剛般若波羅蜜經註解

洪武十年十一月二十有二日

皇帝有詔令天下僧徒習通心經金剛楞伽三經書則講說夜則禪定復

詔取諸郡禪教僧會于天界善世禪寺校讐三經古註一定其說頒行天下以廣傳持洪惟

皇上以金輪統御乘夙願力親受靈山付囑流通教法以壽慧命不勝幸甚於是臣僧宗泐等才雖愚鈍敢竭丹衷述平昔所聞輒爲註釋註成以

十一年正月二十有八日詣

闕進呈

上御華蓋殿覽畢乃可其說

敕刊板行世。然此三經。皆是究心之要。其功在乎破情顯性。而流通之功。良亦不細。上以陰翊王度。下以資益羣生。非惟吾徒一時之幸。實天下萬世之至幸也。臣僧宗泐謹識

洪武十一年正月　日

金剛經註解　四五

龍城曾氏施貲敬刊

光緒二年冬十一月長沙刻經處識

佛說無量壽經義疏卷一 原疏離經別行今將經疏合刻

曹魏天竺三藏康僧鎧譯經

隋京師淨影寺沙門慧遠撰疏

△聖教不同略要唯二。一聲聞藏。二菩薩藏。教聲聞法名聲聞藏。教菩薩法名菩薩藏。聲聞藏中所教有二。一聲聞聲聞。二緣覺聲聞。聲聞聲聞者。是人先來求聲聞道。常樂觀察四眞諦法。成聲聞性。於最後身值佛爲說四眞諦法。而得悟道。本聲聞性。今復聞聲而得悟道。是故名爲聲聞聲聞。經言爲求聲聞者說四諦法。此之謂也。緣覺聲聞者。是人本來求緣覺道。常樂觀察十二因緣。成緣覺性。於最後身值佛爲說十二緣法。而得悟道。本緣覺性。以最後身聞聲悟道。是故號曰緣覺聲聞。經言爲求緣覺者說十二緣。據此爲言。成二雖殊。同受小法。並於現在聞聲悟道。是故對斯二人所說爲聲聞藏。菩薩藏中所立亦二。一漸二頓。言漸入者。是人過去曾學大法。中間習小。證得小果。後還入大。大從小來。稱之爲漸。故經說言除先修習學小乘者。我今亦令入是法中。此是漸入。言頓悟者。有諸眾生久習大乘相應善根。今始見佛。則能入大。大

不由小。目之爲頓。故經說言。或有眾生世世已來。常受我化。始見我身聞我所說。卽皆信受入如來慧。此是頓悟。漸入菩薩藉淺階遠。頓悟菩薩一越解大。頓漸雖殊。以其當時受大處一。是故對斯二人所說爲菩薩藏。聖教雖眾。不出此二。故龍樹云。佛滅度後。迦葉阿難於王舍城結集法藏。爲聲聞藏。文殊阿難於鐵圍山集摩訶衍。爲菩薩藏。地持亦云。佛爲聲聞菩薩行出苦道說修多羅。結集經者集爲二藏。以說聲聞所行爲聲聞藏。說菩薩行。爲菩薩藏。故知聖教無出此二。此二亦名大乘小乘。半滿教等。名雖反改。其義不殊。今此經者。二藏之中菩薩藏收。爲根熟人頓教法輪。云何知頓。此經正爲凡夫人中厭畏生死求正定者。教令發心生於淨土。不從小大。故知是頓。

△已知分者。次釋其名。今言佛說無量壽經者。蓋乃標經部別名也。諸經所以皆首題其名。爲示所明法。此經宗顯無量壽佛所行所成及所攝化。故始舉之。但彼諸經得名不同。或但就法。如涅槃等。或唯就人。如提謂經。太子經等。或單就事。如枯樹經等。或偏就喻。如大雲經。寶篋經等。或有就時。如時

非時經。或就處所。如楞伽經伽耶山頂經等。或人法雙題。如維摩經勝鬘經等。或事法並舉。如彼方等大集經等。或法喻並彰。如華嚴經法華經等。或人法雙舉。如舍利子問疾經等。如是非一。今此經者就人爲名。初列人。凡有四種。一舉說人。如維摩等。二舉問人。如文殊問等。三舉所說之人。如太子經等。四舉所化之人。如須摩提女玉耶經等。今此經首通舉能說及所說人。初言佛者舉能說人。無量壽佛者舉所說人。起說不同。凡有五種。如龍樹說。一佛自說。二聖賢說。三諸天說。四神仙等說。五

變化人說。此經佛說。爲簡餘四。是故舉佛。佛者外國語也。此翻名覺。覺有兩義。一覺察名覺。對煩惱障。煩惱侵害事等如賊。唯聖覺知不爲其害。故名爲覺。此之一義。如涅槃釋。二覺悟名覺。對其智障。無明眠寢事等如睡。聖慧一起朗然大悟。如睡得悟。故名爲覺。所對無明。有其二種。一是迷理性結無明。迷覆實性。對除於彼。變妄契眞悟實名覺。二事中無知。迷諸法相。對除於彼。悟解一切善惡無記三聚等法。故名爲覺。故持地云。於義饒益聚非義饒益聚。非非義饒益聚。平等開覺。故名爲佛。義

益是善。非義是不善。非非義是無記。於此悉知。故名爲覺。既能自覺。復能覺他。覺行窮滿。故名爲佛。言自覺者。簡異凡夫。言覺他者。別異二乘。覺行窮滿。分異菩薩。是故獨此偏名爲佛。口音陳唱。目之爲說。無量壽者。是其所說。此經宣說無量壽佛所行所成及所攝化。言所行者。宣說彼佛本所起願。本所修行。言所成者。說今所成法身淨土二種之果。言所攝者。普攝十方有緣衆生同往彼國。道法化益名爲所攝。又今一切諸菩薩等學其所行。得彼所成。同其所攝。名所攝矣。此等差別。不可備舉。

攝德從人。是故但云說無量壽。佛名有二種。一通。二別。如來應供等是其通名。釋迦彌勒無量壽等是其別稱。別中立名。乃有種種。或從種性。如釋迦佛迦葉佛等。或從色身。如身尊佛身上佛等。或從音聲。如妙音佛妙聲佛等。或從光明。如普光佛等。或從內德。或就譬說。如是非一。此佛從其壽命彰名。壽有眞應。眞卽常住。性同虛空。應壽不定。或長或短。今此所論是應非眞。於應壽中此佛壽長。凡夫二乘不能測度知其限算。故曰無量。命限稱壽。云何得知是應非眞。如觀世音及大勢至授記經

說無量壽佛壽雖長遠亦有終盡彼佛滅後觀世音大勢至次第作佛故知是應經者外國名脩多羅此翻名綖聖人言說能貫諸法如綖貫華故名爲綖而言經者綖能貫華經能持緯其用相似故名爲經若依俗訓經者常也人別古今教儀常楷故名爲常經之與常何相關顧將常釋經釋言經者是經歷義凡是一法經古歷今恆有不斷是其常義故得名常

△此經始終文別有三序正流通初至對曰願樂欲聞是其由序佛告阿難乃往過去久遠已下是其

正宗佛語彌勒其有得聞彼佛名號歡喜已下是其流通化必有由故先明序由序既興正陳所說故次第二辨其正宗聖者說法爲利羣品說經既竟歎勝勸學付屬傳持故次第三辨其流通

△序中文義雖復衆多義要唯二一發起序二證信序佛將說經先託時處神力集衆起所說宗名爲發起與說爲由名發起序證信序者佛說經竟阿難稟承將傳末代先對衆生言如是法我從佛聞證成可信名爲證信以此證與傳經爲由名證信序以何義故立此二序由經二故經唯是一何曾有二經體雖一約人隨時故得分二一如來所說經二阿難所傳經如來所說益在當時阿難所傳傳之末代對此二經故立兩序對如來所說立發起序對阿難所傳立證信序然此二序更有多義備如常釋

△文中初言如是我聞是證信序一時以下義有兩兼若取本事起發之義判屬發起阿難引來證成可信名爲證信義既兩兼不可偏取

如是我聞（藏本作我聞如是今依疏本）

證信序中三門分別一釋如是我聞有之所由二

明立意三釋其文有所由者何緣經首悉有如是我聞之言由佛教置佛何緣教阿難請故彼何因請由彼阿泥樓陀教故阿泥樓陀何緣故教由見阿難心憂惱故阿難比丘何故憂惱由見如來般涅槃故佛將滅度在於雙林北首而卧是時阿難以佛將滅悲啼涕泣不能自勝阿泥樓陀開覺阿難汝傳法人何不請佛未來世事徒悲何益阿難對曰我今心沒憂海知何所問阿泥樓陀遂教阿難請問四事一問世尊滅後諸比丘等以何爲師二問世尊滅後諸比丘等依何而住三問惡性比

丘云何共居四問一切經首當置何字阿難被教心少惺悟遂依請佛佛隨答之諸比丘等以何爲師者當依波羅提木叉爲師若我住世無異於此木叉是戒比丘所學故說爲師言諸比丘依何而住者當依四念處住何謂四念處所謂比丘依內身修身觀精懃除世貪愛如是依外身內外身受心法亦如是是謂比丘所依住處故經說言若住四念處名自境界不爲魔縛若住五欲名魔境界爲魔所縛惡性比丘云何共居者梵檀治之梵檀是其默不共語若心調伏爲說離有無言一切經

首置何字者當置如是我聞佛在某方聚林等六事由佛教故一切經首得著如是我聞此初門竟次辨立意佛本何意教置此語爲生物信如是云何得生信也其如是者阿難彰己信順佛語導佛所說如言佛所說是令他衆生同己生信其我聞者若爲生信阿難自是不足之人若言此法是己所說人多輕謗由言此法從佛聞故人皆歸信信有何義須立此言而生信乎釋言信者入法初門攝法上首凡入佛法要先起信故華嚴中說信爲手如人有手至珍寶處隨意採取若人無手空無

所獲如是入佛法者有信心手隨意採取道法之寶若無信心空無所得信有此義故立如是我聞之言以生物信立意如是此兩門竟次釋如是我聞之言其如是者解有兩義一約法釋阿難導佛所說之言如於諸法故名爲如說理如理說事如事說因如因說果如果凡所論者皆如前事故名爲如如法之言是當道理故名曰是良以乖法名爲非是故如法之言得稱爲是二約人解阿難導今釋迦所說如於過去一切佛說故名爲如故涅槃經云如過去佛所說不變故名如來乖諸佛說

其言則非如諸佛說其言則是故曰如是言我聞者阿難對彼未來衆生陳己餐說故曰我聞聞實是耳何得云我諸根之別皆我用具就主以彰故云我聞法中無人何處有主而言就主稱說我聞釋言法中雖無定主非無假名綰御亦得稱我故涅槃云譬如四兵合以成軍雖無定主亦得稱言我軍勇健我軍勝彼此亦如是問曰阿難得理聖人以何義故同凡說我釋言阿難雖復說我不同凡夫云何不同說我有三一見心說我謂諸凡夫我見未亡我見心中稱言有我二慢心說我謂諸

學人我見雖亡慢心猶在我慢心中稱說爲我三世流布我謂無學聖人見使久亡慢使亦盡隨世流布假名說我然今阿難結集法時身居無學見慢亡除隨世流布假名說我故不同凡問曰我者假名世諦無我眞諦眞諦是勝何不就勝宣說無我乃從世諦假名說我釋言化我凡夫法須如是若不說我何由可得標別彼此令人識知故須說我是故乃至諸佛爲化亦常說我智者不怪

△一時已下義雖兩兼對前一向證信序故自下偏就發起以釋於中有三一明佛化主二從與大比

丘已下辨其徒衆三爾時世尊諸根悅下如來現化而爲發起阿難啟請

一時佛住王舍城耆闍崛山中

前中一時舉佛化時言其佛者舉佛化人住王舍等舉佛化處言一時者人有異釋今正論之爲化之辰因之爲時於佛一代化時衆多簡別餘時是故言一一時之言經中大有如涅槃說我於一時在王舍城與彌勒菩薩共論世諦我於一時在恆河岸我於一時在尸首林此言似彼佛如前釋住王舍者約城通舉此城古昔多有王住名王舍城耆闍崛山隨處別指遶王舍城具有五山皆有精舍簡別餘處是故須言耆闍崛山此翻名爲靈鷲山也此山多有靈仙居住故名爲靈亦有鷲鳥居止此山故名爲鷲又亦名爲鷲頭山矣多有靈鷲居此山頂名鷲頭山又此山頂似鷲鳥頭名鷲頭山遊化處中目之爲住法身平等實無棲託示化在方故云住耳何不就實乃託化乎爲通化教故須從化

△第二衆中先列聲聞後彰菩薩諸經多爾何故而然凡釋有四一近遠分別諸聲聞人多近如來故

明佛後隨近先列菩薩之人多不近佛爲是後列聲聞何故偏近如來菩薩不近解有兩義一聲聞之人習道未久未閑道法雖得聖果進止威儀常順佛教如律經中制阿那律不聽與彼女人同宿制娑伽陀不聽飲酒制十七童子不聽在於水中戲等皆是羅漢順佛教制乃至如來般涅槃制諸聲聞不聽食宍爲是近佛菩薩之人久閑道法不假佛教故不近佛二聲聞之人現蒙佛度捨凡成聖荷恩深重雖得聖果常隨如來圍侍供養故多近佛菩薩之人雖荷佛恩化衆生事隨緣攝化多

不近佛，以彼聲聞多近如來，故先標列；菩薩不爾，故在後列。此是第一近遠分別。二就威儀形相分別。聲聞人等執持威儀，形相似佛，世共尊敬，故在先列；菩薩隨化，形儀不定，故在後列。如彼文殊一夏之中三處安居，即是事也。三就治分別，亦得名爲約教分別。如龍樹釋，教有二種：一者顯示，二者祕密。依顯示教，羅漢辟支同佛漏盡，故舉佛後，先列聲聞；菩薩隨化，現處諸漏，示爲凡夫，世人若聞在羅漢上，人多驚怪，是故後列。諸經之中先列聲聞，多皆據此。若依甚深祕密之教，菩薩德尊，宜在

先列；聲聞德劣，須在後列。故華嚴經先列菩薩，至後祇洹重閣會中方列聲聞。四多少分別。如涅槃說，一切衆中少者先列，多者後列。於彼經中聲聞衆少，故在先列；菩薩衆多，故在後列。此後一義局在涅槃，餘通衆經。今此且依前之二義，先列聲聞，後彰菩薩。

△聲聞衆中文別有四：一標其衆別，二辨其數，三歎其德，四列其名。

與大比丘衆。

初標其衆。此乃約佛以明其衆，以身兼彼，稱之爲與。大者，外國名曰摩訶，義翻有三：一名爲衆，如世多人名爲大衆；二名爲勝，勝過餘學，於彼九十五種道中最爲勝上，故曰摩訶；三名爲大，曠備高德，過餘近學，故名爲大。比丘胡語，此翻有五：一名怖魔，初出家時發心廣大，令魔戰怯，故曰怖魔。如涅槃說：魔云何怖？魔性妬弊，忌他勝己，見彼勝己，故懷恐怖；又懼其人多化衆生，同出生死，空其境界，故生恐怖。此之一義就始彰名。二名乞士，既出家已，無所貯畜，乞求自活，故曰乞士。三名淨命，於乞求時正命乞求，離於邪命，故曰淨命。此之兩義據

中立名。四名淨持戒，既出家已，精持禁戒，無所毀犯，名淨持戒。五名破惡，以持戒故，離犯戒過，故曰破惡。此後兩義據終立稱。人多名衆。

萬二千人俱。

二辨其數。共集稱俱。

一切大聖，神通已達。

三歎其德。一切大聖，歎其人高，舉一例餘，故云一切。鈍根近學不能過，故名之爲大。大有二義：一位高名大，如下所列了本際等，皆是究竟無學聖人，過餘近學，故名爲大；二德勝名大，此等皆是利根

聲聞成就勝德故名爲大會正名聖神通已達歎其德勝所爲神異故名曰神無壅曰通通別有六所謂身通天眼天耳他心宿命及與漏盡廣如別章此應具論此諸比丘於小乘中修成畢竟故曰已達問曰阿難於佛在世身居學地未得漏盡云何得名一切大聖神通已達釋言阿難雖居學地未名大聖神通已達從多以歎是故說言一切大聖神通已達問曰阿難德實未周何須在此眾中列之釋言阿難此會請主應須並列又復阿難增上利根雖居學地而成無量勝妙功德故曰大聖

於神通中解了畢竟亦名已達上來歎德

其名曰尊者了本際尊者正願尊者正語尊者大號尊者仁賢尊者離垢尊者名聞尊者善實尊者具足尊者牛王尊者優樓頻螺迦葉尊者伽耶迦葉尊者那提迦葉尊者摩訶迦葉尊者舍利弗尊者大目揵連尊者劫賓那尊者大住尊者大淨志尊者摩訶周那尊者滿願子尊者離障尊者流灌尊者堅伏尊者面王尊者異乘尊者仁性尊者嘉樂尊者善來尊者羅云尊者阿難皆如斯等上首者也

四列其名於中初言其名曰者經家總舉次別列之此等皆悉有德可尊故曰尊者了本際者憍陳如是姓阿若是字阿之言無若之言智證無成智故曰無智無是一切諸法本性名爲本際於此本際知見明了名了本際餘者經中或有曾聞有不聞者於彼一萬二千人中今此且列三十二人皆如斯等上首者也總以結歎

△下次列其菩薩之眾於中有四一標其眾別二普賢等列其名字三具諸菩薩無量德行下讚歎其德四如是之等不可稱下總辨其數

又與大乘眾菩薩俱

初中又者復重之辭前列聲聞更明菩薩故云又也與義同前辨佛兼彼故云與耳言大乘者舉法別人乘是行用行能運通故名爲乘乘別有三簡別餘二餘二不如是以稱大乘眾菩薩俱約法舉人非一稱眾菩薩胡語具則名爲菩提薩埵傳者略之但云菩薩此方翻之名道眾生菩提名道薩埵名眾生良以此人內心求道備有道行以道成人名道眾生問曰聲聞緣覺人等斯皆求道並有道行同以道成何故獨此名道眾生釋言賢聖名有通別通則義皆如涅槃說故彼文云須陀洹等

亦名菩薩求索盡智無生智故亦名爲佛正覺共道不共道故但今爲分賢聖之別是故偏名大乘眾生以爲菩薩等分賢聖何故偏名大乘眾生以爲菩薩解有三義一就願心望果分別唯此眾生求大菩提餘悉不求是故獨此名道眾生故地論云一心決定願菩提獨言菩薩故二就解心望理分別凡夫著有二乘住無不會中道是故不得名道眾生唯有菩薩妙捨有無契會中道是故其人名道眾生三就行分別入佛法中凡有三種一教二義三者是行教淺義深行爲最勝聲聞鈍根從

教爲名聲者是教餐聲悟解故曰聲聞緣覺次勝就義立名緣者是義於緣悟解故稱緣覺菩薩最上就行彰名以能成就自利利他俱利之道是故其人名道眾生故地持云聲聞緣覺但能自度菩薩不爾自度度他故名道勝以道勝故名道眾生共集稱俱

普賢菩薩妙德菩薩慈氏菩薩等此賢劫中一切菩薩又賢護等十六正士善思議菩薩信慧菩薩空無菩薩神通華菩薩光英菩薩慧上菩薩智幢菩薩寂根菩薩願慧菩薩香象菩薩寶英菩薩中住菩薩制行菩薩解脫菩薩皆遵普賢大士之德

次列其名於中先列賢劫之中成佛菩薩又賢護下別餘劫中成佛菩薩就賢劫中普賢妙德與慈氏三人別列妙德文殊慈氏彌勒姓慈故曰慈氏字阿逸多此云無勝等者於賢劫之中其餘菩薩此賢劫中一切菩薩約時總分就明餘劫諸菩薩中隨勝略舉十六正士又賢護等十六正士舉初格後總以標列善思議等就其所等隨別以列皆遵普賢大士行者彰其所習亦得名爲簡下異上

△下歎其德於中分二第一歎其權實二德二其所

修行清淨已下歎其自利利他二德前中有三一就自分略歎其德二入佛法下就其勝進廣歎其德三具足功德微妙已下雙以結歎

具諸菩薩無量行願安住一切功德之法遊步十方行權方便

就初略中先歎實德遊步以下歎其權德實中具諸無量行願修行具足行謂六度四攝等行願謂無量菩提行願如華嚴說此等皆具安住一切功德之法成德圓備德成無退故曰安住有德斯成故曰一切功謂功能諸行皆有利益之功故名爲

功此功是其善行家德故名功德如淸冷等水家之德故名功德經說功德有通有別通則一切諸行皆是別則宣說慧行爲智餘戒施等名爲功德今就通矣德體名法權中初言遊步十方身形無礙行權方便化行善巧隨物所宜種種異現名權方便○上來就其自分略歎

△下就勝進廣歎其德於中還初歎其實德於無量界現成佛下歎其權德

入佛法藏究竟彼岸

實中初言入佛法藏證會名入究竟彼岸彰果畢

竟涅槃彼岸到名究竟

於無量世界現成等覺

歎權德中於無量界現成正覺總以歎之此歎勝進故舉成佛爲權德耳

△處兜率下別以顯之於中具論應有十相一昇兜率天二來下入胎三住胎中四者出生五童子相六婢妻相七出家相八成佛道相九轉法輪相十般涅槃相今此文中少一住胎有餘九相

處兜率天弘宣正法

就初相中處兜率天身昇兜率兜率兜術本是一名傳之音異此云妙足亦名知足是欲界中第四天也何故生此如涅槃釋兜率天勝爲是偏生彼云何勝經自釋之上天闇鈍下天放逸彼無此過故得名勝又修施戒得上下天修施戒定生兜率天故彼天勝問曰兜率欲界亂地云何修定而生彼天釋言此非八禪地定蓋乃欲界思慧心中修念佛三昧生彼天中名依定往生如地論無量料簡不可具論弘宣正法口業化也此初相竟

捨彼天宮降神母胎

此第二相問曰何故捨上天樂爲欲使彼閻浮衆

生咸荷佛恩生敬重心故須捨之是義云何由捨天樂閻浮衆生咸皆念言佛捨天樂來生閻浮慈我等故生敬重心問曰於彼四生之中何故如來偏受胎生釋言於彼四生之中卵生濕生果報卑劣故佛不生化生雖勝備有多義故佛不生如涅槃說略有八義一劫初時衆生化生爾時衆生其病未發不假佛化故佛不出佛出世時衆生胎生爲欲增長同生之力故受胎生二寄生上族表彰法勝故受胎生三生王種假之護法故受胎生四欲教人敬父母之業故受胎生五生上族爲息物

慢故受胎生。六受胎生，爲息物謗。是義云何。若佛化生，人多誹謗，言佛是幻化，非是眞實，爲息是謗，故不化生。七爲留身益於後世，故受胎生。是義云何。若佛化生，還復化滅，如電光盡，無復遺餘。佛爲留於殘身舍利，而益於後，故受胎生。八爲同諸佛故受胎生。三世諸佛化胎衆生，法受胎生，故須同之。具此多義，故受胎生。第二相竟。

準餘經論，是中少一住胎之相。通此所少，第三相竟。

從右脅生，現行七步，光明顯耀，普照十方無量佛土，六種振動，舉聲自稱：吾當於世爲無上尊。釋梵奉侍，天人歸仰。

此是第四出生之相。於中有三：一生處異常，二現行下所現奇特，三釋梵下天人敬養。初中從母右脇生者，世人生處不淨臭弊，佛爲異之，故右脇生。雖從右脇生，如出雲霧，母身安適，無爲無苦。第二所現奇特之中，初先明其身現奇特，舉聲已下口現奇特。身中有三：一於十方各行七步，示現丈夫奮迅之力，於十方界獨出無畏；二身光普照，令人覺知；三無量下振動大地，使魔怯伏。六種動者，如

地經說，所謂動踊振覺吼起。動如車掉，踊如泉涌，亦如釜沸，振謂下也，如世空物振之則下，覺者動勢令人心覺，乃至空居衆生亦知。吼者發聲，地如麪起。上來明其身相奇特，舉聲已下口現奇特。自唱尊號，令人歸趣。上來第二所現奇特。第三段中天人敬養，文顯可知。佛德深重，故使釋梵咸來奉侍，人天歸仰。第四相竟。

示現算計文藝射御，博綜道術，貫練羣籍。

此是第五童子之相。於中有二：一身具衆伎，謂示算計文藝等事。佛已久知，隨化始學，故曰示現。二博綜下知解寬廣。博綜道術，知事寬廣。博謂廣博，綜謂綜習。仙通祕術，無不博學，名博綜道術。貫練羣籍，知教寬廣。貫謂貫通，練是委練。世俗異典，名爲羣籍。於此悉知，名貫練羣籍。第五相竟。

遊於後園，講武試藝，現處宮中色味之間。

此是第六娉妻之相。於中初言遊於後園講武試藝，娉妻前事，如本起說，桀馬角力，名爲講武，共射金鼓，說爲試藝。現處宮中色味之間，娉妻後事。佛實離愛，隨化示居，故曰現處。問曰：何故示現此相？釋言：先受後捨，彰欲可厭。第六相竟。

見老病死悟世非常棄國財位。入山學道。服乘白馬。寶冠瓔珞遣之令還。捨珍妙衣而著法服。剃除鬚髮。端坐樹下。勤苦六年。行如所應。

此是第七出家之相。於中六句。合為三對。其六句者。見老病死悟世非常棄國財位。是第一句。明其所捨。如本起說。出城遊觀。東門見老。南門見病。西門見死。將斯類已悟身非常。故生厭離棄國財位。入山學道。是第二句。彰其所習。北門見沙門。由見沙門。故求學道。文略不舉。此二一對。服乘白馬。寶冠瓔珞遣之令還。捨珍妙衣。是第三句。重明所捨。

而著法服。是第四句。彰其所受。此二一對。剃除鬚髮。是第五句。重明所捨。端坐樹下。是第六句。明其所作。亦明所修。勤苦六年。先同其邪。行如所應。翻邪學正。正道是其所應修學。順而行之。此二一對。第七相竟。

△自下第八成佛道相。於中隨事次第有五。一沐湯形垢。二靈禽下。行詣道場。三吉祥下。受草安坐。四奮大下。神力降魔。五得微妙下。現成佛道。

現五濁剎。隨順羣生。示有塵垢。沐浴金流。天按樹枝。得攀出池。

初中三句。一居濁剎。示有塵垢。言五濁者。一者命濁。報命短促。二眾生濁。人無善行。三煩惱濁。諸結增上。四者見濁。邪見熾盛。五者刼濁。饑饉疫病刀兵競起。穢土有此。名五濁剎。佛現處中。隨順羣生示有塵垢。二沐金流。金沙河中。沐湯形垢。名沐金流。三天按樹枝。攀之出池。

靈禽翼從。往詣道場。

第二段中靈禽翼從詣道場者。如經中說。五百青雀隨從佛後。名禽翼從。此皆神鳥。故曰靈禽。佛得道處名曰道場。如治麥處名為麥場。治穀之處說為穀場。如是一切。

吉祥感徵。表章功祚。哀受施草。敷佛樹下。跏趺而坐。

第三段中。初感吉祥而為徵瑞。其吉祥者。是刈草人。經中亦名為吉安也。安祥義同。佛將成道。感見此人而為徵瑞。知已定當成吉祥果。是故名為吉祥感徵。即以此人表己所成功果福祚。是故名為表彰功祚。次從受草。佛心哀憐。身從受草。是故名為哀受施草。後敷而坐。依樹得佛。名為佛樹。敷此樹下。跏趺而坐。蓋乃隨人見聞不同。若論菩薩見佛如來。從金剛際起金剛坐。上至道場處之成佛。

如涅槃說凡夫二乘唯見如來吉安取草敷而為坐如此中說。

奮大光明使魔知之魔率官屬而來逼試制以智力皆令降伏。

第四段中初奮大光使魔知之奮猶放也次魔來逼試下佛降之言以智力者是降魔德智謂正智知邪不從力謂通力神力伏魔亦可慈力慈心伏魔皆令降伏是降魔能魔羅胡語此云殺者害人善故況論有四涅槃說八言其四者一煩惱魔謂貪瞋等能害善法二者陰魔謂五陰身共相摧滅

三者死魔能壞命根四者天魔於彼第六他化天上別有魔天好壞他善四中初一是生死因末後天魔是生死緣中間陰死是生死果此之四種大小通說言其八者前四種上更加無為四倒之心於佛真德常計無常樂計為苦我計無我淨計不淨以此四種近壞正解遠障真德故名為魔此後四種小乘法中未以為患不說為魔大乘為過故說為魔通論此八並須降伏何故如是煩惱陰死無為四倒妨遮自行故須降伏伏法不同彼煩惱魔小乘多用諦觀降伏大乘多用空慧降伏陰魔死魔小乘多以無餘涅槃而降伏之得滅捨故大乘多用常住法身而降伏之無為四倒於大因中二解降伏於大果中菩提涅槃真德降伏天魔一種妨於自行亦妨化他故須降伏用法不同自行因中正智降伏知邪不從彼自退散自行果中十力降伏十力牢固不為魔邪所傾動故自行如是化他之中用法不定若在因中自身降魔利益眾生多用神通教他降魔多用神呪彼無神力能降伏故若在果中自身降魔利益眾生多以慈心於彼憐愍即便退散教他降魔亦用神呪彼無慈力

能降伏故今此所論偏降天魔遮其自行正智降之遮其利他通力伏之故云智力皆令降伏。

得微妙法成最正覺。

第五段中正現成佛理是妙法由得此法故成正覺第八相竟。

△自下第九轉法輪相先請後說。

釋梵祈勸請轉法輪。

此初請也。

△自下因請起說於中有二一身口起化二光明普照無量土下身口攝益。

以佛遊步佛吼而吼扣法鼓吹法螺執法劍建法幢震法雷曜法電澍法雨演法施常以法音覺諸世間

前中初言以佛遊步身業起化現佛威儀遊行化物名佛遊步佛吼已下口業起化於中十句佛吼而吼一句是總一切聖教是佛所吼菩薩用之為物吼也扣法已下八句是別約喻顯法於中前四聞思修證四種法也扣法鼓者說聞慧法益眾生也嚴鼓誡兵說教誡人吹法螺者說思慧法利眾生也吹螺應時說理應機執法劍者說修慧法益眾生也劍能破裂修能斷結建法幢者宣說證法

證法高勝如幢上出後四是其四無礙智起說被物震法雷者法無礙智化眾生也天雷一動卉藝生芽法音一聞闡道快成曜法電者義無礙智益眾生也電光一發有物斯覩義言一宣諸義悉見澍法雨者辭無礙智化眾生也以辭宣說如雲注雨演法施者樂說無礙利眾生也隨人所樂宜說授與名演法施此八是別常以法音覺諸世間一句總結上來第一身口起化

△自下第二身口攝益於中有四一身業伏魔令離邪業二摑裂下口業破邪令離煩惱此二一對三人國分下身業受供生人福善四欲宣法下口業說法令修出道此二一對

光明普照無量佛土一切世界六種震動總攝魔界動魔宮殿眾魔懾怖莫不歸伏

初中有四一放光普照無量佛土二以神力令一切界六種振動三由前放光總攝魔界令皆歸伏四由前振動動魔宮殿使之懼怖

摑裂邪網消滅諸見散諸塵勞壞諸欲塹嚴護法城開闡法門洗濯垢汙顯明清白光融佛法宣流正化

第二口中文亦有四一能摧邪摑裂邪網為破邪

法消滅諸見教斷邪心此二除見散諸塵勞為破欲境五欲境界皆能塵坌勞亂眾生名曰塵勞說空破遣自之為散壞諸欲塹教捨欲心愛欲之心深而難越故說為塹教斷名壞此二除愛此之兩對合為第一明能摧邪二嚴護下明能通正嚴護法城遮人毀謗法能遮防說之為城讚善息謗名嚴名護開闡法門演說正教法有通入趣入之義故名為門披演令入名開名闡三洗濯下結前第一摧邪之義見愛煩惱名為垢汙教除名洗四顯明下顯前第二通正之義顯明清白光融佛法顯

前文中嚴護法城除邪顯正故曰顯明所顯之法出離邪謗名爲清白光揚正法出於邪妄故名爲光融治使淨名融佛法宣流法化顯前文中開闡法門宣流化人故曰開闡此初對竟

入國分衞獲諸豐饍貯功德示福田

第三身中入國分衞始行乞食胡言分衞此云乞食獲諸豐饍因乞得食貯功德下受用生福貯謂積也貯積多德名貯功德現受物供故名爲示生世福善如田生物故云福田

欲宣法現欣笑以諸法藥救療三苦顯現道意無量

功德授菩薩記成等正覺

第四口中欲宣現笑起說方便下正說之於中初言以諸法藥救療三苦令出生死苦苦壞苦及與行苦是其三苦義如別章此應具論授法教斷名法救療顯現已下使人入道於中初言顯現道意教人發心顯現菩薩所發道意使人發矣無量功德教人發行授菩薩下終令得果授菩薩記得果方便行因剋果如心記物故名爲記聖說示人目之爲授成等正覺正顯成佛第九相竟

示現滅度拯濟無極消除諸漏植衆德本

此是第十般涅槃相示現滅度正顯取滅下彰其益拯濟無窮彰益寬廣消除漏等彰益具足消除諸漏因其現滅令人厭有斷生死因植衆德本因其現滅使人欣寂修涅槃因第十相竟○上來廣歎權實二德

具足功德微妙難量遊諸佛國普現道教

第三雙以結之具足功德微妙難量結前實德遊諸佛國普現道教結前權德上來結其權實二德

佛說無量壽經義疏卷一

佛說無量壽經義疏卷二

曹魏天竺三藏康僧鎧譯經

隋京師淨影寺沙門慧遠撰疏

自下第二歎其自利利他功德。行能益己名爲自利。行能兼潤說爲利他。菩薩所行要不出此。故讚歎之。於中初略歎菩薩經典究暢。下廣歎。

其所修行清淨無穢。譬如幻師現衆異像。爲男爲女無所不變。本學明了在意所爲。此諸菩薩亦復如是。學一切法貫綜縷練。所住安諦靡不感化。無數佛土皆悉普現。未曾慢恣愍傷衆生。如是之法一切具足。

略中初別後總結之。別中有四。一自行清淨。二譬如下化行善巧。先喻後合。喻中初言譬如幻師。喻起化人。現衆異像爲男爲女等。喻起化相。本學明等。喻起化德。本學明了。喻習化法。學爲化本。故名爲本。於佛化法習之委善。名學明耳。在意所爲。學成起用。成在於心。故名在意。任意爲化。故曰所爲。下合顯法。菩薩如是。合前幻師。學一切等。合起化德。學一切法。合本學也。謂學一切化他之法。貫綜縷練。合明了也。貫通綜習。知法委審。故曰縷練。所住安諦。合在意也。於所住法安心審諦。靡不致化。合所爲也。靡謂無也。致謂運致。於一切處無不運化。又復致者是其感致。令一切衆無不感化。無數佛土皆悉普現。合前化相。合現衆像爲男女等。此是第二化行善巧。三未曾下。顯前第一自行清淨。以於所得未曾憍高而自縱恣。故行清淨。四愍傷下。顯前第二化行善巧。愍傷悲也。心有悲心。愍傷衆生。故能爲物種種起化。上來別歎。如是之法一切具足。總以結之。上來略歎。

下廣歎之。於中有四。一依菩薩法修自分行。二無量佛咸共護下。明依佛法修勝進行。三供養佛下。

依前自分廣修成德。四受持如來甚深法下。依前勝進辨修成德。

菩薩經典究暢要妙。名稱普至道御十方。

就初段中。先修自利。後起利他。菩薩經典究暢要妙。是自利也。於菩薩法窮究通暢。得其宗要。知其妙旨。是故名爲究暢要妙。名稱普至導御十方。是利他也。

無量諸佛咸共護念。佛所住者皆已得住。大聖所立而皆已立。如來道化各能宣布。爲諸菩薩而作大師。以甚深禪慧開導衆人。通諸法性。達衆生相。明了諸國。

第二段中亦先自利。如來道化各能宣下是其利他。就自利中無量諸佛護念上德攝下行入佛境。故爲諸佛同共護念。護使離惡念令增善。佛所住等下修順上。於中初言佛所住者皆已得住。證行同佛。佛所住法菩薩同住。亦可諸佛住於如行。菩薩同住。大聖所立而皆已立。教行同佛。大聖是佛。法界諸度是佛所立。菩薩同立。下利他中初利他相。通諸法下明利他德。利他相中如來道化各能宣布。爲菩薩師教法利人。如來道化各能宣布說

法同佛。爲諸菩薩而作大師益人同佛。現行佛化。故爲菩薩而作大師。以深禪慧開導衆人。證法益物。以深禪慧化行同佛。禪止慧觀證行雖衆要不出此。開導衆人益人同佛。利他德中明具三種自在之行。故能化物通諸法性。是智正覺自在行也。謂能通達二諦法性。達衆生相衆生世間自在行也。衆多生死故曰衆生。衆法成生亦名衆生。若形若體種種相狀一切悉知。明了諸國是器世間自在行也。初句云通。第二言達。第三說明。語左右耳。此三廣如他經中說。

△自下第三依前自分廣修成德。於中有四。一攝修方便。二亦無作下因修成德。三住深定下重明起修。四超過世間所有已下重明所成。

△初中復四。一修自利。二壞裂下明其利他。三超越下復明自利。四善立下重明利他。初段自利明修教行。第二利他教人離過。第三自利明修證行。第四利他教令修善。故有四別。

供養諸佛。化現其身猶如電光。善學無畏之網。曉了幻化之法。

初自利中供養諸佛化現其身猶如電光明修福

行。供養諸佛興福廣也。化身如電起行疾也。一念之間化身徧至供養諸佛矣。善學已下明修智行。善學無畏修習方便。曉了幻化智行成就。又學無畏於人不怯。曉了幻化於法能知。簡邪取正名爲善學。達正過邪所以無畏。以無畏智統攝諸法。故名爲網。亦可學此擬用攝人。故說爲網。明見諸法離有無性猶如幻化。非有非無名爲曉了幻化法矣。法若定有不名幻有。法若定無不名幻無。無法爲有方名幻有。有法爲無方名幻無。無法爲有有則非有。有法爲無無則非無。幻法如是。故取爲喻。

化亦如是。經說十喻具舉斯耳。上來自利是初段竟。

壞裂魔網解諸纏縛。

次約利他壞裂魔網令離邪業。解諸纏縛令離煩惱。纏謂十纏。無慚無愧睡悔慳嫉掉眠忿及覆是其十也。纏眾生故纏縛心故名之爲纏。縛謂四縛。欲縛有縛無明縛見縛是其四也。欲界諸結除無明見名爲欲縛。上二界中一切煩惱除無明見名爲有縛。三界無明名無明縛。三界諸見名爲見縛。縛眾生故繫縛心故名之爲縛。亦可一切諸煩惱

結通名纏縛菩薩教人斷離名解此兩段竟。

超越聲聞緣覺之地得空無相無願三昧。

第三重明自利。超越聲聞緣覺之地所修殊勝。此明所出聲聞名義汎解有三。一如來所說言教名聲。餐聲悟解故曰聲聞。二我眾生等但名無實故說爲聲。如地論說觀斯之解義說爲聞。三佛所說大乘法音名之爲聲。以佛道聲令一切聞故曰聲聞如法華釋。前二小乘後一大乘今論小矣名義如是。體相如何分別有二。一聲聞聲聞。二緣覺聲聞義如上釋。其緣覺者名義有三。一十二緣法名之爲緣。觀此得覺故名緣覺。如彼十二因緣經說。二現在世事相因緣名之爲緣。藉斯得悟故名緣覺。如辟支佛得道經說。三如來藏緣起法界名之爲緣。於中悟迷故名緣覺。三中前二是其小乘後一大乘。今論小矣名義如是相狀如何分別有二。一緣覺緣覺。二聲聞緣覺緣覺緣覺者是人本來求緣覺道常樂觀察十二緣法成緣覺性。於最後身不值佛世藉現事緣而得悟道是故名爲緣覺緣覺聲聞緣覺者是人本來求聲聞道成聲聞性。值佛爲說四眞諦法得悟初果以鈍根故不得漏

盡。天上人中七返受生。於最後身不值佛世藉現事緣而得悟道本聲聞人。於最後身藉現事緣而得覺故說之以爲聲聞緣覺。此等一切菩薩悉過故言超越得空無相無願三昧所得淵深。此明所入眾生及法悉無自性故名爲空。乃至因緣相亦不有說爲無相。此離所取遠離妄想能取之心故名無願。三昧胡語此云正定。於此三空正住不亂故名三昧。就此得名義有多門廣如別章。此應具論此三段竟。

善立方便顯示三乘。於此中下而現滅度。

第四重明利他善立方便是化他智方便之義汎論有四一進趣方便如見道前七方便等進趣向果故名方便二施造方便如十波羅蜜中方便波羅蜜巧修諸行故曰方便三權巧方便如二智中方便智等權巧攝物故名方便四集成方便諸法同體巧相集成故曰方便故地論云此法巧成名為方便又他經中說六相門以為方便此亦是其集成方便今此所論權巧方便於權巧中方便有三一身業方便權形異現如觀世音方便之力具事云何應以佛身得度者卽現佛身而為說法如

是一切二口業方便隨化眾生種種異說名為方便如無二乘權以說之如是一切三意業方便謂方便智隨化眾生種種異解今此所論是其權中意業方便善立三業巧便度物故曰方便顯示三下是化他行顯示三乘說三乘因就大分小名示三乘於此中下而現滅度說小乘果緣覺名中聲聞名下於此二中說有涅槃名現滅度此等卽是口業方便○上來四段合為第一攝修所行

△自下第二因修成德於中初明自利功德宣揚已下明利他德初中有四一所證平等二具足下所成眾多三廣普下所證深廣四得佛下所成殊勝

亦無所作亦無所有不起不滅得平等法

所證等中亦無所作無因可作亦無所有無果可有言不起者無淨可起言不滅者無染可滅此舉道理得平等法約理辨證名前無作無所有等為平等法證會名得

具足成就無量總持百千三昧諸根智慧

所成多中具足成就無量總持得陀羅尼行德多也如他經說百千三昧諸根智慧餘德多也信進念等名為諸根若通論之一切善法悉名諸根如

涅槃說

廣普寂定深入菩薩法藏

就明所證深廣之中廣普寂定所證廣也一切法中不起妄想名廣寂定深入法藏所證深也於眞法藏能深入矣

得佛華嚴三昧

所成勝中得佛如來華嚴三昧故德勝也華嚴三昧如華嚴說彼一三昧統攝法界一切佛法悉入其中上來自利

宣揚演說一切經典

宣暢一切利他可知。

住深定門。悉覩現在無量諸佛。一念之頃無不周徧。濟諸劇難諸閑不閑。分別顯示眞實之際得諸如來辯才之智。入衆言音開化一切。

第三重明起修。住深定門悉覩現在無量佛等修起自利。住深定門。起行所依無心往來直以三昧法門力起故須住定。下明起行。悉覩現在無量諸佛攝行寛廣。由見多佛供養生福受法生智。一念之頃無不周徧起行速疾。下明利他。濟諸劇難諸閑不閑扶人離苦。難別有八。三塗爲三。人中有四。

一盲聾瘖啞。二世智辯聰。三佛前佛後。四鬱單越界。天中有一。謂色界中長壽天也。此八難中三塗爲劇。菩薩濟之。人天苦微名曰諸閑。菩薩勸化故曰不閑。分別顯等授人善法。分別顯示眞實之際。證法教人。理性眞實得處名際。授人名示。得諸如來辯才智等教法利物。得諸如來辯才之智謂得如來四無礙智。解了諸法。入衆言音起說之解。入謂解也。謂解衆生種種言音用之起說開化一切。正明起說。

超過世間諸所有法。心常諦住度世之道。於一切萬物而隨意自在。爲諸庶類作不請之友荷負羣生爲之重擔。

第四重明所成。於中初明成就自德。於一切下成利他德。自中初言超過世間諸所有法所成殊勝。心常諦等所成不動。又過世間明成斷德。謂過分段變易世間一切法也。心常諦住度世之道明成智德。諦謂安諦。謂常安住眞實無爲度世之道。下利他中。於一切萬物隨意自在成利他德。由成勝通於一切物變化隨意故能利物名爲自在。爲諸庶等起利他用。爲諸庶類作不請友化益方便。庶

謂凡庶。類謂品類。不請有二。一宿無道根悕感菩薩名爲不請。二無現樂欲不知求聖名爲不請菩薩於此强爲作友。荷負羣生爲之重擔。正明化益。聲聞捨物不將衆生以爲重擔。菩薩荷負故用衆生而爲重擔。擔別有四。如勝鬘說。此第三竟。

△自下第四依前勝進辯修成德。於中初先辨其所修。一切善本皆度已下明其所成。

受持如來甚深法藏護佛種性常使不絕。興大悲愍衆生。演慈辯授法眼。杜三趣開善門。以不請之法施諸黎庶。猶如孝子愛敬父母。於諸衆生視之若己。

前所修中初明自利。二與大悲下明修利他。就自
利中受持如來甚深法藏。明修勝解。如來藏性是
佛如來甚深法藏。闇障既除明現己心。故曰受持。
護佛種性常使不絶。明修勝行。法界諸度是佛種
性。護使離障。起善無間名常不絶。下利他中先法
後喩。法中四句。初興悲愍明起悲心。二演慈辨下。
明起慈心。依慈心起說名演慈辨。教法生解名授
法眼。三杜三趣開善門者顯前悲益。杜謂塞也。教
人離惡故杜三趣。教人修福故開善門。四以不請
法施黎庶者顯前慈益。喩中兩句。初如孝子愛敬

父母彰前慈厚。於諸衆生已下。顯上悲深。○上明
所修。下明所成。
一切善本皆度彼岸。悉獲諸佛無量功德。智慧聖明
不可思議。
一切善本皆度彼岸明其所成。度猶到也。涅槃彼
岸。行因到之故因成矣。悉獲佛等明其果成。兼有
福智。悉獲諸佛無量功德明得如來福德莊嚴。智
慧聖明不可思議。明得如來智慧莊嚴。智慧深廣
情緣莫測。口量不及名不思議。上來歎德。
如是之等菩薩大士不可稱計。一時來會。

如是之等不可稱計。是第四段彰其數量。此等悉
爲影響顯法。故皆來會。爲法心同。故來一時。上來
第二辨列徒衆。
△自下第三如來現相而爲起發阿難啟請。於中文
六。攝爲三對。言文六者。第一如來現相起發。二阿
難請問。此爲初對。三如來審問汝爲自請爲受教
請。四阿難實答我自請問。此是兩對。五如來讚歎
勅聽許說。六對曰下。阿難奉勅彰己樂聞。此是三
對。
爾時世尊諸根悅豫。姿色清淨。光顏巍巍。

初中爾時舉現相時。言世尊者舉現相人。佛備衆
德爲世欽仰。故號世尊。若論胡音樓伽陀伽。此云
世尊也。諸根悅等明所現相。諸根悅豫示現喜相。
眼等五根同現喜相名之悅豫。姿色清淨示現喜
色。色無慘慽故曰清淨。言光巍巍重顯喜色。言顏
巍巍重顯喜相。巍巍是其高勝之貌。佛何故喜。喜
有兩義。一念彌陀佛所成行德可慶故喜。二念衆
生得益時至故生歡喜。
尊者阿難承佛聖旨。卽從座起。偏袒右肩。長跪合掌
而白佛言。

第二段中尊者阿難舉能請人承佛聖旨彰所請依旨謂意旨此承如來意力加被故與諸問卽從座等啟請方便而白佛等正宣諸辭

△辭中有三一申己所見二唯然下彰己所念三何故下結問所為

今日世尊諸根悅豫姿色淸淨光顏巍巍如明鏡淨影暢表裏威容顯耀超絕無量未常瞻覩殊妙如今

初中先法次喻後合未常瞻下怪今異昔法中還舉向前所現喻中如鏡影表裏者鏡光外照名為影表外照之光明顯鏡內名為影裏佛身如是光明外照所放之表顯曜佛身名影表裏合喻可知

未常瞻覩殊妙如今怪今異昔

唯然大聖我心念言今日世尊住奇特之法今日世雄住諸佛所住今日世眼住導師之行今日世英住最勝之道今日天尊行如來之德去來現在佛佛相念得無今佛念諸佛耶

第二彰己所念於中初言唯然大聖我心念言總宣己心唯是專義彰己專念故曰唯矣然謂爾也彰己心中所念實爾故曰唯然啟佛令知故云大聖自宣己心名我念言下別顯之於中初先念佛所得去來現下念佛所為前中五句相隱難識且以言之初句是總餘四是別總中初言今日世尊表別所念為簡餘佛故云今日下餘句中今日例爾住奇特者佛所得法超出餘人在世所無故云奇特下四別顯初句自德第二利他第三自德第四利他第一第三自德何別前是涅槃後是菩提第二第四利他何別前者是其利他之行謂四攝等後者是其利他之德所謂十力四無礙等初中世雄佛之異名佛於世間最為雄猛故曰世雄住佛住者涅槃常果諸佛同住今日世雄住彼所住

住大涅槃能起化用故今念之第二句中今日世眼佛之異稱能開世人眼令見正道故名世眼住導師行者四攝法等是佛導師化人之行今佛住之由住此行令欲導人令入佛法所以念之第三句中今日世英佛之別號佛於世間最為英勝故云世英住勝道者無上菩提是最勝道內證眞道是菩提道矣佛今住之由住此道知諸佛德故今念之第四句中今日天尊是佛異名天有五種如涅槃說一者世天謂世人王名為天子二者生天謂四王天乃至非想三者淨天謂須陀洹至辟支

佛四者義天謂諸菩薩以解諸法空寂義故五者第一義天謂佛如來解知佛性不空義故佛於如是五天中上故曰天尊行如來德者十力無畏十八不共五眼六通四無礙等是佛功德遊入名行由入此德堪任度物故今念之上來一段念佛所得下念所為念諸如來是所為也去來現在佛佛相念舉餘類此得無今佛念諸佛耶測此念餘耶者是其不定之辭以理測度未敢專決是故言耶

何故威神光光乃爾

結問所為此初對竟

於是世尊告阿難曰云何阿難諸天教汝來問佛耶自以慧見問威顏乎

第三如來審問告曰云何是總問也諸天教汝自以慧見是別問也

阿難白佛無有諸天來教我者自以所見問斯義耳

第四阿難實答無天教我對佛前言自以所見問斯義矣此兩對竟

△自下第五如來歎問勅聽許說於中初先歎其所問阿難當知如來正覺下舉佛功德勅聽許說

佛言善哉阿難所問甚快發深智慧眞妙辯才愍念衆生問斯慧義如來以無盡（疏本作蓋）大悲矜哀三界所以出興於世光闡道教欲拯濟羣萌惠以眞實之利無量億劫難値難見猶靈瑞華時時乃出今所問者多所饒益開化一切諸天人民

歎中初言善哉阿難所問甚快是總歎也善謂好耳哉是助辭稱機當法合時名快發深下別發深智慧歎其問智向前念佛五種功德名發深智眞妙辯才歎其問辭向前歎佛住於五德名眞妙才辯辯實名眞言巧稱妙言能辯了語能才巧故曰辯才愍生問義歎其問心亦得名為歎問所為阿

難向前舉佛五德而為請問此之五德以慧為主名問慧義如來已下歎問利益於中有四一如來彰己悲心憐生佛悲殊勝餘不能加不能蓋上名無蓋悲亦有經本治為無盡無蓋是正不須治改以此大悲矜哀三界矜猶憐也欲色無色是其三界二所以下如來彰己出世為物所以出興問以起發下對顯之光闡道教欲拯羣萌教法利人惠以眞利證法益物理是眞實教入名利三無量億下明佛難値先法後喻四今所問下約對三界明問有益今問多益總明有益開化一切別明益也

上來歎其所問。

△下舉佛德勅聽許說。於中初先廣舉佛德述前所歎。阿難諦下。勅聽許說。說己所念。又復前段廣舉佛德。明己能說。後勅聽許說。明己欲說。就前段中。先明果勝。所以者下。辨因顯果。

阿難當知。如來正覺其智難量。多所導御。慧見無礙。無能遏絕。以一餐之力能住壽命億百千劫無數無量。復過於此。諸根悅豫。不以毀損。姿色不變。光顏無異。

就明果中初先對上阿難所念明佛慧勝以一餐

下對前阿難所見諸根悅豫等事明佛身勝。明慧勝中。如來正覺總舉佛智。其智難等別以顯勝。其智難量明智深也。窮證涅槃甚深法性故智難量。此則是前住佛所住。難量之智證法名住。多所導御明智廣也。此則是前住導師行。慧見無礙彰智自在。於諸法門知見無礙。此則是前行如來德。無能遏絕顯其智勝。不為他人之所遏絕。顯其勝相。名無遏絕。此則是前住最勝道。下明身勝。以一餐力能住壽等約化顯實。明佛體常以實常故。隨化現受一餐之力能住多劫身無衰損。亦得名為約實顯化。文中初言以一餐之力能住壽命億百千劫。彰命常也。諸根悅等明身常也。諸根悅豫不以毀損。就上所現諸根悅豫明其常德。姿色不變。就上所現姿色清淨明其常命。光顏無異。就上所現光顏巍巍明其常定。○上來就果明佛身慧二種俱勝。下次舉因顯成前果。

所以者何。如來定慧究暢無極。於一切法而得自在。

所以者何。徵問發起。所以如來得此勝慧常身者何。下對釋之。如來定慧究暢無極。明其所修成滿故勝。定止慧觀。此二行主。以是偏舉。餘皆從之。故

隱不論。定慧究竟故名為究。通暢自在故名為暢。寬廣無邊稱曰無極。此則是其心自在行。於一切法而得自在。明其所學自在故勝。此則是其法自在行。善入一切法界之門。法門之力無所不現。名為自在。○上來廣舉佛德述前所歎。

阿難諦聽。今為汝說。

勅聽許說。說己所念。謂念西方無量壽佛。諦聽勅也。為汝許也。此第五竟。

對曰唯然。願樂欲聞。

第六阿難奉教聽受。文顯可知。○上來序竟。

△就正宗中，文別有三。一明所行，二阿難白佛法藏比丘爲已成佛而取滅，下明其所成。三告阿難其有衆生生彼國者住正定，下明其所攝。此三皆就彌陀佛說。言所行者，彰彼如來本昔所修無量行願。言所成者，彰彼如來現今所得身土之果。言所攝者，彰彼如來現今攝取十方國土無量衆生同往彼國教化利益。此三即是經之大宗。

△就所行中，初列多佛明起行緣，時有國王聞佛說下彰彼法藏依之起行。

佛告阿難，乃往過去久遠無量不可思議無央數劫，

錠光如來興出於世，教化度脫無量衆生，皆令得道乃取滅度。次有如來名曰光遠，次名月光，次名栴檀香，次名善山王，次名須彌天冠，次名須彌等曜，次名月色，次名正念，次名離垢，次名無著，次名龍天，次名夜光，次名安明頂，次名不動地，次名瑠璃妙華，次名瑠璃金色，次名金藏，次名炎光，次名炎根，次名地種，次名月像，次名日音，次名解脫華，次名莊嚴光明，次名海覺神通，次名水光，次名大香，次名離塵垢，次名捨厭意，次名寶炎，次名妙頂，次名勇立，次名功德持慧，次名蔽日月光，次名日月瑠璃光，次名無上瑠璃光，次名最上首，次名菩提華，次名月明，次名日光，次名華色王，次名水月光，次名除癡冥，次名度蓋行，次名淨信，次名善宿，次名威神，次名法慧，次名鸞音，次名師子音，次名龍音，次名處世。如此諸佛皆悉已過。爾時次有佛名世自在王如來、應供、等正覺、明行足、善逝、世間解、無上士調御丈夫、天人師、佛、世尊。

前中合舉五十四佛。初五十三，一處並舉，末後一佛，法藏親承，一處別舉。就前五十三佛之中，乃往過去不思劫等，彰其時分。定光出等，次第辯列。如此諸佛皆悉已過，結前生後。下次列其自在王佛。

名世自在是其別名，如來應等是其通號。佛德無量，依德施名，名亦無限。經隨一數，略列十種。十中前五是佛自德，後五利他。就前五中，初二一對，前一道圓，後一滅極。後三一對，初二因圓，後一果極。就初對中，言如來者，彰其道圓。乘如實道，來成正覺，故名如來。言應供者，顯其滅極。證滅相應，故名爲應。又證滅故，合應供養，故云應供。就後對中，初二因圓，於中初言等正覺者，彰其解圓。餘經中亦名正偏知也。正者是理，於理窮照，故名偏知。今言等者，是彼偏也。稱理名等，正者還是餘經正也。言

其覺者是彼知也。明行足者，明其行圓。明是證行，證法顯了，故名爲明。分別有三：一如涅槃說，一菩薩明，所謂般若波羅蜜多；二諸佛明，所謂佛眼；三無明明，謂十一空。彼非智解，故曰無明；能生智明，故復名明。前二能證，後一所證。又龍樹說，佛具宿命、天眼、漏盡，故曰三明。行是教行，如地持說，正觀名行。又龍樹說，戒定慧等名之爲行。此二圓具，故名爲足。言善逝者，明其果極。善名爲好，逝稱爲去，如來好去，故曰善逝。佛德滿足，更何處去而言好去？雖無去處，非不能去，如劫盡火，雖無所燒，非不能

燒，故得云去。就後五中，前四是別，後一是總。前四別中，世間解者，是化他智，善解世間，名世間解。無上士、調御丈夫及天人師，此之兩號是化他能。彼無上士調御丈夫，能調物心，自調調他，調御中極，故曰無上士者，是其人之別稱。此無上士能善方便調伏衆生，名調御丈夫。天人師者，能授與法，能以正法近訓天人，名天人師。六道俱化，天人益多，以是偏舉。佛者是其化他之德，此翻名覺，自覺覺他，覺行窮滿，故名爲佛。言世尊者，此號是總。佛備衆德，爲世欽重，故號世尊。○上來明佛之起行緣。

△下明法藏依之起行。於中初明世間之行，佛告阿難法藏比丘說此頌下，明出世行。地前所行名爲世間，地上出世。

△世間行中，次第有三：一聞法發心，二出家修道，三詣佛所禮讚發願。

時有國王，聞佛說法，心懷悅豫，尋發無上正眞道意，

初中時有國王，舉起行人。聞佛說法，心懷悅豫，聞法心喜。尋發道意，正明發心。菩提心義，廣如別章，此應具論。

棄國捐王，行作沙門，號曰法藏，高才勇哲，與世超異。

第二段中，棄國捐王，明其所捨。行作沙門，彰其所爲。此翻名息，息諸惡故。號曰法藏，列其名諱。高才勇等，辨其性行。才謂才巧，才德過人，故曰高才。志強名勇，心明稱哲，此德孤出，名世超異。

詣世自在王如來所，稽首佛足，右遶三帀，長跪合掌，以頌讚曰：

第三段中，初詣佛所，次到已敬。稽首，敬也，屈尊接卑，故用表敬。右遶，愛也，旋遶不捨，故用表愛。長跪已下，讚歎發願。長跪合掌，與讚方便。以偈頌曰，經家總舉。何故言偈？頌言義妙美，諸讚歎者多用偈

頌又偈巧約少字之中能攝多義法藏比丘欲以約言廣收佛德故以偈頌

△下出偈辭初有七偈讚歎佛德明其所求後十三偈發願求佛明其能求

光顏巍巍　威神無極　如是炎明　無與等者

日月摩尼　珠光焰耀　皆悉隱蔽　猶如聚墨

如來容顏　超世無倫　正覺大音　響流十方

戒聞精進　三昧智慧　威德無侶　殊勝希有

深諦善念　諸佛法海　窮深盡奧　究其涯底

無明欲怒　世尊永無　人雄師子　神德無量

功勳廣大　智慧深妙　光明威相　震動大千

前七偈中初五偈半正歎佛德後一偈半結歎佛德前正歎中初兩偈半歎佛身業次有半偈歎佛口業後兩偈半歎佛意業就歎身業中言光巍巍歎佛光勝以爲一門言顏巍巍歎佛身勝復爲一門巍巍之言已如上釋復有七句顯光巍巍威神無極光發所依由佛威德神力無極故能放光如是炎明正舉光體無與等者對人顯勝餘人身光無與齊等日月摩尼至若聚墨對事顯勝此等諸光若對佛光皆悉隱蔽猶如聚墨在珂貝邊下有兩句顯顏巍巍如來容顏超世無倫故顏巍巍倫謂匹矣次歎口業正覺大音響流十方下歎意業於中初有兩偈之文歎佛行德後之半偈歎佛斷德行是菩提斷是涅槃前中初偈歎佛德勝後之一偈歎佛德深勝是教行深是證行前歎勝中戒聞精進三昧智慧舉其德體威德無侶殊勝希有就德顯勝威德無侶他不能齊殊勝希有佛德過彼後歎深中深諦善念諸佛法海趣證方便諦謂審諦深思諦觀念佛法海故能得證如來藏性是佛法海窮深盡奧究其涯底證行成就此歎行德

下歎斷德無明是癡欲者是貪怒者是瞋佛斷永無故斷勝矣上來別歎三業功德自下結歎人雄師子神德無量總以結歎功勳廣等隨別結歎功勳廣大結歎前口正覺大音響流十方故佛化他功德廣大智慧深妙結歎前意前有多德偏結其慧以行主故深結前深妙結前勝光明威等結歎前身上來歎竟

△自下發願求前所歎於中初有十偈之文正起願心後之三偈請佛證知前十偈中初之五偈求佛法身後之五偈求佛淨土

願我作佛　齊聖法王　過度生死　靡不解脫
布施調意　戒忍精進　如是三昧　智慧為上
吾誓得佛　普行此願　一切恐懼　為作大安
假令有佛　百千億萬　無量大聖　數如恆沙
供養一切　斯等諸佛　不如求道　堅正不卻

求法身中初之一偈願求佛果。次有兩偈願求佛因。後之兩偈校量顯勝。就求果中願我作佛齊聖法王求佛自德。過度生死靡不解脫求利他德。就求因中初有偈半求自利行。下有半偈求利他行。求自利中初偈舉彼六度之行。布施調意是其檀

度。修施治慳名為調意。戒是戒度。忍是忍度。精進進度。三昧禪度。智慧智度。慧勝名上。下對起願。吾誓得佛起行所趣。普行此願求因趣向。下求利他文顯可知。上來求因。自下兩偈校量顯勝。堅其願心。假令有佛百千億萬舉其佛寶。無量大聖數如恆沙舉其僧寶。供養一切供前僧寶。斯等諸佛供前佛寶。不如求下對願比校彰其不及。卻猶退也。雖供多聖不如自己求道不退。故重堅發。經中如此比校大多不可具說。供養有限求道之心無齊限故。

譬如恆沙　諸佛世界　復不可計　無數剎土
光明悉照　偏此諸國　如是精進　威神難量
令我作佛　國土第一　其眾奇妙　道場超絕
國如泥洹　而無等雙　我當愍哀　度脫一切
十方來生　心悅清淨　已到我國　快樂安隱

求淨土中初三偈半自求淨土。後一偈半求土攝他。就自求中初有兩偈汎舉多土。次有半偈明己所求於諸土中最為第一。後之一偈顯第一相。前汎舉中如恆沙等廣舉多土。光明照等就彼多土明莊嚴相。光偏此國明佛如來光明莊嚴。如是精

進威神難量明佛如來神通莊嚴。佛於彼土勤現化事名為精進。化事眾多是故名為威神難量。此汎舉竟。令我作佛國第一者於前所舉諸國土中諸相莊嚴最為第一。現今所成彌陀國是。下有一偈顯第一相。其眾奇妙明眾第一。道場超絕明處第一。國如泥洹而無等雙明國第一。亦得名為樂第一也。泥洹涅槃本是一名傳之音異。故下文言。彌陀國中眾生受樂而次泥洹。上來自求。下有一偈半求土攝物。我當愍哀度一切者明己當來成佛道時度脫一切。十方來生心悅淨等明於當來

生我國者齊獲勝益。十方來生。生人多也。心悅清淨。歸心純也。已到我等。獲利勝也。上來十偈。正起願心。

△下有三偈。請佛證知。

幸佛信明　是我眞證　發願於彼　力精所欲
十方世尊　智慧無礙　常令此尊　知我心行
假令身止　諸苦毒中　我行精進　忍終不悔

於此文中。初有半偈。請世自在佛為已作證。次有半偈。更與願心。次有一偈。請十方佛為已作證。下有一偈。重起願心。初半偈中。幸猶願也。願佛信我所求不虛。明我當來定必得果。是故請言幸佛信明。佛證不虛。故說言是我眞證。其次半偈更與願中。發願於彼所求之事。力勵精勤修習所欲。法身淨土。各顯於彼力精所欲。其次一偈。請十方佛作證可知。末後一偈。重起願中。結誓自要。故云假令身止諸苦忍終不悔。○上來明其世間之行。

佛說無量壽經義疏卷二

佛說無量壽經義疏卷三

曹魏天竺三藏康僧鎧譯經

隋京師淨影寺沙門慧遠撰疏

△下明出世。於中初略。如是修已。詣彼佛下。廣明所行。略中有三。初法藏請。如來反答。彰彼先知。不為宣說。二法藏重請。如來為說。三法藏聞說。依之奉行。

佛告阿難。法藏比丘說此頌已。而白佛言。唯然世尊。我發無上正覺之心。願佛為我廣宣經法。我當修行。攝取佛國清淨莊嚴無量妙土。令我於世速成正覺。拔諸生死勤苦之本。佛語阿難。時世自在王佛告法藏比丘。如所修行。莊嚴佛土。汝自當知。

初中先請。後佛反答。請中法藏說此頌已。結前起後。而白佛下。彰彼請辭。我發無上正覺之心。牒前起後。向前偈中求身求土。名發無上正覺之心。心為行本。彰已有本。明堪起行。生彼請也。願佛為我廣說經法。正請宣說。我當修等。彰請所為。所為有三。一是所行。二是所成。三是所攝。我當修行。是其初門。修行法身淨土之因。攝取已下。是第二門。明己所成。攝取佛國清淨莊嚴等。是所成土。於世速成是所成身拔生死等是第三門明己所攝攝取衆生敎化令出生死苦本拔生死者出生死果拔懃苦本離生死因由因數受生死之苦故名彼因爲懃苦本下佛返答饒王佛者世自在王之別名也告法藏等返答之辭此初段竟

比丘白佛斯義弘深非我境界唯願世尊廣爲敷演諸佛如來淨土之行我聞此已當如說修行成滿所願爾時世自在王佛知其高明志願深廣即爲法藏比丘而說經言譬如大海一人斗量經歷劫數尚可窮底得其妙寶人有至心精進求道不止會當剋果

何願不得於是世自在王佛即爲廣說二百一十億諸佛刹土天人之善惡國土之麤妙應其心願悉現與之

第二段中初法藏請斯義弘深非我境界彰己不知前佛據其自分所修道言自知法藏今就勝進所習言非己境不相乖違斯謂此也弘謂大也此前所請出世之行其義大深非我境界爲是次請唯願廣等請佛宣說文中偏求淨土之行身行略無我聞此下彰請所爲下佛爲說知其高明志願深廣知其心大下佛授法即爲法藏而說經言總明所說譬如下別別中初先教其堅心先喩後合於是世已下正爲宣說淨土之法即爲廣說二百一十億諸佛刹土天人善惡汎說一切諸土之因國土麤妙汎宣一切諸土之果麤不精也說惡說麤令其捨遠說善說妙使其修習於諸說中隨欲廣教名應心願悉現與之此第二竟

時彼比丘聞佛所說嚴淨國土皆悉覩見超發無上殊勝之願其心寂靜志無所著一切世間無能及者具足五劫思惟攝取莊嚴佛國清淨之行阿難白佛彼佛國土壽量幾何佛言其佛壽命四十二劫時法

藏比丘攝取二百一十億諸佛妙土清淨之行

第三法藏聞說依法修行於中初別法藏比丘攝取下結別中初先見上所說淨土之果超發已下修上所說淨土之因因中初先更發勝願其心寂下依願起行其心寂靜志無所著世無及者明修證行理絕衆相故無所著求入名志證深離相故世無及具五劫下明修教行於中初明法藏比丘五劫起行阿難白下彰彼如來壽命長久成前法藏於彼佛所五劫修行阿難先問後佛答之彼佛壽命四十二劫法藏壽命亦應如是故彼法藏於

一身中在彼佛所五劫修行。問曰。若彼得壽多劫。劫盡之時居住何處而得修行。釋言。餘人見其劫盡。其法藏等見彼國土安隱不動。故得起修。與法華中衆生見劫盡大火所燒時我此土安隱天人常充滿。其義相似。上來別竟。法藏比丘攝取下結。一人具修無量土行。未來還得無量種土。隨人異現。上來略竟。

△自下第二廣明所修。於中初先廣前大願。時彼比丘於其佛所諸天魔下廣前所行。就前廣願中文別有六。一法藏詣佛所彰己行。二如來遣說。三法藏自宣己所發願。四我建下說已重復立誓自要。五法藏比丘說此頌下如要相現。六於是法藏具足修下總以結歎。

如是修已詣彼佛所稽首禮足遶佛三帀合掌而住。白佛言世尊我已攝取莊嚴佛土清淨之行。

就初段中如是修已結前生後。詣彼佛等敬白方便。而白佛等申己所修。我已於前五劫之中攝取嚴土清淨行矣。

佛告比丘汝今可說宜知是時發起悅可一切大衆。菩薩聞已修行此法緣致滿足無量大願。

第二段中佛告比丘汝今可說正勸宣說。宜知是時催令速說。發起悅等明說所爲。爲益諸衆故須宣說。發起悅可一切大衆爲益凡夫二乘故說。由彼法藏自說己願令衆同喜願生其國名發起悅可一切衆矣。菩薩聞下爲益菩薩。由彼法藏自說己願令諸菩薩學之同發。故云聞已修行此法滿足大願。聞已修行起願始也。緣致滿等願心成也。

比丘白佛唯垂聽察如我所願當具說之。

第三法藏比丘自宣己願。唯垂聽察請佛得說。如我所願當具足說總許宣說。

△下正說之。於中合有四十八願。義要唯三。文別有七。義要三者。一攝法身願。二攝淨土願。三攝衆生願。四十八中。十二十三及第十七是攝法身。第三十一第三十二是攝淨土。餘四十三是攝衆生。文別七者。初十一願爲攝衆生。次有三願是其第二爲攝法身。次有三願是其第三重攝衆生。次有一願是其第四重攝法身。次有十三是其第五爲攝衆生。次有兩願是其第六爲攝淨土。下有十六是其第七重攝衆生。

第一願國無惡道（以下四十八願標目會刻經疏時增添）

設我得佛國有地獄餓鬼畜生者不取正覺。

第二願不更惡道

設我得佛國中天人壽終之後復更三惡道者不取正覺。

第三願身眞金色

設我得佛國中天人不悉眞金色者不取正覺。

第四願形色相同

設我得佛國中天人形色不同有好醜者不取正覺。

第五願宿命智通

設我得佛國中天人不識宿命下至知百千億那由他諸劫事者不取正覺。

第六願天眼普見

設我得佛國中天人不得天眼下至見百千億那由他諸佛國者不取正覺。

第七願天耳普聞

設我得佛國中天人不得天耳下至聞百千億那由他諸佛所說不悉受持者不取正覺。

第八願他心悉知

設我得佛國中天人不得見他心智下至知百千億那由他諸佛國中衆生心念者不取正覺。

第九願神足無礙

設我得佛國中天人不得神足於一念頃下至不能超過百千億那由他諸佛國者不取正覺。

第十願不貪計身

設我得佛國中天人若起想念貪計身者不取正覺。

第十一願住定證滅

設我得佛國中天人不住定聚必至滅度者不取正覺。

就初段中初有兩願願生無苦後之九願願生得樂無苦中初一願其自國無苦設我得佛國有地獄餓鬼畜生不取正覺不取正覺者諸願不滿終不成佛假設所願不滿得成誓終不取是故說言設我得佛國有地獄畜生餓鬼不取正覺餘亦如是言地獄者地下牢獄是其苦處故云地獄言餓鬼者飢渴名餓恐怯多畏故名爲鬼言畜生者此乃從生畜養爲名一切世人或爲噉食或爲驅使畜養此生故云畜生後之一願願己國中有衆生命終不向他國受苦此之兩願願生無苦後九願生得樂之中初之兩願願生身樂後之七願願生心樂心中五通各別爲一漏盡分二故有七願。

第十二願光明無量

設我得佛光明有能限量下至不照百千億那由他諸佛國者不取正覺。

第十三願壽命無量

設我得佛壽命有能限量下至百千億那由他劫者。不取正覺。

第二段中明攝法身文相易知。

第十四願聲聞無數

設我得佛國中聲聞有能計量乃至三千大千世界眾生悉成緣覺於百千劫悉共計校知其數者不取正覺。

第十五願隨願脩短

設我得佛國中天人壽命無能限量除其本願脩短自在若不爾者不取正覺。

第十六願不聞惡名

設我得佛國中天人乃至聞有不善名者不取正覺。

第三段中明攝眾生文相易知。

第十七願諸佛稱歎

設我得佛十方世界無量諸佛不悉咨嗟稱我名者不取正覺。

第四段中明攝法身文相易知。

第十八願十念必生

設我得佛十方眾生至心信樂欲生我國乃至十念若不生者不取正覺唯除五逆誹謗正法。

第十九願臨終接引

設我得佛十方眾生發菩提心修諸功德至心發願欲生我國臨壽終時假令不與大眾圍遶現其人前者不取正覺。

第二十願欲生果遂

設我得佛十方眾生聞我名號繫念我國植眾德本至心迴向欲生我國不果遂者不取正覺。

第二十一願三十二相

設我得佛國中天人不悉成滿三十二大人相者不取正覺。

第二十二願一生補處

設我得佛他方佛土諸菩薩眾來生我國究竟必至一生補處除其本願自在所化爲眾生故被弘誓鎧積累德本度脫一切遊諸佛國修菩薩行供養十方諸佛如來開化恆沙無量眾生使立無上正眞之道超出常倫諸地之行現前修習普賢之德若不爾者

不取正覺。

第二十三願供養諸佛

設我得佛國中菩薩承佛神力供養諸佛一食之頃不能偏至無量無數億那由他諸佛國者不取正覺。

第二十四願供具隨意

設我得佛國中菩薩在諸佛前現其德本諸所求欲供養之具若不如意者不取正覺。

第二十五願演說妙智

設我得佛國中菩薩不能演說一切智者不取正覺。

第二十六願那羅延身

設我得佛國中菩薩不得金剛那羅延身者不取正覺。

第二十七願一切嚴淨

設我得佛國中天人一切萬物嚴淨光麗形色殊特窮微極妙無能稱量其諸眾生乃至逮得天眼有能明了辨其名數者不取正覺。

第二十八願道樹高顯

設我得佛國中菩薩乃至少功德者不能知見其道場樹無量光色高四百萬里者不取正覺。

第二十九願誦經得慧

設我得佛國中菩薩若受讀經法諷誦持說而不得辯才智慧者不取正覺。

第三十願慧辯無限

設我得佛國中菩薩智慧辯才若可限量者不取正覺。

第五段中初三願攝他國眾生次一願攝自國眾生次一還攝他國眾生後八還攝自國眾生。

第三十一願照見十方

設我得佛國土清淨皆悉照見十方一切無量無數不可思議諸佛世界猶如明鏡覩其面像若不爾者不取正覺。

第三十二願寶香妙嚴

設我得佛自地已上至於虛空宮殿樓觀池流華樹國中所有一切萬物皆以無量雜寶百千種香而共合成嚴飾奇妙超諸天人其香普熏十方世界菩薩聞者皆修佛行若不爾者不取正覺。

第六段中明攝淨土文顯可知。

第三十三願蒙光柔輭

設我得佛十方無量不可思議諸佛世界眾生之類蒙我光明觸其體者身心柔輭超過天人若不爾者

不取正覺。

第三十四願聞名得忍

設我得佛十方無量不可思議諸佛世界衆生之類。聞我名字不得菩薩無生法忍諸深總持者不取正覺。

第三十五願脫離女身

設我得佛十方無量不可思議諸佛世界其有女人聞我名字歡喜信樂發菩提心厭惡女身壽終之後復爲女像者不取正覺。

第三十六願常修梵行

設我得佛十方無量不可思議諸佛世界諸菩薩衆。聞我名字壽終之後常修梵行至成佛道若不爾者不取正覺。

第三十七願天人致敬

設我得佛十方無量不可思議諸佛世界諸天人民聞我名字五體投地稽首作禮歡喜信樂修菩薩行。諸天世人莫不致敬若不爾者不取正覺。

第三十八願衣服隨念

設我得佛國中天人欲得衣服隨念即至如佛所讚應法妙服自然在身若有裁縫染治浣濯者不取正覺。

第三十九願樂如漏盡

設我得佛國中天人所受快樂不如漏盡比丘者不取正覺。

第四十願樹中現刹

設我得佛國中菩薩隨意欲見十方無量嚴淨佛土。應時如願於寶樹中皆悉照見猶如明鏡覩其面像。若不爾者不取正覺。

第四十一願諸根無缺

設我得佛他方國土諸菩薩衆聞我名字至於得佛。

諸根缺陋不具足者不取正覺。

第四十二願淸淨解脫

設我得佛他方國土諸菩薩衆聞我名字皆悉逮得清淨解脫三昧住是三昧一發意頃供養無量不可思議諸佛世尊而不失定意若不爾者不取正覺。

第四十三願聞名得福

設我得佛他方國土諸菩薩衆聞我名字壽終之後生尊貴家若不爾者不取正覺。

第四十四願修行具德

設我得佛他方國土諸菩薩衆聞我名字歡喜踊躍

修菩薩行具足德本若不爾者不取正覺

第四十五願普等三昧

設我得佛他方國土諸菩薩眾聞我名字皆悉逮得普等三昧住是三昧至於成佛常見無量不可思議一切如來若不爾者不取正覺

第四十六願隨願聞法

設我得佛國中菩薩隨其志願所欲聞法自然得聞若不爾者不取正覺

第四十七願聞名不退

設我得佛他方國土諸菩薩眾聞我名字不即得至

不退轉者不取正覺

第四十八願得三法忍

設我得佛他方國土諸菩薩眾聞我名字不即得至第一第二第三法忍於諸佛法不能即得不退轉者不取正覺

第七段中初五攝取他國眾生次三攝取自國眾生次五還攝他國眾生次一還攝自國眾生後二復攝他國眾生○此第三竟

佛告阿難爾時法藏比丘說此願已以偈頌曰

自下第四約前所願立誓自要於中合有十一偈文前之十偈立誓自要後一請證就前十中初三自要後七願求

我建超世願　必至無上道　斯願不滿足　誓不成等覺
我於無量劫　不爲大施主　普濟諸貧苦　誓不成等覺
我至成佛道　名聲超十方　究竟靡所聞　誓不成等覺

前自要中初偈約佛自德自要前所發中求法身願求淨土願名超世願與心名建得果決定故云必至無上道矣此言順舉斯願不滿誓不成者是自要也後二約就化德自要於中初偈舉佛法施化益自要後偈舉佛名聞普周化德自要靡猶無

也我成佛時名聞十方有人究竟於我名字無所聞者不取正覺

離欲深正念　淨慧修梵行　志求無上尊　爲諸天人師
神力演大光　普照無際土　消除三垢冥　明濟眾厄難
開彼智慧眼　滅此昏盲闇　閉塞諸惡道　通達善趣門
功祚成滿足　威曜朗十方　日月戢重暉　天光隱不現
爲眾開法藏　廣施功德寶　常於大眾中　說法師子吼
供養一切佛　具足眾德本　願慧悉成滿　得爲三界雄
如佛無礙智　通達靡不照　願我功德力　等此最勝尊

就順求中初偈是略離欲深正念淨慧修梵行舉

已善因下用求果無上尊求佛自德爲天人師求利他德餘六偈廣於中初有五偈半文廣舉佛德末後半偈發願求同前舉德中初有兩偈舉佛化德次有一偈舉佛自德次有一偈復舉化德後一偈半重舉自德就初兩偈化德中神力演光照無際土身業化也消除已下口業化也消除三垢濟衆厄難小乘法化教斷三毒名除三垢開彼慧眼滅昏盲闇大乘法化閉塞惡道通善趣門人天法化功祚一偈舉佛自德功祚成滿是佛德洪功果福祚皆悉成滿威曜朗等是佛德用且舉光用餘

略不論威曜十方光之廣也日月戢輝天光不現光之勝也佛光映蔽日月攝光不能外照名戢重輝爲衆一偈重舉化德文顯可知後一偈半重明自德初偈明佛因成得果供一切佛具衆德本福因成也願慧悉滿智因成也爲三界雄明因得果下有半偈彰用自在佛無礙智達無不照上來一段廣舉佛德願我功慧等此勝等發願求同功是福因慧是智因願我以此福智之力等佛如來最勝之尊上來十偈立誓自要

斯願若剋果大千應感動虛空諸天神當雨珍妙華

斯願一偈請證要端若定剋果大千應動空雨妙華

佛語阿難法藏比丘說此頌已應時普地六種震動天雨妙華以散其上自然音樂空中讚言決定必成無上正覺

第五如要相現法藏說已應時地動應前所要雨華散上應後所要自然已下出聲記歎

於是法藏比丘具足修滿如是大願誠諦不虛超出世間深樂寂滅

第六總以結歎初先結之超出下歎○上來明願

△下次明行於中有二一明修具二隨生下明報殊勝前中復二一修淨土行二從不生欲覺已下修法身行

阿難法藏比丘於其佛所諸天魔梵龍神八部大衆之中發斯弘誓建此願已一向專志莊嚴妙土所修佛國開廓廣大超勝獨妙建立常然無衰無變於不可思議兆載永劫積植菩薩無量德行

修土行中時彼比丘於其佛所大衆之中發斯弘誓建此願已牒前起後牒前願心起於後行龍神夜叉乾闥婆等是其八部發斯弘誓牒前所發四

十八願而起於後。建此願已。牒前我建超世願等而起於後。下明起行。一向專志莊嚴妙土。總明起行。所修佛下。別明起行。別中先舉淨土之果。於不可下。對之修因。前舉果中所修佛國恢廓廣大。明土廣也。超勝獨妙。明土勝也。建立常然無衰無變。明土常也。修因可知。

△法身行中。初別後總。別中有四。一離煩惱。二勇猛下。明修善法。三遠離下。明離惡業。四棄國下。重明修善。

不生欲覺瞋覺害覺。不起欲想瞋想害想。不著色聲

香味觸法。忍力成就。不計衆苦。少欲知足。無染恚癡。三昧常寂。智慧無礙。無有虛僞諂曲之心。和顏愛語。先意承問。

離煩惱中。初就自行明離煩惱。無有虛下。就利他行明離煩惱。前自行中。文曲有四。第一明離煩惱因緣。二忍力下。明修對治。三無染下。離煩惱體。四三昧下。復明修治。就初段中。先離惑因。不著色等。明離惑緣。前離因中。不生欲覺瞋覺害覺。正明所離。覺有八種。如地持說。一是欲覺。思財思色。二是瞋覺。亦名恚覺。思欲瞋他。三者害覺。亦名惱覺。於他人所念欲加害。四者親覺。追憶親緣。五國土覺。念世安危。六不死覺。謂身不死。廣集資生。七族姓覺。念氏族高下。八輕誣覺。念陵他人。此八種中。初三過重。爲是偏舉。不起欲想瞋想害想。重復顯之。不起欲想。名離欲覺。不起瞋想。名離瞋覺。不起害想。名離害覺。亦可前言不生三覺。就始彰離。不起欲想瞋想害想。據終明離。未對境界。預起邪思。名之爲覺。對緣生心。說爲三想。此皆離之。下離惑緣。不著色聲香味觸等。此初段竟。次明修治。忍力成就。不計衆苦。能忍違緣。故離三覺不起三想。少欲

知足。能忍順緣。故離色聲香味觸等。此兩段竟。次離惑體。無染恚癡。染猶貪也。此三段竟。下復修治。三昧常寂。止行深也。智慧無礙。觀行勝也。上來四段。合爲自利。下就利他明離煩惱。無有虛僞諂曲之心。明離心過。言和顏者。明離身過。愛語先問。明離口過。由無煩惱。故身口意中不起過矣。上來第一明離煩惱。

勇猛精進。志願無倦。專求清白之法。以惠利羣生。恭敬三寶。奉事師長。以大莊嚴具足衆行。令諸衆生功德成就。住空無相無願之法。無作無起。觀法如化。

第二明其修善。於中有三。一起願心。二恭敬。下依願起行。三住空。下行成入證。初起願中。勇猛精進志願無倦。求清白法。自利願也。惠利羣生。利他願也。第二行中先明自利。後明利他。前自利中。恭敬三寶。奉事師長。攝行方便。恭敬三寶。攝福方便。奉事師長。攝智方便。以大嚴等。彰行成就。以大嚴者。謂以福智二種莊嚴而自嚴也。具眾行者。隨別以分。謂具檀等一切行也。下明利他。以行教他。故令眾生功德成就。第三證中。住空無相無願之法。無作無起。證法非有。人法無性。名之為空。假人假法。

相亦不有。名為無相。於此二中。無有希求願樂之心。名為無願。又離妄想。亦名無願。於此三中。無果可為。名為無作。故維摩云。雖行無作而現受身。故知無作約果以論。於前三中。無因可生。名為無起。故維摩云。雖行無起而起善行。故知無起約因以說。然諸經中說理不定。或說一空。如大品中所說獨空。辨一不多。故名為獨。或說二種。謂二無我。或說三種。空無相無願。或說四種。如維摩說。謂空無作無相無起。又大品說有法空無法空自法空化法空。亦是四種。別章廣釋。或說五種。如此中說空

無相無願無作無起。備如向釋。或說七空。如大品說。或說九空。如毗曇說。或說十一。如涅槃說。或說十四。如大品說。或說十八。如大品說。或說二十五空。如涅槃說。廣則無量。今據一門。且說五種。於此理法證會。名為觀法如化。證法非無。此第二竟。

遠離麤言自害害彼彼此俱害。修習善語自利利人。人我兼利。

第三明離惡業。於中初先明其離過。修習善。下彰其攝治。前離過中。遠離麤言。明離口惡。遠離自害害他俱害。明離身惡。下攝治中。修習善語。治前口

惡。自利利人人我俱利。治前身惡。此第三竟。

棄國捐王絕去財色。自行六波羅蜜。敎人令行。

第四重明修善。於中初先明其自利。棄國捐王絕去財色。明其所捨。自行六度。彰其所修。下明利他。以前六度敎人令行。○上來四段。別明身因。

無央數劫積功累德。

總以結之。上來第一明修具。

隨其生處在意所欲。無量寶藏自然發應。敎化安立無數眾生。住於無上正真之道。或為長者居士豪姓尊貴。或為刹利國君轉輪聖帝。或為六欲天主。乃至

梵王常以四事供養恭敬一切諸佛。如是功德不可稱說。口氣香潔如優鉢羅華。身諸毛孔出栴檀香。其香普熏無量世界。容色端正。相好殊妙。其手常出無盡之寶。衣服飲食珍妙華香繒蓋幢旛莊嚴之具。如是等事超諸天人。於一切法而得自在。

第二彰報殊勝。於中有二。一對上所修淨土之因。明得報勝。即勝依果。二或為長者居士已下對上所修法身之因明得報勝得勝正果。前中初言隨其生處在意所欲無量寶藏自然發應明得勝財。在猶任也。教化安立住於正道以財攝他令歸正

法後中初明功德之果。次於一切法而得自在明智慧果。功德果中先別後結。別中有四。一身報尊上。二常以四事供養已下依身起行。三口氣下身報微妙。於中三句文相可知。四手出下依身起用。手出供具供養諸佛。上來別竟。如是之等超諸天人總以結歎。慧果可知。○上明所行。

佛說無量壽經義疏卷三

佛說無量壽經義疏卷四

曹魏天竺三藏康僧鎧譯經

隋京師淨影寺沙門慧遠撰疏

△自下第二明其所成。謂成法身淨土之果。然此所成遂前四十八之大願。應別對之文顯可知。文中有二。一略明所成。二佛告阿難無量壽佛威神已下廣明所成。

阿難白佛。法藏菩薩為已成佛而取滅度。為未成佛。為今現在。佛告阿難。法藏菩薩今已成佛。現在西方。去此十萬億剎。其佛世界名曰安樂。阿難又問。其佛成道已來為經幾時。佛言。成佛已來凡歷十劫。其佛

國土自然七寶金銀瑠璃珊瑚琥珀硨磲瑪瑙合成為地。恢廓曠蕩不可限極。悉相雜廁轉相間入。光赫煜爍微妙奇麗清淨莊嚴超踰十方一切世界眾寶中精。其寶猶如第六天寶。又其國土無須彌山及金剛圍一切諸山。亦無大海小海溪渠井谷。佛神力故欲見則見。亦無地獄餓鬼畜生諸難之趣。亦無四時春秋冬夏。不寒不熱常和調適。爾時阿難白佛言。世尊。若彼國土無須彌山。其四天王及忉利天依何而住。佛語阿難。第三炎天乃至色究竟天皆依何住。阿

難白佛行業果報不可思議佛語阿難行業果報不可思議諸佛世界亦不可思議其諸衆生功德善力住行業之地故能爾耳阿難白佛我不疑此法但爲將來衆生欲除其疑惑故問斯義

略中有四第一阿難就身爲問成佛已未如來具答二其佛界下約之明土三又問下阿難重復就身爲問成來久近如來具答四其國自然七寶已下約之明土就初段中阿難先問法藏比丘爲已成佛爲未爲現此約三世時別以問佛答可知第二段中直列彼佛國土名號未辨其相第三段中

先問後答文顯可知第四段中先明所有又其國土無須彌下彰其所無明所有中自然寶成明其體相恢廓曠蕩明其量相悉相雜等明莊嚴相明所無中初先正辨阿難白下問答重顯前正辨中初無山等次無四趣後無四時春秋等別後重顯中文別有三初阿難問若無須彌四天王等依何而住如來反質二阿難正答如來約之以顯彼事三阿難彰己爲他故問非自不知上來略竟

△就下廣中文別有四一明佛身二卽約身明其徒衆三明國土四卽約土明其人民

佛告阿難無量壽佛威神光明最尊第一諸佛光明所不能及或照百佛世界或千佛世界取要言之乃照東方恒沙佛刹南西北方四維上下亦復如是或有佛光照於七尺或一由旬二三四五由旬如是轉倍乃至照一佛刹是故無量壽佛號無量光佛無邊光佛無礙光佛無對光佛炎王光佛清淨光佛歡喜光佛智慧光佛不斷光佛難思光佛無稱光佛超日月光佛其有衆生遇斯光者三垢消滅身意柔輭歡喜踊躍善心生焉若在三塗極苦之處見此光明皆得休息無復苦惱壽終之後皆蒙解脫無量壽佛光

明顯赫照曜十方諸佛國土莫不聞知不但我今稱其光明一切諸佛聲聞緣覺諸菩薩衆咸共歎譽亦復如是若有衆生聞其光明威神功德日夜稱說至心不斷隨意所願得生其國爲諸菩薩聲聞大衆所共歎譽稱其功德至其最後得佛道時普爲十方諸佛菩薩歎其光明亦如今也佛言我說無量壽佛光明威神巍巍殊妙晝夜一劫尚不能盡佛語阿難無量壽佛壽命長久不可稱計汝寧知乎假使十方世界無量衆生皆得人身悉令成就聲聞緣覺都共集會禪思一心竭其智力於百千萬劫悉共推算計其

壽命長遠劫數不能窮盡知其限極

就初段中應先解釋三佛之義然後釋文義如別章文中初先明佛光相後顯壽命前明光中奇歎以顯先別後結別中有四一釋迦自歎二其有眾生遇斯光下明諸眾生見聞利益三無量壽光顯赫巳下諸聖共歎四若有眾生聞其光下重明眾生見聞獲益初中有三一辨勝過劣無量壽佛光明第一二諸佛光明所不及下舉劣顯勝佛光實等隨化故爾三是故下廣歎顯勝有十二句初無量光無邊無礙此之三種當相以歎無量多也無

邊廣也無礙自在也無對炎王此之兩種寄對顯勝他光不敵名無對光此光勝餘名炎王光清淨歡喜智慧不斷此之四種當相以歎離垢稱淨能令見者心悅名喜於法善照名智慧光常照不絕名不斷光難思無稱超日月光此之三種寄對顯勝過世心想故曰難思過世言相名無稱光過世色相名超日月上來第一釋迦自歎自下第二見聞獲益初有遇者三垢消滅明除障益此名三毒為三垢耳身意輭等明生善益若在三下明滅苦益壽終後下明得樂益第三共歎文顯可知第四重明獲益之中初明稱說隨意往生次為諸聖咸共歎譽後明得佛一切共歎上來別歎佛言我說無量壽佛光明巳下總以結歎上來明光下明佛壽文顯可知上來第一明其佛身

聲聞菩薩天人之眾壽命長短亦復如是非算數譬喻所能知也又聲聞菩薩其數難量不可稱說神智洞達威力自在能於掌中持一切世界佛語阿難彼佛初會聲聞眾數不可稱計菩薩亦然如大目揵連百千萬億無量無數於阿僧祇那由他劫乃至滅度悉共計校不能究了多少之數譬如大海深廣無量

假使有人析其一毛以為百分以一分毛沾取一渧於意云何其所渧者於彼大海何所為多阿難白佛彼所渧水比於大海多少之量非巧歷算數言辭譬類所能知也佛語阿難如目連等於百千萬億那由他劫計彼初會聲聞菩薩所知數者猶如一渧其所不知如大海水

第二約身明眾於中有四一明其土人壽長遠如無量壽二又聲聞下明其眾多三神智洞下彰其德勝四重顯眾多且就初會顯其多相餘不可論初會聲聞不可稱計菩薩亦然當不辨多相就目

連不知以顯於中初明目連不知如大海下借事顯之佛先立喻反問阿難次阿難答下佛約之彰顯目連所知多少

△自下第三明其國土是中應先解淨土義然後釋文義如別章文中汎論有三莊嚴一事莊嚴色香味等五欲精上二法莊嚴純論妙法三人莊嚴勝善衆生居住其中今此所明國土勝中有事莊嚴及法莊嚴下第四段人民殊勝是人莊嚴然彼土中莊嚴妙事不可具辨今此文中略舉四事一明寶樹二明伎樂三明講堂宮殿等事四明寶池

又其國土七寶諸樹周滿世界金樹銀樹瑠璃樹玻瓈樹珊瑚樹瑪瑙樹硨磲之樹或有二寶三寶乃至七寶轉共合成或有金樹銀葉華果或有銀樹金葉華果或瑠璃樹玻瓈爲葉華果亦然或水精樹瑠璃爲葉華果亦然或珊瑚樹瑪瑙爲葉華果亦然或瑪瑙樹瑠璃爲葉華果亦然或硨磲樹衆寶爲葉華果亦然或有寶樹紫金爲本白銀爲莖瑠璃爲枝水精爲條珊瑚爲葉瑪瑙爲華硨磲爲實或有寶樹白銀爲本瑠璃爲莖水精爲枝珊瑚爲條瑪瑙爲葉硨磲爲華紫金爲實或有寶樹瑠璃爲本水精爲莖珊瑚爲枝瑪瑙爲條硨磲爲葉紫金爲華白銀爲實或有寶樹水精爲本珊瑚爲莖瑪瑙爲枝硨磲爲條紫金爲葉白銀爲華瑠璃爲實或有寶樹珊瑚爲本瑪瑙爲莖硨磲爲枝紫金爲條白銀爲葉瑠璃爲華水精爲實或有寶樹瑪瑙爲本硨磲爲莖紫金爲枝白銀爲條瑠璃爲葉水精爲華珊瑚爲實或有寶樹硨磲爲本紫金爲莖白銀爲枝瑠璃爲條水精爲葉珊瑚爲華瑪瑙爲實行行相値莖莖相望枝枝相準葉葉相向華華相順實實相當榮色光曜不可勝視淸風時發出五音聲微妙宮商自然相和又無量壽佛其

道場樹高四百萬里其本周圍五千由旬枝葉四布二十萬里一切衆寶自然合成以月光摩尼持海輪寶衆寶之王而莊嚴之周帀條間垂寶瓔珞百千萬色種種異變無量光炎照曜無極珍妙寶網羅覆其上一切莊嚴隨應而現微風徐動出妙法音普流十方一切佛國其聞音者得深法忍住不退轉至成佛道不遭苦患目覩其色耳聞其音鼻知其香舌嘗其味身觸其光心以法緣一切皆得甚深法忍住不退轉至成佛道六根淸徹無諸惱患阿難若彼國土天人見此樹者得三法忍一者音響忍二者柔順忍三

者無生法忍此皆無量壽佛威神力故本願力故滿
足願故明了願故堅固願故究竟願故佛告阿難世
間帝王有百千音樂自轉輪聖王乃至第六天上妓
樂音聲展轉相勝千億萬倍第六天上萬種樂音不
如無量壽國諸七寶樹一種音聲千億倍也
樹中初先汎明諸樹第二別明道場之樹三總就
之校量顯勝前汎明中先列其樹後明出聲就列
樹中其國寶樹周滿世界總以標舉金銀樹等明
純寶樹或二寶下明雜寶樹所出聲中出五音者
所謂宮商角徵羽等五種音也第二所明道場樹

中先明樹相次明出聲下明衆生見聞獲益前明
樹中先明量相一切衆寶自然合成明其體相以
月光等明莊嚴相出聲可知就明見聞獲益之中
初明六根見聞覺知悉得利益下明得忍差別不
同彼國天人皆得三忍總以標舉慧心安法名之
爲忍忍隨淺深差別爲三次列三名尋聲悟解知
聲如響名音響忍三地已還捨詮趣實名柔順忍
四五六地證實離相名無生忍七地已上下明衆
生得忍所由皆無量壽威神力者由彼如來現在
威力故獲三忍本願力等由其過去本願之力故

獲三忍本願是總餘四是別滿足願者願心圓備
明了願者求心顯著堅固願者緣不能壞究竟願
者終成不退以此願故生彼國者悉得三忍前明
諸樹次別明其道場之樹下通就之格量顯勝偏
顯樹中音聲勝矣文顯可知上來明樹
亦有自然萬種妓樂又其樂聲無非法音清暢哀亮
微妙和雅十方世界音聲之中最爲第一
第二明其伎樂亦有自然萬種伎樂總以標舉又
其樂聲無非法等顯其聲妙十方界等彰其聲勝
勝十方界一切音聲

其講堂精舍宮殿樓觀皆七寶莊嚴自然化成復以
眞珠明月摩尼衆寶以爲交絡覆蓋其上
第三明其講堂宮殿等事講堂精舍宮殿樓觀皆
七寶成明其體相復眞珠等明莊嚴相
內外左右有諸浴池或十由旬或二十三十乃至百
千由旬縱廣深淺皆各一等八功德水湛然盈滿清
淨香潔味如甘露黃金池者底白銀沙白銀池者底
黃金沙水精池者底瑠璃沙瑠璃池者底水精沙珊
瑚池者底琥珀沙琥珀池者底珊瑚沙硨磲池者底
瑪瑙沙瑪瑙池者底硨磲沙白玉池者底紫金沙紫

金池者底白玉沙或有二寶三寶乃至七寶轉共合成其池岸上有栴檀樹華葉垂布香氣普熏天優鉢羅華鉢曇摩華拘物頭華分陀利華雜色光茂彌覆水上彼諸菩薩及聲聞眾若入寶池意欲令水沒足水即沒足欲令至膝即至於膝欲令至腰水即至腰欲令至頸水即至頸欲令灌身自然灌身欲令還復水輒還復調和冷暖自然隨意開神悅體蕩除心垢清明澄潔淨若無形寶沙映徹無深不照微瀾迴流轉相灌注安詳徐逝不遲不疾波揚無量自然妙聲隨其所應莫不聞者或聞佛聲或聞法聲或聞僧聲

或寂靜聲空無我聲大慈悲聲波羅蜜聲或十力無畏不共法聲諸通慧聲無所作聲不起滅聲無生忍聲乃至甘露灌頂眾妙法聲如是等聲稱其所聞歡喜無量隨順清淨離欲寂滅真實之義隨順三寶力無所畏不共之法隨順通慧菩薩聲聞所行之道無有三塗苦難之名但有自然快樂之音是故其國名曰極樂

第四明其池相於中初先辨其池相後明出聲辨池相中文曲有四一明量相彼國諸池或十由旬二十三十乃至縱廣百千由旬二明水相具八功德清淨不臭輕冷輭美飲時調適飲已無患是其八也清淨色入不臭香入輕冷及輭此三觸入美是味入飲時調適飲已無患此二法入此八是其水家功能故名為功水家之德故名為德文中初言八功德水湛然盈滿總以標舉言清淨者八中淨也言香潔者八中香也味如甘露八中美也三黃金下明諸寶等莊嚴之相四彼菩薩聲聞入下彰其資用無礙之相於中五句一淺深無礙二冷輭得中三釋神除垢四淨無瑕穢五迴流相注遲疾得所上來明池下明出聲於中有四初演無量

自然妙聲正明出聲二隨所應下善應物聞於中初總次別後結三隨順清淨離欲已下明能起善隨順清淨離欲寂滅真實之義順涅槃也隨順三寶力無畏等順菩提也此前順果隨順通慧菩薩聲聞所行之道隨順其因四無三途下明能生樂無三途等明無苦也但有自等明有樂也是故已下結歎顯勝○上來四段合為第三明其國土

△自下第四辨其人民於中有四一明他方新往生者正報微妙二所處宮下依報殊勝三其諸聲聞菩薩已下明舊住者正報微妙四其諸天人衣服

以下依報殊勝。

阿難彼佛國土諸往生者具足如是清淨色身諸妙音聲神通功德。

初中具足清淨色身明身勝也諸妙音聲明口勝也神通功德明意勝也。

所處宮殿衣服飲食衆妙華香莊嚴之具猶第六天自然之物若欲食時七寶應器自然在前金銀瑠璃硨磲瑪瑙珊瑚琥珀明月眞珠如是諸鉢隨意而至。百味飲食自然盈滿雖有此食實無食者但見色聞香意以爲食自然飽足身心柔輭無所味著事已化去時至復現彼佛國土清淨安隱微妙快樂次於無爲泥洹之道。

無量壽經義疏卷四　十二

第二段中所處宮殿衣服等事猶第六天資具勝也若欲食等資用勝也且就食論彼佛國土清淨安等總歎顯勝次於無爲泥洹之道泥洹涅槃本是一名傳之音異。

其諸聲聞菩薩天人智慧高明神通洞達咸同一類形無異狀但因順餘方故有天人之名顏貌端正超世希有容色微妙非天非人皆受自然虛無之身無極之體佛告阿難譬如世間貧窮乞人在帝王邊形貌容狀寧可類乎阿難白佛假令此人在帝王邊羸陋醜惡無以爲喻百千萬億不可計倍所以然者貧窮乞人底極廝下衣不蔽形食趣支命飢寒困苦人理殆盡皆坐前世不植德本積財不施富有益慳但欲唐得貪求無厭不信修善犯惡山積如是壽終財寶消散苦身積聚爲之憂惱於己無益徒爲他有無善可怙無德可恃是故死墮惡趣受此長苦罪畢得出生爲下賤愚鄙斯極示同人類所以世間帝王人中獨尊皆由宿世積德所致慈惠博施仁愛兼濟履信修善無所違諍是以壽終福應得升善道上生天

無量壽經義疏卷四　十三

上享茲福樂積善餘慶今得爲人乃生王家自然尊貴儀容端正衆所敬事妙衣珍饍隨心服御宿福所追故能致此佛告阿難汝言是也計如帝王雖人中尊貴形色端正比之轉輪聖王甚爲鄙陋猶彼乞人在帝王邊也轉輪聖王威相殊妙天下第一比之忉利天王又復醜惡不得相喻萬億倍也假令天帝比第六天王百千億倍不相類也設第六天王比無量壽佛國菩薩聲聞光顏容色不相及逮百千萬億不可計倍。

第三舊住衆生勝中其諸聲聞菩薩天人智慧高

明神通洞達明其德勝咸同一下彰其身勝於中
初言咸同一類無有異狀但順餘方故有天人名
明身齊等顏貌端下明身殊勝顏貌端正超世希
有當相辨勝佛告已下校量顯勝校中有五一將
貧人比粟散王二將粟散王比轉輪王三將輪王
比忉利王四將忉利王比他化王五將他化自在
天王比無量壽一切天人畢竟不及初校量中文
曲有三一佛將貧人對粟散王反問阿難二阿難
正答假令此人在帝王邊無以為喻百千萬億不
可計倍正明貧人不及帝王所以然者下明彼貧

人不及所由由其先世無善故爾文顯可知所以
世間帝王已下釋彼帝王勝過所以以其宿世修
善故爾文亦可知三如來進可餘四校量文顯易
解

佛告阿難無量壽國其諸天人衣服飲食華香瓔珞
繒蓋幢旛微妙音聲所居舍宅宮殿樓閣稱其形色
高下大小或一寶二寶乃至無量眾寶隨意所欲應
念即至又以眾寶妙衣遍布其地一切天人踐之而
行無量寶網彌覆佛土皆以金縷真珠百千雜寶奇
妙珍異莊嚴校飾周帀四面垂以寶鈴光色晃曜盡
極嚴麗自然德風徐起微動其風調和不寒不暑溫
涼柔軟不遲不疾吹諸羅網及眾寶樹演發無量微
妙法音流布萬種溫雅德香其有聞者塵勞垢習自
然不起風觸其身皆得快樂譬如比丘得滅盡三昧
又風吹散華遍滿佛土隨色次第而不雜亂柔軟光
澤馨香芬烈足履其上陷下四寸隨舉足已還復如
故華用已訖地輒開裂以次化沒清淨無遺隨其時
節風吹散華如是六反又眾寶蓮華周滿世界一一
寶華百千億葉其華光明無量種色青色青光白色
白光玄黃朱紫光色赫然煒燁煥爛明曜日月一一

華中出三十六百千億光一一光中出三十六百千
億佛身色紫金相好殊特一一諸佛又放百千光明
普為十方說微妙法如是諸佛各各安立無量眾生
於佛正道

第四重明依報勝中初明其國一切衣服飲食等
事與身相稱或一寶下就別顯勝於中有五一明
諸寶隨心現前二寶衣布地三寶網羅覆四自然
下德風吹鼓五又眾下寶華充滿第四風中自然
德風徐起微動總以標舉下別顯之別中有四一
風體調和遲疾得所二吹網動樹發微妙聲三觸

身生樂四吹散眾華徧滿其國第五華中句別有四一明寶華周徧世界二明諸華各具多葉三明諸華各出多光四一一華中出三十下明諸華中各出多佛於中復四第一明前一一華中各出多光出三十六百千億光第二明前一一華中各出多佛出三十六百千億佛第三明前一一諸佛各放多光第四明前一一諸佛普為十方說微妙法於中初先明其所說如是諸佛各各已下彰說利益

△自下第三明其所攝攝取十方有緣眾生同往彼

國以法化益然下所攝遂上所發四十八願一一別對相顯可知文中有四一攝下人同生彼國二無量壽佛威德無極下攝取上人同往彼國三彼國菩薩皆當究竟一生已下重攝下人同生彼國四彌勒白佛於此世界幾許菩薩生彼已下重攝上人同生彼國第一第三有何差別前初段中具辨生業教修往生第三段中舉得舉失勸人往生義有此別故須分別第二第四有何差別前第二中攝人同往第四段中攝人同生有斯不同故須別說攝取下人正明所答攝取上人顯彼土勝增人慕求

△初中有三一彰生彼住正定聚令人慕求二十方佛皆共讚下舉聞名者皆得往生增人去心三佛告阿難下正辨生業教修往生

佛告阿難其有眾生生彼國者皆悉住於正定之聚所以者何彼佛國中無諸邪聚及不定聚

初中其有生彼國者皆住正定正明所成人有三聚一者邪定二者正定三者不定小乘法中論說不同若依毗曇外凡常沒名為邪定五停心觀總別念處輭頂二心名為不定此等有退故名不定

忍心已上堅固不退名為正定若依成實外凡常沒名為邪定聞思二慧行有退轉說為不定五停心觀名為聞慧總別念處名為思慧輭頂已上說名修慧現見法空永不退轉悉為正定大乘法中善趣已前名為邪定善趣位中數進數退說為不定習種已去位分不退說為正定莫問大乘小乘眾生生彼國者皆住正定所以下釋彼無邪定及不定聚故皆正定

十方恆沙諸佛如來皆共讚歎無量壽佛威神功德不可思議諸有眾生聞其名號信心歡喜乃至一念

至心迴向。願生彼國。即得往生。住不退轉。唯除五逆誹謗正法。

第二段中。初明十方恒沙諸佛皆共讚歎無量壽佛。次明眾生聞名信心迴向發願皆得往生。下彰分者。唯除五逆誹謗正法。餘皆得生。言五逆者。殺父殺母殺阿羅漢。破和合僧。出佛身血。此是其五也。此五皆恩及違福田。故名為逆。前二皆恩。後之三種違於福田。立邪毀正。名為謗法。此等障重。所以除之。問曰。於彼觀經之中說五逆等皆得往生。今此經中言不得生。此言何論。釋有兩義。一約人

分別。人有二種。一者久發大乘心人。遇緣造逆。如闍王等。此雖造逆。必有重悔。發心求出。能滅重罪。為是得生。觀經據此。二者先來不發大心。現造逆罪。多無重悔。不能決定發菩提心。為是不生。此經據此。二約行分別。行有定散。有人雖復造作逆罪。能修十六正觀善根深。觀佛德除滅重罪。則得往生。觀經據此。若人造逆。不能修習觀佛三昧。雖作餘善。不能滅罪。故不往生。此經據此。

佛告阿難。十方世界諸天人民。其有至心願生彼國。凡有三輩。

第三正辨生業。教修往生。於中初言十方世界諸天人民願生彼國。凡有三輩。總以標舉。如觀經中。麤分為三。細分為九。麤分三者。謂上中下。大乘人中習種已上名為上品。小乘人中外凡持戒乃至那含以為中品。大乘人中外凡善趣名為下品。細分九者。前上品中細分為三。所謂上上上中上下。四地已上名為上上。生彼即得無生忍故。初二三地名為上中。生彼國已過一小劫得無生忍。彼國日長。故一小劫得無生忍。若於此界。經無量劫方得無生忍。種性解行名為上下。生彼國已過三小

劫得百法明門。住於初地。故知地前亦以彼國時日長遠。故經三小劫得到初地。若於此界。經無量劫。（此處判位太高。與攝下人之意不符。考觀經上品文內。亦是大心凡夫乘願往生。應依圓教十信滿心。生上上品。到時即入初住。如華嚴經一證一切證。所謂初發心時便成正覺。方合此經微妙之旨。疏主依漸教判作地上生品。恐致後人生疑。以為凡夫無分。故略辨之。）中品之人。亦分為三。所謂中上中中中下。見道已上名為中上。生彼即得羅漢果故。內凡之人名為中中。生彼即得須陀洹故。煗等四心名為內凡。外凡持戒名為中下。生彼國已經一小劫得羅漢故。下品人中亦分為三。所謂下上下中下下。彼約作罪輕重以

分不隨位分彼中九品今合爲三上品三人合爲上輩中品三人合爲中輩下品三人合爲下輩然此三輩人位雖殊至欲往生齊須發心求大菩提專念彼佛迴向發願方得往生故此論之問曰天親作往生偈女人根缺及二乘種皆不得生觀經宣說小乘眾生亦得往生其義云何釋言彼說女人根缺不得生者就彼國中受報時說彼無女人及根缺故言二乘種不得生者就此國中往去時說小乘眾生先雖習得臨欲去時要發大心方得往生若用小心求生彼國無得去理爲是天親言

二乘種不得往生問曰若言去用大心何故至彼證入小果釋言由其本習小乘多故本在此處多學觀察苦無常等至彼聞說苦無常等卽便悟解故證小果以本垂終發大乘心求生彼故在彼國中得羅漢已卽便求大上來總舉下別顯之

其上輩者捨家棄欲而作沙門發菩提心一向專念無量壽佛修諸功德願生彼國此等眾生臨壽終時無量壽佛與諸大眾現其人前卽隨彼佛往生其國便於七寶華中自然化生住不退轉智慧勇猛神通自在是故阿難其有眾生欲於今世見無量壽佛應發無上菩提之心修行功德願生彼國

就上輩中初舉次辨後總結歎辨中有三第一明其所修行因二此等下同成往生三住不退下生彼得益初修因中句別有五一捨俗出家二發菩提心三一向專心念無量壽佛四修諸功德五用前諸善願生彼國就往生中初彼迎此卽隨已下此往生彼就得益中住不退轉位分堅固智慧勇等成德殊勝前舉次辨是故已下結歎修習

佛告阿難其中輩者十方世界諸天人民其有至心願生彼國雖不能行作沙門大修功德當發無上菩

提之心一向專念無量壽佛多少修善奉持齋戒起立塔像飯食沙門懸繒然燈散華燒香以此迴向願生彼國其人臨終無量壽佛化現其身光明相好具如眞佛與諸大眾現其人前卽隨化佛往生其國住不退轉功德智慧次如上輩者也

就中輩中初舉後辨辨中還初明其行因次明往生後彰得益前明因中十方天人其有至心願生彼國總以標舉雖不能行作沙門等簡異上輩依彼觀經此小乘人是故不能大修功德當發已下正辨其因於中四句一發菩提心二專心念彼無

量壽佛。三少修福善。四迴向願生。此人雖復先學小乘。正欲往生。必須修習如此四行。方得往生。就往生中。初彼迎此。後此生彼。得益可知。

佛告阿難。其下輩者。十方世界諸天人民。其有至心欲生彼國。假使不能作諸功德。當發無上菩提之心。一向專意。乃至十念。念無量壽佛。願生其國。若聞深法。歡喜信樂。不生疑惑。乃至一念。念於彼佛。以至誠心願生其國。此人臨終。夢見彼佛。亦得往生。功德智慧。次如中輩者也。

就下輩中。初舉。後辨。辨中還初明其行。因。次明往

生。後彰得益。前明因中。十方天人。其有至心欲生彼國。總以標舉。假使不能作諸功德。簡異中輩。如觀經中舉罪以別。今此略無。當發已下。正辨其因。於中四句。一發菩提心。二專心念彼無量壽佛。乃至十念。願生其國。三聞深法。歡喜信樂。不生疑惑。四至誠心。乃至一念。念於彼佛。願生彼國。就往生中。明於夢中夢見彼佛。亦得往生。得益可知。○上來第一明攝下人。

△自下第二明攝上人同往彼國。舉此為顯彌陀國勝。增前下人求生心矣。於中初先長行。略辨。後偈廣論。

佛告阿難。無量壽佛威神無極。十方世界無量無邊不可思議諸佛如來。莫不稱歎。於彼東方恒沙佛國。無量無數諸菩薩眾。皆悉往詣無量壽佛所。恭敬供養。及諸菩薩聲聞之眾。聽受經法。宣布道化。南西北方四維上下。亦復如是。

前長行中。文別有二。一諸佛共歎。二於東方下。菩薩共往。後偈中別頌。宜審記知。前佛歎中。初佛告阿難。無量壽佛威神無極。釋迦自歎。十方界下。餘佛共歎。此下別頌。亦須記知。下同往中。先列東方。

後類餘方。列東方中。於彼東方恒沙佛國無數菩薩。皆悉往詣無量壽佛。是其始也。恭敬供養。及諸菩薩聲聞之眾。是其次也。聽受經法。宣布道化。是其終也。東方既然。餘方亦爾。此初中後。下偈別頌。亦須記知。下偈頌之。

爾時世尊而說頌曰。

世尊頌曰。經家序列。下正頌之。有三十偈。初十五偈頌上。後段菩薩共往。後十五頌頌上初段諸佛同歎。

△前十五中。初有兩偈頌前同往。次有五偈頌前文

中恭敬供養。下有八偈頌前聽法宣布道化。
東方諸佛國。其數如恆沙。彼土菩薩眾。往覲無量覺。
南西北四維。上下亦復然。彼土菩薩眾。往覲無量覺。
前兩偈中。初偈頌前東方同往。後偈頌上餘方共往。至彼禮敬無量壽佛。是故名覲無量覺矣。
一切諸菩薩。各賫天妙華。寶香無價衣。供養無量覺。
咸然奏天樂。暢發和雅音。歌歎最勝尊。供養無量覺。
究達神通慧。遊入深法門。具足功德藏。妙智無等倫。
慧日朗世間。消除生死雲。恭敬遶三帀。稽首無上尊。
見彼嚴淨土。微妙難思議。因發無量心。願我國亦然。

次五偈中。前之四偈見佛供養。後之一偈見土願求。前四偈中。初之兩偈外事供養。後之兩偈內事供養。前外事中。各賫妙華華供養也。寶者寶供。香者香供。無價衣者。以衣供養。奏天樂等伎樂供養。伎樂音中歌歎佛德。後內事中。初一偈半口歎供養。後之半偈身敬供養。就口歎中。前之一偈歎佛自德。後之半偈歎佛利他。歎自德中。究達通慧。遊入深法。歎佛智通二種德也。智是通本。通是智用。是二相須。故并歎之。通慧究滿。究竟名究。洞達名達。此通與慧皆依法成。故復明其遊入深法。倚觀曰遊。窮本稱入。證入法界緣起通門。能現勝通。證入法界緣起智門。能起勝慧。具功德藏。妙智無等。歎佛福智二種行也。福是慧資。慧是福導。是二相須。故并歎之。福行圓備。名具功德。慧行殊勝。名智無等倫。謂匹倫。役伴之謂。佛無倫匹。名無等倫。下利他中。慧日朗世。化人生智。慧能開曉。照世如日。教人生解。名朗世間。消除生死。化人離障。生死覆障。從喻名雲。身敬可知。上來四偈見佛供養。下之一偈見土願求。文顯可知。
應時無量尊。動容發欣笑。口出無數光。遍照十方國。

迴光圍遶身。三帀從頂入。一切天人眾。踊躍皆歡喜。
大士觀世音。整服稽首問。白佛何緣笑。唯然願說意。
梵聲猶雷震。八音暢妙響。當授菩薩記。今說仁諦聽。
十方來正士。吾悉知彼願。志求嚴淨土。受決當作佛。
覺了一切法。猶如夢幻響。滿足諸妙願。必成如是剎。
知法如電影。究竟菩薩道。具諸功德本。受決當作佛。
通達諸法性。一切空無我。專求淨佛土。必成如是剎。
此八偈中。頌上聽法宣布道化。就此文中。初之兩偈彌陀如來現相發起。次有一偈觀音怪問。後之五偈彼佛具答。梵聲猶雷。八音暢妙。答聲妙也。八種梵音如彼梵摩喻經中說一最妙聲其聲哀妙二易了聲言辭辨了三調和聲大小得中四柔輭聲其聲柔輭五不悞聲言無錯失六不女聲其聲雄朗七尊慧聲言有威肅如世尊重有慧人聲八深遠聲其聲深遠猶如雷震以此妙音酬答觀音當受菩薩記今說仁諦聽勅聽許說授記之言義如上解今當說此仁等諦聽自下四偈正明所說於中初偈舉彼願心記必成佛第二一偈舉彼智願記必得土覺了一切如夢幻等是舉智也滿足諸願是舉願也成如是剎記得土也第三一偈舉

彼智行記必成佛知法如電舉彼智也究菩薩道具諸德本舉彼行也受決作佛記成佛也第四一偈舉彼智願記必得土通達法性一切空無是舉智也前覺一切如夢幻等是世諦智此通法性一切空無是眞諦智專求淨土是舉願也必成是剎記得土也

△下十五偈頌上文中諸佛共歎初有五偈頌前十方諸佛共歎後之十偈頌前文中釋迦自歎

諸佛告菩薩令覲安養佛聞法樂受行疾得清淨處

至彼嚴淨國便速得神通必於無量尊受記成等覺

其佛本願力聞名欲往生皆悉到彼國自致不退轉

菩薩興志願願己國無異普念度一切名顯達十方

奉事億如來飛化徧諸剎恭敬歡喜去還到安養國

前五偈中諸佛告菩薩令覲安養佛正勸令往聞法受行明往所作疾得以下明作利益疾得淨處明前聞法受行之益自於當來得妙淨土名得淨處下之四偈彰前往覲安養之益益有五種第一往彼得神通益初半偈是第二往彼得授記益次半偈是前明彼佛授菩薩記即其事也第三往彼得不退益次一偈是前言生彼住正定聚即其事

也第四往彼起願之益次一偈是菩薩興願是總舉也下別歎之別中願己國無異者求淨土願願已得土同彌陀佛名國無異普度一切化衆生願名顯十方求佛身願願得佛時名達十方第五往彼廣供多佛起行之益後一偈是

△自下十偈釋迦自歎令人同往於中三分初有三偈舉經難聞歡喜修行次有四偈歎彌陀佛授菩薩記即佛智德殊勝令人歸趣後之三偈以理教勸

若人無善本不得聞此經清淨有戒者乃獲聞正法

曾更見世尊。則能信此事。謙敬聞奉行。踊躍大歡喜。
憍慢弊懈怠。難以信此法。宿世見諸佛。樂聽如是教。
前三偈中。初有半偈。舉無善人不聞此經。彰經深重。次有偈半。舉有善人方乃得聞顯經微妙。於中光明有善之人。方聞此經。曾更見下。明見佛者方乃信敬歡喜奉行。次有半偈。舉有惡人不信此法。彰經深重。下之半偈。舉有善者樂聞是教。顯經微妙。舉惡不聞令人捨遠。舉善得聞使人慕修。又此文中。彰經深重去人輕謗。顯經微妙生人信敬。
聲聞或菩薩。莫能究聖心。譬如從生盲。欲行開導人。

如來智慧海。深廣無涯底。二乘非所測。唯佛獨明了。
假使一切人。具足皆得道。淨慧知本空。億劫思佛智。
窮力極講說。盡壽猶不知。佛慧無邊際。如是致清淨。
此之四偈。歎彌陀佛智德殊勝。令人歸趣。於中初有七句之文。明諸聲聞菩薩不測。初法次喻後合可知。次有一句。明佛獨了。次有六句。明一切人悉得聖道。共思不知。假使一切人之多也。具皆得道行德勝也。淨慧達本空。解深也。億劫思佛。觀之久也。窮力講說。言之極也。雖復如此。盡壽不知。下有半偈。結歎顯勝。佛慧無邊。歎佛智廣。如是致淨。歎佛德淨。致謂至也。窮至清淨法性涅槃。故難測知。
壽命甚難得。佛世亦難值。人有信慧難。若聞精進求。
聞法能不忘。見敬得大慶。則我善親友。是故當發意。
設滿世界火。必過要聞法。會當成佛道。廣濟生死流。
此之三偈。以理教勸。於中初偈。舉彼三難。勸人勤求。壽命難得。是初難也。佛世難值。第二難也。有信慧難。第三難也。此三種難。今已得之。故聞此經。應當勤求。次第二偈。舉彼見聞能獲大益。勸人發心。聞不忘者。彌陀佛所聞法不忘。言見敬者。見彌陀佛心生重敬。得大慶者。明前聞法見佛恭敬得善

利也。得善可喜。名得大慶。則我善友。為佛攝也。行順釋迦。名我善友。是故當發。結勸發心。末後一偈。教令定去。設滿世界火。必過要聞法。決意定去。會當成佛。廣濟生死。明去所為。會當成佛。求自利果。廣濟生死。求利他果。

佛說無量壽經義疏卷四

佛說無量壽經義疏卷五

曹魏天竺三藏康僧鎧譯經

隋京師淨影寺沙門慧遠撰疏

△自下第三重攝下人同生彼國。於中有三。第一廣舉無量壽國勝妙之事。令人願求。二從世人薄俗已下。明娑婆界穢惡充滿。使人厭捨。三從禮無量壽佛下。就彌陀國辨得彰失。令人修捨。

△初中有二。第一廣舉無量壽國勝樂之事。二佛告彌勒諸天人下。勸人往生。前中有八。一彰彼國壽命長遠。二彰彼眾光明殊妙。三彰彼眾身相具足。四彰彼眾智德殊勝。五彰彼生永離惡趣。六彰彼土興供養多。七彰彼生聞法不絕。八彰彼菩薩行德圓備。

佛告阿難。彼國菩薩。皆當究竟一生補處。除其本願爲眾生故。以弘誓功德而自莊嚴。普欲度脫一切眾生。

就初段中。彰彼菩薩皆當究竟一生補處。明壽長遠。無有中夭。除願爲物。餘國受身。

阿難。彼佛國中諸聲聞眾身光一尋。菩薩光明照百由旬。有二菩薩最尊第一。威神光明普照三千大千

世界。阿難白佛。彼二菩薩其號云何。佛言。一名觀世音。二名大勢至。是二菩薩於此國土修菩薩行。命終轉化生彼佛國。

第二段中。初彰彼國諸聲聞人身光一尋。次彰彼國餘菩薩光照百由旬。其一由旬有四十里。照百由旬。合四千里。三明觀音及大勢至光徧三千大千世界。於中初辨其光。阿難白佛下。辨其名諱。是二菩薩於此國下。彰此生彼。

阿難。其有眾生生彼國者。皆悉具足三十二相。

第三段中。彰彼眾生身相具足三十二相。如經廣辨。

智慧成滿。深入諸法。究暢要妙。神通無礙。諸根明利。其鈍根者。成就二忍。其利根者。得阿僧祇無生法忍。

第四段中。彰彼眾生智德殊勝。句別有四。一智慧成滿。深入諸法。證會法性。究暢要妙。窮達教詮。二神通無礙。三諸根明利。四得忍不同。其鈍根者成就二忍。謂音響忍及柔順忍。其利根者乃至成佛得阿僧祇無生法忍。

又彼菩薩乃至成佛。不更惡趣。神通自在。常識宿命。除生他方五濁惡世。示現同彼。如我國也。

第五段中彰彼生者永離惡趣於中初明彼國生者乃至成佛不更惡趣神通自在常識宿命後除爲物他方現生釋迦自說如我國中諸菩薩也

佛語阿難彼國菩薩承佛威神一食之頃往詣十方無量世界恭敬供養諸佛世尊隨心所念華香妓樂繒蓋幢旛無數無量供養之具自然化生應念卽至珍妙殊特非世所有轉以奉散諸佛菩薩聲聞大衆在虛空中化成華蓋光色昱爍香氣普熏其華周圓四百里者如是轉倍乃覆三千大千世界隨其前後以次化沒其諸菩薩僉然欣悅於虛空中共奏天樂

以微妙音歌歎佛德聽受經法歡喜無量供養佛已未食之前忽然輕舉還其本國

第六段中彰彼生者能興廣供於中初明往十方界廣供多佛次從受法後明供已未食之頃還歸本國前中四句一彰彼國諸菩薩等於一食頃往十方界徧供諸佛二隨心下明諸供具隨心化現三在虛空下明於空中化成華蓋四其諸菩薩下明諸菩薩共奏天樂歌歎佛德僉謂皆也衆皆喜躍名僉欣悅後供佛已未食之前還歸本國

佛語阿難無量壽佛爲諸聲聞菩薩大衆頒宣法時都悉集會七寶講堂廣宣道教演暢妙法莫不歡喜心解得道卽時四方自然風起吹七寶樹出五音聲無量妙華隨風四散自然供養如是不絕一切諸天皆齎天上百千華香萬種妓樂供養其佛及諸菩薩聲聞之衆普散華香奏諸音樂前後來往更相開避當斯之時熙怡快樂不可勝言

第七段中彰彼生者聞法不絕於中初明說法之時衆集講堂如來爲說莫不已下明說利益心解得道卽時已下設供奉佛於中初先風搖樹音次吹妙華後諸天等持華香樂供養奉獻娛樂無極

△自下第八彰彼菩薩行德圓備於中初別後總結之別中有七一行修離過二具足下成德圓備三等觀三界空無有下行修具足四究竟一乘下成德殊勝五摧滅嫉下行修增進六因力下諸力具足七身色相好功德已下通就諸德總歎顯勝

佛語阿難生彼佛國諸菩薩等所可講說常宣正法隨順智慧無違無失於其國土所有萬物無我所心無染著心去來進止情無所係隨意自在無所適莫無彼無我無競無訟於諸衆生得大慈悲饒益之心柔軟調伏無忿恨心離蓋清淨無厭怠心等心勝心

深心定心愛法樂法喜法之心滅諸煩惱離惡趣心
究竟一切菩薩所行
初中先別後總結之別中初言所可講說常宣正等化行離過於其國下自行無失於中初先明攝對治滅煩惱下明離諸過前攝治中明修六度而爲對治初修捨行捨猶檀矣於其國土所有萬物無我所心明其離見無染著心彰其離愛除捨此二名爲捨行次修戒行去來進止情無所係隨意自在明離身過無所適莫無彼無我明離意過於衆生所無適適之親無莫莫之疏名無適莫無競

無訟明離口過次修忍行於諸衆生得大慈悲饒益之心柔輭調伏正明能忍無忿恨等離於忍障次修精進求善不息名無厭怠諸行齊修故曰等心所修務上名爲勝心求心殷重故曰深心次修禪行遠離亂意故曰定心下修慧行得法愛著名爲愛法此據終也聞時耳樂名爲樂法此據次也求時心喜名爲喜法此據始也上來修治下明離過滅諸煩惱離煩惱也離惡趣心除惡業也上來別竟究竟一切菩薩所行總以結之上來第一行修離過

具足成就無量功德得深禪定諸通明慧遊志七覺修心佛法肉眼清徹靡不分了天眼通達無量無限法眼觀察究竟諸道慧眼見眞能度彼岸佛眼具足覺了法性以無礙智爲人演說
第二成德圓備具無量德總以標舉下別顯之別中初明自利功德以無礙下明利他德前自利中得深禪定諸通明慧遊志七覺自分功德禪謂四禪定者所謂四空定等諸通六通明謂三明宿命天眼及漏盡慧謂三慧聞思修等言七覺者念慧精進輕安喜定捨是其七也修心已下勝進功德

修心佛法上求佛德肉眼已下成就功德無量且舉五眼之義廣如別章此應具論今且釋文肉眼清徹靡不分了肉眼勝也形膚曰肉淨肉之根能有照矚目之爲眼於彼國中報得肉眼徹見無數世界之事名爲清徹所見明審故無不了斯乃照矚現在色像名爲肉眼天眼通達無量無限天眼勝也一切禪定名爲天住依禪得眼故名天眼能見衆生死此生彼所見寬多故曰無量所見長遠故曰無限法眼觀察究竟諸道法眼勝也智能照法故名法眼能見一切衆生根欲性心辨知一切

化衆生法。所知窮極名爲究竟。了知三乘道法差別名究竟。諸道慧眼見眞能度彼岸慧眼勝也。照空實慧見理名眼。能見眞空故名見眞。除捨有相。達到平等無相彼岸名度彼岸。佛眼具足覺了法性佛眼勝也。前四是別。佛眼是總。見境周盡故云具足。又復佛眼能見眞實如來藏中不空實性名了法性。上來自德。以無礙智爲人演說是利他德。此第二竟。

等觀三界空無所有。志求佛法。具諸辯才。除滅衆生煩惱之患。從如來生解法如如。善知習滅音聲方便。

不欣世語樂在正論。修諸善本志崇佛道。知一切法皆悉寂滅生身煩惱二餘具盡。聞甚深法心不疑懼。常能修行。其大悲者。深遠微妙靡不覆載。

第三明修具足。於中兩對自利利他。初對修始後對修終。從初乃至除滅煩惱悉是初對也。從如來下是後對也。前中初言等觀三界空無所有志求佛法是其自利。等觀三界空無所有離生死行。志求佛法趣菩提行。具諸辯下明其利他。具諸辯才。明化他德。除滅衆生煩惱之患明化他益。就後對中初明自利。其大悲下明其利他。就自利中文別有四。一自分之解。二修諸善下自分之行。三聞甚深下勝進之解。四常能修下勝進之行。自分解中。從如來生解法如如是其理解。解由如來敎化出生。是故說之從如來生。空同曰如。解知一切萬法皆如名解如如。善知習等是其敎解。習善之敎名習音聲。滅惡之敎名滅音聲。菩薩於此悉能善解。故名善知。於中巧知故曰方便。由於聖敎能善知故。不欣世語樂在正論。自分行中。修諸善本志崇佛道趣菩提行。知一切法皆悉寂滅生身煩惱二餘俱盡滅生死行。知一切法皆悉寂滅觀空修治。

生身煩惱二餘俱盡治成離障。生身苦報。煩惱惑因。此二殘餘皆悉滅盡。勝進解中。聞甚深法不疑懼者。於深能解。所以不疑。於深能入。爲是不懼。勝進行中。常能修者。於佛深法行不息也。上來自利。下明利他。其大悲者總以標擧。下別顯之。深遠微妙悲心深也。靡不覆載悲物廣也。此第三竟。

究竟一乘至於彼岸。決斷疑網慧由心出。於佛敎法該羅無外。智慧如大海。三昧如山王。慧光明淨超踰日月。淸白之法具足圓滿。猶如雪山照諸功德等一淨故。猶如大地淨穢好惡無異心故。猶如淨水洗除塵勞諸垢染故猶如火王燒滅一切煩惱薪故猶如大風行諸世界無障礙故猶如虛空於一切有無所著故猶如蓮華於諸世間無染汙故猶如大乘運載羣萌出生死故猶如重雲震大法雷覺未覺故猶如大雨雨甘露法潤衆生故如金剛山衆魔外道不能動故如梵天王於諸善法最上首故如尼拘類樹普覆一切故如優曇鉢華希有難遇故如金翅鳥威伏外道故如衆遊禽無所藏積故猶如牛王無能勝故猶如象王善調伏故如師子王無所畏故曠若虛空大慈等故

第四成德殊勝於中初先明自利德如大乘下明利他德就自德中初攝善勝照功德下明離過勝攝善勝中究竟一乘菩提德滿乘是行用行能運通故名爲乘隨化多乘就實不殊是以言一一義不同汎解有四一簡別名一如來於彼三藏教中隨化分三求聲聞者爲說四諦求緣覺者爲說因緣求大乘者爲說六度宣說菩薩三阿僧祇修行有漏六波羅蜜於最後生一身之中斷結成佛簡別彼三是以言一二破別名一如來隨化宣說三乘世人定執以爲眞實破別彼三是以言一故經說言唯一是實餘悉非眞猶如化城非眞息處三會別名一如來根本分一爲三會之歸本是以言一如勝鬘說四無別名一就實論實由來無別故名爲一於此一乘窮名究竟至於彼岸涅槃果極此二一對決斷疑網慧由心出是其證知除妄顯眞名斷疑網眞解發中名慧心出於佛教法該羅無外是其教知窮解無餘名該無外此證與教其爲一對智慧如海明慧深廣三昧如山彰定高勝慧光明淨超踰日月彰其慧明淸白之法具足圓滿猶如雪山顯其定淨此定與慧復爲一對上來

攝善下顯離過照諸功德等一淨者是其法說諸德皆淨名等一淨下以喩顯喩別有六文喩可知上來自利下明利他有十三句皆約喩顯猶如大乘載羣萌者名世大車以爲大乘彼諸菩薩利他之德如世大車名爲大乘運載羣萌出生死矣餘皆可知此第四竟

摧滅嫉心不忌勝故專樂求法心無厭足常欲廣說志無疲倦擊法鼓建法幢曜慧日除癡闇修六和敬常行法施志勇精進心不退弱爲世燈明最勝福田常爲師導等無憎愛唯樂正道無餘欣戚拔諸欲刺

以安羣生。功慧殊勝。莫不尊敬。滅三垢障。遊諸神通。第五行修增進。於中五對。皆初利他。後明自利。五對何別。前二自分。後三勝進。就自分中。初之一對起修方便。摧滅嫉心。不忌勝故。利他方便。心有嫉忌不能利他。故須除滅。專樂求法。心無厭足。自利方便。後對正修。常欲廣說。志無疲等。正明利他。常欲廣說。志無疲倦。起說心勝。擊法鼓等。所說法勝。言擊法鼓。喻聞慧法。敎聲遠被。名擊法鼓。建法幢者。喻思慧法。立義稱建。義出名幢。言曜慧日除癡闇者。說修慧法。開衆生也。修六和敬。正明自利。行

成同他情。無乖異。名六和敬。身口意同。是其三和。同戒同施及與同見。是其六和。此六和同。便相親敬。名六和敬。下勝進中。初對修始。第二修次。第三修成就。初對中。常行法施。利他始也。志勇精進。心不退弱。自行始也。第二對中。爲世燈明。最勝田等。利他次也。爲世燈明。最勝福田。明化德勝。自具智慧。能生物解。名世燈明。自具功德。能生物善。名勝福田。常爲導師等。無憎愛。明化益勝。以慧開人。名爲導師。福善濟潤。故無增愛。唯樂正道。無餘欣戚。自行次也。樂道修善。無餘離過。第三對中。拔欲刺

等。利他成也。拔諸欲刺。以安羣生。化人離過。功慧殊勝。莫不尊敬。化人從善。滅三垢等。自行成也。滅三垢障。成就斷德。貪瞋癡等。是三垢障。遊諸神通。成就行德。此第五竟。

因力。緣力。意力。願力。方便之力。常力。善力。定力。慧力。多聞之力。施戒忍辱精進禪定智慧之力。正念正觀諸通明力。如法調伏諸衆生力。如是等力。一切具足。

第六諸力具足。初別後結。別中初明自力具足。如法調下。化他力足。自中相從。以爲七門。因力緣力爲第一門。起修所依。過去所修一切善行。能生今

善。名爲因力。近善知識。聽聞正法。名爲緣力。意力願力爲第二門。起修方便。求佛之心。名爲意力。起行之願。名爲願力。方便之力。常力。善力。爲第三門。起行正修。依法巧修。名方便力。依法恆修。名爲常力。依法正修。名爲善力。定力慧力爲第四門。修心成就。修止成就。名爲定力。修觀成就。名爲慧力。此前四門。約修分別。多聞之力。爲第五門。起行之解。施戒忍進定慧之力。爲第六門。明所起行。行謂六度。此之兩門。就行分別。正念正觀諸通明力爲第七門。依行成德。捨相入實。名爲正念。離癡見法。說

為正觀。依此二種成就六通及得三明名通明力。此後一門就德分別。上來自利。如法成就諸衆生力。明其利他。上來別竟。如是等力一切具足總以結之。此第六竟。

身色相好功德辯才具足莊嚴無與等者。恭敬供養無量諸佛。常為諸佛所共稱歎。究竟菩薩諸波羅蜜。修空無相無願三昧。不生不滅諸三昧門。遠離聲聞緣覺之地。

第七通就諸德總歎顯勝。於中有四。一自德殊勝。二為佛共歎。三究竟大乘。四超出小乘。初中身色

相好功德辯才具足無與等者。自分所成。身色相好無與等者。明其身勝。功德辯才無與等者。明其德勝。言具足者。明德具足。言莊嚴者。明身莊嚴。恭敬供養無量諸佛。勝進所起。第二佛歎。相顯可知。第三段中究竟菩薩諸波羅蜜。教行成滿。修空無相無願三昧不生滅等。證行成滿。第四段中超出二乘。文顯可知。上來別歎。

阿難。彼諸菩薩成就如是無量功德。我但為汝略言之耳。若廣說者。百千萬劫不能窮盡。

總以結歎。

上來八段合為第一舉彌陀國勝樂之事。

佛告彌勒菩薩諸天人等。無量壽國聲聞菩薩功德智慧不可稱說。又其國土微妙安樂清淨若此。何不力為善。念道之自然。著於無上下。洞達無邊際。宜各勤精進努力自求之。必得超絕去。往生安養國。橫截五惡趣。惡趣自然閉。昇道無窮極。易往而無人。其國不逆違。自然之所牽。何不棄世事。勤行求道德。可獲極長生。壽樂無有極。

第二勸人往生。佛告彌勒告其所對。諸天人等。舉其所為無量壽國聲聞菩薩功德智慧不可稱等。

牒上所辨聲聞菩薩功德智慧不可稱說。牒前文中所辨之人。又其國土微妙安樂清淨若此。牒前文中所辨之土。何不力下。正勸往生。於中有三。一正勸往生。二易往下。如來傷歎。三何不棄下。重勸往生。前正勸中何不力為善。正勸修因。何不力勵為善求生名力為善。念道已下。明修利益。念道之者。自然往生名念自然。但能念道行德顯著不簡上下同得往生。故言著於無上下也。若得生彼神通洞達無有邊際。故云洞達無邊際耳。宜各精進努力求之。重勸修因。必得超下。重明修益。必得超

絕明其所出。往生安養。彰其所至。橫截五惡惡趣自閉。明其所離。三途人天。是其五趣。於此分別。下三惡道。名爲惡趣。人天二道。名爲善趣。今此約對彌陀淨刹。娑婆五道。齊名惡趣。地獄餓鬼畜生。是其純惡所向。名爲惡趣。娑婆人天。雜惡所向。亦名惡趣。若依此方修習斷除。先斷見惑。離三途因。滅三途果。後斷修惑。離人天因。絕人天果。漸除不名橫截。若得往生彌陀淨土。娑婆五道一時頓捨。故名橫截。截五惡趣。截其果也。惡趣自閉。閉其因也。此明所離。昇道無極。彰其所得。得道深廣。故無窮

極。上來第一正勸往生。自下第二如來傷歎。欲使世人力勵往生。初言易往而無人者。正爲傷歎。修因卽去。名爲易往。無人修因往生者尠。故曰無人。其國不逆違。彰前易往。自然所牽。顯前無人。娑婆衆生久習蓋纏。自然爲之牽縛不去。故彼無人。自下第三重勸往生。何不棄世事。勤求道德。勸其修因。可獲長生壽樂無極。明修得果。

上來第一舉彌陀國勝樂之事。令人願求。

△自下第二彰娑婆界穢惡充滿。令人厭捨。於中有四。一舉三毒煩惱之過。二勸人修捨。三舉五惡五痛五燒業苦之過。四勸人修捨。

△就初段中。先明貪過。世間人民父子已下。明其瞋過。如是世人不信已下。明其癡過。

然世人薄俗。共諍不急之事。於此劇惡極苦之中。勤身營務。以自給濟。無尊無卑。無貧無富。少長男女。共憂錢財。有無同然。憂思適等。屛營愁苦。累念積慮。爲心走使。無有安時。有田憂田。有宅憂宅。牛馬六畜。奴婢錢財衣食什物。復共憂之。重思累息。憂念愁怖。橫爲非常水火盜賊。怨家債主。焚漂劫奪。消散磨滅。憂毒忪忪。無有解時。結憤心中。不離憂惱。心堅意固。適

無縱捨。或坐摧碎。身亡命終。棄捐之去。莫誰隨者。尊貴豪富。亦有斯患。憂懼萬端。勤苦若此。結衆寒熱。與痛共俱。貧窮下劣。困乏常無。無田亦憂。欲有田。無宅亦憂。欲有宅。無牛馬六畜奴婢錢財衣食什物。亦憂欲有之。適有一。復少一。有是少是。思有齊等。適欲具有。便復糜散。如是憂苦。當復求索。不能時得。思想無益。身心俱勞。坐起不安。憂念相隨。勤苦若此。亦結衆寒熱。與痛共俱。或時坐之。終身夭命。不肯爲善。行道進德。壽終身死。當獨遠去。有所趣向。善惡之道。莫能知者。

貪中有三一通就世人以明貪過二尊貴下偏就富貴以明貪過三貧窮下偏就貧賤以明貪過就初段中世人薄俗諍不急事明其有惡謂此世人薄於風俗共諍世間不急之事於此劇下彰其有苦苦中有三一求財苦二有田下明守護苦三橫爲下明散失苦初求苦中於此劇苦勤身營務以自給濟爲身故求無尊卑等爲他故求無尊無卑無貧無富舉能求人少長男等舉其所爲下明有苦共憂財等明心苦也爲心走等明身苦也守護苦中有田憂田有宅憂宅如是等事別明其苦重

思下結散失苦中橫爲非常水火盜等明失財苦或坐摧等明失身苦次就富貴以明貪過文顯可知下就貧賤明貪過中文別有三一求財苦二或時坐下明失身苦三不肯下明未來苦求財苦中文別有五一令無事中憂之生苦二適有一下少有事中明不足苦三適欲具下已得事中明散失苦四當復求下明進求時有不得苦五亦結衆下明追求時寒熱等苦此五合爲求財苦也失身之苦及未來苦文顯可知

世間人民父子兄弟夫婦家室中外親屬當相敬愛無相憎嫉有無相通無得貪惜言色常和莫相違戾或時心諍有所恚怒今世恨意微相憎嫉後世轉劇至成大怨所以者何世間之事更相患害雖不即時應急相破然含毒畜怒結憤精神自然剋識不得相離皆當對生更相報復人在世間愛欲之中獨生獨死獨去獨來當行至趣苦樂之地身自當之無有代者善惡變化殃福異處宿豫嚴待當獨趣入遠到他所莫能見者善惡自然追行所生窈窈冥冥別離久長道路不同會見無期甚難甚難復得相値何不棄衆事各遇强健時努力勤修善精進願度世可得極

長生如何不求道安所須待欲何樂乎

明瞋過中文別有三一以理教勸當相親愛無相憎嫉有無相通不得貪惜言色常和莫相違戾二或心諍下廣明瞋過三何不棄下勸修捨離第二過中別有三種一明未來怨害之過二人在世下明有未來惡道之過三所生窈窈冥冥已下明別離難聚之過第三段中勸捨可知

如是世人不信作善得善爲道得道不信人死更生惠施得福善惡之事都不信之謂之不然終無有是但坐此故且自見之更相瞻視先後同然轉相承受

父餘敎令先人祖父素不爲善不識道德身愚神闇心塞意閉死生之趣善惡之道自不能見無有語者吉凶禍福競各作之無一怪也生死常道轉相嗣立或父哭子或子哭父兄弟夫婦更相哭泣顚倒上下無常根本皆當過去不可常保敎語開導信之者少是以生死流轉無有休止如此之人曚冥抵突不信經法心無遠慮各欲快意癡惑於愛欲不達於道德迷沒於瞋怒貪狠於財色坐之不得道當更惡趣苦生死無窮已哀哉甚可傷或時室家父子兄弟夫婦一死一生更相哀愍恩愛思慕憂念結縛心意痛著

迭相顧戀窮日卒歲無有解已敎語道德心不開明思想恩好不離情欲昏蒙閉塞愚惑所覆不能深思熟計心自端正專精行道決斷世事便旋至竟年壽終盡不能得道無可奈何總猥憒擾皆貪愛欲惑道者衆悟之者寡世間怱怱無可聊賴尊卑上下貧富貴賤勤苦怱務各懷殺毒惡氣窈冥爲妄興事違逆天地不從人心自然非惡先隨與之恣聽所爲待其罪極其壽未盡便頓奪之下入惡道累世勤苦展轉其中數千億劫無有出期痛不可言甚可哀愍

明癡過中文別有二一明有癡二生死常道轉相嗣下明其癡過前中有二一明癡人自無正信二更相瞻下專受他語自無信中初先別論但坐是下總結顯過坐不信故專執自見是其過也受他語中更相瞻視先後同然效習他人轉相承下承習父祖於中初言轉相承受父餘敎令明子無知受父邪言先人祖下擧父癡頑成子無知於中四句初言祖父素不爲善明其無行二不識道德彰其無解三身愚神闇心塞意閉生死善惡自不能見無有語者重明無解前句無解不識出道此句無解不知世間善惡因果生死之趣不能自見不

識果也善惡之道不能自見不知因也於因於果自心不識他無語者故永不解四吉凶禍福競各作之無一怪者重明無行前句無行彰不作善此句無行明其造惡自已爲惡他無語者故永不離上來一段明其有癡下明癡過於中有四一由癡故父子相哭二如此人下明由癡故造惡受苦三或室家下明由癡故親戚相憶四總猥下明由癡故造惡受苦初中先明父子相哭敎語已下明難開曉是以生死流轉無已爲之輪轉第二段中句別有五一明此癡人曚冥抵突不信經法各用快

意。二惑於愛欲。不達道德。三迷於瞋怒。貪狠財色。四坐前三種。不得正道。多受諸苦。當更惡趣。明有重苦。生死無窮。明有深苦。五哀哉下。如來傷歎。令人厭捨。第三段中。句別有三。一由癡故親戚相憶不可開解。二思想下。明由相憶不能修善。三便旋下。由不修善不能得道。第四段中。句別有四。一癡故起貪追求世事。總猥憒擾貪欲愛等。二各懷殺下。癡故起瞋。共相殘害。各懷殺毒。惡氣窈冥爲妄事等。三自然下。明由前惡受苦難出。造罪之人。宿罪之力。自然招集非法惡緣。隨而與之恣其作罪。

待其罪極。頓奪令盡。將入惡道。受苦無極。四痛不可下。如來傷歎。令人生厭。○上來廣舉三毒之過。

△自下第二勸人修捨。於中有四。一正勸修捨。二彌勒領解。三重勸修捨。四彌勒領行。

佛告彌勒菩薩諸天人等。我今語汝世間之事。人用是故。坐不得道。當熟思計遠離眾惡。擇其善者勤而行之。愛欲榮華不可常保。皆當別離無可樂者。遇佛在世當勤精進。其有至願生安樂國者。可得智慧明達功德殊勝。勿得隨心所欲。虧負經戒在人後也。儻有疑意不解經者。可具問佛。當爲說之。

初中有二。一勸人修行。二儻有疑下。勸人請問。勸修有三。一舉前過勸人修斷。佛告彌勒世間之事。用是事故坐不得道。舉前過也。世間事者。牒舉向前三毒之事。用是以也。坐是由也。世人以是三毒事故。由不得道。當熟下。勸當熟思計遠離眾惡勸人捨過。謂離向前三毒眾惡。擇善行之。勸修對治。二愛欲下。舉世五欲無常之過。勸人修捨。三遇佛在下。舉佛現在。勸人勤修。於中初先舉佛現在。正勸修行。其有願下。彰益勸爲。智慧明達。得智勝也。功德殊勝。得福勝也。勿得已下。舉損誡約。上來勸行。勸問可知。

彌勒菩薩長跪白言。佛威神尊重。所說快善。聽佛經語。貫心思之。世人實爾。如佛所言。今佛慈愍。顯示大道。耳目開明。長得度脫。聞佛所說。莫不歡喜。諸天人民蠕動之類。皆蒙慈恩。解脫憂苦。佛語教誡。甚深甚善。智慧明見八方上下去來今事。莫不究暢。今我眾等所以蒙得度脫。皆佛前世求道之時。謙苦所致。恩德普覆。福祿巍巍。光明徹照。達空無極。開入泥洹。教授典攬。威制消化。感動十方。無窮無極。佛爲法王。尊超眾聖。普爲一切天人之師。隨心所願。皆令得道。今得值佛復聞無量壽聲靡不歡喜心得開明。

第二彌勒領解。於中有二。一正領解。二今得值下歡喜自慶。前中有四。一歎佛說快貫心思之世人實爾。成前說快貫。謂通也。通心思之世人實隨三毒之事。坐不得道名為實也。二佛言下領佛慈化三佛語教下重歎佛說為深為善。於中初先歎說深善。智慧明等舉智成說。四今我眾等所以蒙下重領佛恩。今我眾等所以蒙得度脫所由。下正出之。由佛前世勤苦修道。今得佛果化導我等故得解脫。皆佛前世求道之時謙苦所致。舉佛因也。恩

德普等彰佛果也。恩德普覆總舉佛德。福祿巍巍等別以顯之。佛為法王尊超聖等總以結歎。別中初言福祿巍巍光明徹照自福殊勝。達空無極自智殊勝。開入泥洹教授典攬以智化益。開入泥洹化人證滅。教授典攬教人趣道。道法訓世名為教授。以此經典要攬眾義。令其習學故曰典攬。威制消等以福化益。剛強眾生威德制御令其消伏歸從聖化。是故名為威制消化。善輭眾生慈力攝取名感十方。有緣斯攝名無窮極。結歎可知。上來領解。今得值佛聞無量壽靡不歡喜心得開明歡喜自慶。此第二段彌勒領解。

△自下第三重勸修捨。於中有四。一歎前彌勒領荷佛恩。二彌勒當知汝從無數劫來已下慶前彌勒值佛聞法幷得聞於無量壽名。三汝今亦可自厭已下正勸修行。四汝等宜各精進已下勸捨疑惑。

佛告彌勒汝言是也。若有慈敬於佛者實為大善。天下久久乃復有佛。今我於此世作佛。演說經法宣布道教。斷諸疑網拔愛欲之本杜眾惡之源。遊步三界無所拘礙。典攬智慧眾道之要。執持綱維昭然分明。開示五趣度未度者。決正生死泥洹之道。

初中佛告汝言是也。印其前言。彌勒向前歎佛說快甚深甚善。此言當理。故曰是也。若有慈下歎前彌勒領荷佛恩。彌勒向者憐佛前世勤苦為物志求佛道名為慈佛。敬荷佛恩名為敬佛。此實大善。天下久久乃有佛下舉佛化益述前所說。天下久久乃復有佛彰佛難值。今我已下明已化益。於中有四。一彰己作佛以法化世。二斷諸下由佛現化教諸眾生斷生死因。斷諸疑網拔愛欲本令離煩惱杜眾惡源令離惡業。杜猶塞也。惡業是其惡道家本名眾惡源。教令斷塞自之為杜。三遊步下彰

已作佛以法化世遊步三界無所拘礙身業化也身化自在故無拘礙典攬智慧衆道之要意業化也善解經典攬知衆義名典攬智善知三乘所行之要名衆道要執持綱維昭然分明開示五趣口業化也執法持衆名執綱維辨正異邪名照分明用化群品名開五趣四度未度下由佛化世教諸衆生出生死果度未度者決正生死令出生死泥洹之道使得涅槃畢此化益述前彌勒所歎所領此初段竟

彌勒當知汝從無數劫來修菩薩行欲度衆生其已

久遠從汝得道至於泥洹不可稱數汝及十方諸天人民一切四衆永劫已來展轉五道憂畏勤苦不可具言乃至今世生死不絕與佛相值聽受經法又復得聞無量壽佛快哉甚善吾助爾喜

第二慶前彌勒值佛聞法聞無量壽於中有三一彰彌勒修來久遠二乃至下明今值佛聞無量壽三快哉下如來慶之前中初言汝從無數劫來修行欲度衆生其已久遠修來久也從汝得道至於泥洹不可稱數聖來遠也汝及十方諸天人等永劫已來憂畏勤苦不可具言勤苦多也永猶長也藉此多因今得值佛聞無量壽是爲可慶此第二竟

汝今亦可自厭生死老病痛苦惡露不淨無可樂者宜自決斷端身正行益作諸善修己潔體洗除心垢言行忠信表裏相應人能自度轉相拯濟精明求願積累善本雖一世勤苦須臾之間後生無量壽國快樂無極長與道德合明永拔生死根本無復貪恚愚癡苦惱之患欲壽一劫百劫千億萬劫自在隨意皆可得之無爲自然次於泥洹之道

第三正勸修行言對彌勒意兼一切於中初先正

勸修行雖一世下彰益勸物前中有三一勸捨過二端身下勸修善法三人能自下勸利衆生勸捨過中汝可自厭生老病等勸生厭心生老病死是其內苦言痛苦者是其外苦惡露不淨無可樂者宜自決斷彰過令捨勸修善中端身正行是其止善益作衆善是其作善修己潔體洗除心垢勸修意行修已作善餘是止善言行忠信表裏相應勸修口行言行忠信是其作善表裏相應是其止善言表心裏語不違心故名相應勸利他中人能自度牒前自德轉相拯等正勸利他轉相拯濟化人

離過精明求願積累善本化人成善精明求願化起願也積累善本化起行也上來勸修下舉明益令人修學雖一世勤苦須臾之間修時促也後生已下得益長也於中初明得益長遠無爲自然次於泥洹得益殊勝得益長中句別有四初言後生無量壽國快樂無極受樂長也第二長與道德合明成德長也身與福俱名道德合心與智俱名爲合明三永拔等離過長也於中永拔生死根本長離業因無復貪等長離煩惱無苦惱患長離苦報四欲壽等壽命長也此第三竟

汝等宜各精進求心所願無得疑惑中悔自爲過咎生彼邊地七寶宮殿五百歲中受諸厄也

第四勸捨疑惑汝等宜各精求所願勸其專修無得疑等勸捨疑惑生彼邊下彰過勸捨○上來第三重勸修捨

彌勒白言受佛重誨專精修學如教奉行不敢有疑

第四彌勒領行於中初言受佛重誨專精修學如教奉行領佛向前勸修之言彰己奉行不敢疑者領佛向前勸捨疑惑彰己不疑

佛說無量壽經義疏卷五

佛說無量壽經義疏卷六

曹魏天竺三藏康僧鎧譯經

隋京師淨影寺沙門慧遠撰疏

△自下第三廣舉五惡五痛五燒業苦之過令人厭捨於中初總何等下別佛告彌勒吾語汝下重復總辨

佛告彌勒汝等能於此世端心正意不作衆惡甚爲至德十方世界最無倫匹所以者何諸佛國土天人之類自然作善不大爲惡易可開化今我於此世間作佛處於五惡五痛五燒之中爲最劇苦教化羣生令捨五惡令去五痛令離五燒降化其意令持五善獲其福德度世長壽泥洹之道

就初總中文別有二一歎前起後歎前彌勒領解奉行二今我下彰己化意爲化衆生令離五惡五痛五燒令持五善獲五福德前中初言於此惡世端心正意不作衆惡甚爲至德當相正歎十方世界最無倫匹寄對顯勝所以下釋先徵後解諸佛國土自然作善不大爲惡易可開化舉易顯難成此爲勝就後段中我今於此世間作佛彰己成佛處於五惡等顯己化處令捨五等明己化意爲化

衆生令有所出令有所得令所出者出離五惡五痛五燒五戒所防殺盜邪婬妄語飲酒是其五惡造此五惡於現世中王法治罪身遭厄難名爲五痛以此五惡於未來世三途受報說爲五燒此皆令出令所得中降化其意伏令從法令持五善所謂五戒翻前五惡獲其福者由持五戒於現在世身安無苦翻前五痛度世長壽泥洹道者後生彌陀終得涅槃翻上五燒

佛言何等五惡何等五痛何等五燒何等消化五惡令持五善獲其福德度世長壽泥洹之道

第二別中何等五惡五痛燒等問前起後下對辨之二一門中皆初明惡後翻明善

其一惡者諸天人民蠕動之類欲爲衆惡莫不皆然强者伏弱轉相剋賊殘害殺戮迭相吞噬不知修善惡逆無道後受殃罰自然趣向神明記識犯者不赦故有貧窮下賤乞丐孤獨聾盲瘖啞愚癡弊惡至有尫狂不逮之屬又有尊貴豪富高才明達皆由宿世慈孝修善積德所致世有常道王法牢獄不肯畏慎爲惡入罪受其殃罰求望解脫難得免出世間有此目前現事壽終後世尤深尤劇入其幽冥轉生受身譬如王法痛苦極刑故有自然三途無量苦惱轉貿其身改形易道所受壽命或長或短魂神精識自然趣之當獨值向相從共生更相報復無有止已殃惡未盡不得相離展轉其中無有出期難得解脫痛不可言天地之間自然有是雖不即時卒暴應至善惡之道會當歸之是爲一大惡一痛一燒勤苦如是譬如大火焚燒人身人能於中一心制意端身正行獨作諸善不爲衆惡者身獨度脫獲其福德度世上天泥洹之道是爲一大善也

就初門中先明其惡下翻明善惡中初言其一惡

者總以標舉次辨後結下喻顯過辨中初先明其殺惡世有常道王法已下約殺明痛壽終已下就殺明燒前明惡中諸天人等明造惡人欲爲惡等正明造惡不知修下明造惡過於中初先正明其過又尊貴下舉得顯失痛燒可知是爲下結譬如已下喻顯燒相就明善中先辨後結辨中初言人能於中一心制等正明作善翻對前惡身獨度脫獲其福者翻對前痛翻對前燒是爲下結

佛言其二惡者世間人民父子兄弟室家夫婦都無義理不順法度奢婬憍縱各欲快意任心自恣更相

欺惑心口各異言念無實佞諂不忠巧言諛媚嫉賢謗善陷入怨枉主上不明任用臣下臣下自在機僞多端踐度能行知其形勢在位不正爲其所欺妄損忠良不當天心臣欺其君子欺其父兄弟夫婦中外知識更相欺誑各懷貪欲瞋恚愚癡欲自厚己欲貪多有尊卑上下心俱同然破家亡身不顧前後親屬內外坐之滅族或時室家知識鄉黨市里愚民野人轉共從事更相剝害忿成怨結富有慳惜不肯施與愛保貪重心勞身苦如是至竟無所恃怙獨來獨去無一隨者善惡禍福追命所生或在樂處或入苦毒

然後乃悔當復何及世間人民心愚少智見善憎謗不思慕及但欲爲惡妄作非法常懷盜心悕望他利消散磨盡而復求索邪心不正懼人有色不豫思計事至乃悔今世現有王法牢獄隨罪趣向受其殃罰因其前世不信道德不修善本今復爲惡天神剋識別其名籍壽終神逝下入惡道故有自然三塗無量苦惱展轉其中世世累劫無有出期難得解脫痛不可言是爲二大惡二痛二燒勤苦如是譬如大火焚燒人身人能於中一心制意端身正行獨作諸善不爲衆惡者身獨度脫獲其福德度世上天泥洹之道是爲二大善也

第二門中先惡後善惡中先舉次辨後結下喻顯之辨中初惡今世現有王法已下第二明痛因其前世不信已下第三明燒惡中還初明造惡人都無義下正明造惡破家已下明造惡過正造惡中都無義理不順法度明其無善奢婬憍等明其造惡奢婬憍縱各欲快意與盜所爲任心自恣更相欺等正明劫盜餘文可知

佛言其三惡者世間人民相因寄生共居天地之間處年壽命無能幾何上有賢明長者尊貴豪富下有

貧窮廝賤尪劣愚夫中有不善之人常懷邪惡但念婬泆煩滿胷中愛欲交亂坐起不安貪意守惜但欲唐得眄睞細色邪態外逸自妻厭憎私妄出入費損家財事爲非法交結聚會興師相伐攻劫殺戮强奪無道惡心在外不自修業盜竊趣得欲擊成事恐勢迫脅歸給妻子恣心快意極身作樂或於親屬不避尊卑家室中外患而苦之亦復不畏王法禁令如是之惡著於人鬼日月照見神明記識故有自然三塗無量苦惱展轉其中世世累劫無有出期難得解脫痛不可言是爲三大惡三痛三燒勤苦如是譬如大

火焚燒人身人能於中一心制意端身正行獨作諸善不爲衆惡者身獨度脫獲其福德度世上天泥洹之道是爲三大善也

第三門中先惡後善惡中初舉次辨後結下喻顯之辨中初惡亦復不畏王法下痛如是之惡著於下燒惡中初明造惡之人常懷邪下正明造作邪婬之惡交結聚下明造惡過爲婬造作殺盜等事是其過也餘文可解

佛言其四惡者世間人民不念修善轉相教令共爲衆惡兩舌惡口妄言綺語讒賊鬪亂憎嫉善人敗壞

賢明於傍快喜不孝二親輕慢師長朋友無信難得誠實尊貴自大謂己有道橫行威勢侵易於人不能自知爲惡無恥自以强健欲人敬難不畏天地神明日月不肯作善難可降化自用偃蹇謂可常爾無所憂懼常懷憍慢如是衆惡天神記識賴其前世頗作福德小善扶接營護助之今世爲惡福德盡滅諸善鬼神各去離之身獨空立無所復依壽命終盡諸惡所歸自然迫促共趣奪之又其名籍記在神明殃咎牽引當往趣向罪報自然無從捨離但得前行入於火鑊身心摧碎精神痛苦當斯之時悔復何及天道冏然不得蹉跌故有自然三塗無量苦惱展轉其中世世累劫無有出期難得解脫痛不可言是爲四大惡四痛四燒勤苦如是譬如大火焚燒人身人能於中一心制意端身正行獨作諸善不爲衆惡者身獨度脫獲其福德度世上天泥洹之道是爲四大善也

第四門中先惡後善惡中初舉次辨後結下以喻顯辨中初惡如是衆惡天神記下是明其痛壽命終下是明其燒惡中初先明造惡人不念修下正明造作妄語之惡口之四過不應法故通名妄語憎嫉善下明造惡過痛中明其宿善滅盡善神捨

遠身無依倚多遭厄難是其痛也燒中明其惡業所牽鬼神攝錄將入惡道受苦燋焚名之爲燒餘文可知

佛言其五惡者世間人民徙倚懈惰不肯作善治身修業家室眷屬飢寒困苦父母教誨瞋目怒應言令不和違戾反逆譬如怨家不如無子取與無節衆共患厭負恩違義無有報償之心貧窮困乏不能復得辜較縱奪放恣遊散串數唐得用自賑給耽酒嗜美飲食無度肆心蕩逸魯扈抵突不識人情强欲抑制見人有善妒嫉惡之無義無禮無所顧錄自用職當

不可諫曉。六親眷屬所資有無。不能憂念。不惟父母之恩。不存師友之義。心常念惡。口常言惡。身常行惡。曾無一善。不信先聖諸佛經法。不信行道可得度世。不信死後神明更生。不信作善得善爲惡得惡。欲殺眞人。鬬亂衆僧。欲害父母兄弟眷屬。六親憎惡願令其死。如是世人。心意俱然。愚癡蒙昧。而自以智慧。不知生所從來。死所趣向。不仁不順。惡逆天地。而於其中悕望僥倖。欲求長生。會當歸死。慈心教誨令其念善。開示生死善惡之趣。自然有是。而不信之。苦心與語。無益其人。心中閉塞。意不開解。大命將終。悔懼交

至。不豫修善。臨窮方悔。悔之於後。將何及乎。天地之間。五道分明。恢廓窈冥。浩浩茫茫。善惡報應。禍福相承。身自當之。無誰代者。數之自然。應其所行。殃咎追命。無得從捨。善人行善。從樂入樂。從明入明。惡人行惡。從苦入苦。從冥入冥。誰能知者。獨佛知耳。教語開示。信用者少。生死不休。惡道不絕。如是世人。難可具盡。故有自然三塗無量苦惱。展轉其中。世世累劫。無有出期。難得解脫。痛不可言。是爲五大惡五痛五燒。勤苦如是。譬如大火焚燒人身。人能於中一心制意。端身正念。言行相副。所作至誠。所語如語。心口不轉。獨作諸善。不爲衆惡者。身獨度脫。獲其福德度世上天泥洹之道。是爲五大善也。

第五門中。初惡後善。惡中初舉。次辨。後結。下喻顯之。辨中先惡。如是世人心意下痛。大命將終悔懼下燒。惡中初明造惡之人。徙倚懈惰不肯已下。正明造作飲酒之惡。飲酒之人。不修善行。不事家業。違反教令。瞋怒喜鬬。背恩忌義。欺陵抵拒。兼以論之。肆心蕩逸魯扈抵下。明造惡過。過相衆多。文中具顯。痛中明其現有愚癡闇障覆心。無所知曉。以之爲痛。亦應有其王法治罪。文略不說。燒等可知。

○上來別論。

佛告彌勒。吾語汝等。是世五惡勤苦若此。五痛五燒展轉相生。但作衆惡。不修善本。皆悉自然入諸惡趣。或其今世先被殃病。求死不得。求生不得。罪惡所招示衆見之。身死隨行。入三惡道。苦毒無量。自相燋然至其久後。共作怨結。從小微起。遂成大惡。皆由貪著財色。不能施惠。癡欲所迫。隨心思想。煩惱結縛。無有解已。厚己諍利。無所省錄。富貴榮華。當時快意。不能忍辱。不務修善。威勢無幾。隨以磨滅。身坐勞苦。久後大劇。天道施張。自然糺舉。綱紀羅網。上下相應。煢煢

伀伀當入其中。古今有是。痛哉可傷。佛語彌勒。世間如是。佛皆哀之。以威神力摧滅衆惡悉令就善。棄捐所思。奉持經戒。受行道法。無所違失。終得度世泥洹之道。

此復總辨。於中還初明其五惡。佛語彌勒世間如是。佛皆哀下。翻惡明善。惡中初先總明五惡五痛五燒展轉相生。但作已下。別以顯之。別中兩番。初明從惡生痛生燒。身死隨下。明其從燒生惡生痛。前中初言但作衆惡不修善本。明其惡也。皆悉自然入諸惡趣。明起燒也。或其今世先被殃等。明起

痛也。後中初言身死隨行入三惡等。是明其燒。至其久下。從燒起惡。至其久後共作怨結。從小微起遂成大怨。起殺生惡。皆由貪著不能慧施。起劫盜惡。癡欲所迫隨心思等。起邪婬惡。厚己諍利無所省錄。起妄語惡。富貴榮華當時快意不能忍等。起飲酒惡。此等生惡。身坐已下。從惡起痛。坐前五惡身受勞苦。苦增不息。名久大劇。下顯劇相。凡在世間。天下道理自然施立。是故名爲天道施張。造惡必彰。名自糺舉。身當法網。是故名爲綱紀羅網。貴賤上下莫不從法。是故名爲上下相應。罪者歸之。

無人伴匹。故云煢伀當入其中。古今有下。結以顯過。上來明惡。下翻明善。佛語彌勒世間如是牒舉前惡。佛皆哀之。彰已悲憐。以威神下。教滅前惡。化令從善。摧滅衆惡悉令就善。教修世善。棄捐所思奉持經等。教習出善。受道無失。明出世因。終得已下。成出世果。○上來第三明五惡等業苦之過。

佛言。汝今諸天人民及後世人。得佛經語。當熟思之。能於其中端心正行。主上爲善。率化其下。轉相勑令。各自端守。尊聖敬善。仁慈博愛。佛語教誨。無敢虧負。當求度世。拔斷生死衆惡之本。永離三塗無量憂畏

苦痛之道。汝等於是廣植德本。布恩施惠。勿犯道禁。忍辱精進。一心智慧。轉相教化。爲德立善。正心正意。齋戒清淨。一日一夜。勝在無量壽國爲善百歲。所以者何。彼佛國土無爲自然。皆積衆善無毛髮之惡。於此修善十日十夜。勝於他方諸佛國中爲善千歲。所以者何。他方佛國爲善者多。爲惡者少。福德自然無造惡之地。唯此間多惡無有自然。勤苦求欲轉相欺殆。心勞形困。飲苦食毒。如是惡務未嘗寧息。吾哀汝等天人之類。苦心誨喻教令修善。隨宜開導授與經法。莫不承用。在意所願皆令得道。佛所遊履國邑丘

聚。靡不蒙化。天下和順。日月清明。風雨以時。災厲不起。國豐民安。兵戈無用。崇德興仁。務修禮讓。佛言。我哀愍汝等諸天人民。甚於父母念子。今我於此世作佛。降化五惡。消除五痛。絕滅五燒。以善攻惡。拔生死之苦。令獲五德。升無爲之安。吾去世後。經道漸滅。人民諂僞。復爲衆惡。五燒五痛。還如前法。久後轉劇。不可悉說。我但爲汝略言之耳。佛語彌勒。汝等各善思之。轉相教誡。如佛經法。無得犯也。於是彌勒菩薩合掌白言。佛所說甚善。世人實爾。如來普慈哀愍。悉令度脫。受佛重誨。不敢違失。

第四勸人修捨。於中有二。一如來勸修。二彌勒領解。前中有三。一以理正勸。二吾哀汝下。舉己現在化益以勸。三吾去世下。舉己滅後衰損以勸。初中有二。一以理正勸。二汝等於是廣植德下。彰此修勝增人舉意。前正勸中。初勸自行。得佛經語。當熟思之。端心正行。主上已下。勸其化他。主上爲善。率化下等。化他修善。當求度世。拔生死等。化他離惡。彰此勝中。初明此界一日修善。勝無量壽爲善百歲。所以下釋。下明此界修善十日。勝餘佛國爲善千歲。所以下釋。就初段中。汝等於是廣植德本。總以標舉。布恩等別。別中初舉六波羅蜜。是自利行。布恩檀度。勿犯戒度。忍辱忍度。精進進度。一心禪度。智慧慧度。轉相教化。是利他行。爲德立善。總以結之。此前作善。正心正意。齋戒清淨。是其止善。以此修難。故於一日。勝無量壽爲善百歲。就下第二舉己現在化益勸中。初明化人修善得樂。佛言已下。明其化人滅惡離苦。就下第三舉己滅後衰損勸中。初舉滅後衰損之事。語彌勒下。勸人修斷。上來佛勸。自下彌勒領解奉行。彌勒白佛所說甚善。世人實爾。是領解也。如來慈等。彰己奉行。

上來四段。合爲第二廣舉娑婆穢惡之事。令人厭捨。

△自下第三。就無量壽得失雙辨。令人修捨。就中有五。一佛勸阿難禮無量壽。二阿難奉命敬禮彼佛幷願求見。三由前啟請。無量壽佛放光普照。四因佛光照。彼此相見。五因相見。具彰彼國得失之事。令人修捨。

佛告阿難。汝起更整衣服。合掌恭敬禮無量壽佛。十方國土諸佛如來。常共稱揚讚歎彼佛無著無礙。

就初段中。初告阿難。令禮彼佛。十方國下。舉佛共歎成其頂禮。

於是阿難起整衣服正身西向恭敬合掌五體投地禮無量壽佛白言世尊願見彼佛安樂國土及諸菩薩聲聞大衆。

第二段中初明阿難奉命設禮白言已下啟請求見願見彼佛求見化主安樂國土求見其處及菩薩等求見彼衆。

說是語已卽時無量壽佛放大光明普照一切諸佛世界金剛圍山須彌山王大小諸山一切所有皆同一色譬如劫水彌滿世界其中萬物沈沒不現滉瀁

浩汗唯見大水彼佛光明亦復如是聲聞菩薩一切光明皆悉隱蔽唯見佛光明耀顯赫

第三段中初先法說佛放光明普照一切皆同一色次以喩顯下合顯之。

爾時阿難卽見無量壽佛威德巍巍如須彌山王高出一切諸世界上相好光明靡不照耀此會四衆一時悉見彼見此土亦復如是。

第四段中初此見彼後彼見此此見彼中初阿難見後大衆見。

爾時佛告阿難及慈氏菩薩汝見彼國從地已上至淨居天其中所有微妙嚴淨自然之物爲悉見不阿難對曰唯然已見汝寧復聞無量壽佛大音宣布一切世界化衆生不阿難對曰唯然已聞彼國人民乘百千由旬七寶宮殿無所障礙徧至十方供養諸佛汝復見不對曰已見彼國人民有胎生者汝復見不對曰已見其胎生者所處宮殿或百由旬或五百由旬各於其中受諸快樂如忉利天上亦皆自然爾時慈氏菩薩白佛言世尊何因何緣彼國人民胎生化生佛告慈氏若有衆生以疑惑心修諸功德願生彼國不了佛智不思議智不可稱智大乘廣智無等無

倫最上勝智於此諸智疑惑不信然猶信罪福修習善本願生其國此諸衆生生彼宮殿壽五百歲常不見佛不聞經法不見菩薩聲聞聖衆是故於彼國土謂之胎生若有衆生明信佛智乃至勝智作諸功德信心迴向此諸衆生於七寶華中自然化生跏趺而坐須臾之頃身相光明智慧功德如諸菩薩具足成就復次慈氏他方諸大菩薩發心欲見無量壽佛恭敬供養及諸菩薩聲聞聖衆彼菩薩等命終得生無量壽國於七寶華中自然化生彌勒當知彼化生者智慧勝故其胎生者皆無智慧於五百歲中常不見

佛不聞經法不見菩薩諸聲聞衆無由供養於佛不知菩薩法式不得修習功德當知此人宿世之時無有智慧疑惑所致佛告彌勒譬如轉輪聖王別有宮室七寶莊飾張設牀帳懸諸繒蓋若有諸小王子得罪於王輒內彼宮中繫以金鎖供給飲食衣服牀蓐華香妓樂如轉輪王無所乏少於意云何此諸王子寧樂彼處不對曰不也但種種方便求諸大力欲自勉出佛告彌勒此諸衆生亦復如是以疑惑佛智故生彼七寶宮殿無有刑罰乃至一念惡事但於五百歲中不見三寶不得供養修諸善本以此爲苦雖有

餘樂猶不樂彼處若此衆生識其本罪深自悔責求離彼處卽得如意往詣無量壽佛所恭敬供養亦得偏至無量無數諸如來所修諸功德彌勒當知其有菩薩生疑惑者爲失大利是故應當明信諸佛無上智慧

第五段中初彰彼得令人願求後顯彼失使人厭捨彰彼得中如來三問阿難三答文顯可知顯彼失中初先彰彼胎生之失若有衆生識本罪下教人修捨前明失中文別有四一彰彼國有胎生果二慈氏白下辨因顯果三復慈氏下對勝顯劣四如輪王下就之顯過就初段中如來初問彼國人民有胎生者汝復見不阿難次答彰己已見如來下復爲之具辨第二段中初彌勒問何因何緣彼國人民胎生化生正辨胎約化顯之爲是通問下佛答之於中先明胎生之因若有衆生明信佛下明化生因胎生因中先明其因此諸衆生生彼已下明因得果就明因中若有衆生以疑惑心略明其失修諸功德願生彼國略明其得不了佛下廣明其失於彼佛智疑惑不信是其失也於中初言不了佛智此句是總不思等別佛智淵深餘不

能測名不思智佛智衆多非言能盡言不可稱於諸法門知之窮盡名爲廣智位分高出名無等倫最上勝智於此下結然猶信下廣明其德下得果中先辨後結明化生中先明其因此諸生下明因得果自下第三對勝顯劣於中先舉化生之勝後對明其胎生之劣文顯可知自下第四明胎生過約喩顯之如來初先立喩反問彌勒次答不也總答但種種下別以顯之佛告已下如來爲辨明胎生者無餘苦事但五百歲不見三寶不得修善用此爲苦以此苦故雖樂不樂上來四段合爲第一

明胎生失。自下第二敎人修捨。若此衆生識其本罪深自悔責求離彼處。正敎修捨。識本疑惑佛智之罪深自悔責。卽得已下。明其修得。彌勒當知其有已下。結勸修學。舉失顯得而爲勸也。

上來第三明攝下人往生彼國。

彌勒菩薩白佛言。世尊。於此世界有幾所不退菩薩。生彼佛國。佛告彌勒。於此世界有六十七億不退菩薩往生彼國。一一菩薩已曾供養無數諸佛。次如彌勒者也。諸小行菩薩及修習少功德者不可稱計。皆當往生。佛告彌勒。不但我刹諸菩薩等往生彼國。他

方佛土亦復如是。其第一佛名曰遠照。彼有百八十億菩薩皆當往生。其第二佛名曰寶藏。彼有九十億菩薩皆當往生。其第三佛名曰無量音。彼有二百二十億菩薩皆當往生。其第四佛名曰甘露味。彼有二百五十億菩薩皆當往生。其第五佛名曰龍勝。彼有十四億菩薩皆當往生。其第六佛名曰勝力。彼有萬四千菩薩皆當往生。其第七佛名曰師子。彼有五百億菩薩皆當往生。其第八佛名曰離垢光。彼有八十億菩薩皆當往生。其第九佛名曰德首。彼有六十億菩薩皆當往生。其第十佛名曰妙德山。彼有六十億

菩薩皆當往生。其第十一佛名曰人王。彼有十億菩薩皆當往生。其第十二佛名曰無上華。彼有無數不可稱計諸菩薩衆。皆不退轉。智慧勇猛。已曾供養無量諸佛。於七日中卽能攝取百千億劫大士所修堅固之法。斯等菩薩皆當往生。其第十三佛名曰無畏。彼有七百九十億大菩薩衆。諸小菩薩及比丘等不可稱計。皆當往生。佛語彌勒。不但此十四佛國中諸菩薩等當往生也。十方世界無量佛國其往生者亦復如是。甚多無數。我但說十方諸佛名號及菩薩比丘生彼國者。晝夜一劫尚未能盡。我今爲汝略說之

耳。

第四重攝上人往生彼國。於中先明此土菩薩往生彼國。彌勒先問。如來後辨。佛告彌勒不但已下。廣明餘國菩薩往生。於中初總。其第一下。別以列之。列十三國菩薩往生。通前娑婆。別列十四。不但此下。總舉餘國。明皆往生。甚多無量。不可具說。舉此令人求去專也。○上來正宗。

△自下流通。於中有四。第一如來歎經勸學。二爾時世尊說此經下。彰說利益。諸人悟道。三動地放光。雨華作樂。增衆深信。四明所說利益弘多。大衆同

喜。

△初中有五。一舉聞益勸人受行。二吾今為諸眾生已下教人請決。三當來之世經道滅下彰此經法濟益之要獨留百歲。四佛語彌勒下舉經難聞生人重敬。五是故我法如是作下結勸修學。

佛告彌勒。其有得聞彼佛名號歡喜踊躍乃至一念。當知此人為得大利。則是具足無上功德。是故彌勒。設有大火充滿三千大千世界。要當過此聞是經法。歡喜信樂受持讀誦如說修行。所以者何。多有菩薩欲聞此經而不能得。若有眾生聞此經者。於無上道終不退轉。是故應當專心信受持誦說行。

初中有二。一舉得聞無量壽名獲利深廣勸學此經。聞名依經故勸學之。若有眾生聞此經下明聞此經得益廣大勸人受行。前明聞佛得益之中。其有得聞彼佛名號歡喜踊躍乃至一念為得大利。明聞佛名得益多也。是故已下勸學此經。以此經中說無量壽聞獲大利。故設大火滿三千界亦須從過聽受此經。況餘小難。所以下釋。多有菩薩欲聞此經而不能得。故必須聽。後明聞經得益之中。若聞此經於無上道終不退轉。舉聞經益。是故應當專心信等勸人修學。上來第一舉聞利益勸人受行。

吾今為諸眾生說此經法。令見無量壽佛及其國土一切所有。所當為者皆可求之。無得以我滅度之後。復生疑惑。

第二教人請決。吾為眾生說此經法令見無量壽。及其國土一切所有。彰己化意。所當為者皆可求之。正勸請決。無得已下遮後人疑。

當來之世經道滅盡。我以慈悲哀愍。特留此經止住百歲。其有眾生值斯經者。隨意所願皆可得度。

第三明此經要獨留百歲。當來之世經道滅者。舉彼未來法滅盡事。釋迦正法有五百年。像法千歲。末法萬歲。一切皆過名為滅盡。我以慈下明己留意。佛以慈悲憐愍眾生。故法滅後獨留此經百歲濟度。以此經中開示淨土令人求生。故偏留之。大涅槃經顯示佛性。教聖中深。聖人先隱。為是先滅。此經教人厭苦求樂。濟凡中要。為是後滅。法隨人別。故滅不同。其有眾生值斯經者所願皆得。明留之益。法滅盡後百年聞者尚得利益往生淨土。況今聞者何有不生。唯佛留意明今聞經有求去者定得往生，莫自疑慮。

佛語彌勒：如來興世，難值難見。諸佛經道，難得難聞。菩薩勝法，諸波羅蜜，得聞亦難。遇善知識，聞法能行，此亦為難。若聞斯經，信樂受持，難中之難，無過此難。

第四舉經難聞，生人重敬。如來興世，難值難見，明值佛難。生當佛時，名之為值。目覩稱見。此皆難也。諸佛經道難得聞等，明法難聞。於中先明經教難聞。手得經卷，名之為得。耳聽曰聞。亦可領誦名之為得，耳飡稱聞。此等皆難。菩薩勝下，明其行法聞之甚難。遇善知識能行亦難，明修行難。此前汎舉。

若聞斯經，信樂受持，難中之難，約對前三，明此經中修學最難。餘義餘法，處處宣說，開顯淨土，教人往生，獨此一經，為是最難。

是故我法，如是作，如是說，如是教。應當信順，如法修行。

第五結勸修學。言是故者，是此經法有多益故。於中修學最難得故。我今宣說，言我法者，舉此經法。如是作者，此經宣說彌陀如來修願修行，得身得土，名如是作。如是說者，如來上來為眾宣說，名如是說。如是教者，如來上來教人往生，名如是教。此舉前法，應當信順，如法修行，結勸修學。

上來五段，合為第一歎經勸學。

爾時世尊說此經法，無量眾生皆發無上正覺之心。萬二千那由他人，得清淨法眼。二十二億諸天人民，得阿那含果。八十萬比丘，漏盡意解。四十億菩薩，得不退轉，以弘誓功德而自莊嚴，於將來世當成正覺。

第二段中，明說利益。無量眾生發正覺心，起願益也。聞彌陀佛發願修行，得佛淨土，攝化眾生，願與同之，名正覺心。下明得道，先小後大。小乘眾生，聞說娑婆穢惡可厭，深心厭離，故得小果。於中初言

得淨法眼，成須陀洹，見四真諦，名淨法眼。次得那含，後得羅漢。大乘眾生，聞彌陀佛成德廣度，堅心願求，故得不退。聞此多益，誓欲濟度，名誓自莊。由斯剋果，故於將來當成正覺。

爾時三千大千世界六種震動，大光普照十方國土。百千音樂自然而作，無量妙華芬芬而降。

第三段中，如來化周，為增物敬，故以神力動地放光，作樂雨華，六動如上。

佛說經已，彌勒菩薩及十方來諸菩薩眾、長老阿難、諸大聲聞、一切大眾，靡不歡喜。

第四段中。明說廣益。𢽾悏羣機。大眾同喜。

佛說無量壽經義疏卷六

直隸布政使裕　施銀三十兩
清河道潘賜衣堂　施銀二十兩
河間府胡懷德堂　施銀二兩
廣平府吳承素堂　施銀二兩
冀州牛酉蔭堂　施銀四兩
定州孫棣萼堂　施銀二兩
灤州吳敬吉堂　施銀二兩

清苑縣徐景賢堂　施銀十兩
深澤縣孫樂善堂　施銀二兩
共刻此部連圈計字六萬一千七百四十四箇
光緒二十年冬十月金陵刻經處識

佛說觀無量壽佛經疏卷第一

唐沙門善導集記

○玄義分

先勸大眾發願歸三寶

道俗時眾等　各發無上心　生死甚難厭
佛法復難欣　共發金剛志　橫超斷四流
願入彌陀界　歸依合掌禮　世尊我一心
歸命盡十方　法性眞如海　報化等諸佛
一一菩薩身　眷屬等無量　莊嚴及變化
十地三賢海　時劫滿未滿　智行圓未圓

正使盡未盡　習氣亡未亡　功用無功用
證智未證智　妙覺及等覺　正受金剛心
相應一念後　果德涅槃者　我等咸歸命
三佛菩提尊　無礙神通力　冥加願攝受
我等咸歸命　三乘等賢聖　學佛大悲心
長時無退者　請願遙加備　念念見諸佛
我等愚癡身　曠劫來流轉　今逢釋迦佛
末法之遺跡　彌陀本誓願　極樂之要門
定散等迴向　速證無生身　我依菩薩藏
頓教一乘海　說偈歸三寶　與佛心相應
十方恆沙佛　六通照知我　今乘二尊教
廣開淨土門　願以此功德　平等施一切
同發菩提心　往生安樂國

此觀經一部之內。先作七門料簡。然後依文釋義。第一先標序題。第二次釋其名。第三辯釋宗旨不同教之大小。第四正顯說人差別。第五料簡定散二善通別有異。第六和會經論相違廣施問答釋去疑情。第七料簡韋提聞佛正說得益分齊。

第一先標序題者。竊以眞如廣大。五乘不測其邊。法性深高。十聖莫窮其際。眞如之體量。量性不出蠢蠢之心。法性無邊。邊體則元來不動。無塵法界。凡聖齊圓。兩垢如如。則普該於含識。恆沙功德。寂用湛然。但以垢障覆深。淨體無由顯照。故使大悲隱於西化。驚入火宅之門。灑甘露潤於羣萌。輝智炬則朗重昏於永夜。三檀等備。四攝齊收。開示長劫之苦因。悟入永生之樂果。不謂羣迷性隔。樂欲不同。雖無一實之機。等有五乘之用。致使布慈雲於三界。注法雨於大悲。莫不等洽塵勞。普沾未聞之益。菩提種子。藉此以抽心。正覺之芽。念念因茲增長。依心起於勝行。門餘八萬四千。漸頓則各稱所宜。隨緣者則皆蒙解脫。然衆生障重。取悟之者難明。雖可教益多門。凡惑無由偏攬。遇因韋提致請。我今樂欲往生安樂。唯願如來教我思惟。教我正受。然娑婆化主因其請故。卽廣開淨土之要門。安樂能人顯彰別意之弘願。其要門者。卽此觀經定散二門是也。定卽息慮以凝心。散卽廢惡以修善。迴斯二行。求願往生也。言弘願者。如大經說。一切善惡凡夫得生者。莫不皆乘阿彌陀佛大願業力爲增上緣也。又佛密意弘深。教門難曉。三賢十聖弗測所闚。況我信外輕毛。敢知旨趣。仰惟釋迦

此方發遣。彌陀卽彼國來迎。彼喚此遣。豈容不去也。唯可勤心奉法。畢命爲期。捨此穢身。卽證彼法性之常樂。此卽略標序題竟。

第二次釋名者。經言佛說無量壽觀經一卷。言佛者。乃是西國正音。此土名覺。自覺覺他覺行窮滿。名之爲佛。言自覺者。簡異凡夫。此由聲聞狹劣。唯能自利。闕無利他大悲故。言覺他者。簡異二乘。此由菩薩有智故能自利。有悲故能利他。常能悲智雙行。不著有無也。言覺行窮滿者。簡異菩薩。此由如來智行已窮。時劫已滿。出過三位。故名爲佛。言說者。口音陳唱。故名爲說。又如來對機說法。多種不同。漸頓隨宜。隱彰有異。或六根通說。相好亦然。應念隨緣。皆蒙證益也。言無量壽者。乃是此地漢音。言南無阿彌陀佛者。又是西國正音。又南者是歸。無者是命。阿者是無。彌者是量。陀者是壽。佛者是覺。故言歸命無量壽覺。此乃梵漢相對。其義如此。今言無量壽者是法。覺者是人。人法並彰。故名阿彌陀佛。又言人法者是所觀之境。卽有其二。一者依報。二者正報。就依報中卽有其三。一者地下莊嚴。卽一切寶幢光明互相映發等是。二者地上

莊嚴。卽一切寶地池林寶樓宮閣等是。三者虛空莊嚴。卽一切變化寶宮華網寶雲化鳥風光動發聲樂等是。如前雖有三種差別。皆是彌陀淨國無漏眞實之勝相。此卽總結成依報莊嚴也。又言依報者。從日觀下至華座觀已來。總明依報。就此依報中。卽有通有別。言別者。華座一觀是其別依。唯屬彌陀佛也。餘上六觀是其通依。卽屬法界之凡聖。但使得生者共同受用。故言通也。又就此六中。卽有眞有假。言假者。卽日想水想冰想等是其假依。由是此界中相似可見境相。故言眞依者。卽從

瑠璃地下至寶樓觀已來。是其眞依。由是彼國眞實無漏可見境相故。二就正報中亦有其二。一者主莊嚴。卽阿彌陀佛是。二者聖衆莊嚴。卽現在彼衆及十方法界同生者是。又就此正報中。亦有通有別。言別者。卽阿彌陀佛是也。卽此別中亦有眞有假。言假正報者。卽第八像觀是也。觀音勢至等亦如是。此由衆生障重。染惑處深。佛恐乍想眞容無由顯現。故使假立眞像以住心想。同彼佛以證境。故言假正報也。言眞正報者。卽第九眞身觀是也。此由前假正漸以息於亂想。心眼得開。麤見彼

方淸淨二報種種莊嚴。以除昏惑。由除障故得見彼眞實之境相也。言通正報者。卽觀音勢至等已下是也。向來所言通別眞假者。正明依正二報也。言觀者照也。常以淨信心手。以持智慧之輝。照彼彌陀正依等事。言經者經也。經能持緯。得成疋丈。有其丈用。經能持法。理事相應。定散隨機。義不零落。能令修趣之者。必藉教行之緣因。乘願往生證彼無爲之法樂。旣生彼國。更無所畏。長時起行。果極菩提。法身常住。比若虛空。能招此益。故曰爲經。言一卷者。此觀經一部。雖言兩會正說總成斯一。故名一卷。故言佛說無量壽觀經一卷。此卽釋其名義竟。

三辯釋宗旨不同教之大小者。如維摩經以不思議解脫爲宗。如大品經以空慧爲宗。此例非一。今此觀經卽以觀佛三昧爲宗。亦以念佛三昧爲宗。一心迴願往生淨土爲體。言教之大小者。問曰。此經二藏之中何藏攝。二教之中何教收。答曰。今此觀經菩薩藏收。頓教攝。

四辯說人差別者。凡諸經起說。不過五種。一者佛說。二者聖弟子說。三者天仙說。四者鬼神說。五者

變化說。今此觀經是佛自說。問曰。佛在何處說。爲何人說。答曰。佛在王宮爲韋提等說。

五料簡定散兩門。卽有其六。一明能請者。卽是韋提。二明所請者。卽是世尊。三明能說者。卽是如來。四明所說。卽是定散二善十六觀門。五明能爲。卽是如來。六明所爲。卽韋提等是也。問曰。定散二善因誰致請。答曰。定善一門韋提致請。散善一門是佛自說。問曰。未審定散二善出在何文。今旣教備不虛。何機得受。答曰。解有二義。一者謗法與無信。八難及非人。此等不受也。斯乃朽林頑石。不可有

生潤之期。此等衆生。必無受化之義。除斯已外。一心信樂求願往生。上盡一形。下收十念。乘佛願力。莫不皆往。此卽答上何機得受義竟。二出在何文者。卽有通有別。言通者。卽有三義不同。何者。一從韋提白佛唯願爲我廣説無憂惱處者。卽是韋提標心自爲通請所求。二從唯願佛日教我觀於清淨業處者。卽是韋提自爲通請去行。三從世尊光臺現國。卽是酬前通請爲我廣説之言。雖有三義不同。答前通竟。言別者。則有二義。一從韋提白佛我今樂生極樂世界彌陀佛所者。卽是韋提自爲

別選所求。二從唯願教我思惟教我正受者。卽是韋提自爲請修別行。雖有二義不同。答上別竟。從此已下。次答定散兩門之義。問曰。云何名定善。云何名散善。答曰。從日觀下至十三觀已來。名爲定善。三福九品名爲散善。問曰。定善之中有何差別。出在何文。答曰。出何文者。經言教我思惟。教我正受。卽是其文。言差別者。卽有二義。一謂思惟。二謂正受。言思惟者。卽是觀前方便。思想彼國依正二報總別相也。卽地觀文中説言如此想者。名爲麤見極樂國土。卽合上教我思惟一句。言正受者。想心都息。緣慮並亡。三昧相應。名爲正受。卽地觀文中説言若得三昧。見彼國地。了了分明。卽合上教我正受一句。定散雖有二義不同。總答上問竟。又向來解者。與諸師不同。諸師將思惟一句用合三福九品。以爲散善。正受一句用通合十六觀。以爲定善。如斯解者。將謂不然。何者。如華嚴經説。思惟正受者。但是三昧之異名。與此地觀文同。以斯文證。豈得通於散善。又向來韋提上請。但言教我觀於清淨業處。次下又請言教我思惟正受。雖有二請。唯是定善。又散善之文。都無請處。但是佛自開。

次下散善緣中説云。亦令未來世一切凡夫已下。卽是其文。

六和會經論相違廣施問答釋去疑情者。就此門中。卽有其六。一先就諸法師解九品之義。二卽以道理來破之。三重舉九品返對破之。四出文來證定爲凡夫。不爲聖人。五會通別時之意。六會通二乘種不生之義。

初言諸師解者。先舉上輩三人。言上上者是四地至七地已來菩薩。何故得知。由到彼卽得無生忍故。上中者是初地至四地已來菩薩。何故得知。由

到彼經一小劫得無生忍故上下者是種性以上至初地已來菩薩何故得知由到彼經三小劫始入初地故此三品人皆是大乘聖人生位次舉中輩三人者諸師云中上是三果人何以得知由到彼卽得羅漢故中中者是內凡何以得知由到彼得須陀洹故中下者是世善凡夫厭苦求生何以得知由到彼經一小劫得羅漢果故此之三品唯是小乘聖人等也下輩三人者是大乘始學凡夫隨過輕重分爲三品共同一位求願往生者未必然也可知

第二卽以道理來破者上言初地至七地已來菩薩者如華嚴經說初地已上七地已來卽是法性生身變易生身斯等曾無分段之苦論其功用已經二大阿僧祇劫雙修福智人法兩空並是不可思議神通自在轉變無方身居報土常聞報佛說法悲化十方須臾徧滿更憂何事乃藉韋提爲其請佛求生安樂國也以斯文證諸師所說豈非錯也答上二竟上下者上言從種性至初地已來者未必然也如經說此等菩薩名爲不退身居生死不爲生死所染如鵝鴨在水水不能溼如大品經說此位中菩薩由得二種眞善知識守護故不退何者一是十方諸佛二是十方諸大菩薩常以三業外加於諸善法無有退失故名不退位也此等菩薩亦能八相成道教化衆生論其功行已經一大阿僧祇劫雙修福智等既有斯勝德更憂何事乃藉韋提請求生也以斯文證故知諸師所判還成錯也此責上輩竟次責中輩三人者諸師云中上是三果者然此等之人三塗永絕四趣不生現在雖造罪業必定不招來報如佛說言此四果人與我同坐解脫牀旣有斯功力更復何憂乃藉韋

提請求生路然諸佛大悲於苦者心偏愍念常沒衆生是以勸歸淨土亦如溺水之人急須偏救岸上之者何用濟爲以斯文證故知諸師所判義同前錯也以下可知

第三重舉九品返對破者諸師云上品上生人是四地至七地已來菩薩者何故觀經云三種衆生當得往生何者爲三一者但能持戒修慈二者不能持戒修慈但能讀誦大乘三者不能持戒讀經唯能念佛法僧等此之三人各以己業專精勵意一日一夜乃至七日七夜相續不斷各迴所作之

業求願往生命欲終時阿彌陁佛及與化佛菩薩
大衆放光授手如彈指頃卽生彼國以此文證正
是佛去世後大乘極善上品凡夫日數雖少作業
時猛何得判同上聖也然四地七地已來菩薩論
其功用不可思議豈藉一日七日之善華臺授手
迎接往生也此卽返對上上竟次對上中者諸師
云是初地四地已來菩薩者何故觀經云不必受
持大乘云何名不必或讀不讀故名不必但言善
解未論其行又言深信因果不謗大乘以此善根
迴願往生命欲終時阿彌陁佛及與化佛菩薩大

衆一時授手卽生彼國以此文證亦是佛去世後
大乘凡夫行業稍弱致使終時迎候有異然初地
四地已來菩薩論其功用如華嚴經說乃是不可
思議豈藉韋提致請方得往生也返對上中竟次
對上下者諸師云是種性以上至初地已來菩薩
者何故觀經云亦信因果云何亦信或信不信故
名爲亦又言不謗大乘但發無上道心唯此一句
以爲正業更無餘善迴斯一行求願往生命欲終
時阿彌陁佛及與化佛菩薩大衆一時授手卽得
往生以斯文證唯是佛去世後一切發大乘心衆

生行業不強致使去時迎候有異若論此位中菩
薩力勢十方淨土隨意往生豈藉韋提爲其請佛
勸生西方極樂國也返對上下竟卽此三品去時
有異云何異上上去時佛與無數化佛一時授手
上中去時佛與千化佛一時授手上下去時佛與
五百化佛一時授手直是業有強弱致使有斯差
別耳次對中輩三人者諸師云中上是小乘三果
者何故觀經云若有衆生受持五戒八戒修行諸
戒不造五逆無衆過患命欲終時阿彌陁佛與比
丘聖衆放光說法來現其前此人見已卽得往生

以此文證亦是佛去世後持小乘戒凡夫何小聖
也中中者諸師云見道已前內凡者何故觀經云
受持一日一夜戒迴願往生命欲終時見佛卽得
往生以此文證豈得言是內凡人也但是佛去世
後小善凡夫命延日夜逢遇小緣授其小戒迴願
往生以佛願力卽得生也若論小聖去亦無妨但
此觀經佛爲凡說不干聖也中下者諸師云小乘
內凡已前世俗凡夫唯修世福求出離者何故觀
經云若有衆生孝養父母行世仁慈命欲終時遇
善知識爲說彼佛國土樂事四十八願等此人聞

已卽生彼國以此文證但是不遇佛法之人雖行孝養亦未有心希求出離直是臨終遇善勸令往生此人因勸迴心卽得往生又此人在世自然行孝亦不爲出離故行孝道也次對下輩三人者諸師云此等之人乃是大乘始學凡夫隨過輕重分爲三品未有道位難辨階降者將謂不然何者此三品人無有佛法世俗二種善根唯知作惡何以得知如下上文說但不作五逆謗法自餘諸惡悉皆具造無有慚愧乃至一念命欲終時遇善知識爲說大乘教令稱佛一聲爾時阿彌陀佛卽遣化

佛菩薩來迎此人卽得往生但如此惡人觸目皆是若遇善緣卽得往生若不遇善定入三塗未可出也下中者此人先受佛戒受已不持卽便毀破又偷常住僧物現前僧物不淨說法乃至無有一念慚愧之心命欲終時地獄猛火一時俱至現在其前當見火時卽遇善知識爲說彼佛國土功德勸令往生此人聞已卽便見佛隨化往生初不遇善獄火來迎後逢善故化佛來迎斯乃皆是彌陀願力故也下下者此等衆生作不善業五逆十惡具諸不善此人以惡業故定墮地獄多劫無窮命

欲終時遇善知識教稱阿彌陀佛勸令往生此人依教稱佛乘念卽生此人若不遇善必定下沈由終遇善七寶來迎又看此觀經定善及三輩上下文意總是佛去世後五濁凡夫但以遇緣有異致令九品差別何者上品三人是遇大凡夫中品三人是遇小凡夫下品三人是遇惡凡夫以惡業故臨終藉善乘佛願力乃得往生到彼華開方始發心何得言是始學大乘人也若作此見自失誤他爲害玆甚今以一一出文顯證欲使今時善惡凡夫同沾九品生信無疑乘佛願力悉得生也

第四出文顯證者問曰上來返對之義云何得知世尊定爲凡夫不爲聖人者未審直以人情準義爲當亦有聖教來證答曰衆生垢重智慧淺近聖意弘深豈寧自輒今者一一悉取佛說以爲明證就此證中卽有其十句何者第一如觀經云佛告韋提我今爲汝廣說衆譬亦令未來世一切凡夫欲修淨業者得生西方極樂國土者是其一證也二言如來今者爲未來世一切衆生爲煩惱賊之所害者說清淨業者是其二證也三言如來今者教韋提希及未來世一切衆生觀於西方極樂世

界者是其三證也四言韋提白佛我今因佛力故見彼國土若佛滅後諸衆生等濁惡不善五苦所逼云何當見彼佛國土者是其四證也五如日觀初云佛告韋提汝及衆生專念已下乃至一切衆生自非生盲有目之徒見日已來者是其五證也六如地觀中說言佛告阿難汝持佛語爲未來世一切衆生欲脫苦者說是觀地法者是其六證也七如華座觀中說言韋提白佛我因佛力得見阿彌陀佛及二菩薩未來衆生云何得見者是其七證也八次下答請中說言佛告韋提汝及衆生欲

觀彼佛者當起想念者是其八證也九如像觀中說言佛告韋提諸佛如來入一切衆生心想中是故汝等心想佛時者是其九證也十如九品之中一一說言爲諸衆生者是其十證也上來雖有十句不同證明如來說此十六觀法但爲常沒衆生不干大小聖也以斯文證豈是謬哉

第五會通別時意者即有其二一論云如人念多寶佛即於無上菩提得不退墮者凡言菩提乃是佛果之名亦是正報道理成佛之法要須萬行圓備方乃剋成豈將念佛一行即望成者無有是處

雖言未證萬行之中是其一行何以得知如華嚴經說功德雲比丘語善財言我於佛法三昧海中唯知一行所謂念佛三昧以此文證豈非一行也雖是一行於生死中乃至成佛永不退沒故名不墮問曰若爾者法華經云一稱南無佛皆已成佛道亦應成佛竟也此之二文有何差別答曰論中稱佛唯欲自成佛果經中稱佛爲簡異九十五種外道然外道之中都無稱佛之人但使稱佛一口即在佛道中攝故言已竟二論中說云如人唯由發願生安樂土者久來通論之家不會論意錯引

下品下生十聲稱佛與此相似未即得生如一金錢得成千者多日乃得非一日即得成千十聲稱佛亦復如是但與遠生作因是故未即得生導佛直爲當來凡夫欲令捨惡稱佛誑言導生實未得生名作別時意者何故阿彌陀經云佛告舍利弗若有善男子善女人聞說阿彌陀佛即應執持名號一日乃至七日一心願生命欲終時阿彌陀佛與諸聖衆迎接往生次下十方各如恒河沙等諸佛各出廣長舌相徧覆三千大千世界說誠實言汝等衆生皆應信是一切諸佛所護念經言護念

者卽是上文一日乃至七日稱佛之名也今旣有斯聖教以爲明證未審今時一切行者不知何意凡小之論乃加信受諸佛誠言返將妄語苦哉奈劇能出如此不忍之言雖然仰願一切欲往生知識等善自思量寧傷今世錯信佛語不可執菩薩論以爲指南若依此執者卽是自失誤他也問曰云何起行而言不得往生答曰若欲往生者要須行願具足方可得生今此論中但言發願不論有行問曰何故不論答曰乃至一念曾未措心是故不論問曰願行之義有何差別答曰如經中說但

有其行行卽孤亦無所至但有其願願卽虛亦無所至要須願行相扶所爲皆剋是故今此論中直言發願不論有行是故未卽得生與遠生作因者其義實也問曰願意云何乃言不生答曰聞他說言西方快樂不可思議卽作願言我亦願生道此語已更不相續故名願也今此觀經中十聲稱佛卽有十願十行具足云何具足言南無者卽是歸命亦是發願迴向之義言阿彌陀佛者卽是其行以斯義故必得往生又來論中稱多寶佛爲求佛果卽是正報下唯發願求生淨土卽是依報一正

一依豈得相似然正報難期一行雖精未剋依報易求所以一願之心未入雖然譬如邊方投化卽易爲主卽難今時願往生者並是一切投化衆生豈非易也但能上盡一形下至十念以佛願力莫不皆往故名易也斯乃不可以言定義取信之者懷疑要引聖教來明欲使聞之者方能遣惑

第六會通二乘種不生義者問曰彌陀淨國爲當是報是化也答曰是報非化云何得知如大乘同性經說西方安樂阿彌陀佛是報佛報土又無量壽經云法藏比丘在世饒王佛所行菩薩道時發

四十八願一一願言若我得佛十方衆生稱我名號願生我國下至十念若不生者不取正覺今旣成佛卽是酬因之身也又觀經中上輩三人臨命終時皆言阿彌陀佛及與化佛來迎此人然報身兼化共來授手故名爲與以此文證故知是報然報應二身者眼目之異名前翻報作應後翻應作報凡言報者因行不虛定招來果以果應因故名爲報又三大僧祇所修萬行必定應得菩提今旣道成卽是應身斯乃過現諸佛辯立三身除斯已外更無別體縱使無窮八相名號塵沙剋體而論

眾歸化攝今彼彌陀現是報也問曰既言報者報
身常住永無生滅何故觀音授記經說阿彌陀佛
亦有入涅槃時此之一義若爲通釋答曰入不入
義者唯是諸佛境界尚非三乘淺智所闚豈況小
凡輒能知也雖然必欲知者敢引佛經以爲明證
何者如大品經涅槃非化品中說云佛告須菩提
於汝意云何若有化人作化人是化頗有實事不
空者不須菩提言不也世尊佛告須菩提色卽是
化受想行識卽是化乃至一切種智卽是化須菩
提白佛言世尊若世間法是化出世間法亦是化

所謂四念處四正勤四如意足五根五力七覺分
八聖道分三解脫門佛十力四無所畏四無礙智
十八不共法幷諸法果及賢聖人所謂須陀洹斯
陀含阿那含阿羅漢辟支佛菩薩摩訶薩諸佛世
尊是法亦是化不佛告須菩提一切法皆是化於
是法中有聲聞法變化有辟支佛法變化有菩薩
法變化有諸佛法變化有煩惱法變化有業因緣
法變化以是因緣故須菩提一切法皆是化須菩
提白佛言世尊是諸煩惱斷所謂須陀洹果斯陀
含果阿那含果阿羅漢果辟支佛道斷諸煩惱習

皆是變化不佛告須菩提若有法生滅相者皆是
變化須菩提言世尊何等法非變化佛言若法無
生無滅是非變化須菩提言何等是不生不滅非
變化佛言無誑相涅槃是法非變化世尊如佛自
說諸法平等非聲聞作非辟支佛作非諸菩薩摩
訶薩作非諸佛作有佛無佛諸法性常空性空卽
是涅槃云何涅槃一法非如化佛告須菩提如是
如是諸法平等非聲聞所作乃至性空卽是涅槃
若新發意菩薩聞是一切法皆畢竟性空乃至涅
槃亦皆如化者心則驚怖爲是新發意菩薩故分

別生滅者如化不生不滅者不如化耶今既以斯
聖教驗知彌陀定是報也縱使後入涅槃其義無
妨諸有智者應知問曰彼佛及土既言報者報法
高妙小聖難階垢障凡夫云何得入答曰若論眾
生垢障實難欣趣正由託佛願以作強緣致使五
乘齊入問曰若言凡夫小聖得生者何故天親淨
土論云女人及根缺二乘種不生今彼國中現有
二乘如斯論教若爲消釋答曰子但誦其文不闚
理況加以封拙懷迷無由啟悟今引佛教以爲明
證卻汝疑情何者卽觀經下輩三人是也何以得

知。如下品上生云。或有衆生。多造惡法。無有慚愧。如此愚人。命欲終時。遇善知識。為說大乘。教令稱阿彌陀佛。當稱佛時。化佛菩薩現在其前。金光華蓋迎還彼土。華開已後。觀音為說大乘。此人聞已。即發無上道心。問曰。種之與心有何差別。答曰。但以取便而言。義無差別。當華開之時。此人身器清淨。正堪聞法。亦不簡大小。但使得聞。即便生信。是以觀音不為說小。先為說大。聞大歡喜。即發無上道心。即名大乘種生。亦名大乘心生。又當華開時。觀音先為說小乘者。聞小生信。即名二乘種生。亦

名二乘心生。此品既爾。下二亦然。此三品人。俱在彼發心。正由聞大。即大乘種生。由不聞小。故所以二乘種不生。凡言種者。即是其心也。上來解二乘種不生義竟。女人及根缺義者。彼無故可知。又十方衆生。修小乘戒行。願往生者。一無妨礙。悉得往生。但到彼先證小果。證已即轉向大。一轉向大以去。更不退生二乘之心。故名二乘種不生。前解就不定之始。後解就小果之終也。應知。

第七料簡韋提聞佛正說得益分齊者。問曰。韋提既言得忍。未審何時得忍。出在何文。答曰。韋提得忍。出在第七觀初。經云。佛告韋提。佛當為汝分別解說除苦惱法。說是語時。無量壽佛住立空中。觀音勢至侍立左右。時韋提應時得見。接足作禮。歡喜讚歎。即得無生法忍。何以得知。如下利益分中說言。得見佛身及二菩薩。心生歡喜。歎未曾有。廓然大悟。得無生忍。非是光臺中見國時得也。問曰。上文中說言。見彼國土極妙樂事。心歡喜故。應時即得無生法忍。此之一義。云何通釋。答曰。如此義者。但是世尊酬前別請。舉勸利益方便之由序。何以得知。次下文中說言。諸佛如來有異方便。令汝

得見。次下日想水想冰想。乃至十三觀已來。盡名異方便也。欲使衆生於此觀門。一一得成。見彼妙事。心歡喜故。即得無生。斯乃直是如來慈哀末代。舉勸勵修。欲令積學之者。無遺聖力冥加。現益故也。

證曰。掌握機系。十有三結。條條順理。以應玄門。訖此義周。三呈前證者矣。上來雖有七段不同。總是文前玄義。料簡經論相違妨難。一一引教證明。欲使信者無疑。求者無滯。應知。

佛說觀無量壽佛經疏卷第一

佛說觀無量壽佛經疏卷第二

原疏離經別行今將經疏合刻

劉宋畺良耶舍譯經

唐沙門善導集記

○序分義

△從此以下就文料簡略作五門明義一從如是我聞下至五苦所逼云何見極樂世界已來明其序分二從日觀初句佛告韋提汝及眾生下至下品下生已來明正宗分三從說是語時下至諸天發心已來正明得益分四從阿難白佛下至韋提等歡喜已來明流通分此之四義佛在王宮一會正

說五從阿難為耆闍大眾傳說復是一會亦有三分一從爾時世尊足步虛空還耆闍崛山已來明其序分二從阿難廣為大眾說如上事已來明正宗分三從一切大眾歡喜奉行已來明流通分然化必有由故先明序由序既興正陳所說次明正宗為說既周欲以所說傳持末代歎勝勸學後明流通上來雖有五義不同略料簡序正流通義竟

△又就前序中復分為二一從如是我聞一句名為證信序二從一時下至云何見極樂世界已來正明發起序

如是我聞

初言證信者即有二義一謂如是二字即總標教主能說之人二謂我聞兩字即別指阿難能聽之人故言如是我聞此即雙釋二意也又言如是者即指法定散兩門也是即定辭機行必益此明如來所說言無錯謬故名如是又言如者如眾生意也隨心所樂佛即度之機教相應復稱為是故言如是又言如是者欲明如來所說說漸如漸說頓如頓說相如相說空如空說人法如人法說天法如天法說小如小說大如大說凡如凡說聖如聖

說因如因說果如果說苦如苦說樂如樂說遠如遠說近如近說同如同說別如別說淨如淨說穢如穢說一切諸法千差萬別如來觀知歷歷了然隨心起行各益不同業果法然眾無錯失又稱為是故言如是言我聞者欲明阿難是佛侍者常隨佛後多聞廣識身臨座下能聽能持教旨親承表無傳說之錯故曰我聞也又言證信者欲明阿難稟承佛教傳持末代為對眾生故如是觀法我從佛聞證誠可信故名證信序此就阿難解也

△二就發起序中細分為七初從一時佛在下至法

王子而爲上首已來。明化前序。二從王舍大城下。至顏色和悅已來。正明發起序禁父之緣。三從時阿闍世下。至不令復出已來。明禁母緣。四從時韋提希被幽閉下。至共爲眷屬已來。明厭苦緣。五從唯願爲我廣說下。至教我正受已來。明其欣淨緣。六從爾時世尊卽便微笑下。至淨業正因已來。明散善顯行緣。七從佛告阿難等諦聽下。至云何得見極樂國土已來。正明定善示觀緣。上來雖有七段不同。廣料簡發起序竟。

一時佛在王舍城耆闍崛山中。與大比丘衆千二百五十人俱。菩薩三萬二千。文殊師利法王子而爲上首。

初解化前序者。就此序中卽有其四。初言一時者。正明起化之時。佛將說法。先託於時處。但以衆生開悟。必藉因緣。化主臨機。待於時處。又言一時者。或就日夜十二時年月四時等。此皆是如來應機攝化時也。言處者。隨彼所宜。如來說法。或在山林處。或在王宮聚落處。或在曠野塚間處。或在多少人天處。或在聲聞菩薩處。或在八部人天王等處。或在純凡若多一二處。或在純聖若多一二處隨

其時處。如來觀知。不增不減。隨緣授法。各益所資。斯乃洪鐘雖響。必待扣而方鳴。大聖垂慈。必待請而當說。故名一時也。又一時者。阿闍世正起逆時。佛在何處。當此一時。如來獨與二乘在彼耆闍。此卽以下形上意也。故曰一時。又言一時者。佛與二衆於一時中在彼耆闍。卽聞阿闍世起此惡逆因緣。此卽以上形下意也。故曰一時。二言佛者。此卽標定化主。簡異餘佛。獨顯釋迦意也。三從在王舍城已下。正明如來遊化之處。卽有其二。一遊王城聚落。爲化在俗之衆。二遊耆山等處。爲化出家之衆。又在家者貪求五欲。相續是常。縱發清心。猶如畫水。但以隨緣普益。不捨大悲。道俗形殊。無由共住。此名境界住也。又出家者亡身捨命。斷欲歸眞。心若金剛。等同圓鏡。悕求佛地。卽弘益自他。若非絕離囂塵。此德無由可證。此名依止住也。四從與大比丘衆下。至而爲上首已來。明佛徒衆。就此衆中卽分爲二。一者聲聞衆。二者菩薩衆。就聲聞衆中卽有其九。初言與者。佛身兼衆。故名爲與。二者總大。三者相大。四者衆大。五者耆年大。六者數大。七者尊宿大。八者內有實德大。九者果證大。問曰。

一切經首皆有此等聲聞以爲猶置有何所以答曰此有別意云何別意此等聲聞多是外道如賢愚經說優樓頻螺迦葉領五百弟子修事邪法伽耶迦葉領二百五十弟子修事邪法那提迦葉領二百五十弟子修事邪法總有一千皆受佛化得羅漢道其二百五十者卽是舍利目連弟子共領一處修事邪法亦受佛化皆得道果此等四衆合爲一處故有千二百五十人也問曰此衆中亦有非外道者何故總標答曰如經中說此諸外道常隨世尊不相捨離然結集之家簡取外德故有異

名是外道者多非者少又問曰未審此等外道常隨佛後有何意也答曰解有二義一就佛解二就外道解就佛解者此諸外道邪風久扇非是一生雖入眞門氣習由在故使如來知覺不令外化畏損衆生正見根芽惡業增長此世後生不收果實爲此因緣攝令自近不聽外益此卽就佛解竟次就外道解者迦葉等意自唯曠劫久沈生死循還六道苦不可言愚癡惡見封執邪風不値明師永流於苦海但以宿緣有遇得會慈尊法澤無私我曹蒙潤尋思佛之恩德碎身之極惘然致使親事

靈儀無由暫替此卽就外道解竟又問曰此等尊宿云何名衆所知識答曰德高曰尊耆年曰宿一切凡聖知彼內德過人識其外相殊異故名衆所知識上來雖有九句不同解聲聞衆竟次解菩薩衆就此衆中卽有其七一者標相二者標數三者標位四者標果五者標德六者別顯文殊高德之位七者總結又此等菩薩具無量行願安住一切功德之法遊步十方行權方便入佛法藏究竟彼岸於無量世界化成等覺光明顯曜普照十方無量佛土六種震動隨緣開示卽轉法輪扣法鼓執

法劍震法雷雨法雨演法施常以法音覺諸世間摑裂邪網消滅諸見散諸塵勞壞諸欲塹顯明淸白光融佛法宣流正化愍傷衆生未曾慢恣得平等法具足無量百千三昧於一念頃無不周徧荷負羣生愛之如子一切善本皆度彼岸悉獲諸佛無量功德智慧開朗不可思議雖有七句不同解菩薩衆訖上來雖有二衆不同廣明化前序竟

爾時王舍大城有一太子名阿闍世隨順調達惡友之教收執父王頻婆娑羅幽閉置於七重室內制諸羣臣一不得往國太夫人名韋提希恭敬大王澡浴

淸淨以酥蜜和麨用塗其身諸瓔珞中盛蒲萄漿密以上王爾時大王食麨飲漿求水漱口漱口畢已合掌恭敬向耆闍崛山遙禮世尊而作是言大目犍連是吾親友願興慈悲授我八戒時目犍連如鷹隼飛疾至王所日日如是授王八戒世尊亦遣尊者富樓那爲王說法如是時間經三七日王食麨蜜得聞法故顏色和悅

二就禁父緣中卽有其七一從爾時王舍大城以下總明起化處此明往古百姓但城中造舍卽爲天火所燒若是王家舍宅悉無火近後時百姓共

奏於王臣等造宅數爲天火所燒但是王舍悉無火近不知有何所以王告奏人自今以後卿等造宅之時但言我今爲王造舍奏人等各奉王勅歸還造舍更不被燒因此相傳故名王舍言大城者此城極大居民九億故道王舍大城也言起化處者卽有其二一謂闍王起惡卽有禁父母之緣因禁則厭此娑婆願託無憂之世界二則如來赴請光變爲臺影現靈儀夫人卽求生安樂又傾心請行佛開三福之因正觀卽是定門更顯九章之益爲此因緣故名起化處也二從有一太子下至惡友之敎已來正明闍王悅忽之間信受惡人所誤言太子者彰其位也言阿闍世者顯其名也又阿闍世者乃是西國正音此地往翻名未生怨亦名折指問曰何故名未生怨及名折指也答曰此皆舉昔日因緣故有此名言因緣者元本父王無有子息處處求神竟不能得忽有相師而奏王言臣知山中有一仙人不久捨壽命終已後必當與王作子王聞歡喜此人何時捨命相師答王更經三年始可命終王言我今年老國無繼祀更滿三年何由可待王卽遣使入山往請仙人曰大王無子

闕無紹繼處處求神困不能得乃有相師瞻見大仙不久捨命與王作子請願大仙垂恩早赴使人受敎入山到仙人所具說王請因緣仙人報使者言我更經三年始可命終王勅卽赴者是事不可使奉仙敎還報大王具述仙意王曰我是一國之主所有人物皆歸屬我今故以禮相屈乃不承我意王更勅使者卿往重請請若不得當卽殺之既命終已可不與我作子也使人受勅至仙人所具道王意仙人雖聞使說意亦不受使人奉勅卽欲殺之仙人曰卿當語王我命未盡王以心口遣人

殺我我若與王作兒者還以心口遣人殺王仙人道此語已卽受死既死已卽託王宮受生當其日夜夫人卽覺有身王聞歡喜天明卽喚相師以觀夫人是男是女相師觀已而報王言是兒非女此兒於王有損王曰我之國土皆捨屬之縱有所損吾亦無畏王聞此語憂喜交懷王白夫人言吾共夫人私自平章相師道兒於吾有損夫人待生之日在高樓上當天井中生之勿令人承接落在於地豈容不死也吾亦無憂聲亦不露夫人卽可王之計及其生時一如前法生已墮地命便不斷唯

損手小指因卽外人同唱言折指太子也言未生怨者此因提婆達多起惡妬之心故對彼太子顯發昔日惡緣云何妬心而起惡緣提婆惡性爲人匈猛雖復出家恆常妬佛名聞利養然父王是佛檀越於一時中多將供養奉上如來謂金銀七寶名衣上服百味菓食等一一色色皆五百車香華伎樂百千萬衆讚歎圍遶送向佛會施佛及僧時調達見已妬心更盛卽向舍利弗所求學身通尊者語言仁者且學四念處不須學身通也既請不遂心更向餘尊者邊求乃至五百弟子等悉無人

教皆遣學四念處請不得已遂向阿難邊學語阿難言汝是我弟我欲學通一一次第教我然阿難雖得初果未證他心不知阿兄私密學通欲於佛所起於惡計阿難遂卽喚向靜處次第教之跏趺正坐先教將心舉身似動想去地一分一寸想一尺一丈想至舍作空無礙想直過上空中想還攝心下至本坐處想次將身舉心初時去地一分一寸等亦如前法以身舉心以心舉身亦隨既至上空已還攝取身下至本坐處次想身心合舉還同前法一分一寸等周而復始次想身心入一切質

礙色境中作不質礙想次想一切山河大地等色入自身中如空無礙不見色相次想自身或大徧滿虛空坐臥自在或坐或臥以手捉動日月或作小身入微塵中一切皆作無礙想阿難如是次第教已時調達既受得法已卽別向靜處七日七夜一心專注卽得身通一切自在皆得成就既得通已卽向太子殿前在於空中現大神變身上出火身下出水或左邊出水右邊出火或現大身或現小身或坐臥空中隨意自在太子見已問左右曰此是何人左右答太子言此是尊者提婆太子聞

已心大歡喜遂即舉手喚言尊者何不下來提婆既見喚已即化作嬰兒直向太子膝上太子即抱嗚口弄之又唾口中嬰兒遂咽之須臾還復本身太子既見提婆種種神變轉加敬重既見太子心敬重已即說父王供養因緣色別五百乘車載向佛所奉佛及僧太子聞已即語尊者弟子亦能備具色各五百車供養尊者及施衆僧可不如彼也提婆言太子此意大善自此已後大得供養心轉高慢譬如以杖打惡狗鼻轉增狗惡此亦如是太子今將利養之杖打提婆貪心狗鼻轉加惡盛因

此破僧改佛法戒教戒不同待佛普爲凡聖大衆說法之時即來會中從佛索於徒衆幷諸法藏盡付屬我世尊年將老邁宜可就靜內自將養一切大衆聞提婆此語愕爾迭互相看甚生驚怪爾時世尊即對大衆語提婆言舍利目連等即大法將我尚不將佛法付屬況汝癡人食唾者乎時提婆聞佛對衆毀辱由如毒箭入心更發癡狂之意藉此因緣即向太子所共論惡計太子既見尊者敬心承問言尊者今日顏色憔悴不同往昔提婆答曰我今憔悴正爲太子也太子敬問尊者爲我有

何意也提婆即答云太子知不世尊年老無所堪任當可除之我自作佛父王年老亦可除之太子自坐正位新王新佛治化豈不樂乎太子聞之極大瞋怒勿作是說又言太子莫瞋父王於太子全無恩德初欲生太子時父王即遣夫人在百尺樓上當天井中生即望墮地令死正以太子福力故命根不斷但損小指若不信者自看小指足以爲驗太子既聞此語更重審言實爾已不提婆答言此若不實我可故來作漫語也因此語已遂即信用提婆惡見之計故導隨順調達惡友之教也三

從收執父王下至一不得往已來正明父王爲子幽禁此明闍世取提婆之惡計頓捨父子之情非直失於罔極之恩逆響因茲滿路忽掩王身曰收既得不捨曰執故名收執也言父者別顯親之極也王者彰其位也頻婆者彰其名也言幽閉七重室內者所爲既重事亦非輕不可淺禁人間全無守護但以王之宮閤理絕外人唯有羣臣則久來承奉若不嚴制恐有情通故使內外絕交閉在七重之內也四從國大夫人下至密以上王已來正明夫人密奉王食言國大夫人者此明最大也言

夫人者。標其位也。言韋提者。彰其名也。言恭敬大王者。此明夫人既見王身被禁。門戶極難。音信不通。恐絕王身命。遂卽香湯滲浴。令身淸淨。卽取酥蜜先塗其身。後取乾麨始安酥蜜之上。卽著淨衣覆之在外。衣上始著瓔珞如常服法。令外人不怪。又取瓔珞孔。一頭以蠟塞之。一頭孔中盛蒲桃漿。滿已還塞。但是瓔珞悉皆如此。莊嚴既竟。徐步入宮與王相見。問曰。諸臣奉勅不許見王。未審夫人門家不制放令得入者有何意也。答曰。諸臣身異。復是外人。恐有情通。致使嚴加重制。又夫人者身是女人。心無異計。與王宿緣業重。久近夫妻。別體同心。致使人無外慮。是以得入與王相見。五從爾時大王食麨下至授我八戒已來。正明父王因禁請法。此明夫人既見王已。卽刮取身上酥麨。團授與王。王得卽食。食麨既竟。卽於宮內夫人求得淨水與王漱口。淨口已竟。不可虛引時朝。心無所寄。是以虔恭合掌。迴面向於耆闍。致敬如來。請求加護。此明身業敬。亦通有意業也。而作是言已下。正明口業請。亦通有意業也。言大目連是吾親友者。有其二意。但目連在俗是王別親。既得出家。卽是

門師。往來宮閤。都無障礙。然在俗爲親。出家名友。故名親友也。言願興慈悲授我八戒者。此明父王敬法情深。重人過己。若未逢幽難。奉請佛僧不足爲難。今既被囚。無由致屈。是以但請目連受於八戒也。問曰。父王遙敬。先禮世尊。及其受戒。卽請目連。有何意也。答曰。凡聖極尊。無過於佛。傾心發願。卽先禮大師。戒是小緣。是以唯請目連來授。然王意者。貴存得戒。卽是義周。何勞迂屈世尊也。問曰。如來戒法。乃有無量。父王唯請八戒。不請餘也。答曰。餘戒稍寬。時節長遠。恐畏中間失念。流轉生死。其八戒者。如餘佛經說。在家人持出家戒。此戒持心極細極急。何意然者。但時節稍促。唯限一日一夜作法卽捨。云何知此戒用心行細。如戒文中具顯。云佛子從今旦至明旦。一日一夜。如諸佛不殺生。能持不。答言。能持。第二又云。佛子從今旦至明旦。一日一夜。如諸佛不偸盜。不行婬。不妄語。不飲酒。不得脂粉塗身。不得歌舞唱伎及往觀聽。不得上高廣大床。此上八是戒。非齋。不得過中食。此一是齋非戒。此等諸戒皆引諸佛爲證。何以故。唯佛與佛正習俱盡。除佛已還惡習等由在。是故不引

為證也。是以得知此戒用心起行極是細急。又此戒佛說有八種勝法若人一日一夜具持不犯。所得功德超過人天二乘境界。如經廣說。有斯益故。致使父王日日受之。六從時大目連下至為王說法已來。明其父王因請得蒙聖法。此明目連得他心智遙知父王請意。即發神通如彈指頃到於王所。又恐人不識神通之相故引快鷹為喻。然目連通力。一念之頃遶四天下百千之帀。豈得與鷹為類也。如是比校乃有衆多不可具引。如賢愚經具說。言日日如是授王八戒者。此明父王延命致使

目連數來受戒。問曰。八戒既言勝者。一受即足何須日日受之。答曰。山不厭高海不厭深。刀不厭利。日不厭明。人不厭善罪不厭除。賢不厭德佛不厭聖。然王意者既被囚禁更不蒙進止。念念之中畏人喚殺。為此晝夜傾心仰憑八戒望欲積善增高。擬資來業。言世尊亦遣富樓那為王說法者。此明世尊慈悲意重愍念王身忽遇囚勞恐生憂悴。然富樓那者於聖弟子中最能說法善有方便開發人心。為此因緣如來發遣為王說法。以除憂惱。七從如是時間下至顏色和悅已來。正明父王因食聞法。多日不死。此正明夫人多時奉食。以除飢渴。二聖又以戒法內資善開王意。食能延命。戒法養神。失苦亡憂致使顏容和悅也。上來雖有七句不同廣明禁父緣竟。

時阿闍世問守門者父王今者猶存在耶。時守門人白言。大王國大夫人身塗麨蜜瓔珞盛漿持用上王。沙門目連及富樓那從空而來為王說法。不可禁制。時阿闍世聞此語已。怒其母曰。我母是賊與賊為伴。沙門惡人幻惑呪術。令此惡王多日不死。即執利劍欲害其母時有一臣名曰月光聰明多智。及與耆婆。

為王作禮白言。大王。臣聞毗陀論經說。劫初以來有諸惡王貪國位故殺害其父一萬八千。未曾聞有無道害母。王今為此殺逆之事。汙剎利種。臣不忍聞。是旃陀羅。我等不宜復住於此。時二大臣說此語竟。以手按劍卻行而退。時阿闍世驚怖惶懼告耆婆言。汝不為我耶。耆婆白言。大王慎莫害母。王聞此語懺悔求救。即便捨劍止不害母。勅語內官閉置深宮。不令復出。

三就禁母緣中即有其八。一從時阿闍世下至由存在耶已來。正明問父音信。此明闍王禁父日數

旣多人交總絕水食不通。二七有餘命應終也。作是念已。卽致宮門。問守門者。父王今者猶存在耶。問曰。若人食一飡之飯。限至七日卽死。父王以經三七。計合命斷無疑。闍王何以不直問曰。門家父王今者死竟耶。云何致疑而問猶存在者。有何意也。答曰。此是闍王意密問也。但以萬基之主。舉動不可隨宜。父王旣是天性情親。無容言問死。恐失在當時。以成譏過。但以內心標死。口問在者。爲欲息永惡逆之聲也。二從時守門人白言下。至不可禁制已來。正明門家以事具答。此明闍世前問父

王在者。今次門家奉答。白言大王。國大夫人已下。正明夫人密奉王食。王旣得食。食能延命。雖經多日。父命猶存。此乃夫人之意。非是門家之過。問曰。夫人奉食。身上塗麨。衣下密覆。出入往還。無人得見。何故門家具顯夫人奉食之事。答曰。一切私密。不可久行。縱巧牢藏。事還彰露。父王旣禁在宮內。夫人日日往還。若不密持麨食。王命無由得活。今言密者。望門家述夫人意也。夫人謂密外人不知。不期門家盡以覺之。今旣事窮。無由相隱。是以一一具向王說。言沙門目連已下。正明二聖騰空來

去不由門路。日日往還爲王說法。大王當知。夫人進食。先不奉王教。所以不敢遮約。二聖乘空。此亦不猶門制也。三從時阿闍世聞此語下。至欲害其母已來。正明世王瞋怒。此明闍王旣聞門家分疏已。卽於夫人心起惡怒。口陳惡辭。又起三業逆。三業惡。罵父母爲賊。名口業逆。罵沙門者。名口業惡。執劍殺母。名身業逆。身口所爲。以心爲主。卽名意業逆。又復前方便爲惡。後正行爲逆。言我母是賊已下。正明口出惡辭。云何罵母爲賊賊之伴也。但闍王元心致怨於父。恨不早終。母乃私爲進糧。故

令不死。是故罵言我母是賊。賊之伴也。言沙門惡人已下。此明闍世瞋母進食。復聞沙門與王來去。致使更發瞋心。故云有何呪術。而令惡王多日不死。言卽執利劍已下。此明世王瞋盛。逆及於母。何其痛哉。攝頭擬劍。身命頓在須臾。慈母合掌。曲身低頭。就兒之手。夫人爾時熱汗偏流。心神悶絕。嗚呼哀哉。恍忽之間。逢斯苦難。四從時有一臣名曰月光下。至卻行而退已來。正明二臣切諫不聽。此明二臣乃是國之輔相。立政之綱紀。望得萬國揚名。八方昉習。忽見闍王起於勃逆。執劍欲殺其母。

不忍見斯惡事。遂與耆婆犯顏設諫也。言時者。當闍王欲殺母時也。言有一大臣者。彰其位也。言月光者。彰其名也。言聰明多智者。彰其德也。言及與耆婆者。耆婆亦是父王之子。柰女之兒。忽見家兄於母起逆。遂與月光同諫。言為王作禮者。凡欲諮諫大人之法。要須設拜以表身敬。今此二臣亦爾。先設身敬。覺動王心。斂手曲躬方陳本意也。又白言大王者。此明月光正欲陳辭。望得闍王開心聽攬。為此因緣故。須先白言。臣聞毗陀論經說者。此明廣引古今書史歷帝之文記。古人云。言不關典。

君子所慚。今既諫事不輕。豈可虛言妄說。言劫初已來者。彰其時也。言有諸惡王者。此明總標非禮暴逆之人也。言貪國位故者。此明非意所貪奪父坐處也。言殺害其父者。此明既於父起惡。不可久留。故須斷命也。言一萬八千者。此明王今殺父。與彼類同也。言未曾聞有無道害母者。此明自古至今。害父取位史籍良談。貪國殺母都無記處。若論劫初已來。惡王貪國。但殺其父。不加慈母。此則引古異今。大王今者貪國殺父。父則有位可貪可使類同於古。母即無位可求。横加逆害。是以將今異

昔也。言王今為此殺母者。污剎利種也。言剎利者。乃是四姓高元。王者之種。代代相承。豈同凡碎。言臣不忍聞者。見王起惡。損辱宗親。惡聲流布。我之性望。恥慚無地。言是旃陀羅者。乃是四姓之下流也。此乃性懷匈惡。不閑仁義。雖著人皮。行同禽獸。王居上族。押臨萬基之主。今既起惡加恩與彼下流何異也。言不宜住此者。即有二義。一者王今造惡。不存風禮。京邑神州。豈遣旃陀羅為主也。此即擯出宮城意也。二者王雖在國。損我宗親。不如遠擯他方。永絕無聞之地。故云不宜住此也。言時二

大臣說此語已下。此明二臣直諫。切語極麤。廣引古今。望得王心開悟。言以手按劍者。臣自按手中劍也。問曰。諫辭麤惡。不避犯顏。君臣之義既乖。何以不迴身直去。乃言卻行而退也。答曰。麤言雖逆。王望息害母之心。又恐瞋毒未除。繫劍危己。是以按劍自防。卻行而退。五從時阿闍世驚怖下。至汝不為我耶已來。正明世王生怖。此明闍世既見二臣諫辭麤切。又親按劍而去。恐臣背我。向彼父王。更生異計。致使情地不安。故稱惶懼。彼既捨我。不知為誰。心疑不決。遂即口問審之。故云耆婆汝不

為我也。言耆婆者。是王之弟也。古人云。家有衰禍非親不救。汝既是我弟者。豈同月光也。六從耆婆白言下。至慎莫害母已來。明二臣重諫。此明耆婆實答大王。若欲得我等為相者。願勿害母也。此直諫竟。七從王聞此語下。至止不害母已來。正明闍王受諫。放母殘命。此明世王既得耆婆諫已。心生悔恨。愧前所造。即向二臣求哀乞命。因即放母。脫於死難。手中之劍還歸本匣。八從勅語內官下。至不令復出已來。明其世王餘瞋禁母。此明世王雖受臣諫。於母猶有餘瞋。不令在外。勅語內官閉置

深宮。更莫令出。與父王相見。上來雖有八句不同。廣明禁母緣竟。

時韋提希被幽閉已。愁憂憔悴。遙向耆闍崛山。為佛作禮。而作是言。如來世尊在昔之時。恆遣阿難來慰問我。我今愁憂。世尊威重。無由得見。願遣目連尊者阿難與我相見。作是語已。悲泣雨淚。遙向佛禮。未舉頭頃。爾時世尊在耆闍崛山。知韋提希心之所念。即勅大目揵連及以阿難。從空而來。佛從耆闍崛山沒。於王宮出。時韋提希禮已舉頭。見世尊釋迦牟尼佛。身紫金色。坐百寶蓮華。目連侍左。阿難侍右。釋梵護世諸天在虛空中。普雨天華。持用供養。時韋提希見佛世尊。自絕瓔珞。舉身投地。號泣向佛。白言。世尊。我宿何罪。生此惡子。世尊復有何等因緣。與提婆達多共為眷屬。

四就厭苦緣中。即有其四。一從時韋提希下。至憔悴已來。正明夫人為子幽禁。此明夫人雖免死難。更閉在深宮。守當極牢。無由得出。唯有念念懷憂。自然憔悴。傷歎曰。禍哉今日苦。遇值闍王喚利刃中間結。復置深宮難。問曰。夫人既得免死入宮。宜應訢樂。何因反更愁憂也。答曰。即有三義不同。一

明夫人既自被閉。更無人進食與王。王又聞我在難。轉更愁憂。今既無食加憂者。王之身命定應不久。二明夫人既被囚難。何時更見如來之面及諸弟子。三明夫人奉教。禁在深宮。內官守當。水泄不通。旦夕之間。唯愁死路。有斯三義。切逼身心。得無憔悴也。二從遙向耆闍崛山下。至未舉頭頃已來。正明夫人因禁請佛。意有所陳。此明夫人既在囚禁。自身無由得致佛邊。唯有單心面向耆闍遙禮世尊。願佛慈悲。表知弟子愁憂之意。言如來在昔之時已下。此有二義。一明父王未被禁時。或可王

及我身親到佛邊。或可如來及諸弟子親受王請。然我及王身俱在囚禁。因緣斷絕。彼此情乖。二明父王在禁已來。數蒙世尊遣阿難來慰問。我云何慰問。以見父王囚禁。佛恐夫人憂惱。以是因緣故遣慰問也。言世尊威重無由得見者。此明夫人內自卑謙。歸尊於佛。弟子穢質女身。福因尠薄。佛德威高。無由輕觸。願遣目連等與我相見。問曰。如來卽是化主。應不失時宜。夫人何以不三加致請。乃喚目連等。有何意也。答曰。佛德尊嚴。小緣不敢輒請。但見阿難。欲傳語往白世尊。佛知我意。復使阿

難傳佛之語。指授於我。以斯義故。願見阿難。言作是語已者。總說前意竟也。言悲泣雨淚者。此明夫人自唯罪重。請佛加哀。致敬情深。悲淚滿目。但以渴仰靈儀。復加遙禮。叩頂蹐跦。須臾未舉。三從爾時世尊下。至天華持用供養已來。正明世尊自來赴請。此明世尊雖在耆闍。已知夫人心念之意。言勅大目連等從空而來者。此明應夫人請也。言佛從耆山沒者。此明夫人宮內禁約極難。佛若現身來赴。恐畏闍世知聞。更生留難。以是因緣。故須此沒彼出也。言時韋提禮已舉頭者。此明夫人致敬

之時也。言見佛世尊者。此明世尊宮中已出。致使夫人舉頭卽見。言釋迦牟尼佛者。簡異餘佛。但諸佛名通。身相不異。今故標定釋迦。使無疑也。言身紫金色者。顯定其相也。言坐百寶華者。簡異餘座也。言目連侍左等者。此明更無餘眾。唯有二僧。言釋梵護世者。此明天王眾等。見佛世尊隱顯王宮。必說希奇之法。我等天人因韋提故。得聽未聞之益。各乘本念。普住臨空。天耳遙飡。雨華供養。又言釋者。卽是天帝也。言梵者。卽是色界梵王等也。言護世者。卽是四天王也。言諸天者。卽是色欲界等

天眾。旣見天王來向佛邊。彼諸天眾亦從王來。聞法供養。四從時韋提希見世尊下。至與提婆共為眷屬已來。正明夫人舉頭見佛。口言傷歎。怨結情深也。言自絕瓔珞者。此明夫人身莊瓔珞。猶愛未除。忽見如來。羞慚自絕。問曰。云何自絕也。答曰。夫人乃是貴中之貴。尊中之尊。身四威儀。多人供給。所著衣服皆使傍人。今旣見佛。恥愧情深。不依鉤帶。頓自掣卻。故云自絕也。言舉身投地者。此明夫人內心感結。怨苦難堪。是以從坐踊身而立。從立踊身投地。此乃歎恨處深。更不事禮拜威儀也。言

號泣向佛者，此明夫人婉轉佛前悶絶號哭，言白佛已下，此明夫人婉轉涕哭量久少惺，始正身威儀，合掌白佛，我自一生已來未曾造其大罪，未審宿業因緣有何殃咎，而與此兒共爲母子，此明夫人既自障深，不識宿因，今被兒害，謂是橫來，願佛慈悲示我徑路，言世尊復有何等因緣已下，此明夫人向佛陳訴，我是凡夫，罪惑不盡，有斯惡報，是事甘心，世尊曠劫行道，正習俱亡，衆智朗然，果圓號佛，未審有何因緣，乃與提婆共爲眷屬，此意有二，一明夫人致怨於子，忽於父母狂起逆心，二明

又恨提婆教我闍世造斯惡計，若不因提婆者，我兒終無此意也，爲此因緣，故致斯問，又夫人問佛云與提婆眷屬者，即有其二，一者在家眷屬，二者出家眷屬，言在家者，佛之伯叔有其四人，佛者即是白淨王兒，金毗者白飯王兒，提婆者斛飯王兒，釋魔男者是甘露飯王兒，此名在家外眷屬也，言出家眷屬者，與佛作弟子，故名內眷屬也，上來雖有四句不同，廣明厭苦緣竟。

唯願世尊爲我廣說無憂惱處，我當往生，不樂閻浮提濁惡世也，此濁惡處地獄餓鬼畜生盈滿，多不善聚，願我未來不聞惡聲，不見惡人，今向世尊五體投地求哀懺悔，唯願佛日教我觀於清淨業處，爾時世尊放眉間光，其光金色，徧照十方無量世界，還住佛頂，化爲金臺，如須彌山，十方諸佛淨妙國土皆於中現，或有國土七寶合成，復有國土純是蓮華，復有國土如自在天宮，復有國土如玻瓈鏡，十方國土皆於中現，有如是等無量諸佛國土嚴顯可觀，令韋提希見，時韋提希白佛言，世尊，是諸佛土雖復清淨，皆有光明，我今樂生極樂世界阿彌陀佛所，唯願世尊教我思惟，教我正受。

五就欣淨緣中，即有其八，一從唯願世尊爲我廣說下至濁惡世也已來，正明夫人通請所求，別標苦界，此明夫人遇自身苦，覺世非常，六道同然，無有安心之地，此聞佛說淨土無生，願捨穢身，證彼無爲之樂，二從此濁惡處下至不見惡人已來，正明夫人舉出所厭之境，此明閻浮總惡，未有一處可貪，但以幻惑愚夫，飲斯長苦，言此濁惡處者，正明苦界也，又明器世間亦是衆生依報處，亦名衆生所依處也，言地獄等已下，三品惡果最重也，言盈滿者，此三苦聚非直獨指閻浮，娑婆亦皆徧有，

故言盈滿言多不善聚者此明三界六道不同種類恆沙隨心差別經云業能莊識世世處處各趣隨緣受果報對面不相知言願我未來已下此明夫人眞心徹到厭苦娑婆欣樂無爲永歸常樂但無爲之境不可輕爾卽階苦惱娑婆無由輒然得離自非發金剛之志永絕生死之元若不親從慈尊何能免斯長歎然願我未來不聞惡聲惡人者此明如闍王調達殺父破僧及惡聲等願亦不聞不見但闍王既是親生之子上於父母起於殺心何況疏人而不相害是故夫人不簡親疏總皆頓

觀經四帖疏卷二　三七

捨三從今向世尊下至懺悔已來正明夫人淨土妙處非善不生恐有餘愆障不得往是以求哀更須懺悔四從唯願佛日下至淸淨業處已來正明夫人通請去行此明夫人上卽通請生處今亦通請得生之行言佛日者法喻雙標也譬如日出衆闇盡除佛智輝光無明之夜日朗言教我觀於淸淨已下正明旣能厭穢欣淨若爲安心注想得生淸淨處也五從爾時世尊放眉間光下至令韋提見已來正明世尊廣現淨土酬前通請此明世尊以見夫人廣求淨土如來卽放眉間光照十方國

以光攝國還來頂上化作金臺如須彌山如之言似似須彌山此山腰細上闊所有佛國並於中現種種不同莊嚴有異佛神力故了了分明加備韋提盡皆得見問曰韋提上請爲我廣說無憂之處佛今何故不爲廣說乃爲金臺普現者有何意也答曰此彰如來意密也然韋提發言致請卽是廣開淨土之門若爲之總說恐彼不見心猶致惑是以一一顯現對彼眼前信彼所須隨心自選六從時韋提白佛下至皆有光明已來正明夫人總領所現感荷佛恩此明夫人總見十方佛國並悉精

觀經四帖疏卷二　三八

華欲比極樂莊嚴全非比況故云我今樂生安樂國也問曰十方諸佛斷惑無殊行畢果圓亦應無二何以一種淨土卽有斯優劣也答曰佛是法王神通自在優之與劣非凡惑所知隱顯隨機望存化益或可故隱彼爲優獨顯西方爲勝七從我今樂生彌陀已下正明夫人別選所求此明彌陀本國四十八願願皆發增上勝因依因起於勝行依行感於勝果依果感成勝報依報感成極樂依樂顯通悲化依於悲化顯開智慧之門然悲心無盡智亦無窮悲智雙行卽廣開甘露因茲法潤普

攝羣生也諸餘經典勸處彌多眾聖齊心皆同指讚有此因緣致使如來密遣夫人別選也八從唯願世尊已下正明夫人請求別行此明韋提既選得生處還修別行勵已注心必望往益言教我思惟者即是定前方便思想憶念彼國依正二報四種莊嚴也言教我正受者此明因前思想漸漸微細覺想俱亡唯有定心與前境合名為正受此中略已料簡至下觀門更當廣辯應知上來雖有八句不同廣明欣淨緣竟

爾時世尊即便微笑有五色光從佛口出一一光照

頻婆娑羅王頂爾時大王雖在幽閉心眼無障遙見世尊頭面作禮自然增進成阿那含爾時世尊告韋提希汝今知不阿彌陀佛去此不遠汝當繫念諦觀彼國淨業成者我今為汝廣說眾譬亦令未來世一切凡夫欲修淨業者得生西方極樂國土欲生彼國者當修三福一者孝養父母奉事師長慈心不殺修十善業二者受持三歸具足眾戒不犯威儀三者發菩提心深信因果讀誦大乘勸進行者如此三事名為淨業佛告韋提希汝今知不此三種業乃是過去未來現在三世諸佛淨業正因

六就散善顯行緣中即有其五一從爾時世尊即便微笑下至成那含已來正明光益父王此明如來以見夫人願生極樂更請得生之行稱佛本心又顯彌陀願意因斯二請廣開淨土之門非直韋提得去有識聞之皆往有斯益故所以如來微笑也言有五色光從佛口出者此明一切諸佛心口常威儀法爾凡所出光必有利益言一一光照頻婆頂者正明口光不照餘方唯照王頂然佛光隨身出處必皆有益佛足下放光即照益地獄道若光從膝出照益畜生道若光從陰藏出照益鬼神

道若光從臍出照益脩羅道光從心出照益於人道若光從口出照益二乘之人若光從眉間出照益大乘人今明此光從口出直照王頂者即授其小果若光從眉間出即從佛頂入者即授菩薩記也如斯義者廣多無量不可具述言爾時大王雖在幽閉已下正明父王蒙光照頂心眼得開障隔雖多自然相見斯乃因光見佛非意所期致敬歸依即超證第三之果二從爾時世尊下至廣說眾譬已來正明答前夫人別選所求之行此明如來從上耆闍沒王宮出訖至此文世尊嘿然而坐總

未言說但中間夫人懺悔請問放光現國等乃是阿難從佛王宮見此因緣事了還山傳向耆闍大衆說如上事始有此文亦非是無時佛語也應知言爾時世尊告韋提已下正明告命許說也言阿彌陀佛不遠者正明標境以住心即有其三一明分齊不遠從此超過十萬億剎即是彌陀之國二明道里雖遙去時一念即到三明韋提等及未來有緣衆生注心觀念定境相應行人自然常見有斯三義故云不遠也言汝當繫念已下正明凡惑障深心多散動若不頓捨攀緣淨境無由得現此

即正教安心住行若依此法名爲淨業成也言我今爲汝已下此明機緣未具不可偏說定門佛更觀機自開三福之行三從亦令未來世下至極樂國土已來正明舉機勸修得益此明夫人所請利益彌深及未來迴心皆到四從欲生彼國者下至名爲淨業已來正明勸修三福之行此明一切衆生機有二種一者定二者散若依定行即攝生不盡是以如來方便顯開三福以應散動根機言欲生彼國者標指所歸也言當修三福者總標行門也云何名三一者孝養父母即有其四一言孝養

父母者此明一切凡夫皆藉緣而生云何藉緣或有化生或有溼生或有卵生或有胎生此四生中各各復有四生如經廣說但是相因而生即有父母既有父母即有大恩若無父者能生之因即闕若無母者所生之緣即乖若二人俱無即失託生之地要須父母緣具方有受身之處既欲受身以自業識爲內因以父母精血爲外緣因緣和合故有此身以斯義故父母恩重母懷胎已經於十月行住坐臥常生苦惱復憂產時死難若生已經於三年恆常眠屎臥尿床被衣服皆亦不淨及其長

大愛婦親兒於父母處反生憎疾不行恩孝者即與畜生無異也又父母者世間福田之極也佛者即是出世福田之極也然佛在世時遇值時年飢儉人皆餓死白骨縱橫諸比丘等乞食難得於時世尊待比丘等去後獨自入城乞食從旦至中門門喚乞無與食者佛還空鉢而歸明日復去又還不得後日復去又亦不得忽有一比丘道逢見佛顏色異常似有飢相即問佛言世尊今已食竟也佛言比丘我經三日已來乞食不得一匙我今飢虛無力能共汝語比丘聞佛語已悲淚不能自勝

卽自念言佛是無上福田衆生覆護我此三衣賣卻買取一鉢飯奉上於佛今正是時也作是念已卽買得一鉢飯急將上佛佛知而故問言比丘時年飢儉人皆餓死汝今何處得此一鉢純色飯來比丘如前具白世尊佛又言比丘三衣者卽是三世諸佛之幢相此衣因緣極尊極重極恩汝今易得此飯與我者大領汝好心我不消此飯也比丘重白佛言佛是三界福田聖中之極尚言不消者除佛已外誰能消也佛言比丘汝有父母已不答言有汝將供養父母去比丘言佛尚云不消我父

母豈能消也佛言得消何以故父母能生汝身於汝有大重恩爲此得消佛又問比丘汝父母有信佛心不比丘言都無信心佛言今有信心見汝與飯大生歡喜因此卽發信心先教受三歸依卽能消此食也時比丘既受佛教愍仰而去以此義故大須孝養父母又佛母摩耶生佛經七日已卽死生忉利天佛後成道至四月十五日卽向忉利天一夏爲母說法爲報十月懷胎之恩佛尚自收恩孝養父母何況凡夫而不孝養故知父母恩深極重也奉事師長者此明教示禮節學識成德因行

無虧乃至成佛此猶師之善友力也此之大恩最須敬重然父母及師長者名爲敬上行也言慈心不殺者此明一切衆生皆以命爲本若見惡緣怖走藏避者但爲護命也經云一切諸衆生無不愛壽命勿殺勿行杖恕己可爲喻卽爲證也言修十善業者此明十惡之中殺業最惡故列之在初十善之中長命最善故以之相對也已下九惡九善者至下九品中次應廣述此明世善又名慈下行也二言受持三歸者此明世善輕微感報不具戒德巍巍能感菩提之果但衆生歸信從淺至深先

受三歸後教衆戒言具足衆戒者然戒有多種或三歸戒或五戒八戒十善戒二百五十戒五百戒沙彌戒或菩薩三聚戒十無盡戒等故名具足衆戒也又一一戒品中亦有少分戒多分戒全分戒也言不犯威儀者此明身口意業行住坐臥能與一切戒作方便威儀也若輕重麤細皆能護持犯卽悔過故云不犯威儀此名戒善也三言發菩提心者此明衆生欣心趣大不可淺發小因自非廣發弘心何能得與菩提相會唯願我身身同虛空心齊法界盡衆生性我以身業恭敬供養禮拜迎

送來去運度令盡。又我以口業讚歎說法。皆受我化。言下得道者令盡。又我以意業入定觀察分身法界。應機而度。無一不盡。我發此願運運增長。猶如虛空無處不徧。行流無盡。徹窮後際。身無疲倦。心無厭足。又言菩提者。卽是佛果之名。又言心者。卽是衆生能求之心。故云發菩提心也。四言深信因果者。卽有其二。一明世間苦樂因果。若作苦因。卽感苦果。若作樂因。卽感樂果。如似以印印泥。印壞文成。不得疑也。言讀誦大乘者。此明經教喻之如鏡。數讀數尋。開發智慧。若智慧眼開。卽能厭苦

欣樂涅槃等也。言勸進行者。此明苦法如毒。惡法如刀。流轉三有。損害衆生。今既善如明鏡。法如甘露。鏡卽照正道以歸眞。甘露卽注法雨而無竭。欲使含靈受潤。等會法流。爲此因緣。故須相勸。言如此三事已下。總結成上行也。五從佛告韋提下至正因已來。明其引聖勵凡。但能決定注心。必往無疑。上來雖有五句不同。廣明散善顯行緣竟。

佛告阿難及韋提希。諦聽諦聽。善思念之。如來今者爲未來世一切衆生爲煩惱賊之所害者。說清淨業。善哉韋提希。快問此事。阿難。汝當受持。廣爲多衆宣說佛語。如來今者教韋提希及未來世一切衆生。觀於西方極樂世界。以佛力故。當得見彼清淨國土。如執明鏡。自見面像。見彼國土極妙樂事。心歡喜故。應時卽得無生法忍。佛告韋提希。汝是凡夫。心想羸劣。未得天眼。不能遠觀。諸佛如來有異方便。令汝得見。時韋提希白佛言。世尊。如我今者。以佛力故見彼國土。若佛滅後。諸衆生等濁惡不善。五苦所逼。云何當見阿彌陀佛極樂世界。

七就定善示觀緣中。卽有其七。一從佛告阿難下。至清淨業已來。正明勅聽許說。此明韋提前請願

生極樂。又請得生之行。如來已許。今就此文。正欲開顯正受之方便。此乃因緣極要。利益處深。曠劫希聞。如今始說。爲斯義故。致使如來總命二人。言告阿難者。我今欲開說淨土之門。汝好傳持。莫令遺失。言告韋提者。汝是請法之人。我今欲說。汝好審聽思量。諦受。莫令錯失。言爲未來世一切衆生者。但如來臨化。偏爲常沒衆生。今既等布慈雲。望欲普沾來潤。言爲煩惱賊害者。此明凡夫障重。妄愛迷深。不謂三惡火坑。闇在人之足下。隨緣起行。擬作進道資糧。何其六賊知聞。競來侵奪。今既失

此法財何得無憂苦也。言說清淨業者。此明如來以見眾生罪故。為說懺悔之方。欲令相續斷除。畢竟永令清淨。又言清淨者。依下觀門。專心念佛。注想西方。念念罪除。故清淨也。二從善哉已下。正明夫人問當聖意。三從阿難汝當受持下至宣說佛語已來。正明勸持勸說此法深要。好須流布。此明如來前則總告令安心聽受。此文則別勅阿難受持勿忘。廣多人處為說流行。言佛語者。此明如來曠劫已除口過。隨有言說。一切聞者自然生信。四從如來今者下至得無生忍已來。正明勸修得益

之相。此明如來欲為夫人及未來等顯觀方便。注想西方。捨厭娑婆。貪欣極樂。言以佛力故已下。此明眾生業障觸目生盲。指掌謂遠。他方隔竹。簣即踰之千里。豈況凡夫分外諸佛境內。關心自非聖力冥加。彼國何由得覩。言如執明鏡自見面像已下。此明夫人及眾生等入觀住心。凝神不捨。心境相應。悉皆顯現。當境現時。如似鏡中見物無異也。言心歡喜故得忍者。此明阿彌陀佛國清淨光明。忽現眼前。何勝踊躍。因茲喜故。即得無生之忍。亦名喜忍。亦名悟忍。亦名信忍。此乃玄談。未標得處。

欲令夫人等悕心此益。勇猛專精。心想見時。方應悟忍。此多是十信中忍。非解行已上忍也。五從佛告韋提下至令汝得見已來。正明夫人是凡非聖。由非聖故。仰惟聖力冥加。彼國雖遙得覩。此明如來恐眾生置惑。謂言夫人是聖非凡。由起疑故。即自生怯弱。然韋提現是菩薩。假示凡身。我等罪人。無由比及。為斷此疑。故言汝是凡夫也。言心想羸劣者。由是凡故。曾無大志也。言未得天眼者。此明夫人肉眼所見。遠近不足為言。況淨土彌遙。云何可見。言諸佛如來有異方便已下。此明若依心所

見國土莊嚴者。非汝凡能。普悉歸功於佛也。六從時韋提白佛下至見彼國土已來。明其夫人重牒前恩。欲生起後問之意。此明夫人領解佛意。如上光臺所見。謂是已能。向見世尊開示。始知是佛方便之恩。若爾者。佛今在世。眾生蒙念。可使得見西方。佛若涅槃。不蒙加備者。云何得見也。七從若佛滅後下至極樂世界已來。正明夫人悲心為物。同己往生。永逝娑婆。長遊安樂。此明如來期心運度。徹窮後際而未休。但以世代時移。羣情淺促。故使如來減永生之壽。泯長劫以類人年。攝憍慢以示

無常。化剛强同歸於磨滅。故云若佛滅後也。言諸
衆生者。此明如來息化。衆生無處歸依。蠢蠢周慞。
縱横走於六道。言濁惡不善者。此明五濁也。一者
劫濁。二者衆生濁。三者見濁。四者煩惱濁。五者命
濁。言劫濁者。然劫實非是濁。當劫減時。諸惡加增
也。言衆生濁者。劫若初成。衆生純善。劫若末時。衆
生十惡彌盛也。言見濁者。自身衆惡總變爲善。他
上無非見爲不是也。言煩惱濁者。當今劫末衆生。
惡性難親。隨對六根。貪瞋競起也。言命濁者。由前
見惱二濁。多行殺害。無慈恩養。既行斷命之苦因。
欲受長年之果者。何由可得也。然濁者體非是善。
今略指五濁義竟。言五苦所逼者。八苦中取生苦
老苦病苦死苦愛別苦。此名五苦也。更加三苦。卽
成八苦。一者五陰盛苦。二者求不得苦。三者怨憎
會苦。總名八苦也。此五濁五苦八苦等。通六道受。
未有無者。常逼惱之。若不受此苦者。卽非凡數攝
也。言云何當見已下。此明夫人擧出苦機。此等罪
業極深。又不見佛。不蒙加備。云何見於彼國也。上
來雖有七句不同。廣明定善示觀緣竟。
初明證信序。次明化前序。後明發起序。上來雖有

三序不同。總明序分竟。
佛說觀無量壽佛經疏卷第二

佛說觀無量壽佛經疏卷第三

劉宋畺良耶舍譯經

唐沙門善導集記

○定善義

△從此已下次辯正宗即有其十六還就一一觀中對文料簡不勞預顯今定立正宗與諸師不同今直以就法定者從日觀初句下至下品下生已來是其正宗從日觀已上雖有多義不同看此文勢但是由序也應知

佛告韋提希汝及衆生應當專心繫念一處想於西

方云何作想凡作想者一切衆生自非生盲有目之徒皆見日沒當起想念正坐西向諦觀於日欲沒之處（上四字麗本無）令心堅住專想不移見日欲沒狀如懸鼓旣見日已閉目開目皆令明了是爲日想名曰初觀

就初日觀中先擧次辯後結即有其五一從佛告韋提下至想於西方已來正明總告總勸此明韋提前請彌陀佛國又請正受之行如來當時即許爲說但以機緣未備顯行未周更開三福之因以作未聞之益又如來重告勸發流通此法難聞廣令開悟言佛告韋提汝及衆生者此明告勸若欲等出塵勞求生佛國者宜須勵意也言應當專心已下此明衆生散動識劇猨猴心徧六塵無由暫息但以境緣非一觸目起貪亂想安心三昧何容可得自非捨緣託靜相續注心直指西方簡餘九域是以一身一心一迴向一處一境界一相續一歸依一正念是名想成就得正受此世後生隨心解脫也二從云何作想下至皆見日沒已來正明牒所觀事此明諸衆生等久流生死不解安心雖指西方不知云何作意故使如來爲生反問遣除疑執以示正念之方言凡作想者此明總牒前意

顯後入觀之方便言一切衆生者總擧得生之類言自非生盲已下此明簡機堪與不堪言生盲者從母胎中出眼即不見物者名曰生盲此人不得教作日觀由不識日輪光相故除生盲以外遇緣患者教作日觀盡得成就由未患眼時識其日輪光明等相今雖患目但令善取日輪等相正念堅持不限時節必得成就問曰韋提上請願見極樂之境及至如來許說即先教住心觀日有何意也答曰此有三意一者欲令衆生識境住心指方有在不取冬夏兩時唯取春秋二際其日正東出直

西沒彌陀佛國當日沒處直西超過十万億刹卽是二者欲令衆生識知自業障有輕重云何得知由教住心觀日初欲住心時教令跏趺正坐右脚著左䏶上與外齊左足安右䏶上與外齊左手安右手上令身正直合口齒勿相近舌柱上齶爲令咽喉及鼻中氣道宣通故又令觀身四大內外俱空都無一物身之地大皮肉筋骨等心想散向西方盡西方際乃至不見一塵之相又想身之水大血汗津淚等心想散向北方盡北方際乃至不見一塵之相又想身之風大散向東方盡東方際乃

至不見一塵之相又想身之火大散向南方盡南方際乃至不見一塵之相又想身之空大卽與十方虛空一合乃至不見一塵不空之相又想身之五大皆空唯有識大湛然凝住猶如圓鏡內外明照朗然清淨作此想時亂想得除心漸凝定然後徐徐轉心諦觀於日其利根者一坐卽見明相現前當境現時或如錢大或如鏡面大於此明上卽自見業障輕重之相一者黑障猶如黑雲障日二者黃障又如黃雲障日三者白障如似白雲障日此日猶雲障故不得朗然顯照衆生業障亦如是

障蔽淨心之境不能令心明照行者若見此相卽須嚴飾道場安置佛像清淨洗浴著淨衣又燒名香表白諸佛一切賢聖向佛形像現在一生懺悔無始已來乃身口意業所造十惡五逆四重謗法闡提等罪極須悲涕雨淚深生慚愧內徹心髓切骨自責懺悔已還如前坐法安心取境境若現時如前三障盡除所觀淨境朗然明淨此名頓滅障也或一懺卽盡者名利根人也或一懺但除黑障或一懺得除黃白等障或一懺但除白障此名漸除不名頓滅也既自識業相如是唯須勤心懺悔

日夜三時六時等但憶得卽懺者最是上根上行人也譬如湯火燒身一覺卽卻豈容從待時待處待緣待人方始除也三者欲令衆生識知彌陀依正二報種種莊嚴光明等相內外照曜超過此日百千萬倍行者等若不識彼境光相者卽看此日輪光明之相若行住坐臥禮念憶想常作此解不久之間卽得定心見彼淨土之事快樂莊嚴爲此義故世尊先教作日想觀也三從當起想念下至狀如懸鼓已來正教觀察此明正身威儀面向西方守境住心堅執不移所期皆應四從既見日已

下至明了已來辯觀成相此明標心見日制想除緣念念不移淨相了然而現又行者初在定中見此日時即得三昧定樂身心內外融液不可思議當見此時好須攝心令定不得上心貪取若起貪心心水即動以心動故淨境即失或動或闇或黑或青黃赤白等色不得安定見此事時即自念言此等境相搖動不安者由我貪心動念致使淨境動滅即自安心正念還從本起動相即除靜心還現既知此過更不得起增上貪心也已下諸觀邪正得失一同此也觀日見日心境相應名為正觀

觀日不見日乃見餘雜境等心境不相應故名邪也斯乃娑婆之闇宅觸事無以比方唯有朗日舒輝寄想遠標於極樂五從是為已下總結上來雖有五句不同廣明日觀竟

次作水想見水澄清亦令明了無分散意既見水已當起冰想見冰映徹作瑠璃想此想成已見瑠璃地內外映徹下有金剛七寶金幢擎瑠璃地其幢八方八楞具足一一方面百寶所成一一寶珠有千光明一一光明八萬四千色映瑠璃地如億千日不可具見瑠璃地上以黃金繩雜廁間錯以七寶界分齊分明一一寶中有五百色光其光如華又似星月懸處虛空成光明臺樓閣千萬百寶合成於臺兩邊各有百億華幢無量樂器以為莊嚴八種清風從光明出鼓此樂器演說苦空無常無我之音是為水想名第二觀

二就水觀中亦先舉次辯後結即有其六一從次作水想下至內外映徹已來總標地體問曰前教觀日為知業相等故令觀日今此觀中又教觀水有何所以答曰日輪常照以表極樂之長暉復恐彼地不平類此穢國之高下但以娑婆闇宅唯日

能明此界丘坑未無高下之處欲取能平之者無過於水示斯可平之相況彼瑠璃之地也又問曰此界之水溼而且輭未審彼地亦同此水也答曰此界之平水以對彼地等無高下又轉水成冰者對彼瑠璃之地內外映徹也此明彌陀曠劫等行無偏正習俱亡能感地輪之映徹又問曰既教想水以住心轉水以成冰轉冰以成瑠璃地者云何作法而令境現答曰若住身威儀一同前日觀中法又欲觀水以取定心者還須對相似之境而觀即易可得定行者等於靜處取一椀水著牀前地

上好滿盛之自身在牀上坐當自眉間著一白物如豆許大低頭臨面水上一心照看此白處更莫異緣又水初在池波浪不住臨面觀之不見面像爲觀不休漸漸面現初時面相不住乍長乍短乍寛乍狹乍見不見此相現時更須極細用心不久之間水波微細似動不動面相漸得明現雖見面上眼耳鼻口等亦未須取亦不須妨但縱身心知有勿取也唯取白處了了觀之正念守護勿令失意異緣當見此時心漸得住水性湛然也又行者等欲識知自心中水波浪不住者但觀此水動不

動之相卽知自心境現不現明闇之相也又待水静時取一米許當水上信手投之水中其水波卽動徧於椀內自面臨上觀之其白者卽動更著豆許投之水波更大面上白者或見不見乃至棗等投之於水其波轉大面上白者及自身頭面總皆隱沒不現猶水動故也言椀者卽喻身器也言水者卽喻自心水也言波浪者卽喻亂想煩惱也言漸漸波浪息者卽是制捨衆緣住心一境也言水静境現者卽是能緣之心無亂所緣之境不動內外恬怕所求之相顯然又細想及麤想心水卽動

心水既動静境卽失又細塵及以麤塵投之寂静水中其水波浪卽動又行者等但看此水動不動相卽識自心住不住也又境現失不失邪正等一同前日觀也又天親讚云觀彼世界相勝過三界道究竟如虛空廣大無邊際此卽總明彼國地之分量也二從下有金剛七寶下至不可具見已來正明地下莊嚴卽有其七一明幢體等是無漏金剛二明擎地相顯映莊嚴三明方楞具足表非圓相四明百寶合成量出塵沙五明寶出千光光周無邊之際六明光多異色色照他方隨機變現無

時不益也七明衆光散彩映絶日輪新往者覩之卒難周悉讚云地下莊嚴七寶幢無量無邊無數億八方八面百寶成見彼無生自然悟無生寶國永爲常一一寶流無數光行者傾心常對目騰神踊躍入西方又讚云西方寂静無爲樂畢竟逍遙離有無大悲薰心遊法界分身利物等無殊或現神通而說法或現相好入無餘變現莊嚴隨意出羣生見者罪皆除又讚云歸去來魔鄉不可停曠劫來流轉六道盡皆經到處無餘樂唯聞愁歎聲畢此生平後入彼涅槃城三從瑠璃地上下至分

齊分明已來正明地上莊嚴顯標殊勝此明依持圓淨七寶池林等是能依瑠璃寶地是所依地是能持池臺樹等是所持此由彌陀因行周備致使感報圓明明淨之義卽無漏爲體也讚云寶地莊嚴無比量處處光明照十方寶閣華臺皆徧滿雜色玲瓏難可量寶雲寶蓋臨空覆聖衆飛通互往來寶幢旛蓋隨風轉寶樂含輝應念迴帶惑疑生華未發合掌籠籠喻處胎內受法樂無微苦障盡須臾華自開耳目精明身金色菩薩徐徐授寶衣光觸體得成三忍卽欲見佛下金臺法侶迎將入

大會瞻仰尊顏讚善哉言金繩已下正明黃金作道狀似金繩也或以雜寶爲地瑠璃爲道或以瑠璃爲地白玉作道或以紫金白銀爲地百寶作道或以不可說寶爲地還以不可說寶作道或以千萬寶爲地二三寶作道如是轉相間雜轉共合成轉相照曜轉相顯發光光色色各各不同而無雜亂行者等莫言但有金道而無餘寶作道也四從一一寶中有五百色光下至樂器以爲莊嚴已來正明空裏莊嚴卽有其六一明寶出多光一明喻顯其相三明光變成臺四明光變成於樓閣五明

光變成於華幢六明光變成於寶樂之音又明地上雜寶一一各出五百色光一一色光上涌空中作一光臺一一臺中寶樓千萬各以一二三四乃至不可說寶以爲莊嚴合成也言如華又如星月者佛以慈悲畏人不識故借喻以顯之言於臺兩邊各有百億華幢者寶地衆多光明無量一一光等化作光臺徧滿空中行者等行住坐臥常作此想五從八種清風下至無我之音已來正明光變樂音轉成說法之相卽有其三一明八風從光而出二明風光卽出卽鼓樂發音三明顯說四倒四

眞恆沙等法讚云安樂國清淨常轉無垢輪一念及一時利益諸羣生讚佛諸功德無有分別心能令速滿足功德大寶海六從是爲下總結上來雖有六句不同廣明水觀竟

此想成時一一觀之極令了了閉目開目不令散失唯除食時恆憶此事如此想者名爲麤見極樂國地若得三昧見彼國地了了分明不可具說是爲地想名第三觀佛告阿難汝持佛語爲未來世一切大衆欲脫苦者說是觀地法若觀是地者除八十億劫生死之罪捨身他世必生淨國心得無疑作是觀者名

爲正觀若他觀者名爲邪觀
三就地想觀中亦先舉次辯後結卽有其六一從
此想成時者正明結前生後二從一一觀之下至
不可具說已來正明辯觀成相卽有其六一明心
標一境不得總雜觀之二明旣專一境境卽現前
旣得現前必令明了三明境旣現心閉目開目守
令莫失四明身四威儀晝夜常念唯除睡時憶持
不捨五明凝心不絕卽見淨土之相此名想心中
見猶有覺想故六明想心漸微覺念頓除正受相
應證於三昧眞見彼境微妙之事何由具說斯乃

地廣無邊寶幢非一衆珍曜彩轉變彌多是以勸
物傾心恆如對日三從是爲下總結四從佛告阿
難下至說是觀地法已來正明勸發流通隨緣廣
說卽有其四一明告命二明勸持佛語廣爲未來
大衆說前觀地之益三明簡機堪受堪信欲得捨
此娑婆生死之身八苦五苦三惡道苦等聞卽信
行者不惜身命急爲說之若得一人捨苦出生死
者是名眞報佛恩何以故諸佛出世種種方便勸
化衆生者不欲直令制惡修福受人天樂也人天
之樂猶如電光須臾卽捨還入三惡長時受苦爲
此因緣但勸卽令求生淨土向無上菩提是故今
時有緣相勸誓生淨土者卽稱諸佛本願意也若
不樂信行者如淸淨覺經云若有人聞說淨土法
門聞如不聞見如不見當知此等始從三惡道來
罪障未盡爲此無信向耳佛言我說此人未可得
解脫也此經又云若人聞說淨土法門聞卽悲喜
交流身毛爲豎者當知此人過去已曾修習此法
今得重聞卽生歡喜正念修行必得生也四明正
教觀寶地以住心也五從若觀是地者下至心得
無疑已來正明顯觀利益卽有其四一明指法唯

觀寶地不論餘境二明因觀無漏之寶地能除有
漏多劫罪也三明捨身已後必生淨土四明修因
正念不得雜疑雖得往生含華未出或生邊界或
墮宮胎或因大悲菩薩入開華三昧疑障乃除宮
華開發身相顯然法侶攜將遊於佛會斯乃注心
見於寶地卽滅宿障罪備願行之業已圓命盡無
疑不往今旣觀斯勝益更勸辯知邪正六從作是
觀已下正明辯觀邪正邪正義者前日觀中已說
上來雖有六句不同廣明地觀竟
佛告阿難及韋提希地想成已次觀寶樹觀寶樹者

一一觀之作七重行樹想。一一樹高八千由旬。其諸寶樹七寶華葉無不具足。一一華葉作異寶色。瑠璃色中出金色光。玻瓈色中出紅色光。碼碯色中出硨磲光。硨磲色中出綠眞珠光。珊瑚琥珀一切衆寶以爲映飾。妙眞珠網彌覆樹上。一一樹上有七重網。一一網間有五百億妙華宮殿。如梵王宮。諸天童子自然在中。一一童子五百億釋迦毗楞伽摩尼以爲瓔珞。其摩尼光照百由旬。猶如和合百億日月。不可具名。衆寶間錯。色中上者。此諸寶樹行行相當。葉葉相次。於衆葉間生諸妙華。華上自然有七寶果。一一樹

葉縱廣正等二十五由旬。其葉千色。有百種畫。如天瓔珞。有衆妙華。作閻浮檀金色。如旋火輪。宛轉葉間。涌生諸果。如帝釋缾。有大光明。化成幢旛無量寶蓋。是寶蓋中映現三千大千世界一切佛事。十方佛國亦於中現。見此樹已。亦當次第一一觀之。觀見樹莖枝葉華果。皆令分明。是爲樹想。名第四觀。

四就寶樹觀中。亦先舉。次辯。後結。即有其十。一從佛告阿難下至次觀寶樹已來。正明告命。總舉觀名。結前生後。二言觀寶樹者。重牒觀名也。言一一觀之已下。生後觀相。正教儀則。此明彌陀淨國廣闊無邊。寶樹寶林豈以七行爲量也。今言七重者。或有一樹。黃金爲根。紫金爲莖。白銀爲枝。碼碯爲條。珊瑚爲葉。白玉爲華。眞珠爲果。如是七重互爲根莖乃至華果等。七七四十九重也。或有一寶爲一樹者。或二三四乃至百千萬億不可說寶爲一樹者。此義彌陀經義中已廣論竟。故名七重也。言行者。彼國林樹雖多。行行整直而無雜亂。言想者。未閒眞觀自在。隨心要藉假想以住心。方能證益也。三從一一下至由旬已來。正明樹之體量。此明諸寶林樹皆從彌陀無漏心中流出。由佛心是無

漏故。其樹亦是無漏也。讚云。正道大慈悲。出世善根生。淨光明滿足。如鏡日月輪。言量者。一一樹高三十二萬里。亦無老死者。亦無小生者。亦無初生漸長者。起即同時頓起。量數等齊。何意然者。彼界位是無漏無生之界。豈有生死漸長之義也。四從其諸寶樹下至以爲映飾已來。正明雜樹雜嚴雜飾異相。即有其四。一明林樹華葉間雜不同。二明一一根莖枝條果等皆具衆寶。三明一一華葉轉互不同。瑠璃色中出金色光。如是轉相間雜。四明更將一切雜寶而嚴飾之。又讚云。備諸珍寶性。具

足妙莊嚴無垢光炎熾明淨曜世間又讚云彌陀淨國寶樹多四面垂條天衣挂遶寶雲含蓋化鳥連聲旋轉臨空奏法音而入會他方聖眾聽響以開心本國能人見形而取悟五從妙眞珠網下至色中上者已來正明樹上空裏莊嚴相卽有其七一明珠網臨空覆樹二明網有多重三明宮殿多少四明一一宮內多諸童子五明童子身服珠瓔珞六明瓔珞光照遠近七明光超上色六從此諸寶林下至有七寶果已來明其林樹雖多而無雜亂華實開時不從內出斯乃法藏因深致使自然

而有七從一一樹葉下至婉轉葉間已來正明華葉色相不同卽有其五一明葉量大小等無差別二明葉出光色多少三明恐疑不識借喻以顯如天瓔珞四明葉有妙華色比天金相喻火輪五明迭相顯照婉轉葉間八從涌生諸果下至亦於中現已來正明果有不思議德用之相卽有其五一明寶果生時自然涌出二明借喻以標果相三明果有神光化成旛蓋四明寶蓋圓明內現三千之界依正二嚴種種相現五明十方淨土普現蓋中彼國人天無不覩見又此樹量彌高縱廣彌闊華

果眾多神變非一一一樹既然徧滿彼國所有諸樹之果眾多盡皆如此應知一切行者行住坐臥常作此想九從見此樹已下至分明已來辯觀成相卽有其三一明結觀成相二明次第觀之不得雜亂三明一一起心住境先觀樹根次想莖枝乃至華果次想網宮次想童子瓔珞次想葉量華果光色次想旛蓋廣現佛事旣能一一次第觀之者無不明了也十從是爲下總結斯乃寶樹連暉網簾空殿華分千色果現他方上來雖有十句不同廣明寶樹觀竟

次當想水欲想水者極樂國土有八池水一一池水七寶所成其寶柔軟從如意珠王生分爲十四支一一支作七寶妙色黃金爲渠渠下皆以雜色金剛以爲底沙一一水中有六十億七寶蓮華一一蓮華團圓正等十二由旬其摩尼水流注華間尋樹上下其聲微妙演說苦空無常無我諸波羅密復有讚歎諸佛相好者如意珠王涌出金色微妙光明其光化爲百寶色鳥和鳴哀雅常讚念佛念法念僧是爲八功德水想名第五觀

五就寶池觀中亦先舉次辯後結卽有其七一從

次當想水已下總舉觀名即是牒前生後此明寶樹雖精若無池水亦未名好一為不空世界二為莊嚴依報為斯義故有此池渠觀也二從極樂國土下至如意珠王生已來正明池數并辯出處即有其五一明標指所歸之國二明池有八數之名三明一一池岸七寶合成正由寶光映徹通照八德之水一同雜寶之色故名寶水也四明是諸眾寶體性柔輭五明八池之水皆從如意寶中出即名如意水此水即有八種之德一者清淨潤澤即是色入攝二者不臭即是香入攝三者輕四者冷

五者輭即是觸入攝六者美是味入攝七者飲時調適八者飲已無患是法入攝此八德之義已在彌陀義中廣說竟又讚云極樂莊嚴安養國八德寶池流徧滿四岸含暉間七寶水色分明映寶光體性柔輭無堅觸菩薩徐行散寶香寶香寶雲成寶蓋寶蓋臨空覆寶幢寶幢嚴儀圍寶殿寶殿寶鈴垂珠網寶網寶樂千重轉隨機讚歎寶宮樓一一宮樓有佛會恆沙聖眾坐思量願此有緣常憶念捨命同生彼法堂三從分為十四支下至以為底沙已來正明池分異潙旋還無亂即有其三一明渠數多少二明一一渠岸作黃金色三明渠下底沙作雜寶色言金剛者即是無漏之體也四從一一水中下至尋樹上下已來正明水有不思議用即有其五一明別指渠名顯彼莊嚴之相二明渠內寶華多少三明華量大小四明摩尼寶水流注華間五明寶水從渠而出尋諸寶樹上下無礙故名如意水也五從其聲微妙下至諸佛相好者已來正明水有不可思議德即有其二一明寶水華間流注微波相觸即出妙聲聲中皆說妙法二明寶水上岸尋樹枝條華果葉等或上或下中間

相觸皆出妙聲聲中皆說妙法或說眾生苦事覺動菩薩大悲勸令引他或說人天等法或說二乘等法或說地前地上等法或說佛地三身等法六從如意珠王下至念佛法僧已來正明摩尼多有神德即有其四一明珠王內出金光二明光化作百寶之鳥三明鳥聲哀雅天樂無以比方四明寶鳥連音同聲讚歎念佛法僧然佛是眾生無上大師除邪向正法是眾生無上良藥能斷煩惱毒病法身清淨僧是眾生無上福田但使傾心四事不憚疲勞五乘依果自然應念所須而至其寶珠前

生八味之水。後出種種金光。非直破闇除昏。到處能施佛事。七從是爲下。總結。上來雖有七句不同。廣明寶池觀竟。

眾寶國土。一一界上。有五百億寶樓。其樓閣中。有無量諸天。作天妓樂。又有樂器懸處虛空。如天寶幢不鼓自鳴。此眾音中。皆說念佛念法念比丘僧。此想成已。名爲麤見極樂世界寶樹寶地寶池。是爲總觀想。名第六觀。若見此者。除無量億劫極重惡業。命終之後。必生彼國。作是觀者。名爲正觀。若他觀者名爲邪觀。

六就寶樓觀中。亦先舉。次辯。後結。即有其十一。初言眾寶國土者。即是總舉觀名。牒前生後。此明淨土雖有寶流灌注。若無寶樓宮閣。亦未爲精。爲此依報莊嚴。種種圓備也。二言一一界上者。正明寶樓住處地界。徧於彼國。樓亦無窮也。三言有五百億者。正顯其數。一界之上。既然徧滿。彼國亦皆如是。應知。四從其樓閣中下。至作天伎樂已來。正明閣內莊嚴。五從又有樂器下。至不鼓自鳴已來。正明樓外莊嚴。寶樂飛空。聲流法響。晝夜六時。如天寶幢。無思成自事也。六從此眾音中下。至念比丘僧已來。正明樂雖無識。即有說法之能。七從此想成已下。至寶池已來。正明顯觀成相。此明專心住境。悕見寶樓。剋念不移。自上莊嚴總現。八從是爲下。總結。九從若見此者。牒前觀相。生後利益。十從除無量下。至生彼國已來。正明依法觀察。除障多劫。身器清淨。應佛本心。捨身他世。必往無疑。十一從作是觀者下。至邪觀已來。辯觀邪正之相。上來雖有十一句不同。廣明寶樓觀竟。

佛告阿難及韋提希。諦聽諦聽。善思念之。吾當爲汝分別解說除苦惱法。汝等憶持。廣爲大眾分別解說。

說是語時。無量壽佛住立空中。觀世音大勢至。是二大士。侍立左右。光明熾盛。不可具見。百千閻浮檀金色。不得爲比。時韋提希見無量壽佛已。接足作禮。白佛言。世尊。我今因佛力故。得見無量壽佛及二菩薩。未來眾生。當云何觀無量壽佛及二菩薩。佛告韋提希。欲觀彼佛者。當起想念。於七寶地上。作蓮華想。令其蓮華。一一葉上。作百寶色。有八萬四千脈。猶如天畫。（麗本有一二字）脈有八萬四千光。了了分明。皆令得見。華葉小者。縱廣二百五十由旬。如是蓮華具有八萬四千葉。一一葉間。有百億摩尼珠王。以爲映飾。一一摩尼珠放千光明其光如蓋七寶合成徧覆地上釋迦毗楞伽寶以爲其臺此蓮華臺八萬金剛甄叔迦寶梵摩尼寶妙眞珠網以爲校飾於其臺上自然而有四柱寶幢一一寶幢如百千萬億須彌山幢上寶幔如夜摩天宮復有五百億微妙寶珠以爲映飾一一寶珠有八萬四千光一一光作八萬四千異種金色一一金色徧其寶土處處變化各作異相或爲金剛臺或作眞珠網或作雜華雲於十方面隨意變現施作佛事是爲華座想名第七觀佛告阿難如此妙華是本法藏比丘願力所成若欲念彼佛者當先作

此華座想作此想時不得雜觀皆應一一觀之一一葉一一珠一一光一一臺一一幢皆令分明如於鏡中自見面像此想成者滅除五萬億劫生死之罪必定當生極樂世界作是觀者名爲正觀若他觀者名爲邪觀

七就華座觀中亦先舉次辯後結即有其十九一從佛告阿難下至除苦惱法已來正明勑聽許說即有其三一明告命二人二明勑聽令之諦受正念修行三明佛爲說華座觀法但能住心緣念罪苦得除二從汝等憶持下至解說已來正明勸發流通此明觀法深要急救常沒衆生妄愛迷心漂流六道汝持此觀處處勸修普得知聞同昇解脫三從說是語時下至不得爲比已來正明娑婆化主爲物故住想西方安樂慈尊知情故則影臨東域斯乃二尊許應無異直以隱顯有殊正由器樸之類萬差致使互爲郢匠言說是語時者正明就此意中即有其七一明告勸二人時也二明彌陀應聲即現證得往生也三明彌陀在空而立者但使迴心正念願生我國立即得生也問曰佛德尊高不可輒然輕舉既能不捨本願來應大悲者何

故不端坐而赴機也答曰此明如來別有密意但以娑婆苦界雜惡同居八苦相燒動成違返詐親含笑六賊常隨三惡火坑臨臨欲入若不舉足以救迷業繫之牢何由得免爲斯義故立撮即行不及端坐以赴機也四明觀音勢至以爲侍者表無餘衆也五明三尊身心圓淨光明踰盛也六明佛身光明朗照十方垢障凡夫何能具覩七明佛身無漏光亦同然豈將有漏之天金比方之也四從時韋提希見無量下至作禮已來正明韋提實是垢凡女質不足可言但以聖力冥加彼佛現時得

蒙稽首斯乃序臨淨國喜歎無以自勝今乃正覩
彌陀更益心開悟忍五從白佛言下至及二菩薩
已來正明夫人領荷佛恩爲物陳疑生於後問此
明夫人意者佛今現在蒙尊加念得覩彌陀佛滅
後衆生云何可見也六從未來衆生下至及二菩
薩已來明其夫人爲物置請使同己見七從佛告
韋提下至當起想念已來正明總告許說之言問
曰夫人置請通己爲生及至如來酬答但指韋提
不通生也答曰佛身臨化說法以逗機不請尙自
普弘何論別指而不等備但以文略故無兼爲之

心必有也八從七寶地上下至華想已來正明教
觀方便問曰衆生盲闇逐想增勞對目冥若夜遊
遠標淨境何由可悉答曰若望衆生惑障動念徒
自疲勞仰憑聖力遙加致使所觀皆見云何作法
住心而令得見也欲作法者諸行者等先於佛像
前至心懺悔發露所造之罪極生慚愧悲泣流淚
悔過旣竟又心口請釋迦佛十方恆沙等佛又念
彼彌陀本願言弟子某甲等生盲罪重障隔處深
願佛慈悲攝受護念指授開悟所觀之境願得成
就今頓捨身命仰屬彌陀見以不見皆是佛恩力

導此語已更復至心懺悔竟已卽向靜處面向西
方正坐跏趺一同前法旣住心已徐徐轉心想彼
寶地雜色分明初想不得亂想多境卽難得定唯
觀方寸一尺等或一日二日三日或四五六七日
或一月一年二三年等無問日夜行住坐臥身口
意業常與定合唯萬事俱捨由如失意聾盲癡人
者此定必卽易得若不如是三業隨緣轉定想逐
波飛縱盡千年壽法眼未曾開若心得定時或先
有明相現或可先見寶地等種種分明不思議者
有二種見一者想見猶有知覺故雖見淨境未多

明了二者若內外覺滅卽入正受三昧所見淨境
卽非想見得爲比校也九從令其蓮華下至八萬
四千光已來正明寶華有種種莊嚴卽有其三一
明一一華葉備衆寶色二明一一葉有衆多寶脈
三明一一脈有衆多光色此令行者住心一一想
之悉令心眼得見旣見華葉已次想葉間衆寶次
想寶出多光光成寶蓋次想華臺臺上衆寶及珠
網等次想臺上四柱寶幢次想幢上寶幔次想幔
上寶珠光明雜色徧滿虛空各現異相如是次第
一一住心不捨不久之閒卽得定心旣得定心彼

諸莊嚴一切顯現。應知。十從了了下辯觀成相。十一從華葉小者下至徧覆地上已來正明葉葉有種種莊嚴卽有其六。一明華葉大小。二明華葉多少。三明葉間珠映多少。四明珠有千光。五明一一珠光變成寶蓋。六明寶蓋上照虛空下覆寶地。十二從釋迦毗楞伽下至以爲交飾已來正明臺上莊嚴之相。十三從於其臺上下至妙寶珠以爲映飾已來正明幢上莊嚴之相。卽有其四。一明臺上自有四幢。二明幢之體量大小。三明幢上自有寶幔狀似天宮。四明幢上自有衆多寶珠輝光映飾。

十四從一一寶珠下至施作佛事已來正明珠光有不思議德用之相。卽有其五。一明一一珠有多光。二明一一光各作異色。三明一一光色徧於寶土。四明光所至處各作異種莊嚴。五明或作金臺珠網華雲寶樂徧滿十方。十五從是爲下總結觀名。十六從佛告阿難下至比丘願力所成已來正明華座得成所由。十七從若欲念彼佛者下至自見面像已來正明重顯觀儀如前次第住心不得雜亂也。十八從此想成者下至生極樂世界已來。正明結觀成相卽有二益。一明除罪益。二明得生益。十九從作是觀者下至名爲邪觀已來正明辯觀邪正相。斯乃華依寶地。葉間奇珍臺瑩四幢。光施佛事。上來雖有十九句不同廣明華座觀竟。

佛告阿難及韋提希見此事已。次當想佛所以者何。諸佛如來是法界身入一切衆生心想中。是故汝等心想佛時。是心卽是三十二相八十隨形好。是心作佛。是心是佛。諸佛正徧知海從心想生。是故應當一心繫念諦觀彼佛多陀阿伽度阿羅訶三藐三佛陀。想彼佛者先當想像閉目開目見一寶像如閻浮檀金色坐彼華上。見像坐已。心眼得開了了分明見極

樂國七寶莊嚴寶地寶池寶樹行列諸天寶幔彌覆其上衆寶羅網滿虛空中見如此事極令明了。如觀掌中。見此事已。復當更作一大蓮華在佛左邊。如前蓮華等無有異。復作一大蓮華在佛右邊。想一觀世音菩薩像坐左華座。亦作金色。如前無異。想一大勢至菩薩像坐右華座。此想成時。佛菩薩像皆放光明。其光金色。照諸寶樹。一一樹下亦有三蓮華。諸蓮華上各有一佛二菩薩像徧滿彼國。此想成時。行者當聞水流光明及諸寶樹鳧鴈鴛鴦皆說妙法。出定入定恆聞妙法。行者所聞出定之時憶持不捨。令與脩

多羅合若不合者名爲妄想若與合者名爲麤想見極樂世界是爲像想名第八觀作是觀者除無量億劫生死之罪於現身中得念佛三昧

八就像觀中亦先舉次辯後結卽有其十三一從佛告阿難下至次當想佛已來正明結前生後言所以者何者是其問也所以須想佛者何二從諸佛如來下至心想中已來正明諸佛大慈應心卽現有斯勝益故勸汝想之問曰韋提上請唯指彌陀未審如來今總舉諸佛有何意也答曰欲顯諸佛三身同證悲智果圓等齊無二端身一坐影現

無方意赴有緣時臨法界言法界者有三義一者心偏故解法界二者身偏故解法界三者無障礙故解法界正由心到故身亦隨到身隨於心故言是法界身也言法界者是所化之境卽衆生界也言身者是能化之身卽諸佛身也言入衆生心想中者乃由衆生起念願見諸佛佛卽以無礙智知卽能入彼想心中現但諸行者若想念中若夢定中見佛者卽成斯義也三從是故汝等下至從心想生已來正明結勸利益此明標心想佛但作佛解從頂至足心想不捨一一觀之無暫休息或想

頂相或想眉間白毫乃至足下千輪之相作此想時佛像端嚴相好具足了然而現乃由心緣一一相故卽一一相現心若不緣衆相不可見但自心想作卽應心而現故言是心卽是三十二相也言八十隨形好者佛相既現衆好皆隨也此正明如來教諸想者具足觀也言是心作佛者依自信心緣相如作也言是心是佛者心能想佛依想佛身而現卽是心佛也離此心外更無異佛者也言諸佛正偏知者此明諸佛得圓滿無障礙智作意不作意常能偏知法界之心但能作想卽從汝心想

而現似如生也或有行者將此一門之義作唯識法身之觀或作自性清淨佛性觀者其意甚錯絕無少分相似也既言想像假立三十二相者眞如法界身豈有相而可緣有身而可取也然法身無色絕於眼對更無類可方故取虛空以喻法身之體也又今此觀門等唯指方立相住心而取境總不明無相離念也如來懸知末代罪濁凡夫立相住心尚不能得何況離相而求事者如似無術通人居空立舍也四從是故應當下至三佛陀已來正明如前所益專住必成展轉相教勸觀彼佛也

五從想彼佛者牒前生後言先當想像者定所觀境六從閉目開目下至如觀掌中已來正明辯觀成相即有其四一明身四威儀眼之開合見一金像似現目前常作此想二明既能觀像像即須有坐處即想前華座想像在上而坐三明想見像坐已心眼即開四明心眼既開即見金像及彼極樂諸莊嚴事地上虛空了然無礙又觀像住心之法一如前說從頂一一想之面眉毫相眼鼻口耳咽項肩臂手指又抽心向上想胸腹臍陰脛膝蹲足十指千輪等一一想之從上向下名順觀從下千

輪向上名逆觀如是逆順住心不久必得成也又佛身及華座寶地等必須上下通觀然十三觀中此寶地寶華金像等觀最要若欲教人即教此法但此一法成者餘觀即自然了也七從見此已下結成上像身觀生後二菩薩觀也八從復當更作一大蓮華下至坐右華座已來正明成上三身觀生後多身觀欲觀此二菩薩者一一如觀佛法也九從此想成時下至徧滿彼國已來正明結成上多身觀生後說法相此明諸行者等行住坐臥常緣彼國一切寶樹一切寶樓華池等若禮念若觀想

常作此解也十從此想成時下至憶持不捨已來正明因定得見極樂莊嚴又聞一切莊嚴皆能說於妙法既見聞此已憶持莫失名守定心也十一從令與脩多羅合下至見極樂世界已來辯觀邪正之相十二從是爲下總結十三從作是觀者下至得念佛三昧已來正明勸念修觀現蒙利益斯乃羣生障重眞佛之觀難階是以大聖垂哀且遣注心形像上來雖有十三句不同廣明像觀竟

佛告阿難及韋提希此想成已次當更觀無量壽佛身相光明阿難當知無量壽佛身如百千萬億夜摩

天閻浮檀金色佛身高六十萬億那由他恆河沙由旬眉間白毫右旋宛轉如五須彌山佛眼（麗本有清淨二字）如四大海水青白分明身諸毛孔演出光明如須彌山彼佛圓光如百億三千大千世界於圓光中有百萬億那由他恆河沙化佛一一化佛亦有衆多無數化菩薩以爲侍者無量壽佛有八萬四千相一一相中各有八萬四千隨形好一一好中復有八萬四千光明一一光明徧照十方世界念佛衆生攝取不捨其光相好及與化佛不可具說但當憶想令心眼見見此事者即見十方一切諸佛以見諸佛故名念佛

三昧。作是觀者名觀一切佛身。以觀佛身故亦見佛心。佛心者大慈悲是。以無緣慈攝諸衆生。作此觀者。捨身他世。生諸佛前得無生忍。是故智者應當繫心。諦觀無量壽佛。觀無量壽佛者從一相好入。但觀眉間白毫極令明了。見眉間白毫相者八萬四千相好。自然當現。見無量壽佛者。卽見十方無量諸佛。得見無量諸佛故。諸佛現前授記。是爲徧觀一切色身相。名第九觀。作是觀者名爲正觀。若他觀者名爲邪觀。

九就眞身觀中亦先舉。次辯。後結。卽有其十二。一從佛告阿難下至身相光明已來。正明告命結成

前像觀生後眞身之觀也。二從阿難當知下至金色已來。正明顯眞佛之身相踰天金之色也。三從佛身高六十下至由旬已來。正明身量大小。四從眉間下至菩薩爲侍者已來。正明總觀身相。卽有其六。一明毫相大小。二明眼相大小。三明毛孔光大小。四明圓光大小。五明化佛多少。六明侍者多少。五從無量壽佛下至攝取不捨已來。正明觀身別相光益有緣。卽有其五。一明相多少。二明好多少。三明光多少。四明光照遠近。五明光所及處偏蒙攝益。問曰。備修衆行但能迴向皆得往生。何以佛光普照唯攝念佛者有何意也。答曰。此有三義。一明親緣。衆生起行口常稱佛。佛卽聞之。身常禮敬佛。佛卽見之。心常念佛。佛卽知之。衆生憶念佛者。佛亦憶念衆生。彼此三業不相捨離。故名親緣也。二明近緣。衆生願見佛。佛卽應念現在目前。故名近緣也。三明增上緣。衆生稱念卽除多劫罪。命欲終時佛與聖衆自來迎接。諸邪業繫無能礙者。故名增上緣也。自餘衆行雖名是善。若比念佛者。全非比校也。是故諸經中處處廣讚念佛功能。如無量壽經四十八願中。唯明專念彌陀名號得生。

又如彌陀經中。一日七日專念彌陀名號得生。又十方恆沙諸佛證誠不虛也。又此經定散文中。唯標專念名號得生。此例非一也。廣顯念佛三昧竟。六從其光相好已下。結少顯多。輒欲觀者難爲周悉。七從但當憶想已下。正明莊嚴微妙出過凡境。雖未證目前。但當憶想令心眼見也。八從見此事者下至攝諸衆生已來。正明功呈不失。觀益得成。卽有其五。一明因觀得見十方諸佛。二明以見諸佛故結成念佛三昧。三明但觀一佛卽觀一切佛身也。四明由見佛身故卽見佛心也。五明佛心者

慈悲爲體以此平等大慈普攝一切也九從作此觀者下至得無生忍已來正明捨身他世得生彼益也十從是故智者下至現前授記已來重明結勸修觀利益卽有其五一明簡出能修觀人二明專心諦觀無量壽佛三明相好衆多不得總雜而觀唯觀白毫一相但得見白毫者一切衆相自然而現也四明既見彌陀卽見十方佛也五明既見諸佛卽於定中得蒙授記也十一從是爲徧觀已下總結十二從作此觀已下正明辯觀邪正之相斯乃眞形量遠毫若五山震響隨機光沾有識欲

使含靈歸命注想無遺乘佛本弘齊臨彼國上來雖有十二句不同廣明眞身觀竟

佛告阿難及韋提希見無量壽佛了了分明已次亦應觀觀世音菩薩此菩薩身長八十萬億那由他由旬身紫金色頂有肉髻項有圓光面各百千由旬其圓光中有五百化佛如釋迦牟尼一一化佛有五百化菩薩無量諸天以爲侍者舉身光中五道衆生一切色相皆於中現頂上毗楞伽摩尼寶以爲天冠其天冠中有一立化佛高二十五由旬觀世音菩薩面如閻浮檀金色眉間毫相備七寶色流出八萬四千種光明一一光明有無量無數百千化佛一一化佛無數化菩薩以爲侍者變現自在滿十方世界臂如紅蓮華色有八十億微妙光明以爲瓔珞其瓔珞中普現一切諸莊嚴事手掌作五百億雜蓮華色手十指端一一指端有八萬四千畫猶如印文一一畫有八萬四千色一一色有八萬四千光其光柔輭普照一切以此寶手接引衆生舉足時足下有千輻輪相自然化成五百億光明臺下足時有金剛摩尼華布散一切莫不彌滿其餘身相衆好具足如佛無異唯頂上肉髻及無見頂相不及世尊是爲觀觀世音菩

薩眞實色身相名第十觀佛告阿難若欲觀觀世音菩薩者當作是觀作是觀者不遇諸禍淨除業障除無數劫生死之罪如此菩薩但聞其名獲無量福何況諦觀若有欲觀觀世音菩薩者先觀頂上肉髻次觀天冠其餘衆相亦次第觀之悉令明了如觀掌中作是觀者名爲正觀若他觀者名爲邪觀

十就觀音觀中亦先舉次辯後結卽有其十五一從佛告阿難下至菩薩已來正明結成前眞身觀生後菩薩觀二從此菩薩身長下至皆於中現已來正明總標身相卽有其六一明身量大小二明

身色與佛不同。三明肉髻與佛螺髻不同。四明圓光大小。五明化佛侍者多少。六明身光普現五道衆生。三從頂上毗楞伽下至二十五由旬已來正明天冠之內化佛殊異。四從觀音已下正明面色與身色不同。五從眉間下至蓮華色已來正明毫光轉變徧滿十方化侍彌多更比紅蓮之色。卽有其五。一明毫相作七寶色。二明毫光多少。三明光有化佛多少。四明侍者多少。五明化侍變現徧滿十方。六從有八十億光明下至莊嚴事已來正明身服光瓔非衆寶作。七從手掌作五百億下至接

引衆生已來正明手有慈悲之用也。卽有其六。一明手掌作雜蓮之色。二明一一指端有八萬印文。三明一一文有八萬餘色。四明一一色有八萬餘光。五明光體柔輭等照一切。六明以此寶光之手接引有緣也。八從舉足時下至莫不彌滿已來正明足有德用之相。九從其餘身相已下指同於佛。十從唯頂上下至不及世尊已來正明師徒位別。果願未圓致使二相有虧表居不足之地也。十一從是爲下總結。十二從佛告阿難下至當作是觀已來正明重結前文生其後益。十三從作是觀者下至何況諦觀已來正明勸觀利益。十四從若有欲觀觀音下至如觀掌中已來正明重顯觀儀勸物傾心使沾兩益。十五從作是觀已下正明辯觀邪正相。斯乃觀音願重影現十方寶手停輝隨機引接。上來雖有十五句不同廣明觀音觀竟。

次觀大勢至菩薩。此菩薩身量大小亦如觀世音圓光面各百二十五由旬照二百五十由旬。舉身光明照十方國作紫金色有緣衆生皆悉得見。但見此菩薩一毛孔光卽見十方無量諸佛淨妙光明。是故號此菩薩名無邊光。以智慧光普照一切令離三塗得

無上力。是故號此菩薩名大勢至。此菩薩天冠有五百寶華。一一寶華有五百寶臺。一一臺中十方諸佛淨妙國土廣長之相皆於中現。頂上肉髻如鉢頭摩華。於肉髻上有一寶甁盛諸光明普現佛事。餘諸身相如觀世音等無有異。此菩薩行時十方世界一切震動。當地動處有五百億寶華。一一寶華莊嚴高顯如極樂世界。此菩薩坐時七寶國土一時動搖。從下方金光佛剎乃至上方光明王佛剎。於其中間無量塵數分身無量壽佛分身觀世音大勢至皆悉雲集極樂國土。畟塞空中坐蓮華座演說妙法度苦衆生。

作此觀者名爲觀見大勢至菩薩是爲觀大勢至色身相觀此菩薩者名第十一觀除無數劫阿僧祇生死之罪但是觀者不處胞胎常遊諸佛淨妙國土此觀成已名爲具足觀觀世音大勢至

十一就勢至觀中亦先舉次辯後結即有其十三一從次觀大勢至已下總舉觀名二從此菩薩身量大小已下次辯觀相即有其五一明身量等類觀音二明身色等類觀音三明面相等類觀音四明身光相好等類觀音五明毫相舒光轉變等類觀音三從圓光面各百二十五由旬已下正明圓

光等不同觀音之相即有其四一明圓光大小二明光照遠近三明化佛多少四明化佛侍者多少四從舉身光明下至名大勢至已來正明身光遠備照益有緣等及他方皆作紫金之色即有其八一明身光總別不同二明光照遠近三明光所觸處皆作紫金之色四明但與勢至宿業有緣者即得覩觸此光五明但見一毛孔光即能多見諸佛淨妙身光此即舉少以顯多益欲使行之者悕心渴仰入觀以證之六明依光以立名七明光之體用即無漏爲體故名智慧光又能除息十方三惡之苦名無上力即爲用也八明名大勢至者此即依德立名也五從此菩薩天冠下至皆於中現已來正明天冠莊嚴之相與觀音不同即有其四一明冠上寶華多少二明一一華上寶臺多少三明一一臺中映現十方諸佛淨土四明他方土現彼此都無增減六從頂上肉髻下至普現佛事已來正明肉髻寶瓶之相七從餘諸身相已下指同觀音也八從此菩薩行時下至如極樂世界已來正明行與觀音不同相即有其四一明行不同相二明震動遠近相三明所震動處華現多四明所現

之華高而且顯多諸瑩飾以類極樂莊嚴也九從此菩薩坐時下至度苦衆生已來正明坐不同觀音相即有其七一明坐相二明先動本國相三明次動他方遠近相四明動搖下上佛剎多少相五明彌陀觀音等分身雲集相六明臨空塡塞皆坐寶華七明分身說法各應所宜問曰彌陀經云彼國衆生無有衆苦但受諸樂故名極樂何故此經分身說法乃云度苦者有何意也答曰今言苦樂者有二種一者三界中苦樂二者淨土中苦樂言三界苦樂者苦則三塗八苦等樂則人天五欲放

逸繫縛等樂。雖言是樂，然是大苦，必竟無有一念眞實樂也。言淨土苦樂者，苦則地前望地上爲苦，地上望地前爲樂；下智證望上智證爲苦，上智證望下智證爲樂。此例舉一可知也。今言度苦衆生者，但爲進下位令昇上位，轉下證令得上證，稱本所求，卽名爲樂，故言度苦也。若不然者，淨土之中一切聖人皆以無漏爲體，大悲爲用，畢竟常住，離於分段之生滅，更就何義名爲苦也。十從作此觀者下至十一觀已來，正明辯觀邪正，總結分齊。十一從觀此菩薩者已下，正明修觀利益，除罪多劫。

十二從作此觀者下至淨妙國土已來，正明總結前文，重生後益。十三從此觀成已下，正明總牒二身辯觀成相，斯乃勢至威高坐搖他國，能使分身雲集，演法利生，永絕胞胎，常遊法界。上來雖有十三句不同，廣解勢至觀竟。

見此事時，當起自心生於西方極樂世界，於蓮華中結跏趺坐，作蓮華合想，作蓮華開想。蓮華開時，有五百色光來照身想，眼目開想，見佛菩薩滿虛空中，水鳥樹林及與諸佛所出音聲，皆演妙法，與十二部經合。若出定之時，憶持不失。見此事已，名見無量壽佛極樂世界，是爲普觀想，名第十二觀。無量壽佛化身無數，與觀世音及大勢至，常來至此行人之所。

十二就普觀中，亦先舉，次辯，後結，卽有其六。一從見此事時已下，正明牒前生後。二從當起自心下至皆演妙法已來，正明凝心入觀，卽當作自往生想，卽有其九：一明自生想，二明向西想，三明坐華想，四明華合想，五明華開想，六明寶光來照身想，七明旣蒙光照，作眼開想，八明眼目旣開，作見佛菩薩想，九明聞法想。三從與十二部經合下至不失已來，正明定散無遺，守心常憶。一則觀心明淨，

二則諸惡不生，由內與法樂相應，外則無三邪之障。四從見此事已下，明觀成之益。五從是爲下，總結。六從無量壽下至常來至此行人之所已來，正明重舉能觀之人，卽蒙彌陀等三身護念之益。斯乃羣生注念，願見西方依正二嚴，了了常如眼見。上來雖有六句不同，廣解普觀竟。

佛告阿難及韋提希：若欲至心生西方者，先當觀於一丈六像在池水上。如先所說，無量壽佛身量無邊，非是凡夫心力所及。然彼如來宿願力故，有憶想者必得成就。但想佛像，得無量福，況復觀佛具足身相。

阿彌陀佛神通如意於十方國變現自在或現大身滿虛空中或現小身丈六八尺所現之形皆眞金色圓光化佛及寶蓮華如上所說觀世音菩薩及大勢至於一切處身同衆生但觀首相知是觀世音知是大勢至此二菩薩助阿彌陀佛普化一切是爲雜想觀名第十三觀

十三就雜想觀中亦先舉次辯後結即有其十一一從佛告阿難已下正明告命結勸生後二從先當觀於一丈六已下正明觀像以表眞想水以表地此是如來教諸衆生易境轉心入觀或在池水

華上或在寶宮寶閣內或在寶林寶樹下或在寶臺寶殿中或在虛空寶雲華蓋之內如是等處一一住心想之皆作化佛想爲令機境相稱易得成故也三從如先所說下至非心力所及已來正明境大心小卒難成就致使聖意悲傷勸觀於小四從然彼如來下至必得成就已來正明凡心狹小聖量彌寬注想無由恐難成就斯乃不以小故難成不由大故不現直是彌陀願重致使想者皆成五從但想佛像下至具足身相已來正明比校顯勝想像尙自得福無量何況觀於眞佛者得益之功更甚六從阿彌陀下至丈六八尺已來正明能觀所觀佛像雖身有大小明皆是眞即有其三一明彌陀身通無礙隨意徧周言如意者有二種一者如衆生意隨彼心念皆應度之二者如彌陀之意五眼圓照六通自在觀機可度者一念之中無前無後身心等赴三輪開悟各益不同也二明或現大身或現小身三明身量雖有大小皆作眞金之色此即定其邪正也七從所現之形已下正明身雖大小有殊光相即與眞無異八從觀世音菩薩已下正明指同前觀佛大侍者亦大佛小侍者

亦小九從衆生但觀首相已下正明勸觀二別云何二別觀音頭首上有一立化佛勢至頭首之上有一寶瓶十從此二菩薩已下正明彌陀觀音勢至等宿願緣重誓同捨惡等至菩提影響相隨遊方化益十一從是爲下總結上來雖有十一句不同廣解雜想觀竟

上從日觀下至雜想觀已來總明世尊答前韋提第四請云教我思惟正受兩句

總讚云初教日觀除昏闇想水成冰淨內心地下金幢相映發地上莊嚴億萬重寶雲寶蓋臨空轉

人天音樂互相尋。寶樹垂瓔間雜果。池流德水注
華中。寶樓寶閣皆相接。光光相照等無蔭。三華獨
迴超衆座。四幢承縵網珠羅。稟識心迷由未曉。住
心觀像靜坐彼。一念心開見眞佛。身光相好轉彌
多。救苦觀音緣法界。無時不變入娑婆。勢至威光
能震動。隨緣照攝會彌陀。歸去來。極樂安身實是
精。正念西歸華含想。見佛莊嚴說法聲。復有衆生
心帶惑。緣眞上境恐難成。致使如來開漸觀。華池
丈六等金形。變現靈儀雖大小。應物時宜度有情。
普勸同生知識等。專心念佛向西傾。

又就前請中初從日觀下至華座觀已來總明依
報。二從像觀下至雜想觀已來總明正報。上來雖
有依正二報不同。廣明定善一門義竟。

佛說觀無量壽佛經疏卷第三

佛說觀無量壽佛經疏卷第四

劉宋畺良耶舍譯經

唐沙門善導集記

○散善義

△從此已下次解三輩散善一門之義。就此義中卽
有其二。一明三福以爲正因。二明九品以爲正行。
今言三福者。第一福卽是世俗善根。曾來未聞佛
法。但自行孝養仁義禮智信。故名世俗善也。第二
福者。此名戒善。就此戒中卽有人天聲聞菩薩等
戒。其中或有具受不具受。或有具持不具持。但能

迴向盡得往生。第三福者名爲行善。此是發大乘
心凡夫。自能行行兼勸有緣。捨惡持心迴生淨土。
又就此三福之中。或有一人單行世福迴亦得生。
或有一人單行戒福迴亦得生。或有一人單行行
福迴亦得生。或有一人行上二福迴亦得生。或有
一人行下二福迴亦得生。或有一人具行三福迴
亦得生。或有人等三福俱不行者。卽名十惡邪見
闡提人也。言九品者至文當辨。應知今略料簡三
福差別義意竟。（三福經文在序分內）
△十四就上輩觀行善文前總料簡卽爲十一門。一

者總明告命。二者辯定其位。三者總舉有緣之類。四者辯定三心以爲正因。五者正明簡機堪與不堪。六者正明受法不同。七者正明修業時節延促有異。八者明迴所修行願生彌陀佛國。九者明臨命終時聖來迎接不同去時遲疾。十者明到彼華開遲疾不同。十一者明華開已後得益有異。今此十一門義者約對九品之文就一一品中皆有此十一。卽爲一百番義也。又此十一門義就上輩文前總料簡亦得。或就中下輩文前各料簡亦得。又此義若以文來勘者卽有具不具。雖有隱顯若據

其道理悉皆合有。爲此因緣故須廣開顯出。欲令依行者易解易識也。上來雖有十一門不同廣料簡上輩三品義意竟。

佛告阿難及韋提希。上品上生者。若有衆生願生彼國者。發三種心卽便往生。何等爲三。一者至誠心。二者深心。三者迴向發願心。具三心者必生彼國。復有三種衆生當得往生。何等爲三。一者慈心不殺具諸戒行。二者讀誦大乘方等經典。三者修行六念。迴向發願願生彼國。具此功德。一日乃至七日卽得往生。生彼國時。此人精進勇猛故。阿彌陀如來與觀世音大勢至無數化佛百千比丘聲聞大衆無量諸天七寶宮殿。觀世音菩薩執金剛臺與大勢至菩薩至行者前。阿彌陀佛放大光明照行者身。與諸菩薩授手迎接。觀世音大勢至與無數菩薩讚歎行者勸進其心。行者見已歡喜踊躍。自見其身乘金剛臺隨從佛後。如彈指頃往生彼國。生彼國已見佛色身衆相具足。見諸菩薩色相具足。光明寶林演說妙法。聞已卽悟無生法忍。經須臾間歷事諸佛徧十方界。於諸佛前次第受記。還至本國得無量百千陀羅尼門。是名上品上生者。

次下先就上品上生位中。亦先舉。次辯。後結。卽有其十二。一從佛告阿難已下。則雙標二意。一明告命。二明辯定其位。此卽修學大乘上善凡夫人也。三從若有衆生下至卽便往生已來。正明總舉有生之類。卽有其四。一明能信之人。二明求願往生。三明發心多少。四明得生之益。四從何等爲三下。至必生彼國已來。正明辯定三心以爲正因。卽有其二。一明世尊隨機顯益意密難知。非佛自問自徵無由得解。二明如來還自答前三心之數。經云一者至誠心。至者眞誠者實。欲明一切衆生身口

意業所修解行必須眞實心中作不得外現賢善精進之相內懷虛假貪瞋邪僞奸詐百端惡性難侵事同蛇蝎雖起三業名爲雜毒之善亦名虛假之行不名眞實業也若作如此安心起行者縱使苦勵身心日夜十二時急走急作如炙頭燃者衆名雜毒之善欲迴此雜毒之行求生彼佛淨土者此心不可也何以故正由彼阿彌陀佛因中行菩薩行時乃至一念一刹那三業所修皆是眞實心中作凡所施爲趣求亦皆眞實又眞實有二種一者自利眞實二者利他眞實言自利眞實者復有

二種一者眞實心中制捨自他諸惡及穢國等行住坐臥想同一切菩薩制捨諸惡我亦如是也二者眞實心中勤修自他凡聖等善眞實心中口業讚歎彼阿彌陀佛及依正二報又眞實心中口業毀厭三界六道等自他依正二報苦惡之事亦讚歎一切衆生三業所爲善若非善業者敬而遠之亦不隨喜也又眞實心中身業合掌禮敬四事等供養彼阿彌陀佛及依正二報又眞實心中身業輕慢厭捨此生死三界等自他依正二報又眞實心中意業思想觀察憶念彼阿彌陀佛及依正二

報如現目前又眞實心中意業輕賤厭捨此生死三界等自他依正二報不善三業必須眞實心中捨又若起善三業者必須眞實心中作不簡內外明闇皆須眞實故名至誠心二者深心言深心者卽是深信之心也亦有二種一者決定深信自身現是罪惡生死凡夫曠劫已來常沒常流轉無有出離之緣二者決定深信彼阿彌陀佛四十八願攝受衆生無疑無慮乘彼願力定得往生又決定深信釋迦佛說此觀經三福九品定散二善證讚彼佛依正二報使人欣慕又決定深信彌陀經中

十方恆沙諸佛證勸一切凡夫決定得生又深信者仰願一切行者等一心唯信佛語不顧身命決定依行佛遣捨者卽捨佛遣行者卽行佛遣去處卽去是名隨順佛教隨順佛意是名隨順佛願是名眞佛弟子又一切行者但能依此經深信行者必不誤衆生也何以故佛是滿足大悲人故實語故除佛已還智行未滿在其學地由有正習二障未除果願未圓此等凡聖縱使測量諸佛教意未能決了雖有平章要須請佛證爲定也若稱佛意卽印可言如是如是若不可佛意者卽言汝等所

說是義。不如是。不印者。卽同無記無利無益之語。佛印可者。卽隨順佛之正教。若佛所有言說。卽是正教正義正行正解正業正智。若多若少。衆不問菩薩人天等。定其是非也。若佛所說。卽是了教。菩薩等說。盡名不了教也。應知。是故今時仰勸一切有緣往生人等。唯可深信佛語。專注奉行。不可信用菩薩等不相應教。以爲疑礙。抱惑自迷。廢失往生之大益也。又深心深信者。決定建立自心。順教修行。永除疑錯。不爲一切別解別行異學異見異執之所退失傾動也。問曰。凡夫智淺惑障處深。若

逢解行不同人。多引經論來相妨難。證云一切罪障凡夫不得往生者。云何對治彼難。成就信心。決定直進。不生怯退也。答曰。若有人多引經論證云不生者。行者卽報云。仁者雖將經論來證導不生。如我意者。決定不受汝破。何以故。然我亦不是不信彼諸經論。盡皆仰信。然佛說彼經時。處別。時別。對機別。利益別。又說彼經時。卽非說觀經彌陀經等時。然佛說教備機。時亦不同。彼卽通說人天菩薩之解行。今說觀經定散二善。唯爲韋提及佛滅後五濁五苦等一切凡夫。證言得生。爲此因緣。我

今一心依此佛教。決定奉行。縱使汝等百千萬億導不生者。唯增長成就我往生信心也。又行者更向說言。仁者善聽。我今爲汝更說決定信相。縱使地前菩薩羅漢辟支等。若一若多。乃至徧滿十方。皆引經論證言不生者。我亦未起一念疑心。唯增長成就我淸淨信心。何以故。由佛語決定成就了義。不爲一切所破壞故。又行者善聽。縱使初地已上十地已來。若一若多。乃至徧滿十方。異口同音。皆云。釋迦佛指讚彌陀。毀呰三界六道。勸勵衆生專心念佛及修餘善。畢此一身後。必定生彼國者。

此必虛妄。不可依信也。我雖聞此等所說。亦不生一念疑心。唯增長成就我決定上上信心。何以故。乃由佛語眞實決了義故。佛是實知實解實見實證。非是疑惑心中語故。又不爲一切菩薩異見異解之所破壞。若實是菩薩者。衆不違佛教也。又置此事。行者當知。縱使化佛報佛。若一若多。乃至徧滿十方。各各輝光吐舌徧覆十方。一一說言。釋迦所說相讚勸發一切凡夫。專心念佛及修餘善。迴願得生彼淨土者。此是虛妄。定無此事也。我雖聞此等諸佛所說。畢竟不起一念疑退之心。畏不得

生彼佛國也何以故一佛一切佛所有知見解行證悟果位大悲等同無少差別是故一佛所制卽一切佛同制如似前佛制斷殺生十惡等罪畢竟不犯不行者卽名十善十行隨順六度之義若有後佛出世豈可改前十善令行十惡也以此道理推驗明知諸佛言行不相違失縱令釋迦指勸一切凡夫盡此一身專念專修捨命已彼定生彼國者卽十方諸佛悉皆同讚同勸同證何以故同體大悲故一佛所化卽是一切佛化一切佛化卽是一佛所化卽彌陀經中說釋迦讚歎極樂種種莊

嚴又勸一切凡夫一日七日一心專念彌陀名號定得往生次下文云十方各有恆河沙等諸佛同讚釋迦能於五濁惡時惡世界惡衆生惡見惡煩惱惡邪無信盛時指讚彌陀名號勸勵衆生稱念必得往生卽其證也又十方佛等恐畏衆生不信釋迦一佛所說卽共同心同時各出舌相徧覆三千世界說誠實言汝等衆生皆應信是釋迦所說所讚所證一切凡夫不問罪福多少時節久近但能上盡百年下至一日七日一心專念彌陀名號定得往生必無疑也是故一佛所說卽一切佛同

證誠其事也此名就人立信也次就行立信者然行有二種一者正行二者雜行言正行者專依往生經行行者是名正行何者是也一心專讀誦此觀經彌陀經無量壽經等一心專注思想觀察憶念彼國二報莊嚴若禮卽一心專禮彼佛若口稱卽一心專稱彼佛若讚歎供養卽一心專讚歎供養是名爲正又就此正中復有二種一者一心專念彌陀名號行住坐臥不問時節久近念念不捨者是名正定之業順彼佛願故若依禮誦等卽名爲助業除此正助二行已外自餘諸善悉名雜行

若修前正助二行心常親近憶念不斷名爲無間也若行後雜行卽心常間斷雖可迴向得生衆名疏雜之行也故名深心三者迴向發願心言迴向發願心者過去及以今生身口意業所修世出世善根及隨喜他一切凡聖身口意業所修世出世善根以此自他所修善根悉皆眞實深信心中迴向願生彼國故名迴向發願心也又迴向發願願生者必須決定眞實心中迴向願作得生想此心深信由若金剛不爲一切異見異學別解別行人等之所動亂破壞唯是決定一心投正直進不得

聞彼人語卽有進退心生怯弱迴顧落道卽失往
生之大益也問曰若有解行不同邪雜人等來相
惑亂或說種種疑難道不得往生或云汝等衆生
曠劫已來及以今生身口意業於一切凡聖身上
具造十惡五逆四重謗法闡提破戒破見等罪未
能除盡然此等之罪繫屬三界惡道云何一生修
福念佛卽入彼無漏無生之國永得證悟不退位
也答曰諸佛教行數越塵沙稟識機緣隨情非一
譬如世間人眼可見可信者如明能破闇空能含
有地能載養水能生潤火能成壞如此等事悉名

待對之法卽目可見千差萬別何況佛法不思議
之力豈無種種益也隨出一門者卽出一煩惱門
也隨入一門者卽入一解脫智慧門也爲此隨緣
起行各求解脫汝何以乃將非有緣之要行障惑
於我然我之所愛卽是我有緣之行卽非汝所求
汝之所愛卽是汝有緣之行亦非我所求是故各
隨所樂而修其行者必疾得解脫也行者當知若
欲學解從凡至聖乃至佛果一切無礙皆得學也
若欲學行者必藉有緣之法少用功勞多得益也
又白一切往生人等今更爲行者說一譬喻守護

信心以防外邪異見之難何者是也譬如有人欲
向西行百千之里忽然中路見有二河一是火河
在南二是水河在北二河各闊百步各深無底南
北無邊正水火中間有一白道可闊四五寸許此
道從東岸至西岸亦長百步其水波浪交過溼道
其火燄亦來燒道水火相交常無休息此人既至
空曠迴處更無人物多有羣賊惡獸見此人單獨
競來欲殺此人怖死直走向西忽然見此大河卽
自念言此河南北不見邊畔中間見一白道極是
狹小二岸相去雖近何由可行今日定死不疑正

欲到迴羣賊惡獸漸漸來逼正欲南北避走惡獸
毒蟲競來向我正欲向西尋道而去復恐墮此水
火二河當時惶怖不復可言卽自思念我今迴亦
死住亦死去亦死一種不免死者我寧尋此道向
前而去既有此道必應可度作此念時東岸忽聞
人勸聲仁者但決定尋此道行必無死難若住卽
死又西岸上有人喚言汝一心正念直來我能護
汝衆不畏墮於水火之難此人既聞此遣彼喚卽
自正當身心決定尋道直進不生疑怯退心或行
一分二分東岸羣賊等喚言仁者迴來此道嶮惡

不得過必死不疑我等眾無惡心相向此人雖聞喚聲亦不迴顧一心直進念道而行須臾即到西岸永離諸難善友相見慶樂無已此是喻也次合喻者言東岸者即喻此娑婆之火宅也言西岸者即喻極樂寶國也言羣賊惡獸詐親者即喻眾生六根六識六塵五陰四大也言無人空迴澤者即喻常隨惡友不值眞善知識也言水火二河者即喻眾生貪愛如水瞋憎如火也言中間白道四五寸者即喻眾生貪瞋煩惱中能生清淨願往生心也乃由貪瞋强故即喻如水火善心微故喻如白

道又水波常溼道者即喻愛心常起能染污善心也又火燄常燒道者即喻瞋嫌之心能燒功德之法財也言人行道上直向西者即喻迴諸行業直向西方也言東岸聞人聲勸遣尋道直西進者即喻釋迦已滅後人不見由有教法可尋即喻之如聲也言或行一分二分羣賊等喚迴者即喻別解別行惡見人等妄說見解迭相惑亂及自造罪退失也言西岸上有人喚者即喻彌陀願意也言須臾到西岸善友相見喜者即喻眾生久沈生死曠劫淪迴迷倒自纏無由解脫仰蒙釋迦發遣指向

西方又藉彌陀悲心招喚今信順二尊之意不顧水火二河念念無遺乘彼願力之道捨命已後得生彼國與佛相見慶喜何極也又一切行者行住坐臥三業所修無問晝夜時節常作此解常作此想故名迴向發願心又言迴向者生彼國已還起大悲迴入生死教化眾生亦名迴向也三心既具無行不成願行既成若不生者無有是處也又此三心亦通攝定善之義應知五從復有三種眾生已下正明簡機堪能奉法依教修行六從何等為三下至六念已來正明受法不同即有其三一明

慈心不殺然殺業有多種或有口殺或有身殺或有心殺言口殺者處分許可名為口殺言身殺者動身手等指授名為身殺言心殺者思念方便計校等名為心殺若論殺業不簡四生皆能招罪障生淨土但於一切生命起於慈心者即是施一切眾生壽命安樂亦是最上勝妙戒也此即合上初福第三句云慈心不殺也即有止行二善自不殺故名止善教他不殺故名行善自他初斷名止善畢竟永除名行善雖有止持二善總結成慈下行也言具諸戒行者若約人天二乘之器即名小戒

若約大心大行之人。卽名菩薩戒。此戒若以位約者。當此上輩三位者。卽名菩薩戒。正由人位定。故自然轉成。卽合上第二福戒分善根也。二明讀誦大乘者。此明衆生性習不同。執法各異。前第一人。但用修慈持戒爲能。次第二人。唯將讀誦大乘爲是。然戒卽能持五乘三佛之機。法卽薰成三賢十地萬行之智慧。若以德用來比校者。各有一能。卽合上第三福第三句云讀誦大乘也。三明修行六念者。所謂念佛法僧念戒捨天等。此亦通合上第三福大乘之意義也。言念佛者。卽專念阿彌陀佛

口業功德身業功德意業功德。一切諸佛亦如是。又一心專念諸佛所證之法。並諸眷屬菩薩僧。又念諸佛之戒。及念過去諸佛現在菩薩等難作能作難捨能捨。內捨外捨內外捨。此等菩薩但欲念法。不惜身財。行者等既念知此事。卽須常作仰學前賢後聖捨身命意也。又念天者。卽是最後身十地之菩薩。此等難行之行已過。三祇之劫已超。萬德之行已成。灌頂之位已證。行者等既念知已。卽自思念我身無際已來共他同時發願斷惡行菩薩道。他盡不惜身命。行道進位。因圓果熟證聖者。

踰於大地微塵。然我等凡夫乃至今日虛然流浪。煩惱惡障轉轉增多。福慧微微。若對重昏之臨明鏡也。忽思忖此事。不勝心驚悲歎者哉。七從迴向發願已下。正明各各迴前所修之業。向所求處。八從具此功德已下。正明修行時節延促。上盡一形。下至一日一時一念等。或從一念十念至一時一日一形。大意者。一發心已後。誓畢此生無有退轉。唯以淨土爲期。又言具此功德者。或一人具上二。或一人具下二。或一人三種盡具。或有人三種無分者。名作著人皮畜生。非名人也。又不問具三不

具三。迴盡得往生。應知。九從生彼國時下至往生彼國已來。正明臨命終時。聖來迎接不同。去時遲疾。卽有其十一。一明標定所歸之國。二明重顯其行指出決定精勤者。亦是校量功德強弱。三明彌陀化主身自來赴。四明觀音已下更顯無數大衆等皆從彌陀來迎行者。五明寶宮隨衆。六明重觀音勢至共執金臺至行者前。七明彌陀放光照行者之身。八明佛既舒光照及。卽與化佛等同時接手。九明既接昇臺。觀音等同聲讚勸行者之心。十明自見乘臺從佛。十一正明去時遲疾。十從生彼

國已下正明金臺到彼更無華合之障十一從見佛色身下至陀羅尼門已來正明金臺到後得益不同即有其三一者初聞妙法即悟無生二者須臾歷事次第授記三者本國他方更證聞持二益十二從是名已下總結上來雖有十二句不同廣解上品上生義竟

上品中生者不必受持讀誦方等經典善解義趣於第一義心不驚動深信因果不謗大乘以此功德迴向願求生極樂國行此行者命欲終時阿彌陀佛與觀世音大勢至無量大衆眷屬圍繞持紫金臺至行

者前讚言法子汝行大乘解第一義是故我今來迎接汝與千化佛一時授手行者自見坐紫金臺合掌叉手讚歎諸佛如一念頃即生彼國七寶池中此紫金臺如大寶華經宿則開行者身作紫磨金色足下亦有七寶蓮華佛及菩薩俱時放光照行者身目即開明因前宿習普聞衆聲純說甚深第一義諦即下金臺禮佛合掌讚歎世尊經於七日應時即於阿耨多羅三藐三菩提得不退轉應時即能飛行徧（上二字麗本無）至十方歷事諸佛於諸佛所修諸三昧經一小劫得無生忍現前受記是名上品中生者

次就上品中生位中亦先舉次辯後結即有其八一從上品中生者已下總舉位名即是大乘次善凡夫人也二從不必受持下至生彼國已來正明第六第七第八門中迴所修業定指西方即有其四一明受法不定或得讀誦不得讀誦二明善解大乘空義或聽聞諸法一切皆空生死無為亦空凡聖明闇亦空世間六道出世間三賢十聖等若望其體性畢竟不二雖聞此說其心坦然不生疑滯也三明深信世出世苦樂二種因果此等因果及諸道理不生疑謗若生疑謗即不成福行世間

果報尚不可得何況得生淨土此即合第三福第二第三句也四明迴前所業標指所歸三從行此行者下至迎接汝已來正明彌陀與諸聖衆持臺來應即有其五一明行者命延不久二明彌陀與衆自來三明侍者持臺至行者前四明佛與聖衆同聲讚歎述本所修之業五明佛恐行者懷疑故言我來迎汝四從與千化佛下至七寶池中已來正明第九門中衆聖授手去時遲疾即有其五一明彌陀與千化佛同時授手二明行者既蒙授手即自見身已坐紫金之臺三明既自見坐臺合掌

仰讚彌陀等衆。四明正去時遲疾。五明到彼止住寶池之內。五從此紫金臺已下。正明第十門中到彼華開時節不同。由行强故。上上卽得金剛臺。由行劣故。上中卽得紫金臺。生在寶池逕宿始開也。六從佛及菩薩俱時放光下。至得不退轉已來。正明第十一門中華開已後得益不同。卽有其五。一明佛光照身。二明行者既蒙照體目卽開明。三明入中所習到彼衆聲所彰還聞其法。四明既得眼開聞法。卽下金臺親到佛邊歌揚讚德。五明逕時七日。卽得無生。無生二字應作不退言七日者恐此間七日。

不指彼國七日也。此間逕於七日者彼處卽是一念須臾間也。應知。七從應時卽能飛至十方下。至現前授記已來。正明他方得益。卽有其五。一明身至十方。二明一一歷供諸佛。三明修多三昧。四明延時得忍。五明一一佛邊現蒙授記。八從是名已下總結。上來雖有八句不同。廣解上品中生竟。

上品下生者。亦信因果。不謗大乘。但發無上道心。以此功德迴向願求生極樂國。行者命欲終時。阿彌陀佛及觀世音大勢至與諸菩薩持金蓮華化作五百佛來迎此人。五百化佛。一時授手讚言。法子汝今清淨發無上道心。我來迎汝見此事時卽自見身坐金蓮華。坐已華合。隨世尊後卽得往生七寶池中。一日一夜蓮華乃開。七日之中。乃得見佛。雖見佛身於衆相好心不明了。於三七日後乃了了見聞衆音聲皆演妙法。遊歷十方供養諸佛。於諸佛前聞甚深法。經三小劫得百法明門。住歡喜地。是名上品下生者。是名上輩生想。名第十四觀。

次就上品下生位中。亦先舉次辯後結。卽有其八。一從上品下生者已下。總舉位名。卽是大乘下善凡夫人也。二從亦信因果下。至無上道心已來。正

明第六門中受法不同。卽有其三。一明所信因果不定。或信不信故名為亦。或可亦同前深信也。又雖信不深善心數退。惡法數起。此乃由不深信苦樂因果也。若深信生死苦者罪業畢竟不重犯。若深信淨土無為樂者善心一發永無退失也。二明信雖間斷於一切大乘不得疑謗。若起疑謗者縱使千佛遶身無由可救也。三明已上諸善似亦無功。唯發一念厭苦樂生諸佛境界速滿菩薩大悲願行還入生死普度衆生故名發菩提心也。此義第三福中已明竟。三從以此功德已下。正明第八

門中迴前正行向所求處。四從行者命欲終時下。至七寶池中已來。正明第九門中臨終聖來迎接去時遲疾。卽有其九。一明命延不久。二明彌陀與諸聖衆持金華來應。三明化佛同時授手。四明聖衆同聲等讚。五明行者罪滅。故云清淨。述本所修。故云發無上道心。六明行者雖覩靈儀疑心恐不得往生。是故聖衆同聲告言我來迎汝。七明旣蒙告及。卽見自身已坐金華之上籠籠而合。八明隨佛身後一念卽生。九明到彼在寶池中。五從一日一夜已下。正明第十門中到彼華開時節不同。六

從七日之中下至皆演妙法已來。正明第十一門中華開已後得益不同。七從遊歷十方下至住歡喜地已來。正明他方得益。亦名後益也。八從是名已下。總結。上來雖有八句不同。廣解上品下生竟。

讚云。上輩上行上根人。求生淨土斷貪瞋。就行差別分三品。五門相續助三因。一日七日專精進。畢命乘臺出六塵。慶哉難逢今得遇。永證無爲法性身。

上來雖有三位不同。總解上輩一門之義竟。

△十五就中輩觀行善文前總料簡。卽爲十一門。一者總明告命。二者正明辯定其位。三者正明總擧有緣之類。四者正明辯定三心以爲正因。五者正明簡機堪與不堪。六者正明受法不同。七者正明修業時節延促有異。八者正明迴所修行願生彌陀佛國。九者正明臨命終時聖來迎接不同。去時遲疾。十者正明到彼華開遲疾不同。十一者正明華開已後得益有異。上來雖有十一門不同。廣料簡中輩三品竟。

佛告阿難及韋提希。中品上生者。若有衆生受持五戒。持八戒齋。修行諸戒。不造五逆。無衆過患。以此善

根迴向願求生於西方極樂世界。臨命終時。阿彌陀佛與諸比丘眷屬圍繞放金色光至其人所。演說苦空無常無我。讚歎出家得離衆苦。行者見已心大歡喜。自見己身坐蓮華臺。長跪合掌爲佛作禮。未擧頭頃卽得往生極樂世界。蓮華尋開。當華敷時聞衆音聲讚歎四諦。應時卽得阿羅漢道。三明六通具八解脫。是名中品上生者。

次就中品上生位中。亦先擧。次辯。後結。卽有其八。一從佛告阿難已下。總明告命。二從中品上生者。正明辯定其位。卽是小乘根性上善凡夫人也。三

從若有衆生下至無衆過患已來正明第五第六門中受法不同即有其四一明簡機堪與不堪二明受持小乘齋戒等三明小戒力微不消五逆之罪四明雖持小戒等不得有犯設有餘愆恆須改悔必令清淨此即合上第二戒善之福也然修戒時或是終身或一年一月一日一夜一時等此時亦不定大意皆畢命爲期不得毀犯也四從以此善根迴向已下正明第八門中迴所修業向所求處五從臨命終時下至極樂世界已來正明第九門中終時聖來迎接不同去時遲疾即有其六一

明命延不久二明彌陀與比丘衆來無有菩薩由是小乘根性還感小根之衆也三明佛放金光照行者身四明佛爲說法又讚出家離多衆苦種種俗緣家業王官長征遠防等汝今出家仰於四輩萬事不憂迴然自在去住無障爲此得修道業是故讚云離衆苦也五明行者既見聞已不勝欣慶即自見身已坐華臺低頭禮佛六明行者低頭在此舉頭已在彼國也六從蓮華尋開者正明第十門中到彼華開遲疾不同七從當華敷時下至八解脫已來正明第十一門中華開已後得益不同即有其三一明寶華尋發此由戒行精強故也二明法音同讚四諦之德三明到彼聞說四諦即獲羅漢之果言羅漢者此云無生亦云無著因亡故無生果喪故無著言三明者宿命明天眼明漏盡明也言八解脫者內有色外觀色一解脫內無色外觀色二解脫不淨相三解脫四空及滅盡總成八也八從是名已下總結上來雖有八句不同廣解中品上生竟

中品中生者若有衆生若一日一夜持八戒齋若一日一夜持沙彌戒若一日一夜持具足戒威儀無缺

以此功德迴向願求生極樂國戒香熏修如此行者命欲終時見阿彌陀佛與諸眷屬放金色光持七寶蓮華至行者前行者自聞空中有聲讚言善男子如汝善人隨順三世諸佛教故我來迎汝行者自見坐蓮華上蓮華即合生於西方極樂世界在寶池中經於七日蓮華乃敷華既敷已開目合掌讚歎世尊聞法歡喜得須陀洹經半劫已成阿羅漢是名中品中生者

次就中品中生位中亦先舉次辯後結即有其七一從中品中生者總舉行名辯定其位即是小乘

下善凡夫人也。二從若有衆生下至威儀無缺已來正明第五六七門中簡機時分受法等不同。即有其三。一明受持八齋戒。二明受持沙彌戒。三明受持具足戒。此三品戒皆同一日一夜清淨無犯。乃至輕罪如犯極重之過。三業威儀不令有失也。此即合上第二福。應知。三從以此功德已下正明迴所修業向所求處。四從戒香熏修下至七寶池中已來正明第九門中行者終時聖來迎接去時遲疾。即有其八。一明命延不久。二明彌陀與諸比丘衆來。三明佛放金光照行者身。四明比丘持華

來現。五明行者自見聞空聲等讚。六明佛讚言汝深信佛語隨順無疑故來迎汝。七明既蒙佛讚即見自坐華座。坐已華合。八明華既合已即入西方寶池之內。五從經於七日已下正明第十門中到彼華開時節不同。六從華既敷已下至成羅漢已來正明第十一門中華開已後得益不同。即有其四。一明華開見佛。二明合掌讚佛。三明聞法得於初果。四明經半劫已方成羅漢。七從是名已下總結。上來雖有七句不同。廣解中品中生竟。

中品下生者。若有善男子善女人孝養父母行世仁慈。此人命欲終時。遇善知識。為其廣說阿彌陀佛國土樂事。亦說法藏比丘四十八願。聞此事已尋即命終。譬如壯士屈伸臂頃即生西方極樂世界。經七日已遇觀世音及大勢至。聞法歡喜得須陀洹。過一小劫成阿羅漢。是名中品下生者。是名中輩生想名第十五觀。

次就中品下生位中亦先舉次辯後結。即有其七。一從中品下生已下正明總舉行名辯定其位。即是世善上福凡夫人也。二從若有善男子下至行世仁慈已來正明第五第六門中簡機授法不同。

即有其四。一明簡機。二明孝養父母奉順六親。即合上初福第一第二句。三明此人性調柔善不簡自他見物遭苦起於慈敬。四正明此品之人不曾見聞佛法。亦不解悕求。但自行孝養也。應知。三從此人命欲終時下至四十八願已來正明第八門中臨終遇逢佛法時節分齊。四從聞此事已下至極樂世界已來正明第九門中得生之益去時遲疾也。五從生經七日者正明第十門中到彼華開不開為異。六從遇觀世音下至成羅漢已來正明第十一門中華開已後得益不同。即有其三。一明

逕時已後得遇觀音大勢。二明既逢二聖得聞妙法。三明逕一小劫已後始悟羅漢也。七從是名已下總結。上來雖有七句不同廣解中品下生竟。

讃云中輩中行中根人一日齊戒處金蓮孝養父母教迴向爲說西方快樂因佛與聲聞衆來取直到彌陀華座邊。百寶華籠經七日。三品蓮開證小眞。

上來雖有三位不同總解中輩一門之義竟。

△十六就下輩觀善惡二行文前料簡即爲十一門。一者總明告命。二者辯定其位。三者總擧有緣生

類四者辯定三心以爲正因。五者簡機堪與不堪。六者明受苦樂二法不同。七者明修業時節延促有異八者明迴所修行向所求處九者明臨終時。聖來迎接不同。去時遲疾。十者明到彼華開遲疾不同。十一者明華開已後得益有異。上來雖有十一門不同總料簡下輩三位竟。

佛告阿難及韋提希下品上生者。或有衆生作衆惡業雖不誹謗方等經典。如此愚人多造惡法無有慚愧命欲終時遇善知識爲說（說麗作讃）大乘十二部經首題名字以聞如是諸經名故除卻千劫極重惡業智者復教合掌叉手稱南無阿彌陀佛稱佛名故除五十億劫生死之罪。爾時彼佛即遣化佛化觀世音化大勢至至行者前讃言善男子以汝稱佛名故諸罪消滅我來迎汝作是語已行者即見化佛光明徧滿其室見已歡喜即便命終乘寶蓮華隨化佛後生寶池中經七七日蓮華乃敷當華敷時大悲觀世音菩薩及大勢至菩薩放大光明住其人前爲說甚深十二部經聞已信解發無上道心經十小劫具百法明門得入初地是名下品上生者（麗本有得聞佛名法名及聞僧名聞三寶名即得往生十八字在者字下與疏相符）

次就下品上生位中亦先擧次辯後結即有其九。一從佛告阿難已下正明告命。二從下品上生者。正明辯定其位即是造十惡輕罪凡夫人也。三從或有衆生下至無有慚愧已來正明第五門中簡機擧出一生已來造惡輕重之相即有其五。一明總擧造惡之機。二明造作衆惡。三明雖作衆罪於諸大乘不生誹謗四明重牒造惡之人非智者之類也。五明此等愚人雖造衆罪總不生愧心。四從命欲終時下至生死之罪已來正明造惡人等臨終遇善聞法即有其六。一明命延不久。二明忽遇

往生善知識。三明善人爲讚衆經。四明已聞經功力。除罪千劫。五明智者轉教稱念彌陀之號。六明以稱彌陀名故除罪五百萬劫。問曰。何故聞經十二部但除罪千劫。稱佛一聲卽除罪五百萬劫者何意也。答曰。造罪之人障重。加以死苦來逼。善人雖說多經。飡受之心浮散。由心散故除罪稍輕。又佛名是一。卽能攝散以住心。復教令正念稱名。由心重故卽能除罪多劫也。五從爾時彼佛下至生寶池中已來。正明第九門中終時化衆來迎去時遲疾。卽有其六。一明行者正稱名時彼彌陀卽遣

化衆應聲來現。二明化衆既已身現卽同讚行人。三明所聞化讚但述稱佛之功。我來迎汝。不論聞經之事。然望佛願意者。唯勸正念稱名。往生義疾。不同雜散之業。如此經及諸部中處處廣歎。勸令稱名將爲要益也。應知。四明既蒙化衆告及卽見光明徧室。五明既蒙光照報命尋終。六明乘華從佛生寶池中。六從經七七日已下。正明第十門中到彼華開遲疾不同。七從當華敷時下至得入初地已來。正明第十一門中華開已後得益有異。卽有其五。一明觀音等先放神光。二明身赴行者寶華之側。三明爲說前生所聞之教。四明行者聞已領解發心。五明遠逕多劫證臨百法之位也。八從是名已下。總結。九從得聞佛名已下。重舉行者之益。非但念佛獨得往生。法僧通念亦得去也。上來雖有九句不同。廣解下品上生竟。

佛告阿難及韋提希下品中生者。或有衆生毀犯五戒八戒及具足戒。如此愚人偷僧祇物。盜現前僧物。不淨說法。無有慚愧。以諸惡業而自莊嚴。如此罪人。以惡業故應墮地獄。命欲終時。地獄衆火一時俱至。遇善知識以大慈悲卽爲讚說阿彌陀佛十力威德。

廣讚彼佛光明神力。亦讚戒定慧解脫解脫知見。此人聞已除八十億劫生死之罪。地獄猛火化爲淸涼風。吹諸天華。華上皆有化佛菩薩迎接此人。如一念頃卽得往生七寶池中蓮華之內。經於六劫蓮華乃敷。觀世音大勢至以梵音聲安慰彼人。爲說大乘甚深經典。聞此法已應時卽發無上道心。是名下品中生者。

次就下品中生位中。亦先舉。次辯。後結。卽有其七。一從佛告阿難已下。總明告命。二從下品中生者。正明辯定其位。卽是破戒次罪凡夫人也。三從或

有衆生下至應墮地獄已來正明第五第六門中簡機造業卽有其七。一明總舉造惡之機。二明多犯諸戒。三明偸盜僧物。四明邪命說法。五明總無愧心。六明兼造衆罪。內心發惡。外卽身口爲惡。旣自身不善。又見者皆憎。故云諸惡心自莊嚴也。七明驗斯罪狀。定入地獄。四從命欲終時下至卽得往生已來。正明第九門中終時善惡來迎。卽有其九。一明罪人命延不久。二明獄火來現。三明正火現時遇善知識。四明善人爲說彌陀功德。五明罪人旣聞彌陀名號。卽除罪多劫。六明旣蒙罪滅。火

變爲風。七明天華隨風來應。羅列目前。八明化衆來迎。九明去時遲疾。五從七寶池中下至六劫已來。正明第十門中到彼華開時節不同。六從蓮華乃敷下至發無上道心已來。正明第十一門中華開已後得益有異。卽有其三。一明華既開已。觀音等梵聲安慰。二明爲說甚深妙典。三明行者領解發心。七從是名已下。總結上來雖有七句不同。廣解下品中生竟。

佛告阿難及韋提希。下品下生者。或有衆生作不善業。五逆十惡。具諸不善。如此愚人。以惡業故。應墮惡道。經歷多劫。受苦無窮。如此愚人。臨命終時。遇善知識。種種安慰。爲說妙法。教令念佛。彼人苦逼。不遑念佛。善友告言。汝若不能念彼佛者。應稱（麗本有歸命二字）無量壽佛。如是至心。令聲不絕。具足十念。稱南無阿彌陀佛。稱佛名故。於念念中。除八十億劫生死之罪。命終之時。見金蓮華。猶如日輪。住其人前。如一念頃。卽得往生極樂世界。於蓮華中。滿十二大劫。蓮華方開。觀世音大勢至。以大悲音聲。爲其廣說諸法（以上六字麗作卽爲其人廣說）實相。除滅罪法。聞已歡喜。應時卽發菩提之心。是名下品下生者。是名下輩生想。名第十六觀。

次就下品下生位中。亦先舉。次辯。後結。卽有其七。一從佛告阿難已下。總明告命。二從下品下生者。正明辯定其位。卽是具造五逆等重罪凡夫人也。三從或有衆生下至受苦無窮已來。正明第五第六門中簡機造惡輕重之相。卽有其七。一明造惡之機。二明總舉不善之名。三明簡罪輕重。四明總結衆惡非智人之業。五明造惡既多。罪亦非輕。六明非業不受其報。非因不受其果。因業既非。是樂果報焉能不苦也。七明造惡之因既具。酬報之劫未窮。問曰。如四十八願中。唯除五逆誹謗正法。不

得往生。今此觀經下品下生中。簡謗法攝五逆者。有何意也。答曰。此義仰就抑止門中解。如四十八願中。除謗法五逆者。然此之二業。其障極重。衆生若造。直入阿鼻。歷劫周慞。無由可出。但如來恐其造斯二過。方便止言不得往生。亦不是不攝也。又下品下生中。取五逆除謗法者。其五逆已作。不可捨令流轉。還發大悲。攝取往生。然謗法之罪未爲。又止言若起謗法。卽不得生。此就未造業而解也。若造。還攝得生。雖得生彼。華合逕於多劫。此等罪人在華內時。有三種障。一者不得見佛及諸聖衆。

二者不得聽聞正法。三者不得歷事供養。除此已外。更無諸苦。經云。猶如比丘入三禪之樂也。應知。雖在華中多劫不開。可不勝阿鼻地獄之中長時永劫受諸苦痛也。此義就抑止門解竟。四從如此愚人下至生死之罪已來。正明聞法念佛得蒙現益。卽有其十。一明重牒造惡之人。二明命延不久。三明臨終遇善知識。四明善人安慰教令念佛。五明罪人死苦來逼。無由得念佛名。六明善友知苦失念。轉教口稱彌陀名號。七明念數多少。聲聲無間。八明除罪多劫。九明臨終正念。卽有金華來應。

十明去時遲疾。直到所歸之國。五從於蓮華中滿十二劫已下。正明第十門中到彼華開遲疾不同。六從觀音大勢下至發菩提心已來。正明第十一門中華開已後得益有異。卽有其三。一明二聖爲宣甚深妙法。二明除罪歡喜。三明後發勝心。七從是名已下。總結。上來雖有七句不同。廣解下品下生竟。

讚云。下輩下行下根人。十惡五逆等貪瞋。四重偸僧謗正法。未曾慚愧悔前愆。終時苦相如雲集。地獄猛火罪人前。忽遇往生善知識。急勸專稱彼佛

名。化佛菩薩尋聲到。一念傾心入寶蓮。三華障重開多劫。於時始發菩提因。

上來雖有三位不同。總解下輩一門之義竟。

前明十三觀。以爲定善。卽是韋提致請。如來已答。後明三福九品。名爲散善。是佛自說。雖有定散兩門有異。總解正宗分竟。

說是語時。韋提希與五百侍女聞佛所說。應時卽見極樂世界廣長之相。得見佛身及二菩薩。心生歡喜。歎未曾有。豁然大悟。逮無生忍。五百侍女發阿耨多羅三藐三菩提心。願生彼國。世尊悉記。皆當往生。生

彼國已。獲得諸佛現前三昧。無量諸天。發無上道心。

三就得益分中。亦先舉次辯。即有其七。初言說是語者。正明總牒前文生後得益之相。二從韋提已下。正明能聞法人。三從應時即見極樂已下。正明夫人等於上光臺中見極樂之相。四從得見佛身及二菩薩已下。正明夫人於第七觀初見無量壽佛時。即得無生之益。五從侍女已下。正明覩斯勝相各發無上之心。求生淨土。六從世尊悉記已下。正明侍女得蒙尊記皆生彼國。即獲現前三昧。七從無量諸天已下。正明前厭苦緣中釋梵護世諸

天等從佛王宮臨空聽法。或見釋迦毫光轉變。或見彌陀金色靈儀。或聞九品往生殊異。或聞定散兩門俱攝。或聞善惡之行齊歸。或聞西方淨土對目非遠。或聞一生專精決志永與生死分流。此等諸天。既聞如來廣說希奇之益。各發無上之心。斯乃佛是聖中之極。發語成經。凡惑之類蒙湌。能使聞之獲益。上來雖有七句不同。廣解得益分竟。

△四次明流通分。於中有二。一明王宮流通。二明耆闍流通。

爾時阿難。即從座起。白佛言。世尊。當何名此經。此法之要。當云何受持。佛告阿難。此經名觀極樂國土無量壽佛觀世音菩薩大勢至菩薩。亦名淨除業障生諸佛前。汝當受持。無令忘失。行此三昧者。現身得見無量壽佛及二大士。若善男子及善女人。但聞佛名二菩薩名。除無量劫生死之罪。何況憶念。若念佛者。當知此人則是人中分陀利華。觀世音菩薩大勢至菩薩。為其勝友。當坐道場。生諸佛家。佛告阿難。汝好持是語。持是語者。即是持無量壽佛名。佛說此語時。尊者目揵連尊者阿難及韋提希等。聞佛所說。皆大歡喜。

今先就王宮流通分中。即有其七。一從爾時阿難已下。正明請發之由。二從佛告阿難已下。正明如來雙標依正以立經名。又能依經起行。三障之雲自卷。答前初問云何名此經一句。三從汝當受持已下。答前後問云何受持一句。四從行此三昧者下至何況憶念已來。正明比校顯勝。勸人奉行。即有其四。一明總標定善以立三昧之名。二明依觀修行即見三身之益。三明重舉能行教之機。四正明比校顯勝。但聞三身之號。尚滅多劫罪愆。何況正念歸依而不獲證也。五從若念佛者下至生諸

佛家已來正顯念佛三昧功能超絶實非雜善得爲比類卽有其五一明專念彌陀佛名二明指讚能念之人三明若能相續念佛者此人甚爲希有更無物可以方之故引分陀利爲喩言分陀利者名人中好華亦名希有華亦名人中上上華亦名人中妙好華此華相傳名蔡華是若念佛者卽是人中好人人中妙好人人中上上人人中希有人人中最勝人也四明專念彌陀名者卽觀音勢至常隨影護亦如親友知識也五明今生既蒙此益捨命卽入諸佛之家卽淨土是也到彼長時聞法

歷事供養因圓果滿道場之座豈賒六從佛告阿難汝好持是語已下正明付屬彌陀名號流通於遐代上來雖說定散兩門之益望佛本願意在衆生一向專稱彌陀佛名七從佛說此語時已下正明能請能傳等聞所未聞見所未見遇飡甘露意躍無以自勝也上來雖有七句不同廣解王宮流通分竟

爾時世尊足步虛空還耆闍崛山爾時阿難廣爲大衆說如上事無量諸（諸麗作人）天龍（麗有神字）夜叉聞佛所說皆大歡喜禮佛而退

五就耆闍會中亦有其三一從爾時世尊已下明耆闍序分二從爾時阿難已下明耆闍正宗分三從無量諸天已下明耆闍流通分上來雖有三義不同總明耆闍分竟

初從如是我聞下至云何見極樂世界已來明序分二從日觀下至下品下生已來明正宗分三從說是語時下至諸天發心已來明得益分四從爾時阿難下至韋提等歡喜已來明王宮流通分五從爾時世尊下至作禮而退已來總明耆闍分上來雖有五分不同總解觀經一部文義竟

△竊以眞宗叵遇淨土之要難逢欲使五趣齊生是以勸聞於後代但如來神力轉變無方隱顯隨機王宮密化於是耆闍聖衆小智懷疑佛後還山弗闕委況於時阿難爲宣王宮之化定散兩門異衆因此同聞莫不奉行而頂戴

敬白一切有緣知識等余既是生死凡夫智慧淺短然佛教幽微不敢輒生異解遂卽標心結願請求靈驗方可造心南無歸命盡虛空徧法界一切三寶釋迦牟尼佛阿彌陀佛觀音勢至彼土諸菩薩大海衆及一切莊嚴相等某今欲出此觀經要

義楷定古今若稱三世諸佛釋迦佛阿彌陀佛等大悲願意者願於夢中得見如上所願一切境界諸相於佛像前結願已日別誦阿彌陀經三徧念阿彌陀佛三萬徧至心發願即於當夜見西方空中如上諸相境界悉皆顯現雜色寶山百重千重種種光明下照於地地如金色中有諸佛菩薩或坐或立或語或嘿或動身手或住不動者既見此相合掌立觀量久乃覺覺已不勝欣喜於即條錄義門自此以後每夜夢中常有一僧而來指授玄義科文既了更不復見後時脫本竟已復更至心

要期七日日別誦阿彌陀經十徧念阿彌陀佛三萬徧初夜後夜觀想彼佛國土莊嚴等相誠心歸命一如上法當夜即見三具磑輪道邊獨轉忽有一人乘白駱駝來前見勸師當努力決定往生莫作退轉此界穢惡多苦不勞貪樂答言大蒙賢者好心視誨某畢命為期不敢生於懈慢之心云云第二夜見阿彌陀佛身真金色在七寶樹下金蓮華上坐十僧圍遶亦各坐一寶樹下佛樹上乃有天衣挂繞正面向西合掌坐觀第三夜見兩幢杆極大高顯幢懸五色道路縱橫人觀無礙既得此相已即便休止不至七日上來所有靈相者本心為物不為己身既蒙此相不敢隱藏謹以申呈義後被聞於末代願使含靈聞之生信有識覩者西歸以此功德迴施眾生悉發菩提心慈心相向佛眼相看菩提眷屬作真善知識同歸淨國共成佛道此義已請證定竟一句一字不可加減欲寫者一如經法應知

佛說觀無量壽佛經疏卷第四

仁壽縣比丘續圓施銀六十兩　成都文殊院經募
無名氏施洋銀十二圓　金陵比丘松巖經手
共刻此經疏全部連圈計字五萬八千四百二十四箇
光緒二十年春二月金陵刻經處識

大佛頂首楞嚴經纂註題辭

界師纂註舊本余十年前曾見之。去秋晤於南翰官舍。所示今本。則改竄已十五六。蓋取諸家之說芟夷煩冗。會歸精約。而間附已意。不但作聖經孝子。且爲諸師忠臣。其功顧不卲歟。雖然。楞嚴有顯密。經首云。卽時如來敷座宴安。爲諸會中宣示深奧。法筵清衆得未曾有。迦陵仙音徧十方界。如來有示。淸衆有得。音聲普聞。而無一字。此密楞嚴也。慶喜殷勤啟請。如來妙辯演說此顯楞嚴也。顯以詮密。則十卷經文已爲註腳。註腳之下又添註腳。入海算沙。竟亦何益。對

盲者說天如蓋如雞子。其理不得不然。有目者則仰面一觀而已。界師約諸家之意。蓋不獨爲盲者設。而所望於有目者尤至。願與善讀楞嚴之士共勉之。

萬歷乙未三月十日眞實居士馮夢禎時遊雙徑憩文殊臺靜室敬題

歲戊寅。予於山中讀楞嚴。時諸名衲畢集。予訊經中如是世界因動有聲因聲有色義。酬者悉枝蔓。幻居上人獨謂予曰。動爲業本。一切諸法本自寂滅。一念心動。六亂橫生。其言因動有聲因聲有色。謂一涉於有則法法皆有耳。予灑然異之。乃上人於此經朝夕探索不已。逮甲午越十有七年。其所纂註四易藁而成。以示予於秣陵。且謂予曰。曩予所問。予所告者。何獨一章之旨。實囊括全經矣。夫因動有聲。顚倒衆生因之輪轉也。入流亡所。觀音大士以之圓通也。蓋心本無心。相元無相。而衆生不覺一念妄動。由塵發知。

妄見於心。因根起相。妄見於相。由是而七趣昏擾。汩溺長夜。動也。若達相見無性。猶若交蘆。則內無能推之心。外無所現之相。由是而動靜二相。了然不生。空所空滅。寂滅現前。亡也。動則見空見色。故曰迷妄有虛空。依空立世界也。亡則空色皆眞。故曰一人發眞歸元。十方虛空悉皆銷殞也。是故七徵之所破者。破此動也。八還之不可還者。還此亡也。動則聽不越聲。視不踰色。一身且胡越。亡則陰入處界莫非妙圓。地水火風不相陵滅。殫二十五聖之所證。窮五十五位之所詣。皆盡此動。竟此亡耳。故曰。入於如來妙莊嚴

海圓滿菩提歸無所得予曰歸無所得又何以見何以修何以證也曰動則有苦非見無所得修無所得證無所得無以息苦也雖在十地猶有學佛煩惱况具縛哉予聞之若喝者之得冷風上人命予卒讀其書意或有所異同乎予掩卷曰予既已示我矣見狻猊而復欲試其猛力不亦過計乎註之得於長水溫陵者十之七得於泐潭孤山諸家者十之二得於上人之獨見者十之一諸師名號不復錄以融而爲一則經旨脈絡相屬讀者爲便且諸師所說世習見之讀可自見也此上人所語予者卒之卷未嘗展也

萬曆甲午十月晦日𨚗羅延窟學人瞿汝稷槃談撰

大佛頂首楞嚴經纂註序

夫楞嚴三昧本然清淨匪由悟得豈藉修成然智鏡長昏捨妙悟何能大朗心珠久翳假圓修始得廓清是以慶喜因邪染而詢最初方便世尊依妄緣而詰因地發心見相生心識爲迷眞認妄徵心辯見實乃破妄顯眞雖顯眞而破妄仍會妄以歸眞破斥重重意使知眞識妄會通法法欲其了妄即眞故當機聞微妙開示而倒想銷亡眞心頓悟滿慈聆第一義諦而所知障蔽疑問風生清淨本然世界衆生因迷妄起如空澄寂浮虛華相從翳幻生悟之則清淨本然

迷之則山河大地背覺合塵執諸相而致相傾相奪滅塵合覺圓一性而得互偏互容迷眞妙覺明山河大地從茲頓現得妙空明覺有爲習漏何當復生迷方既悟不復更迷幻翳若除空華永滅金出鑛豈重爲鑛木成灰何再生枝聞斯而眞妄先後之見應銷達此而悟迷始終之疑永息於是雖知法從妄有未明妄何所因故先引達多照鏡狂走喻妄想因無所在次勸滿慈不分別法令狂心歇即菩提而當機復疑菩提之心合從因緣而得故世尊重引達多之事明非假藉而成繼此顯無戲論法結責多聞勸修無

漏。由是得執。銷心悟。獲天王宅。求造入門。然詣大涅槃。要依本發心路。入佛知見。須假攝伏根門。故初審因地發心。令以湛旋其生滅而伏還元覺。次審煩惱根本。教依根逆彼業流而循順圓通。擊鍾顯常。悟聞性則不執常爲斷。綰巾示結解狂心。卽得妙證無生。一六亡義。雖知圓通本根未悉。故先敕諸聖說修行方便。次命文殊選眞實圓通。宣清淨明誨。以攝初心。演祕密伽陀。令銷宿習。於是遠客識歸家之路。旅人得賜屋之門。五十五位。由是路以趣登。單複十二。假斯門而證入。然則眞如界內。雖亡悟修之迹。生滅門中。豈礙解入之名。文殊請示經題。實爲流通大法。世尊精研界趣。意在禁遏迷情。繼復詳辯陰魔。盡芟見刺。塞迷津之邪徑。啟法殿之正階。圓滿菩提。歸無所得。兩忘眞妄。一契果因。究竟窮源。斯經爲最。余始窺會解。頗信於佛旨無遺。久翫經文。漸覺於聖心未盡。潛神默究。稍獲端倪。由是搜諸家之章疏。纂眾解之精微。明宗趣而辯栟異同。會問答而申明隱略。其猶捧土何增萬仞。掬水豈益九淵。不揆闇短。妄擬會通。採集羣言。目爲纂註。所冀依文了義。頓悟常住眞心。如說修行。速證楞嚴三昧。寓徑山沙門眞界述。

楞嚴釋疑

釋疑之說。因學法者披閱此經。於奢摩他三摩禪那處。或從古註。或執已見。以理爲行。迷見爲修。旨意不明。讀今纂註。不能無疑。故此先明宗本。而後略舉數條以釋焉。原夫妙奢摩他三摩禪那者。乃一經之大本。三分之綱宗也。奢摩他者。寂靜義也。三摩者。明照義也。禪那者。明靜不二義也。性體本覺。謂之明。覺體本寂。謂之靜。明靜不二。謂之體。此約明靜之體言也。卽究竟堅固之理。亦謂之安住定也。良以明靜之體俄然晦昧。動念瞥生。卽本明而爲無明。全本靜而成動念。於是因動以修止。止其動也。因昏以修觀。觀其昏也。止觀功著。昏動自亡。明靜自復矣。此約止觀之用言也。卽究竟堅固之行。亦謂之引起定也。經云。有三摩提。名大佛頂首楞嚴王。具足萬行。斯則奢摩他等通於理行明矣。故阿難首問十方如來得成菩提妙奢摩他三摩禪那最初方便者。意在明究竟堅固之理。而爲修行之本。非問進修之行也。蓋十方如來由明此妙奢摩他三摩禪那。爲最初方便。而得成菩提之果。是以阿難卽指果體。以問初因。豈非意在明究竟堅固之理耶。則最初方便。只可指信解眞正。不當復說耳根圓通且三卷半經皆屬見道此豈問修是知初問爲見道分之總問也又阿難請示奢摩他路意在求示自性首楞嚴妙莊嚴路非求示止行也然奢摩他等既通理行矣以之爲自性非惟不違於理亦乃發請示者之本意耳所以世尊放光之後先指眞妄二心以明生死涅槃根本後即牒其問意云汝今欲知奢摩他路願出生死蓋妄心是無始生死本也眞心是出生死證涅槃本也既以欲知奢摩他路爲願出生死豈非欲知奢摩他路是欲知自性乎由是即舉拳以問意在驗其用心眞妄因其復認能

推即咄而告言此是前塵虛妄相想乃至結示云皆由執此生死妄想誤爲眞實故不成聖果然上所開示但欲其識妄知眞而出生死文中未嘗論修故知請示奢摩他路是求示自性非求示止也又阿難聞見見非見重增迷悶即復請云惟願弘慈施大慧目開示我等覺心明淨此欲求釋迷悶得心明淨也而世尊將欲敷演大陀羅尼諸三摩提妙修行路告阿難言汝雖彊記但益多聞於奢摩他微密觀照心猶未了故於眞見體用而生迷悶蓋眞見體也寂照用也以眞見之體法爾具寂照之用是則寂而常照故能照了見精是妄照而常寂故見非是見阿難既於眞見體用二俱不達而增迷悶世尊即復指同別二見重示奢摩他觀照云本覺明心覺緣非眚覺所覺眚覺非眚中此實見見蓋本覺明心即大陀羅尼也覺緣非眚等即諸三摩提妙修行路也由本覺之體寂而常照故能覺了諸緣是妄照而常寂故不墮於眚中此實見見之時見非是見即重示奢摩他觀照以釋見見非見之迷令其覺心明淨也或謂既云奢摩他觀照又云諸三摩提妙修行路豈非示進修止觀何局于見道耶答不然以此文中是破妄見妄覺

而顯眞見眞覺欲阿難知眞見眞覺之體法爾具寂照之用而能破妄故經云汝復應知見見之時見非是見意在其知而後行行而破妄也若阿難知眞覺體用即知大陀羅尼諸三摩提妙修行路今阿難既不知眞見體用而生迷悶則於理行二俱不知矣是以雖云奢摩他觀照妙修行路而文屬破妄顯眞意在其知理知行故屬見道不屬修道也然妙奢摩他三摩禪那既通理行則見道之所見者見此理也故云知如來藏妙覺明心含育如來十方國土等修道之所修者修此行也故於修道文中即明止觀二決

定義證果之所證者證此理也。故云是覺始獲金剛心中初乾慧地。即還證佛三摩地。故予謂之一經大本。三分綱宗。而古人所謂依究竟堅固之理修究竟堅固之行。修究竟堅固之行還證究竟堅固之理。首楞嚴經大旨如是。

楞嚴釋疑

大佛頂如來密因修證了義諸菩薩萬行首楞嚴經纂註卷第一

唐天竺沙門般剌密諦譯

唐烏萇國沙門彌伽釋迦譯語

唐菩薩戒弟子前正議大夫同中書門下平章事清河房融筆受

明檇李沙門眞界纂註

如來果體。其體本然。何假密因。菩薩道用。其用無作。孰為萬行。無因無行。無修無證。無了不了。大小名相一切不立。此眞首楞嚴究竟堅固者也。特以衆生如來隱於藏心。非密因不顯。衆生菩薩淪於七趣。非萬行不修。覺皇於是示之以大法。使不迷於小道而默得乎無外之體。喻之以佛頂。使不滯於相見而妙極乎無上之致。指如來密因。使明本妙心。知三世諸佛皆依此為初因。明修證了義。使悟究竟法。知一切聖人皆依此而證果。乃至具足菩薩萬行。一切事法。無不究竟至於實相堅固不壞。故名大佛頂如來密因修證了義諸菩薩萬行首楞嚴。首楞嚴此翻一切事究竟堅固。即一經理行之本。聖凡依正之體也。以未明此體。一切事法究爾差殊爲法所縛得此體時山河大地明暗色空聖凡染淨一切事法當處寂滅卽是常住心性故云一切事究竟堅固經卽能詮之文詮猶筌也學者能勿執筌爲魚則首楞嚴眞經可得矣纂註者謂纂集諸家之語以註釋此經也夫楞嚴自興福而下解者凡十有餘家茲所纂集則長水溫陵二氏居多而諸師名氏則俱隱而不出蓋以或採多文而會通其意或用一意而少變其文或多一兼收意文俱用而初無損益然愚昧間有一得則亦竊附其間但取文理直捷貫通以發明經旨而

已苟無當於經卽其談理幽玄爲文美富皆無取焉艮以在古固不無千里之蹶於今亦不無一管之明以故在昔諸師且未免入此出彼黨同伐異如飲海者各飽一味照摩尼者自見一色若曰究盡則惟佛與佛耳

通敘科判

楞嚴一經自唐至宋科判疏釋代有哲人然其科經旨執匿王瑠璃異代謂非一會頓說其判教皆局持地耶輸等事而斷爲法華之後愚竊疑焉請先質之夫夜壑負趨速於反掌匿王代謝可唯且朞而楞嚴法會自夏徂冬此不應執異王疑異會也法華自燈明已來諸佛無時不說菩薩無時不證持地既曰聞諸如來宣妙蓮華豈止釋迦歟又第四經中稱摩登由神呪力消其愛欲與耶輸同悟宿因或得出纏或蒙授記者此如來懸示未然也故下第六經中性比丘尼聞說偈已成阿羅漢靈山法會授記耶輸既出纏授記皆居說後得非懸示未然乎但以或字觀之蓋可知矣經言最後垂範者彼乃結辨魔文當第十卷末實楞嚴法會最後非臨滅之最後也舊引多說不可縷疏皆未

足爲科判準繩科判失準則理義自差今准吾佛設教之序未知其可也請陳管見夫法王說法有條不紊初說一乘頓教以立本卽華嚴也次說三乘漸教以逗機卽阿含方等般若也後說一乘圓教以顯實卽法華也楞嚴卽般若法華之中實大乘終極之教故如來密因菩薩萬行修證之法一切畢竟自此已往無復進修直造一乘圓妙之道故法華會上更無地位之說純談妙法隨根印可授記作佛而已蓋出興大事於法華至矣盡矣不可有加矣法華之後便說涅槃扶律談常而終焉

其扶律者所以囑後事。談常者所以示眞寂。此獨臨滅遺付之事。非有加於法華也。說者不本扶律之意。輒判楞嚴在法華後。亦稱扶律談常。然則進修既畢而又進修。扶律之後而又扶律。前則加於法華。後則贅於涅槃。是乃倒置枝駢。棄於法王之法矣。夫進修之事。譬稼穡猶耘耨。譬芙蕖猶敷華。既號法華秋穫。涅槃捃拾。則不應穫拾之中又耘耨也。既號法華廢權立實。如華落蓮現。則不應廢落之後又敷華也。以經證之。竛竮之子既領寶藏。復何所求。化城之人既到寶所。復何前進。燈明說

法華已。便於中夜涅槃。釋尊說法華已。便於四衆唱滅。復何枝蔓於楞嚴哉。如必楞嚴居後。則阿難既於法華諸漏已盡。而復於楞嚴未盡諸漏。既於法華堪任佛記。而復於楞嚴未全道力。既先領悟妙法。而復不知眞際所詣。既已安住佛道。而復爲彼所轉。溺於婬舍。是皆倒置。理自不然。故判楞嚴在般若之後也。蓋般若之後。慧學方盛。定力未全。人或溺於多聞。失於正受。於是示首楞嚴之大定。資般若之大慧。使定慧均等。學行兩全。而究竟趣於一乘實相。此楞嚴所以作也。論三經大致。無非

爲一大事因緣。必先藉般若發明。次由楞嚴修證。終至法華印可。然後盡諸佛能事。序固如是也。然導達禪乘。決擇正見。無尙楞嚴矣。其科準常大分爲三。初序分。二正宗。三流通序分分二。初陳時處主伴以證信。次陳阿難示迹以發起。正宗文五。一見道分。初由七徵以顯常住眞心性淨明體。（卽第一卷）次由八還以辨妙淨見精顯如來藏。（第二第三）後卽山河萬象。宣勝義中眞勝義性。（四初至中）皆使行人明心見性。爲修證密因。故名見道分。二修道分。首示初心二決定義。令審因心果覺。又審煩惱根本。爲修

行眞基。（四中至末）次示六根舒結倫次。令解結心而得妙圓通。爲修行眞要。（五至六中）此利根修進之一終也。故阿難至此。明了菩提所歸道路。自謂已悟成佛法門。而願度末世。復請安立道場。攝心軌則。遂聞三無漏學。四種律儀。及大神呪。（六中七末）總爲修行方便。故名修道分。三證果分。始從凡夫。終大涅槃。歷示增進五十七位。至盡妙覺。成無上道。故名證果分。（七末八中）四結經分。列示五名。結顯大旨也。（八中）五助道分。初明天獄七趣。一唯心造。次明奢摩他中微細魔事。恐諸行人洗心非正。失錯墮落。故名助道

也（八中十末）夫見道然後修道修道然後證果修證事畢於是結經楞嚴法要止此而已而世尊大慈復欲持戒眾生謹潔無犯眞修行者不遭枝歧故說助道之法爲最後垂範遂入流通而終會焉此乃一經綸貫連環不斷不可判爲異會科爲異義也此其大略耳隨文消釋乃盡其詳然以今視昔稍多違戾專門舊學不免矛盾惟通人考之

如是我聞一時佛在室羅筏城祇桓精舍與大比丘眾千二百五十人俱

如是之法我從佛聞此集者因佛立言證法有所

授而已不必他說一時之語亦因佛立諸經通用故不定指也佛具云佛陀此云覺者室羅筏或云舍衛新翻豐德以國豐四德一貨財二欲境三多聞四解脫祇具云祇陀正云逝多此翻戰勝太子之名也生時父王與外國戰勝因立美號卽須達爲之買園造立精舍以施佛者桓卽林也比丘含三義謂乞士破惡怖魔也千二百五十人者初度陳如等五人次度三迦葉兄弟兼徒一千次度舍利弗目犍連各兼徒一百次度耶舍長者等五十人經舉大數故減五人俱者師資交際同聚一時也此眾並先事外道勤苦累劫一無所證纔遇佛卽得上果故感佛恩常隨佛化爲常隨眾也

皆是無漏大阿羅漢佛子住持善超諸有能於國土成就威儀從佛轉輪妙堪遺囑嚴淨毘尼弘範三界應身無量度脫眾生拔濟未來越諸塵累

此歎德也初二句總歎佛子下別歎所謂住持者住於中道任持不失卽無漏義也言無漏者不漏落二邊也善超諸有則不漏於有能於國土下則不漏於空所謂善超者卽諸有而超諸有故也所謂妙堪者能超諸有而又能於國土從佛轉輪不

滯於空有故堪遺囑且又嚴毘尼以弘範三界示應身而度脫眾生意非利彼一時直欲拔濟未來使皆超諸有塵累如是則能自利利人故歎云無漏大阿羅漢也

其名曰大智舍利弗摩訶目犍連摩訶拘絺羅富樓那彌多羅尼子須菩提優波尼沙陀等而爲上首

此列名也舍利此云鶖弗卽子也其母名舍利以其眼黑白分明轉動流利如之故連母爲名目犍連姓也此云采菽氏名拘律陀此云無節樹摩訶拘絺羅此云大膝富樓那父名此云滿彌多羅尼

母名此云慈。今連父母名召云滿慈子。須菩提云空生。生時庫藏皆空。占者云旣善且吉。故亦云善現善吉。優波尼沙陀此云塵性空。諸經列名不同。尙年臘則先陳如。尙聲德則先鶖子。今從尙德之例也。

復有無量辟支無學。幷其初心同來佛所。屬諸比丘休夏自恣。十方菩薩咨決心疑。欽奉慈嚴。將求密義。卽時如來敷座宴安。爲諸會中宣示深奧。法筵清衆。得未曾有。迦陵僊音徧十方界。恒沙菩薩來聚道場。文殊師利而爲上首。

辟支具云辟支迦羅。此云緣覺。以觀十二因緣而覺悟故。此是部行。非同麟喻。麟喻者喻麟之獨出無佛世。卽獨覺也。部行者。部黨而行出有佛世。卽緣覺也。主伴咸集。故云幷其初心同來佛所。屬値也。自恣律開三日。七月十四十五十六也。自有愆失。恣任僧舉。曰自恣。九旬禁足。莫由覲佛。故於休夏咨決心疑。自恣決疑。皆所以考九旬德業也。欽奉如來而稱慈嚴者。慈以恩言。嚴以威言。密義卽密因之義。宣示深奧。所以爲楞嚴發起。如法華以無量義爲發起也。迦陵頻伽。僊禽也。其音和雅。佛音如之。文殊此云妙德。表根本智。楞嚴會上爲擇法眼。故居上首也。

時波斯匿王爲其父王諱日營齋。請佛宮掖。自迎如來。廣設珍羞無上妙味。兼復親延諸大菩薩。

波斯匿此云勝軍。卽舍衛國王也。諱日。卽忌日。宮掖。王之內庭也。於內庭延佛。敬之至也。

城中復有長者居士同時飯僧。佇佛來應。佛敕文殊分領菩薩及阿羅漢應諸齋主。惟有阿難先受別請。遠遊未還。不遑僧次。旣無上座及阿闍黎。途中獨歸。其日無供。卽時阿難執持應器。於所遊城次第循乞。

心中初求最後檀越以爲齋主。無問淨穢刹利尊姓及旃陀羅。方行等慈。不擇微賤。發意圓成一切衆生無量功德。

此敘其誤墮婬室之由也。受別請者。阿難於衆檀請齋之先。受別請而遠遊未還。不遑僧次也。僧次。謂次第差僧受請也。律制僧遠出。侶須三人。一上座。一軌範師。所以嚴行止防誤失也。鉢曰應器。最後檀越。謂未飯僧者。平等之慈。於己等心而化。使彼等心而施。於食等者於法亦等。俾施者見者得福無量。所以能成無量功德。若摩登者。卽穢而徵賤。阿難既無揀擇。所以誤墮也。剎帝利。王族。旃陀羅。云殺者。卽屠膾婬酒之家。

阿難已知如來世尊。訶須菩提及大迦葉。爲阿羅漢。心不均平。欽仰如來開闡無遮。度諸疑謗。經彼城隍徐步郭門。嚴整威儀。肅恭齋法。

此敘平等行慈之意也。須菩提捨貧從富。大迦葉捨富從貧。一爲富者易施。一爲貧者植因。如來訶之。欲其心無遮限。而息不均之疑謗。故阿難欽仰以肅恭齋法。齋法者。齊整嚴重。次第行乞之謂也。或局維摩經謂非如來訶責。安知如來不訶獨淨名訶哉。

爾時阿難因乞食次。經歷婬室。遭大幻術。摩登伽女。以娑毗迦羅先梵天呪。攝入婬席。婬躬撫摩。將毀戒體。

正明誤墮婬室也。摩登伽。義翻本性。卽妓女也。娑毗迦羅。此云黃髮。外道所傳幻呪。名先梵天。實妖術耳。婬躬撫摩。將毀戒體者。以身逼近。將毀淨戒之體也。後云心清淨故。尚未淪溺。則將毀而已。

如來知彼婬術所加。齋畢旋歸。王及大臣長者居士俱來隨佛。願聞法要。於時世尊頂放百寶無畏光明。光中出生千葉寶蓮。有佛化身。結跏趺坐。宣說神呪。敕文殊師利將呪往護。惡呪銷滅。提獎阿難及摩登伽。歸來佛所。

此明說呪往護也。如來常儀受請齋畢。皆爲說法。今既速歸。必有所爲。故王臣大眾隨而來也。頂門爲無上果。光有百寶色。謂之無畏者。能懾魔外。物無以勝也。世尊不自說呪。而於頂光化佛說者。示此呪乃無爲心佛。無上心法也。

阿難見佛。頂禮悲泣。恨無始來。一向多聞。未全道力。殷勤啟請十方如來得成菩提。妙奢摩他三摩禪那

最初方便。於時復有恆沙菩薩。及諸十方大阿羅漢。辟支佛等。俱願樂聞。退坐默然。承受聖旨。

責躬啟請成菩提之最初方便也。蓋多聞之慧。必資見性道力。乃全而不爲邪攝。今阿難一向多聞。未全道力。故問十方如來得果初因。蓋謂十方如來得成菩提之果。皆依見性爲因。故指果體以問初因。正同圓覺文殊啟請一切如來本起因地也。奢摩他。寂靜義也。三摩。明照義也。禪那。明靜不二義也。義雖有三。心體惟一。舉一卽三。言三卽一。三一俱非。故以妙稱。卽自性首楞嚴也。言最初方便

者即請示自性首楞嚴意在悟此以成密因。故釋題中云。指如來密因使明本妙心知三世諸佛皆依此爲初因。即斯義也。然此問密因而云最初方便者。以法界性中尚絕修證何假密因。今云得菩提明自性皆方便耳。以見修證三分而言則見道爲最初方便。故長水亦指信解眞正爲最初方便也。竊觀阿難因問最初方便。而如來下文即反問其當初發心意在驗因地之眞僞。則此最初方便豈非問得果之初心乎。然得果既由因地。而阿難用妄迷眞。是以始則決擇眞妄。次則會妄歸眞。後

宣勝義中眞勝義性。以至見道分終。皆是發明自性首楞嚴而已。苟悟此性則信解眞正而名見道。見道即得最初方便。故知此問爲見道分之總。有謂未全道力。是有多聞慧而無正定。故請示止觀及耳根圓通。意在修此以全道力。愚謂多聞而未見道則力用未全。遂爲登伽所攝。故請示自性首楞嚴。意在悟此以全道力。以成最初方便也。請詳。

佛告阿難。汝我同氣。情均天倫。當初發心。於我法中見何勝相頓捨世間深重恩愛。阿難白佛。我見如來三十二相勝妙殊絕。形體暎徹猶如瑠璃。常自思惟此相非是欲愛所生。何以故。欲氣麤濁腥臊交遘膿血雜亂。不能發生勝淨妙明紫金光聚。是以渴仰從佛剃落。

因前啟請十方如來最初方便。故此追問阿難因地發心。以驗其眞耶妄耶。何阿難之見皆生滅也。是則見相實有。生滅宛然。緣此發心安趣常果。故下經云。若於因地以生滅心爲本修因而求佛乘不生不滅無有是處。阿難此云慶喜。是佛堂弟。故云同氣。同氣共本也。天倫兄弟也。

佛言。善哉阿難。汝等當知一切衆生從無始來生死

相續。皆由不知常住眞心性淨明體。用諸妄想。此想不眞。故有輪轉。

此先讚其發心。而復令知一切衆生迷眞用妄輪轉生死者。欲其因心眞直。故令先知衆生輪迴之本。次即牒其問意。敕使直心也。蓋以一切衆生皆由因心不眞輪轉生死。汝今欲研眞發明性。當以直心。是則因心須當眞直也。然前雖因心不眞矣。

此復讚之者。蓋愍其迷甚。欲含緩開導故也。

汝今欲研無上菩提眞發明性。應當直心酬我所問。十方如來同一道故。出離生死皆以直心。心言直故。

如是乃至終始地位。中間永無諸委曲相。阿難。我今問汝。當汝發心緣於如來三十二相。將何所見。誰爲愛樂。阿難白佛言。世尊。如是愛樂用我心目。由目觀見如來勝相。心生愛樂。故我發心願捨生死。

欲其直陳所迷。卽牒前請令直心酬問也。且十方如來皆以直心出離生死。汝既欲研眞發明性。亦當以直心也。汝今下。牒前請問。應當下。敕令直答。十方下。明如來得果之本。問誰愛樂。重徵妄本也。答因心目。正陳妄本也。目卽眼根。心卽意識。根識虛妄。猶如空華。既執有體。能見能樂。卽不知眞而

用妄想。豈能研眞發明性而捨生死哉。故後文云。六爲賊媒。自劫家寶。無始虛習。住地無明。皆由根識。生死輪轉。莫不由斯。故下推徵。令知虛妄。

佛告阿難。如汝所說。眞所愛樂。因於心目。若不識知心目所在。則不能得降伏塵勞。譬如國王爲賊所侵。發兵討除。是兵要當知賊所在。使汝流轉。心目爲咎。吾今問汝。惟心與目。今何所在。

因答心目。遂徵其所在也。心目卽塵勞本。若不知心目所在。則不能降伏塵勞。如國被賊侵。發兵討除。若不知賊之所在。賊不能除。今使汝流轉者皆由心目。則心目今何所在。

阿難白佛言。世尊。一切世間十種異生。同將識心居在身內。縱觀如來靑蓮華眼。亦在佛面。我今觀此浮根四塵。祇在我面。如是識心實居身內。

此答心目所在。卽計心在內也。謂心在內。目在外。自衆生至如來。阿難皆然。文互見也。異生有十二類。除土木空散。非心眼倫也。浮根四塵。言眼也。詳見第四卷中。此雖心目雙計。下乃先破其心也。

佛告阿難。汝今現坐如來講堂。觀祇陀林今何所在。世尊。此大重閣清淨講堂在給孤園。今祇陀林實在

堂外。阿難。汝今堂中先何所見。世尊。我在堂中先見如來。次觀大衆。如是外望。方矚林園。阿難。汝矚林園。因何有見。世尊。此大講堂戶牖開豁。故我在堂得遠瞻見。

將破在內之心。此先引事辨定也。定內外境。欲明在內之心。當次第見。定先後見。欲破在內之心。不先見內。既辨定已。下乃牒破。

爾時世尊在大衆中。舒金色臂。摩阿難頂。告示阿難及諸大衆。有三摩提。名大佛頂首楞嚴王。具足萬行。十方如來一門超出妙莊嚴路。汝今諦聽。阿難頂禮。

伏受慈旨。

上旣引事辨定。此應直破在內之心。何先許示首楞嚴三昧耶。答。因前依首楞嚴三昧。問最初方便。故摩頂許示自性首楞嚴。欲其明此以知妙莊嚴路。以成最初方便也。或謂自性首楞嚴何所示耶。答。阿難所執。皆有在有著局量之心。世尊所破。皆顯無在無著充擴法界之心。豈非示自性首楞嚴三昧乎。苟能悟此。卽知妙莊嚴路。以成最初方便也。因其不悟。故下復求開示奢摩他路。奢摩他與此三摩提。皆指自性首楞嚴三昧。路卽妙莊嚴路。

佛告阿難。如汝所言。身在講堂。戶牖開豁。遠矚林園。亦有衆生在此堂中。不見如來見堂外者。阿難答言。世尊在堂不見如來能見林泉。無有是處。阿難。汝亦如是。汝之心靈一切明了。若汝現前所明了心實在身內。爾時先合了知內身。頗有衆生先見身中。後觀外物。縱不能見心肝脾胃。爪生髮長。筋轉脉搖。誠合明了。如何不知。必不內知。云何知外。是故應知汝言覺了能知之心住在身內。無有是處。

此破執心在內也。如汝下。復牒前事以反問者。意明心果在內。必當先見身中。如人在堂。必先見如來也。汝亦下。正破心在身內。合見身中。頗猶可也。引衆以問。決不能也。心胃內藏。縱不能知。爪脉外浮。云何不曉。旣不內知。果非在內矣。云何知外者。謂五藏同居。最爲親昵。萬象離異。誠謂疏遙。若使不了身中。豈合能知外物。是故下結破。然前文雙呈心目所在。今乃先破妄心。雖曰破妄心。而但言此心無有處所。卻不顯言此心是妄者。要引阿難處處推呈。令其情盡而理窮也。由是直至七處徵心之後。始告之曰此非汝心等。然則七處逐破者。且破妄心無所在也。

阿難稽首而白佛言。我聞如來如是法音。悟知我心實居身外。所以者何。譬如燈光然於室中。是燈必能先照室內。從其室門。後及庭際。一切衆生不見身中獨見身外。亦如燈光居在室外。不能照室。是義必明。將無所惑。同佛了義。得無妄耶。佛告阿難。是諸比丘。適來從我室羅筏城。循乞摶食。歸祇陀林。我已宿齋。汝觀比丘一人食時。諸人飽不。阿難答言。不也。世尊。何以故。是諸比丘雖阿羅漢。軀命不同。云何一人能令衆飽。

復計心在外也。譬如下。設喩以成心不在內而在外義。佛告下，因復計心在外，故復引事以辨定之。謂彼食不能飽此，則外心不能知身矣。宿，預也。食有四種，摶卽段也，有形段可摶取，揀非思食等也。

佛告阿難，若汝覺了知見之心，實在身外，身心相外，自不相干，則心所知，身不能覺，覺在身際，心不能知。我今示汝兜羅綿手，汝眼見時，心分別不。阿難答言，如是世尊。佛告阿難，若相知者，云何在外。是故應知，汝言覺了能知之心，住在身外，無有是處。

此破執心在外也。身心相外下，辨非外也。我今示汝下，驗非外也。兜羅具云兜沙羅，此云霜。佛手柔

輭如兜羅綿，故云兜羅綿手。

阿難白佛言，世尊，如佛所言，不見內故，不居身內，身心相知，不相離故，不在身外，我今思惟，知在一處。佛言，處今何在。阿難言，此了知心，既不知內，而能見外，如我思忖，潛伏根裏，猶如有人取瑠璃碗，合其兩眼，雖有物合，而不留礙，彼根隨見，隨卽分別，然我覺了能知之心，不見內者，爲在根故，分明矚外，無障礙者，潛根內故。

此計心潛眼根也。猶如下，設喻以成潛根之計。瑠璃喻根，眼喻於心，眼根色淨，不礙於心，同瑠璃碗不礙於眼，隨照一境，心隨根知。然我下，結成潛根之義。

佛告阿難，如汝所言，潛根內者，猶如瑠璃，彼人當以瑠璃籠眼，當見山河，見瑠璃不。如是世尊，是人當以瑠璃籠眼，實見瑠璃。佛告阿難，汝心若同瑠璃合者，當見山河，何不見眼。若見眼者，眼卽同境，不得成隨。若不能見，云何說言此了知心，潛在根內，如瑠璃合。是故應知，汝言覺了能知之心，潛伏根裏，如瑠璃合，無有是處。

此破潛根也。如汝下，牒計以問。佛告下，明法喻不

齊之過，喻見瑠璃，法不見根，縱許見根，根卽是境。若是境者，不得言隨，以前文云彼根隨見，隨卽分別故。

阿難白佛言，世尊，我今又作如是思惟，是衆生身，腑藏在中，竅穴居外，有藏則暗，有竅則明，今我對佛，開眼見明，名爲見外，閉眼見暗，名爲見內，是義云何。

此復計心在內，故以見暗爲見腑藏也。然則雖云見明名爲見外，而所執心體，還成在內，以開眼見明，不同燈在室外，故腑藏卽五藏六腑也。竅穴卽七竅也。白虎通云，五藏卽心肝脾肺腎，六腑者卽

五藏之宮府也。胃爲脾之府。膀胱爲腎之府。三焦爲命之府。膽爲肝之府。大小腸爲心府肺府也。

佛告阿難。汝當閉眼見暗之時。此暗境界。爲與眼對。爲不對眼。若與眼對。暗在眼前。云何成內。若成內者。居暗室中。無日月燈。此室暗中。皆汝焦腑。若不對者。云何成見。

此正破見暗名見內也。汝當下。牒計以問。若與下。隨計難破。謂若暗與眼對。則暗在眼前。不得成內。若謂見暗卽見焦腑而成內者。居暗無明。則室中之暗皆汝焦腑矣。若不下。謂未曾見有境不對眼

而稱見物者。旣不成見。云何成內。

若離外見。內對所成。合眼見暗。名爲身中。開眼見明。何不見面。若不見面。內對不成。

此縱破也。眼前之境名外見。身內之境名內對。前以對眼爲外。不得成內。今縱離外見而成內對。卽是眼能返觀。且合能返觀身中。則開應返觀己面。若不爾者。義不成矣。

見面若成。此了知心。及與眼根。乃在虛空。何成在內。若在虛空。自非汝體。卽應如來今見汝面。亦是汝身。汝眼已知。身合非覺。必汝執言身眼兩覺。應有二知。卽汝一身。應成兩佛。是故應知汝言見暗名見內者。無有是處。

此曲盡計執以結破也。設汝執言能見面者。汝心及眼應處虛空。以根境相對方成見故。若處虛空。顯是在外。何成在內。又若在空。卽同他人。自然不是汝體。汝或執言雖見我面。定是我體。則佛亦見汝應是汝身。又若汝心能見面者。本分身處應無知覺。以在眼根處虛空故。必執兩皆有知。則成兩體應成兩佛矣。是故下結破。

阿難言。我嘗聞佛開示四衆。由心生故種種法生。由

法生故種種心生。我今思惟。卽思惟體實我心性。隨所合處。心則隨有。亦非內外中間三處。

此計隨所合處也。我嘗下。引佛所說以起計執。心生法生。境從心起也。法生心生。心逐境遷也。以心法相生。則隨境思惟。卽是心體。心法合處。卽爲心在。

佛告阿難。汝今說言由法生故種種心生。隨所合處。心隨有者。是心無體。則無所合。若無有體而能合者。則十九界因七塵合。是義不然。若有體者。如汝以手自挃其體。汝所知心。爲復內出。爲從外入。若復內出。

還見身中若從外來先合見面。

此牒前所計以辨體之有無也。設若無體則空有其名云何隨合。如十九界七塵特空名耳。設若有體當何所在。令挃身而驗明體實無在也。挃猶觸也。

阿難言。見是其眼。心知非眼。爲見非義。佛言。若眼能見汝在室中。門能見不。則諸已死。尚有眼存。應皆見物。若見物者。云何名死。

阿難言下。解上難也。謂心但能知不可言見。曾不悟能見在心。徒眼不見也。佛言下。因其解難故舉

門喻能見在心。舉死明徒眼不見。

阿難。又汝覺了能知之心。若必有體。爲復一體。爲有多體。今在汝身。爲復偏體。爲不偏體。若一體者。則汝以手挃一支時。四支應覺。若咸覺者。挃應無在。若挃有所。則汝一體自不能成。若多體者。則成多人。何體爲汝。若偏體者。同前所挃。若不偏者。當汝觸頭亦觸其足。頭有所覺。足應無知。今汝不然。是故應知隨所合處。心則隨有。無有是處。

此重辨其體以破隨所合處也。先立四義。下逐義詳辨。若一下。辨非一體。無在謂無定處。若多下辨非多體。若偏下。辨非偏體。同前者。當挃一支。四支應覺也。若不下。辨非不偏。四義既非。則不可謂隨所合處心隨有也。

阿難白佛言。世尊。我亦聞佛與文殊等諸法王子談實相時。世尊亦言。心不在內。亦不在外。如我思惟。內無所見。外不相知。內無知故。在內不成。身心相知。在外非義。今相知故。復內無見。當在中間。

此計心在中間也。我亦下。引昔所聞。如我下。思惟起計。以爲在內。則不見腑藏。以爲在外。則身不相知。二義不成。當在根境之中。

佛言。汝言中間。中必不迷。非無所在。今汝推中。中何爲在。爲復在處。爲當在身。若在身者。在邊非中。在中同內。若在處者。爲有所表。爲無所表。無表同無。表則無定。何以故。如人以表表爲中時。東看則西。南觀成北。表體既混。心應雜亂。

因計中間。此就根境以推中位也。身即根。處即境。若在身者下。謂身有中邊二義。在邊則不得爲中。在中則同前在內。應見內矣。若在處者下。亦推中位無定也。表者標物以表顯也。混亂則無所取中矣。

阿難言。我所說中。非此二種。如世尊言。眼色爲緣。生於眼識。眼有分別。色塵無知。識生其中。則爲心在。佛言。汝心若在根塵之中。此之心體。爲復兼二。爲不兼二。若兼二者。物體雜亂。物非體知。成敵兩立。云何爲中。兼二不成。非知不知。卽無體性。中何爲相。是故應知。當在中間。無有是處。

此破心在中間也。上令別就根境以推中位。此非上二以明根境中間也。佛言下。牒計以問。若兼下。隨計難破。物卽塵也。體卽根也。若兼二者。則知與無知雜亂。縱使不雜。物非體知。根塵兩立。云何爲

中。兼二不成下。破不兼。不得爲中也。不兼下。根則非知。不兼塵則非不知。二義既非。中何爲相。是故下結破。

阿難白佛言。世尊。我昔見佛與大目連須菩提富樓那舍利弗四大弟子共轉法輪。常言覺知分別心性既不在內。亦不在外。不在中間。俱無所在。一切無著。名之爲心。則我無著。名爲心不。

佛意正顯心本無在。能無住著。卽名爲心。今阿難口說無著。情實有著。故下引出其情而破之也。

佛告阿難。汝言覺知分別心性俱無在者。世間虛空水陸飛行。諸所物象。名爲一切。汝不著者。爲在爲無。無則同於龜毛兎角。云何不著。有不著者。不可名無。

因計無著。故舉物象引出其情也。言俱無在者。俱卽一切。無在卽無著也。爲在爲無者。謂汝心不著而彼物象爲存在耶。爲空無耶。若彼空無則同龜毛。云何可著而說不著。若物有在。則爲有物。云何無著。故曰不可名無。此皆牒難。下乃結破。

無相則無。非無卽相。相有則在。云何無著。是故應知一切無著名覺知心。無有是處。

此破一切無著也。物果無相則同龜毛。物果非無

卽自有相。知相有則心有在。云何得爲無著也。上來七番逐破。使有所著心無逃避處。妄情若亡。眞心自悟。最初方便。於玆得矣。然則上根利智已合潛悟。而阿難未悟。故於下文重請開示。世尊乃復放光現瑞。示以二種根本。次則舉拳驗見。重詰其心。因其復認能推。然後咄而告之。乃至令其微細揣摩離塵無體等。則是破其妄心無實體也。

爾時阿難在大衆中。卽從座起。偏袒右肩。右膝著地。合掌恭敬而白佛言。我是如來最小之弟。蒙佛慈愛。雖今出家。猶恃憍憐。所以多聞未得無漏。不能折伏

娑毗羅呪。爲彼所轉。溺於婬舍。當由不知眞際所詣。惟願世尊大慈哀愍。開示我等奢摩他路。令諸闡提隳彌戾車。作是語已。五體投地。及諸大衆傾渴翹佇。欽聞示誨。

此敍沈溺婬舍之由。請示奢摩他路也。蓋當機欲漏未除。爲邪染所轉。而溺淫舍者。良由不知眞際而未詣眞際故也。言奢摩他路者。謂前示自性首楞嚴是妙莊嚴路。欲其悟此以知路。今既不悟。故復求示自性首楞嚴妙莊嚴路。故云奢摩他路。意在悟此以知路。非求示止行也。故華嚴云。不能了

自心。云何知正道。意顯明心方知正路。義正同此。若理明路正。惡見自滅。故云令諸闡提隳彌戾車。

爾時世尊從其面門放種種光。其光晃耀如百千日。普佛世界六種震動。如是十方微塵國土一時開現。佛之威神。令諸世界合成一界。其世界中所有一切諸大菩薩。皆住本國合掌承聽。

將顯本明。故先現光瑞。言面門放種種光。卽口眼耳鼻眉間之光並放。示此本明於諸根門無所不現也。以無所不現。故齊彰並照。如百千日。普佛世界。卽法界也。六震者。表破六識無明惑結妄境也。微塵國土一時開現者。本明洞照。妄塵不隔也。十方世界合成一界者。智境圓現。情量不礙也。菩薩聽衆皆住本國者。心量本周。心聞本洞也。了茲光瑞。卽悟自性。而知妙莊嚴路矣。六種震動者。卽動踊震起吼擊也。搖颺不安曰動。墳壠凹凸曰踊。隱隱有聲曰震。自下升高曰起。砰磕發響曰吼。打搏擊物曰擊。

佛告阿難。一切衆生從無始來。種種顚倒。業種自然如惡叉聚。諸修行人不能得成無上菩提。乃至別成聲聞緣覺。及成外道諸天魔王及魔眷屬。皆由不知

二種根本。錯亂修習。猶如煮沙欲成嘉饌。縱經塵劫終不能得。云何二種。阿難。一者無始生死根本。則汝今者與諸衆生用攀緣心爲自性者。二者無始菩提涅槃元淸淨體。則汝今者識精元明。能生諸緣。緣所遺者。由諸衆生遺此本明。雖終日行而不自覺。枉入諸趣。

此指所迷之衆。示二種根本。令識妄知眞。而知妙莊嚴路也。業種者。顚倒妄惑也。惡叉果。一枝三子。生必同科。喩惑業苦三。生必同聚也。識精元明。指眞精本明也。能生諸緣者。謂依本明而起根身器

界等諸緣所謂元明照生所也。諸緣旣立本明卽失。故緣所遺者。卽元淸淨體所謂所立照性亡也。衆生由遺本明。日用不覺。枉入諸趣。此由阿難不知眞際所詣。請示奢摩他路。故世尊示二種根本。欲其識妄以悟自性首楞嚴而知妙莊嚴路耳。

阿難。汝今欲知奢摩他路願出生死。今復問汝。卽時如來舉金色臂。屈五輪指。語阿難言。汝今見不。阿難言。見。佛言。汝何所見。阿難言。我見如來舉臂屈指。爲光明拳。耀我心目。佛言。汝將誰見。阿難言。我與大衆同將眼見。佛告阿難。汝今答我。如來屈指爲光明拳。

耀汝心目。汝目可見。以何爲心。當我拳耀。阿難言。如來現今徵心所在。而我以心推窮尋逐。卽能推者我將爲心。

牒前請已。卽舉拳驗見。重詰其心也。夫欲知奢摩他路而出生死。意在了悟本心。故復舉拳驗見。重詰其心。而阿難塵相未除。復迷眞認妄。則昧奢摩他路而入生死矣。

佛言。咄。阿難。此非汝心。阿難矍然避座。合掌起立白佛。此非我心。當名何等。

此直破能推心也。佛言咄者。嗟其迷重。故叱以語之。此非下。攄其迷執也。矍。驚愕貌。

佛告阿難。此是前塵虛妄相想。惑汝眞性。由汝無始至於今生。認賊爲子。失汝元常。故受輪轉。阿難白佛言。世尊。我佛寵弟。心愛佛故。令我出家。我心何獨供養如來。乃至徧歷恆沙國土。承事諸佛及善知識。發大勇猛。行諸一切難行法事。皆用此心。縱令謗法。永退善根。亦因此心。若此發明不是心者。我乃無心。同諸土木。離此覺知。更無所有。云何如來說此非心。我實驚怖。兼此大衆無不疑惑。惟垂大悲。開示未悟。

因斥能推非心。故起無情之怖。以求開示也。此是

下指前能推非眞。不應計執。然阿難猶以對境覺知異乎土木。封爲我心。故申驚疑。以求開示。

爾時世尊開示阿難及諸大衆。欲令心入無生法忍。於師子座摩阿難頂而告之言。如來常說諸法所生。惟心所現。一切因果世界微塵因心成體。阿難。若諸世界一切所有。其中乃至草葉縷結。詰其根元。咸有體性。縱令虛空亦有名貌。何況淸淨妙淨明心。性一切心而自無體。

因其怖謂無心。故舉常所說。引物以證元有眞心。使知所措也。欲令心入無生法忍者。欲其識生滅

以悟不生滅也。三界惟心萬法惟識故曰諸法所生惟心所現。一切因果指十界正報。世界微塵指十界依報此皆因心成體。其間乃至草葉縷結咸有體性。虛空亦有名貌。何況妙淨明體安得謂之無心同土木哉。以本自無染曰清淨染而不染曰妙淨性一切心而自無體者謂常住真心能為一切萬法之本性而自豈無體耶。

若汝執吝分別覺觀所了知性必為心者。此心即應離諸一切色香味觸諸塵事業別有全性。如汝今者承聽我法此則因聲而有分別。縱滅一切見聞覺知

內守幽閑猶為法塵分別影事。

此依六塵辨無自性也。分別覺觀即能推心也。若必執此為心即應離塵有性。如汝下引事以辨無性也。蓋分別聲塵是動。內守幽閑是靜。動屬前塵。靜屬法塵。若離動靜二塵畢竟無有自性。故皆為分別影事。內守幽閑即住著靜境也。

我非敕汝執為非心但汝於心微細揣摩若離前塵有分別性即真汝心若分別性離塵無體斯則前塵分別影事。塵非常住若變滅時此心則同龜毛兎角。則汝法身同於斷滅其誰修證無生法忍。

明離塵無體以破生滅心也。我非敕汝所執定非真心。汝且試將此心微細揣摩。為當離塵有體為復離塵無體。若此妄心離塵有體則容是真心。既離塵無體非妄而何。言前塵分別影事者。謂六塵如形分別如影影由形有故無自體。心因塵有豈有體耶。既認能推為真而離塵無體則汝法身同於斷滅矣。將何修證無生法忍乎。

即時阿難與諸大眾默然自失。佛告阿難世間一切諸修學人現前雖成九次第定不得漏盡成阿羅漢。皆由執此生死妄想誤為真實。是故汝今雖得多聞

不成聖果。

上破生滅欲其悟不生滅悟則恍然自得。不悟故默然自失因其不悟故以執妄為真不成聖果之言而告之。令識能推非真以悟無生也。蓋能悟無生即悟自性首楞嚴而知妙莊嚴路矣。

阿難聞已重復悲淚五體投地長跪合掌而白佛言。自我從佛發心出家恃佛威神常自思惟無勞我修將謂如來惠我三昧不知身心本不相代失我本心雖身出家心不入道譬如窮子捨父逃逝今日乃知雖有多聞若不修行與不聞等如人說食終不能飽。

世尊。我等今者二障所纏、良由不知寂常心性、惟願如來哀愍窮露、發妙明心、開我道眼。

慼佛所發慨前之失、以請發妙心開道眼也。此問從上執此生死妄想誤爲眞實之言而起。言二障者。謂所知煩惱也。所知即緣塵分別之心、隨境生滅、如客之有去來者。煩惱即性中流動之心。起滅不停、如空中搖動之塵也。總之皆生死妄想。若知寂常心性、則不誤認妄想爲眞。而妄纏自釋、今由不知心性爲妄想所纏、故請發妙心開道眼也。而世尊即引盲人矚暗以開示者。令知見性是心了

無虧損、以悟寂常心性也。而阿難大眾雖聞說示而畢竟不悟者。良由妄認身心之情未亡故也。是以先令五比丘說客塵、欲其識能緣之心是客塵而不認妄爲眞。次屈指飛光、欲其悟所緣身境亦客塵而不迷眞認妄、果能如是則妄認身心兩情自亡而寂常心性自悟也。

即時如來從胷卍字涌出寶光。其光晃昱有百千色。十方微塵普佛世界一時周徧、徧灌十方所有寶剎諸如來頂、旋至阿難及諸大眾。

將明妙心道眼而從胷卍字放寶光者表由寶明妙心發正知見也。佛胷有卍字表吉祥萬德所集。其光晃然明昱然盛有百千色表妙心照用具足萬德也。光徧佛界者。示清淨本然也。徧灌佛頂者。表極果所同也。旋及大眾者。示羣靈共有也。此即妙心道眼之眞光。在聖不增、處凡不減、但隨量應現耳。

告阿難言、吾今爲汝建大法幢、亦令十方一切眾生獲妙微密性淨明心、得清淨眼。

因前請示妙心道眼。故此許建法幢也。幢表摧邪立正。下因見顯心令悟見性是心。摧伏邪異。得正

知見是謂建大法幢。邪異既摧。知見既正。則妙心獲而淨眼得矣。故前問心眼雙扣。此許心眼雙示也。生佛等有而不可測知。曰妙微密。垢不能染。暗不能昏。曰性淨明。見離眚病。廓然照了。曰清淨眼。

阿難。汝先答我見光明拳。此拳光明因何所有。云何成拳。汝將誰見。阿難言。由佛全體閻浮檀金。赩如寶山。清淨所生。故有光明。我實眼觀五輪指端屈握示人。故有拳相。佛告阿難。如來今日實言告汝。諸有智者要以譬喻而得開悟。阿難。譬如我拳。若無我手不成我拳。若無汝眼不成汝見。以汝眼根例我拳理。其

義均不。阿難言。唯然世尊。既無我眼不成我見。以我眼根例如來拳事義相類。

妙心道眼本自無虧。因迷不覺。故此引喻以發明也。閻浮檀樹果汁入水沙石成金。紦赤豔也。眼根例拳事義不類。而阿難未悟。答言相類。

佛告阿難。汝言相類。是義不然。何以故。如無手人。拳畢竟滅。彼無眼者非見全無。所以者何。汝試於途詢問盲人。汝何所見。彼諸盲人必來答汝。我今眼前惟見黑暗。更無他矚。以是義觀。前塵自暗。見何虧損。

正顯見性無虧也。見暗卽見矣。是知盲非無見。特

無眼耳。

阿難言。諸盲眼前惟覩黑暗。云何成見。佛告阿難。諸盲無眼。惟觀黑暗。與有眼人處於暗室。二黑有別。為無有別。如是世尊。此暗中人與彼羣盲。二黑校量。曾無有異。阿難。若無眼人全見前黑。忽得眼光。還於前塵見種種色。名眼見者。彼暗中人全見前黑。忽獲燈光。亦於前塵見種種色。應名燈見。若燈見者。燈能有見。自不名燈。又則燈觀。何關汝事。是故當知燈能顯色。如是見者是眼非燈。眼能顯色。如是見性是心非眼。

此因不悟性無虧損。故復引明目處暗相對以顯示也。若燈見者下。牒上結明見不由眼也。知見不由眼。則直悟性淨明心本無虧欠。得清淨眼矣。

阿難雖復得聞是言。與諸大眾口已默然。心未開悟。猶冀如來慈音宣示。合掌清心。佇佛悲誨。

上顯見性是心。而大眾未悟。復希開示也。然當機大眾聞佛開示。所以不悟者。蓋為認妄為真之情未亡。則寂常心性何由得悟。故下令五比丘說客塵以開示也。

爾時世尊舒兜羅綿網相光手。開五輪指。誨敕阿難

及諸大眾。我初成道。於鹿園中。為阿若多五比丘等及汝四眾言。一切眾生不成菩提及阿羅漢。皆由客塵煩惱所誤。汝等當時因何開悟。今成聖果。

舉昔說問開悟之因。將使說客塵以開示也。所以示客塵者。令了動心緣想如客如塵。不為其所誤。則寂常心性可知。而菩提聖果可獲也。若以客塵對二障。客卽所知。塵卽煩惱。主空卽寂常也。

時憍陳那起立白佛。我今長老。於大眾中獨得解名。因悟客塵二字成果。世尊。譬如行客投寄旅亭。或宿或食。食宿事畢。俶裝前途。不遑安住。若實主人。自無

攸往。如是思惟不住名客住名主人。以不住者名爲
客義。又如新霽清暘升天光入隙中。發明空中諸有
塵相。塵質搖動虛空寂然。如是思惟澄寂名空搖動
名塵。以搖動者名爲塵義。佛言如是。

此白客塵欲衆聞所示。以識去來生滅緣心是客
塵之妄。而悟無去來生滅寂常是主空之眞也。客
塵之喻。客喻所知之麤。塵喻煩惱之細。所知卽緣
塵分別麤流逸念。煩惱卽起滅不停細流注心。言
客寄旅亭宿食。喻緣心對境卽生緣會而來也。食
宿事畢前行。喻緣心離境卽滅緣散而去也。主人

自無攸往。喻常心不逐境緣去來生滅也。又隙塵
搖動不停。喻微細念慮起滅無息。虛空澄清寂靜
喻眞性離念湛寂凝然。若衆因所示而識妄知眞
則認妄爲眞之情忘。二障之纏釋。而寂常心性悟
矣。豈聖果有不獲者哉。

卽時如來於大衆中屈五輪指屈已復開開已又屈。
謂阿難言。汝今何見。阿難言。我見如來百寶輪掌衆
中開合。佛告阿難。汝見我手衆中開合。爲是我手有
開有合。爲復汝見有開有合。阿難言。世尊寶手衆中
開合。我見如來手自開合。非我見性有開有合。佛言。

誰動誰靜。阿難言。佛手不住。而我見性尙無有靜。誰
爲無住。佛言。如是。如來於是從輪掌中。飛一寶光在
阿難右。卽時阿難迴首右盼。又放一光在阿難左。阿
難又則迴首左盼。佛告阿難。汝頭今日何因搖動。阿
難言。我見如來出妙寶光來我左右。故左右觀。頭自
搖動。阿難。汝盼佛光左右動頭。爲汝頭動。爲復見動。
世尊。我頭自動。而我見性尙無有止。誰爲搖動。佛言。
如是。

因衆不悟寂常心性。而妄認身境之相。如來欲祛
迷蕩執。必與當機之人酬唱激揚以發明斯道。故

此屈指飛光。師資對揚以顯示也。蓋身有生滅境
有去來。猶客塵也。因不知此而認以爲實。故如來
以屈指示境。飛光示身。以搖動開合不住之相意
顯客塵。欲其觀所示相。以識身境是客塵之妄。而
自祛執情也。寂常本無生滅去來。猶主空也。因其
不悟。故復於頭手徵問其見。意令答出見性無動
無開合。以顯主空。欲其於所答言。以悟見性是主
空之眞也。蓋此所顯搖動開合之相及所答無動
無開合言。是垂言象也。意顯客塵主空是垂言象
意也。欲其識妄悟眞卽令觀象得意言下知歸耳。

然當機因佛兩徵其見卽隨已所聞解而荅雅合佛心故印言如是其所證意一以印其所言與理順一使當機大眾於言下而悟心因眾不悟故下責之雖然而當機於此旣同未悟不免亦在所責。

於是如來普告大眾若復眾生以搖動者名之爲塵以不住者名之爲客汝觀阿難頭自動搖見無所動又汝觀我手自開合見無舒卷云何汝今以動爲身以動爲境從始洎終念念生滅遺失眞性顛倒行事性心失眞認物爲已輪迴是中自取流轉

上師資對揚以垂言象欲其識妄悟眞而大眾雖

觀象聞言猶迷眞認妄故此舉悟指迷以責也言若復者假眾生對陳那而明悟故云若復蓋陳那因悟緣心是客塵之妄而成果矣假若復有眾生觀頭自搖動之象以搖動者爲塵觀佛手不住之象以不住者爲客卽知身有生滅如隙塵搖動不停境有去來猶行客來往不住如此卽悟身境亦客塵之妄則不認妄爲實矣此明觀象得意者也汝觀下指迷以責卽責觀象聞言不得意者蓋謂汝旣觀阿難頭自動搖卽應知身是塵聞見無所動卽應悟心是寂又汝觀我手自開合卽應識境是客聞見無舒卷卽應悟性是常云何汝今不悟無動無舒卷之寂常而猶以動搖生滅之身爲身去來不住之境爲境故云以動爲身以動爲境斯卽責眾認妄動而迷不動也以文中惟責認妄而影略迷眞故但言云何汝今以動爲身等從始下謂始因迷妄而屈指飛光及至於今猶迷眞認妄故云從始洎終念念生滅是則所認身境卽生滅境能認之心卽生滅心也不悟寂常是失眞也妄認身境是顛倒也旣認物失眞顛倒行事故於輪迴中自取流轉耳若能直下照了身境與心悉從

緣有而無自性如客如塵則妄認身心之情自忘而寂常心性悟矣生死輪迴於此超脫得不快哉

大佛頂如來密因修證了義諸菩薩萬行首楞嚴經纂註卷第一

大佛頂如來密因修證了義諸菩薩萬行首楞嚴經
纂註卷第二

唐天竺沙門般剌密諦譯
唐烏萇國沙門彌伽釋迦譯語
唐菩薩戒弟子前正議大夫同中書門下平章事淸河房融筆受
明檇李沙門眞界纂註

爾時阿難及諸大眾聞佛示誨身心泰然。念無始來失卻本心。妄認緣塵分別影事。今日開悟如失乳兒忽遇慈母。合掌禮佛。願聞如來顯出身心眞妄虛實。現前生滅與不生滅二發明性。時波斯匿王起立白佛。我昔未承諸佛誨敕。見迦旃延毘羅胝子。咸言此身死後斷滅。名爲涅槃。我雖值佛今猶狐疑。云何發揮證知此心不生滅地。今此大眾諸有漏者咸皆願聞。

此敘所悟而請示不生滅性也。謂雖悟緣心非實。而未悟本心。故聞前所責示以動爲身。以動爲境。及念念生滅遺失眞性。則不知身心云何虛妄生滅。云何眞不生滅。故皆合掌禮佛願聞也。匿王深體阿難大眾所懷。兼已亦於不生滅性心猶疑惑。故引外宗辨問冀佛開示。而下如來即於生滅身中顯出不生滅性。則近破外道斷見。令知死後續生。深引阿難等悟眞不離虛妄生滅。此即生滅中以示不生滅也。迦旃延姓也。名迦羅鳩馱。此外道執一切法亦有亦無。刪闍夜是名毘羅胝母號。此外道起自然見。外計雖多不離斷常二見。此二皆斷見類。故云咸言斷滅。此人異計。不知業種相生。妄謂死後即是涅槃。

佛告大王。汝身現在。今復問汝。汝此肉身爲同金剛常住不朽。爲復變壞。世尊。我今此身終從變滅。佛言。大王。汝未曾滅。云何知滅。世尊。我此無常變壞之身。雖未曾滅。我觀現前念念遷謝。新新不住。如火成灰。漸漸銷殞。殞亡不息。決知此身當從滅盡。

將顯不變不滅。即就肉身以辨問其變不變者。欲於生滅身中顯出不生滅性故也。

佛言。如是。大王。汝今生齡已從衰老。顏貌何如童子之時。世尊。我昔孩孺膚腠潤澤。年至長成血氣充滿。而今頹齡迫於衰耄。形色枯悴。精神昏昧。髮白面皺。逮將不久。如何見比充盛之時。

欲其更審遷謝之相。故以老少相比而問也。且佛問兩時。答出三時。謂孩孺長成衰耄也。孩纔成骸也。孺需人以養者。皮表曰膚。文理曰腠。耄昏忘也。然八十曰耄。時匿王方六十二。蓋通言昏忘耳。

佛言。大王。汝之形容應不頓朽。王言。世尊。變化密移我誠不覺。寒暑遷流漸至於此。何以故。我年二十雖號年少顏貌已老初十歲時。三十之年又衰二十。於今六十又過於二。觀五十時宛然強壯。世尊。我見密移雖此殂落其間流易且限十年。若復令我微細思惟其變寧惟一紀二紀實爲年變。豈惟年變亦兼月化。何直月化兼又日遷。沈思諦觀刹那刹那念念之

間不得停住。故知我身終從變滅。

前指顏貌老少而問相變。今以形不頓朽而問年變令其細審遷謝之相也。蓋佛所問意欲其於變滅中觀之審諦。然後示不變滅性。必易領解耳。殂落猶遷謝也。尙書以殂落爲死。非今經義。且限十年。以寬數麤觀也。自促細觀實念念不停矣。

佛告大王。汝見變化遷改不停悟知汝滅。亦於滅時。汝知身中有不滅耶。波斯匿王合掌白佛。我實不知。佛言。我今示汝不生滅性。大王。汝年幾時見恆河水。王言。我生三歲慈母攜我謁耆婆天。經過此流爾時卽知是恆河水。佛言。大王。如汝所說二十之時衰於十歲乃至六十日月歲時念念遷變。則汝三歲見此河時至年十三其水云何。王言。如三歲時宛然無異。乃至於今年六十二亦無有異。佛言。汝今自傷髮白面皺其面必定皺於童年。則汝今時觀此恆河與昔童時觀河之見有童耄不。王言。不也世尊。

將示性無生滅。此先令知見無童耄也。蓋顏貌雖有遷變而此見性未嘗遷變。云何於中受生滅耶。耆婆此云長壽天神。攜子謁之求長壽也。

佛言。大王。汝面雖皺而此見精性未曾皺。皺者爲變。

不皺非變。變者受滅彼不變者元無生滅。云何於中受汝生死。而猶引彼末伽黎等都言此身死後全滅。王聞是言信知身後捨生趣生。與諸大眾踊躍歡喜得未曾有。

此卽變滅中以示不變滅也。末伽黎卽迦旃毘羅之徒。旣無生死卽汝眞常不應惑彼斷滅異論也。王聞下因悟不滅故歡喜踊躍以敘其淺悟但云捨生趣生。詳彼深意必知滅元不滅。若然者豈但破匿王引外之見抑亦酬阿難二發之請也。

阿難卽從座起禮佛合掌長跪白佛。世尊。若此見聞

必不生滅。云何世尊名我等輩遺失眞性顚倒行事。
願興慈悲洗我塵垢。
因聞上說。卽認妄爲眞。遂疑前責。故願佛開示也。
蓋謂觀河之見既無生滅。則前見佛手開合之見
亦不生滅矣。云何名我等遺失眞性顚倒行事耶。
然上依性示此。就相執卽其所認具二顚倒。以如
來所示不變滅性爲緣塵分別之見。是迷眞爲妄。
如以正爲倒。既認緣塵之見爲不生滅。是認妄爲
眞。如以倒爲正。此卽性顚倒也。如來以性爲眞。以
相爲妄。如以正爲正。以倒爲倒。故名正偏知。

卽時如來垂金色臂。輪手下指。示阿難言。汝今見我
母陀羅手爲正爲倒。阿難言。世間衆生以此爲倒。而
我不知誰正誰倒。佛告阿難。若世間人以此爲倒。卽
世間人將何爲正。阿難言。如來竪臂。兜羅綿手上指
於空則名爲正。佛卽竪臂告阿難言。若此顚倒首尾
相換。諸世間人一倍瞻視。則知汝身與諸如來淸淨
法身比類發明。如來之身名正偏知。汝等之身號性
顚倒。
因其認妄爲眞。此垂手以發明顚倒也。蓋佛身本
無正倒。由阿難等倒見。故言顚倒。如臂順垂反以
爲倒。逆竪爲倒反以爲正。如以首爲尾。以尾爲首。
故云首尾相換。諸世間人既一槩倍加倒見。則知
二身比類發明。如來之身以正爲正。名正偏知。汝
等之身特由倒見。故號性顚倒也。母陀羅云印。卽
三十二相之一。瞻視卽見也。
隨汝諦觀汝身佛身稱顚倒者。名字何處號爲顚倒。
於時阿難與諸大衆瞪瞢瞻佛。目睛不瞬。不知身心
顚倒所在。
此敎其諦觀顚倒所在也。謂汝身對佛身稱顚倒
者。且此顚倒名字何從而得耶。意令悟認妄爲眞。
是認悟中之迷。卽顚倒所在。時衆未達。於是瞢然。

佛興慈悲。哀愍阿難及諸大衆。發海潮音。徧告同會
諸善男子。我常說言。色心諸緣及心所使諸所緣法。
惟心所現。汝身汝心皆是妙明眞精妙心中所現物。
云何汝等遺失本妙圓妙明心。寶明妙性。認悟中迷。
因其不達顚倒所在。此舉常說以指明也。色總舉
五根六塵也。心總舉六識八識也。諸緣卽根識所
緣諸法也。心所使卽五十一心所法也。諸所緣法
廣舉山河大地明暗色空眞妄性相邪正因果。悉
無自體。惟心所現。然則汝今幻妄身心皆是妙明

心所現物。悟則識妄知眞。迷則遺本認妄。今既認妄爲眞。是不識幻妄而悟妙體。反遺本妙而執幻妄。是認悟中之迷。此卽顚倒所在也。妙心則一。而稱謂多異者。依法隨用之異也。此明心所現物如鏡。故稱妙明眞精。所謂本妙者本來自妙。不假修爲也。心之與性。乃體用互稱也。心則從妙起明。圓融照了。如鏡之光。故曰圓妙明心。性則卽明而妙。凝然湛寂。如鏡之體。故曰寶明妙性。

晦昧爲空。空晦暗中。結暗爲色。色雜妄想。想相爲身。聚緣內搖。趣外奔逸。昏擾擾相。以爲心性。一迷爲心。決定惑爲色身之內。不知色身外洎山河虛空大地。咸是妙明眞心中物。譬如澄清百千大海。棄之。惟認一浮漚體。目爲全潮。窮盡瀛渤。汝等卽是迷中倍人。如我垂手。等無差別。如來說爲可憐愍者。

此申明顚倒之意。以結歎也。晦昧爲空者。由不了眞如法一。徧迷法界而成頑空。卽下經云迷妄有虛空也。空晦暗中。結暗爲色者。所變頑空與能變無明二法和合。變起四大。爲山河依報外色。卽想澄成國土也。以四大色雜妄想。心變起衆生正報內色。故曰色雜妄想。想相爲身。想謂妄心。相謂妄

色。色心和合。五陰備矣。卽知覺乃衆生也。聚緣內搖等者。謂妄有緣氣。於中積聚。內則隨想搖蕩。外則逐境奔逸。以此昏擾擾相而爲心性。此皆眞心中所現物。俱非眞實。汝既迷此昏擾之相。爲心決定。以心爲在幻質之內。則不知虛空世界皆眞心所現之廣大心矣。若此何異棄彼無邊刹海。認一浮漚。以爲全潮之體。溟渤之量。豈非顚倒哉。汝等下。謂背眞逐妄。如棄海認漚。執妄爲眞。如認漚爲海。既棄海認漚。早是迷矣。復認漚爲海。又一迷也。是謂迷中倍人。其迷如此。則與以正爲倒。以倒爲正者。無以異也。故引垂手之事。以結歎之。

阿難承佛悲救深誨。垂泣叉手而白佛言。我雖承佛如是妙音。悟妙明心元所圓滿常住心地。而我悟佛現說法音。現以緣心。允所瞻仰。徒獲此心。未敢認爲本元心地。願佛哀愍。宣示圓音。拔我疑根。歸無上道。

因承妙音。悟妙明心本來圓滿。了無遺失。然於所獲能聞緣心。尚紆疑惑。謂以爲眞。前來已破。以爲非眞。餘無所得。猶未敢認爲本元。故願佛宣示以拔疑根也。

佛告阿難。汝等尚以緣心聽法。此法亦緣非得法性。

如人以手指月示人。彼人因指。當應看月。若復觀指以為月體。此人豈惟亡失月輪。亦亡其指。何以故。以所標指為明月故。豈惟亡指。亦復不識明之與暗。何以故。即以指體為月明性。明暗二性無所了故。汝亦如是。

因其真妄未明。此顯真性無能所也。蓋真性無緣。離能所相。以能緣心緣佛法音。既有能所。非得法性。如人下先顯所緣非真也。以人喻如來。手指喻聲教。月喻真理。示人喻化眾生也。教詮真理。理是眾生之心。聞教自合觀心。離指方能識月。若復觀

指為月。則指月俱亡。明暗莫識矣。汝亦如是者。謂汝若認法為心。同觀指為月之人也。何者。謂認法為心。則教理俱亡。真妄莫知故也。

若以分別我說法音為汝心者。此心自應離分別音有分別性。譬如有客寄宿旅亭。暫止便去。終不常住。而掌亭人都無所去。名為亭主。此亦如是。若真汝心。則無所去。云何離聲無分別性。斯則豈惟聲分別心。分別我容。離諸色相無分別性。如是乃至分別都無。非色非空。拘舍離等昧為冥諦。

正顯能緣非真。兼顯冥諦也。謂能緣之心。譬如行客。暫止便去。若真汝心。則無所去。云何離聲無分別性。斯則下躡阿難之意廣明也。聲分別心。指聲上緣心。即悟佛法音者也。分別我容。謂色上緣心。即允所瞻仰者也。蓋言非但聲分別心離聲無性。色分別心離色相外亦無其性。如是乃至下兼顯冥諦非真也。謂外道二十五諦。除冥諦是非色非心非空。餘皆不出色心空也。覺諦我心五知根五作業根心平等根神我皆心也。五塵五大皆色也。五大中空大即空也。今分別都無。即非心也。非色非空非色境也。既非色空識心。惟識性冥冥。而外

道不知。立為冥諦。是又不但因塵分別非真。縱無分別。非色非空。是為冥諦。亦非真也。

離諸法緣無分別性。則汝心性各有所還。云何為主。

此結前起後也。

阿難言。若我心性各有所還。則如來說妙明元心。云何無還。惟垂哀愍。為我宣說。

此問妙心無還。向下別指見精為不還者。是托見精無還。以顯真性無還也。

佛告阿難。且汝見我見精明元。此見雖非妙精明心。如第二月。非是月影。汝應諦聽。今當示汝無所還地。

阿難所問妙明元心云何無還而佛以見精爲答者以眞心無朕發悟良難故託見精方便開示此雖屬妄切近於眞如第二月取譬非遠應知此見亦是前來緣塵之見但緣塵分別之見則破云有還緣塵能見之性則示云無還如下文云汝今徧觀此會聖衆其目周視但如鏡中無別分析此卽見精也卽能見之相可還者也又云汝識於中次第標指此是文殊等此卽緣塵分別者也

阿難此大講堂洞開東方日輪升天則有明曜中夜黑月雲霧晦暝則復昏暗戶牖之隙則復見通牆宇

之間則復觀壅分別之處則復見緣頑虛之中徧是空性鬱𡋯之象則紆昏塵澄霽斂氛又觀清淨

欲示無還之性先指可還之相此八但是舉要而已然此八緣餘七皆就所分別處言之惟分別緣則於七境而起分別是以前云緣塵分別之見則破云有還者此也

阿難汝咸看此諸變化相吾今各還本所因處云何本因阿難此諸變化明還日輪何以故無日不明明因屬日是故還日暗還黑月通還戶牖壅還牆宇緣還分別頑虛還空鬱𡋯還塵清明還霽則諸世間一切所有不出斯類汝見八種見精明性當欲誰還何以故若還於明則不明時無復見暗雖明暗等種種差別見無差別諸可還者自然非汝不汝還者非汝而誰則知汝心本妙明淨汝自迷悶喪本受輪於生死中常被漂溺是故如來名可憐愍

此就可還之相示無還之性以結歎也蓋明暗等八種各還八因能觀八種見精明性當還何所何以故下徵釋無還也若有所還則隨境去無復能見矣境自有差見性無別則不隨境明矣諸可還下結示無還實汝眞性則知下結歎警悟也

阿難言我雖識此見性無還云何得知是我眞性

此迷如來所示無還眞性爲見精明元故有此問

佛告阿難吾今問汝今汝未得無漏清淨承佛神力見於初禪得無障礙而阿那律見閻浮提如觀掌中菴摩羅果諸菩薩等見百千界十方如來窮盡微塵清淨國土無所不矚衆生洞視不過分寸

此敘見用各別意顯見性無殊也見用有五一聲聞二羅漢三菩薩四如來五衆生意明四聖六凡見量雖異見性不殊也菴摩羅云難分別其果似桃非桃似奈非奈故言不過分寸者隔紙膜不見

外物隔皮膚不見五臟也。

阿難。且吾與汝觀四天王所住宮殿。中間徧覽水陸空行。雖有昏明種種形象。無非前塵分別留礙。汝應於此分別自他。今吾將汝擇於見中。誰是我體。誰為物象。阿難。極汝見源。從日月宮是物非汝。至七金山。周徧諦觀。雖種種光。亦物非汝。漸漸更觀雲騰鳥飛。風動塵起。樹木山川。草芥人畜。咸物非汝。

將示無殊之性。此先指差別之相。令其決擇也。且吾下先標物象。次令決擇。極汝見源。謂極其所見也。上極日月。下極輪圍。中極萬物。令一一詳擇也。

阿難。是諸近遠諸有物性。雖復差殊。同汝見精清淨所矚。則諸物類自有差別。見性無殊。此精妙明。誠汝見性。

此正示眞性無殊也。前問云何得知是我眞性。此示萬境差別。見無差別。無差別者。卽汝眞性。此之眞性。寬麤濁而不雜。精也。涉萬殊而不異。妙也。極遠近而同矚。明也。

若見是物。則汝亦可見吾之見。若同見者。名為見吾。吾不見時。何不見吾不見之處。

因上卽物以明見性。將恐認見為物。故此對揚以辨也。若汝認見為物。吾見亦同是物。汝應可見。同見者。依物之迹也。不見者。離物之體也。若謂吾汝同見一物。是見吾之見。特迹而已。吾當離物不見之時。其體何在。既無處可見。定非是物矣。此辨見非是物也。

若見不見。自然非彼不見之相。

此辨所見非不見也。若謂能見吾不見者。自然非彼不見之相。且不見之相。本自無相。豈汝所能見哉。

若不見吾不見之地。自然非物。云何非汝。

此結顯見性非物也。不見之地。眞性之體也。若能見之。容許是物。既不能見。自然非物矣。云何非汝眞性乎。故前云此精妙明。誠汝見性。

又則汝今見物之時。汝既見物。物亦見汝。體性紛雜。則汝與我并諸世間不成安立。

又約物我雜亂辨見非物也。若見是物。則物應有見。而有情無情體性錯亂。不可分辨。故曰不成安立。則見非是物。又可明也。諸世間。謂衆生及器。通指有情無情也。

阿難。若汝見時。是汝非我。見性周徧。非汝而誰。云何

自疑汝之眞性性汝不眞取我求實

此復指周徧以顯眞性也蓋前示無殊此指周徧皆顯眞性耳云何下請既知見性無還即汝眞性矣云何自疑汝性不眞而求實於我耶此結答云何得知是我眞性之問也

阿難白佛言世尊若此見性必我非餘我與如來觀四天王勝藏寶殿居日月宮此見周圓徧娑婆國退歸精舍祇見伽藍清心戶堂但瞻簷廡世尊此見如是其體本來周徧一界今在室中唯滿一室爲復此見縮大爲小爲當牆宇夾令斷絕我今不知斯義所

在願垂弘慈爲我敷演

蹋上以問見性舒縮夾絕也蓋舒縮謂見自舒縮夾絕謂見本周徧由牆夾斷也此由阿難以所覩廣狹而疑見體舒縮故生斯問既觀初天則惟見一四天下言娑婆者舉其通名耳非指大千也

佛告阿難一切世間大小內外諸所事業各屬前塵不應說言見有舒縮譬如方器中見方空吾復問汝此方器中所見方空爲復定方爲不定方若定方者別安圓器空應不圓若不定者在方器中應無方空汝言不知斯義所在義性如是云何爲在

此舉喻以示見無舒縮也一切世間則根身器界之類大小內外則一界一室之類諸所事業則舒縮夾絕之類此總舉萬法皆屬前塵與吾見性自不相涉是故前塵大小見無舒縮譬如下器喻前塵空喻見體吾復下明方圓因器不在虛空大小由塵何關見性是故結言云何爲在

阿難若復欲令入無方圓但除器方空體無方不應說言更除虛空方相所在

此重示空無方圓再顯見無舒縮也然上對器明空故令虛空似有方圓之相此復欲令虛空入無

方圓但去其器而空即無方圓矣以空本無方圓故但除器不應除空也以況緣塵辨見致使見性似有大小之形若復欲使見無大小但離前塵而見即無大小矣以見本無大小故但離塵不應除見是以古師謂離塵觀性自得本眞也

若如汝問入室之時縮見令小仰觀日時汝豈挽見齊於日面若築牆宇能夾見斷穿爲小竇寧無續跡是義不然

此即其所問而破之也既非可挽定非可縮既非可續定非可斷義既不然無用情計

一切衆生從無始來迷已爲物失於本心、爲物所轉、故於是中觀大觀小。若能轉物則同如來。身心圓明。不動道場。於一毛端徧能含受十方國土。

此舉衆結示阿難之妄計也。迷已爲物謂迷性爲塵也。爲物所轉者謂因而倒妄也。爲物所轉。如空隨器變。故於是中觀大觀小。而終爲衆生。能轉物者如除器觀空。故身心圓明徧含國土而即同如來。言如來者。即諸法如義。以能轉物。故諸法同如。言衆生者。即衆法相生義。以爲物所轉見大小。故。

阿難白佛言。世尊。若此見精必我妙性。今此妙性現

在我前見必我真、我今身心復是何物、而今身心分別有實。彼見無別分辨我身。若實我心。令我今見見性實我而身非我。何殊如來先所難言物能見我。惟垂大慈開發未悟。

因聞見性周徧。即疑妙性在前。故牒之以發問也。蓋謂見精必我妙性。即是此見妙性現在我前。與身心異矣。所見既是真性。則我能見復是何物。若謂身無見性而今分別非虛。若言現前是見。則彼之外物別無心智反辨我身。若彼外物實是我心。現今能見則成外物是我。彼既真我。我應非我。何殊前難汝既見物物亦見汝也。然此問意、由阿難見性未圓。故於一性而分物我之別。如來令其指陳言雖破其見不在前意顯萬法一體無是非相。使悟圓明之性本無物我之殊。亦無是非之異也。

佛告阿難。今汝所言見在汝前是義非實。若實汝前汝實見者。則此見精既有方所。非無指示。且今與汝坐祇陀林徧觀林渠及與殿堂。上至日月。前對恆河。汝今於我師子座前舉手指陳是種種相。陰者是林。明者是日。礙者是壁。通者是空。如是乃至草樹纖毫大小雖殊。但可有形無不指著。若必其見現在汝前。

汝應以手確實指陳何者是見。阿難當知。若空是見既已成見何者是空。若物是見。既已是見何者爲物。汝可微細披剝萬象。析出精明淨妙見元指陳示我。同彼諸物分明無惑。阿難言。我今於此重閣講堂遠洎恆河上觀日月。舉手所指縱目所觀指皆是物。無是見者。世尊。如佛所說況我有漏初學聲聞乃至菩薩亦不能於萬物象前剖出精見離一切物別有自性。佛言。如是如是。

因疑見性在前。即舉萬象令其指陳也。物無是見。故雖大聖。不能即物中使見離物。而顯出見性。如

是如是者阿難指物無是見如來如所如說也

佛復告阿難如汝所言無有精見離一切物別有自性則汝所指是物之中無是見者今復告汝汝與如來坐祇陀林更觀林苑乃至日月種種象殊必無見精受汝所指汝又發明此諸物中何者非見阿難言我實徧見此祇陀林不知是中何者非見何以故若樹非見云何見樹若樹卽見復云何樹如是乃至若空非見云何見空若空卽見復云何空我又思惟是萬象中微細發明無非見者佛言如是如是

因其不能指陳故復以非見而問先答不知以義

未可定謂若樹非見何能見樹若樹卽見樹當名見云何名樹故復思惟無非見者然如來於無是無非之言兩皆印者以所證中見與見緣如虛空華於中本無是非是義故如所如說而兩皆印也

於是大衆非無學者聞佛此言茫然不知是義終始一時惶悚失其所守如來知其魂慮變慴心生憐愍安慰阿難及諸大衆諸善男子無上法王是眞實語如所如說不誑不妄非末伽黎四種不死矯亂論議汝諦思惟無忝哀慕

因衆不悟無是非理故指如說不妄令諦思慕也

茫然者瞑昧不明也是見義既失非見理復乖終始難明守歸何所而不知能見所緣俱爲勞相是非物我咸是緣塵既法空之慧未開智障之惑難破由是非無學者一時惶悚魂慮變慴卽惶悚失守也眞語等者謂上答二義乃稱眞之語非矯論也末伽外道四種矯亂見於第十卷忝辱也

是時文殊師利法王子愍諸四衆在大衆中卽從座起頂禮佛足合掌恭敬而白佛言世尊此諸大衆不悟如來發明二種精見色空是非是義世尊若此前緣色空等象若是見者應有所指若非見者應無所

矚而今不知是義所歸故有驚怖非是疇昔善根輕尠惟願如來大慈發明此諸物象與此見精元是何物於其中間無是非是

因其惶悚失守故文殊愍衆以請明也蓋佛意爲顯見與見緣如虛空華於中本無是非是義故以如語隨問而答然此非有學小智所及故大衆茫然失守而必須文殊請明也若此前緣下牒前罔措之意請明

佛告文殊及諸大衆十方如來及大菩薩於其自住三摩地中見與見緣幷所想相如虛空華本無所有

此見及緣元是菩提妙淨明體云何於中有是非是

先明所證次指法體無是非相以答前問也言自住三摩地者即自證首楞嚴三昧也聖人證是三昧安住其中心境一如聖凡不二本無根識豈有是非是以前則如所證如而說故於無是無非之言兩皆印之今亦如所證如而答故云元是菩提妙淨明體云何於中有是非是也

文殊吾今問汝如汝文殊更有文殊是文殊者為無文殊如是世尊我眞文殊無是文殊何以故若有是者則二文殊然我今日非無文殊於中實無是非二

相

上直指法體無是非相恐其未悟此復就文殊以明無是非相也問意有三如汝文殊一也更有文殊是文殊者二也為無文殊三也答曰我眞文殊無是文殊何以故下釋成上義則二文殊者明有眞是二文殊也然我下明雖不立是亦不墮非於當體中實無二相

佛言此見妙明與諸空塵亦復如是本是妙明無上菩提淨圓眞心妄為色空及與聞見如第二月誰為是月又誰非月文殊但一月眞中間自無是月非月

此重舉見與見緣無是非相以合上文殊無是非相也蓋此見及緣本是淨圓眞心妄為色空聞見元無實體豈有是非如第二月下復舉月喻以明無是非也本唯一月未曾有二病眼不了二相俄生既知第二無體更欲名誰為是月非月哉

是以汝今觀見與塵種種發明名為妄想不能於中出是非是由是眞精妙覺明性故能令汝出指非指

此結指是非由妄以顯眞精本無是非也蓋不了一體見法差殊則物非是我小非是大等如此種種發明名為妄想何出是非若了萬法一體唯一

精眞本無差別寧有是非故能出是非是也

阿難白佛言世尊誠如法王所說覺緣徧十方界湛然常住性非生滅與先梵志娑毘迦羅所談冥諦及投灰等諸外道種說有眞我徧滿十方有何差別

將計常徧為自然故引佛說對外宗問辯覺緣者覺謂覺性緣即周徧無生相也前云見性周徧又云彼不變者元無生滅即所謂覺緣徧十方界常住不滅也然黃髮之流亦說眞我徧界及所立冥諦謂眞性冥冥體非生滅則與佛說何異蓋外道不見性眞但依賴耶妄計混濫眞說故此問難冥

佛甄別也。外道通稱梵志。投灰苦行外道也。世尊亦曾於楞伽山。爲大慧等敷演斯義。彼外道等常說自然。我說因緣。非彼境界。我今觀此覺性自然非生非滅。遠離一切虛妄顚倒。似非因緣與彼自然。云何開示。不入羣邪。獲眞實心妙覺明性。

此引昔說以計自然也。楞伽山名。此云不可往。惟得通者能到。楞伽會上爲大慧菩薩說因緣義。以破外道自然之執。非彼境界者。非同外道所見也。楞伽雖說因緣。破彼妄執。今觀覺性有眞自然。體遠離倒妄。則似非因緣與彼外道自然。云何開示。

使不入羣邪。獲妙覺明性也。

佛告阿難。我今如是開示方便。眞實告汝。汝猶未悟。惑爲自然。阿難。若必自然。自須甄明有自然體。汝且觀此妙明見中。以何爲自。此見爲復以明爲自。以暗爲自。以空爲自。以塞爲自。阿難。若明爲自。應不見暗。若復以空爲自體者。應不見塞。如是乃至諸暗等相以爲自者。則於明時見性斷滅。云何見明。

釋非自然也。眞實之告。通指前所開示。自然。謂自體本然也。自體本然。則不隨境變。今皆隨變。非自然矣。

阿難言。必此妙見性非自然。我今發明是因緣生。心猶未明。咨詢如來。是義云何合因緣性。

因破自然。故復以常偏而計因緣也。蓋常偏既非自然。必是因緣。因緣之義非常非偏。請問如來是常偏義。云何得合非常非偏之因緣性。

佛言。汝言因緣。吾復問汝。汝今因見見性現前。此見爲復因明有見。因暗有見。因空有見。因塞有見。阿難。若因明有。應不見暗。如因暗有。應不見明。如是乃至因空因塞。同於明暗。復次阿難。此見又復緣明有見。緣暗有見。緣空有見。緣塞有見。阿難。若緣空有。應不見塞。若緣塞有。應不見空。如是乃至緣明緣暗。同於空塞。

釋非因緣也。假物爲因。循物爲緣。既無定趣。非因緣矣。

當知如是精覺妙明。非因非緣。亦非自然。非不自然。無非不非。無是非是。離一切相。卽一切法。

疊拂偏計。直示精覺也。因緣自然是非等相。皆是妄情偏計分別。精覺妙明本無是事。故曰離一切相。偏計既離。則圓成實體觸處現前。故曰卽一切法。

汝今云何於中措心。以諸世間戲論名相而得分別。如以手掌撮摩虛空。秖益自勞。虛空云何隨汝執捉。

結上文而責滯情也。精覺不可措心。如虛空不可措手。云何以自然因緣戲論名相而分別哉。

阿難白佛言。世尊。必妙覺性非因非緣。世尊云何常與比丘宣說見性具四種緣。所謂因空因明因心因眼。是義云何。佛言。阿難。我說世間諸因緣相。非第一義。

躡上復計和合因緣也。見性具四緣者。謂因空而有。因明而顯。因心而知。因眼而見。是乃世間名相。於第一義皆爲戲論。

阿難。吾復問汝。諸世間人說我能見。云何名見。云何不見。阿難。言世人因於日月燈光見種種相。名之爲見。若復無此三種光明。則不能見。阿難。若無明時名不見者。應不見暗。若必見暗。此但無明。云何無見。阿難。若在暗時不見明故。名爲不見。今在明時不見暗相。還名不見。如是二相俱名不見。若復二相自相陵奪。非汝見性於中暫無。如是則知二俱名見。云何不見。

此指不和合以破前和合也。因三種光而後能見。名和合相。非眞見體。當知眞見非和合相。若無明時下。漸覈眞見也。若在暗時下。逆質俗情也。若復二相下。順顯眞見也。明暗自奪。見不暫無。此即不逐緣生。不隨境滅者也。

是故阿難。汝今當知。見明之時。見非是明。見暗之時。見非是暗。見空之時。見非是空。見塞之時。見非是塞。

欲使其知眞見無見。此先令知妄見有見也。然能見雖非所見。而有明暗空塞可見。則知是妄見矣。而眞見即見無見。故非妄見也。

四義成就。汝復應知。見見之時。見非是見。見猶離見。

見不能及。云何復說因緣自然及和合相。汝等聲聞狹劣無識。不能通達清淨實相。吾今誨汝。當善思惟。無得疲怠妙菩提路。

此破見精。復結破因緣等。勉進。欲令通達實相。得妙菩提路也。四義成就汝復應知者。結成上義。復起下文也。見見之時見非是見者。謂眞見照了見精是妄之時。即照而寂。則眞見無見。故云見非是見。眞見猶離見相。見相尚不能及。云何復說因緣自然及和合相。汝等下。責而勉之之辭。清淨實相。即眞見也。以眞見離乎見相。亦離因緣自然及和合相。故云清淨實相。由汝等不能通達。故吾誨汝當自思惟通達。以知妙菩提路。此與前悟自性首楞嚴即知妙莊嚴路同也。

阿難白佛言。世尊。如佛世尊為我等輩宣說因緣及與自然。諸和合相與不和合。心猶未開。而今更聞見見非見。重增迷悶。伏願弘慈施大慧目。開示我等覺心明淨。作是語已。悲淚頂禮承受聖旨。爾時世尊憐愍阿難及諸大眾。將欲敷演大陀羅尼諸三摩提妙修行路。告阿難言。汝雖強記但益多聞。於奢摩他微密觀照。心猶未了。汝今諦聽。吾當為汝分別開示。亦

令將來諸有漏者獲菩提果。

此因不達真見無見。故許示奢摩他觀照也。見見非見等。阿難意謂見有所見即是有見。何云見非是見。是以迷悶。復希開示。世尊將演諸三摩提妙修行路而告之言。汝益多聞。於奢摩他微密觀照心猶未了。故即許示奢摩他觀照。亦令諸有漏者獲菩提果也。蓋以奢摩他觀照寂而常照。故能照了見精是妄。照而常寂。故見非是見。是則奢摩他觀照即見用也。因其不達。故下復指同別二見以開示之。亦即示大陀羅尼諸三摩提妙修行路也。

阿難。一切眾生輪迴世間。由二顛倒分別見妄。當處發生當業輪轉。云何二見。一者眾生別業妄見。二者眾生同分妄見。

將示奢摩他觀照。此先明同別二見也。初二句舉果由二。下明因出過也。一念心動即名分別。動故有見。由無實體。故云見妄。一切眾生及世間相。皆由分別見妄而生。故云當處發生。眾生輪迴亦由分別動念而有。故云當業輪轉。云何下。徵列二見。別業者一人妄見也。同分者多人妄見也。故後文先引別業。且喻阿難一人眼根之妄。次連同分廣

喻十方眾生根身器界同一妄耳。

云何名為別業妄見。阿難。如世間人目有赤眚。夜見燈光別有圓影五色重疊。

舉喻以明別業妄見也。目喻真見。眚喻業相。燈喻法性。夜見喻妄見。圓影喻妄境。此明目有赤眚於燈見重疊之色。以喻見因業識於境見差別之相也。

於意云何。此夜燈明所現圓光。為是燈色。為當見色。阿難。此若燈色。則非眚人何不同見。而此圓影惟眚之觀。若是見色。見已成色。則彼眚人見圓影者名為

何等。

此卽燈見以推圓影也。重疊影光。旣非燈色。又非見色。惟彼見者目眚所成。以喻妄見差別之境。非由境起。亦非見生。皆是眾生業識所成也。惟眚之觀。謂有眚者見之也。名爲何等。謂若是見色見已成色。則彼眚人見圓影者。不得名爲見矣。色卽影也。

復次阿難。若此圓影離燈別有。則合傍觀屏帳几筵有圓影出。離見別有。應非眼囑。云何眚人目見圓影。

此離燈見以推圓影也。上卽燈見旣無實體。此離

燈見又無定處。則知妄見差別之境。皆由業識。故不卽見境。亦不離見境也。

是故當知色實在燈。見病爲影。影見俱眚。見眚非病。終不應言是燈是見。於是中有非燈非見。如第二月非體非影。何以故。第二之觀。揑所成故。諸有智者。不應說言此揑根元。是形非形。離見非見。此亦如是。目眚所成。今欲名誰。是燈是見。何況分別非燈非見。

結顯圓影皆由目眚。不應難其卽離也。色。燈色也。色實在燈。境不離眞也。見病爲影。乃因眚成影。影見俱眚。謂所見之影。能見之見。俱眚所成。皆爲眚病。卽下因覺明成見所緣眚也。見眚非病。卽下本覺明心覺緣非眚也。不應說言下。謂圓影旣因眚有。不應以燈見而難其是非。則第二月因揑而有。亦不應以形見而難其卽離也。非體非影者。非眞月體。非水中影也。是形非形等。智人不言此月生處。是形是見。離形離見。今上句雙是形與非形。下句雙離見與非見。乃譯人用巧變其文耳。此亦如是下。合前可見。

云何名爲同分妄見。阿難。此閻浮提。除大海水。中間平陸有三千洲。正中大洲。東西括量。大國凡有二千

三百。其餘小洲在諸海中。其間或有三兩百國。或一或二。至於三十四十五十。阿難。若復此中有一小洲只有兩國。惟一國人同感惡緣。則彼小洲當土眾生。覩諸一切不祥境界。或見二日。或見兩月。其中乃至暈適珮玦彗孛飛流負耳虹蜺種種惡相。但此國見。彼國眾生本所不見。亦復不聞。

不祥氣現。惟災地見之。乃同業妄感。彼無災地。不聞不見。暈適珮玦。日月之災象也。彗孛飛流。星辰之災象也。負耳虹蜺。陰陽之災象也。惡氣環日曰暈。日食日適。所謂適見於日月之災也。珮玦謂妖

氣近日如環珮之狀。星芒偏指曰彗。如彗帚也。芒氣四出曰孛。孛孛然也。絶迹而去曰飛。光迹相連曰流。陰陽之氣。或背日如負。旁日如耳。或明而爲虹。暗而爲蜺。

阿難。吾今爲汝以此二事進退合明。阿難。如彼衆生別業妄見。矚燈光中所現圓影。雖現似境。終彼見者目眚所成。眚卽見勞。非色所造。然見眚者。終無見咎。

前則總列二事。此下以法喩展轉合明。故云吾今爲汝以此二事進退合明也。如彼下。謂因眚而見圓影。則圓影無實。似境而已。乃見勞目眚所成。非燈色之所造。然見眚者下。明有智眚人。知因目眚終不爲過也。

例汝今日以目觀見山河國土及諸衆生。皆是無始見病所成。見與見緣。似現前境。元我覺明見所緣眚。覺見卽眚。本覺明心。覺緣非眚。

此進喩例法。退法合喩。示奢摩他觀照破妄覺顯眞覺也。目見山河國土等。例上妄見圓影。無始見病。例上目眚。此節總例。下卽別例。見與見緣似現前境。例上妄見圓影。雖現似境。元我覺明見所緣眚。例上終彼見者目眚所成。覺見卽眚。乃牒成上義。復起下文。本覺下。例上見眚者終無見咎。卽示奢摩他觀照也。蓋以奢摩他觀照。寂而常照。故能覺了諸緣是妄。照而常寂。故覺非眚也。

覺所覺眚。覺非眚中。此實見見。云何復名覺聞知見。是故汝今見我及汝幷諸世間十類衆生。皆卽見眚。非見眚者。彼見眞精。性非眚者。故不名見。

牒上覺緣非眚之意。釋前見見非見之疑。以結明眞妄也。所覺卽覺明等也。今吾覺其所覺是眚。而吾眞覺非墮眚中。此實見見之時。見非是見。云何復名覺聞知見。斯由阿難迷眞爲妄。以見見非見而問。故如來釋其疑。以結破其迷眞爲妄之見也。

是故下結明眞妄。

阿難。如彼衆生同分妄見。例彼妄見別業一人。一病目人。同彼一國。彼見圓影。眚妄所生。此衆同分所見不祥。同見業中瘴惡所起。倶是無始見妄所生。

此明同別異而見妄不異也。然將例同分。先以同別相例者。爲顯同別雖異。妄本不殊也。故曰倶是無始見妄所生。

例閻浮提三千洲中兼四大海娑婆世界。幷洎十方諸有漏國及諸衆生。同是覺明無漏妙心。見聞覺知

虛妄病緣和合妄生和合妄死
前以同感惡緣故見災祥變異例此同依妄緣故有諸有漏國及諸衆生虛妄生滅也蓋有漏衆生同是覺明妙心與見聞覺知和合妄有生死此卽因緣和合虛妄有生下卽因緣別離虛妄名滅也
若能遠離諸和合緣及不和合則復滅除諸生死因圓滿菩提不生滅性淸淨本心本覺常住
此明離生死因圓不生滅性也蓋生死既由和合妄成若了萬法一體則無眞妄之異和合不和合緣自離如是則生死因亡不生滅性圓滿常住也

阿難汝雖先悟本覺妙明性非因緣非自然性而猶未明如是覺元非和合生及不和合
此牒其所悟以起後文也蓋阿難前云因緣自然諸和合相與不和合心猶未開如來乃就同別二見文中破妄覺顯眞覺則阿難已悟本覺妙明性非因緣自然矣但和合等義未明故此下復就覺元重與明之令悟本非和合及不和合也
阿難吾今復以前塵問汝汝今猶以一切世間妄想和合諸因緣性而自疑惑證菩提心和合起者則汝今者妙淨見精爲與明和爲與暗和爲與通和爲與塞和
此舉前塵以牒問也蓋阿難於和合等心猶未開以其疑覺性從因緣和合而起故如來牒其疑以前塵問之證菩提心卽覺性也
若明和者且汝觀明當明現前何處雜見見相可辨雜何形像若非見者云何見明若卽見者云何見見必見圓滿何處和明若明圓滿不合見和見必異明雜則失彼性明名字雜失明性和明非義彼暗與通及諸羣塞亦復如是
明屬前相見屬內心齊何處所而論其雜見之與

相自擊可分明見相雜作何形像若非下就雜以辨謂明若非見則明見二皆是明應不見明既見明則非雜矣明若卽見則明見二皆是見誰爲能見又非雜矣必見下謂惟見與明體必圓滿不合相和蓋和則間雜不圓滿矣見必異明下性謂見性見被明雜豈得名見明被見雜豈得名明和雜既失明性兩名則知謂見和明不成義理故云和明非義彼暗與通下知非與明和則餘皆非也
復次阿難又汝今者妙淨見精爲與明合爲與暗合爲與通合爲與塞合若明合者至於暗時明相已滅

此見卽不與諸暗合云何見暗若見暗時不與暗合與明合者應非見明既不見明云何明合了明非暗彼暗與通及諸羣塞亦復如是

上明和義如水和土今明合義如蓋合函蓋謂和則雜而不辨合則附而不離合則不離故明相滅時見亦隨滅不復合暗若不合暗而能見暗則與明合時應非見明然既不見明云何言與明合云何了明非暗耶合義不成則菩提心非和合起矣

阿難白佛言世尊如我思惟此妙覺元與諸緣塵及心念慮非和合耶

此復計非和合也且眞妙覺元體雖不變用乃隨緣豈非和合耶

佛言汝今又言覺非和合吾復問汝此妙見精非和合者爲非明和爲非暗和爲非通和爲非塞和若非明和則見與明必有邊畔汝且諦觀何處是明何處是見在見在明自何爲畔阿難若明際中必無見者則不相及自不知其明相所在畔云何成彼暗與通及諸羣塞亦復如是

此破非和也謂和則同而無畔非和則異故必有畔蓋欲求畔必相及乃有畔既不相及畔云何成畔義不成非非和矣

又妙見精非和合者爲非明合爲非暗合爲非通合爲非塞合若非明合則見與明性相乖角如耳與明了不相觸見且不知明相所在云何甄明合非合理彼暗與通及諸羣塞亦復如是

此破非合也以爲非合則根境乖背既不知明亦不顯見二體既無從何甄別合與非合之理耶然自徵心破見至此皆破妄顯眞欲人悟眞以成最初方便也原夫眞心無在靡所不在眞際無緣離能所推以阿難妄執心有所在又計心爲能推故

致重重破斥因破虛妄緣心復問寂常眞性故引盲人矚暗示根雖滅而性不滅屈指飛光顯身境動而見不動觀河則顏貌變而見不變垂手則見聞遺而性不遺緣心去而主不去相雖還而性不還物雖殊而見不異相雖局而見性周塵有大小見無舒縮迹分物我體無是非以至眞見見而無見眞覺覺而無知斯則所破滅等諸法皆妄而所顯不滅等性皆眞也然又明因緣自然合與非合皆妄本非因緣自然合與非合皆眞斯則破有生之見皆妄顯無生之性卽眞故云破妄顯眞苟能

知眞本淨達妄本空則最初方便得矣上雖破妄顯眞豈妄外有眞惟在拂人之情執耳即所謂但除其病而不除法故下會通藏性以會妄歸眞也

阿難汝猶未明一切浮塵諸幻化相當處出生隨處滅盡幻妄稱相其性眞爲妙覺明體如是乃至五陰六入從十二處至十八界因緣和合虛妄有生因緣別離虛妄名滅殊不能知生滅去來本如來藏常住妙明不動周圓妙眞如性性眞常中求於去來迷悟生死了無所得

前既破妄顯眞意謂阿難已悟一切浮塵幻相生

首楞嚴經纂註卷二　三七

滅去來其性皆妄而猶未明一切浮塵幻相生滅去來其性皆眞故此會通也因緣和合虛妄有生等謂迷時不了萬法一眞則因與緣合故陰處界等由是而生如眼與翳合見空華生故云虛妄有生悟時了法無性當處全眞則因與緣別而陰等不生如眼與翳離見空華滅故云虛妄名滅若約生死謂生時以業識爲因父母爲緣因緣和合故虛妄有生死時四緣各離業因他適即因緣別離虛妄名滅雖有生滅殊不知生是緣生滅是緣滅故云生滅去來本如來藏等也如來藏者謂依果

而稱曰如來含攝眾德曰藏未嘗去來曰常住暗不能昏曰妙明不隨生滅曰不動無不徧足曰周圓妙萬物而至神性一切而不異曰妙眞如性能見是性則迷悟生死了不可得矣問眞常之性人人本具既無去來生死奈何今之實有耶答不眞常則有眞常則不有譬之空水目病則華風擊則泡豈其眞常哉若晴明澄湛乃謂眞常於明湛中靜求華泡夫何所得能審乎此則不疑聖言惟務了幻妄而復眞常也

阿難云何五陰本如來藏妙眞如性

首楞嚴經纂註卷二　三八

此中五陰唯餘識陰乃約身壞無往來相以明虛妄其色等四陰皆由動心妄發無體可得故指空華幻觸酢說瀑流以喻之其推空華等相無所從生以喻四陰妄發即根即境求之不可得也

阿難譬如有人以清淨目觀晴明空惟一晴虛迥無所有其人無故不動目睛瞪以發勞則於虛空別見狂華復有一切狂亂非相色陰當知亦復如是

淨目況本具眞智晴空況本具眞理惟一晴虛即理智一如迥無所有絕一切妄色其人無故下喻迷眞起妄瞪目視空喻不了眞如法一瞪以發勞

喻不覺動念於空見狂華等喻色境妄現斯則不了眞如法一不覺念動現妄境界也

阿難是諸狂華非從空來非從目出如是阿難若空來者既從空來還從空入若有出入卽非虛空空若非空自不容其華相起滅如阿難體不容阿難若目出者既從目出還從目入卽此華性從目出故當合有見若有見者去既華空旋合見眼若無見者出既翳空旋當翳眼又見華時目應無翳云何晴空號清明眼

若有出入則有實體故非虛空非空則實故不容

華相起滅如阿難體更無所容此辨狂華不因空生也若華從目出則得目之性故應有見今旋時既不見眼又不翳眼非目出矣又若華從目出則華在空時自應無翳若見晴空應是翳眼云何見華名爲翳眼見晴明空號清明眼此辨狂華不因目出也

是故當知色陰虛妄本非因緣非自然性

既了幻華無因當知色陰虛妄本非因緣自然卽如來藏妙眞如性餘四例此

阿難譬如有人手足宴安百骸調適忽如忘生性無違順其人無故以二手掌於空相摩於二手中妄生澀滑冷熱諸相受陰當知亦復如是

觸情於境納境於心曰受宴安調適性無違順喻藏性本無諸受也二手空摩妄生澀滑喻妄觸引起諸受也忘生如圓覺所謂忽忘我身言調適之至

阿難是諸幻觸不從空來不從掌出如是阿難若空來者既能觸掌何不觸身不應虛空選擇來觸若從掌出應非待合又掌出故合則掌知離則觸入臂腕骨髓應亦覺知入時蹤跡必有覺心知出知入自有

一切身中往來何待合知要名爲觸是故當知受陰虛妄本非因緣非自然性

空體常徧不應有擇掌當自出不應有待又若從掌出出必有入然合而出時掌雖有知離而入時臂且不覺既無定實全一虛妄耳

阿難譬如有人談說酢梅口中水出思蹋懸崖足心酸澀想陰當知亦復如是

想無實相由心成相說梅思崖無實相也口水足酸由心成相也凡想如之

阿難如是酢說不從梅生非從口入如是阿難若梅

生者梅合自談何待人說若從口入自合口聞何須待耳若獨耳聞此水何不耳中而出想蹋懸崖與說相類是故當知想陰虛妄本非因緣非自然性

人談梅而口水梅不能談則計梅出者妄也耳聞梅而心想口不能聞則計口入者妄也耳聞梅而耳無水則計說計聞皆妄也且談梅口水者因聞他人說梅而吾口水出思崖足酸者吾自思耳與說相類者應云如是思蹋非懸崖來非足心入若從崖來崖合自想何待人思若從足入足合自思何待心想若獨心思何故足心覺有酸澀

阿難譬如瀑流波浪相續前際後際不相踰越行陰當知亦復如是

妙湛妄動隨境轉徙念念遷謝新新不停故名行陰而譬瀑流也以念念生滅後不至前故曰不相踰越

阿難如是流性不因空生不因水有亦非水性非離空水如是阿難若因空生則諸十方無盡虛空成無盡流世界自然俱受淪溺若因水有則此瀑流性應非水有所有相今應現在若即水性則澄清時應非水體若離空水空非有外水外無流是故當知行陰虛妄本非因緣非自然性

牒釋流性不因空水非即非離以明行陰無實體也若因水有下謂若因其水別有流性因果性別則瀑流性不應是水能有是水所有是流二相若殊俱應現在若離空水下謂空非有外水流其間水外無流流終依水則非離空水矣

阿難譬如有人取頻伽瓶塞其兩孔滿中擎空千里遠行用餉他國識陰當知亦復如是

頻伽好聲鳥也瓶形象之塞其兩孔喻死有至時諸根不通也此以人喻業以瓶喻身以空喻識人

擎瓶空而行猶業持身識而走他國者喻六道依報也

阿難如是虛空非彼方來非此方入如是阿難若彼方來則本瓶中既貯空去於本瓶地應少虛空若此方入開孔倒瓶應見空出是故當知識陰虛妄本非因緣非自然性

虛空非彼方來非此方入者喻識雖爲業牽實無往來相也故宗鏡釋云若執有識隨身往來者則彼處識陰滅往此處生時如將彼方虛空遠至此方若彼陰實滅於本瓶地應少虛空若此陰復生

如開孔倒瓶。應見空出。故知虛空不動。識無去來。則知識陰虛妄也。

大佛頂如來密因修證了義諸菩薩萬行首楞嚴經纂註卷第二

大佛頂如來密因修證了義諸菩薩萬行首楞嚴經纂註卷第三

唐天竺沙門般剌密諦譯
唐烏萇國沙門彌伽釋迦譯語
唐菩薩戒弟子前正議大夫同中書門下平章事清河房融筆受
明檇李沙門眞界纂註

復次阿難。云何六入本如來藏妙眞如性。

此六入之文。乃各指一易解妄事。以明三相虛妄。色等六塵。同境界相。眼等六入。同能見相。六入之勞。同喩業相。然雖三相皆妄。而正意在破六入也。

阿難。即彼目睛瞪發勞者。兼目與勞。同是菩提瞪發勞相。

此指前瞪目視空眼根勞故。於空見華。前喩色境。此通喩三相。故云兼目與勞同是菩提瞪發勞相。蓋業轉現相。同迷性起。如瞪目勞故發空華相也。

因於明暗二種妄塵。發見居中。吸此塵象。名爲見性。此見離彼明暗二塵。畢竟無體。如是阿難。當知是見。非明暗來。非於根出。不於空生。何以故。若從明來。暗即隨滅。應非見暗。若從暗來。明即隨滅。應無見明。若

從根生必無明暗如是見精本無自性若於空出前矚塵象歸當見根又空自觀何關汝入是故當知眼入虛妄本非因緣非自然性

因塵發見由根吸塵故名眼入然離塵無體足知虛妄乃至云非明暗來非根出等既無所從則非因緣自然本如來藏妙眞如性矣據上經文應分三節即彼目睛下依眞起妄因於明暗下辯妄無實是故當知下了妄即眞蓋謂妄無自性全體即眞也餘五例此

阿難譬如有人以兩手指急塞其耳耳根勞故頭中

作聲兼耳與勞同是菩提瞪發勞相因於動靜二種妄塵發聞居中吸此塵象名聽聞性此聞離彼動靜二塵畢竟無體如是阿難當知是聞非動靜來非於根出不於空生何以故若從靜來動即隨滅應非聞動若從動來靜即隨滅應無覺靜若從根生必無動靜如是聞體本無自性若於空出有聞成性即非虛空又空自聞何關汝入是故當知耳入虛妄本非因緣非自然性

此六入之文皆云瞪發勞者以空華之喻非惟單喻眼入亦乃通喻六根故例稱瞪發也

阿難譬如有人急畜其鼻畜久成勞則於鼻中聞有冷觸因觸分別通塞虛實如是乃至諸香臭氣兼鼻與勞同是菩提瞪發勞相因於通塞二種妄塵發聞居中吸此塵象名嗅聞性此聞離彼通塞二塵畢竟無體當知是聞非通塞來非於根出不於空生何以故若從通來塞則聞滅云何知塞如因塞有通則無聞云何發明香臭等觸若從根生必無通塞如是聞機本無自性若於空出是聞自當迴嗅汝鼻空自有聞何關汝入是故當知鼻入虛妄本非因緣非自然性

畜縮氣也機者弩牙也根有發聞之義故取喻之

阿難譬如有人以舌舐吻熟舐令勞其人若病則有苦味無病之人微有甜觸由甜與苦顯此舌根不動之時淡性常在兼舌與勞同是菩提瞪發勞相因甜苦淡二種妄塵發知居中吸此塵象名知味性此知味性離彼甜苦及淡二塵畢竟無體如是阿難當知如是嘗苦淡知非甜苦來非因淡有又非根出不於空生何以故若甜苦來淡則知滅云何知淡若從淡出甜即知亡復云何知甜苦二相若從舌生必無甜淡及與苦塵斯知味根本無自性若於空出虛空自

味非汝口知。又空自知何關汝入。是故當知舌入虛妄本非因緣非自然性。

以舌取物曰舐。吻口角也。

阿難譬如有人以一冷手觸於熱手。若冷勢多熱者從冷。若熱功勝冷者成熱。如是以此合覺之觸顯於離知。涉勢若成因於勞觸。兼身與勞同是菩提瞪發勞相。因於離合二種妄塵發覺居中吸此塵象名知覺性。此知覺體離彼離合違順二塵畢竟無體。如是阿難當知是覺非離合來非違順有不於根出又非空生。何以故。若合時來離當已滅云何覺離違順二

亦復如是。若從根出必無離合違順四相則汝身知元無自性。必於空出空自知覺何關汝入。是故當知身入虛妄本非因緣非自然性。

手不自觸因合覺觸。故曰合覺之觸。合不自合因離知合。故曰顯於離知。涉勢若成等者。謂冷熱相涉使二相相成。因觸久成勞妄生斯相。故云因於勞觸。

阿難譬如有人勞倦則眠睡熟便寤覽塵斯憶失憶爲忘。是其顛倒生住異滅吸習中歸不相踰越稱意知根。兼意與勞同是菩提瞪發勞相。

意不緣時本無寤寐。緣慮時久意勞形倦始有眠寐。睡久勞解即便醒寤。故云勞倦則眠睡熟便寤。覽塵斯憶謂醒寤時緣塵思慮覽憶即生。失憶爲忘謂昏寐時無所緣慮失忘即滅。而住異處中迷妄而有。故云顛倒。吸取也。習緣慮也。中歸法塵也。不相踰越即四相也。此即吸取所緣法塵四相稱意知根。同下吸攝內塵生滅名覺知性也。妄不離眞故寤寐意勞同是菩提瞪發勞相。

因於生滅二種妄塵集知居中吸撮內塵見聞逆流。流不及地名覺知性。此覺知性離彼寤寐生滅二塵

畢竟無體。如是阿難當知如是覺知之根非寤寐來。非生滅有不於根出亦非空生。何以故。若從寤來寐即隨滅將何爲寐。必生時有滅即同無令誰受滅。若從滅有生即滅無誰知生者。若從根出寤寐二相隨身開合離斯二體此覺知者同於空華畢竟無性。若從空生自是空知何關汝入。是故當知意入虛妄本非因緣非自然性。

前舉四相此惟二者以生攝住以滅收異而意知居中即吸撮此法塵生滅名覺知性。內塵法塵也。見聞逆流者宗鏡云眼等取外塵境剎那流入意

地從外入內。名爲逆流。斯則意有所緣。卽是寤則覽塵斯憶爲生也。流不及地者。謂昏寐時根不緣塵則無外塵流及意地。而意亦無所緣。卽是寐則失憶而忘爲滅也。覺知覽此寤寐生滅二塵爲體。故離彼二塵畢竟無體。寤寐二相隨身開合者。列子云。其寤也形開。其寐也形交。交卽合也。蓋言開則覽塵斯憶爲生。合則不緣法塵名滅。汝覺知性。離此寤寐生滅畢竟無體。故同空華也。

復次阿難。云何十二處本如來藏妙眞如性。

前六入破六根雖以塵對辨。而正意在根。今十二

處雖根塵互破。正破在塵。後十八界雖根境識三相對推破。而正意惟在六識也。

阿難。汝且觀此祇陀樹林及諸泉池。於意云何。此等爲是色生眼見。眼生色相。阿難。若復眼根生色相者。見空非色。色性應銷。銷則顯發一切都無。色相既無。誰明空質。空亦如是。若復色塵生眼見者。觀空非色。見卽銷亡。亡則都無。誰明空色。是故當知見與色空俱無處所。卽色與見二處虛妄。本非因緣非自然性。

眼能生色則眼爲色性。然見空之時。卽非色相。則色性應銷。能生之色性既銷。銷則從根顯發之一切色相都無矣。且色空二法對待而顯。色相既無。何以顯空。故曰誰明空質。然則計眼生色處者妄也。空亦如是者。因色例空。亦無定處也。若復色塵下謂色能生見。則觀空之時見無所生。故曰銷亡。亡則色塵與見都無。誰明空色。然則計色生眼處者妄也。是故下。結明虛妄。會歸藏性。

阿難。汝更聽此祇陀園中食辦擊鼓。衆集撞鐘。鐘鼓音聲前後相續。於意云何。此等爲是聲來耳邊。耳往聲處。阿難。若復此聲來於耳邊。如我乞食室羅筏城。在祇陀林則無有我。此聲必來阿難耳處。目連迦葉

應不俱聞。何況其中一千二百五十沙門。一聞鐘聲。同來食處。若復汝耳往彼聲邊。如我歸住祇陀林中。在室羅城則無有我。汝聞鼓聲。其耳已往擊鼓之處。鐘聲齊出。應不俱聞。何況其中象馬牛羊種種音響。若無來往。亦復無聞。是故當知聽與音聲俱無處所。卽聽與聲二處虛妄。本非因緣非自然性。

如我入城祇林無我。喻聲來耳邊則餘處無聲。然千衆皆聞。則聲處無實矣。若復汝耳下。謂如我歸林城中無我。喻耳往聲處則餘處無耳。然異音皆聞。則耳處無實矣。若無來往下。謂聲不來耳。耳不

往聲聞義不立。

阿難汝又齅此罏中旃檀此香若復然於一銖室羅筏城四十里內同時聞氣於意云何此香爲復生旃檀木生於汝鼻爲生於空阿難若復此香生於汝鼻稱鼻所生當從鼻出鼻非旃檀云何鼻中有旃檀氣稱汝聞香當於鼻入鼻中出香說聞非義若生於空空性常恆香應常在何藉罏中爇此枯木若生於木則此香質因爇成煙若鼻得聞合蒙煙氣其煙騰空未及遙遠四十里內云何已聞是故當知香鼻與聞俱無處所即齅與香二處虛妄本非因緣非自然性。

鼻非旃檀非鼻生也藉爇而有非空生也若生於木下破木生也此約煙相麤顯而破不論其氣若以煙表實謂未通故云其煙騰空未及遙遠也且煙猶在近聞已遠通故知其香不從木發既非鼻非空非木則香處無實矣。

阿難汝常二時眾中持鉢其間或遇酥酪醍醐名爲上味於意云何此味爲復生於空中生於舌中爲生食中阿難若復此味生於汝舌在汝口中只有一舌其舌爾時已成酥味遇黑石蜜應不推移若不變移不名知味若變移者舌非多體云何多味一舌之知若生於食食非有識云何自知又食自知即同他食何預於汝名味之知若生於空汝噉虛空當作何味必其虛空若作鹹味既鹹汝舌亦鹹汝面則此界人同於海魚既常受鹹了不知淡若不識淡亦不覺鹹必無所知云何名味是故當知味舌與嘗俱無處所即嘗與味二俱虛妄本非因緣非自然性。

味生於舌下破根生也謂味因舌生舌本一體應不別多味若不別多味文不名知味若別多味則味不生於舌矣石蜜沙糖也堅如沙石故云石蜜若生於食下謂食不自知因舌知味縱食能知則

知不在汝便同他食汝無所預味非汝知理既不然則味不生於食矣若生於空下謂虛空無味則味不生於空矣。

阿難汝常晨朝以手摩頭於意云何此摩所知誰爲能觸能爲在手爲復在頭若在於手頭則無知云何成觸若在於頭手則無用云何名觸若各各有則汝阿難應有二身若頭與手一觸所生則手與頭當爲一體若一體者觸則無成若二體者觸誰爲在在能非所在所非能不應虛空與汝成觸是故當知覺觸與身俱無處所即身與觸二俱虛妄本非因緣非自

然性。

觸因能所相感。故在手在頭。皆不成觸。若各各有。則應有二身。若一觸所生。當爲一體。觸則無成者。謂觸須二物。一則不成。非所非能等。謂在一處不能成觸。故云不應虛空與汝成觸。

阿難。汝常意中所緣善惡無記三性生成法則。此法爲復卽心所生。爲當離心別有方所。阿難。若卽心者。法則非塵。非心所緣。云何成處。

生成法則。卽法塵也。蓋謂意緣不出善惡無記所生法塵。此法下雙徵。阿難下先釋卽心無法塵也。

謂法若卽心。則不屬塵。旣非所緣。何成法處。

若離於心別有方所。則法自性爲知非知。知則名心。異汝非塵。同他心量。卽汝卽心。云何汝心更二於汝。若非知者。此塵旣非色聲香味離合冷煖及虛空相。當於何在。今於色空都無表示。不應人間更有空外。心非所緣。處從誰立。是故當知法則與心俱無處所。則意與法二俱虛妄。本非因緣非自然性。

此明離心無法塵也。謂法塵旣離心別有。則法塵自性爲知耶。爲非知耶。知則屬心。然體異於汝。又且非塵。故同他心量。卽汝卽心者。防轉計也。云何下難破汝心惟一。云何有二。根塵俱知。是二心矣。設若非知。然此法塵旣非色等。處當何在。而色空之內無所表顯。不應存於色空之外。況空又非有外也。法塵旣無。則心無所緣。處從誰立。然則心緣意處終無實矣。

復次阿難。云何十八界本如來藏妙眞如性。

根塵識三各六。分內外中爲界。又界者因也。種族也。以根塵識三。互爲因故。類各別故。

阿難。如汝所明。眼色爲緣生於眼識。此識爲復因眼所生。以眼爲界。因色所生。以色爲界。

如汝所明者。卽指初卷所明。又小乘所解因緣生法。皆是實有。不了卽空。今據彼詰之。用破其執也。他皆倣此。

阿難。若因眼生。旣無色空。無可分別。縱有汝識。欲將何用。汝見又非青黃赤白。無所表示。從何立界。若因色生。空無色時。汝識應滅。云何識知是虛空性。若色變時。汝亦識其色相遷變。汝識不遷。界從何立。從變則變。界相自無。不變則恆。旣從色生。應不識知虛空所在。若兼二種。眼色共生。合則中離。離則兩合。體性雜亂。云何成界。是故當知眼色爲緣生眼識界。三處

都無則眼與色及色界三本非因緣非自然性

若獨因眼不有色空則識無所緣見無所表界無所立非因眼矣若因色生當隨色滅色滅空現當不知空既識知空則不隨色滅顯非色生矣若色變時汝亦識其色相遷變汝識不遷色既變矣則此不遷之識從何所立者若從色變識則變矣故界相自無不變則恒既從色生空現色亡識應隨滅應不識空理又不然非從色生矣若眼色兼合共生識界當半有知半無知故曰中離若中離者半合根半合境故曰兩合兩合若成有雜亂過故

不成識界也

阿難又汝所明耳聲為緣生於耳識此識為復因耳所生以耳為界因聲所生以聲為界阿難若因耳生動靜二相既不現前根不成知必無所知知尚無成識何形貌若取耳聞無動靜故聞無所成云何耳形雜色觸塵名為識界則耳識界復從誰立

若因耳生下此就勝義根破謂根無前境根自無知若實無知根尚不成更何有識若取耳聞下此就浮塵根破設取浮塵之耳容有聞者若無動靜亦不成聞云何下明無知之根不能生有知之識界則耳下謂識既不從根生復從誰立耶

若生於聲識因聲有則不關聞無聞則亡聲相所在識從聲生許聲因聞而有聲相聞應聞識不聞非界聞則同聲識已被聞誰知聞識若無知者終如草木不應聲聞雜成中界界無中位則內外相復從何成是故當知耳聲為緣生耳識界三處都無則耳與聲及聲界三本非因緣非自然性

聲能生識何假於聞若無於聞聲亦不有縱謂識從聲生又許因根有相則聞聲時即是聞識若不聞識則無識界若聞於識識則同聲既能了之識

作所聞之境誰為能知知此聞識若無能知知聞識者終如草木矣亦無有識也不應聲聞等謂依根依境單論既非不應二者合成識界而為中位中位既無邊界何立

阿難又汝所明鼻香為緣生於鼻識此識為復因鼻所生以鼻為界因香所生以香為界阿難若因鼻生則汝心中以何為鼻為取肉形雙爪之相為取齅知動搖之性若取肉形肉質乃身身知即觸名身非鼻名觸即塵鼻尚無名云何立界

若取肉形下破浮塵根也名身則非鼻名觸則屬

身根所對之塵故曰鼻尙無名也。

若取齅知又汝心中以何爲知以肉爲知則肉之知元觸非鼻以空爲知空則自知肉應非覺如是則應虛空是汝汝身非知今日阿難應無所在以香爲知知自屬香何預於汝若香臭氣必生汝鼻則彼香臭二種流氣不生伊蘭及旃檀木二物不來汝自齅鼻爲香爲臭臭則非香香應非臭若香臭二俱能聞者則汝一人應有兩鼻對我問道有二阿難誰爲汝體若鼻是一香臭無二臭既爲香香復成臭二性不有界從誰立。

此破勝義根也以肉形雙爪爲知屬身故曰元觸非鼻以空爲知屬空故曰肉應非覺以香爲知屬香何干汝鼻故曰何預於汝若香下牒計以破正破香臭不從根生從二物不來下以根從境破則墮兩鼻之失以境從根破則無境可得何者以二性既其不有則香臭之性不可得矣識界從何所立哉斯則言雖破其香臭不從根生意顯香臭互奪雙亡不能生識故知無香臭則識不能生也。

若因香生識因香有如眼有見不能觀眼因香有故應不知香知即非生不知非識香非知有香界不成識不知香因界則非從香建立既無中間不成內外彼諸聞性畢竟虛妄是故當知鼻香爲緣生鼻識界三處都無則鼻與香及香界三本非因緣非自然性。

見性因眼而有不能見眼鼻識因香而有應不知香若曰能知即非香生若曰不知則不名識皆不可也又香不因知則不成香界識不知香則識界不從香立矣此計識因香生者妄也。

阿難又汝所明舌味爲緣生於舌識此識爲復因舌所生以舌爲界因味所生以味爲界阿難若因舌生則諸世間甘蔗烏梅黃連石鹽細辛薑桂都無有味

汝自嘗舌爲甜爲苦若舌性苦誰來嘗舌舌不自嘗孰爲知覺舌性非苦味自不生云何立界。

甘蔗等舉五味也若識因舌生世間諸物都無味時則應嘗舌矣何者謂識因了別方顯今世味既無必須嘗舌故教汝自嘗舌爲甜爲苦也若舌本苦則無能嘗者且舌不自嘗孰爲能知覺此苦舌若舌本淡則味無所生無味與對從何立界此計識因舌生者妄也。

若因味生識自爲味同於舌根應不自嘗云何識知是味非味又一切味非一物生味既多生識應多體

識體若一。體必味生。鹹淡甘辛和合俱生諸變異相。同爲一味應無分別。分別既無則不名識。云何復名舌味識界。不應虛空生汝心識。舌味和合卽於是中元無自性。云何界生。是故當知舌味爲緣生舌識界。三處都無則舌與味及舌界三本非因緣非自然性。

識自爲味。謂識卽味也。同於舌根。謂味不自嘗味也。既不自嘗。云何知味。若不知味則無識矣。又識因味生。味多識亦應多。識一味亦應一。體必味生者。牒定識因味生也。鹹淡甘辛同爲一味者。結成識一味亦應一也。異味既同則無分別。無別則非

識。非識則無界。此計識因味生者妄也。不應下明非生於空也。舌味和合下。謂識若因根境和合而生。則元無自性。云何識生。鹹淡甘辛略舉四味。詳則有六。更加苦酢。言和合者。衆味共成也。俱生本性不易也。變異燒煮異本也。

阿難。又汝所明身觸爲緣生於身識。此識爲復因身所生。以身爲界。因觸所生。以觸爲界。阿難若因身生。必無合離二覺觀緣。身何所識。若因觸生。必無汝身。誰有非身知合離者。

覺觀卽身識。而以合離二境爲緣。若無緣則無識。計根生者妄也。若因觸生。觸若無身則不知合離。誰有無身知合離者。是則無身則無觸。計觸生者亦妄也。

阿難。物不觸知。身知有觸。知身卽觸。知觸卽身。卽觸非身。卽身非觸。身觸二相。元無處所。合身卽爲身自體性。離身卽是虛空等相。內外不成。中云何立。中不復立。內外性空。卽汝識生從誰立界。是故當知身觸爲緣生身識界。三處都無則身與觸及身界三本非因緣非自然性。

物不觸知。身知有觸者。謂物不自知其觸。因身方

知有觸。知身卽觸。知觸卽身者。謂身不自知。卽觸方知。觸不自知。卽身方知。如是則身觸相卽。相卽則互奪雙亡。故無處所。觸合身卽爲身自體性。故無觸位。觸離身卽是虛空等相。故無觸用。斯則內外不成。中云何立。此計身觸合生識界者妄也。

阿難。又汝所明意法爲緣生於意識。此識爲復因意所生。以意爲界。因法所生。以法爲界。阿難若因意生。於汝意中必有所思發明汝意。若無前法意無所生。離緣無形識將何用。

此約離塵無體破也。蓋意根發於所思生於法塵。

若離法塵。則根無形。識無用。計根生者妄也。

又汝識心與諸思量兼了別性。為同為異。同意即意。云何所生。異意不同。應無所識。若無所識。云何意生。若有所識。云何識意。惟同與異二性無成。界云何立。

此約同異無生破也。識心即意識。思量了別即意根。同則無復所生。異則應無所識。苟無所識。云何是意根生。苟有所識。云何識與意異。二既無異。亦無識矣。惟同下雙結不成識界也。

若因法生。世間諸法不離五塵。汝觀色法及諸聲法香法味法及與觸法。相狀分明。以對五根。非意所攝。

汝識決定依於法生。汝今諦觀法法何狀。若離色空動靜通塞合離生滅。越此諸相。終無所得。生則色空諸法等生。滅則色空諸法等滅。所因既無。因生有識作何形相。相狀不有。界云何生。

以五塵之法各配五根。皆非意攝。汝識下令推法塵之相也。法法者法塵之法也。色空動靜通塞即色聲香三塵也。合離即味觸兩塵。生滅即法塵。然生滅但是五塵通相。離五無體。故云生則諸法生。滅則諸法滅也。所因者法塵也。所因之法自無實狀。則因之生識復作何狀耶。狀不有。則界亦亡矣。

是故當知意法為緣生意識界。三處都無。則意與法及意界三。本非因緣。非自然性。

既非因緣自然。是謂妙真如性也。前依陰入處界四科。以明本非因緣自然。而阿難未悟。故下復以四大和合因緣而問。如來復就地水火風空見識七大。以明本非和合及不和合。融會萬法歸如來藏。使有生之見及與法執當下俱消。無生實相全體現前也。謂之大者。以性圓周徧含裹十方為義。所以有七者。萬法生成不離四大。而依空建立。因見有覺。因識有知故也。前五無情所具。後二有情

兼之。今舉其七。則萬法該矣。然彼大性先非水火。亦非空識。全一如來藏體循業發現而已。七大既爾。萬法皆然。凡我依正。先非根身。亦非器界。皆即循業之相。性真圓融。初無生滅。所以阿難蒙佛開示。身心蕩然得無罣礙。了知世間諸所有物皆即妙心。含裹十方。反觀幻身起滅無從。了然自知獲本妙心常住不滅。

阿難白佛言。世尊。如來常說和合因緣。一切世間種種變化。皆因四大和合發明。云何如來因緣自然二俱排擯。我今不知斯義所屬。惟垂哀愍開示眾生中

道了義無戲論法。

此舉如來常說和合因緣，以對因緣自然二俱排擯，請示中道了義者，意謂昔說因緣是有，今之排擯是空，既非中道，皆戲論法，故復求開示無戲論法也。

爾時世尊告阿難言：汝先厭離聲聞緣覺諸小乘法，發心勤求無上菩提，故我今時為汝開示第一義諦，如何復將世間戲論妄想因緣而自纏繞？汝雖多聞，如說藥人，真藥現前，不能分別，如來說為真可憐愍。汝今諦聽，吾當為汝分別開示，亦令當來修大乘者通達實相。阿難默然，承佛聖旨。

因前啟請中道了義，故許開示，令通達實相也。汝先厭離下，指初卷恨無始來一向多聞等文。故我下，謂因求覺道，故示第一義。既聞此法，名真藥現前，通達實相，令達第一義諦也。

阿難，如汝所言，四大和合，發明世間種種變化。阿難，若彼大性，體非和合，則不能與諸大雜和，猶如虛空不和諸色；若和合者，同於變化，始終相成，生滅相續，生死死生，生生死死，如旋火輪，未有休息。

因疑四大和合，此先推大性非和不和也。蓋彼大

性果非和合，則如虛空不和諸色，殆不然也。若果和合，則同彼萬變，相成相續，展轉虛妄，又不然也。旋火之輪，無有實體，喻虛妄相成相續之相也。

阿難，如水成冰，冰還成水。

直示大性非和不和之理，而起後文，故復召告也。

汝觀地性，麤為大地，細為微塵，至鄰虛塵，析彼極微色邊際相七分所成，更析鄰虛，即實空性。阿難，若此鄰虛析成虛空，當知虛空出生色相。汝今問言：由和合故，出生世間諸變化相，汝且觀此一鄰虛塵，用幾虛空和合而有？不應鄰虛合成鄰虛。又鄰虛塵析入空者，用幾色相合成虛空？若色合時，合色非空；若空合時，合空非色。色猶可析，空云何合？

令觀色可析而空非可合，以顯地性非和合也。塵之細者曰微，細之又細曰極微，微之又微曰鄰虛。極微之塵猶有微色，故名色邊際相。析極微為七分，則微色殆虛，故名鄰虛。更析鄰虛，即成空性。析色既能成空，虛空應生色相。今合色不能成空，合空又不能成色，色從何生？故知此色本無自性，非和合矣。

汝元不知如來藏中性色眞空性空眞色清淨本然周徧法界隨衆生心應所知量循業發現世間無知惑爲因緣及自然性皆是識心分別計度但有言說都無實義。

如來藏性萬法一如而循發似異遂有七大之名特性相異稱耳以相卽無相故曰性色眞空無相卽相故曰性空眞色無相不相曰清淨非和不和曰本然無乎不在曰周徧既非相與非相合與非合而能成七大萬法者但隨心應量循業發現而已後云汝以空明則有空現地水火風各各發明則各各現此隨心應量之事也背覺合塵故發塵勞滅塵合覺故發眞如此循業發現之事也至於十界依正之相萬形纖悉之理莫非隨應循發者也然此觀相元妄無可指陳觀性元眞惟妙覺明理絕情謂不容妄度故但有言說都無實義所以第一義諦擬心卽差動念卽乖惟居一切時不起妄念不用識心分別計度然後相應也餘亦同此

阿難火性無我寄於諸緣汝觀城中未食之家欲炊爨時手執陽燧日前求火阿難名和合者如我與汝一千二百五十比丘今爲一衆衆雖爲一詰其根本各各有身皆有所生氏族名字如舍利弗婆羅門種優樓頻螺迦葉波種乃至阿難瞿曇種姓阿難若此火性因和合有彼手執鏡於日求火此火爲從鏡中而出爲從艾出爲於日來阿難若日來者自能燒汝手中之艾來處林木皆應受焚若鏡中出自能於鏡出然於艾鏡何不鎔紆汝手執尚無熱相云何融泮若生於艾何藉日鏡光明相接然後火生汝又諦觀鏡因手執日從天來艾本地生火從何方遊歷於此日鏡相遠非和非合不應火光無從自有汝猶不知如來藏中性火眞空性空眞火清淨本然周徧法界

隨衆生心應所知量阿難當知世人一處執鏡一處火生徧法界執滿世間起起徧世間寧有方所循業發現世間無知惑爲因緣及自然性皆是識心分別計度但有言說都無實義。

火無自體寓物成形故曰無我衆名和合詰之各有根本眞和合也火名和合詰之各無根本非和合矣優樓頻螺云木瓜林迦葉波云龜氏瞿曇星名從星立姓至於後代改姓釋迦陽燧者崔豹古今註云以銅爲之如鏡之狀照物則影倒向日則火出紆者屈也。

阿難水性不定流息無恆如室羅城迦毗羅僊斫迦羅僊及鉢頭摩訶薩多等諸大幻師求太陰精用和幻藥是諸師等於白月晝手執方諸承月中水此水爲復從珠中出空中自有爲從月來

求則流否則息所謂流息無恆也迦毗羅等四皆外道善幻術太陰精月中之水也月望前曰白亭午曰晝方諸取水之珠也

阿難若從月來尚能遠方令珠出水所經林木皆應吐流流則何待方諸所出不流明水非從月降若從珠出則此珠中常應流水何待中宵承白月晝若從空生空性無邊水當無際從人洎天皆同滔溺云何復有水陸空行汝更諦觀月從天陟珠因手持承珠水盤本人敷設水從何方流注於此月珠相遠非和非合不應水精無從自有汝尚不知如來藏中性水眞空性空眞水清淨本然周徧法界隨衆生心應所知量一處執珠一處水出徧法界執滿法界生生滿世間寧有方所循業發現世間無知惑爲因緣及自然性皆是識心分別計度但有言說都無實義

林木既不吐流明知此水非從月降水非月來文非珠出不從空生則本然周徧非和合矣

阿難風性無體動靜不常汝常整衣入於大衆僧伽梨角動及傍人則有微風拂彼人面此風爲復出袈裟角發於虛空生彼人面阿難此風若復出袈裟角汝乃披風其衣飛搖應離汝體我今說法會中垂衣汝看我衣風何所在不應衣中有藏風地若生虛空汝衣不動何因無拂空性常住風應常生若無風時虛空當滅滅風可見滅空何狀若有生滅不名虛空名爲虛空云何風出若風自生被拂之面從彼面生當應拂汝自汝整衣云何倒拂汝審諦觀整衣在汝面屬彼人虛空寂然不參流動風自誰方鼓動來此風空性隔非和非合不應風性無從自有汝宛不知如來藏中性風眞空性空眞風清淨本然周徧法界隨衆生心應所知量阿難如汝一人微動服衣有微風出徧法界拂滿國土生周徧世間寧有方所循業發現世間無知惑爲因緣及自然性皆是識心分別計度但有言說都無實義

拂衣則動垂衣則靜所謂動靜不常也倒拂者已面生風還拂自面是爲倒拂既非倒拂則非生於面矣汝審下謂三性不叅二性相隔求風所從杳莫可究既非衣出又非空生非生彼面了無所從

非和合矣謂本然周徧循業發現得不信哉。

阿難空性無形因色顯發如室羅城去河遥處諸刹利種及婆羅門毗舍首陀兼頗羅墮旃陀羅等新立安居鑿井求水出土一尺於中則有一尺虛空如是乃至出土一丈中間還得一丈虛空虛空淺深隨出多少此空爲當因土所出因鑿所有無因自生。

鑿土得空所謂因色顯發也西天貴賤族分四姓。如此方四民刹帝利王族婆羅門淨志亦云淨行。以守道居正潔白其操也毗舍商賈也首陀農夫也是謂四姓頗羅墮此翻捷疾亦利根也旃陀羅

魁膾此云嚴幟惡業自嚴行持標幟謂搖鈴持竹。此又智愚之族也。

阿難若復此空無因自生未鑿土前何不無礙惟見大地迥無通達若因土出則土出時應見空入若土先出無空入者云何虛空因土而出若無出入則應空土元無異因無異則同則土出時空何不出若因鑿出則鑿出空應非出土不因鑿出鑿自出土云何見空汝更審諦諦審諦觀鑿從人手隨方運轉土因地移如是虛空因何所出鑿空虛實不相爲用非和非合不應虛空無從自出。

若因土出下謂虛空若因土出則鑿土出井之時。應見虛空入井既無空入豈因土出若虛空無有出入而虛空元因土出則應空土元無異因無異則同則土出井時何不見空從井出耶若因鑿下。明即因不可離因不可汝更下令詳察其非因緣自然也鑿空虛實謂鑿實空虛也上諸巧辨皆遣識心妄計而顯圓融眞體也。

若此虛空性圓周徧本不動搖當知現前地水火風均名五大性眞圓融皆如來藏本無生滅。

會上義而通前文也由上所明非因緣和合則知

空性圓徧非生滅法一大既爾餘大皆然故皆無生滅然此明空大而兼會前四者令知色空雖異其性皆同故也。

阿難汝心昏迷不悟四大元如來藏當觀虛空爲出爲入爲非出入。

若悟虛空性圓周徧本無出入與非出入即悟四大性眞圓融本無生滅也。

汝全不知如來藏中性覺眞空性空眞覺淸淨本然周徧法界隨衆生心應所知量阿難如一井空空生一井十方虛空亦復如是圓滿十方寧有方所循業

發現世間無知惑爲因緣及自然性皆是識心分別計度但有言說都無實義

此會空大與前四大異前則先言相卽無相此則先言無相卽相又譯人將恐眞空濫於頑空故易眞空爲眞覺也

阿難見覺無知因色空有如汝今者在祇陀林朝明夕昏設居中宵白月則光黑月便暗則明暗等因見分析此見爲復與明暗相幷太虛空爲同一體爲非一體或同非同或異非異

此問四句一同二異三亦同亦異四非同非異但經文分兩同兩異各成一句故云或同非同或異非異

阿難此見若復與明與暗及與虛空元一體者則明與暗二體相亡暗時無明明時無暗若與暗一明則見亡必一於明暗時當滅滅則云何見明見暗若明暗殊見無生滅一云何成若此見精與暗與明非一體者汝離明暗及與虛空分析見元作何形相離明離暗及離虛空是見元同龜毛兎角明暗虛空三事俱異從何立見明暗相背云何或同離三元無云何或異分空分見本無邊畔云何非同見暗見明性非遷改云何非異汝更細審微細審詳審諦審觀明從太陽暗隨黑月通屬虛空壅歸大地如是見精因何所出見覺空頑非和非合不應見精無從自出

阿難下辨非一體若此見精下辨非異體明暗相背下辨非或同非同或異非異汝更下令詳察其性眞圓融不涉諸妄也

若見聞知性圓周徧本不動搖當知無邊不動虛空幷其動搖地水火風均名六大性眞圓融皆如來藏本無生滅阿難汝性沈淪不悟汝之見聞覺知本如來藏汝當觀此見聞覺知爲生爲滅爲同爲異爲非生滅爲非同異

若見聞知者前於六根廣破眼見餘根並略今類通顯示其性皆徧聞卽耳根覺卽鼻舌身根知卽意根不言覺者略也爲生爲滅等者以見聞覺知元是如來藏性本非生滅同異等故此令諦觀欲其通達實相本無諸相也

汝曾不知如來藏中性見覺明覺精明見清淨本然周徧法界隨衆生心應所知量如一見根見周法界聽齅嘗觸覺觸覺知妙德瑩然徧周法界圓滿十虛寧有方所循業發現世間無知惑爲因緣及自然性

皆是識心分別計度。但有言說。都無實義。

性見覺明者。謂卽性之見。全是覺明眞體。覺精明見者。謂見乃覺精明見。故淸淨本然周徧法界也。如一下。例餘根。嘗觸卽舌根。以味合方覺。故亦名觸覺。觸覺知身意根也。

阿難。識性無源。因於六種根塵妄出。汝今徧觀此會聖衆。用目循歷。其目周視。但如鏡中。無別分析。汝識於中次第標指。此是文殊。此富樓那。此目犍連。此須菩提。此舍利弗。此識了知。爲生於見。爲生於相。爲生虛空。爲無所因。突然而出。

根但照境。故如鏡鑑物。識有了別。故能標指。

阿難。若汝識性生於見中。如無明暗及與色空。四種必無。元無汝見。見性尚無。從何發識。若汝識性生於相中。不從見生。旣不見明。亦不見暗。明暗不矚。卽無色空。彼相尚無。識從何發。若生於空。非相非見。非見無辨。自不能知明暗色空。非相滅緣。見聞覺知。無處安立。處此二非。空則同無。有非同物。縱發汝識。欲何分別。若無所因。突然而出。何不日中別識明月。

此明識性非生於相。見亦非生於空也。若生於空。則非是相。亦非是見。非見則無辨。非相則無緣。旣無見相。識從何立。又處此非相非見之間。識體若空。則同龜毛。識體若有。非同物象。縱於虛空能發汝識。旣無相見。亦無用也。若無下。謂日中無月。旣無見月之識。應知非無因而有也。

汝更細詳。微細詳審。見託汝睛。相推前境。可狀成有。不相成無。如是識緣。因何所出。識動見澄。非和非合。聞聽覺知。亦復如是。不應識緣。無從自出。

此復令審觀識性所從出也。見託根。相託境。有狀成有。無相成無。如是識緣。因何所出者。爲從見相出耶。有無出耶。求其識性。了無所從。汝言和合。識

有分別名動。見無分別名澄。識動見澄。非和非合。聞知亦然。皆非和合。又非自然。是則性眞圓融。不涉諸妄矣。

若此識心。本無所從。當知了別見聞覺知。圓滿湛然。性非從所。兼彼虛空地水火風。均名七大。性眞圓融。皆如來藏。本無生滅。阿難。汝心麤浮。不悟見聞發明了知。本如來藏。汝應觀此六處識心。爲同爲異。爲空爲有。爲非同異。爲非空有。

若此識心。卽指識大。了別見聞覺知。卽會上見大。兼彼空等。總會七大。旁通萬法也。旣本無所從。則

湛然圓徧。地等既爾。世界衆生物物皆爾。不惟地等名大。草芥塵毛皆可名大。性眞圓融。本無生滅矣。前文詳辨。意皆萃此。故自根境萬法總會而旁通也。爲同爲異等者。以諸識心元是如來藏性。本非同異空有等。故令微細沈思觀得其眞則悟本如來藏。

汝元不知如來藏中性識明知覺明眞識。妙覺湛然。徧周法界。含吐十虛寧有方所。循業發現。世間無知。惑爲因緣及自然性。皆是識心分別計度。但有言說。都無實義。

性識明知者。謂卽性之識。全是明知眞體。覺明眞識者。謂識乃覺明眞識。詎可謂之因緣自然耶。而世人無知。惑爲因緣自然。皆無實義。

爾時阿難及諸大衆蒙佛如來微妙開示。身心蕩然得無罣礙。是諸大衆各各自知心偏十方。見十方空如觀手中所持葉物。一切世間諸所有物皆卽菩提妙明元心。心精徧圓含裹十方。反觀父母所生之身猶彼十方虛空之中吹一微塵。若存若亡。如湛巨海流一浮漚。起滅無從。了然自知獲本妙心常住不滅。禮佛合掌得未曾有。於如來前說偈讚佛。

因前開示。獲本妙心。故說偈讚佛也。自初決擇眞妄。終至陰入七大。多方發明。使悟器界萬法當體全眞。本如來藏。是謂微妙開示。旣悟萬法性眞圓融。故身心蕩然得無罣礙。悟妙覺湛然周徧法界。故各各自知心偏十方。覺湛周徧含吐十虛。故見十方空如手中葉。萬法性眞本如來藏。故一切所有皆卽妙心也。悟本心量廣大如此。故反觀妄身。其微如塵。其幻如漚。忽無所有。而本妙常心了了悟獲。於是深慶說偈讚謝也。

妙湛總持不動尊。首楞嚴王世希有。

妙湛總持。卽澄圓妙性如來藏體。前之屢稱妙覺湛然不動周圓含吐十虛者此也。阿難旣自造悟。遂知佛之所以爲佛者特此而已。故以是稱讚也。覺海圓澄。物不能汨。曰妙湛。藏心徧圓含裹十方。曰總持。體寂如空常住不滅。曰不動。具此而獨尊三界也。首楞嚴王世希有者。卽讚法也。雖教行理三悉號楞嚴。今正舉能詮以歎迥超諸教喻之以王。如來在世所說經中最爲殊勝。故曰世希有也。

銷我億劫顛倒想。不歷僧祇獲法身。

無始迷眞妄認緣影及起因緣自然等見。卽億劫顛倒想也。一衆開示倒想銷亡，而了獲本心，卽不歷僧祇獲法身也。據上經文，旣屬見道，且敍了悟，如云各各自知心徧十方，知卽悟也。又據下富樓那云，如阿難輩雖則開悟，習漏未除，故知是了悟矣。若論其證，但證初果耳。舊有多說，皆非正意。

願今得果成寶王，還度如是恆沙衆，將此深心奉塵刹，是則名爲報佛恩。伏請世尊爲證明，五濁惡世誓先入，如一衆生未成佛，終不於此取泥洹。

旣悟自性深感發明之恩，故願有所成，弘道利生，稱佛心而上報也。願得聖果，智心也。還度多衆，悲

心也。智悲雙運，廣大無盡，卽所謂深心。誓入五濁，不取涅槃，卽深心之效也。憑此報恩，故請佛爲證。

大雄大力大慈悲，希更審除微細惑，令我早登無上覺，於十方界坐道場。舜若多性可銷亡，爍迦羅心無動轉。

旣讚謝已，重請後法，庶盡斷惑障，成就果願也。然此旣銷倒想，頓獲法身，疑已得果，且又願求而更除細惑者，佛果有七：曰菩提，涅槃，眞如，佛性，菴摩羅識，空如來藏，大圓鏡智。所謂獲法身者，則方悟菩提，自見佛性而已。見性之後，必須審除細惑，使生滅滅生俱寂，以合乎涅槃眞如。白淨純凝，以合乎菴摩羅識。廓然圓照，以合乎空如來藏大圓鏡智。七果圓備，乃所謂登無上覺也。今之學者纔得其二，頓亡餘五，輕捐教法，不復修斷，則生滅何時而寂，雜染何時而淨，交交擾擾何時而廓然，昏昏昧昧何時而圓照。縱雖見性，有爲習漏不免復生。吾知其倒想依然，將又倍於億劫，爲可歎惜矣。聞此首楞嚴畢竟之教，快宜勉進，疾使一切畢竟也。舜若多此云空，爍迦羅云堅固，謂空性無體，尚可銷亡，我心堅固，終無動轉，此依首楞嚴力結前願

心自誓究竟畢無退墮，願心如此，然後聖果可期，佛恩可報也。

大佛頂如來密因修證了義諸菩薩萬行首楞嚴經纂註卷第三

大佛頂如來密因修證了義諸菩薩萬行首楞嚴經纂註卷第四

唐天竺沙門般刺密諦譯

唐烏萇國沙門彌伽釋迦譯語

唐菩薩戒弟子前正議大夫同中書門下平章事清河房融筆受

明檇李沙門眞界纂註

上阿難等惑銷心悟。故說偈讚佛。富樓那尙紓疑執。故又發起後章之問也。然法本無生。因妄有生。相本無相。因迷執相。而富樓那由不達法本無生。則不知因妄有生。故問云何忽生。不了相本無相。則不達諸相虛妄。故問水火等不相陵滅。此皆不達第一義諦而問。故世尊卽許宣眞勝義性。由是而知下文雖示因妄有生。意顯無生。雖示循發之相。意顯無相。故環師謂卽山河萬象宣勝義中眞勝義性也。而資中謂世尊所說惟俗諦生滅之相。故以不空如來藏收之。殊不知世尊既云因妄有生。則知妄無自性。生卽無生。豈非緣起之相而本自無生乎。既云循業發相。則知七大虛妄。全一眞妙覺明。故法法本然周徧法界也。豈說俗諦生滅之法哉。

爾時富樓那彌多羅尼子在大衆中。卽從座起。偏袒右肩。右膝著地。合掌恭敬而白佛言、大威德世尊。善爲衆生敷演如來第一義諦、世尊常推說法人中我爲第一。今聞如來微妙法音。猶如聾人逾百步外聆於蚊蚋。本所不見。何況得聞、佛雖宣明。令我除惑。今猶未詳斯義究竟無疑惑地。世尊。如阿難輩。雖則開悟。習漏未除。我等會中登無漏者。雖盡諸漏。今聞如來所說法音。尙紓疑悔。

引前所說以敘疑也。蓋前示陰入處界等皆如來藏清淨本然。是卽相以示無相。卽生以示無生。故云敷演第一義諦。富樓那無明未盡。不了第一義諦。故譬聾人百步聞蚋。以第一法才猶昧。則中下之機難無疑惑。故下呈疑以請也。

世尊。若復世間一切根塵陰處界等皆如來藏清淨本然。云何忽生山河大地諸有爲相。次第遷流。終而復始。

此正陳所疑也。疑云清淨宜無諸相。本然宜無遷流。云何忽生諸相。次第遷流耶。此卽不達因妄有生。因妄相續而問也。問意有二。云何下。問生起。次

第下問相續故下先約一念之迷以示忽生之相
次即詳示三種相續之相也
又如來說地水火風本性圓融周徧法界湛然常住
世尊若地性徧云何容水水性周徧火則不生復云
何明水火二性俱徧虛空不相陵滅世尊地性障礙
空性虛通云何二俱周徧法界而我不知是義攸往
惟願如來宣流大慈開我迷雲及諸大衆作是語已
五體投地欽渴如來無上悲誨
疑云水處不能容火地處不能容空云何相徧不
相陵滅耶此由不達相本虛妄而問故下如來即

以虛空非相而不拒諸相眞覺本非七大而不礙
七大示之意顯循業發現之相本自虛妄不應詰
其相陵滅也
爾時世尊告富樓那及諸會中漏盡無學諸阿羅漢
如來今日普爲此會宣勝義中眞勝義性令汝會中
定性聲聞及諸一切未得二空回向上乘阿羅漢等
皆獲一乘寂滅場地眞阿練若正修行處汝今諦聽
當爲汝說富樓那等欽佛法音默然承聽
因其不達第一義諦故許宣眞勝義性也所謂勝
義諦中眞勝義性者即前所明第一義諦也由富
樓那不達此義致生前問故如來即許宣眞勝義
性令二乘聞此契眞性而起眞修故云令汝二乘
皆獲一乘寂滅場地眞阿練若正修行處阿練若
云無喧雜以悟無生了無喧雜故依此而修是謂
正修行處
佛言富樓那如汝所言淸淨本然云何忽生山河大
地汝常不聞如來宣說性覺妙明本覺明妙富樓那
言唯然世尊我常聞佛宣說斯義佛言汝稱覺明爲
復性明稱名爲覺爲覺不明稱爲明覺
將示因妄有生而即其所聞互融之理以詰明不

明者意在引其認明喧妄以爲生法之端也蓋性
覺妙明即妙而明非不明也本覺明妙即明而妙
又非明也富樓那雖聞其言而不達其理即認明
爲覺故曰若此不明則無所明矣如謂富樓那認
覺不明者此一失也因立所明故佛示云有所非
覺無所非明則知明與不明皆非眞覺妙明而圓
師則以有所明爲妄無所明是眞故解云無所則
無妄明者此二失也因認明立所虛空世界等由
是生焉故云無同異中熾然成異等是則因動以
發相因妄而忽生乃現相也岳師指因明立所等

爲三細指無同異等爲六麤者此三失也如是擾亂等一節乃牒前三細而引起六麤故云如是擾亂相待生勞等岳師指爲牒前三細六麤者此四失也然下文皆依經正意解釋恐有欲知會解與今註異同故此明示

富樓那言若此不明名爲覺者則無所明

富樓那由不明眞覺本非明不明故一念妄動認明立所故曰若此不明則無所明此卽無明爲因生三細也蓋不明眞覺卽無明也動卽業相認卽轉相所卽現相三相既現無窮妄業由是而生故

下云覺非所明因明立所所既妄立生汝妄能等

佛言若無所明則無明覺有所非覺無所非明無明又非覺湛明性性覺必明妄爲明覺

牒上以明覺非有無也若無所明則無明覺此二句乃總牒所計若汝執言必有所明方稱明覺若無所明無明覺者佛卽示云有所非覺無所非明則有明無明皆非眞覺也無明下釋上覺非有無也以無明又非覺湛明性必明則妄爲明覺故知眞覺本非有無矣

覺非所明因明立所所既妄立生汝妄能無同異中熾然成異異彼所異因異立同同異發明因此復立無同無異

此明前一念之迷生三細也夫性覺之體本無能所亦無同異由無明故一念妄動認明立所能所斯立同異卽形因明立所所立由於汝能能所同時說有先後耳既有所明則無同異中熾然成異矣異彼所異因異異立同故云因異立同同異發明卽有無同無異故云因此復立無同無異然此三相以言不頓彰故相因而說說雖先後起卽同時所感外器虛空及有情根一念頓現亦非先後

應知此三昏未動時是靜是同爲虛空體動卽成異爲世界體認明立所與昏動異卽衆生體也

如是擾亂相待生勞勞久發塵自相渾濁由是引起塵勞煩惱

牒前三細復起六麤也如是擾亂者牒前因無明故一念妄動性眞於是擾亂此牒業相也相待生勞者牒前能所等相待而生勞相能卽轉相所等卽現相勞卽智相相續相也勞久發塵者卽由上二相發起執取計名字相也自相渾濁者智等四相混雜眞性故名爲渾汩淸淨體令失明潔故名

為濁也。由是下牒由三細引起四麤。故云塵勞煩惱。此四正是煩惱之體。下業果衆生。即後二麤也。

起為世界。靜成虛空。虛空為同。世界為異。彼無同異眞有為法。

此明前一念昏動成三相也。起即是動。動即成異。動為世體。異為界體。則世界由動異所成。故云起為世界。靜即同相。形前起動。故名為靜。即虛空之體也。以虛空由對動之靜所成立。故云靜成虛空。虛空下二句。牒明二相。彼無下。指前對同異之無同異名有為法。即衆生也。此蓋由內心一念妄

動有同異無同無異。故於外即成虛空世界及衆生也。前問云何忽生山河大地諸有為相。此既因動發相。即是因妄而忽生山河大地諸有為相也。

覺明空昧相待成搖。故有風輪執持世界。因空生搖。堅明立礙。彼金寶者明覺立堅。故有金輪保持國土。堅覺寶成搖明風出。風金相摩。故有火光為變化性。寶明生潤。火光上蒸。故有水輪含十方界。火騰水降。交發立堅。溼為巨海。乾為洲潬。以是義故。彼大海中火光常起。彼洲潬中江河常注。水勢劣火。結為高山。是故山石擊則成焰。融則成水。土勢劣水。抽為草木。是故林藪遇燒成土。因絞成水。交妄發生。遞相為種。以是因緣世界相續。

上就一念之迷。巳示忽生之相。此下詳示相續之相也。覺明空昧等者。謂由一念之迷。不覺妄動。動與空昧。一明一昧。一動一靜相待不息。於內生滅即名為搖。於外即成風輪初起。是故世界之初。風輪為始。世界最下依風輪住。故曰執持世界。因空生搖。牒上文也。堅執覺明。遂立質礙。故曰堅明立礙。於內即是堅執覺明。於外即成金輪次起。故云彼金寶者明覺立堅。大地最下依金輪住。故曰保

持國土。堅覺下二句。指前二性為生火之由。於內則生滅不停。堅執不捨。於外則動搖不息。堅剛難壞。互相摩觸。而有火生。如取火法。鑽燧與木。一堅一動。火能鎔散。成熟萬物。故云為變化性。寶明下。於內則堅執覺明。燥心熾盛。於外則寶潤火蒸。遂成流水也。如世蒸物。必有汗流。火騰下。水交於火。火交於水。其勢相敵而立於物。故曰交發立堅。溼為巨海。水降之所立也。乾為洲潬。火騰之所立也。以是下。明水火氣分。水劣火為山。土劣水為木。燄融明水火氣分。燒絞明土水氣分也。遞相為種者。

如明昧相待為風輪種。因搖立礙為金輪種。風金相摩為火大種。金火復為水大種。火水又為海洲種。水土復為草木種。此世界相續之由也。然此約覺明堅執而發生世界。下約覺明所妄以發明衆生。則知世界衆生皆無越一念之迷而生也。

復次富樓那明妄非他覺明為咎所妄既立明理不踰以是因緣聽不出聲。見不超色。色香味觸六妄成就。由是分開見覺聞知。同業相纏合離成化。

此即前因明立所之妄。明衆生相續之本也。明妄非他覺明為咎等者。明妄即前所明之妄。此妄非

他。只由迷心妄動方有所明。故云覺明為咎。所妄既立。遂使六根成礙。故明理不能超越矣。蓋明妄即所妄。所妄即六妄。於內由迷心妄動。故有所明於外因妄明故。遂立所妄也。以是下示不踰之相。色香下。牒上不踰之義。以明業性。謂見聞覺知元一圓融清淨寶覺。但因色等六妄成就。由是分一圓融寶覺而為見覺聞知。既有根塵而為業性。則發起妄業。於是同業相纏合離成化。此六道四生之始也。同業即胎卵類。因父母已三者業同。故相纏著而有生。合離即溼化類。不因父母。但由已業

或合溼而成形。即蠶蛹也。或離異而托化。如天獄等類也。

見明色發明見想成。異見成憎。同想成愛。流愛為種。納想為胎。交遘發生吸引同業。故有因緣生羯羅藍遏蒲曇等。胎卵溼化隨其所應。卵惟想生。胎因情有。溼以合感化以離應。情想合離更相變易。所有受業逐其飛沈。以是因緣衆生相續。

此明衆生相續之由也。見明色發者。謂妄心見妄境。即是中陰見父母境也。明見想成者。謂明見父母之境而想成。即由境生情也。異見下。謂男子投

胎。則父是所憎境。母是所愛境。女子投胎反此。以愛為輪迴根本。故流愛為種。想為傳命之媒。故納想為胎。交遘發生等者。謂父母交遘為緣。同業之人想愛為因。有此因緣入胎托質也。俱舍明胎中凡有五位。一七名羯羅藍。此云凝滑。二七名遏蒲曇。此云皰。狀如瘡皰。三七名閉尸。此云輭肉。四七名健南。此云堅肉。五七名鉢羅奢佉。此云形位。今略舉前二等。取餘三四生之類。卵應於想。胎應於情。溼應於合。化應於離。故曰隨其所應也。情想合離更相變易者。或情變為想。合變為離。無定業也。

卵易爲胎溼易爲化無定質也故所受報或升或沈無定趣也

富樓那想愛同結愛不能離則諸世間父母子孫相生不斷是等則以欲貪爲本貪愛同滋貪不能止則諸世間卵化溼胎隨力強弱遞相吞食是等則以殺貪爲本以人食羊羊死爲人人死爲羊如是乃至十生之類死死生生互來相噉惡業俱生窮未來際是等則以盜貪爲本

此指貪愛明業果之本也蓋想愛不結愛則可離既彼此交結愛不能離故相生不斷是等欲貪爲

本也貪愛不滋貪則可止既彼此交滋貪不能止貪必致殺故相食不斷是等殺貪爲本也以人下明盜貪也殺盜二貪一往觀之似無差別若以負不負義推之則有別焉若負命者殺之卽屬殺貪不負者殺之卽屬盜貪是知盜必具殺而殺未必有盜也故於殺貪但云遞相吞食而於盜貪則云人死爲羊等二者之別蓋可見矣且欲貪通乎四生今正約胎生言之又胎生復通今多就人倫辨之以其易見故也

汝負我命我還汝債以是因緣經百千劫常在生死汝愛我心我憐汝色以是因緣經百千劫常在纏縛惟殺盜婬三爲根本以是因緣業果相續

此明業果相續之由也負債殺盜由也愛憐欲貪由也惟殺下結顯命債二句文義互見如云汝負我命汝還我命我負汝債我還汝債愛憐二句亦應互見

富樓那如是三種顚倒相續皆是覺明明了知性因了發相從妄見生山河大地諸有爲相次第遷流因此虛妄終而復始

總牒前文結答世界衆生業果皆由不覺一念妄

動認明立所發生故云皆是覺明明了知性因了發相也蓋覺明卽無明業相明了知性卽認明爲覺之轉相因了發相卽現相前問云何忽生山河大地諸有爲相此既因了發相卽是從妄見生山河大地諸有爲相故起信云依能見故境界妄現也次第遷流卽由生而滅終而復始卽滅而復生然則三種相續既從妄有妄無自性全體無生是以雖示有生意顯無生也若悟無生則知根塵處界皆如來藏淸淨本然矣豈俗諦生滅之法哉

富樓那言若此妙覺本妙覺明與如來心不增不減

無狀忽生山河大地諸有爲相如來今得妙空明覺山河大地有爲習漏何當復生

衆生覺體與佛無別無端忽生諸有爲相則如來旣證空覺何時復生諸有耶此由富樓那不達諸法本來常自寂滅於寂滅中起生滅見故問山河大地等何當復生如來乃就其生滅之見破之故下引喻以明覺不復迷滅不復生也若就本來寂滅則何滅何生何迷何覺故知下文所示誠夢中說夢耳

佛告富樓那譬如迷人於一聚落惑南爲北此迷爲

復因迷而有因悟所出富樓那言如是迷人亦不因迷又不因悟何以故迷本無根云何因迷悟非生迷云何因悟佛言彼之迷人正在迷時倐有悟人指示令悟富樓那於意云何此人縱迷於此聚落更生迷不不也世尊富樓那十方如來亦復如是此迷無本性畢竟空昔本無迷似有迷覺覺迷迷滅覺不生迷

此示覺不復迷也昔本無迷似有迷覺者謂本無有迷無始之迷者似迷也亦無有覺從迷而覺者似覺也迷旣覺矣豈覺更生迷哉

亦如翳人見空中華翳病若除華於空滅忽有愚人於彼空華所滅空地待華更生汝觀是人爲愚爲慧富樓那言空元無華妄見生滅見華滅空已是顚倒敕令更出斯實狂癡云何更名如是狂人爲愚爲慧佛言如汝所解云何問言諸佛如來妙覺明空何當更出山河大地

此示滅不復生也翳喻妄見華喻山河空華滅地喻妙空明覺佛言下謂旣了所喻何復前疑

又如金鑛雜於精金其金一純更不成雜如木成灰不重爲木諸佛如來菩提涅槃亦復如是

此示無變無生也金喻菩提果覺無變灰喻涅槃

果德無生果至無變無生則習漏不生可知矣此卷之初富樓那有二問初問答竟此下答第二問也

富樓那又汝問言地水火風本性圓融周徧法界疑水火性不相陵滅又徵虛空及諸大地俱徧法界不合相容富樓那譬如虛空體非羣相而不拒彼諸相發揮

此牒前問而示無相不拒諸相也蓋由富樓那不達相本虛妄以水火等不相陵滅而問故如來卽以虛空非相而不拒諸相眞覺本非七大而不礙

七大示之意顯循業發現之相本自虛妄不應詰
其相陵滅也

所以者何富樓那彼太虛空日照則明雲屯則暗風搖則動霽澄則清氣凝則濁土積成霾水澄成暎於意云何如是殊方諸有爲相爲因彼生爲復空有若彼所生富樓那且日照時既是日明十方世界同爲日色云何空中更見圓日若是空明空應自照云何中宵雲霧之時不生光耀當知是明非日非空不異空日觀相元妄無可指陳猶邀空華結爲空果云何詰其相陵滅義觀性元眞惟妙覺明妙覺明心先非

水火云何復問不相容者

此徵辨循業發現諸相虛妄喻顯七大之相虛妄不應詰其相陵滅也所以下示諸相於意下明相虛妄隨處而發故曰殊方諸有爲相指明暗等相也彼指日雲等體若就明相彼指日也餘可例知且日照時下辨明不因日生謂明若因日十方世界同日色時則空中應無日矣云何空中更見圓日若是空明下辨明不因空生當知是明下示不卽不離以顯明相虛妄明相既妄則暗動等相亦妄然空中循業發現諸相既無可指陳則顯七大循業之相亦妄不應詰其相陵滅也若更詰其陵滅是猶邀空華而結空果矣觀性下明性相容既同一性法爾相容云何復問不相容也

眞妙覺明亦復如是汝以空明則有空現地水火風各各發明則各各現若俱發明則有俱現

此以法合前無相不拒諸相也眞覺不礙七大如空不拒諸相皆循業發現之相耳汝以空明等者以事言之如鑿井出空照燧生火是也以業言之如起爲世界靜成虛空風金相摩故有火光是也以心言之妄起空見則有空現地水火風亦復如

是故曰各各發明則各各現各各謂前後也俱謂同時也

云何俱現富樓那如一水中現於日影兩人同觀水中之日東西各行則各有日隨二人去一東一西先無準的不應難言此日是一云何各行各日既雙云何現一宛轉虛妄無可憑據

此復舉喻以顯七大之相虛妄不應詰其相陵滅也如一水中現於日影喻一性中現七大也日影隨人俱現以喻七大隨緣俱現先無準的不應詰難喻顯七大虛妄不應詰其相陵滅也

富樓那。汝以色空相傾相奪於如來藏。而如來藏隨爲色空周徧法界。是故於中風動空澄日明雲暗。衆生迷悶。背覺合塵。故發塵勞有世間相。

色攝四大對空成五。前富樓那問地水火風本性圓融疑水火性不相陵滅。卽相傾也。虛空大地不合相容。卽相奪也。旣以色空傾奪於如來藏。則如來藏隨爲色空。是則背覺合塵發塵勞相也。以迷失眞體。分別緣影。名背覺合塵。了相元妄。觀性元眞。名滅塵合覺。

我以妙明不滅不生合如來藏。而如來藏惟妙覺明圓照法界。是故於中一爲無量。無量爲一。小中現大。大中現小。不動道場徧十方界。身含十方無盡虛空。於一毛端現寶王刹。坐微塵裏轉大法輪。滅塵合覺。故發眞如妙覺明性。

色空世間妄相也。妙明眞如妙性也。前由著相。故致相傾卽生滅也。此由合性。故致相容。卽不生滅也。原夫如來藏體元一圓融。特由衆生背眞合妄。故局促世相之中。遂致相傾相奪。諸佛滅妄合眞。故妙得眞如之性。所以一多互現。小大相容。現寶刹於毛端。轉法輪於塵裏。事事無礙。法法如如。蓋

由觀性元眞。故無不容者。一爲無量下。總列四句。不動下別示其相。大中現小之相易明。故略之。滅塵下。結所以也。

而如來藏本妙圓心。非心非空。非地非水非風非火。非眼非耳鼻舌身意。非色非聲香味觸法。非眼識界。如是乃至非意識界。非明無明。明無明盡。如是乃至非老非死。非老死盡。非苦非集非滅非道。非智非得。非檀那非尸羅非毘梨耶非羼提非禪那非般剌若。非波羅密多。如是乃至非怛闥阿竭。非阿羅訶。三耶三菩。非大涅槃。非常非樂非我非淨。

上答問已竟。此繼之復示三如來藏者。蓋由富樓那不了第一義諦。致生前問。故如來示此以結責也。以第一義諦卽空不空如來藏故。非心至非意識界。總非六凡界也。非明無明等。非緣覺界也。緣覺觀十二緣有生起相有修斷相。此兼舉之。非苦非集等。非聲聞界也。非智非得者。非二乘理智得卽理也。非檀那等。非菩薩界。先非能趣行。非波羅密多者。總非所趣理也。非怛闥阿竭下。非佛界。先非能證人。三號是也。次非所證法。涅槃四德也。怛闥阿竭。云如來。阿羅訶。云應供。三耶三菩。云正徧

知。即十號之三也。涅槃是總，四德是別。

以是俱非世出世故。

結上起下也。世結六凡，出世結四聖。以藏理即空，無有十界，故並非之。

即如來藏元明心妙，即心即空，即地即水即風即火，即眼即耳鼻舌身意，即色即聲香味觸法，即眼識界，如是乃至即意識界，即明無明，明無明盡，如是乃至即老即死，即老死盡，即苦即集即滅即道，即智即得，即檀那，即尸羅，即毗棃耶，即羼提，即禪那，即般剌若，即波羅密多，如是乃至即怛闥阿竭，即阿羅訶，三耶

三菩，即大涅槃，即常即樂即我即淨。

上文俱非約眞諦，示如來藏；此文俱即約俗諦，示如來藏。以藏理即無而有，十界宛然故也。

以是俱即世出世故，即如來藏妙明心元，離即離非，是即非即。如何世間三有衆生，及出世間聲聞緣覺，以所知心測度如來無上菩提，用世語言入佛知見。

此示第一義諦以結責也。蓋第一義諦非空非有，即性即相，即如來無上菩提及佛知見。由富樓那不達此義，致生前問，故如來即指此以結責也。然此第一義諦惟佛與佛乃能究盡，登地尚不能明了。云何凡小以所知心測用世語言以求入哉。

譬如琴瑟箜篌琵琶，雖有妙音，若無妙指，終不能發。汝與衆生亦復如是。寶覺眞心各各圓滿，如我按指，海印發光；汝暫舉心，塵勞先起。由不勤求無上覺道，愛念小乘，得少爲足。

此釋伏疑也。疑云：寶覺眞心無二圓滿，何凡小不能思議耶？釋云：寶覺眞心雖各各圓滿，如琴瑟箜篌雖各具妙音，如我舉心海印發光，猶得妙指者，按指妙音隨發；汝暫舉心塵勞先起，如無妙指者，不發妙音。心雖無二，所證不同，何能思議？由不下

正釋不能思議之由，謂由汝不求覺道，愛念小乘，故不能思議也。然於如來則云按指，於富樓那則曰舉心，法喻互顯耳。塵勞即所知心，海印即寶覺眞心。大集云：閻浮所有色像，大海皆有印文，此喻法身性海普現一切相也。

富樓那言：我與如來寶覺圓明眞妙淨心無二圓滿，而我昔遭無始妄想，久在輪迴，今得聖乘，猶未究竟；世尊諸妄一切圓滅，獨妙眞常。敢問如來，一切衆生何因有妄，自蔽妙明，受此淪溺？

躡上各各圓滿之言，以問妄想因也。既悟無二，益

曉妄淪。而不知妄之所由。故請窮其因。猶未究竟以無明未盡。故諸妄圓滅。卽極果斷德。獨妙眞常。卽究竟智德。

佛告富樓那。汝雖除疑。餘惑未盡。吾以世間現前諸事。今復問汝。汝豈不聞室羅城中。演若達多。忽於晨朝以鏡照面。愛鏡中頭眉目可見。瞋責已頭不見面目。以爲魑魅無狀狂走。於意云何。此人何因無故狂走。富樓那言。是人心狂。更無他故。

舉事以明妄無因也。汝雖除疑餘惑未盡者。謂因聞前說三疑已除。然不知妄想無因。卽餘惑未盡

也。演若達多。云祠授。從神乞得故。此卽狂人也。愛鏡中頭。責已狂走。喩因執影明。遂迷本眞。妄隨流轉。夫引達多照鏡爲喩。而言其無故狂走。使知狂走無故。則知妄元無因矣。

佛言。妙覺明圓。本圓明妙。旣稱爲妄。云何有因。若有所因。云何名妄。自諸妄想展轉相因。從迷積迷。以歷塵劫。雖佛發明。猶不能返。如是迷因。因迷自有。識迷無因。妄無所依。尙無有生。欲何爲滅。得菩提者。如寤時人說夢中事。心縱精明。欲何因緣取夢中物。況復無因本無所有。如彼城中演若達多。豈有因緣自怖頭走。忽然狂歇。頭非外得。縱未歇狂。亦何遺失。富樓那。妄性如是。因何爲在。

結指妄無因也。佛言下。明眞本有。旣稱下。明妄無因。自諸下。明諸妄相因。迷深不返。如是下。令識妄無因。無有生滅。得菩提下。因富樓那自恨昔遭妄想。而稱世尊諸妄圓滅。似謂迷有所因。請窮其因。故告以此。如彼下。牒喩重顯。令了妄無因。無可滅者。雖然。惑元無而須斷。故下勸其息妄契眞也。

汝但不隨分別世間業果衆生三種相續。三緣斷故。三因不生。則汝心中演若達多狂性自歇。歇卽菩提。

勝淨明心。本周法界。不從人得。何藉劬勞。肯綮修證。

此勸息妄契眞。得本妙心也。三緣斷故三因不生者。謂世間衆生業果緣分別而相續。因分別而得生。汝但不隨分別三種相續。則三緣斷。而三因不生矣。分別不生。狂性自歇。歇卽菩提。不從人得。豈藉修證哉。如達多但不隨分別鏡中影子。狂性自歇。頭非外得。豈假狂走而後獲哉。

譬如有人。於自衣中繫如意珠。不自覺知。窮露他方。乞食馳走。雖實貧窮。珠不曾失。忽有智者指示其珠。所願從心。致大饒富。方悟神珠非從外得。

此喻妄息真現，不從人得也。蓋五蘊之中具有佛性，因迷不覺，逐境生心，流浪諸趣，受大窮苦。雖然，而本性不失，故忽蒙指示，狂心頓歇，即獲本心，致大德用，不從人得也。

即時阿難在大衆中，頂禮佛足，起立白佛：世尊現說殺盜婬業三緣斷故，三因不生，心中達多狂性自歇，歇即菩提，不從人得。斯則因緣皎然明白，云何如來頓棄因緣？我從因緣心得開悟。世尊，此義何獨我等年少有學聲聞，今此會中大目犍連及舍利弗、須菩提等，從老梵志聞佛因緣，發心開悟，得成無漏。今說

菩提不從因緣，則王舍城拘舍梨等所說自然成第一義。惟垂大悲，開發迷悶。

遞躡上文起難，爲後學決疑也。世尊現說下，此乃就三種相續中略舉業果而世界衆生在其間矣。是則舉一該三，本非獨指殺盜婬也。既稱緣斷而因不生，斯正因緣之義，何前言頓棄耶？今棄因緣則外道自然之說爲當矣，故此陳疑請問，以求開發也。

佛告阿難：即如城中演若達多狂性因緣若得滅除，則不狂性自然而出，因緣自然理窮於是。

由計因緣，此即引前事以立理也。謂狂性因緣得除，不狂自然而出，因緣自然之理盡於此矣。由是下文以因緣自然等反覆推破也。

阿難，演若達多頭本自然，本自其然，無然非自，何因緣故怖頭狂走？

此以因緣破自然也。自然者本自天然，不假因緣也。若本自然，則或狂不狂，無所然而非自然矣。夫何又假照鏡因緣而後狂走？此自然之計墮矣。

若自然頭因緣故狂，何不自然因緣故失？本頭不失，狂怖妄出，曾無變易，何藉因緣？

此以自然破因緣也。若本自不狂，假因緣故狂，則本自不失，盍假因緣故失？頭既不失，特由狂妄，則因緣之計墮矣。

本狂自然，本有狂怖，未狂之際，狂何所潛？不狂自然，頭本無妄，何爲狂走？

因阿難於開悟而計因緣，故即引達多之事以例破也。蓋狂心未歇時，既不可謂之因緣自然，狂與不狂，則狂心歇而悟菩提，又豈可謂之因緣自然耶？足知因緣之說，誠妄計也。

若悟本頭，識知狂走，因緣自然俱爲戲論。是故我言

三緣斷故即菩提心菩提心生生滅心滅此但生滅滅生俱盡無功用道若有自然如是則明自然心生生滅心滅此亦生滅無生滅者名爲自然猶如世間諸相雜和成一體者名和合性非和合者稱本然性本然非然和合非合合然俱離離合俱非此句方名無戲論法

此結破所計詳顯無戲論法也謂悟本頭而知狂走則狂走歇即獲本頭故我言三緣斷即菩提因緣自然俱爲戲論且菩提既由緣斷而顯則菩提亦妄故云菩提心生生滅心滅此但生滅滅生俱

盡無功用道若有自然因是則名自然心生生滅心滅此亦生滅斯指無生滅者名爲自然皆即戲論譬如因有雜和故說和合非和合者稱本然性皆是對待妄立戲論之法直使然與非然合與非合等謂總饒眞妄兩亡聖凡情盡執謝見消一法不立菩提涅槃尚在遥遠以究竟果非修不證故

菩提涅槃尚在遥遠非汝歷劫辛勤修證雖復憶持十方如來十二部經清淨妙理如恒河沙只益戲論

此舉果以勸修也菩提涅槃尚在遥遠者謂雖多憶持如來清淨妙理如不勤修只益戲論故於菩提涅槃遥遠清淨妙理即無戲論法也

汝雖談說因緣自然決定明了人間稱汝多聞第一以此積劫多聞熏習不能免離摩登伽難何須待我佛頂神咒摩登伽心婬火頓歇得阿那含於我法中成精進林愛河乾枯令汝解脫是故阿難汝雖歷劫憶持如來祕密妙嚴不如一日修無漏業遠離世間憎愛二苦

抑多聞以勸修也因緣自然有益於辨無益於道多聞第一有益於名無益於實故雖積劫熏持不如一日修無漏業無漏業者首楞嚴眞定也得此

定者永滅諸漏故能離憎愛苦令汝解脫者得離婬室也祕密妙嚴即清淨妙理也

如摩登伽宿爲婬女由神咒力銷其愛欲法中今名性比丘尼與羅睺母耶輸陀羅同悟宿因知歷世因貪愛爲苦一念熏修無漏善故或得出纏或蒙授記如何自欺尚留觀聽

明熏修無漏業之速效以結責也宿因即歷世貪愛苦因也由知貪愛苦因而熏修故或得出纏授記如何下結責阿難令捨苦本修無漏道無以貪愛存於聞見也然自徵心破見已來齊此皆破執

破疑顯如來藏。令信解眞正爲因地心。明最初方便竟。又因心既眞。斯可圓成果地修證。故前經爲見道分者止此。下文別起爲修道分也。蓋雖見性眞。非修莫證。是以卽所悟性全性成修。故令以湛旋其虛妄滅生伏還元覺也。然則上根利器隨聞獲證。楞嚴大體亦已備矣。其有中下之器。更俟談行思而修之。故假阿難等請入華屋。於是廣示三摩提路也。

阿難及諸大眾聞佛示誨。疑惑銷除。心悟實相。身意輕安。得未曾有。重復悲淚。頂禮佛足。長跪合掌而白

佛言。無上大悲清淨寶王。善開我心。能以如是種種因緣方便提獎。引諸沈冥出於苦海。

讚謝前法也。惑銷心悟者。謂因緣自然之惑銷。卽悟實相本無諸相也。多方誨示。爲無上大悲。洗我沈垢。爲清淨寶王。

世尊。我今雖承如是法音。知如來藏妙覺明心徧十方界。含育如來十方國土清淨寶嚴妙覺王剎。如來復責多聞無功。不逮修習。我今猶如旅泊之人。忽蒙天王賜與華屋。雖獲大宅。要因門入。惟願如來不捨大悲。示我在會諸蒙暗者。捐捨小乘。畢獲如來無餘涅槃本發心路。令有學者從何攝伏疇昔攀緣。得陀羅尼。入佛知見。作是語已。五體投地。在會一心。佇佛慈旨。

失性如旅泊。見性如華屋。見性不修。如獲屋不入。故請示本發心路。及攝伏攀緣之處。冀獲無餘涅槃。入佛知見也。由是下文。先審因地發心。教依不生滅性證無餘果。以示本發心路。次審煩惱根本。令悟圓根而逆彼無始織妄業流。以示攝伏攀緣之處也。

爾時世尊哀愍會中緣覺聲聞於菩提心未自在者。

及爲當來佛滅度後末法眾生發菩提心。開無上乘妙修行路。宣示阿難及諸大眾。汝等決定發菩提心。於佛如來妙三摩提不生疲倦。應當先明發覺初心二決定義。云何初心二義決定。阿難。第一義者。汝等若欲捐捨聲聞。修菩薩乘。入佛知見。應當審觀因地發心與果地覺爲同爲異。阿難。若於因地以生滅心爲本修因。而求佛乘不生不滅。無有是處。以是義故。汝當照明諸器世間可作之法皆從變滅。阿難。汝觀世間可作之法誰爲不壞。然終不聞爛壞虛空。何以故。空非可作。由是始終無壞滅故。

將示本發心路。此先令審因地心也。汝等決定下牒前請示之意。謂汝等既欲獲大涅槃入佛知見。而請示本發心路及攝攀緣處。卽於如來所證妙三摩提不生疲倦矣。以無餘涅槃及佛知見皆卽妙三摩提。故若此應當先明初心二決定義。云何下。總徵。阿難下明第一義。先牒問意。應當下令審因心。爲同爲異者。謂不生不滅合如來藏爲同。以生滅心求常住果爲異。生滅心者。卽下五濁也。不生不滅。卽下元明覺無生滅性也。生滅例可作之法。不生滅例空無爛壞。然此云當明二決定義者。

卽定慧也。卽止觀也。是以初審因地發心云以湛旋其虛妄滅生。卽是明三止。旋其死生根本也。若不以止旋其生滅。則不得無生滅性。依何證涅槃果。故第一義明止。令其依止旋伏生滅。得不生滅。證涅槃果也。次審煩惱根本云依根逆彼織妄業流。卽是明三觀。逆彼煩惱根本也。若不依根發觀。逆彼織妄業流。何能得循圓通。故第二義明觀。令其依根發觀逆彼業流。得循圓通也。是知止觀二法。乃決定獲無餘涅槃入佛知見之因。故此云當先明之。下文舉三決定義。但云四戒。而不明定慧。

定慧已備此中。故長水以止觀而解二決定義。良有以焉。不然。二決定義之名何從而得也。

則汝身中。堅相爲地。潤溼爲水。煖觸爲火。動搖爲風。由此四纏分汝湛圓妙覺明心。爲視爲聽爲覺爲察。從始入終。五疊渾濁。云何爲濁。阿難。譬如清水清潔本然。卽彼塵土灰沙之倫本質留礙。二體法爾性不相循。有世間人。取彼土塵投於淨水。土失留礙。水亡清潔。容貌汩然。名之爲濁。汝濁五重。亦復如是。

此明生滅心也。夫湛圓明體本無隔礙。亦無渾濁。由四大纏縛。分爲視聽覺知。從始至終。而有五重

渾濁。湛由是分。明由是濁矣。云何下約喻以明濁相。清水。元明覺性也。塵土。五濁業用也。性不相循。眞妄染淨異也。世人取土投水。容貌汩然。喻衆生五濁生滅汩擾湛圓。使性渾濁。此卽總明生滅。下卽別明也。

阿難。汝見虛空徧十方界。空見不分。有空無體。有見無覺。相織妄成。是第一重。名爲劫濁。

此明空見相織成劫濁也。蓋以見空名劫濁者。謂念不動時本無空見。亦無時分。何有渾濁之相。只因一念妄動見空徧界。時卽生焉。差別動亂旣形。

眞性由斯而渾濁矣故以無體無覺空見相織不分而妄成劫濁也。

汝身現摶四大爲體見聞覺知壅令留礙水火風土旋令覺知相織妄成是第二重名爲見濁。

此明四大六根相織成見濁也蓋見覺本無留礙由四大摶結以成根隔則四大壅而見覺礙四大本無知覺因六根所旋故令知覺則六根旋而覺知生是謂相織然前既攝六根爲見大故此總六根爲見濁也。

又汝心中憶識誦習性發知見容現六塵離塵無相

離覺無性相織妄成是第三重名煩惱濁。

此明根境相織成煩惱濁也憶識誦習者憶過去境識現在塵誦習未來境性發下謂六識之性發於六根知見卽六根也六識之相現於六塵容卽相也以識由根境所成故離塵無相離覺無性根境煩擣妄生分別惱亂湛性名煩惱濁。

又汝朝夕生滅不停知見每欲留於世間業運每常遷於國土相織妄成是第四重名衆生濁。

此明惑業相織成衆生濁也知見欲留卽戀著三界業運常遷卽隨趣受生由此惑業相織成衆生濁。

汝等見聞元無異性衆塵隔越無狀異生性中相知用中相背同異失準相織妄成是第五重名爲命濁。

此明性用相織成命濁也蓋見聞自湛圓而分故元無異性衆塵隔圓融之體故無端成異性中相知釋上元無異性用中相背釋上無狀異生眼不別聲耳不別色是相背也同異失準者適言其同用中相背適言其異性中相知故無定準以此相織妄成命濁然則五濁自始至終無越六根是以前云分汝湛圓妙覺明心爲視聽覺察從始至終

五疊渾濁後云汝今欲令見聞覺知遠契如來妙德卽知是指根中麤細流逸之念以明五濁也。

阿難汝今欲令見聞覺知遠契如來常樂我淨應當先擇死生根本依不生滅圓湛性成以湛旋其虛妄滅生伏還元覺得元明覺無生滅性爲因地心然後圓成果地修證如澄濁水貯於靜器靜深不動沙土自沈清水現前名爲初伏客塵煩惱去泥純水名爲永斷根本無明明相精純一切變現不爲煩惱皆合涅槃清淨妙德。

此令返妄依眞以示本發心路也蓋五濁卽是根

中流逸之念乃死生根本。云何令契涅槃妙德。故云汝今欲令見聞覺知遠契如來涅槃妙德。應先擇去死生妄本。依不生滅圓湛性成。此即示本發心路也。欲擇死生妄本。須依三止旋之。故令以湛旋其虛妄滅生。即如澄濁水貯於靜器也。虛妄滅生伏還元覺。得元明覺無生滅性者。即靜深不動。沙土自沈。清水現前。名爲初伏客塵煩惱也。以無生性爲因地心。修斷根本。如去泥純水。故得圓成果地修證也。一切變現。即隨機所感。十界現形。俱是淨用。故云不爲煩惱。符契四德。故云皆合涅槃等。

第二義者。汝等必欲發菩提心。於菩薩乘生大勇猛。決定棄捐諸有爲相。應當審詳煩惱根本。此無始來發業潤生。誰作誰受。阿難。汝修菩提。若不審觀煩惱根本。則不能知虛妄根塵何處顛倒。處尚不知。云何降伏取如來位。

將示攝伏攀緣之處。此先令審煩惱根本也。汝等下牒其問意。應當下令審根本。謂汝等既欲攝伏疇昔攀緣。即欲棄捐諸有爲相也。以疇昔攀緣即有爲相故。若此應當審詳煩惱根本。言發業潤生。此指煩惱。誰作誰受。此推根本。意顯六根自作自受。阿難下明審根本之意。然此二決定義。說雖先後。意乃相成。如初義令得不生滅性爲因地心。教旋虛妄滅生者。即令伏煩惱也。次義令伏煩惱。教依根逆流循順圓通者。即令得不生滅性也。是以欲得無生。須伏煩惱。能伏煩惱。即順無生。則知修進雖分止觀伏惑之殊。而證無生之性無異。故前云伏還元覺。而後云循順圓通也。

阿難。汝觀世間解結之人。不見所結。云何知解。不聞虛空被汝隳裂。何以故。空無相形。無結解故。則汝現

前眼耳鼻舌及與身心。六爲賊媒。自劫家寶。由此無始衆生世界生纏縛故。於器世間不能超越。

釋上以示煩惱根本也。汝觀下釋上須知其處。引空義者。謂除無結則無解。而孰能無結哉。則汝下正示虛妄根塵顛倒處所。蓋眼等六媒。引外六賊。劫自眞性。故名顛倒。由此根塵引起煩惱。發業潤生。乃有無始衆生世界。以由衆生正報生纏縛故。於器世間不能超越。故下但約正報以明也。

阿難。云何名爲衆生世界。世爲遷流。界爲方位。汝今當知東西南北東南西南東北西北上下爲界。過去

未來現在為世。方位有十。流數有三。一切眾生織妄相成。身中貿遷。世界相涉。而此界性設雖十方定位可明。世間只目東西南北上下無位。中無定方。四數必明。與世相涉。三四四三。宛轉十二。流變三疊。一十百千。總括始終。六根之中各各功德有千二百。

徵上以明六根功德也。世為下釋名。汝今下辯相。一切下結示。蓋明眾生之身由世界交織妄成也。身中界也。貿遷世也。世界交織故云相涉。上下無位者指著上下皆四方之上下。除此別無上下。故云無位。中無定方者謂四隅之中也。隅以兩方交

接得名。既一隅而屬兩方故曰無定方也。三四四三者此約十二遷流變易共成三重也。一十百千者通舉增數之法耳。謂增一為十。增十為百等。今且以方涉世明三疊者。第一約四方各論三世共成十二也。第二於東方三世變一為十成三十。南西北方亦復如是。四方各三十成一百二十也。第三於東方三十變十為百成三百。三方亦爾。四方各三百成一千二百也。以世涉方其例可解。斯蓋如來只指凡夫之身世界相涉。從麤至細。且至三疊以彰厥德。不然。據何以顯示其千二百八百之

功德耶。此又據六根了別之性是同。故云各各功德有千二百。下對六根了別之用有異。所以功德全闕不等。

阿難。汝復於中克定優劣。如眼觀見後暗前明。前方全明。後方全暗。左右旁觀三分之二。統論所作功德不全。三分言功一分無德。當知眼惟八百功德。

先顯織妄。欲明根結之始。次辨優劣。欲明耳根圓通使知所選也。如眼下若以一方三百言之。則前與左右合成九百。義不通也。當知四方各二百。四隅各一百。今眼所見前及左右三方已成六百。併

前二隅二百。共成八百。惟後方二百及後二隅二百不見。故云三分之二也。

如耳周聽十方無遺。動若邇遙。靜無邊際。當知耳根圓滿一千二百功德。

動有分限。故說邇遙。靜無涯量。故無邊際。以能周聽。故功全也。

如鼻齅聞通出入息。有出有入而闕中交。驗於鼻根三分闕一。當知鼻惟八百功德。

出能取香。入能聞香。出入之中無能。故闕中交。出入中交共成三分。一分四百闕於中交。故惟八百。

如舌宣揚盡諸世間出世間智。言有方分理無窮盡。當知舌根圓滿一千二百功德。

世出世智所知之境惟舌詮顯。言有方分其理無窮。無窮之理悉能宣盡故功全也。

如身覺觸識於違順。合時能覺。離中不知。離一合雙。驗於身根。三分闕一。當知身惟八百功德。

離闕一分合全二分曰離一合雙。離中不知是闕一分。合時能覺有違有順故具二分。

如意默容十方三世一切世間出世間法。惟聖與凡。無不包容盡其涯際。當知意根圓滿一千二百功德。

豎窮橫徧世出世間若凡若聖之法無不包容故功全也。

阿難。汝今欲逆生死欲流返窮流根至不生滅。當驗此等六受用根誰合誰離誰深誰淺誰為圓通誰不圓滿。若能於此悟圓通根逆彼無始織妄業流得循圓通與不圓根日劫相倍。

此令依根逆流以示攝伏攀緣處也。蓋以六根乃煩惱根本生死欲流從何攝伏得陀羅尼入佛知見故云。汝今欲逆生死欲流返窮流根至不生滅。當於六根審辨以悟圓根依之發觀逆彼業流得循圓通此即示攝伏攀緣處也。蓋疇昔攀緣即生死欲流也得陀羅尼入佛知見即窮流根至不生滅循圓通也。流根即妙湛不動之本。決之而出流逸奔境名生死流逆之而入返流全一名不生滅。當驗下謂循圓則合性而深不圓則離性而淺深淺相遼故遲速之功日劫相倍。夫欲速返須悟圓根也。

我今備顯六湛圓明本所功德數量如是。隨汝詳擇其可入者。吾當發明令汝增進。十方如來於十八界一一修行皆得圓滿無上菩提。於其中間亦無優劣。但汝下劣未能於中圓自在慧。故我宣揚令汝但於一門深入。入一無妄彼六知根一時清淨。

前令審辨此令選擇也。言六湛圓明者謂六根同一湛圓明性故也。本所功德等者即牒前六根本具之功德數量也。隨汝下教令選擇十方下就勝明無選擇。但汝下就劣明選擇意。蓋得圓自在慧則十八界無非圓通不容有擇。然下劣初機未能圓得。且擇一門而入。入一無妄則六皆清淨。不惟悟十八界塵塵剎剎皆圓通矣。

阿難白佛言。世尊。云何逆流深入一門。能令六根一時清淨。佛告阿難。汝今已得須陀洹果。已滅三界衆生世間見所斷惑。然猶未知根中積生無始虛習。彼習要因修所斷得。何況此中生住異滅分劑頭數。

此不知一入六淨而問。答以惑言者。蓋見道所斷之惑。即八十八使也。阿難已見道故。則無障見道之惑矣。根中虛習。即八十一思也。且根中無始細流逸念。尚未知修斷。何況根中生住異滅之微細無明念慮。豈能知而修斷乎。思惑既未知修斷。云何得知一入六淨。故以惑告也。

今汝且觀現前六根。爲一爲六。阿難。若言一者。耳何

不見。目何不聞。頭奚不履。足奚無語。若此六根決定成六。如我今會與汝宣揚微妙法門。汝之六根誰來領受。阿難言。我用耳聞。佛言。汝耳自聞。何關身口。口來問義。身起欽承。是故應知非一終六。非六終一。終不汝根元一元六。阿難當知。是根非一非六。由無始來顛倒淪替。故於圓湛一六義生。汝須陀洹雖得六銷。猶未亡一。

先令審觀。以示本非一六。次明迷眞逐妄。一六義生也。得六銷者。已斷見惑緣塵分別之麤流逸念亡也。未亡一者。謂根中無始細流逸念猶未以止

觀之功旋之伏之。則一機未亡。所以不知一入六淨。此機若息。當自知其了無一六矣。

如太虛空參合羣器。由器形異名之異空。除器觀空。說空爲一。彼太虛空云何爲汝成同不同。何況更名是一非一。則汝了知六受用根亦復如是。

虛空本非同異。喻圓湛本非一六。合器除器。喻一六義生之由也。知虛空之同異是非。了無所立。則一六併亡。而圓湛不分矣。一六既無。而現有六根者。由粘湛妄發耳。故下原其妄發之源以示之。然前由阿難未明一入六淨之說。故佛欲與明之。始

則辨惑。謂其積生虛習等尚未修斷。宜其未知一入六淨之說也。次則難以一六。令知兩無定趣。乃直示之曰。當知是根非一非六。由顛倒故一六義生也。今文如太虛空下。喻一六義生。彼太虛空下。喻本非一六。例合後文由明暗等至見精映色結色成根等。即一六義生也。汝但不循下至隨拔一根五粘圓脫。即本非一六也。此正釋阿難一入六淨之疑耳。

由明暗等二種相形。於妙圓中粘湛發見。見精映色。結色成根。根元目爲清淨四大。因名眼體。如蒲萄朵。

浮根四塵流逸奔色。

此明圓湛之性隨緣而有六根即合上虛空參合羣器妄生異空也妙湛圓明本非見覺由粘妄失眞於是發見見精映色下明勝義根能照境發識是淨色根故名清淨此是染中說淨非無漏妙明之淨也因名眼體下明浮塵根此用能造所造八法爲體今言四塵但舉所造耳問浮塵但與勝義爲所依處不能照境發識何言流逸奔色答理實勝義然浮塵是所依處舉所依顯能依也能造者地水火風四大所造者色香味觸四塵也餘五例

此。

由動靜等二種相擊於妙圓中粘湛發聽聽精映聲卷聲成根根元目爲清淨四大因名耳體如新卷葉浮根四塵流逸奔聲由通塞等二種相發於妙圓中粘湛發齅齅精映香納香成根根元目爲清淨四大因名鼻體如雙垂爪浮根四塵流逸奔香由恬變等二種相參於妙圓中粘湛發嘗嘗精映味絞味成根根元目爲清淨四大因名舌體如初偃月浮根四塵流逸奔味由離合等二種相摩於妙圓中粘湛發覺覺精映觸摶觸成根根元目爲清淨四大因名身體如腰鼓顙浮根四塵流逸奔觸由生滅等二種相續於妙圓中粘湛發知知精映法攬法成根根元目爲清淨四大因名意思如幽室見浮根四塵流逸奔法。

粘湛發知者妄慮知也根元下此取肉團心根爲慮知之所托故勝義根還是清淨四大如幽室見即浮塵根爲意思托附如人處幽室而見外物也肉團心正法念經云如蓮華開合者是也。

阿難如是六根由彼覺明有明明覺失彼精了粘妄發光是以汝今離暗離明無有見體離動離靜元無聽質無通無塞齅性不生非變非恬嘗無所出不離

不合覺觸本無無滅無生了知安寄。

先示六根初起之由明由無始顛倒妄生六根次指阿難雖得六銷猶未亡一合上除器觀空說空爲一也由彼覺明眞明也有明明覺妄明也迷彼眞明故云失彼精了由塵粘湛成此妄明故云粘妄發光是以下明得六銷下脫粘伏眞即亡一也

汝但不循動靜合離恬變通塞生滅明暗如是十二諸有爲相隨拔一根脫粘內伏伏歸元眞發本明耀耀性發明諸餘五粘應拔圓脫不由前塵所起知見明不循根寄根明發由是六根互相爲用

此明一入六淨。合上太虛本無一六也。彼十二相能粘六根。障湛明故。以圓觀拔一根。而本明發。本明一發。則妄粘皆脫而圓矣。粘妄則由塵循根。故成隔礙。脫粘則不由不循。特寄根而已。故能互用。

阿難。汝豈不知今此會中阿那律陀無目而見。跋難陀龍無耳而聽。殑伽神女非鼻聞香。驕梵鉢提異舌知味。舜若多神無身覺觸。如來光中暎令暫現。既為風質。其體元無。諸滅盡定得寂聲聞。如此會中摩訶迦葉。久滅意根。圓明了知。不因心念。

此指明不依根成。上本明洞發。六根不隔也。且那

律等六人。或是凡夫業報。或是小聖修得。斯皆妄力。尚不依根。何況圓脫。豈無互用。蓋那律尊者因精進失明。而能見。賢喜龍王無耳能聽。恆河之神無鼻聞香。驕梵受牛呞報。故曰異舌。舜若多神主空神也。其質如風。而能覺觸。修滅盡定得空寂者。意根斯滅。如大迦葉雖滅意根。而能了知。此皆不依根而發本明曜者也。殑伽河名。此云天堂來。以其自雪山頂無熱惱池流出故也。

阿難。今汝諸根若圓拔已。內瑩發光。如是浮塵及器世間諸變化相。如湯消冰。應念化成無上知覺。阿難。如彼世人聚見於眼。若令急合。暗相現前。六根黯然。頭足相類。彼人以手循體外繞。彼雖不見。頭足一辨。知覺是同。緣見因明。暗成無見。不明自發。則諸暗相永不能昏。根塵既銷。云何覺明不成圓妙。

先明塵銷覺淨。次引事以顯覺性圓妙也。蓋諸根圓拔。內瑩發光。光照諸法。萬法一如。故浮塵幻相如湯消冰。應念化成無上知覺也。聚見於眼。則緣明有見之時。急合而暗。則暗成無見之時。六根無辨。故曰黯然。頭足未分。故曰相類。而觸之一一能辨。同於明時。則知世人尚有不假明緣而能有辨。況脫粘消塵。豈有根不互用。而塵不化為無上知覺者乎。故云根塵既銷。云何覺明不成圓妙。

阿難白佛言。世尊。如佛說言。因地覺心欲求常住。要與果位名目相應。世尊。如果位中菩提涅槃。真如佛性。菴摩羅識。空如來藏。大圓鏡智。是七種名稱謂雖別。清淨圓滿。體性堅凝。如金剛王。常住不壞。若此見聽離於明暗動靜通塞。畢竟無體。猶如念心離於前塵本無所有。云何將此畢竟斷滅以為修因。欲獲如來七常住果。

此引前說而執常為斷也。謂體性堅凝常住不壞。

名常住果見聽六用離塵無體是斷滅法依斷滅因求常住果烏得相應耶此誤認緣塵迷失常性也由失常性故難契常果實修證大患故須難明諸佛所得曰菩提寂靜常樂曰涅槃不妄不變曰眞如離過絕非曰佛性分別一切而無染著曰菴摩羅識一法不立煩惱蕩盡曰空如來藏洞照萬法而無分別曰大圓鏡智菴摩羅此云無垢卽第九曰淨識也此已成智而名識者以能分別故

世尊若離明暗見畢竟空如無前塵念自性滅進退循環微細推求本無我心及我心所將誰立因求無

上覺如來先說湛精圓常違越誠言終成戲論云何如來眞實語者惟垂大慈開我蒙悋

復揣六用疑若斷滅故反以佛說湛常爲不誠而近乎戲論不得爲眞實語者先說湛精圓常卽前說脫粘伏眞發本明耀也蓋如來說脫粘發眞乃湛精圓常而阿難謂離塵無體是畢竟斷滅故以佛說湛常爲不誠也

佛告阿難汝學多聞未盡諸漏心中徒知顚倒所因眞倒現前實未能識恐汝誠心猶未信伏吾今試將塵俗諸事當除汝疑

將與斷疑先責其倒也倒因卽疑妄分別眞倒卽執常爲斷也

卽時如來敕羅睺羅擊鐘一聲問阿難言汝今聞不阿難大衆俱言我聞鐘歇無聲佛又問言汝今聞不阿難大衆俱言不聞時羅睺羅又擊一聲佛又問言汝今聞不阿難大衆又言俱聞佛問阿難汝云何聞云何不聞阿難大衆俱白佛言鐘聲若擊則我得聞擊久聲銷音響雙絕則名無聞

此但無聲非謂無聞必再擊疊問者欲令審辯而有悟也

如來又敕羅睺擊鐘問阿難言汝今聲不阿難大衆俱言有聲少選聲銷佛又問言爾今聲不阿難大衆答言無聲有頃羅睺更來撞鐘佛又問言爾今聲不阿難大衆俱言有聲佛問阿難汝云何聲云何無聲阿難大衆俱白佛言鐘聲若擊則名有聲擊久聲銷音響雙絕則名無聲

上答爲倒此答爲正蓋聲有生滅聞性常在迷情不了以聞同聲是以常爲斷也

佛語阿難及諸大衆汝今云何自語矯亂大衆阿難俱時問佛我今云何名爲矯亂佛言我問汝聞汝則

言聞、又問汝聲、汝則言聲。惟聞與聲報答無定。如是云何不名矯亂。阿難。聲銷無響、汝說無聞。若實無聞。聞性已滅、同於枯木。鐘聲更擊、汝云何知。知有知無。自是聲塵或無或有。豈彼聞性爲汝有無。聞實云無。誰知無者。是故阿難。聲於聞中自有生滅。非爲汝聞聲生聲滅、令汝聞性爲有爲無。

此示塵有生滅、性無生滅。以破執常爲斷之見也。聲塵或有或無、聞性未嘗有無。所謂聲無既無滅。聲有亦非生。此即不生不滅眞常性也。夫知無者亦因聞性。不可謂無聲則無聞也。是故下牒上顯常。然前阿難通疑六根離塵無體、云何將此斷滅爲因、欲獲常果。如來所以別顯聞性爲常者、誠欲發耳根圓通之機也。

汝尚顛倒、惑聲爲聞、何怪昏迷以常爲斷。終不應言離諸動靜閉塞開通、說聞無性。如重睡人、眠熟牀枕。其家有人、於彼睡時、擣練舂米。其人夢中聞舂擣聲、別作他物。或爲擊鼓。或爲撞鐘。即於夢時自怪其鐘爲木石響。於時忽寤。遄知杵音。自告家人。我正夢時。惑此舂音將爲鼓響。阿難。是人夢中。豈憶靜搖開閉通塞。其形雖寐、聞性不昏。縱汝形銷、命光遷謝、此性云何爲汝銷滅。

所舉寐事、驗妄識至昏而眞性不寐也。縱汝下、謂非惟現在不滅、縱汝命謝亦不滅也。

以諸眾生從無始來、循諸色聲、逐念流轉。曾不開悟性淨妙常。不循所常、逐諸生滅。由是生生雜染流轉。若棄生滅、守於眞常、常光現前、根塵識心應時銷落。想相爲塵、識情爲垢、二俱遠離、則汝法眼應時清明。云何不成無上知覺。

此對妄顯眞、以結破前斷滅無因之見也。蓋前令審擇常性爲因地心、而阿難牒難。故此結破、以諸眾生循聲逐念、不悟性常、隨諸生滅、故生生流轉。若棄生滅、守於眞常、常光現前、則塵垢消亡、法眼清淨。云何不成無上知覺。何前云將誰立因求無上覺。如此七常住果可獲證矣。豈其斷滅哉。

大佛頂如來密因修證了義諸菩薩萬行首楞嚴經纂註卷第四

大佛頂如來密因修證了義諸菩薩萬行首楞嚴經纂註卷第五

唐天竺沙門般刺密諦譯

唐烏萇國沙門彌伽釋迦譯語

唐菩薩戒弟子前正議大夫同中書門下平章事清河房融筆受

明檇李沙門眞界纂註

阿難見性猶未造修、如獲華屋未能深入。故請修行要門。以求證入。由是前文先明止觀二決定義。略示修斷要門矣。此下廣明解結。以至二十五聖各陳圓通。敕選耳根爲初心方便。則廣示止觀修

斷要門。令其一門深入。無出二決定義。是以下云。知見無見。斯卽涅槃。於法不取。名三摩提。又云。若欲除結。當於結心。至觀音陳圓通云。入流亡所。寂滅現前。文殊開示云。旋倒聞機。反聞自性。性成無上。皆依止觀逆彼業流。循順圓通而圓成果地也。故知廣明解結及諸聖所陳。文殊所示。無出二決定義。但廣略開示之殊耳。

阿難白佛言。世尊。如來雖說第二義門。今觀世間解結之人。若不知其所結之元。我信是人終不能解。世尊。我及會中有學聲聞亦復如是。從無始際與諸無明俱滅俱生。雖得如是多聞善根。名爲出家。猶隔日瘧。惟願大慈哀愍淪溺。今日身心云何是結。從何名解。亦令未來苦難衆生得免輪迴。不落三有。作是語已。普及大衆五體投地。雨淚翹誠。佇佛如來無上開示。

此躡前文而請示結解之元也。蓋六根所結之元。卽微細流逸之念。此念卽俱生無始無明。以六根流逸奔塵。則由念而輪迴生死。不流。則離念而速證妙常。故知結解皆由念也。以念不亡。則病根未

盡。故喻如隔日瘧。由是而知前令脫粘內伏。乃伏思惑狂機。此問結解之元。意在窮盡微細無明也。

爾時世尊憐愍阿難及諸會中諸有學者。亦爲未來一切衆生。爲出世因。作將來眼。以閻浮檀紫金光手摩阿難頂。卽時十方普佛世界六種震動。微塵如來住世界者。各有寶光從其頂出。其光同時於彼世界來祇陀林。灌如來頂。是諸大衆得未曾有。於是阿難及諸大衆俱聞十方微塵如來異口同音告阿難言。善哉阿難。汝欲識知俱生無明。使汝輪轉生死結根。惟汝六根。更無他物。汝復欲知無上菩提。令汝速證

安樂解脫寂靜妙常亦汝六根更非他物。

此示結解之元也。先摩其頂，表無上開示。六種震動，表破六根妄結。諸佛頂光灌釋迦頂者，示同發明無上頂法也。異口同告者，示諸佛脫生死證菩提，皆由斯要也。俱生即根本無明，生死妙常同因六根者，知見立知，故輪生死；知見無見，即證妙常。如下所明。

阿難雖聞如是法音，心猶未明，稽首白佛：云何令我生死輪迴、安樂妙常，同是六根，更非他物？佛告阿難：根塵同源，縛脫無二，識性虛妄，猶如空華。

此因重問結解之元，故先告本無生死涅槃之體也。蓋根塵同源，識亦同源；識性虛妄，根塵亦妄，文互略也。縛脫無二者，謂迷之縛於根塵，故輪生死；悟之脫於根塵，故證妙常。縛脫雖殊，性無有異，故云無二。然則生死妙常皆由六根，既云同源無二，則本無根塵縛脫之相，何有生死妙常？故下偈云：眞性有爲空，無爲無起滅也。

阿難，由塵發知，因根有相，相見無性，同於交蘆。是故汝今知見立知，即無明本；知見無見，斯即涅槃無漏眞淨。云何是中更容他物？

此示結解之要，以釋其疑也。謂根塵由相藉而有，如交蘆因相依而立，俱無自性。然於其中不了虛妄，隨逐六根分別六塵，斯即無明本，所謂迷晦即無明也。若達相見無性，不隨六根分別六塵，斯即涅槃眞淨，所謂發明便解脫也。云何是中更容他物者，由上諸佛告阿難言：輪生死、證妙常，惟汝六根，更非他物。阿難於此有疑，重舉問佛，故佛先明本無生死涅槃之體，至此告以知見立知等者。蓋知見二字通攝六根，言爲無明、爲涅槃，無非六根而已，豈更容他物哉？此蓋釋阿難之疑，而證諸佛

之言也。又阿難前云：若不知其所結之元，我信是人終不能解。又云：今日身心云何是結，從何名解？故如來答以知見立知，即是結也，即是所結之元也；知見無見，即名解也。

爾時世尊欲重宣此義而說偈言：眞性有爲空，緣生故如幻；無爲無起滅，不實如空華。言妄顯諸眞，妄眞同二妄。

此頌根塵同源縛脫無二也。蓋同源無二，明眞性中無根塵縛脫之相，故此頌有爲無爲皆虛妄也。以有爲無爲即縛脫相，故言有爲者，由迷本性縛

於根塵故曰有爲性中本無是相故云空也此則眞性是有法有爲空故爲宗因云緣生故同喻如幻言無爲者由悟本性脫於根塵故曰無爲性中亦無是相故云不實此則眞性是有法無爲不實故爲宗因云無起滅故同喻如空華此第二量中先因後宗譯人語便亦無所失旣有爲無爲皆妄則對妄之眞亦妄故云言妄顯諸眞妄眞同二妄也此出掌珍論岳師不以有爲無爲皆妄而解非經論意故此取長水之解釋之

猶非眞非眞云何見所見中間無實性是故若交蘆

此頌相見無性同於交蘆也猶非眞非眞一句承上起下謂眞與非眞尙不可得云何更有妄中根境乎中間下謂根境由相藉而有中無實性故喻如交蘆也

結解同所因聖凡無二路汝觀交中性空有二俱非迷晦即無明發明便解脫

此頌生死妙常同是六根更非他物也所因即六根結即是凡解即同聖故無二路汝觀下重牒前喻令審觀也言空則相依似有謂有則不依本空以例根境相依似有不依本無也若不了虛妄隨塵分別即是無明故云迷晦即無明若達無性不隨分別即便解脫故曰發明便解脫此即頌知見立知及知見無見也

解結因次第六解一亦亡根選擇圓通入流成正覺

躡前結解之義起後圓通之文也六解則根拔一亡則性空言入流者謂決之而出流逸奔境逆之而入返流全一蓋謂選擇圓根依之發觀而逆彼業流則成正覺也自此已下皆孤起頌

陀那微細識習氣成瀑流眞非眞恐迷我常不開演

頌根結初起之由也陀那此翻執持謂執持種子

發起現行即第八黎耶含藏種子爲習氣發生諸法爲瀑流湛由是分結由是起也此識依眞如合生滅雜乎眞妄之間故曰眞非眞也若以爲眞恐迷妄習而自誤以爲非眞恐迷自性而外求故權小教中皆不開演也深密經曰阿陀那識甚微細一切種子成瀑流我於凡愚不開演恐彼分別執爲我外道所執神我即此識也

自心取自心非幻成幻法不取無非幻非幻尙不生幻法云何立

頌解結入圓之要也一切諸法惟心所現元無自

性因不了故而於中取著妄成根結是自心取自心非幻成幻法由妄取故有幻非幻能以觀慧了法如幻而不妄取非幻亦無非幻尙無幻法何有幻法不立則根塵頓淨圓通現前矣

是名妙蓮華金剛王寶覺如幻三摩提彈指超無學此阿毗達摩十方薄伽梵一路涅槃門

結頌上文也由上觀法如幻不妄取著故得眞妄兩忘染淨不滯名妙蓮華根境結惑當下消亡名金剛王覺即照而寂能所兩忘名如幻正受依此進修一彈指間可超無學而入圓通也阿毗達摩

云無比法十方如來迴出生死速證寂常莫不由斯故曰十方薄伽梵一路涅槃門薄伽尊號具六義謂自在熾盛端嚴名稱吉祥尊貴

於是阿難及諸大衆聞佛如來無上慈誨祇夜伽陀雜糅精瑩妙理淸徹心目開明歎未曾有阿難合掌頂禮白佛我今聞佛無遮大悲性淨妙常眞實法句心猶未達六解一亡舒結倫次惟垂大慈再愍斯會及與將來施以法音洗滌沈垢

讚謝前法復請後說也祇夜云應頌又云重頌頌上長行也伽陀云諷誦亦略云偈不因長行但諷美而頌之二偈並頌而雙美故云雜糅精瑩此指能詮也妙理淸徹此謂所詮也無遮大悲言其博濟也性淨妙常眞實法句即眞妄兩忘稱性之談心猶下請後說也由前偈云解結因次第六解一亦亡故此疑之沈垢微細結惑也

即時如來於師子座整涅槃僧斂僧伽黎攬七寶几引手於几取劫波羅天所奉華巾於大衆前綰成一結示阿難言此名何等阿難大衆俱白佛言此名爲結於是如來綰疊華巾又成一結重問阿難此名何等阿難大衆又白佛言此亦名結如是倫次綰疊華

巾總成六結一一結成皆取手中所成之結持問阿難此名何等阿難大衆亦復如是次第酬佛此名爲結

此綰巾示結也涅槃僧裏衣僧伽黎大衣劫波羅云時分即夜摩天也然此由阿難未達六解一亡舒結倫次故如來示一巾以成六結令悟六解一亡示綰結之有次第令悟舒結之有倫次也

佛告阿難我初綰巾汝名爲結此疊華巾先實一條第二第三云何汝曹復名爲結阿難白佛言世尊此寶疊華緝績成巾雖本一體如我思惟如來一綰得

一結名若百綰成終名百結何況此巾秖有六結終不至七亦不停五云何如來只許初時第二第三不名爲結佛告阿難此寶華巾汝知此巾元止一條我六綰時名有六結汝審觀察巾體是同因結有異於意云何初綰結成名爲第一如是乃至第六結生吾今欲將第六結名成第一不不也世尊六結若存斯第六名終非第一縱我歷生盡其明辨如何令是六結亂名佛言如是六結不同循顧本因一巾所造令其雜亂終不得成則汝六根亦復如是畢竟同中生畢竟異

此明一巾而成六結以喻一眞心而結六根也巾體元無六結喻心性本無六根綰動妄生六結喻狂亂妄發六根故後文云元依一精明分成六和合卽畢竟同中生畢竟異也

佛告阿難汝必嫌此六結不成願樂一成復云何得阿難言此結若存是非鋒起於中自生此結非彼彼結非此如來今日若總解除結若不生則無彼此尚不名一六云何成佛言六解一亡亦復如是

此明六解一亡也汝必下徵問解六得一之方不成謂不成一體也此結下荅出六解一亡之義謂六結若存是非鋒起若總解除則無彼此何有一六佛言下以法合明謂六根若解眞性亦空則同異圓泯如六結若解一六俱亡故云六解一亡亦復如是

由汝無始心性狂亂知見妄發發妄不息勞見發塵如勞目睛則有狂華於湛精明無因亂起一切世間山河大地生死涅槃皆卽狂勞顚倒華相

明由狂心以結六根合綰一巾而成六結勞見發塵如勞目之起空華非惟塵境如華生死涅槃皆空華也故曰皆卽狂勞顚倒華相然則六根旣由

狂心妄發但解狂心而六根自然解脫矣

阿難言此勞同結云何解除如來以手將所結巾偏掣其左問阿難言如是解不不也世尊旋復以手偏牽右邊又問阿難如是解不不也世尊佛告阿難吾今以手左右各牽竟不能解汝設方便云何解成阿難白佛言世尊當於結心解卽分散佛告阿難如是如是若欲除結當於結心

此示解結之要也此勞下二句先就法指喻問解結方偏掣左右喻依空有二邊不知解結須依圓觀當於結心解卽分散喻修圓觀卽解結根此則

以圓觀而爲結心也。夫能以圓觀觀法如幻。自然於根不起分別。對境不生取著。結根於是乎解矣。

阿難。我說佛法從因緣生。非取世間和合麤相。

此中正取修圓觀而解結根爲佛法因緣。故云不取世間四大和合麤相也。

如來發明世出世法。知其本因隨所緣出。如是乃至恆沙界外一滴之雨。亦知頭數。現前種種松直棘曲鵠白烏玄。皆了元由。是故阿難。隨汝心中選擇六根。根結若除。塵相自滅。諸妄銷亡。不眞何待。

此明不取和合麤相之由也。佛有權實二智。實智

冥理。權智鑑物。發明世出世法。乃至知其種種元由者。皆權智所鑑也。旣於世出世及情無情法。皆照了不昧。豈今所說解結因緣而取和合麤相乎。是故隨汝於六根中選擇何根依之發觀。根結若除塵相自滅。塵垢銷亡。非眞何待。

阿難。吾今問汝。此劫波羅巾六結現前。同時解縈得同除不。不也。世尊。是結本以次第綰生。今日當須次第而解。六結同體。結不同時。則結解時云何同除。佛言。六根解除亦復如是。

此明舒結倫次也。吾今下。先就喻明舒結倫次。佛言下。以法合明。蓋謂最初迷時本於一根。由一根迷。故而六根皆迷。此如巾結之倫次也。結旣如是。今欲解時必從一根發觀。一根返元。六根解脫。此如結舒之倫次也。故云六根解除亦復如是。

此根初解。先得人空。空性圓明。成法解脫。解脫法已。俱空不生。是名菩薩從三摩地得無生忍。

明根解獲忍之漸次也。蓋六根初解。了陰無我。故得人空。般若圓明。悟法空寂。成法解脫。法解脫已。觀照亦空。境智旣空。能所俱寂。故卽得無生忍也。

阿難及諸大衆蒙佛開示慧覺圓通。得無疑惑。一時

合掌頂禮雙足而白佛言。我等今日身心皎然。快得無礙。雖復悟知一六亡義。然猶未達圓通本根。世尊。我輩飄零積劫孤露。何心何慮預佛天倫。如失乳兒忽遇慈母。若復因此際會道成。所得密言還同本悟。則與未聞無有差別。惟垂大悲惠我祕嚴。成就如來最後開示。作是語已。五體投地。退藏密機。冀佛冥授。

開示慧覺圓通。卽前六解一亡眞妄兩忘之說也。由於一六亡義了無疑惑。故得身心皎然無礙。然一六亡義雖復悟知。而圓通本根尚未通達。故冀佛冥授也。密言。卽開示慧覺圓通等言。本悟。卽心

悟實相之悟。以實相無相則無眞妄一切相故。祕嚴即圓通本根。祕要。蓋謂幸預天倫。若復爲說圓通本根。則亦因此際會道成。不說本根。所得密言還同本悟。與未聞無異。故即請云。惟垂大悲惠我祕嚴。成就如來最後開示也。佛不顯說而因衆敷陳。是謂冥授。退藏密機。即息慮凝心也。

爾時世尊普告衆中諸大菩薩及諸無漏大阿羅漢。汝等菩薩及阿羅漢生我法中得成無學。吾今問汝。最初發心悟十八界。誰爲圓通。從何方便入三摩地。

因前請示圓通本根。故先令諸聖各陳。次敕文殊

揀選以示本根也。蓋前明十八界七大同一如來藏性。此二十五聖於十八界七大各入圓通。所謂千逕九逵。主城不二。下文揀選爲順方宜。然非爲顯法門之有優劣也。况佛自證云。彼等修行實無優劣。而岳師以大小偏圓揀別圓通。非經正意。故今註不存。

憍陳那五比丘即從座起。頂禮佛足而白佛言。我在鹿苑及於雞園。觀見如來最初成道。於佛音聲悟明四諦。佛問比丘。我初稱解。如來印我名阿若多。妙音密圓。我於音聲得阿羅漢。佛問圓通。如我所證。音聲爲上。

憍陳那。此云火器。即姓也。觀見下。明依聲解悟。妙音密圓者。謂即聲契性也。然此二十五門。初標聲塵者。先此方教體也。雞園即無憂王造以迎佛者。

優波尼沙陀即從座起。頂禮佛足而白佛言。我亦觀佛最初成道。觀不淨相。生大厭離。悟諸色性。以從不淨白骨微塵歸於虛空。空色二無。成無學道。如來印我名尼沙陀。塵色既盡。妙色密圓。我從色相得阿羅漢。佛問圓通。如我所證。色因爲上。

優波尼沙陀。云塵性。因塵悟性。故得此名。以昔多

貪欲。故佛令作不淨觀。悟諸色性。以從下。正明觀相。謂初觀此身。以從不淨白骨至空。色二無。則塵色盡矣。妙色密圓。即悟諸色性也。由依色相得阿羅漢。故陳所證云色因爲上。

香嚴童子即從座起。頂禮佛足而白佛言。我聞如來教我諦觀諸有爲相。我時辭佛。宴晦清齋。見諸比丘燒沈水香。香氣寂然來入鼻中。我觀此氣非木非空。非煙非火。去無所著。來無所從。由是意銷。發明無漏。如來印我得香嚴號。塵氣倏滅。妙香密圓。我從香嚴得阿羅漢。佛問圓通。如我所證。香嚴爲上。

教觀有爲而因香圓悟得童眞位故名童子辭佛宴晦者宴坐晦迹於清齋作觀也非木下觀性空也木煙皆非去來不有則意無所緣由是意銷而發明無漏塵氣倏滅妙香密圓故陳所證云香嚴爲上

藥王藥上二法王子幷在會中五百梵天卽從座起頂禮佛足而白佛言我無始劫爲世良醫口中嘗此娑婆世界草木金石名數凡有十萬八千如是悉知苦酢鹹淡甘辛等味幷諸和合俱生變異是冷是熱有毒無毒悉能徧知承事如來了知味性非空非有

非卽身心非離身心分別味因從是開悟蒙佛如來印我昆季藥王藥上二菩薩名今於會中爲法王子因味覺明位登菩薩佛問圓通如我所證味因爲上

苦酢等卽六味衆味共成名和合味直爾采用名俱生味修煉炮炙名變異味由事佛故必聞正法故能了知味性以晃晃於塵故非空相不可取故非有非有故非卽身心非空故非離身心既了味性無依卽悟無生法忍是則因味覺明故答所證云味因爲上

跋陀婆羅幷其同伴十六開士卽從座起頂禮佛足而白佛言我等先於威音王佛聞法出家於浴僧時隨例入室忽悟水因既不洗塵亦不洗體中間安然得無所有宿習無忘乃至今時從佛出家令得無學彼佛名我跋陀婆羅妙觸宣明成佛子住佛問圓通如我所證觸因爲上

跋陀婆羅此云賢守亦云賢護自守護賢德亦守護衆生我等下敘昔因以陳圓通忽悟水因等謂於水處一悟萬法皆空則塵體不有水相亦空內外既空從何有洗中間安然得無所有卽觸明心故云妙觸宣明而答云觸因爲上

摩訶迦葉及紫金光比丘尼等卽從座起頂禮佛足而白佛言我於往劫於此界中有佛出世名日月燈我得親近聞法修學佛滅度後供養舍利然燈續明以紫光金塗佛形像自爾以來世世生生身常圓滿紫金光聚此紫金光比丘尼等卽我眷屬同時發心我觀世間六塵變壞惟以空寂修於滅盡身心乃能度百千劫猶如彈指我以空法成阿羅漢世尊說我頭陀爲最妙法開明銷滅諸漏佛問圓通如我所證法因爲上

摩訶迦葉此云大飲光以其身眞金色光呑日月

故。我觀下謂因觀塵變。悟法空寂。遂修滅盡定。以滅意根。故得身心超百千劫。如彈指頃。塵法既盡。妙法開明。則諸漏銷滅。故陳所證云法因爲上。頭陀。新云杜多。此翻抖擻。以能抖擻法塵爲號故。

阿那律陀卽從座起。頂禮佛足而白佛言。我初出家。常樂睡眠。如來訶我爲畜生類。我聞佛訶。啼泣自責。七日不眠。失其雙目。世尊示我樂見照明金剛三昧。我不因眼。觀見十方。精眞洞然。如觀掌果。如來印我成阿羅漢。佛問圓通。如我所證。旋見循元。斯爲第一。

那律。此云無貧。增一阿含云。佛在給孤園爲眾說

法。那律於中眼睡。佛說偈訶曰。咄咄何爲睡。螺螄蚌蛤類。一睡一千年。不聞佛名字。那律於是達曉不眠。眼根便失。世尊下敘所示相。樂見照明者。卽令注心欲見照明萬法之見性也。以注心於見。餘緣並息。因息緣故。三昧現前。結惑淨盡。故云樂見照明金剛三昧。因得三昧。自性洞然。故觀十方如掌果也。旋見循元者。卽反妄循眞也。

周利槃特迦卽從座起。頂禮佛足而白佛言。我闕誦持。無多聞性。最初值佛。聞法出家。憶持如來一句伽陀。於一百日。得前遺後。得後遺前。佛愍我愚。教我安居調出入息。我時觀息微細。窮盡生住異滅諸行剎那。其心豁然得大無礙。乃至漏盡成阿羅漢。住佛座下。印成無學。佛問圓通。如我所證。反息循空。斯爲第一。

槃特。此云繼道。卽誦帚比丘也。以其心多散亂。故教調息。盡息之生滅。由心生滅也。心生滅故。心不無礙。因尊者觀息微細。窮盡生住異滅諸行剎那。其心豁然。得大無礙。成阿羅漢也。反息循空者。謂窮盡諸行剎那。卽反生滅。息其心豁然無礙。卽循無生空也。

憍梵鉢提卽從座起。頂禮佛足而白佛言。我有口業。於過去劫。輕弄沙門。世世生生有牛呞病。如來示我一味清淨心地法門。我得滅心入三摩地。觀味之知非體非物。應念得超世間諸漏。內脫身心。外遺世界。遠離三有。如鳥出籠。離垢銷塵。法眼清淨。成阿羅漢。如來親印登無學道。佛問圓通。如我所證。還味旋知。斯爲第一。

憍梵鉢提。此云牛呞。我有下。陳牛呞因。如來下。明所示觀法。卽教觀嘗味之知。而得超諸漏。以至法眼清淨。是謂入三摩地清淨法門也。觀味下。正明

作觀之相。謂觀嘗味之知不從根生。不因境有。由是根塵識心應時銷落。故應念得超世間諸漏。內脫身心。卽正報解脫。外遺世界。卽依報解脫。由超世間諸漏。故得離垢銷塵。法眼清淨。成阿羅漢也。以不著塵味。不隨妄知。是謂還味旋知。

畢陵伽婆蹉卽從座起。頂禮佛足。而白佛言。我初發心從佛入道。數聞如來說諸世間不可樂事。乞食城中。心思法門。不覺路中毒刺傷足。舉身疼痛。我念有知。知此深痛。雖覺覺痛。覺清淨心。無痛痛覺。我又思惟。如是一身寧有雙覺。攝念未久。身心忽空。三七日

中。諸漏虛盡。成阿羅漢。得親印記。發明無學。佛問圓通。如我所證。純覺遺身。斯爲第一。

畢陵伽婆蹉。此云餘習。我初下敘入道之緣。聞不可樂事。一切苦事也。思不可樂法。而觸不可樂事。因而正觀。爲有知故知此深痛。雖有能覺之覺。覺於所覺之痛。反覺清淨之心。曾無痛覺。然此猶存能所。其覺未純。故又思而進之。至於身觸皆亡。心相亦滅。而諸漏虛盡。純覺遺身也。

須菩提卽從座起。頂禮佛足。而白佛言。我曠劫來心得無礙。自憶受生如恆河沙。初在母胎。卽知空寂。如是乃至十方成空。亦令衆生證得空性。蒙如來發性覺眞空。空性圓明。得阿羅漢。頓入如來寶明空海。同佛知見。印成無學。解脫性空。我爲無上。佛問圓通。如我所證。諸相入非。非所非盡。旋法歸無。斯爲第一。

尊者解空。非惟一世。故云曠劫。由達法空。心不住法。故心得無礙。在胎知空。以至了十方空。猶是但空。復因發明性覺眞空。空性圓明。乃能頓入寶明妙性眞空之海。離二乘見。同佛知見也。諸相入非。能所皆盡。盡融於寶明空海也。旋諸有法歸於至無。盡歸於寶明空海也。

舍利弗卽從座起。頂禮佛足。而白佛言。我曠劫來心見清淨。如是受生如恆河沙。世出世間種種變化。一見則通。獲無障礙。我於路中逢迦葉波兄弟相逐。宣說因緣。悟心無際。從佛出家。見覺明圓。得大無畏。成阿羅漢。爲佛長子。從佛口生。從法化生。佛問圓通。如我所證。心見發光。光極知見。斯爲第一。

心見清淨者。謂不因根生。不從境有。脫出根塵。了無惑習也。由無惑習。故照諸變化。通達無礙。聞說因緣悟心無際。是則見覺明圓。銷滅諸漏。得大無畏。成阿羅漢也。心見發光。光極知見者。謂以心光

知見萬法無不通利。即所謂內瑩發光。一切淨塵幻相應念化成無上知覺也。

普賢菩薩即從座起頂禮佛足而白佛言。我已曾與恆沙如來為法王子。十方如來教其弟子菩薩根者修普賢行。從我立名。世尊。我用心聞分別眾生所有知見。若於他方恆沙界外有一眾生心中發明普賢行者。我於爾時乘六牙象分身百千皆至其處。縱彼障深未得見我。我與其人暗中摩頂擁護安慰令其成就。佛問圓通。我說本因心聞發明分別自在。斯為第一。

行遍法界曰普。位鄰極聖曰賢。凡具大根修菩薩行皆名普賢之行。心聞。耳識也。分別眾生知見者。擇普賢行而成就之也。心聞發明。內證也。分別自在。外用也。

孫陀羅難陀即從座起頂禮佛足而白佛言。我初出家從佛入道。雖具戒律。於三摩地心常散動。未獲無漏。世尊教我及拘絺羅觀鼻端白。我初諦觀經三七日。見鼻中氣出入如煙。身心內明。圓洞世界徧成虛淨。猶如瑠璃。煙相漸銷。鼻息成白。心開漏盡。諸出入息化為光明照十方界。得阿羅漢。世尊記我當得菩提。佛問圓通。我以銷息。息久發明。明圓滅漏。斯為第一。

孫陀羅。云好愛。妻名也。難陀。云歡喜。己號也。慈恩兩名共翻豔喜。為簡放牛難陀。故標妻名。我初下。明示觀之由。世尊下。明依教諦觀所發之相。前調息依根。所以攝心。此觀白依識。所以駐心也。息由肺動而起。鼓煩惱濁。故其狀如煙。昧者不覺。惟諦觀能見。淨觀發明。則煩濁漸銷。故內明外虛。而煙銷成白。心淨漏盡。無復煩惱。內瑩發光。故出入息化為光明也。當得菩提者。謂無生空慧既已現前純是智慧。故當得菩提也。銷息。即煙消成白。息久發明。即出入息化為光明也。明圓。即照十方界。滅漏。即心開漏盡。皆由鼻識發明也。

富樓那彌多羅尼子即從座起頂禮佛足而白佛言。我曠劫來辯才無礙。宣說苦空深達實相。如是乃至恆沙如來祕密法門。我於眾中微妙開示得無所畏。世尊知我有大辯才。以音聲輪教我發揚。我於佛前助佛轉輪。因師子吼成阿羅漢。世尊印我說法無上。佛問圓通。我以法音降伏魔冤銷滅諸漏。斯為第一。

說法第一。辯才無礙。因以降魔滅漏。皆舌識力也。

宣說苦空深達實相者謂了苦無苦相空無空相名達實相即於苦空宣說實相是爲祕密法門微妙開示以徹法源故無所畏佛以身口意三輪應物無滯音聲即口輪也由因師叱而登無學故印其爲說法無上言降魔滅漏者謂以舌識宣說法音外則降伏魔冤內則銷滅諸漏故舌識而爲第一也

優波離即從座起頂禮佛足而白佛言我親隨佛逾城出家親觀如來六年勤苦親見如來降伏諸魔制諸外道解脫世間貪欲諸漏承佛教戒如是乃至三

千威儀八萬微細性業遮業悉皆清淨身心寂滅成阿羅漢我是如來衆中綱紀親印我心持戒修身衆推無上佛問圓通我以執身身得自在次第執心心得通達然後身心一切通利斯爲第一

優波離此云上首以其持律爲衆綱紀故或翻近執以佛爲太子時彼爲親近執事之臣故我親下先敘入道之緣承佛教戒下正陳所證行住坐臥律儀各二百五十對三聚成三千復以三千配身口七支成二萬一千復配四分煩惱成八萬四千性業遮業者以殺盜婬妄性元是罪不待制止犯即成業餘則因過始制制前犯即無罪以二業悉皆清淨故身心寂滅也我以執身等者謂先由執身身清淨故身得自在次由執心心清淨故心得通達由是身心一切悉皆通利而得妙圓通也

大目犍連即從座起頂禮佛足而白佛言我初於路乞食逢遇優樓頻螺伽耶那提三迦葉波宣說如來因緣深義我頓發心得大通達如來惠我袈裟著身鬚髮自落我遊十方得無罣礙神通發明推爲無上成阿羅漢寧惟世尊十方如來歎我神力圓明清淨自在無畏佛問圓通我以旋湛心光發宣如澄濁流

久成清瑩斯爲第一

宣說因緣深義謂非世間和合麤相乃發明諸法空義故得顯發自心得大通達圓明清淨自在無畏也然人之所以不得圓明清淨自在無畏者由意識流逸奔境故也今既聞深義了法空寂而識不流逸復歸妙湛故得圓明自在無畏佛問下結答所證謂旋意識而復妙湛心光發明如澄流久清水現前故意識爲第一也

烏芻瑟摩於如來前合掌頂禮佛之雙足而白佛言我常先憶久遠劫前性多貪欲有佛出世名曰空王

說多婬人成猛火聚敎我徧觀百骸四支諸冷煖氣神光內凝化多婬心成智慧火從是諸佛皆呼召我名爲火頭我以火光三昧力故成阿羅漢心發大願諸佛成道我爲力士親伏魔冤佛問圓通我以諦觀身心煖觸無礙流通諸漏旣銷生大寶燄登無上覺斯爲第一

烏芻瑟摩云火頭卽火頭金剛也我常下敘昔因以陳所證多婬之人本由煖觸迫發生爲欲火死爲業火業力增熾故成猛火聚也徧觀煖氣者令觀火大也神光下明觀成入證謂化欲火而成智

火變婬心而作定心也諦觀煖觸無礙流通者卽觀火大入圓通也生大寶燄卽火光三昧也

持地菩薩卽從座起頂禮佛足而白佛言我念往昔普光如來出現於世我爲比丘常於一切要路津口田地險隘有不如法妨損車馬我皆平塡或作橋梁或負沙土如是勤苦經無量佛出現於世或有衆生於闤闠處要人擎物我先爲擎至其所詣放物卽行不取其直毗舍浮佛現在世時世多饑荒我爲負人無問遠近惟取一錢或有車牛被於泥溺我有神力爲其推輪拔其苦惱時國大王延佛設齋我於爾時平地待佛毗舍如來摩頂謂我當平心地則世界地一切皆平我卽心開見身微塵與造世界所有微塵等無差別微塵自性不相觸摩乃至刀兵亦無所觸我於法性悟無生忍成阿羅漢迴心今入菩薩位中聞諸如來宣妙蓮華佛知見地我先證明而爲上首佛問圓通我以諦觀身界二塵等無差別本如來藏虛妄發塵塵銷智圓成無上道斯爲第一

平險防損代人濟牛無彼我相實善平心地無有高下也行至於此故聞所示卽得心開言當平心地則一切地皆平者令了萬法唯心勿起異見分

別卽得心平心地若平卽不見彼我高下等相則一切皆平也毗舍浮此云徧一切自在亦由平心故一切自在我卽下正陳所證謂了身界二塵等本如來藏故不相摩觸了微塵性卽悟無生故云我於法性獲無生忍妙蓮華佛知見地卽諸佛心地法門也行實圓契染淨雙忘名妙蓮華迴出三乘深造一實名佛知見地持地所持在此而已故得身界塵銷無上智圓也

月光童子卽從座起頂禮佛足而白佛言我憶往昔恆河沙劫有佛出世名爲水天敎諸菩薩修習水觀

入三摩地。觀於身中水性無奪。初從涕唾。如是窮盡津液精血大小便利。身中旋復水性一同。見水身中與世界外浮幢王刹諸香水海等無差別。我於是時初成此觀。但見其水。未得無身。當爲比丘室中安禪。我有弟子窺窗觀室。惟見清水徧在室中。了無所見。童稚無知。取一瓦礫投於水內。激水作聲。顧盼而去。我出定後。頓覺心痛。如舍利弗遭違害鬼。我自思惟。今我已得阿羅漢道。久離病緣。云何今日忽生心痛。將無退失。爾時童子捷來我前。說如上事。我則告言。汝更見水。可即開門。入此水中。除去瓦礫。童子奉教。

後入定時。還復見水。瓦礫宛然。開門除出。我後出定。身質如初。逢無量佛。如是至於山海自在通王如來。方得亡身。與十方界諸香水海。性合眞空。無二無別。今於如來得童眞名。預菩薩會。佛問圓通。我以水性一味流通。得無生忍。圓滿菩提。斯爲第一。

月太陰水精。昔師水天。修習水觀。水性圓明。故號月光。觀於下明作觀相。蓋由初觀內身之水性不相奪。以至觀世界外諸香海水。無二無別。故得水性圓明。我於是時至身質如初。敍作觀之緣。初成此觀。但見其水。明定果色隨心所變。未得無身。出定心痛。如舍利弗於恒河岸入定。遭違害鬼所擊。而出定頭痛。亦未得無身也。久離病緣者。謂羅漢子縛雖盡。旣未得無身。則果縛猶存。是以心痛。出定不知者。由無明未盡也。觀身界之水無別。即性合眞空。以水性不相陵奪。云一味流通。由觀水性不相陵奪。得無生忍。圓滿菩提。故水大爲第一也。

瑠璃光法王子。即從座起。頂禮佛足而白佛言。我憶往昔經恒沙劫。有佛出世。名無量聲。開示菩薩本覺妙明。觀此世界及衆生身。皆是妄緣風力所轉。我於爾時。觀界安立。觀世動時。觀身動止。觀心動念。諸動

無二。等無差別。我時了覺此羣動性。來無所從。去無所至。十方微塵顚倒衆生。同一虛妄。如是乃至三千大千一世界內所有衆生。如一器中貯百蚊蚋。啾啾亂鳴。於分寸中鼓發狂鬧。逢佛未幾。得無生忍。爾時心開。乃見東方不動佛國。爲法王子。事十方佛。身心發光。洞徹無礙。佛問圓通。我以觀察風力無依。悟菩提心。入三摩地。合十方佛傳一妙心。斯爲第一。

因風大圓悟。身心發光。洞徹無礙。號瑠璃光。無量聲佛依風大開示菩薩。欲其證得不動。故令觀於羣動。若了羣動無依。即證本覺不動。瑠璃光因是

觀界觀世觀身觀心遷流運止悉惟風力故曰諸動無二。亦復了知此性來無所從去無所至。由是覺了大千羣動皆卽狂勞猶百蚊蚋鼓於方寸耳。因了風無所從故逢佛未幾卽悟無生。是於羣動而覺乎不動。故見自身於不動佛國爲法王子也。東爲羣動之本而佛號不動乃卽動而靜者也。能卽動而靜故身心無礙洞徹發光。合十方佛傳一妙心者。謂觀風力無依。所悟之心卽十方佛所傳妙心故也。

虛空藏菩薩卽從座起頂禮佛足而白佛言。我與如

來定光佛所得無邊身。爾時手執四大寶珠照明十方微塵佛刹化成虛空。又於自心現大圓鏡內放十種微妙寶光。流灌十方盡虛空際諸幢王刹來入鏡內涉入我身。身同虛空不相妨礙。身能善入微塵國土廣行佛事得大隨順。此大神力由我諦觀四大無依妄想生滅虛空無二。佛國本同。於同發明得無生忍。佛問圓通我以觀察虛空無邊入三摩地。妙力圓明斯爲第一。

由觀空故得證空性。則性中所有一切皆空。身與刹海涉入無礙。號虛空藏。以證空性故得無邊身。由得無邊身故能以四寶珠照十方刹化成虛空。於心現鏡光照諸刹來入鏡中。身刹互入不相妨礙廣大隨順施作佛事也。此大神力下明妙力之因。謂由觀四大身心虛空佛國同一虛妄唯是圓常寘此發用豈拘方所。佛問下結答所證。妙力圓明卽照刹現鏡之事。由觀空故得此妙力。故空大第一也。

彌勒菩薩卽從座起頂禮佛足而白佛言。我憶往昔經微塵劫。有佛出世名日月燈明。我從彼佛而得出家。心重世名好遊族姓。爾時世尊敎我修習唯心識

定入三摩地。歷劫以來以此三昧事恆沙佛。求世名心歇滅無有。至然燈佛出現於世我乃得成無上妙圓識心三昧。乃至盡空如來國土淨穢有無皆是我心變化所現。世尊。我了如是唯心識故識性流出無量如來。今得授記次補佛處。佛問圓通我以諦觀十方唯識識心圓明入圓成實遠離依他及徧計執得無生忍斯爲第一。

彌勒正云梅怛利曳那。此翻慈氏。謂慈隆卽世。悲臻後劫愍物迷識故示迹發明也。心重世名好遊族姓者。明迷識逐境外慕妄求也。從燈明敎而名

心頓歇者了境唯識迷妄自除也然燈佛現乃成
妙圓者迷妄既除眞心卽現則萬境妙圓矣得是
妙圓識心三昧則了盡空如來國土皆我心變淨
穢有無亦我心變無量佛性從此發揮是謂流出
無量如來至得補處亦不離此也識心圓明入圓
成實等蓋由識心妙圓證圓成實不復迷識逐境
種種計著故能遠離依他及徧計執而得無生忍
也徧計所執謂横執衆生壽者我及我所乃至情
非情異有實體性故周徧計度也依他起性謂計
有因緣世間和合建立名相執此假相定從種生

雖無我執自然種性猶執五蘊等法定從種生也
圓成實性卽眞如也圓成如麻依他如繩徧計如
蛇今入圓成卽證眞如理也

大勢至法王子與其同倫五十二菩薩卽從座起頂
禮佛足而白佛言我憶往昔恆河沙劫有佛出世名
無量光十二如來相繼一劫其最後佛名超日月光
彼佛敎我念佛三昧譬如有人一專爲憶一人專忘
如是二人若逢不逢或見非見二人相憶二憶念深
如是乃至從生至生同於形影不相乖異十方如來
憐念衆生如母憶子若子逃逝雖憶何爲子若憶母

如母憶時母子歷生不相違遠若衆生心憶佛念佛
現前當來必定見佛去佛不遠不假方便自得心開
如染香人身有香氣此則名曰香光莊嚴我本因地
以念佛心入無生忍今於此界攝念佛人歸於淨土
佛問圓通我無選擇都攝六根淨念相繼得三摩地
斯爲第一

大勢至亦名無量光觀經云以智慧光普照一切
令離三途得無上力名大勢至夫念佛者不得一
彈指頃念世五欲是謂繫念脫能如此一無間雜
則無量性光自然發明下所謂不假方便自得心

開者此也譬如下示必須繫念然後相應不專念
佛則雖逢不逢或見不見染香則襲香念佛則見
佛故以念佛妙熏名香光莊嚴也念佛得忍者蓋
以淨念錮濁想正念滅邪受邪濁既除心境空寂
一切不生名無生忍如此則自性佛土淨矣故攝
行人同歸也我無下正陳所證都攝六根者以念
佛三昧通攝六根卽見大第一也

大佛頂如來密因修證了義諸菩薩萬行首楞嚴經
纂註卷第五

大佛頂如來密因修證了義諸菩薩萬行首楞嚴經纂註卷第六

唐天竺沙門般剌密諦譯

唐烏萇國沙門彌伽釋迦譯語

唐菩薩戒弟子前正議大夫同中書門下平章事清河房融筆受

明檇李沙門眞界纂註

爾時觀世音菩薩卽從座起頂禮佛足而白佛言世尊憶念我昔無數恆河沙劫於時有佛出現於世名觀世音我於彼佛發菩提心彼佛教我從聞思修入三摩地

觀音者觀世言音圓悟圓應之號也於音言觀者以觀智照之不以耳識聞之也所謂入流亡所則以觀不以聞可知矣所師之佛亦名觀音者因果相符古今一道也達耳之謂聞著心之謂思治習之謂修三者圓明是謂三慧

初於聞中入流亡所所入既寂動靜二相了然不生如是漸增聞所聞盡盡聞不住覺所覺空空覺極圓空所空滅生滅既滅寂滅現前

此敘入圓通之本因也言入流亡所者由初於聞中以圓修慧反照聞性不隨聲塵流逸故得逆彼業流亡所聞相而所入寂也所入既寂動靜不生觀慧漸增能聞亦盡所覺之聞既離能覺之智亦寂境智不立空覺極圓所空觀智既亡能空空覺亦滅則生滅相盡圓通之性全體現前卽所謂有照有覺俱名障礙照與照者同時寂滅也

忽然超越世出世間十方圓明獲二殊勝一者上合十方諸佛本妙覺心與佛如來同一慈力二者下合十方一切六道衆生與諸衆生同一悲仰

由圓通之性現前世出世法不能限礙十方法界

圓明洞達獲二殊勝此卽圓照三昧也以其圓洞故上合諸佛下合羣生無間然者上合諸佛遂能愍物興慈應機與樂卽三十二應是也下合羣生故知其悲仰隨與拔苦卽十四無畏是也

世尊由我供養觀音如來蒙彼如來授我如幻聞熏聞修金剛三昧與佛如來同慈力故令我身成三十二應入諸國土

此敘三十二應之本也如幻者幻人作爲本於無作以喻熏修應機卽爲無爲亡情絕解也聞熏聞修者謂熏修皆不離聞也因依聞性熏修結惑淨

盡三昧現前則與如來同一慈力故能隨緣應化凡皆如幻而已三十二應者現十法界身圓應羣機也開之有三十二合之惟四聖六凡攝盡羣類

世尊若諸菩薩入三摩地進修無漏勝解現圓我現佛身而爲說法令其解脫

由圓通性現與佛同力故能現佛身也修正定取正果進求無餘曰進修無漏無明垂盡種智將圓曰勝解現圓斯可以得佛故現佛身爲說果法令其解脫者使其圓滿菩提歸無所得也第十地菩薩坐華王座垂成正覺猶有學佛煩惱亦須別佛

說教斷最後無明方成佛道斯卽其事也

若諸有學寂靜妙明勝妙現圓我於彼前現獨覺身而爲說法令其解脫若諸有學斷十二緣緣斷勝性勝妙現圓我於彼前現緣覺身而爲說法令其解脫

獨覺者出無佛世觀物變易自覺無生故號獨覺樂獨善寂求自然慧故曰寂靜妙明緣覺者稟佛之教觀緣悟道故云緣覺知迷勝性由十二緣於是斷至無明則緣斷而勝性現矣性因緣斷而現故曰緣斷勝性勝妙現圓者各約自乘理智已現已圓但未克證今現身說法使其證入卽令解脫也

若諸有學得四諦空修道入滅勝性現圓我於彼前現聲聞身而爲說法令其解脫

三果已前賢位聖位俱屬有學見道一十六心斷四諦下惑證生空理故曰得四諦空初果後進斷三界八十一品俱生品品皆證一分擇滅無爲故云修道入滅說法解脫之義准上可知四聖不舉菩薩者略也

若諸衆生欲心明悟不犯欲塵欲身清淨我於彼前現梵王身而爲說法令其解脫若諸衆生欲爲天主

統領諸天我於彼前現帝釋身而爲說法令其成就若諸衆生欲身自在遊行十方我於彼前現自在天身而爲說法令其成就若諸衆生欲身自在飛行虛空我於彼前現大自在天身而爲說法令其成就

此應諸天也梵王卽色天主名爲尸棄此云頂髻纓珞明四禪皆有王今言梵者應是初禪之頂以有覺觀語言之法得爲千界之主說法者如金光明云大梵天王說出欲論解脫者令離欲塵也帝釋卽欲界第二天主說法卽十善法也自在天是欲界頂天大自在卽色頂摩醯首羅天然初舉梵

王復自欲天超至色頂。以明無刹不現也。

若諸衆生愛統鬼神救護國土。我於彼前現天大將軍身而爲說法令其成就。若諸衆生愛統世界保護衆生。我於彼前現四天王身而爲說法令其成就。若諸衆生愛生天宮驅使鬼神。我於彼前現四天王國太子身而爲說法令其成就。

上舉正統此舉臣輔也。天將軍。爲帝釋上將統領鬼神。四天王。臣於帝釋統領世界。四天太子。卽那吒之類能驅鬼神。

若諸衆生樂爲人王。我於彼前現人王身而爲說法

令其成就。若諸衆生愛主族姓世間推讓。我於彼前現長者身而爲說法令其成就。若諸衆生愛談名言。淸淨自居。我於彼前現居士身而爲說法令其成就。若諸衆生愛治國土剖斷邦邑。我於彼前現宰官身而爲說法令其成就。若諸衆生愛諸數術攝衛自居。我於彼前現婆羅門身而爲說法令其成就。

應王臣士庶也。自金輪至粟散皆人王也。粟散。卽邦國小王散於天下。如粟之多。長者具十德謂姓貴位高大富威猛智深年耆行淨禮備上歎下歸故爲族姓之主世間推讓也。隱居求志行義達道。名居士。愛談名言。卽典雅之言也。三台輔相州牧縣長悉號宰官。婆羅門此云淨行。愛諸數術卽和合占相推步盈虛也。

若有男子好學出家持諸戒律。我於彼前現比丘身而爲說法令其成就。若有女人好學出家持諸禁戒。我於彼前現比丘尼身而爲說法令其成就。若有男子樂持五戒。我於彼前現優婆塞身而爲說法令其成就。若有女子五戒自居。我於彼前現優婆夷身而爲說法令其成就。

應入道四衆也。戒謂比丘二百五十尼倍之言律

言禁者比丘所持常律而已尼則禁切尤詳。優婆塞優婆夷。謂近事佛法男女以五戒自守堪任近事出家二衆故。

若有女人內政立身以修家國。我於彼前現女主身及國夫人命婦大家而爲說法令其成就。若有衆生不壞男根。我於彼前現童男身而爲說法令其成就。若有處女愛樂處身不求侵暴。我於彼前現童女身而爲說法令其成就。

應主婦童眞也。天子三公九卿等掌外政。三后九妃等掌內政所以修治家國。女主卽后妃也。命婦

即公卿之妻受錫命者。國夫人。如論語邦君之妻曰君夫人。大家。如後漢扶風曹世叔妻者同郡班彪之女名昭字惠姬和帝數召入宮令皇后貴人師事焉號曰大家。

若有諸天樂出天倫。我現天身而爲說法令其成就。

若有諸龍樂出龍倫。我現龍身而爲說法令其成就。

若有藥叉樂度本倫。我於彼前現藥叉身而爲說法令其成就。若乾闥婆樂脫其倫。我於彼前現乾闥婆身而爲說法令其成就。若阿脩羅樂脫其倫。我於彼前現阿脩羅身而爲說法令其成就。若緊那羅樂脫其倫。我於彼前現緊那羅身而爲說法令其成就。若摩呼羅伽樂脫其倫。我於彼前現摩呼羅伽身而爲說法令其成就。若諸眾生樂人修人。我現人身而爲說法令其成就。若諸非人有形無形有想無想樂度其倫。我於彼前皆現其身而爲說法令其成就。

應八部雜類也。藥叉此云輕捷。乾闥婆此云香陰。新翻尋香行。帝釋樂神也。阿脩羅新翻非天。以諂詐無天行故。準普門品八部。此闕迦樓羅。即金翅鳥也。緊那羅形似人而頭有角。因呼爲疑神。天帝絲竹樂神也。小劣乾闥婆。摩呼羅伽地龍。肇公云

大蟒腹行也。有形如休咎精明等。無形如空散銷沈等。有想如神鬼精靈等。無想如精神化爲土木金石等。皆非人也。六凡不舉地獄者此類方沈幽昏未能聞法則以施無畏力拔之。

是名妙淨三十二應入國土身。皆以三昧聞熏聞修無作妙力自在成就。

結前應化會歸所本也。迹示同類。心絕愛見名妙淨依無作智起大神用名無作妙力。無作無爲隨緣汎應名自在成就。

世尊。我復以此聞熏聞修金剛三昧無作妙力與諸十方三世六道一切眾生同悲仰故令諸眾生於我身心獲十四種無畏功德。

此明十四無畏之本也。蓋菩薩所證圓通之理徧在眾生悲仰之中故云同也。由我不自觀音而彼獲脫苦。由我知見旋復而彼不能燒。故云於我身心獲無畏德。良以眾生悲仰純一同菩薩心故感聖加而獲諸無畏。此中意顯菩薩功德故但云於我身心獲無畏也。

一者由我不自觀音以觀觀者令彼十方苦惱眾生觀其音聲即得解脫。

不自觀音以觀觀者謂不隨聲塵所起知見反照自性也不起知見則無所妄反照自性則一切眞寂無復苦惱可得故令衆生隨觀其聲卽得脫苦也斯蓋顯稱名脫苦之速故云觀其音聲卽得解脫非令苦惱衆生反觀音聲也

二者知見旋復令諸衆生設入大火火不能燒三者觀聽旋復令諸衆生大水所漂水不能溺

由旋六根而復圓通無復水火之相故令衆生水火不能燒溺也

四者斷滅妄想心無殺害令諸衆生入諸鬼國鬼不

能害五者熏聞成聞六根銷復同於聲聽能令衆生臨當被害刀段段壞使其兵戈猶如割水亦如吹光性無搖動

殺害起於妄想既滅妄想則心無殺害故令衆生入於鬼國鬼不能害也熏於妄聞成眞聞性一根既圓則六根銷復同於聲聽無復形礙故令刀兵猶如割水吹光也

六者聞熏精明明徧法界則諸幽暗性不能全能令衆生藥叉羅刹鳩槃茶鬼及毗舍遮富單那等雖近其傍目不能視七者音性圓銷觀聽返入離諸塵妄能令衆生禁繫枷鎖所不能著八者滅音圓聞徧生慈力能令衆生經過險路賊不能劫

聞熏精明爍彼幽暗故不能視也音性圓銷則內無所繫觀聽返入則外無所累故枷鎖自脫也音聞兩立則物我成敵今滅音圓聞則內外無待故能徧生慈力無復怨敵矣藥叉如前羅刹云可畏鳩槃茶厭魅鬼毗舍遮噉精氣鬼富單那熱病鬼

九者熏聞離塵色所不劫能令一切多婬衆生遠離貪欲十者純音無塵根境圓融無對所對能令一切忿恨衆生離諸瞋恚十一者銷塵旋明法界身心猶

如瑠璃朗徹無礙能令一切昏鈍性障諸阿顛迦永離癡暗

衆生以欲習合塵故爲色劫能以金剛三昧熏聞成性遂能離塵成性則欲愛乾枯離塵則根境不偶故雖有妖色不能劫動矣瞋由違情而起對境而生音性純淨無復妄塵故圓融無違無能所對無違無對則不瞋矣癡由妄塵所蔽無明所覆銷塵則無蔽旋明則無覆故外之法界內之身心凝瑩朗徹離癡暗矣性障卽癡也阿顛迦此云無善心內業有十而壞滅法身惟婬怒癡爲甚故舉三

以兼餘。
十二者融形復聞。不動道場涉入世間。不壞世界能偏十方。供養微塵諸佛如來。各各佛邊爲法王子。能令法界無子衆生欲求男者誕生福德智慧之男。十三者六根圓通明照無二。含十方界。立大圓鏡空如來藏。承順十方微塵如來。祕密法門受領無失。能令法界無子衆生欲求女者。誕生端正福德柔順衆人愛敬有相之女。

融形則礙滅。復聞則性眞。故涉入世間而無動無壞。能偏十方供微塵佛。稟承其法各爲法子。供佛

足福。稟法足慧。而能紹繼法王。有男子之道。故能應其求也。六根圓通者。謂六根脫出六塵。同一圓通性也。以同一性。故明照無二。圓通故含十方界。明照故立大圓鏡。無二故立空如來藏。具此能承順法門。受領無失。承順即坤儀柔德。受領即閨門能事。有女子之道。故能應其求也。此既令求者滿願。是亦拔其苦而施與無畏也。

十四者此三千大千世界百億日月。現住世間諸法王子。有六十二恆河沙數。修法垂範敎化衆生。隨順衆生方便智慧。各各不同。由我所得圓通本根發妙耳門。然後身心微妙含容周偏法界。能令衆生持我名號。與彼共持六十二恆河沙諸法王子。二人福德正等無異。世尊。我一號名與彼衆多名號無異。由我修習得眞圓通。是名十四施無畏力福備衆生。

圓通本根妙含法界。一多平等彼我無二。故令持我名福等於彼。當知修習得眞圓通。則一身多身。此界他方。一福德一名號各各圓偏。無復涯異也。

是名下總結。

世尊。我又獲是圓通修證無上道故。又能善獲四不思議無作妙德。

牒前所證。標起下文也。四者謂現衆多容。誦一一呪。攝化衆生。圓應所求。不思議者。謂理出於無爲。神應於不測。是名不思議無作妙德。然前亦現形應求。獨此名不思議者。前則略顯。此復深明。如於一身現八萬首臂。固莫得而思議也。

一者由我初獲妙妙聞心。心精遺聞。見聞覺知不能分隔。成一圓融清淨寶覺。故我能現衆多妙容。能說無邊祕密神呪。其中或現一首三首五首七首九首十一首。如是乃至一百八首千首萬首。八萬四千爍迦羅首。二臂四臂六臂八臂十臂十二臂十四十六

十八二十至二十四。如是乃至一百八臂。千臂萬臂。八萬四千母陀羅臂。二目三目四目九目。如是乃至一百八目千目萬目八萬四千清淨寶目。或慈或威。或定或慧。救護衆生。得大自在。

由我初獲者。卽指初於聞中所得也。妙妙聞心者。謂初亡根塵而心固已妙矣。此對麤之妙非絕待之妙。繼而境智雙亡能所俱寂。故云妙妙。由是則心精遺聞六根不隔。一覺圓融應現無滯也。首爲六用之總。臂表提接之悲。目表照了之智。各依本數充之。以至八萬四千者表依根本六用根本智

悲而汎應塵勞得大自在也。一體之中塵勞萬法。慈威定慧無所不備。而繼二十四聖示現者明彼所現雖各一端圓而會之咸極於此。使悟入者不止二十五門。頓了八萬塵勞法界理事會不離吾一圓融淨覺之體。能同能異。卽一卽多。無邊剎海。德用徧周。十方身土境相相入。邪正吉凶之術。養生安物之方。法法圓通。塵塵具足矣。或曰。八萬四千特表法耳。一身何所施乎。是特以有思惟心測度菩薩圓通境界也。夫身含十虛毛端現剎。彼塵與剎。又不啻如首臂而已。彼八萬四千首臂猶人之八萬四千毛孔耳。未足異也。聖人之言。卽事卽理。既曰不思議德無以限意思之議之。爍迦羅云金剛堅固不壞也。母陀羅云印。各有妙印也。清淨寶目。離塵合覺也。慈以攝化。威以折伏。定以復湛。慧以開覺。通指衆多妙容也。

二者由我聞思脫出六塵。如聲度垣不能爲礙。故我妙能現一一形誦一一呪。其形其呪。能以無畏施諸衆生。是故十方微塵國土皆名我爲施無畏者。三者由我修習本妙圓通清淨本根。所遊世界皆令衆生捨身珍寶求我哀愍。

由我六根脫出六塵成一圓融寶覺。故得如聲度垣不能爲礙。因無礙故能現形誦呪施與無畏也。本根清淨則一切無著。故能令衆生捨諸慳著也。求我哀愍者哀愍受之而爲施作佛事也。

四者我得佛心證於究竟。能以珍寶種種供養十方如來。傍及法界六道衆生。求妻得妻。求子得子。求三昧得三昧。求長壽得長壽。如是乃至求大涅槃得大涅槃。

得佛心者謂上合諸佛本妙覺心也。由得佛心證於究竟。故能以珍寶供養諸佛。傍及衆生使彼所

求如願也。

佛問圓通。我從耳門圓照三昧。緣心自在。因入流相。得三摩地。成就菩提。斯爲第一。世尊。彼佛如來歎我善得圓通法門。於大會中授記我爲觀世音號。由我觀聽十方圓明。故觀音名徧十方界。

結答本因也。初於聞中入流亡所等。是從耳門得圓照也。由得圓照三昧。故隨緣應化得大自在。因入下結歸本根。由我下明因果名實。謂因心能以觀照返聽。故果號觀音。實洞十方。故名亦徧界。

爾時世尊於師子座。從其五體同放寶光。遠灌十方

微塵如來及法王子諸菩薩頂。彼諸如來亦於五體同放寶光。從微塵方來灌佛頂。幷灌會中諸大菩薩及阿羅漢。林木池沼皆演法音。交光相羅如寶絲網。是諸大眾得未曾有。一切普獲金剛三昧。即時天雨百寶蓮華。青黃赤白間錯紛糅。十方虛空成七寶色。此娑婆界大地山河俱時不現。唯見十方微塵國土合成一界。梵唄詠歌自然敷奏。

前說圓通之法。此顯圓通之瑞而應之也。諸佛五體同放寶光者。表證性明極。則寶覺圓融。全體發現也。寶光交照。表自他之理互融。會中菩薩羅漢即二十四聖之儔。佛光亦灌其頂者。印其修證等無優劣也。林木演音。表依正之性不二。謂圓通既現前。則一切聲是佛聲。一切色是佛色。無非悟入之處。無非圓通之理也。大眾普獲金剛三昧者。因此皆能破惑障悟圓通也。天雨寶華。空現寶色。地隱山河。界含塵刹。表證圓通性。則無作妙行自然分披。寶明空覺全體發現。有爲習漏當不復生。眾塵廓然無復隔越也。梵唄詠歌自然敷奏者。能使法界永離眾苦。常得妙樂也。聖人所演圓通法門。奧旨妙利詳悉若此。故眾瑞詳而應之。

於是如來告文殊師利法王子。汝今觀此二十五無學諸大菩薩及阿羅漢。各說最初成道方便。皆言修習眞實圓通。彼等修行實無優劣前後差別。我今欲令阿難開悟。二十五行誰當其根。兼我滅後此界眾生入菩薩乘求無上道。何方便門得易成就。

印前所證。敕選根門也。歸元證性雖無差別。隨方應機自有難易。故敕大智選擇也。

文殊師利法王子。奉佛慈旨。即從座起。頂禮佛足。承佛威神。說偈對佛。

文殊智德之主。言用莫測。斷割無疑。與奪眾心。誰

不緘默故承佛旨敬而說偈於說偈中將揀根門先明覺性次辨迷妄後示歸元於歸元中選耳根爲易者謂若無迷悟豈有修行蓋迷一眞遂成諸妄物無終否故有悟期悟逐根門遂分遲速故唯選耳根爲初心方便也

覺海性澄圓圓澄覺元妙

眞覺之性猶如大海澄湛圓明而圓澄覺性元來自妙此卽人人本來圓通者也

元明照生所所立照性亡迷妄有虛空依空立世界想澄成國土知覺乃衆生

元明照卽上本明之性也圓澄覺體本來明照由迷本明而起無明故生所也有相當情無相卽隱故云所立照性亡性眞既隱空覺遂分根器二界遂因迷頑妄想安立故妄想凝結則成無情國土妄識知覺則成有情衆生則彼澄妙者莫得而圓莫得而通矣

空生大覺中如海一漚發有漏微塵國皆依空所生漚滅空本無況復諸三有

牒上以明迷澄圓而成根器融根器則歸澄圓也大覺海中本絕空有由迷風飄鼓妄發空漚而諸有生焉迷風既息則空漚亦滅所依諸有遂不可得而空覺圓融復歸元妙矣有漏兼有情三有含情器諸三有指微塵國土中三有也

歸元性無二方便有多門聖性無不通順逆皆方便初心入三昧遲速不同倫

此明選擇圓通之意也蓋二十五聖歸元無異方便不同在乎聖性逆順皆通不容料揀其如初心遲速異宜故須選擇也所謂順逆者觀音耳根則順餘聖諸門則逆蓋對此方之機說也

色想結成塵精了不能徹如何不明徹於是獲圓通

音聲雜語言但伊名句味一非含一切云何獲圓通

香以合中知離則元無有不恆其所覺云何獲圓通

味性非本然要以味時有其覺不恆一云何獲圓通

觸以所觸明無所不明觸合離性非定云何獲圓通

法稱爲內塵憑塵必有所能所非徧涉云何獲圓通

前憍陳那等因六塵圓悟而此皆揀去者彼所謂聖性無不通此所謂初心不同倫則凡所不取皆以不宜初心意取耳根獨宜也今揀六塵以色能起想結塵使精性不徹聲唯局名句味不該不徧味意味也伊猶唯也香因根有離則元無味非本

然因舌知有觸因身顯無身不明此皆因根而覺
有無不恆故不能獲圓通也法塵非相獨意能緣
內潛意根故稱內塵能所角立能非是所既不偏
涉云何獲圓
見性雖洞然明前不明後四維虧一半云何獲圓通
鼻息出入通現前無交氣支離匪涉入云何獲圓通
舌非入無端因味生覺了味亡了無有云何獲圓通
身與所觸同各非圓覺觀涯量不冥會云何獲圓通
知根雜亂思湛了終無見想念不可脫云何獲圓通
見性但約四維以論故虧一半鼻闕中交故云支

離蓋圓通之性涉入無間者既有支離不能無間
云何獲圓舌不因味而能覺了乃為無端且舌根
為識所依應名舌入今文語倒但是舌入非無端
耳身與觸塵皆合知而離不知故云同也既離皆
不知則各非圓覺觀矣蓋圓通之性冥會萬法者
既知與無知各有涯量不能冥會云何獲圓湛了
終無見如精了不能徹也以雜亂思於湛了性終
無能見故
識見雜三和詰本稱非相自體先無定云何獲圓通
心聞洞十方生於大因力初心不能入云何獲圓通

鼻想本權機只令攝心住住成心所住云何獲圓通
說法弄音文開悟先成者名句非無漏云何獲圓通
持犯但束身非身無所束元非偏一切云何獲圓通
神通本宿因何關法分別念緣非離物云何獲圓通
論云二和生識謂根境和合識生其中今言三和
者能所合說也三者和合窮之本自無體故曰非
相根境和合則有不合則無故曰無定也普賢用
心聞故能知他方沙界外事此由修法界行大因
所生非初心能入也孫陀羅散亂佛欲攝住其心
令觀鼻端此特權機而已蓋真心無住有住則妄

矣敎依舌識說法開悟必先成就辨才者如富樓
那從曠劫來辨才無礙佛教說法成阿羅漢豈非
開悟先成者耶然其所說名句之體且非無漏之
法是故簡之波離持戒使無所犯但檢束其身而
已無身則無所束故不該不偏也目連神通本乎
宿因何關軌法意識而得顯現且意識有念有緣
不能離物云何獲圓法即軌法分別即意識也
若以地性觀堅礙非通達有為非聖性云何獲圓通
若以水性觀想念非真實如如非覺觀云何獲圓通
若以火性觀厭有非真離非初心方便云何獲圓通

若以風性觀。動寂非無對。對非無上覺。云何獲圓通。
若以空性觀。昏鈍先非覺。無覺異菩提。云何獲圓通。
若以識性觀。觀識非常住。存心乃虛妄。云何獲圓通。
諸行是無常。念性元生滅。因果今殊感。云何獲圓通。

持地平墳。何涉有為。非實聖性。月光水觀。未離想念。難契如如。蓋如如之理。非覺觀之法故也。烏芻瑟摩聞說欲火而生厭離。是厭有也。既有欣厭。非眞解脫。瑠璃光觀風性動。則與寂對。有對非覺也。晦昧為空。故云昏鈍非覺。無覺異覺。云何獲圓。彌勒修唯識觀。而所觀之識。念念生滅。存心觀之。已

妄。况獲圓通耶。勢至修念佛行。而念性即生滅法。依生滅因。求常住果。是殊感也。已上二十四聖。皆由所得圓通本根。非此土當機。乃為所簡。又若不杜塞諸門。焉能令一門深入。故知簡聖。全是為機。豈文殊之有慢心。諸聖之有慚德。古謂此等龍門點額。寧不長吁者。鄙哉。

我今白世尊。佛出娑婆界。此方眞教體。清淨在音聞。
欲取三摩提。實以聞中入。

前揀諸門。此選耳根也。娑婆世界耳根最利。故用音聲以為佛事。由從耳根聞聲。引起聞慧。緣名句文。即聞無聞。故云清淨在音聞也。因聞教已。然後思惟修習。取三摩地。亦不離聞。故云欲取三摩。實以聞入也。然聖人設教隨方不同。或有佛土以佛光明而作佛事。或有佛土以佛菩提樹而作佛事。乃至或以園林臺觀。或以虛空。或以寂無說示。如香積佛國無文字說。但以衆香令諸天人得入律行。而此方教體。必藉音聞。欲取正定。必由聞入者。各隨機緣故也。蓋彼諸佛土無非利智。故機緣默契。出乎言象。而堪忍衆生迷本循聲。昏惑障重。必藉聞熏聞修。以銷塵除障。然後可入。然以聞為入

者。特得其門而已。必期於遺聞反聞。然後為至也。夫至於遺聞反聞。則佛光明菩提樹。乃至寂無說示。處皆可入矣。

離苦得解脫。良哉觀世音。於恒沙劫中。入微塵佛國。
得大自在力。無畏施衆生。妙音觀世音。梵音海潮音。
救世悉安寧。出世獲常住。

初聯歎觀音脫苦得樂也。於沙劫入塵國。歎三十二應也。得自在施無畏。歎四不思議十四無畏也。妙音觀音。歎隨德之名也。梵音潮音。歎隨名之實也。以說法不滯為妙音。尋聲救苦為觀音。音性無

著爲梵音。應不失時爲潮音。末聯總歎衆德能救
世間苦。能與出世樂也。
我今啓如來。如觀音所說。譬如人靜居。十方俱擊鼓、
十處一時聞。此則圓眞實。目非觀障外。口鼻亦復然。
身以合方知。心念紛無緒。隔垣聽音響。遐邇俱可聞。
五根所不齊。是則通眞實。
觀音所說。卽從耳門圓照得眞圓通等事。目非下
初斥眼等五根不得眞通。隔垣下。獨取耳通之眞
也。口鼻身俱合中知。若將身以合方知句居口鼻
上。其義方順。蓋語倒耳。

音聲性動靜。聞中爲有無。無聲號無聞。非實聞無性。
聲無旣無滅。聲有亦非生。生滅二圓離。是則常眞實。
縱令在夢想。不爲不思無。覺觀出思惟。身心不能及。
動靜有無皆屬聲塵。耳根圓離。不隨生滅。是則常
性之眞也。無聲號無聞。指阿難聞鐘之事。縱令下。
讚顯常性也。五根皆待意思。有無不常。唯耳在夢
能聞杵音。是不爲不思而無也。又耳根聞性出乎
覺觀思惟。勝餘根矣。
今此娑婆國。聲論得宣明。衆生迷本聞。循聲故流轉。
阿難縱強記。不免落邪思。豈非隨所淪。旋流獲無妄。

此令旋流返本也。謂心性不明。依聲論明。欲人達
本忘言耳。而人反迷本循聲。以至落邪淪妄。豈非
隨聲之所淪溺。故令旋流返本以息妄淪也。娑婆
學者多徒事強記。落邪淪妄。不知返本。故託阿難
以警之。上來佛命文殊於二十五行選揀當根使
阿難開悟。文殊說偈對佛。至此揀根旣畢。下乃宣
告阿難以及大衆發明旋倒聞機反聞自性之說。
是亦密奉如來開悟之慈旨也。後至誠如佛世尊
下。復結歸對佛之辭以終偈焉。
阿難汝諦聽。我承佛威力。宣說金剛王。如幻不思議。

佛母眞三昧。汝聞微塵佛。一切祕密門。欲漏不先除。
畜聞成過誤。將聞持佛佛。何不自聞聞。
金剛如幻三昧。卽觀音如來所授如幻聞熏聞修
金剛三昧也。三世諸佛皆從此出。故名佛母。汝聞
下。責過勸修。謂將汝循聲之妄聞。以持佛佛之言
教。何不反聞自性以求解脫乎。上聞。能照之智。下
聞。所照之理。
聞非自然生。因聲有名字。旋聞與聲脫。能脫欲誰名。
一根旣返源。六根成解脫。
聞卽耳根。聲卽耳境。上旣警其自聞。今乃略示修

相。蓋根因境有。皆卽妄塵。故應以觀旋而脫之。而無能脫者。斯返眞源。一根返眞。六皆脫妄矣。

見聞如幻翳。三界若空華。聞復翳根除。塵銷覺圓淨。淨極光通達。寂照含虛空。卻來觀世間。猶如夢中事。摩登伽在夢。誰能留汝形。

見聞幻翳。指妄根也。三界空華。指妄境也。以皆妄故。聞復則翳除。塵銷則覺淨。所以根返源而塵淸淨也。根塵既銷。覺體圓淨。覺圓淨故。內瑩發光。故得寂照含於虛空。卻觀世間。猶如夢事。且摩登在夢。了不可得。誰能留汝。使不解脫哉。

如世巧幻師。幻作諸男女。雖見諸根動。要以一機抽。息機歸寂然。諸幻成無性。

喩明一返六脫也。幻師喩一精明。幻作男女。喩動成六根。機喩動心。息機寂然。諸幻無性。喩一返六脫。蓋諸根運動。本於一機。故休息一機。而歸寂然。則諸幻無性也。

六根亦如是。元依一精明。分成六和合。一處成休復。六用皆不成。塵垢應念銷。成圓明淨妙。餘塵尙諸學。明極卽如來。

合上一返六脫也。一精明。合上幻師。分成六和合。合上幻作諸男女。一處成休復。合上息機歸寂然。六用皆不成。合上諸幻成無性。蓋六根流逸。本乎一心。故以觀慧反照。使一處休復。則六用不成。想塵識垢。應念消亡。卽得妙圓明性。細惑未盡。尙須修學。惑盡明極。卽如來矣。

大衆及阿難。旋汝倒聞機。反聞聞自性。性成無上道。圓通實如是。此是微塵佛。一路涅槃門。過去諸如來。斯門已成就。現在諸菩薩。今各入圓明。未來修學人。當依如是法。我亦從中證。非惟觀世音。

結指耳根。令其從事也。蓋聞機外逸。則迷本循聲。

故名顚倒。能以觀慧旋倒聞機。反照聞性。則脫根塵。獲聞自性。卽資此性。成無上道。此圓通實如是也。涅槃門者。出生死證眞常之要道也。三世果人莫不由此。未來學人。當依是法

誠如佛世尊。詢我諸方便。以救諸末劫。求出世間人。成就涅槃心。觀世音爲最。自餘諸方便。皆是佛威神。卽事捨塵勞。非是長修學。淺深同說法。

成就不生不滅涅槃妙心。惟耳根爲最。餘則佛之威神加被。令卽已事而捨塵勞。非始終長修。淺深同說之法也。欲其長修同說。無如觀音法門矣。如

那律失明而旋見畢陵觸刺而遺身烏芻厭欲而登覺持地待佛而銷塵皆即已事而已。

項禮如來藏無漏不思議願加被未來於此門無惑。方便易成就堪以教阿難及末劫沈淪但以此根修圓通超餘者眞實心如是

初二句禮佛謂果體之中含藏功德超脫諸漏不可以有無思議也次二句請加方便下結歸本根眞實心者文殊指已選圓通心也

於是阿難及諸大衆身心了然得大開示觀佛菩提及大涅槃猶如有人因事遠遊未得歸還明了其家

所歸道路普會大衆天龍八部有學二乘及諸一切新發心菩薩其數凡有十恆河沙皆得本心遠離塵垢獲法眼淨性比丘尼聞說偈已成阿羅漢無量衆生皆發無等等阿耨多羅三藐三菩提心

敍海衆聞法獲益也阿難等方悟圓通從耳根入故云明了其家所歸道路蓋圓通妙門言下頓開諸佛正果由斯可冀故觀佛菩提及大涅槃身心了然特少進趣耳故譬遠遊未歸明了道路也普會大衆亦悟聞性銷塵旋明故得本離塵獲法眼淨性比丘尼由妙性圓通諸漏永盡成阿羅漢無等等者物無與等而能與物爲等此得妙圓通上同下合之德也無量衆生皆發是心者因聞是道而希慕願樂也

阿難整衣服於大衆中合掌頂禮心迹圓明悲欣交集欲益未來諸衆生故稽首白佛大悲世尊我今已悟成佛法門是中修行得無疑惑常聞如來說如是言自未得度先度人者菩薩發心自覺已圓能覺他者如來應世我雖未度願度末劫一切衆生世尊此諸衆生去佛漸遠邪師說法如恆河沙欲攝其心入三摩地云何令其安立道場遠諸魔事於菩提心得

無退屈

因悟圓通從耳根入故云心迹圓明悲欣者悲昔不聞欣今得悟又念未來衆生未悟故悲觀現前大衆得益故欣也菩薩四誓以度人爲先如來十號以應世爲本當知五住究盡二死永亡方云得度今阿難現居分段故曰未度雖然且欲將以是法度人而恐末劫多難邪魔妄作易退覺心故請攝心遠魔安立道場淸淨軌則也然修道文初先明止觀二決定義次示解結當於結心以至諸聖所陳文殊所示依之修行可謂至矣此復問攝心

遠魔之法者。良由末世衆生。心浮力弱。不先持戒難入正定。故重發起世尊。舉揚清淨明誨。令人因戒生定。因定發慧。則三決定義具。而修行之要始備矣。是以雖示止觀修進之方。必假重施戒品。至於下明三種漸次。及五十七位。卽依此進修。窮盡妙覺。則知此三。乃出苦之要津。證聖之捷徑也。

爾時世尊於大衆中稱讚阿難。善哉善哉。如汝所問安立道場。救護衆生末劫沈溺。汝今諦聽。當爲汝說。阿難大衆唯然奉教。佛告阿難。汝常聞我毗奈耶中。宣說修行三決定義。所謂攝心爲戒。因戒生定。因定

發慧。是則名爲三無漏學。

此示攝心遠魔之要也。言三決定義者。謂此三乃決定成佛之因。佛佛決定說。行人決定修也。三藏之中。毗奈耶律藏。此大小乘戒之通稱。小乘稟法爲戒。麤治其末。大乘攝心爲戒。細絕其本。法戒則無犯而已。心戒則無思犯也。夫能攝心。則定由是生。慧由是發。三者圓明。則諸漏永盡。故名三無漏學。此下別示四重。則十戒之初。婬殺盜妄。四波羅夷。爲根本重罪。所謂其心不婬。其心不偷者。皆使無思犯也。攝持軌則。莫尙乎此。能如是攝心則不墮魔鬼等道。故知心戒誠攝心遠魔之要術也。

阿難。云何攝心我名爲戒。若諸世界六道衆生。其心不婬。則不隨其生死相續。汝修三昧。本出塵勞。婬心不除。塵不可出。縱有多智禪定現前。如不斷婬。必落魔道。上品魔王。中品魔民。下品魔女。彼等諸魔亦有徒衆。各各自謂成無上道。

衆生皆因婬欲而正性命。故纏生死。若欲愛乾枯。則殘質不續矣。魔亦多智修禪。爲不斷婬。故不成聖道。帶婬修禪。必落此類。且犯四重。禁罪在地獄。今以修禪之功。且落魔鬼等道。若約未來輪轉。則

應備歷三途。

我滅度後末法之中。多此魔民。熾盛世間。廣行貪婬。爲善知識。令諸衆生落愛見坑。失菩提路。汝敎世人修三摩地。先斷心婬。是名如來先佛世尊第一決定清淨明誨。

末世衆生。無正法眼。多被魔惑。預須戒備。勿遭誘攝也。但貪欲愛。不顧陷墜。名落愛見坑。諸經戒殺居首。爲設化以慈悲爲本。此經婬戒居首。爲眞修以離欲爲本。蓋欲氣麤濁。染污妙明。欲習狂迷。易失正受。續生死。喪眞常。莫甚於此。故須首戒。而爲

清淨第一明誨也。觀阿難起教，示遭邪染。而厥初發心先厭欲濁，至於三漸次中，一一首懲。然後身心妙圓，獲大安隱。十信初心，由欲愛乾枯，而慧性圓明，遂階等妙。諸世間人，由心不流逸，澄瑩生明，漸乎六天。是故眞修內攝，必先離欲也。

是故阿難。若不斷婬修禪定者，如蒸沙石欲其成飯，經百千劫，只名熱沙。何以故。此非飯本，沙石成故。汝以婬身求佛妙果，縱得妙悟，皆是婬根。根本成婬，輪轉三途，必不能出。如來涅槃何路修證。必使婬機身心俱斷，斷性亦無，於佛菩提斯可希冀。如我此說名

爲佛說。不如此說，即波旬說。

婬機者。婬謂婬事。機謂婬心。心能發業，故曰婬機。心事俱離，離性亦離，則一無所住。故菩提可冀也。

阿難。又諸世界六道眾生，其心不殺，則不隨其生死相續。汝修三昧本出塵勞。殺心不除，塵不可出。縱有多智禪定現前，如不斷殺，必落神道。上品之人爲大力鬼。中品則爲飛行夜叉諸鬼帥等。下品當爲地行羅刹。彼諸鬼神亦有徒眾，各各自謂成無上道。我滅度後末法之中，多此鬼神熾盛世間，自言食肉得菩提路。阿難。我令比丘食五淨肉，此肉皆我神力化生，本無命根。汝婆羅門地多蒸濕，加以沙石，草菜不生。我以大悲神力所加，因大慈悲假名爲肉。汝得其味。奈何如來滅度之後，食眾生肉名爲釋子。

佛化初行，隨事漸制，權許五淨耳。不見、不聞、不疑、自死、鳥殘爲五。神力所化本無命根，名淨。此乃小乘權宜。若眞慈眞脫，皆在所斷。故梵網初演，涅槃終談，莫不切禁也。此列五淨。而他經或三或七，涅槃或九者，特開合耳。淨肉又除人蛇象馬驢狗獅子狐猪獼猴十種之外。蓋此十種縱不見不聞而殺亦不可食也。

汝等當知，是食肉人，縱得心開似三摩地，皆大羅刹。報終必沈生死苦海，非佛弟子。如是之人相殺相吞相食未已，云何是人得出三界。汝教世人修三摩地，次斷殺生。是名如來先佛世尊第二決定清淨明誨。

是故阿難。若不斷殺修禪定者，譬如有人自塞其耳，高聲大叫，求人不聞。此等名爲欲隱彌露。清淨比丘及諸菩薩於歧路行，不蹋生草，況以手拔。云何大悲取諸眾生血肉充食。

修禪避罪，反乃行殺。塞耳避人，反乃高聲。是欲隱彌露也。不故蹋，不故拔，仁慈之至，猶及草木，況食

眾生肉耶。

若諸比丘不服東方絲綿絹帛、及是此土靴履裘毳、乳酪醍醐、如是比丘於世眞脫、酬還宿債、不遊三界、何以故、服其身分、皆爲彼緣、如人食其地中百穀、足不離地、必使身心於諸眾生若身身分、身心二途不服不食、我說是人眞解脫者。如我此說、名爲佛說、不如此說、卽波旬說、

東方不無裘毳、西土不無絲綿、各以多分言也。酬還宿債、不遊三界、上句當在下、譯人語倒也。足不離地者。劫初之人。體有飛光、足若御雲、由乎食地肥啗香稻。故其體堅重、而足不離地也。身血肉骨髓也。身分裘毳乳酪也。身服食。心貪求。故曰二途必須併斷也、

阿難。又復世界六道眾生、其心不偷。則不隨其生死相續、汝修三昧、本出塵勞。偷心不除。塵不可出。縱有多智禪定現前。如不斷偷。必落邪道。上品精靈、中品妖魅。下品邪人。諸魅所著。彼等羣邪亦有徒眾、各各自謂成無上道、

不與而取。皆爲偷盜。分越所酬。猶徵其剩。況乃盜取。得無反徵。此所以生死相續也。邪道奸欺偷者

必落其類、

我滅度後、末法之中、多此妖邪、熾盛世間。潛匿奸欺、稱善知識。各自謂已得上人法、誑惑無識。恐令失心。所過之處、其家耗散。我教比丘循方乞食、令其捨貪、成菩提道。諸比丘等不自熟食、寄於殘生、旅泊三界、示一往還、去已無返。云何賊人假我衣服、裨販如來、造種種業、皆言佛法、卻非出家具戒比丘爲小乘道、由是疑誤無量眾生、墮無間獄。（裨應作稗。恐傳寫之訛、故註以稗義釋之。）

方法也。僧祇律云、乞食謂之分衞、謂分施眾僧、衞護道力。肇法師云、乞食略有四義、一爲福利眾生、二爲折伏憍慢。三爲知身有苦。四爲除去滯著。今經令其捨貪不自熟食。卽除去滯著也。成菩提道卽衞護道力。福利眾生也。寄於下。謂殘生寓於三界。如旅泊然。而示一往還去已無返。如是了知。豈事畜藏、何所顧戀。皆所謂循方也。不能循方潛奸稱善、自謂果人、異言誑惑。令人恐怖失心。巧取多求。過處其家耗散。敗法毀則。故號賊人。雖服佛之服。而大法小販。是假我衣服稗販如來。稗販言小販也。甚至稱造業爲佛法。非具戒爲小乘。負已靈於闡提。誤眾生於地獄。若斯人也。可不痛哉、

若我滅後。其有比丘發心決定修三摩提。能於如來形像之前。身然一燈。燒一指節。及於身上爇一香炷。我說是人無始宿債一時酬畢。長揖世間。永脫諸漏。雖未即明無上覺路。是人於法已決定心。若不為此捨身微因。縱成無為。必還生人酬其宿債。如我馬麥正等無異。

身為業本。漏緣無始。已來為之貪求積債。今能捨之。作無上業。故能酬宿債。脫諸漏也。蓋一切難捨無過已身。難捨能捨。則自餘貪愛決能棄捨。故曰是人於法已決定心。苟能捨身而心不決。捨則徒增業苦。無益於道。故下云必使身心二俱捐捨也。佛為宿訴比丘可食馬麥。故證果後於毗蘭邑食之。示宿債必酬也。

汝教世人修三摩地。後斷偷盜。是名如來先佛世尊第三決定清淨明誨。是故阿難。若不斷偷修禪定者。譬如有人水灌漏巵。欲求其滿。縱經塵劫。終無平復。若諸比丘衣鉢之餘。分寸不畜。乞食餘分施餓眾生。於大集會合掌禮眾。有人捶詈同於稱讚。必使身心二俱捐捨。身肉骨血與眾生共。不將如來不了義說迴為已解。以誤初學。佛印是人得真三昧。如我所說名為佛說。不如此說。即波旬說。

衣鉢不畜。視毀如讚。此於利害二途身心俱捨也。身肉骨血與眾生共。則不私其身。不顧其生。又捨之至也。行能至此。則其心不偷可知矣。阿含稱所畜物可以資身進道。薩婆多論許百物各可畜一。皆不了義也。

阿難。如是世界六道眾生。雖則身心無殺盜婬。三行已圓。若大妄語。即三摩地不得清淨。成愛見魔。失如來種。所謂未得謂得。未證言證。或求世間尊勝第一。謂前人言。我今已得須陀洹果。斯陀含果。阿那含果。

阿羅漢道。辟支佛乘。十地地前諸位菩薩。求彼禮懺。貪其供養。是一顛迦。消滅佛種。如人以刀斷多羅木。佛記是人永殞善根。無復知見。沈三苦海。不成三昧。

於四果十地未得謂得。名大妄語。貪其供養。求已尊勝。名愛魔。妄起邪見。謂已齊聖。名見魔。皆大妄也。一顛迦即一闡提。貝多羅樹以刀斷則不復活。喻大妄人永絕善根。三苦海者。三途也。

我滅度後。敕諸菩薩及阿羅漢應身生彼末法之中。作種種形。度諸輪轉。或作沙門白衣居士人王宰官童男童女。如是乃至婬女寡婦姦偷屠販。與其同事。

稱讚佛乘。令其身心入三摩地。終不自言我眞菩薩眞阿羅漢。泄佛密因。輕言未學。唯除命終陰有遺付。云何是人惑亂衆生成大妄語。汝教世人修三摩地。後復斷除諸大妄語。是名如來先佛世尊第四決定清淨明誨。是故阿難。若不斷其大妄語者。如刻人糞爲旃檀形。欲求香氣無有是處。我教比丘直心道場。於四威儀一切行中尙無虛假。云何自稱得上人法。譬如窮人妄號帝王。自取誅滅。況復法王。如何妄竊。因地不眞。果招迂曲。求佛菩提。如噬臍人欲誰成就。

佛密因者。卽菩薩羅漢所行密行也。若以密行輕

告未學。卽泄佛密因。此旣云唯除命終陰有遺付。則不輕言未學泄佛密因矣。我教比丘下。牒未得謂得求已尊勝之事而深責也。淨名曰。直心爲道場。無虛假故。左傳噬臍。謂終莫能及也。今之自稱得上人法者多矣。宜以經言爲誡。

若諸比丘心如直絃。一切眞實入三摩地。永無魔事。我印是人成就菩薩無上知覺。如我此說名爲佛說。不如此說。卽波旬說。

向以虛妄。故終莫成就。此能眞實。故印其成就也。

上明四重戒竟。初標三學。而終止四戒者。定慧已備前二決定義及諸聖觀門矣。

大佛頂如來密因修證了義諸菩薩萬行首楞嚴經纂註卷第六

大佛頂如來密因修證了義諸菩薩萬行首楞嚴經
纂註卷第七

唐天竺沙門般刺密諦譯

唐烏萇國沙門彌伽釋迦譯語

唐菩薩戒弟子前正議大夫同中書門下平章事清河房融筆受

明檇李沙門眞界纂註

阿難汝問攝心我今先說入三摩地修學妙門求菩薩道要先持此四種律儀皎如冰霜自不能生一切枝葉心三口四生必無因阿難如是四事若不失遺心尙不緣色香味觸一切魔事云何發生

結示攝心遠魔之要也蓋內攝遠魔之要以戒爲先故先說妙門言求菩薩道要先持四律者四律爲本餘戒爲末故四律潔淨而枝葉不生也心三口四生必無因者謂婬殺盜妄之念乃生貪瞋癡等之因故四律淨而七支欲生無因也言魔事不生者謂魔由妄念而有緣想而生四事不遺妄心已息不緣外境現業已違故一切魔事不復發生正定由斯而可入矣

若有宿習不能滅除汝教是人一心誦我佛頂光明摩訶薩怛多般怛囉無上神呪斯是如來無見頂相無爲心佛從頂發輝坐寶蓮華所說心呪

現業易制自行可違宿習難除必假神力今夫行人好正而固邪欲潔而偏染不欲而能不願而爲隱然若有驅策而不能自已者宿習之使也德隆而福鄙行善而身凶多障多冤數病數惱綿然若有機緘而不能自釋者宿習之召也茲非一生一劫之緣乃無始來念念受熏者自非神力莫能脫之故教誦持神呪也摩訶薩怛多般怛囉此云大白傘蓋卽藏心也量廓沙界曰大體絕妄染曰白用覆一切曰傘蓋神呪從此流演故名心呪無見頂者示頂法不可以見見也然前說定慧破煩惱障復明戒學以止罪業今說神呪能破宿殃兼除報障三障苟亡不證何待

且汝宿世與摩登伽歷劫因緣恩愛習氣非是一生及與一劫我一宣揚愛心永脫成阿羅漢彼尙婬女無心修行神力冥資速證無學云何汝等在會聲聞求最上乘決定成佛譬如以塵揚於順風有何艱險

此證神呪能消宿習也登伽婬質猶能速證聲聞道器固易冥資云何合作何況愛心永脫指初聞

呪得阿那含也。成阿羅漢。指前文殊簡圓通後也。若爾。由聞法故方成無學。何爲神力冥資耶。良以密承呪力。顯精法音。內資外熏。乃能速證。若但因呪而不因法者。何故前云性比丘尼聞說偈已成阿羅漢。譬如下。塵譬宿習。風如神呪。順風揚塵。散之則易。誦呪除習。脫之匪難。

若有末世欲坐道場。先持比丘清淨禁戒。要當選擇戒清淨者第一沙門以爲其師。若其不遇眞清淨僧。汝戒律儀必不成就。戒成已後。著新淨衣。然香閒居。誦此心佛所說神呪一百八徧。然後結界建立道場。

求於十方現住國土無上如來放大悲光來灌其頂。

明結界建立道場之前方便也。師者人之模範。正邪所自出。故不遇第一眞僧。則律儀不得成就。誦呪百八。表滅百八煩惱也。

阿難。如是末世清淨比丘若比丘尼白衣檀越。心滅貪婬。持佛淨戒。於道場中發菩薩願。出入澡浴。六時行道。如是不寐經三七日。我自現身至其人前摩頂安慰。令其開悟。

前云求佛灌頂。今佛現身名爲感應。既得感應。心必開悟也。

阿難白佛言。世尊。我蒙如來無上悲誨。心已開悟。自知修證無學道成。末法修行建立道場。云何結界合佛世尊清淨軌則。

陳開悟以問結壇軌則也。言自知修證等者。知攝心遠魔。呪力冥資。聖果可期也。

佛告阿難。若末世人願立道場。先取雪山大力白牛。食其山中肥膩香草。此牛惟飲雪山清水。其糞微細。可取其糞。和合旃檀。以泥其地。若非雪山。其牛臭穢。不堪塗地。別於平原穿去地皮五尺已下。取其黃土。和上旃檀沈水蘇合薰陸鬱金白膠青木零陵甘松。

及雞舌香。以此十種細羅爲粉。合土成泥。以塗場地。

此示結壇塗地之法也。雪山牛乳。純是醍醐。所有茹退。最爲香潔。但和一味旃檀。即可塗地。苟無此者。即取深淨黃土。和上十香之粉。成泥以塗場地。

方圓丈六。爲八角壇。壇心置一金銀銅木所造蓮華。華中安鉢。鉢中先盛八月露水。水中隨安所有華葉。取八圓鏡。各安其方。圍繞華鉢。鏡外建立十六蓮華。十六香鑪。間華鋪設。莊嚴香鑪。純燒沈水。無令見火。取白牛乳。置十六器。乳爲煎餅。并諸沙糖油餅乳糜。蘇合蜜薑純酥純蜜。於蓮華外。各各十六圍繞華外。

以奉諸佛及大菩薩每以食時若在中夜取蜜半升用酥三合壇前别安一小火鑪以兜樓婆香煎取香水沐浴其炭然令猛熾投是酥蜜於炎鑪內燒令煙盡享佛菩薩

此示結壇鋪設供養之法也蓋壇中施設意在勝境攝心使無異緣專心道業也所陳供養諸佛菩薩不食此食為令福增示現而食令修行者福慧具足如佛受純陀最後供養令其具足檀波羅蜜此亦如是故須供養

令其四外偏懸幡華於壇室中四壁敷設十方如來

及諸菩薩所有形像應於當陽張盧舍那釋迦彌勒阿閦彌陀諸大變化觀音形像兼金剛藏安其左右帝釋梵王烏芻瑟摩并藍地迦諸軍荼利與毗俱胝四天王等頻那夜迦張於門側左右安置又取八鏡覆懸虛空與壇場中所安之鏡方面相對使其形影重重相涉

此示中外懸設之法也當陽正位盧舍那等寂場眞主也彌勒當來眞主也阿閦居東彌陀居西智悲眞主也諸大變化觀音形像上同下合眞主也金剛藏常領金剛護持呪人伏魔斷障眞主也門

側左右釋梵等眾有力外護也末法修行凡賴於此一有所闕必不成就烏芻火頭金剛藍地迦青面金剛軍荼利金剛異號也毗俱胝亦大神變等毗盧神變經稱左邊毗俱胝三目持鬘髻是也頻那夜迦卽猪頭象鼻二使者上下之鏡方面相對使其形影重重相涉者意示事事無礙之相欲令契此以修法界大行也能修法界大行則一華一香徧供塵刹一行一相充擴無窮則此上下施設非苟然也

於初七中至誠頂禮十方如來諸大菩薩阿羅漢號

恒於六時誦呪圍壇至心行道一時常行一百八徧第二七中一向專心發菩薩願心無間斷我毗奈耶先有願教第三七中於十二時一向持佛般怛囉呪至第七日十方如來一時出現鏡交光處承佛摩頂卽於道場修三摩地能令如是末世修學身心明淨猶如瑠璃

凡所斬斷以皈依三寶為最初方便故初七日至誠頂禮如來菩薩羅漢名號所以假其不思議力發行助道也然非願力無以持之故第二七日依毗尼教專心發願也行願堅強則得大勇猛故第

三七日時無間歇一向誦持神呪。遂能以精誠感格進力克功也。鏡交光處則生佛智照感應道交也。身心明淨。謂宿習緣障纖悉蕩盡。此感應克功事也。

阿難。若此比丘本受戒師及同會中十比丘等。其中有一不淸淨者。如是道場多不成就。從三七後端坐安居。經一百日。有利根者。不起於座得須陀洹。縱其身心聖果未成。決定自知成佛不謬。汝問道場建立如是。

得須陀洹者。謂得入聖流也。然壇法行相此土末世行之惟艱。然所誦呪。下文亦許不入道場。故使有緣隨器受益。

阿難頂禮佛足而白佛言。自我出家恃佛憍愛。求多聞故未證無爲。遭彼梵天邪術所禁。心雖明了力不自由。賴遇文殊令我解脫。雖蒙如來佛頂神呪。冥獲其力。尚未親聞。惟願大慈重爲宣說。悲救此會諸修行輩末及當來在輪迴者。承佛密音身意解脫。於時會中一切大衆。普皆作禮。佇聞如來秘密章句。爾時世尊從肉髻中涌百寶光。光中涌出千葉寶蓮。有化如來坐寶華中。頂放十道百寶光明。一一光明皆徧示現十恆河沙金剛密跡。擎山持杵徧虛空界。大衆仰觀。畏愛兼抱。求佛哀祐。一心聽佛無見頂相放光如來宣說神呪。

昔阿難密承呪力得解婬難。故曰冥獲。未聞。今乃重請顯說。意在悲救此會及當來也。

南無薩怛他蘇伽多耶阿羅訶帝三藐三菩陀寫一　南無薩怛他佛陀俱胝瑟尼釤二　南無薩婆勃陀勃地薩跢鞞弊三（毗迦切）　南無薩多南三藐三菩陀俱知南四　娑舍囉婆迦僧伽喃五　南無盧雞阿羅漢跢喃六　南無蘇盧多波那喃七　南無娑羯唎陀伽彌喃八　南無盧雞三藐伽跢喃九　三藐伽波囉底波多那喃十　南無提婆離瑟赧十一　南無悉陀耶毗地耶陀囉離瑟赧十二　舍波奴揭囉訶娑訶娑囉摩他喃十三　南無跋囉訶摩泥十四　南無因陀囉耶十五　南無婆伽婆帝十六　嚧陀囉耶十七　烏摩般帝十八　娑醯夜耶十九　南無婆伽婆帝二十　那囉野拏耶二十一　槃遮摩訶三慕陀囉二十二　南無悉羯唎多耶二十三　南無婆伽婆帝二十四　摩訶迦羅耶二十五　地唎般剌那伽囉二十六　毗陀囉波拏迦囉耶二十七　阿地目帝二十八　尸摩舍那泥婆悉泥二十九　摩怛唎伽拏三十　南無悉羯唎多耶三十一　南無婆伽婆帝三十二　多他伽

跢俱囉耶三十三 南無般頭摩俱囉耶三十四 南無跋闍羅俱囉耶三十五 南無摩尼俱囉耶三十六 南無伽闍俱囉耶三十七 南無婆伽婆帝三十八 帝唎荼輸囉西那三十九 波囉訶囉拏囉闍耶四十 跢他伽多耶四十一 南無婆伽婆帝四十二 南無阿彌多婆耶四十三 哆他伽多耶四十四 阿囉訶帝四十五 三藐三菩陀耶四十六 南無婆伽婆帝四十七 阿芻鞞耶四十八 跢他伽多耶四十九 阿囉訶帝五十 三藐三菩陀耶五十一 南無婆伽婆帝五十二 鞞沙闍耶俱盧吠柱唎耶五十三 般囉婆囉闍耶五十四 跢他伽多耶五十五 南無婆伽婆帝五十六 三補師毖多五十七 薩

憐捺囉剌闍耶五十八 跢他伽多耶五十九 阿囉訶帝六十 三藐三菩陀耶六十一 南無婆伽婆帝六十二 舍雞野母那曳六十三 跢他伽多耶六十四 阿囉訶帝六十五 三藐三菩陀耶六十六 南無婆伽婆帝六十七 剌怛那雞都囉闍耶六十八 跢他伽多耶六十九 阿囉訶帝七十 三藐三菩陀耶七十一 帝瓢南無薩羯唎多七十二 翳曇婆伽婆多七十三 薩怛他伽都瑟尼釤七十四 薩怛多般怛嚂七十五 南無阿婆囉視耽七十六 般囉帝揚歧囉七十七 薩囉婆部多揭囉訶七十八 尼羯囉訶揭迦囉訶尼七十九 跋囉毖地耶叱陀你八十 阿迦囉蜜唎柱八十一 般唎怛囉耶儜

揭唎八十二 薩囉婆槃陀那目叉尼八十三 薩囉婆突瑟吒八十四 突悉乏般那你伐囉尼八十五 赭都囉失帝南八十六 羯囉訶娑訶薩囉若闍八十七 毗多崩娑那羯唎八十八 阿瑟吒冰舍帝南八十九 那叉刹怛囉若闍九十 波囉薩陀那羯唎九十一 阿瑟吒南九十二 摩訶揭囉訶若闍九十三 毗多崩薩那羯唎九十四 薩婆舍都嚧你婆囉若闍九十五 呼藍突悉乏難遮那舍尼九十六 毖沙舍悉怛囉九十七 阿吉尼烏陀迦囉若闍九十八 阿般囉視多具囉九十九 摩訶般囉戰持一百 摩訶疊多一百一 摩訶帝闍二 摩訶稅多闍婆囉三 摩訶跋囉槃陀囉婆悉你

四 阿唎耶多囉五 毗唎俱知六 誓婆毗闍耶七 跋闍囉摩禮底八 毗舍嚧多九 勃騰罔迦十 跋闍囉制喝那阿遮一百十一 摩囉制婆般囉質多十二 跋闍囉擅持十三 毗舍囉遮十四 扇多舍鞞提婆補視多十五 蘇摩嚧波十六 摩訶稅多十七 阿唎耶多囉十八 摩訶婆囉阿般囉十九 跋闍囉商羯囉制婆二十 跋闍囉俱摩唎一百二十一 俱藍陀唎二十二 跋闍囉喝薩多遮二十三 毗地耶乾遮那摩唎迦二十四 嘔蘇母婆羯囉跢那二十五 鞞嚧遮那俱唎耶二十六 夜囉菟瑟尼釤二十七 毗折藍婆摩尼遮二十八 跋闍囉迦那迦波囉婆二十九 嚧闍那跋闍囉頓稚遮三十

稅多遮迦摩囉一百三十一剎奢尸波囉婆三十二翳帝夷
帝三十三母陀囉羯拏三十四娑鞞囉懺三十五掘梵都三十
六印兔那麼麼寫三十七烏鈝三十八唎瑟揭拏三十九般
剌舍悉多四十薩怛他伽都瑟尼釤一百四十一虎鈝四十二
都嚧雍四十三瞻婆那四十四虎鈝四十五都嚧雍四十六悉
耽婆那四十七虎鈝四十八都嚧雍四十九波羅瑟地耶三
般叉拏羯囉五十虎鈝一百五十一都嚧雍五十二薩婆藥叉
喝囉剎娑五十三揭囉訶若闍五十四毗騰崩薩那羯囉
五十五虎鈝五十六都嚧雍五十七者都囉尸底南五十八揭
囉訶娑訶薩囉南五十九毗騰崩薩那囉一百六十虎鈝六十
一都嚧雍六十二囉叉六十三婆伽梵六十四薩怛他伽都
瑟尼釤六十五波囉點闍吉唎六十六摩訶娑訶薩囉六十
七勃樹娑訶薩囉室唎沙六十八俱知娑訶薩泥帝𨽻
六十九阿弊提視婆唎多七十吒吒甖迦一百七十一摩訶跋
闍嚧陀囉七十二帝唎菩婆那七十三曼茶囉七十四烏鈝
七十五莎悉帝薄婆都七十六麼麼七十七印兔那麼麼寫
七十八囉闍婆夜七十九主囉跋夜八十阿祇尼婆夜一百八十
一烏陀迦婆夜八十二毗沙婆夜八十三舍薩多囉婆夜
八十四婆囉斫羯囉婆夜八十五突瑟叉婆夜八十六阿舍
你婆夜八十七阿迦囉蜜唎柱婆夜八十八陀囉尼部彌

劍波伽波陀婆夜八十九烏囉迦婆多婆夜九十剌闍壇
茶婆夜一百九十一那伽婆夜九十二毗條怛婆夜九十三蘇
波囉拏婆夜九十四藥叉揭囉訶九十五囉叉私揭囉訶
九十六畢唎多揭囉訶九十七毗舍遮揭囉訶九十八部多
揭囉訶九十九鳩槃茶揭囉訶二百補丹那揭囉訶二百一
迦吒補丹那揭囉訶二悉乾度揭囉訶三阿播悉摩
囉揭囉訶四烏檀摩陀揭囉訶五車夜揭囉訶六醯
唎婆帝揭囉訶七社多訶唎南八揭婆訶唎南九嚧
地囉訶唎南十忙娑訶唎南二百十一謎陀訶唎南十二摩
闍訶唎南十三闍多訶唎女十四視比多訶唎南十五毗多
訶唎南十六婆多訶唎南十七阿輸遮訶唎女十八質多訶
唎女十九帝釤薩鞞釤二十薩婆揭囉訶南二百十一毗陀
耶闍瞋陀夜彌二十二雞囉夜彌二十三波唎跋囉者迦
訖唎擔二十四毗陀夜闍瞋陀夜彌二十五雞囉夜彌二十
六茶演尼訖唎擔二十七毗陀夜闍瞋陀夜彌二十八雞
囉夜彌二十九摩訶般輸般怛夜三十嚧陀囉訖唎擔二百
三十一毗陀夜闍瞋陀夜彌三十二雞囉夜彌三十三那囉
夜拏訖唎擔三十四毗陀夜闍瞋陀夜彌三十五雞囉夜
彌三十六怛埵伽嚧茶西訖唎擔三十七毗陀夜闍瞋陀
夜彌三十八雞囉夜彌三十九摩訶迦囉摩怛唎伽拏訖

唎擔四十毗陀夜闍瞋陀夜彌二百四十一雞囉夜彌四十二
迦波唎迦訖唎擔四十三毗陀夜闍瞋陀夜彌四十四雞
囉夜彌四十五闍耶羯囉摩度羯囉四十六薩婆囉他娑
達那訖唎擔四十七毗陀夜闍瞋陀夜彌四十八雞囉夜
彌四十九赭咄囉婆耆你訖唎擔五十毗陀夜闍瞋陀夜
彌二百五十一雞囉夜彌五十二毗唎羊訖唎知五十三雞陀
雞沙囉伽拏般帝五十四索醯夜訖唎擔五十五毗陀夜
闍瞋陀夜彌五十六雞囉夜彌五十七那揭那舍囉婆拏
訖唎擔五十八毗陀夜闍瞋陀夜彌五十九雞囉夜彌六十
阿羅漢訖唎擔毗陀夜闍瞋陀夜彌二百六十一雞囉夜

彌六十二毗多囉伽訖唎擔六十三毗陀夜闍瞋陀夜彌
六十四雞囉夜彌跋闍囉波你六十五具醯夜具醯夜六十
六迦地般帝訖唎擔六十七毗陀夜闍瞋陀夜彌六十八
雞囉夜彌六十九囉叉罔七十婆伽梵二百七十一印兔那麼
麼寫七十二婆伽梵七十三薩怛多般怛囉七十四南無粹
都帝七十五阿悉多那囉剌迦七十六波囉婆悉普吒七十
七毗迦薩怛多鉢帝唎七十八什佛囉什佛囉七十九陀
囉陀囉八十頻陀囉頻陀囉瞋陀瞋陀二百八十一虎𤙖八十
二虎𤙖八十三泮吒八十四泮吒泮吒泮吒泮吒八十五娑
訶八十六醯醯泮八十七阿牟迦耶泮八十八阿波囉提訶

多泮八十九娑囉波囉陀泮九十阿素囉毗陀囉波迦泮
二百九十一薩婆提鞞弊泮九十二薩婆那伽弊泮九十三薩
婆藥叉弊泮九十四薩婆乾闥婆弊泮九十五薩婆補丹
那弊泮九十六迦吒補丹那弊泮九十七薩婆突狠枳帝
弊泮九十八薩婆突澀比嚟訖瑟帝弊泮九十九薩婆什
婆唎弊泮三百薩婆阿播悉摩嚟弊泮三百一薩婆舍囉
婆拏弊泮二薩婆地帝雞弊泮三薩婆怛摩陀繼弊
泮四薩婆毗陀耶囉誓遮嚟弊泮五闍夜羯囉摩度
羯囉六薩婆羅他娑陀雞弊泮七毗地夜遮唎弊泮
八者都囉縛耆你弊泮九跋闍囉俱摩唎十毗陀夜

囉誓弊泮三百十一摩訶波囉丁羊叉耆唎弊泮十二跋闍
囉商羯囉夜十三波囉丈耆囉闍耶泮十四摩訶迦囉夜
十五摩訶末怛唎迦拏十六南無娑羯唎多夜泮十七毖瑟
拏婢曳泮十八勃囉訶牟尼曳泮十九阿耆尼曳泮二十摩
訶羯唎曳泮三百二十一羯囉檀遲曳泮二十二蔑怛唎曳
泮二十三嘮怛唎曳泮二十四遮文荼曳泮二十五羯邏囉
怛唎曳泮二十六迦般唎曳泮二十七阿地目質多迦尸
摩舍那二十八婆私你曳泮二十九演吉質三十薩埵婆寫
三百三十一麼麼印兔那麼麼寫三十二突瑟吒質多三十三
阿末怛唎質多三十四烏闍訶囉三十五伽婆訶囉三十六

嚧地囉訶囉三十七 婆娑訶囉三十八 摩闍訶囉三十九 闍
多訶囉四十 視毖多訶囉三百四十一 跋略夜訶囉四十二 乾
陀訶囉四十三 布史波訶囉四十四 頗囉訶囉四十五 婆寫
訶囉四十六 般波質多四十七 突瑟吒質多四十八 嘮陀囉
質多四十九 藥叉揭囉訶五十 囉刹娑揭囉訶三百五十一 閉
嚟多揭囉訶五十二 毗舍遮揭囉訶五十三 部多揭囉訶
五十四 鳩槃茶揭囉訶五十五 悉乾陀揭囉訶五十六 烏怛
摩陀揭囉訶五十七 車夜揭囉訶五十八 阿播薩摩囉揭
囉訶五十九 宅祛革茶耆尼揭囉訶六十 唎佛帝揭囉訶
三百六十一 闍彌迦揭囉訶六十二 舍俱尼揭囉訶六十三 姥

陀囉難地迦揭囉訶六十四 阿藍婆揭囉訶六十五 乾度
波尼揭囉訶六十六 什代囉堙迦醯迦六十七 墜帝藥迦
六十八 怛隸帝藥迦六十九 者突託迦七十 呢提什伐囉毖
釤摩什伐囉三百七十一 薄底迦七十二 鼻底迦七十三 室隸
瑟蜜迦七十四 娑你般帝迦七十五 薩婆什伐囉七十六 室
嚧吉帝七十七 末陀鞞達嚧制劍七十八 阿綺嚧鉗七十九
目佉嚧鉗八十 羯唎突嚧鉗三百八十一 揭囉訶揭藍八十二
羯拏輸藍八十三 憚多輸藍八十四 迄唎夜輸藍八十五 末
麼輸藍八十六 跋唎室婆輸藍八十七 毖栗瑟吒輸藍八十
八 烏陀囉輸藍八十九 羯知輸藍九十 跋悉帝輸藍三百九十
一 鄔嚧輸藍九十二 常伽輸藍九十三 喝悉多輸藍九十四
跋陀輸藍九十五 娑房盎伽般囉丈伽輸藍九十六 部多
毖跢茶九十七 茶耆尼什婆囉九十八 陀突嚧迦建咄嚧
吉知婆路多毗九十九 薩般嚧訶淩伽四百 輸沙怛囉娑
那羯囉四百一 毗沙喻迦二 阿耆尼烏陀迦三 末囉鞞
囉建跢囉四 阿迦囉蜜唎咄怛斂部迦五 地栗剌吒
六 毖唎瑟質迦七 薩婆那俱囉八 肆引伽弊揭囉唎
藥叉怛囉芻九 末囉視吠帝釤娑鞞釤十 悉怛多鉢
怛囉四百十一 摩訶跋闍嚧瑟尼釤十二 摩訶般賴丈耆藍
十三 夜波突陀舍喻闍那十四 辮怛隸拏十五 毗陀耶槃曇

迦嚧彌十六 帝殊槃曇迦嚧彌十七 般囉毗陀槃曇迦嚧
彌十八 跢姪他十九 唵二十 阿那隸四百二十一 毗舍提二十二 鞞
囉跋闍囉陀唎二十三 槃陀槃陀你二十四 跋闍囉謗尼
泮二十五 虎𤙖都嚧甕泮二十六 莎婆訶二十七

呪。謂呪詛。亦曰呪願。佛以此語詛願眾生。生善滅惡革凡成聖。若蜾蠃之呪螟蛉也。亦是密詮首楞嚴義、與前顯說力用無殊。但被物之異耳。有云、顯說令解則生慧。密說令誦則生福。一往如之、

阿難。是佛頂光聚悉怛多般怛囉祕密伽陀微妙章句。出生十方一切諸佛。十方如來因此呪心得成無

上正徧知覺。十方如來執此呪心降伏諸魔制諸外道。十方如來乘此呪心坐寶蓮華應微塵國。十方如來含此呪心於微塵國轉大法輪十方如來持此呪心能於十方摩頂授記自果未成亦於十方蒙佛授記十方如來依此呪心能於十方拔濟羣苦所謂地獄餓鬼畜生盲聾瘖瘂冤憎會苦愛別離苦求不得苦。五陰熾盛大小諸橫同時解脫賊難兵難王難獄難風火水難饑渴貧窮應念消散十方如來隨此呪心能於十方事善知識四威儀中供養如意恆沙如來會中推為大法王子。十方如來行此呪心能於十方攝受親因令諸小乘聞祕密藏不生驚怖。十方如來誦此呪心成無上覺坐菩提樹入大涅槃。十方如來傳此呪心於滅度後付佛法事究竟住持嚴淨戒律悉得清淨若我說是佛頂光聚般怛囉呪從旦至暮音聲相聯字句中間亦不重疊經恆沙劫終不能盡。

呪心者即大白傘蓋廣大無染周覆法界如來藏心祕密法門也。惟其廣大周覆為如來藏故持之因之即能出生諸佛成無上覺降魔應化拔濟羣苦及餘功德經恆沙劫說不能盡也。地獄餓鬼等略舉八難之四。冤憎愛別等略舉八苦之四。灌頂經大橫有九小橫無數。攝受親因者攝諸有緣也。

亦說此呪名如來頂。汝等有學未盡輪迴發心至誠取阿羅漢不持此呪而坐道場令其身心遠諸魔事無有是處。

上顯如來境界此明亦攝漸修下顯持呪之益也。

阿難若諸世界隨所國土所有眾生隨國所生樺皮貝葉紙素白氎書寫此呪貯於香囊是人心昏未能誦憶或帶身上或書宅中當知是人盡其生年一切諸毒所不能害阿難我今為汝更說此呪救護世間得大無畏成就眾生出世間智若我滅後末世眾生有能自誦若教他誦當知如是誦持眾生火不能燒水不能溺大毒小毒所不能害如是乃至龍天鬼神精祇魔魅所有惡呪皆不能著心得正受一切呪詛厭蠱毒藥金毒銀毒草木蟲蛇萬物毒氣入此人口成甘露味一切惡星幷諸鬼神磣心毒人於如是人不能起惡頻那夜迦諸惡鬼王幷其眷屬皆領深恩常加守護。

火不能燒等即所謂救護世間得大無畏也。以誦呪利彼故諸惡鬼王皆領深恩而恆守護。金銀入藥或能發毒。

阿難當知。是呪常有八萬四千那由他恒河沙俱胝金剛藏王菩薩種族。一一皆有諸金剛衆而爲眷屬。晝夜隨侍。設有衆生。於散亂心非三摩地。心憶口持。是金剛王常隨從彼諸善男子。何況決定菩提心者。此諸金剛菩薩藏王。精心陰速發彼神識。是人應時心能記憶八萬四千恒河沙劫。周徧了知得無疑惑。

即所謂成就衆生出世間智也。精心陰速等謂精心陰資。速發神識。神識通明。則能記憶了知八萬四千恒河沙劫之事。得無疑惑也。

從第一劫乃至後身。生生不生藥叉羅剎。及富單那迦吒富單那。鳩槃茶。毗舍遮等。幷諸餓鬼。有形無形。有想無想。如是惡處。是善男子。若讀若誦若書若寫。若帶若藏。諸色供養。劫劫不生貧窮下賤不可樂處。

第一劫者。發心修行之初時也。洎至菩薩最後身時。於其中間不落雜類。或生人中。亦非貧賤。以持尊勝法。故身尊勝也。

此諸衆生。縱其自身不作福業。十方如來所有功德悉與此人。由是得於恒河沙阿僧祇不可說不可說劫。常與諸佛同生一處。無量功德如惡叉聚。同處熏修。永無分散。是故能令破戒之人。戒根清淨。未得戒者。令其得戒。未精進者。令得精進。無智慧者。令得智慧。不清淨者。速得清淨。不持齋戒。自成齋戒。

此明前讀誦書寫供養神呪之益也。謂不作有爲之業。自獲無漏之福。惡叉者。喻衆生諸佛功德三法同聚也。是故下。以摩登得果推之不誣。然持之須得其人。故前言一不清淨多不成就。後言如法持戒必得心通。行人審之。勿徒希覬也。

阿難。是善男子持此呪時。設犯禁戒於未受時。持呪之後。衆破戒罪。無問輕重。一時銷滅。縱經飲酒食噉

五辛種種不淨。一切諸佛菩薩金剛天僊鬼神不將爲過。設著不淨破弊衣服。一行一住。悉同清淨。縱不作壇。不入道場。亦不行道。誦持此呪。還同入壇行道功德。無有異也。若造五逆無間重罪。及諸比丘比丘尼四棄八棄。誦此呪已。如是重業。猶如猛風吹散沙聚。悉皆滅除。更無毫髮。

此明持呪能消罪業也。未受時者。未持呪時也。比丘四棄。即殺盜婬妄四根本重罪。梵語波羅夷。此云棄。謂犯此者永棄佛法邊外。猶如死屍大海不受也。比丘尼復加四棄。曰觸八覆隨。即第五不得

染心男身相觸。第六不得染心男捉手。捉衣。入屏處。屏處共立。共語。共行。身相倚相期等。八事。第七不得覆他重罪。第八不得隨舉大僧供給衣食。卽爲僧所舉未與作共住法者。不得隨彼也。通上故名八棄。僧所舉者。卽舉許之義也。

阿難。若有衆生從無量無數劫來所有一切輕重罪障。從前世來未及懺悔。若能讀誦書寫此呪身上帶持若安住處莊宅園館。如是積業猶湯消雪。不久皆得悟無生忍。復次阿難。若有女人未生男女。欲求孕者。若能至心憶念斯呪。或能身上帶此悉怛多般怛

囉者。便生福德智慧男女。求長命者。卽得長命。欲求果報速圓滿者。速得圓滿。身命色力亦復如是。命終之後。隨願往生十方國土。必定不生邊地下賤。何況雜形。阿難。若諸國土州縣聚落饑荒疫癘。或復刀兵賊難鬭諍。兼餘一切厄難之地。寫此神呪安城四門。幷諸支提。或脫闍上。令其國土所有衆生奉迎斯呪。禮拜恭敬。一心供養。令其人民各各身佩。或各各安所居宅地。一切災厄悉皆消滅。

雜形。謂鬼畜等類。支提云可供養處。卽淨刹之通稱也。脫闍云幢。

阿難。在在處處國土衆生隨有此呪。天龍歡喜。風雨順時。五穀豐殷。兆庶安樂。亦復能鎭一切惡星隨方變怪。災障不起。人無橫夭。杻械枷鎖不著其身。晝夜安眠。常無惡夢。阿難。是娑婆界有八萬四千災變惡星。二十八大惡星而爲上首。復有八大惡星以爲其主。作種種形出現世時。能生衆生種種災異。有此呪地。悉皆銷滅。十二由旬成結界地。諸惡災祥永不能入。

天反時物逆理。皆所以爲災。而反之逆之職由乎人。天與物應之而已。所謂災變惡星。則應人之災

惡者也。八萬四千。應衆生煩惱業也。二十八。則四方之紀。八。則五行之經及羅計孛也。順則福應。逆則災應。所謂惠迪吉。從逆凶也。能生災異者。亦應其逆而已。如彗孛飛流。爲應同分。非星之爲也。今以呪力叶乎百順。故惡變悉滅。於天災祥不入其境。祥吉凶先兆也。

是故如來宣示此呪。於未來世保護初學諸修行者。入三摩地。身心泰然。得大安隱。更無一切諸魔鬼神及無始來冤橫宿殃。舊業陳債來相惱害。汝及衆中諸有學人。及未來世諸修行者。依我壇場如法持戒

所受戒主逢清淨僧持此呪心不生疑悔是善男子於此父母所生之身不得心通十方如來便爲妄語

心通者據前所說不出三義一者證果即端坐百日有利根者不起於座得須陀洹也二者發解謂縱其身心聖果未成決定自知成佛不謬三者宿命謂是人應時心能記憶八萬四千恆河沙劫周徧了知得無疑惑

說是語已會中無量百千金剛一時佛前合掌頂禮而白佛言如佛所說我當誠心保護如是修菩提者

爾時梵王幷天帝釋四天大王亦於佛前同時頂禮

而白佛言審有如是修學善人我當盡心至誠保護令其一生所作如願復有無量藥叉大將諸羅剎王富單那王鳩槃茶王毗舍遮王頻那夜迦諸大鬼王及諸鬼帥亦於佛前合掌頂禮我亦誓願護持是人令菩提心速得圓滿復有無量日月天子風師雨師雲師雷師幷電伯等年歲巡官諸星眷屬亦於會中頂禮佛足而白佛言我亦保護是修行人安立道場得無所畏復有無量山神海神一切土地水陸空行萬物精祇幷風神王無色界天於如來前同時稽首而白佛言我亦保護是修行人得成菩提永無魔事

風師行風風王主風此與無色天繼地祇舉者前舉梵釋方及三天後舉地水未盡風火故終舉風神以該四大舉無色以該三界也

爾時八萬四千那由他恆河沙俱胝金剛藏王菩薩在大會中即從座起頂禮佛足而白佛言世尊如我等輩所修功業久成菩提不取涅槃常隨此呪救護末世修三摩地正修行者世尊如是修心求正定人若在道場及餘經行乃至散心遊戲聚落我等徒眾常當隨從侍衞此人縱令魔王大自在天求其方便終不可得諸小鬼神去此善人十由旬外除彼發心

樂修禪者世尊如是惡魔若魔眷屬欲來侵擾是善人者我以寶杵殞碎其首猶如微塵恆令此人所作如願

以上羣靈皆獲本妙心住首楞嚴能建大義示現菩薩諸天鬼神等像護持行人耳而言以寶杵碎首者夫大聖之訓物也或用攝受或行折伏羣邪之屛跡也或感其惠或畏其威惟此二途咸令得度今行折伏俾畏其威若涅槃殺一闡提法華破諸惱亂僫預之誅淨行滿足之僇眾生皆由住無緣慈得一子地乃能如是耳經文從第四卷中請

入華屋以來齊此通名修道分下文別起名證果分也蓋證果分中廣示修證地位者良以位有因果惑有麤細智有明昧斷有淺深證有分滿用有優劣苟昧斯旨非眞修行故歷五十七位漸入漸深不同外道天魔都無位次若不預辨涉進乖源旣昧斷證錯認少得便以爲足墮增上慢事非輕小故須明示免招大過也

阿難卽從座起頂禮佛足而白佛言我輩愚鈍好爲多聞於諸漏心未求出離蒙佛慈誨得正熏修身心快然獲大饒益世尊如是修證佛三摩地未到涅槃

云何名爲乾慧之地四十四心至何漸次得修行目詣何方所名入地中云何名爲等覺菩薩作是語已五體投地大衆一心佇佛慈音瞪瞢瞻仰

敘昔陳益請問修證地位也得正熏修等者謂依悟而修顯密相濟戒定齊資故得身心快然獲大饒益也聖位極果曰涅槃初因曰乾慧自乾慧入信住行向及四加行爲四十四心行與回向加行目曰修行復進十地名入地中是爲初證至十一地名爲等覺猶是分證及到涅槃名爲妙覺乃極證也凝視曰瞪冥心曰瞢然阿難但問修證地位而如來下文先明覺性次辨迷妄後示漸次者蓋謂妙性圓明本絕凡聖亦無修證因迷有妄顚倒迷生然後滅妄名眞始有修證地位是以次辨迷倒言生滅名妄後示漸次云滅妄名眞由是故有修證地位也

爾時世尊讚阿難言善哉善哉汝等乃能普爲大衆及諸末世一切衆生修三摩地求大乘者從於凡夫終大涅槃懸示無上正修行路汝今諦聽當爲汝說阿難大衆合掌刳心默然受敎佛言阿難當知妙性圓明離諸名相本來無有世界衆生因妄有生因生

有滅生滅名妄滅妄名眞是稱如來無上菩提及大涅槃二轉依號

懸示卽爲修三摩地求大乘者先示使無錯認誤墮也無上謂所示修進聖位無法可上也正修行路卽下五十五位乃修行者之正路也刳心謂刳除雜想虛心受敎生滅眞妄菩提涅槃皆所謂諸名相也妙性之中本來圓離由迷妄相因故有修有證於是轉不覺而依菩提轉生死而依涅槃名二轉依號也

阿難汝今欲修眞三摩地直詣如來大涅槃者先當

識此衆生世界二顛倒因。顛倒不生。斯則如來眞三摩地。

此牒前問。而先令識妄知眞也。夫欲修三摩地。詣大涅槃。先當識此倒妄無因。倒妄不生。卽是如來眞三摩地。所謂知幻卽離。離幻卽覺也。果能識妄本空。知眞本淨。依之修行。倒因可除。涅槃可詣矣。

阿難。云何名爲衆生顛倒。阿難。由性明心。性明圓故。因明發性。性妄見生。從畢竟無。成究竟有。此有所有。非因所因。住所住相。了無根本。本此無住。建立世界。及諸衆生。

將明衆生顛倒。此先明二顛倒之所起也。由性下二句。明眞本無生。因明下二句。明因妄有生。從畢下二句。明依眞起妄。此有下四句。明妄法無因無本。本此下三句。結明世界衆生所起。由性明心。性明圓故者。牒上以明本無世界及諸衆生也。因迷本明。卽無相處妄見世界及諸衆生。則世界衆生由妄見生。故云因明發性。性妄見生。諸法既由迷心妄生。是依無相眞成有相妄。故云從畢竟無成究竟有。然此能有無明。所有諸法。既從妄有。本無有因爲其所因。故云非因所因。又此能住無明所住諸法。元無有本。故云了無根本。然則諸法既從畢竟無而成有。卽是從無住本立一切法。故云本此無住建立世界及諸衆生。此卽起信無明爲因生三細也。迷本圓明。卽無明業相。因明發性。卽轉現二相。明卽轉相。所發世界衆生之性。卽是現相。

迷本圓明。是生虛妄。妄性無體。非有所依。將欲復眞。欲眞已非眞眞如性。非眞求復。宛成非相。非生非住。非心非法。展轉發生。生力發明。熏以成業。同業相感。因有感業相滅相生。由是故有衆生顛倒。

此明迷眞逐妄。以成衆生顛倒也。迷本下二句。明

依眞起妄。妄性下二句。明妄無實。將欲下三句。明復本不知其要。非眞下二句。例顯向外馳求。非生下八句。正明顛倒之相。由是下二句。結成衆生顛倒。迷本圓明是生虛妄等者。謂諸妄法。迷本明生。元無自體。非有所依。若了無依無體。直下便是眞心。所謂顛倒不生。斯則如來眞三摩地。豈眞妄有二哉。因其不了。擬欲反妄復眞。則眞妄二矣。故曰已非眞眞如性。何況非眞求復。宛成非相。既不能了妄卽眞。由是則依法生心。由心住法。故云展轉發生。以生住心法皆妄。故云非也。依法生心卽境

界爲緣生智相相續相也由心住法卽由上二相復起執取計名字相也心法相生卽是生力發明此四皆惑熏以成業卽起業相也因有感業生滅相續卽業繫苦相也以有惑業苦三故成衆生顛倒卽起信境界爲緣長六麤也

阿難云何名爲世界顛倒是有所有分段妄生因此界立非因所因無住所住遷流不住因此世成三世四方和合相涉變化衆生成十二類

此約世界顛倒成十二類生也是有所有分段妄生等因能有無明故有東西南北之分段指此分

段名之爲界然則界相既從妄立何有所因故云非因所因住惟妄住故云無住所住既非眞性常住則有過現未來遷流不住三世成矣以世涉方以方涉世和合相涉俱成十二所以衆生正報亦成十二也前第四卷中方世相涉加流變三疊彼對依報顯於正報六根功德各千二百此中相涉以正從依故約世界明十二類生也

是故世界因動有聲因聲有色因色有香因香有觸因觸有味因味知法六亂妄想成業性故十二區分由此輪轉是故世間聲香味觸窮十二變爲一旋復

此呈上以明十二類生輪轉之所因也然念動想生本無先後但言不頓彰故相因而說因動有聲等者謂由內心一念妄動則聞外有聲相心既生矣諸法齊生故色香及見聞等皆生也既根塵相織爲六亂妄想而成業性則十二類生由此妄想輪轉不息矣是故下牒結上文聲香味觸牒結六亂妄想窮十二變爲一旋復牒結十二區分由此輪轉蓋謂窮十二類生遷變是一六亂妄想旋復故云十二區分由此輪轉旋復卽輪轉也

乘此輪轉顛倒相故是有世界卵生胎生溼生化生

有色無色有想無想若非有色若非無色若非有想若非無想

此乘上想因業果總明十二類生也以顛倒是想因輪轉卽業果故然此猶就總相明十二類生下就別相則輪迴有虛妄雜染等別顛倒有動欲等之分也

阿難由因世界虛妄輪迴動顛倒故和合氣成八萬四千飛沈亂想如是故有卵羯邏藍流轉國土魚鳥龜蛇其類充塞

卵惟想生虛妄卽想也以虛想故輪迴卵生想體

輕舉名動顚倒卵以氣交名和合氣成想多升沈名飛沈亂想故卵生飛沈之類成於八萬四千飛沈亂想也諸類妄想各八萬四千者各由八萬四千煩惱感變也羯邏藍云凝滑入胎初位胎卵未分之相也

由因世界雜染輪迴欲顚倒故和合滋成八萬四千橫豎亂想如是故有胎遏蒲曇流轉國土人畜龍僊其類充塞

胎因情有雜染卽情也以雜染故輪迴胎生情生於愛名欲顚倒胎以精交名和合滋成情有偏正

名橫豎亂想故感人畜橫豎之類遏蒲曇云皰卽胎卵漸分之相也虛妄雜染執著留礙等有情皆具但隨偏重者感類耳四生者依殼而起曰卵生含藏而出曰胎生假潤而興曰溼生無而忽有曰化生如是四生由內心思業爲因外殼胎藏溼潤爲緣藉緣多少而成次第卵生具四所以先說胎生具三溼生具二化生唯一此依瑜伽所解

由因世界執著輪迴趣顚倒故和合煖成八萬四千翻覆亂想如是故有溼相蔽尸流轉國土含蠢蝡動其類充塞

溼以合感執著卽合也以執著故輪迴溼生合由愛滯觸境趣附名趣顚倒溼以陽生名和合煖成所趣無定名翻覆亂想故感蠢蝡翻覆之類蔽尸云輭肉溼生初相也旣不入胎故無前二位矣十生皆本於婬欲起於情想以迷情愈妄故化理愈乖以至蕩爲空散頑爲木石妄末雖殊妄本一也

由因世界變易輪迴假顚倒故和合觸成八萬四千新故亂想如是故有化相羯南流轉國土轉蛻飛行其類充塞

化以離應變易卽離也以變易故輪迴化生離此

托彼名假顚倒觸類而變名和合觸成轉故趣新名新故亂想故感報亦爾蛻脫故趣新也如蟲爲蝶則轉行爲飛如雀爲蛤則蛻飛爲潛凡以不同形而相禪皆轉蛻也羯南云硬肉蛻卽成體無輭相也自下皆稱羯南者諸類通稱止此若第五鉢羅奢佉曰成形則各隨狀貌非通稱也

由因世界留礙輪迴障顚倒故和合著成八萬四千精耀亂想如是故有色相羯南流轉國土休咎精明其類充塞

事日月水火和合光明堅執不捨障隔不通故名

畱礙。亦名障顛倒也。精明顯著。因此受生。故名色相。星辰日月。吉者爲休。凶者爲咎。至於熠火蚌珠。皆是此類。又一切精明神物。皆精耀也。其想已結成精耀。故但有色而已。涅槃云八十神皆因畱礙想元成此精耀。此雖至精至神。亦未離乎乘彼輪轉顛倒相也。

由因世界銷散輪迴惑顛倒故。和合暗成八萬四千陰隱亂想。如是故有無色羯南流轉國土。空散銷沈。其類充塞。

厭有著空。滅身歸無。名銷散輪迴。迷惑無知。名惑顛倒。厭有歸無。則依晦昧空。故名和合暗成。而云陰隱亂想也。此有想無色。而不無業體。故亦稱羯南。此則惑業昏重。形色銷磨。體合空昧。識附陰隱。乃空散銷沈類也。

由因世界罔象輪迴影顛倒故。和合憶成八萬四千潛結亂想。如是故有想相羯南流轉國土。神鬼精靈。其類充塞。

虛妄失眞。邪著影像。如外道凡夫祠禱神明。托附形像。故名罔象。而云影顛倒也。然蹈跡附影之類。皆從憶想所生。故云和合憶成。由潛結亂想。故於罔象中潛結貌狀。其神不明而幽爲鬼。精不全而散爲靈。無有實色。但有想相。故云想相羯南流轉國土也。

由因世界愚鈍輪迴癡顛倒故。和合頑成八萬四千枯槁亂想。如是故有無想羯南流轉國土。精神化爲土木金石。其類充塞。

外道計無情有命。金石堅牢。或習定灰凝。思專枯槁。故名愚癡。而云枯槁亂想也。心隨境變。遇物成形。如華表生精。黃頭化石之類是也。夫不了諦理。固守愚癡。癡鈍之極。則頑冥無知。而精神化爲土木金石也。

由因世界相待輪迴僞顛倒故。和合染成八萬四千因依亂想。如是故有非有色相成色羯南流轉國土。諸水母等。以蝦爲目。其類充塞。

世人假托因依。遞爲形勢。資身養命。故云相待。而名因依亂想也。業果相循。不從自類受身。故名非有色相等。如水母之類。以水沫爲體。以蝦爲目。本非有色。待物成色。不能自用。待物有用。迷失天眞。綿著浮僞。彼此異質。染緣相合。故曰因依。

由因世界相引輪迴性顛倒故。和合呪成八萬四千呼召亂想。由是故有非無色相無色羯南流轉國土。呪詛厭生其類充塞。

邪業相引。使性情顚倒。而乘呪托識。不由生理妄隨呼召。卽世間邪術呪詛精魅厭物因而有生者也。不由生理。則本自無色。旣感成質。非無色也。

由因世界合妄輪迴罔顚倒故。和合異成八萬四千回互亂想。如是故有非有想相成想羯南流轉國土。彼蒲盧等異質相成其類充塞。

二妄相合。性情罔昧。異質相成。生理回互。如彼蒲盧本爲桑蟲。非有蜂想。而成蜂想。以異質故。非有

想相以相成故。成想羯南。論因。如世之背親向義。忘本蒸嘗。認彼宗嗣。是其因也。

由因世界怨害輪迴殺顚倒故。和合怪成八萬四千食父母想。如是故有非無想相無想羯南流轉國土。如土梟等附塊爲兒。及破鏡鳥以毒樹果抱爲其子。子成父母皆遭其食。其類充塞。

怨害相讎。傷殺相反。生理怪誕。棄絕倫義。故感土梟等類。因土塊毒果成形。以父母有愛。名非無想相。其子怨無有愛。故云無想。梟鳥名也。食母。破鏡食父。其形如貙而虎眼。

是名衆生十二種類。

此總結也。以皆不了妙覺明心。迷陷情欲。積妄發生。妄隨輪轉。非正修行。莫能免脫。故下文示以除妄修證之法焉。

大佛頂如來密因修證了義諸菩薩萬行首楞嚴經纂註卷第七

大佛頂如來密因修證了義諸菩薩萬行首楞嚴經
纂註卷第八

唐天竺沙門般剌密諦譯
唐烏萇國沙門彌伽釋迦譯語
唐菩薩戒弟子前正議大夫同中書門下平
章事淸河房融筆受
明檇李沙門眞界纂註

此明證果漸次也。前令識妄無因。此復令除妄本者。謂識妄無因方堪修斷故。此即於本因亂想立三漸次以修斷也。下經云是人卽獲無生法忍者。

卽除六亂妄想而入三摩地也。從是漸修隨所發行安立聖位者。乾慧卽聖位也。而岳師判獲無生忍爲初住。又指初住已上爲聖位。斯皆失此經本旨。逐他經所說也。蓋他經有指初住獲無生忍。或指八地獲無生忍。隨經所說各各不同。殊不知此經云獲無生忍卽得入三摩地。由得入三摩地卽階乾慧。故知乾慧卽聖位也。故想陰文云從是凡身上歷菩薩六十聖位。岳師又解三增進爲通明修行。五十五位名別。示凡聖不以第三增進而成乾慧。非惟經文前後不接。亦使乾慧起自無因也。

況下經云如是皆以三增進故。善能成就五十五位眞菩提路。豈可不以第三增進成乾慧地乎。又經云從乾慧心至等覺已。是覺始獲金剛心中初乾慧地。蓋從初心進至等覺。等覺還得初心。故云獲初乾慧。岳師又謂此經有二乾慧。曰信前乾慧。金剛乾慧。以經云金剛心中初乾慧故。而不知總結文云是種種地皆以金剛觀察等漸次深入。則知信前乾慧卽金剛乾慧。非有二乾慧也。況後經云從互用中能入菩薩金剛乾慧。豈信前乾慧非金剛乾慧耶。岳師又解五十五位眞菩提路云乾

慧非眞。則因心不眞矣。何能究竟無上妙覺哉。且初信文云從眞妙圓重發眞妙。豈乾慧非眞耶。然下註皆依經正意解釋。此恐欲知會解與今註異同。故玆辨析。

阿難。如是衆生一一類中。亦各各具十二顛倒。猶如捏目亂華發生。顛倒妙圓眞淨明心。具足如斯虛妄亂想。

此結示顛倒亂想之所起也。各具。卽互具。十二顛倒卽動顛倒至殺顛倒。以一一類心妄種皆具。云各各具。此皆顛倒妙圓而生。故如捏目亂華發生

也。然此結示顛倒亂想所起者將乘之立三漸次修斷以復其本也。故下卽於本因亂想立三漸次。不然。則漸次地位無因而起矣。

汝今修證佛三摩地。於是本因元所亂想立三漸次方得除滅。如淨器中除去毒蜜。以諸湯水幷雜灰香洗滌其器後貯甘露云何名爲三種漸次。一者修習除其助因。二者眞修。刳其正性。三者增進違其現業。

此牒前問而示修斷之法也。初二句牒前所問。於是下示修斷法。夫欲修證佛三摩地。必於二顛倒因及六亂妄想立三漸次修斷。而後可證佛三摩

地。如淨器毒蜜須湯水灰香洗淨然後可貯甘露也。云何下徵列修斷三相。言漸次者謂欲刳正性。必先除助因。欲違現業。必先持戒以刳正性。故云漸次也。

云何助因。阿難。如是世界十二類生不能自全依四食住。所謂段食觸食思食識食。是故佛說一切衆生皆依食住。阿難。一切衆生食甘故生食毒故死。是諸衆生求三摩地當斷世間五種辛菜。是五種辛熟食發婬。生噉增恚。如是世界食辛之人。縱能宣說十二部經。十方天僊嫌其臭穢。咸皆遠離。諸餓鬼等因彼食次。舐其脣吻。常與鬼住。福德日銷。長無利益。是食辛人修三摩地菩薩天僊十方善神不來守護。大力魔王得其方便。現作佛身。來爲說法。非毀禁戒。讚婬怒癡。命終自爲魔王眷屬。受魔福盡。墮無間獄。阿難。修菩提者永斷五辛。是則名爲第一增進修行漸次。

此示食辛之過以戒斷也。四食者。人間段食謂所飡必有分段。鬼神觸食但歆觸而飽。禪天思食食至或但思之而飽。識天識食。旣無形色但以識想。此直明衆生皆依食住而因食戒斷五辛。不必他引也。五辛內助婬恚外引邪魅。故名助因。五辛者。

楞伽經云。葱蒜。韭薤。興渠也。應法師云。興渠梵音訛也。正云興宜。慈愍三藏云。根如蘿蔔。出土辛臭。慈愍冬至彼土不見其苗。則此方無故不翻也。

云何正性。阿難。如是衆生入三摩地要先嚴持清淨戒律。永斷婬心。不飡酒肉。以火淨食無噉生氣。阿難。是修行人若不斷婬及與殺生出三界者無有是處。當觀婬欲猶如毒蛇。如見怨賊。先持聲聞四棄八棄。執身不動。後行菩薩清淨律儀執心不起。

此令持淨戒以刳正性也。不飲酒防亂之至。不噉生防殺之至。律中五果皆須火淨示不噉生氣也。

婬如毒蛇怨賊者能害法身殺慧命故也執身使無身犯執心使無思犯也

禁戒成就則於世間永無相生相殺之業偷劫不行無相負累亦於世間不還宿債

婬殺相襲偷劫相負由無禁遏故禁戒成就則二業永無酬償亦息

是清淨人修三摩地父母肉身不須天眼自然觀見十方世界覩佛聞法親奉聖旨得大神通遊十方界宿命清淨得無艱險是則名為第二增進修行漸次

此指前禁戒成就清淨之人修三摩地現生卽得

神通無礙也是則下結名

云何現業阿難如是清淨持禁戒人心無貪婬於外六塵不多流逸

此明違現業之因也蓋根塵不偶方違現業故指此不多流逸是違現業之因亦是入正定之因也

因不流逸旋元自歸塵既不緣根無所偶返流全一六用不行十方國土晈然清淨譬如瑠璃內懸明月身心快然妙圓平等獲大安隱一切如來密圓淨妙皆現其中是人卽獲無生法忍

因心不流逸返流全一卽違現業獲無生忍也流則分湛合塵則根塵相織為六亂妄想起現前業不流則根塵不偶返流全一故得違其現業也然返流全一等亦是因戒生定十方國土等卽因定發慧以得定慧之心快然安隱故如來淨妙之性映現其中而獲無生忍又前云汝今修證佛三摩地於是本因元所亂想立三漸次方得除滅此既返流全一獲無生忍卽除六想而入三摩地矣下云從是漸修安立聖位卽依三摩地而修漸斷本因增進聖位後云是覺始獲金剛心中初乾慧地卽還證佛三摩地究盡本因窮盡妙覺也是知此

所入者下所修者究竟之所證者皆佛三摩地故前云修證佛三摩地也

從是漸修隨所發行安立聖位是則名為第三增進修行漸次

明依無生忍心修證聖位也蓋業淨性明乃可發行升進聖位五十五位卽於無生忍中各隨行相立名使觀其名義知所進修也然此三種漸次卽前所示修行三決定義也何者以除助因刳正性卽攝心為戒至違現業返流獲忍卽因戒生定因定發慧故也其從是漸修隨所發行安立聖位至

如是重重單複十二等亦即依定慧進修至定慧圓明銷滅諸漏成無上道則知三種漸次及單複十二亦無越戒定慧三故下結云是種種地皆以金剛止觀漸次深入也

阿難是善男子欲愛乾枯根境不偶現前殘質不復續生執心虛明純是智慧慧性明圓鎣十方界乾有其慧名乾慧地欲習初乾未與如來法流水接

此即攝前所得成乾慧地也欲愛乾枯即前心無貪婬根境不偶即前塵既不緣根無所偶現前殘質不復續生者蓋以欲愛潤業根境造業生死相

續惟此而已則欲枯境謝違其現業故殘質不續也執心虛明純是智慧者即前返流全一六用不行也以全一故執心虛明六用不行故智慧純淨慧性明圓瑩十方界者即前六用不行十方國土皎然清淨也乾有下明乾慧義以欲乾發慧故名乾慧又因心未與果智相接名乾慧也即以此心為信方便

信者純眞無妄之謂信又相應之謂信以中道心純眞無妄則因心與果覺相應故等妙雖懸可以徑造也

即以此心中中流入圓妙開敷從眞妙圓重發眞妙妙信常住一切妄想滅盡無餘中道純眞名信心住

即以此心即乾慧心言中中等者謂心則止觀不偏境則空有不著以此進趨妙心開發故云中中流入圓妙開敷即從乾慧眞妙圓心重發此眞妙信心也以眞妙信心不隨空有生心故一切妄想滅盡無餘妄想無餘中道純眞妙信常住名信心住後位由此增進更無別法但隨位依眞妙性淨治惑習使纖塵不立即登妙覺也言流入者進趨之貌也

眞信明了一切圓通陰處界三不能為礙如是乃至過去未來無數劫中捨身受身一切習氣皆現在前是善男子皆能憶念得無遺忘名念心住

眞信明了一切圓通者謂眞性明圓則一切浮塵幻相化成無上知覺也由性明圓故陰處界三不能為礙無數劫中習氣皆現在前憶念無遺也

妙圓純眞眞精發化無始習氣通一精明惟以精明進趣眞淨名精進心

妙圓通性既純既眞則眞精洞發化無始習通一精明惟一精明而進趨眞淨行無雜糅故名精進

心精現前。純以智慧。名慧心住。

妄習既化。故心精現前。而進趣云爲。純智無習矣。

執持智明。周徧寂湛。寂妙常凝。名定心住。

慧既純明。以定執持。使周徧寂湛。寂妙之體常凝不變。乃名定心。

定光發明。明性深入。惟進無退。名不退心。

以定持慧。至於寂湛。故定光發明。由此又能深入明性。故惟進無退也。

心進安然。保持不失。十方如來氣分交接。名護法心。

既能深入明性。安然趣進。又能保持不失。則與十

方如來氣分相接。是謂護法。卽理法也。

覺明保持。能以妙力。迴佛慈光。向佛安住。猶如雙鏡光明相對。其中妙影。重重相入。名迴向心。

保持覺明不失。卽護法心也。能以妙力迴佛慈光者。迴果向因也。向佛安住者。迴因向果也。因果交參。光相互攝。故譬雙鏡相入。而名迴向心也。

心光密迴。獲佛常凝。無上妙淨。安住無爲。得無遺失。名戒心住。

迴向既成。獲佛常凝。妙淨安住無爲。故無遺失。常凝則對境不動。妙淨則涉塵不染。而戒心成矣。

住戒自在。能遊十方。所去隨願。名願心住。

對境無動。涉塵不染。是謂住戒自在。無動無染則無適不可。故能遊十方所去隨願也。修行之初。必枯絕欲愛。使心性虛明。然後能入妙圓眞性。眞性明圓。細習乃現。因現遂化。使純智無習。又持之以定。使寂湛發光。深入明性。護持不失。斯能迴佛慈光。獲佛淨戒。而涉塵不染。所去隨願。此十信之序也。

從信趣入。生如來家。依無住智。永不退還。名住。

阿難。是善男子。以眞方便。發此十心。心精發輝。十用

涉入。圓成一心。名發心住。

此躡前成後也。初三句躡前以眞方便發此十心者。謂依乾慧眞妙圓心。爲進趣方便。顯發十信心也。心精下成後。謂十心涉入。圓成一心。心精發輝。名發心住。聖位自乾慧終於等妙。皆相躡而設。欲令行人從初趣入。住佛智地。而依智起行。濟行以願。由是超行向入十地。登等妙。此修證之序也。

心中發明。如淨瑠璃。內現精金。以前妙心。履以成地。名治地住。

心中發明。內外精瑩。牒心精發輝義也。履前妙心

以成實地名曰治地如將築室必先治地乃可興
作也
心地涉知俱得明了遊履十方得無留礙名修行住
由內外精瑩治成心地心地即理妙行能涉妙智
能知理智行三俱得明了故遊履十方得無留礙
也
行與佛同受佛氣分如中陰身自求父母陰信冥通
入如來種名生貴住
既所涉所知得無留礙則行人之行冥合佛行受
佛氣分入如來種如中陰自求父母陰信冥通故

名生貴
既遊道胎親奉覺胤如胎已成人相不缺名方便具
足住
同妙行之氣分是遊道胎奉覺胤也前行與佛同
此方便具足故喻胎中人相不缺也言方便具足
者即應機接物之權智具足也
容貌如佛心相亦同名正心住
容貌如佛牒上文也心相亦同明此位也若容貌
外同心相內異非正心矣蓋方便同佛內心亦同
名正心住

身心合成日益增長名不退住
同佛之德有進無退名不退住
十身靈相一時具足名童眞住
具體而微故以童稱十身者菩提身願身化身力
持身莊嚴身威勢身意生身福身法身智身也
形成出胎親爲佛子名法王子住
自發心至生貴名入聖胎自方便具足至童眞名
長養聖胎至此長養功終故喻出胎王子以方便
心相皆同佛故堪紹佛位名法王子住
表以成人如國大王以諸國事分委太子彼刹利王

世子長成陳列灌頂名灌頂住
國大王天子也嫡嗣曰太子刹利王諸王也嫡嗣
曰世子將付國位取大海水灌頂表爲王當承用
衆智今此位衆德潛備堪令分化十方而行佛事
猶如王子成人分委國事陳列灌頂名灌頂住也
言以國事分委則非正付國位由此方極十住若
十地行滿乃堪正付故華嚴十地菩薩受佛職位
比輪王太子受職夫發心必治地治地乃修行修
行然後生如來家而具覺相同佛心長道體圓十
身爲佛子住佛事此十住始終之序也

既依普智住佛所住遂能繁興妙行自利利人

阿難是善男子成佛子已具足無量如來妙德十方隨順名歡喜行善能利益一切衆生名饒益行

具佛妙德故能十方隨順無適不可自他利備機應俱喜故名歡喜善推妙德益以利人故名饒益

自覺覺他得無違拒名無瞋恨行

瞋恨生於違拒今自覺覺他不拒物故得離瞋恨故名無瞋恨行也

種類出生窮未來際三世平等十方通達名無盡行

觸類而生隨機而應無時不徧無處不達利行無

盡名無盡行

一切合同種種法門得無差誤名離癡亂行

上雖隨機而應說有千差而異名別說同歸一理故云一切合同於法無差則離亂於法無誤則離癡既無差誤故離癡亂也

則於同中顯現羣異一一異相各各見同名善現行

一中現無量故云於同現異無量中現一故云異相見同以知一切法同一法性能作種種異說而不失一性一相之旨故維摩云能善分別諸法相於第一義而不動斯由無癡亂故能於種種法門互現隨應名善現行也

如是乃至十方虛空滿足微塵一一塵中現十方界現塵現界不相留礙名無著行

此由善現行充擴圓融也塵中現刹名現界不壞塵相名現塵言無著者著謂住著即留礙也世界微塵不相留礙故名無著此由菩薩得無著智住不思議解脫有此妙用

種種現前咸是第一波羅蜜多名尊重行

現塵現界現身現說不相留礙故云種種現前皆從般若之所發現故名第一此之妙行超過一切

名為尊重故金剛稱第一波羅蜜即般若也

如是圓融能成十方諸佛軌則名善法行一一皆是清淨無漏一眞無為性本然故名眞實行

如是圓融指上所現無礙妙用能如是圓融無礙則能成諸佛如來利生軌則故名善法一一軌則皆合清淨無為故云眞實如是十行乃至後位不離前法而皆相躡別設者一使行人隨位增進開擴性覺淨治惑障而成熟佛果也

前十住十行出俗心多大悲行劣此須濟以悲願處俗利生回眞向俗回智向悲使眞俗圓融智悲

不二是名十回向亦名十願也

阿難是善男子滿足神通成佛事已純潔精眞遠諸留患當度衆生滅除度相回無爲心向涅槃路名救護一切衆生離衆生相回向

滿足神通至遠諸留患牒前現塵現界不相留礙等事謂此行滿足當修回向行也回向之行悲願最深故職在度生然見有可度卽涉有爲背涅槃路故須滅除度相回無爲心向涅槃路也

壞其可壞遠離諸離名不壞回向

壞其可壞卽離衆生相遠離諸離卽離相亦離能

所俱空則本覺湛然故名不壞回向

本覺湛然覺齊佛覺名等一切佛回向精眞發明地如佛地名至一切處回向

無壞不壞無離不離乃湛然齊佛故云等佛本覺齊佛故精眞發明地如佛地卽地至一切處也前覺等一切則眞如體等一切佛也此地至一切則眞如界徧一切處所謂能以一處徧一切處也

世界如來互相涉入得無罣礙名無盡功德藏回向

上等一切佛卽如來也至一切處卽世界也此由菩薩得眞如體發眞如用故能依正互相涉入而無礙自在無盡功德由是具足故云無盡功德藏回向也

於同佛地地中各各生清淨因依因發揮取涅槃道名隨順平等善根回向

同佛地卽前地如佛地也於一切處各起淨因依清淨因取涅槃道故云隨順平等善根也

眞根既成十方衆生皆我本性性圓成就不失衆生名隨順等觀一切衆生回向

平等善根性眞圓融周徧法界故名眞根眞根既成則十方衆生皆我本性以性圓滿成就故隨順

等觀衆生而不失也

卽一切法離一切相惟卽與離二無所著名眞如相回向

由上等觀一切衆生故云卽一切法稱性而觀離能所相故云離一切相以卽不礙離故雖觀而無所觀離不礙卽故無觀而無所不觀是則空有卽離二無所著名眞如相回向也

眞得所如十方無礙名無縛解脫回向性德圓成法界量滅名法界無量回向

由得眞如不滯空有故能十方無礙而名無縛解

脫也。三德妙性於此圓成。不見十界高下差別。法界量滅。故云法界無量。且初證性。以為齊佛。以為如佛。以為至一切處等。皆存量見。則法界性未離有量。及乎性德圓成。乃滅量見而得無量。此總治前位限量情見。此性圓成。可入十地矣。然此諸位。皆於一無生忍中隨所發行義立別名。俱能圓證聖性。不別而別。故分諸位。異而不異。唯是一心。地前既爾。後位可知。

阿難是善男子。盡是清淨四十一心。次成四種妙圓加行。

此結前起後也。四十一心者。乾慧一。信住行向各十。小乘通教皆有四加而非妙非圓。故此特標妙圓加行。

卽以佛覺用為已心。若出未出。猶如鑽火欲然其木。名為煖地。

佛覺本覺也。前法界量滅。平等無二。無二之覺。卽是佛覺。今將登地。故仍用佛覺為已因心。復加功行。以求親證。將證未證。故云若出未出。火喻果覺。木喻因心。鑽喻加行。猶未登地。故譬鑽火方得煖相。

又以已心成佛所履。若依非依。如登高山。身入虛空。下有微礙。名為頂地。

前以佛覺為已因心。此以已心欲成佛所履。佛所履者。卽十地也。以一切諸佛皆由十地而登覺故。今行人志趨十地。卽是欲成佛所履也。雖然。而障初地無明未盡。則初地果若依未依。故譬登高山身入虛空。而下有微礙也。然已到頂。少需攖進。則微礙除矣。

心佛二同。善得中道。如忍事人。非懷非出。名為忍地。

行人之心同於佛心。曰二同。旣同佛心。善得中道

矣。然此雖得而不見可得。不見可得。則亦無所說。如忍事人。不見可懷。亦不出說也。

數量銷滅。迷覺中道。二無所目。名世第一地。

前位謂之二同。已墮數量。謂之善得中道。卽覺中道也。有覺則必有迷。至此數量迷覺俱不可得。脫世情量。猶名世第一。若進十地。極乎妙覺圓滿菩提。歸無所得。乃出世第一也。

十地者。蘊積前法。至於成實。一切佛法。依此發生。故謂之地。自十信已來。位皆躡迹相資。直趨妙覺。於中不無斷證。是皆不斷而斷。不證而證也。

阿難是善男子於大菩提善得通達覺通如來盡佛境界名歡喜地

下文云圓滿菩提歸無所得以無所得爲得大菩提今既迷覺中道二無所目故於大菩提善得通達也盡猶到也佛境界者卽大菩提也由於大菩提善得通達故云覺通如來盡佛境界由是法喜復增故復名歡喜

異性入同同性亦滅名離垢地

通大菩提盡佛境界則一切障礙卽究竟覺衆生國土同一法性是異性入同也然見異見同還是

情垢至於同性亦滅乃名離垢

淨極明生名發光地明極覺滿名燄慧地

情見淨極妙覺明生故名發光明極覺滿如大火聚同異緣影悉皆爍絕故名燄慧

一切同異所不能至名難勝地

由前燄慧爍絕故一切同異所不能至以下地不能勝故云難勝

無爲眞如性淨明露名現前地盡眞如際名遠行地

前既明極覺滿同異不至則眞如淨性明露現前矣眞如既現則迴超極造以盡眞如之際故名遠行以眞如是無際之際理既無際行豈近乎

一眞如心名不動地

既盡其際乃全得其體一眞凝常故名不動

發眞如用名善慧地

既得眞體斯發眞用凡所照應無所不眞無所不如故名善慧華嚴名此菩薩具四無礙智作大法師演說無量阿僧祇句義無有窮盡故名發眞如用

阿難是諸菩薩從此已往修習畢功功德圓滿亦目此地名修習位

此結前顯後也自初發信至於登地皆修習之事而此善慧已超八地無功用道智悲並圓則修習之功終畢於是故名修習以結十地之因次後乃十地之果無復修習矣問後位既無修習復有斷障之事何耶答此明智悲功終而云無復修習若論斷障則等覺猶是修習唯至妙覺乃名無學也

慈陰妙雲覆涅槃海名法雲地

慈陰妙雲十地之德也十地果滿智悲功圓無復自利純是利他故以無緣慈與大法雲普覆衆生大涅槃海名法雲地

如來逆流如是菩薩順行而至覺際入交名爲等覺。
前乾慧地云未與如來法流水接至此順逆交際。卽與如來法流水接也法流卽果法聖智如來逆流者謂從眞起應返入生死從果入因也如是下謂從因入果從生死入涅槃順流而入故云順行而至起應之始行因之極順逆交際故云入交卽於此處立爲等覺斯則十地菩薩混俗利生與如來同所趣逆順與如來異蓋如來逆流出同萬物。菩薩順流入趣妙覺此雖齊等未極於妙至下本因究盡獲初乾慧方盡妙覺也。

阿難從乾慧心至等覺已是覺始獲金剛心中初乾慧地。
總牒前文明窮盡妙覺也初二句總牒前文是覺下明至於等覺始獲初心卽窮盡妙覺也下如是重重等不過牒結此文耳旣盡妙覺何云是覺始獲金剛心中初乾慧地言是覺者卽等覺也蓋等覺所獲金剛乾慧卽初乾慧以得初乾慧卽盡妙覺故故涅槃云發心畢竟二不別也。
如是重重單複十二方盡妙覺成無上道。
此牒結上文也始從乾慧終至妙覺單複相兼總有十二單則有七謂乾慧煖頂忍世第一等覺妙覺複則有五謂信住行向地以一一位中自具於十故名爲複是則十一猶居等覺惟至十二方盡妙覺成無上道也。
是種種地皆以金剛觀察如幻十種深喩奢摩他中用諸如來毗婆舍那淸淨修證漸次深入。
指前地位以示能證止觀也種種地通指單複十二也無位不爾故云皆以金剛觀察卽觀照之智。如幻十種深喩卽照法如幻等也了法如此則頓忘情解纖塵不立矣以止中用觀故云奢摩他中

用諸如來毗婆舍那由卽止而觀卽觀而止止觀不偏故云淸淨修證由乾慧以至信由信入住乃至妙覺故云漸次深入十喩者幻人陽燄水月空華谷響乾城夢影像化也言如來毗婆舍那者揀異小乘也。
阿難如是皆以三增進故善能成就五十五位眞菩提路作是觀者名爲正觀若他觀者名爲邪觀。
此結示邪正欲人從正反邪以修證也問前第三增進云是人卽獲無生法忍從是漸修隨所發行安立聖位何上云是種種地皆以金剛觀察等漸

次深入耶。答。三增進中云無生法忍者。即止觀不二之心也。金剛觀察等。即止觀也。蓋一心不離止觀。止觀即是一心。故此結云。如是皆以三增進故。善能成就五十五位眞菩提路。若作增進歷位觀者名爲正觀。若他觀者名邪觀也。五十五位者。自乾慧至十地是也。言菩提路者。菩提即覺也。五十五位是趣覺之路。等妙二覺是覺非路矣。

爾時文殊師利法王子。在大衆中。即從座起。頂禮佛足而白佛言。當何名是經。我及衆生云何奉持。

上明證果竟。此下名結經分也。正宗未終。而遽結

經者。由初示密因。次開修證。而卒乎極果。垂範來世。有始有終。則經之正範畢矣。於是文殊請問經名及奉持法也。結經後文。尙屬正宗。而名助道者。特助道而已。故於後別列。乃正助之辨也。

佛告文殊師利。是經名大佛頂悉怛多般怛囉無上寶印十方如來清淨海眼。

此約所詮之理立名也。大佛頂白傘蓋無上寶印者。謂體極含覆。超情離見。即如來藏之心印也。證佛心要。必契於此。十方如來淸淨海眼者。謂照窮刹海。淨絕纖塵。即爍迦羅之法眼也。開佛知見。必

資於此。實大事因緣。非小智之法。故以文殊請問。

亦名救護親因度脫阿難及此會中性比丘尼得菩提心入徧知海。亦名如來密因修證了義。

阿難爲親。摩登爲因。舉斯二者。明有緣皆度也。言得菩提心等者。謂無上正覺由此經得。一切智海由此經入。此約所化之用立名也。亦名如來下。約所詮因果之義立名。謂依如來密因修證。是爲了義。權乘修證。皆不了義。

亦名大方廣妙蓮華王十方佛母陀羅尼咒。

此約體用功力立名也。大方廣。所說之法也。常徧

曰大。軌持曰方。包博曰廣。即體相用之三大。因果同彰。染淨不滯。於法自在。名妙蓮華王。出生十方一切諸佛。總一切法。持無量義。名十方佛母陀羅尼咒。蓋咒者。佛以敎言詛願衆生。革凡成聖也。

亦名灌頂章句諸菩薩萬行首楞嚴。汝當奉持。

此約敎行立名也。此經從天竺灌頂部中流出。蓋約密言名灌頂章句。有誦持者。則如來智水灌其心頂。亦如刹利之受職也。又菩薩由此受佛職位。亦名灌頂章句。菩薩萬行。以首楞嚴爲本。故修此定者。於一心中具足萬行。故名萬行首楞嚴結經

分竟下為助道分而有二科一曰別明諸趣戒備失錯始於下文而終於第九卷中二曰詳辨魔境深防邪謬始於第九卷中而終於第十卷末

說是語已即時阿難及諸大眾得蒙如來開示密印般怛囉義兼聞此經了義名目頓悟禪那修進聖位增上妙理心慮虛凝斷除三界修心六品微細煩惱

此結敘時眾獲益下乃讚謝也開示密印般怛囉義者即大佛頂悉怛多鉢怛囉無上寶印也兼聞了義名目者即如來密因修證了義等也頓悟禪那等謂因聞修進聖位及密印了義名目故得頓

悟禪那修進妙理心慮虛凝斷除三界煩惱也修道所斷之惑小乘於三界九地地各九品斷欲界前六品而證二果斷後三品而證三果斷上二界各九品而證無學今此增上頓斷故言三界六品

即從座起頂禮佛足合掌恭敬而白佛言大威德世尊慈音無遮善開眾生微細沈惑令我今日身心快然得大饒益世尊若此妙明真淨妙心本來徧圓如是乃至大地草木蠕動含靈本元真如即是如來成佛真體佛體真實云何復有地獄餓鬼畜生脩羅人天等道世尊此道為復本來自有為是眾生妄習生起

讚謝前法啟請後說也俱生幽隱故云沈惑前說真淨妙心本來徧圓則法界一真萬動一體宜無諸趣之異其如方今現有乃常情所疑故或執諸趣而迷妙圓之體或執妙圓而撥諸趣之業以至失錯墮落故特請問冀佛詳明令人知所戒備也

世尊如寶蓮香比丘尼持菩薩戒私行婬欲妄言行婬非殺非偷無有業報發是語已先於女根生大猛火後於節節猛火燒然墮無間獄琉璃大王善星比丘琉璃為誅瞿曇族姓善星妄說一切法空生身陷

入阿鼻地獄此諸地獄為有定處為復自然彼彼發業各各私受惟垂大慈發開童蒙令諸一切持戒眾生聞決定義歡喜頂戴謹潔無犯

問意有二謂別業同報別業別報初問婬殺妄三即別業也為有定處即同報也為復自然下即問別業別報據下答意皆是別業同報耳文云循造惡業雖則自招眾同分中兼有元地乃至云不斷三業各各有私因各各私眾私同分非無定處且此云令持戒者謹潔無犯下云不入邪見即戒備之意也琉璃匿王太子廢父自立挾宿嫌誅釋種

佛記其七日當入地獄。王泛海以避水中自然燒滅。善星比丘能說十二部經。獲四禪果。因狎邪友。妄言無佛無法。無有涅槃。故生陷無間。此皆謬執妙圓。撥無業趣者也。

佛告阿難。快哉此問。令諸眾生不入邪見。汝今諦聽。當為汝說。阿難。一切眾生實本真淨。因彼妄見有妄習生。因此分開內分外分。阿難。內分即是眾生分內。因諸愛染發起妄情。情積不休能生愛水。是故眾生心憶珍羞口中水出。心憶前人或憐或恨目中淚盈。貪求財寶心發愛涎舉體光潤。心著行婬男女二根

自然流液。阿難。諸愛雖別流結是同。潤溼不升自然從墜。此名內分。

此讚所問而告其妄習發生諸趣也。一切下二句。牒前問意。因彼下明依妄發生愛染之情。正是眾生生死根本。名為內分。即眾生分內事也。能生愛水。潤業潤生輪迴不斷職皆由此。諸愛不一。皆能感水結業。故云流結是同。水性沉下。故情積之業多從淪墜。

阿難。外分即是眾生分外。因諸渴仰發明虛想。想積不休能生勝氣。是故眾生心持禁戒舉身輕清。心持呪印顧盼雄毅。心欲生天夢想飛舉。心存佛國聖境冥現。事善知識自輕身命。阿難。諸想雖別輕舉是同。飛動不沉自然超越。此名外分。

眾生生死本分由情。情著染境。因是從墜。今以勝境為所欲處。但由其想不屬於情。乃是眾生分外之事。故云外分。氣謂氣色。是故下引事以驗身輕清。顧雄毅。夢飛舉。聖境現。輕身命。此五皆殊勝氣色由想故有。毅果敢也。諸想雖別下謂欣外勝境。不由情染。想既輕清自然飛動。報當超越。然想能生勝而卵以想生者。由染淨異也。此中且指人天

想心名為外分。非出世三乘之智也。何者。因前阿難問於地獄乃至人天等道。由是佛依妄習開為二分。次約二分以辨諸趣。諸趣之後總結示云此等眾生不識本心受此輪迴等。故知外分不出三界也。文中雖云心存佛國聖境冥現。斯蓋迄舉勝氣之相耳。

阿難。一切世間生死相續。生從順習。死從變流。臨命終時未捨煖觸。一生善惡俱時頓現。死逆生順二習相交。

生從順習死從變流者。以一切眾生皆愛生而惡

死也。是故生則順其習。死則逆其習。故復云死逆生順二習相交。此乃文辭互略耳。只是生從存住。故順習。死從變流。故逆習也。未捨暖觸。謂現陰之末。逆順相交。謂方死方生之間也。一切善惡之業。卽於是時隨其情想輕重而感變焉。

純想卽飛。必生天上。若飛心中兼福兼慧及與淨願。自然心開見十方佛。一切淨土隨願往生。

想體輕舉。故純卽飛升。然此特純善。故止於生天。必生天上者。據下情少想多但在四天之下。驗今純想所生。應是忉利以上。若單修善禪。則性生上界。若兼於福慧淨願。則二習交時感變倍勝。此於飛心中旁論福慧。故皆云兼。

情少想多。輕舉非遠。卽爲飛仙大力鬼王飛行夜叉地行羅刹。遊於四天。所去無礙。其中若有善願善心護持我法。或護禁戒隨持戒人。或護神呪隨持呪者。或護禪定保綏法忍。是等親住如來座下。

勝想不純。少滯邪情。故感此類。蓋雖滯邪情而有善願。斯感善緣。住佛座下。卽天龍八部類也。然情少想多。此通舉也。理宜等降四類分之。一情九想。卽爲飛僊。二情八想爲大力鬼王。三情七想爲飛行夜叉。四情六想爲地行羅刹。

情想均等。不飛不墜。生於人間。想明斯聰。情幽斯鈍。

由昔情想感今聰鈍。是知言均等者。總報之業也。言幽明者。別報之業也。由所習情想各在強弱。致有聰鈍之異。

情多想少。流入橫生。重爲毛羣。輕爲羽族。七情三想。沈下水輪。生於火際。受氣猛火。身爲餓鬼。常被焚燒。水能害己。無食無飲。經百千劫。九情一想。下洞火輪。身入風火二交過地。輕生有間。重生無間。二種地獄。

情多想少。亦合分四。六情四想。流入橫生。七情三

想。墜爲餓鬼。八情二想。生有間獄。九情一想。生無間獄。言水輪火際。卽寒獄第八也。受氣猛火。謂受火氣以爲身。故常被火燒。或得水飲亦化爲火。故曰水能害己也。情業愈滯。故獄報愈沈。下洞火輪。卽八熱獄也。身入風火二交過地。謂超寒獄入熱獄也。熱獄第八名五無間。此中只就七熱地獄。自有輕重而分有間無間。非五無間。下明第八熱獄。方是五無間也。

純情卽沈。入阿鼻獄。若沈心中有謗大乘。毀佛禁戒。誑妄說法。虛貪信施。濫膺恭敬。五逆十重。更生十方

阿鼻地獄。循造惡業雖則自招。衆同分中兼有元地

阿鼻此云無間。謂受罪苦具身量劫數壽命五者皆無遮間名五無間此惟情業最重者墜入至劫壞乃出若兼謗大乘等罪則此劫雖壞更入十方阿鼻無有出期以謗法毀戒命無窮人墮邪見故。前問地獄爲有定處爲復自然故答純情以造雖則自招同業所感不無定處。元地者各隨元由因地也。

阿難此等皆是彼諸衆生自業所感。造十習因。受六交報。

此結前起後也。前開二分以明情想感變略明七趣也。此下詳明根境搆造精研七趣也。十習本於十惑以習成惡業。六交因乎六根而交起惡報。如造業因眼餘五爲助。至受報時亦徧及也。

云何十因。阿難。一者婬習交接發於相磨。研磨不休。如是故有大猛火光於中發動。如人以手自相摩觸。暖相現前。二習相然。故有鐵牀銅柱諸事。是故十方一切如來色目行婬。同名欲火。菩薩見欲。如避火坑。

惡業起於情惑。而婬爲情惑之最。故前後皆首明之。十習之業。皆先言所感之境。次言所報之事。婬感火業。由惑心熾盛相摩而發也。故所感之境見大猛火。舒王云。婬習研磨不休。自耗其精。則火界熾然。於其生也。尙有痟渴內熱等疾。則其死也見大猛火宜矣。能所交熾。名二習相然。故有鐵牀銅柱之報。乃應其習業也。如來爲導師。故色目以警之。菩薩爲行人。故深怖以避之。色目猶銘目也。

二者貪習交計發於相吸。吸攬不止。如是故有積寒堅冰於中凍冽。如人以口吸縮風氣。有冷觸生。二習相陵。故有吒吒波波羅羅靑赤白蓮寒冰等事。是故十方一切如來色目多求。同名貪水。菩薩見貪。如避瘴海。

貪習感水。由愛心計著吸取而發也。吸積風爲寒。風結水爲冰。故有積寒凍冽之事。吒吒等寒冰之報。卽寒獄也。俱舍云。吒波羅等忍寒聲。靑赤白蓮。寒冰色也。貪水能潤業滋惡。瘴海能毒性沒身。吒波羅三。靑赤白三。更有疱裂二相。卽八寒地獄。

三者慢習交陵發於相恃。馳流不息。如是故有騰逸奔波。積波爲水。如人口舌自相綿味。因而水發。二習相鼓。故有血河灰河熱沙毒海融銅灌呑諸事。是故十方一切如來色目我慢。名飲癡水。菩薩見慢。如避

巨溺。

慢習驕逸。由輕陵恃已而發。以驕逸馳流。故感騰逸奔波之境。積致惡毒。故有血河灌呑之報。慢能滋癡。故如飲癡水。能致深害。故譬巨溺。癡水西國水名。如此方之貪泉也。

四者瞋習交衝。發於相忤。忤結不息。心熱發火。鑄氣爲金。如是故有刀山鐵橛劍樹劍輪斧鉞鎗鋸。如人銜冤。殺氣飛動。二習相擊。故有宮割斬斫剉刺槌擊諸事。是故十方一切如來色目瞋恚名利刀劍。菩薩見瞋。如避誅戮。

心屬火。氣屬金。瞋者由心作氣。而反動其心。加之衝擊抵忤。則心火轉盛。氣金轉剛。故曰心熱發火鑄氣爲金也。斷刑曰宮。肉刑曰割。

五者詐習交誘。發於相調。引起不住。如是故有繩木絞校。如水浸田。草木生長。二習相延。故有杻械枷鎖鞭杖撾棒諸事。是故十方一切如來色目奸僞同名讒賊。菩薩見詐。如畏豺狼。

詐習依奸智起惡而漸滋蔓。故如水浸田草木生長。由調引相延。故感繩木延引之事。讒賊奸詐敗正者也。校。枷也。易云。屨校滅趾。荷校滅耳。

六者誑習交欺。發於相罔。誣罔不止。飛心造奸。如是故有塵土屎尿穢污不淨。如塵隨風。各無所見。二習相加。故有沒溺騰擲飛墜漂淪諸事。是故十方一切如來色目欺誑同名劫殺。菩薩見誑。如踐蛇虺。

誑者爲獲利譽。多懷異謀。矯現有德。欺誑於他。令他暗昧。罔知所謀。其志誣罔。其心飛揚。如風鼓塵。使人無見。故感塵土穢惡之境。沒溺騰擲之報。

七者冤習交嫌。發於銜恨。如是故有飛石投礰匣貯車檻甕盛囊撲。如陰毒人。懷抱畜惡。二習相呑。故有投擲擒捉擊射拋撮諸事。是故十方一切如來色目冤家。名違害鬼。菩薩見冤。如飲酖酒。

冤習銜恨陰隱爲傷。故如陰毒畜惡。而感飛石囊撲之境。投擲拋撮之報。飛石投擲。車匣牢柵。皆陰隱之事。囊撲者。囊貯而撲殺也。

八者見習交明。如薩迦耶見戒禁取邪悟諸業。發於違拒。出生相反。如是故有王使主吏證執文籍。如行路人來往相見。二習相交。故有勘問權詐考訊推鞫察訪披究照明善惡童子手執文簿辭辯諸事。是故十方一切如來色目惡見同名見坑。菩薩見諸虛妄偏執。如臨毒壑。

見習有五。一薩迦耶。此云身見。謂執身有我。種種計著。二邊見。於一切法執斷執常。三邪見。邪悟錯解。撥無因果。四見取。非果計果。如以無想爲涅槃之類。五戒禁取。非因計因。如持牛狗等戒爲生天因之類。此五總名惡見。諸見交明。彼此相反。互相違拒。故云發於違拒。出生相反。由其違反。故感王吏證執之境。權詐鞫推之報。路人相見。一往一回。喻所見違反也。是五惡見能陷法身。故名見坑。能致業苦。故名毒壑。行人當疾滅之。

九者枉習交加。發於誣謗。如是故有合山合石碾磑耕磨。如讒賊人逼枉良善。二習相排。故有押捺搥按蹙漉衡度諸事。是故十方一切如來色目怨謗。同名讒虎。菩薩見枉。如遭霹靂。

不宜曲而曲之曰枉。蓋枉非眞情。由誣謗發逼壓於人。故感報如之。排擠。挫也。押捺。亦其義也。漉瀝也。衡。橫也。謂迫蹙其體。瀝漉其血。又於迫隘苦具。橫衡而度。所謂下透挂網。倒懸其頭者。皆衡度類也。讒能傷人。故名讒虎。以可驚怖。故名霹靂。

十者訟習交諠。發於藏覆。如是故有鑑見照燭。如於日中不能藏影。二習相陳。故有惡友業鏡火珠披露宿業對驗諸事。是故十方一切如來色目覆藏。同名陰賊。菩薩觀覆。如戴高山履於巨海。

訟非官訟。公發其覆之謂也。斯卽覆習。此覆彼訟。曰交諠。故感鑑見照燭之境。惡友對驗之報。陰賊覆藏。發則自害。覆罪適足以自壓自墜。故如戴山履海也。十習發於十惑。通根本而兼隨。隨煩惱二十。初曰忿恨惱覆誑諂憍害嫉慳。今詐習卽諂也。寃卽恨也。枉卽害也。訟卽覆也。

云何六報。阿難。一切衆生六識造業。所招惡報從六根出。

上明所造之因。此下明所感之報也。然造業招報根識必俱。今以識爲業。而報從根者。文互顯也。

云何惡報從六根出。一者見報招引惡果。此見業交則臨終時先見猛火滿十方界。亡者神識飛墜乘煙入無間獄。發明二相。一者明見。則能徧見種種惡物生無量畏。二者暗見。寂然不見。生無量恐。如是見火燒聽。能爲鑊湯洋銅。燒息。能爲黑煙紫燄。燒味。能爲焦丸鐵糜。燒觸。能爲熱灰鑪炭。燒心。能生星火迸灑煽鼓空界。

一者下。標示。臨終下。釋相。先見猛火等。卽現報也。

亡者神識等卽生報也。發明下就眼根明二相。如是下對諸根明交報他皆倣此。見業感火者以見覺屬火故感猛火。畏見於境恐藏於心。六交皆直入無間者就重言耳。成論云。極善極惡皆無中陰。所以直入聞聽屬水故燒聽能爲鑊湯洋銅。鼻嗅主氣故燒息能爲黑煙紫燄。舌主味。丸糜味類也。身主觸。灰炭觸類也。心正屬火。燒之轉熾。故迸灑煽鼓。

二者聞報招引惡果。此聞業交則臨終時先見波濤沒溺天地。亡者神識降注乘流入無間獄。發明二相。

一者開聽聽種種鬧精神愁亂。二者閉聽寂無所聞。幽魄沈沒。如是聞波注聞則能爲責爲詰。注見則能爲雷爲吼爲惡毒氣。注息則能爲雨爲霧灑諸毒蟲周滿身體。注味則能爲膿爲血種種雜穢。注觸則能爲畜爲鬼爲糞爲尿。注意則能爲電爲雹摧碎心魄。聞聽屬水。故依之造業則能感波濤。注聞發聲故爲責罪詰情之事。注見爲雷吼。水隨見變也。注息爲雨霧水隨氣變也。注味爲膿血水隨味變也。注觸爲畜鬼水隨形變也。注意爲電雹水隨心變也。蓋此中所感之報。多有與當根不相稱者。然業報俱不可思議也。

三者齅報招引惡果。此齅業交則臨終時先見毒氣充塞遠近。亡者神識從地涌出入無間獄。發明二相。一者通聞被諸惡氣熏極心擾。二者塞聞氣掩不通悶絕於地。如是齅氣衝息則能爲質爲履。衝見則能爲火爲炬。衝聽則能爲沒爲溺爲洋爲沸。衝味則能爲餒爲爽。衝觸則能爲綻爲爛爲大肉山有百千眼無量咂食。衝思則能爲灰爲瘴爲飛沙礰擊碎身體。因貪惡香作種種業柬感毒氣成種種報。言從地涌出者。謂毒氣充塞遠近。無復出路。故神識從地

而涌出也。質。礙也。履。通也。嗅業所依不離通塞。故衝息能爲質履也。衝見爲火炬。衝聽爲沒溺洋沸者。根隨氣變也。魚敗曰餒。羹敗曰爽。饑餒乖爽。由味隨氣變也。綻拆爛壞由體隨氣變也。衝思爲灰沙。心隨氣變也。

四者味報招引惡果。此味業交則臨終時先見鐵網猛燄熾烈周覆世界。亡者神識下透挂網倒懸其頭入無間獄。發明二相。一者吸氣結成寒冰凍裂身肉。二者吐氣飛爲猛火焦爛骨髓。如是嘗味歷嘗則能爲承爲忍。歷見則能爲然金石。歷聽則能爲利兵刃。

歷息則能爲大鐵籠彌覆國土。歷觸則能爲弓爲箭爲弩爲射。歷思則能爲飛熱鐵從空雨下。

准眼耳鼻云見聞齅此應云嘗報言味報者從所嘗爲名也。蓋貪味則網捕燒野以取禽獸。故見鐵網猛燄之相。舌根所依。不離吸吐。吸氣爲寒。吐氣爲熱。乃常理也。舌噉生命使彼承忍。故歷嘗發苦使已承忍。依見貪味。故能爲然金石。依聽發惡。故能爲利兵刃。依嗅恣貪籠取羣味。故能爲大鐵籠。觸味傷物。故感弓箭以自傷。緣味思物。故感飛鐵以加害。

五者觸報招引惡果。此觸業交則臨終時先見大山四面來合無復出路。亡者神識見大鐵城火蛇火狗虎狼獅子牛頭獄卒馬頭羅刹手執鎗矟驅入城門向無間獄。發明二相。一者合觸合山逼體骨肉血潰。二者離觸刀劍觸身心肝屠裂。如是合觸歷觸則能爲道爲觀爲廳爲案。歷見則能爲燒爲熱。歷聽則能爲撞爲擊爲剚爲射。歷息則能爲括爲袋爲考爲縛。歷嘗則能爲耕爲鉗爲斬爲截。歷思則能爲墜爲飛爲煎爲炙。

合山刀劍並由貪著男女身分而感也。鐵城火狗等皆惡觸雜感之相。觸業所依不出離合。屠裂卽離相也。道趣獄之路。觀獄王門闕。兩觀廳案乃治罪之處。皆身觸所依。燒熱見觸。撞擊聞觸。括袋息觸。耕鉗舌觸。飛墜思觸。括袋所以收氣。思業飄蕩。故感飛墜之事。剚插刃於肉也。剚射考縛乃相因旁舉耳。非當根之相也。

六者思報招引惡果。此思業交則臨終時先見惡風吹壞國土。亡者神識被吹上空旋落乘風墮無間獄。發明二相。一者不覺迷極則荒奔走不息。二者不迷覺知則苦無量煎燒痛深難忍。如是邪思結思則能

爲方爲所。結見則能爲鑑爲證。結聽則能爲大合石。爲冰爲霜爲土爲霧。結息則能爲大火車火船火檻。結嘗則能爲大叫喚爲悔爲泣。結觸則能爲大爲小。爲一日中萬生萬死爲偃爲仰。

思心飄蕩。故先見惡風吹壞國土等事。思業所依。不出迷覺。荒奔迷思也。知苦覺思也。思必有所。故結思則爲受罪方所。見能鑑證。故結見則爲證罪人事。結聽則能爲大合石等。車船檻乃息氣乘亂思所變。嘗卽舌根聲所自發。大小已下。皆言其身乃觸業乘亂思所變也。

阿難是名地獄十因六果皆是衆生迷妄所造若諸衆生惡業同造入阿鼻獄受無量苦經無量劫

總結十因六果也惡業同造者謂造惡業時一根為主餘五俱助是則六根同造十業具足故入阿鼻獄受無量苦經無量劫此即上所受六交報也亦即五無間獄故云受無量苦經無量劫

六根各造及彼所作兼境兼根是人則入八無間獄

六根各造不同前六根同造也及彼所作等謂前則六根同造十因後乃三根而犯三業此當一根而兼三四根十業之內亦應闕二三業故入八無間獄非前五無間獄也

身口意三作殺盜婬是人則入十八地獄

身口意殺盜婬乃重罪以不偏六不具十故又輕於前也大獄只有八寒八熱而有十八鬲子地獄及八萬四千眷屬等獄皆大獄所分者也

三業不兼中間或為一殺一盜是人則入三十六地獄

三業不兼謂具二闕一也三十六獄并下一百八獄未詳名數

見見一根單犯一業是人則入一百八地獄

上具二闕一此犯一闕二故又輕也見音現明然不兼也

由是衆生別作別造於世界中入同分地妄想發生非本來有

此結答前問也上文五節惡業不同即別作別造所感獄報各從其類即入同分地也如別造極重同入阿鼻別造次輕同入百八是也妄想發生等並酬阿難前所疑問

復次阿難是諸衆生非破律儀犯菩薩戒毀佛涅槃諸餘雜業歷劫燒然後還罪畢受諸鬼形

非破律儀無正範也犯菩薩戒無正因也毀佛涅槃無正果也三者不正諸餘皆邪故墮獄罪畢即入鬼趣

若於本因貪物為罪是人罪畢遇物成形名為怪鬼

此即貪習為因也於物生貪非理而取餘報在鬼還托於物即金銀草木精怪其類非一故名怪鬼

貪色為罪是人罪畢遇風成形名為魃鬼

即前婬習為因也色能動亂身心如風鼓物報招鬼質還復托風風質元虛因習所致因果相對豈徒然哉

貪惑爲罪是人罪畢遇畜成形名爲魅鬼
即前詐習爲因也因成詐僞惑正憑虛托附畜生便成鬼質即狐狸猪犬有異靈者其類非一故云遇畜成形魅即現美形以惑人者
貪恨爲罪是人罪畢遇蟲成形名蠱毒鬼
即前冤習爲因也由忿爲先懷惡不捨結怨在意熱惱居懷受餘報時亦假毒類即蛇虺毒蟲有異靈者成蠱毒鬼
貪憶爲罪是人罪畢遇衰成形名爲癘鬼
即前瞋習爲因也瞋恚不捨名爲貪憶洎受鬼報

遇災衰處便入其身名爲癘鬼即毒癘傷寒傳屍骨蒸之類皆此鬼作也
貪傲爲罪是人罪畢遇氣成形名爲餓鬼
即前慢習爲因也慢以陵人傲物高舉自强洎報鬼倫遇氣爲質內無實德空腹高心饑餓所困故名餓鬼
貪罔爲罪是人罪畢遇幽爲形名爲魘鬼
即前誑習爲因也爲獲利譽多懷異謀矯現有德欺誑於他令人暗昧罔知所謀洎受鬼形憑幽托暗魘惑寐者故名魘鬼

貪明爲罪是人罪畢遇精爲形名魍魎鬼
即前見習爲因也執見異生各自明悟及招鬼道遇精明處以爲其形即日月精魄山澤明靈有精耀者以托其質言魍魎者木石變怪也
貪成爲罪是人罪畢遇明爲形名役使鬼
即前枉習爲因也枉抑成禍憑虛架搆勞心役思撓害無辜使成有罪遇明顯境托以成形非幽暗類也走使戰陣擔沙負石之徒故云役使
貪黨爲罪是人罪畢遇人爲形名傳送鬼
即前訟習爲因也愛人黨已故於已之罪則覆於

他之非則訟報在鬼類托質於人如世有童子師及巫祝之類皆爲神道傳送吉凶禍福之言名傳送鬼此上鬼類其數實繁考果徵因不過此十
阿難是人皆以純情墜落業火燒乾上出爲鬼此等皆是自妄想業之所招引若悟菩提則妙圓明本無所有
情業積水下墜燒乾則情業已盡復乘想業上出皆迷妄之爲也圓明覺心本無是事
復次阿難鬼業旣盡則情與想二俱成空方於世間與元負人冤對相值身爲畜生酬其宿債

獄報情業。鬼報想業。故鬼業盡則二報俱空。復償負業。

物怪之鬼。物銷報盡。生於世間。多爲梟類。

貪習爲怪。鬼報盡。作梟倫。梟土梟也。附塊爲兒。貪物所致。一切怪異者。皆此類攝。

風魃之鬼。風銷報盡。生於世間。多爲咎徵一切異類。

婬習爲因。報招風魃。旁爲畜生。受咎徵也。咎。過惡也。徵。應驗也。惡行所招。將有災異。先有此應。如羣雀衆鼠。荒儉之徵。鶺鴒水災。鶴舞多旱。其類非一。

畜魅之鬼。畜死報盡。生於世間。多爲狐類。

詐因之報。爲鬼成魅。所依既盡。畜受狐身。

蠱毒之鬼。蠱滅報盡。生於世間。多爲毒類。

冤習之報。鬼作蠱毒。畜爲毒類。卽蛇蝎之屬也。

衰癘之鬼。衰窮報盡。生於世間。多爲蛔類。

瞋習之因。鬼爲衰癘。托災附禍。便入身中。轉受畜形。還托身內爲蛲蛔也。

受氣之鬼。氣銷報盡。生於世間。多爲食類。

餓鬼附氣。慢習是因。鬼受饑虛。畜充他飽。故爲食類。卽世間可食之畜也。

綿幽之鬼。幽銷報盡。生於世間。多爲服類。

宿因誑習。鬼爲魘唶。幽默既銷。畜爲服類。卽駝驢牛馬蠶繭之類。爲人服用也。

和精之鬼。和銷報盡。生於世間。多爲應類。

因爲見習。鬼作魍魎。精耀之物。既盡爲畜。便成應類。卽社燕寒鴻。能應四時節序者。言和者。雜也。雜精明處而成鬼也。

明靈之鬼。明滅報盡。生於世間。多爲休徵一切諸類。

卽前枉習。鬼托明生。爲役使類。鬼道業盡。畜報休徵。休。美也。休祥將至。預有此徵。卽嘉鳳祥麟之類。

依人之鬼。人亡報盡。生於世間。多爲循類。

訟習之因。鬼招傳送。人死爲畜。報在黠慧。故云循類。卽人所畜養循順之類。

阿難。是等皆以業火乾枯。酬其宿債。旁爲畜生。此等亦皆自虛妄業之所招引。若悟菩提。則此妄緣本無所有。

獄鬼二趣。業火乾枯。今爲畜生。酬償餘業。故云旁爲。妄想故有。覺性元無。猶如圓影。眚病故見。

如汝所言寶蓮香等。及瑠璃王。善星比丘。如是惡業。本自發明。非從天降。亦非地出。亦非人與。自妄所招。還自來受。菩提心中。皆爲浮虛妄想凝結。

所問三緣是彼人等各自虛妄造業發生不由他有故云本自非天降等妄造妄受覺性之中皆如空華。

復次阿難從是畜生酬償先債若彼酬者分越所酬此等眾生還復為人反徵其剩如彼有力兼有福德則於人中不捨人身酬還彼力若無福者還為畜生償彼餘直。

為畜正酬酬過其分則為人反徵然則凡所食取宜無過分也如彼有力謂修定學慧之力不捨人身則為彼奴婢或遭其劫殺等。

阿難當知若用錢物或役其力償足自停如於中間殺彼身命或食其肉如是乃至經微塵劫相食相誅猶如轉輪互為高下無有休息除奢摩他及佛出世不可停寢。

償足自停則無交讎償足不停則交讎不已自非正修正力莫之過絕此約修定破惑見佛得道方免相害縱有宿業所作不亡至果償之若幻化之非實也。

汝今應知彼梟倫者酬足復形生人道中參合頑類。

因於貪物鬼托怪形畜在土梟附塊而養今歸人趣其性頑嚚雜在頑嚚心忘德義蓋因之故然也而言參合者夫人道受報善因所招總報雖同滿業各異故分十種今此從畜來者乃餘業旁受非正善業所招然亦順後業感由不正故故言參合。

彼咎徵者酬足復形生人道中參合異類。

始因貪欲鬼受魃形上為畜生災咎之應業盡復本參合異類以咎徵本於妖異故餘習復為妖異也。

彼狐倫者酬足復形生人道中參於庸類。

因從詐習鬼為畜魅類入旁生狐狸所攝故今為

人庸鄙無識也。

彼毒倫者酬足復形生人道中參合很類。

冤習是因鬼為蠱毒旁為畜類蛇蝎是形還生人道雜乎很類毒倫為很亦其習之餘也。

彼蛔倫者酬足復形生人道中參合微類。

瞋習為因鬼居衰癘蛲蛔受畜微末為人卽不為人之齒錄者也。

彼食倫者酬足復形生人道中參合柔類。

慢習是因鬼招饑餓結氣而作無實體性畜受食類人為柔弱蓋因我慢貢高反招柔怯之報。

彼服倫者，酬足復形，生人道中，參合勞類。

詿習為因，鬼從幽魘，畜為服用，人受劬勞，役力艱辛，工巧之屬也。

彼應倫者，酬足復形，生人道中，參於文類。

因從見習，鬼落和精，魍魎報終，畜為時應，參於人道，微有文章，非正習因，亦云參合。

彼休徵者，酬足復形，生人道中，參合明類。

枉習為業，鬼受明靈，驅役疾馳，無暫停止，畜招休應，人雖聰明，考果徵因，必無差忒。

彼諸循倫，酬足復形，生人道中，參於達類。

因由訟習，鬼作依人，傳附神辭，發顯禍福，畜招馴黠，人達窮通，寵辱不驚，安然自得，故名達類。

阿難，是等皆以宿債畢酬，復形人道，皆無始來，業計顛倒，相生相殺，不遇如來，不聞正法，於塵勞中，法爾輪轉，此輩名為可憐愍者。

獄鬼畜中，酬償先業，三途報盡，還復為人，順後善業，所招隨別，復分十類，如是皆為顛倒輪轉，欲息顛倒，唯戒定慧，無此三種，不息輪迴，佛若不出，誰說此法，令其修學，免輪迴耶，故此輩名可憐愍者。

阿難，復有從人，不依正覺，修三摩地，別修妄念，存想固形，遊於山林，人不及處，有十種仙。

不依正覺，修三摩地者，謂不依不生滅心為本修行也，別修妄念者，謂別依妄念而修也，存想固形者，謂存心在於長生，欲此形骸堅固不壞，以求永壽，仙遷也，人之形神能遷而不死也，然終歸敗壞，比天為劣，比人為優，故別開也，抱朴子云，求仙者，要當以忠孝和順仁信為本，若德不修，而但務方術，終不得長生也。

阿難，彼諸眾生，堅固服餌而不休息，食道圓成，名地行仙；堅固草木而不休息，藥道圓成，名飛行仙；堅固

金石而不休息，化道圓成，名遊行仙；堅固動止而不休息，氣精圓成，名空行仙；堅固津液而不休息，潤德圓成，名天行仙；堅固精色而不休息，吸粹圓成，名通行仙；堅固咒禁而不休息，術法圓成，名道行仙；堅固思念而不休息，思憶圓成，名照行仙；堅固交遘而不休息，感應圓成，名精行仙；堅固變化而不休息，覺悟圓成，名絕行仙。

以藥餌駐一期之壽，而不能輕舉者，地行仙也，行去聲，功行也，飡黃精松柏之類，久而身輕者，飛行仙也，鍊金石還丹之類，化骨易形，撮土點石，以遊

戲人間者遊行仙也鼓天池嚥津液冰雪婥約不交世欲與天無異者天行仙也乘陰陽運止以調氣固精遺形涉空者空行仙也吞吸精色服虹飲霧粹氣潛通者通行仙也堅持呪術久而術道圓成者道行仙也澄凝精思久能照應者照行仙也或存想頂門而出神繫心臍輪而鍊丹皆思憶圓成也內以坎男離女匹配夫妻外即采陰助陽攝衛精氣者精行仙也存想世間皆成變化因悟遷變遂忘心想形如槁木心若死灰名覺悟圓成其行絕世名絕行仙也

阿難是等皆於人中鍊心不修正覺別得生理壽千萬歲休止深山或大海島絕於人境斯亦輪迴妄想流轉不修三昧報盡還來散入諸趣

前文情少想多輕舉非遠即為飛仙下文云精研七趣皆是昏沈諸有為相妄想受生妄想隨業意在知所戒備也所謂人中鍊心者非止服餌養生而已必兼戒善方曰鍊心則得生理者由人中之業別感仙趣之報也如山海經云崑崙之山廣都之埜軒轅之丘不死之國氣不寒暑人皆數千歲斯亦眾私同分非無定處若但固形而不鍊心便希千歲是猶見卵而求時夜不太早計乎

阿難諸世間人不求常住未能捨諸妻妾恩愛於邪婬中心不流逸澄瑩生明命終之後鄰於日月如是一類名四天王天

未能離欲且能窒欲使愛水不流則湛性澄瑩故能初天托生也六天由修五戒十善而致今但約欲微增勝者一是阿難起教之緣又愛欲為輪迴根本前明淪墜亦始於此此名超騰亦始於此意使初心未能成就禪定智慧且疾斷根本則輪迴可出也

於己妻房婬愛微薄於淨居時不得全味命終之後超日月明居人間頂如是一類名忉利天

此愛薄於前故報居其上後遞然也淨居謂清淨自居之時未全清淨之味為有微愛故也日月居須彌腰忉利居頂以能澄瑩增明故能超之

逢欲暫交去無思憶於人間世動少靜多命終之後於虛空中朗然安住日月光明上照不及是諸人等自有光明如是一類名須燄摩天

欲心不作故動少靜多也六欲下二名地居天上四名空居天不須日月而常明以蓮華開合分晝

夜。故名時分。

一切時靜。有應觸來。未能違戾。命終之後。上升精微。不接下界諸人天境。乃至劫壞三災不及。如是一類。名兜率陀天。

雖靜心愈多。亦未免應觸。此能少欲。未能無心也。兜率天有內院外院。三災至三禪。而此言不及者。約內院言之。精微不接。皆內院事也。

我無欲心。應汝行事。於橫陳時。味如嚼蠟。命終之後。生越化地。如是一類。名樂變化天。

此無心而境自至。曰橫陳。嚼蠟言味甚薄也。諸天

皆有報境。而此天樂自變化以受用。越於下天。故名越化。

無世間心。同世行事。於行事交。了然超越。命終之後。徧能出超化無化境。如是一類。名他化自在天。

了然超越。言全無味也。化即第五天。無化即下天也。諸欲樂境。不勞自化。皆由他化而自在受用。名他化自在也。

阿難。如是六天。形雖出動。心迹尚交。自此已還名為欲界。

形雖出動。此對人仙二趣得出動之名。心迹尚交。謂欲心事迹猶有交合之相。故俱舍頌曰。六受欲交抱。執手笑視婬。此言地居兩天則形交。欲摩則勾抱。兜率則執手。變化則對笑。他化則相視。須知彼文各據六天受欲而說。今經只就人中辯欲事輕重。用顯六天感報不同也。

大佛頂如來密因修證了義諸菩薩萬行首楞嚴經纂註卷第八

大佛頂如來密因修證了義諸菩薩萬行首楞嚴經纂註卷第九

唐天竺沙門般剌密諦譯
唐烏萇國沙門彌伽釋迦譯語
唐菩薩戒弟子前正議大夫同中書門下平章事清河房融筆受
明檇李沙門眞界纂註

阿難世間一切所修心人不假禪那無有智慧但能執身不行婬欲若行若坐想念俱無愛染不生無留欲界是人應念身為梵侶如是一類名梵眾天。

前明六天雖出塵擾而未能絕欲故通名欲界自此而下明十八天雖離欲染尚有色質故通名色界又通名梵世為已離欲染也通號四禪為已離散動也欲天但十善感生此天兼禪定感生然特有漏禪觀六事行耳六行者厭欲界是苦是麤是障欣色界是淨是妙是離此則凡夫伏惑超世間道也不假禪那等者言非正修眞三摩地無正智慧但修六行伏欲使愛染不生則不留欲界麤惑不染淨報現前故即生梵世初名梵眾則眾庶而已次名梵輔乃大梵宰輔而終於大梵其進有序

欲習既除離欲心現於諸律儀愛樂隨順是人應時能行梵德如是一類名梵輔天。

初天但能執身伏欲此天又得定共戒以順律儀行梵德故超之也戒定相應名定共戒

身心妙圓威儀不缺清淨禁戒加以明悟是人應時能統梵眾為大梵王如是一類名大梵天。

由前身心已離欲染故得身心妙圓於諸律儀愛樂隨順故威儀戒行清淨無缺至此又加以明悟超達則盛德之至故為梵王

阿難此三勝流一切苦惱所不能逼雖非正修眞三摩地清淨心中諸漏不動名為初禪。

此天已出欲流背欲染邊勝淨故四禪皆稱勝流也已離欲界八苦故曰苦惱不逼已離散動欲心故曰諸漏不動俱舍云此名離生喜樂地謂離欲界雜惡生得輕安樂也然此天以至下天皆云非正修眞三摩地者此以有漏簡非無漏也

阿難其次梵天統攝梵人圓滿梵行澄心不動寂湛生光如是一類名少光天。

此躡大梵之行升進具戒定慧故曰圓滿以梵行圓滿故能澄凝其心不隨境動而寂湛生光其光

倘劣。故名少光。蓋二禪已上。無有語言。但以定心發光。光有勝劣。分其高下。

光光相然。照曜無盡。暎十方界。徧成瑠璃。如是一類。名無量光天。

定力轉明。妙光迭發。從前少光迭發多光。光互相然。故照曜無盡。境隨光淨。故暎十方界徧成瑠璃。以照曜無盡。名無量光也。

吸持圓光。成就教體。發化清淨。應用無盡。如是一類。名光音天。

諸世界中教體不同。故娑婆以文字。香積無文字。

說但以眾香。此天吸取任持圓光。以成教體。令人觀光知修梵德。無有語言。故發化清淨。隨機受益。各各不同。故云應用無盡。以光為音。故云光音。

阿難。此三勝流。一切憂懸所不能逼。雖非正修眞三摩地。清淨心中麤漏已伏。名為二禪。

二禪三天。又勝下位。故名勝流。以得極喜。故云一切憂懸所不能逼。初禪方得漏心不動。而未能伏。此天已伏麤漏。則業漸劣。行漸勝也。俱舍云。此名定生喜樂地。謂定水潤心。慧光明泰。喜支調適。憂愁不生也。懸或作愁字之誤耳。

阿難。如是天人。圓光成音。披音露妙。發成精行。通寂滅樂。如是一類。名少淨天。

由上圓光教體。披露妙理。故得發成精行。離諸喜動。而生淨樂。是樂非境。乃出乎淨性。恬怕寂靜。名寂滅樂。而淨猶劣。則能通而已。未能成也。以猶劣故。名少淨天。

淨空現前。引發無際。身心輕安。成寂滅樂。如是一類。名無量淨天。

淨空者。離諸喜動。不緣物境之定相也。由是充擴使淨相無際。協乎妙性。故身心輕安。而性樂成矣。

以無際故。名無量淨。又望上未徧。望下則多。故名無量。

世界身心。一切圓淨。淨德成就。勝託現前。歸寂滅樂。如是一類。名徧淨天。

上身心輕安。且言其內。今世界等者。總攝於外。蓋由淨空無際。故得世界身心。一切圓淨。淨德現前。則身心歸寂滅樂矣。以一切圓淨。故名徧淨。

阿難。此三勝流。具大隨順。身心安隱。得無量樂。雖非正得眞三摩地。安隱心中。歡喜畢具。名為三禪。

此三勝流。離諸喜動。隨順性樂。故云具大隨順得

安隱樂也歡喜畢具者此名離喜妙樂地謂心雖離喜而喜樂自具也

阿難復次天人不逼身心苦因已盡樂非常住久必壞生苦樂二心俱時頓捨麤重相滅淨福性生如是一類名福生天

復次下結三禪之德樂非下顯三禪之過苦樂下正示福生也蓋前之喜動為逼苦之因今雖離喜逼苦已盡而得無量樂然樂不終樂壞苦必隨此天悟此故苦樂頓捨以捨苦樂名麤重相滅捨念清淨故淨福性生也自此而下明四禪總有九天

然四禪報境但有三天第四無想乃第三廣果別開皆凡夫報境此四之上有五不還天乃聖賢別修靜慮與凡夫不同

捨心圓融勝解清淨福無遮中得妙隨順窮未來際如是一類名福愛天

前雖苦樂雙捨淨福性生猶未圓融清淨福性無遮至此捨心圓融勝解清淨福無遮限而得隨順窮未來際名福愛也以愛樂隨順無遮福性故名福愛問此有漏禪壽命有限何得窮未來際耶答此約得定報壽長遠動經劫數云窮未來際非約報後所論也

阿難從是天中有二歧路若於先心無量淨光福德圓明修證而住如是一類名廣果天

從福愛分二歧路也一直往道趣廣果一迂僻道趣無想若於先心不帶異執直修禪定使自無量淨光等天至此福德圓明修福既圓遂證廣果而住此天以此天定福彌廣故名廣果也

若於先心雙厭苦樂精研捨心相續不斷圓窮捨道身心俱滅心慮灰凝經五百劫是人既以生滅為因不能發明不生滅性初半劫滅後半劫生如是一類

名無想天

先心雖能伏惑修禪而涉妄帶異以有心為生滅以無想為涅槃於是雙厭苦樂專研捨心先捨麤心入於微心復捨微心入微微心從微微心相續無間由物洎身以至心想一切皆捨名圓窮捨道身心俱滅也心慮灰凝即無想定也由是感報生無想天壽五百劫蓋以是人不了妄性體空乃執生滅以為勞累厭此生滅求不生滅非眞不生也但見六識不行如冰夾魚不知微細生滅妄謂涅槃俱舍說初生此天未全無想經半劫始無及報

將盡復經半劫有想然後報謝。
阿難此四勝流一切世間諸苦樂境所不能動雖非無爲眞不動地有所得心功用純熟名爲四禪。
苦樂不動者以四禪苦樂雙捨捨念清淨故不能動也然彼器非眞常情俱生滅雖非無爲眞境而有爲功用至此已純熟矣。
阿難此中復有五不還天於下界中九品習氣俱時滅盡苦樂雙忘下無卜居故於捨心衆同分中安立居處。
第三果人斷欲界九品修惑盡卽生此天不復欲

界受生故曰不還習氣種子惑也與現行皆滅此指欲界無續生業也苦樂雙忘兼指四禪已下無續業也故云下無卜居此五天自四禪別立通名捨念清淨地故云捨心同分安立居處也。
阿難苦樂兩滅鬭心不交如是一類名無煩天機括獨行研交無地如是一類名無熱天。
前於苦樂有捨有厭則心與境鬬不能無煩惟心境兩釋煩惱斯斷盛熱曰煩微煩曰熱上雖鬬心不交疑若猶有交地方滅麤相得無煩而已此復增勝心機無對研交無地能滅緣影故得無熱也。

十方世界妙見圓澄更無塵象一切沈垢如是一類名善見天精見現前陶鑄無礙如是一類名善現天。
十方所照也妙見能照也雖照萬象不隨塵象而起念慮故無塵象沈垢由妙見圓澄無諸塵垢故名善見精見者由無塵垢間雜也精見現前則進趣云爲純智無習故云陶鑄無礙名曰善現也。
究竟羣幾窮色性性入無邊際如是一類名色究竟天。
幾者色之微究竟羣幾者謂究盡衆微也性者微之本窮色性性者謂窮盡極微也極微衆微既已

究盡則入於空故云入無邊際以色皆究盡故名色究竟天。
阿難此不還天彼諸四禪四位天王獨有欽聞不能知見如今世間曠野深山聖道場地皆阿羅漢所住持故世間麤人所不能見。
下天修有漏凡定此天修無漏聖業麤細有異故不能見。
阿難是十八天獨行無交未盡形累自此已還名爲色界。
總結色界也獨行無交俱無情欲故未盡形累猶

有色質故。
復次阿難。從是有頂色邊際中其間復有二種歧路。
若於捨心發明智慧。慧光圓通便出塵界成阿羅漢。
入菩薩乘。如是一類名爲回心大阿羅漢。
色究竟天。居有色頂。與無色鄰名有頂色邊際也。二歧。一出三界即此文也。二入無色即次文也。四禪皆依捨念修定。此言捨心指有頂因心也。因心能發無漏智慧斷盡塵惑至於圓明即出三界。不住小果入菩薩乘。是名回心。
若在捨心捨厭成就覺身爲礙銷礙入空。如是一類。

名爲空處
自此而下。明無色界四天也。無色者無業果色有定果色依正皆然乃滅身歸無定性聲聞所居或捨厭天人雜處其類不一。皆無色蘊也。四天皆依偏空修進。初厭色依空。二厭空依識。三色空識等都滅而依識性。四依識性以滅窮研而不得眞滅。是皆有爲增上善果。未出輪迴不成聖道者也。若在下躡前覺身下。明此天相蓋此初天雖捨念清淨而覺已形礙堅修空觀滅身歸無即厭色依空者也。心與虛空相應名空處定故報生空處也。

諸礙既銷。無礙無滅。其中惟留阿賴耶識。全於末那半分微細。如是一類名爲識處。
諸礙既銷而無則不依於色。無礙之無亦滅則不依於空。惟留阿賴末那即厭空依識者也。名識處定故報生識處。賴耶第八識。末那第七識也。身根既銷無復六識。故唯二者獨留而末那所緣色空識三。此位既無色空則色空麤緣已無故惟全半分微細也。
空色既亡識心都滅。十方寂然迥無攸往。如是一類。名無所有處。

前位雖亡空色未滅識心。今此識心都滅。故十方寂然迥無攸往。以寂無攸往。故名無所有。然此雖亡識心未亡識性。今之行人見性不深多滯於此。雖能洞了色空亦滅心慮逮無所有而終於識性幽幽綿綿不能自脫生死窟穴實存乎此。
識性不動以滅窮研於無盡中發宣盡性如存不存。若盡非盡如是一類名爲非想非非想處。
識性者識心幽本也。不動者寂無攸往也。由識性不動自以爲眞。故滅窮研是於無盡中發宣盡性。所以似存不存似盡不盡。似存不存故非想也。似盡不盡文非非想也。

此等窮空不盡空理從不還天聖道窮者如是一類名不迴心鈍阿羅漢若從無想諸外道天窮空不歸迷漏無聞便入輪轉

此等窮空不盡空理者指上四天皆依偏空進修故不能盡眞空妙理也從不還下謂聖人有生此處者乃鈍根那含耳盲羅漢者約後為名也若從無想下謂無想諸凡夫天窮至四空不歸無漏則迷於有漏無所見聞故便入輪轉岳師謂無想天不來四空曰不歸者非也

阿難是諸天上各各天人則是凡夫業果酬答答盡入輪彼之天王即是菩薩遊三摩地漸次增進回向聖倫所修行路

此明天眾隨業感報王乃寄位升進也遊三摩地等即菩薩遊戲出入諸禪三昧增進聖位以天為修行路者謂聖人欲趣菩提必寄跡諸天而修行升進如人欲至王城必借路進趨故也

阿難是四空天身心滅盡定性現前無業果色從此逮終名無色界此皆不了妙覺明心積妄發生妄有三界中間妄隨七趣沈溺補特伽羅各從其類

身心滅盡者無色蘊及麤識也此皆下總指三界由妄發生七趣由妄沈溺也補特伽羅此云數取趣謂諸有情起惑造業各隨諸趣受生也

復次阿難是三界中復有四種阿脩羅類若於鬼道以護法力乘通入空此阿脩羅從卵而生鬼趣所攝若於天中降德貶墜其所卜居鄰於日月此阿脩羅從胎而出人趣所攝有脩羅王執持世界力洞無畏能與梵王及天帝釋四天爭權此阿脩羅因變化有天趣所攝阿難別有一分下劣脩羅生大海心沈水穴口旦遊虛空暮歸水宿此阿脩羅因溼氣有畜生

趣攝

脩羅此云非天福力等天而無天行為多瞋故也隨業輕重而有四生之異水穴即尾閭也

阿難如是地獄餓鬼畜生人及神僊天洎脩羅精研七趣皆是昏沈諸有為相妄想受生妄想隨業於妙圓明無作本心皆如空華元無所著但一虛妄更無根緒阿難此等眾生不識本心受此輪迴經無量劫不得眞淨皆由隨順殺盜婬故反此三種又則出生無殺盜婬有名鬼倫無名天趣有無相傾起輪迴性若得妙發三摩提者則妙常寂有無二無無二亦滅

倘無不殺不偷不婬，云何更隨殺盜婬事。

總指七趣由妄，以顯眞心本無諸妄也。蓋七趣由妄想隨業受生，故名昏沈諸有爲相。於妙圓中了無根緒，故如空華。前問妙心徧圓，何有獄鬼人天等道，故此結示由殺盜婬三爲根本。有是業則名鬼倫，言必墜也。無是業則名天趣，言必升也。出生無殺盜婬，卽天趣。七趣舉二，以善惡通攝也。因有而墜，因無而升，故曰有無相傾，起輪迴性。若得妙發眞三摩地，則妙性常寂，無復輪迴矣。有無二無，無善惡也。無二亦滅者，謂善惡既無，則無善無惡

亦不可得。如此則妙性中倘無於善，何有不善乎。

阿難，不斷三業，各各有私，因各各私，衆私同分，非無定處。自妄發生，生妄無因，無可尋究。

由前問地獄爲有定處，爲復自然，彼彼發業，各各私受。又問爲復本來自有，爲是衆生妄習生起，故此結答三業卽殺盜婬也。

汝勗修行，欲得菩提，要除三惑。不盡三惑，縱得神通，皆是世間有爲功用。習氣不滅，落於魔道。雖欲除妄，倍加虛僞。如來說爲可哀憐者。汝妄自造，非菩提咎。作是說者，名爲正說。若他說者，卽魔王說。

此勸除三染心，以結示邪正也。上明諸趣，戒備失錯，而終於勸除殺等三種染心，乃戒備眞要也。下文卽助道分中第二科，名詳辨魔境，深防邪誤。魔卽魔羅，此云殺者，亦云奪者，能殺慧命，奪善法。開之有五，曰五陰魔、煩惱魔、死魔、天魔、鬼魔。合之惟陰魔、天魔而已。陰魔卽生死煩惱，依五陰而起者也。天魔因修邪定，好害正道者也。未發心者，常與隨順，則無寇敵。惟正修者違而不順，偏致惱害，故須辨識也。

卽時如來將罷法座，於師子牀，攬七寶几，迴紫金山，

再來憑倚，普告大衆及阿難言：汝等有學緣覺聲聞，今日迴心趣大菩提無上妙覺，吾今已說眞修行法。汝猶未識修奢摩他毗婆舍那微細魔事，魔境現前，汝不能識，洗心非正，落於邪見。或汝陰魔，或復天魔，或著鬼神，或遭魑魅，心中不明，認賊爲子。又復於中得少爲足，如第四禪無聞比丘妄言證聖，天報已畢，衰相現前，謗阿羅漢身遭後有，墮阿鼻獄。汝應諦聽，吾今爲汝子細分別。阿難起立，幷其會中同有學者，歡喜頂禮，伏聽慈誨。

前法既終，當機無問，故將罷法座，而又攬寶几，回

金容無問自說者。眞止觀中微細魔事非一切智莫能辨識。能覈實覺。破法王家。故須特告。乃最後深慈也。眞修行法。卽前二決定義。觀音觀門。內戒外呪。兼前正解。俱是修行入覺之方法也。修妙觀智滌內垢障。故云洗心。由魔引起分別念著。故名非正。四禪無聞者。智論說。比丘無多聞慧。但勤小行。得四禪果。便謂已證阿羅漢。及乎天報將畢。見有生處。遂謗佛妄說阿羅漢不受後有。因此墜墮。乃邪誤之咎也。

佛告阿難及諸大眾。汝等當知。有漏世界十二類生。

本覺妙明覺圓心體。與十方佛無二無別。由汝妄想迷理為咎。癡愛發生。生發徧迷。故有空性。化迷不息。有世界生。則此十方微塵國土。非無漏者。皆是迷頑妄想安立。當知虛空生汝心內。猶如片雲點太清裏。況諸世界在虛空耶。汝等一人發眞歸元。此十方空皆悉銷殞。云何空中所有國土而不振裂。

明空界生滅之相。以敘魔起之由也。覺圓心體。所謂眞元。由迷理背眞。徧迷法界。卽成空性。化迷不息。成有漏界。為魔所依。化迷者。隨迷轉變也。惟眞元之體本自廓然。而虛空國土。皆是迷頑妄想安立。故喻片雲。若汝等一人發眞。不迷則無安立者。故自殞裂也。

汝輩修禪飾三摩地。十方菩薩及諸無漏大阿羅漢。心精通溜。當處湛然。一切魔王及與鬼神。諸凡夫天。見其宮殿無故崩裂。大地振坼。水陸飛騰。無不驚慴。凡夫昏暗。不覺遷訛。彼等咸得五種神通。惟除漏盡。戀此塵勞。如何令汝摧裂其處。是故神鬼及諸天魔。魍魎妖精。於三昧時。僉來惱汝。

魔以晦昧為依。今修禪飾定。妙心精明。故能振裂魔界。遂致惱害也。飾猶莊嚴也。謂修禪定功德莊

嚴本有眞三摩地。因修飾故。則與菩薩羅漢所證心性通同溜合。故魔等宮殿自然崩裂。此卽歸元之前相也。問。大地無情。水陸異類。何以同魔亦皆振慴。答。三昧威神不可思議。如大樹緊那羅王絃歌一動。聲振大千。須彌山王為之涌沒。況菩薩首楞嚴力。豈以情無情異而為責耶。凡夫昏暗不覺遷訛者。此釋伏疑也。恐疑者曰。魔及諸天既見其相。凡夫何事都不覺知。故此釋云。

然彼諸魔雖有大怒。彼塵勞內。汝妙覺中。如風吹光。如刀斷水。了不相觸。汝如沸湯。彼如堅冰。暖氣漸鄰。

不日銷殞。徒恃神力。但爲其客。成就破亂。由汝心中
五陰主人。主人若迷。客得其便。當處禪那。覺悟無惑。
則彼魔事無奈汝何。陰消入明。則彼羣邪咸受幽氣。
明能破暗。近自銷殞。如何敢留擾亂禪定。若不明悟。
被陰所迷。則汝阿難必爲魔子。成就魔人。如摩登伽
殊爲眇劣。彼惟呪汝。破佛律儀。八萬行中。只毀一戒。
心淸淨故。尚未淪溺。此乃隳汝寶覺全身。如宰臣家
忽逢籍沒。宛轉零落。無可哀救。
妙覺眞體。無動無壞。正力所爍。邪氣自消。五陰主
人。眞心也。陰消入明。指發眞者。登伽眇劣。只毀戒

體。諸魔熾惡。能隳寶覺。固宜深防也。宰臣籍沒。喻
幾於覺位。而淪惡趣。籍沒者。除其屬籍也。
阿難當知。汝坐道場。銷落諸念。其念若盡。則諸離念
一切精明。動靜不移。憶忘如一。當住此處入三摩地。
如明目人處大幽暗。精性妙淨。心未發光。此則名爲
色陰區宇。
教依止觀不二之心以入正定也。銷落諸念。即以
湛旋其虛妄滅生也。離念精明。即止觀不二之心
也。離念。止也。精明。觀也。以精明故。不爲動靜之境
所移。以離念故。則其憶忘之想如一。念息塵亡。精

性妙淨。依之進趣。正定可入。故當依此處以入正
定。觀力雖爾。而色陰未破。故如明目處暗。雖精性
妙淨。而心未發光。此色陰之相也。陰以覆蔽爲義。
區局性眞。故云區宇。
若目明朗。十方洞開。無復幽黯。名色陰盡。是人則能
超越劫濁。觀其所由。堅固妄想以爲其本。
明破色陰以超劫濁也。色陰盡相。非滅身歸無。乃
觀力洞照。不爲身境色法之所迷礙耳。故譬若目
明朗。十方洞開也。劫者時也。法界無生。本亡時分。
何有渾濁之相。因三想交結。妄成色陰。對色陰故。

有劫濁生。故色盡則超之。色陰始因父母已三妄
倫交結。故曰堅固妄想爲本。五種妄本。經末自釋。
阿難。當在此中精研妙明。四大不織。少選之間。身能
出礙。此名精明流溢前境。斯但功用暫得。如是非爲
聖證。不作聖心。名善境界。若作聖解。即受羣邪。
此中即止觀不二之中也。妙體本融。由妄質成礙。
故精窮妙明。則四大不織。而身能出礙也。然此特
定力所逼。使精妙流溢。暫而不常。故非聖證。
阿難。復以此心精研妙明。其身內徹。是人忽然於其
身內拾出蟯蛔。身相宛然。亦無傷毀。此名精明流溢

形體。斯但精行暫得如是。非為聖證。不作聖心。名善境界。若作聖解。卽受羣邪。

此心。卽止觀心也。前眞精妙明流溢前境。故外無所隔。此流溢形體。故內無所障。而能身內拾出蟯蛔。此亦暫爾。斯卽以止觀心用精窮妙明心體也。

又以此心內外精研。其時魂魄意志精神。除執受身。餘皆涉入。互為賓主。忽於空中聞說法音。或聞十方同敷密義。此名精魄遞相離合。成就善種。暫得如是。非為聖證。不作聖心。名善境界。若作聖解。卽受羣邪。

前之精研。初能外虛。次能內徹。此復內外精研。俱

虛徹。故但除色身。而內魂魄等六。互相涉入也。魂魄意志精神。五藏主也。主肝曰魂。主肺曰魄。主脾為意。主腎為志。主心為精神。互為賓主者。餘五入魂。則魂為主。五為賓。乃至入神。則神為主。餘為賓也。遞相離合。卽精離本位而合於魄。或魄離本位而合於精等。旣魂魄等皆失故常。迭互相入。故夙昔聞熏。自能發揮。而忽有所聞也。今夫刻意凝神。討論之極。則奇文麗藻。未嘗經意者。往往煥然得於夢寐。則精研激發。神者偶現。類可知也。

又以此心澄露皎徹。內光發明。十方徧作閻浮檀色。一切種類化為如來。於時忽見毗盧遮那踞天光臺。千佛圍繞。百億國土及與蓮華俱時出現。此名心魂靈悟所染。心光研明。照諸世界。暫得如是。非為聖證。不作聖心。名善境界。若作聖解。卽受羣邪。

淨穢之境。常隨心感。心旣澄徹發光。則心魂染於靈悟。佛境現於心光。

又以此心精研妙明。觀察不停。抑按降伏。制止超越。於時忽然十方虛空成七寶色。或百寶色。同時徧滿。不相留礙。青黃赤白。各各純現。此名抑按功力逾分。暫得如是。非為聖證。不作聖心。名善境界。若作聖解。

卽受羣邪。

精研妙明。抑伏雜想。功力逾越。則妙明逼極煥散而現諸境相也。

又以此心研究澄徹。精光不亂。忽於夜半。在暗室內。見種種物。不殊白晝。而暗室物亦不除滅。此名心細密澄其見。所視洞幽。暫得如是。非為聖證。不作聖心。名善境界。若作聖解。卽受羣邪。

人固有不明自發。暗不能昏者。惟微細定心。澄使不亂。而後能見。暗物不除。言皆實境。不隨定變也。

又以此心圓入虛融。四肢忽然同於草木。火燒刀斫。

會無所覺。又則火光不能燒爇。縱割其肉猶如削木。
此名塵併排四大性。一向入純。暫得如是。非為聖證。
不作聖心。名善境界。若作聖解。即受羣邪。
定力虛融。則五塵併消。四大排遣。純覺遺身。故無傷觸。定力所持。故火不燒也。世之端居喪我者。尚能使形槁木。心死灰。況真定之力哉。
又以此心成就清淨。淨心功極。忽見大地十方山河皆成佛國。具足七寶。光明徧滿。又見恆沙諸佛如來徧滿空界。樓殿華麗。下見地獄。上觀天宮。得無障礙。此名欣厭凝想日深。想久化成。非為聖證。不作聖心。

名善境界。若作聖解。即受羣邪。
厭麤濁之質凝。欣淨妙之虛融。凝想日深。故得成就清淨。淨功既極。則境隨心化。故能徧觀諸境。得無障礙也。
又以此心研究深遠。忽於中夜遙見遠方市井街巷。親族眷屬。或聞其語。此名迫心逼極飛出。故多隔見。非為聖證。不作聖心。名善境界。若作聖解。即受羣邪。
研究深遠者。以妙心深而無底。遠而無際。今行人以觀心研究。而欲盡其深遠。則知用心亦深遠矣。故逼迫精神。遺身而出。見聞遠及也。

又以此心研究精極。見善知識形體變移。少選無端種種遷改。此名邪心含受魑魅。或遭天魔入其心腹。無端說法。通達妙義。非為聖證。不作聖心。魔事消歇。若作聖解。即受羣邪。
研究精極者。以妙心純一無染。今行人以觀心窮之。所謂窮其精也。又高不可仰。深不可窺。今行人以觀心究之。所謂究其極也。蓋以所究精極。而能究亦精極。故激動自心邪種。以致外魔撓亂耳。
阿難。如是十種禪那現境。皆是色陰用心交互。故現斯事。眾生頑迷。不自忖量。逢此因緣。迷不自識。謂言登聖。大妄語成。墮無間獄。汝等當依如來滅後。於末

法中宣示斯義。無令天魔得其方便。保持覆護。成無上道。
總結上義。敕誡弘宣也。用心交互者。用禪那心與色陰堅固妄想交互。故現斯事。乃至識陰例此。明之。何則。以五妄想各於本陰區宇之中。為禪所觀。將破未破。如燈欲滅。其光復熾。乃與定力交戰。其功。故成之敗之。則魔佛之道。於是乎辨。問。此不作五陰次第觀門。何得五陰次第盡耶。答。觀雖總相五陰同觀。陰有麤細。麤者先盡。譬如浣衣。麤垢先

去。五陰既積妄所成。妄盡自然陰滅。從麤至細。理必然也。

阿難。彼善男子。修三摩提奢摩他中色陰盡者。見諸佛心。如明鏡中顯現其像。若有所得而未能用。猶如魘人。手足宛然。見聞不惑。心觸客邪而不能動。此則名爲受陰區宇。

通敍色滅受現也。見諸佛心如鏡現像者。諸佛心卽我妙覺明心也。由破色陰內外虛融。得見本妙心如鏡虛明而洞見色像。故云如鏡現像。雖具妙體而未能運用。蓋爲受所覆。故如魘寐人。支體宛

具六根明了。而不能運動。此受陰之相也。

若魘咎歇。其心離身。反觀其面。去住自由。無復留礙。名受陰盡。是人則能超越見濁。觀其所由。虛明妄想以爲其本。

明破受陰以超見濁也。色陰盡者。雖得見諸佛心。然爲受所魘而未能用。故受陰消歇。卽能離身反觀。去住無礙也。言超見濁者。蓋見濁依六根得名。受以根塵相偶領納爲義。今受陰盡。則於根塵無所領納。故超之也。因違順之幻境。生損益之妄受。則受陰無體。虛有所明。故名虛明妄想。

阿難。彼善男子。當在此中得大光耀。其心發明。內抑過分。忽於其處發無窮悲。如是乃至觀見蚊虻。猶如赤子。心生憐愍。不覺流淚。此名功用抑摧過越。悟則無咎。非爲聖證。覺了不迷。久自消歇。若作聖解。則有悲魔入其心腑。見人則悲。啼泣無限。失於正受。當從淪墜。

此中受陰定中也。旣破色陰。無復幽黯。故得大光耀。其心發明。知受陰爲咎。則內自抑伏而破之。抑伏太過。失於慈柔。故多悲愍。以致悲魔附焉。

阿難。又彼定中諸善男子。見色陰消。受陰明白。勝相

現前。感激過分。忽於其中生無限勇。其心猛利。志齊諸佛。謂三僧祇一念能越。此名功用陵率過越。悟則無咎。非爲聖證。覺了不迷。久自消歇。若作聖解。則有狂魔入其心腑。見人則誇。我慢無比。其心乃至上不見佛。下不見人。失於正受。當從淪墜。

受陰明白者。謂於受陰定中。耀性發明。心地明白也。言感激者。謂喜動之相也。色盡受明。爲定勝相。勝相現前。不生喜動。則不成過。因喜成功。感激過分。於感激中生無限勇。以爲佛果可齊。功行易致。遂成陵率之過也。陵率。謂勇心高率也。

又彼定中諸善男子見色陰消受陰明白前無新證歸失故居智力衰微入中隳地迥無所見心中忽然生大枯渴於一切時沈憶不散將此以爲勤精進相此名修心無慧自失悟則無咎非爲聖證若作聖解則有憶魔入其心腑旦夕撮心懸在一處失於正受當從淪墜

凡修觀行須定慧等持乃能無失今此定强智微故失於沈憶也以受陰未盡故進無新證色陰已消故退失故居進退之間杳無所依名中隳地苟有智照沈憶不生由智微故於中隳地枯渴沈憶

而憶魔附焉憶心妄系故如有撮懸也

又彼定中諸善男子見色陰消受陰明白慧力過定失於猛利以諸勝性懷於心中自心已疑是盧舍那得少爲足此名用心亡失恆審溺於知見悟則無咎非爲聖證若作聖解則有下劣易知足魔入其心腑見人自言我得無上第一義諦失於正受當從淪墜

前以定强智微此又慧力過定皆互有所失故欲等持也色盡受明爲定勝性苟能忘懷不得少爲足因以勝性懷於心中自疑爲佛故得少爲足以致下劣易知足魔附焉以定力微故亡失恆審慧力過故溺於知見

又彼定中諸善男子見色陰消受陰明白新證未獲故心已亡歷覽二際自生艱險於心忽然生無盡憂如坐鐵牀如飲毒藥心不欲活常求於人令害其命早取解脫此名修行失於方便悟則無咎非爲聖證若作聖解則有一分常憂愁魔入其心腑手執刀劒自割其肉欣其捨壽或常憂愁走入山林不耐見人失於正受當從淪墜

歷覽二際苟有方便則不生艱險不致邪憂因失方便故心生艱險以成邪憂自致患害也

又彼定中諸善男子見色陰消受陰明白處清淨中心安隱後忽然自有無限喜生心中歡悅不能自止此名輕安無慧自禁悟則無咎非爲聖證若作聖解則有一分好喜樂魔入其心腑見人則笑於衢路傍自歌自舞自謂已得無礙解脫失於正受當從淪墜

清淨輕安卽色消受明之定相定若兼慧則不生喜悅而正道可通今既無慧自持心生喜悅則定翻成散魔得其便喜樂附焉

又彼定中諸善男子見色陰消受陰明白自謂已足忽有無端大我慢起如是乃至慢與過慢及慢過慢

或增上慢或卑劣慢一時俱發心中尚輕十方如來何況下位聲聞緣覺此名見勝無慧自救悟則無咎非爲聖證若作聖解則有一分大我慢魔入其心腑不禮塔廟摧毁經像謂檀越言此是金銅或是土木經是樹葉或是疊華肉身眞常不自恭敬卻崇土木實爲顛倒其深信者從其毁碎埋棄地中疑誤衆生入無間獄失於正受當從淪墜

此因定中生已足想無慧自救故起諸慢也慢名有七恃已陵他名我慢同德相傲但名曰慢於同爭勝名過慢於勝爭勝曰慢過慢未得謂得名增

上慢以劣自矜名卑劣慢不禮塔廟等即邪慢也今之妄人不禮不誦皆慢魔也

又彼定中諸善男子見色陰消受陰明白於精明中圓悟精理得大隨順其心忽生無量輕安已言成聖得大自在此名因慧獲諸輕清悟則無咎非爲聖證若作聖解則有一分好輕清魔入其心腑自謂滿足更不求進此等多作無聞比丘疑誤衆生墮阿鼻獄失於正受當從淪墜

色消受明即觀心精明也以於精明中圓悟精理得大隨順苟不生心動念不致誤墮因心生輕安自謂成聖自在更不前進故作無聞之儔以致魔附疑誤衆生也

又彼定中諸善男子見色陰消受陰明白於明悟中得虛明性其中忽然歸向永滅撥無因果一向入空空心現前乃至心生長斷滅解悟則無咎非爲聖證若作聖解則有空魔入其心腑乃謗持戒名爲小乘菩薩悟空有何持犯其人常於信心檀越飲酒噉肉廣行婬穢因魔力故攝其前人不生疑謗鬼心久入或食屎尿與酒肉等一種俱空破佛律儀誤入人罪失於正受當從淪墜

明悟即前精明圓悟也以於明悟中得虛明性遂誤執斷空撥無因果成諸邪咎凡爲此者皆空魔也空魔入其心腑者大般若云魔能入一切衆生心令歸依魔黨如漆如膠斷手截臂不以爲難

又彼定中諸善男子見色陰消受陰明白味其虛明深入心骨其心忽有無限愛生愛極發狂便爲貪欲此名定境安順入心無慧自持誤入諸欲悟則無咎非爲聖證若作聖解則有欲魔入其心腑一向說欲爲菩提道化諸白衣平等行欲其行婬者名持法子神鬼力故於末世中攝其凡愚其數至百如是乃至

一百二百或五六百多滿千萬魔心生厭離其身體威德既無陷於王難疑誤衆生入無間獄失於正受當從淪墜

色消受明得虛明性苟無貪味則愛欲不生因深貪虛明生無限愛故使爲貪欲也此卽定境順心無慧自持誤入諸欲以致魔附疑誤衆生耳

阿難如是十種禪那現境皆是受陰用心交互故現斯事衆生頑迷不自忖量逢此因緣迷不自識謂言登聖大妄語成墮無間獄汝等亦當將如來語於我滅後傳示末法偏令衆生開悟斯義無令天魔得其方便保持覆護成無上道

諸陰結文皆云保持覆護等卽深防邪誤助道之意也

阿難彼善男子修三摩地受陰盡者雖未漏盡心離其形如鳥出籠已能成就從是凡身上歷菩薩六十聖位得意生身隨往無礙譬如有人熟寐寱言是人雖則無別所知其言已成音韻倫次令不寐者咸悟其語此則名爲想陰區宇

通敘受滅想現也想者心慮浮相識情妄習能覆妙明障聖道故雖受陰盡其心離身去住自由而得成就上歷聖位之因又得意生身隨往無礙然尙爲想陰所覆故譬熟寐寱言也言是人雖無別知而言已成倫次者喻在想之人雖不知離念境界而見有生死始終歷然也不寐咸悟其語者喻想盡者知諸衆生於妄想中而妄受生死也言六十聖位者自乾慧至妙覺但有五十七位云六十者總舉大數故增三位也

若動念盡浮想消除於覺明心如去塵垢一倫生死首尾圓照名想陰盡是人則能超煩惱濁觀其所由融通妄想以爲其本

明破想陰以超煩惱濁也言想盡而生死首尾圓照者謂生死始終由想念有故想盡則無始終生死惟覺明圓照如人睡醒寱言叵得豈有音韻倫次惟有醒人耳言超煩惱濁者蓋想由根塵所發煩惱因想而生故想盡則超之想能融變使心隨境使境隨心如想酢梅能通質礙故名融通妄想

阿難彼善男子受陰虛妙不遭邪慮圓定發明三摩地中心愛圓明銳其精思貪求善巧爾時天魔候得其便飛精附人口說經法其人不覺是其魔著自言謂得無上涅槃來彼求巧善男子處敷座說法其形

斯須或作比丘令彼人見或為帝釋或為婦女或比丘尼或寢暗室身有光明是人愚迷惑為菩薩信其教化搖蕩其心破佛律儀潛行貪欲口中好言災祥變異或言如來某處出世或言劫火或說刀兵恐怖於人令其家資無故耗散此名怪鬼年老成魔惱亂是人厭足心生去彼人體弟子與師俱陷王難汝當先覺不入輪迴迷惑不知墮無間獄

受陰盡故心得虛妙曰受陰虛妙已無悲等十心曰不遭邪慮由無邪慮所蔽止觀心體發明故曰圓定發明三摩地中想陰定中也圓明即圓妙明

心也愛圓明求善巧者思於圓明之體以發漚和之用故銳其精思以貪善巧也天魔變現教化者示漚和善巧也附人附他人也其人所附人也然則飛精附人斯必附其可附之人亦修定習慧者耳弟子與師即求巧之子說法之師下皆例此

阿難又善男子受陰虛妙不遭邪慮圓定發明三摩地中心愛遊蕩飛其精思貪求經歷爾時天魔候得其便飛精附人口說經法其人亦不覺知魔著亦言自得無上涅槃來彼求遊善男子處敷座說法自形無變其聽法者忽自見身坐寶蓮華全體化成紫金光聚一眾聽人各各如是得未曾有是人愚迷惑為菩薩婬逸其心破佛律儀潛行貪欲口中好言諸佛應世某處某人當是某佛化身來此某人即是某菩薩等來化人間其人見故心生傾渴邪見密興種智消滅此名魅鬼年老成魔惱亂是人厭足心生去彼人體弟子與師俱陷王難汝當先覺不入輪迴迷惑不知墮無間獄

又善男子受陰虛妙不遭邪慮圓定發明三摩地中心愛綿㴩澄其精思貪求契合爾時天魔候得其便飛精附人口說經法其人實不覺知魔著亦言自得

無上涅槃來彼求合善男子處敷座說法其形及彼聽法之人外無遷變令其聽者未聞法前心自開悟念念移易或得宿命或有他心或見地獄或知人間好惡諸事或口說偈或自誦經各各歡娛得未曾有是人愚迷惑為菩薩綿愛其心破佛律儀潛行貪欲口中好言佛有大小某佛先佛某佛後佛其中亦有真佛假佛男佛女佛菩薩亦然其人見故洗滌本心易入邪悟此名魅鬼年老成魔惱亂是人厭足心生去彼人體弟子與師俱陷王難汝當先覺不入輪迴迷惑不知墮無間獄

愛綿㳷者。欲密契妙理也。希契合故。魔與開悟。自開悟下。皆密契之事也。夫忘機寂照。理自玄會。若希求契合。擬心即差。於是天魔得其便也。

又善男子受陰虛妙。不遭邪慮。圓定發明。三摩地中心愛根本。窮覽物化性之終始。精爽其心。貪求辨析。爾時天魔候得其便。飛精附人。口說經法。其人先不覺知魔著。亦言自得無上涅槃。來彼求元善男子處。敷座說法。身有威神。摧伏求者。令其座下。雖未聞法。自然心伏。是諸人等。將佛涅槃菩提法身。即是現前我肉身上。父父子子。遞代相生。即是法身常住不絕。

都指現在。即為佛國。無別淨居及金色相。其人信受。亡失先心。身命歸依。得未曾有。是等愚迷。惑為菩薩。推究其心。破佛律儀。潛行貪欲。口中好言眼耳鼻舌。皆為淨土。男女二根。即是菩提涅槃真處。彼無知者。信是穢言。此名蠱毒魘勝惡鬼。年老成魔。惱亂是人。厭足心生。去彼人體。弟子與師俱陷王難。汝當先覺。不入輪迴。迷惑不知。墮無間獄。

愛窮萬化之本。故爽其心。以辨析。將佛涅槃等者。以肉身為果德。以幻生為常住。而撥無淨土報體。皆因其愛辨析化元。故妄為混融之說也。以穢染為真淨。亦意引媒欲也。夫性海圓澄。森羅自現。苟偏求俗理。翻益漏心。違本禪那。邪鬼斯入。

又善男子受陰虛妙。不遭邪慮。圓定發明。三摩地中心愛懸應。周流精研。貪求冥感。爾時天魔候得其便。飛精附人。口說經法。其人元不覺知魔著。亦言自得無上涅槃。來彼求應善男子處。敷座說法。能令聽眾暫見其身如百千歲。心生愛染。不能捨離。身為奴僕。四事供養。不覺疲勞。各各令其座下人心。知是先師本善知識。別生法愛。黏如膠漆。得未曾有。是人愚迷。惑為菩薩。親近其心。破佛律儀。潛行貪欲。口中好言

我於前世。於某生中。先度某人。當時是我妻妾兄弟。今來相度。與汝相隨。歸某世界。供養某佛。或言別有大光明天。佛於中住。一切如來所休居地。彼無知者。信是虛誑。遺失本心。此名癘鬼。年老成魔。惱亂是人。厭足心生。去彼人體。弟子與師俱陷王難。汝當先覺。不入輪迴。迷惑不知。墮無間獄。

懸應在聖。冥感在已。於未證理。前求其休驗也。

又善男子受陰虛妙。不遭邪慮。圓定發明。三摩地中心愛深入。尅已辛勤。樂處陰寂。貪求靜謐。爾時天魔候得其便。飛精附人。口說經法。其人本不覺知魔著。

亦言自得無上涅槃來彼求陰善男子處敷座說法令其聽人各知本業或於其處語一人言汝今未死已作畜生敕使一人於後蹋尾頓令其人起不能得於是一眾傾心欽伏有人起心已知其肇佛律儀外重加精苦誹謗比丘罵詈徒眾訐露人事不避譏嫌口中好言未然禍福及至其時毫髮無失此大力鬼年老成魔惱亂是人厭足心生去彼人體弟子與師俱陷王難汝當先覺不入輪迴迷惑不知墮無間獄

愛深入幽靜以澄養通力也邪定能具五通本業即宿業畜生是後報此二宿命通也知肇他心通

訐露眼耳通也發人私事曰訐露

又善男子受陰虛妙不遭邪慮圓定發明三摩地中心愛知見勤苦研尋貪求宿命爾時天魔候得其便飛精附人口說經法其人殊不覺知魔著亦言自得無上涅槃來彼求知善男子處敷座說法是人無端於說法處得大寶珠其魔或時化為畜生口銜其珠及雜珍寶簡策符牘諸奇異物先授彼人後著其體或誘聽人藏於地下有明月珠照耀其處是諸聽者得未曾有多食藥草不飡嘉饌或時日飡一麻一麥其形肥充魔力持故誹謗比丘罵詈徒眾不避譏嫌口中好言他方寶藏十方聖賢潛匿之處隨其後者往往見有奇異之人此名山林土地城隍川嶽鬼神年老成魔或有宣婬破佛戒律與承事者潛行五欲或有精進純食草木無定行事惱亂是人厭足心生去彼人體弟子與師俱陷王難汝當先覺不入輪迴迷惑不知墮無間獄

好知潛匿異事貪求宿命也簡策符牘等皆國家奇要之物書大小之事合君臣之信故用之耳授此異物令心信伏後乃著之口中好言下皆乘其見而惑之也宿命者六通之一也小乘修成大乘

發得今進不待發退不從修作念求之故招魔事

又善男子受陰虛妙不遭邪慮圓定發明三摩地中心愛神通種種變化研究化元貪取神力爾時天魔候得其便飛精附人口說經法其人誠不覺知魔著亦言自得無上涅槃來彼求通善男子處敷座說法是人或復手執火光手撮其光分於所聽四眾頭上是諸聽人頂上火光皆長數尺亦無熱性曾不焚燒或水上行如履平地或於空中安坐不動或入瓶內或處囊中越牖透垣曾無障礙惟於刀兵不得自在自言是佛身著白衣受比丘禮誹謗禪律罵詈徒眾

許露人事不避譏嫌口中常說神通自在或復令人旁見佛土鬼力惑人非有真實讚歎行婬不毀麤行將諸猥媟以為傳法此名天地大力山精海精風精河精土精一切草木積劫精魅或復龍魅或壽終僊再活為魅或僊期終計年應死其形不化他怪所附年老成魔惱亂是人厭足心生去彼人體弟子與師多陷王難汝當先覺不入輪迴迷惑不知墮無間獄

化元萬化之本也欲得此本乘之以發神變以愛神變故現撮火履水等事若真神變則不懼刀兵

又善男子受陰虛妙不遭邪慮圓定發明三摩地中

心愛入滅研究化性貪求深空爾時天魔候得其便飛精附人口說經法其人終不覺知魔著亦言自得無上涅槃來彼求空善男子處敷座說法於大眾內其形忽空眾無所見還從虛空突然而出存沒自在或現其身洞如瑠璃或垂手足作旃檀氣或大小便如厚石蜜誹毀戒律輕賤出家口中常說無因無果一死永滅無復後身及諸凡聖雖得空寂潛行貪欲受其欲者亦得空心撥無因果此名日月薄蝕精氣金玉芝草麟鳳龜鶴經千萬年不死為靈出生國土年老成魔惱亂是人厭足心生去彼人體弟子與師多陷王難汝當先覺不入輪迴迷惑不知墮無間獄

欲入滅定以趣空寂也從空出沒等因其好空故依空誑惑口中常說下皆乘其空見而發也近世邪宗妄謂參須實參見須實見遂以因果後身天堂地獄非親見者一皆撥無故得其說者咸謂善惡渺茫浮生不再於是忘戒檢恣婬樂飲噉昏荒以自斷送僥倖顯處掊尅侵虐真謂無天堂地獄矣愚每痛之因箋釋及此感發奮筆冀悟魔說無自陷溺也日月薄蝕精氣流注能為金玉之類薄蝕者氣往迫之曰薄虧毀曰食

又善男子受陰虛妙不遭邪慮圓定發明三摩地中心愛長壽辛苦研幾貪求永歲棄分段生頓希變易細相常住爾時天魔候得其便飛精附人口說經法其人竟不覺知魔著亦言自得無上涅槃來彼求生善男子處敷座說法好言他方往還無滯或經萬里瞬息再來皆於彼方取得其物或於一處在一宅中數步之間令其從東詣至西壁是人急行累年不到因此心信疑佛現前口中常說十方眾生皆是吾子我生諸佛我出世界我是元佛出世自然不因修得此名住世自在天魔使其眷屬如遮文茶及四天王

毗舍童子未發心者利其虛明食彼精氣或不因師
其修行人親自觀見稱執金剛與汝長命現美女身
盛行貪欲未逾年歲肝腦枯竭口兼獨言聽若妖魅
前人未詳多陷王難未及遇刑先已乾死惱亂彼人
以至殂殞汝當先覺不入輪迴迷惑不知墮無間獄
三界惑盡方離分段而得變易今功未成頓欲變
麤身爲細質易短壽爲長齡妄希卽惑矣研幾謂
研窮幾微以深求也萬里瞬息乃得變易者之事
耳陀羅尼經有遮文茶天毗舍童子卽毗舍遮鬼
隷四天王已發心則護人未發心則害人以彼定

力虛明爲利故食其精氣或不因師者不因魔附
之師而親見魔現也口兼獨言聞出異語也
阿難當知是十種魔於末世時在我法中出家修道
或附人體或自現形皆言已成正徧知覺讚歎婬欲
破佛律儀先惡魔師與魔弟子婬婬相傳如是邪精
魅其心腑近則九生多逾百世令眞修行總爲魔眷
命終之後必爲魔民失正徧知墮無間獄
涅槃經云末世魔屬現比丘羅漢等像混壞正法
非毀戒律其意同此
汝今未須先取寂滅縱得無學留願入彼末法之中
起大慈悲救度正心深信衆生令不著魔得正知見
我今度汝已出生死汝遵佛語名報佛恩阿難如是
十種禪那現境皆是想陰用心交互故現斯事衆生
頑迷不自忖量逢此因緣迷不自識謂言登聖大妄
語成墮無間獄汝等必須將如來語於我滅後傳示
末法徧令衆生開悟斯義無令天魔得其方便保持
覆護成無上道
此經始以阿難起教終復囑令弘宣足知大教源
流浚發遐被無非阿難之力則示遭魔事徵心辨
見皆爲末法起大慈悲令不著魔得正知見也當

知昔雖四派示滅今之法化常存與夫在處影響
無非留願之身也
大佛頂如來密因修證了義諸菩薩萬行首楞嚴經
纂註卷第九

大佛頂如來密因修證了義諸菩薩萬行首楞嚴經纂註卷第十

唐天竺沙門般剌密諦譯

唐烏萇國沙門彌伽釋迦譯語

唐菩薩戒弟子前正議大夫同中書門下平章事清河房融筆受

明檇李沙門眞界纂註

阿難彼善男子修三摩地想陰盡者是人平常夢想消滅寤寐恆一覺明虛靜猶如晴空無復麤重前塵影事觀諸世間大地山河如鏡鑑明來無所黏過無蹤跡虛受照應了罔陳習惟一精眞生滅根元從此

披露見諸十方十二眾生畢殫其類雖未通其各命由緒見同生基猶如野馬熠熠清擾為浮根塵究竟樞穴此則名為行陰區宇

通敘想滅行現也浮動妄習晝明則想夕昏則夢汩亂性眞莫得而一擾動覺明莫得而靜故想陰盡者夢想消滅寤寐恆一覺明虛靜猶如晴空也五陰前麤後細故想盡則無麤重影事雖觀萬象而無想念故如鏡鑑明無黏無迹虛受照應了無陳習惟一精眞明極如此故幽隱行陰於是披露也行為萬化生滅根元故其相披露則十二類生之元無不殫見各命由緒識也同生基行也蓋謂雖未能通其十二種類受命元由已能見彼生類俱由行起名此行陰為同生基野馬陽燄浮埃也擾動幽隱故譬野馬乍生乍滅故云熠熠無復麤影故云清擾雖無麤流逸相既行陰未盡則於根塵尙有微細流逸故名行陰為根塵樞穴也

若此清擾熠熠元性性入元澄一澄元習如波瀾滅化為澄水名行陰盡是人則能超眾生濁觀其所由幽隱妄想以為其本

明破行陰以超眾生濁也行陰習擾成性故稱元性元習能滅擾習則歸元澄之本而遷流相盡矣故如波瀾滅化為澄水也生滅不停業運常遷名眾生濁故行盡則超之行陰密移曾無覺悟故曰幽隱妄想

阿難當知是得正知奢摩他中諸善男子凝明正心十類天魔不得其便方得精研窮生類本於本類中生元露者觀彼幽清圓擾動元於圓元中起計度者是人墜入二無因論

夢想消亡寤寐恆一故稱正知奢摩他又稱凝明

正心皆想盡之相也。外魔皆因心召，故想盡凝明，則天魔不至。因無想覆，方得研窮行陰也。生類本即同生基，於本類中生元露者，於同生基見已行元也。由見生元披露，故發觀觀之，以於圓元中妄生邪計，故墜入二無因論。此總標所計也。

一者是人見本無因。何以故？是人既得生機全破，乘於眼根八百功德，見八萬劫所有衆生業流灣環，死此生彼，只見衆生輪迴其處，八萬劫外冥無所觀，便作是解：此等世間十方衆生，八萬劫來無因自有。由此計度，亡正徧知，墮落外道，惑菩提性。

生機全破者，由無想陰所覆，故得行陰披露也。乘於下，謂由定中發宿命通，乃令眼根彰此力用。業流灣環，行陰流轉也。善惡業緣，唯識變造，是人八萬劫外尚不見行，何況於識？故從此來起無因計。

二者是人見末無因。何以故？是人於生既見其根，知人生人，悟烏生烏，烏從來黑，鵠從來白，人天本豎，畜生本橫，白非洗成，黑非染造，從八萬劫無復改移。今盡此形，亦復如是。而我本來不見菩提，云何更有成菩提事？當知今日一切物象皆本無因。

由見生滅根元，不達業理，謬執自然，遂謂人竟生人，乃至黑竟爲黑，從八萬劫無復改移。縱八萬劫滿，人還生人，烏還是黑，云何而有見菩提成菩提之事耶？故計一切物象皆本於無因也。

由此計度，亡正徧知，墮落外道，惑菩提性。是則名爲第一外道立無因論。

牒結二無因也。肇師云：外道末伽黎，謂衆生苦樂不因行得，皆自然耳。正同斯計。當知諸見不出四句，謂斷、常、雙亦、雙非也。上二無因，即斷見；下四徧常及一分無常一分常，乃至死後俱非，即後三句。餘之所計，皆源流於此。

阿難，是三摩中諸善男子，凝明正心，魔不得便，窮生類本，觀彼幽清常擾動元，於圓常中起計度者，是人墜入四徧常論。

所計四種，徧一切法，生滅相續而不失壞，故名徧常。結名圓常，即徧也。

一者是人窮心境性，二處無因，修習能知二萬劫中十方衆生所有生滅，咸皆循環，不曾散失，計以爲常。

是人於勝定中，以心境二法爲所窮處，因修習故，能知二萬劫中衆生循環不滅，故計爲常。

二者是人窮四大元，四性常住，修習能知四萬劫中十方衆生所有生滅咸皆體恆不會散失計以爲常。

此人定中以四大性爲所窮處因修習故能知四萬劫中衆生生滅不失故計爲常。

三者是人窮盡六根末那執受心意識中本元由處性常恆故修習能知八萬劫中一切衆生循環不失本來常住窮不失性計以爲常。

六根及末那執受即八識也言六根者舉所依根顯能依識也心意識中本元即識性也此人觀中以八識之性爲所窮處故能知八萬劫中衆生循環不失遂計爲常此認識神而妄計爲常也。

四者是人既盡想元生理更無流止運轉生滅想心今已永滅理中自然成不生滅因心所度計以爲常。由此計常亡正徧知墮落外道惑菩提性是則名爲第二外道立圓常論。

想元想陰也生理行陰也妄謂流轉生滅皆屬想心今已永滅則理中自然成不生滅不知行陰即生滅元此即生滅中計不生滅也由此下總結前四。

又三摩中諸善男子堅凝正心魔不得便窮生類本觀彼幽淸常擾動元於自他中起計度者是人墜入四顛倒見一分無常一分常論。

於自他境妄起倒見其類有四各計一分無常一分有常。

一者是人觀妙明心徧十方界湛然以爲究竟神我從是則計我徧十方凝明不動一切衆生於我心中自生自死則我心性名之爲常彼生滅者眞無常性。

妙明圓湛離我我所而行者於此妄立神我從是計我徧凝不動而諸衆生於中生死遂計自爲常計他無常也。

二者是人不觀其心徧觀十方恆沙國土見劫壞處

名爲究竟無常種性劫不壞處名究竟常。

國土非一行人既徧觀十方故見未壞者計之爲常見已壞者計爲無常也。

三者是人別觀我心精細微密猶如微塵流轉十方性無移改能令此身即生即滅其不壞性名我性常一切死生從我流出名無常性。

微塵喻精微也謂由心精密運令身生滅故計爲無常而心不壞滅遂計爲常。

四者是人知想陰盡見行陰流行陰常流計爲常性色受想等今已滅盡名爲無常由此計度一分無常

一分常故墮落外道惑菩提性。是則名爲第三外道一分常論。

此就四陰以計常無常也。蓋幻陰一體遷流一相。因其見今妄昔。故以流者爲常。遷者爲滅也。

又三摩中諸善男子。堅凝正心。魔不得便。窮生類本。觀彼幽清常擾動元。於分位中生計度者。是人墜入四有邊論。

分位有四。謂三際分位。見聞分位。彼我分位。生滅分位。

一者是人心計生元流用不息。計過未者名爲有邊。

計相續心名爲無邊。

生元流用。行陰也。因遷流計三際。以過者已滅。來者未見。故名有邊。現在相續。故名無邊。不知眞際本非有邊無邊也。

二者是人觀八萬劫。則見衆生。八萬劫前寂無聞見。無聞見處名爲無邊。有衆生處名爲有邊。

前以不見爲有邊。此以無聞爲無邊。乃回互倒計也。

三者是人計我徧知得無邊性。彼一切人現我知中。我曾不知彼之知性。名彼不得無邊之心。但有邊性。

我能徧知一切衆生。則一切衆生現爲我知。故我得無邊性。由不能知彼人性徧。故計彼性以爲有邊也。

四者是人窮行陰空。以其所見心路籌度。一切衆生一身之中計其咸皆半生半滅。明其世界一切所有。一半有邊一半無邊。由此計度有邊無邊墮落外道。惑菩提性。是則名爲第四外道立有邊論。

因窮行陰。而心見籌度。故計一陰爲半生半滅。根身器界一切皆然。此則以生爲有邊。滅爲無邊也。

又三摩中諸善男子。堅凝正心。魔不得便。窮生類本。觀彼幽清常擾動元。於知見中生計度者。是人墜入

四種顛倒不死矯亂徧計虛論。

以邪倒故。於知見中狂解不決。遂矯亂其語也。準婆沙論釋。外道計天常住。名爲不死。計不亂答得生彼天。若實不知而輒答者。恐成矯亂。故有問時。答言祕密言辭。不應皆說。或不定答。佛法訶云。此眞矯亂。故名不死矯亂虛論。今之邪人妄謂得道而中無主正。矯惑於人者。多類此四。

一者是人觀變化元。見遷流處名之爲變。見相續處名之爲恆。見所見處名之爲生。不見見處名之爲滅。

相續之因性不斷處名之爲增正相續中中所離處名之爲減各各生處名之爲有互互亡處名之爲無以理都觀用心別見有求法人來問其義答言我今亦生亦滅亦有亦無亦增亦減於一切時皆亂其語令彼前人遺失章句

於一生滅行陰分爲八義別見謂變恆生滅增減有無也用心別見即異見也答中略舉六義以所見而爲所得即以所見而答故云亦生亦滅等

二者是人諦觀其心互互無處因無得證有人來問惟答一字但言其無除無之餘無所言說

互互無即念念滅相也得證者悟一切法皆無也

三者是人諦觀其心各各有處因有得證有人來問惟答一字但言其是除是之餘無所言說

各各有即念念生相也言無言是皆不明答

四者是人有無俱見其境枝故其心亦亂有人來問答言亦有即是亦無亦無之中不是亦有一切矯亂無容窮詰由此計度矯亂虛無墮落外道惑菩提性是則名爲第五外道四顚倒性不死矯亂偏計虛論

言境枝者枝如樹枝差互不一由心亦生亦滅故見境亦有亦無也

又三摩中諸善男子堅凝正心魔不得便窮生類本觀彼幽清常擾動元於無盡流生計度者是人墜入死後有相發心顚倒或自固身云色是我或見我圓含徧國土云我有色或彼前緣隨我迴復云色屬我或復我依行中相續云我在色皆計度言死後有相如是循環有十六相

無盡流即行相續相也以生滅滅生相繼不絕故計死後有相或自下謂由心顚倒故固執色身以色是我此即色是我也又謂我體圓徧色爲我有即我大色小色在我中前緣即目前之色也色屬

我即離色是我也行中相續云我在色即色大我小我在色中於色作此四計受想行陰亦然故成十六相皆計死後復有也不計識陰者以幽祕未現故

從此或計畢竟煩惱畢竟菩提兩性並驅各不相觸由此計度死後有故墮落外道惑菩提性是則名爲第六外道立五陰中死後有相心顚倒論

此旁計有爲無爲諸法畢竟並驅者謂煩惱菩提不相陵滅皆後有故言五陰者從通結也

又三摩中諸善男子堅凝正心魔不得便窮生類本

觀彼幽清常擾動元於先除滅色受想中生計度者是人墜入死後無相發心顛倒見其色滅形無所因觀其想滅心無所繫知其受滅無復連綴陰性消散縱有生理而無受想與草木同此質現前猶不可得死後云何更有諸相因之勘校死後相無如是循環有八無相

陰性消散謂色受想滅也生理即行陰謂無受想則行亦滅也此約四陰現在因亡未來果滅因果合論故成八非

從此或計涅槃因果一切皆空徒有名字究竟斷滅

由此計度死後無故墮落外道惑菩提性是則名為第七外道立五陰中死後無相心顛倒論

前旁計諸法後有此旁計諸法後無

又三摩中諸善男子堅凝正心魔不得便窮生類本觀彼幽清常擾動元於行存中兼受想滅雙計有無自體相破是人墜入死後俱非起顛倒論

行存有相也受想滅無相也以前後相例則存者終無雖有非有滅者曾有雖無不無四陰雙計故成八非

色受想中見有非有行遷流內觀無不無如是循環窮盡陰界八俱非相隨得一緣皆言死後有相無相

色等三陰先雖是有而今破盡故云非有例行亦爾此四非有也行遷流內觀無不無者若將行陰例前為無現且念念遷流不斷此又非無行既非無前三亦爾此四非無也如是循環等謂將四陰循歷相例一一皆見非有非無今言有無者有即非無無即非有也

又計諸行性遷訛故心發通悟有無俱非虛實失措

此又約生滅流變以計俱非也現見諸行遷變生中無滅故非無滅中無生故非有由是通悟一切

皆非有非無故云有無俱非虛實失措者謂諸法既非有無豈可定其虛實故云虛實失措

由此計度死後俱非後際昏瞢無可道故墮落外道惑菩提性是則名為第八外道立五陰中死後俱非心顛倒論

後際下釋死後俱非之義無可道者言有不有言無不無現在尚爾豈況死後不覺不知而可道耶故計死後俱非也

又三摩中諸善男子堅凝正心魔不得便窮生類本觀彼幽清常擾動元於後後無生計度者是人墜入

七斷滅論。

見行陰念念滅處名後後無由是妄計設生人天七處後皆斷滅。

或計身滅或欲盡滅或苦盡滅或極樂滅或極捨滅如是循環窮盡七際現前消滅滅已無復由此計度死後斷滅墮落外道惑菩提性是則名爲第九外道立五陰中死後斷滅心顚倒論。

身滅卽欲界人天二處也欲盡初禪也苦盡二禪也極樂三禪也極捨四禪及無色也是名七際謂七際事相皆現前消滅更無復生終歸斷滅也。

又三摩中諸善男子堅凝正心魔不得便窮生類本觀彼幽清常擾動元於後後有生計度者是人墜入五涅槃論或以欲界爲正轉依觀見圓明生愛慕故或以初禪性無憂故或以二禪心無苦故或以三禪極悅隨故或以四禪苦樂二亡不受輪迴生滅性故迷有漏天作無爲解五處安隱爲勝淨依如是循環五處究竟由此計度五現涅槃墮落外道惑菩提性是則名爲第十外道立五陰中五現涅槃心顚倒論。

見行滅復生名後後有妄於五處計涅槃果言轉依者謂轉生死依涅槃也或於欲界悟圓明理遂以欲界卽轉依處或以初禪離憂二禪離苦三禪極喜四禪極捨卽轉依處是謂五現涅槃也迷有等者不知此天皆屬有漏非無爲果非究竟也。

阿難如是十種禪那狂解皆是行陰用心交互故現斯悟衆生頑迷不自忖量逢此現前以迷爲解自言登聖大妄語成墮無間獄汝等必須將如來語於我滅後傳示末法徧令衆生覺了斯義無令心魔自起深孽保持覆護消息邪見教其身心開覺眞義於無上道不遭枝歧勿令心祈得少爲足作大覺王清淨標指。

前云禪那現境乃天魔候得其便此云禪那狂解乃心魔自起深孽凡見道不眞多歧妄計皆卽狂解是謂心魔最宜深防也汝等下令弘宣人將如來語偏爲羣生保持覆護使魔不侵孽不作不墮邪歧不取小證而直登覺位是謂作大覺王標指也然則楞嚴垂教待羣生者甚厚望行人者非輕吾徒宜勉旃。

阿難彼善男子修三摩地行陰盡者諸世間性幽清擾動同分生機倐然隳裂沈細綱紐補特伽羅酬業深脉感應懸絕於涅槃天將大明悟如雞後鳴瞻顧

東方已有精色。六根虛靜無復馳逸。內內湛明入無所入。深達十方十二種類受命元由。觀由執元諸類不召。於十方界已獲其同。精色不沈。發現幽祕。此則名爲識陰區宇。

通敘行滅識現也。行爲世間遷流之體。性擾動生機之綱紐。補特酬業之深脉。能隱晦性天。馳逸六根汨擾內湛。爲浮根塵究竟樞穴。故行陰盡者。生機綱紐倏然隳裂。補特深脉感應懸絕。而性天將大明悟。六根無復馳逸。以不馳逸。故內內湛明。以無樞穴。故入無所入。反動而靜。深之又深。故云內

內也。涅槃性天。爲五陰所覆。昏如長夜。前三陰盡如雞初鳴。雖爲曙兆。猶沈二陰。精色未分。此行陰盡。如雞後鳴。惟餘一陰。故云將大明悟。受命元由。識陰也。以行滅識現。故深達無樞穴。故可觀。無遷流故可執。不作業故不召。以見能變十方依正。識體故云已獲其同。性天精色雖未明徹。而幽祕之相已發現矣。此識陰之相也。然經中內內湛明之說。解自長水至於環師。皆以內內爲止觀深入之效。故云深之又深。因吳興集解謂內內或作內外然亦未敢妄改聖經。厥後不知何人妄改。故遵經語及義海正之。

若於羣召已獲同中。消磨六門。合開成就。見聞通鄰互用清淨。十方世界及與身心。如吠瑠璃內外明徹。名識陰盡。是人則能超越命濁。觀其所由。罔象虛無顛倒妄想以爲其本。

明破識陰以超命濁也。羣召同中。卽十二類命元識陰也。若於此中以定慧力消磨六門。使根合而不分。界開而不隔。則見聞圓通。六根互用。由是外之世界。內之身心。無復留礙。此識陰盡之相也。性本一眞。由塵隔越。性用之間。同異失準。名爲命濁。

故識盡則超之。識乃妄覺影明。元無自體。由顛倒起。故名罔象虛無顛倒妄想。

阿難當知。是善男子窮諸行空。於識還元。已滅生滅而於寂滅精妙未圓。能令已身根隔合開。亦與十方諸類通覺。覺知通溜。能入圓元。若於所歸立眞常因生勝解者。是人則墮因所因執。娑毗迦羅所歸冥諦成其伴侶。迷佛菩提。亡失知見。是名第一立所得心成所歸果。違遠圓通。背涅槃城。生外道種。

識由行流。故行空則還元。既空行陰。則已滅生滅。向依識元。故寂滅未圓。由於定中漸破識陰消磨

六門故能令已六知根溜合無隔諸類覺性通融不二能入圓元也圓元卽融根隔通諸類之識元若於所歸圓元識陰而立爲眞因則墮因所因執蓋眞因非所有所皆妄娑毗外道認阿賴耶識未形之前冥然初相爲所歸冥因正同此也以心有所得果有所歸卽因卽果皆墮所妄所以違圓通背涅槃也

阿難又善男子窮諸行空已滅生滅而於寂滅精妙未圓若於所歸覽爲自體盡虛空界十二類內所有衆生皆我身中一類流出生勝解者是人則墮能非

能執摩醯首羅現無邊身成其伴侶迷佛菩提亡失知見是名第二立能爲心成能事果違遠圓通背涅槃城生大慢天我偏圓種

覽識元爲自體而謂一切衆生自此流出遂執我能生彼而實不能故曰能非能執摩醯首羅卽色頂天王也妄計我能現起無邊衆生亦能非能類能爲心能事果者計我能爲彼依能成彼事也大慢天卽摩醯首羅天也不能謂能故名大慢偏圓者計我體圓偏空界也

又善男子窮諸行空已滅生滅而於寂滅精妙未圓

若於所歸有所歸依自疑身心從彼流出十方虛空咸其生起卽於都起所宣流地作眞常身無生滅解在生滅中早計常住旣惑不生亦迷生滅安住沈迷生勝解者是人則墮常非常執計自在天成其伴侶迷佛菩提亡失知見是名第三立因依心成妄計果違遠圓通背涅槃城生倒圓種

以識元爲所歸依故疑彼能生我及一切法遂計生起流出之處爲眞常無生之體此則在生滅中妄計常住旣惑眞不生性又迷現生滅法以非常爲常故名常非常執旣計彼能生我卽與計自在

天能生一切者同矣由依識元妄計常住故曰立因依心成妄計果由計妄識爲不生滅能生身心及一切法故名倒圓

又善男子窮諸行空已滅生滅而於寂滅精妙未圓若於所知知偏圓故因知立解十方草木皆稱有情與人無異草木爲人人死還成十方草樹無擇偏知生勝解者是人則墮知無知執婆吒霰尼執一切覺成其伴侶迷佛菩提亡失知見是名第四計圓知心成虛謬果違遠圓通背涅槃城生倒知種

所知卽所觀識陰也謂識有知而一切法由知變

起因計知體圓徧諸法。遂立異解。謂無情徧皆有知。無所簡擇。故曰無擇徧知。此以無知爲知。故名知無知執。婆吒霰尼。二外道也。執一切覺。謂執一切有知。此謬計圓知。以爲因心。則果終虛謬矣。以無知爲知。是倒知也。問。常說無情有性。無情作佛。何異此文邪執乎。答。不然。常住眞心。一體不二。用諸妄想。依正乃分。是故眾生草樹。悉如空華。當知草樹山河。皆是有情自心所變。故說有情有佛性時。卽草樹有性。說有情成佛時。卽草樹成佛。以心外無境。故華外無空。故波不離水。故執情不了。乃

謂一一草木各各有知。遂說木死爲人。人死爲木。未明一體。謬計偏圓也。

又善男子。窮諸行空。已滅生滅。而於寂滅精妙未圓。若於圓融根互用中。已得隨順。便於圓化一切發生。求火光明。樂水清淨。愛風周流。觀塵成就。各各崇事。以此羣塵發作本因。立常住解。是人則墮生無生執。諸迦葉波幷婆羅門。勤心役身事火崇水。求出生死。成其伴侶。迷佛菩提。亡失知見。是名第五計著崇事。迷心從物。立妄求因。求妄冀果。違遠圓通。背涅槃城。生顚化種。

識陰盡者。消磨六門。諸根互用。今此未盡。則於定中纔得隨順而已。因隨圓互。便於圓化之中。妄計一切皆能發生勝果。謂火能顯發光明。乃至塵能成就器界。遂則邪求邪觀。而勤心崇事。執爲能生勝果。而實不能。故名生無生執。卽三迦葉波諸外道之儔也。既迷眞心從物。求冀則因果皆妄。顚倒化理。名顚化種。

又善男子。窮諸行空。已滅生滅。而於寂滅精妙未圓。若於圓明計明中虛。非滅羣化。以永滅依爲所歸依。生勝解者。是人則墮歸無歸執。無想天中諸舜若多

成其伴侶。迷佛菩提。亡失知見。是名第六圓虛無心成空亡果。違遠圓通。背涅槃城。生斷滅種。

觀理不諦。誤墮虛無。故於圓明識性之中。計皆虛無。於是絕滅羣化。歸於永滅。而不知其非。名歸無歸執。舜若多。云空。言無想舜若。卽執斷空外道也。由執斷空。故以圓虛無爲因心。成空亡之斷果。永滅依。卽外道之涅槃也。

又善男子。窮諸行空。已滅生滅。而於寂滅精妙未圓。若於圓常。固身常住。同於精圓。長不傾逝。生勝解者。是人則墮貪非貪執。諸阿斯陀求長命者。成其伴侶。

迷佛菩提亡失知見是名第七執著命元立固妄因趣長勞果違遠圓通背涅槃城生妄延種

圓常精圓皆識元也以精圓長不傾逝遂欲固保其身與之並存且身本無常實不可貪而妄貪堅久自不知其非名貪非貪執阿斯陀此云無比即長壽僊也彼雖延長然終歸壞滅今此欲固妄身以求常住故云趣長勞果不應延而延故云妄延勞應作牢聲之誤也

又善男子窮諸行空已滅生滅而於寂滅精妙未圓觀命互通卻留塵勞恐其銷盡便於此際坐蓮華宮

廣化七珍多增寶媛恣縱其心生勝解者是人則墮眞無眞執吒枳迦羅成其伴侶迷佛菩提亡失知見是名第八發邪思因立熾塵果違遠圓通背涅槃城生天魔種

以識陰爲十二類生之命元彼我互通識陰若盡衆生命盡我命亦盡誰證眞常誰爲所化故便於定中化諸欲境以留塵勞不令銷盡也依此邪思欲證眞常而不知其非名眞無眞執吒枳迦羅能化欲境自娛即欲頂自在天類也因其邪思感生天魔惟恣塵欲名熾塵果媛美女也

又善男子窮諸行空已滅生滅而於寂滅精妙未圓於命明中分別精麤疏決眞僞因果相酬惟求感應背清淨道所謂見苦斷集證滅修道居滅已休更不前進生勝解者是人則墮定性聲聞諸無聞僧增上慢者成其伴侶迷佛菩提亡失知見是名第九圓精應心成趣寂果違遠圓通背涅槃城生纏空種

命明者即識陰也蓋生滅由識精麤由業故依四諦分別決擇以苦集爲麤僞以滅道爲精眞於是專修道因求感滅果以少爲足故居滅即休斯特定性聲聞上慢之儔也此則圓精應爲因心成趣

寂之小果爾精應者即決擇麤業惟求精應證於偏眞纏空趣寂而已

又善男子窮諸行空已滅生滅而於寂滅精妙未圓若於圓融清淨覺明發研深妙即立涅槃而不前進生勝解者是人則墮定性辟支諸緣獨倫不迴心者成其伴侶迷佛菩提亡失知見是名第十圓覺湣心成湛明果違遠圓通背涅槃城生覺圓明不化圓種

融淨覺明即識精也雖無惑習圓融清淨而未離於識故云覺明若以此爲深妙立爲果證則定性緣覺獨覺而已此則圓覺湣爲因心成湛明之滯

果爾以所覺止於圓融覺明而定性不迴故名覺圓明不化圓種也上陳五十魔境皆是識情錯解邪悟未得正見者擬心動念皆墮其中雖證緣覺辟支猶爲迷佛菩提亡失知見所以覺皇苦口垂慈勤心辨析欲人之不迷不失也然則如之何而可得也當於五十位類審諦觀察覺已心念不墮其中斯得矣

阿難如是十種禪那中途成狂因依迷惑於未足中生滿足證皆是識陰用心交互故生斯位衆生頑迷不自忖量逢此現前各以所愛先習迷心而自休息

將爲畢竟所歸寧地自言滿足無上菩提大妄語成外道邪魔所感業終墮無間獄聲聞緣覺不成增進汝等存心秉如來道將此法門於我滅後傳示末世普令衆生覺了斯義無令見魔自作沈孽保綏哀救消息邪緣令其身心入佛知見從始成就不遭歧路

窮道失趣故中途成狂因依迷惑故於未足中生滿足證所愛先習即無始習氣也以所愛先習各有所偏故休息歸寧之地不一是以前八依之終墮惡道後二依之不成增進最宜深防也前防心魔此防見魔助道之要盡矣

如是法門先過去世恆沙劫中微塵如來乘此心開得無上道識陰若盡則汝現前諸根互用從互用中能入菩薩金剛乾慧圓明精心於中發化如淨瑠璃內含寶月如是乃超十信十住十行十回向四加行心菩薩所行金剛十地等覺圓明入於如來妙莊嚴海圓滿菩提歸無所得

先聖乘此心開得道後學固宜勉究也識盡則消磨六門故諸根互用從互用中入金剛慧發圓明心即心開事也直超信等入如來海歸無所得即得道事也妙莊嚴海者統衆德合異流不嚴而嚴

無證而證之果海也前稱首楞嚴萬行爲妙莊嚴路則趣此而已然此云從互用中能入菩薩金剛乾慧者即前云返流全一欲愛乾枯乾有其慧也此云圓明精心於中發化者即前云六用不行十方國土皎然清淨也此云如淨瑠璃內含寶月者即前云譬如瑠璃內懸明月也但前明依位漸修此顯一超直入頓漸爲異耳

此是過去先佛世尊奢摩他中毗婆舍那覺明分析微細魔事魔境現前汝能諳識心垢洗除不落邪見陰魔消滅天魔摧碎大力鬼神褫魄逃逝魑魅魍魎

無復出生直至菩提無諸少乏下劣增進於大涅槃
心不迷悶若諸末世愚鈍衆生未識禪那不知說法
樂修三昧汝恐同邪一心勸令持我佛頂陀羅尼呪
若未能誦寫於禪堂或帶身上一切諸魔所不能動
汝當恭欽十方如來究竟修進最後垂範
總結五陰辨魔之意使知深防也奢摩他中毗婆
舍那者即定之慧也覺明謂妙覺圓明也蓋先佛
世尊由覺明分析止觀微細魔事故靡不委悉行
人識之則心垢洗除諸魔殄滅直至菩提無乏少
也若諸下爲愚鈍無知者敎勸持呪以祛魔魅也

汝當下誡令欽奉最後垂範褫猶喪也
阿難即從座起聞佛示誨頂禮欽奉憶持無失於大
衆中重復白佛如佛所言五陰相中五種虛妄爲本
想心我等平常未蒙如來微細開示又此五陰爲併
消除爲次第盡如是五重詣何爲界惟願如來發宣
大慈爲此大衆淸明心目以爲末世一切衆生作將
來眼佛告阿難精眞妙明本覺圓淨非留死生及諸
塵垢乃至虛空皆因妄想之所生起斯元本覺妙明
精眞妄以發生諸器世間如演若多迷頭認影
此問五陰之本及頓漸因界也然如來將明五陰
妄想先示本無諸妄故云精眞妙明等蓋生死妄
業塵垢妄緣眞淨性中旣無所留全因妄發乃至
虛空亦因妄起斯元下牒明從眞起妄之相令識
虛妄謂妙明精眞本無諸相由迷妄故生諸世間
則世間相畢竟虛妄故喩迷頭認影由是則五陰
相中五妄爲本從可知矣
妄元無因於妄想中立因緣性迷因緣者稱爲自然
彼虛空性猶實幻生因緣自然皆是衆生妄心計度
阿難知妄所起說妄因緣若妄元無說妄因緣元無
所有何況不知推自然者是故如來與汝發明五陰

本因同是妄想
明妄無因不容計度也知妄所起可說因緣不知
所起因緣何有況推自然得非妄計耶是故下結
指五陰本因旣同是妄則五陰亦非實矣
汝體先因父母想生汝心非想則不能來想中傳命
如我先言心想酢味口中涎生心想登高足心酸起
懸崖不有酢物未來汝體必非虛妄通倫口水如何
因談酢出是故當知汝現色身名爲堅固第一妄想
想爲虛妄影像欲愛深脉遺體自想愛流出故曰
體因父母想生陰心乘想愛冥求故曰心於想中

傳命。酢梅等說。以驗體因妄結。故與妄理相應。若非妄倫。則妄不能感也。體因想生。心因想起。命因想傳。諸想交固以成色陰。故名堅固妄想。

卽此所說臨高想心。能令汝形眞受酸澀。由因受生。能動色體。汝今現前順益違損二現驅馳。名為虛明第二妄想。

臨高空想。而酸澀眞發。由因受生者。謂因想故受生也。能動色體。卽形受酸澀也。汝今下。正示受相。謂因違順之幻境生損益之妄受。則受陰無體虛有所明。故名虛明妄想。

由汝念慮使汝色身。身非念倫。汝身何因隨念所使。種種取像。心生形取。與念相應。寤卽想心。寐為諸夢。則汝想念搖動妄情。名為融通第三妄想。

念慮虛情也。色身實質也。虛實不倫而能相使者。由想融之也。心生虛想。形取實物。心形異用而能相應者。由想通之也。至於寤寐搖變。使心隨境。使境隨心。皆融通妄想也。

化理不住。運運密移。甲長髮生。氣消容皺。日夜相代。曾無覺悟。阿難。此若非汝。云何體遷。如必是眞。汝何無覺。則汝諸行念念不停。名為幽隱第四妄想。

此若非汝。指化理不住等。云何體遷。詰其甲長髮生等。如必下。若謂體遷實是汝者。何不覺此相代之相。以不覺故。行陰生滅。名為幽隱。

又汝精明湛不搖處。名恆常者。於身不出見聞覺知。若實精眞。不容習妄。何因汝等曾於昔年覩一奇物。經歷年歲。憶忘俱無。於後忽然覆覩前異。記憶宛然。曾不遺失。則此精了湛不搖中。念念受熏。有何籌算。阿難當知。此湛非眞。如急流水。望如恬靜。流急不見。非是無流。若非想元。寧受妄習。非汝六根互用合開。此之妄想無時得滅。故汝現在見聞覺知中串習幾。

則湛了內罔象虛無。第五顛倒細微精想。

精湛不搖。識體也。見聞覺知。識用也。非眞常而執常。故牒云名恆常者。若實精眞。不容妄習。今能藏昔宛不遺失。卽妄習也。則湛雖不搖。而念念受熏。其容妄多矣。以湛非眞湛。特幽潛不覺。故譬急流之水。幽潛流注。不可測知。此眞憶想之元。容妄之體也。直須消磨六門。使妄習無寄。然後可滅。串常習也。幾微也。蓋言見聞覺知之中。念念熏習微細之相。卽是第五顛倒細微精想。似無曰罔。似有曰象。其體精微。故名罔象虛無顛倒精想也。

阿難。是五受陰。五妄想成。汝今欲知因界淺深。惟色與空。是色邊際。惟觸及離。是受邊際。惟記與忘。是想邊際。惟滅與生。是行邊際。湛入合湛。歸識邊際。

初二句結前。汝今下明界相。五受陰亦曰五取蘊。由一念迷妄。受此取此。以自蔽藏也。言因界者。本無有界。由妄相因也。故色不自色。因空有色。成色邊際。乃至滅不自滅。因生有滅。成行邊際。湛入合湛歸識邊際者。上湛即生滅。下湛即不生滅。所謂生滅與不生滅和合。名阿梨耶識。故歸識邊際也。

此五陰元重疊生起。生因識有。滅從色除。理則頓悟。

乘悟併消。事非頓除。因次第盡。我已示汝劫波巾結。何所不明。再此詢問。

眞譬劫波巾。體識譬初結。色譬最後結也。生因識有者。如後結依初結生。滅從色除者。如解從後解也。五陰生起。從細至麤。由迷眞有識。乃至有色。滅則從麤至細。必破色而後受現。乃至破行而後識現也。理則頓悟。乘悟併消者。謂了陰無體。五陰併亡也。事非頓除。因次第盡者。謂理雖頓悟。事假漸除。如巾雖無異結。須漸除也。若不漸除。則有解無行。執理迷事。終非正修眞三摩地也。

汝應將此妄想根元。心得開通。傳示將來末法之中諸修行者。令識虛妄。深厭自生。知有涅槃。不戀三界。

令以此義自覺覺他。永斷妄元。齊歸正果也。上明助道分竟。正宗大分。文終於此。下乃流通分也。

阿難。若復有人。徧滿十方所有虛空。盈滿七寶。持以奉上微塵諸佛。承事供養。心無虛度。於意云何。是人以此施佛因緣。得福多不。阿難答言。虛空無盡。珍寶無邊。昔有眾生。施佛七錢。捨身猶獲轉輪王位。況復現前虛空既窮。佛土充徧。皆施珍寶。窮劫思議。尚不能及。是福云何更有邊際。佛告阿難。諸佛如來。語無

虛妄。若復有人。身具四重十波羅夷。瞬息即經此方他方阿鼻地獄。乃至窮盡十方無間。靡不經歷。能以一念將此法門。於末劫中開示未學。是人罪障。應念消滅。變其所受地獄苦因。成安樂國。得福超越前之施人。百倍千倍千萬億倍。如是乃至算數譬喻所不能及。

校量顯勝。流通是法也。蓋以法示人。能消劇報。變苦為樂。如此其勝者。使人因之明心見性。脫粘復湛。解六亡一。破陰褫魔。不歷僧祇獲寶王果故也。彼既如是。則此消劇報。猶淺近言耳。誠將與彼同

證也。

阿難若有衆生能誦此經能持此呪如我廣說窮劫不盡依我教言如教行道直成菩提無復魔業。

上勸流通此勸誦持及依教修行也。

佛說此經已比丘比丘尼優婆塞優婆夷一切世間天人阿脩羅及諸他方菩薩二乘聖僊童子并初發心大力鬼神皆大歡喜作禮而去。

皆在會聽衆也聖僊童子即天僊類大力鬼神諸護法者隨所證量皆得法喜也。

大佛頂如來密因修證了義諸菩薩萬行首楞嚴經纂註卷第十

後序

原夫佛所得法甚深難解以舍利弗大智猶盡思不能測註釋若爲盡之而何用纂爲曰古德不云乎纔有信入皆可爲人從是長水溫陵諸家雖皆當世英才智超羣品而不無麤妙相形顯晦異趣其間集衆美而會大成豈云小補此纂註之所由作也第諸家所註各擅一長使於註不能洞燭羣言則糾纏而鮮要於已不能深會佛意亦紛遝而無宗猶夫未纂也幻師於楞嚴則積功二十餘年易藁凡四五度其照徹諸家同異如指諸掌故自甲午結夏徑山清涼演說至五十五位恍然信入又作五十五頌註以頌顯頌以註證而楞嚴之義彰彰矣纂註委悉已見經前引中而頌文仍綴卷末以便披閱觀者按圖而索之庶乎不得於註猶得於頌而幻師爲人之心誠深且切也或有謂予曰近世講席方贅疣諸解而此輒勞勞纂輯而復頌之能逃添足之誚乎予曰此爲佛語玄微总在說破欲學者自求而得之斯可耳旣已形之言矣與註釋何異哉且言說僅濟一時而復非人不繼卽令代不乏人而傳久失眞必須得文可證故知註不迷人人迷於註脫肯自求而得豈於註釋有

妨而防彼執註爲經者。至捨註而取言亦一義也聞者意解遂併識之。

萬歷歲在乙未仲春望日來吳沙門釋如奇書於徑山喝石山房

首楞嚴經頌

頌海衆雲集求示深奧爲楞嚴發起一章

諸來清衆集祇林。欽想慈嚴布法雲。敷座宴安示深奧。遞相欣慶未曾聞。

頌匿王請佛阿難行乞誤墮婬室爲發起教緣一章

匿王延佛入宮闈。齋畢無言竟爾歸。知彼術加難解脫。放光說呪破重圍。

不遑僧次獨歸遲。欽仰無遮行等慈。乞食婬坊遭幻術。加持呪力實難思。

未全道力枉多聞。得息婬機仗密音。提獎歸來同見佛。慚惶悲泣恨何深。

頌請示最初方便一章

創問菩提本起因。瞿曇詰處意何親。可憐不識衣中寶。流浪窮途作乞人。

頌有三摩提名大佛頂首楞嚴王至七處徵心一章

廓然清淨本無方。眞照無私體自光。滯有著空情未瞥。何能得見法中王。

頌不知眞際請示奢摩他路一章

不知眞際溺多聞。婬術交加惡見紛。請示奢摩他路法。欲知眞際息迷情。

頌指所迷衆示二種根本一章

凡夫逐妄枉沈淪。迷性修行非正因。指示菩提生死本。令人識妄自知眞。

頌舉拳詰心復認能推一章

舉拳驗見詰其心。復認能推是本眞。一昧奢摩他路矣。無邊生死自相親。

頌破能推之心一章

動屬前塵靜法塵。一離二境卽無情。能推覺觀從茲滅。修證無生孰與行。

頌不知寂常心性請示妙心道眼一章

二障相纏昧寂常性天慧日兩無光法幢大建高
揮抹心眼清明萬法忘
當機猶佇佛慈音故問陳如悟道因若識主空元
不動寂常眞性在當人
屈指飛光意甚殷挪堪認物逐前塵若知見性元
無動身境消亡契本眞
頌云何發揮證知此心不生滅地觀河之見一章
罔知覺性無生滅即以觀河見指迷悟得本來無
變異不勞動步證菩提
頌若此見聞必不生滅認妄爲眞一章

見聞知覺本非眞遺失圓明認影塵棄海認漚情
已妄執漚爲海轉迷津
頌承佛妙音悟妙明心元所圓滿等一章
承佛圓音悟性眞其如所獲但緣塵能知指客咸
無實心法雙亡見本人
頌若我心性各有所還八還辯見一章
明暗諸緣悉有還圓明見性自無還因迷本淨無
還者常被漂淪深可憐
頌我雖識此見性無還云何得知是我眞性一章
萬形雖異性無殊周徧河沙體湛如驀忽相逢無

孔鼻即知自足不求餘
頌若此見性必我非餘舒縮夾絕一章
迷卻眞心逐外塵方圓大小橫交陳一能轉物全
空體應用無方妙入神
頌若此見精必我妙性乃至無是非是一章
見性未圓能所立內心外境豈融通是非物我情
忘也一覺圓融萬法同
頌見見之時見非是見破妄見顯眞見一章
眞見猶然絕照功能緣之見合消融妄眞俱盡離
還遣水色山光觸處逢

頌因迷見見非見許示奢摩他觀照一章
妄見虛無容可識眞離見相罔知歸只因慶喜增
迷悶許示三摩觀照微
頌覺所覺眚覺非眚中示奢摩他觀照釋見見非見
疑一章
寂而常照萬緣空照覺無私混寂中所覺既空眞
照寂從前迷悶自銷融
頌因緣自然和合與不和合前後諸章
和合因緣及自然空華猶是翳於先執除緣謝心
明露翳去華亡空體圓

頌汝猶未明等會通藏性至說偈讚佛一章

浮塵幻相本來眞。不覺俄興萬象陳。人法兩亡無滯礙。山河全露法王身。

頌清淨本然云何忽生及地性障礙空性虛通問一章

萬法由來絕異同。擬思量際昧眞宗。認明遙落無明裏。立所深沈有漏中。背覺合塵諸相礙。滅塵合覺眾緣通。滿慈迷卻圓融理。翻累瞿曇話更重。

頌示妄無因一章

未明諸妄本無因。曲引狂人認影眞。狂歇推因無

可得。卽知諸妄亦無因。

頌汝但不隨分別三種相續三緣斷故三因不生一章

分別忽忘狂性歇。因緣從此永無生。覺心本淨周沙界。何藉劬勞修證成。

頌賜屋求門請示本發心路及攝伏攀緣法門一章

悟心廣大絕邊涯。漂泊之人已得家。若示其門深入奧。圓常佛智粲心華。

頌初審因地發心答無餘涅槃本發心路問一章

修行之要貴因眞。心地眞時道易親。以湛旋流得元覺。涅槃證入亦非新。

頌次審煩惱根本答攝伏攀緣入佛知見問一章

煩惱之元在六情。脫黏復湛眼清明。欲成無上徧知覺。超越三祇不涉程。

頌請示結解之元及六解一亡等一章

縛脫元來無二門。粘兮交結解兮分。六根解脫眞猶泯。莫自循聲迷本聞。

頌請示圓通本根一章

本根未達問何般。異路交陳念豈純。若昧此方眞教體。安知遲速不同倫。

頌敕諸聖各陳圓通一章

敕令諸聖各陳因。七大諸緣混入神。究竟歸元無二致。須知方便不同津。

頌敕選圓通本根一章

諸聖圓通已雜陳。敕令大智選當根。不知此土何方便。堪教眾生息苦輪。

頌奉敕揀選圓通本根一章

覺海圓澄性本然。瞥生一念起諸緣。依根復湛空漚滅。眞照靈明洞大千。

歸元妙性本無殊。方便之門致有餘。欲使初心容

易入須依聞性莫憑虛。

諸聖圓通固所珍。此方教體在音聞。能旋倒妄聞聞性。證入三摩豈滯文。

頌請示攝心遠魔四種清淨明誨一章

入定先須攝四心。免教魔事得相侵。惑亡業謝根塵淨。頓入無生覺海深。

頌示持呪消習一章

現業易違憑自力。宿殃難脫藉神功。修行方便無他術。盡在瞿曇顯密中。

總頌三漸次及五十七位一章

妙性圓明絕悟迷。本無煩惱與菩提。三重漸次梅休渴。五位階梯葉止啼。有作固宜為妄縛。無修安得是真離。夢中行盡江南路。覺後方知步不移。

別頌違現業得無生法忍一章

返流全一想心空。一念圓明與佛同。以故如來密圓妙。明然顯現淨心中。

如來慧月性天明。行者禪河定水清。無去無來光暎現。常相涉入了無情。

別頌獲無生忍成乾慧地一章

欲愛乾枯慧性明。十方國土皎然清。根塵脫落無生獲。覺路從茲漸次行。

別頌五位并等覺一章

五位修行功漸深。法流水接始圓因。從茲順逆相交也。妙覺菩提已極鄰。

別頌得初乾慧窮盡妙覺成無上道一章

自獲無生登聖位。迥超極造未圓明。因茲證得初乾慧。無上菩提始極成。

發心畢竟二無殊。鏡體無殊光有殊。五十五番磨瑩後。須知鏡體本如如。

頌單複十二皆以金剛止觀證入一章

如是重重單複陳。本何心行以趨登。始從乾慧終圓妙。皆用金剛止觀升。

頌無生法忍即金剛止觀意

始獲無生因地心。金剛觀察即真因。寂而常照諸緣息。止觀圓明本一真。

頌請示經名一章

見道修行證果圓。綺筵未散樂頻諠。文殊為廣流通意。啟請經名萬古傳。

頌精研七趣戒備失錯一章

妙覺圓明絕聖凡。只因迷妄起天仙。夢中歷歷形

諸趣覺後空空無大千

頌詳辨魔境深防邪誤至圓滿菩提歸無所得一章

法筵將罷衆無詢攬几迴容復倚凭眞止觀中微細事自非詳辨若爲憑

止觀之中境異陳預須辨識在於心臨時了了無迷惑眞照圓明空五陰

識陰盡時根互用從茲頓入覺圓明一超直至如來地圓滿菩提何所成

頌校量顯勝讚法流通一章

七寶盈空供佛陀示人一念福何多能令證性超

塵累財施無常法不磨

五陰辨魔說

夫圓明心體凝然湛寂猶若太空廓爾清明方之圓鏡良由俄爲晦昧動念瞥興空華競發痕垢爭生五陰妄想以翳圓明五重魔境而攻法性於是然智燈以祛昏惑仗慧劍而斬魔軍雖離念精明尙爲色陰所覆如明目者見爲幽暗所局十種境或善或惡定中現起不取著是魔是佛一掃齊平色陰盡時見佛心體如明鏡裏洞見面形體雖具猶爲受蔽而未能運用如寐者爲鬼所魘而不能動身悲等十心於焉競起不作聖解魔境消沈故受陰盡得意生身隨心自在鳥出籠於十方界任意縱橫六十聖位之因雖具擾動麤浮之想尙繁十種愛心想中橫起天魔鬼魔大奮威神徒恃神力但爲其客成就破亂由汝主人是以想陰盡魔不得便照諸境如鏡鑑明麤想既息清擾始形故行陰生如靜水波瀾微起猶陽燄野馬奔騰四邪見行中雲踊十外道定裏風生行陰盡時沈細綱紐隳裂雞後鳴際性天精色不昏慧照朗然心魔殄滅生滅行盡幽祕相生於是認識神而妄起異計著諸見而橫發迷情或居魔道或滯小乘所

愛先習寢息見魔於是銷鎔由是得識陰盡諸根互用從乾慧超至後心五陰既盡五想不生想既不生諸魔自滅如是則昏動俱息心體圓明魔寇齊降法城永固矣

常州天寗寺住持淸鎔經募

應乾和尙施龍銀一百圓

致和和尙施龍銀一百圓

丁塵和尙施龍銀一百圓

李肇基居士施龍銀一百圓

光緒三十四年冬十月金陵刻經處識